임상심리학, 제4판

FOR INFORMATION:

SAGE Publications, Inc.
2455 Teller Road
Thousand Oaks, California 91320
E-mail: order@sagepub.com

SAGE Publications India Pvt. Ltd.
B 1/I 1 Mohan Cooperative Industrial Area
Mathura Road, New Delhi 110 044
India

SAGE Publications Ltd.
1 Oliver's Yard
55 City Road
London, EC1Y 1SP
United Kingdom

임상심리학 제4판

문화적 관점을 고려한 과학과 임상실무의 조화

Andrew M. Pomerantz

최승원, 박은영, 송원영, 장문선, 장은진 옮김

SAGE Σ 시그마프레스

임상심리학 : 문화적 관점을 고려한 과학과 임상실무의 조화, 제4판

발행일 | 2019년 2월 20일 1쇄 발행

저 자 | Andrew M. Pomerantz
역 자 | 최승원, 박은영, 송원영, 장문선, 장은진
발행인 | 강학경
발행처 | (주) 시그마프레스
디자인 | 김은경
편 집 | 이지선

등록번호 | 제10－2642호
주소 | 서울특별시 영등포구 양평로 22길 21 선유도코오롱디지털타워 A401~402호
전자우편 | sigma@spress.co.kr
홈페이지 | http://www.sigmapress.co.kr
전화 | (02)323－4845, (02)2062－5184～8
팩스 | (02)323－4197

ISBN | 979－11－6226－144－6

Clinical Psychology : Science, Practice, and Culture, Fourth Edition

* 책값은 책 뒤표지에 있습니다.

이 도서의 국립중앙도서관 출판예정도서목록(CIP)은 서지정보유통지원시스템 홈페이지(http://seoji.nl.go.kr)와 국가자료공동목록시스템(http://www.nl.go.kr/kolisnet)에서 이용하실 수 있습니다.(CIP 제어번호 : CIP2019003397)

역자 서문

대한민국에 임상심리학이 소개된 지 50년이 훌쩍 지났다. 양적으로 질적으로 많은 발전이 있었지만 여전히 아쉬움으로 남는 것은 우리나라 임상심리학의 과거와 현재를 학생들에게 가르칠 수 있는 교과서가 없다는 점이었다.

물론 몇 편의 훌륭한 역서들이 미국 임상심리학의 모습을 잘 그려주고 있지만 그것은 어디까지나 미국의 모습일 뿐, 우리 실정에 맞게 반백 년을 살아온 대한민국 임상심리학의 모습과는 큰 차이가 있는 것이 사실이다. 역자는 이런 문제의식을 바탕으로 우리 임상심리학의 역사와 정책적 부분에 대한 연구를 지속해왔지만, 책 한 권으로 정리하기에는 여전히 자료가 부족함을 느껴오던 차였다. 이런 시점에 시그마프레스에서 이 책의 번역을 요청해왔다. 굳이 우리나라에 또 다른 번역서가 필요할까에 대해 회의적인 시각을 가지던 때에 출판사는 매우 흥미로운 제안을 던졌다. 우리나라 실정에 맞지 않는 부분을 번역하기보다는 과감하게 우리나라의 모습을 담아달라는 것이었다. 아직 자료가 부족한 나에게는 매우 만족할 만한 제안이었다.

따라서 이 책은 단순한 번역서라기보다는 역자들이 대한민국에서 체험하고 연구한 내용들이 포함된 저서의 성격을 함께 가지고 있다. 이 책을 통해 임상심리학을 접하는 많은 학생들이 대한민국 임상심리학의 정확한 모습을 확인할 수 있기를 희망한다.

역자 대표 최승원

저자 서문

임상심리학은 날로 그 영역이 넓어지고 있다. 이 책은 학생들에게 임상심리학이 담당하는 광대한 영역을 아주 효과적으로 설명해준다. 내가 이 책을 집필한 목적은 다음과 같다.

- **균형감 있는 임상심리학 소개.** 임상심리학 내에서도 물론 이견들이 존재하기 때문에, 임상심리학자들이 가진 다양한 스펙트럼의 의견을 학생들에게 가장 이상적인 방법으로 소개하기 위해 어느 쪽에 치우치지 않는 교과서를 집필하는 것이다.
- **문화적 효능감 신장.** 임상심리학자들은 자신의 전문적 활동에서 나타나는 문화적 요인들을 인지하고 있어야 하며, 학생들의 배움 속에 문화적 민감성이 잘 녹아들어가야 한다.
- **생생하고 다양한 사례 제공.** 특정 주제에 적합한 임상적 적용 사례를 소개한다.
- **전문적이지만 명료하고 읽기 쉬운 문제로 모든 임상 영역의 최신 정보 제공.** 이 책은 명백히 폭넓은 주제를 다루고 있으나 적절한 수준의 깊이를 유지하고 있다.

이 책의 이전 판은 학생과 강사진 모두에서 열정적인 지지를 받았다. 문화적 이슈에 대한 강조, 이 책만의 교육적인 특징, 학구적이지만 읽기 쉬운 문체, 많은 임상 사례, 균형 잡힌 접근, 부록 등 이 책에 담긴 내용들이 유용하다는 의견에 감사를 전한다.

이 책의 특징

이번 개정판은 이전 판이 가지고 있던 모든 강점을 그대로 보유하고 있다.

- 문화 고려하기 글상자는 거의 모든 장에 있다. 책 전반에 걸쳐 다루고 있는 다문화적 관점의 주제가 강조되어있다. 글상자의 내용은 문화적 내용을 통합하는 논의가 담겨있으며, 학생들이 자신의 연구, 치료, 평가 등의 활동에서 적절한 문화적 논점을 발견할 수 있기를 격려하고 있다.
- 제4장 '임상심리학의 문화적 쟁점'은 온전히 다문화주의를 다루었다.
- 다문화를 바탕으로 한 임상 작업으로 유명한 9명의 전문가와의 인터뷰가 제4장에 담겨있다.

이 전문가들(Melba Vasquez, Frederick Leong, Robert Williams, Monica McGoldrick, Joseph Trimble, Nadya Faoud, Kathleen Bieschke, Karen Haboush, Lewis Schlosser)은 특정 문화집단을 다루는 데 필요한 역량을 인종, 종교, 성별, 성적 지향을 바탕으로 설명한다.

- **비유하기** 글상자를 거의 모든 장에서 찾아볼 수 있다. 이 글상자는 새로운 개념에 낯선 학생들이 보다 친숙한 개념을 바탕으로 이해할 수 있는 비유를 제공한다.
- **데니스와 OO치료** 글상자는 심리치료를 다루는 장에서 찾을 수 있다. 데니스는 이 책을 위해 창작된 가상의 인물이다. 그녀에 대해서는 제11장의 말미에 소개가 되어있으며, 이후 장의 마지막 부분에 있는 이 글상자에서는 그녀가 정신역동 치료, 인본주의 치료, 행동치료, 인지치료, 집단치료를 받는다면 어떤 모습일지 보여주고 있다.
- 제3장 '임상심리학의 최근 논쟁'은 처방권, 근거기반 실천, 기술적 진보 등과 같은 최신 이슈를 다루고 있다.
- 제5장 '임상심리학의 윤리적 쟁점'은 임상심리학의 윤리적 이슈만을 다루고 있다.
- 제12장에서 제16장까지는 전적으로 심리치료의 특정 이론이나 양식(정신역동 치료, 인본주의 치료, 행동치료, 인지치료 및 마음챙김치료, 집단치료 및 가족치료)을 다루고 있는데, 이 치료들의 가장 최근 형태를 소개하고 있다.
- *DSM-5*에서는 무엇이 변화되었는지에 대한 설명은 다음과 같다.
  - 새로운 특징(예 : 보다 '살아있는 문서'로의 변환을 지원하기 위해서 로마 숫자가 아닌 아라비아 숫자 사용)
  - 새로운 장애(예 : 파괴적 기분조절부전장애, 경도신경인지장애, 폭식장애),
  - 기존 장애의 변화된 기준(예 : 자폐스펙트럼장애가 자폐증과 아스퍼거장애를 포괄, 주요우울장애에서 사별을 제외하는 기준의 개정, 신경성 폭식증과 주의력결핍 과잉행동장애 진단이 보다 쉬워짐)
- *DSM-5*에서 바뀌지 않은 내용(변화가 검토되었으나 최종 기각된)을 소개한다.
- *DSM-5*는 어떻게 만들어졌는지 소개하는 부분에서는 다음 내용이 포함된다.
  - 검토 과정의 단계
  - 검토 과정 동안 진행된 논점
  - 검토 과정에 대해 저명한 학자들이 가한 비판
  - 검토 과정에 영향을 미쳤을 수도 있는 압력
- *DSM-5*가 초래할 수도 있는 결과 부분에는 다음 내용이 포함된다.
  - 정신질환 범위의 지속적인 확장

- ○ 치료 이슈(예 : 보험적용, 심리치료, 약물치료)
- ○ 다른 시사점(예 : 법적 이슈, 장애급여 요청)

새롭게 달라진 내용

이번 개정판은 상당수의 중요한 진보 및 변화사항을 담고 있다.

- 2014년부터 2016년까지 출판된 300여 편 이상의 문헌을 포함해 400편의 새로운 참고문헌이 각 장들에 나오는 최근 상황을 다루고 있다.
- 거의 모든 장에서 볼 수 있는 **나의 경험** 글상자는 핵심 개념을 묘사하기 위해 저자가 자신의 임상심리학 실무 중에서 얻은 사례들과 이야기들을 공개한 것으로, 내담자의 비밀유지를 위해 개인정보를 삭제하거나 변형시켰다.
- 모든 장 마지막에 있는 **주요 학술지**에서는 본문과 관련된 더 많은 정보를 얻고자 하는 학생들을 위해 찾아볼 만한 주요 학술지 목록을 소개하였다.
- 제1장 '임상심리학 : 정의와 훈련'에 직업상담가 부분(임상심리학자와 대비)을 추가하였으며, 대학원 진학을 위한 최신 정보가 업데이트되었다.
- 제3장 '임상심리학의 최근 논쟁'에서는 원격 의료 방식의 치료, 인터넷 기반 치료 등 임상심리학계에 불어닥친 신기술을 소개하는 내용을 추가하였다. 또한 아동 및 청소년의 근거기반 치료를 소개하는 미국심리학회(APA) 웹사이트 정보를 추가하였고, 타당성이 확인되지 않은 치료들에 대해 간단히 언급하였다.
- 제5장 '임상심리학의 윤리적 쟁점'에서는 치료 중 발생하는 성적인 감정에 대해 간단히 다루었다(이 내용은 다중관계와 관련된다). 그리고 테러와의 전쟁에서 미국 국방부가 진행한 수용자들의 심문에 참여했던 사실에 대해 미국심리학회가 폭로한 사건을 다루었다.
- 제6장 '임상심리학 연구'에서는 MTurk 데이터 수집, 스마트폰 기반 경험 표집, 앱, 문자 등 연구에서 활용 가능한 새로운 기술에 대한 내용을 추가했으며, 무선화된 임상 연구 및 심리치료 효과 연구에서 통제집단 문제 등을 추가로 다루었다.
- 제7장 '진단 및 분류 쟁점 : *DSM-5* 및 기타'에서는 *DSM-5* 구성의 변화에 대한 추가적 정보를 제공한다.
- 제8장 '임상면접'에서는 면접 내용을 기록하는 것의 영향에 대한 연구 결과를 소개한다.
- 제9장 '지능평가와 신경심리평가'에서는 검사의 최신 버전을 소개하고, 웩슬러 검사의 요인

구조들을 다루고 있다.

- 제10장 '성격평가와 행동평가'는 최신 버전의 검사들에 대한 정보 및 최신 연구 결과들과 함께 로르샤흐 검사의 새로운 채점 체계를 다룬다.
- 제11장 '심리치료의 일반적 문제'에서는 연구자들의 성과와 임상가들이 실제로 수행하는 것과의 간극 및 이를 연결시켜보고자 하는 노력에 대해 다루고 있다. 또한 Barlow의 기분장애 치료를 위한 통합된 초진단적 치료 프로토콜을 소개한다. 날로 인기를 얻고 있는 인지행동 지향을 다루고, 심리치료 미래에 대한 연구 결과들이 소개된다.
- 제12장 '정신역동 심리치료'에서는 대인관계 치료와 사회리듬 치료를 포함하여 폭넓은 대인관계 치료들을 다루고 있다. 심리치료 연구에서 충성 효과에 대한 추가적 자료를 제시하며, 최근의 심리치료 효과 연구들을 다룬다.
- 제13장 '인본주의 심리치료'에서는 정서집중치료, 다른 치료를 지원하기 위한 동기강화 상담과 최신 연구 결과들을 수록하였다.
- 제14장 '행동치료'에서는 감각기관 노출, 글쓰기 노출과 같은 다양한 노출치료와 함께 최신 연구 결과들을 다룬다.
- 제15장 '인지치료와 마음챙김치료'에서는 심리도식치료와 최신 치료 성과 연구들을 다룬다.
- 제16장 '집단치료와 가족치료'에서는 다중체계 가족치료, 사회적 소우주에 대한 경험적 자료와 함께 최근 치료 성과 연구들을 다룬다.
- 제17장 '임상 아동 및 청소년 심리학'에서는 사회기술훈련과 응용행동분석, 취약성/회복력에 영향을 미치는 가족변인의 영향, 암묵적 이론(본질 이론과 점증 이론)과 아동 정신병리의 관계에 대해 다룬다.
- 제19장 '법심리학'에서는 꾀병 문제와 정신 이상 사유 무죄 평가 문제 및 전문가 증언 활동에 대해 다룬다.

요약 차례

차례

제1부 임상심리학 소개

제1장 임상심리학 : 정의와 훈련

제2장 임상심리학의 발달 과정

제3장 임상심리학의 최근 논쟁

제4장 임상심리학의 문화적 쟁점

제2부 평가

제3부 심리치료

제11장 심리치료의 일반적 문제

PART 1

임상심리학 소개

CHAPTER 1

임상심리학 : 정의와 훈련

학습 목표

1.1 1900년대 초부터 현재까지 임상심리학 정의의 변화를 기술한다.
1.2 미국심리학회 12분과가 규정하는 임상심리학에 대한 정의를 설명한다.
1.3 볼더, 베일과 임상과학자 모델의 훈련에서 강조점을 비교한다.
1.4 볼더, 베일과 임상과학자 모델의 훈련 모델의 장점과 제한점을 논의한다.
1.5 임상심리학 대학원 과정이 선호하는 주요 지원자 특성을 검토한다.
1.6 임상심리학자의 전문 활동과 고용 장면을 요약한다.
1.7 상담심리학자, 정신과 의사, 사회복지사와 같은 유사 직군과 임상심리학자와의 차이를 확인한다.

임상심리학의 세계에 온 것을 환영한다! 이 책을 통해서 여러분은 이 분야에 대해 제법 많은 것(역사, 최근의 논쟁거리, 면접법과 심리검사, 심리치료 방식)을 배우게 될 것이다. 먼저 이 분야의 정의부터 살펴보자.

임상심리학이란 무엇인가

초기 정의

임상심리학(clinical psychology)이라는 용어는 1907년 **Lightner Witmer**가 처음으로 사용하였다. Witmer는 심리클리닉을 운영한 첫 번째 사람이기도 하다(Benjamin, 1996, 2005). Witmer의 개척자적인 기여에 대해서는 제2장에 더 자세히 나올 것이다. 지금은 그가 새롭게 떠오른 학문 분야를 어떻게 정의하기로 했는지를 생각해보자. Witmer가 마음에 그린 임상심리학의 훈련 방법은 의학, 교육학, 사회학과 같은 다양한 분야와 공통점을 가진 것이었다. 따라서 임상심리학자는 치료, 교육, 대인관계 문제 등의 영역에서 다른 사람들과 협력하여 일하는 사람이었다. 그의 클리닉에 찾아온 초기의 내담자들은 행동이나 교육에서 문제가 있는 아이들이었다. 그러나 그가 쓴 초기 글을 보면(Witmer, 1907), 임상심리학이 모든 연령대에서 나타나는 다양한 문제를 가진 사람들에게 적용될 것을 예견한 것을 발견할 수 있다.

최근 정의

임상심리학을 정의하는 것은 Witmer의 시대보다 현재가 더 어려워졌다. 이 분야는 아주 다양한 방향으로 괄목할 만한 성장을 보여왔기 때문에 단순하고 간결한 정의로 전체를 포괄하기 어렵다. 현재 임상심리학자들은 각기 다른 사람들을 위해 다른 목표를 가지고 다른 활동을 한다.

일부의 사람들은 최근 몇 년간 임상심리학이 무엇인지를 간단히 묘사할 수 있는 '빠른' 정의를 제공하려고 노력해왔다. 예를 들어, 심리학 개론 교과서와 심리학 사전들에 따르면, 임상심리학은 근본적으로 심리학의 한 분야로, 심리학적인 문제나 장애를 가진 사람들을 연구하고, 평가하고, 치료하는 영역이다(예 : Myers, 2013, VandenBos, 2007). 이러한 정의는 충분히 합리적인 것처럼 들리지만, 단점이 없는 것은 아니다. 이 정의는 임상심리학자들이 하는 업무와 그 업무를 추진하는 방법, 어떤 대상을 위해 일하는지에 대한 전체 그림을 보여주지는 못한다.

임상심리학에 대해 보다 정확하고 종합적이며 현대적인 정의를 내리기 위해서는 좀 더 포괄적이고 서술적인 정의를 선택해야 한다. **미국심리학회**(American Psychological Association, APA)의 **임상심리학 분과(12분과)**[Division of Clinical Psychology(Division 12)]는 임상심리학을 다음과 같이 정의한다.

> 임상심리학 분야는 인간의 적응과 개인적인 발전을 촉진할 뿐만 아니라 신체적 부적응, 장애, 불편함을 이해하고 예측하고 완화하기 위해 과학, 이론, 실무를 통합한다. 임상심리학은 전 생애와 다양한 문화, 모든 사회경제적 수준에 걸쳐 나타나는 인간 기능의 지적 · 정서적 · 생물학적 · 심리적 · 사회적 및 행동적 측면에 초점을 맞춘다. (APA, 2012a)

이 정의의 확장은 그 자체로 Witmer의 창시 이래 한 세기 동안 이 분야가 얼마나 풍부하고 다양하게 성장했는지를 보여준다. Norcross & Sayette의 2016년 문헌에서는 "이 분야와 실무진 모두가 지속적으로 고전적인 정의를 넘어 확장하고 있다는 것이 가장 정확한 관찰일 것이다"(p. 1)라고 언급한다. 분명히 그 저자들은 임상심리학자들이 그 정의가 포괄하고 있는 각 활동에 동일한 시간을 사용한다는 것을 말하려는 것이 아니다. 하지만 총체적으로 임상심리학자들의 일은 정말로 넓은 범위를 포함하고 있다. 이 교과서의 목적상, 유사하게 포괄적이지만 더 간결한 정의가 요구된다. 임상심리학은 인간의 심리적 경험을 이해하고 개선시키기 위해 엄격한 연구와 응용실무를 사용한다. 인간의 심리적 경험에는 행동, 감정, 지능이 포함되지만, 꼭 이것에만 국한되지는 않는다.

임상심리학 교육과 훈련

앞에 열거된 명확한 정의 외에도 우리는 임상심리학자들이 어떻게 교육받고 훈련받았는지에 대해 알아보는 과정을 통해 임상심리학이 무엇인지 짐작할 수 있을 것이다. 임상심리학 훈련의 기본적인 구성 요소는 각 프로그램 전반에 걸쳐 공통적이고 잘 확립되어있다(Vaughn, 2006).

임상심리학자는 임상심리학 박사 학위를 받아야 하는데, 우리나라는 평균 약 338명의 학위가 매년 수여된다. 대부분 박사를 지원하는 미국과 달리 일부 학생만 박사 학위를 지원하고 대부분의 학생들은 석사 학위만을 원하며, 이후에 병원이나 센터 장면에서 3년 수련 과정을 거치고 마침내 전문가 자격을 얻게 되는 경로가 일반적이다.

임상 관련 자격을 얻기 위해서는 대학원 과정에서 필수로 들어야 하는 과목이 있다. 먼저 정신건강임상심리사 자격을 위한 필수과목들에는 정신병리학(혹은 고급이상심리학), 심리평가(혹은 심리진단, 심리검사), 심리치료(혹은 고급상담 이론), 연구방법론(혹은 고급심리통계, 고급심리설계)이 있다. 임상심리전문가 자격을 위해서는 고급임상심리학, 정신병리학, 심리진단(또는 심리평가), 심리치료, 임상실습, 신경심리평가, 행동평가 중 3개의 과목을 수강해야 하고, 심리통계, 실험설계, 자료분석, 중다변인분석법 등의 연구방법론과 관련된 과목을 1개 수강해야 한다. 해당되는 수강 자격을 완료하고 나면, 이후 임상수련을 지원해서 인턴 혹은 레지던트 과정을 지원하여 최종적으로 전문가 자격을 얻게 된다.

미국의 경우 최근 20년간 임상심리사가 되는 길이 굉장히 다양해졌다. 임상심리학 분야로 가는 길은 다양한 대학원 과정에서 현재 사용되고 있는 세 가지 개별적인 훈련 모델, 즉 과학자-임상가(볼더) 모델, 임상가-학자(베일) 모델, 그리고 임상과학자 모델(Routh, 2015a)로 다변화되었다. 이 각각을 자세히 살펴보자.

실무와 과학의 균형 : 과학자-임상가(볼더) 모델

1949년에 미국 임상심리학에서 대학원 교육과 관련한 첫 번째 회의가 콜로라도주의 볼더에서 개최되었다. 이 회의에서 전국에서 모여든 학과장들은 중요한 합의점에 도달했다. 즉 임상심리학 훈련은 실무와 연구 모두를 강조해야 한다는 것이다. 다시 말해서 임상심리학자가 되기 위해서는 대학원생들이 임상적 방법(평가, 심리치료 등)의 적용에 필요한 훈련을 받고 그러한 능력을 보여줄 필요가 있을 것이다. 그리고 그 분야를 과학적으로 연구하고 평가하기 위해 필요한 연구 방법을 활용할 수 있어야 한다(Johnson & Baker, 2015; Klonoff, 2011). 회의 참석자들은 또한 심리치료와 평가 수업뿐만 아니라 통계학과 연구 방법도 교육과정에 포함되어야 이러한 이중적인 강조가 반영될 수 있다는 것에도 동의했다. 대학원생은 (감독하에) 임상 실무와 자신의 경험적 연구(학위 논문)를 모두 수행한다. 이러한 대학원 과정들은 대학교의 심리학과 내에 설치되어야 하고 졸업생들은 철학 박사(PhD) 학위를 받아야 한다. **과학자-임상가 모델**(scientist-practitioner model)이라는 용어는 두 가지를 강조한 훈련의 명칭으로 사용되었다(McFall, 2006; Norcross & Sayette, 2016).

수십 년 동안 의심할 여지없이 임상심리학 훈련에서는 과학자-임상가 모델, 즉 **볼더 모델**(Boulder model)이 이 분야를 지배했다(Klonoff, 2011). 사실, 지금도 가장 많은 대학원들이 볼더 모델을 채택한다. 그러나 시간이 지나면서 임상심리학 훈련에서 다양한 대안을 제안하기 시작했다. 수련의 시계추는 실무와 연구 사이의 가운데에 고정되어있지 않았다. 그것은 한쪽 끝으로 그리고 다른 쪽 끝으로 치우치기 시작했다.

그렇다면 대한민국의 교육 모델은 미국과 동일하게 과학자-임상가 모델을 지지하고 있을까?[1] 전은경(2017) 등에 따르면, 대다수의 현역 대학원 지도교수들이 자신들의 교육 정체성을 환자를 평가하고 치료하는 임상가와 그에 관해 끊임없이 연구하는 과학자 두 역할을 모두 강조하는 과학자-임상가 모델에 두고 있다고 확인되었다. 아직 우리나라에서는 수련 교육 모델에 대한 구체적인 구분이 나와 있지는 않지만, 대부분의 교수들은 스스로를 과학자-임상가 모델을 따른다고 생각하고 있다.

실무에 강조점을 : 임상가-학자(베일) 모델

1973년에 임상심리 훈련에 관한 또 다른 학회가 이번엔 콜로라도주의 베일에서 열렸다. 이 회의가 열리기 전 몇 년 동안 볼더 또는 과학자-임상가 모델에 관해 불만이 제기되었다. 실제로 많은 임상심리학자들과 임상심리학을 희망하는 학생들은 "단지 임상가가 되는 것이 목표인데 과학자로서 왜 그렇게 광범위한 훈련이 필요하지?"라고 질문해왔다. 결국 단지 임상심리학자들 중 소수만이 주요 업무 영역으로 학계에 입문하거나 연구직을 얻어왔다. 많은 지원자들은 임상가로서의 직업을 선호했고(Boneau & Cuca, 1974; McConnell, 1984; Stricker, 2011), 연구에 대해 더 적게 훈련하는 것과 임상기술 개발에 대해 더 많이 훈련할 수 있는 박사 학위를 추구했다. 그래서 새로운 형태의 **박사 학위**(PsyD)인 **임상가-학자 모델**(practitioner-scholar model)이 생겨났다(Foley & McNeil, 2015; Routh, 2015b; Stricker & Lally, 2015). 1970년대부터 심리학 박사 학위 대학원 과정이 제공되면서 박사 학위가 급증했다. 사실상 1988년부터 2001년의 기간에만 수여된 심리학 박사 학위의 숫자는 160% 이상 증가했다(McFall, 2006). 철학 박사 과정과 비교하면, 이러한 프로그램은 전형적으로 임상실무에 직접 관련된 교과과정을 더 많이 제공하고 연구나 통계에 관련된 과목이 적다(Norcross et al., 1998). 철학 박사와 심리학 박사 모델의 훈련을 하나하나 비교하려면 글상자 1.1을 참조하라.

---

1 전은경, 최승원, 임혜진. (2017). Study of a Korean Clinical Psychology Training Model: The Delphi Method. *Korea Journal of Clinical Psychology*. 36(3), 418–433.

글상자 1.1

철학 박사 과정과 심리학 박사 과정 비교

철학 박사 프로그램과 심리학 박사 과정 프로그램 모두 개별 학교마다의 상당한 다양성이 존재한다(Gardner, 2015). 하지만 각각의 학위 과정을 구별할 수 있는 몇 가지 성향의 차이가 있다. 일반적으로 철학 박사 과정과 비교하면, 심리학 박사 과정 프로그램은 다음과 같은 특징이 있다.

- 연구와 관련된 훈련은 덜 강조하고 임상적인 훈련은 더 강조한다.
- 지원자의 대학원 합격률이 높다.
- 종합대학 심리학과가 아닌 독립적인 '전문학교'에 소속되어있다.
- 대학원 입학자격시험 점수와 대학 평균 성적이 상대적으로 낮다.
- 대학원 장학금이나 등록금 경감 등의 혜택을 위한 기금이 적다.
- 이미 석사 학위를 취득한 학생의 비율이 높다.
- 미국심리학회가 인증한 박사전 인턴십 과정에 합격하는 비율이 낮다.
- 졸업생들의 국가자격시험 점수가 낮은 편이다.
- 좀 더 빨리 대학원을 졸업한다(1.5년 정도).
- 학문이나 연구 관련 직업보다 임상실무 관련 직업을 찾는다.
- 인지행동적 접근법보다 정신역동적 접근법을 지지하는 교수진의 비율이 조금 더 높은 편이다.

출처 : Gaddy, Charlot-Swilley, Nelson, & Reich (1995); Klonoff (2011); Mayne, Norcross, & Sayette (1994); McFall (2006); Norcross & Castle (2002); Norcross & Sayette (2016); Norcross, Sayette, Mayne, Karg, & Turkson (1998).

임상심리학의 훈련에 대한 심리학 박사 또는 임상가-학자 또는 **베일 모델**(Vail model) 접근법의 발전은 이 분야에 엄청난 영향을 미쳤다. 물론 심리학 박사가 출현하기 전에 철학 박사는 임상심리학을 위한 유일한 박사 학위였으나, 현재 이 분야에서 박사 학위의 절반 이상이 심리학 박사이다(Norcross, Kohout, & Wicherski, 2005). 심리학 박사 과정의 수는 실제로 철학 박사 과정의 수와 비교하면 꽤 적다(약 80 대 250 정도). 그러나 전형적인 심리학 박사 과정은 전형적인 철학 박사 과정보다 훨씬 더 많은 학생을 입학시키고 졸업시킨다. 그래서 각각의 학위를 가지고 졸업하는 사람들의 숫자는 거의 같다(각 과정마다 1,500명 정도; Klonoff, 2011; Norcross & Sayette, 2016; Stricker, 2011).

앞에서 언급한 두 프로그램의 차이에 대한 대단위 조사 자료가 표 1.1에 제시되어있다(Graham & Kim, 2011).

표 1.1 임상심리학에서 철학 박사와 심리학 박사 과정의 비교

변인	심리학 박사	철학 박사
입학한 학생들의 대학원 입학자격시험 평균 점수	1116	1256
평균 대학 학점	3.4	3.6
최소 일부의 등록금 면제 또는 지원을 받는 학생의 비율	13.9	78.4
신입생 수	37.4	9.7
지원자 대 대학원 합격생 비율	26.3	7.4
APA 인증된 인턴 과정에 합격하는 비율	66.0	92.8

출처 : Graham & Kim (2011).

*여기서 보도된 GRE 점수는 과거 시험 기준이다. 현재 기준으로 측정하면 PsyD 프로그램이 303.phD 프로그램이 312점 정도 된다. https://www.ets.org/s/gre/pdf/concordance_information.pdf의 자료를 기초로 하였다.

과학 지향적 교육 : 임상과학자 모델

1940년대 후반 균형 있는 볼더 모델의 출현과 1970년대 실무 중심의 베일 모델이 출현한 후 임상심리학의 경험적 연구를 강조하던 구성원들은 연구 지향적 훈련 모델을 만들기 위한 움직임을 시작했다.

실제로 1990년대에 경험주의를 향한 움직임이 많은 대학원 과정과 임상심리학 훈련에 관련된 지도급 인사들 사이에서 일어났다. 본질적으로 이 운동의 지도자들은 과학이 임상심리학의 근간이 되어야 한다고 주장했다. 그들은 볼더 모델에 비해 더 강하게 임상심리학의 과학적 측면을 강조한 교육 모델인 임상과학자 모델(clinical scientist model)을 고안했다(McFall, 2006; McFall, Treat & Simons, 2015). 1970년대에 베일 모델을 만든 사람들과 달리, 임상과학자 운동의 지도층들은 그들 프로그램의 대학원생들이 완전히 다른 학위를 받아야 한다고 제안하지는 않았다. 볼더 모델 대학원 과정에서처럼 여전히 철학 박사 학위를 수여하고 있다. 그러나 임상과학자 과정의 박사는 과학적 방법과 증거에 기반한 임상적 방법을 매우 강하게 강조하고 있다(Levenson, 2014; Onken Carroll, Shoham, Cuthbert, & Riddle, 2014; Shoham et al., 2014).

2개의 결정적인 사건이 이 움직임의 출발점이 되었다. 1991년 당시 인디애나대학교의 심리학과 교수였던 Richard McFall은 임상과학자 운동에 대한 회의를 촉구하는 논문을 발표했다(Treat &

Bootzin, 2015). 이 '임상심리과학을 위한 선언문(Manifesto for a Science of Clinical Psychology)'에서 McFall(1991)은 다음과 같이 주장했다. "과학적 임상심리학은 타당하게 받아들일 수 있는 유일한 임상심리학 형식이다. (중략) 결국 대안은 무엇인가? (중략) 누군가 심각하게 직관과 다른 비과학적인 방법에 의존하는 것이 지식의 발전을 촉진시킬 것이라고 믿는가?"(pp. 76-77).

몇 년 후에 임상심리학 대학원 과정을 선택하는 권한을 가진 지도급들의 회의가 인디애나대학교에서 개최되었다. 그 회의의 목적은 임상과학을 장려하기 위한 노력을 통합하는 것이었다. 이 학회로부터 심리임상과학 아카데미(Academy of Psychological Clinical Science)가 설립되었다. McFall은 이 학회의 초기 몇 년 동안 회장으로 역임하였고, 시간이 지나면서 대학원 과정이 늘었으며 회원 수가 증가했다. 이 학파에 속한 대학원 과정은 여전히 임상심리학 분야의 모든 대학원 과정 중에서 소수에 그치지만, 회원들 사이에서는 유명하고 영향력 있는 대학원 과정과 학자들이 이 학파에 소속되어있다(Academy of Psychological Clinical Science, 2009; Fowles, 2015; McFall et al., 2015).

오늘날 이용할 수 있는 세 가지 훈련 모델 사이의 차이를 고려하면(전통적이고 중도적인 볼더 모델, 임상적 기술을 폭넓게 강조하는 베일 모델, 경험주의를 강조하는 임상과학자 모델) 임상심리학의 대학원생들은 다양하고 넓은 경험을 할 수 있다. 실제로 임상 및 상담 심리학의 대학원 과정에 대한 내부자 지침(Norcross & Sayette, 2016)을 보면, 많은 지원자들이 임상심리학의 특정 대학원 과정에 대해 배우기 위해 사용하는 유용한 자료가 있다. 이 자료의 각 프로그램에 대해 첫 번째 정보로 '실무중심'부터 '연구중심'까지 7점 척도로 제시되어있는 것은 놀라운 일이 아니다. 게다가 지원자들은 이 두 가지 사이에서 극도로 실무중심이거나 연구중심인 프로그램 또는 중간 성향을 가진 프로그램 모두 찾아볼 수 있다.

임상심리에서의 훈련이 역사를 따라 드라마틱하게 변화해오고 있는 것처럼, 오늘날에도 계속해서 변화하고 있으며, 미래에도 역시 바뀔 것을 암시하고 있다(Grus, 2011). 의심할 여지없이 과학기술의 발전이 임상심리학자들의 훈련 속에서도 점차 발전하고 있다. 학생들의 수가 늘어나면서 심리치료와 평가기술을 배울 때 웹캠과 컴퓨터 기반의 방법을 사용하여 슈퍼바이저들이 감독할 수 있고, 또한 라이브방송이나 녹화본을 통해 학생들이 수업에서 배워온 것들을 적용할 수 있도록 해준다(Barnett, 2011; Manring, Greenberg, Gregory & Gallinger, 2011; Wolf, 2011). 그리고 학생들이 특정한 임상 역량이나 기술을 검토받을 수 있는 훈련이 증가 추세에 있다. 훈련에서 역량을 강조하는 경향은 임상심리 대학원을 졸업한 학생들에게 시험, 논문, 다른 학문적 일에서 좋은 결과를 얻을 수 있도록 도울 뿐만 아니라 그들이 배워온 것들을 성공적으로 적용할 수 있도록 해준다. 아마도 학생들이 필요할 구체적인 역량은 중재(치료), 평가, 연구, 자문/협력, 슈퍼비전/강의, 윤리, 문화 다양성, 그리고 경영/행정에 걸쳐 다양하다(Barlow & Carl, 2011; Kaslow & Graves, 2015; Peterson, Peterson, Abrams, Stricker, & Ducheny, 2010).

우리나라 임상심리학 훈련 모델

한국심리학회는 조선심리학회라는 명칭으로 1946년에 창립되었고, 이후 임상심리분과회가 설립된 1964년 전까지의 기간은 한국 임상심리학의 태동기에 해당되는 기간일 것이다. 일제 강점기부터 지속되어온 실험심리학이 지배적이던 심리학적 풍토를 토대로 임상심리학이 국내에 소개되기 시작하였다. 특히 6 · 25 한국전쟁은 심리학, 특히 응용심리학에 대한 관심을 높이게 되는 계기가 되었다고 할 수 있다. 1950년대 서울대학교, 중앙대학교, 이화여자대학교에 심리학과가 창설되었고, 점차 임상심리학에 대해 호의적인 분위기가 형성되었으며, 1952년부터 임상심리학 관련 연구논문, 저서, 심리검사 제작, 임상심리학 강의 또는 각종 매체를 통해서 임상심리학을 소개하는 글들이 발표되기 시작하였다. 1950년대 후반에는 성균관대학교에서 임상심리학을 공식적으로 강의하기 시작하였다. 1946년 성백선은 사회사업가 권기주와 함께 문제아동자문기관을 운영하기 시작했고, 1958년부터는 서울아동상담소를 개소하여 문제아동을 위한 임상활동을 시작하였다. 1961년부터 육군에서 임상심리장교 제도가 신설되어 1967년까지 총 4명이 배출되었는데, 1호는 故한명택이었다. 우리나라에서 임상심리학이 병원장면에 등장한 것은 1962년에 국립정신병원직제에 임상심리과가 하나의 독립된 부서로 편성된 것이었으며, 이를 시작으로 하여 1963년 우석의대병원 신경정신과에 임상심리연구원으로서 신동균, 가톨릭의대병원 신경정신과에 임상심리조교로서 김중술, 국립정신병원 임상심리과에 과장으로 이현수가 부임한 일을 꼽을 수 있다(염태호, 1996).[2]

대한민국의 임상심리학 프로그램은 미국과는 조금 다른 길을 걸어왔다. 아직까지 한국 임상심리학회는 자신들의 교육수련 모델이 어떤 부분을 지향하고 있는지를 명시한 적이 없다. 단지 학회의 홈페이지 기재사항을 살펴보면, 이들이 과학자-임상가 모델과 유사한 모델을 지향하고 있음은 추정 가능하다. 실제 현직교수들을 대상으로 한 질문에서도 자신의 교육과정이 과학자-임상가 모델에 가장 가깝다는 답변이 우세하였다(Jeon, Choi, & Lim, 2017).

현재까지 대한민국에서 임상심리학자들이 담당하고 수련받는 영역에서 가장 중요한 것은 심리평가이다. 하지만 이런 강조점에는 변화가 필요하다는 지적이 많다. 최근 대한민국 임상심리학계 교육 지도자들에게 미래훈련 방향에서 강조해야 할 부분을 질문하면, 대부분이 첫 번째로 심리치료 분야의 강조를 말한다. 이에 임상심리학자의 연구 분야 및 활동 분야가 현재는 심리평가에

---

2 염태호. (1996). 임상심리학회 30년사, 한국임상심리학회.

표 1.2 우리나라 임상심리 대학원 과정이 지향하는 훈련 모델의 예

대학원 과정	현재 훈련 모델	학위 과정	지향하는 훈련 모델	웹사이트 소개
서울 대학교	무응답	석/박사	무응답	심리학은 연구 주제의 다양성만큼이나 연구 방법에 있어서도 실험실 실험, 심리검사, 현장관찰, 통계적 분석 방법 등의 다양한 방법론을 사용하고 있으며, 특히 심리학의 대표적인 연구 방법인 실험연구법을 강조하고 있다. 이상 행동에 대한 과학적 연구, 각종 치료 프로그램 및 평가도구 개발, 임상실습 등 다양한 활동을 하고 있다.
연세 대학교	과학자-임상가 모델	석/박사	과학자-임상가 모델	행동심리학 연구실 : 연세심리건강센터 및 대학병원과 연계하여 임상 활동을 하고 있다. 또한 행동수정 및 행동주의 철학과 관련 있는 아이디어와 주제를 중심으로 다양한 임상적 함의를 가진 연구를 진행한다.
가톨릭 대학교	과학자-임상가 모델	석/박사	과학자-임상가 모델	대학원 교육의 특성화에 역점을 두어 그 특색을 살린다. 즉 가톨릭대 대학원에서는 응용 분야(상담, 임상)를 강조함으로써 대인 서비스에 직접 참여하는 전문인 육성을 도모한다. 다양한 실습교육을 통해 대학원생들의 질적 수준을 높이고 폭넓은 사회봉사활동에 참여시켜 이 분야에 있어서는 선구자적인 역할을 담당하도록 한다.
덕성여자 대학교	과학자-임상가 모델	석/박사	임상 과학자 모델	심리학의 연구 성과들을 임상현장의 실무에 적합하도록 변화시키는 해법을 찾는 것이 연구 방향이다. 기초과학적 지식을 활용하여 심리장애의 원인 및 치료법을 규명하고자 노력한다.
영남 대학교	무응답	석/박사	무응답	박사 과정은 연구와 응용 임상 모두에서 엄격한 훈련을 제공하며 과학자-임상가 훈련 모델을 반영한다. 학생들에게 학업, 연구, 임상 실습 분야에서 직업을 추구할 수 있는 기술을 제공한다.
중앙 대학교	과학자-임상가 모델	석/박사	임상 과학자 모델	우울, 불안, 적응 문제, 중독, 정신분열, 섭식장애, 주의력결핍, 학습장애, 성격장애 등의 정신병리에 대한 연구를 진행하며, 심리평가와 치료를 수행하기 위하여 전문적인 지식을 익힌다. 병원, 정신보건센터 및 각종지역사회센터 실습 및 봉사를 통하여 개인이나 집단의 정신건강에 기여하기 위한 전문가로서의 자질을 함양시킨다.

대학원 과정	현재 훈련 모델	학위 과정	지향하는 훈련 모델	웹사이트 소개
중앙 대학교	과학자-임상가 모델	석/박사	임상 과학자 모델	석사과정 졸업 후에는 일정기간의 수련 뒤에 정신건강임상심리사 및 임상심리 전문가 자격증을 취득하여, 병원의 임상심리실, 정신보건센터 및 정신건강 클리닉 등의 기관에서 임상심리사로 활동한다. 또한 심리검사 제작 및 임상심리 관련 연구소에서 연구원으로 재직하거나 국가기관, 각 지역의 정신보건센터 등 다양한 장면에서 활동하며 지역사회의 정신건강을 위하여 일한다.

출처 : 역자가 각 대학 지도교수에게 보낸 서신에 대한 응답과 각 대학원의 홈페이지 내용 편집

중점을 두고 있는 데 비하여(Gwon, Kang, Lee, Kim & Jung, 2011; Lee, Kim, Park, Kim & Choi, 2014), 미래에는 심리치료 역량을 강조한 임상심리학자의 양성이 활성화될 것으로 예측된다.

두 번째로, 우리나라 교육자들이 동의하는 부분은 임상심리학자가 내담자를 위하여 근거기반 실천정신에 따라 적절한 평가 및 치료서비스를 제공해야 한다는 것이다. 평가에 있어 객관적 행동 관찰과 면접 실시 능력이 더욱 강조될 것으로 여겨진다. 이에 정신건강임상심리사 혹은 임상심리 전문가의 자격시험에도 평가 및 심리치료 영역에서 이러한 변화의 흐름이 반영될 것으로 예측되며, 대학원과 같은 주요 고등교육 현장에서 획일적인 평가와 단일한 심리치료법을 넘어선 증거에 기반을 둔 객관적 평가와 치료 교육으로 바꾸려는 시도들이 나타날 것으로 보인다.

세 번째로는 타 학문과의 융합연구가 더 많아질 것을 예측하고 희망하였다. 이는 타 학문과의 융합연구를 통하여 임상심리학의 폭넓은 응용을 추구하고 있으며, 구체적으로 생물학 및 신경과학과의 융합연구를 희망한다는 응답에 잘 나타나 있다.

네 번째로는 기타 영역으로서 윤리교육의 강화 및 보다 엄격한 보수교육을 통한 연구와 서비스의 질에 대한 관리 감독이 있었다. 윤리교육과 보수교육을 강화함으로써 임상심리전문가가 제공하는 서비스의 질 관리에 중점을 두고 있음을 알 수 있다.

이와 같은 주요한 이슈들로 미루어볼 때 현직에서 교수로 재직 중인 교육 지도자들이 예상한 임상심리학의 교육훈련 방향성은 이론적인 지식과 실제적인 개별 임상 문제에 서비스 제공 능력을 강화하는 것을 모두 강조하고 있으며, 이것이 과학적 기반하에 이루어져야 함을 희망하고 있다(Jeon, Choi, & Lim, 2017).

들어가며 : 대학원 과정은 어떤 지원자를 선호하는가

Insider' Guide(Norcross & Sayette, 2016)는 교육에 활용되는 한 권의 책이며, 임상심리 대학원을 지망하는 학생들에 대한 조언을 담고 있다. 다른 책으로는 *Graduate study in Psychology*(APA, 2012b)와 *Getting In: A Step-by-Step Plan for Gaining Admission to Graduate School in Psychology*(APA, 2007)가 있다. 임상심리 전공으로 대학원 과정에 들어가는 것은 쉬운 일이 아니다. 입학 경쟁률은 높고, 입학사정 과정도 까다롭다. 평균적으로 임상심리에서 철학 박사가 되기 위한 프로그램에는 270명의 지원자가 지원하고, 그중 6%만이 합격한다(Norcross & Sayette, 2016). 어떻게 준비해야 할지 미리 아는 것은 지원자에게 큰 도움이 된다. 앞에 나열된 것과 같은 책에서 얻을 수 있는 조언은 다음과 같다.

- **여러 경로를 선택할 수 있다.** 임상심리학자라는 타이틀을 받을 수 있는 여러 경로가 있다. 더욱이 많은 다른 전문직업도 활동 측면에서 임상심리와 유사한 활동을 하는 분야가 있다. 이런 옵션을 다양하게 조사하면 지원자에게 가장 적합한 대학원 과정을 고를 수 있을 것이다.
- **학부 과정에서 좋은 성적을 받아라.** 대학원 과정은 입학해서 가장 잘 적응할 수 있는 능력을 학부에서 갖추고 오기를 바란다. 학부에서 이수하기를 권장하는 코스들은 공통적으로 통계, 연구/실험 방법, 정신병리학, 생물심리학, 그리고 성격심리학이다(Norcross & Sayette, 2016; Norcross Sayette, Stratigis, & Zimmerman, 2014). 선택과목도 직접적으로 임상심리와 연관된 수업으로 신중하게 골라라. 현장실습이나 인턴십을 들은 학생들도 선호한다(Mayne et al., 1994).
- **교수님에게 좋은 이미지를 남겨라.** 추천서는 임상심리 대학원 입학 결정에서 가장 중요한 요소 중 하나이다(Norcross, Hanych, & Terranova, 1996). 교수님들은 (그리고 임상과 연구현장의 감독자들은) 바로 여러분의 추천서를 써줄 분들이다. 교수님이 실제로 그 학생을 잘 알수록 교수님의 추천서 내용은 더 튼실해질 수 있다. 예를 들어, 대규모 강의 과정에서 A학점을 받은 조용한 학생에게 써줄 수 있는 추천서란 대체로 간결하고 형식적인 내용일 것이다. 그러나 연구나 다른 전문적인 활동을 통해 강한 협조 관계를 발전시켜왔으며 그 학생에게 적극적인 진로지도를 해왔다면, 그 학생을 위한 추천서는 훨씬 더 의미 있고 설득력 있으며, 효력을 발휘하는 글이 될 것이다.
- **연구경험을 쌓아라.** 연구방법론 수업에서도 배울 것은 많지만, 그것이 다른 지원자들과 당신을 차별화시키지는 못할 것이다. 교수님의 연구에 동참한다는 것은 경험적 연구 과정에 대한 추가적인 경험을 습득할 기회가 되며, 전문화된 지식을 체험하고 교수와는 업무 관계로 만날

수 있는 기회가 된다. 만약 연구에 충분히 기여한다면 여러분의 이름은 논문이나 연구발표에 공저자로 기재될 수도 있으며, 이런 실적은 대학원을 지원하는 데 큰 도움이 될 것이다. 어떤 경우에는 교수들이 현재 진행 중인 프로젝트를 위해 연구보조를 구하기도 한다. 학부생들이 독창적인 연구 아이디어를 교수님께 제안할 수도 있다. 어느 정도 준비가 되어 시작한 일이건, 학부 수준에서 연구를 수행하는 것은 지원자가 대학원 과정에 합격하고 학업에서도 성공할 가능성을 높인다.

- **임상 관련된 경험을 하라.** 대학생의 경우 직접 임상 경험을 할 기회(치료, 상담, 인터뷰, 검사 등)는 당연히 제한적이다. 학사 학위를 받고 대학원에 진학할 생각을 하고 있는 사람들에게도 이런 기회는 흔치 않다. 그러나 몇몇 기관에서는 임상심리학과 관련 깊은 내담자 및 전문가들을 접할 기회가 제공된다. 이런 환경에는 지역정신건강센터, 정신병원, 위기상담센터, 대안학교, 행동/정서적 문제가 있는 아동을 위한 캠프 등이 포함된다. 임상 경험이 인턴, 실습(학점 취득 목적)인지 유급인지 자원 봉사인지는 중요하지 않다. 이 경험을 통해 여러분은 특정 분야에 대한 생생한 정보를 습득할 수 있고, 대학원 입시 담당자들에게는 여러분이 임상심리학에 대해 그만큼 진지하고 준비된 사람이라는 것을 증명할 것이다.
- **대학원 과정을 신중하게 선택하라.** 대학원에 들어가는 것은 분명 중요하지만, 잘 맞지 않는 과정에 입학하는 것은 학생과 해당 과정 둘 다에게 이득이 되지 않는다. 가능한 한 많은 대학원에 대해 알아두는 것이 최선이다. 그곳의 교육 모델은 무엇인가? 교수진은 어떤 임상적 지향을 가지고 있는가? 교수진의 전공 분야는 무엇인가? 어떤 임상 경험이 제공되는가? 물론 여러분의 선호나 제약사항(지역, 비용, 가족) 등도 신중히 고려해야 한다.
- **효과적인 자기소개서를 작성하라.** 여러분의 입학 지원서에 있는 수많은 다른 문항에 더해 대학원은 여러분에게 자기소개서(혹은 학업계획서)를 요구할 것이다. 이것은 여러분의 연구와 임상적 관심, 희망직종을 밝힐 기회이다. 물론 이것은 당신이 지원하고 있는 대학원 과정에서 얻을 수 있는 것들이어야 한다. 또한 학부 때 교수와 함께한 연구나 임상적 경험같이 이력서나 약력에 단순히 간략하게만 적은 정보를 더 자세하게 설명할 수 있는 기회이기도 하다. 과도하게 사적인 이야기를 적는 것을 피하고 자신의 글쓰기 능력이 돋보이도록 작성한다.
- **입학면접을 잘 준비하라.** 대부분의 박사 과정은 고득점 지원자들을 개별면접에 초청한다. 이런 면접은 대학원 과정에 있는 교수에게 당신을 알리고 당신 또한 그 대학원 과정을 알 수 있는 놀라운 기회이다. 대학원 과정과 당신의 관심사에 대해 잘 정리하고 방문해야 한다(당연히 옷차림도 전문적인 느낌으로 준비하고). 준비는 구체적일수록 좋다. 예를 들면 이 대학원의 평판이 좋다는 것보다 특정 교수들의 집중적인 연구 분야에 대한 관심을 보이는 것이 더 나

은 인상을 준다. 글상자 1.2는 당신이 답변을 반드시 준비해야만 하는 일부 질문의 목록이다. 그리고 당신만의 질문 목록을 만드는 것을 잊지 마라. 좋은 질문은 대학원 홈페이지에서 찾을 수 있는 것보다 더 자세한 정보를 얻을 수 있게 하고 질문 과정에서 면접관들에게 좋은 인상을 남길 수 있다.

- **장기적인 목표를 고려하라.** 장차 당신은 임상가가 될 것인가 연구자가 될 것인가? 당신은 이미 당신만의 이론적 지향을 확실히 정했는가? 혹은 다양한 것을 경험할 수 있는 대학원 과정을 추구하는가? 임상 영역이나 과학적 영역 중에서 당신이 가장 흥미를 가지고 있는 구체적인 영역은 어디인가? 당신은 얼마만큼의 대출을 감당할 수 있는가? 이런 질문과 다른 질문들에 대해 미리 생각해야 당신을 잘 성장시키고 만족스러운 직업까지 인도할 수 있는 대학원을 고를 수 있다.

대한민국에서 임상심리전공 대학원에 입학하는 과정도 미국과 크게 다르지는 않다. 임상심리 대학원 입학 경쟁률은 전체 대학원 경쟁률 대비 높은 편에 속하며, 인문사회계에서는 독보적으로 높다. 자신이 원하는 과정에 입학하기 위해서는 원하는 교수와 만나보거나 해당 대학원 과정에 대

● ● ● 글상자 1.2 ● ● ●

예상되는 면접 질문

임상심리학 대학원 과정에 지원하는 지원자에게 면접관이 질문할 수 있는 질문의 종류에 대한 공식은 없다. 그러나 다음의 질문들이 매우 일반적이다. 면접관들이 이런 특정한 질문을 하든 하지 않든, 여기에 대해 진지하게 고려함으로써 당신의 흥미에 딱 부합하는 대학원 과정을 찾을 수 있는 기회를 향상시켜라.

- 왜 임상심리학자가 되고 싶습니까?
- 구체적으로 저희 대학원 과정의 어떤 점 때문에 지원하셨습니까?
- 당신은 어떤 연구에 관심이 있으십니까?
- 당신이 선호하는 심리치료 접근법은 무엇입니까?
- 우리의 교수진 중 누구와 같이 일하고 싶습니까?
- 당신의 장기적인 직업적 목표는 무엇입니까? 만약 당신이 우리 학교의 학생이 된다면, 졸업 이후 무엇을 하고 싶으십니까?

출처 : Adapted from Norcross & Sayette (2016).

한 자료 수집이 필요하다. 자신이 지원하고자 하는 교수의 연구실에서 어떤 주제의 연구를 진행하는지를 미리 확인해야 교수님의 주목을 받을 수 있다. 대체로 심리학 학부 과정을 마친 학생들을 선호하기 때문에 가능하다면 복수전공이나 부전공, 편입 등을 통해 심리학 학사 전공을 경험하는 것도 도움이 될 것이다. 학부 과정에서는 통계나 실험연구법 등을 수강한 학생들을 선호하는 교수님들이 있으며, 학부 성적을 중시하는 분들도 있다. 시험에서 높은 성적을 받아야 합격의 가능성이 있으며, 연구계획서나 면접시험도 별도의 준비가 필요하다. 대학원 과정과 임상수련 과정이 분리되어있으므로, 대학원 진학 후 학창생활에 대한 계획을 말할 때는 가급적 임상적 경험에 대한 계획보다 학업 및 연구에 중점을 두겠다는 표현이 높은 면접점수를 이끌어낼 수 있다.

수련 과정

임상심리학자로서의 자격증 취득을 위해서는 흔히 수련 기관에서 수련 과정을 경험해야 한다. 전형적으로 이 과정은 종합병원, 단과 정신병원, 지역사회 정신건강센터 등 자격증 관리기관이 인정하는 수련기관에서 흔히 1~3년간의 수련지도를 받는 임상적 경험으로 구성된다. 이 시기는 '학생'의 역할에서 벗어나 '전문가'의 역할로 들어서기 시작하는 일종의 진보된 견습생 기간이다. 이 과정에서 지금껏 대학원에서 가능했던 것보다 더 구체적인 훈련 과정을 경험하게 된다. 수련생들은 자격증 취득을 위해 요구되는 필수 영역(심리평가, 심리치료, 지역사회 활동 등)에서 필수 시간들을 축적한 뒤(그리고 적절한 자격증 시험에 통과한 후) 실무를 독립적으로 볼 수 있는 자격을 얻을 수 있게 된다.

자격증 취득을 위한 수련기관 및 필수 요구조건들에 대해서는 한국임상심리학회 홈페이지(www.kcp.or.kr)에 자세히 나와있다.

수련기관에 지원하는 과정은 몇 년 전 대학원에 지원하는 과정과 몹시 유사하게 느껴질 수 있다. 다양한 수련기관을 조사하고, 수많은 곳에 지원하고, 시험을 위해 이동하고, 시험을 치르고, 피드백을 기다리며 불안해하고, 새로운 지리적 영역으로 이주하는 것도 염두에 두어야 한다. 보통 10월경에 수련생을 모집하는 기관들의 공고가 한국임상심리학회 홈페이지 내 수련생 모집 게시판에 올라오게 된다. 수련생을 모집하는 기관들에 서류를 제출하고 각 기관의 기준에 따른 서류 심사 통과 이후 각 기관 내의 자체적인 시험을 보게 된다. 그 과정들을 모두 통과해야 그 기관의 수련생이 된다. 이 과정은 매우 고단하고 경쟁률은 매년 높아지고 있다. 따라서 상당히 많은 수가 수련 과정에 들어가지 못할 수 있다. 그러나 현재 이런 악화 상황을 개선하기 위한 수많은 전략이 고려 중에 있다. 지원자들이 수련을 가기 위해서 스스로 지리적 범위나 지원하는 곳의 수를 제한하지 않는 것이 성공률을 높일 수 있다.

그림 1.1, 1.2, 1.3 임상심리학자는 기업, 대학, 병원 등 다양한 직장에서 근무하고 있다.

© Tony Tremblay/Istockphoto.com (top), © Steve Shepard/isctockphoto.com (middle), © Sandra Nicol/istockphoto.com (bottom)

석사 학위 취득 및 자격증 취득 이후 박사 과정에 지원하는 경우도 있다. 박사 학위는 자격증 취득에 있어 필수적인 조건이 아니므로 적은 수가 이 과정을 선택한다.

자격 취득

임상심리사 관련 자격증(licensure)은 임상심리전문가, 정신건강임상심리사, 임상심리사로, 총 세 가지가 있다. 각각의 자격증은 수여기관이 다른데, 먼저 임상심리전문가는 한국임상심리학회가 담당하고 정신건강임상심리사는 보건복지부가, 마지막으로 임상심리사는 한국산업인력공단이 수여한다. 임상심리전문가는 단일 자격증이며, 정신건강임상심리사와 임상심리사는 1급과 2급으로 구성되어있다.

하지만 석사 학위를 얻거나 수련 과정을 완료했을 때 자격증이 바로 주어지지는 않는다. 자격증을 취득하기 위해서는 자격증 시험을 통과하는 것 역시 요구된다.

자격증 취득 이후 임상심리학자의 지속적인 전문성 유지를 위한 보수교육이 요구될 수 있다. 보수교육은 임상심리학자가 내담자에게 제공할 수 있는 표준적인 치료를 유지하거나 향상시키기 위한 의도로써 심리학 분야의 최신 과정의 발달을 유지하는 것을 보장할 수 있다. 현재 이 보수교육제도는 임상심리전문가와 정신건강임상심리사에게 필수적이다. 임상심리전문가는 자격유지를 위해 학회가 요구하는 필수적인 시간 및 활동을 해야 한다. 많은 임상심리전문가들은 학회 참여, 워크숍 참여 등의 수많은 방식으로 이런 보수교육이 요구하는 사항들을 충족시킬 수 있다.

전문 활동 및 고용 장면

임상심리학자는 어디서 일하는가

미국의 임상심리학자들은 다양한 환경에서 일하지만 개업 센터에서 가장 많이 일한다. 실제로 이 응답은 2000년대에 임상심리학자를 대상으로 수행한 설문조사에서

뿐 아니라 1980~1990년대에 수행된 유사한 설문조사에서도 명확하게 나타났다(Norcross & Karpiak, 2012; Norcross & Rogan, 2013).

1980년대부터 개업 센터는 임상심리학자의 30~41%가 근무하는 곳으로 가장 많은 수가 근무했다. 그 시기에 각 조사에서 2위를 차지한 곳은 대학의 심리학과였지만, 그 수는 19%를 넘지 못했다. 임상심리학자의 2~9%는 정신병원, 종합병원, 지역사회 정신건강센터, 의대, 보훈의료센터에서 주요 업무를 보았다. 흥미롭게도 1980년대부터 진행된 각 설문조사에서 3위는 '기타'였다. 예를 들어, 2003년에 15%의 심리학자는 '기타'라고 응답하고 정부기관, 공립학교, 물질남용센터, 기업, 대학과 같은 다양한 환경을 기입했다. 이는 센터 개업이 최종적인 목적지일지라도 임상심리학자들이 폭넓은 범위의 환경에서 일자리를 찾고 있는 것이 분명하다(Borel, 2015; Norcross & Karpiak, 2012; Norcross & Karpiak & Santoro, 2005).

한국의 경우 2007년 한국의 임상심리학자를 대상으로 조사한 설문조사에 따르면 다양한 환경에서 고르게 근무하고 있는 것이 나타났다. 그중에서 병원(종합병원/국공립병원), 개인병원/의원, 개업센터, 대학교(심리학과/타과) 4곳에서 가장 많이 고르게 근무하는 것으로 나타났다(권정혜, 2008).[3]

임상심리학자는 어떤 일을 하는가

미국의 경우 임상심리학자들은 수많은 범위의 전문적인 활동에 참여하지만 심리치료가 최우선적이다. 고용 환경 조사와 마찬가지로, 이 결과는 최소 1970년대 이래 수십 년 동안 유지되고 있다(Norcross & Karpiak, 2012).

1973년부터 심리치료를 한다고 보고하는 임상심리학자의 수는 다른 어떤 전문적인 활동을 한다고 보고하는 수를 항상 능가해왔고, 그 수는 76~87%에 이른다. 더욱이 각각의 활동에 소모하는 시간의 비율을 물었을 때, 임상심리학자들은 시간의 31~37%를 심리치료를 하

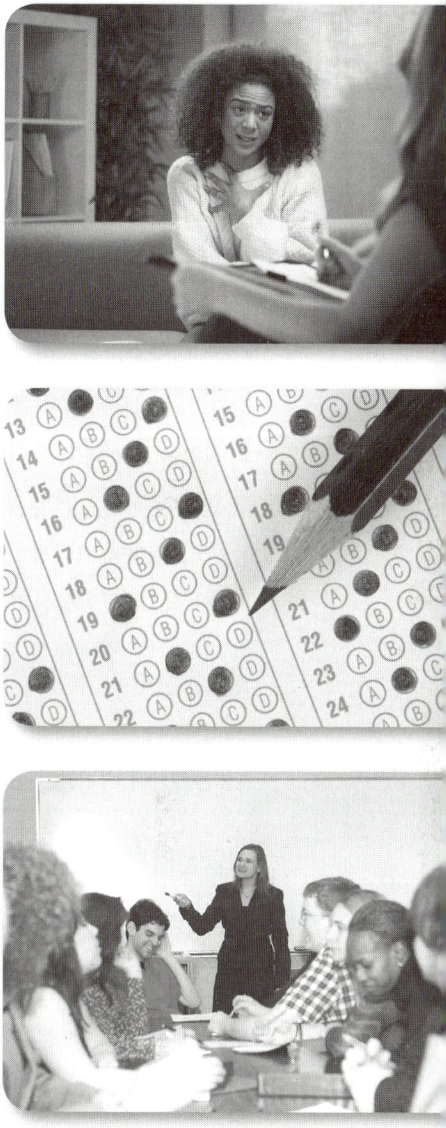

그림 1.4, 1.5, 1.6 임상심리학자의 전문 활동으로는 심리치료, 검사, 교육 등이 있다.

© sturtir/istockphoto.com (top), © gece33/istockphoto.com (middle), © Bonnie Jacobs/istockphoto.com (bottom)

3 권정혜. (2008). 한국 임상심리학자들의 역할과 활동. *Korean Journal of Clinical Psychology*, 27(2), 571-579.

는 데 사용한다고 보고했다. 이는 다른 활동의 2배 이상의 비율이다. 심리치료를 하는 사람들에게서 개별치료(76%)가 집단치료, 가족치료, 커플치료를 크게 제치고(각각 6~9%) 치료 시간의 가장 큰 비율을 차지했다(Norcross & Karpiak, 2012).

물론 꽤 많은 수의 심리학자들(절반 이상)은 진단/평가, 교육, 수련감독, 연구/집필, 자문, 행정의 활동들 모두를 어느 정도씩은 하고 있다고 보고했다. 이것들 중에서 진단과 평가가 다른 활동보다는 임상심리학자의 시간을 더 점유하고 있다. 전체적으로 볼 때, "임상심리학자는 다양한 고용 장면에서 여러 역할을 한꺼번에 담당하고 있다."고 볼 수 있다(Norcross & Sayette, 2016). 그림 1.7은 임상심리학자의 전문적인 자기관점에 대해 나타내고 있다.

한국의 경우 전문적인 활동에 임상심리학자들이 소모하는 시간의 비율을 물었을 때, 50% 이상의 시간을 보낸다고 응답한 활동 중 가장 많은 활동은 심리치료와 심리 진단 및 평가였다. 물론 연구 및 논문작성, 강의, 수련감독, 행정처리에 50% 이상의 시간을 보낸다고 응답한 임상심리학자들 역시 존재했다(권정혜, 2008).

종합적으로 "임상심리학자들은 다양한 직업 영역에서 다방면의 전문적인 일에 관여한다."는 것이 명백하다. 실제로 절반 이상의 임상심리학자는 최소 두 가지 이상의 직업을 가지고 있다.

임상심리학자는 다른 직업군과 어떤 차이가 있는가

상담심리학자

상담심리학과 임상심리학이 몹시 구분되던 시대가 있었을지 모르지만, 오늘날 이 두 전문 영역 간에는 유의미하게 영역이 겹친다. 역사적으로 이 두 영역은 내담자의 특성에서 가장 큰 차이가 있었다. 임상심리학자는 심각한 장애가 있는 사람들과 일할 가능성이 더 높았던 반면, **상담심리학자**(counseling psychologist)는 덜 병리적인 내담자들과 일(상담)할 가능성이 높았다. 그러나 오늘날 많은 임상 및 상담 심리학자들은 동일한 유형의 내담자들을 만나고 때로는 함께 동료로서 일을 하기도 한다. 이 두 영역은 미국의 경우 대학원생들이 동일한 인턴십 장소를 가지고 보통 동일한 학위(PhD)를 받으며, 동일한 자격 지위를 가진다는 점에서 또한 유사하다(Norcross, 2000). 한국의 경우 두 전문 영역은 최소 석사 학위를 요구하고 한국심리학회 산하의 전문가 자격을 가진다는 점에서 유사하다.

실제로 이 두 전문 영역은 워낙 많은 공통점을 갖고 있어 석사학위를 가진 심리학자에게 서비스를 받고자 하는 내담자는 그 치료자가 학위를 임상심리학에서 받은 것인지 상담심리학에서 받은

그림 1.7 임상심리학자들은 자신을 어떤 직업인이라고 생각하는가(미국)

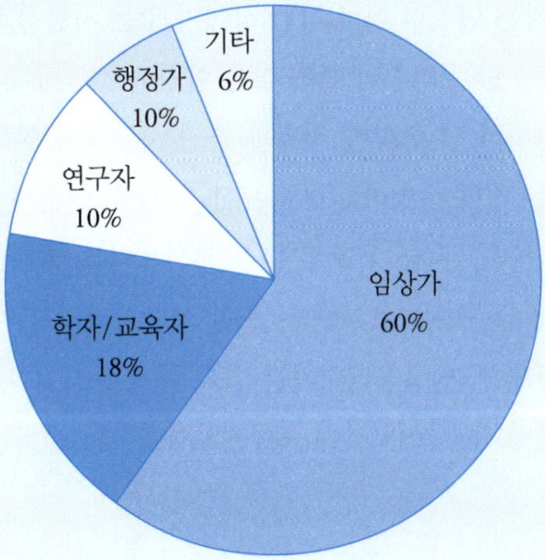

출처 : Norcross, Karpiak, & Santoro (2005), Figure 3.

그림 1.8 임상심리전문가의 주된 역할(한국)

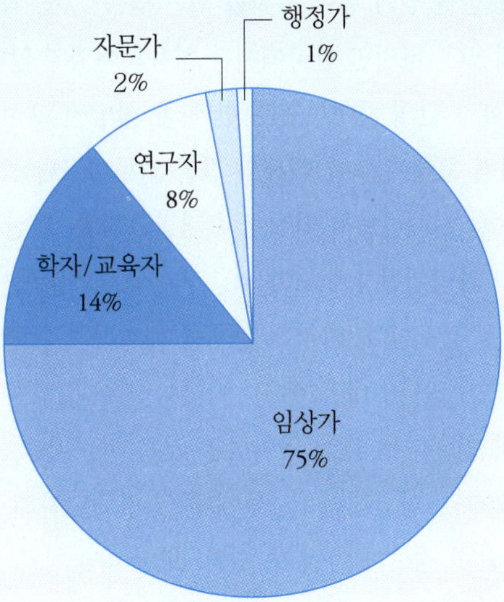

출처 : 권정혜 (2008). 한국 임상심리학자들의 역할과 활동. *Korean Journal of Clinical Psychology*, 27(2), 571-579.

것인지에 대해서는 전혀 알지 못한다.

그러나 임상 및 상담 심리학자들 사이에는 여전히 몇 가지 의미 있는 차이가 남아있다. 상담심리학자에 비해 임상심리학자는 여전히 더 심각한 장애가 있는 사람들과 일하는 경향이 있고, 그로인해 흔히 병원과 입원시설이 있는 정신과 병원 같은 환경에서 일하는 경향이 있다. 상담심리학자는 임상심리학자에 비해 여전히 덜 심각한 장애를 가진 사람들과 일하는 경향이 있고, 그로인해 흔히 대학상담소에서 일하는 경향이 있다(Gaddy et al., 1995). 이론적인 방향에 있어서 차이 역시 일부분 존재하는 것은 명백하다. 두 분야 모두 다른 분야보다는 절충적인 방향을 더 지지하지만, 상담심리학자는 인간중심적 접근법을 지지한다. 또한 상담심리학자는 직무검사와 진로상담에 더 관심이 많은 경향이 있는 반면에, 임상심리학자는 의료 환경에 심리학을 적용하는 것에 더 관심이 있는 경향이 있다(Banyasz & Baker, 2015; Norcross & Sayette, 2016).

정신과 의사

임상심리학자(혹은 상담심리학자)과는 달리 정신과 의사(psychiatrist)는 의대에 진학하고 의사면허를 취득한다(사실, 정신과 의사들은 수련 과정이 한참 진행되기 전까지는 정신과에서 전문화된 수련과정을 시작하지 않는다. 초기 몇 년 동안은 보통 다른 과의 의사들과 동일하다). 정신과 의사는 의사로서 약물을 처방하는 것이 허용된다. 최근까지 심리학자들은 약물을 처방할 수 없었지만 제3장에서 설명한 대로 처방권한을 얻기 위한 시위를 최근 몇 년 동안 해왔고, 미국 내의 몇 개의 주에서 의미 있는 승리를 이뤄냈다. 하지만 한국에서는 허용되어있지 않다.

정신과 의사와 임상심리학자 간의 차이는 단순한 약물 처방권 그 이상이다. 이 두 전문가는 근본적으로 행동 문제나 정서적 문제에 대한 이해와 접근법이 다르다. 임상심리학자는 내담자의 문제가 가진 생물학적 측면을 잘 이해하도록 확실히 훈련받았지만, 정신과 의사들의 훈련은 장애[우울증, 불안장애, 주의력결핍 과잉행동장애(ADHD), 경계성 성격장애 등]를 뇌의 생리적인 이상으로 최우선으로 보는 생물학을 강조한다. 따라서 문제를 해결하기 위해 정신과 의사들은 약물 처방을 통해 뇌를 치료하는 경향이 있다(Noll, 2015). 이것이 정신과 의사들이 심리치료나 상담 같은 '대화의 치료법'을 존중하지 않는다는 것을 의미하는 것은 아니지만, 그들은 약물을 더 선호한다(Harris, 2011; Manninen, 2006). 임상심리학자들에게 있어 내담자의 문제가 지닌 생물학적 측면은 내담자들을 이해하는 주요한 정보가 아닐 수 있고, 또한 약물치료가 그 문제를 해결하는 첫 번째 선택이 아니라고 보는 경우가 있다. 대신에 임상심리학자들은 내담자의 문제를 행동, 인지, 정서의 문제로서 파악한다. 물론 여전히 뇌 활동의 결과로서 보지만 비약물학적인 방법을 통해 변화할 수 있다고 보고 있다.

글상자 1.3

나의 경험

내가 경험한 바로는, 내담자 중 많은 사람들이 심리학자와 정신과 의사의 차이를 모른다. 물론 그 차이를 알고 있는 사람들도 있다. 정신건강 분야에 대해 종종 직접적인 경험을 가지고 있는 사람들, 심리학자와 정신과 의사 둘 다를 본 적이 있는 사람들도 있고, 가족과 동반하여 그 둘을 모두 본 사람 또는 이 직업에 종사하는 사람도 있을 것이다. 하지만 많은 내담자들은 그 차이를 모른다. 이들은 전혀 무지한 사람이 아니다. 몇몇은 대단한 학위를 받았고, 많은 사람들은 나름 똑똑하다는 인상을 남긴다. 그들은 단지 이 특정한 정보를 가지고 있지 않을 뿐이다.

그들의 지식 부족은 여러 측면으로 나타난다. 한번은 긴 임상면접을 마친 후에 내담자는 기대감 있는 눈빛으로 나를 쳐다보았다. 질문이 있냐고 묻자, 그는 초조한 듯 "그래서요? 처방전이 뭔데요, 의사님?"이라고 물었다. 나는 정신과 의사가 아니라 심리학자라고 설명했고 내담자는 내가 약물을 처방하지 않는 것에 충격을 받는 듯했다. 또 다른 경우 첫 면담시간에 열두 살짜리 아들을 데려온 한 어머니가 나에게 잠시 따로 시간을 낼 수 있는지 물었다. 그녀는 어린이들을 위한 정신성 약물에 반대하는 자신의 입장을 상세히 이야기하는 열정적인 연설을 했고, 자신이 지난 밤 어떻게 잠을 잘 수 없었는지 설명했다. 내가 누구이고 무엇을 하는지 설명하자 그녀는 꽤 안심하는 듯 보였다.

나는 왜 그렇게 많은 사람들이 심리학자와 정신과 의사를 구분하는 데 어려움을 겪는지 종종 궁금했다. 단어의 유사성은 확실히 문제를 만든다. 두 단어 모두 'psych'으로 시작해서 'ist'로 끝난다. 언론도 도움이 되지 않는다. 영화, TV쇼, 뉴스에서도 정신과 의사, 특히 심리학자와 정신과 의사란 말이 혼용해서 쓰인다. 나는 새로운 또는 미래의 내담자들과 이야기할 때 내 일의 일부는 그들이 심리학자와 정신과 의사 사이의 차이를 확실히 이해하도록 하는 것이라는 결론을 내렸다. 나는 이 문제(더 자세한 내용은 제5장 참조)가 치료의 동의를 얻는 과정에서 치료를 계속할 것인지를 결정할 때 환자가 알아야 할 중요한 사안이라고 생각한다.

사회복지사

전통적으로 **사회복지사**(social worker)는 개인의 문제에 기여하거나 문제를 완화시킬 수 있는 개인과 사회적 요소들 간의 상호작용에 집중해왔다. 그들은 내담자 문제의 많은 부분을 사회적 질병(인종차별, 억압적인 성 역할, 가난, 학대 등)의 결과로 보았다. 그들은 또한 의뢰인들을 복지 기관, 장애인 사무실, 취업 훈련기관 같은 사회복지 기관과 연결해서 도왔다. 심리학이나 정신의학 분야의 관계자들보다 그들은 내담자의 가정이나 직장을 방문하거나, 내담자들의 이익이 될 수도 있는 조직들과 접촉하는 경향이 있다. 사회복지사들이 심리학자, 정신과 의사와 함께 일할 때(이를테면 어떤 기관에서) 그들은 주로 주거, 고용, 외래 정신건강 서비스 같은 내담자들의 요구를 충족시켜서 입원 치료실을 떠난 내담자들이 지역사회에 성공적으로 정착하게 돕는 것에 집중한다.

최근 들어 사회복지 분야가 점점 더 광범위해지면서 일부 사회복지사(특히 심리치료를 제공하는)는 임상심리학자들과 유사성이 높아지고 있다(Wittenberg, 1997). 그러나 사회복지사의 훈련은 임상심리학자의 훈련과 상당히 다르다. 미국의 사회복지사는 보통 박사 학위가 아닌 석사 학위를 마치며 이들의 훈련은 주로 지도감독하의 현장훈련이지 연구 방법, 심리검사, 생리심리학 등을 찾아보기 어렵다. 정신병리에 대한 그들의 이론과 치료는 여전히 사회와 환경적 요인을 강조한다.

대한민국의 경우 최근 들어서 정신건강전문요원제도가 사회복지사와 임상심리사 모두에게 지역사회 정신건강관리를 요구하고 있으며, 그들이 정신건강임상심리사에게 요구하는 수련 내용에서 사회복지사와의 유사성이 높아지는 추세이다. 그러나 사회복지사들이 대부분 학사 학위를 취득하고 현장에서 일하는 반면, 임상심리학 졸업자의 대부분은 석사 학위나 박사 학위를 마치고 현장에서 활동한다. 또한 정신건강임상심리사와 달리 한국심리학회가 주관하는 임상심리전문가의 경우 연구와 기초심리학에 대한 강조가 뚜렷하여 사회복지사와의 차별화는 명확한 편이다.

학교 심리학자

이름에서 암시하고 있듯이, **학교 심리학자**(school psychologist)는 대개 학교에서 일하지만, 몇몇은 탁아소나 교정 시설 같은 다른 환경에서 일할 수도 있다. 그들의 주된 기능은 학생들의 지적·정서적·사회적·발달적 삶을 향상시키는 것이다. 그들은 학습장애나 ADHD와 같은 진단을 결정하기 위해 종종 심리검사를 실시한다(특히 지능과 성취도 검사). 그들은 학생들의 교육적·정서적 필요를 충족시키기 위해 고안된 프로그램을 사용하고 발전시킨다. 또한 학생들의 생활 교사, 학교 관리자, 학교 직원, 학부모와 관련된 어른들과 상의하며, 제한적이지만 학생들과 직접적인 상담을 한다(Albers & Felt, 2015). 한국의 경우 아직 학교 심리학자제도가 확립되어있지는 않고 일부 학교에 전문상담교사가 근무하면서 이 역할을 담당하고 있다.

전문 상담사

전문 상담사(professional counselor)는 한국상담학회에서 발급하는 민간자격증으로, 1급과 2급으로 나뉘어있다. 먼저, 2급은 교육연수인증기관에서 450시간 이상 이수한 자, 대학에서 상담 관련 36학점 이상 이수한 자, 대학원에서 상담 관련 12학점 이상 이수한 자에게 수련 자격을 부여한다. 교육연수기관은 한국상담학회에 등록된 기관으로 연구소, 상담센터 등이 여기에 속해있다. 이후 수련을 받고 필기시험에 합격하면 자격증이 발급된다. 1급은 2급 자격증 소지자, 상담학 전공 석사 학위 취득자, 대학원에서 상담 관련 36학점 이상 이수자에게 수련 자격을 부여한다. 이 자격증을 한국상담심리학회의 상담심리사 자격증과 혼동하지 않아야 한다. 상담심리사 자격증은 1급과 2급 모두 석사 학위를 필요로 하고, 반드시 상담 관련 과목 외에 기초심리학을 이수하도록 명시해놓고 있다. 하지만 현장에서는 두 자격증이 동등하게 취급받고 있다.

요약

임상심리학의 범위는 20세기 초반 Lightner Witmer에 의해 시작된 이래로 크게 확장되었다. 현재 이 직종의 훈련 과정은 각기 다른 세 가지 접근법을 포함한 다양한 길이 있다. 경험주의와 임상실무를 거의 동일하게 강조하는 과학자-임상가(볼더) 접근법, 임상실무를 더욱 강조하는 임상가-학자(베일) 접근법, 강력하게 경험주의를 강조하는 임상과학자 접근법이 그것이다.

대학원 교육 프로그램에 들어가는 것은 상당한 경쟁이 필요하다. 전문적인 훈련 선택권, 적절한 학부 과정의 성공적인 이수, 연구 경험 및 임상적 경험에 대한 지식은 지원자를 구별하고 입학 가능성을 높일 수 있는 요소 중 하나이다.

면허는 임상심리학자가 독립적으로 실무를 볼 수 있도록 허용한다. 임상심리학자에게 가장 흔한 직업 환경은 개업 센터이지만, 대학 심리학과와 다양한 유형의 병원에서도 많은 사람들이 일하고 있다.

임상심리학자에게 가장 흔한 직업 활동은 심리치료이지만, 그들은 또한 평가, 강의, 연구, 지도감독 활동에 상당한 시간을 보낸다. 상담심리학자, 정신과 의사, 사회복지사 및 학교 심리학자의 직업적 역할은 각각 임상심리학자의 역할과 어느 정도 중복되지만, 임상심리학은 항상 고유한 전문적 독립성을 유지해왔다.

주요 용어

과학자-임상가 모델
미국심리학회(APA)
베일 모델
볼더 모델
사회복지사
상담심리학자
심리임상과학 아카데미
심리학 박사 학위(PsyD)
임상가-학자 모델
임상과학자 모델
임상심리학
임상심리학 분과(12분과)
자격증
전문 상담사
정신과 의사
학교 심리학자
Lightner Witmer
Richard McFall

비판적 사고를 위한 질문

1. Lightner Witmer는 본래 임상심리학을 의학, 교육, 사회학과 유사한 학문으로 정의했다. 현대 임상심리학이 이 분야들과 어느 정도 유사성을 유지하고 있다고 생각하는가?
2. 최근에 관찰된 대학원 교육 모델의 동향을 고려하면, 과학자–임상가, 임상가–학자, 임상과학자 모델이 지금으로부터 10년간 얼마나 인기가 있을 것으로 예상하는가? 향후 50년간은 어떻게 될 것이라 생각하는가?
3. 임상심리학자가 되고 싶어 하는 학부생들에게 어떤 종류의 연구나 임상 경험이 가장 가치 있을 것 같은가?
4. 면허를 취득한 임상심리학자가 받아야 하는 지속적인 교육의 양은 얼마인가? 이러한 지속적인 교육은 어떤 형태를 취해야 하는가? (워크숍, 강의, 읽기 자료 등)

주요 학술지

Annual Review of Clinical Psychology
http://www.annualreviews.org/journal/clinpsy

Clinical Psychology Review
http://www.journals.elsevier.com/clinical-psychology-review

Clinical Psychology & Psychotherapy
http://onlinelibrary.wiley.com/journal/10.1002/(ISSN)1099-0879

Journal of Clinical Psychology
http://onlinelibrary.wiley.com/journal/10.1002/(ISSN)1097-4679

Journal of Counseling Psychology
http://www.apa.org/pubs/journals/cou/index.aspx

Training and Education in Professional Psychology
http://www.apa.org/pubs/journals/tep

CHAPTER 2

임상심리학의 발달 과정

학습 목표

2.1 William Tuke, Eli Todd와 같은 초기 선각자들의 역할과 1700~1800년대에 걸친 정신건강관리 운동의 주요한 공헌점을 요약한다.

2.2 Lightner Witmer가 임상심리학 분야에 미친 핵심적 공적을 기술한다.

2.3 1800년대부터 현재까지의 정신질환 진단체계의 발전을 살펴본다.

2.4 *DSM* 장애 목록을 결정한 과정에 대해 비평한다.

2.5 지능과 성격 평가의 역사에서 중요한 사람과 심리학적 도구를 확인한다.

2.6 전쟁이 임상심리학자의 전문적인 활동에 미친 영향에 대해 설명한다.

2.7 1900대 초에서 현재까지 미국 임상심리학의 성장에 대해 토론한다.

분야의 기원

심리학의 근원을 살펴보면 1,000년 전의 소크라테스, 플라톤, 아리스토텔레스까지 거슬러갈 정도의 풍부한 역사를 가지고 있다(Benjamin, 2007; Ehrenwald, 1991). 임상심리학의 역사 역시 유구하지만 일부 사람들이 예상하는 것만큼 길지는 않다. 물론 최근 수십 년 동안 임상 분야 전문직은 많은 대중과 심리학적 전문가들 사이에서 큰 인기를 누렸다. 사실 오늘날 많은 사람이 심리학자에 대해 들었을 때 즉각적으로 심리치료나 평가를 수행하는 임상심리학자를 떠올린다. 그러나 심리학에서 임상심리학이 이런 지위를 차지하게 된 것은 적어도 1900년대 초기가 지나서부터였다. 임상심리학이란 학문은 20세기경까지 존재하지 않았으며 이후 수십 년 동안도 중요성이 대두되지 않았다.

초기 개척자

임상심리학이 나타나기 전에도 세계의 다양한 분야에 있는 영향력 있는 인물은 정신적 질병을 가진 사람들의 삶에 긍정적인 변화를 만들기 위해 노력했다. 그들의 공헌으로 임상심리학이 나타날 수 있었다. 1700~1800년대 사이에 정신적 질환에 대한 태도는 오늘날보다 비우호적이었다. 서양을 포함한 세상의 많은 지역에서 정신질환은 악마의 영혼으로 인해 나타나는 것으로 이해되거나 이런 증상들이 나쁜 행동과 성품의 결과로 나타나는 증상으로 여겨졌다. 그들은 종종 사회로부터 격리되었고 시설 내에서 보호되었는데, 그 기관은 병원이라고 하기보다는 감옥에 가까웠다(Reisman, 1991).

이 시기 동안 유럽과 북미로부터 다양한 전문적인 배경을 가진 사람들은 심리적인 문제를 가진 사람들에 대한 대우를 개선시키고자 하였다. 그들의 노력으로 서구에서는 정신질환을 앓고 있는 사람들에게 임상심리학의 출현을 알리는 공식적인 훈련으로써 새롭고 보다 인도적인 접근 방식을 채택했다. 이러한 개척자들의 성취를 살펴보자.

William Tuke

William Tuke(1732~1822)는 그의 고향 영국에서 정신질환자들이 직면하고 있는 끔찍한 상황을 듣게 되었다. 그는 이를 직접적으로 확인하기 위해 정신병원을 방문했고, 그것은 공포 그 자체였다. Tuke는 그의 많은 삶을 이러한 상태들을 개선시키기 위해 헌신했다. 그는 정신질환자들이 항상 친절하게, 존엄하게, 품위 있게 다루어질 지역치료센터인 **요크 요양소**(York Retreat)를 개업하기 위해 기금을 조성하였다. '요양소'라고 지은 것은 그 당시 정신질환에 대한 지배적인 접근법과 비교하였을 때 근본적으로 다른 접근이었다. 환자들은 좋은 음식을 제공받고 자주 운동을 하였으며 직원들과 친밀하게 의사소통을 했다. 요크 요양소는 인도적 치료의 예시가 되었고, 곧 유사한 기관들이 유럽과 미국 전체에 걸쳐 개업했다. 그의 죽음 이후에도 Tuke의 가족들은 요크 요양소에서 활동하였으며, 정신질환자들을 위한 치료 개선을 위해 헌신했다(Reisman, 1991).

Philippe Pinel

William Tuke가 영국에서 한 일을 정신질환의 해방자인 **Philippe Pinel**(1745~1826)은 프랑스에서 해냈다. Tuke처럼 Pinel은 환자가 아닌 수감자로 대우한 파리의 지하감옥(Cautin, 2011; Charland, 2015; Ehrenwald, 1991)에서 정신질환자들을 빠져나오게끔 했다. 그는 오랜 시간 동안 동시대인들과 프랑스에서 권력을 가진 사람들에게 정신질환은 악마에 의한 것이 아니며, 그들을 학대나 경멸이 아닌 동정심을 지니고 대하자고 설득시켰다. 그는 환자들이 갇히거나 가학적으로 다뤄지는 것이 아닌 건강한 음식을 주고 자애로운 치료법으로 다루어지게 하는 새로운 기관을 만들었다. 특히 주목할 만한 점은 Pinel이 직원들에게 환자 각각의 배경에 맞는 치료법을 사용하라고 했고, 진행 중인 치료들을 기록하라고 했으며, 정신질환을 종류에 따라 구분하라고 했다는 점이다. 이러한 점은 그가 정신질환자를 가두는 것이 아닌 그들을 개선시키고자 하는 데 진정한 관심이 있음을 나타낸다(Reisman, 1991).

1806년 발표된 Pinel의 광기에 대한 논문은 그의 목표가 정신질환을 끔찍한 것으로 여기기보다는 공감의 대상으로 여기는 것임을 알 수 있다. "가혹한 잣대로 정신질환자를 다스리는 것은 환자를 위해서가 아닌 그들을 관리하는 체계의 편의성을 위함이다"(as quated in Ehrenwald, 1991, p.

217). Frances(2013a)는 Pinel을 다음과 같이 묘사하였다. "이 분야에서는 최고의 아버지이자 롤모델이었다. … Pinel은 환자들을 사람으로 좋아했으며 인간적으로 대했다. 나폴레옹의 개인 정신과 의사가 될지 아니면 환자와 함께 머무를지 선택권이 주어졌을 때 그는 나폴레옹을 거절했다"(p. 57).

18세기 후반에서 19세기 초반까지 유럽에서 정신질환을 향한 사회의 시선은 상당한 변화를 겪고 있었고, "Pinel과 Tuke의 목소리는 개인의 권리와 사회의 책임을 노래하는, 날로 성장 중인 합창의 일부였다"(Reisman, 1991, p. 9).

Eli Todd

Eli Todd(1762~1832)는 정신질환자에 대한 인도주의적 치료를 위한 합창이 대서양 건너편에까지 울려퍼지는 데 기여했다. Todd는 1800년대에 코네티컷주의 의사였는데, 그 시대에 정신질환을 위한 병원이 있는 주는 세 곳뿐이었다. 정신병을 앓고 있는 사람들을 치료하는 부담은 오로지 가족의 몫이었고, 그들은 수치심과 당혹감에 환자를 숨기곤 했다. Todd는 프랑스에서의 Pinel의 업적을 체험했고, 그는 그것을 미국에 있는 의학계 동료들에게 전했다. 동료들은 Todd의 이상을 이념적으로, 재정적으로 지지해주었고, Todd는 1824년 코네티컷주 하트포드에 요양소(The Retreat)를 개업할 수 있게끔 도왔다. Todd는 요양소에 있는 환자들이 항상 인간적으로 존엄적인 방법으로 치료될 것이라는 걸 확신했다. 그와 직원들은 환자의 약점이 아닌 강점을 강조했고, 환자가 자신의 치료를 결정하는 것에 참여할 수 있게끔 하였다. 미국의 다른 주에서도 Todd의 정신질환자들에 대한 성공적인 치료가 알려지며 이와 비슷한 기관들이 문을 열기 시작했다(Reisman, 1991).

Dorothea Dix

Todd의 노력에도 불구하고 여전히 정신질환을 치료하기 위한 충분한 병원이 미국에는 없었고 그 결과로 이러한 환자들을 수용할 사회적 기관으로 감옥이나 교도소가 선택되었다. 1841년에 Dorothea Dix(1802~1887)는 보스턴에 있는 감옥에서 주일학교 선생님으로 근무하고 있었다. 그곳에서 그녀는 많은 수감자들이 범죄보다는 정신질환이나 지적장애의 결과로 그곳에 있다는 것을 직접 확인하였다. Dix는 그녀의 남은 삶을 정신질환지들을 위한 치료를 개선하는 데 썼다. 도시를 다니며 정신질환에 대한 치료 데이터를 수집했고, 데이터를 지역의 사회 지도자들에게 제공하고, 그들에게 정신질환이 있는 사람들을 좀 더 인도적이고 적절하게 대해 달라고 설득했다. 그녀가 방문하는 도시마다 놀랄 만한 변화가 나타났다. 그녀의 노력으로 미국 전체 및 유럽과 아시아에 걸쳐 30개 이상의 정신질환자를 위한 시설이 설치되었다. 그곳에서는 다른 기관과는 사뭇 다른, 적절하고 동정심 넘치는 정신질환 치료를 제공했다(Reisman, 1991).

Tuke, Pinel, Todd, Dix는 임상심리학 시대의 사람은 아니다. 하지만 그들의 노력은 1700~1800년대에 서구사회 전반에 불어닥친 정신질환자를 경멸, 공포, 처벌보다 존중, 이해, 도움을 받아야 한다는 메시지를 대표한다. Lightner Witmer의 주장에 따르면 이 메시지가 힘과 수용을 얻게 되며 임상심리학으로 자라날 씨앗을 심을 수 있게끔 비옥한 땅이 만들어졌다(Cautin, 2011).

Lightner Witmer와 임상심리학의 창시

Lightner Witmer(1867~1956)는 필라델피아에서 태어나 펜실베이니아대학교에서 경영학 학사 학위를 받았다. 그는 1892년 독일에서 실험심리학의 설립자인 Wilhelm Wundt의 지도하에 박사 학위를 받았다. Witmer는 또한 다른 실험심리학의 개척자인 James McKeen Cattell의 지도하에 연구했다(Reisman, 1991; Routh, 2015c). Witmer가 박사 학위를 받을 당시 심리학은 본질적으로 학문적 성격을 지닌 연구 분야였다. 요약하자면 1800년대 후반의 심리학자들은 심리학을 연구하는 사람이지 이를 응용하는 사람이 아니었다.

역사적으로 주요한 변화는 Witmer가 1896년 박사 학위를 받은 지 4년 후 펜실베이니아대학교의 교수가 되어 최초로 심리학 클리닉을 세우며 발생했다(Routh, 1996). 우리의 현대적 관점에서 상상하는 임상심리학과는 큰 차이가 있었지만, 이는 과학으로서 심리학이 체계적이고 의도적으로 사람들의 문제에 적용된 첫 번째 사례였다. 1896년 미국심리학회(APA) 연차대회에서 Witmer(1897)는 동료들과 회원들에게 그의 클리닉에 대해 말했고, "인간성에 닥친 문제에 대한 해결책을 찾고 싶다면"(p. 116) 자신의 치료소를 개업하라고 권장했지만 그들은 이에 대해 딱히 관심을 보이지 않았다(Reisman, 1991). 하지만 수십 년이 지난 후에 임상치료를 하는 기관은 확실히 급증했다. 1914년 미국에는 대략 20개의 심리학 클리닉이 있었고, 그것들의 대부분은 Witmer의 클리닉을 모델로 한 것이다(Schultz & Schutlz, 2011). 1935년 클리닉은 150곳 이상으로 크게 증가했고, 그해에 Witmer의 학술지에는 한 가지 주제로 클리닉에서 일어난 활동에 대한 조사와 임상심리학자를 훈련시키기 위한 구체적인 제안이 담긴 내용이 발표되었다(Brown, 1935).

그의 클리닉에서 Witmer와 동료들은 학교 장면에서 학습 및 행동과 관련하여 문제를 가진 아이들을 다루었다(Benjamin, 2007; Routh, 2015c). 그들의 의뢰인은 학교, 부모, 의사, 또는 지역 당국이었다(McReynolds, 1997). Witmer(1907)는 임상심리학이 아이들뿐만 아니라 성인에게도 적용될 수 있으며, 학교와 상관 없는 문제에도 적용될 수 있다고 말했다. "사실 임상적 방법은 소위 정상 아이들에게도 적용 가능하다. … 대상이 아이든 어른이든 간에 연구와 치료는 수행될 수 있고, 결과는 임상적 방법의 형태로 표현될 수 있다"(p. 9).

클리닉을 설립하는 것에 더해서 Witmer는 또한 1907년에 이 분야에 관한 최초의 학술 저널인 *The Psychological Clinic*을 발행하였다(Benjamin, 2007). Witmer는 첫 번째 호에 '임상심리학'이라는 제목의 첫 번째 논문을 썼다. 이 논문은 처음으로 임상심리학이란 용어의 설명과 정의 그리고 그것이 존재해야 할 필요성과 발전되어야 할 이유를 설명했다. 논문은 Witmer(1907)의 혁신에 대한 설명으로 시작되었다. "지난 10년 동안 펜실베이니아대학교의 심리학 실험실은 제 지시하에 '심리학 클리닉'이라 불리는 것을 수행해왔습니다"(p. 1).

우리는 Witmer의 임상심리학에 대한 정의를 제1장에서 논의했지만, 이 장에서는 Witmer의 역사적 시사점을 조금 더 다루어보려 한다. 먼저 Witmer는 임상심리학을 의학, 교육 및 사회복지와 연관이 있다고 정의 내렸지만 의사, 교사, 사회복지사는 임상심리학의 업무를 감당하는 데 적절하지 않다고 지적하였다. 대신에 이 새로운 분야는 기존 분야 및 다른 분야의 영향이 융합된 영역으로 특별히 훈련받은 전문가를 요구한다. Witmer의 임상심리학에 대한 정의가 그 당시 많은 분야에 걸쳐 나타난 Freud의 영향을 받지 않았다는 점은 매우 흥미로우며, 알려진 바와 같이 Freud의 심리치료에 대한 논의는 포함되지 않았다. 마지막으로 Witmer는 그가 임상심리학 정의에서 논의한 치료법을 실증적으로 평가할 방법에 대해서는 어떤 언급도 하지 않았다. 이는 Witmer가 실험 연구가로서 대학원 교육을 받았다는 점에서는 다소 놀라운 일이다(Routh, 1996; Witmer, 1907).

1800년대 후반까지 Tuke, Pinel, Todd, Dix 등은 임상심리학의 탄생을 위한 기반을 마련했다. Witmer는 비록 그 전성기가 오기까지 얼마간의 시간이 필요했지만, 임상심리학의 자랑스러운 출현을 세상에 알렸다. "1890년대의 임상심리학은 희미하게 깜빡이는 빛이었고 힘겹게 첫 숨을 내뱉은 아기였다. 임상심리학은 심리학이란 새 과학 분야에서 그 생명력을 새롭게 이끌어냈다"(Reisman, 1991, p. 44).

평가

진단적 이슈

Witmer가 임상심리학을 정의한 이래 정신질환을 범주화하는 것은 임상심리학에서 핵심적 이슈였다. 사실 이런 분류에 대한 논의가 시작된 시기는 Witmer가 등장하기 훨씬 전부터였다.

오늘날에는 많은 정신적 장애들이 공식적인 용어로 제시되어있어서 그런 명칭들이 존재하지 않았던 시기를 상상하는 것은 어려울 수도 있다. 1800년대 유럽에서 정신질환에 대해 이름을 붙이는 원시적인 시도가 시작되었다. 특히 정신적 질환들은 **신경증**(neurosis)과 **정신증**(psychosis)이라는 두 가지 광범위한 범주의 하나로 분류되었다. 신경증에 걸린 사람은 일부 정신과적인 증상(우리가 지금 긴장이나 우울이라고 부르는 것 포함)을 겪는 중이지만 현실에 대한 감각을 유지하고 있는 사람들로 규정되었다. 반면 정신병 환자들은 현실감의 손상이 환각, 망상, 또는 와해된 사고의 형태로 나타난다(Reisman, 1991).

그림 2.1 '임상심리학'이라는 용어와 최초의 임상심리클리닉이 Lightner Witmer로부터 시작되었다. 그의 시대로부터 이 분야는 얼마나 많은 변화가 일어났을까?

Public Domain

Emill Kraepelin(1855~1926)은 '기술 정신의학의 아버지'로 불린다(Reisman, 1991, p. 30). 그는 정신질환을 두 가지 범주로 나누는 체계를 제안하였다. Kraepelin은 **외현화 장애**(exogenous disorder, 외부요인에 의해 발생)가 **내재화 장애**(endogenous disorder, 내부요인에 의해 발생)와 구분된다고 보았으며, 외현화 장애의 치료가 더 용이하다고 주장했다. Kraepelin은 또한 거대한 외현화 장애와 내재화 장애의 범주 안에 존재하는 특정 장애들을 위한 이름을 부여했다. 예를 들어, Kraepelin은 현재의 조현병과 유사한 장애를 지칭하는 **조발성 치매**(dementia praecox)라는 용어를 내재화 장애의 범주에 넣었다. 후에 그는 또한 당시까지 확정되지 않은 용어들이었던 편집증, 조울정신증, 갱년기 우울증, 순환성 성격, 자폐성 성격 등의 용어를 제안하였다(Millon & Simonsen, 2010). Kraepelin이 제안한 용어들은 시간이 지나면서 후대에 의해 조금씩 변경되었지만, 그가 제공한 용어는 궁극적으로 **정신질환의 진단 및 통계 편람**(Diagnostic and Statistical Manual of Mental Disorder, *DSM*; Engstrom & Weber, 2015; Widiger & Mullins-Sweatt, 2008)의 출현을 이끌어내어 그를 진단명 창조의 선구자적 지위에 있게 했다.

미국에서 *DSM*이 나오기 전까지 정신질환을 분류했던 원래의 이유는 인구통계적 정보의 수집이었다. 1840년 미국통계국(Census Bureau)이 사용한 범주는 오직 '백치/정신 이상' 하나였다. 1880년에 7개의 범주가 생겼고, 곧 미국의학회와 군대는 정신질환을 분류하기 위해 각각의 예비적 작업을 시작했다(American Psychiatric Association, 2000).

정신질환을 분류하고 정의하는 보다 정교한 시도가 반영된 최초의 *DSM*은 1952년에 미국정신의학회(American Psychiatric Association)에 의해 출판되었다. 개정판(*DSM-II*)은 1968년에 나왔지만 전판과 큰 차이를 보여주지는 않았다. 그러나 1980년에 나온 다음 개정판 *DSM-III*은 정신질환에 대한 완전히 새로운 사고를 반영하고 있었다(Decker, 2013). *DSM*과 *DSM-II*에서는 각각의 질병에 대한 기술이 다소 애매한 편이었는데, *DSM-III*에서는 각 장애마다 어떤 증상들이 포함되는지를 명확히 기술한 구체적 진단기준(diagnostic criteria)이 제공되었다. *DSM-III*는 또한 다축체계(multiaxial system)를 도입했는데, 이는 각기 다른 문제들을 각각 다른 축에 기록하는 방법이다. 다축체계는 가장 최신판이 출판될 때까지 남아있다가 이번 판에서 삭제되었다. *DSM*은 1987년에 *DSM-III-R*, 1994년에 *DSM-IV*, 그리고 2000년에 *DSM-IV-TR* 순서로 각각 개정되었다 많은 예상과 논란이 오간 이후 2013년 5월에 가장 최근의 진단체계인 *DSM-V*가 출간되었다. 각각의 개정판은 어느 정도 차이가 있었지만, 가장 극적인 변화는 1980년 *DSM-III*에서 나타났다(Lilienfeld & Landfield, 2008a; Widiger & Mullins-Sweatt, 2008).

책의 크기는 *DSM-II*에서 *DSM-III*로 변화되면서 두드러진 차이가 나타났다. 사실 새로운 *DSM*은 기존 판들에 비해 더 많은 장애를 포함하고 있는데, 가장 큰 증가가 *DSM-II*에서 *DSM-III*로 변화되며 발생했다. 최초의 *DSM*(1952)에서 *DSM-IV*(1994)로 발전하면서 장애의 종류가 300% 이상 증가하여 총 368개의 진단이 인간 행동의 범위를 다루고 있다(Houts, 2002). 처음의 판은 간략하고, 스프링 제본 형태의 나선형의 책이었는데 최근의 *DSM*은 947페이지이다.

이렇게 크기가 증가하게 된 이유는 무엇인가? 한편으로는 상대적으로 짧은 기간 동안 심리학이 이전에는 찾아내지 못했던 장애들을 찾아낼 수 있었음을 의미하는 '과학적 발견'을 이룬 것이라고 볼 수 있다. 하지만 다른 한편으로는 이전에는 정상으로 간주되었던 인간 경험의 어떤 면들을 심리학이 장애로 만들어버린 것일 수도 있다(Houts, 2002). 어느 쪽이 진실에 더 가까운지에 대한 논쟁은 꾸준히 지속되어왔다. 몇몇 특정한 장애를 포함하고 제외하는 것을 비롯해 *DSM*의 범위를 넓히는 것이 계속 논쟁거리가 되고 있다. 과연 과학적 증거를 통해서만 진단이 결정되는 것인지, *DSM*의 저자들이 과학적 증거 외에 판단에 활용하는 것은 무엇인지, 그간 *DSM*에 포함되거나 포함이 거부되었던 장애에 대한 판단 역사들이 증거에 기초한 것이었는지에 대한 것은 여전히 논쟁거리이다(Caplan, 1995; Eriksen, 2005; Kutchins & Kirk, 1997). 글상자 2.1은 *DSM*의 개정에서 수정되었던 것들을 보여주고 있다. 최근의 진단적 논쟁과 별개로 임상심리학을 특징짓는 유구한 진단명 부여의 역사에서 최신 *DSM*은 중요한 한 장을 차지한다.

지능평가

20세기 들어 시작된 임상심리학은 심리학 분야의 개척자들이 시작한 지능의 본질에 대한 논쟁과 함께 시작되었다. Edward Lee Thorndike는 각각의 사람들이 각자 별개의 독립된 지능을 가지고 있다고 주장하였으나, Charles Spearman은 많은 특정한 능력을 아우르는 일반적 지능 'g'의 존재를 주장했다(Reisman, 1991). 이러한 논쟁의 결과로 초기 임상심리학자들의 역할은 심리치료 등이 아닌 지능을 측정하는 것으로 강하게 각인되었다(Benjamin, 2007).

글상자 2.1

이것이 *DSM*에 포함된 정신장애인가? 잠재적 장애를 포함할지 배제할지에 대한 결정

새로운 버전의 *DSM*이 출판되기 전 저자들이 수행해야 하는 중요한 작업 중 하나는 특정 경험 혹은 일련의 증상 군집을 공식적인 진단에 포함시킬 것인지를 결정하는 것이다. 분류에 관한 의사결정이 여러 사람에게 미치는 영향을 실로 심대하다. 진단을 받아야 하는 사람, 그들을 치료하는 정신건강전문가, 치료비용을 제공하는 보험회사, 그 문제를 탐구하는 연구자가 이에 모두 해당된다.

때때로 저자들은 개정판에 완전히 새로운 장애를 추가해왔다. 예를 들어, 경계성 성격장애, 자기애성 성격장애, 그리고 사회공포증은 1980년에 *DSM-III*에서 처음 나타났다. 다른 시기에 저자들은 오랜 고민 끝에 제안된 하나의 증상군을 공식적인 장애에 포함하지 않기로 결정했다. *DSM-IV*를 출판하기 이전 몇 년 동안 저자들은 잠정적 명칭인 가학적 성격장애와 자기패배적 성격장애를 추가하는 것을 검토했으나 통과되지는 못했다. 종종 저자들은 장애로 포함하기로 한 이전의 결정들을 뒤엎기도 한다. 동성애는 *DSM-I*과 *DSM-II*의 리스트에 있었으나 논쟁 이후 *DSM-III*에서는 사라졌다. *DSM-III*는 또한 이전 판에는 포함되었던 부적절한 성격장애와 권위적 성격장애를 제거했다.

최근의 *DSM*(*DSM-V*) 섹션에는 많은 정신장애 리스트가 추천되고 검토되었지만 저자들에 의해 거부되었다. 그것들은 추가적인 연구 이후에 포함될지 말지를 검토하기 위해 비공식적인 '제안된 분류 범주'로 포함되었다. 제안된 장애 중에 다음과 같은 장애가 포함된다(American Psychiatric Association, 2013).

- **인터넷게임장애** : 인터넷게임 행동이 임상적으로 상당한 손상 혹은 스트레스를 가져오는 장애로, 게임에 몰두하고 자신의 게임 행동을 조절할 수 없으며 게임을 하지 못할 때 금단 증상이 나타나고 게임 때문에 관계 문제 또는 유사 증상이 나타난다.
- **약화된 정신병 증후군** : 약간의 망상, 환각, 기타 정신병적 현상을 경험한다. 이것들은 조현병 환자가 경험하는 것과 유사하지만 증상들이 좀 더 순간적이고 덜 강렬하며 현실에 대한 개인의 인식은 비교적 정상적으로 유지된다(약화된은 '감소된' 혹은 '제한된'을 의미).
- **지속성 복합 애도장애** : 사랑했던 사람의 죽음을 경험하고 그것에 집착하며 그리움과 슬픔을 느낀다. 12개월 이상 지속되며 아동일 경우 6개월 이상 지속된다.

그림 2.2 무엇이 슬픔이나 흔하지만 바람직하지는 않은 경험과 정신질환을 구분시켜주는가?

© Nick Schlax/istockphoto.com

- **자살 의도가 없는 자해** : 자살의 의도 없이 지난 한 해 동안 5일 또는 그 이상을 베거나 화상을 입히는 등의 방법으로 자기 신체에 손상을 주는 행동을 보인다. 이 행동은 오랜 기간 동안 다른 장애로 분류되었으나(특히 경계성 성격장애), 제안된 이 장애는 그 자체로 독립된 장애이다.

이 제안된 기준에 설명한 현상을 경험하는 개인이 있다는 것은 의심의 여지가 없다. 의문점은 이것들을 정신질환의 형태로 분류해야 하는 것인지 혹은 정상적으로 인간이 경험할 수 있는 범주로 이해해야 하는 것인지이다. 이러한 경험이 미래의 *DSM* 개정판에 공식적인 장애로 분류될지 아닐지는 궁극적으로 *DSM* 저자들이 결정한다.

지능검사 역사에서 중요한 발전이 1900년대 초에 발생했다. 당시에 프랑스 정부는 공립학교 학생들 중 어떤 학생이 특수교육을 받아야 할지를 결정하기 위해 전문적 도움이 필요했다. 이 요구에 부응하여 **Alfred Binet**는 1905년에 최초의 비네-시몽 척도(Binet-Simon scale)를 만들었다(Ferrand & Nicolas, 2015). 이 검사는 'g'의 개념을 산출하는 하나의 단일 점수를 산출했다. 그리고 지능을 산출하기 위해 정신연령과 신체연령을 비교하였다. 정신연령을 신체연령으로 나눈 값은 '지능지수' 또는 IQ가 되었다. 비네-시몽 검사는 인기를 얻었고, 1937년에 Lewis Terman에 의해 개정되었다. **스탠퍼드-비네 지능검사**(Stanford-Binet Intelligence Scale)가 현재까지 지속되는 이 검사의 명칭이다(Goldstein, 2008; Reisman, 1991).

새로운 비네-시몽 검사의 버전이 나올 때마다 표준화 샘플이 개선되고 검사가 가능한 수검자들의 연령 범위도 증가되었다. 하지만 1937년 Terman의 개정 이후에도 이 검사는 여전히 아동의 IQ 측정에 초점이 맞춰진 검사였다. 1939년에 **David Wechsler**가 성인 지능검사에 대한 욕구를 충족시키고자 **웩슬러-벨르뷔 지능검사**(Wechsler-Bellevue test)를 출시하였다. 이것은 성인을 주로 다루는 심리학자들에게 빠르게 인기를 얻었고, 현재까지도 그 인기를 지속하고 있다. Wechsler의 지능검사는 많은 시기에 걸쳐 개정되고 재표준화되었다. 1955년에는 **웩슬러 성인용 지능검사**(Wechsler Adult Intelligence Scale, WAIS), 1981년에는 WAIS-R, 1997년에는 WAIS-III, 2008년에는 WAIS-IV로 개정되었다(Goldstein, 2008; Reisman, 1991; Wasserman & Kaufman, 2015).

1949년 Wechsler는 아동용 지능검사를 발표했는데, 이는 **웩슬러 아동용 지능검사**(Wechsler Intelligence Scale for Children, WISC)로 스탠퍼드-비네 지능검사의 직접적인 경쟁상대라고 할 수 있었다. WISC는 전체 지능(IQ)뿐만 아니라 언어성, 동작성 척도 및 각종 소검사를 포함한다는 점에서 스탠퍼드-비네 지능검사와 차이가 있다. WISC는 1974년 WISC-R, 1991년 WAIS-III, 2003년 WAIS-IV, 그리고 2014년 WAIS-V로 여러 번에 걸쳐 개정되고 재표준화되었다. 1967

년 Wechsler는 아주 어린 아동들을 대상으로 설계된 지능검사인 **웩슬러 유아용 지능검사**(Wechsler Preschool and Primary Scale of Intelligence, WPPSI)를 추가했다. WPPSI는 1989년(WPPSI-R), 2002년(WPPSI-III), 그리고 2012년(WPPSI-IV)에 개정되었다.

스탠퍼드-비네 지능검사와 웩슬러 검사가 시행되던 시대에 다른 많은 아동 및 성인 지능검사 도구가 있었다. 그러나 다른 무엇보다 이 두 검사는 현장에서 표준으로 자리매김한 동시에 심리적 평가의 시장에서 경쟁자로 자리 잡았으며, 한 검사가 개정되면 다른 쪽 검사도 성공적인 대응작을 내놓는 식으로 경쟁 중이다.

성격평가

지능검사(mental test; Cattell, 1890)라는 용어는 1890년 'Mental Tests and Measurements'(Cattell, 1890)라는 제목의 논문에서 James McKeen Cattell에 의해 최초로 사용되었다. 그 당시 이 용어는 반응 속도와 기억, 감각과 지각과 같은 능력의 기본적인 검사를 언급하기 위해 사용되었다. 그러나 머지않아 이 용어는 앞에서 설명한 지능검사뿐만 아니라 성격검사 역시 포함하는 더 넓은 의미의 측정을 뜻하게 되었다(Butcher, 2010).

20세기 초의 20년 동안은 성격을 실증적으로 측정하려는 초기의 몇몇 시도가 있었지만, 성공적이지 않았다. 하지만 1921년 **Hermann Rorchach**는 앞으로 오랫동안 중대한 영향을 미칠 검사를 세상에 소개했다. 스위스의 정신과 의사였던 로르샤흐는 지금은 유명한 그의 10세트 잉크반점 검사를 발표했는데, (검사의 초기 여러 해 동안 서로 다른 여러 개의 로르샤흐 채점 시스템이 경쟁하고 있었음에도 불구하고) 이는 빠른 속도로 인기를 얻었다. **투사적 성격검사**(projective personality test)로서 **로르샤흐 잉크반점 검사**(Rorschach Inkblot Method)는 사람들이 애매모호한 자극에 자신의 성격을 '투사'할 것이라는 가정에 기초한다. 따라서 반점을 지각하고 이해하는 방법을 자신을 둘러싼 세상을 지각하고 이해하는 데에도 활용할 것이다. 1900년대의 초중반을 주도했던 정신역동 전문가들은 로르샤흐 잉크반점 검사가 임상에서 내담자를 보는 데 적절하다는 것을 알게 되었다.

Rorschach가 개발한 검사의 성공은 수많은 다른 투사 기법으로 이어졌다. 예를 들면, **Christiana Morgan**과 **Henry Murray**는 1935년에 **주제통각검사**(Thematic Apperception Test, TAT)를 발표했다. TAT는 피검자가 모호한 자극이 있는 카드에 대해 반응한다는 점에서 로르샤흐 검사와 유사하다. 내담자들은 로르샤흐 검사의 잉크반점과 같이 카드 안에서 사물을 찾아내는 대신 TAT 카드에 나타나는 대인관계 상황과 함께 진행되는 이야기들을 말해야 한다. 마찬가지로 내담자의 반응은 성격 특성을 반영한다고 간주된다. 로르샤흐 검사의 여파로 나타난 다른 투사 기법에는 심리학자가 내담자의 인물화에서 성격 특성을 추론하는 인물 그리기 검사(Draw-a-Person test)와 내담자가 문장의 빈 공간을 완성하는 방법을 검사함으로써 심리학자가 성격을 평가하는 Julian Rotter의 문장완성검사(Incomplete Sentence Blank; Rotter & Rafferty, 1950)가 포함된다. 로르샤흐 검사와 같이 이 검사들과 이외의 다른 투사적 성격검사들은 확실히 어느 정도의 인기를 누려왔지만, 검사의 신뢰도와 타당도에 대한 의문이 서서히 늘어나면서 최근 수십 년 동안 인기는 하락하고 있다.

객관적 성격검사(objective personality test)는 투사적 성격검사 직후에 등장했는데, 투사적 성격검사와 성격을 평가하는 방법이 매우 다르고, 보다 과학적이라는 점에서 차이를 보인다. 일반적으로 이 검사는 내담자가 그들 자신과 그들의 경험, 선호도에 대한 질문에 복수선택 혹은 참/거짓으로 응답하기 위한 지필검사로 구성되어있다. 채점과 해석은 일반적으로 투사적 성격검사보다 더 간단하다. 일부 객관적 성격검사는 성격의 특정한 면에 초점을 맞췄지만, 다른 검사는 더 포괄적인 개인의 성격에 대한 개관을 규정하는 것을 목표로 했다. **Starke Hathaway**와 **J. C. McKinley**에 의해 저술된 **미네소타 다면적 인성검사**(Minnesota Multiphasic Personality Inventory, MMPI)는 아마 포괄적인 성격 척도의 제일 좋은 예일 것이다. MMPI가 원래 저술된 1943년에는 550개의 참/거짓 응답 방식의 문항으로 구성되었다. 피검자들의 응답 패턴은 여러 진단 범주를 대표하는 표준화 표본과 비교된다. 이 검사는 임상 척도를 통해 심리학자들이 내담자를 분류하는 것을 도울 수 있을 뿐만 아니라, 타당도 척도를 사용하여 검사에 대한 피검자의 수검 태도를 평가했다. 말하자면 MMPI는 무선 응답이나 고의적인 거짓 응답을 알아내기 위한 시스템이 내재되어있다. MMPI의 인기는 날로 높아졌으며, 1959년에 이르러서는 MMPI 문항을 조합해서 만든 200개 이상의 척도가 만들어졌다(Reisman, 1991).

1989년 **미네소타 다면적 인성검사 2판**(Minnesota Multiphasic Personality Inventory-2, MMPI-2)이 발표되었다. MMPI-2의 규준은 특히 표준화 표본에서 다양한 나라의 지역 출신의 개인과 소수자를 다루기에 원래의 MMPI보다 더욱 적절했다. 또한 MMPI-2는 원래의 검사 문항에 포함된 모호한 표현이나 시대에 뒤처진 어휘를 제거했다. **미네소타 다면적 인성검사 청소년용**(Minnesota Multiphasic personality Inventory-Adolescent, MMPI-A)은 1992년에 만들어졌다. 모든 유형의 MMPI는 잘 만들어진 객관적 성격검사의 특징을 지니고 있다. 검사를 쉽게 시행하고 채점할 수 있으며, 신뢰도와 타당도를 입증할 수 있을 뿐만 아니라 임상적으로도 유용하다.

한편 한국에도 MMPI-1과 MMPI-2가 도입되었다. 1963년 정범모, 이정균, 진위교에 의해 처음으로 MMPI 한국판 표준화가 실시되어 임상 장면에서 사용되었고, 1989년에 한국임상심리학회 주관으로 재표준화되었다. 한국판 MMPI-2는 (주)마음사랑에서 2004년도부터 표준화 작업이 본격적으로 시작되어 2005년도에 출판되었다.

다른 객관적 성격검사들이 개발되었다가 사라지고 있지만 MMPI만큼 연구 기반과 지속적인 영향력을 보인 검사는 나오지 않고 있다. 그 예로, NEO-PI(NEO Personality Inventory)와 이를 계승하는 NEO-PI-R과 NEO-PI-3는 MMPI보다 정신병리학적으로 덜 초점을 맞추는 성격 척도로 최근 몇십 년 동안 주목을 받고 있다(Costa & McCrae, 1985, 1992; McCrae, Costa & Martin, 2005). 이 검사들의 척도는 임상적인 범주보다는 모든 사람에게 공통된 일반적 성격 특질에 기초한다. 벡 우울척도(Beck Depression Inventory)와 벡 불안척도(Beck Anxiety Inventory)를 포함한 더 구체적인 특질이나 상태를 측정하는 도구도 개발되었다(Beck & Steer, 1993; Beck, Steer, & Brown, 1996).

최근 몇십 년 동안 성격 측정 도구들은 적성검사, 범죄 수사와 같이 그 목적의 범위가 점점 더 넓어지고 있다. 이러한 성격 측정 도구의 사용은 종종 심각한 논란을 불러일으켰으며, 그러한 검사들이 지닌 신뢰도와 타당도의 중요성이 강조되고 있는데, 이와 관련된 주제와 자세한 내용은 제6장에서 다룰 것이다.

심리치료

심리치료는 오늘날 임상심리학의 가장 주된 활동이지만, 항상 그랬던 것은 아니다. 사실 Witmer가 임상심리치료의 현장을 설립한 지 25년이 지난 후인 1930년에도 거의 모든 임상심리학자들은 치료사로서 일하기보다는 학계에 종사했으며, 1940~1950년대까지 심리치료는 임상심리학의 역사에서 중요한 역할을 하지 못했다(Benjamin, 2005; Humphreys, 1996; McFall, 2006; Wertheimer, 2000). 사실 1900년대의 초반 50년 동안 심리검사가 임상심리학자들의 친숙한 영역이긴 하였지만, "임상심리학자들이 일하는 곳은 여전히 의사가 장악하고 있는 영역이었고 … 치료를 위한 계획수립과 치료를 하는 것은 심리학자가 아닌 의사들의 역할이었다"(Benjamin, 2007, p. 163). 제2차 세계대전을 마친 미군 병사들에 나타난 심리적 문제로 인해 발생된 수요가 없었다면 심리치료는 여전히 임상심리학자들에게는 낯선 활동으로 남아있었을 것이다(Bazar, 2015b; Bazar, 2015c; Benjamin, 2007; 임상심리학의 역사에서 전쟁의 영향에 대한 탐색은 글상자 2.2 참조).

심리치료가 임상심리학자에게 중요한 위치로 부각되던 20세기 중반은 심리치료계의 주도권을 **정신역동적**(psychodynamic) 접근이 가지고 있었다(Routh, 1996). 시간이 지남에 따라 정신역동적 접근에 도전하는 세력이 부상했다(Engel, 2008; Hollon & DiGiuseppe, 2011; Routh, 2011). 예를 들면, 1950년대와 1960년대의 행동주의는 인간에 대한 관점과 행동적 혹은 정서적 문제에 대한 접근이 근본적으로 달랐다. **행동주의적**(behavioral) 접근은 문제와 문제의 경과를 관찰 가능하고 정량화할 수 있는 방식으로 측정하는 실증적 방법을 사용해야 한다고 강조했다. 이는 정신 역동적 심리치료의 실증적 증거가 부족한 것에 대한 문제 제기에서 시작되었다. **인본주의적**(humanistic,

● ● ● 글상자 2.2 ● ● ●

임상심리학에 전쟁이 끼친 영향

그림 2.3 전쟁은 임상심리학계에 다양한 영향을 주었다. 직접 전투에 참여했던 군인들을 위해 임상심리학자들은 어떤 도움을 줄 수 있는가?

© Daniel Bendjy/istockphoto.com

전쟁이 직업으로서의 임상심리학의 발전에 미는 영향은 아무리 강조해도 충분하지 않다. 치료, 평가, 그리고 수련 모두가 군인들을 선발하고 임무를 마친 이들을 치료하고자 하는 정부와 민간 부문의 다양한 요구를 반영하며 변화되어왔다(Baker & Pickren, 2011; Bazar, 2015a; Bazar, 2015c; Benjamin, 2007; Tryon, 2008). 임상심리학의 역사에서 많은 주요 사건들은 직접적으로 군사적 측면과 관련성을 가진다.

- Robert Yerkes는 제1차 세계대전 중 육군 알파와 베타 지능검사를 만든 신병 심리검사위원회의 의장을 맡았다. 신병과 기존 군인들의 지능을 측정하는 데 이용되었던 이 검사들은 오늘날 가장 널리 사용되는 지능검사의 선두주자로 여겨진다(McGuire, 1994).
- David Wechsler의 첫 지능검사인 웩슬러-벨르뷔 지능검사의 개발은 제1차 세계대전 중 군인들의 지적 능력을 측정했던 임상적 경험에 기인했다. 이 검사는 WAIS로 이어졌고, 궁극적으로 현재 미국에서 아동과 성인의 지능 측정에 가장 널리 사용되는 WISC와 WPPSI로 수정되어 그 맥을 잇고 있다(Boake, 2002; Reisman, 1991).
- 제2차 세계대전의 후유증으로 많은 미국의 참전용사들이 그 당시 '전쟁 신경증(shell shock)'이라고 칭해졌던 증후군과 기타 다른 심리학적 후유증을 가지고 귀향했다(Benjamin, 2005; Miller, 1946). [훗날 **외상후 스트레스장애**(posttraumatic stress disorder, PTSD)라는 공식적 진단명이 전쟁 신경증을 대체했다.] 미국 정부(특히 재향군인회)는 임상심리사의 수련을 공식화해달라는 요청을 미국심리학회에 보냈으며, 여러 수련 자리를 만들기 위한 자금을 공급했다. 정부의 이러한 노력은 임상심리학 박사 학위 인증 프로그램과 과학자-임상가 수련 모델의 도입을 이끌었다. 이 수련 모델은 임상심리학계에서 가장 강력한 교육수련 모델으로 성장했다. 현재도 다양한 수준의 임상수련자리를 지원하는 등 재향군인회와 임상심리학 수련에 대한 협력은 현재진행형이다(Baker & Pickren, 2011; Humphreys, 1996; Kutchins & Kirk, 1997).

- 1930년대 동유럽에서 나치는 임상심리학계에 큰 영향을 끼친 Sigmund Freud를 비롯한 정신 역동 분야의 유태계 지도자들을 대거 자신들의 나라에서 추방했다. 이와 같은 강제 이주는 그들의 이론과 임상적 접근이 궁극적으로 영국과 미국까지 전파되는 효과를 초래했다(Reisman, 1991).
- 이라크와 아프가니스탄에서의 활동을 포함해서 임상심리학자들은 지속적으로 참전용사와 군인들을 위해 중요한 역할을 수행하고 있다. 재향군인회는 미국 내에서 가장 큰 정신건강 서비스 공급자 중 하나이며, 최근 1년 내 이러한 사업의 혜택을 누리는 참전용사는 거의 100만 명에 달한다(Hunt & Rosenheck, 2011).

미군 인사담당 부서의 최근 정책들을 고려해보자. 이러한 활동들은 임상심리학의 직무에 어떤 영향을 미칠까? 임상심리사가 직면하고 있는 요구는 무엇이고, 이러한 요구사항들은 초창기 전쟁과 관련해 요구되던 것들과는 어떤 차이가 있을까? 군인 이외에도 이러한 활동과 관련하여 임상심리학자의 서비스를 통해 이득을 보게 될 사람은 누구일까?

혹은 '내담자 중심') 접근 역시 1960년대에 번창했는데, Carl Rogers의 관계와 치료에 대한 성장 지향적 접근이 많은 치료사들과 내담자들이 매력적이라고 생각한 정신역동적 접근, 행동주의적 접근 모두에 대한 대안을 제공했던 것에 기인한다고 볼 수 있다. **가족치료**(family therapy) 혁명은 1950년대에 그 뿌리를 내렸고, 1960년대와 1970년대에 이르러 정신 체계에 결함이 있는 것처럼 보이는 정신질환 환자들을 이해하는 것이 합법화되었으며, 일부 임상가들에 의해 치료적 관점으로 선호되었다.

가장 최근에는 심리적 건강의 토대로서 논리적 사고를 강조하는 **인지치료**(cognitive therapy)가 임상심리학자들 사이에서는 가장 인기 있는 접근으로 대두되었다(절충-통합적인 접근을 제외하고; Engel, 2008; Norcross & Karpiak, 2012; O'Donohue, 2009). 인지치료의 부상을 제외하고, 현재의 치료 시장에서 가장 두드러지는 특징은 치료 접근의 범위가 매우 확대된 것이다. 심리치료 과목을 위한 현대의 대학원 교재들은 각기 다른 접근 방식을 다룬 장이 12개 이상이며(예 : Corey, 2009; Prochaska & Norcross, 2014), 교재의 각 장은 서로 다른 접근 방식들 사이의 구체적인 차이를 모든 영역에 걸쳐 기술하고 있다.

몇 가지 심리치료 접근이 시대순으로 등장한 이후 최근 몇십 년의 조류는 이렇게 등장한 심리치료 접근들을 절충적 혹은 통합적으로 결합하는 것(Goldfried, Glass, & Arnkoff, 2011)과 각 접근에 문화 특수적 부분을 반영하는 시도(Comaz-Díaz, 2011)가 주를 이루고 있다.

치료 접근의 대다수는 다른 책과 마찬가지로 이 책에서도 자세하게 다뤄지지만, 우선 요점은 현재 존재하는 이 많은 치료 접근 모두가 임상심리사들이 활용할 수 있는 선택지라고 볼 수는 없다. 사실, 각 치료 방법은 시간에 걸쳐 점진적으로 발전해왔고, 새롭게 등장한 치료 접근은 이전의 치료법들을 바탕으로 하며, 그들의 한계를 보완하기 위한 반작용으로 나타나 점진적으로 발전해온 것이다.

직업에서의 발전

심리치료와 평가와 같은 임상심리학의 주요 활동들이 발달해온 것과 마찬가지로, 직업 그 자체로서의 임상심리학도 초기부터 발전해왔다. 초창기에 주목할 만한 시점들이 존재했다. 예를 들어, 1917년 미국임상심리학회(American Association of Clinical Psychologists)가 설립되었고, 1919년에 미국심리학회(American Psychological Association)의 임상 분과로 병합되었다. 1921년에는 심리주식회사(Psychological Corporation)가 설립되었으며, 이는 지능과 성격 측정, 그리고 심리학적 검사가 큰 사업 분야가 되는 전조였다.

1940년대 임상심리학에서 교육과 수련은 더욱 확산되고 표준화되었다. 미국심리학회는 치료와 평가, 연구에 있어 적합한 수련 경험을 제공할 수 있는 대학원 과정을 인증하기 시작했다. 재향군인회 병원들은 대학원 과정과 인턴십에 자금을 제공하는 임상심리학과의 장기적인 협조관계를 시작했다. 그리고 1949년 역사적인 볼더 총회(Boulder conference)가 개최되었고, 이곳에서 전국의 수련감독자들은 과학과 실무가 모두 PhD임상심리학 수련에서 필수적인 면이라는 것에 합의했다(Cautin, 2011).

1950년대는 임상심리학이 급성장하는 직종이라는 더 확실한 증거들이 등장했다. 치료적 접근법들이 급증했으며 그와 함께 기존의 정신역동적 기법에 대항할 만한 새로운 행동적 접근들과 인본주의적/실존주의적 접근이 나타났다. 심리치료의 효과 여부에 대한 관심 역시 증가되었고, 이는 Eysenck(1952)의 비판적인 분석에 의해 촉진되었다. 미국심리학회 또한 1953년에 윤리적 규정에 대한 초판을 발간하였다. 이는 임상활동에 대한 중요한 논의를 담고 있었으며, 이는 임상심리학이 전문직으로서 한 단계 더 상장했음을 의미한다(McFall, 2006; Tryon, 2008).

1960~1970년대에는 임상심리학 직종에서 다양화가 지속적으로 이뤄졌다. 더 많은 여성들과 소수인종들이 임상심리자로 참여하였다. 임상적 접근법 또한 다양화되어 행동주의와 인본주의, 그 외에 많은 지지자를 얻은 수십 가지의 다른 접근법들이 나타났다. 최초의 PsyD 과정이 나타났고, 이 과정에서는 연구 전문성보다는 적용되는 임상적 기술을 강조하는 대학원 수련 방안을 제공

했다. 그리고 심리치료가 미국인의 건강관리 영역이라는 인식이 나타났고, 보험회사도 많은 의료 전문가들의 서비스와 마찬가지로 임상심리사의 서비스에 대해서도 의료비를 지급하기 시작했다.

1980년대 임상심리학자들은 병원에서 환자 입원 결정권과 의료보험급여를 받을 권리를 얻음에 따라 의료계에서 위상이 상승하게 된다. 더 많은 수의 대학원 수련기관들이 더 많은 새로운 임상심리학자들의 수련을 진행했고, 미국심리학회의 임상가 회원 수가 50%에 달했다. 심리치료는 특히 개업센터에서 급격하게 증가했지만, 지능검사와 성격검사의 사용은 줄어들었다(Reslman, 1991). 1990~2000년대 동안 직업에서의 성장은 계속되었으며, 직종에 합류하는 사람들의 성별과 인종의 다양성이 증가되고 있다(DeLeon, Kenkel, Garcia-Shelton, & VandenBos, 2011).

임상 현장의 규모와 범위는 계속해서 성장하고 있으며, 주로 심리치료 서비스의 수요를 충족시키기 위해서이다. 1950년대 후반에는 오직 미국 인구의 14%만이 심리치료를 받았던 경험이 있었지만, 2010년에는 그 수치가 50%까지 증가했다. 전문적인 수련 방법 역시 계속해서 증가하고 있다. 오늘날 임상심리학자를 지망하는 학생들은 이전보다 더 많은 선택지가 있다. 전통적인 PhD 과정의 과학적/임상적 균형 모델, 임상적 기술을 강조하는 PsyD 과정, 그리고 수련에서 임상과학자 모델을 지지하고 과학/임상 연속체에서 경험적 측면으로 크게 기울어져 있는 더 선택적인 PhD 과정이 그것이다(Klonoff, 2011; McFall, 1991; Stricker, 2011). 법심리학과 건강심리학(1차 진료팀의 임상심리학자 수가 증가되면서)을 포함하여 수많은 전문 분야가 나타나고 있다(Goodheart & Rozensky, 2011). 임상적 기법, 처방권, 새로운 기술에 대한 경험적 연구 결과(제3장 참조)가 나타나고 있는 것이 최근의 여러 전문적 발전 중 하나에 속한다.

이 장에 기술된 사건들을 요약하기 위해서 글상자 2.3은 임상심리학의 역사에서 중요한 사건들을 시간 순서대로 제시했다.

한국에서는 1948년 한국심리학회가 시작되고, 1961년 임상심리학 장교제도가 생기면서 임상심리학 태동의 기반이 형성된다. 1963년에는 국립병원과 대학병원 정신과에 처음으로 임상심리학자를 위한 직역이 만들어졌으며, 1964년에 한국심리학회 산하로 임상심리분과가 설치되어 학문적 기반을 가지게 된다.

병원 내에서의 위상도 계속 높아져서 1965년에는 임상심리학 수련이 시작되며, 1968년에는 김중술이 가톨릭대학교 의과대학의 전임강사로 발령되어 임상심리학자가 의대 교원으로 임명되는 첫 번째 사례가 되었다. 이후 다른 병원들에서 임상심리학자를 교수로 임명하는 사례는 지속된다. 1972년에는 이현수가 중앙대학교 심리학과에 첫 번째 임상심리학 교수로 근무하게 되어 대학원에서의 교육이 시작되었으며, 이후 전국의 국립대와 주요 사립대에 임상심리학 전공이 설치되기 시작한다.

글상자 2.3

임상심리학의 주요 사건

연도	사건
1796	William Tuke가 영국에서 요크 수용소 개업
1801	Philippe Pinel이 정신질환자의 인도주의적 치료에 대한 책 출간(*Medico-Philosophical Treatise on Mental Alienation or Mania*)
1824	Eli Todd가 코네티컷주 하트포드에 요양소 개업
1840	미국통계국이 정신장애에 대한 하나의 기준을 설정('백치/정신 이상')
1841	Dorothea Dix가 보스턴 감옥에서 정신질환자들의 현실을 직면하고 더 나은 치료를 위한 광범위한 노력을 추진
1880	미국통계국이 정신장애의 7개 범주를 결정
1890	지능검사가 Cattell에 의해 최초로 출판되어 사용됨
1892	Lightner Witmer가 박사 학위 취득
1893	Emil Kraepelin이 '조발성 치매'라는 초기의 진단 범주 제안
1896	Lightner Witmer가 펜실베이니아대학교에서 최초의 심리치료소 개원
1905	프랑스에서 비네-시몽 지능검사 발간
1907	Lightner Witmer가 최초의 임상심리학 전문 잡지인 *The Psychological Clinic* 발간
1914	심리치료소 급증(대략 20개 정도 개소)
1916	미국에서 스탠퍼드-비네 지능검사(Terman이 번역) 출간
1917	미국임상심리학회 설립
1921	심리주식회사 설립
1921	로르샤흐 잉크반점 검사 기법 출간
1930~1950년대	정신분석이 심리치료를 지배
1935	주제통각검사(TAT) 출판
1935	심리치료소 더욱 급증(150개 이상 개소)
1939	웩슬러-벨르뷔 지능검사 출간(성인을 위한 최초 설계)
1943	미네소타 다면적 인성검사(MMPI) 출간
1949	아동용 웩슬러 지능검사(WISC) 출간

연도	사건
1949	볼더 총회 개최. 과학자-임상가 훈련 모델 제안
1950~1970년대	정신분석 심리치료의 대안이 등장(예 : 행동주의, 인본주의, 가족/체계)
1952	Hans Eysenck가 심리치료의 결과에 대한 초기의 비판적 논평 출간
1952	정신질환의 진단 및 통계 편람(*DSM*) 출간
1953	미국심리학회에서 첫 번째 윤리강령 발행
1955	웩슬러 성인용 지능검사(WAIS) 출간
1967	웩슬러 유아용 지능검사(WPPSI) 출간
1968	*DSM-II* 출간
1973	베일 총회 개최. PsyD와 임상가-학자 훈련 모델 주창
1974	웩슬러 아동용 지능검사 개정판(WISC-R) 출간
1980~2000년대	인지심리치료가 중요하게 대두
1980	*DSM-III* 출간(구체적인 진단기준과 다축체계가 나타남)
1981	웩슬러 성인용 지능검사 개정판(WAIS-R) 출간
1985	NEO 성격검사(NEO-PI) 출간
1987	*DSM-III*-R 출간
1989	MMPI-2 출간
1989	WPPSI-R 출간
1991	Richard McFall이 '성명서(manifesto)'를 발표. '임상과학자' 훈련 모델 주창
1991	WISC-III 출간
1992	MMPI-A 발간
1994	*DSM*-IV 출간
1997	WAIS-III 출판
1999	NEO-PI-R 출판
2000	*DSM-IV*-R 출판
2002	WPPSI-III 발간
2003	WISC-IV 발간
2008	WAIS-IV 출간
2008	MMPI-2-RF 발간
2013	*DSM*-5 출판

최초의 임상심리학 자격증은 한국심리학회가 발급한 임상심리전문가로, 1973년에 1호 자격증이 발급되어 지금까지 지속되고 있다. 국가 수준의 자격증은 1997년 정신보건법의 발효와 함께 수여된 정신보건임상심리사가 현재 정신건강임상심리사라는 명칭으로 발급되고 있다.

임상심리학을 전공하려는 학생의 수와 회원은 지속적으로 증가하여 현재는 한국심리학회에서 상담심리학회 다음으로 많은 회원 수를 보유한 산하학회로 성장하였다. 초기 심리평가 위주의 활동에서 심리치료의 영역으로 그 활동 범위가 증가되고 있으며, 전통적인 정신건강의학과뿐 아니라 다양한 의학 및 비의학 영역에서 활동 범위를 넓혀가는 중이다. 임상심리학은 심리학 학부를 졸업한 학생들이 가장 진학하고 싶어 하는 전공 중 하나로 성장하였다.

● ● ● 글상자 2.4 ● ● ●

한국에서 전문직업으로서 임상심리학의 주요 사건

연도	사건
1946	한국심리학회 창립
1961	육군에서 임상심리장교 제도(임상심리장교 제1호 : 한명택) 신설
1962	국립정신병원직제에 임상심리학과가 독립된 부서로 편성
1963	우석의대병원과 가톨릭의대병원 신경정신과에 각각 임상심리학자를 위한 자리 마련(임상심리연구원 : 신동균, 임상심리조교 : 김중술). 국립정신병원에 전문직 심리학에 대한 최초의 국가공인 임상심리과장(이현수) 부임
1964	세브란스 의대병원 신경정신과에 임상심리학자를 위한 자리 마련. 임상심리분과회가 한국심리학회 내에 설립
1965	국내 처음으로 의과대학병원 신경정신과에서 임상심리학자 김중술에 의한 임상심리수련 시작
1968	김중술은 가톨릭의대 전임강사로 발령을 받음으로써 심리학자로서는 국내 최초로 의대교수 제1호로 부임
1970	양원숙은 연세의대 부속 세브란스 병원 연구강사로 발령
1971	임상심리전문가 자격규정 인준
1972	국내 심리학과에 처음으로 이현수(중앙대)가 임상심리학 교수로 부임
1973	임상심리전문가 배출 시작(1회 8명)

연도	사건
1974	임상심리분과회가 임상 및 상담심리분과회로 명칭을 개명
1976	한양대학교 의과대학병원에 임상심리전문가 수련제도 신설
1977	500인 이상 사업장 근로자를 대상으로 직장의료보험제도 처음으로 실시
1979	국립대학교 심리학과에 처음으로 오수성(전남대)이 임상심리학 교수로 부임. 김재환은 임상심리전문가 수련제도가 생긴 이후 최초로 임상심리전문가 자격 취득
1981	서울대학교 의과대학병원에 임상심리전문가 수련제도 신설. 김중술은 서울대학교 의과대학 전임교수로 발령을 받음으로써 심리학자로서는 처음으로 국립대학교 의과대학 교수로 부임
1982	국립대학교 심리학과에 처음으로 원호택(서울대)이 문학박사를 소지하고 임상심리전문가 자격증을 가진 임상심리학 교수로 부임. 손명자는 여성 최초로 심리학과(계명대)에 임상심리학 전임교수로 부임
1983	정애자는 전북대학교 의과대학 전임교수로 발령을 받음으로써 심리학자로서는 처음으로 국립대학교 의과대학 여성 교수로 부임
1984	오상우는 원광대학교 의과대학 전임강사로 발령을 받음으로써 심리학자로서는 처음으로 정신과전문의와 함께 임상심리전문가 자격으로 대학에 신경정신과학교실을 창립, 의과대학 부속병원에 신경정신과 설치
1985	경희대학교 의과대학병원에 1년제 수련과정이 신설
1987	임상 및 상담심리분과회가 임상심리분과회와 상담심리분과회로 각각 분리
1990	이인혜는 여성 최초로 국립대학교인 강원대학교 심리학과에 임상심리학 전임교수로 부임
1995	정신보건법 제정과 함께 정신보건임상심리사 1급 및 2급 자격제도 규정(실제 시행은 1997년)
2000	한국임상심리학회 사무실 마련(회장 김정규)
2003	한국심리학회에서 윤리규정 제정. 한국산업인력공단 국가기술자격 임상심리사 2급 시행(1급은 2010년)
2009	한국심리학회에서 연구 진실성 심사 운영 세칙 제정
2013	한국직업원에 '임상심리전문가' 민간자격 등록

출처 : 한국임상심리학회 50년사 편찬위원회. (2017). 한국임상심리학회 50년사. 한국임상심리학회.

● ● ● 글상자 2.5 ● ● ●

한국에서 평가와 관련된 임상심리학의 주요 사건

연도	사건
1952	이진숙, 고순덕에 의해 지능검사인 웩슬러-벨르뷔 지능검사가 최초로 한국에 소개
1961	진위교에 의해 MMPI가 표준화를 위한 예비연구 형식으로 한국에 처음 소개
1963	전용신, 서봉연, 이창우가 한국판 웩슬러 지능검사(KWIS) 출판
1965	정범모, 이정균, 진위교가 한국판 MMPI 출판
1971	전용신이 고대-비네 검사를 출판
1972	로르샤흐 및 TAT 검사 관련서들 출판
1974	이창우, 서봉연이 K-WISC 출판
1977	500인 이상 사업장 근로자를 대상으로 직장의료보험제도가 처음으로 실시
1980	심리검사 표준화 연구가 *DSM-III* 출판 이후 증가
1981	오상우가 석사논문으로 Stroop Color Word Test를 한국에 처음 소개
1983	고려대 심리학과의 전용신이 주축이 되어 16인의 임상심리학자가 Exner저 **로르샤흐 종합체계**를 처음으로 번역 및 소개
1989	임상심리학자인 김영환, 김재환, 김중술, 노명래, 신동균, 염태호, 오상우가 신판 MMPI 출판
1990	염태호와 김정규는 16PF를 모델로 성격요인검사 출판
1992	한국심리학회 주최로 '심리검사 제작의 이론과 실제'라는 제목으로 통계 연수회 개최. 염태호, 박영숙, 오경자, 김정규, 이영호가 K-WAIS 출판
1997	오경자, 하은혜, 이혜련, 홍강의가 K-CBCL(아동 문제행동 체크리스트) 출판
1999	김홍근이 Rey-Kim 기억검사 출판. 김영환 외 5인이 Exner저 **로르샤흐 종합체계 워크북** 번역 및 출판
2001	김영환, 김지혜, 오상우, 임영란, 홍상황이 성격평가질문지(PAI) 출판
2003	강연욱, 나덕렬이 서울신경심리검사(SNSB) 출판
2004	김홍근이 Kims 전두엽-관리기능 신경심리검사 출판. 오현숙, 민병배가 중학생 및 대학생 TCI(기질 및 성격검사) 출판
2005	김중술, 한경희, 임지영, 이정흠, 민병배, 문경주가 MMPI-2 출판
2007	오현숙, 민병배, 이주영이 성인용, 아동용 및 유아용 TCI 출판

연도	사건
2010	오경자, 김영아가 ASEBA 출판
2011	곽금주, 오상우, 김청택이 K-WISC-IV 출판
2012	강연욱, 장승민, 나덕렬이 SNSB-II 출판. 황순택, 김지혜, 박광배, 최진영, 홍상황이 K-WAIS-IV 출판. 최진영, 김지혜, 박광배, 황순택, 홍상황이 K-WMS-IV(한국판 웩슬러 기억검사 4판) 출판
2014	김지혜 외 3인의 임상심리학자가 K-BDI-II, K-BAI, K-BHS 출판

출처 : 한국임상심리학회 50년사 편찬위원회(2017). 한국임상심리학회 50년사. 한국임상심리학회.

요약

임상심리학의 근원은 1700년대와 1800년대 후반 William Tuke, Philippe Pinel, Eli Todd, Dorothea Dix, 그외 다른 이들이 정신질환을 인도적으로 치료하기 위한 선구적인 노력에서 찾을 수 있다. 임상심리학은 1896년 펜실베이니아대학교에서 최초의 심리학 전문클리닉을 설립하고, 1907년 임상심리학에 전문저널을 창간한 Lightner Witmer에 의해 공식적으로 출발되었다. 초기의 정신적인 문제를 진단하려는 노력은 매우 기초적이었다. 그러나 Emil Kraepelin과 다른 이들의 연구는 결국 더욱 정교한 진단 분류 시스템을 만들어냈고, 특정 진단기준에 따라 수백 개의 장애를 정의하는 *DSM(DSM-5)*의 최신 버전에 이르게 되었다.

지능에 대한 평가는 Alfred Binet, David Wechsler 등의 초기 작품으로부터 스탠퍼드-비네, WAIS, WISC, WPPSI 등과 같은 검사의 최신 버전으로 발전했다. 성격을 평가하기 위한 초기 시도는 주로 로르샤흐 및 TAT와 같은 투사적 성격검사였다. 이러한 검사는 곧 MMPI와 같은 객관적 성격검사로 이어졌고, 그들 중 다수는 높은 신뢰성과 타당성을 보였다.

심리치료는 현재 임상심리학자들이 주도권을 가진 전문적인 활동이지만, 1940~1950년대까지는 비교적 드문 일이었다. 그 당시 정신역동적 접근의 치료가 우세하였지만, 행동주의와 인본주의는 이후 수십 년 동안 인기를 끌었다. 현재 인지적 접근법은 가장 인기 있는 치료학파이고, 치료법의 수는 계속해서 증가하고 있다.

직업으로서 임상심리학은 구성원들의 다양화와 대학원 훈련 선택사항을 포함하는 여러 가지 방법으로 진화하고 있다.

주요 용어

가족치료
객관적 성격검사
내재화 장애
다축체계
로르샤흐 잉크반점 검사
미네소타 다면적 인성검사(MMPI)
미네소타 다면적 인성검사 2판 (MMPI-2)
미네소타 다면적 인성검사 청소년용 (MMPI-A)
볼더 총회
스탠퍼드-비네 지능검사
신경증
외현화 장애
요양소
요크 요양소
웩슬러-벨르뷔 지능검사
웩슬러 성인용 지능검사(WAIS)
웩슬러 아동용 지능검사(WISC)
웩슬러 유아용 지능검사(WPPSI)
인본주의적
인지치료
정신역동적
정신증
정신질환의 진단 및 통계 편람(*DSM*)
조발성 치매
주제통각검사(TAT)
진단기준
투사적 성격검사
행동주의적
Alfred Binet
Charles Spearman
Christiana Morgan
David Wechsler
Dorothea Dix
Edward Lee Thorndike
Eli Todd
Emil Kraepelin
Henry Murray
Hermann Rorschach
J. C. McKinley
Lightner Witmer
Philippe Pinel
Starke Hathaway
The Psychological Clinic
William Tuke

비판적 사고를 위한 질문

1. 임상심리학 분야에 대한 William Tuke, Philippe Pinel, Eli Todd, Dorothea Dix의 기여는 얼마나 중요한가? 이 분야는 그들의 성과 없이 오늘날 존재할 수 있었을까?
2. 심리치료는 원래 Lightner Witmer의 임상심리학에 대한 정의에서조차 언급되지 않았지만, 최근 수십 년 동안 심리치료는 임상심리학자들에게 가장 빈번한 활동이었다. 어떤 요인이 심리치료의 중요성 증가에 기여했을까?
3. *DSM*에서 정의된 장애 수가 계속하여 증가하는 이유는 무엇인가?
4. 현재 제안된 장애 중 어떤 것이 *DSM*의 다음 호에 공식적으로 포함되어야 한다고 생각하는가? (글상자 2.1 참조)
5. 대학원 프로그램의 교육 모델(예 : 과학자-임상가, 임상가-학자 또는 임상과학자)이 성격평가 도구 유형(예 : 투사적 또는 객관적)에 어떤 영향을 미칠 것으로 예상하는가?

주요 학술지

History of Psychology
http://www.apa.org/pubs/journals/hop

Journal of the History of the Behavioral Sciences
http://www.wiley.com/WileyCDA/WileyTitle/productCd-JHBS.html

Journal of Clinical Psychology
http://onlinelibrary.wiley.com/journal/10.1002/(ISSN)1097-4679

CHAPTER

3

임상심리학의 최근 논쟁

처방 권한

왜 임상심리학자가 처방을 해야 하는가

왜 임상심리학자는 처방을 하면 안 되는가

글상자 3.1　처방 권한 : 만약 당신이 내담자라면?

근거기반 실천/매뉴얼화된 치료법

글상자 3.2　비유하기 : 증거기반 치료 매뉴얼과 매뉴얼 가르치기

근거기반 실천/매뉴얼화된 치료법의 장점

근거기반 실천/매뉴얼화된 치료법의 단점

글상자 3.3　근거기반 실천/매뉴얼화된 치료법 : 만약 당신이 내담자라면?

정신질환 범위의 과도한 팽창

새로운 질환과 기존 질환의 새로운 정의

글상자 3.4　나의 경험

제약 산업의 영향

지불 방법 : 제삼자 지불과 자가 지불

치료에 미치는 영향

진단에 미치는 영향

기술의 영향 : 사이버치료 및 그 외

임상심리학 분야에서 기술의 활용

한국에서의 사이버치료

사이버치료와 다른 기술의 활용은 얼마나 효과가 있는가

전문적 문제의 대두

학습 목표

3.1 임상심리학자의 처방 권한에 대한 논쟁을 설명한다.

3.2 근거기반 실천/매뉴얼화된 치료법의 장단점에 대해 논의한다.

3.3 DSM에 따른 정신장애의 범위 확대에 대해 논의한다.

3.4 심리적 서비스에 대한 제삼자 납부 체계의 영향에 대해 이해한다.

3.5 심리적 서비스 제공에 과학기술이 어떻게 사용될 수 있는지 기술한다.

제2장은 임상심리학 역사에 대해 논의하고, 어떤 사회적 이슈, 도전과제, 논점에 의해 분야가 규정되어왔는지를 설명한다. 최근에도 예외는 없다. 오늘날에 직면하는 문제 역시 임상심리학자에게 막대한 영향을 끼치며, 그들이 누구와 함께 일할 것인지와 당면한 문제를 어떻게 풀어나갈지에 따라 향후 수십 년간 이 분야의 미래가 결정될 것이다.

처방 권한

역사적으로 약물을 처방할 수 있는지가 정신과 의사와 심리학자를 구분하는 주된 차이였다. 사실, 일반 대중의 관점에서는 그것으로 두 전문가 사이를 정의한다(Balon, Martini, & Singareddy, 2004). 하지만 최근 몇 년간 임상심리학자들은 **처방 권한**(prescription privilege)을 적극적으로 얻고자 했다(Burns, Rey, & Burns, 2008; DeLeon, Kenkel, Gray, & Sammons, 2011; Heiby, 2015; McGrath, 2010; Tryon, 2008). 이러한 움직임의 기원은 1980년대부터지만 1990년대와 2000년대로 오며 논의에 대한 관심과 강도가 증가되었다. 미국심리학회는 심리학자들이 약물 처방을 효과적이고 안전하게 할 수 있는 전문성을 가지게 하는 훈련이 필요하다는 제안을 담은 논문을 출간했다(예 : APA, 1996a; APA, 1996b). 게다가 미국심리학회의 이전 학회장인 **Patrick H. DeLeon**(DeLeon & Wiggins, 1996), 정신약리학의 전문가이자 심리학자의 약물 처방 교육 과정에 참여했던 10명의 심리학자 중 한 사람인 **Morgan T. Sammons**(Dittman, 2003), 페어리레이디킨슨 대학교에서 심리학 박사 과정 이후의 정신약리학 훈련을 담당하고 **정신약리학 성장을 위한 미국사회**(American Society for the Advancement of Pharmacotherapy)[**미국심리학회 55분과**(American Psychological Association, Division 55)]의 이전 학회장이었던 **Robert McGrath**를 포함한 학회 권위자들이 처방권에 대한 운동을 지원했다.

처방 권한 요구 운동은 2002년, 2004년, 2014년에 적절하게 훈련된 심리학자들에게 3개의 주(뉴멕시코, 루이지애나, 일리노이)에서 각각 처방 권한을 부여하는 결과를 가져왔다. 많은 다른 주에서는 최근에 유사한 법안을 통과시키는 것을 진지하게 고려하고 있다. 미국에 있는 심리학자들을 위한 정신약물학 교육 프로그램이 군대 내에 설치된 것과 2000년대 APA 55분과의 창설은 또 다른 진보이다(Sammons, 2011). 그럼에도 불구하고 이와 관련된 문제는 여전히 논의 중이고, 임상심리학자들이 상반되는 의견을 가지고 가치 있는 토론을 지속하고 있다(예 : DeLeon, Dunivin, & Newman, 2002; Heiby, 2002; Robiner, Tumlin, & Tompkins, 2013).

왜 임상심리학자가 처방을 해야 하는가

- **정신과 의사의 부족.** 일부 지역에서는 적절하게 서비스를 제공할 정신과 의사의 수가 충분하지 않다. 특히 시골 지역에서 아주 적은 숫자의 전문가만이 도움이 필요한 사람에게 정신적인 치료약물을 처방하는 능력을 가지고 있다. 사실, 임상심리학자들이 멕시코와 루이지애나의 처방 권한을 성공적으로 획득했을 때, 그들 주장의 핵심은 2개의 주에서 1인당 정신과 의사의 숫자가 적다는 것이었다(Long, 2005). 사회 서비스를 충분히 제공받지 못하는 환자들은 처방 권한을 가진 전문가가 많을수록 이득이 될 것이다.
- **임상심리학자는 대부분의 일반의보다 더 전문가임.** 비록 정신과 의사들이 정신건강 문제에 대한 훈련을 받지만, 그들만이 정신치료 약물을 처방하는 유일한 직종은 아니다. 사실, 일부 추정에 의하면 80% 이상의 향정신성 약물은 지역사회에 있는 일반의가 처방한다(예 : Cummings, 2007). 정신건강 문제에 대한 전문성에 대한 임상심리학자들의 훈련은 일반의보다 더 광범위화되고 전문화되어있다. 그러므로 임상심리학자는 문제를 정확하게 진단하고 효율적으로 약물 처방을 진단할 수 있는 더 나은 능력을 가지고 있다.
- **의사가 아닌 다른 전문가들은 이미 처방 권한을 가지고 있음.** 치과 의사, 족부의학 전문가, 검안사, 전문 간호사는 정신과 의사는 아니지만 환자에게 처방할 수 있는 권한을 가지고 있다. 이들이 성공적으로 권한을 부여받은 것이 임상심리학자들이 처방 권한 훈련을 받게 되는 중요한 기반이었다. 특히 심리학적 문제에 대한 전문적인 훈련이 부족한 일반의들이 정신치료 약물을 상당수 처방하고 있다는 점은 임상심리학자들이 전문지식을 사용해 약물 처방에 참여해야 할 합당한 명분을 제공한다.
- **고객을 위한 편의성.** 안토니오는 주의력결핍/과잉행동 증상을 보이는 ADHD 장애가 있는 9세 소년이다. 안젤라는 38세의 주요우울장애를 지닌 여성이다. 안토니오와 안젤라는 비약물 개입(심리치료, 상담 등)과 약물 처방으로 이득을 볼 수 있다. 처방 권한 없이 임상심리학자는

심리치료를 제공할 수 있다. 하지만 약물은 제공할 수 없다. 이러한 결과는 안토니오(그리고 그의 가족)와 안젤라가 약을 처방받기 위해 정신과 의사와 같은 의사에게 의뢰되어야 함을 의미한다. 물론 새로운 치료를 예약하고 참가하기 위해서는 시간과 비용의 증가가 발생된다. 게다가 2명의 바쁜 정신건강전문가들이 내담자에 대해 공유하기 위해 지속적으로 의사소통을 해야 하는 결과를 만들고, 둘 사이의 의사소통 실패는 환자에게 심대한 부작용을 초래할 수도 있다. 처방 권한이 임상심리학자에게 부여된다면 안토니오와 안젤라는 임상심리학자로부터 약물치료와 심리치료를 동시에 받을 수 있다. 내담자의 관점에서 치료가 간소화되어 시간과 비용을 절약할 수 있다. 그리고 전문가들 사이에서 잘못된 의사소통으로 인해 야기될 위험은 줄어든다.

- **직업적 자주성.** 처방 권한을 가지면 임상심리학자는 내담자에게 넓은 범위의 독립적인 서비스를 제공할 수 있다. 처방 권한 없이 임상심리학자는 환자를 위해 해줄 수 있는 것이 제한된다는 것을 느낄 것이다. 물론 임상심리학자들은 항상 내담자의 치료와 관련하여 다른 전문가들과 상호 협력적으로 일해야 한다. 하지만 처방 권한을 가지게 되면, 동시에 자율적으로 심리학적 · 심리생리학적 치료를 다룰 수 있는 능력(정신과 의사나 다른 의사에 의존하지 않고)이 증가한다.
- **구별되는 전문적 지위.** 일반 대중의 눈에는 심리학자와 면허소지 상담가, 사회복지사 등을 구별하는 것이 어려운 일이다. 처방을 할 수 있는 능력은 즉시 심리학자를 다른 전문가들과 분리시키고 그들보다 우위에 있다는 인상을 줄 수 있다.
- **직업의 발전.** 임상심리학은 짧은 역사 동안 많은 변화를 겪었다. 처음에는 익숙하지 않았던 많은 치료 기술(예 : 치료 접근법)을 통합하는 과정을 거쳐 발전했다. 처방 권한을 받아들이는 것은 다음 단계로 발전하는 논리적 수순일 수 있다. 이에 대한 반대 논리는 분야의 발전을 방해하는 것이다(DeLeon et al., 2002). 처방 권한은 임상심리학자에게 내담자에 대한 직접적인 약물의 치료부터 향정신성 약물의 효과에 관해 의사에게 자문하는 것까지, 많은 새로운 전문적인 기회의 문을 열어준다(Burns et al., 2008).
- **전문성에 대한 수익.** 전문가들은 처방 권한으로 재정적인 이익을 얻을 수 있다(Cummings, 2007). 처방의 결과로 생길 소득 증가는 관리의료의 영향으로 발생한 것을 포함하여 최근 몇 년간 감소된 수입을 상쇄할 수 있다(Murphy, DeBernardo, &

그림 3.1 임상심리학자가 약물처방권을 가져야 한다고 생각하는가?

© Kwangmoozaa/istockphoto.com

Shoemarker, 1998). 사실, 처방 권한 운동에 대해 강한 강하게 반대하는 집단은 정신과 의사이다. 그들은 만약 심리학자가 처방 능력을 얻게 된다면 수익을 잃을 것이라는 입장이다. 그리고 이러한 약물치료의 사업규모는 절대 과소평가될 수 없다. 1990년대 동안 우울증 치료를 받은 사람 중에 항우울제를 받은 사람이 37%에서 74%로 2배로 증가했다. 그리고 2007년에는 미국에서 가장 일반적으로 처방되는 약 중 하나로 항우울제 시장이 성장했다(Sammons, 2011).

왜 임상심리학자는 처방을 하면 안 되는가

- **훈련 문제.** 임상심리학자는 처방 자격을 얻기 전에 어떤 종류의 교육을 받아야 하는가? 무엇을 다루어야 하는가? 누가 그들을 가르치는가? 언제 그것을 배워야 하는가? (대학원 초기? 예비 인턴십? 박사학위를 받은 후?) 이러한 모든 질문은 처방 권한 추진이 쉽지 않음을 실감하게 한다. 일부 사람들은 처방 결정에 관한 모든 것을 포괄적으로 이해하기 위해서는 처방을 하는 사람들에게 의학적 훈련이 필요하다고 주장했다. 단지 이 방법을 통해서만 신체의 다양한 시스템에 잠재적인 영향을 미치는 약물에 대한 평가를 할 수 있고, 다른 의학적 요소에 대해 평가할 수 있다(Griffiths, 2001: Robiner et al., 2002). 다른 사람들은 보다 적은 훈련으로 임상심리학자들이 정신약물학과 관련된 기본 능력을 얻을 수 있다고 주장했다(Resnick & Norcross, 2002; Sammons, Sexton, & Meredith, 1996). 대부분의 제안은 두 극단의 중간에 있지만 임상심리학자를 위한 약물과 관련된 훈련에 대한 논쟁은 해결되지 않았다. 사실, 최근에도 훈련 기준에 대한 논쟁은 계속되고 있고, 일부 사람들은 향정신성 약물에 대한 훈련을 받은 심리학자가 약을 처방하는 일반의나 간호사보다 더 적절한 훈련을 받는다고 생각하지만(Muse & McGrath, 2010), 다른 일부는 이런 훈련으로는 부족하다고 생각한다(Heiby, 2010). 일부는 임상심리학자도 약물을 처방할 계획이 없더라도 향정신적 약물에 대한 훈련을 받아야 한다고 생각한다. 왜냐하면 그러한 훈련 없이 환자를 공유하는 의학적 전문인과 효과적으로 의사소통하기가 어렵기 때문이다(Julien, 2011). 더욱이 약물 훈련의 실용성은 확실하지 않다. 만약 그러한 훈련이 대학원 프로그램에 추가로 존재할 경우 대학원 프로그램은 여러 학기로 연장될 수 있다. 그리고 많은 임상심리학 대학원 프로그램은 이러한 과정을 가르치기 위한 전문가들이 부족하다. 사실 뉴멕시코와 루이지애나에서도 일부 심리학자들만이 처방 권한을 가지고 있으며, 이는 추가되는 교육기간과 관련이 있다(Heiby, 2015).
- **심리치료의 위기.** 만약 임상심리학자가 처방을 할 수 있다면 심리치료는 어떻게 될까? 몇몇 사람들은 대화로 하는 치료에서부터 약물의 개입으로의 변화를 예상하고 있다. 내담자는 임상

심리학자에게 처방을 기대할 것이다. 그리고 임상심리학자는 치료보다 약물 처방이 수익성이 높다는 것을 발견할 것이다. 심리학자가 내담자를 이해하고 개입하는 방식은 행동적 · 인지적 또는 정서적 과정 평가에서 약물을 통한 증상의 감소로 근본적으로 변화할 것이다. 어떤 이들은 정신의학계가 이미 이러한 종류의 변화를 겪었으며, 임상심리학자는 본질을 잃을 수 있다고 지적한다(McGrath, 2004; McGrath et al., 2004). Cummings(2007)가 다음과 같이 말했던 것처럼 말이다.

> 의심의 여지없이 처방 권한을 얻는 것은 심리학 수행에 있어 경제적 기반을 상당히 넓힌다. 하지만 처방 권한을 얻게 되면 임상심리학자가 편리한 처방전 때문에 심리치료를 그만두게 될지는 지켜볼 일이다. (p. 175)

- **정체성 혼란.** 모든 심리학자가 (물론 일어난다 해도 수십 년 후의 일이겠지만) 처방을 수행하기 전까지는 임상심리학 분야에서 정체성 혼란이 나타날 수 있다. 일부 임상심리학자들은 처방을 할 것이지만 다른 이들은 처방을 하지 않을 것이다. 일부는 대학원에서 훈련을 받았을 수도 있지만 다른 이들은 박사 학위를 받고 오랜 기간 훈련을 받고 돌아온 후에 다시 전문화된 훈련을 받아야 할 수도 있다. 전문성에 대해 대중을 교육하는 효과적인 노력이 없다면 특정 임상심리학자에게 의뢰된 내담자는 자기가 약물 처방을 받을 수 있을지에 대해 혼란을 겪을 수밖에 없다.
- **제약 산업의 잠재적 영향.** 처방을 하는 사람들에게 선물을 제공하고, 연구를 지원하고, 연구 결과의 출판 과정을 통제하면서 제약회사가 수익을 증가시키려는 시도는 매우 보편적이다(예 : Healy, 2004; Lane, 2007). 처방 권한 운동에 대한 일부 반대자들은 만약 심리학자가 처방을 하면 내담자는 필연적으로 제약 회사의 타깃이 되며 처방 결정을 내릴 때 내담자의 복지보다 다른 요소의 압박을 고려하게 된다고 말한다. 일부 심리학자는 제약회사와 어떻게 상호작용을 해야 하는지에 대한 공식적인 전문적 가이드라인을 요구했다(McGrath et al., 2004).

한국에서는 아직 임상심리학자가 처방 권한을 가지는 것에 대한 논의는 시기상조인 듯하다. 오히려 선진국에서는 당연한 역할인 임상심리학자의 심리치료 권한마저 위협받고 있다. 2018년 1월 말, 보건복지부는 정신치료에 대한 건강보험 급여 요구를 받아들여 제2차 건강보험정책심의 위원회에서 '상담정신치료 강화를 위한 수가 개편안'을 의결하였다. 이 내용은 우울증, 공황장애, 외상 후 스트레스장애 등에 대해 최소 30분 이상의 표준화된 인지행동치료 프로토콜을 실시하고 건강보험을 적용하겠다는 것이었다. 이는 정신과 비급여 항목이었던 인지행동치료를 급여화하여 정신장애로 고통을 받고 있는 많은 국민에게 그 혜택이 돌아갈 수 있도록 하는 취지의 정책이었다. 그

글상자 3.1

처방 권한 : 만약 당신이 내담자라면?

만약 당신이 내담자라면 임상심리학자가 약물을 처방하는 능력을 가지는 것을 선호할 것인가? 당신의 대답은 임상심리학자가 받는 훈련의 종류 또는 양에 달려있는가? 또는 다른 자격을 갖춘 처방을 하는 사람들(주된 치료 의사, 정신과 의사 등)을 쉽게 찾을 수 있느냐에 달려있는가? 열거된 장점과 단점이 대답에 영향을 미치는가?

© fotostorm/istockphoto.com

러나 정신치료 제공자를 '정신건강의학과 3년 차 이상 전공의를 포함한 정신건강의학과 전문의'로 제한하였고, 4대 신경계 질환(뇌전증, 뇌졸중, 치매, 파킨슨병)으로 인한 우울 증상과 수면장애에 한하여 '신경과 전문의' 또한 시행할 수 있도록 명시하였다.

이러한 제한을 두는 것은 인지행동치료의 심리학적 기반을 이해하고 있지 못한 것이며 정신건강의학과 전문의, 신경과 전문의와 구별된 임상심리학자의 전문성이 인정받고 있지 못함을 의미한다. 이에 한국임상심리학회는 인지행동치료 수가 개편에 대한 공청회를 개최하고 성명서를 발표하는 등 적극적으로 움직였고, 각 대학의 심리학과 학부생, 대학원생들의 성명서 발표가 이어졌다. 보건복지부는 이러한 의견을 수렴하여 임상심리사가 일대일로 실시하는 인지행동치료는 건강보험으로 적용할 수 없지만 의사와 함께 임상심리사가 집단으로 인지행동치료를 실시한 경우에는 급여로 인정하는 수정안을 발표하였다. 하지만 인지행동치료를 수행하기 위한 전문의의 수가 부족하기 때문에 현실적이지 못하다는 지적이 있으며, 정당한 전문성을 인정받기 위한 임상심리학계의 노력이 계속될 것으로 보인다.

근거기반 실천/매뉴얼화된 치료법

처방 권한 운동과 마찬가지로 **근거기반 실천**(evidence-based practice)과 **매뉴얼화된 치료법**(manualized therapy)을 선호하는 움직임은 최근 수십 년 동안 강화되었다. 사실, "정신건강 관련 이슈 중 근거기반 실천만큼 자극적이고, 중대하며, 시기적절한 것이 없다"(Norcross, Beutler, &

Levant, 2006, p. 3; Gaudiano & Miller 2013; Ollendick & King, 2012 참조). 우리가 논쟁의 양측에 대해 고려하기 전에 논쟁의 배경이 될 짧은 역사에 대해 살펴보자.

수십 년 동안 심리치료 분야에 있는 연구자들은 심리치료가 효과적인지와 어떤 이익이 있는지에 대한 질문을 가져왔다. Eyesnck(1952)의 심리치료가 효과가 있다는 어떤 증거도 없다고 한 용감한 진술은 심리치료 효과에 대한 많은 연구를 촉발시켰다(Smith & Glass, 1997; Smith, Glass & Miller, 1980). 하지만 이 연구의 상당 부분은 특정 유형의 심리치료나 심리장애에 상관없이 어떤 종류의 치료든지 치료를 받지 않은 사람보다 더 낫다는 것만 확인시켜주었다. 다음 단계 연구는 좀 더 구체적이고 목표 지향적인 문제를 다루는 것이었다. 광범위하게 "치료가 효과가 있는가?"라고 묻는 것이 아니라 연구자들은 다음과 같이 좀 더 구체적으로 묻기 시작했다. "어떠한 형태의 치료법이 어떠한 형태의 장애에 잘 작동하는가?"

보다 일반적인 치료 결과에 대한 연구와 특수한 치료 효과에 대한 연구가 어떤 방법론적 차이가 존재할지에 대해 내부자적인 관점을 취해보자. 1970년대 초기 심리치료 효능에 대한 연구에서 치료자로 참여했다고 상상해보라. 당신과 다른 치료자들은 각각 일정 수의 내담자를 할당받고 그들에게 단순히 치료를 제공할 것을 지시받는다. 지시사항은 더 구체적이거나 상세하지 않다. 그 결과로 이 연구에서 사용한 치료 방법은 한 내담자와 다른 내담자 사이에서 큰 차이가 있고 치료자들 사이에서도 광범위한 차이가 나타난다. 치료 방법이 동일하지 않은 것은 문제가 아니다. 연구의 목적이 단순하게 치료법을 받지 않은 개인(통제 집단)과 치료법을 받은 개인을 간단하게 비교하는 것이기 때문이다.

하지만 치료법 사이의 동일성 부족은 특정 유형의 치료에 대한 효과를 검증하는 연구와 같은 최근 몇 년 동안의 치료 결과 연구에서는 문제가 될 수 있다. 사실, 만약 이러한 유형의 연구를 설계한다면, 당신은 치료법이 어떤 치료자가 참여하든 모든 환자에게 어느 정도 균등하게 제공된다고 확신할 수 있어야 한다. 무엇보다도 정확한 용어로 치료법을 정의하는 것은 특정 유형의 치료가 얼마나 효과적인지를 검증하고, 다른 이들에게 이런 기술을 공유하기 위한 전제조건이다. 그러므로 연구에 참여한 치료자들에게 단지 치료를 수행하라는 지시나 치료 수행 방식에 대해 막연한 지시를 하기보다는 매우 세부적인 지시사항을 제공해야 한다. 요약하자면 당신은 **치료법 매뉴얼**(therapy manual)을 제공해야 한다. 이러한 매뉴얼화의 목적 중 하나는 치료자들 사이의 다양성을 최소화하여 만일 이것이 효과적일 경우 다른 사람들에게도 정확하게 공유되게 하기 위함이다.

1980년대 이래로 특정 유형(특정 장애에 어떤 치료법이 효과적인지에 대해 매뉴얼화된)의 연구가 활성화되었다. 예를 들어, 연구자들은 **노출 및 반응 방지**(exposure and response preventio) 같은 특정 형태의 행동치료법을 강박장애를 위한 치료에 활용했고, **변증법적 행동치료**(dialectical behavior therapy, DBT)를 경계성 성격장애를 위한 치료에, 특정한 인지적 기법을 우울증의 치료에 적용하여 그 효과를 검증했다(Woody & Sanderson, 1998). 각각의 경우 특정한 치료는 특정한 장애의 치료에 효과적임이 확인되었고, 저자들은 결과들을 전문적인 학술지에 출간했다. 출판물이 쌓이자 미국심리학회 12분과(임상심리학)는 특정 장애에 대한 가장 잘 입증된 치료법을 찾고자 하는 임상가들에게 정보를 제공하고자 이들 연구를 통합해 리스트로 제공하기 위한 위원회를 발족시켰다. 이 목록의 치료법들은 원래 '경험적으로 타당화'된 치료법이라고 불렸지만, 곧 '경험적으로 지지'된 그리고 '근거기반 실천'으로 변화되었다(예 : Kazdin & Weisz, 2003; La Roche & Christopher, 2009). 이렇게 용어가 변경된 것은 중요한 의미를 가진다. 왜냐하면 현재 사용되는 용어인 근거기반 실천은 그 자체가 특정한 치료법뿐만 아니라 그것을 제공받을 사람들과 제공하는 사람들의 요인을 모두 포함하기 때문이다. 좀 더 구체적으로 근거기반 실천은 "환자의 특성과 그가 속한 문화적 배경 및 치료에 대한 선호도라는 맥락을 고려한 상태에서 연구를 통해 밝혀진 사실을 임상가의 전문성과 통합하는 것"으로 정의된다(APA presidential Task Force on Evidence-Based Practice, 2006, p. 273). 그래서 연구 결과는 퍼즐의 한 조각일 뿐이다. 다른 한 조각은 임상가의 지식과 치료수행 능력 그리고 환자의 상태(문화적 배경과 치료에 대한 선호 포함)가 효과에 영향을 미치게 된다(Barlow, Bullis, Comer, & Ametaj, 2013; Goldfried, 2013; Norcross, Freedheim, & VandenBos, 2011; Spring & Neville, 2011).

경험적으로 타당화된 치료법에 대한 목록은 1995년에 처음 출간되었고, 개정판은 1996년과 1998년에 출간되었다(Chambless et al., 1996, 1998; Task Force on Promotion and Dissemination of Psychological Procedures, 1995). 이 시기 즈음에 *A Guide to Treatments That Work*라는 제목의 역사적인 책이 출간되었고 치료법에 대한 보다 세부적인 정보를 포함하였다(Nathan & Gorman, 1998). 몇 년 후 이러한 유형의 수많은 책이 어떤 장애에 '어떤 효과'가 있는지에 대한 가이드를 각 장별로 제공하기 시작했다(예 : Carr, 2008; Roth & Fonagy, 2005). 많은 웹사이트는 현재 치료자와 잠재적인 내담자 모두에게 효과가 있는 치료법을 지속적으로 업데이트하고 있다. 예를 들어, 미국심리학회의 12분과(임상심리학)가 운영하는 사이트(psychologicaltreatments.org)가 있는데, 이곳에서 특정한 장애에 맞는 특정 치료법 연구에 대한 구체적인 정보를 찾을 수 있다. 53분과(아동 · 청소년 임상심리학)는 웹사이트(effectivechildtherapy.org)에서 아동에게 효과적인 치료법을 제공한다.

이러한 '효과적인 치료법'에 대해 일부 사람들은 그 치료법에 과학적인 정당성을 부여하는 것이므로 임상심리학의 발전을 향한 주요한 단계라고 평가하였다. 그러나 또 다른 사람들은 이에 대해 우려를 표하거나 증거기반, 즉 매뉴얼화된 치료법을 인정하지 않고 있다.

글상자 3.2

비유하기 : 근거기반 치료 매뉴얼과 매뉴얼 가르치기

여러분의 고등학교 화학 선생님에 대해 생각해보자. 구체적으로는 선생님이 화학에 대해 가르치는 방법에 대해 생각해보라. 강의, 토론, 실험, 과제, 시험 등에 대한 일반적인 접근 방식은 비슷하다. 자료는 기본적으로 모두에게 동일하지만 선생님의 수업 방식은 다양하다.

© baona /istockphoto.com

어떤 방법이 가장 효과적인가? 현실에서 사용 가능한 다양한 기법이 있더라도 그중 어떤 방식으로 화학을 가르치는 게 효과적인지를 고민하는 것은 중요하다. 이 질문에 대해 경험적으로 대답을 하기 위해 우리는 다음과 같은 것을 정의해야 한다. 예를 들어, 가르치는 기술을 구체적으로 정의할 필요가 있다. 우리는 '강의기반' 방식 대 '토론기반' 방식, '높은 압박' 교수법 대 '느긋한' 교수법 식으로 간단히 비교할 수는 없다. 이러한 기술은 너무 애매모호하기 때문이다. 대신에 정확히 어떤 것이 효과적이고 어떤 것이 효과적이지 않은지를 결정하기 위해서는 화학 선생님에게 정확하게 어떠한 식으로 가르쳐야 하는지에 대한 세부적인 정보를 지닌 매뉴얼을 제공하는 것이 필요하다.

또한 우리가 조사하고 있는 교수법의 효과 또는 결과에 대해 정의해야 한다. 경험적인 관점에서는 객관적이고 측정 가능한 결과가 최선이다. 예를 들어 표준화된 화학 시험 점수가 적절하다. 또한 우리는 특히 주관적인 결과 값을 피하고자 하는데, 학생이 화학에 가지는 흥미, 학습에 대해 어느 정도의 열망을 일으켰는지와 같은 것은 신뢰도와 타당도를 측정하기 어렵다.

일단 방법과 결과에 대해 정의하고 나면, '화학 과목 가르치기 실험'을 시작할 수 있다. 만약 결과가 특정 접근법에서 효과가 있는 것이라고 증명된다면(특히 다양한 연구에서 얻은 결과라면) 우리는 이 세상에 있는 고등학교 화학 선생님들과 이 결과를 공유할 수 있을 것이다. 그다음 우리는 자신만의 개인적이고 경험적 증거가 부족한 방법을 사용하기보다는 증명된 방법을 채택할 것이다. 결과적으로 세상의 모든 화학 선생님이 경험적인 증거가 입증된 동일한 방법을 사용함으로써 화학을 가르치는 것이 가능하다.

화학 선생님처럼 모든 심리학자는 심리치료를 수행할 때 자신의 독자적인 방법을 사용한다. 그러나 어떤 방법이 어떤 장애에 가장 잘 맞을까? 임상심리학자들이 연구하는 수백 개의 임상적 연구는 우리가 고등학교 화학 선생님에 대해 고려했던 방법과 유사한 접근법을 사용함으로써 이러한 질문의 답을 찾는다. 먼저, 연구자들은 치료법 매뉴얼에서 특정 용어로 치료법을 정의하고 치료자에게 이를 철저히 따르게 한다. 또한 치료 결과를 측정 가능하고 객관적인 용어로 정의한다. 예를 들어 우울증과 같은 특정 장애를 진단받은 환자들을 대상으로 매뉴얼화된 치료법을 검증했는데 결과가 긍정적이라면, 연구자들은 그 결과를 학술지, 저서, 또는 학회 발표를 통해 다른 심리학자들과 공유한다. 이제 심리학자들은 자신의 개인적이거나 독특한 방법을 사용하기보다는 증명된 방법으로 환자를 다룬다. 결국 모든 심리학자가 우울증을 가장 타당화된 동일한 방식으로 치료하게 되는 것이다.

근거기반 치료법을 지지하는 사람들은 이러한 움직임을 임상심리학이 과학을 향해가는 상당히 중요한 단계라고 여긴다. 사실, 몇몇 사람들은 심리학자가 경험적으로 타당화된 치료법만을 사용해야 한다고 주장한다(예 : Lilienfeld, Lynn, Ruscio, & Beyerstein, 2010; Lohr, Fowler, & Lilienfeld, 2002). 반면에 어떤 심리학자들은 경험적으로 타당화된 근거기반 치료법과 그것만을 사용하라는 정책은 특정 개인을 위한 맞춤된 치료법을 억압한다고 느끼고 그 운동 자체가 결함이 있는 과학적인 수단에 기반을 두고 있다고 믿으며(예 : Rosenfeld, 2009; Silverman, 1996), 때로는 내담자가 치료자에게 가지고 오는 문제가 너무 독특하거나 광범위해서 치료법 매뉴얼 내용만으로 감당할 수 없다고 말한다(예 : Zedlow, 2009).

다시 한번 고등학교 화학 선생님과 같은 것을 가르치는 수천 명의 다른 교사를 떠올려보라. 만약 고등학교 화학을 가르치는 하나의 매뉴얼이 다른 어떤 경험적 증거들보다 뛰어나다면 다른 화학 선생님 모두는 그것을 사용해야 하는가? 여러분의 화학 선생님이 이러한 방식으로 매뉴얼을 따랐을 때 학생들의 경험은 어떻게 달라지겠는가? 선생님의 능력이 떨어지는 학급의 학생들은 큰 이득을 얻겠지만 유능하고 혁신적인 교사를 둔 학생들은 원래보다 못한 것을 배우게 될 수도 있다. 이와 같은 문제를 근거기반 실천/매뉴얼화된 심리치료법에도 적용할 수 있다.

근거기반 실천 / 매뉴얼화된 치료법의 장점

- 과학적 정당성. 경험적 증거를 토대로 한 치료 매뉴얼이 등장하기 전에 비평가들은 임상심리학을 '가내 수공업'으로 묘사하였다. 말하자면 각각의 심리학자들은 자신이 직접 만든 '수공업' 같은 심리치료법을 특정 장애에 적용한 것이다. A 박사에게 온 우울 성향의 내담자는 A 박사만의 특별한 치료법을 제공받았지만, 같은 내담자가 B 박사를 만나면 전반적으로 A와 다른 형식의 치료를 받게 될 수 있다. 이는 그 심리학자들이 서로 다른 훈련과 전문적인 선호도에서 비롯된 차이라고 할 수 있다. 그러한 불일치는 스스로를 과학이라고 부르는 학문에서는 적절하지 않다. 우울증이나 어떤 다른 장애의 치료에 대해 좀 더 과학적이고 경험적인 접근법이 되려면 임상심리학계는 그 장애에 잘 맞는 치료법이 무엇인지 결정하고 임상심리학자들이 그 치료를 균등하게 수행해야 한다. 우리에게는 신체적 질병을 치료하는 의사들이 사용하는 치료 기준과 유사한 것이 기대되며, 만약 임상심리학이 진단과 치료법에 있어서 의학적

모델에 동참하고 있다면, 동일한 기대치가 우리의 분야에도 적용될 것이다.

- **최소한의 효과 보장.** 불가피하게 만약 모든 임상심리학자가 자신의 독특한 치료법만을 수행하도록 허락된다면, 그중 일부는 내담자에게 효과가 없거나 심지어는 해가 되는 치료를 제공할 수도 있다. 하지만 근거기반 치료법이 매뉴얼화되어 임상심리학자들에게 전파된다면 잠정적으로 효과가 없거나 해로운 심리치료를 하는 이들이 효과가 증명된 치료법을 교육받을 수 있다. 더욱이 이러한 치료법이 전문적 표준으로 받아들여진다면, 심리학자들은 그것들을 따를 의무가 생길 것이다. 결과적으로 대중들은 보다 일관되고 각 장애에 대해 증명된 치료법을 받게 될 것이고, 심리학자에게는 더 큰 의무 기준이 제시될 것이다(Sanderson, 2003).
- **훈련 개선.** 심리학자들이 만든 심리치료가 '가내수공업'처럼 제각각이다 보니, 심리학자의 훈련 또한 대학원 과정마다 제각각일 수밖에 없다. 매뉴얼화되고 증거에 기반을 둔 치료법들이 늘어남에 따라 이것들이 대학원 교육 과정에 통합될 수 있다. 사실, 미국심리학회(APA)가 대학원 훈련 프로그램의 인증을 결정할 때 근거기반 치료의 훈련을 제공하는지를 고려한다(Lyddon & Chatkoff, 2001). 결과적으로 다음 세대의 심리학자들은 경험적으로 입증되어 특정 장애에 성공적으로 적용되었던 치료법을 교육받게 될 것이다. 일부 프로그램은 다른 치료들보다도 근거기반 치료를 강조할 수도 있지만(Hebert, 2002), 모든 프로그램이 근거기반 치료의 혜택을 얻을 수 있다(Hofmann, 2013).
- **임상적 판단에 대한 의존도 감소.** 임상적 판단은 편견에 취약할 수 있고, 그 결과로 다소 결함이 있을 수도 있다(Dawes, Faust, & Meehl, 1989; Garb, 2005; Webb & Keeley, 2015). 이런 식의 주관적이고 개인적인 판단을 치료 결정에 동원하면, 치료의 결과에 나쁜 영향을 미칠 수 있다. Vrieze와 Grove(2009)는 임상심리학자들이 치료를 수행할 때 결정 내리는 방식을 조사했는데, 실제로 경험적 근거에 기반을 둔 기계적이고 통계적인 판단을 하기보다는 개인적인 임상적 판단에 더 의존한다는 것을 발견했다. 매뉴얼화된 치료법이 임상적 판단에 대한 의존도를 줄이고, 또한 기존 치료의 구성요소를 근거기반 치료법으로 대체하는 만큼, 치료 효과는 향상될 수 있다(Lilienfeld et al., 2010).

근거기반 실천/매뉴얼화된 치료법의 단점

- **심리치료 관계에 대한 위협.** 치료에서 '효과'는 일부 치료자가 사용하는 특정 기술 때문에 발생하기도 하지만, 치료의 성공에 더 영향을 미치는 것은 치료자와 내담자 사이의 치료적 관계(또는 '동맹')의 질이다(Norcross & Wampold, 2011a; Rosenfeld, 2009; Wampold & Imel, 2015). 치료 매뉴얼은 일반적으로 이러한 관계를 강조하지 않고, 오히려 기술을 강조하는 경

향이 있다. 다시 말해서 치료 매뉴얼은 일반적으로 치료자들이 내담자와 함께 (혹은 내담자에게) '무엇'을 하는 것에 관심이 있지만 내담자와 '어떻게' 관계하는지를 간과한다. 사전에 결정된 기술을 기계적으로 사용하는, 마치 기술자 같은 치료자는 의미 있는 인간관계를 추구하는 내담자에게는 해가 될 수 있다(Sommers-Flanagan & Sommers-Flanagan, 2009). 사실, 일부 심리학자들은 증거에 기반을 두어야 하는 것은 기술이 아니라 관계라고 주장한다(Kazantzis, Cronin, Norton, Lai, & Hofmann, 2015). 이와 같은 맥락에서 매뉴얼 치료 지지자가 자신들의 기념비적 저서인 *A Guide to Treatments That Work*(Nathan & Gorman, 1998)를 출판한 데 대응하여, 다른 심리학자 집단은 상반된 관점으로 치료자와 내담자의 관계가 무시되어서는 안 되고 오히려 치료에 효과를 주는 핵심변인이 관계라고 주장하는 *Psychotherapy Relationships That Work*(Norcross, 2002)라는 책을 출판하여 이에 응수하였다.

- **진단 문제.** 각 근거기반 치료 매뉴얼은 특정한 장애나 문제를 치료하는 것을 목표로 한다. 그러한 특수성은 특정 질병에 적합한 특정 치료를 검증하는 데 핵심적인 작업이다. 사실, 임상 연구에서 중요한 치료를 검증할 때 연구에 참여할 수 있는 내담자는, 이를테면 공황장애와 같은 표적 문제를 가지고 있으며 다른 복잡한 공병이 없는 내담자이다. 다시 말해 연구자들은 일반적으로 '교과서에 나와있는 케이스'의 장애를 가진 내담자에게 적용된 매뉴얼화된 치료 효과를 검증하고자 한다. 그러나 임상심리 현장에 찾아온 내담자가 현실에서 호소하는 것과 늘 일치하는 것은 아니다. 개인 병원, 지역 정신건강센터 또는 병원에서 공황장애가 있는 내담자는 또 다른 불안장애, 정서장애, 성격장애, 인지장애 같은 문제가 있을 수 있다. 이러한 공병이란 심리학자들이 치료 결과를 연구하는 데 있어서 '깨끗한'(즉 공병이 없는) 장애를 가진 내담자에게 효과가 있는 치료가 임상심리학자들이 실제 상황에서 흔히 직면하게 되는 '지저분한'(즉 공병을 가진) 진단을 가진 내담자에게는 동일하게 효과가 나타나지 않을 수도 있다는 것을 의미한다(Angold, Costello, & Erkanli, 1999; Kessler, 1994; Zedlow, 2009).
- **심리치료의 위축.** 근거기반 실천/매뉴얼화된 치료 운동은 경험적 증거를 가지는 치료만이 수행될 만한 가치가 있다고 주장한다(Lohr et al., 2002). 다시 말해 어떤 치료법이 근거기반 치료법 목록에 없다면, 그것은 근거가 없으므로 하지 말아야 한다. 말하자면 "협소하게 해석된, 근거기반 실천이 특정 치료를 사용하는 근거가 되었다."고 할 수 있다(Wampold, 2009, p. ix). 실제로 일부 심리학자들은 경험적 증거를 가지지 못하는 치료법을 사용하는 것과 관련하여 **잘못된 치료**(malpractice)라는 용어를 사용해왔다(Nathan & Gorman, 1998). 앞의 '장점' 부분 중 주관적인 임상적 판단에 대한 의존도 감소는 장점으로 꼽혔지만, 치료자가 치료법을 선택하는 데 있어서 경험적 증거가 모든 것에 우선된다면, 이때 치료자의 역할은 이전

에 규정된 치료법을 단순히 시행하는 정도를 넘어서지 못하게 될 것이다. 그들의 직업이 이러한 활동을 해야 하는 것이라면, 이전에 심도 깊은 수련을 경험했었던 것과 치료법에 있어서 자율성을 추구하고 자신의 창의성을 발휘하고 싶은 심리학자들은 이런 직업에 만족하지 못할 것이다(Beutler, Kim, Davison, & Karno, 1996; Buscemi & Spring, 2015; Lebow, 2006; Rosenfeld, 2009). 또한 많은 치료 매뉴얼이 단기의 (저렴한) 치료법을 강조하기 때문에, 관리의료 및 의료 보험회사들은 이러한 경험적 증거를 이용해 임상가의 판단에 대한 자율성을 제한하고 근거기반 치료만을 사용하게 강제할 수 있을 것이다(Seligman & Levant, 1998). 매뉴얼 기반 치료를 지지하는 사람들은 흔히 매뉴얼이 다음과 같은 종류의 '나쁜 평가'를 받는다고 본다.

> 매뉴얼이 세부적인 내용까지 엄격하게 규정하는 것은 잘못된 것이다. 치료법의 구성요소를 규정하는 것은 치료법 고유의 생명력을 빼앗아가는 것일 수도 있다. 만약 이렇게 치료법 고유의 생명력을 빼어가게 된다면, 우리는 기껏해야 치료에서 가장 중요했던 것이 무엇인지를 깨닫게 되는 정도의 깨달음만을 얻게 될 것이다. (Spokas, Rodebaugh, & Heimburg, 2008, p. 322)

실제로 매뉴얼화된 치료법에 대한 논란 가운데에서는 매뉴얼에 어느 정도 엄격하게 따르는 것이 더 나은 결과를 가져오는지에 관한 논쟁이 강렬해지고 있다(Norcross et al., 2006). 실제로 일부 연구에 따르면 매뉴얼을 엄격하게 따르는 치료자와 달리 매뉴얼을 사용하는 동안 유연성을 보이는 치료자가 치료에서 내담자와 더 좋은 관계를 형성하였고, 궁극적으로 더 나은 결과를 만들어냈다(예 : Chu & Kendall, 2009). 매뉴얼을 엄격하게 준수하는 것과 달리 유연성을 가지게 되면, 임상가들 스스로가 매뉴얼화된 치료를 단지 수행의 수단으로 받아들이도록 도와준다(Forehand, Dorsey, Jones, Long, & McMahon, 2010). Curry(2009)는 악기 연습을 참고하여 치료 매뉴얼에 대한 경직성과 유연성 사이의 균형에 대해 흥미로운 은유를 제공했다. 이것은 표준적인 기술의 학습을 필요로 하지만 동시에 즉흥적인 행동(혹은 격려하는 행동)도 허용한다.

- **논란의 여지가 있는 경험적 증거의 기준.** 매뉴얼화된 치료법이 '경험적으로 지지된' 혹은 '근거기반' 치료법 목록에 포함되기 위한 기준이 무엇인가? 어떤 사람들은 현재의 기준이 의심스럽기도 하거니와 실패한 치료는 고려하지 않는다고 지적한다(Garfield, 1996; Tolin, McKay, Forman, Klonsky, & Thombs, 2015). 다른 사람들은 기준을 정량화하기 쉽지 않은 결과를 도출해내는 치료(정신역동 혹은 인본주의)를 차단시키는 동시에 경험적으로 지지된 치료(행동

글상자 3.3

근거기반 실천/매뉴얼화된 치료법 : 만약 당신이 내담자라면?

만약 당신이 내담자라면 임상심리사가 증거를 바탕으로 한, 매뉴얼화된 치료를 고수하기를 원하는가? 아니면 이런 기법들을 무시하고 자신의 임상적 판단 같은 경험적이지 않은 방식으로 치료를 진행하는 것을 원하는가? 앞에서 나열된 장점과 단점 중에서 당신의 결정에 가장 영향을 미치는 것은 무엇인가? 두 입장 사이의 어느 선에서 수용이 가능한가? 임상심리사는 어떻게 그 절충안을 만들어낼까?

주의와 인지)에 더 유리한 쪽으로 편향되어있다고 주장한다(Lebow, 2006). 다른 이론 체계들도 극히 일부 근거기반 치료에 들어가 있기는 하지만, 주를 이루는 것은 행동치료와 인지치료이다(Norcross et al., 2006). 어떤 사람들은 이러한 스펙트럼의 반대 진영에 있는 치료법을 확인하는 방식으로 이 주제를 다루었는데, 심리치료 전문가들을 상대로 설문 조사한 결과 '효과가 없을 것 같다'고 나타난 치료들을 찾는 것이었다(Norcross et al., 2006; Norcross, Koocher, Fala, & Wexler, 2010). 예를 들어, 아동심리치료 분야의 전문가들은 과거 삶의 회귀요법, 재생 요법, 크리스탈 요법 등을 포함하여, 이 분야에서 가장 치료 효과가 없을 것 같은 치료법들을 확인하였다(Koocher, McMann, Stout, & Norcross, 2015).

현재 뜨겁게 진행되는 논의에도 불구하고, 근거기반 실천이 '양자 택일'의 문제가 될 필요는 없다. Messer(2004)는 이렇게 말했다. "임상가로서 우리는 심리학자의 두 가지 유산이라 할 수 있는 보편법칙 지향적인 데이터와 개별 기술적인 데이터, 양적 및 질적 연구 방법을 통한 결과, 과학적이고 인본중심적인 관점의 조화 없이 일을 할 수는 없다"(p. 586).

정신질환 범위의 과도한 팽창

제2장에서 논의했던 것처럼(더 자세히 논의는 제7장 참조) **정신질환의 진단 및 통계 편람**(*DSM*)의 크기와 범위는 1950년대에 시작된 이래로 막대하게 증가하고 있다. 이와 관련하여 정신질환을 앓고 있는 사람들의 수 역시 증가하고 있다. 미국 인구 절반이 정신질환을 진단받으며, 전체 인구의 11%가 현재 항우울제를 복용하고 있다(Paris, 2013a). 정신질환자 비율의 이러한 증가는 과진단, 진단 확대, 진단 인플레이션, 진단 크리프, 일상적인 문제의 의료화, 거짓양성, 허위전염병 등의 많은 명칭으로 불리고 있다(Frances, 2013a; Pierre, 2013).

2013년에 발표된 현재 *DSM-5*를 포함한 *DSM*의 모든 저자들은 상당수의 시간과 에너지를 새롭게 진단기준에 제안된 질환을 검토하는 데 사용했다. 그들은 새로운 질환을 포함하는 것을 결정하거나 존재하는 질환의 기준을 바꾸기 전에 관련된 연구를 재검토하고 숙련된 전문가들과 대중으로부터의 피드백을 검토한다. 특히 정신질환으로 고생하고 있는 사람들이 진단받지 못할 가능성을 최소화하고 싶어 하기 때문에 모든 질환에 대한 진단기준을 만들고자 한다. 그들은 분명히 *DSM*에 실린 질환들은 실제로는 존재할 만한 것들이라 믿는다. 하지만 그들의 결정은 오늘날 많은 질환이 실제로 정상적인 삶에서 나타나는 불행하거나 불쾌한 경험이기에 정신질환이라는 꼬리표를 붙일 만한 것은 아무것도 없다고 생각하는 사람들에게는 큰 논란거리이다. 이런 현상은 *DSM-5*에서 특히 심한데, 더 많은 사람이 포함되도록 새로운 질환명을 만들고 기존의 일부 질환에 대한 기준을 변경시켰다(더 자세한 내용은 제7장 참조; Paris, 2013b). 과진단에 대한 비판 중 *DSM-5*와 관련된 내용이 다음에 제시되어있다.

- "진정한 의미의 정신질환의 유병률은 존재하지 않는다. 단지 질병의 정의가 느슨해지면 멀쩡할 수 있는 사람들을 힘들게 만들 수 있다. 사람들은 그대로인데 정신질환의 진단기준은 변화하고 있으며 너무 유동적이다. 따라서 충분히 생길 수 있고 견딜 만하던 일상적인 문제가 이제는 정신질환으로 진단되고 치료되고 있다." (Frances, 2013a, p. 82)
- "DSM-5 이념의 위험성은 누구나 정신질환자로 진단받을 수 있을 정도로 정신질환의 범위를 확대했다는 것이다." (Paris, 2013a, p. 41)
- "정신의학 진단이 정상적인 행동의 영역을 침범하는 것처럼 보일수록, 정신의학은 정신질환의 개념에 대한 타당성이 없다는 비판을 더 많이 받게 된다(예 : 정신질환은 존재하지 않으며 그것은 '미신'이다)." (Pierre, 2013, p. 109)

정신질환의 정의가 확대되는 것에 대한 우려는 *DSM-5* 이전에도 있었다(Dobbs, 2013; Frances, 2013b; Horwitz & Wakefield, 2007). 예를 들어 한때 한 사람의 삶에 지장을 줄 정도의 과도한 수줍음은 단지 안 좋은 성격으로 여겨졌으나 1980년 이후로는 *DSM*의 사회불안장애로 포함되었다(Barber, 2008; Horwitz & Wakefield, 2012). 그러나 *DSM*의 개정판이 거듭되어 나올 때마다 정신질환의 범위가 확대되었고, *DSM*을 둘러싼 논란도 함께 증가하고 있다. 실제로 2014년 전 세계 8개국 500명 이상의 치료자를 대상으로 실시한 설문조사에서 60% 이상의 참여자들이 *DSM*으로부터 완전히 배제되어야 하는 질환들을 발견하였으며, 다른 정신질환이나 정상과의 경계가 명확하지 않다는 것이 이에 대한 가장 일반적인 이유였다(Robles et al., 2014).

새로운 질환과 기존 질환의 새로운 정의

정신질환의 이러한 범위 확대는 두 가지 방향으로 이루어진다. 한때 정상적인 것으로 간주되었던 경험까지 포함하기 위해 새로운 질환기준을 도입하거나, 보다 많은 이들이 정신질환의 기준에 충족되기 위해 기존 질환에 대한 기준을 낮추는 방식이다. 새로운 질환의 예로 비판하는 사람들은 월경전불쾌감장애(premenstrual dysphoric disorder, 월경전 증후군의 심화된 수준) 또는 폭식장애(binge eating disorder, 적어도 일주일에 한 번씩 통제 불능의 과식을 함)의 문제를 지적하는데, 이 둘 모두 *DSM-5*에서 처음으로 나타났으며 많은 사람들을 진단에 포함시킬 수 있는 잠재력을 가지고 있다. '기준 낮추기' 방법을 비판하는 사람들은 그 예로 *DSM-5*의 개정이 주의력결핍 과잉행동장애(attention-deficit/hyperactivity disorder, ADHD)의 증상이 나타나는 시기를 7세에서 12세로 바꾼 것과, 신경성 폭식증(bulimia nervosa)에서의 폭식 증상이 나타나는 빈도를 주당 2회에서 주당 1회로 바꾼 것을 지적하였다.

과진단의 위험이 새로운 질환에서 비롯되든 기존 질환에 대한 새로운 정의에서 오든, 그 결과는 매우 현실로 다가올 것이다. 진단은 문제가 있는 일부 사람들이 필요한 치료를 받도록 도울 수는 있지만, 어떤 사람들에게는 해로운 부작용이 있고 스스로의 대처 능력을 저해하는 약을 사용하는, 필요하지 않은 치료를 받게 할 수도 있다. 정신질환 진단은 다른 많은 영향도 미칠 수 있다. 일부 사람들이 정신병에 대해 가지고 있는 낙인을 통해 한 개인의 자아상에 영향을 미칠 수 있고("나는 정신적으로 아파."), 그 후에 자기효능감과 전반적인 삶의 질에 영향을 미칠 수 있다. 또한 건강보험회사들이 그 사람을 잠재적인 보험 수혜자로 간주하게 될 것이며, 법원이 유죄 판결이나 양육권 적합성에 대한 판단을 할 때에도 영향을 미칠 수 있다(Caplan, 2012; Frances, 2013a, 2013c).

물론 과진단을 둘러싼 논란에 대한 우리의 논의는 진단뿐 아니라 그것들이 실생활에서 사용되는지도 포함되어야 한다. 다시 말해 만약 환자를 진단하고 치료하는 사람들이 그러한 정보를 무시한다면 *DSM*의 저자들이 무엇을 정신질환으로 규정하고 어떻게 정의하는가는 거의 문제가 되지 않는다. 실제로 임상현장에서 정신질환의 정확한 정의에 대해 상세히 고려하지 않고 임상적으로 진단을 내리는 경우는 적지 않게 접할 수 있으며, 어떤 경우에는 진단이 이루어졌는지 여부에 상관없이 치료를 제공한다(Greenberg, 2013; Paris, 2013b). 예를 들어, 항우울제 처방을 받은 72%의 사람들은 어떠한 정신건강 진단도 받지 않았다(Mojtabai & Olfson, 2011). 정신건강전문가에 대한 다른 조사에 따르면 많은 이들이 진단 의사결정에 대해 증상 점검표보다 전문적인 경험과 직관, '직감'에 더 의존하고 있다(Mishara & Schwartz, 2013). 이러한 경우 과진단은 정신질환 진단 매뉴얼을 쓴 정신건강전문가들의 견해뿐 아니라 내담자들을 관찰한 이들의 의사결정 때문에도 나타난다고 볼 수 있다.

글상자 3.4

나의 경험

나는 2013년 6월에 조나단이라는 40세 남자와 함께 치료를 시작했다. *DSM-5*가 발표된 지 약 한 달이 지난 시기였지만, 정신질환 진단 매뉴얼의 새 개정판이 도입한 변경사항에 대해 여전히 떠들썩했다. 동료들 사이에서 특히 화제가 되었던 것은 바로 새로운 정신질환 항목의 추가였다(더 자세한 내용은 이 장과 제7장 참조). 초기 임상면접에서 조나단은 도움을 요청한 주된 이유를 설명하였다. 그는 '간헐적으로 과식'하는 '나쁜 습관'을 버리고 싶어 했다. 그는 나에게 몇 가지 정보를 알려주었다. 상황은 언제나 같았다. 그는 저녁 식사 후 대부분 아무것도 먹지 않지만 '가끔' 아이스크림을 게걸스럽게 먹곤 한다. 이런 상황은 보통 아내가 자고 있거나 동네 밖으로 외출을 했을 때였는데, 아이스크림 한 상자(아이스크림을 적당히 담은 그릇이 아닌 전체 상자)를 들고 TV 앞에 혼자 앉아 '정말 배고프지 않았고' 그 후에는 '그렇게 하지 않았어야 했는데'라고 후회함에도 불구하고 '너무 많이' 먹는다는 것이었다.

조나단이 말한 것을 계기로 나는 폭식장애에 대하여 생각했다. 그것은 *DSM-5*의 새로운 질환 중 하나였기 때문에 진단을 위한 구체적인 기준을 염두해두었을 때 조나단의 증상 중 몇 가지가 떠올랐다. 그는 대부분의 다른 사람들이 비슷한 상황에서 먹는 것보다 훨씬 더 많은 음식을 먹었으며 그 행동은 매우 적은 빈도로 나타났으며 혼자 있을 때 그러한 행동 양상이 나타났다. 그리고 그 밖의 진단과 관련된 질문들이 떠올랐다. 그의 행동이 진단요건을 충족시키는 최소 일주일에 한 번씩 발생했는가? 지속 시간이 충분했는가? (최소 3개월 동안 그러한 행동을 해왔는가?) 그가 "그렇지 않았으면 좋았을 텐데."라고 말한 것이 배가 아파서였을까 아니면 감정적으로 화가 나서였을까? 그는 얼마나 빨리 먹었는가? 먹는 것에 대해 얼마나 통제력을 느꼈을까?

만일 내가 조나단에게 그 질문들을 던지고 그가 폭식장애에 대한 진단기준을 충족시킨다면 무슨 일이 벌어질지 궁금했다. 특히 나는 폭식장애 진단을 받았을 때 그가 어떠한 피드백을 할지 궁금했지만 실제로 나는 그에게 어떠한 진단도 내리지 못했다. 결과적으로 조나단은 많은 면에서 높은 기능을 보이는 사람이었다. 그는 업무에서 좋은 실적을 거두었고 행복한 결혼 생활을 유지했으며 친구가 많았다. 또한 자신의 문제를 묘사하기 위해 '나쁜 습관'이라는 단어를 사용했고 그의 나쁜 습관은 내가 정신질환이라고 판단한 것이었다. 그가 내 사무실에 도착했을 때 나는 그가 정신적인 질환을 앓고 있다고 생각하지 않았다. 그는 자신이 정신질환자라는 내 결론을 어떻게 받아들일까? 자기비판을 할까? 전문가들이 그의 문제를 질환으로 분류했다는 사실에 대해 안도할까? 나는 앞의 경우 중 한 가지 방향의 반응을 하거나 어떤 경우에는 두 가지 반응을 동시에 보이는 환자들을 보았다.

결국 앞에 열거된 질문을 조나단에게 물어본 후 나는 조나단이 폭식장애 진단을 받는 것이 적절하지 않다는 결론을 내렸다. 이런 행동은 고작 한 달에 한두 번밖에 일어나지 않았고, 그는 그 행동을 어느 정도 통제할 수 있다고 느낀다(그는 셀 수 없이 자신의 행동을 스스로 자제했다). 하지만 만약 증상이 조금 더 심각했다면 조나단은 나의 사무실을 방문하기 한 달 전까지만 해도 독자적인 질환으로 간주되지 않았던 폭식장애를 진단받았을 것이다.

제약 산업의 영향

정신건강 진단에 대한 과도한 확장은 적어도 이 분야의 일부 전문가의 경우 제약업계의 영향과 관련이 있다. 확실히 대형 제약회사들은 정신질환이 정의되는 방식과 이해관계로 얽혀있으며 그들에게는 정신질환 진단의 폭이 넓을수록 더 좋다. 더 많은 질환이 존재하고 그것들이 평범한 삶에서의 불행한 경험과 더 많이 중복될수록, 회사는 더 많은 사람들이 잠재적인 고객이 되는 것이다(Barber, 2008; Frances, 2013a; Paris, 2013b; Pierre, 2013; Sadler, 2013; Whitaker & Cosgrove, 2015).

따라서 제약회사는 *DSM*을 저술한 저명한 정신과 의사들과 정신질환의 기준을 결정하는 다른 전문가들이 그들과 고용관계에 있는 것을 즐길 것이다. Lisa Cosgrove와 동료들에 의한 최근 연구 결과에 따르면 그들 대다수가 실제로 그렇다는 것이 밝혀졌다. 특히 Cosgrove, Krimsky, Vijayaraghavan, Schneider(2006)는 *DSM-IV*의 패널 170명 중 95명, 즉 57%가 제약회사와 재정적 유대로 연결되어있음을 발견했다. 흥미롭게도 기분장애(예 : 주요우울장애, 양극성장애 등)와 정신질환(예 : 조현병)과 같이 약물이 필수적으로 요구되는 집단의 구성원에서는 재정관계가 있는 사람들의 비율이 100%였다. 이 백분율은 또한 불안장애(81%), 섭식장애(83%), 아동기 장애(62%)와 같이 약물이 요구되는 집단에서 역시 높게 나타났지만, 약물이 필수적으로 요구되지 않는 물질관련장애(17%)에서는 낮았다. 가장 빈번한 형태의 금전적 유대 관계는 연구 자금, 컨설턴트 비용, 강연료였다.

2012년에 Cosgrove와 Krimsky는 *DSM-5*를 대상으로 그들의 연구를 반복했다. 그 결과 제약산업과 *DSM-5* 저자들 사이의 관계가 여전히 남아있다는 것이 나타났다. 전체적으로 봤을 때 제약회사와 재정적으로 연계된 집단의 비율은 69%였다. 특정 작업 집단의 경우 정신질환은 83%, 기분장애는 67%, 불안장애는 57%, 섭식장애는 50%였고 *DSM-IV*에서 아동기 장애 영역으로 간주되었던 ADHD와 파괴적 행동장애(disruptive behavior disorder)는 78%였다. Cosgrove와 Wheeler(2013)는 진단기준의 결정과 재정적 이익이 밀접하게 관련된다는 점으로 인해 제약사업이 다양한 방법을 통해 정신의학을 '식민지화', 말하자면 정신건강 분야를 통제하려 한다고 주장했다.

정말로 제약회사와의 재정적 연결이 정신건강전문가들에게 영향을 미칠까? *DSM*의 저자들은 특정 제약회사로부터 이미 받았거나 혹은 곧 받게 될 돈과는 무관하게 자신들이 옳다는 결정을 할 수 없을까? 한 연구에 따르면 그러한 재정적 힘이 무시할 수 없는 영향을 끼친다고 한다. Carey와 Harris(2008)는 미네소타주 정신과 의사들의 처방 습관을 연구했고 제약회사로부터 최소 5,000달러를 받은 사람들이 아무것도 받지 않은 의사들보다 항정신병 약 처방전을 3배나 더 썼다는 사실을 발견했다. 물론 임상심리사들은 처방에 크게 영향을 받지 않을 것이다. 앞에서 설명한 바와 같이, 이 시점에서는 오직 소수의 사람들만이 처방을 내릴 수 있었다. 하지만 임상심리학자들과 대부분의 다른 정신건강전문가들이 *DSM*을 사용했고, *DSM*의 정신질환 기준이 제약회사와의 재정적 관계의 영향 아래 놓인 사람들에 의해 정의되었으며, 그들의 결정에 따라 제약회사의 이익이 달려있다는 것은 많은 이들에게 문제가 된다.

*DSM-5*를 담당하는 사람들이 소유할 수 있는 회사 주식의 양과 기업으로부터 받는 지원금에 관하여 제약회사와의 재정적 연계에 제약을 두고자 했지만, 이 두 가지 모두에 완전히 제한을 둘 수는 없었다(Greenberg, 2013).

제7장에서는 *DSM-5*와 관련된 정신질환의 과도한 확장과 이에 수반되는 다른 문제에 대하여 더 자세히 살펴볼 것이다.

지불 방법 : 제삼자 지불과 자가 지불

심리치료의 초창기에 내담자들은 돈을 직접 지불했다. 전문적인 심리학자 조직의 상당한 노력과 시간으로 의료보험회사는 임상심리사들의 임상활동을 인정하기 시작했고, 이를 보험 적용이 가능한 행위의 범위에 포함시켰다. 따라서 오늘날에는 일부 내담자들이 여전히 치료에 대한 비용을 스스로 부담하지만 많은 내담자들의 경우 적어도 일부는 심리치료의 비용이 **건강보험 급여/의료관리**(health insurance/managed care)에서 지급된다. **제삼자 지불**(third-party payer)의 존재가 치료 관계에 참여하는 것은 여러 결과를 가져올 수 있다(Reich & Kolbasovsky, 2006). 물론 의료관리 및 보험 혜택은 치료비용을 지불할 수 없는 많은 이들에게 치료받을 수 있는 기회를 안겨줄 수 있다. 그러나 이들은 이러한 혜택을 관리하는 회원들의 건강 못지 않게 자기 기업의 재정적 이익을 신경쓰고 있으며, 때때로 그들의 우선순위가 임상심리사의 업무에 크게 영향을 미칠 수 있다.

치료에 미치는 영향

내담자들이 돈을 지불하는 방법과 상관없이 심리학자로부터 동일한 치료를 받는 것이 가장 이상적일 것이다. 하지만 점점 늘어나는 연구 결과에 따르면, 이는 사실이 아닐 수 있다. Murphy 등(1998)의 조사에 따르면 개인적인 사례에서 심리학자들은 의료관리가 그들이 제공하는 치료의 질에 부정적인 영향을 미친다고 주장한다. 심리학자 대부분은 심리치료가 관리의료체계에 영향을 받았다고 보고했고, 일반적으로 의료보험회사가 임상적 결정에 대해 과도한 통제를 하고 있다고 답한다. 게다가 그들의 응답은 의료관리회사가 수익적인 관심에 중점을 두는 것이 그들이 적절하고 윤리적인 심리적 서비스를 제공하는 것을 어렵게 만든다는 것을 보여주고 있다. 비밀보장성 문제가 특히 우려되는 윤리적인 문제로 지적된다. 심리학자들은 환자의 파일이 외부에 공개되지 않도록 관리할 수 있지만 보험회사와 공유해야 하는 임상 정보를 통제할 방법은 없다. 심리학자에 대한 추가 조사에서도 대부분의 심리학자들이 의료관리에 영향을 받으며, 그 영향은 일반적으로 부정적이라는 결론이 나왔다(Rothbaum, Bernstein, Haller, Phelps, & Kohout, 1998; Rothstein, Haller, & Bernstein, 2000). 심리학자의 관점에서 볼 때 의료관리회사와 일하는 것의 부정적인 면은 치료비를 자가 부담하는 내담자보다 낮은 수가, 치료에 직접적으로 필요한 임상 업무에서 벗어난 불필요한 문서 업무 및 전화에 시간을 쓰는 것, 그리고 심리학자의 판단에 필수적이라고 생각하는 치료를 의료관리회사가 거부하는것, 그 외 다른 많은 좌절스러운 일이 존재한다고 한다(Reich & Kolbasovsk, 2006).

내담자들이 잘못된 의료관리의 부정적인 영향에 대한 정보를 받아야 하는가? 내담자의 입장에서 생각해보자. 만일 당신이 심리치료를 찾고 있었고 보험 혜택을 받거나 자가 부담하는 것을 고려하고 있었다면 지불 방식이 치료에 어떻게 영향을 미치는지 알고 싶은가? 물론 심리학자들은 윤리강령(APA, 2002)에 의해 치료 과정에서 내담자들에게 가능한 한 빨리 그 과정에 대해 알려주어야 하지만 그 지침이 정확히 어떤 정보를 포함해야 하는지에 대해서는 불분명하다. 이 주제에 관한 연구에 따르면 심리학자들이 의료관리에 부정적인 반응을 보인다는 것을 알았을 때 많은 이들은 이전보다 치료에 대해 더 부정적으로 생각했다. 또한 이들은 치료를 시작하기 전에 이러한 정보를 알아야 한다고 느낀다(Pomerantz, 2000).

물론 사보험이나 의료보험 혜택을 이용하지 않고 심리치료비를 부담하는 것은 나름의 단점이 있다. 무엇보다도 많은 사람들이 저렴한 비용이지만 그만큼 제한된 서비스를 받을 수밖에 없는 지역 진료소를 선택하지 않고는 그들의 능력으로 치료비를 감당하기 어려울 것이다. 전체 인구의 많은 부분을 차지하는 사람들에게 치료비의 자가 부담은 단순히 감당할 수 없는 선택이고 그때 건강보험이 이들의 치료를 가능하게끔 한다. 물론 치료비를 감당할 수 있는 사람들이 자가 부담으로 치료를 받는다면 치료의 목적을 설정하고 치료 방법을 결정하고 언제 치료가 종결될지 등을 돈을 지불하는 제삼자의 간섭 없이 결정할 수 있을 것이다.

대한민국의 건강보험 체계는 현재 임상심리학자나 다른 심리치료자들의 치료 행위에 대한 건강보험 지원을 하지 않고 있다. 오직 의료인이 처방할 경우에만 지급되는 현재의 심리치료 건강보험 급여체계에서 독자적인 급여 신청자의 자격을 얻기 위한 방법이 논의되는 중이다. 해외의 사례를 볼 때 심리치료 자체의 효과성 및 임상심리학자의 심리치료 전문성에 대한 대국민 홍보가 동시에 필요한 시점이라고 할 수 있다.

진단에 미치는 영향

바람직하지는 않지만 내담자의 치료비 지불 방법은 치료에 영향을 미칠 뿐 아니라 진단 과정에도 영향을 미친다. 대부분의 의료보험과 의료관리회사는 치료비 지불의 조건으로 *DSM-5*에 포함된 진단을 요구한다(Ackley, 1997; Chambliss, 2000; Kutchins & Kirk, 1997). 일반적으로 내담자의 문제가 진단받을 만한 수준이 아닌 경우에는 이에 대한 비용을 지불하지 않는다. 따라서 진단할 수 있을 만큼 심각하지 않은 증상의 내담자는 치료 지원 없이 치료기관을 찾아야 한다.

최근 몇 가지 조사에 따르면 심리학자들은 내담자의 치료비 지불 방식에 따라 내담자들을 다르게 진단한다고 한다. 심리학자들이 우울이나 불안 등의 가벼운 기분장애 증상을 보이는 내담자를 진단할 때 치료비를 자가 부담하는 경우보다 의료보험제도를 사용하는 사람들에게 진단을 내리는 경향이 있다(Kielbasa, Pomerantz, Krohn, & Sullivan, 2004). 추가적인 연구에 따르면 주의력결핍/과잉행동(inattention/hyperactivity)과 사회공포증의 증상(Lowe, Pomerantz, & Pettibone, 2007) 혹은 명확하게 진단할 수 있는 수준 하위 증상(Pomerantz & Segrist, 2006)을 보이는 사례에 심리학자들이 진단을 내릴지는 내담자가 가입한 보험회사가 치료에 대해 지불을 할 것인지의 여부에 따라 달라진다고 한다.

기술의 영향 : 사이버치료 및 그 외

건강관리 분야에서는 다른 직업군과 마찬가지로 임상심리학자도 최근 몇 년간의 기술 발전에 상당한 영향을 받고 있다(Dimeff, Paves, Skutch, & Woodcock, 2011; Kraus, Zack, & Stricker, 2004; Marks & Cavanagh, 2009). 특히 획기적이고 논란이 많은 것은 바로 진단과 치료 같은 심리적 서비스를 제공할 때 기술 도구를 사용하는 것이다. 현대의 임상심리학자들은 내담자와의 전통적인 직접 면담에 대한 보완재로서, 혹은 그 대안으로서 컴퓨터나 스마트폰을 이용한 평가와 치료를 수행할 수 있다(Eonta et al., 2011). 임상심리학자들에 의한 이런 기술의 사용, 특히 인터넷은 대개 **사이버치료**(cybertherapy)라는 이름으로 불리고, 다른 이름으로는 원격 의료 또는 원격 정신의료라고도 불린다(Mohr, 2009; Yuen, Goetter, Herbert, & Forman, 2012). 임상심리학 그리고 그 관련된 직업에 있어서 사이버치료와 다른 기술들의 최근 활용은 열광과 회의주의 둘 모두를 이끌어내고 있다(예 : Baker & Ray, 2011; Perle et al., 2013; Tao, 2014). 기술의 구체적인 사용, 기술이 얼마나 잘 유용한지 그리고 기술을 둘러싼 직업적 문제를 포함하여 이 문제의 다양한 측면을 살펴보자.

임상심리학 분야에서 기술의 활용

오늘날 기술에 능숙한 임상심리학자는 다음과 같은 것을 사용할 수 있다(Dimeff et al., 2011; Hsiung, 2002; Marks & Cavanagh, 2009; Yuen et al., 2012).

- 내담자 면담 또는 치료를 위한 화상회의(스카이프 또는 페이스타임과 유사함)
- 내담자에게 심리치료를 제공하기 위한 전자우편(이메일) 또는 문자(채팅방 또는 일대일 형식)
- 정신건강 문제에 대한 질문에 답을 달아주는 방식의 상호작용적 인터넷 사이트를 운영해 대중을 교육하는 것
- 공황장애 또는 특정 공포증이 있는 사람들을 위해 www.fearfighter.com과 같이 구체적인 상태를 진단하고 치료하기 위한 온라인 심리치료 프로그램
- 공포 대상에 대한 가상적인 노출과 같이 내담자에게 치료적인 경험을 겪게 하는 가상현실(VR) 기법 적용
- 면대면으로 제공되었을 치료의 구체적인 요소로 설계된 컴퓨터 기반 자기 지시적 프로그램
- 심리학자와의 치료회기와 회기 사이의 기간 동안 정기적으로 혹은 무작위적 시점으로 내담자를 모니터링하고 상호작용하기 위한 휴대용 기기(예 : 스마트폰, 태블릿 PC)

새로운 기술의 활용은 많은 임상심리학자에게 새로운 가능성을 열어준다. 새로운 기술은 심리서비스를 받기 어려운 가난한 집단, 농어촌 거주자, 전쟁으로 파괴되고 피해를 입은 지역에 살고 있는 사람들이 임상심리학자의 서비스를 받을 수 있게 도울 것이다(Duncan, Velasquez, & Nelson, 2014; Gale, 2015; Kraus, 2004; Nelson & Bui, 2010; Reger & Gahm, 2009). Maheu, Pulier, Wilhelm, McMenamin, Brown-Connolly(2005)는 이러한 기술의 이점을 "접근성, 경제성, 익명성, 수용성 및 적응성"으로 요약한다(p. 10).

그림 3.2 점점 더 많은 임상심리학자들이 임상 활동을 하는 데 있어 인터넷과 다른 형태의 기술을 사용하고 있다. 이러한 경향의 잠재적인 장점과 단점은 무엇이라고 생각하는가?

한국에서의 사이버치료

한국에서도 높은 스마트폰 보급률을 바탕으로 모바일 애플리케이션을 활용한 심리치료가 활성화되고 있다. 청소년을 대상으로 우울증을 측정하고 관리하기 위한 애플리케이션(박정선 외, 2016)과 정신건강을 증진시키기 위해 인지행동치료에 기반을 둔 애플리케이션인 '마성의 토닥토닥' 등이 그것이다.

가상현실(VR)을 활용한 공포증 치료 역시 국내에서 활용되고 있는 분야 중 하나이다. 가상현실은 심리치료 분야에 공포증 치료를 위해 가장 먼저 도입되었다. 전통적인 노출치료법의 단점인 실제 공포 대상에 노출되는 내담자의 지나친 공포감과 부담감, 심상노출법처럼 내담자의 상상에 따라 노출 강도가 약해질 수 있음을 보완하는 방법으로서, 현실과 비슷한 환경을 가상으로 제공할 수 있다. 또한 가상현실이기 때문에 치료 환경에서 손쉽게 제공할 수 있다. 한국에서는 한양대학교 의공학 연구실을 비롯하여 중앙대학교 심리학과, 덕성여자대학교 심리학과 등이 이 분야에서 활발한 연구를 진행하고 있다.

사이버치료와 다른 기술의 활용은 얼마나 효과가 있는가

사이버치료와 다른 기술의 활용은 최근 발달되었기 때문에 내담자에 얼마나 이로운지에 대한 자료는 계속 수집 중이며, 이러한 자료들을 수집하는 데 이용되는 방법론은 어느 정도 불완전할 수 있다(Richardson, Frueh, Grubaugh, Egede, & Elhai, 2009). 하지만 지금까지의 자료들은 희망적이다. 리뷰와 메타 분석은 사이버치료가 이보다 전통적인 방식의 대면 형태 심리치료만큼이나 다양한 장애에 효과가 있다는 것을 확인했다(Andersson, 2015a, 2015b; Andersson, Cuijpers, Carlbring, Riper, & Hedman, 2014; Barak, Hen, Boniel-Nissim, & Shapira, 2008; Ebert et al., 2015; Emmelkamp, 2011; Kraus, 2011; Pennant et al., 2015; Richards & Richardson, 2012; Richards & Viganó, 2013; Turner & Casey, 2014). 일부 연구들은 특정 장애에 특정 치료법을 적용한 연구를 통해 다음과 같은 결론에 도달했다. 이 중 몇 가지를 살펴보자. 예를 들어, 여러 연구들은 불안장애에 대한 인지행동치료는 치료가 직접적으로 제공되었는지 혹은 컴퓨터를 통해 제공되었는지 여부와 무관하게 동일한 효과가 확인되었다(Dear et al., 2015; Reger & Gahm, 2009; Spence et al., 2011; Titov et al., 2015). 외상후 스트레스장애(PTSD)의 인터넷 기반 치료에 관한 메타 분석도 비슷하게 좋은 결과가 나타났다(Kuester, Niemeyer & Knaevelsrud, 2016). 편향된 주의를 수정하는 치료(제15장 참조)를 제공하도록 설계된 스마트폰 앱을 사용한 시도는 몹시 불안한 사람들의 스트레스와 불안을 유의미하게 감소시켰다(Dennis & O'Toole, 2014). 수많은 기술적인 요소(화상회의, 인터넷으로 제공되는 치료 요소, 치료사와 내담자 간의 문자하기)를 더하는 것은 신경성 폭식증 및 폭식장애의 인지행동치료의 효율을 높였다(Shingleton, Richards, & Thompson-Brenner, 2013; Shingleton et al., 2016). 낙관주의를 증가시키기 위해 고안된 인터넷 기반 개입은 비관주의가 높은 사람들의 우울을 감소시켰다(Sergeant & Mongrain, 2014). 기분을 개선시키기 위해 고안된 인터넷 프로그램은 우울 증상을 줄이는 데 효과적이었다(Eells, Barrett, Wright, & Thase, 2014).

전문적 문제의 대두

임상심리학자가 새로운 기술을 도입하고 이를 실무에 포함시키게 되면서, 윤리적인 것과 현실적인 것 모두를 포함하는 전문적 문제가 제기되고 있다(Koocher, 2009). 이에 대응해 전문 인력들은 제공되는 서비스가 안전하고, 효과적이며, 윤리적인지를 보장하기 위해 노력하고 있다(Baker & Bufka, 2011). 미국심리학회의 윤리강령(American Psychological Association, 2002)은 증가하는 새로운 기술 기반의 도구 사용을 다루기 위해 고안된 몇 가지 내용을 추가하였다. 이 분야의 일부 전문가들은 또한 온라인, 화상회의나 다른 유사한 방법들을 통해 실무를 보는 심리학자들을 위한 윤리적 지침이 필요하다고 제안하고 있다(예 : Hsiung, 2002; Ragusea & VandeCreek, 2003).

기술 자체와 마찬가지로 사용에 관한 지침이 끊임없이 개발되고 있다. 이들 지침 중 일부는 전통적이고 대면적인 실무를 다루는 지침의 연장에 불과한 반면, 다른 것들은 상당히 차이를 보인다. 기술에 기반을 둔 임상심리학의 실무가 발전함에 따라 이것을 제공하는 사람들은 다음과 같은 몇 가지 기본적인 제안을 따라야만 한다(Barnetz & Scheetz, 2003; Ragusea, 2012; Rummell & Joyce, 2010).

- 내담자가 받을 수 있는 서비스, 제공할 수 있는 기술 그리고 의사소통에 있어서의 비밀보장에 대해 사전 동의를 얻는다.
- 원격 의료에 대한 법을 숙지하고 따른다.
- 미국심리학회의 최신 윤리강령, 특히 기술적 문제를 다루는 부분을 숙지하고 준수한다.
- 암호화나 다른 유사한 방법을 통해 내담자의 기밀을 최대한 보장한다. 해커가 임상 정보에 접근할 수 있는 방법과 그것을 막을 수 있는 기술에 대해 지속적으로 최신 정보를 받는다.
- 문화와 관련된 문제를 어떻게 해결해야 하는지 제대로 인식한다. 기술적인 도구가 대면적인 면담을 대체하기 때문에, 심리학자들은 내담자의 문화적 배경을 평가하기 위한 특별한 노력을 기울일 필요가 있을지도 모른다.
- 전문 지식의 범위 외에 실무를 보지 않는다. 단지 자격증을 보유하는 것만으로는 충분하지 않을 수 있다. 특정한 기법을 사용하기 위해서는 임상적이거나 기술적으로 진보된 훈련 과정

이 필수적일 수 있다.

- 내담자가 서비스를 찾을 수 있는 지역사회의 비상 자원에 대해 잘 알아둔다. 예를 들어, 자살이나 정신증과 관련된 위기는 심리학자가 제공하기에는 너무 멀기 때문에 즉각적인 면대면 개입이 필요할 수 있다.
- 실무와 관련된 법률, 윤리강령 및 기술 변화에 뒤처지지 않는다.

이 목록이 시사하는 바와 같이 임상심리학에서 기술 사용이 확대됨에 따라 수많은 특정한 윤리적 문제가 발생했다(Fisher & Fried, 2003; Koocher, 2009; Kraus, 2004; Naglieri et al., 2004; Rummell & Joyce, 2010). 이러한 문제들은 평가나 치료가 시작되기 전에도 나타나곤 하는데, 그 이유는 바로 내담자의 정체 자체가 의문시될 수 있기 때문이다. 즉 심리학자는 내담자가 실제로 사전동의 성명에 동의하고, 평가 항목에 반응하고, 온라인 치료 동안 코멘트를 제공한다고 어떻게 확신하는가? 정체가 확인된다 하더라도 심리학자는 전자 전송 전반에 걸친 기밀성을 고려해야 하고, 대면 면담에서는 존재하는 비언어적 단서를 관찰할 수 있는 가능성이 부재한 상황에서 적합한 해석을 만들어내야 하며 임상적 기술뿐 아니라 기술적 능력에 관해서도 역량을 유지해야 한다.

이런 윤리적이고 실제적인 문제점과 매우 짧은 역사에도 불구하고 사이버치료가 몹시 성공적일 수 있다는 것을 보여주는 증거가 나타나기 시작했고, 확실히 더욱 널리 퍼지고 있다. 그러나 사이버치료의 효과는 수많은 요인에 따라 달라질 수 있다는 점을 명심해야 한다(Marks & Cavanagh, 2009).

- 장애에 대해 이용되고 있는 사이버치료는 무엇인가?
- 어떤 기기로 어떤 방법을 통해 사이버치료가 제공되는가? 컴퓨터, 휴대폰, 스마트폰, 이메일, 문자, 화상회의 혹은 다른 무엇을 통해 진행되는가?
- 사이버치료는 어떤 환경에서 실시되는가? 집, 상담소, 학교, 공공장소(도서관, 카페 등) 또는 그 외의 어떤 장소인가?
- 내담자들은 어떻게 사이버치료에 대해서 알게 되었는가? 공신력 있는 곳에서 특정한 추천을 받았는가 아니면 인터넷에서 우연히 발견했는가?
- 사이버치료에 실제 사람이 개입하는 부분이 존재하는가? 또한 그 개입의 질적 부분은 충분히 검토되고 있는가?

많은 치료사가 사이버치료 요법을 계속 경계하고 전혀 사용하지 않음에도(McMinn, Bearse, Heyne, Smithberger, Erb, 2011) 기술에 기반을 둔 치료와 진단의 실행은 부인할 수 없을 정도로 상승하고 있으며, 기술이 발전하고 더욱 널리 퍼지는 한 이 추세는 계속 유지될 것이다. 이러한 양상이 진행됨에 따라 사이버치료 효과에 대한 연구도 성장할 것이며(Maheu et al., 2005), 사이버치료의 사용을 위한 지침과 훈련이 강화될 것이다. 해결해야 할 좀 더 흥미로운 질문 중 하나는 기술 도구가 내담자-치료자 동맹에 미칠 영향일 것이다(Rummell & Joyce, 2010). 이후의 장에서 보게 될 것처럼, 내담자와 치료자 사이의 강력한 전문적인 관계는 어떠한 성공적인 치료에 있어서도 필수적이다. 이메일, 문자 메시지, 웹사이트 또는 화상회의를 통한 치료가 그러한 관계를 유지하거나 강화할 수 있는 한, 이는 내담자에게 이익이 될 것이다.

요약

현대 임상심리학 분야에는 몇 가지 사안과 논쟁거리가 대두되고 있다. 대표적인 예로, 임상심리학자에 대한 약물 처방 권한에 대한 사안은 이 분야의 직업적 발전을 이끌어냈다. 처방 권한에 찬성하는 사람들은 많은 지역에서 정신과 의사의 공급이 부족하다는 점, 이미 처방 권한을 얻은 의사가 아닌 다른 직업들의 존재, 내담자들을 위한 편리성, 그리고 임상심리학자들의 자율성을 근거로 이 정책의 정당성을 주장한다. 처방 권한에 반대하는 사람들은 훈련의 어려움, 약물 처방이 심리치료에 미칠 부정적 영향, 임상심리학 직업에 대한 정체성 혼란, 그리고 제약 산업의 잠재적인 부정적 영향과 관련한 어려움을 지적한다.

근거기반/매뉴얼화된 치료에 대한 문제 역시 최근 몇 년간 논란을 불러일으켰다. 지지자들은 심리치료의 과학적 위상을 강화시키고 역량에 관한 표준을 설립하는 데 유용하고 치료자의 임상적 판단에 대한 의존을 감소시킬 수 있다고 지적한다. 반대하는 사람들은 근거기반/매뉴얼화된 치료가 치료 관계를 위협할 수 있고, 임상적인 선택을 과도하게 제한할 수 있으며, 경험적 기준이나 선별된 환자를 통해 얻은 치료방식을 따르게 하는 것이 다른 다양한 영역에 심리치료를 확장하는 능력을 제한한다고 지적한다.

과잉진단(진단 인플레이션 혹은 일상적의 의료화로 알려진)은 *DSM*이 새롭게 개정될 때마다 상당한 논란을 불러일으켰으며, 특히 *DSM-5*에서 그러했다. *DSM*의 저자들이 엄격한 과정을 거쳐 특정 경험을 정신장애라 이름 붙인다고는 하지만, 비평가들은 *DSM*이 너무 빈번하게, 정상적인 삶에서 나타나는 불행한 경험을 포함시키거나 너무 낮은 기준을 사용해서 수많은 사람이 장애로 인정되게 한다고 주장한다. 정신질환에 대해 지나치게 광범위하거나 느슨하게 정의하는 것은 불필요한 치료를 제공하고 낙인 효과, 법적인 문제 등을 유발할 수 있다.

내담자가 심리치료비를 지불하는 방법(특히 건강보험회사가 그 비용을 지불하거나 내담자가 자가 부담하거나)은 임상심리학자와 임상 업무에 영향을 주는 듯하다. 특히 개업 센터에서 일하는 심리학자들은 임상 업무에 대한 의료보험회사의 관여가 증가함에 따라 부정적인 영향을 받았다고 보고한다. 연구 결과들은 내담자에 대한 심리학자의 진단적 결정이 청구서를 지불하는 건강보험/관리/의료 회사의 존재 여부에 의해 유의미하게 영향을 받을 수 있음을 시사한다.

최근의 기술 혁신은 임상심리학자들이 내담자를 치료하기 위해 사용할 수 있는 도구의 범위를 확장시켰다. 화상회의, 온라인 치료, 이메일에 기반을 둔 치료적 개입, 가상현실 기술, 그리고 다른 형태의 컴퓨터 지원 치료를 포함한 다양한 종류의 사이버치료가 모두 성공적으로 사용되고 있다. 현재까지의 연구 결과는 긍정적이지만 결과는 개입, 전달 방법 및 그것이 이용되는 환경과 관련된 광범위한 요인들에 따라 달라질 수 있다. 이러한 새로운 기술과 함께 상응하는 윤리적 문제와 전문적인 문제가 나타났다. 이는 사전정보 동의서, 법률과 윤리, 비밀 유지, 원거리에서 내담자의 응급상황을 다루는 것을 포함하고 있다.

주요 용어

건강보험 급여/의료관리
근거기반 실천
노출 및 반응 방지
매뉴얼화된 치료법
변증법적 행동치료(DBT)
사이버치료
정신약리학 성장을 위한 미국사회 (미국심리학회 55분과)
제삼자 지불
처방 권한
치료법 매뉴얼
Morgan T. Sammons
Patrick H. DeLeon
Robert McGrath

비판적 사고를 위한 질문

1. 임상심리학자들이 처방 권한을 가져야 한다고 생각하는가? 그 이유는 무엇인가?
2. 정신질환이 현재 과잉진단되는 것 같은가?
3. 임상심리학자에 요구되는 근거기반 치료는 어느 정도 범위여야 한다고 생각하는가?
4. 임상심리학자들이 지불 방법(예 : 의료보험 또는 자가 부담)이 진단 또는 치료에 미치는 영향에 대해 내담자에게 얼마만큼 말해야 한다고 보는가?
5. 임상심리학 실무에 관한 최신 기술의 가장 중요한 장점과 단점은 무엇인가?

주요 학술지

Clinical Psychological Science
http://www.psychologicalscience.org/index.php/publications/journals/clinical

Clinical Psychology: Science and Practice
http://onlinelibrary.wiley.com/journal/10.1111/(ISSN)1468-2850

Evidence-Based Mental Health
http://ebmh.bmj.com

Journal of Technology in Human Service
http://www.tandfonline.com/loi/wths20#.V08Y3vkrLX5

Professional Psychology: Research and Practice
http://www.apa.org/pubs/journals/pro/index.aspx

Psychotherapy
http://www.apa.org/pubs/journals/pst/index.aspx

Psychotherapy Research
http://www.tandfonline.com/loi/tpsr20#.V08V2fkrLX4

The Tablet (Newsletter of the American Society for the Advancement of Pharmacotherapy, APA Division 55)
http://www.apadivisions.org/division-55/publications/tablet/index.aspx

CHAPTER

4 임상심리학의 문화적 쟁점

학습 목표

4.1 임상심리학에서 다문화주의가 '제4의 세력'이라고 불리는 것이 어떤 의미인지 설명한다.

4.2 임상심리 영역의 현재 초점이 다문화주의에 맞춰지고 있음을 보여주는 영역 내 전문적 노력을 열거한다.

4.3 다양한 배경의 심리치료 내담자들에게 어떻게 문화적 역량을 나타낼 수 있는지를 예측한다.

4.4 사람들 간의 유사점과 차이점에 대한 주요한 관점을 비교한다.

4.5 임상심리학적 맥락에서 '문화'를 정의한다.

4.6 문화적 쟁점에 있어서 임상심리학자들을 훈련시키는 방법을 기술한다.

임상심리학에서의 다문화주의의 부상

미국 인구의 다양화

문화적 다양성(cultural diversity)은 역사적으로 미국 인구 구성의 전형적 특징으로 여겨졌으나, 최근 몇 년 동안 이 나라는 이전보다 더 다양해졌다. 소수민족이 미국 인구 구성에서 차지하는 비율뿐 아니라 그 숫자에 있어서도 극적으로 증가해왔다. 예를 들어, 1990년에서 2000년에 이르는 10년 동안에 아시아계 미국인/태평양 제도민의 인구 그리고 라틴계/히스패닉계 인구가 각각 50% 정도 증가했다(U.S. Census Bureau, 2001). 또한 2000년에는 미국 내 2,800만 명이 1세대 이주민이었으며, 이들이 미국 전체 인구의 10%에 달하였다(Martinez, 2004). 미국 초등학생들은 5명 중 1명꼴로 집에서 영어 외에 다른 언어를 사용한다(Roberts, 2004). 그리고 2050년에는 미국 인구의 절반 정도가 최소한 부분적으로나마 아프리카계 미국인, 북미 원주민, 아시아계 미국인, 또는 라틴계로 분류될 것이다(U.S. Census Bureau, 2008).

미국의 특정한 지역에서 다양성의 증가가 특히 두드러진다. 예를 들어, 마이애미에서는 히스패닉계 거주자들이 인구의 대부분을 차지한다(U.S. Census Bureau, 2006c). 샌프란시스코는 아시아 혈통들이 인구의 3분의 1 정도를 차지한다(U.S. Census Bureau, 2006d). 그리고 디트로이트와 워싱턴 D.C. 인구의 55% 이상이 아프리카계 미국인이다(U.S. Census Bureau, 2006a, 2006b).

임상심리학자들은 자신의 전문적 도움을 필요로 하는 사람들의 문화적 배경이 점점 더 다양해지고 있음을 인식해왔다. 임상심리학자들은 개인으로서 또 직업인으로서, 문화의 쟁점을 섬세하면서도 능숙하게 다루기 위해 노력하고 있다(Comas-Díaz, 2011, 2012). McGoldrick, Giordano, Garcia Preto(2005b)가 말하듯이, "우리는 우리들의 이론과 치료에 문화적 인정을 반드시 담아내야 한다. 그래야 우세한 문화에 속하지 않은 내담자들이 상실감이나 부적절감, 혼란을 느끼지 않을 것이다"(p. 4).

'제4의 세력'으로서의 다문화주의

최근 몇 년간 문화적 쟁점이 정신건강전문가들에게 미친 영향은 아주 광범위한 것이어서 몇몇 저자들은 **다문화주의**(multiculturalism)를 현대 심리학을 정의하는 주제로 보기도 했다. 예를 들어, Pedersen(1990, 1999, 2008)은 임상/상담 영역의 발전적 변화를 논하면서, 다문화주의를 '제4의 세력'으로 제시하였다. 이렇게 이름 붙임으로써 다문화주의는 각 시대의 지배적인 패러다임으로 광범위하게 인식되어온 이전의 세 가지 다른 움직임(제1세력 정신역동, 제2세력 행동주의, 제3세력 인본주의/인간중심심리학)의 뒤를 잇는다(Bugental, 1964). 이는 다문화주의가 현시대 임상심리학자의 작업에 주요한 영향을 주고 있음을 뜻한다(Gelso, 2011). 이는 강조점의 근본적 변화를 나타내지만, 영향을 끼치는 방법에 있어서는 이전의 세 가지와는 다름을 보여준다. 행동주의와 인간중심이 제1세력인 정신분석에 대한 도전으로 출현하게 된 반면에, 다문화주의는 반드시 처음 세 가지 세력 중 어느 하나를 끌어내리는 것을 목표로 하지는 않는다. 대신 다양한 문화적 배경을 가진 사람들에게 어떻게 하면 기존 이론들을 가장 잘 적용시킬 수 있을지에 관한 인식과 세심함을 그 안에 주입함으로써 기존 모델들을 강화하고 향상시킨다(Mio, Barker-Hackett, & Tumambing, 2006).

그림 4.1 문화적 다양성은 미국 전체 인구의 특징이며, 특히 특정 지정학적 지역에서 더 그렇다. 임상심리학전문가들은 최근 몇 년 동안의 문화적 다양성에 대한 중요성을 어떻게 강조해왔는가?

© Andrea Gingerich/istockphoto.com

문화가 임상 및 상담 분야에서 이렇듯 강력한 세력이 되게 하는 이유 중 한 가지는 내담자가 도움을 구하고 있는 바로 그 문제에 대한 이해의 방식을 결정한다는 점이다. 이러한 이해(심리적인 문제에 적용되는 이러한 세계관)는 치료사가 내담자를 도울 접근법을 강구할 때 중요하게 생각해야 하는 것이다. Comas-Díaz(2011)는 치료사들이 내담자에게 다음과 같은 질문을 함으로써 자신의 심리적 문제에 대한 내담자의 이해에 대해 직접 평가할 것을 권장한다(Adapted from p. 875).

- 문제(또는 질병 혹은 스트레스)를 무엇이라고 부릅니까?
- 당신의 문제는 당신에게 무엇을 생각나게 하나요?
- 문제의 자연스러운 원인은 무엇이라고 생각합니까?
- 이 문제가 왜 발생했다고 생각합니까?

- 이 문제를 어떻게 다루어야 한다고 생각합니까?
- 제가 어떻게 돕기를 원하시나요?
- 또 누구(예 : 가족, 친구, 종교 지도자)에게 도움을 청합니까?
- 누가(예 : 가족, 친구, 종교 지도자) 이 문제에 관한 의사결정에 참여해야 하나요?

문화적 주제를 강조하기 위한 최근의 전문적인 노력

임상심리학 및 관련 전문가들은 여러 가지 실제적인 방법으로 문화적 다양성이라는 주제를 다뤄왔다. 1970년대에는 치료사와 수련생들에게 민족과 인종의 중요성을 교육하기 위한 노력이 초기 단계에 머물렀다. 이러한 노력은 1980년대를 지나면서 확대되었고, 1990년대에 이르러서는 훨씬 더 널리 퍼졌으며, 정의 가능한 문화를 둘러싼 변수들은 인종과 민족을 넘어 훨씬 더 포괄적이 되었다(J. E. Harris, 2012). 최근 몇 년간 이루어진 수많은 노력은 임상심리학에 있어서 문화의 중요성이 증가하고 있음을 반영하는 것이다.

학술지와 서적

최근 몇 년 동안 정신건강에 있어서 문화적 쟁점에 관한 수많은 출판물이 출간되었다. 임상심리학 학술지에는 문화적 주제에 대한 글이 점점 더 많아지고 있으며, 일부 심리학 저널은 전체를 문화적 쟁점에 할애한다(Koydemir & Essau, 2015; 표 4.1 참조). 또한 다양한 저작들은 다양한 문화적 배경의 사람들을 대상으로 일하는 심리학자들에게 교육과 안내를 제공한다. 이 책들 중 일부는 **아시아계 미국인과의 작업**(Lee, 1997), **여성 심리치료**(Mirkin, Suyemoto & Okun, 2005), **무슬림 상담**(Ahmed & Amer, 2012)과 같이 단일한 인구 단위에 초점을 두는 반면, 다른 일부는 **민족과 가족치료**(McGoldrick, Giordano, & Garcia-Preto, 2005a)나 **다양한 인구 집단을 위한 상담**(Atkinson & Hackett, 2003)처럼 다양한 인종에 대한 장들을 취합하여 구성되었다. 종합하자면 이 간행물은 현대 임상심리학의 풍부한 문화적 지식을 나타냄과 동시에 해당 주제의 중요성에 대한 현재의 인식이 증가하고 있음을 보여준다.

미국심리학회 분과의 출현

미국심리학회에서 새로운 분과는 회원 중 일부가 특정 주제를 깊이 있게 연구하거나 조사할 필요가 있음을 인식할 때 만들어진다. 최근에 설립된 분과들을 살펴보면 문화적인 주제에 집중되어있는 것이 많은데, 다음과 같은 것이 포함된다.

- 35분과 – 여성 심리학회

표 4.1 임상심리학 분야에서 다문화주의적 이슈와 관련된 학술저널

이 저널들은 문화 이슈에 중점을 두며, 보통의 일반적인 임상 관련 논문을 포함한다.

Cultural Diversity and Ethnic Minority Psychology	*Journal of Gender, Culture, and Health*
Hispanic Journal of Behavioral Sciences	*Journal of Multicultural Counseling and Development*
Journal of Black Psychology	*Psychoanalysis, Culture, and Society*
Journal of Cross-Cultural Psychology	*Psychology of Men and Masculinity*
Journal of Cultural Diversity	*Asian American Journal of Psychology*

이 저널들은 임상적으로 관련이 있는 이슈에 중점을 두면서, 일반적으로 문화나 다양성을 강조하는 논문을 포함한다.

Clinical Psychology: Science and Practice	*Journal of Marital and Family Therapy*
Counseling Psychologist Psychology	*Journal of Mental Health Counseling*
Journal of Abnormal Psychology	*Professional Psychology: Research and Practice*
Journal of Clinical	*Psychotherapy: Theory, Research, Practice, Training*
Journal of Counseling Psychology	*Journal of Consulting and Clinical Psychology*

- 36분과 — 종교심리학
- 44분과 — 레즈비언, 게이 및 양성애 주제에 대한 심리연구학회
- 45분과 — 소수 민족 문제 연구학회
- 51분과 — 남성 및 남성성 심리연구학회

미국심리학회 윤리강령

가장 최근의 미국심리학회(APA, 2002) 윤리강령의 수많은 특정 기준과 원칙은 심리학자들에게 문화적 민감성과 역량을 강조한다. 기준에 포함된다는 것은 다양성이라는 주제에 대한 인식이 단순히 윤리적인 심리학자들이 추구해야 할 바를 넘어선 필수 요구조건임을 분명히 한다. 다문화주의와 관련된 구체적인 윤리 기준 및 원칙 목록은 표 4.2를 참조하라.

미국심리학회 인증기준

미국심리학회가 심리학 분야의 대학원 프로그램에 '승인서(seal of approval)'를 줄 것인지(즉 인증을 해줄 것인지 여부) 결정할 때 다문화주의가 주요 초점이 된다. 가장 최근의 미국심리학회(APA, 2005) 인증기준인 '문화적 그리고 개별적 차별성과 다양성'은 교육 프로그램에서 공인받기 위해 적절하게 다루어야 하는 8개 영역 중 하나이다. 이 요구 사항은 인증을 필요로 하는 박사 과정, 박사 전 인턴십 및 박사 후 인턴십에 적용된다. 구체적으로 박사 과정의 인증기준은 (1) 학생과 교수

표 4.2 미국심리학회(APA, 2002)의 '심리학자의 윤리적 원칙과 다문화주의에 연관된 행동양식'에서 발췌한 인용문

- 원칙 E : 사람들에 대한 권리와 존엄 존중하기

  심리전문가는 모든 사람의 존엄과 가치를 존중하고, 개인의 사생활, 비밀보장, 그리고 자기결정을 존중한다. 심리전문가는 가지고 있는 취약성에 대해 자율적 의사결정을 저해한 사람이나 지역사회의 권리와 복지를 보호하기 위해 특별한 보호장치가 필요할 수도 있다는 것을 안다. 심리전문가는 문화적, 개인적, 그리고 역할의 차별성을 인식하고 존중하는데, 이러한 차별성은 연령, 성별, 성 정체성, 인종, 민족, 문화, 출신국가, 종교, 성적지향, 장애, 언어, 그리고 사회경제적 지위에 근거하며, 이러한 집단들의 구성원들과 작업할 때 이 요인들을 고려한다. 심리전문가는 이러한 요인을 기반으로 한 자신의 편견을 제거하기 위해 노력하고, 그러한 편견이 기반이 된 활동은 참여하지 않거나 용납하지 않는다.

- 기준 2.01 역량의 경계

  (b) 심리학 분야의 수련에서 과학적 또는 전문적인 지식이 나이, 성별, 성 정체성, 인종, 문화, 국적, 종교, 성적지향, 장애, 언어 또는 사회경제적 지위와 관련된 요소의 이해가 심리학적 서비스나 연구의 효과적인 시행을 위해 필수적인 경우, 심리전문가는 서비스 역량을 보장하기 위해 필요한 훈련, 경험, 자문 또는 슈퍼비전을 받거나, 기준 2.02 비상 시 서비스를 제공하는 제외하고는 적절히 의뢰하도록 한다.

- 기준 3.01 부당한 차별

  심리전문가는 직업 관련 활동에서 연령, 성별, 성 정체성, 민족, 인종, 문화, 출신국가, 종교, 성적취향, 장애, 사회경제적 지위 혹은 법에서 기술한 어떤 이유에 기초한 부당한 차별에 참여하지 않는다.

- 기준 9.06 평가 결과 해석

  자동화된 해석을 포함하여 평가 결과를 해석할 때 심리전문가는 다양한 검사 요소, 검사 수행 능력과 상황적 · 개인적 · 언어적 · 문화적 차이 같은 평가된 개인의 다른 특성뿐 아니라 검사의 목적도 고려하는데, 이는 심리전문가의 판단 또는 해석의 정확도를 떨어뜨릴 수 있다. 이는 해석의 어떤 중대한 한계를 보여준다(기준 2.01b와 c 역량의 경계, 그리고 3.01 부당한 차별 참조).

출처 : American Psychological Association (2002), 1060–1073.

진에 다양한 배경을 가진 사람들을 포함하는 것과, (2) 전문적 심리학의 과학 및 실무 업무에서 문화의 역할에 대해 학생들에게 교육하는 것이다.

다문화를 향한 *DSM*의 노력

정신질환의 진단 및 통계 편람 제5판(*DSM-5*)의 저자들은 서론에서 "진단 분류 및 평가와 관련된 문화의 주요 측면을 *DSM-5*의 개발에 고려하였다."고 기술하였다(American Psychiatric Association, 2013, p. 14). 특정 장애에 대한 설명에 포함된 문화적 다양성에 대한 정보 외에도, 이 책은 임상가의 전반적인 문화적 역량을 지원할 수 있도록 보다 일반적인 지침을 제공한다. 예를 들어, 이 책은 '문화 개념화의 개요'를 제공하는데, 이는 임상가들에게 문화적 정체성, 괴로움에 대한 문화적 개념화, 정신건강전문가와의 관계에 대한 문화적 특징 등에 대하여 알려준다. 또한 16개의 특정 질문을 모은 '문화적 개념화 면접' 역시 제공하는데, 이것은 임상가에게 문화적인 정보를 제공해주는 면담을 수행할 수 있도록 도와준다. 이 모든 노력은 문화가 불안장애, 섭식장애, 물질사용 등 다양한 심리적 문제의 경험이나 표현에 영향을 준다고 보는 연구를 지지하며 이러한 연구들은 늘어나고 있는 중이다(예 : Chentsova-Dutton & Tsai, 2007).

*DSM-5*에 통합된 문화적 인식을 향한 또 다른 노력은 **고통의 문화적 개념**(cultural concepts of distress; 이 중 상당수는 이전 버전의 *DSM*에서 '문화 관련 증후군'으로 불림; Alarcón, 2015)을 나열한 용어집이다. 고통의 문화적 개념 용어해설에는 세계 각지의 집단에서 관찰된 심리적 문제를 나타내는 아홉 가지 개념이 포함되어있다. 이중 일부는 *DSM-5* 장애와 비슷한 것으로 묘사되지만 다른 것은 거의 유사성을 찾아볼 수 없다. 예를 들면, 외모, 행동 또는 냄새가 다른 사람들을 불쾌하게 할 것이라고 생각하기 때문에 긴장 속에서 대인관계를 회피하는 **다이진 교후소**가 있다(일본 및 몇몇 문화에서 발견됨). 무서운 사건이 몸에서 영혼을 떠나게 만드는 현상을 말하는 **수스토**는 우울증 증상에서 기인한다(일부 라틴/히스패닉문화에서 나타남). 그리고 **말라디 문**은 우울증이나 정신증 같은 정신적 문제를 다른 사람에게 '보낼' 수 있다는 개념인데, 보통 다른 사람의 성공을 질투하거나 싫어한 결과로 본다(일부 아이티인 집단에서 찾아볼 수 있다. '악마의 눈'이라고 불리는 비슷한 경험은 세계의 다른 지역에서 나타난다). 일부 저자들(McGoldrick et al., 2005b)이 *DSM*에 공식적으로 포함된 몇 가지 장애(예 : 섭식장애, 제7장 참조)가 사실상 미국이나 북미의 문화와 연관지어야 더 잘 설명된다고 지적하기는 하지만, 그럼에도 *DSM*에 문화 관련 증후군의 목록이 있다는 것은 다문화 이슈에 대한 전문가들의 인식이 증가하고 있음을 보여주는 것이라 하겠다.

주요 평가 도구의 개정

최근 몇 년간 임상심리학자들이 사용하는 몇몇 주요한 평가 도구가 보다 문화적으로 적합하며 사용이 용이하도록 하기 위한 목적으로 개정되어왔다(Braje & Hall, 2015). 특히 인기 있고 널리 인정되는 성격검사인 미네소타 다면적 인성검사(MMPI)가 1980년대에 주된 재정비를 거쳐서 1989년에 MMPI-2가 출간되었다. 본래의 MMPI와 비교하여 MMPI-2의 규준점수는 미국 인구의 문화적 다양성을 보다 더 잘 대표할 수 있는 인구 표집에 기초하였다(Nichols, 2001; MMPI와 MMPI-2에 대한 보다 자세한 정보는 제10장 참조). 또 다른 예 중에는 아동 및 성인 버전의 웩슬러 지능검사(예 : 웩슬러 성인용 지능검사, 웩슬러 아동용 지능검사)가 포함되는데, 이들은 가장 널리 활용되며 이것들이 대표하는 영역에서 높게 평가받는 것들이다. 이러한 검사들이 최근 수년간 개정되면서, 해당 저자들은 문화적 영향을 최소화하면서 문화적 통합성을 최대화하는 도구를 만들기 위해서 노력하였다(Flanagan & Kaufman, 2009; 웩슬러 검사에 관한 정보는 제9장 참조).

문화적 역량

문화적 역량이란 무엇인가

임상심리학자들은 **문화적 역량**(cultural competence)을 갖추기 위해 노력해야 한다(Graham & Roemer, 2015; Vasquez, 2010). 결국 내담자들은 자신의 치료사가 문화적인 역량을 갖추었다고 판달될 때, 보다 강한 작업동맹을 형성하게 될 가능성이 높아지며, 이는 보다 나은 치료 성과로 이어진다(Owen, Tao, Leach, & Rodolfa, 2011). 그렇다면 문화적 역량은 정확히 무엇과 연관되었는가? Sue와 Sue(2008)에 따르면 다음과 같다.

> 다문화 상담 역량은 다민족 민주주의 사회에서 효과적으로 기능하기 위해 필요한 인식, 지식, 기술을 상담자가 가지는 것으로 정의되며 … 그리고 조직/사회의 수준에서는, 모든 집단에게 보다 적절하게 반응하는 새로운 이론, 실행, 정책 그리고 조직의 구조를 발달시키기 위하여 효과적으로 지지하는 것을 의미한다. (p. 46)

앞의 정의에서 핵심문구는 '인식, 지식, 기술'이다. Sue와 Sue(2008)가 묘사하듯 이 세 가지는 임상/상담 작업에 적용되는 다문화적 역량을 구성하는 주요한 세 요소이다. 각각을 자세히 살펴보도록 하자.

문화적 자기인식

그림 4.2 문화적 자기인식, 또는 임상심리전문가 고유의 문화적 관점을 알아차리는 것은 문화적 역량의 중요 요소이다.

문화적 역량은 자신의 고유한 문화에 대해 배우는 것에서 시작되는데, 부모나 선조가 어디에서 왔는지와 같은 기초적인 사실뿐만 아니라 모든 문화적 영향의 결과로 개인이 발전시켜온 가치, 전제 그리고 편견을 포함한다(J. E. Harris, 2012). 만일 어떤 임상심리학자가 문화적 자기인식(cultural self-awareness)을 습득했다고 한다면 자신의 관점이 (모든 이들과 마찬가지로) 고유하면서도 특이하다는 것을 이해하게 된 것인데, 여기서 몇 가지 결론이 도출될 수 있다(Fouad & Arredondo, 2007). 예를 들어 이러한 심리학자는 내담자가 덜 자기중심적이라고 보며, 보다 다양한 삶의 경험의 가치를 인정해주는 관점을 취하게 될 것이다. 또한 이러한 심리학자는 사람들 간의 다름을, 특히 그 다름이 내담자가 속한 문화 집단 내에서 일반적이거나 존중받는 것이라면 꼭 결함으로 볼 필요가 없음을 인정할 수 있을 것이다. 자신과 내담자 사이의 다름을 억지로 해석하려 하기보다 심리학자는 이러한 차이에 대한 자신 고유의 개인적인 반응을 탐색하고 초기에 느끼는 불편감에 대처해야 한다(Greene, 2007).

물론 문화적 자기인식의 과정은 심리학자에게 어렵거나 불쾌하게 느껴질 수 있다. 이는 원치 않았던 '~주의'를 인정하거나 이것들과 타협해야 할 수도 있기 때문인데, 여기에는 인종주의, 성차별주의, 이성애주의, 계급차별주의, 자민족중심주의 또는 우리가 가지지 않은 척했던 유사한 편견이나 차별적인 신념체계들이 포함된다. 하지만 이것들을 평가하고 우리 자신에게 노출시킴으로써 우리는 그것을 최소화하고 내담자에게 미칠 수 있는 부정적인 영향을 최소화하는 방향으로 나아갈 수 있다(Vasquez, 2010).

문화적 자기인식은 심리학자 자신의 문화적 배경에 상관없이 중요하다. 다수나 소수의 구성원인 것과는 상관없이 심리학자는 필연적으로 때로는 약간, 때로는 상당히 자신과 문화적 배경이 다른 내담자를 만나게 될 것이다. 감사하게도 우리 분야의 학자들이 치료자의 문화적 상태에 관심을 기울이는 것이 증가하고 있다(예 : Gelso, 2010; Mirsalimi, 2010; Nezu, 2010).

다양한 문화에 대한 지식

자신의 문화를 아는 것은 좋은 첫걸음이지만, 심리학자가 내담자의 문화집단에 대한 정보를 가지고 있지 않다면 별 소용없는 것이 될 수 있다. 쉽게 말해 심리학자는 내담자의 문화를 알아야 한

글상자 4.1

나의 경험

내 경험에서는 스스로의 문화적 배경에 대한 자기인식은 언제나 중요했다. 그것은 나에게 내 관점은 그저 세상을 이해하는 한 가지 방법이라는 것을 지속적으로 인식시켜주면서 다양한 내담자가 취하는 관점의 타당성을 분별할 수 있도록 도와주었다.

나 자신의 문화적 배경에 관해서 특별히 도전이 됐던 한 가지는 그것을 내담자에게 드러내야 하는지 여부에 관한 것이었다. 내가 고민하던 질문은 대부분의 다른 임상심리학자(그리고 다른 정신건강전문가)가 공유하는 것으로 다음과 같은 것이었다. 내담자들이 내 문화적 배경을 얼마만큼 알아야 할까? 내가 모든 내담자와 자발적으로 공유해야만 하는 나에 관한 특징에는 어떤 것이 있을까? 내담자가 요구한다면 내가 의도적으로 말해야 할 나에 관한 특징에는 어떤 것이 있을까? 어떤 내담자도 알 필요가 없는 나에 관한 특징에는 어떤 것이 있을까?

내담자들은 내 사무실에 앉은 채로 보이는 나의 인종/민족, 대략적인 나이, 성별에 근거하여 나에 대하여 어떤 결론(맞든 틀리든)을 내리게 될 것이다. 하지만 나의 종교, 민족성, 성적지향, 사회경제적 상태, 자라난 지역 등의 다른 변수들은 보다 추측하기 힘들 것이다. 일반적으로 내담자들이 이러한 빈칸을 채워달라고 요구할 때, 그들이 관심 가지는 것은 내가 그들을 완전히 이해하거나 공감해주는 데 필요한 경험이 있는지에 관한 것으로, 다시 말하자면 내가 그들을 '알아'줄지 여부에 관한 것이다. 나중에 커밍아웃한 한 10대 내담자는 초기 회기에서 직접적으로 나의 성적지향에 대하여 질문하였는데, 나중에 설명해주기를, 자신이 가진 성적지향과 관련하여 가족과 대화하는 것에 관한 문제를 게이 치료사가 더 잘 인식할 것으로 생각했다고 하였다. 한 80대 내담자는 전화를 걸어서 서비스에 대해 문의하였다. 그녀의 첫 번째 질문은 내가 몇 살인지였는데, 나이 어린 치료사는 그녀가 최근 몇 년간 견뎌왔던 병, 인지 능력의 저하, 친구의 죽음에 대해서 이해할 수 없을 것이라고 생각했기 때문이라고 하였다. 낙태를 고민 중이던 21세 여성은 나의 종교에 대해 질문하였는데, 내 종교가 자신과 같다면 자신이 씨름하고 있던 주제에 보다 즉각적으로 공감해줄 수 있을 것이라고 기대했다. 일을 계속해오면서 나는 나의 문화적 배경을 사적인 영역 안에만 두도록 학습되었지만, 선택적인 상황에서(앞에 열거한 것 중 일부를 포함하여) 내담자에게 유익이 될 것이라고 생각되는 경우 선택적으로 노출하였다. 치료사가 자신에 대한 이런 정보를 노출해야 한다고 생각하는가? 그 이유는 무엇인가? 문화적 배경을 이야기하는 것이 정말로 치료사가 내담자를 보다 잘 '알' 수 있게 하면서 더 나은 평가나 치료에 이르게 하는가?

글상자 4.2

문화 고려하기

다문화 전문가 인터뷰 : 특정 문화를 가진 내담자를 대하는 문화적 역량

다양한 문화에 대한 지식은 문화적 역량의 핵심 요소 중 하나이다. 여기, 우리는 다문화 정신건강 분야에서 매우 존경받는 9인에게 임상심리학자들이 특정 문화집단에 대해 알아야만 하는 것이 무엇인지에 대하여 질문하였다. 논의하는 집단의 범주는 민족, 성, 종교 그리고 성적지향이다.

1. 일반적으로 이러한 문화의 구성원과 작업할 때 임상심리학자가 문화적 역량을 갖추고 있는 것이 왜 중요합니까?
2. 이 문화의 구성원에 대한 문화적 역량을 높이기 위하여 임상심리학자(또는 수련 중인 학생)가 할 수 있는 것은 무엇입니까?
3. 이 문화의 구성원을 진단하거나 검사(면접, 지능검사, 성격검사 등)를 수행할 때 임상심리학자가 명심하고 구체적으로 고려해야 할 사항은 무엇입니까?
4. 이 문화의 구성원에게 심리치료를 할 때, 임상심리학자가 명심하고 구체적으로 고려해야 할 사항은 무엇입니까?
5. 이 문화의 구성원을 대상으로 문화적으로 능숙하게 수행하는 것에 관한 그 외 생각이 있다면 무엇입니까?

라틴계 내담자

Melba Vasquez 박사는 소수인종 문제 심리연구학회(미국심리학회 45분과)의 공동설립자이며, 미국심리학회의 이사회에서 최초로 라틴계를 대표하는 구성원이었으며, 미국심리학회 2011년도 회장을 역임했다.

- "평가를 위한 라틴 문화 요소에는 관련된 세대 이력(예 : 그 국가에서의 세대수, 그 나라에 오게 된 방식), 시민권이나 영주권 상태(그 국가에 머문 햇수, 부모세대의 이주, 난민탈출, 이민의 역사), '표준' 영어 또는 다른 언어의 유창성, 가족의 지원이나 해체의 정도, 지역사회 자원의 이용 가능성, 교육 수준, 이 나라에 온 결과에 따른 사회적 수준의 변화(이민인가 난민인가), 직업 경력, 그리고 문화 적응 또는 압박과 관련된 스트레스 수준 등이 있다."
- "이 나라와 세계의 인구통계학적 변화는 상담 및 임상심리학자에게 중대한 영향을 미쳐왔다. 비록 라틴계가 다른 내담자들과 비교하였을 때 보통 유사한 문제를 가지고 있다 하더라도 효과적인 서비스를 제공하는 데 있어서 개념화 및 개입 방법을 변화시키는 것이 중요할 수 있다."

아시아인 및 아시아계 미국인 내담자

Frederick Leong 박사는 미시간주립대학교 심리학과 교수이자 다문화심리학 연구센터 소장이며, *Asian American Journal of Psychology*의 창립 편집자이다.

- "100개 이상의 언어와 방언을 사용하는 약 43개의 다른 민족집단으로 구성된 이 아시아계 미국인과 같은 인종집단에서 내부 집단의 비동질성은 특히 중요하다."
- "많은 아시아계 미국인은 가족관계에서의 항상성과 균형, 직무, 의무, 그리고 조화로운 관계를 보여주는 것이 중요하다. 게다가 아시아계 가족은 가족의 소속감을 강조하는 경향이 있는 반면, 유럽계 미국인은 두 집단의 가치 차이로 인하여 분명한 경계와 분리성을 우선시하는 경향이 있다. 문화적 성향에 있어서 유럽계 미국인이 개인주의적인 반면에 아시아계 미국인이 보다 집단주의적이라는 것은 잘 알려져 있다."

미국 원주민/알래스카 원주민 내담자

Joseph E. Trimble 박사는 웨스턴워싱턴대학교 심리학과의 저명한 교수이자 다문화 연구센터의 연구원이다. 1994년에 다문화와 민족심리학에 대한 연구와 공헌으로 미국심리학회 45분과로부터 공로상을 수상하였다.

- "인디언 공동체의 전통적인 도움 서비스 제공자들은 공감, 진실성, 유용성, 존중, 따뜻함, 일치성, 구체성에 있어서 가장 전형적인 예시가 될 터인데, 이러한 특징은 제공자의 이론적 지향이나 상담 방식과 관계없이 어떠한 치료 상황에서도 효과적으로 만드는 것이다. 인디언과의 효과적인 상담은 상담자가 상담 장면에서 이러한 기본적인 특징을 사용하면서 주의 깊게 내면화할 때 시작된다."
- "인디언 및 원주민 상담 관련 문헌에서 반복적으로 나타나는 주제가 있는데, 그것은 인디언과 원주민 내담자를 상담하는 상담자는 개인적 성향이나 전통적 상담 기술을 사용하는 데 있어서 유연하고 적응적이어야 한다는 것이다."

아프리카계 미국인 내담자

Robert L. Williams 박사는 1968년에 설립된 전국 흑인심리학자협회의 창립 구성원이다. 1970년부터 1992년까지 그는 세인트루이스의 워싱턴대학교에서 아프리카인 및 아프리카계 미국인 심리학 정교수로 일하였다.

- "문화적 역량을 획득하기 위한 첫걸음은 자기이해이다. 심리학자들은 자신의 고유한 인종각본과 신념, 또 이것들이 자신이 치료를 수행하는 방식에 어떻게 영향을 줄 수 있을지를 인식할 필요가 있다. 인종각본은 부모로부터 자녀에게 전해진 아프리카계 미국인에 대한 고정 메시지로, 어른이 된 이후에도 완전히 알아차리지 못하게 된다. 이는 강력한 영향력을 나타낼 수 있어서 심리학자가 자

신의 인종각본을 알아차리는 것과 아프리카계 미국인 사회의 현실을 경험함으로써 이것이 수정되는 것은 중요하다."

- "아마도 아프리카계 미국인을 포함한 다양한 배경을 가진 내담자와 함께 작업하는 심리학자에게 가장 중요한 것은, "문화적 차이는 결함이 아니다."라는 것을 알고 받아들여야 한다는 것이다. 다른 말로, 문화 간의 차이는 존재하지만 그것이 하나가 다른 것보다 더 나쁘거나 우월함을 의미하지는 않는다는 것이다."

아일랜드계 미국인 내담자

Monica McGoldrick 박사는 뉴저지의 다문화가족 연구소의 소장이며 뉴저지 의과 및 치의예과-로버트우드존슨의과 대학의 겸임부교수이다. 그녀가 쓴 많은 책 중에 *Ethnicity and Family Therapy* (McGoldrick et al., 2005a)가 대표적이다.

- "전통적으로 (요점을 위해 좀 지나치게 일반화하자면) 아일랜드인은 다변가임에도 불구하고 정서적인 주제에 대해서는 말을 많이 하지 않는다. 사실상 그들은 정서적인 주제를 두려워하는 것으로 보인다. 따라서 당신이 (여전히 심리학계에서 강력한) 프로이트 학파의 관점에서 비롯된 것과 같은 질문을 한다면, 그들의 반응은 실제 그런 것보다 훨씬 병리적으로 보일 텐데, 이는 그들이 자신의 내적인 감정, 특히 성적인 감정이나 부정적인 감정에 대한 질문을 극도로 불편하게 느낄 것이기 때문이다."
- "아일랜드인은 정서 과정을 포장해서 가리는 방법을 학습해온 긴 역사를 가지고 있으며, 교회가 종종 다른 문화권에서는 이슈거리도 되지 못할 일련의 감정에 대해 죄책감을 느끼게 조장하는 면이 있다."

여성 내담자

Nadya A. Fouad 박사는 위스콘신밀워키대학교의 교육상담학과의 저명한 교수이다. 그녀는 미국심리학회의 '교육, 훈련, 임상실무, 연구 및 조직변화에 대한 다문화 지침서(Multicultural Guidelines on Education, Training, Practice, Research and Organizational Change)' 저술 팀의 공동대표였다.

- "한 내담자의 성별(gender)이 자신의 문화나 인종과 어떻게 뒤섞여있는지를 이해하는 것은 매우 중요하다. 예를 들어, 대학에 가기 위해서 나라를 가로질러 멀리 오거나 자신의 가족을 떠나는 결정을 하는 전통적인 히스패닉 여성은 똑같은 상황에 있는 남성과는 다른 독특한 방식으로 그 결정을 경험하게 될 것이다. 만일 심리학자가 이러한 주제를 중요하게 생각하지 않는다는 것을 내담자가 눈치챈다면, 그 내담자는 아마 다시 오지 않을 것이다."
- "성에 대한 자신의 편견을 인식하라. 예를 들어, 전통적이거나 그렇지 않은 것에 관계없이 여성이

특정한 역할을 맡아야 한다는 편견을 가지고 있는가? 여성들이 속해있어야만 한다고 생각하는 관계 유형에 대한 편견을 가지고 있지는 않은가?"

중동 내담자

Karen Haboush 박사는 방문 부교수로, 러트거스대학교의 응용 및 전문심리대학원의 방문객원교수이다. 그녀는 중동 출신 아동과 가족에 대한 문화적 역량이 갖춰진 임상실무에 대하여 논문과 책의 일부를 출판하였다.

- "인기 매체들이 중동인의 이미지를 종종 명백히 부정적(예 : 테러리스트, 종교적 극단주의자)으로 묘사하기 때문에 심리학자들은 자신도 모르는 사이에 이러한 심상이 내면화되어있을 수 있으며, 이는 후에 임상 작업에 영향을 미치게 된다. 모든 인종과 마찬가지로 문화적 역량을 개발하는 첫걸음은 심리학자 자신의 태도와 지식을 평가해보는 것이다."
- "중동 문화에서는 가족의 복지가 개인의 자율성이나 독립성보다 훨씬 더 중요하다. 이는 중동 문화를 북미나 유럽 나라들에서 훨씬 더 특정적인, 개인적 성취를 우세하게 강조하는 것과 매우 다르게 만든다. 물론 문화와 나라에 따라 큰 차이가 존재하지만 일반적으로 말해서 가족의 웰빙을 강조하는 집단주의는 중동의 특징으로 볼 수 있다."

레즈비언/게이/양성애자/트랜스젠더(LGBT) 내담자

Kathleen J. Bieschke 박사는 펜실베이니아주립대학교 상담심리학 교수이다. LGBT 내담자에게 지지적인 상담 및 심리치료를 제공하는 것에 대하여 광범위한 저술을 이어왔으며, *Handbook of Counseling and Psychotherapy With Lesbian, Gay, Bisexual, and Transgender Clients*(Bieschke, Perez, & DeBord, 2007)의 공동편저자이다.

- "생산적인 치료적 관계의 개발에 관심을 기울여야 한다. 성적 소수자인 내담자와 상담할 때 특히 더 그러한데, LGBT인들은 치료사의 지지 정도를 신중하게 평가하도록 학습되어왔기 때문이다. 내담자에게 치료사가 지지를 전달할 수 있는 수없이 많은 방법이 있다. 예를 들어, LGBT 공동체에 대한 지식을 나타내는 상징(작은 핑크색 삼각형)을 사무실에 두거나 치료사가 성소수자에게 열려있다는 명백한 증거를 내담자에게 전달해줄 수 있는 포괄적인 용어(예 : 성적 파트너를 가리킬 때 성별이 구분되는 대명사를 사용하지 않는 것)를 사용할 수 있다."
- "특별히 효과적인 전략은 성소수자이거나 강력한 지지자로 알려진 누군가와 알고 지내는 것으로, 이와 같은 관계는 고정관념과 가정을 무너뜨릴 수 있다."

유대계 미국인 내담자

Lewis Z. Schlosser 박사는 시턴홀대학교의 상담심리학 부교수이다. 그의 연구는 다문화 상담과 발달에 초점을 두고 있는데, 특히 인종, 종교, 민족의 공통 요소, 반유대주의, 유대인 정체성 발달에 관한 연구를 한다.

- "유대인이 된다는 것은 주로 눈에 보이지 않는 소수가 된다는 것이다. 심리학자는 내담자가 스스로 이야기하지 않는 한 그들이 유대인 내담자라는 사실을 절대 알지 못할 것이다. 유대인은 긴 탄압의 역사를 견뎌왔기 때문에, 많은 미국 유대인은 현재의 환경이 자신의 정체성을 공개해도 안전한지를 먼저 확인할 것이다. 문화적 역량을 갖춘 심리학자는 미국 유대인 내담자가 자신이 유대인임을 밝히는 것을 편안하게 느끼도록 안전한 환경을 조성하기 위해 노력할 것이다."
- "유대인인 것만으로 문화적 역량이 보장되는 것이 아님을 기억하는 것이 중요하다. 이는 내면화된 반유대주의나 다른 요소가 작용하고 있기에, 유대인이 유대인 내담자들에 대한 문화적인 역량을 갖췄을 것이라고 가정할 수 없다는 의미이다."

다. 이러한 방면으로의 노력은 독서를 통한 지속적인 학습, 직접적인 경험, 다양한 문화에 속한 사람들과의 관계 등과 같은 것이 있다. 물론 치료사들이 미국처럼 다양한 문화를 가진 나라에서 임의의 내담자가 속했을 법한 모든 문화에 대하여 모든 것을 알 수는 없을 것이다. 사실, 내담자와의 문화적 차이를 알아차리려는 것은 일반적으로 좋은 생각이며, 내담자에게 자신의 관점에서 특정 경험의 중요성이나 의미를 설명해달라고 부탁하는 것이 문화적으로 민감하게 이해하는 데 있어 더욱 도움이 되기는 한다. 하지만 내담자가 심리학자를 교육시키는 데 너무 많은 부담을 지게 해서는 안 된다. 그보다는 심리학자가 내담자의 문화적 배경에 대한 충분한 지식을 가지고 매 회기에 임하는 것을 목표로 하는 것이 낫다.

문화적 지식은 그 문화 구성원의 현재 생활양식뿐만이 아니라 해당 집단의 역사, 특히 주요한 사회적 · 정치적 주제를 포함해야 한다. 예를 들어, 노예제도, 학대, 착취, 공공연하고 은밀한 인종차별을 포함하는 아프리카계 미국인의 역사는 심리학자나 정신건강 시스템에 대한 신뢰를 형성하는 데 보다 보편적인 영향을 미칠 수 있다(Constantine, Redington, & Graham, 2009; Terrell, Taylor, Menzise, & Barett, 2009). 이러한 역사적 현실과 자신이 내담자에게 미칠 수 있는 잠재적 영향을 인식하지 못하는 임상심리학자들은 문화적으로 민감하지 못하다는 생각을 심어주거나 그렇게 해석하게 만들고, 치료적 관계를 위태롭게 할 것이다(Shorter-Gooden, 2009).

물론 심리학자는 모든 개인이 자신의 문화집단 내의 전형적인 모습일 것이라고 가정해서는 안 된다. 다른 말로 한 문화집단이 집단주의적 경향을 가진다고 해도 그 안의 개인은 그러한 경향과 크게 다를 수 있다. 어느 문화집단의 한 구성원이 해당 집단의 공통적인 특징을 모두 보여줄 것이라고 가정하는 것은 편견이다. 문화집단의 규범을 인정하면서도 모든 문화에 내재해있는 **비동질성**(heterogeneity)을 인정하는 심리학자가 가장 잘 도울 수 있다. 문화 내의 비동질성에 대한 자세한 내용은 글상자 4.3을 참조하라.

한 문화 내의 비동질성은 **문화 적응**(acculturation)의 차이에서 비롯된다(Organista, Marin, & Chun, 2010; Rivera, 2010). 즉 사람들이 자신이 새로운 문화적 환경에 놓인 것을 알게 될 때 다양한 방식으로 반응할 수 있는데, 특히 새로운 문화의 요소를 차용하거나, 자신의 고유 문화의 요소를 유지하는 것을 고려한다. 네 가지 구분되는 문화 적응 전략이 확인된 바 있다(Berry, 2003; Rivera, 2008). 새로운 문화의 많은 부분을 채택하고 고유 문화의 대부분을 버리는 동화, 새로운 문화의 많은 부분을 거부하고 고유 문화의 많은 부분을 유지하는 분리, 새로운 문화와 고유 문화를

글상자 4.3

비유하기

야오밍과 문화 내 비동질성

중국 남성의 평균키는 168cm로, 미국 평균에 비해 5~8cm 정도 작다. 따라서 당신이 임상심리학자이고 대기실에서 기다리고 있는 새 내담자가 중국 남성이라는 것을 안다면, 아마도 그의 키가 대략 168cm 정도일 것으로 예상할 것이다. 하지만 대기실의 문을 열었을 때, 약 225cm의 야오밍이 서 있다면 내담자가 그 규칙에 대해 매우 예외적인 경우라는 것을 알게 될 것이다.

야오밍은 중국 남성이며, 2016년에 NBA명예의 전당에 들어간 스타 농구선수이다. 그의 신장은 문화적 역량에 대한 강력한 교훈을 그려준다. 한 문화의 구성원이 집단으로서는 특정 규준을 가지는 경향을 보이더라도, 그 집단에 속한 개인은 그 규준에서 상당히 멀리 떨어져 있을 수 있다. 임상심리학자는 자신이 작업하는 문화의 규준을 이해하고자 노력해야 하지만, 그 문화의 모든 사람이 틀림없이 그 규준에 부합할 거라고 가정한다면 불공정하고 종종 부정확한 편견을 가지는 잘못을 저지르는 것이 된다. 좀 더 나아가 문화집단을 논함에 있어서 일반화는 불가피하겠지만(McGoldrick et al., 2005a), 우리의 일반화는 "새로운 상황에서 잠정적으로 적용되는 우리의 행동지침이어야 하며, 변화와 도전에 대해 열려있어야 한다. 일반화가 일반화로 남을지 고정관념이 될지는 정확히 이 단계에 달려있다"(Sue & Sue, 2008, p. 154).

사실, 당신이 들었을 통계수업 내용 중에는 아마도 평균과 같은 중심경향성의 측정이나 표준편차나 범위와 같은 변산성의 측정처럼 상기한 내용을 설명하는 데 도움이 되는 일부 기본 개념을 포함하고 있을 것이다. 어떠한 숫자들의 집합도 평균이 있겠지만, 산포도를 스치듯이 보더라도 평균 주위에 변동폭이 있음을 확인할 수 있으며, 어떤 경우에는 이상치가 매우 극단적이기도 하다. 심리학자의 사무실에 있

는 내담자는 산포도상의 점들 중 하나를 의미하며, 그 집단의 중심경향성을 인정하는 것이 중요하다고 하더라도 내담자가 이상치일 수 있음을 기억하는 것 역시도 똑같이 중요하다.

개인주의보다 집단주의를 강조하는 것과 같은 중국 및 다른 많은 아시아 문화가 공유하는 또 다른 중심경향성을 생각해보자. 유럽 · 미국 문화의 경향과는 대조적으로 아시아 문화는 가족이나 집단의 안녕을 자신의 안녕보다 가치 있게 여기는 경향이 있다. 해당 주제에 대해 기술한 많은 저자들이 아시아 문화의 구성원들이 조화, 상호의존성, 존중, 가까운 관계에 대한 충실성 등을 매우 중요하게 여겨서 그 결과로 그들은 종종 개인적이고 스스로 원하던 성취를 포기한다고 설명했다(예 : Dana, 1993; Lee & Mock, 2005; Shibusawa, 2005). 임상심리학자는 아시아인들의 이러한 집단주의 경향을 아는 것이 중요하다. 하지만 어떤 특정한 내담자는 해당 규칙에 대한 예외일 수 있으며, 임상심리학자는 이러한 가능성을 염두에 두고 있어야 한다. 야오밍이 중국 남성의 평균보다 거의 60cm가 큰 것처럼 대기실에 있는 중국인 내담자는 집단주의적이라기보다는 매우 개인적인 가치를 가지고 있을지도 모른다. 이 내담자의 문화적 이상치가 야오밍의 신장만큼 명백하게 보이지는 않는다 할지라도 그러한 이례적인 문화 구성원들의 존재를 알아차리고 반응하는 것은 임상심리학자의 책무이다.

그림 4.3 야오밍의 보기 드문 신장은 개인의 특징이 꼭 문화적 추세를 따라가야 하는 것은 아님을 설명해준다. 내담자의 심리적 특징을 대할 때 문화적 역량을 갖춘 심리전문가는 규칙만큼이나 예외를 인정한다.

© Joe Giza/Reuters/Corbis

모두 거부하는 사회에서의 소외, 새로운 문화의 많은 부분을 채택하면서 고유 문화의 많은 부분을 유지시키는 **통합**이 그것이다. 이 네 가지 전략이 묘사하듯, 개인은 새 문화나 고유 문화에 대한 이해를 다양한 방법으로 결합할 수 있으며, 이는 어떤 문화집단 내에서도 현저한 다양성을 이끌어낼 수 있다. 따라서 단순히 하즈라란 사람이 15년 전에 보스니아에서 미국으로 이민 왔다는 것을 안다는 것만으로는 그녀의 문화적 정체성에 대해서 알 수 있는 것이 별로 없다. 그녀는 어느 정도까지 미국의 주류 문화를 받아들였을까? 어느 정도까지 보스니아의 문화적 신념과 전통을 가져왔을까? 문화적 역량을 갖춘 임상심리학자는 내담자의 독특한 삶의 방식을 더 온전히 이해하기 위해 그들의 문화 적응 전략을 배우도록 노력한다(Shin & Munoz, 2009).

문화적으로 적절한 임상 기술

일단 심리학자가 자신과 내담자에 대한 문화적 지식을 얻고 나면, 다음 단계는 평가와 치료를 위한 적합한 전략을 개발하는 것이다. 다시 말하자면 심리학자가 내담자의 삶을 향상시키기 위해 사용하는 접근법과 기술은 그 내담자의 가치 및 인생경험과 일관성이 있어야 한다는 것이다(Hall, Hong, Zane, & Meyer, 2011; Hwang, 2011; Toporek, 2012). '대화를 통한 치료'는 많은 문화집단에게 적합하겠으나 어떤 집단에게는 적합하지 않을 수도 있다. 이와 유사하게 어떤 문화에서 온 사람들은 수개월에 걸쳐 진행된 심리적 문제에 대한 '통찰'에 큰 가치를 둘 수도 있지만, 다른 문화에서 온 내담자는 단기중심의 행동 지향적 치료에 보다 더 긍정적으로 반응할 수도 있다. 그 밖에 개인적 문제에 대한 언어적 자기노출이나 빌딩 사무실에서의 50분짜리 회기와 같은 전통적인 심리치료의 공통된 특징은 특정 문화적 배경을 가진 내담자에게는 전혀 맞지 않는 것일 수 있다(Comas-Díaz, 2012).

한 가지 중요한 문화적으로 적절하면서 최근 몇 년간 더 많은 관심을 받아온 임상기술에는 **미묘한 차별**(microaggression)이 포함된다. 미묘한 차별은 다문화 맥락에서 비롯된 편견적·부정적 또는 고정관념적인 신념을 전달하는 지적이나 행동으로, 한 집단이 다른 집단보다 우월하거나 지배적이라고 보는 것일 수 있다(Fouad & Arredondo, 2007; Sue, 2010; Sue et al., 2007). 종종 이는 '사소한 일'로 치부될 만한, 한 사람이 다른 사람에게 아무 의도나 공격성이나 그러한 언급이 부적절하거나 상처를 주는 것이라는 인식이 없이 말하는 것이지만, 사실상 이 모두가 일어난다. 미묘한 차별은 종종 민족이나 인종에 초점을 맞추지만(예 : Franklin, 2007; Sue, Capodilupo, & Holder, 2008) 나이, 성별, 사회경제적 지위, 종교/영성, 또는 성적 지향 등 어떤 것에 관한 사람들 간의 차별성을 포함할 수도 있다. 예를 들어 한 심리학자가 19세 남성 대학생과 초기 면접을 진행하면서 "여자친구 있어요?"라고 질문을 했다고 생각해보자. '여자친구'에 대한 질문은 심리학자가 가진 이성애 관계가 기준이거나 일반적이거나 '옳은' 것이라고 여긴다고 가정하도록 한 것일 수 있다. 특히 만일 내담자가 게이나 양성애자라면 그러한 질문은 내담자가 그 속에서 존중받고 수용받는다고 느껴야 할 치료적 관계를 형성하는 측면에서 부정적인 결과를 가져다줄 것이다. 또는 만일 심리학자가 12월 27일에 일곱 살짜리 치료 내담자를 만나서 "그래, 산타할아버지가 무엇을 주셨니?"라고 물을 때, 아이가 무슬림, 유대인, 불교거나 어떤 이유에서건 크리스마스를 기념하지 않는다면 존중받지 못한 기분이 들 것이다. 심리학자가 미묘한 차별을 피하기 위한 최선의 방법은 그들 안에 있는 생각과 신념을 평가하는 것인데, 이는 심리학자의 자기인식과 보다 깊은 겸손을 이끌어낼 수 있다(Vasquez, 2010).

문화적으로 적절한 임상 기술을 얻기 위한 최근의 노력은 실증적인 증거에 근거한 치료의 문화적 적응이라는 개념을 강조해왔다(Bernal, Jiménez-Chafey, & Rodríguez, 2009; Smith, Rodríguez, & Bernal, 2011). 다시 말하면 이제 임상심리학이 효과적인 치료법의 리스트를 만들어왔으며, 중요한 다음 단계는 그 치료법들이 다양한 문화의 구성원에게 어떻게 적용되어야 할지를 결정하는 것이라는 뜻이다(Castro, Barrera, & Steiker, 2010; Graham & Roemer, 2015; Mulvaney-Day, Earl, Diaz-Linhart, & Alegría, 2011). (결국 집단적 문화 범위가 매우 좁은 내담자에게 근거기반 치료에 대한 실증적 근거를 도출해낸 많은 연구가 수행되었다.) 예를 들어, La Roche, Batista, D'Angelo(2011)는 많은 수의 심상을 유도하는 대본(심리학자가 이완을 유도할 때 내담자에게 읽어주거나 녹음해주는 안내문)을 검토하였다. 종종 이 대본은 "조용한 해변에 혼자 있다고 생각해보세요."라든가 "아름다운 목초지에 있는 자기 자신을 그려보세요."와 같은 진술을 포함하였다. 이러한 상황들은 명백히 '혼자'인데, 다른 말로 목가적인 분위기는 내담자가 혼자인 것과 연관된다. 다수의 민족에게는 "긍정적이면서도 당신 자신에 관해 좋게 느끼게 해주는 사람들 사이에 있다고 상상해보세요."와 같은 문구처럼 함께함이나 다른사람들과 연결됨의 감정을 일깨우는 장면이 이완이나 행복을 더 잘 느끼게 할 것이다. La Roche와 동료들은 심상안내 대본이 '함께'(또는 타인중심)보다는 '혼자'(또는 개인중심)에 대한 지향을 강조한다는 것을 발견했는데, 이는 많은 내담자의 문화적 가치와 일치하지 않을 수 있다. 이들은 그런 기술을 사용하는 임상가들이 모든 내담자에게 개인중심적인 대본을 적용할 것이 아니라 타인중심적인 것을 비롯해서 다양한 심상안내대본을 개발할 것을 추천한다. 임상가들이 다양한 내담자들이 표준적인(종종 근거기반) 치료에 어떻게 다르게 반응할 것인지를 고려한 이러한 종류의 각색이 증가하고 있다(Gelso, 2011; Hwang, 2011).

우리는 모두 비슷한가, 모두 다른가

이러한 문화적인 주제에 대한 논의는 심리학자와 그들이 만나는 내담자에게 적용할 수 있는 인간에 대한 중요하면서도 근본적인 질문을 드러낸다. 모든 사람과 그들의 경험, 그들이 치료받기 원하는 문제는 어느 정도로 비슷한가? 그리고 어느 정도로 서로 다른가?

에틱 관점 대 에믹 관점

Dana(1993)는 심리학자가 전문가로 활동하는 동안 취해야 하는 두 가지 구별되는 관점을 설명한다. 첫 번째는 **에틱**(etic) 관점으로 알려진 것으로, 모든 사람의 유사성을 강조하는 것이다. 모든 사람의 보편성을 강조하여 문화집단 간의 차이점에 중요성을 두지 않는 것이 보통이다. 이 관점은 심리학의 초기 시절에 더 우세하였는데, 당시에는 심리학을 배우고 공부하는 사람들 대부분이 사회경제적 수준이 중산층이거나 상류층 수준에 해당하는 유럽 혈통의 남성이었다. 일반적으로 그들의 관점이 심리적 건강을 정의하거나 심리장애를 규정짓거나 이름을 붙이고 심리치료적 접근을 발전시키는 데 표준적인 관점으로 사용되었다.

에믹(emic) 관점은 문화 특유의 규준을 강조한다는 면에서 에틱 관점과는 다르다. 다문화주의가 부상함에 따라 중요성이 커진 에믹 관점을 적용하는 심리학자는 내담자의 행동, 생각, 감정을 내담자에게 다른 문화의 규준을 부과하기보다는 내담자 자신 고유의 문화 맥락 안에서 고려해야 한다고 생각한다(Koydemir & Essau, 2015). 에틱 관점과 비교하여 에믹 관점은 심리학자로 하여금 내담자가 자기 자신의 문화집단의 구성원으로서 어떻게 이해하고 바라볼지에 대하여 보다 수용적일 수 있도록 한다. 요약하자면 에믹 접근은 다양한 문화집단에 속한 개인이 "그들 자신의 관점에서 이해되어야 함"을 강조하는 것이다(Dana, 1993, p. 21).

덧붙이자면 Dana(1993)는 에틱과 에믹이라는 용어가 언어학 영역, 그중에서도 음성(phonetic)과 음소(phonemic)에서 유래했음을 언급한다. 역사적으로 언어학자들은 음성이란 개념으로 모든 언어의 공통의 소리를, 음소란 개념으로 특정 언어의 독특한 소리들을 지칭하는 데 사용해왔다(Dana, 1993; Pike, 1967). 보편성 대 문화 특수성이라는 두 용어 사이의 구별이 심리학에서 에틱과 에믹이라는 용어를 사용하는 방식으로 남게 된 것이다.

개인 정체성의 삼중 구조 모델

에틱과 에믹 관점이 두 가지 반대되는 관점을 나타낸다면, 이러한 두 극단뿐 아니라 중간 지대를 포함하는 연속선상에서 생각해보는 것이 유익할 것이다. Sue와 Sue(2008)는 **개인 정체성의 삼중 구조 모델**(tripartite model of personal identity)이라고 불리는 세 수준으로 된 모델을 제시하였는데, 여기서는 세 가지 수준 모두가 일정 정도의 중요성을 가진다.

한 가지 수준은 **개인 수준**(individual level)이다. 여기서 전제는 "모든 개인은 어떤 면에서는 다른 누구와도 같지 않다."는 것이다. 두 번째 수준은 **집단 수준**(group level)으로, "모든 개인은 어떤 측면에서는 일부 다른 사람들과 비슷하다."는 것이 전제이다. 마지막 수준은 **보편적 수준**(universal level)으로, "모든 개인은 어떤 측면에서 다른 모두와 같다."는 전제를 바탕으로 한다(Sue & Sue, 2008, pp. 38-39). 내담자가 세 가지 수준 모두에 놓여있다는 것을 인정할 수 있는 심리학자는 내담자의 온전히 독자적인 특징과 내담자의 문화 집단과 공유하는 다른 특징, 그리고 여전히 모든 이들과 공유하는 특징을 알아차릴 수 있게 될 것이다. Sue와 Sue(2008)는 세 가지 수준 모두를 인정하는 것이 종국적인 목표이지만, 전통적으로 집단 수준이 심리학에서 무시되어왔으며, 특히 그 집단이 소수 문화일 경우에 그래 왔고, 따라서 심리학자는 해당 방향에서 보다 의식적인 노력을 기울일 필요가 있다고 주장하였다. 개인 정체성의 삼중 구조 모델의 시각적인 묘사는 그림 4.4를 참고하라.

문화는 무엇으로 구성되는가

누군가가 당신의 문화적 배경을 궁금해한다면, 어떤 특징이 떠오르는가? 많은 이들은 자신의 인종과 민족을 나열할 것이고, 다른 이들은 아주 많은 다른 특징을 포함시킬 것이다. 임상심리학자

그림 4.4 개인정체성의 삼중 구조 모델

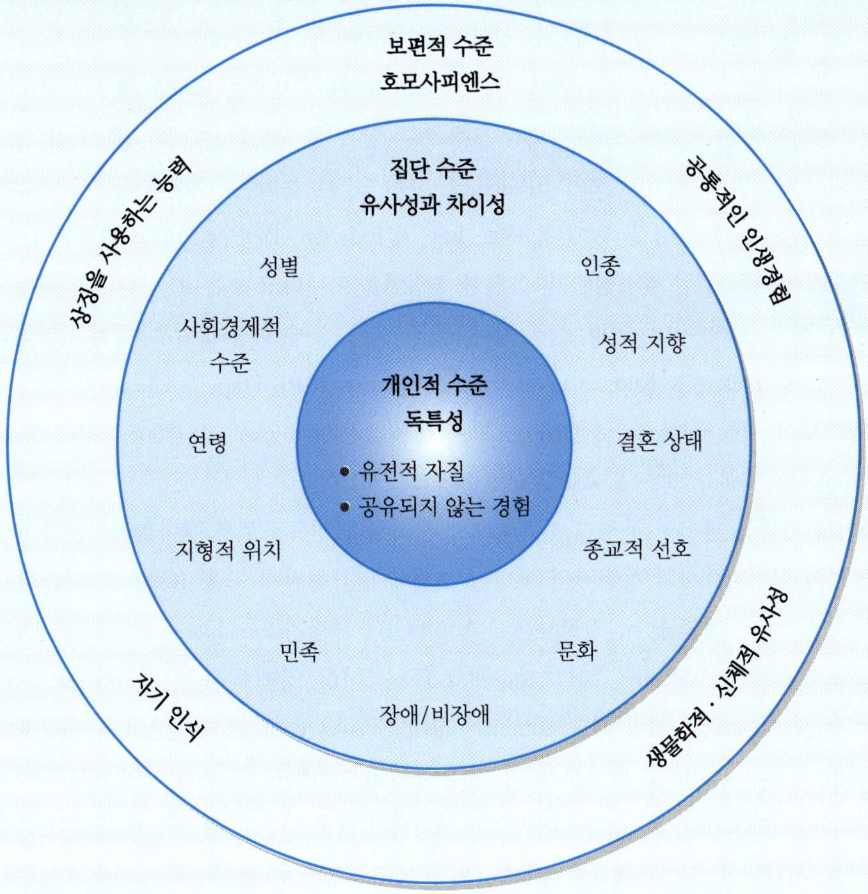

출처 : Sue & Sue (2008), p. 12.

가 문화적으로 능숙하고 민감한 방식으로 기능하려면, 우리가 '문화'라고 말하는 것이 정확히 무엇인지를 생각해보아야 마땅할 것이다.

그림 4.5 임상심리학자가 내담자의 문화적 배경을 인정하기 위해서는 어떤 변수를 고려해야 하는가?

좁은 정의 대 넓은 정의

문화에 대해서 보다 좁은 정의를 주장하는 사람들은 전형적으로 문화적 특징을 정의하는 것으로 민족과 인종을 꼽을 것이다. 사실, 문화라는 주제에 관한 많은 책과 저작이 인종 또는 민족 문제에만 전적으로 초점을 두고 있다. 이러한 견해를 지지하는 사람들 중 일부는 다른 변수들을 '문화적'인 것에 포함시키는 것이 사회적 · 정치적 · 개인적으로 중요한 인종적이고 민족적인 특성을 부당하게 경시하게 만들 것이라고 본다(Mio et al., 2006).

반면에 어떤 이들은 문화는 "가장 두드러진 것으로 보이는 인종적 · 인구통계학적 수준 또는 소속 정체감 모두 또는 일부"를 포함하는 보다 광범위한 영역의 변수에 의해서 정의될 수 있다고 보거나(Pedersen, 1999, p. 3), 문화는 "주제나 사안을 공유하는 어떤 집단을 통해서도 만들어질 수 있다."(Sue, Ivey, & Pedersen, 1996, p. 16)고 주장한다. 다른 이들은 민족이 문화의 주된 결정인이되, 유일한 결정인은 아니라고 보는데, 다른 요인에는 사회경제적 수준, 성별, 지리/지역, 연령, 성적 지향, 종교/영성, 장애/비장애 여부, 정치적 소속감 등이 포함된다(Alessi, Dillon, & Kim, 2015; Artman & Daniels, 2010; Hope & Chappell, 2015; Lyons, Bieschke, Dendy, Worthington, & Georgemiller, 2010; McGoldrick et al., 2005a; McKitrick & Li, 2008; Robinson-Wood, 2009; Sewell, 2009; Shipherd, 2015).

인종이나 민족을 넘어선 특징이 보편적으로 문화의 구성요소로서 받아들여지는가의 여부와는 상관없이 심리치료사와 상담사가 이러한 주제에 민감해지게 도울 요량으로 저술되는 책이나 글은 매우 적다. 예를 들어, 치료사는 스스로 LGBT 내담자(Bieschke et al., 2007; Diamond, Butterworth, & Savin-Williams, 2011; Russell & Fish, 2016), 장애인 내담자(Kosciulek, 2003), 노령 내담자(Qualls, 2003), 지방 내담자(Rainer, 2010; Smalley et al., 2010), 저소득 내담자(Acosta, Yamamoto, & Evans, 1982), 애팔래치아인 내담자(Harper, 1996), 정통 유대인 내담자(Mirkin & Okun, 2005) 외에도 많은 인종이나 민족으로 정의되지 않은 다른 특정 집단에 대하여 공부할 수 있다. 사실, 시간이 흐르면서 임상심리학자들이 문화를 고민할 때 포함시키는 변수의 범위가 지속적으로 확대되고 있다(Brown, 2011; Green, Callands, Radcliffe, Luebbe, & Klonoff, 2009).

게다가 **하위문화**(subculture)라고도 부르는 사회의 일부 하위 영역은 특정 내담자와 특히 더 연관되어있을 수 있다. 예를 들어, 교도소에서 일하거나 최근에 석방된 전 교도소 수감자를 상담하는 심리학자를 생각해보라. 자신들만의 고유한 규칙, 기대, 가치 등을 공유하는 생활양식을 의미하는 '교도소 문화'와 같은 것이 있다면 인종, 민족, 성별 등과 같은 변수에 더해서 해당 개념을 고려하는 것이 현명할 것이다. 마찬가지로 군인을 상담하는 심리학자는 군대 문화가 일반사회 문화와 어떻게 다른지에 대한 어느 정도의 인식을 갖추고 있어야 한다. 심지어 청소년도 테크놀로지, 또래 관계, 부모로부터의 독립과 같은 중요성을 둘러싼 가치를 공유하는 그들만의 문화를 가지고 있는 것으로 확인된다(Nelson & Nelson, 2010). 특정 직업환경, 지역사회 또는 기타 변수에 기초한 다른 많은 '하위문화'는 내담자가 생애 경험 동안 받아온 영향을 충분히 대표하기에 그들에게 최고로 잘 어울리는 치료법을 재단하는 기준이 될 수 있다(Arredondo et al., 1996; Truscott, 2010).

문화적 변수 간의 상호작용

얼마나 많은 변수가 문화에 관계되는지를 생각해볼 때, 심리학자의 작업의 대상인 어떤 사람에 대해서도 문화는 다요소적이라는 결론을 피하기는 어렵다. 다른 말로 다수의 문화적 변수가 한 내담자의 인생경험을 형성하기 위하여 고유한 방식으로 상호작용한다는 것이다. 물론 민족이나 인종은 특정 내담자에게 가장 중요할 수 있다. 하지만 다른 변수 역시 중대한 역할을 수행할 것이다.

예를 들어, 에스테반과 마리아라는 유사한 라틴/히스패닉 민족 배경을 공유하는 두 내담자를 생각해보자. 문화적 역량의 관점에서 그들을 존중하는 치료사는 그들의 민족성을 인정해야 할 테지만, 문화적 고려사항에는 다른 요소 역시 포함되어야 할 것이다. 만일 에스테반이 로스앤젤레스에서 중상류층에 속하는 28세의 게이 남성인 반면, 마리아는 버지니아 서부의 작은 마을에서 하류층 수준의 삶을 영위하는 66세의 이성애 여성이라면, 그들의 매일매일의 삶은 비슷한 민족적 유산에도 불구하고 매우 다를 것이다. 사실상, 그들이 서로의 집에 방문한다면 아주 다른 세상에서 살고 있음을 알게 될 것이다. 문화적 역량을 갖춘 치료사는 당연히 내담자의 민족성을 중요하게 여기겠지만, 동시에 다른 변수가 내담자의 삶 속에서 민족성과 상호작용하여 문화적 환경의 독특한 집합체를 만들어내는 방식에 대해 고민해야 한다(Arredondo et al., 1996; Truscott, 2010).

문화적 쟁점에 대한 심리학자 훈련

임상심리학에서의 다문화주의에 대한 강조가 증가하고 있다는 것은 문화적으로 민감하고 능숙해지기 위해서 심리학자들을 훈련해야 할 책임이 증가하고 있음을 보여주는 것이다. 대학원 과정 책임자, 교수, 평생교육 제공자 등이 이러한 과제를 공유하게 된다.

교육적 대안

임상심리학자에게 다문화적 주제를 가장 잘 훈련시킬 수 있는 방법은 무엇일까? 대학원 과정은 다양한 접근을 시도해왔다. 종종 대학원 과정은 문화를 설명하기 위한 목적으로 특별히 고안된 하나 이상의 과목을 포함한다. 게다가 일부 대학원 과정은 모든 대학원의 교육적 경험에 문화적 훈련을 엮기도 한다. 심리치료, 평가, 연구나 실습훈련 과정은 문화적인 주제를 포함하도록 구성될 수 있다. 이러한 방법으로 문화 관련 주제는 따로 다뤄져야 할 전문화된 주제가 아니라 모든 임상심리학자의 전문적인 활동과 관련된 요소임을 알게 될 것이다.

또 다른 문화적 주제를 훈련하기 위한 보다 덜 전통적인 접근은 다양한 문화 속의 사람들과 실제 세계에서 함께하는 경험을 강조한다. 이러한 접근의 지지자들은 다른 문화에 대해서 책에서 읽거나 수업에서 다른 문화에 대해 토론하는 것이 어느 정도 그 문화 속에 잠겨보는 것을 대신할 수는 없다고 주장한다. 따라서 전문적인 경험(다양한 내담자, 참여자, 동료, 슈퍼바이저와 협력하는 임상작업이나 연구 프로젝트 등)이나 개인적인 경험을 통하여 일부 훈련 프로그램은 그 구성원들과 직접적으로 상호작용함으로써 문화 집단에 대한 학습을 촉진한다(Center for Multicultural Human Services, 2006; Magyar-Moe et al., 2005).

심리학자들이 문화적으로 능숙해지도록 훈련하기 위한 단 하나의 '최선의 방법'이나 합의는 나타나지 않았다. 그렇지만 해당 영역의 선두주자는 대학원 훈련 프로그램에 필수적인 요소를 찾아내기 시작했다. 예를 들어, Fouad와 Arredondo(2006, as cited in Fouad, 2006)는 임상실무자, 교사 또는 연구자로 일하게 되는 심리학자들의 훈련 과정을 향상시킬 것으로 믿는 특정한 일곱 가지 '다문화성이 주입된 심리학 커리큘럼의 중요한 요소'를 찾아냈다. 이 저자들에 따르면, 대학원 훈련 프로그램은 다음을 포함해야 한다(Adapted from Fouad, 2006, pp. 7-9).

1. 다양성에 대한 책무를 명시적으로 기술해야 한다.
2. 다양한 인구집단에서 대학원 학생들을 모집하기 위해 적극적으로 노력해야 한다.
3. 다양한 교수진을 모집하고 유지하기 위해 적극적으로 노력해야 한다.
4. 입학절차를 공정하고 평등하게 만들기 위해 노력해야 한다.
5. 학생들이 자신의 문화적 가치와 편견, 다른 집단에 대한 지식과 다양한 인구집단의 사람들과 함께 일하는 기술을 얻도록 보장해야 한다.
6. 커리큘럼 전반에 걸쳐 모든 과목에 문화중심적 접근 방법이 스며들어 있는지를 검토해야 한다.
7. 정기적으로 학생들의 문화적 역량을 평가해야 한다.

임상심리학자들이 문화적 역량을 갖출 수 있도록 활용되어온 여러 방법이 있음에도 불구하고

한 가지 결정적인 구성요소는 심리학자(또는 수련생)가 자신의 문화적 정체성을 보다 깊게 인정하게 되는 것이다. Hardy와 Laszloffy(1992)는 수업 중 토론, 수업 중 발표, 자기주도적 과제, 원가족과의 논의과제 등 훈련기간 중에 자기인식을 확인할 수 있는 다양한 방법을 알려준다. 마지막으로 다양한 문화의 내담자들과 관계 맺는 능력은 과목과 과제를 통해 얻은 정보만이 아닌, "존중, 호기심, 그리고 특히 겸손"의 태도에도 달려있다(McGoldrick et al., 2005b, p. 6).

문화 기반 훈련 노력의 결과 측정하기

심리학이 과학임을 잊지 말자. 그러기 위해서 우리는 심리학자의 문화적 민감성과 역량을 향상시키기 위해 들인 노력의 결과를 측정하는 데 깊은 관심을 가져야 한다. 하지만 다음과 같이 몇 가지 어려운 방법론적 문제가 있다.

- 문화기반 훈련 노력의 결과를 어떻게 신뢰성 있고 타당하게 측정해야만 하는가?
- 훈련이 시작되기 전 심리학자나 수련생이 가진 문화적 역량 수준의 기저선을 어떻게 신뢰성 있고 타당하게 정할 수 있겠는가?
- 심리치료의 문화적 역량 요소를 평가할 때 누구의 견해를 구해야 하는가? 내담자? 심리학자? 슈퍼바이저? 다른 이해 관계자인가?
- 특정 문화기반 교육 훈련에 대한 노력과 특정 결과 간에 인과적인 연결관계를 어떻게 만들 수 있는가? 교란변수나 검토되지 않은 변수가 우리가 관찰한 결과에 영향을 주지 않았다고 어떻게 확신할 수 있는가?

현재로서는 문화 기반 노력의 결과 측정이 실증적 조사의 매우 초기 단계에 놓여있으며, 연구자는 앞의 질문에서 주어진 문제를 해결하기 위해 고심 중이다. 심리학자가 문화적 역량의 이상을 배우고 있기는 하지만 그들이 배운 만큼 자주 혹은 통합적으로 적용하지는 못하고 있다는 몇 가지 증거가 있다. 다시 말해서 문화적 역량에 관하여 심리학자들이 '말하는 것'과 '행하는 것' 사이에 간극이 있는 듯하다(Hansen et al., 2006).

보다 긍정적인 점에서 보면 다문화주의를 촉진하고자 하는 노력은 임상심리학자의 연구나 임상 활동과 연관된 필요한 발전을 확실하게 만들어내고 있다. 2003년에 Sue와 Sue는 근거기반 치료법이 유의미한 수의 소수집단에 속한 내담자들을 연구조사에 포함하는 경우가 거의 없으므로, 근거기반 치료의 숫자는 증가했을지라도 이 치료가 다양한 인구집단에는 적합하지 않을 거라는 사실에 애통해했다. 그렇지만 단 2년 후에 Munoz와 Mendelson(2005)이 특정 소수 인구집단에 대한 치료의 실증적 증거를 세우는 연구보고서를 내놨다. 이 보고서는 샌프란시스코 종합병원의 샌프란

시스코 저소득 소수민족 인구집단을 대상으로 한 우울증 및 기타 정신건강 문제 예방 및 치료 매뉴얼의 개발 및 경험적 평가에 대해 설명했다. 저자들은 이러한 문화 기반 매뉴얼에 대한 많은 긍정적인 평가를 기록하면서 "특정 심리학 이론은 인간 행동에 대한 보편적인 측면을 묘사하며 핵심 치료 전략에 대한 유익한 정보를 제공해줄 수 있다. 하지만 그러한 전략들을 효과적으로 임상에 적용하기 위해서는 긍정적인 결과가 나올 가능성을 높이기 위해 집단별 지식과 문화적 적응을 필요로 한다."(p. 797)고 결론을 내린다. 추가적인 연구(Barrera & Castro, 2006; Lau, 2006; Spilka & Dobson, 2015)에서는 특정 문화집단에 근거기반 작업을 적용하기 위한 노력이 훨씬 더 발전되었다. 사실, 특정 문화집단을 위해 맞추어진 근거기반 작업의 결과를 평가하는 연구들을 검토해보면, 일반적으로 특정 문화집단에 맞추어지지 않은 버전보다 효과가 좋은 것으로 나타난다(Huey, Tilley, Jones, & Smith, 2014).

임상적 맥락에 영향을 주는 문화의 예시 : 부모-자녀 관계

다양한 개인과 가족들의 평가와 치료와 관련된 내담자 삶의 특정한 측면과 관련된 문화적 주제인 부모와 자녀 간의 관계를 생각해보자. 아마도 심리학자가 기억해야 하는 첫 번째는 부모-자녀 관계에 대한 자신의 기대는 아마도 자신의 문화에 영향을 받았을 것이고, 이러한 기대가 모든 사람에게 사실인 것은 아니라는 점이다. 예를 들어, 어떤 문화(예 : 영국)에서는 한 아이가 자라서 이사가고, 독립적인 삶을 살 수 있도록 해주는 것이 성공적인 것으로 여겨질 것이다. 하지만 다른 문화적 배경을 가진 가족(예 : 이탈리아)은 종종 자신들의 자녀가 성인이 된 이후에도 지리적으로도 정서적으로도 가까이 지내는 것을 선호한다. 어떤 문화(예 : 중국)에서는 협상이나 논의 없이 부모의 권위에 자녀들이 복종하도록 주장하는 경향이 있다. 하지만 다른 문화적 배경을 가진 가족(예 : 유대인)은 아이들이 부모의 말에 반대하거나 논쟁을 하는 등의 행동을 포함하여 감정에 대해 열린 토론이 용인되거나 심지어 권장되기도 한다(McGoldrick et al., 2005a).

그림 4.6 부모-자녀 관계에 대한 규범 또는 기대는 문화에 걸쳐 다르게 나타난다. 성인, 어린이, 또는 가족과 작업하는 임상심리전문가들에게 이 사실은 어떻게 중요할까?

앞에 언급한 것과 같은 개인이나 가족을 만나는 임상심리학자가 이러한 다양한 규준을 고민하고 그것에 부합하는 치료 방법을 구현하는 다문화적 역량을 갖추는 것은 필수적이다. 특별히 다양성이 광범위함과 동시에 증가하고 있는 미국에서는 임상심리학자는 아주 다양한 배경을 가진 내담자들과 작업할 가능성이 높다. 그리고 이 예에서처럼 문화적 쟁점은 기분장애, 파괴적 행동장애, 관계 문제 그 외 많은 다른 문제들을 포함하여 많은 현존하는 문제의 배경으로 작용하고 있을 것이다. 예를 들어, 이탈리아 가족을 문화적으로 민감하게 이해한다는 것은, 성공적인 사회생활로 인해 부모와 떨어져 지내는 25세 된 딸의 부모가 느끼는 우울감을 탐색하는 것을 포함할 것이다. 하지만 만일 그 가족이 영국인들이라면, 부모의 우울감을 탐색하는 것은 내담자의 핵심 문제를 빗나가게 될 것이다. 비슷하게 11세 된 소년이 부모가 시킨 피아노 수업을 원치 않아서 부모와 논쟁하게 되었을 때, 문화적으로 민감한 반응이 무엇인지는 그 가족이 중국인인지, 유대인인지, 아니면 다른 문화적 배경을 가졌는지에 달려있다.

요약

미국 인구의 다양성이 증가하면서 다문화주의가 임상심리학에서 중요한 위치로 떠오르고 있다. 영향력이 증가하고 있다는 증거들로, 다문화주의에 대한 책과 논문이 나오고 있다. 고통의 문화적 개념을 포함한 *DSM*의 수정, 문화와 관련된 미국심리학회 분과의 창설, 그리고 문화와 직접적으로 관련된 윤리적 기준의 추가 등이 있다.

모든 임상심리학자들이 얻기 위해 힘써야 하는 문화적 역량은 문화적 자기인식, 다양한 문화에 대한 지식, 그리고 문화적으로 적절한 임상 기술을 포함한다. 문화적 규준에 대한 지식은, 그 문화의 비동질성에 대한 인식과 한 개인은 어떤 문화적 규범과는 다를 수 있다는 점을 함께 인식해야 하며, 특히 문화 적응 전략을 고민할 때 그래야 한다.

개인 정체성의 삼중 구조 모델은 한 개인이 전적으로 독특한 개인이면서, 문화집단의 구성원들과의 유사성을 가지고, 전 인류와도 공통성을 가진다고 이해될 수 있음을 주장한다. 문화는 종종 민족과 인종에 의해 정의되지만, 성별, 종교/영성, 장애 상태, 사회경제적 상태, 연령, 성적 지향과 같은 수많은 다른 변수가 문화를 구성하고 있다.

임상심리학자가 수련생들 사이에서 문화적 민감성과 역량을 향상시키고자 하는 의도적인 교육 노력에는 전통적인 수업 활동뿐 아니라 다양한 문화의 구성원들과의 직접적인 상호작용이 포함된다.

주요 용어

개인 수준
개인 정체성의 삼중 구조 모델
고통의 문화적 개념
다문화주의
문화적 다양성
문화적 역량
문화 적응
문화적 자기인식
미묘한 차별
보편적 수준
비동질성
에믹
에틱
집단 수준
하위문화

비판적 사고를 위한 질문

1. 문화적 자기인식이 임상심리학자에게 얼마나 중요한가? 현재 전문가 집단 구성원들의 문화적 자기인식을 향상시키기 위한 가장 좋은 방법은 무엇일까?
2. 개인 정체성의 삼중 구조 모델의 어떤 수준(개인적 수준, 집단적 수준, 보편적 수준)이 내담자를 개념화하는 데 가장 중요한가?
3. 문화를 좁게 또는 넓게 정의하는 것 각각의 장점과 단점은 무엇인가?
4. 당신이 만일 내담자라면, 당신의 임상심리학자가 문화적 주제에 대한 훈련을 받은 것이 어느 정도로 중요한가? 어떤 방법의 훈련이 임상심리학자의 문화적 역량에 가장 많이 이바지할 것이라고 생각하는가?
5. 문화의 비동질성에 관한 글상자 4.3의 논의에 대해서 생각해보라. 그 안에 속해있기는 하지만, 문화적 경향성의 예외를 보이는 문화집단을 떠올릴 수 있는가?

주요 학술지

Asian American Journal of Psychology
http://www.apa.org/pubs/journals/aap/index.aspx

Cultural Diversity & Ethnic Minority Psychology
http://www.apa.org/pubs/journals/cdp/index.aspx

Journal of Black Psychology
http://jbp.sagepub.com

Psychological Services
http://www.apa.org/pubs/journals/ser/index.aspx

Psychology and Aging
http://www.apa.org/pubs/journals/pag/index.aspx

Psychology of Sexual Orientation and Gender Diversity
http://www.apa.org/pubs/journals/sgd/index.aspx

CHAPTER

5

임상심리학의 윤리적 쟁점

미국심리학회 윤리강령

- 기대 수준과 강제 제제
- 윤리적 의사결정
- 심리학자의 윤리적 신념

비밀보장

- Tarasoff의 죽음과 경고의 의무
- 글상자 5.1 나의 경험
- 내담자가 아동 · 청소년일 경우
- 글상자 5.2 문화 고려하기 : 비밀보장, 민족 그리고 가족

사전동의

경계와 다중관계

- 다중관계의 정의
- 무엇이 다중관계를 비윤리적으로 만드는가

역량

임상평가에서의 윤리

임상연구에서의 윤리

현대 윤리적 쟁점

- 관리형 의료와 윤리
- 과학기술과 윤리
- 작은 지역사회에서의 윤리
- 글상자 5.3 비유하기 : '케빈 베이컨의 6단계'와 작은 지역사회에서의 다중관계

학습 목표

5.1 미국심리학회 윤리강령의 다섯 가지 윤리적 원칙과 열 가지 윤리적 기준을 설명한다.

5.2 미국심리학회 윤리강령에서 요구 수준적 요소와 강제 제제적 요소를 구분한다.

5.3 임상심리학자의 서비스를 받는 내담자들의 비밀보장에 대하여 설명한다.

5.4 임상심리학자의 윤리적이고 비윤리적인 다중관계를 구분한다.

5.5 임상심리학적 평가와 연구에서의 핵심적인 윤리적 고려사항을 판별한다.

5.6 임상심리학자가 오늘날의 전문 영역에서 떠오르는 윤리적 이슈에 대한 올바른 방향을 제시한다.

임상심리학자들의 모든 전문적인 활동은 윤리적일 것을 요구받는다(Pope & Vasquez, 2016). 그러므로 이 책의 많은 지점에서 윤리 관련 주제에 대한 논의가 이루어진다. 예를 들어, 문화에 대한 논의 중에서 우리는 문화적 민감성 및 역량과 가장 관련성 있는 윤리적 기준의 일부에 대하여 논의하였다. 다른 장에서 우리는 연구와 가장 관련 있는 윤리적 기준에 대해 논의하였는데, 이 장에서는 임상심리학의 광범위한 스펙트럼에 적용할 수 있는 윤리 관련 주제에 대해서 논의할 것이다.

미국심리학회 윤리강령

미국심리학회(American Psychological Association, APA)는 1953년에 윤리강령(code of ethics)을 출판하였다. 초기 강령의 출현은 그 시기에 전문적인 심리학이 부상함에 따른 것이었다. 이후로 아홉 번에 걸쳐 개정판이 출간되었으며, 가장 최근의 개정판은 2002년에 출간되었다(Behnke & Jones, 2012). [두 가지 개정사항이 2010년에 추가되었는데, 심리학자가 인간 권리에 대한 침해를 정당화하거나 변호하기 위하여 특정 윤리적 기준을 사용할 수 없음을 강조하는 것이었다. 이러한 개정사항은 미국심리학회의 고위 구성원들이 테러와의 전쟁 기간에 미국 국방부가 억류자에게 행한, 일부는 고문으로 여겨지는 심문 작업에 동참했던 것이 폭로된 것으로 인한 것이다(Bohannon, 2015; C. B. Fisher, 2017; Pope & Vasquez, 2016)]. 해당 조항이 삽입된 이후로, 강령은 임상심리학자들에게만 적용되는 것이 아니라 모든 전문 분야의 심리학자들에 해당하는 것이 되었다. 그 지침의 일부는 치료, 검사, 연구, 교육 등 모든 임상심리학자에게 해당되는 것이다.

기대 수준과 강제 제제

현재 미국심리학회(APA, 2002) 윤리강령은 두 가지 구분되는 섹션이 있다. 일반적인 원칙과 윤리적 기준이다(Vasquez, 2015). 각각의 섹션은 다른 방식으로 심리학자들을 이끌어간다. 일반적 원칙(General Principle) 섹션은 기대 수준(aspirational)에 대한 것이다. 다른 말로, 윤리적 기능의 이상적인 수준 또는 심리학자들이 어떻게 행동하려고 애써야 하는지에 대해 설명해놓은 것이다. 거기에는 구체적으로 무엇이 윤리 위반인지에 대해서 설명하고 있지 않으며, 대신에 보다 넓은 관점에서의 윤리적 행동의 모범을 설명해두었다. 다섯 가지의 원칙이 있으며, 표 5.1에는 윤리강령에 포함된 보다 긴 설명에서 발췌된 문장이 들어있다.

일반적 원칙과는 대조적으로, 윤리강령의 윤리적 기준(Ethical Standards) 섹션은 강제 제제(enforceable)가 가능한 행동의 규칙을 적어두고 있다. 따라서 심리학자가 윤리적 위반을 저지른 잘못이 있을 때, (원칙이 아니라) 이것이 위반되는 기준이 된다. 이 기준은 심리학자가 마주칠 수 있는 광범위한 영역의 활동을 충분히 포괄하도록 쓰여졌으나, 그럼에도 일반적인 원칙에 비해서는 보다 구체적인 내용이 적혀있다. 각각의 일반적 원칙이 심리학자들이 수행하는 거의 모든 과업에 적용할 수 있기는 하지만, 각각의 윤리적 기준은 보다 표적화된 전문적인 활동의 측면에 적용되는 것이 보통이다. 윤리적 기준은 10개의 범주(표 5.2 참조)로 나눠지며, 또한 이 10개의 범주는 모두 합쳐서 89개의 개별 기준을 포함한다.

이 장에서 우리는 임상심리학자에게 가장 부합하는 기준의 일부를 자세히 살필 것이다. 우리의 논의 과정에서 따라야 할 규칙과 피해야 할 행동의 목록일 뿐 아니라 더 높은 수준의 윤리적 행동에 대한 영감을 주는 원천으로 윤리강령을 이해하는 것이 중요하다. Knapp과 VandeCreek(2006)는 윤리에 대한 이러한 두 가지 접근을 각각 '교정적' 윤리, '긍정적' 윤리라고 설명하였다. 윤리에 대한 교정적 접근은 윤리적 기준을 위반하는 데서 발생하게 되는 모든 문제를 피하는 것만으로 충분히 지킬 수 있지만, 윤리에 대한 긍정적 접근은 개인의 전문적인 행동이 가능한 한 윤리적 원칙과 부합하는 데 모든 노력을 기울여야 지킬 수 있는 것이다. 예를 들어, Knapp과 VandeCreek는 역량에 대한 (이번 장에서 보다 자세하게 다루게 될) 윤리적 의무에 대하여 생각한다. 윤리에 대한 교정적 접근을 취하는 심리학자들은 특정 활동에 대한 역량을 갖추기 위해 최소한의 노력만을 기울일 것이지만(예 : 필요한 수업을 듣고, 슈퍼비전을 받는 것), 윤리에 대한 긍정적 접근을 하는 심리학자들은 가능한한 역량을 갖추기 위해 노력할 것이다(예 : 추가적인 수업, 추가적인 슈퍼비전, 자기 학습, 자기 돌봄).

윤리적 의사결정

어떠한 윤리적 문제가 떠오를 때, 임상심리학자들은 가능한 가장 실현 가능하고 윤리적인 결정에 이를 수 있는 절차를 갖추고 있어야 한다. 미국심리학회(APA, 2002)의 윤리강령은 그 자체로는 그러한 의사결정 모델을 제공하지는 않지만, 해당 영역의 몇몇 전문가들이 그와 같은 모델을 추천한다(예 : Knapp & VandeCreek, 2006; Koocher & Keith-Spiegel, 2008; Pope, 2011; Treppa, 1998). 그중 한 사람은 **Celia Fisher**로, 미국심리학회의 윤리강령 대응 팀 및 2002년 윤리강령을 만드는 책임위원회의 의장을 역임했다. 그녀의 책 *Decoding the Ethics Code*에서 Fisher(2017)는 **윤리적 의사결정**(ethical decision making)의 모델을 제안했다. 약간의 변형을 거쳐 다음과 같이 제시하였다.

1. 어떤 윤리적 딜레마가 부상하기 앞서 윤리적으로 적절한 것을 실천하는 데 헌신하라.
2. 미국심리학회 윤리강령에 친숙해지라.
3. 당면한 상황과 관련된 법률 또는 전문지침을 참고하라.
4. 취할 수 있는 행동에 영향을 받는 다양한 당사자들의 관점을 이해하려고 노력하라. 추가적인

표 5.1 미국심리학회 일반적 윤리 원칙

윤리 원칙	윤리강령에서의 서술된 예시 문장
유익성과 무해성	"심리학자는 작업의 대상이 되는 사람들을 유익하게 해주기에 힘쓰고, 해를 끼치지 않도록 노력해야 한다."
신뢰와 책임	"심리학자는 작업의 대상이 되는 이와 믿을 만한 관계를 확립해야 한다. 그들은 사회 및 자신이 일하고 있는 특정 지역사회에 대한 전문적이고 과학적인 책임을 자각해야 한다."
진실성	"심리학자는 심리학적 과학, 교육, 임상실무에 있어서 정확성, 정직성, 진실성을 촉진하기를 추구해야 한다.
공평성	"심리학자는 공정함과 정의로움이, 모든 이가 심리학의 공헌에 접근 가능하고 유익을 얻을 수 있도록 하며, 심리학자들이 제공하는 절차, 과정, 서비스의 질 앞에 모두가 동등하도록 하는 것임을 안다."
인간의 권리와 존엄에 대한 존중	"심리학자는 모든 사람의 존엄과 가치, 사생활, 비밀보장, 자기결정권에 대한 개인의 권리를 존중한다."

출처 : American Psychological Association (2002), 1060–1073.

표 5.2 미국심리학회 윤리적 기준에 관한 범주

1. 윤리적 주제 해결
2. 역량
3. 인간 관계
4. 사생활과 비밀보장
5. 광고와 기타 공개적인 진술
6. 기록보관과 비용
7. 교육과 훈련
8. 연구와 출판
9. 평가
10. 치료

출처 : American Psychological Association (2002), 1060-1073.

정보습득과 논의를 위해서 동료들과 논의하라(언제나 비밀보장을 유지하라).

5. 대안을 만들어내고 평가하라.
6. 윤리적으로 가장 적절하게 보이는 행동 과정을 선택하고 실행하라.
7. 행동 과정의 효과성을 모니터링하고 평가하라.
8. 필요한 경우 윤리적 계획을 수정하고 지속적으로 평가하라.

단계별 윤리적 의사결정 모델로 넘어가기 전에 심리학자는 일반적으로 건전한 가치를 가진 윤리적인 사람이 됨으로써 윤리적 딜레마를 다룰 수 있도록 최선의 상태로 자신을 준비해야 한다. 다시 말하면 윤리적 심리학자로서 기능한다는 것은 사전에 정해진 모델의 안내만을 따라 의사결정을 내리는 역할수행만으로 만족해서는 안 된다는 것이다. 그러한 모델이 확실히 심리학자가 가장 윤리적인 결정을 내릴 수 있는 확률을 높여주기는 하지만, 이미 자신 고유의 가치를 조사하고 그것을 전문가 윤리와 일치시킨 사람에 의해 사용될 때 가장 잘 작동한다(Tjeltveit & Gottlieb, 2010).

심리학자의 윤리적 신념

미국심리학회(APA, 2002) 윤리강령은 심리학자들이 어떻게 윤리적으로 행동할지를 설명해줄 수 있다. 하지만 심리학자들이 할 수 있는 다양한 행동의 윤리성에 대해서 정말로 믿고 있는 것은 무엇일까? 다시 말해서 한 집단으로서 심리학자들이 붙잡고 있는 윤리적 신념은 무엇인가? 특히 심리치료 관련 행동과 연관하며 이 질문이 미국심리학회 회원 대상의 대규모 조사에서 다루어졌다(Pope, Tabachnick, & Keith-Spiegel, 1987). 이 연구에서 450명 이상의 미국심리학회 29분과(심리치료)의 구성원들이 심리학자가 내담자를 향해서 내담자와 함께 또는 내담자에 반응할 수 있는 83가지 구분된 행동의 윤리성에 점수를 매겼다. 결과는 몇 가지 행동(예 : 내담자 혹은 이전의 내담자와의 성관계, 현재 내담자와의 친교, 이유나 허가 없이 정보 노출)만이 노골적으로 비윤리적인 것으로 나타났다. 이와는 대조적으로 몇 가지 다른 행동(예 : 내담자와 악수하기, 내담자를 이름으로 부르기, 내담자가 자살이나 타살의 위험이 있을 경우의 비밀보장을 깨는 것)만이 물어볼 필요도 없이 윤리적인 것으로 여겨졌다. 하지만 대부분의 83개의 행동은 윤리와 비윤리 사이의 회색지대로 떨어졌으며, 이는 심리학자들이 윤리적 문제를 대할 때 지혜로운 판단을 내려야 하는 도전에 직면하게 된다는 것과 건전한 윤리적 의사결정 모델의 중요성을 알려준다(Cottone, 2012).

Pope와 동료들이 1987년 행한 연구 이래로 다른 연구자들은 심리학자의 윤리적 신념에 대해 추가적인 조사를 하기 위하여 유사한 방법론을 사용해왔다. 한 연구는 심리학자의 윤리적 신념은 시점에 따라 또는 수집된 나라의 지역에 따라 다양해질 수 있다는 것을 발견했는데(Tubbs & Pomerantz, 2001), 반면에 다른 연구들은 심리학자의 윤리적 신념은 행동이 향하고 있는 내담자의 연령이나 성별에 따라 다양해진다는 사실을 알게 되었다(Pomerantz, 2012a; Pomerantz & Pettibone, 2005). 따라서 미국심리학회(APA, 2002)의 윤리강령이 주된 안내의 역할을 하더라도 심리학자가 나타내는 행동과 강한 일치를 보이는 그들이 실제로 붙들고 있는 신념은 다른 영향을 받을 수 있음을 알게 된다(Pope et al., 1987).

비밀보장

임상심리학의 윤리적 실행과 가장 가깝게 연관되어있는 특징은 **비밀보장**(confidentiality)이다(M. A. Fisher, 2012). 사실상 비밀보장은 일반적 원칙 중에 구체적으로 언급되어있으며(원칙 E : 인간의 존엄성과 권리에 대한 존중), 많은 특정 윤리적 기준(기준 4.01 "심리학자는 비밀을 보장하기 위한 주된 의무가 있으며 합리적인 예방조치를 취해야 한다."는 내용으로 시작되는 '비밀보장의 유지')에도 그러하다(APA, 2002, p. 1066).

심리학 직군에서 비밀보장을 강조해야 하는 이유가 있다. 우리의 직업은 대중들에게 전문적인 서비스 제공 과정에서 개인적이고 사적인 내용의 구체적인 부분을 알리지 않을 것이라는 신뢰를 받고 있다. 하지만 대중이 비밀보장이 절대적이지 않다는 것을 인식하지 못할 수 있다. 정신건강 전문 영역 밖의 대부분의 사람들이 심리학자가 모든 정보의 비밀을 지킬 것이라고 생각하겠지만

(Miller & Thelen, 1986), 사실은 심리학자가 하는 수없이 비밀보장을 깨트려야 하는 상황이 떠오르게 된다. 그런 상황 중의 다수는 법정 상황으로 정의되는데, 여기에는 Tatiana Tarasoff의 죽음이 연루된 유명한 사례도 포함된다.

Tarasoff의 죽음과 경고의 의무

1969년에 Prosenjit Poddar는 버클리에 있는 캘리포니아대학교의 학생이었다. 그는 Tatiana Tarasoff에 연애감정을 가지게 되었는데, 그들의 관계가 기대하던 대로 발전되지는 않았다. 그의 정신 상태는 악화되었고, 그는 대학 상담센터에서 Lawrence Moore에게 상담을 받았다. 1969년 8월에 있었던 한 회기에서 Poddar는 Moore 박사에게 Tarasoff를 죽일 것이라고 말했다. Moore 박사는 Poddar의 진술이 믿을 만하다고 생각해서 치료사-내담자 비밀보장을 깨고 캠퍼스 경찰에 연락을 했다. 캠퍼스 경찰은 Poddar과 면담을 했으나 붙잡아두지는 않았는데, 그가 Tarasoff를 피하겠다고 약속했고, 면담 당시에는 이성적으로 보였기 때문이었다. Poddar는 치료에 다시는 오지 않았다. 1969년 10월 27일 Poddar는 Tarasoff를 찌르고 쏴서 죽였다. Tarasoff의 부모는 후에 Moor 박사 및 잘못된 죽음에 관련되어있는 사람들을 고소했다. 법정은 Tarasoff에게 위험을 경고하지 못한 심리학자에게 책임이 있다고 판결을 내렸다(Knapp & VandeCreek, 2006). 다시 말해서 Moore 박사가 비밀보장을 깨뜨리고 캠퍼스 경찰에게 연락했을지라도, 법정은 그의 행동이 불충분하다고 보았으며, Tarasoff에게 위험에 처하게 될 것임을 알리는 추가적인 노력이 있어야 했다고 판단했던 것이다.

타라소프 사례(Tarasoff case)로부터 **경고의 의무**(duty to warn, 또는 '보호의 의무')가 생겨나게 되었다. ['경고의 의무'나 '보호의 의무'는 모두 타라소프 사례의 결과를 지칭하는 데 사용된다(Foellmi & Rosenfeld, 2015)]. 해당 사례에 대한 두 번째 판결은 잠재적 피해자에 대한 구체적인 '경고'보다는 보다 광범위한 '보호'를 강조하였다(Bucker & Firestone, 2000). 이는 타라소프 사례가 법적 선례를 남긴 이후 임상심리학자(및 기타 치료사)는 내담자와의 비밀보장 합의에 한계가 있다는 것과 내담자가 신뢰할 수 있는 위협에 대해 사람들에게 경고할 의무가 있다는 것을 이해하게 되었다는 것이다. Tarasoff 판결에서 언급된 바와 같이 "환자-심리치료사 의사소통의 비밀보장적 특징은 공개가 다른 이들에게 생길 수 있는 위험을 방지하는 데 있어 결정적이라면 양보될 필요가 있다. 보호적인 특권은 공공의 위험이 시작될 때 끝이 난다"(*Tarasoff v. The Regents of the University of California*, 1974, p. 561, as cited in Tribbensee & Claiborn, 2003, p. 287).

물론, 경고의 의무의 근거는 분명하다. 타라소프 사례에서 만일 경고가 주어졌더라면, 한 젊은 여성의 생명은 살아있었을 것이다. 그리고 보다 최근의 비극들(예 : 뉴타운, 코네티컷, 9.11테러 공격)을 생각해보면, 만일 범인이 치료사에게 살인 계획을 공개했다면, 경고 의무는 대규모 '대중

글상자 5.1

나의 경험

내 경험에는 Tarasoff와 관련된 주제를 꽤 많이 생각하도록 만든 소피라는 이름의 내담자가 있었다. 소피는 26세로 범불안장애가 있었다. 함께 작업해나가면서 소피는 매일의 삶의 많은 걱정에 대해서 이야기하였다. 그녀는 자신의 건강, 친구관계, 돈, 직업 등 많은 것에 대해 쓸데없는 걱정을 하였다. 어느 날 그녀는 매우 구체적인 걱정을 가져왔다. "제가 사는 아파트 건물 벽이 매우 얇아서 말 그대로 아무 때나 이웃들이 말하는 것을 그대로 들을 수 있다고 했던 것 기억하시지요? 음, 어젯밤에 옆집 남자가 전화하는 것을 들었는데, 나는 그가 누군가에게 강도짓을 한 것을 확실히 들었어요. 통화하는 사람하고 계획을 만들고 있는 것처럼 들렸어요. '일요일 온종일 그녀가 집에 없을 게 확실해. 그때 저지르자. 물건이 없어진 것도 모를 거야. 그걸 가지고 충분히 도망칠 수 있을 거야. 그녀가 집에 있더라도 그냥 우리가 처리하면 돼.'"

소피는 범죄를 저지를지도 모르는 옆집에 사는 누군가에 대한 불안에 대하여 계속 나누었고, 나는 그녀의 그러한 걱정을 해결해주기 위하여 최선을 다하였다. 하지만 내 마음 깊은 곳에서, 그리고 회기가 끝난 이후에 타라소프 사례를 생각했다. 물론 소피의 상황은 분명하지도 않고, 실제 타라소프 사례만큼 중대하지도 않았는데, 그 사례에서는 내담자가 명백히 자신의 의도를 말했고, 그 의도는 생명을 위협하는 것이었으며, 그 생명을 위협받는 사람이 특정되어있었다. 그리고 결국에는(스포일러 주의), 나는 소피의 사례에서 비밀보장을 깨뜨리지는 않았다. 사실 나는 그것을 아주 심각한 상태로 여기지는 않았다. 하지만 많은 수의 Tarasoff 관련 질문이 떠올랐었다. 잠재적 행동이 어느 정도로 위험해야 경고의 의무를 작동시키는 것일까? 생과 사의 상황만일까, 다른 형태의 희생(강도, 공격, 납치, 신원도용 등)도 특정 환경 속에서는 그런 것일까? 이 사례에서 소피의 불필요하게 걱정하는 경향과 같은 내담자의 임상적 문제가 이야기의 신빙성에 미친 영향은 어느 정도일까? 자신이 저지르려는 위험한 행동의 계획이 아니라, 다른 누군가가 저지를지도 모른다는 위험한 행동에 대한 내담자의 간접적인 보고에 어느 정도의 신뢰를 가져야 할까? 일단 내담자가 심리학자의 마음에 경고의 의무에 대한 생각을 촉발시키면, 심리학자가 내담자가 스스로 말하는 것보다 더 많은 정보를 얻기 위하여 얼만큼 '파고들어야' 하는 책임이 있는가? (소피의 경우처럼) 종종 불완전하고 불분명하더라도 그러한가? 잠재적 피해자에 대한 심리학자의 의무가 내담자에 대한 의무보다 커지는 것은 언제일까? 이러한 질문은 Tarasoff 관련 질문에 관한 결정을 특히 어렵게 만드는 것들이다.

의 위험'을 막을 수 있었음을 알 수 있다(Pope, 2011). 하지만 그 적용에 있어서 경고의 의무 문제는 그것을 옹호하려는 임상심리학자에게 어려운 질문을 한보따리 안겨준다. 예를 들어, 임상심리학자는 내담자의 협박조 진술의 신뢰성이나 그대로 따르려는 정도를 얼마나 정확히 측정할 수 있는가? 어떤 종류의 위협이 경고 신호인가? 오직 노골적인 생명이나 죽음에 관한 위협만이 대상인가? 또는 음주운전이나 데이트 폭력 같은 다른 종류의 위협도 포함되는가?(Guedj, Sastre, Mullet, & Sorum, 2009; Welfel, Werth, & Benjamin, 2012) 치료의 어떤 시점에 어느 정도일 때 심리학자는 내담자의 치료보다 잠재적 희생자의 보호를 우선시해야 하는 것인가?(Bersoff, 1976; Knapp & VandeCreek, 2006; Tribbensee & Claiborn, 2003 참조).

최근 수십 년간 임상심리학자는 HIV/AIDS를 가진 내담자에 대한 경고의 의무 결정을 대면해 왔다(Chenneville, 2000; Peter, 1998). 이 딜레마를 예시로 들기 위하여, 30세의 독신이며 HIV 양성반응을 나타낸 내담자인 폴이 우울 증상으로 인해 임상심리학자 리드 박사를 만난다고 상상해 보자. 대화의 과정 속에서 폴은 리드 박사에게 자신이 성적으로 활동적이며, 항상 안전한 방식으로 성관계를 갖는 것은 아니고, 상대방에게 HIV 양성임을 아직 알려주지 않고 있다고 하였다. 리드 박사는 그 순간 많은 어려운 질문을 마주한다. 폴의 행동이 잠재적 피해자들에게 경고할 만한 가치가 있는 위협이 되는가? Tarasoff를 죽인 Poddar의 행동과 비교하면 어떤가? 만일 리드 박사가 잠재적 피해자들에게 경고하기 위하여 비밀보장을 깨뜨린다면, 폴과의 치료동맹에 어떤 영향을 미칠 것이며, 궁극적으로 폴의 안녕에는 또 어떤 영향을 줄 것인가? 리드 박사의 일차적인 책임은 누구를 향한 것인가? 폴인가 폴이 위험에 빠뜨릴 수 있는 사람들인가? 임상심리학자에게는 불행히도 이러한 유형의 질문 중에는 쉬운 것이 없다.

내담자가 아동 · 청소년일 경우

임상심리학자가 미성년자를 대상으로 서비스를 제공할 때 더 많은 비밀보장과 관련된 도전이 생겨난다. 아동 · 청소년 상담의 한 가지 특별한 문제는 이들이 임상심리학자와 가깝고 신뢰할 만한 관계를 형성하는 것은 심리학자가 부모에게 어느 정도로 하나하나 자세한 내용을 공개하느냐에 달려있다는 것이다(Knapp & VandeCreek, 2006; Richards, 2003; Tribbensee & Claiborn, 2003). 단순히 말해서 아이들은 자신의 심리학자가 부모와 자주 정보를 공유한다는 사실을 알게되면, 개인적으로 중요한 문제에 대해 논의하는 대신 숨기기로 선택할 것이라는 말이다. 물론 법적 보호자로서 부모는 궁극적으로 자녀의 치료 경과에 대한 정보를 얻을 자격이 있다. 더욱이 아동의 치료에서 부모와 지속적으로 활발하게 교류하는 것은 임상활동에 효과적이다.

때로 임상심리학자는 이러한 비밀보장의 딜레마를 아동 내담자와 그들의 부모와 공개적으로 논의할 수 있으며, 상호 동의할 만한 합의에 도달할 수 있을 것이다(Knapp & VandeCreek, 2006; Richards, 2003). 다시 말해서 "미성년 내담자와 작업하는 치료사는 종종 내담자 및 부모와 특정 상황이 아니라면 내담자가 치료에서 꺼낸 이야기에 대해서 알려주지 않을 것이라는 합의에 이르도록 협상한다"(Tribbensee & Claiborn, 2003, p. 297). 그 특정 상황은 아주 최소한으로 아이들이 자신이나 다른 이들의 행동으로 피해를 입게 될 상황과 아동의 심리적 상태나 치료의 진전에 대한 일반적인 정보 등을 포함한다. 임상심리학자가 그러한 합의가 아이들의 행복에 이롭다는 근거를 제시하더라도 부모는 이를 거부할 수 있으며, 그러한 합의를 받아들일지 여부는 부모-자녀 관계와 연관된 문화적 변수에 달려있을 수도 있다. Koocher와 Daniel(2012)은 심리학자가 청소년 내담자와 그 부모 모두에게 치료 초기에 말해야 할 내용의 원형으로 다음과 같은 대본을 제공한다.

> 심리치료는 대화 내용의 비밀이 지켜진다는 확신이 있을 때 가장 효과적입니다. 부모님은 자녀의 웰빙과 안전에 대한 확신을 가지기를 원하실 겁니다. 부모님도 한때 10대였기에, 청소년들이 때로 성관계, 음주, 흡연 등 기타 부모님이 허락하지 않은 것들에 대해 이야기하기 위하여 치료를 원할 수 있음을 아실 것입니다. 어떻게 하면 자녀의 비밀보장을 지켜주어서 아이가 자신의 속마음에 있는 것을 말할 수 있으면서도 부모님이 아이의 안전을 확신할 수 있을지 이야기해봅시다. (p.12)

부모가 이러한 협의를 받아들인다면 그들은 심리학자의 판단을 상당히 신뢰하는 것이다. 미성년 내담자가 관여되어있을 흡연, 음주, 성관계, 약물사용, 범죄, 그리고 '긋기'(자해)와 같은 일부 행동을 생각해보라. 어느 지점에서 또는 어떤 상황하에서 이러한 행동이 심리학자가 아동의 부모에게 정보를 제공해야 할 가치가 있을 정도로 위험해지는가? 아동의 나이는 어느 정도로 고려되어야 하는가?

임상적 예로, 임상심리학자인 테리 박사를 만나고 있는 17세 소녀 다니카를 생각해보자. 다니카의 부모는 다니카가 테리 박사와 비밀보장을 유지할 필요가 있다고 생각하여 테리 박사가 회기 내용 전체를 알려줄 필요는 없다는 데 동의하였다. 하지만 그들은 합리적으로 다니카가 겪을 수도 있는 위험이나 위해에 대해서는 알려주길 바란다고 주장하였다. 회기가 진행되면서 치료적 관계는 강해졌고, 다니카는 테리 박사에게 부모가 알지 못하는 삶의 세부사항을 드러내기 시작했다. 이 세부사항에는 다니카가 일주일에 한 번 음주를 하며(하지만 취하지는 않는다), 몇 달 전에 일부러 자신의 팔뚝을 면도칼로 그은 적이 있고, 그날 밤에 술에 떡이 된 친구가 운전하는 차에 타고 있었다. 이 중에 테리 박사가 다니카의 부모에게 알리기 위해 전화를 해야 할 상황이나 행동이 있을까? 만일 하지 않는다면, 그러한 행동이 얼마나 심해야 연락을 해야 하는 것일까? 다니카의 부모에게 말하거나 말하지 않는다면 테리 박사는 어떠한 결과를 맞게 될까? 다니카의 나이가 14세 또는 11세나 8세라면 그 대답이 달라질까?

미성년자인 내담자와 관련된 별도의 비밀보장 문제에는 **아동학대**(child abuse)가 있다. 모든 주는 정신건강전문가가 아동학대에 대해서 알게 되거나 의심될 때, 비밀보장을 깨뜨릴 것을 요구하는 법이 있다(Knapp & VandeCreek, 2006; Koocher & Daniel, 2012; Tribbensee & Claiborn, 2003). (많은 주들이 취약한 성인에 대한 학대에 대해서도 유사한 법을 가지고 있다.) 이러한 법의 이면에 있는 근거는 Tarasoff 판결의 근거와 유사한데, 즉 어떤 상황에서는 임상심리학자의 주된 책임이 즉각적인 위해 방지로 바뀌어야 한다는 것이다. 그리고 경고의 의무 상황과 비슷하게 아동학대 상황은 종종 임상심리학자에게 힘든 판단을 내릴 것을 요구한다. 특히 부모에 대한 불만을 과장하거나 의사소통 기술이 제한적이거나 전적으로 기꺼이 말하지 않는 아이들의 경우 아동학대가 일어난 것 같은지 아닌지 확신을 가지고 판단하는 것은 매우 어려울 수 있다. 치료에서 대단히 중요한 임상심리학자의 목표는 여전히 단순하게 남는다. '아동의 안녕'이 그것이다. 하지만 아동학대가 의심되는 상황에서 이 목표에 도달하기 위한 방법을 결정하는 것은 어려울 수 있다.

● ● ● 글상자 5.2 ● ● ●

문화 고려하기

비밀보장, 민족, 그리고 가족

다양한 문화집단에서 온 내담자들은 친척들과 마찬가지로 정신건강의 비밀보장에 대하여 매우 다른 생각을 가지고 있을 수 있다(예 : McGoldrick, Giordano, & Garcia-Preto, 2005b). 이 주제에 대한 정보를 얻을 수 있는 책인 *Ethics, Culture, and Psychiatry*(Okasha, Arboleda-Florez, & Sartorius, 2000)는 비밀보장과 다른 윤리적 주제에 관한 이러한 문화적 차이에 초점을 두고 있다. 이 책에는 아프리카인, 인도인, 일본인, 라틴아메리카인, 독일인, 서부 지중해인, 중국 문화권 등 많은 특정 집단에 대한 구분되어있는 챕터가 실려있다. 이러한 챕터들 중 아랍과 스칸디나비아에 관해 나온 두 가지를 직접적으로 비교해보면, 비밀보장에 대하여 꽤나 다른 신념을 가지고 있는 것으로 그려진다. 아랍 문화에 대해서 Okaha(2000)는 다음과 같이 언급한다.

- "아랍 문화에서 병이라는 주제는 가족의 일로 다뤄진다. 예를 들어 환자가 입원하는지 아닌지는 … 환자 자신이 원하는지의 여부에 달려있지 않고 확장된 가족의 바람, 필요, 또는 판단에 달려있다." (pp.24-25)
- "아랍 지역에서는 의사가 지속적으로 환자만이 유일한 의사결정자라고 여긴다면 … 그 사람은 사실상 의사를 교체할 수도 있다." (p.26)
- "아랍 문화에서 규칙은 (진단에 관한) 정보를 먼저 가족에게 전달하고, 환자에게 알릴지 말지를 가족이 결정하도록 거의 완전히 가만히 두는 것이다." (p.27)

스칸디나비아 문화에 대하여 Kastrup(2000)은 다음과 같은 묘사를 하였다.

- "최근 몇 년간 환자 자율성의 주된 역할이 점점 더 강조되어왔다. 환자에게는 가족의 간섭 없이 자신의 치료를 결정할 수 있는 권리가 있다." (p.79)
- "자율성에 대한 강조는 스칸디나비아 문화의 일부이다. 그리고 … 자율성의 결여는 가장 큰 현대 인간의 불행으로 생각된다. … 이상적인 상태란 가능한 한 … 다른 이들의 도움에 대한 필요성을 느끼지 않으면서 독립적으로 사는 것이다." (p.79)

아랍인 내담자와 스칸디나비아인 내담자(그리고 아마도 그 가족 구성원도)는 비밀보장에 대하여 매우 다른 전제를 가진 채로 임상심리학자와의 작업동맹으로 들어오는 것이 분명하다. 하나의 문화에서는 가족 구성원이 포함될 것으로 가정하게 되는 반면에, 다른 문화에서는 가족 구성원은 제외될 것으로 가정하게 된다. 다른 문화에서도 당연히 비밀보장에 대한 자신들만의 고유한 가정을 가지고 있을 것이다.

그림 5.1, 5.2 비밀보장에 대하여 문화 집단마다 전제가 매우 다를 수 있음을 가정한다. 임상심리전문가가 이러한 가정을 어떻게 받아들여야 한다고 생각하는가?

©Juanmonino/istockphoto.com (top), ©4FR/istockphoto.com (bottom)

미국처럼 문화적으로 다양한 나라에서 임상심리학자는 아랍 내담자와 스칸디나비아 내담자를 모두 볼 수 있다. 심지어 그 내담자들이 유사한 진단을 나타내더라도, 임상심리학자는 특히 가족의 개입과 관련된 영역에서 각기 다른 방식으로 반응한다는 사실을 발견할 것이다. 물론 윤리적이 되기 위해서는 임상심리학자는 미국심리학회(APA, 2002)의 윤리강령을 고수해야 하겠지만, 문화적으로 역량 있기 위해서는 다양한 문화의 내담자도 자신의 윤리적 가치를 가지고 올 것이라는 사실을 인식해야 한다. 만일 당신이 임상심리학자라면 윤리강령과 내담자의 문화적 규범 간의 명백한 갈등을 어떻게 다루겠는가? 비밀보장 외에도 윤리의 어떤 다른 영역에서 임상심리학자의 행동에 대한 내담자의 기대에 문화가 영향을 미치도록 하겠는가?

비밀보장에 대한 마지막 참고사항으로 법적 기준과 윤리 기준의 차이를 주목하는 것이 중요하다. 드문 상황에서 다를 수도 있겠으나, 이 절에 열거된 임상심리학자에 대한 지침(타라소프 사례와 유사한 상황을 경고하고 아동학대 혐의에 대해 보고해야 하는 의무)은 종종 법적 기준과 윤리적 기준 모두를 나타낸다. 이는 주정부법이 일반적으로 임상심리학자가 그렇게 하도록 요구하며, 미국심리학회(APA, 2002)의 윤리강령이 이 법과 일치하는 기준을 포함한다는 것이다. 실제로 한 윤리적 기준(4.02 '비밀보장의 한계 논의')은 특별히 임상심리학자들에게 "내담자와 관련된 비밀보장의 한계를 논의"하도록 지시한다(p.1066). 그러한 논의가 우리가 지금부터 주목하려고 하는 사전동의 절차의 핵심요소이다.

사전동의

아마도 심리학 연구를 위한 **사전동의**(informed consent)를 접해본 적이 있을지도 모르겠다. 만일 당신이 심리학 연구에 참여한 적이 있다면, 먼저 그 연구에 대한 기록된 정보를 받았을 것이고, 당신이 이름을 서명하여 동의를 해주어야만 그 연구가 시작될 것이다. 연구는 사전동의를 포함하는 윤리적 기준에 관한 확실히 중요한 적용 대상이긴 하지만, 유일한 것은 아니다. 평가와 치료 또한 윤리강령에 따라 사전동의를 요구한다(APA, 2002).

사실상 심리학자에 의해 수행되는 어떠한 전문적인 활동에 대해서도 사전동의는 필수적인 과정이다. 사전동의는 심리학자 작업의 대상이 되는 사람에게 그 활동에 대해서 알 수 있는 기회를 보장해주고, 교육받은 현명한 결정을 내릴 수 있도록 해준다. 더욱이 이는 사람들이 그렇게 선택하기만 한다면 동의에 거절할 수 있는 기회도 제공해준다.

연구에 관해서 미국심리학회(APA, 2002)의 윤리강령 기준 8.02('연구에 대한 사전동의')는 심리학자에게 참여하려는 사람에게 목적, 절차, 소요 시간, 예측 가능한 위험 또는 부정적 영향, 참여에 대한 인센티브, 그리고 참여를 거절하거나 철회할 수 있는 권리 등과 같은 연구의 여러 가지 측면에 대해서 알려줄 것을 지시한다. 만일 그 연구가 치료 방법에 대한 조사라면, 심리학자는 또한 내담자에게 치료법이 실험적인 것이어서 일부 내담자는 사실상 치료가 없는 집단(통제집단)에 배정될 수 있고, 현재 연구의 관심사를 벗어난 대안적인 치료를 받게 될 수도 있다고 알려야 한다.

심리평가를 위해서도 또한 사전동의를 얻어야만 한다. 기준 9.03('평가에서의 사전동의')에 따르면(APA, 2002) 심리학자는 평가의 특성과 목적에 대한 정보, 관련된 모든 비용, 만일 있다면 다른 당사자들의 참여 여부, 비밀보장의 한계(예 : 경고의 의무나 아동학대 상황)에 대하여 정보를 제공해야 한다.

그림 5.3 임상심리학자는 아동 회기 내용의 어느 정도까지를 그 아동의 부모와 공유해야 하는가?

©stockphoto4u/istockphoto.com

심리치료 역시 사전동의 과정이 요구된다. 윤리기준 10.01(치료에 대한 사전동의)은 다음과 같이 설명한다.

> 심리학자는 내담자/환자에게 가능한 한 일찍 치료적 관계 속에서 치료의 성격과 예상 방향, 비용, 제삼자의 관여, 비밀보장의 한계에 대해서 고지하고 내담자/환자에게 질문을 하고 대답을 들을 수 있는 충분한 기회를 제공해야 한다. (American Psychological Association, 2002, p. 1072).

이러한 윤리적 기준의 몇 구절은 치료가 임상심리학자의 다른 전문적 활동과는 거리가 있음을 강조한다. 그중 하나인 '가능한 한 일찍'이라는 문구는 내담자에게 정보를 제공할 수 있는 시점이 달라질 수 있음을 의미한다. 사실상 심리학자가 제공하는 치료에 대한 조사에서 일반적으로 비용지불, 개인정보 보호정책과 같은 일부 일반적인 정보는 치료 초기에 제공하는 것을 편안하게 느끼지만 보다 구체적인 정보, 길이, 목표, 치료의 본질 등을 설명하기 위해서는 치료사가 내담자를 더 알아갈 시간이 필요하다는 사실을 알게 되었다. 결과적으로 치료에 있어서의 사전동의는 (연구나 검사의 사전동의와는 다르게) 한 순간의 사건이라기보다는 진행되는 과정으로 가장 잘 이해될 수 있다(Pomerantz, 2005). 다른 기억해둘 만한 기준 10.01의 구절은 '제삼자의 관여'로, 치료 과정에 미치는 체계적 관리의 영향에 대하여 정확히 무엇을 얼마만큼 말해야 하는지는 논쟁거리가 되어왔다(예 : Cohen, Marecek, & Gillham, 2006; Huber, 1997; Pomerantz, 2000). 마지막으로 "내담자/환자에게 질문을 하고·대답을 들을 수 있는 충분한 기회를 제공"하라는 것은 심리학자들이 내담자에게 치료 초기나 다른 적절한 시점에 제공할 만한 인쇄된 질문의 목록으로 받아들일 수 있다(예 : Pomerantz & Handelsman, 2004). 이 목록들로부터 내담자는 관심이 있는 질문을 선택할 수 있는데, 그중 일부는 저절로 그들에게 일어나지 않을 일이다.

특히 심리치료에서 사전동의 과정은 임상심리학자에게 내담자와의 협력적 관계를 확립하기 시작할 기회를 준다(Pomerantz, 2012b, 2015). 우리가 이후의 장에서 논의하는 것과 같이 이러한 종류의 관계는 모든 종류의 심리치료의 성공에 핵심적인 것이다. 따라서 사전동의 과정에 적극적으로 참여하도록 내담자를 초대하고 정말로 자신들의 치료 계획에 대한 의사결정 과정에 참여시킴으로써 임상심리학자는 유익을 얻을 수 있다(Knapp & VandeCreek, 2006; Pomerantz & Handelsman, 2004).

경계와 다중관계

일반적으로 임상심리학자가 누군가(이를테면 치료 내담자나 학생)를 직업적으로 동시에 다른 방식(친구, 사업관계, 또는 연애 상대)으로 알고 지내면 이는 문제일 수 있다. 그러한 개념을 묘사하는 데 사용되는 개념이 **다중관계**(multiple relationship, 이중관계라는 표현 또한 사용됨)이다. 심리학자가 그러한 관계에 전혀 개입하지 않는다고 말하면 좋을 것이지만, 그러한 주장은 사실이 아니다(Borys & Pope, 1989). 사실상 미국심리학회 윤리위원회의 최근 몇 년간 제소되었던 내용의 큰 부분을 차지하는 것은 '불명확한 경계로 인한 사고'이다(Schank, Slater, Banerjee-Stevens, & Skovholt, 2003, p. 182).

다중관계의 정의

윤리적 기준 3.05a(APA, 2002)는 다중관계에 대해 다음과 같이 말한다.

> 심리학자가 한 개인에 대해 전문적 · 직업적인 역할을 하면서 (1) 동시에 같은 사람에게 다른 역할을 할 때, (2) 동시에 심리학자가 직업적인 관계를 맺고 있는 사람과 가깝게 관련되어있거나 연관된 사람과 관계가 있을 때, (3) 해당 개인이나 그 사람과 가깝게 관련되어있거나 연관된 사람과 앞으로 다른 관계를 가지기로 약속할 때 발생한다. (p. 1065)

따라서 다중관계는 심리학자가 한 개인을 전문적 · 직업적인 동시에 비직업적으로 알 경우뿐 아니라 심리학자가 직업적으로 알고 있는 사람과 '가깝게 관련되어있거나 연관된 사람'과 관계가 있을 때에도 형성된다. 예를 들어, 36세의 여성인 모니크가 임상심리학자인 데이비스 박사의 치료 내담자이고, 데이비스가 모니크의 친구, 사업 대상, 또는 연애 상대가 되면 데이비스 박사는 다중관계를 형성하는 것이다. 뿐만 아니라 데이비스 박사가 만일 모니크의 연애 상대, 형제자매, 또는 가까운 친구와 비슷하게 관련된다면 이는 다중관계를 형성하는 것이다. 임상심리학자가 이 윤리적 기준을 고려할 때, '가깝게 관련되어있거나 연관된 사람'을 정의 내리는 것이 어려울 수 있으며, 특히 우리 도시와 지역사회의 '분리의 6단계' 특성을 생각해볼 때 그러하다. 예를 들어, 데이비스 박사가 모니크의 둘째 사촌과 사귄다면, 모니크의 이웃과 사업을 한다면, 모니크의 직장동료와 친구가 된다면 그것은 다중관계를 형성하고 있는 것인가?

앞에 제시된 예와 같이 다중관계는 많은 형태를 취한다(Sommers Flanagan, 2012). 아마도 가장 현저하게 노골적이면서 해로운 것은 **성적인 다중관계**(sexual multiple relationship)로, 이는 임상심리학자가 내담자의 성적 상대방이 되는 것이다. 미국심리학회(APA, 2002)의 윤리강령은 이러한 행동에 대해 다음과 같은 직접적이고 완강한 기준을 제시한다. "심리학자는 현재 치료의 내담자/환자들과 성적으로 친밀한 관계를 갖지 않는다"(기준 10.05, p. 1073). 그러한 행동은 건강한 치료자/내담자 관계가 근본적으로 파기됨을 의미하며, 종종 내담자에게 중대한 심리적 또는 정서적 손상을 초래한다(Pope, 1994; Sonne, 2012). 심리학자도 물론 인간이고 그들도 때때로 내담자에게 매력을 느낄 때가 있다. 심리학자와 다른 치료사들에 대한 조사는 사실상 그러한 감정이 발생함을 보여준다(Sonne & Jochai, 2014). 중요한 이슈는 어떻게 심리학자들이 그러한 감정을 다루는가 하는 것이다. 바람직한 것은 다른 전문가나 아마도 그들 자신의 치료사에게 조언을 구하여 그것에 대해 논의하는 것이며, 당연히 직접 행동으로 옮겨서는 안 된다(Barnett, 2014; Gelso, Pérez Rojas, & Marmarosh, 2014).

내담자와 임상심리학자 사이의 비직업적인 관련성은 다중관계를 성립시키거나 내담자에게 해를 유발하는 데 있어서 꼭 성적일 필요가 없다. 사실상 심리학자는 우정관계, 사업 또는 재정적 관계, 동료 또는 슈퍼비전 관계, 종교활동을 통한 연계 등 다양하고 넓은 **성과 무관한 다중관계**(nonsexual multiple relationship)에 접근할 기회가 있을 것이다(Anderson & Kitchener, 1996; Zur, 2007). 임상심리학자의 중요한 과제는 내담자에게 문제를 일으킬 가능성뿐 아니라 이러한 관계의 중첩되는 특성을 적절하게 알아차리는 것이다.

무엇이 다중관계를 비윤리적으로 만드는가

정의에 따르면 모든 다중관계가 비윤리적인 것은 아니다. 다중관계를 비윤리적이라고 특징지을 수 있는 특정 요소를 판별하기 위하여 다시금 윤리적 기준 3.05a로 돌아가보자.

> 심리학자는 만일 다중관계가 심리학자의 객관성, 능력 또는 심리학자로 기능함에 있어서 효과성에 손상을 주거나, 또는 직업적 관계에 있는 사람을 착취 또는 해를 끼칠 위험이 있다고 합리적으로 예상될 경우, 그런 다중관계로 들어가는 것을 삼간다. 손상이나 위험, 착취 또는 피해를 초래할 것으로 합리적으로 예상되지 않는 다중관계는 비윤리적이지 않다. (American Psychological Association, 2002, p. 1065)

이러한 기준이 나타내듯이 다중관계의 부적절성에 대한 두 가지 본질적인 규준이 있다. 첫 번째는 심리학자의 손상과 관련되어있다. 내담자와의 사이에서의 이중 역할이 심리학자가 객관성, 역량, 효과성을 유지하기 어렵게 한다면, 그 관계를 피해야 한다. 두 번째는 내담자에 대한 착취 및 위해와 관련되어있다. 심리학자는 치료사-내담자 관계가 동등하지 않은 권력관계의 특징을 가짐을 언제나 기억해야 한다. 이는 치료사의 역할이 더 많은 권위를 가지고, 내담자의 역할은, 특히 일부 내담자가 나타내는 문제의 결과로 보다 더 취약하다(Pope, 1994; Schank et al., 2003). 따라서 윤리적인 심리학자는 전문적·직업적인 관계와 비직업적 관계 사이의 경계선을 흐리거나 이것을 넘음으로써 내담자를 착취하거나 위해를 가하는 것에 대해서 경계심을 유지한다. 무엇보다도 심리학자 자신의 필요가 아닌 내담자의 안녕이 최우선 관심사로 남아야 한다.

앞에서 제시된 기준의 마지막 문장처럼, 심리학자가 손상되지 않으면서도 내담자에게 착취적이거나 해가 되지 않는 다중관계를 맺는 것이 가능하다. (그리고 작은 지역사회와 같은 일부 상황에서는 그러한 다중관계를 피하기 어려울 수 있다. 이 장의 후반부에서 이것을 자세히 논의할 것이다.) 그렇지만 다중관계는 윤리적으로 기만적인 영역이 될 수 있으며, 임상심리학자는 내담자와 자신을 향해 주의력과 통찰력을 가지고 해당 관계를 깊이 들여다봐야만 한다. 때로는 다중관계의 윤리적 기준에 대한 중대한 위반에 앞서 '느린 경계침식의 과정'이 선행하기도 한다(Schank et al., 2003, p. 183). 이는 임상심리학자가 겉으로는 [일부는 '경계 침범'이라고 부를 수 있는(Gabbard, 2009b; Zur, 2007)] 전문적인 관계를 망치지 않는 무해하고 악의 없는 행동을 하게 될 수 있는데, 이러한 행동이 그것 자체로는 극도로 비윤리적이라고 할 수는 없더라도, 앞으로는 그렇게 될 행동의 단계를 쌓는 것일 수 있다. 이러한 해로운 행동은 종종 '경계 위반'이라고 불리며, 초기의 의도와는 무관하게 내담자에게 심각한 해를 야기할 수 있다(Cohen-Filipic, 2015b; Gutheil & Brodsky, 2008; Zur, 2009).

이러한 종류의 윤리 영역의 '미끄러운 비탈길'의 예시로, 개인 상담을 하는 그린 박사를 생각해보라. 그린 박사는 20세 대학생인 애니와 치료 회기를 마쳤다. 회기가 끝나고 금방 그린 박사는 주차장에 있는 자신의 차로 걸어갔다. 가는 길에 그는 차를 출발시키지 못하고 있는 애니를 발견한다. 그는 그녀를 수업에 태워다주겠다고 했고 그녀는 받아들였다. 차를 타고 가면서 그들은 대화를 했고, 애니는 책가방을 자신의 차에 두고 왔다는 것을 알았다. 그래서 그린 박사는 그녀에게 자신의 서류가방에서 펜과 종이 몇 장을 빌려줬으며 그래서 그녀는 수업에서 필기를 할 수 있었다. 그린 박사는 애니를 내려주고 나서 그 행동에 대해 다시 생각하지 않았다. 결국 그는 순수히 도움을 주었다. 하지만 그의 행동은 애니와 어느 정도의 비전문가적 상호작용이 허용될 수 있다는 선례를 만들었다. 곧 그들의 치료 밖 관계는 친교 관계가 되거나 데이트 관계가 될 수 있으며, 이는 의심의 여지없이 애니가 착취당하거나 해를 입을 수 있는 비윤리적 환경을 만드는 것이다. 비록 이러한 '경계침식'은 피할 수 없는 것은 아니라 할지라도(Gottlieb & Younggren, 2009), 사소한 경계 위반이 그 과정을 촉진할 수 있다. 이처럼 임상심리학자는 선물을 주고받는 것, 식음료를 나누는 것, 자신의 감정과 생각을 개방하는 것, 물건을 빌리는 것, 껴안는 것 같은 대부분의 상호관계에서 예상되나 임상적 관계에 해로울 수도 있는 특정한 행동을 신중하게 생각해야 한다(Gabbard, 2009b; Gutheil & Brodsky, 2008; Zur, 2009).

역량

미국심리학회(APA, 2002)의 윤리강령에는 역량(competence)이라는 주제에 대한 윤리적 기준에 한 장 전체를 할애하고 있다. 일반적으로 역량 있는 임상심리학자는 충분히 능력 있고, 숙련되어있으며, 경험 있고, 자신이 맡은 전문적인 과업을 충분히 완수할 수 있는 전문가들이다(Nagy, 2012).

역량을 다룬 윤리적 기준의 한 특정 부분(2.01a)에서 역량의 경계선(boundaries of competence)에 대해서 다음과 같이 설명하고 있다. "심리학자는 자신의 교육, 훈련, 슈퍼비전 경험, 자문, 연구, 또는 전문적인 경험에 기초한 역량의 경계선 내에 있는 영역 및 연구에 대해서만 서비스, 교육을 제공하고 연구를 실시한다"(APA, 2002, p. 1063).

이러한 기준의 적용이 중요한 것은 심리학 박사 학위를 가지는 것만으로 자동적으로 심리학자를 모든 영역에 대하여 역량 있게 만들어주지는 않는다는 것을 아는 것이다. 대신에 심리학자는 당면 과제를 수행할 수 있는 역량을 갖춰야 한다. 예를 들어, 아동임상심리학에 전문적인 박사훈련 프로그램을 받고 있는 쿠마르 박사를 생각해보자. 심리검사에 관한 그녀의 대학원 과정은 모두 아동에게 적절한 검사에 초점을 두어서 실습에서 그녀는 보통 그러한 검사를 활용한다. 쿠마르 박사는 자신을 위한 지능검사를 찾고 있는 성인인 릭으로부터 전화를 받았다. 쿠마르 박사가 아동 지능검사에 대해서 추가적인 훈련과 경험을 가지고 있더라도 성인 버전의 검사에는 경험이나 훈련을 가지고 있지 않다. "나는 공인된 임상심리학자이고 임상심리학자들은 이런 종류의 검사를 실시해. 따라서 이것은 내 임상실무의 영역 안에 있어."라고 추론하기보다 쿠마르 박사는 보다 책임 있고 윤리적인 접근 방식을 취한다. 그녀는 자신에게 두 가지 선택지가 있음을 안다. 릭 같은 성인에게 검사를 실시하기 전 충분한 역량을 갖추거나(듣기수업, 관련 서적 읽기, 슈퍼비전 등을 통해) 보다 적합하고 역량 있는 임상심리학자에게 의뢰하는 것이다.

심리학자는 역량을 갖춰야 할 뿐 아니라, 역량을 유지해야 한다. "심리학자들은 역량성을 발전시키고 유지하기 위하여 지속적인 노력을 해야 한다(기준 2.03, APA, 2002, p. 1064). 이 기준은 다수의 주정부 자격증위원회가 가지는 지속적인 교육(continuing education)에 대한 규정과 일치하는 것이다. 즉 자격증을 갱신하기 위해서는 많은 주의 심리학자들이 강의를 듣고, 워크숍에 참여하고, 관련 서적을 읽거나 자신의 전문적인 기술을 연마하고, 그 방면의 지식을 계속 유지하고 있음을 어떤 다른 방법으로 보여주어야 한다는 것이다.

역량의 여러 측면 사이에서 임상심리학자가 반드시 나타내야 할 역량은 문화적 역량(cultural competence, 이전 장 참조)이다. 윤리적 기준 2.01b(APA, 2002)는 다음과 같이 언급한다.

> 나이, 성별, 성 정체성, 인종, 민족, 문화, 출신 국가, 종교, 성적 지향, 장애, 언어 또는 사회경제적 지위 등과 관련된 요소를 이해하는 것이 심리학자의 서비스나 연구의 효과적인 적용을 위해 필수적인 경우, 심리학자들은 자기 서비스의 역량을 보증하기 위하여 필요한 훈련, 경험, 자문 또는 슈퍼비전을 받는다. (pp. 1063-1064)

윤리적 심리학자는 자신의 전문적인 작업에서 '모두에게 맞는 한 가지' 접근이 있을 것이라고 가정하지 않는다. 대신에 내담자가 중요한 방식으로 다르다는 것을 인식하며, 문화적으로 혹은 인구통계학적으로 다양한 내담자에게 알맞은 서비스를 선택하거나 변형할 수 있는 역량을 가지고 있음을 보장한다(Salter & Salter, 2012). 이러한 역량은 다양한 방식으로 얻을 수 있는데, 수업, 직접적인 경험, 그리고 자기 인식을 높이고자 하는 노력 등과 같은 것이 포함된다. '레즈비언, 게이 및 양성애 내담자를 위한 심리치료 지침서'(Division 44, 2000)나 '인종, 언어 및 문화적으로 다양한 인구에 대한 심리적 서비스 제공자를 위한 지침서'(APA, 1993)와 같은 미국심리학회가 지원하는 자료를 읽는 것 또한 임상심리학자들의 문화적 역량에 중요한 기여를 할 수 있다.

문화적 무능함과 관련된 윤리적 위반(예 : 인종차별이나 성차별을 드러내는 행동)은 비밀보장 위반이나 다중관계 위반 같은 다른 윤리적 위반처럼 비전문가들도 부정적으로 본다는 것을 기억하는 것이 중요하다(Brown & Pomerantz, 2011). 다시 말하면 문화적 역량은 현명한 임상적 전략일 뿐 아니라 임상심리학의 윤리적 수행에 있어서 위반했을 시 내담자에게 해로운 결과를 초래하는 필수적인 요소이기도 하다(Gallardo, Johnson, Parham, & Carter, 2009).

미국심리학회(APA, 2002) 윤리강령은 또한 역량을 저하시킬 수 있는 그 심리학자만의 개인적 문제에 대해서도 인식하고 있다. "심리학자 자신의 업무 관련 임무를 적절하게 수행하는 데 방해될 수 있는 개인적 문제를 알아차리게 된다면, 전문 자문이나 도움을 받는 것과 같은 적절한 조치를 취하고, 업무 관련 임무를 제한, 정지 또는 종료해야 하는지 여부를 결정하게 된다(기준 2.06, p. 1064). 물론 심리학자의 수행을 방해하는 개인적인 문제는 개인적 또는 전문 영역에서의 삶의 어떤 측면에서도 기인할 수 있다(Barnett, 2008). 전문가 영역에서 최근 몇십 년간 임상심리학자 사이에서 소진 현상이 관찰되고 있다(예 : Grosch & Olsen, 1995; Morrissette, 2004). 소진(burnout)은 정상적인 스트레스를 넘어 심리적 '마모'를 초래하는 정서적으로 까다로운 작업에 지속적으로 참여하는 것과 관련된 탈진 상태를 나타낸다(Pines & Aronson, 1988). 자주 수행하게 되는 업무의 특성 때문에 임상심리학자들은 소진에 매우 취약해진 자신을 발견하기 쉽다. 자격증을 갖추고 심리치료를 수행하고 있는 500명 이상의 심리학자를 대상으로 한 연구(Ackerley, Burnell, Holder, & Kurdek, 1988)에서 3분의 1 이상이 특히 정서적 고갈의 형태로 높은 수준의 소진의 일부 양상을 경험한 적이 있다고 보고하였다. 이 연구에서 심리학자의 소진 가능성을 높이는 요인에는 내담자에게 지나치게 헌신된 느낌, 치료에 대한 통제력이 부족한 느낌, 상대적으로 낮은 임금을 받는 것 등이 해당되었다. 보다 최근의 한 연구에서는 내담자에 대한 과잉 간섭이 소진과 강한 상관관계를 나타내었으며, 특히 정서적 고갈의 형태일 때 그러하였다(Lee, Lim, Yang, & Lee, 2011). 다른 연구는 소진은 자신의 일에 대해서 긴장되는 측면에 대해서 반복적으로 생각하는 치료사들에게 보다 일반적이고, 충분한 사회적 지지를 받고 있다고 생각하는 치료사들 사이에서는 상대적으로 낮았다(Rzeszutek & Schier, 2014).

소진이나 다른 요소들은 (우울, 물질사용 또는 다른 징후들의 형태로) 일정 수준의 손상에 기여할 수 있으며 이는 직접적으로 임상 작업에 영향을 주는 것이다(Tamura, 2012; Williams, Pomerantz, Pettibone, & Segrist, 2010). 윤리적 기준에서 제안하는 것처럼 심리학자는 직업적 소진을 포함하여 자신의 손상을 방지하거나 최소화하기 위한 조치를 취해야 한다. 그러한 행동에는 개인의 업무 책임을 분산하기, 개인의 기대를 합리적인 수준으로 유지하기, 다른 전문가에게 조언 듣기, 균형과 건강한 개인의 삶 유지하기, 또는 필요한 경우 심리치료 받기 등이 포함될 수 있다(Barnett, 2008; Grosch & Olsen, 1995; Smith & Moss, 2009). 동시에 심리학자가 자신이 손상을 경험하고 있다는 징후(어느 정도까지는 해당 직종에 남아있는 이들에게 보편적인 경험)가 나타나는지 경계하는 것과 그러한 상황이 떠올랐을 때 적절한 행동을 하는 것이 중요하다(Good, Khairallah, & Mintz, 2009). 집단적 노력 또한 도움이 될 수 있다. 이는 각각의 심리학자가 자기 자신을 돌볼 수 있을 뿐 아니라, 임상심리학자는 그 구성원들 간에 자기 돌봄을 촉진하는 전문적인 조직의 노력을 통해 비공식적(예 : 동료들 간)이거나 공식적으로 서로가 서로를 돌볼 수 있다는 것이다(Barnett & Cooper, 2009).

그림 5.4 소진은 임상심리전문가의 역량에 부정적인 영향을 줄 수 있다. 만일 당신이 임상심리전문가라면 소진을 피하기 위하여 어떻게 할 것인가?

임상평가에서의 윤리

이 장에서 논의된 원칙과 기준의 대부분은 모든 임상적 활동과 연관되어있지만, 특별히 몇 가지 평가와 관련되어있는 내용이 있다. 예를 들어, 미국심리학회(APA, 2002) 윤리강령은 심리학자에게 평가 목적 및 검사 대상 인구에 적합한 검사를 선택하는 것을 의무화하고 있다. **검사 선택**(test selection)은 내담자의 문화, 언어, 연령, 검사의 신뢰도와 타당도 등을 포함한 여러 가지 요소를 수반해야 한다. 또한 심리학자는 구식이 되었거나 평가 질문을 설명하는 데 있어서 더 나은 개정판으로 대체된 이전 검사를 선택하지 않도록 한다. 때로 심리학자는 기존 검사에서 선택하는 대신 새로운 검사를 구성하는 위치에 있을 수 있다. 검사 구성에 참여하는 심리학자는 적절한 신뢰도와 타당도를 확립하고 검사편향을 최소화하며, 일관성 있고 사용자 친화적인 검사 매뉴얼을 준비하도록 최선을 다해야 한다(Pomerantz & Sullivan, 2006).

검사 보안(test security)은 미국심리학회(APA, 2002) 윤리강령이 초점을 두는 또 다른 특정 영역을 나타낸다. 심리학자는 자신이 사용하는 검사 도구의 보안성 및 진실성을 보호하기 위해 노력해야 한다. 다시 말하면 심리학자는 심리검사에 포함된 질문, 항목 및 기타 자극물이 누구나 볼 수 있게 공개되는 일이 없도록 해야 한다(Bersoff, Dematteo, & Foster, 2012). 심리학자가 내담자로 하여금 검사 도구를 집에 가져가거나 복사하거나, 또는 인터넷 사이트에 올리는 것을 허용한다면, 저작권법을 위반하는 것일 뿐 아니라 장래의 검사 대상자들이 검사에 부적절하게 접근하도록 허용한 것일 수 있다. 이는 심리검사에 대한 준비 또는 코칭을 유발할 수 있으며 결과적으로 부정확한 검사 결과가 도출될 것이다. Knapp와 VandeCreek(2006)가 설명했듯이 의심스러운 검사가 무엇이냐에 따라 그러한 잘못된 검사 결과는 학교의 영재 프로그램에 영재가 아닌 학생을 데려다 놓거나, 심리적으로 불안정한 경찰관을 거리에 있게 하거나, 정서적으로 맞지 않는 부모가 아이의 양육권을 갖도록 할 수 있다.

심리학자들이 검사 도구의 보안을 지켜야 할지라도 미국심리학회(APA, 2002)의 윤리강령은 일반적으로 내담자의 요청이 있을 시 검사 자료를 공개할 의무가 있다고 규정한다. **검사 자료**(test data)란 평가하는 동안 내담자가 제공한 원자료(반응, 대답 및 심리학자가 만들었을 수 있는 다른 기록)를 말한다. 윤리강령의 이전 버전이 심리학자가 검사 자료를 내담자에게 넘겨서는 안 된다고 규정했을지라도, 현재의 버전은 심리학자가 그 자료가 오용되거나 내담자에게 해가 될 것이라고 여길 만한 이유가 없는 한, 검사 자료를 공개하도록 지시한다. 이 개정안은 의료 분야가 환자의 자율성을 존중하는 방향으로 겪는 전체적인 변화를 반영하는 것이다(C. B. Fisher, 2017).

임상연구에서의 윤리

미국심리학회의 윤리강령은 임상적 연구를 포함하여 모든 종류의 연구에 적용할 수많은 윤리적 기준을 포함하고 있다. 따라서 다른 전문 영역의 심리학자처럼 연구를 수행하는 임상심리학자들은 무엇보다도 참여자의 피해를 최소화하고, 표절이나 데이터 조작을 피해야 하는 윤리적 의무가 있다(Fisher & Vacanti-Shova, 2012). 여기에서는 임상적 연구의 필수 영역인 심리치료의 **효능**(efficacy)과 관련된 한 가지 문제에 대해 논의할 것이다.

임상심리학자들이 특정 치료법이 얼마나 잘 작동하는지에 대한 실증적 연구를 수행할 때 일반적으로 한 집단의 참가자에게 문제의 치료를 수행하지만, 두 번째 집단은 이 치료를 받지 못한다. 두 번째 집단은 무엇을 받아야 하는가? 이는 중요한 윤리적 함의가 있는 질문이다(Imber et al., 1986; Lindsey, 1984; Saks, Jeste, Granholm, Palmer, & Schneiderman, 2002). 이러한 종류의 연구가 근거기반 치료법을 식별함으로써 궁극적으로 많은 내담자에게 도움이 될 수는 있지만, 심리학자들은 그 과정에서 내담자/연구참여자가 해를 입거나 학대당하지 않도록 주의를 기울여야 한다.

가장 일반적으로 연구 대상인 치료를 받지 않는 치료 효과 연구의 참여자는 치료 없음(종종 '대기자 통제'집단으로 불림), 위약치료(어떤 종류의 전문가와의 대인관계 상호작용이지만, 아마도 치료 기술은 의도적으로 생략), 대안적 치료(효과가 알려져 있지 않음) 세 가지 중 하나의 상황에 놓이게 된다(Bjornsson, 2011; Lohr & Adams, 2015). 심리적 문제가 있어서 아마도 개선에 대한 희망을 가지고 그 치료에 관한 연구에 참여하기로 선택한 사람에게 이러한 선택지 중 하나를 제공하는 것은 윤리적인가? 물론 참가자들이 연구에 동의하기 전에 그들 중 일부는 연구되는 치료를 받지 못하거나 아무 치료도 받지 못할 것이라는 사실을 알리는 것이 중요하다. 참가자가 이러한 합의에 동의했음에도 이러한 유형의 연구를 통해서 치료의 윤리성에 의문이 제기되어왔다(예 : Arean & Alvidrez, 2002; Street & Luoma, 2002). 사실 임상심리학자들이 참여자 중 일부를 과도하게 이용하거나 돕지 않고 치료법의 효능을 경험적으로 결정하는 것은 중대한 윤리적 도전이다(Saks et al., 2002).

현대 윤리적 쟁점

관리형 의료와 윤리

다른 장에서 논의한 바와 같이 관리형 의료는 현재의 임상심리 영역 활동에 큰 영향을 미치고 있다. 이에 관한 새롭게 부상한 문제들 중에는 윤리 관련 주제가 다수 있다.

우선, 관리형 의료회사는 임상심리학자의 충실성이 나뉘게 만들 수 있다. 심리학자들이 내담자의 '이익을 위해 애쓰고', '복지를 안전하게 보호'하는 것에 윤리적으로 헌신하고 있더라도(APA,

2002, p. 1062), 회사는 제공되는 서비스를 최소로 줄이도록 직업적인 압박을 가할 수 있다. 다른 말로, 임상심리학자들은 자기도 모르는 사이에 관리형 의료회사의 이익과 내담자의 심리적 안녕 사이에서 줄다리기를 하게 될지도 모른다는 뜻이다(Alarcón, 2000; Wilcoxon, Remley, Gladding, & Huber, 2007). 나아가 임상심리학자의 충실도가 분산되고 있음을 내담자가 알게 되어서 치료적 관계에 문제를 겪을 수도 있다(Haas & Cummings, 1991).

사실상 임상심리학자는 사전동의 과정에서 관리형 의료회사에 대해 보여야 하는 충실도에 대해(그리고 그 문제에 관한 관리형 의료에 대한 더 많은 것들에 대해) 내담자들에게 말할 수 있다. 정말로 사전동의에 포함될 법한 관리형 정신건강치료에 관한 측면이 많이 있다. 예를 들어, 관리형 의료 보장은 전형적으로 지급을 위해서 내담자가 충족해야 하는 정신질환의 진단 및 통계 편람(*DSM*)이 말하는 지정된 진단명이 있다(Ackley, 1997; Chambliss, 2000). 또한 관리형 의료회사는 전형적으로 임상심리학자가 그 문제나 치료에 관한 최소한 약간의 임상적 정보를 회사와 공유해 줄 것을 요구한다. 임상심리학자가 이 주제 및 관리형 의료가 제공하는 치료에 대한 다른 사실들을 치료 초기에 내담자와 어느 수준으로 이야기 나눠야 할까? 이러한 질문이 중요함에도 불구하고 그 해답은 불분명하다(Acuff et al., 1999). 이에 관한 실증적 연구는 거의 이루어지지 않았지만 일부 연구는 치료에 대한 관리형 의료에 대한 정보가 치료를 대하는 태도에 강한 영향을 준다는 것을 시사해왔다(예 : Pomerantz, 2000).

앞에서 언급됐던 관리형 의료회사가 내담자의 치료비를 지불하기 위해서는 내담자가 *DSM* 장애진단을 받아야 한다는 요구사항은 임상심리학자에게 또 다른 윤리적 딜레마를 안겨줄 수 있다. 만일 어떠한 *DSM* 장애의 진단기준도 충족시키지 못하는 문제로 씨름 중인 한 내담자가 있다고 한다면, 또는 가족이나 커플이 문제가 있지만 그중 한 사람은 어떤 장애를 가지고 있는지 명확치가 않다면, 심리학자는 관리형 의료회사로부터의 비용지급을 확정하기 위하여 그 사람에게 거짓으로 아무 진단명을 부여해야 할 것 같은 압력을 마주하게 된다(Kielbasa, Pomerantz, Krohn, & Sullivan, 2004; Pomerantz & Segrist, 2006; Wilcoxon et al., 2007). 또는 심리학자는 더 많은 비용을 받을 수 있는 진단코드를 부여하거나, 내담자의 증상이 실제로 나타내는 것보다 더 심한 진단명을 내림으로써 회기 수나 관리형 의료회사가 치료를 위해 지급해야 하는 비용을 늘리려는 유혹을 받을 수 있다(C. B. Fisher, 2017; Parry, Furber, & Allison, 2009). 비록 심리학자의 동기가 내담자의 복지에 있다 하더라도 그러한 행동은 비윤리적이며, 보험사기에 해당하는 불법적인 행동이 될 수 있다(Miranda & Marx, 2003).

과학기술과 윤리

관리형 의료에 덧붙여 최근 수년간 과학기술의 발전도 임상심리학자의 작업에 변화를 이끌어내고 있으며, 새로운 윤리적 도전 역시 떠오르고 있다. 예를 들어 잠깐의 인터넷 검색으로도 지능, 성격, 기타 다른 변수를 측정해준다고 주장하는 한 가지 또는 다른 유형의 '심리검사'라고 불리는 것을 볼 수 있을 것이다. 이러한 검사 중의 상당수는 타당도와 신뢰도가 의심스러우며, 그들이 제공하는 피드백은 부정확하거나 내담자를 괴롭힐 수 있는 것이다. 이러한 종류의 비과학적으로 건전한 검사를 만들거나 사용하는 임상심리학자는 비윤리적 행위에 관여되는 것일 수 있다(Buchanan, 2002). 그리고 온라인 검사는 다음과 같은 더 많은 윤리적인 질문을 떠오르게 한다(예 : Knapp & VandeCreek, 2006; Naglieri et al., 2004). 내담자가 검사를 수행할 때 검사 상태가 표준화되어있는가? 내담자가 검사 도구의 보안을 유지할 것인가? 내담자가 다른 업무 때문에 산만해지지는 않는가? 내담자가 직접 검사를 실시한 것이 맞는가? 검사가 멀리서 이루어지기 때문에 심리학자가 관찰하지 못하는 중요한 행동성향이 있지는 않은가?

이러한 걱정 중 일부는 온라인 치료의 수행에도 적용된다(예 : Shapiro & Schulman, 1996). 치료가 컴퓨터를 통해서 행해질 때 임상심리학자와 내담자는 의사소통의 모든 측면을 완전히 인식하지는 못할 수도 있다(예 : 비언어적 의사소통). 게다가 온라인 치료는 임상심리학자가 직접 내담자와 작업할 때에는 존재하지 않았던 비밀보장과 내담자의 신원에 대한 우려를 유발한다(Fisher & Fried, 2003; Kraus, 2004).

작은 지역사회에서의 윤리

최근 수십 년간 갈수록 더 인정받고 연구되고 있는 작은 지역사회에 대한 독특한 윤리적 도전은 최근에 발전된 것이 아니다. 작은 지역사회에서 일하고 살고 있는 임상심리학자는 항상 이러한 어려움을 경험한다(Werth, Hastings, & Riding-Malon, 2010). 시골 지역과 작은 마을은 작은 지역사회의 가장 분명한 예시이기는 할테지만 다른 유형도 많다. 큰 도시 내에서도 임상심리학자는 민족, 종교 또는 성적 지향 또는 군사기지, 소규모 대학 또는 이와 유사한 환경에 의해서 정의되는 작은 공동체 안에서 살아가며 일하고 있는 자신을 발견하게 된다(Hargrove, 1986; Schank, Helbok, Haldeman, & Gallardo, 2010; Schank & Skovholt, 1997, 2006; Schank et al., 2003).

다중관계는 아마도 작은 지역사회에 있는 임상심리학자에게 가장 두드러지게 어려운 윤리적 문제일 것이다. 사실상 "비성적 다중관계는 많은 소규모 조심스러운 지역사회에서 매일의 삶을 살아가는 심리학자에게는 '만약'이나 '언제'의 문제가 아니다"(Schank et al., 2003, p. 191). 더 큰 지역사회의 임상심리학자들과는 다르게 작은 지역사회에 있는 임상심리학자들은 한 집단 안에 살면서 다른 집단을 위한 임상실무를 할 수는 없기 때문에 자신의 삶의 개인적 · 직업적 측면을 완전히 별개로 유지하는 것이 불가능할 수 있다. 1,500명의 인구만이 살고 있는 멀리 떨어진 마을의 유일한 임상심리학자인 피터스 박사를 생각해보자. 식료품점에서 음식을 사고, 체육관에서 운동을 하고, 치과에 가는 피터스 박사의 모든 활동은 내담자나 이전 내담자와 상호작용하게 만들 수 있다. 그리고 다중관계 내담자에 더하여 내담자와 가까운 사람들(예 : 친구, 가족)을 포함할 수 있다는 것을 상기할 때, 이러한 상호작용의 가능성은 엄청나게 높아진다. 피터스 박사가 그 지역에 유일한 자격을 갖춘 정신건강전문가일 수 있기 때문에 내담자를 다른 사람에게 의뢰하는 것은 실행 가능한 선택이 아닐 수 있다. 피터스 박사와 같은 임상심리학자의 경우에는 사전동의 과정의 일부로서 심리서비스의 초기에 내담자와 다중관계에 대해 미리 의논하는 것이 현명할 것이다.

다중관계가 다소 불가피한 경우, 심리학자의 윤리적인 의무뿐 아니라 내담자에게 그것이 야기할 수 있는 복잡한 문제에 대해서 내담자에게 교육하는 것은 경계를 분명히 하고 오해를 방지할 수 있다. 게다가 작은 지역사회에 있는 임상심리학자는 건강하고 잘 균형 잡힌 개인적 삶을 살아서 자신의 개인적 필요를 채우고자 내담자에게 부적절하게 기대는 자신을 발견하는 일이 없도록 최선을 다해야 한다. 그리고 어느 정도의 중복이 불가피하더라도 작은 지역사회의 임상심리학자는 다중관계를 비윤리적이고 해롭게 만들 수 있는 손상된 판단과 내담자 착취를 피하기 위하여 의심의 여지없이 모든 노력을 기울여야 한다(Curtin & Hargrove, 2010).

● ● ● 글상자 5.3 ● ● ●

비유하기

케빈 베이컨의 6단계와 작은 지역사회에서의 다중관계

케빈 베이컨과 연관이 없는 할리우드의 배우를 찾는 것은 어려운 일이다. 수백 명의 사람이 영화에서 그와 함께 등장한 적이 있는, 직접적인 관계이다. 수천 명이 넘는 사람이 그와 간접적으로 연관되어있는데, 종종 놀랄 만큼 적은 수의 단계를 거치게 된다. 키이나 나이틀리로 예를 들어보자. 그녀는 단 2개의 연결만 거치면 케빈 베이컨과 만난다. 그녀는 **러브액츄얼리**에 출연했는데, 그때 함께 출연했던 여배우 한 사람이 **와일드 씽**이라는 영화에서 케빈 베이컨과 함께 출연했다. 로버트 다우니 주니어나 멜리사 매카시, 사무엘 L. 잭슨, 세스 로건, 메릴 스트립은 어떠한가? 이들 모두는 케빈 베이컨과 한두 걸음 정도 떨어져 있다(www.oracleofbacon.org 참조).

작은 지역사회에서 생활하면서 일하고 있는 임상심리학자의 경험은 아마도 케빈 베이컨이 할리우드 파티에서 겪는 것과 조금 유사할 것이다. 베이컨에게는 파티에 참석한 모든 사람이 자신의 친구이거나 친구의 친구일 수 있다. 임상심리학자에게 지역사회의 모든 사람이 내담자이거나 내담자의 친구, 파트너, 형제, 자매, 부모, 자녀일 수 있다. 하지만 몇 가지 차이가 있다. 케빈 베이컨은 자신이 연결된 사람들을 만나는 것을 피하기 위해서 파티에 참석하지 않을 수 있지만, 일상생활에서의 삶이 지역사회 구성원들과 만날 것을 요구하는 임상심리학자에게는 이것이 쉽지 않다. 또한 케빈 베이컨은 임상심리학자처럼 윤리적 함정에 주의할 필요가 없다. 파티에서 만일 그가 관계의 경계선을 흐리게 한다면, 그것은 '인맥 쌓기'라고 불릴 수 있을 것이지만, 만일 임상심리학자가 작은 지역사회에서 그와 같이 행동한다면 혼란, 객관성의 감소 또는 심지어 착취로 이어질 수 있다.

더 큰 지역사회에서는 임상심리학자는 다중관계의 곤경에서 벗어나게 해주는 보다 많은 선택지가 있을 것이다. 그들은 아마도 자신의 내담자들과 연결점이 없는 계산원, 의사, 요가 강사, 자녀의 농구코치 등을 찾을 수 있을 것이다. 하지만 더 작은 지역사회는 분리의 정도가 훨씬 적다. 따라서 다중관계는 피할 수 있는 것이 아니다. 이러한 상황을 성공적으로 관리하는 것은 가능하지만, 미국심리학회(APA, 2002)의 윤리강령은 다중관계는 꼭 비윤리적일 필요는 없다고 분명하게 선언하고 있다.

소규모 지역사회의 임상심리학자를 위한 필수 전략에는 다중관계에 대한 '기본 원칙'에 대해 전문적 관계의 초기에 내담자의 의사소통하는 것과 내담자에 대한 착취나 피해와 같이 다중관계에서 가장 치명적인 요소에 대해 항상 피하는 것을 포함한다.

요약

미국심리학회의 윤리강령은 본래 1953년에 만들어졌으며, 가장 최근에 전반적으로 개정된 것은 2002년이었다. 현재의 강령은 기대 수준의 원칙과 강제 제제의 기준을 모두 갖추고 있다. 윤리강령에 대한 충분한 지식에 더하여 심리학자의 윤리적인 의사결정 과정은 그 상황에 관여되는 모든 구성원의 관점에 대한 신중한 고려, 믿을 만한 동료와의 자문, 그리고 모든 대안에 대한 신중한 평가가 포함되어야 한다.

비밀보장은 임상심리학자에게 특히 중요한 윤리적 문제이다. 일부 내담자가 비밀보장이 절대적인 것이라고 믿을지라도 일부 상황은 비밀보장을 깨뜨리는 것이 필요하게 만든다. 예를 들어 타라소프 사례의 판결은 심리학자가 잠재적인 위해의 피해자에게 경고할 의무가 있다고 하였으며, 주정부 법들은 비밀보장 등 심리 서비스의 여러 측면을 고려하여 심리학자가 아동학대가 진행 중인 것을 발견하면 신고하도록 하고 있다.

비밀보장 등 심리서비스의 여러 측면은 사전

동의 과정에서 설명이 이루어져야 한다. 일반적으로 초기에 단회적으로 일어나는 연구에 대한 사전동의와는 다르게, 심리치료의 사전동의는 심리학자가 각각의 내담자에게 정보를 점진적으로 제공해줌에 따라 시간이 흐르면서 지속되는 과정으로 바라볼 때 보다 더 잘 이해될 수 있다.

심리학자가 내담자를 전문적 · 직업적인 동시에 비직업적으로 알게 되는 것(또는 내담자와 가까운 누군가와 알게 되는 것)을 의미하는 다중관계는 심리학자의 객관성, 능력, 효과성을 손상시키거나, 내담자를 학대하거나 위해를 가하게 될 때 윤리 위반인 것으로 간주될 수 있다. 모든 다중관계가 비윤리적인 것은 아니지만, 작은 지역사회에서는 다중관계가 맺어지는 것을 피하는 것이 불가할 수 있다.

역량에 관하여 심리학자는 (1) 자신의 전문활동이 자신의 훈련 및 전문성에 부합하는지 확인해야 하고, (2) 소진이나 개인적 문제가 자신의 일에 부정적인 영향을 주지 않도록 노력해야 하며, (3) 다양한 범주에 속하는 내담자에 대한 문화적 역량을 갖추어야 한다.

현대의 발전 중 어떤 것은 심리학자에게 추가적인 윤리적 문제를 야기시키는데, 거기에는 관리형 의료와 관련되어있는 진단 및 사전동의와 관련 문제와 온라인 검사 및 치료와 연관되어있는 수많은 윤리적 문제가 포함된다.

주요 용어

강제 제제
검사 보안
검사 선택
검사 자료
경고의 의무
기대 수준
다중관계
문화적 역량
미국심리학회(APA)
비밀보장
사전동의
성과 무관한 다중관계
성적인 다중관계
소진
아동학대
역량
역량의 경계선
윤리강령
윤리적 기준
윤리적 의사결정
일반적 원칙
지속적인 교육
타라소프 사례
효능
Celia Fisher

비판적 사고를 위한 질문

1. 미국심리학회(APA, 2002)의 윤리강령에서 기대수준과 강제 제제 영역의 근본적인 차이는 무엇인가? 어느 것이 임상심리학자의 전문가적인 행동에 가장 직접적으로 영향을 준다고 생각하는가?
2. 임상심리학자의 윤리적 신념이 시대, 내담자 성별, 연령 또는 다른 변수에 따라서 달라질 수 있다는 연구 결과를 보면서 이르게 되는

결론은 무엇인가?

3. 타라소프 사례로 확립된 '경고의 의무'를 적용하거나 적용하지 않아도 된다고 생각하는 내담자의 위협에 대한 예시에 관하여 자신만의 목록을 작성해보라.

4. 심리치료에서 사전동의에 대한 가장 필수적인 정보는 무엇이라고 생각하는가?

5. 만일 당신이 임상심리학자라면 작업에 손상을 줄 수 있는 개인적 문제나 소진을 경험하고 있지 않다는 것을 확실히 하기 위하여 어떤 노력을 할 수 있겠는가?

주요 학술지

Journal of Clinical Psychology
http://onlinelibrary.wiley.com/journal/10.1002/(ISSN)1097-4679

Journal of Contemporary Psychotherapy
http://link.springer.com/journal/10879

Ethics & Behavior
http://www.tandfonline.com/loi/hebh20#.V08aRfkrLX4

Professional Psychology: Research and Practice
http://www.apa.org/pubs/journals/pro/index.aspx

CHAPTER

6 임상심리학 연구

임상심리학자가 연구를 시행하는 이유

- 치료 성과
- 효능 및 효과
- 글상자 6.1 치료 성과 측정 : 기본적인 질문
- 내적 타당도와 외적 타당도
- 글상자 6.2 문화 고려하기 : 증상을 개선시키는 치료, 하지만 누구의 증상을 개선시키는가?
- 평가 방법
- 진단 관련 논제
- 직업적 논제
- 교육 및 훈련 논제

임상심리학자는 어떻게 연구를 시행하는가

- 실험 방법
- 유사 실험
- 집단 간 설계 대 집단 내 설계
- 아날로그 설계
- 상관법
- 사례 연구
- 메타 분석
- 횡단 연구 설계 대 종단 연구 설계
- 글상자 6.3 비유하기 : 영화 리뷰와 메타 분석
- 임상심리학 연구 시 첨단 기술의 사용

임상심리학 연구의 윤리적 문제

- 글상자 6.4 임상심리학 연구와 관련된 미국심리학회의 핵심 윤리 규범

학습 목표

6.1 임상심리학자가 연구를 수행하는 이유를 설명한다.

6.2 임상심리학자가 사용하는 실험 방법을 설명한다.

6.3 임상심리학자가 사용하는 다양한 실험 설계를 구분한다(예 : 집단 간, 집단 내).

6.4 향후 임상심리학 연구에 대한 첨단 기술의 영향을 개관한다.

6.5 임상심리학 연구 시 발생될 수 있는 윤리적 문제를 이해한다.

모든 심리학 분야가 그렇듯 임상심리학 역시 과학적 연구와 실증 조사를 통해 본질적 의문에 대한 답을 찾는다. 일반적으로 임상심리학에 사용되는 수많은 연구 방법이 기타 심리학 및 과학 연구(그리고 그간 당신이 수강한 다양한 과목에서 다뤄졌던 연구들)에서도 동일하게 사용된다. 이 장의 목표는 연구 관련 개념을 소개하고 임상심리학이라는 전문 분야의 연구와 관련된 개념을 살펴봄으로써 임상심리학자의 연구 시행 방법에 초점을 맞추는 것이다.

임상심리학자가 연구를 시행하는 이유

치료 성과

임상심리학자들이 연구를 시행하는 주된 이유는 자신의 치료가 얼마나 효과적이었는지를 확인하기 위해서이다(Spokas, Rodebaugh, & Heimburg, 2008). 치료 성과(treatment outcome)에 대한 연구는 그 역사가 매우 길다. Hans Eysenck(1952)는 심리치료 결과에 대한 연구를 혹평한 바 있으며, 그에 따라 피험자에 대한 추가 조사를 실시했고, 이 사건은 심리치료 연구의 표석이자 기폭제가 되었다. Eysenck의 혹평이 있은 수십 년 뒤, 연구 수행자들은 심리치료가 실제로 효과가 있는지를 조사하였고, 어떤 치료법이 특정 심리장애에 가장 효과적인지를 탐구하는 수준으로까지 발전시켰다(자세한 내용은 제11장 참조). 오늘날 *Professional Psychology: Research & Practice; Psychotherapy: Theory, Research, Practice, Training; Clinical Psychology: Science and Practice* 등의 전문 학술지는 치료 결과에 대한 수많은 연구를 소개하고 있다.

효능 및 효과

연구 시행 시 심리치료 결과를 측정할 때 치료의 효능과 치료의 효과를 구분하여 이해하는 것이

글상자 6.1

치료 성과 측정 : 기본적인 질문

치료 성과를 조사하는 임상심리학자들은 연구 설계 시 수많은 기본적인 질문을 마주하게 된다. 이 질문에 대한 답(연구자의 선택)은 수집 데이터와 도출 결론에 결정적 역할을 하기도 한다.

심리치료 성과를 어떻게 측정해야 하는가?

설문지는 치료 성과를 평가하는 효율적이고 간편한 방법이다. 실제로 가장 많이 사용되고 널리 인정되는 치료 성과 측정 방법은 서면 조사이다. 물론, 치료 중 또는 치료 외 시간에 내담자를 면담하거나 직접 관찰하는 등의 방법을 선택할 수도 있다. 연구 방법으로 설문지를 선택한 경우 '어떻게'에 관한 보다 구체적인 질문, 가령 "설문의 길이와 형식은 어떻게 하겠는가?"라는 질문이 생겨난다.

심리치료 성과 평가 시 무엇을 평가해야 하는가?

심리치료를 통해 구체적으로 내담자의 무엇(어떠한 측면)을 변화시키고자 하는가? 치료를 찾게 되는 대부분의 문제, 그리고 적용 가능한 수많은 치료 기법과 접근법에 따라 식별 가능한 행동, 사고방식이나 인지 과정, 정서 반응, 대인관계 경향, 내적 정신 과정의 인식, 학업 성적이나 직무 수행 결과 등, 이에 대한 대답이 판이하게 달라진다. 치료 성과에 대한 실증 연구 시행자는 연구 목적을 위하여 어떠한 치료 성과를 가장 우선시해야 하는지를 결정한 뒤, 그에 따라 성과 측정을 설계해야 한다.

심리치료 성과는 언제 측정되어야 하는가?

이 질문에 대한 답변 역시 다양하게 나타날 수 있다. 연구의 초점이 심리치료의 평가(즉 치료 효과에 대한 사후 평가)인 경우 측정은 치료 종료 직후에 이루어지거나, 일주일, 1개월, 1년 후 혹은 정해진 기간 이후 '후속' 조치로 이루어지기도 한다. 물론, 이 두 종류의 접근법을 병합 사용할 수도 있다.

누가 심리치료 성과를 측정하는가?

'심리치료가 특정 내담자에게 어떤 작용을 하는지'에 관심이 있고, 또 그에 대한 지식을 가지고 있는 수많은 단체가 있다. 내담자가 정보의 원천이라는 점에는 의심의 여지가 없지만, 내담자의 편견, 기대치, 때로는 치료의 이유가 되는 바로 그 심리적 문제 때문에, 치료에 대한 내담자 의견의 신뢰성과 타당성에는 의문의 여지가 있다(예 : 자신의 삶의 긍정적인 부분은 무시하며 지속적으로 부정적 측면에만 집중하는 우울증 환자는 이러한 부정적 편견을 치료 결과 평가에 적용할 수 있다). 아울러 치료에 둘 이상의 내담자가 포함된 경우(가령 부부치료나 가족치료의 경우) 각각의 내담자가 매우 다른 의견을 제시하기도 한다. 심리치료사가 자신의 관점을 피력할 수는 있지만, 이것이 객관성을 위협하는 편견을 야기할 수도 있다. 내담자와 치료자는 물론, 배우자, 가족, 고용주, 사법기관, 의료 보험기관/보험사, 사회 전반에 걸친 모든 관련자는 치료 성과에 대해 자신만의 이유 있는 관심을 갖는다(Strupp, 1996; Strupp & Hadley, 1977).

중요하다(Spokas et al., 2008; Truax & Thomas, 2003). **효능**(efficacy)이란 연구기준에 근거해 선정된 내담자가 통제 조건하에서 특정 치료를 받은 뒤 발생되는 성공적 결과를 의미한다. 요컨대 치료 효능은 한 가지 치료 방법이 규격화된 방법에 따라 시행되고, 임상 실험을 통해 그 방법에 따라 치료받은 대상자의 결과가 비교 대체치료를 받거나 치료를 전혀 받지 않은 개인의 결과와 비교되는 '실험실' 내 치료 성과를 말한다(Chambless et al., 1998; Gerske & Anderson, 2003). 치료 참가자는 주로 엄격한 기준(예 : 진단기준)에 근거해 선정되어, 치료군과 통제군으로 무작위 배치된다(Durand & Wang, 2011). [일반적으로 참가를 원하는 인원의 절반 이상이 연구에서 제외되는데, 주로 증상의 심각도가 낮거나, 다른 증상(질병)과의 동반이환이 의심되거나, 실제 임상 상황 내담자들과 비교해 상대적으로 소수 개체군 출신인 경우이다(Rosqvist, Thomas, & Truax, 2011)]. 효능 연구의 한 예로 인지행동치료 연구를 들 수 있다. 기준에 부합하는 내담자에게 통제된 유사 실험 조건하에서 효능 연구를 실시했고(예 : Barlow, Craske, Cerny, & Klosko, 1989; Clark et al., 1994), 그 결과 공황장애에 대한 인지행동치료의 효능이 확인되었다(Chambless et al., 1998).

한편 **효과**(effectiveness)란 심리 문제가 상대적으로 광범위하여 연구의 참가자 선정 기준에는 부합하지 않는 내담자들이 실제 임상 현장에서 특정 치료를 받은 뒤 성공적으로 치료가 되는지 확인하는 것을 의미한다. 다시 말하면, 치료 효과는 '현실' 속 치료 성과, 즉 실험실에서 이루어진 치료 성과가 상담실, 보건소, 병원, 개인 임상심리치료센터 등 임상심리학자가 치료를 시행하는 곳에서의 적용 성과를 의미한다(Chambless et al., 1998; Garske & Anderson, 2003) 예를 들어, 컨슈머리포트(*Consumer Reports*) 1995년 11월호는 1990년대 초 심리치료를 받았던 독자를 대상으로 한 설문을 소개했다(Seligman, 1995). 전반적으로 그들은 심리치료 경험을 긍정적으로 평가했다. 90% 이상의 응답자가 치료는 효과적이었고 치료의 종류, 전문 치료사의 전문성, 약물치료는 중요하지 않으며, 장기치료가 더 효과적이라고 응답했다. 이외에도 많은 연구 결과를 보고했으나, 여기에서 가장 중요한 점은 이 연구가 심리치료의 효능이 아닌 효과에 대한 데이터를 제공했다는 점이다. 이것은 연구자에 의해 처음부터 설계되고 통제된 연구가 아니었다. 실험 설계 또는 유사 실험 설계는 사용되지 않았으며, 무처치 통제군도 포함되지 않았다. 이 결과가 '현실' 속에서 인정되기는 하지만, 과학적 기준 적용의 부재로 인해 그 치료가 과연 이러한 결과를 유발한 진짜 요인이었는지를 확신할 수 없다. 효과와 효능의 문제는 제11장에서 다시 한번 살펴볼 것이다.

효능 연구나 효과 연구에서 치료 성과를 측정할 때, 연구자들은 결과 해석에 있어 **통계적 유의성**과 **임상적 유의성** 구분에 신중해야 한다. 간단히 말해 통계 검증을 통해 두 집단 간(예 : 치료를 받은 집단과 받지 않은 집단 간) 유의한 차이를 확인할 수 있다. 하지만 통계적으로 유의한 차이가 반드시 두 집단 간 현실적 차이를 나타내지는 않는다. 예를 들어, 우울증 100점 척도에서 평균 80점을 받은 두 집단, 즉 우울증이 심각한 두 집단이 치료를 시작한다. 치료군은 A 치료를 받은 뒤, 우울증 척도가 평균 75점으로 감소했고, 통제군의 점수는 여전히 80점에 머물렀다. 특히 각 집단 참가자가 많은 경우, 5점 차이는 통계 검증 기준으로 유의한 차이로 간주된다. 하지만 100점 중 5점의 차이가 임상적으로도 유의하다고 판단되는가? 환자의 삶의 질에 의미 있는 변화라 할 수 있는가? 아마 그렇지 않을 것이다. 이러한 이유로 치료 효과에 대한 연구 결과 해석 시 양적으로 측정되는 통계적 유의성과 질적으로 측정되는 임상적(현실적) 유의성 모두 설명되어야 한다(Conner, 2010).

내적 타당도와 외적 타당도

효능과 효과의 차이는 내적 및 외적 타당도에 대한 본질적 연구 개념을 임상심리에 적용하는 것이다. **내적 타당도**(internal validity)란 종속 변인의 변화가 오직 독립변인에 의해 변화될 수 있는 정도를 의미한다. 반면 **외적 타당도**(external validity)는 각기 다른 장소와 인원에 모두 적용할 수 있는지를 나타내는, 결과의 일반화 가능성을 의미한다.

심리치료 성과에 대한 연구 설계 시 연구자는 치료와 치료 성과 사이의 인과관계가 문제시될 수 있는 요소(예 : 내담자 진단의 변동성, 치료 방법의 변동성)를 최소화하고자 노력하며, 이를 통해 연구의 내적 타당도를 강화할 수 있다. 하지만 내적 타당도를 가진 연구에서조차 이 결과가 다른 장소의 다른 내담자에게 얼마나 적용될 수 있는지(즉 일반화 가능성, 또는 외적 타당도)는 보장되지 않는다. 실제로 연구의 '통제'가 심하고 내적 타당도가 높을수록 치료가 '현실 상황'에 적용될 가능성이 낮아지고, 그에 따라 외적 타당도도 약화된다. 효능 연구는 내적 타당도로 인정되지만, 외적 타당도는 고려되지 않는 경우가 많다. 한편 그 반대의 경우는 효과 연구에 적합하다(Scotti, Morris, Stacom, & Cohen, 2011; Spokas et al., 2008).

글상자 6.2

문화 고려하기

증상을 개선시키는 치료, 하지만 누구의 증상을 개선시키는가?

특정 치료의 효능을 조사할 때, 연구자는 연구 기준에 부합하는 내담자를 선정한다. 예를 들어, 범불안장애(GAD)에 관한 연구의 경우 연구자는 GAD에 대한 공식진단 기준에 부합하며 질환 악화 요인이나 동반이환이 없는 내담자를 선정할 것이다.

만일 선정된 내담자 집단이 특정 문화에 속한 사람들만으로 구성되어있다면 어떨까? 연구 결과는 얼마나 다양한 문화로 일반화될 수 있을까? 기존의 '무엇이 효과가 있는가?(What works?)'를 알기 위한 근거기반 심리치료 효과성 연구에 소수 집단이 배제되어있으므로, 특정 연구에서 효능이 있다고 말하는 치료가 반드시 민족, 성별 등의 변수가 해당 연구의 참가자와 다른 사람에게도 적용될 수는 없다고 주장하는 이들도 있다(예 : Bernal & Scharro-del-Rio, 2001; Miranda, Azocar, Organista, Munoz, & Lieberman, 1996; Sue, Cheng, & Sue, 2011; Sue & Sue, 2008). Munoz와 Mendelson(2005)은 "임상 실험이 유색인종 피험자를 적절히 포함하는 경우는 거의 없었다. … 실증적으로 입증된 치료의 대부분은 주로 백인, 중산층, 영어권 인구, 여성 피험자를 대상으로 평가된 연구에 근거한다"(p. 790). 임상 실험 결과가 발표될 때 시험 참가자의 특성이 명시되지 않는 경우도 많다(Callahan, Heath, Aubuchon-Endsley, Collins, & Herbert, 2013).

그림 6.1 치료 결과에 대한 임상심리학자의 연구 수행 시 다양한 범주의 내담자에 대한 연구 결과 적용 가능성을 어떻게 판단할 수 있는가?

근거기반 치료에 대한 수많은 조사는 주류민족뿐 아니라 소수민족 내담자들에게도 효과가 있음을 입증해야 한다. 예를 들어, Miranda 등(2005)은 주요우울장애를 위한 근거기반 치료를 받은 라틴계 내담자와 미국의 흑인 내담자들이 백인 내담자들과 유사한 치료 결과를 보인다고 보고했다. 하지만 이런 종류의 연구는, 특히 동양계 미국인과 미국 원주민 등 특정 민족 집단에 국한되어있다. '무엇이 효과가 있는가?'의 질문이 모든 인구에게 적용되도록 보다 확고한 연구가 확립된다면, 환자 치료의 문화적 차이에 대한 문제에 더 많은 관심을 갖게 될 것이다. 즉 상대적 소수민족은 주류민족보다 심리치료를 받는 경우가 적다(Snowden & Yamada, 2005). 따라서 임상심리학자는 다양한 문화 구성원에게 특히 그들에게 효과를 보이는 치료를 제공할 뿐 아니라, 보다 근본적으로 이 내담자들이 자신의 문제 해결을 위해 우선적으로 적합한 치료자를 찾을 수 있는지를 확인해야 한다.

당신이 임상심리학자이고 앞에 언급된 GAD 연구를 비롯해 이 치료의 효능을 입증하는 다수의 연구 논문을 읽었다고 상상해보자. 연구 피험자 대부분이 영어가 모국어인 백인 중산층 여성이었다면, 당신은 이 피험자와 전혀 다른 특성의 내담자에게 이 치료가 얼마나 성공적으로 적용되리라 예상하는가? 혹은 당신이 위의 피험자와 전혀 다른 특성을 가진 내담자라면, 당신을 위해 이 치료를 선택한 임상심리학자를 어떻게 생각하겠는가?

평가 방법

임상심리학자는 내담자 평가 방법을 평가하고 향상시키기 위한 연구를 시행한다. 이러한 연구에는 새로운 평가 도구의 개발 및 확인 그리고 도구 사용의 확장, 평가 도구에 대한 특정 인구 집단의 규준 자료 수집, 기타 연구 문제 등이 포함되어있다. *Assessment, Psychological Assessment, Journal of Personality Assessment* 등의 수많은 전문 학술지는 주로 임상심리학 평가 문제의 실증 연구를 다룬다.

최근 발표된 몇 개의 연구는 이 분야에서 시행된 연구 스펙트럼의 예를 제시한다.

- 주의력결핍 과잉행동장애(이하 ADHD) 아동 진단 시 인터넷 기반의 자기 기입식 임상면접이 실제 임상심리학자와의 직접 대면 면접과 일치할까? 연구자들은 새로운 평가 도구인 아동용 진단 면접표 4판(Diagnostic Interview Schedule for Children-Version 4, DISC-IV)을 조사하고, 실제로 (아동의 부모에게 시행한) 두 종류의 면접 방법 간 유사성이 매우 높다는 사실을 확인하였다(Steenhuis, Serra, Minderaa, & Hartman, 2009). 이에 관한 추가 연구가 요구되고 연구자도 이를 인지하고 있으나, 이 연구 자체는 잠재적으로 경제적이고 효율적이며, 간편한 평가 방법을 확립하는 첫걸음이라고 평가받고 있다.
- 또 다른 연구자 집단은 ADHD에 관한 연구를 발표했으며, 청년 대상의 새로운 ADHD 척도를 개발하고 이에 대한 유효성을 입증했다(Caterino, Gomez-Benito, Balluerka, Amador-Campos, & Stock, 2009). 청년들 중 ADHD 관련 증상을 확인하고자 하는 이들이 많다. 이런 경우 아동 대상의 ADHD 평가 도구를 확장하여 청년들에게 사용하곤 하였다. 새롭게 개발된 이 측정 도구는 청년층을 대상으로 설계된 문제 평가 도구이다. 연구 결과, 척도의 타당성이 입증되었으며, 추가 연구를 통해 이 평가 도구의 임상 효과를 확인할 수 있을 것이다.
- 연구자들은 상용화된 우울증 서면 자기 평가서의 영문판과 스페인어판에 대한 비교 연구를 시행하였다(Wiebe & Penley, 2005). '벡 우울척도 2판, 영문판과 스페인어판의 심리 측정 비교'라는 제목의 이 연구 결과, 스페인어판의 신뢰도와 타당도가 영문판과 유사하다는 결론이 도출되었다.
- 미네소타 다면적 인성검사 2판(MMPI-2)은 심리측정에서의 타당성이 인정된 가장 흔히 사용되는 객관적 성격검사이며, 이 검사의 장점은 검사 시행자가 피검사자의 '거짓 답변'을 식별할 수 있다는 점이다. Hahn(2005)은 영어를 사용하는 북미의 내담자의 거짓 답변 판별이 가능한 이 척도의 한국어 번역판이 한국인 내담자의 거짓 답변 판별에도 효과적인지를 조사하였다. 연구 결과, '좋다-거짓', '나쁘다-거짓'을 식별하는 이 척도가 북미판과 한국판에 모두 동일하게 적합하다는 결과가 도출되었다.

진단 관련 논제

임상심리학자는 심리 문제의 진단과 분류 문제를 탐구하기 위해 연구를 시행한다. 이와 관련된 연구는 기존 진단 구조 및 새로운 진단 구조의 타당성과 신뢰성, 장애 간 관계, 장애의 이환율 또는 진행도를 비롯한 다수의 관련 주제 조사를 포함한다. 이 연구들은 주로 *Clinical psychology: Research and Practice, Journal of Abnormal Psychology, Journal of Counseling and Clinical Psychology* 등의 학술지에 게재된다. 최근 발표 연구 사례는 다음과 같다.

- 편집성 성격장애는 흔히 진단되는 성격장애이지만, 편집적 성격을 범주적으로 이해해야 하는가, 아니면 차원적으로 이해해야 하는가? 즉 편집적 성격이란 누구에게는 있고, 누구에게는 없는 특성인가? 혹은 우리 모두가 가졌지만 다만 정도가 다른 성격의 유형인가? Eden, Marcus, Morey(2009)는 성격장애의 특성을 평가하는 수백 차례의 구조화 면담 및 피조사자의 자기 문답을 검토하여, 이 문제에 대한 실증 조사를 실시하였다. 연구 결과, 편집적 성격은 범주적이 아닌 차원적 구조였다. 이런 종류의 연구는 *DSM* 내의 심리장애 정의법에 영향을 줄 것이다.
- 임상심리학자가 ADHD 아동 또는 적대적 반항장애(ODD) 아동을 평가할 때, 성별 특수 기준을 사용해야 하는가? 즉 여아는 오직 여아들과, 남아는 오직 남아들과 비교되어야 하는가? 연구원들은 최근 1,500여 명의 초등학생에 대한 교사 평가를 이용하여, 이 질문에 대한 대답을 탐구했다(Waschbusch & King, 2006). 연구 결과, 성별 특수 기준 사용 시 일부 여학생들에게서 유의하게 높은 수준의 ADHD 및 ODD가 확인되었으나, 표준 *DSM* 진단기준에는 못 미친다는 사실이 확인되었다.
- Lilenfeld, Wonderlich, Riso, Crosby, Mitchell(2006)은 섭식장애와 성격장애의 관계에 관한 실증 연구들을 검토했다. 이들은 신경성 식욕부진증과 강박성 성격장애 간 유의 수준의 공통점을 발견했으며, 둘 중 한 질환의 경향성을 가진 사람이 다른 한 질병에 노출될 가능성이 크다는 사실을 확인하였다.
- 성격장애는 시간이 지남에 따라 상태가 안정된다고 믿는 경향이 있다. 연구자들은 최근 10년 여에 걸쳐 같은 내담자를 5회 면담하는 형식으로, 성격장애의 특징을 평가하여 이러한 통념을 검증하

그림 6.2 문화 차이에 대한 내담자와의 직접적 논의의 빈도와 결과 등 전문가로서 가질 수 있는 논점은 임상심리학 연구의 흔한 주제이기도 하다.

고자 했다(Durbin & Klein, 2006). 이 종단 연구에 따르면 성격장애의 특성은 불안장애와 같은 축 I 장애에 비할 정도로 안정적이지 않았다.

직업적 논제

임상심리학자들은 실증 연구를 통해 자신의 전문성 요소를 조사하기도 한다. 그들은 자신들의 전문가적 삶의 양상 중 임상심리학자들의 활동, 신념, 치료 실재를 연구한다. *Professional Psychology: Research & Practice; Psychotherapy; Theory, Research, Practice, Training; Journal of Clinical Psychology*를 통해 이와 관련된 연구들을 확인할 수 있으며, 이에 관한 최근 연구는 다음의 내용을 포함한다.

- 심리학자가 직면하는 윤리적 딜레마와 문제는 그들의 활동이 농어촌에서 이루어지는지 혹은 도시에서 이루어지는지에 따라 다르게 표출되는가? Helbok, Marinelli, Walls(2006)는 이 문제를 탐구하기 위해 조사를 실시했고, 일부 유의한 차이를 발견했다. 조사 결과 도시 심리학자들과 비교해, 소도시/농어촌 심리학자들이 내담자와의 다중관계를 맺는 경향이 있으며(즉 임상 상황 외 다른 맥락으로 내담자와 대면하는 상황이 많으며), 약물 처방을 할 수 있는 의료 전문가나 전문 의료기관 등 전문 지원 기관과의 협력이 쉽지 않다는 사실이 확인되었다.
- Maxie, Arnold, Stephenson(2006)은 심리학자가 심리치료 내담자와 민족 또는 인종 차이에 대해 어느 정도까지 솔직한 대화를 나누는지를 평가하기 위해 자격증을 가진 전문 심리학자를 대상으로 조사를 실시하였다. 조사 결과, 심리학자 대부분이 과거 일부 내담자와 이를 논의한 경험을 가지고 있었지만, 이러한 논의가 기대 수준만큼 혹은 원하는 만큼 지속적으로 이루어지지는 않았음이 확인되었다. 또한 이러한 논의는 치료 과정을 더욱 용이하게 한다고도 보고되었다.
- Stevanovic과 Rupert(2009)는 "심리학자로서의 전문가적 삶이 그들 개인과 가족의 삶에 어떠한 영향을 주는가?"(p. 62)라는 단순한 질문에 관한 실증 연구를 실시했다. 약 500명의 심리학자를 대상으로 연구를 실시한 결과, 긍정적 '여파'와 부정적 '여파'의 증거가 모두 확인되었다. 즉 심리학자는 자신의 직업이 개인적 삶의 질적 향상을 제공하는 동시에 스트레스를 안겨주기도 한다고 보고했다. 다행인 점은 직업적 성취감에서 비롯되는 긍정적 여파의 빈도가 직업 관련 감정 소진에서 비롯된 부정적 여파보다 높다는 점이었다.
- 오늘날의 심리학자들은 게이, 레즈비언, 양성애자의 생활 방식에 어떠한 태도를 취해야 하는가? Kilgore, Sideman, Amin, Baca, Bohanske(2005)는 심리학자 대상의 설문을 통해 이 질문의 답을 찾고자 하였다. 심리학자들은 과거와 비교하여 이러한 생활 방식에 보다 수용적이

며, 이를 병리적으로 해석하지 않는 경향이 있음이 확인되었다. 또한 남성 심리학자들과 비교해 여성 심리학자들이 게이, 레즈비언, 양성애자의 생활 방식 및 '동성애 긍정 심리치료'에 보다 긍정적인 태도를 보인다는 사실도 확인되었다.

교육 및 훈련 논제

임상심리학자는 또한 '이 직업에 입문한 후배들을 어떻게 교육해야 하는가?'라는 연구 질문을 계속한다. 교육 철학, 특정 교육 과정, 전문화 교육을 위한 기회, 훈련을 위한 특별한 노력 등이 모두 연구 주제에 포함된다. *Training and Education in Professional Psychology, Teaching of Psychology, Journal of Clinical Psychology* 등의 학회지를 통해 이와 관련된 연구를 확인할 수 있으며, 최근 발표된 관련 연구의 내용 일부를 다음에서 확인할 수 있다.

- 대학원생 대상의 임상평가 교육 시, 보고서를 효과적으로 쓰도록 가르치는 일, 즉 각기 다른 보고서 양식을 다양한 방식으로 작성하도록 교육하는 일은 특히 어렵다. Pelco, Ward, Coleman, Young(2009)은 다양한 양식의 보고서 견본을 (학생들과 관련해 이러한 보고서를 종종 접하는) 초등학교 교사들에게 제시한 뒤 보고서의 효과성을 비교하도록 지시하는 흥미로운 연구를 실시했다. 그 결과, 교사들은 각기 다른 심리검사 결과를 검사 항목별로 정리한 보고서보다 주제별로 정리한 보고서를 선호한다는 사실이 확인되었다. 교사들은 또한 높은 수준의 전문 용어를 사용한 보고서보다는, '읽기 편한' 보고서에 보다 높은 점수를 부여했다. 이와 같은 연구 결과는 보고서를 받아보는 특정인을 대상으로 하는 심리치료 보고서에 관한 대학원생 교육 프로그램 선정에 지침이 될 수 있다.
- 대학원생 대상의 임상심리교육 프로그램은 내담자의 잠재적 폭력을 관리할 수 있도록 어느 정도까지 학생을 교육하는가? 연구자들은 폭력적 내담자에 대한 노출과 그들과의 문제 해결을 위해 학생들이 받는 교육과 관련하여, 대학원생들을 대상으로 설문 조사를 실시함으로써 이 질문의 답을 찾고자 하였다(Gately & Stabb, 2005). 설문 결과, 일반적으로 대학원생들이 폭력적인 내담자와 대면하는 일은 매우 드물었으며, 학생들은 이런 내담자와의 대면 처리 방식에 대한 교육이 부족하다고 느낀다는 점이 확인되었다. 연구자들은 폭력적 내담자 관리 교육에 대한 학생들의 관점과 상황 처리에 대한 자신감 수준 사이의 상관 관계가 있음을 발견하였다.
- 임상심리 전공과 상담심리 전공 대학원생들 모두 박사 과정 인턴십을 완료해야 한다. 이들의 인턴십 지원 과정, 즉 인턴십에 지원하고 일자리를 얻는 과정에 있어 임상심리와 상담심리

전공 간 유사성과 차이점은 무엇인가? Neimeyer, Rice, Keilin(2009)은 대학원생들의 수천 건의 인턴십 지원 과정을 연구했고, 한쪽 전공 학생들이 특정 직업 현장에 다른 한쪽 전공자들보다 높은 인턴십 채용 비율을 보였다. 즉 임상심리학 전공자들은 의료기관 취업 비율이 높았고, 상담심리 전공자들은 대학 부설 상담센터의 취업 비율이 높았다.

임상심리학자는 어떻게 연구를 시행하는가

실험 방법

다른 심리학자들과 마찬가지로(그리고 보다 넓게는 다른 과학자들과 마찬가지로) 임상심리학자들은 연구 진행 시 가능하면 실험 방법(experimental method)을 고수한다. 일반적으로 이 실험 방법에는 수많은 각각의 연속 단계가 포함된다. 이것은 사건의 관찰과 함께 시작된다. 그다음 임상심리학자는 관찰한 사건을 설명하는 가설을 성립한다. 가설 성립에는 독립변수와 종속변수의 정의가 포함된다. 독립변수(independent variable)는 실험에 의해 조작되는 연구변수이며, 종속변수(dependent variable)는 독립변수에서 변화된 결과로 인해 변화가 예측되는 변수이다. 요컨대 종속변수는 독립변수에 '종속'된다는 가설이 성립된다. 가설 성립 후 제3단계는 가설에 대한 실증적 검증이다. 제4단계는 가설이 검증되고, 이 가설을 결과에 맞춰 변경하고, 실증적 검증 시 획득한 해석을 수정하는 것이다(Greenhoot, 2003; Moyer & Gross, 2011).

임상심리학에서 실험 연구는 무작위 임상 실험(randomized clinical trial, RCT)의 형태로 시행되는 경우가 많다. 연구자는 RCT 시행 시 특정 매뉴얼형 치료 결과의 특정 진단 여부를 검증한다. RCT는 진단기준에 부합하는 참가자의 모집 및 선정과 함께 시작된다. 그리고 각 참가자는 치료를 받는 집단과 치료를 받지 않는 집단으로 무작위 배치된다. 두 집단 모두 목표변수(주로 공황발작 빈도나 자가 판단 우울 증상 등 증상에 대한 객관적 측정)는 연구 착수와 연구 종료 시 평가되며, 두 집단 간 비교는 치료 유익성의 정도를 나타낸다. RCT는 치료 결과 연구의 과학적 정밀성 수준을 향상시켰다는 점에서 높이 평가되고 있다. RCT는 치료 후 환자의 상태 개선이 치료와 무관한 요인에 의한 것이 아니라, 실제로 치료에 의한 결과인지를 확인하여 내적 타당도를 극대화시킨다. 하지만 RCT는 임상적인 문제를 객관적이고 쉽게 측정되는 증상으로 축소시켜 연구하므로, 그 증상들이 지나치게 단순화될 수 있고, 그로 인해 연구 참가자 선정 기준에 부합하지 않는 내담자의 '현실' 상황에는 그 연구 결과가 적용이 안 될 수 있다는 비판을 받는다(Comer & Kendall, 2013; Goldfried, 2013; Hollon, 2015; Westen, Novotny, & Thompson-Brenner, 2004). 제3장에서 이미 근거기반 치료와 매뉴얼 방식의 치료 범위 문제를 보다 심도 있게 탐구한 바 있다.

유사 실험

임상심리학 연구는 주로 연구자가 완벽히 통제할 수 있는 변수를 포함한다. 윤리적 · 실질적 제약을 비롯한 다양한 제약으로 인해 사람들을 특정 조건에 무작위 배치하거나, 특별한 조작을 하거나, 특정 가설을 실험적으로 검증하는 연구자의 능력이 제한되는 경우가 많다. 이런 경우 임상심리학자는 순수 실험 설계 대신 **유사 실험 설계**(quasi-experimental design)를 사용한다. 유사 실험 설계는 실험 설계와 비교해 과학적 타당도가 낮음에도 임상 실험에 자주 사용되며, 일반적으로 매우 의미 있고 중요한 결과를 도출한다(Greenhoot, 2003; Moyer & Gross, 2011; Steiner & Kim, 2015).

한 예로, 특정 공포증에 관한 특정 치료 결과 조사를 원하는 임상심리 연구자 집단을 살펴보자. 이들이 순수 실험을 설계하는 경우 정확히 일치하는 다수의 개인을 찾아 그들에게 동일한 공포를 유발한 뒤, 치료 효과 측정을 위해 각기 다른 조건(치료군 대 비치료군, 또는 치료군 대 비교 치료군)으로 이들을 배치해야 할 것이다. 하지만 이러한 실험 방법은 실제적으로 가능하지 않을뿐더러 윤리적으로도 정당화될 수 없다. 따라서 가능한 한 두 집단을 '일치'시키고자 하는 연구자의 노력에도 불구하고 비교를 위한 두 집단 피험자가 각기 다른 사물과 각기 다른 강도에 공포를 느낄 것이고 연령, 성격 특성, 인종 등에서 많은 차이점을 가질 수밖에 없다는 사실을 인지한 채 유사 실험 설계를 사용하게 될 것이다. 이런 면에서 유사 실험 연구는 순수 실험 설계의 관점에서는 내적 타당성이 부족해 보이나, 지속적으로 동일한 결론의 연구가 보고된다면 실제 상황에 대하여는 오히려 중요한 자료를 제공하게 된다.

집단 간 설계 대 집단 내 설계

임상심리학자가 **집단 간 설계**(between-group design)로 연구를 시행할 때 서로 다른 조건의 피험자는 각각 전혀 다른 치료를 받게 된다. 일반적으로 이러한 실험에는 2개의 조건 또는 집단이 있다. 다시 말해 한 집단이 실험 치료를 받는, 즉 **실험 조건**(experimental condition) 동안 치료를 받지 않는 다른 집단, 즉 **통제집단**(control group)이 존재하는 것이다(Moyer & Gross, 2011). 통제 집단은 아무런 치료도 받지 않는 집단(치료 계획 없음), 치료 대기자 집단(실험 후 치료가 예정된 집단), 플라시보 집단(치료 효과는 없는 대체물 제공), 기존 치료 집단(해당 증상에 대한 기존의 유용한 치료 진행) 등 다양한 형태로 구성된다(Comer & Kendall, 2013; Kazdin, 2015). 집단 간 설계의 한 예로, 운동과 우울증 간 관계를 조사한 임상심리학자를 살펴보자. 연구가 시작되면 연구자는 모든 피험자의 우울증 기준점을 측정한 뒤, 일부 피험자를 8주간의 운동 요법을 실시하는 조건 A에 배치하고, 나머지 피험자는 운동 요법을 실시하지 않는 조건 B에 배치한다. 여기에서 중요한 문제는 "A 또는 B 조건 배치에 따라 사전 검사와 사후 검사의 우울 수준에 변화가 생겼는가?"이다.

이와는 달리 **집단 내 설계**(within-group design)에는 동일 조건의 피험자에 대한 다양한 시점의 측정 비교가 포함된다. 본질적으로 모든 피험자는 동일한 조건을 경험하게 된다(Moyer & Gross, 2011). 예를 들어, 연구자가 모든 피험자에게 8주간의 운동 요법을 제시한 경우, 집단 내 설계를 통해 동일한 실증적 논제, 즉 운동과 우울증 간의 관계를 조사할 수 있다. 연구자는 시작 시점부터 종료 시점까지 매주 우울 수준을 측정해 비교할 수 있다. 여기에서 중요한 문제는 "우울 수준의 변화가 우울증을 평가하는 시점에 따라 달라지는가?"이다.

그림 6.3 운동과 우울증의 관계 등, 한 주제에 대한 연구를 수행하는 임상심리학자는 연구 설계와 관련된 수많은 중요한 선택을 내려야 한다.

임상심리학 연구자들은 집단 간 설계와 집단 내 설계를 조합한 **혼합 설계**(mixed-group design)를 사용하기도 한다(Moyer & Gross, 2011). 예를 들어, 연구자는 피험자들을 두 조건(운동 요법 시행 대 비시행)에 배치한다. 그리고 매주 모든 피험자의 변화를 측정함으로써 두 실험을 병합하여 운동과 우울증에 관한 연구를 시행할 수 있다. 이런 방식으로 연구자는 연구 진행 후반에 두 집단을 서로 비교할 수 있을 뿐 아니라 한 집단을 각기 다른 시점별로 비교할 수 있게 된다.

아날로그 설계

임상심리학자가 임상 대상자 또는 상황을 연구하고자 하지만 이에 대한 접근성이 없을 경우 **아날로그 설계**(analogue design)를 통해 연구를 시행할 수 있다. 이런 방식의 연구에는 '실물'을 대체할 실물 근사치의 연구용 내담자 또는 연구용 상황이 포함된다. 표적 인구와 유사한 (하지만 정확히 일치하지 않는) 특성을 가진 피험자가 포함되기도 하며, 피험자에게 특정 상황을 기억하거나 상상하도록 지시하기도 한다(McNeil & Hayes, 2015).

운동/우울증 연구 주제를 다시 한번 살펴보자. 연구자가 가장 관심을 두는 부분은 운동과 심각한 우울증 환자 간의 관계지만, '심각한 우울증' 조건에 부합하는 피험자를 구할 수 없다면, 이를 자기보고식 우울증 문답 기준으로, 우울 수준이 경도에서 중등도 수준에 해당되는 대학생으로 대체할 수도 있다. 물론 연구자가 이와 같이 유사한 피험자를 대상으로 연구를 시행하여 피험자의 기분이 운동에 의해 향상된 경우, 이 결과가 심각한 우울증을 앓는 피험자의 결과와 유사하다고 단정지을 수는 없다.

상관법

임상심리학 연구자들은 특히 실험 및 유사 실험 모두 타당하지 않은 경우 주로 상관 연구법을 시행한다. **상관법**(correlational method)을 사용한 연구는 2개 이상의 변수 간 존재하는 관계성을 조사한다(Goldstein, 2011). 실험 및 유사 실험과 달리 상관 연구는 변수를 독립변수 또는 종속변수로 파악하지 않는다. 마찬가지로 상관 연구 결과는 인과성을 나타내지 않는다. 즉 상관 연구를 통해 하나의 변수가 또 다른 변수를 예측하거나, 그 변수와 관계가 있다는 결론이 도출된 경우에도, 이를 한 변수가 또 다른 변수의 변화를 초래했다고 결론지을 수 없다는 의미이다(McDonald, Wong, & Dionne, 2015). 상관 연구는 특정 주제에 대한 보다 많은 연구의 실험 또는 유사 실험 연구를 주도한다는 이유로, 해당 분야 연구 발전에 중요한 역할을 했다고 인정되기도 한다.

다시 한번 운동과 우울증 간 관계에 관한 연구 주제를 살펴보자. 상관 연구 결과에 두 변수 간 부적 상관(운동 증가는 우울증 감소와 관계가 있다)이 확인된다면, 수많은 인과적 의문이 발생될 것이다. 운동 증가가 기분 증진을 초래했는가? 기분 증진이 운동 증가를 유발했는가? 두 가지 변화(운동 증가와 기분 증진)가 상호 결과를 초래했는가? 관찰된 두 가지 변화 모두 이 연구 영역 밖의, 또 다른 원인의 부산물일 가능성은 없는가? 변수 간 관련성이 확인될 수는 있지만, 상관 연구를 통해 이 질문에 대한 분명한 답을 찾기란 불가능하다.

통계적으로 두 변수 간 상관 관계는 +1에서 −1 범주에 들어간다. +1에 가까운 상관 관계는 정적(+) 상관이며, 이는 두 변수의 변화가 함께 이루어진다는 의미, 즉 A가 증가하면, B도 증가하고, A가 감소하면 B도 감소한다는 뜻이다. −1에 가까운 상관 관계는 부적(−) 상관이고, 이는 두 변수의 변화가 역방향으로 이루어진다는 의미, 즉 A가 증가하면 B는 감소하고, A가 감소하면 B는 증가한다는 뜻이 된다. 0에 근접한 상관 관계는 강한 정적 상관도, 강한 부적 상관도 아니며, 두 변수가 서로와 상관 없이 독립적으로 변화한다는 의미이다.

사례 연구

이제껏 소개했던 많은 피험자 대상의 연구 방법과 달리 **사례 연구**(case study)에서는 한 사람 또는 한 상황에 대한 철저하고 자세한 조사가 이루어진다. 사례 연구에는 주로 한 개인의 행동에 대한 기술적(descriptive) 관찰과 이를 해석하려는 연구자의 시도가 포함된다. 연구자는 연구 대상에 관한 해석이 유사한 상황의 다른 사람들에게도 적용될 수 있을지를 추론한다. 사례 연구는 또한 보다 체계적인 연구 시행의 시발점이 되기도 하며, 이러한 사례 연구가 모여 중요한 연구 결과를 도출하기도 한다(Davison & Lazarus, 2007; Kazdin, 2011; Kratochwill, Mission, & Hagermoser, 2015). 예를 들어, 1960년대 중반 강박성 성격장애가 근본적 치료가 불가능한 장애로 간주되던 때

Victor Meyer 박사는 강박성 성격장애 환자들을 불안을 유발하는 자극에 노출시켜 치료에 성공한 내용을 사례집으로 모아 출판했다. 환자가 먼지에 강박이 있어 손 씻는 행위를 멈추지 못하는 경우 Meyer 박사는 환자로 하여금 먼지가 많은 물건을 만지게 한 뒤 손을 씻지 않도록 하고, 손을 씻지 않아도 끔찍한 일이 벌어지지 않는다는 점을 강조했다. Meyer의 사례 연구는 다수의 대규모, 통제 연구를 통해 증명된 오늘날의 강박성 성격장애 치료 방법이기도 한 노출과 반응 방지 개념의 기초로 널리 인정되고 있다(McKay, 2015; Meyer, 1966).

사례 연구는 서로 다른 개인들의 유사성과 보편성을 찾아내고자 하는 **법칙 정립적 접근**(nomothetic approach)보다, 타인과 구분되는 개인 특유의 특징을 강조 및 발견하는 **개별 기술적 접근**(idiographic approach)을 선호한다. 사례 연구는 사실상 Freud가 기술한 '쥐 인간'과 '늑대 인간'(Gay, 1995), Watson이 기술한 꼬마 앨버트(Watson & Rayner, 1920)를 비롯한 임상심리학의 다양한 고전 연구와 같은 질적 연구에 속한다.

사례 연구는 실험에 근거하지 않지만 몇 가지 실험적 특성을 가지고 있다. 예를 들어, 단일 대상 연구는 다양한 조건하에서 각기 다른 시점에 한 사람에게 집중한다. 이는 앞에서 언급했던 집단 내 설계와 유사하지만, 이 경우 '집단'은 오직 한 사람으로 구성된다. 일반적으로 이러한 연구는 치료를 번갈아가며 적용하고 제외시키는 **ABAB 설계**(ABAB design, A와 B는 각각 치료의 유, 무를 의미)로 알려진 특정 연구 설계 방식을 사용한다. 이러한 사례 연구는 그 결과를 일반화하기에 제약이 크지만, 직접적인 임상 연구 시행 방법 중 비교적 경제적이고 간편한 접근 방안이 될 수 있다(Freeman & Eagle, 2011; Photos, Michel, & Nock, 2008).

메타 분석

임상심리 연구에 사용되는 가장 강력한 도구로 **메타 분석**(meta analysis)을 꼽을 수 있다. 메타 분석은 각기 다른 연구 결과들을 요약(또는 통계적으로 전체 효과크기 창출)하기 위해, 이를 종합하는(통계적으로는 총효과크기) 통계적 방법이다(Hedges & Citkowicz, 2015). 메타 분석이라는 이름에서 알 수 있듯이 이 분석은 연구들을 연구하는, 즉 기존 연구의 모든 결과를 전체 데이터의 일부분으로 나타내기 위한 정량 분석이다(Durlak, 2003; Thomas, & Michael, 2011). 따라서 하나의 연구 결과를 분석하는 것이 심리치료적 방편으로는 보다 유익할 수 있으나, 비교할 만한 다수의 연구들을 망라한 연구 주제를 메타 분석을 이용해 해석하는 경우, 해당 연구 주제에 대한 이해의 폭을 넓히는 기회를 가질 수 있다(예 : Smith, Glass, & Miller, 1980; Wampold et al., 1997).

메타 분석은 정교한 통계적 기법으로서, 사용되는 연구 방법의 과학적 타당성을 확인시켜준다. Durlak(2003)은 임상심리학의 메타 분석이 다음과 같은 5단계를 따른다고 지적한다.

1. 합리적이고, 중대하며, 검증 가능한 가설이 포함된 연구 문제를 제시한다.
2. 대표적인 관련 연구들을 수집한다. 각 연구의 포함 및 제외 기준을 확립하고 설명한다. 출판된 연구는 물론 미출판 연구들도 고려 대상에 포함시킨다.
3. 각 연구의 정보를 습득한다. 각 연구의 구체적 방법론을 숙고하고, 이전 연구 결과 포함 시 신뢰도에 문제가 없는지 확인한다.
4. 적합한 분석을 시행한다. 각 연구의 효과 크기 병합 시 각 연구별로 적절한 크기를 할당한다. 즉 대규모 연구에는 소규모 연구보다 더 큰 가중치를 둔다.
5. 결론을 도출하고 향후 연구를 위한 의견을 제시한다.

횡단 연구 설계 대 종단 연구 설계

횡단 연구 설계(cross-sectional design)는 특정한 한 시점에 참가자 또는 참가자 집단을 접근 및 비교하는 것이다. 반면 **종단 연구 설계**(longitudinal design)는 시간에 따른 변화를 강조하며, 한 시점을 다른 한 시점과 비교하는 집단 내 비교가 포함되는 경우가 많다. 종단 연구 설계는 보다 긴 기간을 필요로 하는 반면, 횡단 연구 설계는 상대적으로 쉽고 효과적이라 할 수 있다. 하지만 횡단 연구는 시간이 흐름에 따라 발생되거나 진화하는 유효 근사치를 제공하지 않으며, 종단 연구는 유효 근사치를 제공하는 특유의 방법을 갖는다.

운동과 우울증 간 관계의 주제를 다시 한번 살펴보자. 이 주제에 대한 종단 연구는 이미 다뤘던 설계들과는 확연한 차이를 보인다. 예를 들어, 연구자는 연구 범위를 8주가 아닌 10년으로 연장할 수 있다. 연구자는 두 변수 간 관계가 오랜 기간에 걸쳐 변화하는지의 여부를 확인하기 위해 참가자들을 추적 관찰할 수도 있다. 이때 연구자는 장기간의 운동 요법 실시 여부, 신체적 부상 및 노화의 영향, 생활 방식의 변화, 우울증의 자연적 완화, 우울증 재발 등 횡단 연구에서는 거의 발생하지 않는 문제의 발생을 염두에 두어야 한다.

실제로 종단 연구는 10년 이상 진행되는 경우도 많다. 예를 들어, Kamen, Cosgrove, McKellar, Cronkite, Moos(2011)는 가족의 지지과 우울증의 관계를 규명하고자 피험자들을 23년간 추적 연구했고, 그 결과 발병 초기(및 지속적으로) 높은 수준의 가족 지지를 받은 환자에게서 우울 증상이 낮아지는 것을 예상할 수 있다는 결론을 얻었다. Lönnqvist, Verkasalo, Makinen, Henriksson(2009)은 15년간의 연구를 통해 20세의 신경증 환자가 35세의 같은 질환자보다 정신질환의 가능성과 낮은 수준의 자존감을 가질 확률이 높다는 결론을 도출하였다. 이는 종단 연구 외에는 도출 불가한 연구 결과라 할 수 있다.

글상자 6.3

비유하기

영화 리뷰와 메타 분석

새로 나온 영화에 대한 좋지 않은 리뷰 하나를 읽게 된다면, 당신은 그 영화를 봐야 할지 말아야 할지를 고민하게 된다. 하지만 한 영화를 혹평한 10개 혹은 20개의 리뷰가 있다면, 게다가 그 리뷰의 출처가 모두 다르다면, 당신은 분명 그 영화를 보지 않게 될 것이다. 리뷰 하나를 절대적으로 신뢰할 순 없지만, 한 영화에 대한 여러 개의 리뷰가 일치한다면 종합적인 의견 수렴에 좀 더 확신을 갖게 된다. 쉽게 말해 우리는 한 영화에 대한 다양한 사람들의 각기 다른 느낌을 하나의 종합적 느낌으로 통합시키는 것이다. 다르게 표현하자면 우리는 각각의 새로운 리뷰를 읽으며, 영화가 각 사람에게 미친 '결과'를 전체적으로 누적된 하나의 '결과'로 융합시키는 것이다.

방법론적으로 결과를 통합하는 방식이 보다 엄격하다는 점을 제외한다면, 메타 분석은 개념적으로 앞의 비유와 비슷하다. 심리학 메타 분석에서의 통합은 질적인 방법이 아니라 양적인 방법을 사용한다. 연구자들은 유사한 주제의 연구를 수집하고, 각 연구 결과를 하나의 효과 크기로 변환한다. 즉 수많은 결과를 압축하기 위해 비교 및 호환 가능하게 변환된, 그리고 하나의 전체적 효과 크기의 형태로 통계적 통합이 이루어지는 공통 수치 언어가 제공되는 것이다.

인기 웹사이트인 로튼 토마토(Rotten Tomatoes)와 메타크리틱(Metacritic)은 메타 분석과 매우 유사하다. 이 웹사이트에서 각 영화 리뷰는 전반적 영화 품질을 대변하는 하나의 평점으로 제시된다[로튼 토마토에서는 이를 '토마토미터(Tomatometer)', 메타크리틱에서는 '메타 점수(metascore)'라고 부른다]. 숫자 하나를 보고, 사람들은 영화에 대한 특정한 한 사람의 생각뿐 아니라 많은 사람들의 전반적 의견은 무엇인지도 알 수 있다.

메타 분석가들은 (보다 정교한 통계 방법을 이용해 동일 변수를 연구 결과에 적용한다는 점을 제외한다면) 이와 똑같은 일을 수행한다. 예를 들어, 범불안장애를 위한 인지치료의 메타 분석의 경우 동일한 주제의 연구를 조사하여 15개의 연구를 찾아 통합한 뒤, 치료를 받지 않은 환자에 비해 인지치료를 받은 환자에게서 효과가 더 나타났고, 다른 치료를 받은 환자보다도 다소 높은 치료 효과가 나타났다는 결론을 도출한다(Hanrahan, Field, Jones, & Davey, 2012). 또 다른 메타 분석에서는 강박성 성격장애를 위한 원격 인지행동치료(화상 통화 등을 통한) 관련 연구 18개를 통합했고, 그 결과 원격 치료가 통제군에 비해 훨씬 효과적이며, 대면 치료와는 동일한 효과를 나타낸다는 결론을 도출했다(Wootton, 2016).

영화 리뷰든 심리학 연구든 그 '효과'를 평가할 때 한 가지 연구(또는 리뷰)에 의존하기보다는 다수의 연구 현장(또는 영화 리뷰 작성자)을 아우르는 치료(또는 영화)의 '효과크기'의 개요를 보여주는 메타 분석을 이용하는 것이 현명할 것이다.

임상심리학 연구 시 첨단 기술의 사용

임상심리학자들이 자신의 연구에 새로운 형태의 기술을 이용하는 빈도가 높아지고 있다. 그들은 데이터 수집 시 신기술을 이용한다(Trull & Ebner-Priemer, 2014). 예를 들어, 한 연구 집단은 저녁에 갖고 있던 부정적 사고가 수면을 얼마나 방해하며, 다음 날 기분을 얼마나 저하시키는지를 연구했다. 그들은 부정적 사고와 기분 측정을 위해 무작위 지정된 날짜의 저녁 8시에 참가자들에게 스마트폰을 통한 이메일 전송을 실시했다. 각 이메일에는 웹사이트 주소가 링크되어있었고, 참가자는 이를 통해 자신의 부정적 사고나 기분에 대한 짧은 설문을 즉시 완료할 수 있었다. 또한 참가자 손목에 액티그래프[피트비트(FitBit) 트래커와 유사]를 장착하여 매일 밤 수면의 질을 측정하였다. 데이터 수집을 위한 이러한 최첨단 연구 방법은 참가자의 행동이 실시간으로 표집될 수 있다는 특징 때문에 **경험 표집 방법**(experience sampling)이라고도 불리며, 이를 통해 부정적 사고가 수면의 질과 다음 날의 기분 저하와 유의한 상관 관계를 갖는다는 결과가 도출되었다(Takano, Sakamoto, & Tanno, 2014).

임상심리학자가 데이터 수집을 위해 첨단 기술을 사용하는 또 다른 방법은 Amazon Mechanical Turk, 또는 MTurk 등을 통해 참가자를 모집하는 것이다. MTurk는 아마존이 운영하는 인터넷 기반 크라우드 소싱 시장으로, 연구 시행자와 연구 참가 지원자를 연결시켜준다. 과거 대학생 참가자나 다른 방식의 참가자 모집을 했던 임상심리학자들은 최근 MTurk를 이용한 참가자 모집 방법으로 전환하는 추세이다. 현재 MTurk 회원(잠재적 연구 참가자)로 등록된 인원은 수십만에 달하며, 이들 대부분은 미국이나 인도에 거주한다. MTurk 이용 방법은 다음과 같다. (1) 연구자가 자격요건(연령, 성별, 근무 형태 등)과 보수를 포함한 연구 개요를 제시한다. (2) 해당 연구에 관심이 있고 자격에도 맞는 MTurk 회원이 연구를 선택하고 온라인으로 참가를 확정한다. (3) 연구자는 참가자 데이터를 다운로드하고 연구를 시작한다. 미국 MTurk 참가자에 대한 연구는 MTurk 참가자들이 일반 대중과 다소 차이가 있다는 점을 지적한다. MTurk 참가자들은 일반 대중과 비교해 다소 어리고, 교육 수준이 높으며, 내성적인 경향을 가지고 있고, 유럽계 또는 아시아계 미국인 비율이 상대적으로 높다. 이런 특징에도 불구하고 MTurk 이용자들은 흔히 연구에 투입되는 대학생 참가자나 특정 지역 사회에서 모집된 인원들보다 훨씬 일반적인 인구통계학적 특성을 보인다(Chandler & Shapiro, 2015; Shapiro, Chandler, & Muller, 2013). 심리학자들은 정신장애의 인지, 치료에 대한 태도, 특정 심리 증상의 유병률 등 다양한 임상 관련 주제를 연구할 때 MTurk를 이용한다. 예를 들어, 한 연구 집단은 범불안장애 원인에 대한 생물학적 설명이 질환 극복에 대한 그들의 예상에 어떠한 영향을 미치는지를 조사하기 위해 수백 명의 MTurk 참가자를 모집했다. 연구 결과, 질환에 대한 생물학적 원인의 설명을 들은 집단의 치료 기간이 그렇지 않은 집단보다 유의하게 길다는 결과가 확인되었다(Lebowitz, Pyun, & Ahn, 2014).

마지막으로 임상심리학자들은 임상 중재에 이용한 첨단 기술을 연구하기 위해 첨단 기술을 이용한다. 즉 그들은 특정 첨단 기술이 치료 요소로서 얼마나 효과적인지를 조사한다. 예를 들어, 연구자는 알코올 사용장애 치료를 위해 제작된 스마트폰 앱의 효과를 연구했다(그리고 이 중재 방법이 다른 치료와 같은 수준의 효과를 나타낸다는 결론을 도출했다; Gonzalez & Dulin, 2015). 또 다른 연구 집단은 모든 부모가 직접 만나 훈련을 받는, 파괴적 행동장애 아동을 위한 부모 훈련 프로그램의 효과를 조사했다. 전체 부모 중 절반에게는 '첨단 기술을 통한 향상 프로그램'을 스마트폰으로 전송하여 추가 중재를 제공했고, 여기에는 화상 면담, 교육 비디오, 짧은 일일 설문 및 일정 알람도 포함되었다. 연구 결과, 첨단 기술을 이용한 향상 프로그램이 치료에 대한 부모의 참여 증진과 아동의 행동 개선 모두에 효과가 있었다(Jones et al., 2014). 한 연구는 스마트폰을 통해 내담자에게 동기를 부여하는 문자 메시지가 섭식장애 치료 향상에 효과가 있었다는 결론을, 또 다른 연구는 치료 예약 시간 직전에 내담자에게 문자 메시지를 보내면 치료 참석률이 유의하게 증가한다는 결론을 도출한 바 있다(Delgadillo, Moreea, Murphy, Ali, & Swift, 2015; Shingleton et al., 2016).

임상심리학 연구의 윤리적 문제

임상심리학자는 연구 시행 시 윤리 규범을 준수해야 한다. 이 책에서는 윤리에 관한 장을 통해 일부 참가자가 치료를 포기하는 심리치료 효과에 대한 연구(예 : Saks, Jeste, Granholm, Palmer, & Schneiderman, 2002; Street & Luoma, 2002)를 포함해 다양한 윤리적 문제를 상세히 소개할 예정이다. 미국심리학회(APA, 2002)의 윤리강령에는 연구를 시행하는 임상심리학자와 관련된 수많은 구체적인 규정이 포함되어있다(Miller & Williams, 2011). 제5장에 소개되었던 논의에 덧붙여 글상자 6.4는 임상심리학자의 연구와 관련 있는 몇 가지 규정을 소개한다.

글상자 6.4

임상심리학 연구와 관련된 미국심리학회의 핵심 윤리 규범

- 연구자는 연구 참가 예정자의 서면 동의를 받아야 한다. 서면 동의서에는 참가 목적과 참가 기간, 연구 참가 거부 및 중단의 권리의 내용이 포함되어야 한다. (Standard 8.02)
- 연구자는 과도하거나 부적절한 보상(금전적 보상 등)을 제공하며 참가를 강요해선 안 된다. (Standard 8.06)
- 연구자는 연구의 예상 가치로 인해 정당화되거나 비속임수적 방법 사용이 가능하지 않을 때를 제외하고 연구 진행 중 속임수를 피해야 한다. 속임수가 사용된 경우 연구자는 가능한 한 빨리 참가자에게 이에 대한 충분한 설명을 제공하고, 원하는 경우 중도 하차를 허락해야 한다. (Standard 8.07)
- 연구 진행 과정으로 인해 참가자에게 피해가 생겼다는 사실을 알게 된 경우 연구자는 피해의 최소화를 위한 합리적 절차를 밟아야 한다. (Standard 8.08)
- 연구자는 절대 데이터를 조작하거나 왜곡해서는 안 된다. (Standard 8.10)
- 연구자는 연구에 대한 자신의 공헌이 명백히 실질적인 경우에만 연구 저자에 이름을 등재할 수 있으며, 저자명 기재 순서는 개인의 연구 공헌도를 반영해 표기해야 한다. (Standard 8.12)
- 연구자는 연구 데이터 검증을 위한 재분석을 원하는 경쟁 관계의 연구자와 자신의 데이터를 공유해야 한다. (Standard 8.14)

출처 : Adapted from the American Psychological Association's (2002) Code of Ethics.

요약

임상심리학자들은 수많은 목적을 위해 실증 연구를 시행한다. 예를 들어, 실증 연구는 효능(통제 조건하에 선정된 내담자를 대상으로 실시된 치료의 성공 여부)과 효과('현실' 임상 상황에서 광범위한 내담자를 대상으로 실시된 치료의 성공 여부)에 대한 치료 성과를 조사한다.

임상심리학자들은 평가 방법, 진단 관련 논제, 직업적 논제, 교육 관련 논제 등을 조사하기 위해 실증 연구를 실시하기도 한다. 이러한 연구는 실험 설계 또는 독립변수가 종속변수에 미치는 영향을 측정하는 유사 실험 설계를 따른다. 또한 두 변수 간 비인과성을 증명하기 위해 상관법이 차용되기도 한다. 집단 간 설계는 주로 통제군(비치료 집단, 또는 플라시보 집단)과 실험군을 포함하며, 집단 내 설계는 주로 동일 집단의 각기 다른 시점 간 비교를 포함한다. 사례 연구의 경우 결과 일반화에 제약이 있으나 임상적으로 중요한 정보를 제공하고, 대규모 연구의 시초가 되기도 한다. 임상적 현상을 있는 그대로 연구하는 것이 불가능할 때, 연구자는 실험실에서 유사 상황을 모의 실험하는 아날로그 연구를 시행할 수 있다. 또한 연구자는 메타 분석을 통해 동일한 연구 문제를 가진 각기 다른 연구의 결과를 통계적으로 병합할 수 있으며, 종합적 단일 추정치인 효과 크기를 산출한다.

임상심리학 분야의 첨단 기술 사용 빈도가 증가하고 있으며, 이는 주로 데이터 수집(스마트폰을 이용한 경험 표집, 또는 MTurk를 이용한 피험자 모집) 수단으로, 또는 결과 연구 관련 문제(치료에 미치는 첨단 기술의 영향)를 위해 사용된다.

주요 용어

개별 기술적 접근	실험 방법	집단 내 설계
내적 타당도	실험 조건	치료 성과
독립변수	아날로그 설계	통제집단
메타 분석	외적 타당도	혼합 설계
무작위 임상 실험(RCT)	유사 실험 설계	횡단 연구 설계
법칙 정립적 접근	종단 연구 설계	효과
사례 연구	종속변수	효능
상관법	집단 간 설계	ABAB 설계

비판적 사고를 위한 질문

1. 효능과 효과의 차이는 무엇인가? 연구와 임상 실제를 겸하는 임상심리학자가 이 둘을 구분해야 하는 이유는 무엇인가?
2. 아날로그 연구의 일반화를 극대화하여, 이를 더 많은 인구에 적용하기 위해 임상심리학자가 해야 할 일은 무엇인가?
3. 치료 방법의 타당성 확립에 사례 연구의 중요성은 얼마나 된다고 생각하는가?
4. 글상자 6.1에 제시된 문제를 고려했을 때 심리치료 결과는 언제 측정되어야 한다고 생각하는가?
5. 글상자 6.1에 제시된 문제를 고려했을 때 누가 심리치료 결과를 측정해야 한다고 생각하는가?

주요 학술지

Clinical Psychology: Science and Practice
http://onlinelibrary.wiley.com/journal/10.1111/(ISSN)1468-2850

Journal of Clinical Psychology
http://onlinelibrary.wiley.com/journal/10.1002/(ISSN)1097-4679

Journal of Consulting and Clinical Psychology
http://www.apa.org/pubs/journals/ccp/index.aspx

Professional Psychology: Research and Practice
http://www.apa.org/pubs/journals/pro/index.aspx

Psychotherapy Research
http://www.tandfonline.com/loi/tpsr20#.V08V2fkrLX4

PART

2

평가

CHAPTER

7

진단 및 분류 쟁점 : *DSM-5* 및 기타

학습 목표

7.1 임상심리학 분야에서 제안된 이상심리에 대한 주요 정의를 비교한다.

7.2 *DSM* 초판에서부터 현재의 *DSM-5*에 이르기까지 *DSM*의 발전 과정에 대해 기술한다.

7.3 *DSM-5*에서 나타난 주목할 만한 변화를 알아본다.

7.4 *DSM-5*의 비판점을 평가한다.

7.5 *DSM*에서 사용된 진단과 분류에 대한 차원적 접근이 범주적 접근과 어떻게 다른지 설명한다.

정상과 이상 정의하기

임상심리학자가 수행한 대부분의 임상 실제나 연구는 정신장애, 정신과적 진단, 더 넓게는 정신병리로도 알려진 **이상**(abnormality)에 초점이 맞춰져 있다. 훈련과 전문가적 활동을 통해 임상심리학자는 이상 행동의 다양한 형태에 대한 정의와 그것이 정상 행동과 어떻게 다른지에 대해 매우 익숙해져 있다. 그러나 이러한 진단적 범주는 임상가 및 학자가 적용하기 이전에 정의되어야 한다.

어떻게 이상을 정의하는가

시간이 흐름에 따라 정신건강전문가들은 무엇에 근거해 이상 행동을 규정하는지에 대한 질문에 다양한 답을 내놓았다. 이러한 답에는 각자의 개인적 고통(극심한 우울 또는 공황장애처럼), 문화적 기준으로부터의 이탈(다양한 조현병 사례처럼), 통계적 희귀성(해리성 정체감장애와 같은 희귀한 장애처럼), 그리고 사회적 기능 손상(사회공포증, 그리고 더 위험하게는 반사회성 성격장애처럼)과 같은 기준이 포함되어왔다.

1990년대 이상심리학 분야의 저명한 학자인 Jerome Wakefield는 정신장애에 대해 더욱 단순화된(앞의 다면적 기준과 비교하여) 정의가 포함된 이론을 제안하였다(Wakefield, 1992, 1999). 그의 이론은 상당한 지지를 받으며 최근 몇 년 사이에 매우 중요한 위치로 부각되었다. Wakefield(1992)는 정신장애에 대한 그의 **유해한 역기능 이론**(harmful dysfunction theory)을 다음과 같이 설명한다.

> 나는 장애가 유해한 역기능이라고 보는데, 여기서 '유해하다'는 것은 사회적 기준을 바탕으로 한 가치 용어(value term)이며, '역기능'은 정신기제가 진화를 통해 설계된 자연적 기능을 수행하는 데 실패하는 것을 의미하는 과학적 용어이다. 따라서 장애의 개념은 가치와 과학적 요소를 결합하는 것이다. (p. 373)

유해한 역기능 이론은 무엇이 이상인지를 결정하려고 할 때 과학적(예 : 진화적) 자료와 행동이 발생하는 맥락에서의 사회적 가치관을 모두 고려해야 한다고 제안한다. 이와 같이 유해한 역기능 이론은 임상심리학자들이 앞서 제시한 다수의 전통적 기준에 따라 정신병리라고 명명한 넓은 범위의 행동에 대해 설명할 수 있다.

● ● ● 글상자 7.1 ● ● ●

문화 고려하기

전형적이지만 비정상적인?

대부분의 사람들은 한 번쯤 자신의 비정상적인 행동을 합리화하기 위해 "모두 다 이렇게 행동해."와 같은 설명을 해왔다. 과속하는 운전자, 사탕을 훔치는 아동, 과음한 파티 참석자, 탈세하는 시민, 그들 중 누구라도 "나만 이러는 게 아니야!"라고 생각할 수도 있으며 어쩌면 그들이 옳을 수도 있다. 행동의 공통성이 우리가 행동을 평가하는 방식에 영향을 미쳐야 할까? 만약에 우리가 이상(그러나 꼭 불법이거나 제멋대로인 것만은 아닌) 행동에 대한 질문을 조금 바꾸어보면, 많은 사람들이 그 행동에 관여한다면 그 행동이 정상(그리고 아마도, 좀 더 넓게는 건강하거나 수용 가능한)이 되는 것일까? 아니면 얼마나 많은 사람들이 그 행동을 하느냐에 상관없이 비정상은 비정상(그리고 아마도, 더 넓게는 건강하지 않거나 수용 불가한)인 걸까?

이러한 질문은 특히 문화적 변인을 고려할 때 정신장애의 정의와 관련이 있다. 최근에 Thomas A. Widiger와 Stephanie Mullins-Sweatt(2008)는 이러한 주제에 대해 고민을 하였고 다음과 같은 결론에 도달했다. "단순히 행동 패턴이 평가, 수용, 장려되거나 심지어는 특정 문화에서 통계적 규범에 속해있다는 것이 무조건 건강한 심리적 기능을 가지고 있다는 것을 의미하지는 않는다." 이 주장은 행동이 한 문화 내에서 매우 흔하고 심지어는 관례적이면서도 동시에 병리적일 수 있다는 것을 시사한다. 그들은 수많은 행동 패턴(몇몇 종교집단의 광범위하고 섬세한 의식, 몇몇 아시아 문화에서 나타나는 대인관계에서의 복종 양상, 세계 도처의 무슬림 여성들이 집에만 틀어박혀 있는 관행)이 문화 내에서 만연해있는 것임에도 불구하고 사실상 장애 행동(각각 강박장애, 의존성 성격장애, 광장공포증)으로 볼 수 있는지 의문을 품었다.

당신은 어떤 행동이 한 문화에서 흔하거나 전형적이더라도 그 문화에서의 특정 행동이 병리적일 수 있다는 생각에 동의하는가? 만약 그렇다면 다른 문화나 당신이 속해있는 문화에서 이와 유사한 예를 생각해볼 수 있는가? 그리고 중요한 것은 누가 세계 공통의 심리적 건강 또는 장애의 정의를 정해야 할까?

누가 이상을 정의하는가

Wakefield의 이상에 대한 정의는 다른 정의들과 함께 여전히 학자들과 연구자들에 의해 논쟁거리로 남아있다(예 : Lilienfeld & Marino, 1999; Wakefield, 2010). 그러나 임상심리학자는 장애의 명명, 치료 및 연구에 있어 이러한 학문적 논쟁의 해답을 기다릴 수만은 없다. 임상심리학자들은 평가, 치료, 연구의 설계 및 수행에서 항상 정신건강전문가를 위한 가장 보편적인 진단 지침서인 **정신질환의 진단 및 통계 편람**(*Diagnostic and Statistical Manual of Mental Disorders, DSM*)에서 정의된 장애 기준을 사용한다.

DSM(*DSM-5*; American Psychiatric Association, 2013) 최신판의 도입 부분에서 저자는 정신장애에 대하여 광범위하게 정의하고 있다. 이 정의는 Wakefield의 유해한 역기능 이론과 완전히 다르지는 않지만(Spitzer, 1999), 앞서 논의한 나머지 다른 기준의 여러 측면을 통합하고 있다.

*DSM-5*에서 정신장애는 직장, 관계, 다른 영역의 기능에서 "현저한 고통이나 부적응과 주로 관련" 있는 "정신 기능"상의 "역기능"을 의미하는 "인지, 정서조절, 또는 행동"상의 "임상적으로 현저한 장애"로 정의된다(American Psychiatric Association, 2013, p. 20). 더욱이 이 정의는 일반적인 스트레스 요인에 대한 예측 가능한 반응은 정신장애가 아니라는 것을 시사한다.

*DSM*을 구성하는 특정 진단 범주뿐만 아니라 누가 이러한 정의를 내리는가? 많은 사람들이 중요한 역할을 했지만 가장 중요한 역할을 한 사람들은 *DSM*(American Psychiatric Association, 2013)의 각 판의 조직위원회에 속한 사람들이다. 이 집단은 대개 정신병리 내의 다양한 전문 영역에서의 주요 연구자들로 구성되어있으며, 각자의 분야에서 학문 및 전문 지식을 위해 선정되었다. 이 위원회는 주로 정신과 전문의, 상대적으로 적은 수의 심리학자와 다른 정신건강전문가로 구성된다는 점에 주목해야 한다. 더욱이 *DSM-5* 그리고 *DSM*의 모든 이전 판은 미국정신의학회[미국심리학회(American Psychological Association)가 아니라]가 출간한 것이다. 따라서 임상심리학자, 넓은 범위의 다른 비의학적 정신건강전문가(사회복지사, 상담사 등)가 광범위하게 *DSM*을 사용해왔지만, *DSM*의 내용에 가장 중요한 영향을 준 저자는 정신과 전문의이다. 이러한 이유로 *DSM*이 **정신병리의 의학적 모델**(medical model of psychopathology, 각 장애가 범주로 정의되는 실체이며 특정 증상의 목록을 가지고 있다고 본다)을 반영한다는 것은 그리 놀라운 일이 아니다(Blaney, 2015; Deacon, 2013). (*DSM* 장애가 가진 이러한 측면을 이 장 후반부에서 더 상세히 다룰 것이다.)

그림 7.1 정상과 이상의 구분도 임상심리학의 전체 역사적 흐름 동안 제시된 많은 이론의 중심이었다. 정상과 이상을 구분하는 가장 중요한 요소는 무엇이라고 생각하는가?

© istockphoto.com

*DSM*의 주 저자에 대해 전문성이라는 측면 이외 어떤 것을 알아야 할까? *DSM*의 첫 번째 판은 1952년에 출간되었으며, 당시 가장 저명한 정신건강전문가들이 제작하였는데 그들은 거의 전적으로 정신의학 훈련을 받은 중년 백인 남성이었으며, 최소 중산층에 속하는 사람들이었다. 특히 *DSM*의 가장 최근 수정판의 저자진에 있어서는 보다 많은 다양성을 포함하기 위한 의도적 노력이 기울여졌다. 이러한 진전에도 불구하고 여전한 비판이 존재한다. *DSM-III*와 *DSM-III-R*(그리고 *DSM-IV*와 *DSM-IV-TR*)의 제작자들은 여전히 전적으로 자료를 자신들의 편견에 끼워 맞추는 상위 백인 남성 정신과 의사들이다"(Malik & Beutler, 2002, pp. 5-6). 이 장의 후반부에서 제시하겠지만 정신장애를 정의하는 사람들의 문화와 가치관은 그들이 만들어내는 정의에 큰 영향을 미칠 수 있다.

이상에 대한 정의는 왜 중요한가

장애가 정의되는 절차는 학자 간의 논의 과정인 학문적 활동을 뛰어넘는 것이다. 이러한 절차와 이로 인해 산출되는 정의는 전문가와 비전문가 모두에게 매우 현실적이고 실제적인 결과를 가져온다(Kinghorn, 2013; Widiger & Mullins-Sweatt, 2008).

예를 들어, 약화된 정신병 증후군(attenuated psychosis syndrome)을 생각해보라. 현재 약화된 정신병 증후군은 공식적인 진단 범주가 아니다. 그렇지만 *DSM-5*의 '새로 개발된 평가치와 모델' 부분에 속해 있는 **제안된 진단기준**(proposed criteria set)에 포함되어있다(American Psychiatric Association, 2013; Fusar-Poli, Carpenter, Woods, & McGlashan, 2014). 이 영역은 *DSM* 저자들이 적어도 지금은 '공식적인' 장애 목록에서 제외시키고 있지만 추후 임상가와 연구자들이 더 연구하도록 장려하기 위한 목적으로 '비공식적인' 기준으로 포함시키기로 결정한 사항들을 서술하고 있다. 약화된 정신병 증후군(이 장의 초반부에서 기술했듯이)은 조현병의 약간 '경미'한 형태이다('약화'라는 것은 감소된 또는 줄었다는 것을 의미). 극심하거나 오래 지속되지 않는 망상, 환각, 그리고 와해된 언어 등의 증상이 포함한다. 또한 약화된 정신병 증후군은 '현실 검증력'(타인이 경험하는 똑같은 현실과 접촉할 수 있는 능력)은 상대적으로 손상되지 않았다고 기술된다. 증상은 지난 1개월 동안 적어도 1주에 1회 이상 나타나야 하며 개인에게 고통과 장애를 초래해야 한다.

전문가에게 중요한 점

약화된 정신병 증후군을 제안된 진단기준으로 목록화하면서 *DSM* 저자들은 연구자들이 약화된 정신병 증후군을 연구하고 임상가들이 장애에 대해 고려하기 용이하도록 하였다. 약화된 정신병 증후군이 공식적 진단이 된다면 이러한 진단활동은 분명 증가될 것이다. 게다가 약화된 정신병 증

글상자 7.2

나의 경험

실제로 내 환자 중의 상당수가 *DSM* 진단에 대해 오해를 보였다. 그들이 오해를 극복할 수 있도록 도와주는 것은 성공적인 치료의 초기 단계에서 중요한 요소가 되었다.

한 사례에서 35세 여성인 테레사는 치료를 생각하고 나서부터 오랜 시간 동안 치료 방법을 찾아 다녔다. 그녀가 말하길, '자신을 벼랑 끝으로 내몰았던' 것은 최근에 소아과 의사가 열한 살짜리 아들 토머스를 주요우울장애로 진단한 사실이다. 테레사는 *DSM* 진단이 영구적이라는 잘못된 믿음을 가지고 있었다. 따라서 테레사는 토머스가 우울을 절대로 극복하지 못할 것이라고 생각했다. 아들은 남은 여생 동안 우울과 싸울 것이다. 자신의 '귀엽고 어린 아들'이 슬픔의 삶을 선고받았다는 생각 때문에 테레사는 결국 자신도 마찬가지로 되돌릴 수 없이 우울해질 것이라고 두려워하며 큰 절망감에 빠지게 되었다. 테레사와의 치료에서 주된 목표는 그녀가 주요우울장애를 포함한 다수의 *DSM* 진단이 특히 (토머스가 받고 있는) 치료를 받는 경우 영구적인 상태가 되지는 않는다는 것을 이해할 수 있도록 도와주는 것이었다.

또 다른 사례로 30세 남성인 줄리안이 있다. 줄리안은 병균과 청결에 대해 매우 걱정하고 있었다. 그는 하루에 여러 번 샤워를 했고 하루에 20번 정도 손을 씻었다. 이러한 행동이 일상을 방해하지는 않았지만(그는 오래된 연인이 있었으며 업무도 잘해냈고 사회생활도 활발히 하였다. 적어도 어떤 경우에는 씻으려고 하는 그의 욕구가 삶에 방해가 된 순간이 있었다. 예를 들어, 친구들이 레스토랑에서 그를 위한 깜짝 생일파티를 열어줄 때 줄리안은 집에 달려가서 샤워를 하기 위해 파티에서 빨리 빠져 나와야만 했다. 또한 어떤 날에는 누나의 결혼식 중 손을 두 번 씻어야 한다는 압박감 때문에 결혼식의 많은 중요한 순간을 놓치기도 했다. 전반적인 평가 이후에 나는 줄리안에게 본인의 문제는 경미한 강박장애가 가장 적합한 진단이라 생각한다고 말해주었다. 이때 *DSM* 진단이 시간이 지남에 따라 필연적으로 악화된다는 그의 오해가 명백히 드러났다. '강박장애'라는 단어가 내 입에서 나오자마자 줄리안의 얼굴은 멍해졌다. 그는 자신이 강박장애를 가진 사람들에게 "어떤 일이 일어나는지 안다."고 말했다. "그들은 증상이 최고조가 될 때까지 점점 더 나빠져요. 곧 나는 내 집에 갇힌 죄수처럼 되겠죠. 나는 밖에 나가지도, 일하지도, 어떤 것도 할 수 없게 될 거예요. 나는 매일 하루 종일 씻는 germophobe(청결에 대한 강박이 있는 사람, 신조어)로 완전히 바뀔 거예요." 나는 즉시 줄리안의 오해를 수정해야 함을 알아차렸다. 나는 그에게 강박장애는 필연적으로 악화되는 장애가 아님을 강조했다. 그리고 그의 심리학자로서 (기특하게도 그가 받으려고 했던) 치료를 받는다면 증상은 실제로 확실히 좋아질 것이라는 데 자신이 있다고 덧붙였다. 줄리안이 나를 믿는 데 시간이 조금 걸렸지만 일단 한 번 믿고 나니 치료는 순조롭게 진행되었다.

후군이 공식적인 진단기준이 된다면 사람들은 약화된 정신병 증후군으로 진단받을 것이고, 이러한 형태의 정신장애가 있다고 (전문가와 그들 스스로가) 개념화할 것이다. 반면에 약화된 정신병 증후군이 *DSM*에 어떠한 형태로든 포함되지 않는다면, 연구자들은 이 장애를 연구하지 않을 것이고 임상가들도 전문적 용어에 포함시키지 않을 것이다. 또한 진단을 받을 수도 있었던 사람들은 약간 이상하거나 엉뚱하지만 정신적으로는 정상으로 여겨질 것이다. 따라서 특정 개인의 경험에 대한 진단적 명명의 유무는 임상심리학자들이 갖는 관심에 지대한 영향을 미친다.

환자에게 중요한 점

약화된 정신병 증후군 증상에 대한 *DSM* 저자들의 향후 결정은 환자에게 특별한 의미를 내포한다. 몇몇 환자는 약화된 정신병 증후군으로 진단받음으로써 유리한 결과를 경험할 수도 있다. 지난 몇 개월 동안 약화된 정신병 증후군의 진단기준을 충족한 여성인 루신다를 생각해보라. 이러한 장애가 공식적인 진단명으로서 사용 가능하다면 루신다는 이름 없는 경험이 될 뻔했던 것들이 과연 무엇인지 이해할 수 있게 되고, 인지된 문제를 타인과 공유하고 있는 것처럼 느낄 수 있으며(그 문제를 가진 유일한 사람이라고 느끼기보다는), 가족, 친구, 동료들과의 경험의 중요성을 받아들일 수 있고, 진단받지 않았더라면 불가능했을 치료에 접근할 수 있도록[특히 건강보험으로 지불하려고 한다면(Eriksen & Kress, 2005; Langenbucher & Nathan, 2006)] 도움을 받을 수 있다. 반면에 약화된 정신병 증후군으로 진단받는 것이 루신다에게 유해하게 작용할 수도 있다. 즉 그 명명은 자기상을 해칠 수 있고, 그녀를 알거나 같이 일하는 타인이 그녀에 대해 고정관념을 갖도록 하며, 심지어는 아동 양육권 소송, 선고 결정, 재판을 받을 수 있는 적합성 판단 결정과 같이 그녀가 당면할 수 있는 법적 문제의 결과에 영향을 미칠 수 있는 낙인을 초래할 수도 있다(Butcher, Mineka, & Hooley, 2007; Eriksen & Kress, 2005).

따라서 광의의 개념으로 그리고 특정 진단 범주로 이상/비정상을 정의 내릴 때 *DSM* 저자들이 내린 결정은 분명 환자 일상의 많은 측면에 영향을 미친다.

정신장애의 진단 및 분류 : 역사 및 개관

DSM 이전

이상 행동은 *DSM* 첫 번째 판이 등장하기 오래전부터 관심을 받아왔다. 이상 행동에 대한 논의는 고대 중국, 히브리, 이집트, 그리스, 그리고 로마 사회의 문서에도 나타난다(Butcher et al., 2007; Millon & Simonsen, 2010). Hippocrates(460~377 BCE)는 이상에 대해 광범위하게 서술하였지만 이전 학자들과는 다르게 악마나 신에게 홀린 상태와 같은 초자연적 설명을 하지 않는다. 대신에 그의 이론은 이상에 대한 자연적 원인을 강조한다. 특히 그는 체액(혈액, 점액, 흑담즙, 황담즙)의 불균형을 다양한 형태의 정신장애의 기저 원인으로 지목하였다(Blashfield, 1991; Butcher et al., 2007). 당대의 정신건강전문가들은 그의 특정 이론을 구식이라고 평가했지만, 정신병리의 자연적 원인에 대해 Hippocrates가 강조한 것은 현재의 정의를 향한 초기 중요한 진전이었다.

Hipporcrates부터 19세기까지의 역사에서 우리는 유럽과 미국의 다수 지역에서 정신장애자의 치료를 위한 정신병원이 설립된(이전에 정신질환자들이 겪을 수 있었던 감금이나 학대와는 상반되게) 시대를 찾을 수 있을 것이다. 이러한 입원치료 환경에서 정신건강전문가들은 보다 긴 시간 동안 정신장애를 가진 사람들을 관찰할 기회를 가졌다. 이러한 다양한 환경에서 얻은 치료의 부산물은 환자를 조직화하는 범주의 목록이다. 한 예로, 프랑스에서 Philippe Pinel(더 자세한 내용은 제2장 참조)이 멜랑꼴리아(melancholia), 조증, 치매와 같은 특정 범주를 제안했던 것을 들 수 있다. 결국 이러한 몇몇 기관의 직원들은 서로 고유한 진단 체계를 공유했으며 더 일반적인 전문용어들이 등장했다(Langenbucher & Nathan, 2006).

1990년 즈음에 우리가 현재 사용하는 최종적인 *DSM* 체계로의 중요한 움직임이 시작되었다(Widiger & Mullins-Sweatt, 2008). (마찬가지로 제2장에서 논의된) Emil Kraepelin은 조울 정신병(manic-depressive psychosis), 조발성 치매(각각 양극성장애와 조현병과 거의 동등한; Millon & Simonsen, 2010)와 같은 특정 범주를 명명하였다. 이와 같은 Kraepelin의 기여 때문에 그를 현재 진단 체계의 창시자라고 평한다(Langenbucher & Nathan, 2006). 1800년대 후반과 1900년대 초반에 진단 범주의 주 목적은 통계 및 전수 데이터를 수집하는 것이었다. 이후 1900년대 중반에 미육군과 재향군인관리국(Veterans Affairs, 현재는 국가보훈처)은 제2차 세계대전 진단과 치료를 용이하게 하기 위한 고유의 초기 범주화 체계를 개발하였다(American Psychiatric Association, 2000; Office of the Surgeon General, Army Service Forces, 1946). 이 군사 범주화 체계는 *DSM*의 가장 최근 판과는 매우 다르지만 사실상 10년도 지나지 않아 시작된 *DSM* 첫 번째 판 집필에 중요한 영향을 미쳤다(Langenbucher & Nathan, 2006).

DSM 초기판(I, II)

*DSM-I*은 미국정신의학회가 1952년에 출간하였다. 개정판으로 *DSM-II*가 1968년에 뒤따라 출간되었다. 이 두 판은 사실상 매우 서로 유사하지만, 이후에 출판되는 모든 *DSM* 판들과는 확연히 차이가 난다(Lilienfeld & Landfield, 2008a). *DSM-I*과 *DSM-II*는 정신증(현재의 조현병을 포함할 수 있는), 신경증(현재의 주요우울장애, 양극성장애, 불안장애를 포함할 수 있는), 그리고 성격

장애(현재의 성격장애를 포함할 수 있는)라는 3개의 광범위한 장애 범주만을 포함했다(Blashfield, Flanagan, & Raley, 2010; Horwitz, 2015).

특히 *DSM-I*과 *DSM-II*에서의 장애에 대한 정의는 과학적 · 경험적 바탕에 토대를 두고 있지 않다는 점에 주목해야 한다. 대신에 이 두 판은 "*DSM* 조직위원회에서 근무한 소수의 원로학자인 정신과 의사들의 축적된 임상적 지식"을 반영한다(Langenbucher & Nathan, 2006, p. 5). 이들의 대부분은 정신분석을 지향하였고, 따라서 처음 두 판의 용어는 개인과 그들의 문제를 이해하기 위한 정신분석학적 접근을 취하고 있다. 게다가 *DSM-I*과 *DSM-II*에서 개별 장애에 대한 기술은 특정 증상이나 진단으로 이루어진 항목들이 아니었다. 즉 단순히 산문 형태로 구성되어있었는데, 보통은 장애마다 하나의 단락으로 임상적 조건에 대해 상대적으로 모호한 기술이 나열되어있었다. 결과적으로 *DSM-I*과 *DSM-II*의 진단 범주는 당시 임상실무자에게 매우 제한적인 일반화 가능성과 유용성을 가져다주었다(Woo & Keatinge, 2008).

DSM 신판(III, III-R, IV, IV-TR)

*DSM-III*는 1980년에 출간되었고 *DSM-I*과 *DSM-II*와는 매우 다르다(Widiger & Mullins-Sweatt, 2008; Widiger & Trull, 2007). *DSM-I*, *DSM-II*와 비교하자면, *DSM-III*는 정신장애를 정의할 때 몇몇 중요한 점에서 상당히 다른 접근법을 반영한다(Blashfield et al., 2010; Decker, 2013; Sprock, 2015; Whooley & Horwitz, 2013).

- *DSM-III*는 어떤 장애를 포함시킬지 그리고 어떻게 그것들을 정의할지 결정하기 위해 경험적 자료에 훨씬 더 의존했다.
- *DSM-III*는 장애를 정의하기 위한 특정 진단기준을 사용했다. *DSM-III*에는 몇몇 기술 단락이 포함되어있지만(그리고 대부분의 장애에 대해서 기술 단락을 늘렸지만), 이러한 단락 뒤에는 개인이 진단받기 위해 꼭 존재해야 하는 증상을 훨씬 더 상세하게 기술하는 특정 기준(기본적으로 체크리스트)이 제시된다.
- *DSM-III*는 특정 치료 및 정신병리 이론을 고수하지 않는다. 결과적으로 이전 판들의 정신분석학적 용어는 단일 학파의 의견을 반영하지 않는 다른 용어로 대체되었다.
- *DSM-III*는 이후 몇 개의 *DSM* 개정판에 남아있다가 *DSM-5*에서 폐지된 **다축진단체계**(multiaxial assessment)를 도입했다. 다축진단이 적용되었을 때는 정신의학적 문제가 5개의 다른 축상에서 기술되었다. 축 I은 (시작점과 종료점을 가질 것 같은) 더 삽화적인 장애를 포함하고, 축 II는 더 안정적이거나 오래 지속된다고 생각되는 장애를 포함한다. 축 III과 IV는 당

면한 정신건강 문제와 관련된 의학적 상태와 심리사회적/환경적 문제를 임상가가 각각 기술할 수 있도록 한다. 그리고 축 V는 전반적 기능 수준 평가(GAF) 척도라고 알려져 있는데, 전반적 기능 수준을 나타내는 100점 연속선상에 환자를 평정한다.

*DSM-III*의 두드러진 특징은 이전 판들보다 현저하게 더 길고 포괄적인 진단 매뉴얼의 양이다. 이전 판에 제시된 장애에 대해서 *DSM-III*는 특정 기준에 대한 기술을 늘렸고 목록들을 추가시켰다. 또한 많은 새로운 장애를 포함시켰다. *DSM-II*에서 182개, *DSM-I*에서 106개였던 것과는 다르게 총 265개의 장애를 다룬다. 이러한 모든 요소의 결과로 *DSM-III*는 *DSM-II*보다 그 양이 3배 증가하였다(Houts, 2002). *DSM*의 후속 개정판들, 즉 *DSM-III-R*(American Psychiatric Association, 1987), *DSM-IV*(American Psychiatric Association, 1994), 그리고 *DSM-IV-TR*(American Psychiatric Association, 2000)은 1980년에 *DSM-III*가 도입한 주요 양적 · 질적 변화를 나타낸다(Widiger & Crego, 2015). *DSM-5*는 고유한 몇몇 중요 변화를 특징으로 하지만(이 장의 후반부에 상세히 논의될 것이다) 마찬가지로 위의 변화 또한 상당 부분 포함하고 있다.

표 7.1은 *DSM* 역사상 초기 단계(*DSM-II*; American Psychiatric Association, 1968)와 가장 최근 단계(*DSM-5*; American Psychiatric Association, 2013)에서 특정 장애 즉 이전에 기술되었듯이 범불안장애, 또는 '불안신경증(anxiety neurosis)'에 대한 정의와 예를 보여준다. 최신판의 정의와는 대조적으로, *DSM-II*에서는 정신분석에서 제안된 **신경증**이라는 장애를 보다 구체적인 특정 진단기준을 통해 정의하기보다는 한 단락으로 간략하게 기술하고 있다.

DSM-5 최신판

2013년 5월에 *DSM-5*가 출간되었다. 약 20년 동안 처음으로 매뉴얼을 상당히 수정했고 막대한 노력이 기울여졌다. 2명의 저명한 정신건강 연구자인 David Kupfer와 Darrel Regier를 대표로 하여 10여 개 이상의 국가에서 온 수백 명의 전문가가 포함되었고, 이들은 12년 넘게 많은 시간과 전문 지식을 공유하며 출간되기 전 마지막 6년 동안 특히 많은 기여를 하였다(American Psychiatric Association, 2013; Kupfer, Kuhl, & Regier, 2013; Marty & Segal, 2015; Paris, 2013b, 2015a; Regier, Kuhl, & Kupfer, 2013).

이 광범위한 프로젝트에는 여러 단계가 포함되었다. 일찍이 조직위원회(기본적으로 다양한 정신장애 영역에서의 저명한 연구자들의 위원회)가 구성되었다. 당시 조직위원회의 위원들이 작업 팀을 이끌었고, 각각의 작업 팀은 특정 영역의 정신장애에 집중하였다(예 : 섭식장애 작업 팀, 정신병적 장애 작업 팀). 이러한 작업 팀들은 이전 *DSM*에 기술된 장애들을 검토하고 장애의 정의를

표 7.1 *DSM-II*와 *DSM-5*에서 정의된 불안 신경증/범불안장애

DSM-II(American Psychiatric Association, 1968) : 300.0 불안 신경증	*DSM-5*(American Psychiatric Association, 2013) : 300.02 범불안장애
이 신경증은 공황상태로 이어질 수 있는 과잉염려, 불안과 종종 신체적 증상과 관련되는 것으로 특징지을 수 있다. 공포 신경증과는 다르게 불안은 어떤 상황에서도 나타날 수 있고 특정 상황이나 대상에 한정적으로 나타나는 것이 아니다. 이 장애는 현실적으로 위험한 상황에서 일어나는 정상적인 불안이나 두려움과는 구분되어야 한다.	(직무수행이나 학업과 같은) 수많은 일상 활동에 있어서 지나치게 불안해하거나 걱정(염려)을 하고, 그 기간이 최소한 6개월 이상으로 그렇지 않은 날보다 그런 날이 더 많아야 한다. 이런 걱정을 조절하기 어렵다고 느낀다. 불안과 걱정은 다음의 여섯 가지 증상 중 적어도 세 가지 이상의 증상과 관련이 있다(지난 6개월 동안 적어도 몇 가지 증상이 있는 날이 없는 날보다 더 많다). 주의 : 아동에서는 한 가지 증상만 충족되어도 된다. 1. 안절부절못하거나 낭떠러지 끝에 서있는 느낌 2. 쉽게 피곤해짐 3. 집중하기 힘들거나 머릿속이 하얗게 되는 것 4. 과민성 5. 근육의 긴장 6. 수면 곤란(잠들기 어렵거나 유지가 어렵거나 밤새 뒤척이면서 불만족스러운 수면 상태) 불안이나 걱정, 혹은 신체 증상이 사회적, 직업적, 또는 다른 중요한 기능 영역에서 임상적으로 현저한 고통이나 손상을 초래한다. 장애가 물질(예 : 약물 남용, 약물치료)의 생리적 효과나 다른 의학적 상태(예 : 갑상선기능항진증)로 인한 것이 아니다. 장애가 다른 정신질환으로 더 잘 설명되지 않는다[예 : 공황장애에서 공황발작, 사회불안장애(사회공포증)에서 부정적 평가, 강박장애에서 오염이나 다른 강박사고, 분리불안장애에서 애착 대상과의 분리, 외상후 스트레스장애에서 외상 사건의 상기, 신경성 식욕부진증에서 체중 증가, 신체증상장애에서 신체적 불편, 신체이형장애에서 지각된 신체적 결함, 질병불안장애에서 심각한 질병, 조현병이나 망상장애에서 망상적 믿음의 내용에 대해 불안해하거나 걱정하는 것].

출처 : Reprinted with permission from the *Diagnostic and Statistical Manual of Mental Disorders*, Second Edition (Copyright © 1968). American Psychiatric Association. All Rights Reserved.

Reprinted with permission from the *Diagnostic and Statistical Manual of Mental Disorders*, Fifth Edition (Copyright © 2013). American Psychiatric Association. All Rights Reserved.

추가, 삭제, 결합, 분리, 수정을 포함하여 개정을 제안하기도 했다. 지도자들은 또한 작업 팀과 분리되어서 작업 팀이 제안한 변화를 지지할 충분한 과학적 증거가 있는지 확인하는 업무를 맡은 과학적 검토위원회를 설치하였다(Kendler, 2013). 과정의 후반부에는 제안된 변경사항을 위한 시험을 실시하였다. 즉 그들은 제안된 변경사항이 얼마나 신뢰할 수 있고 임상적으로 유용한지 확인하기 위한 의도로 임상가가 환자의 진단에 제안된 변경사항을 실시해보도록 요청하였다(American Psychiatric Association, 2013; Clarke et al, 2013; Regier, Narrow et al., 2013; Widiger & Glover, 2015).

2010년 초에 *DSM-5* 저자들이 제안된 변경사항의 초안 포스팅을 포함하여 진단과 관련된 진전사항에 대해 대중과 소통할 수 있는 웹사이트(dsm5.org)를 정비했다. 이 웹사이트는 또한 전문가, 환자, 정신건강 옹호 집단, 어떤 사회 구성원이든 이해 관계자의 평가를 요청했다. 그리고 저자들은 웹사이트를 통해 13,000개 이상의 논평을 받았고 이메일과 편지와 같은 다양한 통로를 통해 또 다른 12,000개의 논평도 추가로 받았다(American Psychiatric Association, 2013; Jeste, Lieberman, Scully, & Kupfer, 2012; Porter, 2013).

이 과정을 거치면서 *DSM-5* 저자들은 **국제질병분류**(*International Classification of Diseases, ICD*)를 출간한 세계보건기구(WHO)와 노력을 분담하고자 하였다. **국제질병분류**는 최근에 10판이 나왔고 곧 11판이 나올 것으로 예상되고 있으며, 미국 이외의 많은 국가에서 질병(정신장애와 다른 모든 건강 관련 문제)이 코딩되고 분류되는 주요 방식이다(Evans & Roberts, 2015). *DSM*과 *ICD* 간의 보다 높은 일치도는 국가 간 의사소통을 증진시키고 연구 설계를 향상시킬 것이다(American Psychiatric Association, 2013; Frances, 2013a; Frances & Nardo, 2013; Paris, 2015a; Regier, Kuhl et al., 2013). [중국도 독자적인 정신장애 분류 체계인 **중국판 정신장애 분류**(*Chinese Classification of Mental Disorders*)를 가지고 있다.]

*DSM-5*에서 변경되지 않은 내용

*DSM-5*의 저자들은 수많은 변경을 했지만, 이러한 변경사항을 확인하기 전에 그들이 고민했지만 결국에는 변경하지 않은 사항들을 검토해보자. 변경하지 않은 사항은 *DSM-5* 저자들이 거친 의사결정 과정, 모든 제안이 채택된 것은 아니라는 사실 및 편람의 후속 판들에서 다시 고려되어야 할 변화점을 시사하기 때문에 중요하다.

- 처음에 *DSM-5* 저자들은 정신장애의 신경심리학 또는 생물학적 근원을 강조하기 위해 편람을 대대적으로 정비하는 것을 고려했다. 이것은 정신장애를 정의하는 근본적인 방식이 행동 증상의 기술에서부터 생물학적 증거(의학의 많은 영역에서 질병이 있는지 확인하기 위해 혈

액검사, 조직검사, X-ray, PET 스캔, 유전자 분석, 또는 다른 실험실 결과를 활용하는 것과 거의 마찬가지로)로 바뀌는 중요한 패러다임의 변화였다. 그러나 이러한 점에서 정신건강이 다른 많은 전문 분야보다 뒤쳐진다는 것이 *DSM* 저자에게 명백해졌다. 즉 생물학적 요소를 포함한 많은 정신장애들이 있지만 그런 장애들은 결정적인, 신뢰할 수 있는 '생물학적 표지(biological marker)', 즉 '양성반응'을 보이거나 '음성반응'을 보인다는 것을 결정적으로 보여주는 것이 부족하다. 이런 생물학적 표지는 결국 신경과학의 진전으로 알려졌지만 아직은 생물학적 표지를 진단적 도구로 사용할 만큼 명확하게 연구가 이루어지지 않았다(Pairs, 2013b, 2015a; Pierre, 2013; Stringaris, 2013). 한 저자가 밝혔듯이, "*DSM-5*는 2013년을 위해 집필된 것이지 2063년이나 2113년을 위한 것이 아니다." 게다가 그때가 되면 정신장애와 신경학적 · 생물학적 근거 간의 연결이 충분히 강해질 것이다(Paris, 2013a, p. 41).

- *DSM-5* 저자들이 고민한 또 다른 전반적인 변경사항은 정신장애의 차원적 정의로의 전환이다. 이 주제는 이 장의 후반부에 더 자세히 다루겠지만 기본적으로 차원적 정의는 범주적 또는 실무율적("yes or no") 방식으로 엄격하게 장애를 보지 않고 연속선상에서 바라본다. 즉 단지 환자를 주요우울장애를 '가졌거나', '가지지 않았다'고 기술하기보다는 임상가가 환자의 우울 증상(또는 기저의 특성)을 척도상에서 평정할 수 있다(예 : 1~10 범위; Whooley & Horwitz, 2013). 결국에는 이러한 개념이 편람의 광범위한 개편을 타당화하기엔 너무 이르고 복잡하기 때문에 받아들여지지 않았지만 *DSM-5* 저자들은 미래의 개정판에서는 이 문제에 대해 심각하게 고민해보기를 제안하였다(American Psychiatric Association, 2013; De Fruyt et al., 2013; Gore & Widiger, 2013; Phillips, 2013).
- 또한 차원적 접근법은 성격장애 같은 정신장애의 특정 하위군집에 대해 진지하게 고려되었다. 이 장의 후반부에서 다루겠지만, 축적된 중요 연구들은 성격장애가 엄격하게 범주적인 것과는 반대로 차원적 개념화에 가장 적합하다고 시사한다. *DSM-5* 저자들은 성격장애를 차원적으로 이해하는 특정 방법을 제안하였지만, 그 제안은 너무 복잡하고 임상적으로 충분히 유용하지 않다는 이유로 받아들여지지 않았다. 제안은 시행되지 않았지만 연구자들이 추후 고려사항으로서 연구하고 수정할 수도 있다는 가능성과 함께 '새로 개발된 평가치와 모델'이라는 *DSM-5*의 후반부에 포함되어있다(American Psychiatric Association, 2013; Black, 2013; Hopwood, Schade, Krueger, Wright, & Markon, 2013; Skodol et al., 2013).
- 성격장애와 관련하여 *DSM-5* 저자들은 이전에 포함되었던 10개의 성격장애 중 5개를 제거하는 것을 고민하였는데, 이것은 범주를 상당히 많이 수정해야 하는 변경사항이다. 한때 도마위에 놓인 5개의 성격장애는 편집성, 조현성, 연극성, 의존성, 그리고 자기애성 성격장애이

다. *DSM-5* 저자들은 결국 5개 모두 유지하기로 결정하였다(American Psychiatric Association, 2011; Pull, 2013).

- 새로운 특정 장애에 대해 논의되었지만 결국 받아들여지지 않은 수많은 제안이 있었다. 이 제안들의 다수는 *DSM*의 추후 개정판에 대해 연구자들이 '특정 목표를 달성할지'를 결정하는 연구를 수행하는 것이 가능하도록 '새로 개발된 평가치와 모델' 부분에 '제안된 진단기준'으로 명시되어있다. 여기에는 다음과 같은 것이 포함된다.
  - **약화된 정신병 증후군**은 조현병의 특성인 환각, 망상, 와해된 언어를 특징으로 하지만 훨씬 약화되었고 더 짧은 기간 나타나며 생활 전반에 걸쳐 현실과의 접촉을 잃지 않는다. 현실검증력은 비교적 온전하다(American Psychiatric Association, 2013; Frances, 2013a; Tsuang et al., in press; Wakefield, 2013a).
  - **혼재성 불안-우울 장애**(mixed anxiety-depressive disorder)는 불안과 우울의 몇몇 증상을 보이지만 기존 장애(예 : 범불안장애나 주요우울장애; American Psychiatric Association, 2013; Frances, 2012a)를 충족시킬 만큼 그 증상이 충분하지 않다.
  - **인터넷게임장애**는 과도하고 다른 영역에 지장을 주는 인터넷 게임 행동을 특징으로 한다(King & Delfabbro, 2014a, 2014b). *DSM-5* 저자들은 비록 인터넷게임장애만큼은 아니지만 쇼핑, 운동, 일, 성과 같은 다양한 비물질 중독 관련 행동을 바탕으로 한 다른 장애들을 고려하였다(American Psychiatric Association, 2013; Frances, 2013a; Greenberg, 2013; Kafka, 2013; King & Delfabbro, 2013; Petry & O'Brien, 2013; Wakefield, 2013a).

*DSM-5*의 새로운 특징

*DSM-5*의 가장 중요한 변경사항 중 몇 가지는 특정 장애에 집중하지 않고 전체 편람이 구조화되고 제시되는 방식에 초점을 두고 있다는 것이다. 그중에 다음과 같은 것이 있다.

- 편람의 제목은 *DSM-V*가 아니라 *DSM-5*이다. 즉 저자들은 숙고 끝에 이전 판(예 : *DSM-II*, *DSM-III*, *DSM-IV*)에서 사용하던 전통적인 로마 숫자체계로부터 아라비아 숫자체계로 변경하였다. 이 변화는 컴퓨터 운영체제와 응용 프로그램 변경이 종종 명명되듯이 *DSM-5.1*, *DSM-5.2* 등과 같은 이름이 붙여질 더 빈번한 사소한 업데이트를 가능하게 한다. 따라서 이와 같은 명명 방식의 변화는 단순히 피상적인 것이 아니다. 그것은 *DSM*이 미래에 정신장애에 대한 우리의 이해를 향상시키는 새로운 연구에 더 빨리 응답할 '살아있는 문헌'이라는 것을 시사한다. 우리는 더 이상 주요 개편/개정이 될 때까지 10년 혹은 20년 동안 *DSM*의 단일의, 변화 없는 형태를 고수할 필요가 없을 것이다. 대신에 소척도는 계속해서 변화할 것이

다. 편람의 '새로 개발된 평가치와 모델' 부분(앞에 언급했듯이)이 아직은 *DSM*에 공식적으로 포함되지 않았지만 더 많은 관심이 뒤따른다면 추후 개정판에서 포함될 수 있는 조건들을 연구자와 임상가들이 고려하도록 촉구할 수 있기 때문에 살아있는 문헌이라는 개념이 타당하다(Kraemer, 2013; Moran, 2013a; Paris, 2013b, 2015a; Stringaris, 2013; Wakefield, 2013a; Whooley & Horwitz, 2013).

- 다축진단체계(1980년 *DSM-III* 이래로 *DSM*의 핵심 특징)는 *DSM-5*부터 모두 폐기되었다. 이 변화는 임상가가 환자를 진단하는 방법에 수많은 중요한 변화를 가져왔다. 예를 들어, 단기적이거나 삽화적인 장애(주요우울장애와 같이 이전에는 축 I에 해당되는 것)로부터 장기적으로 지속되는 경향이 있는 장애(발달장애와 성격장애와 같이 이전에는 축 II에 해당되는 것)를 구분하는 전통적인 축들이 현재 폐기되었다. 이것은 향후에 연구자, 임상가, 환자, 또는 이외의 내담자들이 이러한 장애들을 다르게 개념화하는 결과를 이끌 수 있다. 또한 축 V, 전반적 기능 수준 평가(GAF) 척도는 현재 폐기되었으며, 따라서 임상가가 모든 장애에 걸쳐 환자의 기능 수준을 기술할 수 있는 단일한 숫자 척도가 더 이상 존재하지 않는다(비록 환자가 스스로 완료할 수 있는, 세계보건기구가 개발한 설문지가 '새로 개발된 평가치와 모델' 부분에서 추후 고려를 위해 포함되었음에도 불구하고; American Psychiatric Association, 2013; Kupfer et al., 2013; Paris 2015a; Wakefield, 2013a).

*DSM-5*의 새로운 장애

*DSM-5*는 단순히 기존 장애들의 개정이나 재편성이 아니라(다음 단락에서 보겠지만), 편람의 이전 판에서 제시된 장애로 설명이 안 되는 문제들을 적어도 어느 정도는 설명하는 수많은 장애를 도입하였다. 이들 장애에는 다음과 같은 것이 있다.

- **월경전불쾌감장애**(PMDD; 이 장 후반부의 글상자 참조)는 기본적으로 월경전증후군(PMS)보다 더 심각하며, 전년도 대부분의 월경 주기에서 나타나는 적어도 5개 이상의 정서적·신체적 증상을 의미한다. 이것은 직무수행이나 학업, 일상적인 사회 활동이나 대인관계를 현저하게 방해한다(American Psychiatric Association, 2013; Paris, 2013b; Regier, Kuhl, et al., 2013; Wakefield, 2013a).
- **파괴적 기분조절부전장애**(DMDD)는 기본적으로 6~18세 아동에게서 나타나는 재발성 분노발작(분노발작이 1년에 걸쳐 평균적으로 일주일에 3회 이상 발생)이며, 이러한 분노발작은 아동의 발달 수준에 부합하지 않고 최소 2개 이상의 환경(예 : 집, 학교, 또래집단)에서 나타나야 한다. 또한 분노발작 사이에도 과민함과 분노를 나타낸다. 이 새로운 진단이 추가된 것은

지난 수십 년 동안 아동 양극성장애 진단(그리고 있을지도 모를 과진단과 과처방)이 급증한 사실에 의해 촉발되었다(American Psychiatric Association, 2013; Copeland, Angold, Costello, & Egger, 2013; Frances & Batstra, 2013; Pierre, 2013).

- 폭식장애(BED)는 부분적으로 신경성 폭식증과 비슷하다. 하지만 신경성 폭식증과는 달리 폭식장애는 먹는 것에 지나치게 빠져 있지만(탐닉하지만) 과도한 운동과 같은 보상 행동을 통해 칼로리를 소모하려고 하지 않는다. 폭식은 평균적으로 최소 3개월 동안 일주일에 1회 이상 발생해야 하고, 먹는 것에 대한 조절 능력의 상실을 느끼는 것뿐만 아니라 급하게 먹음, 불편하게 배가 부를 때까지 먹음, 얼마나 많이 먹는지에 대한 수치심 때문에 혼자서 먹음, 폭식 후 스스로에 대한 역겨운 느낌, 우울감 혹은 큰 죄책감을 느끼는 것과 같은 증상을 동반한다(American Psychiatric Association, 2013; Cassin & David, 2015; Moran, 2013b; Ornstein et al., 2013; Stice, Marti, & Rohde, 2013).
- 경도신경인지장애(mild NCD)는 치매나 기억상실 같은 주요신경인지 문제(major neurocognitive problem)보다는 경미하다. 경도신경인지장애를 진단하기 위해서는 기억, 언어, 주의, 집행 기능과 같은 인지 기능에서 인지 저하가 경미하게 나타나야 하지만 인지 결손이 일상 활동에서 독립적 능력을 방해하지는 않는다(American Psychiatric Association, 2013; Blazer, 2013; Frances, 2013a).
- 신체증상장애(SSD)는 일상에 중대한 지장을 일으키는 하나 이상의 신체 증상과 그 증상(또는 증상들)에 대한 과도한 생각이 함께 나타난다. 이러한 과도한 생각은 실제보다 그 증상을 더 심각하게 지각하는 것, 증상에 대한 높은 불안을 경험하는 것, 증상에 대해 과도한 시간과 에너지를 소비하는 것을 포함한다(American Psychiatric Association, 2013; Frances, 2012b, 2013d; Frances & Chapman, 2013; Rief & Martin, 2014).
- 수집광(hoarding disorder)은 실제 가치와는 상관없이 지속적으로 소지품을 버리는 것을 어려워하며, 그 결과 혼잡하거나 어수선한 집에 살고 직업, 사회, 안전과 같은 중요한 영역에서의 손상을 경험한다. *DSM* 이전 판들에서는 수집광에 대해서도 강박장애 진단이 내려졌을 가능성이 있지만, 이들의 행동은 종종 강박장애 진단기준에 완벽하게 부합되지 않았다. 현재 *DSM-5*에서 수집광 진단기준은 강박장애와 뚜렷이 구분된다(American Psychiatric Association, 2013; Greenberg, 2013; Regier, Kuhl, et al., 2013).

*DSM-5*에서 수정된 장애

경우에 따라서 *DSM-5* 변경사항은 기존의 장애를 어떤 면에서 수정한 것이다. 즉 진단기준이 변경되었거나 장애가 합쳐졌거나 연령 제한이 조정되었다. 이들 수정 사항에는 다음과 같이 것이 있다.

- 이전에 주요우울 삽화 진단기준에 포함되었던 이른바 '사별에 대한 애도 반응'이 삭제되었다(bereavement exclusion). 구체적으로 *DSM* 이전 판들은 주요우울이 사별 직후 2개월 동안 애도하는 (또는 사별한) 사람에게는 진단될 수 없다고 명시하였다. 사별에 대한 애도 반응의 근거는 그러한 상실에 흔히 뒤따르는 슬픔이 주요우울이라는 정신장애와 혼동되면 안 된다는 것이다. *DSM-5*에서 이 진단이 삭제된 것은 지난 2개월 내에 상실을 겪은 사람에게 임상가가 판단하기에 그 증상(슬픔, 수면 및 섭식 변화 등)이 개인사와 문화를 바탕으로 한 기대보다 심할 경우 진단될 수 있다는 것을 의미한다. 사별에 대한 애도 반응을 삭제한 것은 애도 중일 때도 실제로 비정상적인 수준의 우울 증상을 겪는 사람이 보다 심각해지기 전에 발견되고, 진단되고, 즉시 치료받도록 하기 위함이다(American Psychiatric Association, 2013; Fox & Jones, 2013; Parker, 2013; Porter, Mulder, & Lacey, 2013; Wakefield, 2013c).
- 자폐장애, 아스퍼거장애 및 발달장애에 대한 *DSM-IV* 진단을 단일 *DSM-5* 진단인 **자폐스펙트럼장애**로 통합시켰다. *DSM-5* 저자들에 따르면 이 장애들을 통합한 것은 각 장애들이 사회적 의사소통 문제, 제한되거나 반복적인 행동 및 흥미로 정의되는 손상이라는 동일 스펙트럼상의 다양한 측면을 나타내기 때문이다(American Psychiatric Association, 2013; Kent et al., 2013; Kupfer, Kuhl, et al., 2013; Mayes, Black, & Tierney, 2013; Pina-Camacho et al., 2013; Regier et al., 2013). 즉 현재 이들 장애는 동일 문제에 대한 경도, 중등도, 고도 수준으로 명시된다.
- 주의력결핍 과잉행동장애(ADHD) 진단기준에 따르면, 증상이 처음 나타나야 하는 연령이 7세에서 12세로 변경되었고, 성인의 경우 진단에 필요한 증상의 개수는 5개로 명시되었다(아동의 경우 6개인 것과 구분됨; American Psychiatric Association, 2013; Frances, 2013a; Paris, 2013a; Wakefield, 2013a).
- 신경성 폭식증(bulimia nervosa)의 진단기준에 따르면, 장애로 진단하기 위한 폭식의 빈도가 일주일에 2회에서 1회로 감소되었다. 신경성 식욕부진증(anorexia nervosa)의 진단기준에 따르면, 월경이 중단되어야 한다는 요건이 생략되었고 저체중의 정의가 양적 정의(기대 체중의 85% 이하)에서 연령, 성별, 발달, 신체 건강을 고려하는 덜 구체적인 기술로 변경되었다(American Psychiatric Association, 2013; Moran, 2013b; Ornstein et al., 2013).
- *DSM-IV*에서 2개의 개별적인 진단이었던 물질남용(substance abuse), 물질의존(substance dependence)이 **물질사용장애**(substance use disorder)라는 단일 진단으로 통합되었다. 내성과 금

단은 *DSM-IV*에서 오로지 물질의존과 관련되었는데(또한 중독과 혼동되었는데), 실제로는 물질의존자들뿐만 아니라 다양한 용량의 물질을 사용하는 사람들 또한 내성과 금단을 경험한다(American Psychiatric Association, 2013; Compton, Dawson, Goldstein, & Grant, in press; Hasin et al., 2013).

- 정신지체(mental retardation)는 지적장애(intellectual disability, 지적발달장애)로 명칭이 변경되었고 읽기, 수학, 쓰기 학습장애는 새로운 명칭의 단일 진단인 **특정학습장애**로 통합되었다(American Psychiatric Association, 2013; Berkule, 2015; Schalock, 2015).
- 강박장애는 불안장애 범주에서 분리되어 새로운 개별 범주, 즉 강박 및 관련 장애에 포함되었고 강박 및 관련 장애는 또한 발모광(털뽑기장애), 수집광, 피부뜯기장애, 신체이형장애(body dysmorphic disorder)를 포함한다(Abramowitz & Jacoby, 2014, 2015; American Psychiatric Association, 2013).
- 기분장애 범주는 (기분이 매우 슬픈) 우울장애, 양극성 및 관련 장애(기분이 조증과 울증 사이에서 번갈아 나타난다)의 2개의 장애로 분리되었다(American Psychiatric Association, 2013; Gotlib & LeMoult, 2014).

*DSM-5*를 둘러싼 논란

*DSM-5*는 2013년 5월에 이미 수개월 동안 무성하였던 논란의 중심에 섰다(Cooper, 2013). 이 논쟁은 학술지와 학회를 훨씬 벗어나 잡지, 신문, 도서, 텔레비전, 웹사이트와 같은 대중매체로 확장되었다. 논쟁은 미국을 넘어 유럽, 호주, 아시아, 남미로 확장되어 보도되었다(Frances, 2013e). 다수의 작업 팀에 속해 있던 회원들은 개정 중간에 작업을 정지하고 *DSM-5* 출간을 위한 과정에 대해 공식적으로 의구심을 표현했다(Frances, 2012c; Greenberg, 2013). 미국심리학회 32분과(Society of Humanistic Psychology), 미국상담학회(American Counseling Association), 영국심리학회(British Psychological Society)를 포함한 여러 정신건강기관이 반대 입장의 문건을 보내왔다(Greenberg, 2013; Whooley & Horwitz, 2013). 수많은 정신건강전문가들이 *DSM-5* 불매운동을 하기에 이르렀다(Caccavale, 2013; Frances, 2013g).

*DSM-5*를 둘러싼 거의 모든 평가는 비판적이었고 Allen Frances(2012a, 2012b, 2013a, 2013b, 2013c, 2013d, 2013e, 2013f, 2013g)가 그 중심에 있었다. Frances가 *DSM-IV*의 조직위원회 회장이었다는 것을 인지하는 것이 중요하다. 즉 그는 1994년에 출간된 이전 판의 개정을 주도하였으므로 새로운 *DSM*을 구성하기 위한 수많은 도전과 결과를 이미 직접 경험한 바 있다. Frances는 사실상 거의 10년 동안 *DSM-5*에 관여할 의도가 전혀 없이 물러나 있었는데, 2009년 미국정신의학회

연차총회의 칵테일 파티에서 개정 과정에 대해 알려준 그의 동료에 의해 *DSM-5*에 대한 논쟁에 휘말리면서 개입하게 되었다(Frances, 2013a). 그 이후로 Frances는 라디오와 TV에 출연하고, 기사, 블로그 게시글, 심지어는 *DSM-5*의 결함에 대한 완성본을 책으로 출간하기까지 하였다. 그의 어조는 일관되게 비판적이었으며 많은 경우에 그는 매우 거침이 없었다. 예를 들면 다음과 같다.

- "이것은 연구, 임상실제 및 정신의학을 가르쳐온 내 45년 경력 중에서 가장 슬픈 사건이다. 명백히 위험하고 과학적으로 오류가 있는 여러 변경사항을 포함하며 심각한 결함을 가진 *DSM-5*에 미국정신의학회 이사회(The Board of Trustees of the American Psychiatric Association)는 최종 승인을 내어주었다. … 우리의 환자들, 사회, 그리고 정신건강전문가들은 더 나아질 자격이 있다"(Frances, 2012b).
- "*DSM-5*를 사용한다면, 환자들은 의학적 질병을 가진 것 때문에 흔히 신체증상장애로 진단되고, 정상적인 슬픔이 주요우울장애로 오해되고, 노화로 인한 망각이 경도신경인지장애와 혼동되고, 분노발작이 파괴적 기분조절부전장애로 명명되고, 과식이 폭식장애가 되고, 이미 남용되고 있는 주의력결핍장애 진단의 적용이 훨씬 더 쉬워질 위험이 있다"(Frances, 2013i).
- "나는 *DSM-5*가 정상인들에 대해 잘못된 낙인을 찍고, 진단 인플레이션을 초래하며, 부적절한 약물 사용을 부추긴다는 위험성에 대해 수많은 경고를 해왔다. … 다른 많은 사람들, 정신건강기관, 전문 학술지, 언론은 나와 똑같은 경고를 하였다. 우리는 몇 가지 긍정적인 결과를 얻었지만 전체적으로는 실패했다. *DSM-5*는 잘못된 방향으로 정신의학진단을 내몰았다"(Frances, 2013a, p. xviii).
- "나는 *DSM-5*를 무시하라고 조언하고 싶다. … 그건 잘 만들어지지 않았다. 안전하지도 않다. 사지 말아야 한다. 사용하지 말아야 한다. 그리고 만지지도 않아야 한다"(Frances, 2013f).

확실히 Frances는 혼자가 아니다. 비록 몇 안 되는 사람들이 이와 같이 매우 직설적이었지만, *DSM-5*의 다양한 측면에 대해 혹평한 이들 또한 다수 존재한다(예 : Greenberg, 2013; Paris, 2013a 2015a). 이들은 특히 무엇을 비판했을까?

- 진단 과팽창. *DSM-5*의 주요 비판점, 이것은 최근 *DSM*들에 대한 비난의 가장 핵심적 측면으로, 진단이 정상 생활의 너무 많은 부분을 다룬다는 것과 관련된다. 즉 힘들거나 불행한 삶의 경험을 지나치게 정신장애라 명명한다(Paris, 2015b; Wakefield, 2013a, 2016). (이 비판의 역사에 대해서는 이 장의 후반부에서 다룰 것이며 논쟁의 현재 상태는 제3장에서 더 자세히 다룬 바 있다.) 이러한 비판들은 심각한 월경전증후군(PMS)를 가지고 있는 여성, 기억이 예전과 같지 않은 노화 과정의 성인, 일주일에 한 번 폭식하고 그것에 대해 죄책감을 느끼는 성

인, 분노발작을 일으키는 아동이 *DSM-5* 이전에는 정상적인 삶의 투쟁을 겪고 있다고 여겨졌지만, *DSM-5*가 출간되고 나서는 각기 월경전불쾌감장애, 경도신경인지장애, 폭식장애 그리고 파괴적 기분조절부전장애를 보이는 정신장애자라고 명명될 수 있는 위험의 소지가 있음을 강조한다. 또한 이러한 비판은 *DSM-5*에서 의심스러운 연구 증거에도 불구하고 여러 장애들이 추가되었다는 것을 지적한다(Frances, 2013a; Wakefield, 2013a). 더 나아가서 그들은 기존 장애들의 진단기준 개편(주요우울 삽화에 대해 사별의 경우에는 진단하지 않았는데 이러한 배제기준을 삭제함, ADHD 증상이 나타나는 연령의 상향 조정, 폭식증을 진단하기 위한 폭식의 빈도 감소)으로 인해 해당 장애 비율이 더 높아지는 결과가 나타날 가능성이 있다는 것을 강조한다(Fox & Jones, 2013; Parker, 2013; Wakefield, 2013b). 이러한 추세를 거스를 수 있는 유일한 변화가 자폐장애, 아스퍼거장애, 유사 발달장애를 단일의 자폐스펙트럼장애로 통합한 것이다(Dobbs, 2013; Frances, 2012b; Mayes et al., 2013). 진단 과팽창과 관련된 가능성(제약 산업)은 제3장에서 더 자세하게 다룬 바 있다.

- **개편 과정의 투명성.** *DSM-5* 저자들이 개편 과정을 거치면서 편람 변경에 대한 제안을 포함한 정보를 공유하기 위해 웹사이트를 정비했지만 몇몇 비평가들은 저자들이 무엇을 공유할지에 대해서 모호하고 선택적이었고, 그들의 제안과 결정의 상당수가 결국은 빗장 속에서 이루어졌으며, 작업 팀의 구성원들은 변경 과정이 대중의 인식 밖에서 이루어지도록 비밀스럽게 동의서에 서명하도록 요구되었다고 주장했다(Cosgrove & Wheeler, 2013; Frances, 2012c; Frances, 2012e; Paris, 2013a).
- **작업 팀의 위원자격.** *DSM* 저자들의 결정은 적어도 이들이 누구인가에 달려있다. *DSM-5* 개편 과정에 합류한 사람들은 대부분 연구자들이었다. 분명 이들은 해당 전문 분야의 장애를 설계와 경험적 연구 수행이라는 점에서 이해하지만 그들 중 몇몇은 임상경험이 전무하거나 최소한이었을 가능성이 높기 때문에, *DSM*의 변화가 실제 클리닉, 병원, 개별적인 임상 실무에서 전업 임상가에게 미치는 영향을 평가할 수 있는 역량이 부족할 것이다(Paris, 2013a, 2015a; Whooley & Horwitz, 2013). 즉 *DSM-5*의 임상적 유용성은 저자들의 임상경험 부족으로 문제시된다(Mullins-Sweatt et al., 2016). 500명 이상의 임상 실무자들에게 *DSM* 장애들을 범주화시킬 기회를 준 연구가 이 주장을 지지한다. 그들은 *DSM*과는 별개로 서로 비슷한 장애를 일관되게 범주화했다(Reed et al., 2013). 반면에 정신건강 연구를 위한 선도적인 기금지원기관인 정신건강연구소(National Institute of Mental Health, NIMH)의 책임자 또한 *DSM-5*를 비판하면서 NIMH는 연구 목적으로 정신건강 문제를 정의할 수 있는 자신들만의 '연구 영역 기준'(Research Domain Criteria, RDoC)을 개발할 것이라고 발표했다. NIMH는 *DSM-5* 범

주 내에서보다는 범주에 걸친 정신건강 문제를 고려하는 연구 제안에 대해 선호를 보일 것이다(Insel, 2013; Lilienfeld & Treadway, 2016; Sanislow, Quinn & Sypher, 2015). 또한 작업 팀의 구성원들과 관련하여, 이들 중 몇몇은 '특별한 애정을 갖는' 자신만의 진단안(案)을 가지고 있는데, 이러한 진단안을 일관되고 효과적으로 추진하는 작업 팀원들은 무엇보다도 작업 팀에 초청되지 않은 이들보다 *DSM-5* 변화를 이끄는 성공적인 협상의 가능성을 더 많이 가지고 있다(Frances, 2013a; Shorter, 2013).

- **현장시험에서의 문제.** 이전에 언급했듯이 *DSM-5* 저자들은 실제 임상 장면에 있는 임상가들과 새로운 진단 체계의 신뢰도를 검증하기 위한 현장시험을 실시했다. 비평가들에 따르면 문제는 이러한 현장시험이 산출한 신뢰도 평정치 중 몇몇은 너무 낮다는 것이다. 즉 이러한 변화가 임상가들 사이에서 충분히 일관된 진단을 산출하지 않는다는 것이다. 현장시험의 두 번째 단계에서 이러한 문제가 어느 정도 수정될 수 있었지만 무효화되었다(Frances, 2012d, 2013a).
- **가격.** *DSM-5*의 원래 정가는 하드커버 199달러, 페이퍼백 149달러, 전자책 149달러였다. 이와는 반대로 *DSM-IV*가 1994년에 출간되었을 당시 가격은 65달러였다(Frances, 2013h). 몇몇 비평가들은 모든 정신건강전문가, 임상심리학, 정신의학, 관련 분야의 학생들, 더 넓게는 많은 건강전문가들이 기본적으로 *DSM* 책을 참조한다는 것을 고려할 때 터무니없는 가격이라고 평가하였다(미국 외 다른 국가에서 사용하는 정신장애 편람인 ICD의 대다수는 인터넷에서 무료로 이용 가능하다는 것을 주목할 필요가 있다). 사실 1980년대의 *DSM-III* 성공 이래로, *DSM*의 진전은 저자인 미국정신의학회에 상당한 자금을 제공해주었다. Sadler(2013)는 미국정신의학회 회계보고에 따르면 *DSM-IV*가 2005년에서 2011년 사이에(처음으로 출간된 지 수년이 지났고 판매량이 훨씬 높을 때) 해마다 500~600만 달러를 안겨다주었다고 보고했다. 이러한 비평가들과 다른 이들은 책을 출간하는 과정에서 만들어진 결정뿐만 아니라 책의 기준가에 수익이 어느 정도로 영향을 주었는지 의문을 품었다(Blashfield, Keeley, Flanagan, & Miles, 2014; Frances, 2012f).

그림 7.2 불안이 근간이 되는 장애를 포함한 정신장애의 정의는 *DSM*이 수정되면서 변화되어왔다. 이러한 변화의 장단점은 무엇이라 생각하는가?

*DSM*에 대한 비판

*DSM*의 가장 최신판은 모든 정신건강전문 영역에서 널리 사용되어왔고, 이 최신판은 분명 이전

● ● ● 글상자 7.3 ● ● ●

문화 고려하기

섭식장애는 문화 특수적인가?

DSM-5(American Psychiatric Association, 2013)는 고통의 문화적 개념 용어 해설을 포함하며 상대적으로 특정 문화 고유의 증후군과 경험을 목록화하고 있다. 식욕부진증과 폭식증은 이 목록에 해당되는가?

물론 현재 식욕부진증과 폭식증은 고통의 문화적 개념보다는 공식적 *DSM* 장애에 포함되어있고, 고통의 문화적 개념의 대부분은 미국 밖에서 유래된 것이다. 그러나 이러한 장애들이 문화적으로 특수한지에 대한 의문에는 근거가 있다. 결국 이 장애들은 다른 문화나 지역보다는 산업화된 서구사회, 특히 미국 여성 사이에서 훨씬 널리 퍼져 있다. Pamela K. Keel과 Kelly L. Klump(2003)는 이 질문에 대해 광범위한 연구를 수행하였고, 이 두 장애가 공식적으로 정의되고 명명되기 전의 역사뿐만 아니라 서구 및 비서구사회에서의 식욕부진증과 폭식증의 발병률을 확인하였다. 이 주제에 관한 이전 연구들에 대한 검토에서 Keel과 Klump가 밝힌 바에 따르면, 몇몇 연구자들은 이러한 섭식장애가 서구사회에만 한정되어 있으므로 문화 특수적(culture-bound)이라고 주장했다. 다른 연구자들은 문화에 더하여 유전학을 포함한 요인이 이러한 장애의 주요 원인이라고 강조했다. 궁극적으로 Keel과 Klump는 식욕부진증이 비록 그들의 문화적 조건에 대한 정의에 부합하지 않지만 폭식증은 부합한다고 결론지었다. 그들이 인용한 증거 중 폭식 행동이 갑자기 극적으로 증가했던 시점인(여성의 이상적인 신체상에 대해 할리우드식 말라깽이 중심의 정의를 미화한) 텔레비전 도입 직후 전까지 폭식 행동(특히 스스로 유도한 구토와 다른 보상 행동)이 사실상 전무했던 피지에서 섭식장애에 대한 연구가 있다(Becker, Burwell, Gilman, Herzog, & Hamburg, 2002).

Keel과 Klump(2003)의 연구가 제기한 질문은 분명히 임상심리학에 있어 중요한 이슈이다. 무엇이 지역적 · 토착적 · '전통적' 증후군을 진실된 공식적 장애로부터 분리하는가? 문화는 분명히 심리적 문제를 구체화하지만 각 문화가 다른 문화의 장애와 무관한 완전히 고유한 장애를 발생시킬 수 있을까? 그리고 궁극적으로 환자의 문제가 문화 특수적인지 아니면 더 보편적인지에 따라 임상심리학자의 치료가 어느 정도 종속되어야 할까?

판들보다 몇몇 중요한 점에서 진전을 보였다. 최신판들의 장점은 경험적 연구에 대한 강조, 분명한 진단기준의 사용, 임상자 간 신뢰도, 그리고 비학술적 용어의 사용이다(예 : Klerman, 1984; Malik & Beutler, 2002; Matarazzo, 1983). 게다가 *DSM*은 매우 널리 수용되는 공통의 전문가적 언어를 제공함으로써 연구자와 임상가 간 의사소통이 용이하도록 하였다(Lilienfeld & Landfield, 2008a; Wilson, 1993). 그러나 *DSM* 최신판은 중요한 비판 또한 받아왔다. 우리는 앞서 *DSM-5*에 대한 논의에서 이 비판점 중 몇 가지를 다루었다. 여기서 우리는 앞서 논의된 주제 및 다른 주제에 대해서도 자세히 다룰 것이다.

적용 범위

DSM 최신판은 비교적 짧은 시간 전에 발간된 이전 판들에 비해 더 많은 장애를 포함한다. 어떤 학자들은 이 확대가 너무 급작스러웠으며, 그 결과로 정신장애의 형태로 범주화되면 안 되는 경험들이 대거 장애목록에 포함되는 문제가 발생하였다고 주장했다(예 : Burr & Butt, 2000; Langenbucher & Nathan, 2006; Pilgrim & Bentall, 1999).

Houts(2002)는 성적 장애(sexual disorders), 물질관련장애, 그리고 수면장애와 같은 신체적 요소를 가진 몇몇 장애를 포함한 다수의 새로운 장애가 전적으로 '정신'장애인 것은 아니라고 지적하였다. Kutchins와 Kirk(1997) 그리고 Caplan(1995)은 *DSM*이 진단 가능한 정신장애라기보다는 일상의 문제로 더 잘 이해될 수 있는 장애를 점점 더 많이 포함시키고 있다고 주장했다. 이는 광범위한 진단편람이 존재하지 않았던 시기인 수십 년 전 Thomas Szasz(1961, 1970)가 시작한 논쟁과는 다른 성격이다. 이런 식으로 병리의 적용 범위가 넓어지게 되면 더 많은 수의 사람이 자신으로부터 혹은 타인으로부터 진단적 명명과 관련된 낙인이 찍힐 잠재적 위험이 더 높아질 수 있다. 반대로 정신장애의 개념이 매우 협소하게 다뤄진다면 낙인의 문제는 해결되겠지만 정신질환을 사소한 문제로 만들어버릴 수 있으며, 이것은 정신질환의 타당한 심각성이 간과되고 있음을 의미하는 것이다(Hinshaw & Stier, 2008). 더욱이 심리학적 진단이 증대되면서 진단들이 서로 중첩될 가능성이 증가되었으며, 몇몇 학자들이 주장하는 바와 같이 이로 인해 동반이환(하나 이상의 장애를 진단하는 것)의 가능성 또한 지나치게 높아질 수 있다(예 : Kendall & Drabick, 2010).

절단점에 대한 논쟁

DSM 이전 판과 최신판 사이의 중요한 차이 중 하나는 구체적인 증상의 목록이 있고, 그 증상의 목록과 관련된 구체적 절단점(cutoff)이 존재한다는 것이다. 예를 들어, 주요우울장애의 현 진단기준은 9개의 구체적 증상을 가지며, 적어도 2주 동안 최소한 5개의 증상이 존재해야만 한다. 왜 최소한의 증상 개수가 3개나 7개 등이 아니라 5개여야 할까? 또한 왜 지속기간이 1주, 1달 등이 아니라 2주여야 할까? 어떤 사람들은 이러한 절단점이 *DSM* 저자들에 의해서 임의적이고 주관적으로 정해졌으며, 역사적으로 *DSM* 저자들의 합의(경험적 자료와 반대되는 것)가 이러한 절단점 결정에 중요한 역할을 해왔다고 주장했다(Barlow & Durand, 2005; Widiger & Mullins-Sweatt, 2008). 마찬가지로 대부분의 *DSM* 진단에는 진단을 내릴 때 필요한 심각도 수준을 설정하기 위한 기준

들이 있다. 증상이 대인관계 또는 직장/학교에서의 역할을 포함하여 환자 생활의 다양한 영역에서 심각한 고통이나 곤란을 야기해야만 한다는 내용이 그것이다. 정확하게 어떤 것이 주요한 어려움이나 결함을 나타낼까? 또한 정신건강전문가들이 그러한 판단을 내리기 위해 어떻게 훈련받는가? 그러한 의문들은 비정상적 기능과 정상을 구분하는 절단점에 관한 논쟁에서 문제로 남아있다(Narrow & Kuhl, 2011; Spitzer & Wakefield, 1999).

문화적 쟁점

1994년에 발간된 *DSM-IV*는 정신장애와 관련된 문화적 쟁점의 고려에 있어서 중요한 진보의 시작이었다. *DSM-5*는 이러한 진보를 계속 이어나갔다. 제4장에서 설명한 것처럼, *DSM-5*는 문화적 개념화를 위한 개요와 문화적 개념화 면접을 포함하고 있다. 문화적 개념화 면접은 임상가가 문화적으로 유용한 방법으로 평가하는 데 도움을 주기 위해 고안된 것이다. 또한 고통에 대한 문화적 개념 용어 해설을 수록하고 있으며, 특정 심리적 조건을 기술하기 위해 다양한 문화 집단이 사용하는 용어를 포함하고 있다. 또한 많은 장애에서 각 문화마다 장애의 발현 양상이 다를 수 있음을 명시하는 것과 같이 문화적 차이를 설명하는 글을 포함하였다. 예를 들어, 조현병을 기술한 단락에서 *DSM-5*는 "한 문화에서 망상이라고 보는 관념(예 : 주술)이 다른 문화에서는 일반적인 것으로 용인되기도 한다"(American Psychiatric Association, 2013, p. 103)라는 진술을 포함해 문화적 쟁점에 관한 몇몇 단락을 포함하고 있다.

이러한 문화적 민감성을 개선하는 방향으로의 상당한 진보에도 불구하고, *DSM* 최신판은 문화와 관련된 문제점으로 인해 비판을 받아왔다(예 : Mezzich, Kleinman, Fabrega & Parron, 1996). 예를 들어, 비록 이전 판에 비해 최근 *DSM*의 저자로 더 많은 소수민족과 여성이 참여했지만, 이러한 저자들이 처음부터 새로운 *DSM*을 만든 것은 아니다. 그들은 단지 백인과 남성이 압도적으로 많은 저자 집단에 의해 만들어졌던 매뉴얼을 개정하였을 뿐이다. 따라서 그들의 참여가 가치 있고, 의견 또한 상당 부분 수용되었음에도 불구하고, 그 영향은 실질적인 개혁이 아닌 과거에 확정된 *DSM* 결정을 개정하는 것으로 제한되었다(Velasquez, Johnson, & Brown-Cheatham, 1993).

또한 비록 *DSM*의 최신 개정판이 경험적 자료에 근거하여 결정을 내렸다는 점에서 높이 평가받아왔지만, 비평가들은 이러한 경험적 연구에서 문화적으로 얼마나 다양한 인구가 참여자들에 포함되었는지에 대한 의문을 제기했다. 실제로 *DSM*에 대해서 비판하는 일각에서는 현재 *DSM*의 저자가 참고한 경험적 연구 중 극히 일부만이 소수민족에 대해 초점을 맞춘 것이며, 이는 여전히 *DSM*이 소수의 경험을 반영하지 못할 가능성이 있음을 시사한다(예 : Markus & Kitayama, 1991; Mezzich et al., 1996). 일부 *DSM* 비평가들은 서구 문화의 내재된 가치에도 관심을 가졌다. 그들은 이러한 가치가 *DSM*에 내포되어있으며, 비서구 사회의 많은 사람들이 가진 가치는 포괄하지 못한다고 주장한다. 구체적으로 Eriksen과 Kress(2005)에 따르면 전통적인 서구 관점에 비해 세계 인구의 대다수는 자신과 자신을 둘러싼 타인, 또는 자신을 둘러싼 환경과의 경계가 훨씬 침투적이며, 혼자서 고군분투하는 것보다 상호 의존하는 것이 더 중요하다고 믿는다. *DSM*이 몇몇 장애(일부 정신병적 장애, 일부 성격장애 그리고 다수의 다른 장애)를 개념화한 것은 서구의 세계관을 전제로 한 것일 수도 있다(Lewis-Fernandez & Kleinman, 1994).

성 편견

일부 장애는 남성에게 더 자주 진단된다. 알코올사용장애, 품행장애, ADHD, 그리고 반사회성 성격장애를 예로 들 수 있다. 다른 장애는 여성에게 더 자주 진단된다. 주요우울장애, 다양한 불안장애, 섭식장애, 경계성 성격장애, 연극성 성격장애 등과 같은 것이다(APA, 2013; Cosgrove & Riddle, 2004). 현재 *DSM*의 비평가들은 일부 진단 항목이 한 성별을 더 병리적으로 보도록 편향되어있다고 주장했다. 특히 이러한 진단은 사회적으로 고무된 성 역할의 과장을 나타내는 것일 수 있으며, 개인이 아닌 사회가 장애의 출현에 중요한 역할을 한다는 것을 시사한다(예 : Caplan & Cosgrove, 2004; Kutchins & Kirk,1997; Yonkers & Clarke, 2011). 일부 경험적 연구는 임상가들이 남성과 여성의 정신건강을 다르게 정의하고(예 : Broverman, Broverman, Clarkson, Rosenkrantz & Vogel, 1970; Ritchie, 1994; Sheman, 1980) 동일한 증상을 가진 다른 성별의 환자들은 종종 임상가로부터 다른 진단을 받는다는 것을 발견했다(Becker & Lamb, 1994). *DSM* 이전 판에서 기각되었지만 현재 *DSM-5*에서 장애로 포함된 **월경전불쾌감장애**(premenstrual dysphoric disorder, PMDD)에 대한 논란은 *DSM* 저자에 대한 비판을 재개하게 만들었다. PMDD에 대한 자세한 내용은 글상자 7.4를 참조하라.

비경험적 영향

DSM 최신판의 저자들은 진단적 분류를 결정하기 위해 더 많은 경험적 증거를 사용했고, 결과적으로 매뉴얼의 신뢰성은 더욱 높아졌다. 그러나 *DSM* 과정에 대해 비평하는 사람들에 따르면 비경험적 영향이 어느 정도 그 과정에 영향을 미쳤다고 한다(예 : Blashfield, 1991; Caplan, 1995; Kutchins & Kirk, 1997). 당시 정치적인 논쟁과 여론은 *DSM* 저자들에게 특정한 결정을 내리도록 압력을 주었을 수 있다. 예를 들어, 한때 존재했던 피학성 성격장애는 정치단체가 공개적으로 매우 강력하게 반대했으며, 공식적으로 *DSM*에 포함시키지 않기로 한 결정은 부분적으로 이러한 반대 때문일 수 있다. 동성애에 대한 변화 현상을 살펴보자면, *DSM-I*과 *DSM-II*에서는 공식적인 장

글상자 7.4

월경전불쾌감장애

*DSM-5*에 기재된 새로운 장애에서 가장 주목할 만한 것 중 하나는 월경전불쾌감장애(PMDD)이다. 그것은 주요우울장애 및 슬픔 또는 짜증스러운 기분을 중심으로 하는 다른 장애들과 함께 '우울장애' 범주에 해당된다. 설명에 따르면 PMDD는 이보다 덜 일반적이며 덜 심각한 월경전 증후군(PMS)과 동일시해서는 안 된다. 대신에 PMDD는 "임상적으로 주요한 고통"이나 "일, 학업, 일상적 사회 활동, 또는 타인과의 관계에서의 지장"을 야기한다(APA, 2013, p. 172). PMDD의 진단은 월경 기간이 시작되기 전 주에 지난 1년간 대부분의 월경 주기에서 발생한 11개의 목록 중 최소 다섯 가지 증상이 나타나야 하며, 그중 적어도 하나는 기분과 관련이 있어야 하고 적어도 하나는 신체적으로 나타나는 행동이어야 한다(예 : 집중곤란, 에너지 부족, 섭식 또는 수면의 변화, 유방압통 또는 붓기, 또는 관절이나 근육통).

몇몇 여성들이 그들의 삶에 의미 있는 영향을 미치는 심각한 월경전 증후군을 경험한다는 것은 의심의 여지가 없다. 그러나 그 경험이 정신질환으로 분류될 수 있는지에 대한 의문은 존재한다. PMDD의 진단은 확실히 몇 가지 장점을 수반한다. 진단을 받은 여성들의 경험의 심각성을 합법화하고, 증상에 대해 설명을 해줄 수 있고, 다른 사람들의 연민을 받을 수 있고, 다른 범주로부터 잘못된 진단을 막을 수 있으며 치료를 가능하게 한다(Gallant & Hamilton, 1988). 그러나 PMDD 진단으로 인한 몇 가지 단점 또한 있을 수 있다. 특히 PMDD 진단을 받고 다른 사람들에게 이를 공표한 여성의 경우 다른 사람들(예 : 고용주, 친구, 가족)에게 그녀가 심리학적으로 비정상적인 상태가 아님을 납득시켜야 한다는 큰 난제가 발생할 수 있다(Caplan, 1992). 또한 의료 기록에 PMDD 진단이 기록된다면 혹시 모를 법적 소송에 영향을 미칠 수 있다. 예를 들어, 양육권 분쟁에서 PMDD 진단을 받은 여성은 동일한 증상을 보이지만 진단을 받지 않았던 여성에 비해 분명한 불이익이 예상된다(Caplan, 1992; Erikson & Kress, 2005).

PMDD 진단에 대한 고려는 1980년대에 처음 제안된(그 당시 후기 황체기 불쾌감장애라는 이름으로) 이래로 논쟁을 불러일으켰다. 이 장애는 *DSM*의 전판에 포함된 것으로 간주되었기 때문에 1994년 *DSM-IV*에서 향후 고려해야 할 조건의 부록으로 명시되었지만, 2013년 *DSM-5*가 발표되면서부터 본격적인 장애로 포함되었다. 페미니스트 집단은 특히나 *DSM*에 이것이 공식적인 장애로 포함되는 것을 반대했다. 그들은 남성들도 어느 정도 동일한 호르몬 변동을 경험함에도 불구하고 남성에 대해서는 유사한 병리적인 진단이 없기 때문에 장애의 공식화가 여성을 과진단할 가능성이 있는 성차별의 한 형태임을 강조했다. 또한 월경전 증후군이 문제가 될 수 있지만 이는 지속시간이 짧고, 치료 없이도 저절로 완화되기 때문에 정신질환의 한 형태라기보다는 신체적 혹은 산부인과적인 문제로 이해하는 것이 더 나을 수 있음을 지적했다. PMDD 진단을 반대하는 사람들은 또한 PMDD와 관련된 연구의 양과 질을 비판하며 뚜렷한 정신질환의 한 형태로 PMDD를 확증할 수 없다고 결론 내렸다(Caplan, 1992, 1995; Caplan & Cosgrove, 2004; Eriksen & Kress, 2005).

현대 임상심리학자들과 관련된 많은 의문은 PMDD 논쟁에서 비롯되었다. 우리는 진단 가능한 정신장애와 불만족스럽거나 문제가 있는 정상적인 일상 사이의 경계를 어디에 두어야 할까? *DSM*에 새로운 장애를 포함시키기 위해서 이를 뒷받침하는 데 어느 정도의 경험적 연구의 양과 질이 필요할까?

앞으로 이러한 질문들은 *DSM-5*에 포함되는 새로운 장애들뿐만 아니라, '제안된 진단기준', 즉 추후 *DSM*에서 공식적인 장애로 포함될 수 있는 비공식적 상태에도 적용된다.

애였으나 *DSM-III*에서부터 '자아 이질적'(즉 고통을 유발하는)인 경우에만 장애로 진단 내렸으며, *DSM-III-R*부터는 완전히 사라졌다. 또한 이는 *DSM* 저자들과 사회의 가치가 변화된 것뿐만 아니라 정신건강과 관련된 영향을 미치기 위해 조직화된 집단에 의한 1970~1980년대의 노력이 반영된 것일 수 있다.

정치 및 여론 외에도 재정적인 우려가 *DSM* 결정의 일부 사항에 영향을 미쳤을 수 있다(예 : Blashfield, 1991 ; Cosgrove, Krimsky, Vijayaraghavan, & Schneider, 2006; Kirmayer & Minas, 2000; Whitaker & Cosgrove, 2015). 20세기의 지난 수십 년 동안 건강보험을 통해 치료비를 지불한 환자의 수가 증가함에 따라 임상가들은 일반적으로 건강보험회사가 지불을 위한 진단을 요구한다는 것을 알게 되었다. 그로 인해 당시 *DSM* 진단의 수가 상당히 늘어나게 되었다. 또한 제약회사는 추후 *DSM* 판들에 포함될지를 고려 중인 것들을 포함하여 다양한 형태의 정신병리에 관한 상당한 수의 연구프로젝트를 후원했다. 이전 장에서 언급하였듯이 꽤 많은 수의 *DSM* 저자들은 그러한 회사들과 재정적으로 얽혀있다(Cosgrove et al., 2006; Cosgrove & Krimsky, 2012). 물론 제약회사는 새로운 진단적 분류로 인해 새로운 환자 '시장'이 만들어질 때를 대비하여 이익을 높이려는 목적을 갖는다.

그림 7.3 동성애는 *DSM* 이전 판에서는 장애로 고려되었으나 최신판에서는 장애에서 제외되었다.

객관성의 한계

DSM 저자들이 정신장애를 정의 내리는 과정에서 경험주의를 강조한 것과 관계없이, 그 객관성에는 한계가 존재한다. 사실상 *DSM-IV*와 *DSM-IV-TR*의 주요 저자들은 "비록 경험적 자료에 근거하였더라도 *DSM-IV* 결정은 자료를 가장 잘 해석할 수 있는 방법에 대해 전문가들이 합의한 결과였다."고 서술했다(Frances, First, & Pincus, 1995, p. 34). 그러한 전문가의 의견은 사회적인 변화에 의해 어느 정도 영향을 받을 수 있다. "*DSM*을 제작하는 과정 전반에 걸쳐서 저자들은 사회적인 맥락 안에서 의사결정 및 판단을 내린다.

일련의 새로운 행동이 진단명을 필요로 하는지의 여부는 임상적으로 의미 있는 것이 무엇인지에 대한 다양한 문화적 판단에 달려있다"(Houts, 2002, p. 53).

진단 및 분류에서의 대안적 방향

*DSM*은 항상 진단에 대한 범주적 접근(categorical approach)을 제공해왔다. 범주라는 단어는 개인이 장애를 '가지고 있다' 또는 '가지고 있지 않다'는 기본적인 관점을 의미한다. 이는 개인이 특정 유형의 정신병리에 있어 '그렇다' 또는 '아니다'는 범주에 명확하게 들어갈 수 있음을 의미한다. 전문적인 용어로는 다음의 예가 이러한 범주적 접근을 반영한다. "내 아이가 ADHD인가요?", "내 환자들 중 일부는 양극성장애이다.", "마이클은 강박장애이다."

최근 몇 년간 그리고 특히 일부 장애와 관련하여(예 : 성격장애), 정신병리에 관한 비범주적 접근은 큰 관심과 경험적 지지를 받고 있다. 구체적으로 많은 연구자와 임상가가 차원적 접근(dimensional approach)에 대해 제안하고 있다(예 : Blashfield, 1991; Costa & Widiger, 2001; Trull & Durrett, 2005; Widiger & Trull, 2007). 차원적 접근에 따르면 장애의 존재나 부재는 문제가 아니며, 문제는 어느 범위(또는 '차원')에 환자의 증상이 해당되는가이다. 한 예로, 타인으로부터의 비판과 거절이 두려워 사회적 상황을 회피하고자 하는 경향이 강한 환자인 로버트를 고려해보자. 범주적 체계에서는 심리학자가 그의 특정한 장애(아마도 사회공포증 또는 회피성 성격장애)의 여부를 결정해야 할 것이다. 차원적 체계는 이러한 질문에 '그렇다', '아니다' 라고 대답할 필요가 없다. 이분법적인 결정 대신에 심리학자는 불안한 사회적 상황 회피의 범위에서 로버트를 평가하도록 요구된다. 즉 '흑백논리' 유형의 결정보다는 '회색의 그림자'가 로버트의 증상을 가장 잘 기술한다고 결정할 것이다.

정신장애의 차원은 전통적인 *DSM* 범주에 의해 정의된 것이 아닐 것이다. 대신에 이상에 대한 차원적 접근의 지지자는 우리 모두 정상과 이상과 같은 기본적 특성을 공유하지만 개인은 소유하고 있는 이러한 특성의 양이 서로 다르다고 제안한다. 몇몇 사람들을 비정상적으로 만드는 것은 이러한 특성 중 하나 또는 그 이상이 비정상적으로 높거나 낮은 것이다.

그러나 근본적으로 공유된 특성이란 무엇인가? 성격의 5요인 모델(five-factor model of personality, Big Five모델)은 적어도 성격장애에 대해서, 어쩌면 더 광범위한 영역에서 유력한 후보일 것이다(Costa & Widiger,2001; Gore & Widiger, 2013; Watson, Stasik, Ro, & Clark, 2013; Widiger & Mullins-Sweatt, 2009; Widiger & Trull, 2007). 즉 이상에 대한 차원적 접근에 따르면, 우리의 성격은 5개의 기본 요인, 즉 신경증, 외향성, 개방성, 친화성, 그리고 성실성을 포함한다.

이러한 5개 요인(또는 그들의 일부 변인)은 임상심리학자가 성격 문제를 가진 환자들을 기술하는 차원을 구성할 수 있다. 그러므로 앞에서 언급한 로버트의 사례에서 임상가는 '회피성 성격장애' 또는 '사회공포증'으로 불리는 차원에 대해 높게 평가하기보다는 환자의 외향성 차원에 대해 낮게 평가할 것이다(이 장의 앞부분에서 언급했듯이 *DSM-5* 저자들은 성격장애의 차원을 완전히 바꾸는 것에 대해 심각하게 고려했지만, 결국 현재로서는 그에 반대하기로 했다).

*DSM*이 고수했던 방식(범주적)으로 개인의 심리적 문제를 개념화하는 것은 확실히 많은 장점을 가지고 있다. 실제로 몇몇 사람들은 범주적 사고가 정신장애에 대한 우리의 이해와 의사소통에 있어서 불가피하며 필수적이라고 주장해왔다. "단지 물이 인간 존재에 기본이듯, 분류는 인간 인지에 있어 기본적이다. 인간으로서 우리는 범주적인 용어로 생각하도록 고정되어있다. 분류가 이루어지지 않는 인간의 인지 능력은 상상할 수 없다"(Blashfield & Burgess, 2007, p. 113). 아마도 가장 중요한 것은, 정신장애의 범주는 비전문가뿐만 아니라 전문가 사이에서도 효율적인 의사소통을 용이하게 한다. 만약 우리가 사람들의 심리학적 문제를 차원적으로 개념화하게 된다면, 의사소통은 분명 더 복잡해질 것이다. 게다가 현재의 정신건강전문가들은 범주적으로 정신병리를 이해하도록 훈련받아온 세대이기 때문에 이러한 관점이 선호하는 모델로 확실하게 자리 잡았으며(Lilienfeld & Landfield, 2008a), 축적된 근거들은 정신병적 장애와 같은 특정 장애들이 실제로 차원적이기보다는 범주적으로 존재할 수 있음을 시사한다(Linscott & van Os, 2010). 반면 차원적 모델은 흥미로운 장점들 또한 제공한다. 이는 환자에 대한 보다 자세한 설명을 가능하게 한다. 또한 한 차원을 2개의 임의적인 범주로 나누는 것보다 해당 차원에서 좀 더 정확하게 위치시킬 수 있다. 현재 임상심리학자들은 범주적 *DSM* 체계 내에서 작업하지만, 점점 더 많은 연구들이 범주적 접근과 최소한 성격장애와 일종의 통합을 이루는 정신병리의 차원적 모델의 가능한 결합을 지지하고 있다(Achenbach, 2009a; Costa & Widiger, 2001; Maser et al., 2009; Simonsen, 2010; Skodol, 2010; Widiger & Gore, 2015; Widiger & Trull, 2007). 이러한 차원적 모델이 *DSM-5*의 성격장애 부분을 개정하는 데 사용되지는 않았지만, 향후 버전의 매뉴얼에서는 어떤 형태로든 제시될 수 있다.

글상자 7.5

비유하기

초콜릿칩 쿠키와 정신병리의 차원적 모델

© Timothy Boomer/istockphoto.com

초콜릿칩 쿠키는 보통 똑같은 재료들로 만들어진다. 즉 밀가루, 설탕, 초콜릿칩, 버터, 달걀, 베이킹파우더, 바닐라로 만든다. 만약 당신이 초콜릿칩 쿠키를 한 입 먹었는데 쿠키에서 독특한, 이상한, 또는 심지어 '비정상'적인 맛이 난다면, 그 이유는 무엇일까? 아마 그것은 다른 초콜릿칩 쿠키와 같은 재료들로 이루어져 있지만 단순히 '정상'적인 쿠키보다 재료의 양이 다르기 때문(더 많은 설탕, 적은 버터, 더 적은 초콜릿칩)일 것이다. 즉 '비정상'적인 그리고 '정상'적인 쿠키들 간의 차이는 양적일 수 있다. 또는 아마도 '비정상'적인 쿠키가 '정상'적인 쿠키에는 들어있지 않은 육두구, 계피, 후추, 마늘 등 몇몇의 완전히 다른 성분을 가지고 있기 때문일 수 있다. 이 경우에 그 차이는 질적이다.

정신병리의 차원적 모델의 지지자들은 정상과 이상 간의 질적 차이와 양적 차이의 문제가 초콜릿칩 쿠키뿐 아니라 사람들에게도 잘 적용된다고 생각한다. 그들은 우리의 모든 성격이 똑같은 '재료' 혹은 특성의 목록으로 구성되어있다고 믿는다. 수십 년 전 그들은 정상적인 그리고 비정상적인 개인들을 포함하여 우리 모두의 보편적인 성격으로 성격의 5요인(신경증, 외향성, 개방성, 친화성, 성실성)을 주장하였다. 차원적 모델에 따르면, 비정상적인 사람이 비정상적인 이유는 이러한 기본 요소 중 하나의 양이 다르기 때문이다. 극도로 높은 신경증, 극도로 낮은 외향성, 또는 극도로 높은 개방성 등이 바로 그 예이다. 즉 비정상적인 사람들은 정상적인 사람들과 똑같지만 다른 양의 '재료'를 가진다(양적 차이). 반면에 정신병리에 관한 범주적 접근의 지지자들은 비정상적인 사람들은 정상적 사람들은 가지고 있지 않은 '재료'를 가진다고 제안하며, 비정상적인 사람과 정상적인 사람들의 차이는 더 질적이라고 믿는 경향이 있다.

특정한 형태의 정신병리는 다른 것보다 차원 모델을 더 많이 강조하는 경향이 있다. 구체적으로 성격의 5요인에 근거한 차원적 접근을 사용하는 것이 성격장애를 아주 잘 개념화할 수 있다는 연구가 늘어나고 있다(예 : Widiger & Mullins-Sweatt, 2009; Widiger & Trull, 2007). 이것은 약간의 직관적인 의미를 갖게 한다. 만약 인간의 성격이 근본적으로 이러한 5요인으로 이루어져 있고 '성격장애'로 불리는 장애의 범주를 가진다면, 성격장애는 우리가 구분한 성격의 5요인과 잘 연결되어야 함이 분명하다. 이 이론에 대한 경험적 증거는 몇몇의 구체적인 연관성을 제안하고 있다. 편집성 성격장애는 매우 낮은 친화성으로, 연극성 성격장애는 매우 높은 외향성으로, 강박성 성격장애는 매우 높은 성실성으로, 경계성 성격장애는 매우 높은 신경증으로 특징지어진다. 그러나 성격의 5요인과 다른 장애 간의 연결 증거는 그다지 인상적이지 못하다(Costa & Widiger, 2001).

정신병리의 차원적 그리고 범주적 모델과 관련된 논쟁은 임상심리학자들에게 중요한 의문을 유발한다. 실제로 모든 사람들이 똑같은 심리학적 '재료'로 이루어져 있는가? 만약 그렇다면 우리는 비정상적인 그리고 정상적인 사람들의 차이를 양적으로 이해해야 하는가? 혹은 우리는 전적으로 다른 '재료'로 이루어져 있기 때문에 질적으로 우리의 차이를 이해하는 것이 더 좋을까? 이러한 질문에 대한 대답이 임상가가 수행하는 평가와 치료에 어떻게 영향을 줄 수 있을까?

요약

진단은 임상심리학자의 주된 업무이지만, 정신장애와 이상을 정의하는 과정은 좀 더 논쟁의 대상이 되어왔다. *DSM*은 일반적으로 정신장애 정의의 권위 있는 출처로 간주되며, 정신건강전문가들 사이에서 널리 받아들여지고 사용되어왔다.

*DSM*은 1952년 미국정신의학회의 최초 발행 이후 수차례 개정되어왔다. 가장 최신판 *DSM-5*는 2013년에 간행되었으며, 수많은 새로운 특징과 장애들을 포함하고, 이전에 존재한 장애 중 비평과 논쟁을 일으켰던 정의를 수정하였다. *DSM*은 지금껏 장애가 존재하거나 또는 존재하지 않는 것으로서 기술되는 범주적 접근에 의해 특징지어지는 정신병리의 의학적 모델을 사용해왔다. 대안으로 최근 몇 년 동안 차원적 접근은, 특히 성격장애에 관해 환자가 장애를 가지고 있거나 가지고 있지 않은 것이 아니라 특정한 보편적인 특성을 어느 정도 가지고 있는지에 대한 정도를 기술한다.

*DSM*은 개정을 거치면서 더 경험적이고, 신뢰할 수 있게 되었지만, 정상적인 삶에서의 병리적 측면, 일부 진단적 기준에 대한 임의적인 절단점의 사용, 문화와 성 문제에 대한 관심 부족, 그리고 많은 영향을 받을 수 있는 비경험적 요인에 대한 비판 또한 존재한다.

주요 용어

다축진단체계	월경전불쾌감장애(PMDD)	정신병리의 의학적 모델
범주적 접근	유해한 역기능 이론	정신질환의 진단 및 통계 편람(*DSM*)
성격의 5요인 모델	이상	제안된 진단기준

차원적 접근
DSM-5
DSM-I
DSM-II
DSM-III
DSM-III-R
DSM-IV
DSM-IV-TR
Emil Kraepelin
Jerome Wakefield

비판적 사고를 위한 질문

1. 정상 행동에서 이상을 구별하는 요인 중 어떤 것이 가장 중요하다고 생각하는가?
2. 정상 대 이상 행동을 누가 정의해야 한다고 생각하는가?
3. *DSM-5*으로의 변화가 임상심리학자와 환자들 모두에게 어떻게 영향을 미칠 수 있는가?
4. 이 장에서 묘사된 현재 *DSM*에 대한 비판 중 어떤 것이 가장 논리적인가?
5. 진단에 관한 범주적 접근과 차원적 접근의 장단점은 어떤 것이라고 생각하는가?

주요 학술지

American Journal of Psychiatry
http://ajp.psychiatryonline.org

Depression and Anxiety
http://onlinelibrary.wiley.com/journal/10.1002/(ISSN)1520-6394

Journal of Abnormal Child Psychology
http://link.springer.com/journal/10802

Journal of Abnormal Psychology
http://www.apa.org/pubs/journals/abn/index.aspx

Journal of Clinical Psychology
http://onlinelibrary.wiley.com/journal/10.1002/(ISSN)1097-4679

CHAPTER 8

임상면접

학습 목표

8.1 임상면접을 수행하는 심리학자의 주요 기법과 행동을 요약한다.

8.2 임상면접과 관련하여 라포를 정의한다.

8.3 임상가가 임상면접을 시행하는 동안 사용할 수 있는 주요 기법을 설명한다.

8.4 임상면접을 하는 동안 노트 필기를 하는 것의 잠재적인 영향을 평가한다.

8.5 성공적인 임상면접에 기여할 수 있는 임상가의 사무실 특징을 기술한다.

8.6 임상면접의 유형을 구별한다.

8.7 서로 다른 배경의 내담자를 면접하는 동안 심리학자가 문화적 차이를 인식할 수 있는 방법을 제안한다.

이 장은 **임상면접**(clinical interview)을 중점적으로 다루고 있으며, 이는 **평가**(assessment)에 관한 장 중 첫 번째 장이다. 평가는 임상심리학의 정체성과 긴밀하고 독특하게 관련되어있다. 다른 정신건강전문가(정신과 의사, 사회복지사, 전문 상담가, 비임상적 심리학자) 중 누구도 자신의 훈련 및 업무에 있어 평가를 임상심리학자만큼 통합하지 않았다.

임상심리학자가 사용하는 모든 평가 기법은 타당도, 신뢰도, 그리고 임상적 유용성을 입증해야 한다(Wood, Garb, & Nezworski, 2007). 평가 기법은 측정하고자 하는 것을 측정한다는 점에서 **타당도**(validity)를 갖는다(Hood, 2015). 만약 인터넷 또는 유명 잡지에 있는 어떤 '지능' 또는 '성격' 검사를 받아본 후 "이 검사가 측정한다고 하는 것을 정말로 측정하는가?"라는 의문이 든다면, 당신은 타당성에 대해 의문을 갖고 있는 것이다. 또한 평가 기법은 일관적이고 반복된 결과를 산출한다는 점에서 **신뢰도**(reliability)를 가진다(Hogan, 2015). 만약 결과가 언제, 어디서, 또는 어떻게 실시되는지에 따라 달라진다면, 그 기법의 신뢰도에 의문을 가질 수 있다. 마지막으로 기법이 임상 장면에서 사용된다고 가정하면, 기법은 **임상적 유용성**(clinical utility) 또한 제공해야 한다. 가장 타당하고 신뢰할 수 있는 검사일지라도 임상심리학자, 궁극적으로는 수검자에게 어떤 의미 있는 방식으로도 도움을 줄 수 없다면, 그 검사는 유용하지 않을 것이다(DeLao & Keeley, 2015). 타당도와 신뢰도의 종류를 포함한 관련 용어는 표 8.1에 설명되어있다.

모든 종류의 심리학적 평가에서 공통적인 요소는 피드백이다. 즉 임상심리학자는 실시된 검사 또는 면담 결과를 내담자에게 제공한다(APA, 2002). 이러한 피드백은 면대면 만남, 서면 보고서, 또는 다른 형식으로 제공될 수 있다. 심리학자는 학부 과정 동안 피드백을 제공하는 것을 배우지만, 대학원 인턴 과정과 전문적인 경험을 통해서도 내담자에게 피드백을 제공하는 방식을 형성할 수 있다(Curry & Hanson, 2010). 대부분의 심리학자는 어떤 종류의 개입(예 : 심리치료)이 시행되기도 전에, 자신이 주는 피드백이 도움이 되고 긍정적이라는 것을 내담자가 알게 된다고 믿는다(Smith, Wiggins, & Gorske, 2007).

평가를 실시하고자 하는 임상심리학자는 지능검사, 성취도 검사, 신경심리학적 검사, 성격검사 및 표적변인에 특화된 평가를 포함한 다양한 방법을 사용할 수 있다. 사실상 우리가 다음 장에서 다룰 심리검사는 "임상심리학에서 가장 매력적인 부분 중 하나"라고 불린다(Wood et al., 2007, p. 77). 반면 임상심리학자는 이용 가능한 모든 절차 중에서 임상면접에 가장 자주 의존한다. 대다수의 임상심리학자는 면접을 사용하지만, 몇몇 평가는 특정한 종류의 면접 없이 실시되기도 한다(Norcross, Hedges, & Castle, 2002; Watkins, Campbell, Nieberding, & Hallmark, 1995).

면접자

임상면접에서 가장 중요한 요소는 면접을 실시하는 사람이다. 숙련된 면접자는 면접의 기술적이고 실용적인 측면을 숙달했을 뿐 아니라 면접이 수반하는 대인 간 상호작용에 대한 폭넓은 지혜를 보여준다.

일반적 기술

면접을 시작하기 전에 면접자는 어떤 맥락에서든 면접의 토대가 되는 몇몇 일반적인 기술을 갖추어야 한다. 이러한 일반적 기술은 어떤 특정 기술의 집합에 집중하기보다는 면접자 본인이 가진 마음의 틀에 집중한다. Sommers-Flangan과 Sommers-Flangan(2009)은 그러한 일련의 필요조건, 즉 침묵하기, 자기 인식하기, 그리고 긍정적 작업동맹 발전시키기를 설명한다.

침묵하기(quieting yourself)는 단순히 면접 도중에 면접자가 말을 많이 하지 말아야 한다는 것을 의미하는 것이 아니다(면접자가 횡설수설하는 것은 보통 바람직한 것은 아니지만). 면접자의 말보다는 자신을 향한 내면적 사고방식이 침묵해야 한다는 의미이다. 면접자가 자신의 생각에 사로잡혀있는 한, 내담자의 말을 들어주는 기본적인 과제에서 어려움을 겪을 것이다. 간단히 말하면 면접자 자신의 마음의 소리가 내담자의 소리를 방해하거나 들리지 않게 해서는 안 된다.

그림 8.1 임상면접은 임상심리학자가 실시하는 대부분의 평가에서 핵심 요소이다. 면접자의 가장 중요한 기술과 행동은 무엇인가?

© Alina Solovyova-Vincent/istockphoto.com

표 8.1 평가 방법에 관한 타당도, 신뢰도, 임상적 유용성 정의하기

타당도	측정하고자 하는 것을 측정하는	평가 기법의 정도이다.
내용 타당도	측정되는 것에 적합한 내용을 가지는	평가 기법의 정도이다.
수렴 타당도	동일한 것을 측정하는 다른 기법과 관계가 있는	평가 기법의 정도이다.
변별 타당도	다른 것을 측정하는 평가 기법과 서로 관계가 없는	평가 기법의 정도이다.
신뢰도	일관되고 반복적인 결과를 만드는	평가 기법의 정도이다.
검사-재검사 신뢰도	서로 다른 시간에 다수의 실시에 걸쳐 유사한 결과를 만드는	평가 기법의 정도이다.
채점자 간 신뢰도	다른 검사자에게 걸쳐 유사한 결과를 만드는	평가 기법의 정도이다.
내적 일관성 신뢰도 (예 : 반분 신뢰도)	항목의 구성이 다른 항목들과 일관적인	평가 기법의 정도이다.
임상적 유용성	서비스 또는 내담자의 결과 전달을 증진하는	평가 기법의 정도이다.

출처 : Wood et al. (2007).

일례로 임상심리전공 대학원 2학년생인 조셉을 생각해보자. 조셉은 최근에 외래환자 정신건강 클리닉에서 실습을 시작했고, 임상면접은 현장에서 자주 하는 활동 중 하나이다. 초보 면접자인 조셉은 면접을 진행하는 동안 자신을 향한 질문들이 머릿속에서 계속 떠올랐다. "좋은 질문이었나? 내가 다른 것을 질문했어야만 했나? 내담자가 나를 뭐라고 생각할까? 내가 유능해 보일까? 나는 유능한가? 다음에는 무슨 질문을 해야 하지?" 현재 진행 중인 면접 과정에 대한 어느 정도의 자아 성찰과 신중함은 도움이 되지만, 조셉의 지나친 자아 성찰은 그가 내담자에게 집중하는 것을 어렵게 만들 수 있다. 조셉이 대학원에 진학하고 나중에 전문가로 활동하면서 더 많은 경험과 자신감을 얻게 되면, 점점 그러한 내적 질문을 중단할 수 있게 되고, 이로 인해 그의 듣는 능력은 향상될 것이다.

자기 인식하기(being self-aware)는 임상면접자에게 또 다른 중요한 기술이다. 자기 인식하기는 앞의 예시에서 조셉이 보여준 과도한 자의식과 혼동되어서는 안 되며, 자의식은 최소화되어야 하는 것이다. 자기 인식은 최대한 활용되어야 하며, 이는 면접자가 타인과의 대인관계에 어떻게 영향을 미치는 경향이 있는지 그리고 타인은 자신들과 어떻게 관계를 맺는 경향이 있는지를 잘 아는 면접자의 능력으로 나타난다. 이러한 점을 이해하기 위하여 자신이 임상심리학자를 처음으로 찾아가 대기실에서 기다리고 있는 내담자라고 상상해보자. 임상심리학자가 나를 맞이해주러 나왔을 때, 그는 앨버트 아인슈타인과 닮았을 뿐 아니라 말도 비슷하게 했다. 심리학자의 용모와 품행이 면접 도중에 당신이 그에게 반응하는 방식에 영향을 미치는가? 무엇이 심리학자가 킴 카다시안 또는 르브론 제임스나 베티 화이트와 닮아 보이게 하는가? 모든 면접자는 내담자들로부터 어떤 반응을 이끌어낼 수 있는 고유한 특징들의 독특한 조합(외모, 목소리, 버릇, 신체 언어, 말의 세기 등)을 가지고 있다. 숙련된 면접자는 자신의 문화적 가정과 더 피상적인 성격을 포함한 자신의 고유한 특성을 인식하고 있으며, 이러한 점들이 면접 과정에 미치는 영향을 고려한다(Sommers-Flanagan & Sommers-Flanagan, 2009).

침묵하기와 자기 인식하기뿐만 아니라 바람직한 면접자는 내담자와 **긍정적 작업동맹 발전시키기**(developing positive working relationship)의 중요성을 이해한다. 다수의 임상 현장에서 면접을 받은 내담자는 심리치료를 받을 가능성이 높기 때문에 작업동맹의 좋은 시작은 양쪽 모두에게 도움이 된다. 면접 과정 중에 긍정적 작업동맹을 발전시키기 위한 정해진 방식은 없다. 그러나 주의 깊은 경청, 적절한 공감, 진실한 존중, 그리고 문화적 민감성이 중요한 역할을 할 수 있다. 긍정적인 작업동맹은 언제나 면접자의 태도와 행동에 따라 달라진다(Sommers-Flanagan & Sommers-Flanagan, 2009).

구체적 행동

면접자가 침묵하기, 자기 인식하기, 그리고 긍정적 작업동맹 발전시키기를 성공하면, 면접자는 성공적인 면접 수행에 대한 기초를 닦은 것이다. 다음 과제는 유능한 면접자의 구체적 행동 특성인 의사소통 수단을 숙지하는 것이다.

앞에서 언급했듯이 면접자의 주된 업무는 **경청**(listening)이다. 경청은 매우 단순한 과제처럼 보일 수 있지만 이는 **주의를 기울이는 행동**(attending behavior)이라는 더욱 기본적인 구성요소로 세분화될 수 있다(many described Ivey, Ivey & Zalaquett, 2010).

눈 맞춤

어쩌면 당연한 것이겠지만 면접자는 주의를 기울이는 경청과 눈 맞춤 간의 관계를 알아차려야 한다. 눈 맞춤은 경청을 용이하게 할 뿐 아니라 경청을 하고 있다는 것을 전달한다. 즉 내담자가 면접자의 지속적이고 적절한 눈 맞춤을 알아챌 때 내담자는 면접자가 경청하고 있음을 느낀다. 물론, 문화는 눈 맞춤의 의미에 중요한 역할을 한다. 어떤 문화에서는 너무 오래 지속되거나 너무 강렬한 눈 맞춤은 위협, 유혹 또는 면접자가 피해야 할 다른 메시지들을 전달할 수 있다. 반면 부족하고 일관되지 않은 눈 맞춤은 일부 내담자들에게 부주의하거나 모욕적인 것으로 보일 수 있다. 임상면접의 다른 많은 측면과 마찬가지로 눈 맞춤 또한 눈 맞춤의 송신자이자 수신자인 면접자의 문화적 지식과 민감도를 요구하는 구체적 행동이다.

신체 언어

눈 맞춤과 마찬가지로 문화는 **신체 언어**(body language)의 함축적 의미를 형성할 수 있다. 면접자를 위한 몇 가지 일반적 규칙이 있다. 내담자를 대면하기, 주의를 표현하기, 동요하지 않기, 적절한 표정 짓기 등이 그것이다. 그러나 심지어 이러한 기본적인 규칙도 문화적 해석 대상이 되며, 만약 면접자가 무의식적으로 신체 언어를 통해 무관심을 표현한다면, 내담자는 이해받고 있지 않다는 느낌을 가질 것이다. 또한 내담자의 문화적 배경에 대한 지식이 부족한 면접자가 내담자의 신체 언어를 잘못 해석할 수 있다.

음성적 특징

숙련된 면접자는 언어의 **음성적 특징**(vocal quality), 즉 단지 말이 아니라 내담자에게 자신의 말이 어떻게 들리는지를 익힌다. 숙련된 면접자는 내담자의 말과 정서가 완전히 이해되고 있다는 것을 알려주기 위해 목소리의 음높이, 톤, 음량, 그리고 파동을 활용한다. 또한 이러한 면접자는 내담자의 음성적 특징에도 면밀히 주의를 기울인다.

말 따라가기

유능한 면접자는 자신이 정확하게 들었는지 내담자에게 확인하기 위해서 주요 단어나 구를 반복할 수 있다. 그러나 이를 기계적인 방식으로 하지 않는다. 대신에 면접자는 내담자의 말을 자신의 말로 엮는다. 게다가 **말 따라가기**(verbal tracking)에 능숙한 면접자들은 내담자의 진술 패턴에 내재된 일련의 사고 과정을 관찰하여 주제를 갑자기 바꾸는 것이 아니라 자연스럽게 전환할 수 있다.

적절한 호칭으로 내담자 언급하기

단순해보이지만 내담자의 호칭을 적절하게 사용하는 것이 중요하다(Fontes, 2008). 부적절한 별명이나 줄인 이름으로 부르는 것(예 : 벤저민을 '벤지'로), 사실상 이름의 중요한 부분인 '중간' 이름을 생략하는 것(존 폴을 '존'으로), 또는 직함과 성이 아닌 이름으로 내담자를 부르는 것(예 : 워싱턴 부인을 '라트리스'로)은 내담자가 면접자를 편안하게 느끼지 못하게 할 수 있는 주제넘은 실수이다. 특히 이런 식의 호칭 오용은 특정 민족이나 연령대의 내담자에게 무례하고 미묘한 차별(제4장 참조; Sue, Capodilupo & Holder, 2008; Sue et al., 2007)로 받아들여질 수 있다. 초기 면접은 내담자에게 현재 호칭이 마음에 드는지, 올바르게 자신을 부르고 있는지 확인할 수 있는 이상적인 기회이다. 이러한 표현은 그 자체가 배려의 신호로서 내담자에게 해석될 수 있다.

면접자는 이와 같이 주의를 기울이는 모든 행동을 자연스럽고 확실하게 수행해야 한다(Ivey et al., 2010). 초심자는 이러한 행동을 통합하기 위해 신중한 노력을 기울여야 할 수도 있지만, 경험을 쌓으면 자연스럽게 배어나오게 될 것이다. 면접자가 이와 같이 행동함으로써 내담자들은 더 긍정적으로 반응할 것이다.

임상면접 중 경청에 대한 문화적 요인의 중요성에 대한 구체적인 예시는 앞의 관점을 설명하는 데 도움을 줄 수 있다. 전통 서양 문화와 비교하여 중국 문화는 특히 이성 간에 더 적은 눈 맞춤을 특징으로 하는 경향이 있다. 서양인들 사이에서 평범한 수준의 눈 맞춤이 중국인들 사이에서는 무례함 또는 성적 욕망으로 전달될 수 있다. 신체 접촉의 기준 또한 서로 다른데, 일반적으로 유럽계 미국 문화보다 아시아 문화가 신체 접촉을 적게 한다. 따라서 유럽계 미국 문화에서는 어깨를 만지는 것이 악의 없는 행동이지만, 아시아인에게는 부적절한 것으로 받아들여질 것이다. 또한 다양한 문화의 사람들은 그들이 유지하는 물리적 거리 또는 '개인적 공간'에서 무시할 수 없을 만한 차이를 보인다. 중동 및 라틴 계열 문화에 속한 사람들은 서로 더 가깝게 서거나 앉는 경향이 있는 반면, 북아메리카 및 영국 문화권에 속한 사람들은 서로 더 넓은 간격을 유지하는 경향이 있다. 이러한 경향성은 문화적으로 유능한 면접자가 필수적으로 알아야 할 지식이다(Ivey et al., 2010; Sue & Sue, 2008).

면접의 요소

비록 면접이 환경, 목적, 그리고 다른 요인에 따라 매우 다를 수 있지만, 면접과 관련한 몇 가지 보편적인 구성 요소가 있다. 바로 라포, 기법, 그리고 종결이 그것이다.

라포

라포(rapport)란 면접자와 내담자 사이의 긍정적이고 편안한 관계를 말한다. 내담자가 면접자와의 라포를 강하게 느낄 때 면접자가 자신과 '연결'되어있고, 자신의 문제에 공감하고 있다고 느낀다. 이러한 상황에서 내담자는 면접자가 그렇지 않을 때보다 더 많은 정보를 드러내고 면접 과정에 더 많이 관여하는 경향이 있다.

면접자와 내담자는 어떻게 좋은 라포를 형성할 수 있을까? 임상심리학자가 문화적 · 인구통계학적 · 진단적으로 다양한 모든 내담자에게 적용할 수 있는 확실한 기술은 특별히 존재하지 않는다. 내담자가 연결되고 공감받고 있다고 느끼게 하는 것이 목표라면, 내담자와 진정으로 연결되고, 내담자를 공감하는 것만이 유일한 방법이다. 하지만 면접자가 내담자의 라포 경험을 강화할 수 있는 몇 가지 구체적 노력이 있다.

첫째, 면접자는 특히 초기 면접 시간에 내담자가 마음이 편안해지도록 노력을 해야 한다. 일부 내담자들은 임상심리학자와의 첫 만남을 불안해할 수 있다. 그들은 면접에 대해 두려움을 가지거나 회기가 필요로 하는 것에 대해 오해를 하고 있을 수도 있다. 면접을 시작할 때 1~2분 동안 소소한 주제로 짧게 이야기를 나누는 것("사무실을 찾는 데 어려움은 없었나요?" 또는 "제가 그동안 밖에 나가지 않아서 그러는데 여전히 바깥은 춥나요?")은 초반에 긴장한 환자들을 편안하게 만들어 줄 수 있다(Othmer & Othmer, 1994). 물론 이러한 잡담은 지나쳐서는 안 되고, 면접의 목적을 흐트러뜨려서도 안 된다.

둘째, 면접자는 임상면접이 특수하고 일반적이지 않은 상황이라는 것을 인지할 수 있다. 내담자의 관점에서 면접 경험은 다른 상호작용과는 다르다. 내담자들은 방금 만난 거의 알지 못하는 사람과 사적이고 어렵고 감정이 고조되는 문제에 대해 대화할 것이라고 예상한다. 당신이 내담자의 입장과 참여하려는 의지를 이해하고 있다는 것을 내담자에게 알려준다면, 공감대를 형성할 수 있으며 라포를 강화할 수 있다. 같은 맥락에서 내담자에게 면접 과정에 대한 질문을 하도록 유도하는 것은 내담자에게 지식과 통제력을 제공하는데, 이는 내담자가 더 편안하게 느낄 수 있도록 한다(Sommers-Flanagan & Sommers-Flanagan, 2009).

셋째, 면접자는 내담자가 어떻게 언어를 사용하는지를 인지한 다음, 내담자의 말을 따르는 것으로 라포를 강화할 수 있다. 면접자는 내담자의 언어를 가능한 한 많이 선택해야만 하고, 가능한 한 비슷한 용어로 말해야 한다(Othmer & Othmer, 1994). 예를 들어, 만약 내담자가 시각적 심상("저는 나무가 있는 숲을 볼 수 없어요.", "그것은 저의 맹점이에요." 등)을 자주 사용한다면, 면접자는 시각 전문용어를 잘 사용할 수 있도록 노력해야 한다. 만약 촉각적인 '촉감' 단어("모든 게 제 손가락에서 빠져나가는 것 같아요.", "저는 통제력을 잃었어요." 등)를 더 많이 사용한다면 면접자도 이에 따라 반응해야 한다. 내담자가 은유를 사용할 때 면접자는 이를 확장시킬 수 있다. 예를 들어, 아르바이트를 하는 대학생으로, 고된 직업과 몇몇의 과외활동을 하고 있으며, 가족에 대해 수많은 의무를 가진 이안을 생각해보자. 그가 "저는 저글링을 하고 있는 거 같아요. 근데 모든 공을 공중에 띄울 수 없어요."라고 말함으로써 자신의 불안과 스트레스를 설명할 때, 면접자는 "만약 당신이 맡은 일 중 하나에 실패한다면 어떻게 될 것 같나요?"라고 묻기보다 "만약 공 하나가 떨어진다면?"이라고 물어봄으로써 더 좋은 라포를 확립할 수 있을 것이다. 면접관이 문자 그대로 '내담자들의 언어를 구사'할 때, 내담자는 편안하고 이해받고 있다고 느끼는 경향이 있다.

글상자 8.1

문화 고려하기

문화에 걸친 의사소통

일부 문화의 구성원들은 알아챌 수 있을 만큼 독특한 의사소통 행동을 보이는 경향이 있다. 면접자들은 이러한 개념을 일반적으로 수용해야만 하지만, 가능한 한 독특한 의사소통을 많이 알고 있어야 한다.

Sue와 Sue(2008)는 의사소통 양식의 일부 요인을 밝히고 민족에 따라 어떻게 차이가 나는지를 기술했다. 음량의 측면에서 아시아계 미국인과 라틴 아메리카계 미국인은 백인보다 더 부드럽게 말하는 경향이 있다. 반면 백인은 북미 원주민과 같은 몇몇의 다른 문화적 집단보다 더 빠르게 말하는 경향이 있다. 아프리카계 미국인은 들을 때보다 말할 때 더 직접적인 눈 맞춤을 유지하는 경향이 있는 반면, 백인은 반대이다. 북미 원주민은 종종 대화 도중에 간접적인 시선을 보여주는 반면, 아시아계 미국인은 더 높은 지위의 사람이 말할 때는 눈 맞춤을 피하는 경향이 있다(아마도 면담자를 포함해서). 또한 우리가 반응하기까지의 시간 간격에 관해서 아프리카계 미국인과 백인은 더 빠르게 반응하는 반면, 북미 원주민, 아시아계 미국인, 라틴 아프리카계 미국인은 약간의 지연을 보일 것이다.

그러나 민족성이 의사소통 차이의 중심이 될 수 있는 유일한 특성은 아니다. Mio, Barker-Hackett, Tumambing(2009)과 Wood(1994, 1999)는 남성과 여성 간에 말하는 스타일에서의 차이가 관찰 가능하고 보편적인 것이라고 강조했다. 남성은 자기주장을 하고, 자신의 생각을 알리고, 목표를 성취하기 위해 말하는 경향이 있는 반면, 여성은 관계를 유지하고 라포를 형성하기 위해 말할 가능성이 높다. 여성은 친밀감을 위해 자기노출을 하는 경향이 있다. 남성은 자기노출이 취약성을 증가시킨다고 믿는 경향이 있다. 남성이 다른 사람들을 돕기 위해 말을 할 때 도움은 조언 또는 문제해결의 형태를 취할 것이다. 반면에 여성이 다른 사람들을 돕기 위해 말을 할 때 도움은 공감 또는 감정을 이해하는 형태를 취할 것이다.

이러한 차이 모두 또는 그중 어떤 것이라도 임상면접자가 관심 있는 문화적 요소에 속할 수 있다. 상상해보자. 예를 들면, 임상심리학자인 리안 박사는 5명의 내담자에게 임상면접을 실시하고자 한다. 이들은 히스패닉계 미국인 여성, 아프리카계 미국인 남성, 아시아계 미국인 여성, 북미 원주민 남성, 그리고 백인 여성이다. 민족성 및 성별과 관련된 의사소통 경향성에 대한 리안 박사의 인식 정도가 얼마나 중요한가? 각 면접의 종료시점에서 의사소통 경향성에 대한 인식에 따라 리안 박사의 결론은 어떻게 달라질까?

기법

라포가 면접자와 내담자가 관계하는 방법이라면, 기법(technique)은 면접자가 내담자와 하는 것이다. 기법은 면접자의 도구 상자에 포함되어있는데, 질문, 답변 및 기타 구체적인 행동이 있다.

지시적 방식 대 비지시적 방식

지시적(directive) 방식을 사용하는 면접자는 내담자에게 구체적으로 질문함으로써 면접자가 필요로 하는 정보를 정확히 얻을 수 있다. 지시적 질문은 정보의 구체적인 측면을 목표로 하며, 내담자의 반응은 일반적으로 간결하고, 때로는 한 단어로만 말할 때도 있다(예 : "예" 혹은 "아니요"). 반면에 비지시적(nondirective) 방식을 사용하는 면접자는 피면담자가 면접의 흐름을 결정하도록 한다. 이때 내담자에게 주어지는 면접자의 지시는 없으며, 내담자는 한 주제만을 더 오랫동안 말할 수 있고, 다른 주제에는 신경을 쓰지 않기로 결정할 수 있다.

지시적 접근과 비지시적 접근은 면접에서 중요한 역할을 한다. 지시적 질문을 통해 내담자가 따로 말하지 않는 중요한 정보에 대해 알 수 있다. 중요한 과거력("과거에 얼마나 자주 자살을 시도하였습니까?", "가족 중 조현병력이 있습니까?"), 장애의 특정 증상의 존재 혹은 부재("일반적으로 하루에 몇 시간 정도 잡니까?"), 행동의 빈도("얼마나 자주 공황발작을 경험합니까?"), 그리고 문제의 지속기간("아들이 과잉행동 문제를 나타낸 지 얼마나 되었습니까?") 등이다. 예를 들어 몰리나 박사가 레이먼드를 면접한 사례에서 내담자가 드러내는 문제는 우울이라고 가정해보자. 만약 몰리나 박사가 직접적으로 증상과 지속기간에 대해 질문한다면 "언제 처음으로 이런 슬픈 감정을 알아차렸습니까? 해당 기간 동안 체중의 변화가 있었습니까? 피로감을 느끼십니까? 집중하는 것에 어려움을 겪고 있습니까?" 등으로 질문할 수 있다. 이처럼 몰리나 박사는 진단에 필수적인 정보를 확실하게 얻을 수 있을 것이다.

반대로 비지시적 질문은 면접자가 질문하지 않으면 모를 수도 있는 중요한 정보를 제공할 수 있다. 몰리나 박사는 레이먼드에게 목록에 있는 지시적 질문을 하는 것 대신에 "슬픔에 대한 당신의 느낌을 더 이야기 해주시겠습니까?"라고 질문할 수 있다. 레이먼드의 대답에는 증상이 얼마나 지속되었는지, 혹은 주요우울장애, 기분저하 혹은 다른 관련 장애들의 개별 증상에 대한 언급은 없을 것이다. 그러나 몰리나 박사의 비지시적 질문은 증상, 지속기간, 배경 정보 및 아주 관련성이 높은 것으로 판명될 수 있는 기타 요소를 포함해서 레이먼드가 스스로 중요하다고 생각한 것으로 확장할 수 있게 한다(Morrison, 2008).

지시적 접근과 비지시적 접근은 모두 단점을 가지고 있는데, 특히 면접자가 둘 중 하나에 과도하게 의존할 때 나타난다. 때때로 지시적 접근은 정보를 얻는 대신 라포를 희생시킬 수 있다. 즉 과도하게 지시적인 면접자는 내담자들이 자신을 표현하거나 그들이 중요하다고 생각한 것을 설명할 기회가 없다고 느끼도록 만들 수 있다. 비록 비지시적 면담이 라포를 형성할 수 있지만 구체적인 정보를 얻기에는 부족할 수 있다. 과도하게 비지시적인 면접자는 타당한 진단, 개념화 및 권고사항에 필요한 구체적인 정보 없이 면담을 끝낼 수 있다.

어쩌면 지시적 면접과 비지시적 면접을 다루는 최고의 전략은 균형과 다양성을 포함하는 것이다(Morrison, 2008). 면접 초기에는 내담자 스스로가 가장 중요하다고 생각하는 것에 대해서 자유롭게 말할 수 있도록 하는 것이 현명할 수 있다. 면접자가 방향성을 제시하지 않더라도 대부분의 내담자는 면접자가 질문했을지도 모르는 몇몇 지시적 질문을 다룰 수 있다. 추후 면접에서 면접자는 내담자에게 나머지 표적 질문을 하고, 좀 더 제한된 반응(예 : '예/아니요', 구체적이고 사실적인 정보)을 요구함으로써 더욱 지시적으로 질문할 수 있다.

구체적인 면접자 반응

궁극적으로 면접 기법은 면접자가 말하기로 결정한 것들로 구성된다. 면접자의 질문과 말은 범위가 넓고, 다양한 목적으로 사용될 수 있다. 면접자의 반응에는 다양한 공통 범주가 있다. 개방형 질문과 폐쇄형 질문, 명료화, 직면, 재진술, 감정의 반영, 그리고 요약하기가 그것이다(Othmer & Othmer, 1994; Sommers-Flanagan & Sommers-Flanagan, 2009).

개방형 질문과 폐쇄형 질문

개방형 질문인지 폐쇄형 질문인지의 여부는 내담자가 면접자에게 제공하는 정보에 많은 영향을 미칠 수 있다. 예를 들어, 임상심리학자가 첫 문의전화에서 자신이 신경성 과식증인 것 같다고 말한 24세 외래환자 브리아나를 면담하고 있다고 가정하자. "전화로 언급한 섭식 문제에 관해 조금 더 말씀해주실 수 있습니까?"와 같은 **개방형 질문**(open-ended question)은 "한 주에 몇 번 폭식과 거식을 합니까?", "구토, 운동, 구역질 등 어떤 보상 행동을 합니까?", "과거에 섭식장애를 진단받으신 적이 있습니까?" 등과 같은 **폐쇄형 질문**(closed-ended question)을 하는 것과는 다른 방향으로 면접을 이끌어나간다. 개방형 질문은 내담자로 하여금 개인적이고 자발적인 반응을 이끌어낸다. 이러한 반응은 내담자에 관한 상당히 풍부하고 다양한 정보를 포함하지만, 임상가 측면에서 볼 때에는 중요한 세부사항이 빠져 있을 수 있다. 폐쇄형 질문은 비교적 상세하지 못하고, 내담자의 자기표현을 효과적으로 이끌어내기는 어려울 수 있지만, 내담자로부터 빠르고 정확한 대답을 이끌어낸다. 실제로 개방형 질문은 앞서 언급한 비지시적 면접에 속하며, 지시적인 면접은 대개 폐쇄형 질문으로 구성되어있다.

글상자 8.2

비유하기

선다형, 참/거짓, 서술형 시험과 개방형 질문 및 폐쇄형 질문

당신이 주지하고 있는 바와 같이 선다형/참-거짓(MC/TF) 시험과 서술형 시험은 큰 차이가 있다. MC/TF 질문은 대개 정보의 구체적인 부분을 목표로 하고 있고, 학생들의 반응은 제한적이다(대부분의 경우 단어 혹은 철자). 대개 MC/TF 시험은 서술형 시험보다 문항 수가 많은데, 그 이유는 각 MC/TF 질문은 간결하고 제한적인 범위를 가지기 때문이다. 학생으로서 선다형/참-거짓 유형의 시험을 치른다면, 당신은 교사가 중요하다고 생각하는 지식의 단위에 대해서 답을 하는 것이다.

서술형 시험은 더 제한 없이 '아는 것을 보여주도록' 요구한다는 점에서 다르다. 비록 교사가 원하는 구체적인 정보를 제공할 수 있을 수도 또는 없을 수도 있지만, 그럼에도 불구하고 당신은 질문에 대해 가장 중요하다고 생각하는 부분을 답으로 제출할 것이다. 일반적으로 서술형 질문은 더 길고 포괄적인 답변을 요구하기 때문에 문항 수가 적다. 서술형 질문의 범위는 일반적으로 MC/TF 질문보다 더욱 넓다.

개방형 질문은 서술형 시험 문항과 상당히 유사한 반면, 폐쇄형 질문은 MC/TF 질문과 비슷하다. 폐쇄형 질문(그리고 두드러지게 특징적인 구조화된 면접)은 목적이 뚜렷하며 간결하고 정해진 반응을 이끌어내며, 덜 정교한 반응을 허용한다. 폐쇄형 질문은 대개 길고 연속적으로 나타나며, 면접자가 가장 관련 있다고 생각한 특정 주제를 반영한다. 개방형 질문(그리고 개방형 질문으로 구성되는 경향이 있는 비구조화된 면접)은 덜 초점적이고 자유로운 형식의 반응을 허용한다. 피면접자는 자신이 생각하는 가장 관련 있는 주제에 따라서 반응의 내용을 결정한다. 개방형 질문은 긴 반응을 이끌어낼 수 있기 때문에 상대적으로 적은 문항 수로 구성된다.

이 비유에서 한 가지 중요한 점은 면접자인 당신의 지위는 학생이 아닌 교사와 동일하다는 것이다. 즉 학생으로서 당신은 시험 문제에 답하는 것이 익숙하지만, 면접자로서 당신의 과제는 시험 문제를 만드는 것이다. 교사의 관점에서 MC/TF와 서술형 시험의 장점과 단점은 무엇이라고 생각하는가? 만약 당신이 교사라면, 시험 문제의 한 유형(MC/TF 혹은 서술형)이 다른 유형보다 학생들의 지식에 대해 더욱 타당한 평가를 이끌어내는가? 만약 당신이 면접자라면, 면접 질문의 한 유형(개방형 혹은 폐쇄형)이 다른 유형보다 내담자에 대해 더욱 타당한 평가를 이끌어내는가? 두 유형의 질문을 합치는 것은 어떠한가?

명료화

명료화(clarification) 질문의 목적은 면접자가 내담자의 말을 정확하게 이해하고 있다는 것을 확인시켜주는 것이다. 명료화 질문은 면접자의 '이해' 능력을 향상시킬 뿐만 아니라, 내담자가 무엇을 말하는지 면접자가 적극적으로 듣고 처리하고 있다는 것을 내담자에게 보여준다. 예를 들어, 브리아나(앞에서 언급한 폭식증 증상을 갖고 있는 내담자)와 함께 면접자는 어느 시점에서 "당신은 몇 달 전 많은 음식을 섭취한 후 과도하게 운동을 하였지만 결코 구토를 하지 않았다고 말씀하셨습니다. 맞나요?" 또는 "제가 정확하게 이해하고 있는지 확인받고 싶습니다. 당신은 약 6개월 동안 섭식과 관련된 문제에 대해 고민하고 있다고 말씀하신 것이 맞습니까?" 이러한 질문은 면접자가 확실히 이해하고 있는지에 대해 궁극적으로 브리아나가 확인하거나 수정할 수 있도록 해준다.

직면

면접자는 내담자의 말에서 모순이나 부조화를 찾아냈을 때 **직면**(confrontation)을 사용한다. 직면은 명료화와 비슷할 수 있지만 내담자가 제공한 모순된 정보에 초점을 맞춘다. 예를 들어, 면접자는 브리아나에게 "이전에 당신은 10대 때 자신의 몸과 몸무게에 만족했다고 말씀하셨는데, 몇 분 전에는 고등학교 시절 많은 친구들과 비교했을 때 자신이 뚱뚱하게 느껴졌다고 말씀하셨습니다. 약간 혼란스럽군요."라고 말할 것이다.

재진술

명료화나 직면과 달리, 재진술은 내담자가 말한 것을 해결하거나 명료화하기 위한 것이 아니다. 대신 **재진술**(paraphrasing)은 내담자가 자신의 말이 경청되고 있다는 것을 단순히 확신시켜주는 데 사용된다. 재진술을 할 때 면접자는 일반적으로 내담자가 한 말을 유사한 단어로 바꾸어 말한다. 그래서 만약 브리아나가 "저는 외로울 때 폭식을 해요."라고 말하면, 면접자는 "당신은 주위에 아무도 없을 때 폭식을 하는군요."와 같은 말로 즉각적으로 반응할지도 모른다. 재진술은 일반적으로 새로운 것을 발견하지 않는다. 대신 재진술은 면접자가 주의를 집중하고 이해하고 있다는 것을 내담자에게 확인시킴으로써 대화를 유지하도록 한다.

감정의 반영

재진술이 내담자의 말을 반복하는 것인 반면, **감정의 반영**(reflection of feeling)은 내담자의 정서를 반영하는 것이다. 감정의 반영은 내담자가 자신의 감정을 명확하게 표현하지 않았음에도 불구하고, 면접자가 그러한 감정을 알아차리고 있다는 것을 내담자가 느끼도록 하기 위한 것이다. 예를 들어, 앞에 언급된 브리아나의 말("저는 외로울 때 폭식을 해요.")은 어조뿐 아니라 대화할 때 부끄러워하는 비언어적 태도(그녀는 손으로 얼굴을 감쌌고, 떨리는 목소리로, 시선은 아래를 향하는)와 함께 전달되었다. 면접자는 "당신이 폭식하는 모습을 아무도 보지 않길 원하는 군요. 그것에 대해서 부끄럽게 생각하시나요?"와 같은 말로 반응할 것이다. 재진술과 달리 내담자 감정을 반영하는 것은 종종 면접자가 내담자의 말 기저에 있는 감정을 추측하는 것을 필요로 한다.

요약하기

면접 도중 특정 시점(대부분은 끝날 즈음)에 면접자는 내담자의 말을 요약하기로 결정한다. **요약하기**(summarizing)는 대개 논의되었던 여러 가지 주제를 함께 묶거나, 다른 시점에서 했던 말을 연결시키고, 면접 도중에 반복된 주제를 확인하는 것을 포함한다. 앞에서 기술된 다른 많은 반응처럼 요약하기는 내담자의 말을 단순히 재진술하는 것이 아니라 더 포괄적이고 통합적인 방식으로 그들이 이해받고 있다는 것을 알 수 있게 한다. 브리아나와 전체 면접 후에 면접자는 "당신은 최근 몇 달간 폭식하고 구토하는 것이 당신의 중요한 문제임을 알고 있는 것처럼 보입니다. 그리고 당신은 이를 비밀로 하고 있었고, 부끄럽게 느꼈을 것입니다. 당신은 여기서 자신의 문제를 나와 함께 기꺼이 의논하려고 했고, 그것을 개선하기 위해 노력하고자 했습니다."라고 요약할 것이다. 정확한 요약을 통해 면접자가 '큰 그림'을 잘 이해하고 있다는 것을 내담자에게 전달할 수 있다.

종결

일반적으로 임상면접은 면접자가 만든 특정한 **종결**(conclusion)을 포함한다. 종결은 면접의 종류, 내담자의 문제, 환경이나 다른 요인에 따라 다양한 형태를 취할 수 있다. 경우에 따라 종결은 앞에서 언급한 요약하기와 근본적으로 유사할 수도 있다. 또는 면접자가 간략한 요약보다 더 많은 세부사항을 포함하는 내담자의 문제에 대한 초기 개념화를 제공함으로써 한 발짝 더 나아갈 수 있다. 어떤 상황에서 면담의 종결은 특정 진단기준에 관한 질문에 대해 내담자가 한 응답을 토대로 내린 특정 진단으로 구성될 수도 있다. 또한 종결은 권고를 포함하기도 한다. 이러한 권고는 외래환자나 입원환자의 치료, 더 나아가서는 (또 다른 심리학자, 정신과 의사, 또는 건강전문가에 의한) 평가나 다른 많은 방법을 포함한다.

면접의 실제

면접자는 내담자가 면접을 받기 훨씬 전에 몇 가지 결정에 직면한다. 이러한 많은 결정은 면접이 일어나는 환경과 면접 중에 행하는 전문적인 행동을 수반한다.

필기

면접자는 면접을 진행하는 동안 필기를 해야 하는가? 임상심리학자들 간에 필기에 대한 합의는 거의 이루어지지 않았다. 일부 면접자는 면접을 하는 동안 내담자에 대해 관찰한 내용과 대화의 일부를 노트북이나 태블릿에 열심히 타이핑하거나 종이에 기록한다. 다른 면접자들은 면접이 끝난 직후에는 자신이 기억하는 내용을 기록하지만, 면접 중에는 필기를 전혀 하지 않는다(Greenson & Jaffe, 2004; Hickling, Hickling, Sison, & Radetsky, 1984).

필기를 하는 경우 여러 이점이 있다. 필기한 메모는 면접자의 기억보다 확실히 믿을 만하다. 많은 내담자는 면접자가 필기하기를 기대하고, 필기를 하지 않으면 그들의 말을 곧 잊어버릴 것이라고 느낄 수도 있다. 하지만 필기를 하는 것에 대한 문제점도 존재한다.

필기를 하는 과정은 면접자와 내담자 모두의 주의를 산만하게 할 수 있다. 면접자는 기록을 위해 아래를 내려다보면서 내담자의 중요한 행동을 알아차리지 못할 수 있고, 내담자는 면접자의 노트가 라포를 방해한다고 느낄 수 있다. 어떤 면접자들은 필기를 전혀 하지 않는 것과 과도한 필기 사이의 중도를 지키는 것을 지향하는데, 이는 면접의 가장 중요한 부분은 기록하면서 필기 과정이 대화와 내담자에게 집중하는 것을 방해하지 않도록 해준다. 어떤 임상 장면에서 면접자들은 자신의 필기하는 행동에 대해 내담자들에게 현명하게 설명해줄 것이다. 특히 필기 행동에 대한 내담자 중심의 이론적 근거("저는 필기를 하고 있습니다. 왜냐하면 저는 당신이 말한 것에 대해 좋은 기록을 가지고 있다는 것을 확실히 하고 싶기 때문입니다." 또는 "저는 면접을 하는 동안 필기를 하지 않을 것입니다. 왜냐하면 저는 어떤 것도 우리 대화를 방해하는 것을 원하지 않기 때문입니다.")는 면접자와 내담자 간의 라포를 향상시킬 수 있다(Fontes, 2008; Sommers-Flanagan & Sommers-Flanagan, 2009).

몇몇 경험적 연구는 면접 변인에 미치는 필기의 주요한 영향에 대해 조사했는데, 이는 혼재된 결과를 보였다. 한 연구에서 연구자들은 면접자와 내담자 간 관계의 질을 세 가지 필기 조건(종이와 펜, 아이패드 그리고 컴퓨터)에서 측정했다. 그들은 세 가지 조건에서의 차이를 발견하지 못했다(Wiarda, McMinn, Peterson, & Gregor, 2014). 또 다른 연구에서는 관계의 질이 필기 조건에 따라 달라진다고 보고했다. 컴퓨터를 사용하지 않은 면접자에 비해 컴퓨터를 사용하는 면접자에서 관계의 질이 유의하게 낮게 나타났다(Rosen, Nakash, & Alegría, 2016). 필기의 효과는 내담자가 특정한 필기 방법의 사용을 어떻게 해석하고 면접자가 그러한 방법을 어떻게 사용하는지를 포함한 특정한 상황에 따라 크게 달라질 가능성이 높다.

오디오 및 비디오 녹화

글로 작성하는 메모가 면담을 기록하는 유일한 방법은 아니다. 임상심리학자는 아마 오디오나 비디오로 회기를 기록하는 것을 선호할지도 모른다. 필기와 달리 내담자와의 면접을 녹화하려면 내담자에게 서면으로 된 동의서를 받는 것이 필요하다. 녹화는 전체 회기에 대한 모든 정보를 명백

글상자 8.3

나의 경험

나는 임상면접 동안 필기에 관한 흥미로운 일을 겪은 적이 있다. 경력 초반에 나는 필기의 포괄성에 높은 우선순위를 두었다. 최대한 많이 그리고 빨리 받아 적으려고 노력했다. 필기에 대한 이러한 방법을 통해 길고 자세한 기록을 할 수 있었다. 하지만 이는 라포를 많이 희생시키는 것으로 증명되었다. 어떤 솔직한 내담자는 나의 필기를 중단시켰고, "제 말을 듣고 계시나요?"라고 말했다. 나는 그 말에 놀랐다. 실제로 나는 몰두하며 듣고 있었고 모든 단어를 적고 있었다. 그녀의 질문에 대답하려고 그녀를 봤을 때, 꽤 오랜 시간 동안 그녀와 눈을 마주치지 않고 있었음을 깨달았다. 이와 반대되는 경험을 한 적도 있다. 필기 없이 몰두하며 듣고 있을 때 직설적인 내담자는 "당신은 이 모든 것을 어떻게 기억하시나요? 받아 적을 필요가 있지 않나요?"라고 물었다.

이러한 문제를 해결하기 위해서는 그 중도를 지키는 것이 좋다. 가장 중요한 정보에 대해 가끔 메모를 하지만, 메모장이나 노트북보다 내담자를 바라보는 데 더 많은 시간을 보내는 것이다. 하지만 이러한 중도를 지키는 것에도 단점이 존재한다. 내가 필기하기로 했을 때 날카롭게 반응하는 여러 내담자를 봤다. 직장에서 상사로부터 치료를 받도록 권유받은 한 내담자는 "내 직업에 대해 이야기할 때 왜 당신은 받아 적나요? 나의 상사에게 말하려고 하나요?"라고 물었다. 젊은 성인 내담자는 "제가 어릴 때 부모님이 저를 어떻게 대했는지에 대해 말하고 있을 때, 당신은 많은 내용을 기록하지 않더군요. 이러한 시시한 내용은 당신이 치료에서 중점적으로 다루지 않는다는 것을 의미합니까?"라고 말했다. 사회적으로 불안해하는 내담자는 "제가 다른 사람들과 있을 때 얼마나 두려워하는지에 대해 이야기할 때, 당신은 제가 미쳤다고 생각했음이 틀림없어요. 이게 바로 당신이 쓰고 있었던 건가요? 제가 미친 것처럼 보이나요?"라고 말했다.

나는 내담자들에게 면접을 하는 동안 필기를 하기로 결정한 이유에 대해 설명해주는 것이 꽤 유익하다는 것을 발견했다. 필기의 목적이 나중에 내 기억을 돕기 위한 것이든, 그 순간에 내담자들에게 주의를 기울이는 것이든 또는 그 외의 여러 가지 복합적인 이유이든 간에 말이다. 내담자들은 보통 설명을 받아들이고, 필기보다는 면접 내용 자체로 주의를 전환한다.

하게 제공해주긴 하지만, 일부 내담자의 솔직함 그리고 정보를 제공하고자 하는 의지를 방해할 수도 있다. 필기와 마찬가지로 녹화 목적(예 : 면접자나 감독관의 검토) 및 삭제하거나 폐기할 날짜뿐 아니라 녹화의 근본적 이유에 대한 설명은 내담자를 납득시킬 수 있다.

면접 장소

면접 장소는 어떻게 조성되어야 할까? 사실 임상심리학자가 면접을 진행하는 장소와 관련하여 많은 가변성이 존재한다. 방의 크기, 가구 및 장식은 차이가 있을 수 있는 특징 중 하나이다. "(면접을 위한) 장소를 고를 때 전문적인 형식과 편안함 사이의 균형을 유지하는 것이 도움이 된다."는 것이 일반적인 규칙이다(Sommers-Flanagan & Sommers-Flanagan, 2009, p. 31). 즉 면접 장소는 임상면접이 전문적인 활동이지만, 따뜻함과 편안함을 우선순위로 두고 있다는 메시지를 내담자에게 미묘하게 전달해야 한다.

그림 8.2 임상면접 중에 필기를 하는 가장 중요한 이유는 무엇이라고 생각하는가?

©Nancy Louie/istockphoto.com

구체적인 예로, 다양한 면접 장소의 특징 중에 좌석 배치를 고려해보자. 이와 관련된 몇 가지 방식이 있다. 면접자가 의자에 앉아있고, 내담자는 소파에 누워있는 전통적인 정신분석적 배치(점점 드물어짐), 면접자와 내담자가 서로 얼굴을 맞대고 앉거나, 90도와 180도 사이의 각도로 앉는 것 등이다. 탁자 또는 책상은 의자 사이에 놓일 수도 있고, 의자가 딸린 작은 사이드 탁자가 있거나 다른 가구 없이 의자만 있을 수도 있다. 상황에 따라 사무실(혹은 가정용) 가구점에서 파는 어떤 의자라도 사용할 수 있다. 정보를 수집하고, 방해받지 않는 개인적인 공간에서 라포를 형성하는 것과 같은 면담의 기본적인 목적을 촉진시키는 한, 면접 장소는 그 역할을 잘 수행하고 있는 것이다(Sommers-Flanagan & Sommers-Flanagan, 2009).

Devlin과 Nasar(2012; Nasar & Devlin, 2011 참조)는 임상가의 사무실이 내담자에게 줄 수 있는 인상에 관해서 치료자와 비전문가 모두에게 조사를 실시하였다. 그들은 참가자에게 30개의 서로 다른 실제 임상가 사무실 사진[면담(그리고 정신치료)이 진행되는 장소]을 보여주고 다양한 방법으로 그 장소들의 순위를 매겨보라고 요청하였다. 결과에 따르면 가장 선호하는 사무실은 '딱딱하고'(드문드문하게 가구가 배치되고, 획일적이거나 지나치게 모던한) 지저분한 사무실보다는 '부드럽고'(편안한 좌석, 장식용의 깔개, 밝지 않은 불빛, 예술 작품 및 식물) 질서정연한 사무실이었다. 게다가 더 넓고 정돈된 사무실은 비좁고 서류더미가 무질서하게 쌓여있으며 전기코드가 얽혀있는 사무실보다 더 긍정적으로 평가되었다. 각각의 반응은 분명히 내담자마다 다를 수도 있지만, 이러한 연구는 임상가가 면접 및 다른 임상 서비스를 수행하는 장소에 대한 의사결정이 매우 중요할 수 있음을 시사한다.

임상심리학자는 사무실 장식과 관련해서 가족사진, 기념품, 수집품과 같은 지나치게 개인적인 물건은 피한다. 이러한 물건은 면접 장소가 더 중요하게 풍겨야 하는 전문적인 분위기와 어울리지 않을 수 있으며 경우에 따라 면접 내용에 영향을 미칠 수 있다. 예를 들어, 워너 박사에게 불임으로 인한 관계 문제로 도움을 청한 부부인 로셸와 자본의 경우를 고려해보자. 눈에 띄는 워너 박사의 아들, 딸의 사진은 이 부부의 면접 과정을 바꿀 수 있는 감정을 불러일으킬 수 있다. 로셸이나 자본은 질투심 또는 분노를 경험하거나 워너 박사가 그들의 어려움에 완전히 공감할 수 없을 거라고 가정할 수 있으며, 이러한 감정은 면접 과정에 피해를 준다.

그림 8.3 면접 장소 자체(장식, 가구, 스타일, 크기 등)는 내담자의 편안함 정도와 면접의 궁극적인 성공에 영향을 미친다. 만약 당신이 임상심리학자라면 사무실의 디자인과 관련된 우선순위는 무엇인가?

비밀보장

면접 장소에 들어올 때, 내담자는 앞으로 논의될 **비밀보장**(confidentiality)에 대한 부정확한 가정을 가지고 있을 수 있다. 사실 심리학자가 비밀보장을 지킬 수 없는 어떤 상황이 존재할 때라 할지라도 많은 사람들은 심리학자와 함께하는 모든 회기는 전적으로 비밀보장이 될 것이라는 부정확한 가정을 한다(Miller & Thelen, 1986). 이러한 상황은 일반적으로 해당 주의 법에 의해 정의되고 종종 심리학자가 회기 동안 내담자가 심각하게 누군가(자신 또는 타인)를 해하려 하거나 지속적인 아동학대가 발생하고 있음을 발견했을 때를 포함한다(이러한 비밀보장에 대한 예외는 제5장 참조). 어떤 내담자는 자신의 친척, 상사 또는 다른 사람들이 자신의 면담 기록을 볼 수 있을 것이라는 잘못된 생각을 하고, 그 결과 문제에 대해 거의 드러내지 않기로 결정하는 실수도 저지른다.

내담자에게 비밀보장에 대해 설명해주기 위해, 그리고 특히 앞에 설명된 것과 같은 어떤 오해를 바로잡아주기 위해 일반적으로 면접자는 비밀보장과 관련된 규칙을 가능한 한 빨리 설명해줘야 한다. 그러한 설명은 주의 법과 직업윤리와 일치해야 하고 서면으로 제공되어야 하며 구두 토론을 제공할 충분한 기회가 있어야 한다. 비밀보장과 그것의 한계점에 대해 내담자와 논의하는 심리학자는 유능하고 도덕적인 관행을 보여주는 것이다(APA, 2002).

면접의 유형

임상면접은 상황에 따라 다른 형태를 취하는데, 이는 상황, 내담자가 제시하는 문제 및 면접이 다루어야 할 문제에 달려있다. 실제로는 수없이 많은 독특한 면접 형식이 있지만 대부분은 접수면접, 진단면접, 정신상태 검사 그리고 위기면접의 몇 가지 범주로 분류된다.

접수면접

접수면접(intake interview)의 목적은 근본적으로 면접이 이루어지는 장소에 내담자를 '접수'할지에 대한 여부를 결정하는 것이다. 다시 말해서 접수면접은 내담자에게 치료가 필요한지를 결정하는 것이다. 어떤 종류의 치료가 필요한지(입원환자, 외래환자, 특수한 치료가 필요한 환자 등), 그리고 현재 시설이 그러한 치료를 제공해줄 수 있는지 또는 환자가 보다 적합한 시설을 추천받아야 하는지도 고려되어야 한다.

접수면접에서는 일반적으로 현재 호소하는 문제에 대해 상세한 질문을 한다. 예를 들어, 지역정신건강센터에 접수면담을 위해 방문한 '환청'을 보이는 45세의 외래환자 줄리아의 사례를 고려해보자. 접수면접을 하는 앱스 박사는 줄리아의 정신병적 증상의 빈도, 정도 그리고 기간뿐 아니라 줄리아에게 나타날 수 있는 증상의 다른 상태에 대해서도 질문할 것이다. 앱스 박사는 또한 면접을 하는 동안 줄리아를 면밀히 관찰하고 관련 행동을 기록한다. 줄리아의 개인적인 과거력에 대한 질문, 특히 이 증상이나 다른 심리적 혹은 병리적 문제에 대한 과거 병력을 질문하는 것이 접수면접에서 중요할 것이다. 면접 종료 시점에서 앱스 박사는 줄리아의 문제가 지역 정신건강센터에서 가장 잘 치료될 수 있는지에 대한 여부를 결정하기 위해 모든 정보를 사용하고, 치료 가능하다면 이에 대한 특정한 방식과 치료의 가능성을 권고한다. 만약 그렇지 않다면 앱스 박사는 줄리아에게 입원 또는 외래 진료를 포함한 다른 적절한 치료기관을 소개해줄 것이다.

진단면접

명칭이 나타내듯 진단면접(diagnostic interview)의 목적은 진단을 하는 것이다. 진단면접이 제대로 수행되면 면접자는 내담자의 문제에 대해 확신을 가지고 정확하게 정신질환의 진단 및 통계 편람(*DSM*)하에서 진단을 내릴 수 있다. 면접에서 유효하고 구체적인 진단이 나온다면 권고의 효과와 후속 치료가 향상될 수 있다.

진단면접의 목적이 진단을 내리는 것이라면, 진단면접에서 *DSM* 장애의 기준과 관련된 질문을 포함하는 것이 합리적이다. 진단기준이 얼마나 직접적으로 질문에 반영되어야 하는가? 일부 임상심리학자는 질문이 본질적으로 *DSM* 기준을 그대로 따라야 한다고 생각한다. 이러한 전문직에 종사하는 사람들이 세세한 증상 목록으로 정의된 장애를 포함하는 진단 지침서를 따른다면, 각 증상에 대해 직접적으로 묻는 것보다 진단에 이르는 더 좋은 방법은 무엇인가? 다른 임상심리학자는 진단면접의 모든 질문이 특정 *DSM* 기준과 결합될 필요는 없다고 생각한다. 이들은 면접을 진행하면서 질문을 선택하거나 형성하는 보다 유연한 면접 방식을 선호하며 진단을 내리기 위해 절대적인 사실보다는 추론을 사용한다. 다시 말해서 일부 임상심리학자는 구조화된 면접을 선호하는 반면, 다른 임상심리학자는 비구조화된 면접을 선호한다는 것이다.

구조화된 면접 대 비구조화된 면접

구조화된 면접(structured interview)은 면접자가 내담자에게 묻는 미리 계획된 일련의 질문이다. 구조화된 면접은 특정 목적, 흔히 진단을 위해 구성된다. 이와 대조적으로 **비구조화된 면접**(unstructured interview)은 질문을 미리 결정하거나 계획하지 않는다. 비구조화된 면접에서 면접 과정은 즉흥적이다. 이들은 현장에서 질문을 결정하고 면접 과정에서 관련이 있다고 판단한 정보를 찾는다(Maruish, 2008; Mueller & Segal, 2015; O'Brien & Tabaczynski, 2007; Sommers-Flanagan, Zeleke, & Hood, 2015).

구조화된 면접은 특히 과학적 또는 경험적 관점에서 비구조화된 면접에 비해 많은 장점을 갖고 있다(Sommers-Flanagan & Sommers-Flanagan, 2009; Villa & Reitman, 2007).

- 구조화된 면접은 면접자의 임상적 판단 및 추론과 같이 편향되거나 다른 결함이 있을 수 있는 주관적 요인에 대한 의존도를 줄이면서 명시적인 *DSM* 진단기준에 근거하여 진단을 내린다.
- 구조화된 면접은 동일 면접을 사용하는 2명의 면접자가 동일한 진단 결론에 훨씬 더 자주 도달하게 된다는 점에서 매우 신뢰할 수 있는 경향이 있다.
- 구조화된 면접은 표준화되어있으며 대체로 실시가 복잡하지 않다.

반면 구조화된 면접은 여러 가지 단점을 갖고 있다(Sommers-Flanagan et al., 2015).

- 구조화된 면접의 형식은 대개 경직되어있어 내담자와의 라포를 형성하거나 내담자 본인이 원하는 것에 대해 설명할 기회를 놓칠 수 있다.
- 구조화된 면접은 일반적으로 관계 문제, 개인적인 과거력 및 *DSM* 진단 범주에 해당하지 않거나 진단 범주들 사이에 해당하는 문제와 같이 *DSM* 기준과 직접적으로 관련이 없는 중요한 주제에 대한 질문을 허용하지 않는다.
- 구조화된 면접은 종종 임상적으로 필요한 것보다 포괄적인 질문 목록을 요구하기 때문에 면담이 길어진다.

임상심리학의 초창기에는 구조화된 면접이 흔하지 않았지만 최근 몇 년간 더 수용되고 있으며 선호도도 높아졌다. 사회공포증 면접도구 개정판(Anxiety Disorders Interview Schedule-Revised; Di Nardo & Barlow, 1988), 급성 스트레스장애 면접(Acute Stress Disorder Interview Schedule-Revised; Bryant, Harvey, Dang & Sackville, 1998) 및 아스퍼거 증후군 진단 면접(Asperger Syndrome

Diagnostic Interview; Gillberg, Gillberg, Rastam & Wentz, 2001)과 같은 특정 진단 문제에 초점을 맞춘 여러 구조화된 면접이 있다. 그러나 특히 최근 몇 년 동안 가장 두드러진 구조화된 면접은 보다 폭넓은 **DSM-5 장애에 대한 구조화된 임상적 면접**(Structured Clinical Interview for *DSM-5* Disorder, SCID)이다(First, 2015; First, Gibbon, Spitzer, Williams, & Benjamin, 1997; First, Spitzer, Gibbon & Williams, 1997a, 1997c).

SCID는 *DSM* 최신판의 주요 저자에 의해 만들어졌으며 본질적으로 *DSM*에 포함된 많은 장애의 특정 증상에 대해 직접 묻는 포괄적인 질문 목록이다. 대부분의 경우 SCID의 각 질문은 *DSM* 진단의 특정 기준과 일대일로 대응된다. 사실 SCID 실시 소책자는 2열 형식으로 구성되어 각 *DSM* 증상은 그것과 관련된 특정 질문과 나란히 제시된다. 예를 들어, 강박장애에 대한 *DSM*의 특정 기준 중 하나는 "이미지, 생각 또는 인식을 포함한 사건의 반복적이고 침투적인 괴로운 기억"이다. SCID는 이 기준 옆에 "[외상]에 대한 생각을 하고 싶지 않았을 때에도 [외상]에 대해 생각했습니까? 아니면 외상에 대한 생각을 원하지 않았을 때에도 [외상]에 대한 생각이 갑자기 떠올랐습니까?"와 같은 질문을 포함한다(First, Spitzer, Gibbon & Williams, 1997b, p. 74). 이처럼 대부분의 SCID 질문은 "예" 또는 "아니요" 답변을 이끌어내기 위해 고안되었으며 내담자가 "예"라고 대답할 때 간단하게 보충 설명을 해달라는 질문을 할 수 있다.

SCID는 모듈식이다. 즉 면접자가 특정 임상 사례와 관련된 SCID의 모듈(또는 부분)만 선택하고 다른 모듈은 생략할 수 있음을 의미한다. 예를 들어 로드리게즈 박사가 성인 외래환자 에단을 면접하고 있다고 상상해보자. 병원에 처음 전화를 걸었을 때와 간단한 대기실 심사 양식을 통해 에단은 그의 문제가 심각한 개 공포증과 관련되어있음을 나타냈다. 로드리게즈 박사는 SCID의 불안 모듈을 실시하지만 정신병 관련 모듈과 같이 에단의 문제와 무관한 모듈은 생략할 수 있다. 이 모듈식 설계의 한 가지 이점은 SCID를 완료하는 데 필요한 시간을 단축하는 것이다. 물론 면접자가 전체 SCID를 실시하기를 원한다면 모듈을 생략하지 않는다. 성격장애의 존재 가능성을 파악하기 위한 평가라면, 이를 위해 설계된 SCID의 별도 버전(SCID-PD)이 필요하다(First, 2015).

그림 8.4 정신상태 검사는 병원 및 의료센터에서 일반적으로 내담자의 현재 수준을 빠르게 예측하는 데 사용된다.

©monkeybusinessimages/istockphoto.com

반면 일부 임상심리학자(즉 임상심리학의 경험적 토대를 강조하는 연구자와 임상가)는 SCID와 같은 구조화된 면접을 자주 사용하지만, 다른 이들은 비구조화된 면접을 사용한다. 실제로 상당수의 임상심리학자가 부분적으로 구조화된 또는 **반구조화된 면접**

(semistructured interview)이라고 불리는 면접을 수행하기 위해 이러한 접근법을 통합한다(Maruish, 2008; Nock, Holmberg, Photos & Michel, 2007). 이러한 면담에는 일반적으로 면접 시작 시점에 비구조화된 부분이 포함될 수 있으며, 이를 통해 내담자는 자신의 말로 현재의 문제 및 관련 병력을 설명할 수 있다(실제로 이 목적을 달성하기 위해 SCID의 초반에 '개요' 부분이 포함되어있다). 이 비구조화된 부분 후에 면접자는 특정 진단 기준을 다루기 위해 일련의 목표가 있는 질문을 할 수 있다.

정신상태 검사

정신상태 검사(mental status exam)는 의료 환경에서 가장 자주 사용된다. 주요 목적은 평가 시점에 내담자가 어떻게 기능하는지 빠르게 평가하는 것이다. 정신상태 검사는 내담자의 개인사를 탐색하지 않으며 *DSM* 진단을 결정하기 위해 고안된 것도 아니다. 대신 이것은 주로 개인의 '현재' 심리적 · 인지적 과정을 평가하여 (마음의 사진을 찍듯이) 결과를 산출한다(Lukas, 1993; Morrison, 2008; Sommers-Flanagan & Sommers-Flanagan, 2009; Strub & Black, 1977; Wiger & Mooney, 2015).

정신상태 검사의 형식은 완전히 표준화되지 않았으므로 다양한 정신건강전문가가 각기 다르게 실시할 수 있다(임상심리학자 및 기타 정신건강전문가 외에도 정신과 의사는 종종 정신상태 검사를 사용한다). 특정 질문 및 기법상 차이점은 존재할 수 있으나 다음의 주요 범주를 일반적으로 다룬다.

- 외모
- 행동/정신 운동 활동
- 검사자에 대한 태도
- 정서와 기분
- 말투와 생각
- 지각장애
- 사람, 장소 및 시간에 대한 지남력
- 기억력과 지능
- 신뢰성, 판단력 및 통찰력

표준화되지 않았기 때문에 정신상태 검사를 시행하는 2명의 면접자가 같은 범주 내에서 다른 질문을 할 수 있다. 예를 들어, '기억력과 지능' 범주에서 면접자는 다니고 있는 학교나 형제자매의 나이에 대해 내담자에게 질문하여 기억력을 평가할 수 있고, 100에서 7만큼 뺄셈을 하도록 요청하거나, 간단한 일련의 숫자 또는 단어를 회상하게 하거나, 한 도시에서 다른 도시로 가는 방향을 질문하여 지능을 평가할 수 있다. 정신상태 검사는 세심하고 포괄적인 진단 도구가 아니다. 이것은 주로 병원 및 의료 센터에서 간략하고 융통성 있는 실시를 위해 고안되었으며 지침서 또는 기타 부가적인 도구가 필요하지 않다.

위기면접

위기면접(crisis interview)은 특별한 유형의 임상면접이며 면접자에게 독특한 경험이 될 수 있다. 위기면접은 단순한 평가 이상으로 광범위한 목적을 가지고 있다. 위기면접은 긴급한 개입이 필요한 문제를 평가할 뿐만 아니라(가장 흔하게는 자살 또는 자신이나 타인을 해하는 행동을 적극적으로 생각하는 내담자) 그 문제에 대한 즉각적이고 효과적인 개입을 제공하는 것이다. 위기면접은 직접 실시될 수도 있지만 자살 상담 전화, 위기 전화 및 유사 서비스를 통해 전화상으로 자주 실시된다.

그림 8.5 위기면접은 전형적으로 내담자의 문제에 대한 평가뿐만 아니라 즉각적인 개입을 포함하기 때문에 독특한 임상면접으로 분류된다.

위기에 처한 내담자, 특히 자살하려는 내담자에게 라포를 형성하고 공감대를 표현하는 것이 이 면접의 중요한 부분이다. 자살에 대한 즉각적이고 합법적인 대안을 제공하면 내담자가 현재의 고난을 견뎌낼 수 있게 되고 후에는 문제가 덜 심각하게 느껴지거나 해결책이 실현될 가능성이 높은 시점에 도달할 수 있다. 간혹 이러한 상황에 처한 면접자는 내담자에게 자살 예방 계약에 서명하거나 구두로 동의하도록 요청한다. 이러한 계약은 근본적으로 내담자가 자해 행위를 저지르기 전에 면접자에게 연락해야 한다는 것을 포함한다.

자살하려는 의지가 강한 사람을 면접할 때는 다음과 같은 다섯 가지 특정 사안을 평가해야 한다(Sommers-Flanagan & Sommers-Flanagan, 2009).

- 내담자는 얼마나 우울한가? 끊임없이 지속되는 장기적인 우울과 미래에 대한 희망의 부재는 자살위험이 높다는 것을 시사한다.
- 내담자는 자살사고를 가지고 있는가? 이러한 생각이 존재했다면, 사고의 빈도와 강도에 대해 알아보는 것이 중요하다.
- 내담자는 자살계획을 가지고 있는가? 일부 내담자는 자살사고를 가지고 있지만 구체적인 자살계획은 없다. 내담자가 계획을 가지고 있다면 실행 가능성(총, 약물 등과 같은 자해 수단에 내담자가 접근할 수 있는 가능성), 치사 가능성과 그것을 막을 수 있는 다른 사람의 존재(가족,

친구)가 결정적인 요소이다.

- 내담자는 현재 자기 통제력을 가지고 있는 것으로 보이는가? 과거에 비슷하게 스트레스를 받은 시기 또는 이전에 자해를 고려한 순간에 대한 질문은 위기와 관련된 내담자의 자기 통제력에 대한 정보를 간접적으로 제공할 수 있다.
- 내담자는 확실한 자살의도를 가지고 있는가? 직접적인 질문이 유익할 수도 있지만, 물건을 버리고 정리하고 친구와 가족에게 자살계획을 알리는 것과 같은 또 다른 징후들도 내담자의 의도를 암시할 수 있다.

문화적 요소

문화적 맥락 이해

임상면접에서 내담자의 말과 행동을 포함한 모든 인간의 행동은 문화적 맥락에서 일어난다. 면접자는 내담자를 관찰하고 경청할 때 이 관점을 유지해야 한다. 면접자는 적절한 문화적 맥락에서 면접 자료의 의미를 이해하기 위해 문화에 대한 충분한 지식(면접자 자신의 문화뿐만 아니라 내담자가 속한 문화에 대한 지식)을 가져야 한다. 어떤 문화적 기준에 의해 비정상적이거나 병리적으로 보일 수 있는 행동, 생각 또는 감정은 다른 사람에게는 실제로 정상적일 수 있으며 면접자는 자신의 문화적 가치를 부여해 과진단하지 않도록 주의해야 한다. 임상심리학자는 내담자와의 면접 및 상호작용을 통해 내담자의 문화를 파악할 수 있다는 관점을 통해 내담자를 평가해야 한다. 예를 들어 임상심리학자는 문화의 차이로 인해 라포를 방해할 가능성이 있는 문화의 구성원과는 조금 더 이야기를 나누거나, 문화를 잘 아는 전문가와 상담하는 것과 같이 면접을 실시할 때 문화적 기대나 규준을 이해할 수 있다(Sommers-Flanagan et al., 2015).

예를 들어, 2명의 자녀를 둔 60세의 유대인 어머니 파울라는 종교적 배경이 가톨릭인 임상심리학자 맥밀란 박사에게 면접을 받고 있다. 파울라는 자신의 불안과 우울이 최근 아들로부터 10세 된 손자가 이전 세대와 달리 히브리어를 배우지 않고 바르미츠바를 치루게 될 것이라는 소식을 전해 들었던 것 때문이라고 설명했다. 바르미츠바(12~13세 소년이 히브리어로 율법을 읽음으로써 성인기로 들어가게 되는 전통적인 유대인 의식으로, 어떤 사람들은 바트미츠바라고 부르기도 함)는 맥밀란 박사에게 개인적으로는 획기적인 사건이 아닐지라도 이것이 유대인 문화와, 특히 파울라에게는 의미 있는 사건임을 인식하는 것이 중요하다. 만약 맥밀란 박사가 유대인 공동체에서 바르미츠바 또는 바트미츠바의 중요성을 이해하지 못한다면, 파울라의 문제를 잘못 해석하거나 과소평가할지도 모른다. 그리고 그 결과, 면접 내내 파울라는 자신이 임상가로부터 제대로 인정받지 못한다는 느낌을 받게 되고 라포가 손상될 가능성이 있다.

물론 문화적으로 유능한 면접자는 한 문화권에 속한 모든 사람이 동일한 가치를 지녔다고 생각해서는 안 된다. 집단으로서 문화 구성원은 특정한 방식으로 행동하고 믿고 느끼는 경향이 있지만, 문화 집단 내의 개인 간에는 큰 가변성이 존재하는 경우가 많다. 따라서 앞의 예에서 맥밀란 박사는 유대인이 바르미츠바 또는 바트미츠바에 부여하는 의미에 대해 이해하고 있어야 하지만, 파울라의 개인적인 견해가 반드시 모범적이라고 단정지어서는 안 된다.

물론 종교는 특정 내담자에게 중요할 수 있는 문화의 많은 구성 요소 중 하나이다(Grieger, 2008). 글상자 8.4는 면접자가 내담자의 문화적 배경에 대해 물어볼 수 있는 광범위한 질문 목록을 제공한다(Fontes, 2008).

문화적 차이 인식하기

면접자와 내담자 사이에 문화적 차이(특히 민족성, 성별, 종교, 나이 또는 다른 여러 변인을 통해 문화를 정의하는 경우 자주 나타나는)가 존재할 때 면접자가 이러한 차이점을 공개적으로 인정하는 것이 현명할 수 있다. 문화적 변인에 대해 개방적이고 존중적인 대화는 라포를 향상시키고, 정보를 공유할 내담자의 의지를 높이고, 면접자가 내담자의 문제를 보다 정확하게 이해할 수 있도록 도와준다(Sommer-Flanagan & Sommers-Flanagan, 2009). 이러한 태도가 없다면 면담 과정(더 광범위하게는 평가 과정)이 무효화될 수 있으며 문화적으로 민감하지 않은 치료로 연결될 수 있다(Ridley, Tracy, Pruitt-Stephens, Wimsatt, & Beard, 2008).

많은 경우 면접자가 문화적 배경에 대해 직접적으로 질문하여 내담자의 관점에 대해 더 많은 정보를 얻는 것이 적절하다. 물론 그러한 질문(글상자 8.4 참조)은 냉철하게보다는 민감하게 이루어져야 한다. 내담자는 자신의 문화적 배경에 대한 정보의 출처가 될 수 있다. 하지만 면접자는 내담자가 제공한 문화적 배경에 대한 정보에 지나치게 의존해서는 안 된다. 면접의 궁극적인 목적은 내담자가 면접자를 교육하는 것이 아니다. 면접자는 문화적 인식을 증가시키기 위해 특정 문화에 대한 다른 정보 출처(서면, 경험 등)를 지속적으로 찾아야 한다. 파울라의 사례(앞선 예)에서 맥밀란 박사는 면담 이전에 바르미츠바가 무엇인지 그리고 그것이 유대인에게 일반적으로 의미하는 바가 무엇인지에 대한 이해를 가지고 있는 것이 더 좋을 것이다. 만약 맥밀란 박사가 그것에 대해 기본적인 이해를 가지고 있다는 것을 파울라가 느낄 수 있었고, 그것에 관한 더 세부적인 사항이나 그녀가 느꼈을 특정한 감정에 대해 질문했더라면 그녀는 그의 노력에 감탄했을지도 모른다. 반대로 만약 그가 아무것도 모른 채로 면담에 들어가서 무엇이 바르미츠바이고, 언제 일어났는지,

이것이 의미하는 것이 무엇인지와 같은 기본적인 것을 파울라에게 설명해줄 것을 요구한다면, 파울라는 그의 질문을 부담스러워할 것이고 그 결과 면담이 고통스러울 수 있다.

글상자 8.4

내담자의 문화적 배경에 대해 질문할 때 고려해야 할 면접 질문

1. 당신이 태어난 곳은 어디입니까?
2. 누구를 가족이라고 생각합니까?
3. 처음 배운 언어는 무엇입니까?
4. 당신이 사용하는 다른 언어(들)에 대해 말해보세요.
5. 가정에서 사용하는 언어(들)는 무엇입니까?
6. 당신의 종교는 무엇입니까? 신앙생활을 얼마나 지키고 있습니까?
7. 일하지 않을 때는 주로 어떤 활동을 즐깁니까?
8. 문화적인 관점에서 자신을 어떻게 판단합니까?
9. 당신의 (내담자가 자기 보고한) 문화적 배경에서 가장 중요한 측면은 무엇입니까?
10. 당신의 가정과 이웃에 대해 어떻게 설명할 수 있습니까?
11. 문제에 직면했을 때 누구에게 도움을 요청합니까?
12. 오늘 이 면담의 목표는 무엇입니까?

출처 : Fontes (2008), p. 31.

요약

모든 평가 기법과 마찬가지로 임상면접은 신뢰할 수 있고 타당해야 하며 임상적으로 유용해야 한다. 임상면접은 심리평가의 핵심 요소이다. 숙련된 면접자는 주의를 강화하기 위해 자기 내적인 이야기에 대해 침묵하기, 특히 다른 사람들로부터 이끌어내고자 하는 반응과 관련하여 자기 인식하기, 그리고 긍정적 작업동맹 발전시키기를 적용한다. 면접자는 예의 바르고 보살피는 태도로 라포를 형성하고 내담자의 몸짓이나 음성적 특징과 같은 의사소통의 미묘한 측면에 주의를 기울인다. 숙련된 면접자는 개방적 및 폐쇄적 질문, 명료화, 직면, 재진술, 감정의 반영, 요약하기 그리고 결론의 형성과 같은 구체적인 면접 기법에 능숙하다.

필기, 오디오 또는 비디오 녹화, 그리고 비밀보장을 포함하여 임상면접과 관련된 수많은 실무적인 문제가 있다. 면접자가 이러한 실무적인 문제에 특정한 종결을 취하는 근본적인 이유에 대해 내담자와 논의하는 것이 좋다.

임상면접은 다양한 형태를 취하지만, 대부분은 접수면접, 진단면접, 정신상태 검사 또는 위기면접으로 분류될 수 있다. SCID와 같은 구조화된 면접은 높은 신뢰도과 타당도를 가지는 경향이 있지만 라포가 저하될 수 있다. 비구조화된 임상면접은 내담자 중심으로 이뤄지기 때문에 의사소통이 원활하지만 신뢰도와 타당도가 낮다. 반구조화된 면접은 구조화와 비구조화 접근 사이의 균형을 유지한다.

문화적 문제에 대한 이해와 인식은 모든 임상면접을 향상시키고 모든 면접자에게 주요 목표가 되어야 한다.

주요 용어

감정의 반영
개방형 질문
경청
구조화된 면접
긍정적 작업동맹 발전시키기
기법
라포
말 따라가기
명료화
반구조화된 면접
비구조화된 면접
비밀보장
비지시적
신뢰도
신체 언어
요약하기
위기면접
음성적 특징
임상면접
임상적 유용성
자기 인식하기
재진술
접수면접
정신상태 검사
종결
주의를 기울이는 행동
지시적
직면
진단면접
침묵하기
타당도
평가
폐쇄형 질문
DSM-5 장애에 대한 구조화된 임상적 면접(SCID)

비판적 사고를 위한 질문

1. 이 장에서는 면접자의 자기 인식을 중요한 기본 자질로 설명한다. 임상심리학자들은 자기 인식을 위해 어떤 단계를 거쳐야 하는가?
2. 눈 맞춤이나 몸짓의 의미에 다른 방식으로 영향을 미칠 수 있는 문화에 대한 문제를 반영하는 2명의 다른 내담자-치료자의 조합에 대해 설명해보라.
3. 내담자가 면접에 가져올 수 있는 광범위한 임상 문제를 고려할 때, 직접적인 질문과 간접적인 질문 중 어떤 것이 더 적합하다고 생각하는가?
4. 만약 당신이 임상심리학자라면 임상면접 중

에 필기를 할 것인가? 그 이유는 무엇인가?

5. 만약 당신이 임상심리학자라면 어떤 상황에서 자신과 내담자 간의 문화적 차이를 공개적으로 인정할 것인가?

주요 학술지

Assessment
http://asm.sagepub.com

Journal of Clinical Psychology
http://onlinelibrary.wiley.com/journal/10.1002/(ISSN)1097-4679

Journal of Contemporary Psychotherapy
http://link.springer.com/journal/10879

Psychological Assessment
http://www.apa.org/pubs/journals/pas/index.aspx

CHAPTER

9

지능평가와 신경심리평가

지능검사

- 지능에 관한 고전적 이론
- 현대 지능 이론
- 글상자 9.1 비유하기 : 마이클 조던과 지능을 정의하고 평가하는 문제
- 웩슬러 지능검사
- 스탠퍼드-비네 지능검사 5판
- 그 외 지능검사 : 문화적 형평성에 대한 논의

성취도 검사

- 성취 대 지능
- 글상자 9.2 문화 고려하기 : 세계 도처에서 정의하는 지능
- 웩슬러 개인 성취도 검사 3판

신경심리검사

- 종합 신경심리 배터리
- 간단한 신경심리학적 측정

학습 목표

9.1 1900년대 초반부터 현재까지의 주요 지능 이론을 비교한다.

9.2 웩슬러 지능검사가 지능평가에 어떻게 활용되고 있는지 설명한다.

9.3 지능검사와 성취도 검사의 차이를 구별한다.

9.4 특정학습장애를 진단할 때 학력 검사의 역할을 설명한다.

9.5 신경심리검사의 목적을 정의한다.

9.6 주요 신경심리검사 배터리와 임상신경심리학자들이 사용하는 도구를 나열한다.

임상심리학의 태동부터 인지 수행 측정은 임상심리학의 대표적인 특징이었다(Wood, Garb & Nezworski, 2007). 임상심리학자가 내담자의 인지기능 수준(강점 및 약점 등)에 대해 파악하는 것은, 내담자가 드러내고 있는 많은 문제를 진단하고 치료하는 데 도움이 된다. 특정학습장애(이전에는 학습장애라고 알려짐), 지적장애(지적발달장애, 이전에는 정신지체로 알려짐) 또는 재능에 대한 평가 중 일부는 처음부터 인지적 문제에 초점을 맞추고 있다. 기분장애나 파괴적 행동에 중점을 두는 다른 평가에서는 인지 검사가 중요한 맥락 정보를 제공할 수 있다.

이 장은 세 가지 유형의 검사를 중점적으로 다루고 있는데, 각각 어떤 점에서는 인지기능과 관련이 있지만, 서로 다른 목적으로 사용된다. 지능검사(intelligence test)는 내담자의 지적 능력을 측정하는 것이다. 반면 성취도 검사(achievement test)는 내담자가 그러한 지적 능력으로 성취한 것을 측정한다. 신경심리검사(neuropsychological test)는 뇌 손상 및 장애의 영향을 포함한 인지기능장애나 뇌기능장애의 문제에 초점을 맞춘다.

지능검사

지능에 관한 고전적 이론

현대 임상심리학자들이 사용하는 특정 지능검사들은 상반된 지능 이론들에 근간을 두고 있다. 이러한 이론들은 "지능(intelligence)은 무엇인가?"라는 본질적인 질문에 대해 서로 다른 해답을 제시한다. 실제로 임상심리학자들은 지능의 정의에 대해서 아직 합의하지 못했다. 임상심리학에서 이 분야의 전문가들은 지능이 중심이 되는 많은 능력을 강조해왔다. 몇 가지만 예를 들면, 정신 처리 속도, 감각 능력, 추상적 사고, 상상력, 융통성, 경험을 통해 학습하는 능력, 기억, 추론 그리고 본능의 억제가 그것이다(Sternberg, 2000; Sternberg & Grigorenko, 2008; Wasserman & Tulsky, 2005). 지능의 정의에 대한 논쟁에서 지능의 단일 특성 대 복합 특성이라는 문제가 가장 많은 관심을 받아왔다. 다시 말해 지능은 단일한가 아니면 복합적인가?

Charles Spearman : 지능은 단일하다

1900년대 초반, Charles Spearman은 "지능은 단일 특성"이라는 한 이론을 제시했다. Spearman은 일반지능이라는 의미로 이러한 특성을 'g'라고 명명하고, 그것이 한 사람의 포괄적이고 전체적인 지적 능력을 나타낸다고 주장했다. 그의 이론은 학업 능력 및 감각 구별 과제를 포함한 참가자들의 여러 가지 다양한 구체적인 능력을 측정한 연구에 기초하였다. 연구의 주된 결과는 다양한 능력들 간에 강한 상관 관계를 보였다는 것이었는데, 이는 하나의 요인이 모든 능력의 기저가 된다는 것을 시사한다. Spearman은 보다 특수한 능력('s')이 존재한다는 것을 인정했지만, 지능에서는 상대적으로 중요하지 않다고 주장했다. Spearman은 본질적으로는 지능은 단일한 것이라고 보았다(Brody, 2000; Revelle, 2015).

Louis Thurstone : 지능은 복합적이다

Louis Thurstone은 Spearman의 단일 이론을 처음으로, 그리고 가장 강력하게 반대한 사람 중 하나이다. Thurstone에 따르면 지능은 하나의 통합된 능력이 아니라 서로 거의 관계가 없는 수많은 별개의 능력으로 이해되어야 한다. Thurstone은 1900년대 초반 자신이 기여한 여러 분야 중에서 다중 요인 분석이라는 통계적 절차의 선구자로, 이를 통해 대규모 자료 집합에서 기저 요인을 밝힐 수 있었다. 그가 다양한 지적 능력 시험에서 이러한 통계적 분석을 했을 때, 모든 능력의 기저에 있는 하나의 우세한 요인을 발견할 수 있었다. 더불어 그는 여러 가지 독립 요인을 발견했다. 이러한 요소를 언어 이해력, 계산 능력, 공간 추론 및 기억력이라고 명명했다. 그러나 이러한 요소의 구체적인 이름과 개수는 Thurstone의 중요한 요점이 아니었다. 중요한 것은 지능은 단일 요인이 아니며 다양한 요인으로 구성되어있다는 것이다(Brody, 2000). 따라서 Thurstone에 따르면 수리 능력과 같은 어떤 사람의 능력을 안다고 해서 그 사람의 언어 구사 능력이 어떤지에 대해서는 확실하게 예측할 수 없다.

그림 9.1 임상심리학자는 학습 문제를 보이는 아동을 평가하는 등의 다양한 목적으로 지능, 성취도, 신경심리 기능 검사를 사용한다.

결국 Spearman과 Thurstone은 서로의 주장이 타당함을 인정하고, 어느 정도는 타협했다. 그들은 **위계적 지능 모델**(hierarchical model of intelligence)을 만들었는데, 이 모델에는 특수 능력('s')이 있고, 이들이 중요한 역할을 한다. 하지만 그들은 서로서로 어느 정도 관련되어있으며, 포괄적이고 전체적인 일반 지능('g')과도 관련이 있다(Willis, Dumont & Kaufman, 2015a).

현대 지능 이론

Spearman과 Thurstone의 논쟁 이후에 다른 지능 이론이 등장했는데, 대부분의 이론이 단일 대 복합의 문제에 대한 새로운 관점을 제공한다(Bordy, 2000; Davidson & Downing, 2000; Nisbett et al., 2012). 예를 들어, 1900년대 후반에 **James Cattell**은 2개의 독립된 지능을 제안했다. 바로 **유동성 지능**(fluid intelligence, 새로운 문제에 직면했을 때 추론할 수 있는 능력)과 **결정성 지능**

글상자 9.1

비유하기

마이클 조던과 지능을 정의하고 평가하는 문제

마이클 조던은 의심할 여지없이 역대 가장 위대한 농구선수들 중 한 사람이다. 다섯 번의 MVP 수상과 여섯 번의 NBA 우승이 명백한 증거이다. 하지만 "마이클 조던이 훌륭한 운동선수일까?"라는 질문을 확장시키면, 운동 능력이든 지적 능력이든 간에 능력을 정의하는 데 몇 가지 어려움을 이해하기 시작할 것이다.

1993년 NBA에서 9년 동안 엄청난 성공을 거둔 후 조던은 (많은 사람에게 놀라움을 안겨주며) 농구를 그만두고 야구에 전념하기로 했다. 그는 더블 A 마이너리그 팀인 버밍햄 바론스와 계약을 맺고 열심히 노력했다. 그러나 그의 기량은 농구 코트에서 야구장으로 쉽게 넘어가지 않았다. 스포츠 팬들은 곡예적인 덩크슛과 그림 같은 점프 슛처럼 익숙한 하이라이트 대신 조던이 커브볼을 향해 팔다리를 마구 흔들고, 플라이볼을 잘못 판단하는 것을 보았다. 그의 타격과 수비 실력은 약간 향상되었지만, 메이저리그에 더 이상 가까이 다가갈 수는 없었다.

한 스포츠 종목에서 뛰어났던 사람이 다른 종목에서도 비슷한 양상을 나타낼 것이라고 기대해야 할까? 그렇다면 우리 모두는 Spearman의 일반 지능('g') 개념처럼 모든 스포츠 종목에서 우리의 수행에 영향을 미치는 일반적인 운동 능력을 지니고 있을 것이다. 아니면 Thurstone의 특수 지능('s') 개념처럼 서로 관련이 없는 다양한 특수 운동 능력을 가지고 있을 것이다.

마이클 조던의 사례는 어떤 이론을 뒷받침하는가? 한편으로 조던의 뛰어난 농구 실력에 비해 평범한 야구 실력은 우리의 능력이 독립적이라는 생각을 지지한다. 실제로 스포츠 역사상 다양한 스포츠에서 최고 수준에 도달한 사람들은 극히 드물다(예 : 짐 도프, 보 잭슨). 반면 수년 동안 농구에만 전념했음에도 불구하고 조던은 최소한의 준비로 마이너리그 야구 팀에 진출할 수 있었고, 자신의 경기를 유지할 수 있었다. 그는 뛰어난 성적을 거두지는 못했지만, 대다수 선수의 재능을 훨씬 뛰어넘는 수준에서 어느 정도의 성공(메이저리그에서 단지 두 단계 떨어진 마이너리그 팀)을 거두었다. 이것은 그가 어느 정도는 어떤 스포츠에나 적용되는 기본적이고, 일반적인 운동 능력을 가지고 있음을 암시한다. 아마 마이클 조던의 경험은 능력의 위계적 모델을 가장 잘 지지할 것이다. 이 모델은 일반적이고 전반적인 능력(운동 또는 지능)뿐 아니라 이러한 일반 능력의 영향을 받는 더 특수한 재능(농구 대 야구, 수리 대 구술 능력)을 인정하지만, 이러한 능력이 다소 독립적일 수도 있다는 것이다.

당신의 개인적인 경험에 의하면, 운동 능력은 단일한가 아니면 복합적인가? 당신이 알고 있는(또는 함께 운동을 했거나 시합을 한) 사람들의 운동 능력을 생각해보라. 대체로 한 스포츠에서 뛰어난 사람은 다른 스포츠에서도 뛰어난가? 지적 능력은 어떠한가? 당신의 친구들과 가족은 모든 능력에 영향을 미치는 하나의 일반 지능을 가지고 있는 것 같은가, 아니면 독립적으로 작동하는 많은 별개의 지능을 가지고 있는 것 같은가?

(crystallized intelligence, 삶의 경험을 통해 축적한 지식체계)이다. 2개의 매우 광범위한 범주의 지능을 가진 Cattell의 이론은 Spearman의 단일 지능 이론과 Thurstone의 다중 지능 이론 사이에 해당된다. 보다 최근에는 지능이 세 단계로 작동한다는 John Carroll(2005)의 삼층 지능 이론(three-stratum theory of intelligence)을 포함한 새로운 위계적 지능 모델이 등장했다. 가장 상위에는 단일 'g', 바로 아래에는 8개의 광범위한 요인, 그리고 이렇게 광범위한 요인 아래에는 60개의 매우 특수한 능력이 있다. 이 모델은 대부분의 현대 지능 모델과 마찬가지로 'g'를 인정할 뿐 아니라, 더 특수한 능력도 존재한다는 것에 동의한다(Wasserman & Tulsky, 2005). 이 장에서 볼 수 있듯이 대부분의 현대 지능검사는 하나의 전체 점수(한 사람이 얼마나 똑똑한지를 나타내는 하나의 숫자)를 생성하고, 더 구체적인 능력을 나타내는 여러 다른 점수를 생성함으로써 이러한 관점을 반영한다. 웩슬러 지능검사가 이러한 검사 중 하나이다.

웩슬러 지능검사

1900년대 초에 David Wechsler가 최초로 지능의 측정을 시도한 이래로, 그의 이름을 딴 검사들이 임상심리학자들 사이에서 유명해졌다(Coalson, Raiford, Saklofske & Weiss, 2010; Goldstein, 2008; Lichtenberger & Kaufman, 2009; Willis et al., 2015b). 웩슬러 지능검사는 연령대별로 세 가지 종류가 있는데, 각각의 검사 모두가 임상심리학자 사이에서 높이 인정받고 널리 알려져 있다. 웩슬러 지능검사의 명칭과 현재 버전은 다음과 같다.

- 웩슬러 성인용 지능검사 4판(WAIS-IV)
- 웩슬러 아동용 지능검사 5판(WISC-V)
- 웩슬러 유아용 지능검사 4판(WPPSI-IV)

표 9.1에 이러한 각각의 웩슬러 지능검사와 이번 장에서 상세하게 다루고 있는 기타 지능, 성취도 및 신경심리검사에 대한 간략한 설명이 제시되어있다.

종합적으로 3개의 웩슬러 지능검사는 사실상 전 연령대에 적용 가능하다. 연령대별로 지능을 측정하는 데 필요한 요소가 다르기 때문에, 각 검사는 약간 다르게 구성되어있다. 그리고 실용적인 측면에서 보면 각 검사는 서로 조금씩 다르게 변형한 것이라기보다는 독립된 검사이다(지침서, 기록용지, 도구 등이 들어있는 개별 세트를 구매해야 한다). 그러나 3개의 웩슬러 지능검사는 다음과 같은 여러 기본적인 특징을 공유한다.

- 각 검사들은 단일 전체지능점수(full-scale intelligence score), 4개 또는 5개의 지수점수(index

표 9.1 이 장에서 상세히 다루는 검사 한눈에 보기

	최신판	출판연도	연령대(나이)
지능검사			
웩슬러 성인용 지능검사(WAIS)	IV	2008	16~90세
웩슬러 아동용 지능검사(WISC)	V	2014	6~16세
웩슬러 유아용 지능검사(WPPSI)	IV	2012	2세 6개월~7세 3개월
스탠퍼드-비네 지능검사	V	2003	2~85세 이상
보편적 비언어적 지능검사(Universal Nonverbal Intelligence Test, UNIT)	2	2015	5~21세
성취도 검사			
웩슬러 개인 성취도 검사(WIAT)	III	2009	4~50세
신경심리검사			
할스테드-라이탄 신경심리검사 배터리(HRB)	I	검사마다 다름	15세 이상
벤더 시각운동 형태 검사(BGT)	II	2003	4세 이상

score) 및 12개(선택한 보충 검사 항목에 따라 12개 내외)의 특정 **소검사 점수**(subtest score)를 산출한다. 전체적으로 이러한 점수들의 집합은 웩슬러 검사가 지능의 위계적 모델(앞에서 논한 바와 같이)을 적용하고 있음을 나타낸다. 즉 전체지능점수는 일반적이고 전체적인 지능('g')을 나타내고, 지수/요인(index/factor) 점수 및 소검사 점수는 더 특수한 능력 영역('s')을 나타낸다. 이러한 점수들은 임상심리학자가 지적 능력에 관한 해석을 할 때, 전체적이거나 구체적으로 해석할 수 있게 한다.

- 각 검사들은 일대일 대면검사로 실시된다. 즉 웩슬러 검사는 동시에 여러 명의 수검자에게 실시할 수 없으며, 수검자들이 단순히 스스로 작성하는 지필 검사(예 : 선다형, 예/아니요, 서술형)도 아니다. 웩슬러 지능검사의 실시는 보통 임상심리 대학원 과정에서 받는 폭넓은 교육이 필요한 구조화된 상호작용이다(Railford, Coalson, Saklofske, & Weiss, 2010).
- 각 소검사는 짧고(약 2~10분 정도 소요), 후반부로 갈수록 난이도가 높아지는 항목으로 구성

된다. 대부분의 경우 수검자가 연속적으로 정해진 횟수만큼 문항에 실패하기 전까지(비공식적으로 'max out'이라고 함) 검사를 계속할 수 있도록 설계되어있다. 수행되는 과제의 특성은 12개 정도의 소검사마다 크게 다르지만, 언어 및 비언어적 과제 모두를 포함한다(소검사에 대한 자세한 설명은 뒷부분 참조).

- 비록 세 가지 웩슬러 검사 각각은 적은 수의 고유 소검사를 포함하지만, 대부분의 소검사는 핵심검사든 보충검사든 세 검사 모두에 포함되어있다. 이러한 공통 소검사들은 표 9.2에 자세히 설명되어있다.
- 웩슬러 검사는 원래 두 가지 범주의 소검사로 설계되었다. 언어성과 동작성('동작성'은 '비언어적'인 것과 본질적으로 동일하다). 최근 몇 년 동안 요인 분석을 포함한 통계적 기법은 실제로는 소검사가 이러한 두 그룹으로 묶이지 않는다는 결론을 내렸다. 구체적으로 2개 요인보다는 4~5개의 요인으로 묶을 수 있다. 이에 따라 기존의 언어성/동작성 구분은 이러한 4개 또는 5개의 요인으로 대체되었으며, 각 요인은 여러 소검사로 구성되어있다(Groth-Marnat, 2009; Weiss, Saklofske, Coalson & Railford, 2010). 구체적으로 WAIS는 4개 요인(다음에 나열되어있음), WISC와 WPSSI는 5개 요인(WAIS의 지각추론지수가 시공간지수와 유동적 추론지수로 나누어지고, 나머지 3개 요인은 WAIS와 같음)으로 구성되어있다.

    - **언어이해지수**(Verbal Comprehension Index, VCI) : 언어 개념 형성 및 언어적 추론의 측정
    - **지각추론지수**(Perceptual Reasoning Index, PRI) : 유동적 추리, 공간적 처리, 시각운동의 통합 측정
    - **작업기억지수**(Working Memory Index, WMI) : 입력된 정보와 자료를 단기 기억에 저장, 변환 및 회상할 수 있는 정도를 측정
    - **처리속도지수**(Processing Speed Index, SI) : 간단하거나 반복적으로 암기한 정보를 신속하고 정확하게 처리할 수 있는 능력의 측정

- 웩슬러 검사는 대규모의 신중하게 수집한 **규준 자료**(normative data)를 특징으로 한다. 즉 각 웩슬러 검사의 지침서에는 약 2,000명의 사람들로부터 수집된 규준이 포함되어있다. 이러한 규준 집단은 다른 변수 중에서도 성별, 연령, 인종/민족성 및 지리적 영역의 측면에서 최근의 미국 인구 조사 자료와 근접하게 일치한다(Zhu & Weiss, 2005). 따라서 수검자가 웩슬러 지능검사를 실시하는 경우, 수검자의 수행은 넓은 범위의 국가 인구를 대표하는 동일 연령의 대규모 표본의 수행과 비교된다.
- 웩슬러 검사에서 도출되는 전체지능점수와 지수점수는 'IQ'점수로, 이는 지능'지수'를 반영

한다. 이 지수는 수검자의 원점수를 해당 연령에서 기대되는 수준과 비교하는 것과 같은 분류의 문제와 직결된다. 모든 웩슬러 검사의 경우 평균 IQ점수(전체지능점수)는 100이며, 표준편차는 15이다. 소검사 각각의 평균은 10점이고, 표준편차는 3점이다.

- 웩슬러 지능검사는 점수 해석에 대한 공통된 일반적인 접근법을 사용한다. 평가자들은 우선

표 9.2 웩슬러 지능검사에서 흔히 사용되는 소검사

소검사 이름	수검자 과제	모의 문항
어휘 (Vocabulary)	구두로 단어의 의미를 설명한다.	-'일관된'이 무슨 뜻입니까? -'교차로'가 무엇입니까?
공통성 (Similarity)	2개의 사물이나 개념이 어떠한 유사점이 있는지 구두로 설명한다.	-문과 창문이 어떤 점에서 비슷합니까? -성공과 실패가 어떤 점에서 비슷합니까?
상식 (Information)	일반적인 지식에 대한 구체적인 문항에 관한 질문에 대답한다.	-스페인은 어느 대륙에 있습니까? -1쿼터는 몇 센트입니까?
이해 (Comprehension)	일반적인 사회적 원리와 사회적 상황에 관한 질문에 대답한다.	-사람들이 투표하기 전에 신분증을 보여주는 것이 왜 중요합니까? -가정에서 필요로 하는 최소한의 물만 사용하면 어떤 점이 좋습니까?
토막짜기 (Block Design)	채색된 토막으로 특정 패턴이나 모양과 동일하게 만들어야 한다.	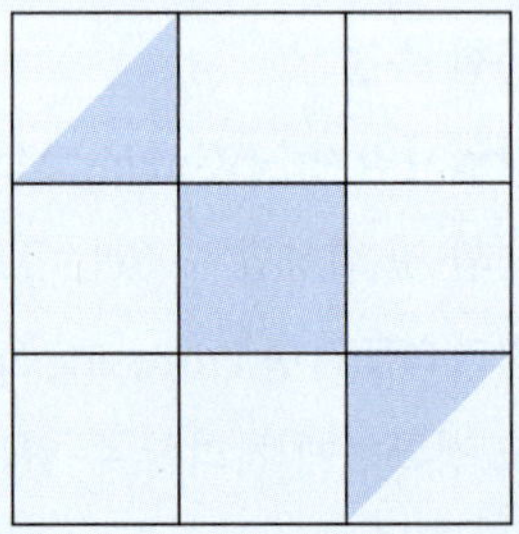
빠진곳찾기 (Picture Completion)	간단한 사물이나 장면의 그림을 보고 빠져 있는 중요한 부분을 찾아야 한다.	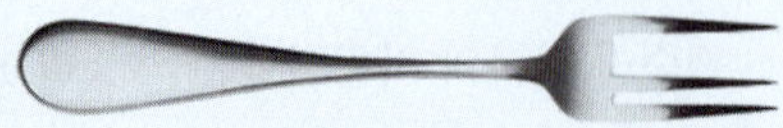
행렬추론 (Matrix Reasoning)	미완성의 행렬을 보고, 빈칸 부분이 무엇인지 여러 선택지 중에서 골라야 한다.	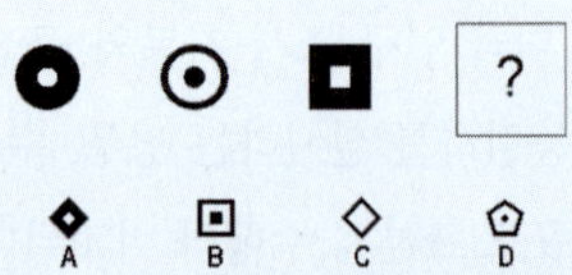

소검사 이름	수검자 과제	모의 문항
기호쓰기 (Coding)	연필과 종이를 사용하여 제시된 단서에 따라 적절한 공간에 단순한 모양/기호를 반복적으로 옮겨 적는다.	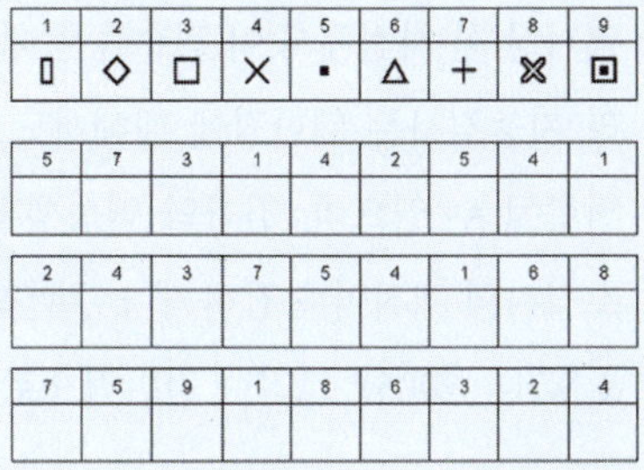
동형찾기 (Symbol Sesarch)	일련의 시각적 모양/기호를 훑어보고, 표적 모양/기호가 보기 안에 있는지 확인한다.	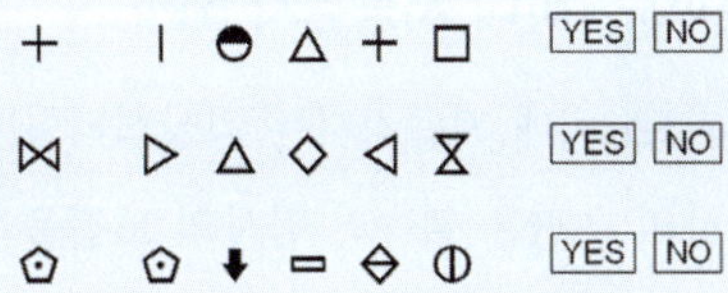

전체지능점수를 고려해야 한다. 그런 다음, 다른 항목들과 관련하여 각 지수 점수를 해석하고 소검사 점수의 패턴을 해석한다. 마지막으로 점수에 영향을 줄 수도 있는 관찰 가능한 행동 패턴이나, 하나의 소검사 내에서 비일관적인 수행과 같은 검사의 보다 자세한 측면에 주목한다. 기본적으로 이러한 연속적인 단계를 통해 평가자는 점점 더 상세한 분석 수준에서 탐구하기 전, 지적 프로파일의 '큰 그림'을 파악할 수 있다(Groth-Marnat, 2009).

- 웩슬러 지능검사는 매우 인상적인 심리측정적 자료에 기초한다. 즉 많은 경험적 연구에 의하면 이 검사는 임상심리학자들이 모든 검사에서 추구해야 하는 높은 신뢰도와 타당도라는 특징을 가지고 있다. 이 검사는 측정하고자 하는 것을 측정하고, 일관된 결과를 얻는다(Canivez & Watkins, 2010; Groth-Marnat, 2009; Lichtenberger & Kaufman, 2004; Zhu & Weiss, 2005).
- 지능검사(그리고 이 점에 대해서는 그 밖의 대부분의 지능검사도)는 지적장애(지적발달장애), 발달지연, 재능, 교육 및 직업 계획, 학교 배정 및 졸업 자격, 목표로 하는 기타 평가 질문에 대한 문제에 초점을 맞춘 평가를 포함하여, 광범위한 임상 적용에 사용된다(Zhu & Weiss, 2005). 그들은 또한 신경심리학적(예 : 알츠하이머), 정서적(예 : 기분장애) 또는 행동적(예 : 주의력결핍 과잉행동장애)으로 더 심각한 문제를 보이는 내담자에 대한 종합적인 평가를 포함한 더 넓은 맥락에서 전반적인 지능 정보를 제공하는 데 사용될 수 있다.
- 일반적으로 웩슬러 지능검사에는 많은 주목할 만한 장점이 있다. 뛰어난 신뢰도와 타당도를

가지고 있고, 포괄적인 최근의 규준 자료를 특징으로 하며, 매우 넓은 연령대를 다루고 있고, 뛰어난 임상적 유용성을 지닌 전체지능점수와 지수 및 소검사 점수를 제공하며, 지능검사의 역사상 현 시점에서 이 점수들은 대부분의 심리학자들에게 매우 친숙한 점수이다. 반면 웩슬러 지능검사는 제한점에 대해서도 비판받아왔다. 일부 소검사들은 문화적으로 불리하거나 편향될 수 있으며, 검사와 일상생활(생태학적 타당도) 간의 관계가 한정적일 수 있고, 일부 소검사의 채점이 복잡하거나 주관적일 수 있다는 비판도 존재한다(Groth-Marnat, 2009; Zhu & Weiss, 2005). 그러나 전반적으로 웩슬러 검사는 임상심리학자들에게 높이 평가받고 있다.

스탠퍼드-비네 지능검사 5판

스탠퍼드-비네 지능검사는 임상심리학 분야에서 풍부한 역사를 가지고 있다. 스탠퍼드-비네 지능검사의 초판은 웩슬러 검사의 도전을 받기 전까지 1900년대 초에 임상심리학에서 우위를 차지했다. 비록 웩슬러 검사가 최근 수십 년 동안 주도적인 역할을 해왔지만, 스탠퍼드-비네 지능검사는 여전히 높이 평가받고 있으며, 지능을 평가하는 데 있어서 웩슬러 검사와 유사하면서도 다른 접근법을 제공한다(Goldstein, 2008).

가장 최근 개정판인 **스탠퍼드-비네 지능검사 5판**(Stanford-Binet Intelligence Scales — Fifth Edition, SB5)은 여러 면에서 웩슬러 검사와 유사하다. 우선, 직접 대면 검사로서 일대일로 실시된다. 지능의 위계적 모델을 사용하기 때문에, 전체 지능지수의 단일 측정치(또는 'g'), 5개의 요인 점수 및 더 많은 구체적인 소검사 점수를 얻을 수 있다. 전체 및 요인 점수는 웩슬러 지능검사와 동일한 평균(100)과 표준편차(15)를 특징으로 한다. 신뢰도와 타당도를 포함한 스탠퍼드-비네 검사의 심리측정적 자료 역시 매우 비슷하다.

그러나 SB5는 몇 가지 중요한 측면에서 웩슬러 검사와 다르다. SB5는 서로 다른 3개의 연령대에 따라 분리된 3개의 검사가 아닌, 하나의 검사로 전체 연령(2~85세 이상)을 다룬다. 규준 표본은 중요한 변수에서 최근의 미국 인구 총조사 자료와 일치한다는 점에서 웩슬러 검사와 유사하지만, 학습 문제, 지적장애(지적발달장애) 및 ADHD를 포함한 특정 진단을 받은 개인의 규준 자료를 추가로 포함한다는 점에서 다르다. 소검사는 지적장애가 있거나 지능이 뛰어난 사람들처럼 극단에 있는 사람들을 보다 정확하게 평가하기 위한 노력의 일환으로, 난이도 범위, 즉 매우 쉽거나 매우 어려운 항목을 추가하며 확장시켰다(Kamphaus & Kroncke, 2004).

아마 SB5와 웩슬러 검사의 가장 중요한 차이점은 각 검사가 포함하고 있는 특정 요인과 소검사일 것이다. 웩슬러 검사에는 4~5개 요인이 있고, 각각의 지수 점수를 산출하는 반면, SB5는 다음에서 간략히 설명하는 바와 같이 정확히 5개 요소로 구성된다.

- 유동 추론(Fluid Reasoning) : 새로운 문제 해결 능력
- 지식(Knowledge) : 교육, 가정, 환경 등 개인적인 경험을 통해 축적된 일반적인 정보
- 양적 추론(Quantitative Reasoning) : 수적 문제를 풀 수 있는 능력
- 시공간 처리(Visual-Spatial Processing) : 사물 간의 관계, 공간 지남력, 조각을 조합하여 전체적인 모양 만들기, 시각적 패턴의 탐지 등 시각적으로 제시된 정보를 분석하는 능력
- 작업 기억(Working Memory) : 단기 기억에서 정보를 유지하고 변환시키는 능력

이 5개 요인 각각은 언어적으로 그리고 비언어적으로 측정되는데, 이는 SB5와 더 일반적인 지능검사에서 새롭고 신중한 개혁이다. 이러한 10개 영역(5개 요인, 각각 언어적 및 비언어적으로 측정됨)은 1~3개의 특정 유형의 항목으로 평가된다(Kamphaus & Kroncke, 2004).

일반적으로 웩슬러 검사의 최신판은 스탠퍼드-비네 검사의 최신판보다 널리 사용되고 있지만, SB5도 비슷하게 높이 평가받고 있으며, 어떤 상황에서는 지난 세기만큼이나 인기가 있다.

그 외 지능검사 : 문화적 형평성에 대한 논의

특히 최근 몇 년 동안 웩슬러 검사, SB5 및 다른 유명한 IQ 검사의 주요 비판점 중 하나가 문화적 형평성(cultural fairness) 문제였다. 구체적으로 이러한 검사들은 특히 언어적 능력에 의존하는 많은 소검사를 특징으로 하는데, 이는 소수 문화 집단의 사람들에게 불리할 수 있다. 다시 말해 지능검사가 특정 문화적 개념에 기초했다는 점에서 다른 문화권 사람들의 지능을 편파적으로 평가할 수 있다. 확실히 웩슬러 검사와 SB5를 포함한 주요 검사의 저자들은 검사의 최신판을 만들 때 문화적으로 불리하거나 편향되지 않도록 상당한 노력을 기울였다. 그러나 좀 더 문화적으로 공정한 방식으로 IQ를 측정한다는 명백한 목적을 가진 완전히 새로운 검사들이 만들어졌다.

그러한 검사 중 하나가 보편적 비언어적 지능검사(Universal Nonverbal Intelligence Test-2, UNIT-2; Bracken & McCallum, 2009, 2015; McCallum & Bracken, 2005)이다. 이 검사는 1996년에 처음 출판되었고, 2015년에 개정된 UNIT-2는 완전히 언어에 구애받지 않는 지능검사이다. 즉 검사자와 수검자가 대화를 하거나 공통되게 언어를 이해할 필요가 없다. 웩슬러 지능검사 및 스탠퍼드-비네 지능검사와 마찬가지로, UNIT-2도 일대일로 직접 대면하여 실시되는 검사이지만, 언어적 지시를 사용하기보다는 검사 지침서 및 함께 제공되는 비디오에서 알려주는 여덟 가지 손동작을 통해 설명한다. 또한 수검자는 손가락으로 가리키거나, 손이나 손가락으로 사물을 간단하게 조작하기만 하면 된다.

UNIT-2는 5~12세 사이의 수검자에게 적합하며, 연령, 성별, 인종, 부모 학력 수준, 지역, 지역

사회 규모, 지리적 위치 및 민족성 측면에서 최근 미국 인구 통계 자료와 일치하는 1,800명에 대해 규준이 적용되었다. UNIT과 UNIT-2에 대한 소규모의 심리 측정적 자료는 일반적으로 허용 가능한 신뢰도와 타당도를 가지고 있다고 발표했다(Bracken & McCallum, 2015).

UNIT-2는 지능의 2계층 모델로 조직화된 6개의 소검사로 구성되어있다. 2개의 계층은 기억 및 추론이다. 기억 계층에 포함된 3개의 소검사는 다음과 같다.

- 수검자가 5초 동안 평범한 사물의 시각적 조합을 본 후, 더 많은 배열을 보고 첫 번째 배열에서 사물을 식별하는 대상 기억
- 수검자가 3×3 또는 4×4 격자 위의 색깔 칩 배열을 회상하는 공간 기억
- 수검자가 시각적으로 제시된 기호의 순서를 회상하고 재현하는 기호 기억

추론 계층에 포함된 3개의 소검사는 다음과 같다.

- 수검자가 특정 3차원 디자인으로 색채 토막을 배열하는 토막 짜기
- 수검자가 전통적인 미로 퍼즐을 완성하는 미로
- 수검자가 말이 아닌 시각적으로 제시되는 공통성 문제를 푸는 공통성 추론

UNIT-2에 단점이 없는 것은 아니다. 이 검사는 많은 전통적인 IQ 검사보다 더 제한된 범위의 능력을 평가하며, 젊은 수검자들에게만 적합하다(미취학 아동이나 성인을 위한 버전은 아직 개발되지 않았음). 또한 UNIT-2의 심리 측정적 자료는 확장되고 있기는 하지만, 그 양이 제한적이다. 게다가 UNIT-2는 상대적으로 지능검사 분야에서 신생 검사로서, 웩슬러 검사나 스탠퍼드-비네 검사만큼 잘 확립되어있거나 인기 있는 검사가 아니기 때문에, UNIT-2의 구조와 형식은 많은 임상심리학자들에게 생소하다. 이러한 한계점은 더 보편적인 비언어적 또는 '문화에 구애받지 않는' 검사에도 해당된다(Ortiz & Dynda, 2005). 그러나 UNIT-2와 이와 유사한 검사의 개발과 수용이 점점 증가하고 있는 것은 지능평가 영역에 있어 문화적으로 민감한 임상 실제로 나아가는 중요한 단계이다. 미국의 많은 비영어권 사람들을 고려해볼 때 임상심리학자들은 광범위한 문화적 및 언어적 범위의 수검자에게 적용 가능하고 공평한 지능검사를 점점 더 많이 필요로 하게 될 것이다(Pieterse & Miller, 2010).

성취도 검사

성취 대 지능

임상심리학자들은 수검자의 지능을 평가하지만, 별도의 검사를 통해 수검자의 성취도를 평가한다. 지능과 성취의 차이점은 무엇인가? 우리가 논의한 것처럼 지능은 개인의 인지 능력을 나타낸다. 즉 지능이란 개인이 지적으로 성취할 수 있는 것이다. 대조적으로 **성취**(achievement)는 한 개인이 해내는 것인데, 특히 학교에서 사람들이 배우는 읽기, 철자법, 쓰기, 수학 같은 과목에서의 결과가 그것이다. 성취도 검사는 일반적으로 표준점수뿐만 아니라 연령 또는 학년별 점수를 산출한다(Schneider & Mather, 2015).

그림 9.2 보편적 비언어적 지능검사(UNIT-2)는 언어 기술이 필요 없는 미로와 같은 작업을 사용하여 문화적 형평성을 극대화하려고 시도한다. 언어에 구애받지 않는 지능검사의 강점과 약점은 무엇이라고 생각하는가?

© Andrew Johnson/istockphoto.com

DSM-5 이전에는 지능과 성취도를 비교하는 것이 학습장애를 결정하는 핵심 요소였다. *DSM-5*에서는 용어가 바뀌었고['학습장애'는 이제 **특정학습장애**(specific learning disorder)로 불린다], 정의도 수정되어 동일한 연령의 사람들에 대한 개인의 성취도(학업 성취도 및 학교 또는 직장에서의 성과로 측정)와 기대 성취도 간의 차이가 주된 비교 대상이다(American Psychiatric Association, 2013).

임상심리학자가 지능 또는 성취(또는 다른 종류의 평가)에 대한 검사를 수행할 때, 일반적으로 심리평가 보고서를 작성하여 그 결과를 설명한다. 심리평가 보고서는 그들이 발견한 내용을 다른 사람들에게 알리는 공식적인 수단이다. 경우에 따라 이러한 '다른 사람들'은 다양한 개인을 나타낼 수 있다. 일부만 예로 들면, 수검자, 아동 수검자의 부모, 교사, 변호사, 판사, 의사 또는 다른 정신건강전문가들이 해당될 것이다. 임상심리학자는 의뢰 사유를 설명하는 이해 가능한 정확한 보고서를 작성하는 것뿐만 아니라 가독성이나 읽는 이들에게 맞추어 관련 정보를 선택하고 권고하기 위한 보고서를 작성하기 위해 '그들이 누구인지 아는 것'도 중요하다(Blais & Smith, 2008; Goldfinger & Pomerantz, 2010).

성취도 검사에는 여러 종류가 있다. KeyMath 또는 Gray Oral Reading 성취도 검사와 같이 단일 분야의 성취도를 자세하게 측정하는 검사가 있다. 반면 포괄적이며 다양한 범주의 소검사도 있다. 이러한 예로는 우드콕 존슨 성취도 검사(Woodcok Johnson Tests of Achievement, WJ), 광범위한 성취도 검사(Wide Range Achievement Test, WRAT), 카우프만 학업성취도 검사(Kaufman

글상자 9.2

문화 고려하기

세계 도처에서 정의하는 지능

지능이란 무엇인가? 그것은 우리가 질문하는 사람들의 문화적 가치에 달려있다. 우리가 이 질문을 서구 문화권 밖 사람들에게 할 때, 때때로 대답은 Spearman, Thurstone, Cattell 그리고 Carroll이 제안한 정의와는 상당히 다른 특징을 가지고 있다(Sternberg, 2000; Sternberg & Grigorenko, 2008).

그림 9.3 전 세계의 다양한 문화권에서 지능은 각각 다른 방법으로 정의된다. 지능의 어떤 측면이 보편적이라고 생각하는가?

© Claudia Dewald/istockphoto.com

- 아프리카의 일부 사회(예 : 잠비아, 말리, 케냐)에서 지능은 주로 집단 간이나 집단 내에서 대인관계의 조화를 유지하는 기술로 구성되어있다. 예를 들어, 잠비아 주민들과의 면담에서는 협력, 존경, 노인에 대한 존중, 사회적 책임 수용 등이 지적인 사람들의 특징으로 제시되었다.
- 짐바브웨에서는 지능에 대한 단어(*ngware*)가 문자 그대로 생활과 특히 사회적 관계에 대한 신중하고 조심스러운 접근 방식으로 해석된다.
- 일부 아시아 문화권에서 지능의 정의는 또한 많은 사회적 책임과 자선을 포함한다. 좀 더 구체적으로 말하면, 도교의 지능에 대한 개념에서는 겸손, 개인적인(관습적이라기보다) 판단 기준, 그리고 철저한 자기 이해를 강조한다.
- 지능에 사회적 의무를 강조한 것은 일부 히스패닉 문화에서도 나타난다. 실제로 1990년대에 캘리포니아 산호세에 살았던 학부모들을 대상으로 한 연구에서 히스패닉계의 학부모는 유럽계 학부모보다 사회적 의무를 지적 능력과 더 밀접한 관련이 있다고 평가했다(Okagaki & Sternberg, 1993).
- 정신처리 속도에 대한 서구의 강조가 모든 민족 집단에 의해 공유되는 것은 아니다. 사실 일부 민족 집단은 사고의 속도보다 사고의 깊이를 더 중요하게 생각할 수도 있고, 매우 빠르게 수행되는 작업에 대해 부정적으로 보거나 의심스러워할 수도 있다.

지능의 특성을 정의하는 이러한 다양성은 많은 중요한 의문을 제기한다. 지능의 정의가 문화적 맥락에 전적으로 의존하는가? 지능의 어떤 측면이 보편적인가? 전 세계적으로 또는 미국 전역에 걸쳐 사용되고 있는 지능에 대한 대안적 정의를 지능검사에서 어느 정도 반영해야 하는가? 성격적 특성과 지능 간의 경계를 어떻게 설정해야 하는가? 그리고 Spearman과 Thurstone이 수년 전에 논의했듯이 지능은 단일한가, 아니면 복합적인가?

Test of Educational Achievement, KTEA), 그리고 웩슬러 개인 성취도 검사(Wechsler Individual Achievement Test, WIAT) 등이 있으며, 우리는 이 중 WIAT을 다음에서 자세히 살펴볼 것이다.

웩슬러 개인 성취도 검사 3판

웩슬러 개인 성취도 검사 3판(Wechsler Individual Achievement Test — Third Edition, WIAT-III)은 4~50세 수검자를 위한 포괄적인 성취도 검사이다. 웩슬러 지능검사처럼, WIAT-III도 직접 대면하여 일대일로 실시된다.

WIAT-III는 읽기, 수학, 문자언어, 구두언어의 네 가지 광범위한 영역에서 성취도를 측정한다. 이들 영역 각각은 2개 또는 4개의 소검사를 통해 평가된다. 구두언어 구성은 듣기 능력(구두로 제시된 정보에 주의를 기울이고 질문에 답하기) 그리고 구두 표현(말을 사용하여 말한 자료를 반복하고, 제시된 그림에 대한 이야기를 만들고, 방향을 제시하는 등의 2개의 소검사로 나뉜다. 읽기 구성은 단어 읽기(개별적인 단어 읽기), 유사 비단어 읽기(*plore* 또는 *tharch*와 같은 아무 의미가 없는 단어를 소리 내어 발음하는 기술 사용하기), 그리고 독해력(문장이나 단락을 읽고 그와 관련된 내용에 관한 질문에 답하기)과 같은 소검사 점수에서 얻는다. 수학 구성은 수치 연산(글로 표현된 수학 문제) 및 수학 문제 해결(단어 문제, 수치 패턴, 통계 및 확률 질문 등)과 같은 소검사를 포함한다. 문자언어 구성은 철자(갈수록 어려워지는 단어) 및 문장 작문, 에세이 작문(지시된 대로 문장, 단락 또는 에세이 구성하기; Lichtenberger & Breaux, 2010)과 같은 소검사를 도출한다.

WIAT-III는 대부분의 지능검사와 동일한 척도로 표준 점수를 산출한다. 즉 평균은 100, 표준편차는 15이다. 또한 각 소검사에 대해 연령 및 학년별 점수가 산출된다. 이 검사는 성별, 연령, 인종/민족성, 지리적 위치 및 학부모 교육 수준의 측면에서 최근 미국통계국 자료와 일치하도록 선발된 3,000명을 대상으로 표준화되었다. 표준화 표본에 포함된 대부분의 사람들도 연령에 적합한 웩슬러 지능검사를 사용했으므로 WIAT-III는 웩슬러 지능검사와 '연결'되어있어 이 두 유형의 검사 간 비교 타당도가 향상된다. 전반적으로 WIAT-III에 대한 신뢰도와 타당도 자료는 상당히 높다(Lichtenberger & Breaux, 2010).

신경심리검사

신경심리검사는 주로 대학원 과정에서 신경심리 분야를 추가적으로 교육받거나 박사 학위를 취득하기 전 수련 과정에서나 박사 학위를 취득한 후의 수련 과정에서 교육받은 임상심리학자가 수행하는 임상심리학 내에서 전문화된 평가 영역이다(Hill & Westervelt, 2015). 신경심리검사의 목적은 인지 기능이나 뇌 및 특정 영역 또는 구조의 손상을 측정하는 것이다. 컴퓨터 단층촬영(CT), 자기공명영상(MRI), 그리고 양전자 방출 단층촬영(PET) 스캔과 같은 의학적 방법은 뇌의 일부가 비정상적으로 보인다는 것을 나타낼 수 있지만, 신경심리검사는 이 부분이 실제로 어떻게 기능하는지를 보여준다. 이러한 검사는 두부 손상, 장기간의 알코올 또는 마약 사용 또는 퇴행성 뇌 질환으로 인한 문제에 대한 표적화된 평가에 특히 유용하다. 이들 검사는 또한 개선된 예후를 고려하고, 재활을 계획하고, 학교 또는 직장에 적응할 수 있는지를 판단하고, 나중에 비교하는 데 사용될 수 있는 신경심리학적 능력의 기초를 확립하는 데 사용될 수 있다(Dawson & Jacquin, 2015b; Golden, 2008; Hebben & Milberg, 2009; McCaffrey, Lynch, & Westervelt, 2011).

일부 신경심리검사 절차는 광범위한 소검사를 포함하는 길고, 포괄적인 배터리이다. 이 소검사의 점수 양상은 특정 인지적인 결함을 찾아내는 데 큰 도움이 된다. 다른 신경심리검사는 완전히 발달된 신경심리학적 평가 도구라기보다는 신경심리학적인 장애를 선별하기 위한 간단하고 보편적인 검사로 사용된다. 할스테드-라이탄 검사와 루리아-네브라스카 검사 두 가지의 배터리를 고려해보자. 그리고 더 간단한 신경심리학적 측정 몇 가지를 더 자세하게 설명할 것이다.

종합 신경심리 배터리

할스테드-라이탄 신경심리검사 배터리(Halstead-Reitan Neuropsychological Battery, HRB)는 표준화된 여덟 가지 신경심리검사 배터리이다. 이것은 15세 이상의 수검자에게 적합하지만, 더 어린 수검자에게는 다른 버전을 사용할 수 있다. HRB는 종합 배터리로만 실시된다. 그 구성 요소는 개별 단위로 실시되지 않는다. 따라서 이 검사는 완전한 (그리고 상당히 긴 시간이 소요되는) 신경심리학적 배터리이다. 근본적으로 이 검사의 주요 목적은 뇌 손상이 있는 사람들을 식별하고, 가능하다면 특정 인지적 손상이나 결함이 있을 수 있는 뇌의 생리적 영역을 포함하여 식별된 뇌 손상에 대한 자세한 정보 또는 가설을 제공하는 것이다. HRB에서 얻은 정보는 뇌기능장애와 관련된 문제의 진단 및 치료에 도움을 줄 수 있다(Broshek & Barth, 2000).

HRB의 여덟 가지 검사 중 일부는 시력과 관련되지만, 나머지는 청력, 접촉, 운동 기술, 지필 과제가 포함된다. HRB 검사 중 하나는 아이들이 풀 수 있는 친숙한 'dot-to-dot' 퍼즐과 유사한 선로

잇기검사(Trail Making Test)지만, 이 검사에는 시간 제한이 있고 숫자와 문자가 모두 포함되며 알아볼 수 있는 그림이나 모양 대신 다소 무의미한 선을 제시한다. 두 번째 예는 범주 검사인데, 이것은 수검자가 화면에서 모양과 디자인의 패턴을 보고, 그 패턴이 시사하는 숫자 키(1~4)를 누르는 것이다. 수검자가 맞추면 종소리가 들리고 틀리면 부저가 울리며, 검사자가 성공과 실패를 기록한다. 손가락 두드리기(또는 손가락 진동) 검사는 세 번째 예이다. 이 검사에서 수검자는 10초 간격으로 검지 손가락으로 최대한 빨리 타자기 키 하나를 누른다. 각 손으로 두드린 수를 여러 번의 시도를 통해 평균으로 산출하는데, 이 수치를 통해 운동 속도를 평가한다(Goldstein & Sanders, 2004; Reitan & Wolfson, 2004).

HRB를 사용하는 검사자는 수검자의 검사 점수와 제시된 규준과의 비교를 통해 전반적인 수행을 평가하고 수검자 자신의 상대적 강점과 약점을 판단하기 위해 서로 비교한다. 결과의 해석은 특정 신경심리학적 병리에 대한 구체적인 추론과 인지 기능의 국지화 문제를 포함할 수 있다(예 : 뇌의 특정 엽이나 반구).

HRB는 도입된 이래 다른 어떤 포괄적인 신경심리검사보다 더 많이 사용되었다. 즉 HRB와 각각의 소검사는 신뢰할 만하고 타당한 것으로 검증되었다. HRB의 또 다른 강점은 포괄성과 임상적 유용성이다. HRB의 단점은 길이(및 해당 비용), 경직성(고정 배터리로서), 그리고 실생활과 관련성이 낮다는 것이다(Broshek & Barth, 2000; Hebben & Milberg, 2009).

HRB는 가장 일반적으로 실시되는 포괄적인 신경심리학적 배터리일 수 있지만(Guilmette & Faust, 1991), 평판이 좋고 대중적인 대안은 **루리아-네브라스카 신경심리검사 배터리**(Luria-Nebraska Neuropsychological Battery, LNNB)이다. LNNB는 신경심리학적 기능을 광범위하게 다루는 검사라는 점에서 HRB와 유사하다. 이는 HRB와 비슷한 범위의 12개의 척도로 구성되어있다. 가장 큰 차이점은 LNNB가 양적 자료뿐만 아니라 질적 자료에도 중점을 둔다는 것이다. 즉 HRB보다 더 넓은 범위에서 LNNB는 검사 과정에 대한 검사자의 질적인 의견을 따른다. 이러한 의견은 검사의 이해도와 관련된 문제(예 : 혼란, 낮은 집중력), 어떻게 또는 왜 수검자가 문항을 놓쳤는지(예 : 느린 움직임, 시력 또는 청력 문제, 언어 결함), 또는 특이한 행동(예 : 부적절한 정서 반응, 과잉 행동, 주의 산만)과 같이 검사자가 수검자를 관찰한 것에 대한 설명을 제공한다. HRB와 LNNB의 또 다른 차이점은 LNNB가 조금 더 간단하다는 것이다. HRB의 경우 많은 양의 강력한 심리측정적 자료는 LNNB의 신뢰도와 타당도를 뒷받침한다(Golden, 2004; Golden, Freshwater & Vayalakkara, 2000; Hebben & Milberg, 2009).

간단한 신경심리학적 측정

벤더 게슈탈트 검사(Bender-Gestalt test)는 1938년에 처음 출판되었으며 벤더 시각운동 형태 검사 2판(Bender Visual-Motor Gestalt Test — Second Edition, Bender-Gestalt-II)으로 현재 사용 가능한, 임상심리학자들 사이에서 가장 흔히 사용되는 신경심리학적 선별검사이다(Watkins, Campbell, Nieberding, & Hallmark, 1995). 이 검사는 간단한 모사 과제를 수행한다. 수검자는 연필, 빈 종이, 9개의 간단한 기하학적 도형(주로 원, 점, 선, 각도 및 기본 도형의 조합으로 만들어짐)을 부여받고 가능한 한 정확하게 각 도형을 모사하도록 요구받는다. 이것은 일반적으로 지각운동 또는 시각 공간 기술로 알려진 시각 구조적 능력을 측정한다(Lacks, 2000). 현재 판은 원래 벤더 게슈탈트 검사와 매우 유사하지만 기억 과제와 추가 자극을 제공한다.

이 검사는 매우 간단하여 실시하는 데 평균적으로 6분 정도 소요되며(Lacks, 2000), 3세 이상의 모든 연령대의 수검자에게 사용 가능하다. 이러한 이유로 임상심리학자는 흔히 신경심리학적 문제를 신속하게 '확인'하기 위해 이것을 사용한다. 다시 말해서 평가 중인 수검자가 신경심리학적 문제를 가지고 있거나 강하게 의심되는 경우에 임상심리학자는 벤더 게슈탈트 검사보다 HRB와 LNNB 같은 보다 포괄적인 배터리를 선택하게 될 것이다. 하지만 평가가 다른 목적을 위한 것이고 임상심리학자가 단지 전반적인 신경심리학적 기능에 대한 신속한 평가를 원한다면 벤더 게슈탈트 검사는 좋은 선택이 될 수 있다. 벤더 게슈탈트 검사에서 저조한 수행이 나타났다고 해서 뇌 손상의 구체적인 위치를 알 수는 없지만, 대략적인 뇌 손상을 제안할 수는 있다. 이와 같이 임상심리학자에게 대략적인 신경심리학적 문제가 있음을 확인한 후 보다 철저한 검사를 추가적으로 실시할 수 있다. 벤더 게슈탈트 검사에서의 저조한 수행은 세부적인 부분의 누락, 형태왜곡을 포함해 수검자가 도형을 모사할 때 발생할 수 있는 다양한 오류, 즉 도형의 중첩, 크기 불균형, 폐쇄오류 등으로 드러난다(Lacks, 1999).

임상심리학자들 사이에서 또 다른 일반적인 신경학적 검사는 1941년에 처음 출판된 레이-오스터리에스 복합도형 검사(Rey-Osterrieth Complex Figure Test)이다. 이 검사도 간단한 지필형 그리기 과제이지만, 더 복잡한 도형 하나만이 제시된다. 레이-오스터리에스 검사는 또한 검사의 다양한 지점에서 다른 색상의 필기구를 사용하는 것이 특징이다. 이런 방식으로 검사자는 이 복잡한 모사 작업에 대한 수검자의 순차적 접근 방식을 추적할 수 있다. 수검자의 기억력을 평가하기 위해 형태를 모사한 후 3~60분 후에 다시 기억해서 그리도록 요구한다(Helmes, 2000; Lacks, 2000).

신경심리학적 평가를 위한 반복 배터리(Repeatable Battery for the Assessment of Neuropsychological Status, RBANS; Randolph, 1998)는 벤더 게슈탈트 검사나 레이-오스터리에스 검사보다 더 광범위한 능력에 초점을 맞춘 신경심리학적 선별검사이다. RBANS는 시각운동 능력뿐만 아니라 언어구사 능력, 주의력 및 시각적 기억력을 검사한다. 이 검사를 수행하는 데 20~30분이 소요되며, 5개의 범주에 12개의 소검사가 포함된다. 소검사는 구두로 제시된 10개의 단어 목록 학습하기, 다양한 대상의 그림 명명하기, 구두로 제시된 숫자 목록 기억하기, 20분 전에 말한 이야기 기억하기, 그리고 (벤더 게슈탈트 검사와 레이-오스터리에스 검사와 같이) 시각적인 그림 모사하기와 같은 과제를 포함한다. RBANS는 총점과 함께 12개의 소검사와 이들이 조직화되어있는 5개의 지수 각각에 대한 점수를 산출한다(Groth-Marnat, 2009). RBANS 업데이트라고 불리는 개정판은 2012년에 출판되었으며, 12세의 어린이에게도 검사를 실시할 수 있다(Randolph, 2012).

다양한 목적으로 사용되기도 하지만, **웩슬러 기억검사 4판**(Wechsler Memory Scale — Fourth Edition, WMS-IV; Wechsler, 2009a, 2009b)은 신경심리학적인 목적으로 자주 사용된다. WMS-IV는 뇌 손상, 치매, 약물 남용 또는 기타 요인으로 인해 기억장애가 의심되는 16~90세 수감자를 평가하기 위해 자주 사용되는 기억검사이다. 이는 7개의 소검사를 통해 시각 및 청각 기억력을 평가한다. 또한 즉각 및 지연 회상을 평가한다. WMS-IV의 소검사 중 하나인 논리적 기억은 수검자에게 들은 이야기를 소리 내어 읽고 나서 이야기를 즉시, 그리고 20~30분 지연 후 다시 기억해내라고 하는 것이다. 또 다른 소검사인 시각 재생은 수검자에게 추상적인 시각적 형태를 보여주고 치운 후에 이를 재현하도록 요청하는 작업을 포함한다. WMS-IV는 65세 이상의 성인을 대상으로 실시 시간이 더 단축된 버전을 제공하여 피로가 검사 결과에 미치는 영향을 최소화한다(Drozdick, Holdnack, & Hilsabeck, 2011; Holdnack & Drozdick, 2010).

신경심리검사에 관한 마지막 내용 : 다른 종류의 평가와 마찬가지로 임상심리학자는 신경심리검사를 선택, 실시, 채점 및 해석할 때 문화적 유용성을 반드시 고려해야 한다. 많은 신경심리학적 도구들이 (원래나 현재) 유럽계 미국인에 의해 표준화되었기 때문에, 이 도구들의 형태나 구조에는 유럽계 미국인의 가치가 강조되어있을 수 있다. 다양한 수검자를 대상으로 작업할 때 가능한 한 과진단에 대해 주의를 기울이고, 문화적인 구체적 기준을 고려(개발)하는 것이 중요하다(Horton, 2008).

요약

임상심리학자들은 수검자의 다양한 지적 능력을 평가하기 위해 지능검사, 성취(도) 검사, 신경심리검사를 사용한다. 가장 널리 받아들여지는 지능검사는 하나의 전반적인 지능 점수뿐만 아니라 구체적인 지수, 요인, 또는 소검사 점수를 산출한다는 사실에 의해 지적된 바와 같이 지능의 위계적 모델을 지지한다. 성인용 WAIS-IV, 아동용 WISC-V, 그리고 유아용 WPPSI-IV를 포함한 웩슬러 지능검사는 가장 일반적으로 사용되고 심리측정적으로 타당한 지능 측정 방법 중 하나이다. 각각의 웩슬러 검사는 4~5개의 요인으로 분류되는 약 12개의 소검사를 특징으로 하며, 각각은 전체 IQ에 기여한다. 단일 버전에서 전체 연령 범위를 다루는 스탠퍼드-비네 지능검사도 자주 사용되는데, 특히 지능 범위의 극단에 있는 수검자를 검사하는 임상심리학자들 사이에서 자주 사용된다. 널리 사용되고 있는 지능검사의 문화적 형평성에 대한 우려로 인해 검사자와 수검자 사이의 언어적 일치성에 의존하지 않는 UNIT-2와 같은 문화적으로 덜 의존적인 검사 개발이 촉진되었다.

지능검사가 능력을 측정하는 반면, WIAT-III와 같은 성취도 검사는 특히 수학과 읽기와 같은 핵심 학업 분야에서의 성취도를 측정한다. 성취도 검사는 일반적으로 특정학습장애를 평가할 때 사용된다.

신경심리검사는 인지 기능과 기능 장애를 측정하고 어떤 경우에는 손상을 뇌의 특정 부위로 국한시킨다. 일부 신경심리학적 측정은 HRB와 LNNB와 같이 시간이 오래 걸리고 포괄적이다. 벤더 게슈탈트 검사 2판, 레이-오스터리에스 복합도형 검사, 그리고 RBANS와 같은 다른 검사들은 신경심리학적 문제에 대한 간단한 선별검사이다.

주요 용어

결정성 지능
규준 자료
레이-오스터리에스 복합도형 검사
루리아-네브라스카 신경심리검사 배터리(LNNB)
문화적 형평성
벤더 시각운동 형태 검사 2판
보편적 비언어적 지능검사(UNIT-2)
삼층 지능 이론
성취
성취도 검사
소검사 점수
스탠퍼드-비네 지능검사 5판(SB5)
시공간 처리
신경심리검사
신경심리학적 평가를 위한 반복 배터리
양적 추론
언어이해지수
웩슬러 개인 성취도 검사 3판(WIAT-III)
웩슬러 기억검사 4판(WMS-IV)
웩슬러 성인용 지능검사 4판(WAIS-IV)
웩슬러 아동용 지능검사 5판(WISC-V)
웩슬러 유아용 지능검사 4판(WPPSI-IV)
위계적 지능 모델
유동성 지능
유동 추론
작업 기억
작업기억지수
전체지능점수
지각추론지수
지능
지능검사
지수점수
지식
처리속도지수
특정학습장애

할스테드-라이탄 신경심리검사 배터리(HRB)
Charles Spearman
David Wechsler
'g'(일반 지능)
James Cattell
John Carroll
Louis Thurstone
's'(특수 지능)

비판적 사고를 위한 질문

1. 현대 지능검사가 지능의 어떤 측면을 지나치게 강조한다고 생각하는가?
2. 현대 지능검사가 지능의 어떤 측면을 간과한다고 생각하는가?
3. 독립적인 무관한 능력('s')과는 반대로 지능은 단일 능력('g')이라는 생각에 어느 정도 동의하는가?
4. 웩슬러 지능검사의 어떤 소검사가 가장 문화적으로 공정해 보이는가? 어떤 소검사가 문화적으로 편향될 가능성이 가장 높은가?
5. 신경심리학 전문이 아닌 임상심리학자들이 간단한 신경심리검사의 선별적 사용에 능숙해져야 할 필요는 무엇인가?

주요 학술지

Assessment

http://asm.sagepub.com

The Clinical Neuropsychologist

http://www.tandfonline.com/loi/ntcn20#.V08kr_krLX4

Intelligence

http://www.journals.elsevier.com/intelligence

Neuropsychology

http://www.apa.org/pubs/journals/neu/index.aspx

Psychological Assessment

http://www.apa.org/pubs/journals/pas/index.aspx

CHAPTER 10

성격평가와 행동평가

학습 목표

10.1 심리학적 평가를 수행할 때 다면적 평가 접근의 이점을 나열한다.

10.2 성격평가를 수행하는 심리학자가 문화적 유용성을 어떻게 증명할 수 있는지 제안한다.

10.3 성격의 객관적 평가와 투사적 평가를 구별한다.

10.4 임상심리학자가 일반적으로 사용하는 객관적인 성격검사를 이해한다.

10.5 심리평가에 사용되는 주요 투사적 성격검사에 대해 기술한다.

10.6 임상심리학자가 사용하는 행동평가 방법을 설명한다.

임상심리학자는 수검자의 성격과 행동을 평가하기 위한 다양한 접근을 발전시켜왔다. 그러나 특정 검사나 방법을 검토하기 앞서 강조할 세 가지 중요한 주제가 있다. 바로 다면적 평가, 근거기반 평가, 그리고 문화적으로 유용한 평가이다.

다면적 평가

어떠한 성격이나 행동 척도도 완벽하지는 않다. 어떤 것은 높은 신뢰도와 타당도 및 임상적 유용성을 가지지만, 한계점은 있다. 그렇기 때문에 임상심리학자는 단일한 평가 방법에만 전적으로 의존하지 않는 것이 중요하다. 대신 성격은 여러 유형의 검사, 면담 정보, 관찰, 혹은 다른 자료들을 포함한 다양한 방법을 사용할 때 가장 잘 평가된다. 각각의 방법은 수검자에 대한 고유한 관점을 제공하며, 종종 유사한 결론이 내려진다. 이러한 결론이 하나의 검사보다는 여러 검사에 의해 뒷받침된다는 점에서 임상심리학자는 더욱 확신을 가지고 주장할 수 있게 된다.

다면적 평가(multimethod assessment)의 이점은 덜 공식적이고 덜 전문적인 환경에서도 그대로 유지된다는 점이다. 소개팅에서처럼 새롭게 누군가를 알아가는 상황을 생각해보라. 상대방의 성격에 대한 최초의 '평가'는 어쩌면 데이트 첫날의 레스토랑 혹은 영화관에서 일어날 수 있다. 관계가 지속되면 다른 '방법'을 사용하여 상대방의 성격을 '평가'할 수 있다. 당신은 가족과 함께 있는, 친구와 함께 있는, 파티에서, 집에서, 직장 등에서의 그 혹은 그녀의 성격과 행동을 엿볼 수 있을 것이다. 첫 데이트에서 강한 인상을 받을 수도 있지만, 다양한 맥락에서 그 혹은 그녀를 '평가'할 때까지 당신이 진정으로 상대방의 성격을 알고 이해하고 있다고 여기지는 않는 것처럼, 성격검사를 통해 수검자를 '알아가는' 임상심리학자 또한 마찬가지이다. 각각의 방법은 고유한 관점을 제공하고, 어떤 것은 더 많은 정보를 제공하기도 하지만 궁극적으로는 여러 방법의 통합이 가장 유익한 것으로 입증되고 있다.

근거기반 평가

그림 10.1 성격을 평가하는 가장 좋은 방법은 다양한 유형의 검사, 면담 결과, 관찰 등을 다면적으로 평가하는 것이다.

© shironosov/istockphoto.com

이전 장에서 근거기반 치료 또는 '효과가 있는 치료'에 대한 최근 발전에 대해 논의했다. 평가 또한 경험적으로 "무엇이 효과가 있는가?"와 같은 원리에 기초한 **근거기반 평가**(evidence-based assessment)로 점점 나아가고 있다. 근거기반 평가를 수행하는 임상심리학자는 신뢰도, 타당도, 그리고 임상적 유용성(제8장의 정의 참조; Therrien & Hunsley, 2015)을 비롯한 강력한 심리 측정적 속성을 가지는 방법만을 선택한다. 또한 충분한 규범적 자료를 가지며 연령, 성별, 인종 및 민족성과 같은 다양성 문제에 민감한 검사들을 주로 선택한다. 주의력결핍 과잉행동장애를 평가하는 데 '효과'가 있는 도구는 공황장애, 조현병, 폭식장애 혹은 다른 임상적 문제에 '효과'가 있는 평가 도구와는 다를 것이다(Hunsley & Mash, 2008b). 이렇듯 임상가는 일반적으로 특정 진단이나 문제에 대한 평가 전략을 목표로 삼는다. 예를 들어, *DSM-5* 진단을 위한 구조적 임상면접(SCID, 제8장 참조)과 벡 우울척도(BDI-II, 이 장의 뒷부분 참조)와 같은 두 가지 방법은 성인 우울증을 진단하기 위한 '매우 적절'한 도구로 알려져 있다(Persons & Fresco 2008).

연구자들은 특정 임상 문제를 평가할 때 "무엇이 효과가 있는가?"를 어떻게 결정할까? 즉 어떤 기준으로 근거기반 평가와 근거가 부족한 평가를 구분해야 할까? 이것은 근거기반 평가의 초기 개발 과정에서 제기된 커다란 난제 중 하나였다(Hunsley & Mash, 2008b). 물론 평가 방법의 강점과 약점 중 일부는 양적으로 표현될 수 있다. 예를 들어, 검사-재검사 신뢰도는 각기 다른 시점에서 비슷한 결과를 산출해내는 정도를 측정하는 것으로 -1부터 +1까지의 상관계수로 표현된다. 근거기반 평가에 대한 가장 대표적인 문헌 *A Guide to Assessment That Work*의 저자는 검사-재검사 신뢰도의 '적절한' 수준에 대해 다음과 같이 정의했다. "신뢰도가 높다는 것을 입증하기 위해서는 며칠에서 몇 주간에 적어도 .70의 검사-재검사 상관관계를 나타내야 한다"(Hunsley & Mash, 2008a, p. 8). 그들은 또한 '좋은' 검사-재검사 신뢰도는 .70으로 "1년 혹은 그 이상 지속되는 것"으로 정의하였다(p. 8). 이러한 정의는 충분히 합리적으로 보이지만, 평가 도구에 대한 근거를 설명하기 위해 만들어진 기준은 객관적인 자료와 함께 주관적인 결정(예 : 왜 .60 혹은 .80이 아니라 꼭 .70이어야 하는가? 왜 그보다 더 짧은 혹은 더 긴 기간이 아니라 특정한 그 기간이어야만 하는가?)을 함께 통합해야 할 것이라고 지적한다.

근거기반 평가는 근거를 기반으로 한 건강관리 실무에서 더 큰 추진력을 얻었다. 근거기반 평가를 지지하는 사람들은 현재 임상심리학을 전공하는 대학원생뿐만 아니라 경험이 풍부한 심리학자들 중 "강력한 근거가 있기보다는 그저 대학원에서 배웠기 때문에 그 평가 도구를 사용해왔지만 이제는 더 훌륭한 다른 기준을 사용할 수 있는" 심리학자들에게도 영향을 줄 수 있을 것이라고 기대한다(Nathan, 2008, p. xvii). 임상적 평가의 모든 결정이 가이드북이나 매뉴얼의 지시에 따라 미리 결정되어서는 안 된다는 것을 주장하는 사람들이 있다. 예를 들어, 임상면접에 대한 논의에서 Sommers-Flanagan과 Sommers-Flanagan(2009)은 다음과 같이 언급했다.

> 이 지침서들은 인간 상호작용에서의 미묘한 뉘앙스(종종 분노나 눈물을 유발하는)를 적절히 다루지 못하며 임상가가 언제 자기노출을 해야 하는지, 경청해야 하는지, 수검자의 질문에 어떻게 대응해야 하는지, 임상가가 도우려는 살아 숨쉬고, 문화적으로 독특한 개인과 라포를 형성하는 것에 효과적인 방법을 알려주지 못한다. (p. xi)

특히 친숙성, 대중성, 또는 이와 유사한 비경험적 요인에 기초한 대안적인 방법이 있을 때는 특정한 임상 문제에 대해 신뢰도, 타당도, 임상적 유용성이 확립된 평가 방법을 사용하는 것이 보다 전문적인 방법이다. 현대 임상심리학자들은 평가를 내릴 때 자신의 임상적 판단과 수검자가 필요로 하는 것을 통합하여, 경험적으로 '효과'가 있는 결정을 해야 하는 문제에 직면해있다.

문화적으로 유용한 평가

문화적 유용성(cultural competence)은 임상심리학자의 모든 활동, 특히 성격평가와 관련하여 필수적이다. 간단히 말하자면, 모든 문화에는 각각 '정상' 혹은 '이상'에 대한 차이가 존재한다는 것이다. 이러한 문화적 특성에 대한 지식이나 민감성 없이 수행된 성격평가는 위험할 수 있다. 실제로 이는 몇몇 사람들에 의해(예 : Dana, 2005) '문화적 의료사고'로 분류되었다. 일차적인 위험은 장애를 **과진단**(overpathologizing)하는 것에 있다. 즉 그 문화권에서는 정상적인 것을 비정상으로 지각하게 되는 것이다. 다시 말해 임상심리학자는 수검자의 문화적인 맥락 안에서 행동, 사고, 감정의 의미를 이해해야 하는데, 이는 심리학자 자신이 속한 문화적 맥락과 다를 수 있다.

과진단의 한 예로, 아프리카계 미국인인 45세 듀론은 아내와 아이들의 권유로 심리치료를 받게 되었다. 백인인 플랫 박사의 대기실에서 완성한 듀론의 초기 면담지에 의사는 그를 우울증과 과도

한 알코올 섭취 증상으로 어려움을 겪고 있는 것으로 기록하였다. 그러나 첫 회기에서 플랫 박사는 듀론과 대화를 진행해나가는 동안 자신이 듀론에 대한 터무니없는 의심을 가졌다는 사실에 충격을 받았다. 듀론은 자신에 대한 자세한 정보를 드러내기를 꺼렸고, 비밀보장에 관한 수많은 질문들을 제기하였으며, 면담 질문에 대해서 "왜 그걸 알아야 하나요?"라고 여러 번 질문하였다. 듀론은 첫 회기가 끝난 후 두 번째 약속시간을 정하지 않았으며, 플랫 박사는 이것을 저항의 신호라고 해석하였다. 회기가 끝날 때쯤 플랫 박사는 듀론의 주요 문제가 우울이나 알코올 남용이 아니라 편집증이라고 확신했다. 물론 평가 과정에서 플랫 박사의 실수는 아프리카계 미국인 문화에 대한 지식 부족과도 관련되지만, 특히 백인 심리치료자에게 심리적 서비스를 찾는 것과도 관련이 있다. 이 상황에서 아프리카계 미국인은 오랫동안 공식적이고 비공식적인 인종차별, 억압, 배신을 당해왔기 때문에 그러한 신중함은 정당하다고 여겨진다(Boyd-Franklin, 1989; Hines & Boyd-Franklin, 2005; Maultsby, 1982). 사실 듀론의 행동이 그의 문화적 배경에서는 합리적이었음에도 불구하고 플랫 박사의 문화적 둔감성과 자민족중심주의로 인해 듀론의 행동을 병리적인 편집증이라고 잘못 판단하였던 것이다.

듀론의 사례에서 문화적 편견의 근원은 임상심리학자 본인에게 있었다. 성격평가 중 편향은 실제로 검사와 서비스를 제공하는 방법을 비롯한 여러 다른 출처에 기인한다(Dana, 2005). 예를 들어, 보편적으로 적용하기 곤란한 특정 문화권의 언어나 구조를 특징으로 한다면 그 검사는 편향될 수 있다. 또한 검사는 문화적으로 충분히 포괄적이지 않은 규범을 내포할 수 있으며, 그 결과 수검자의 점수를 부적절한 준거집단의 점수와 비교할 수 있다(글상자 10.1 참조). 게다가 대인 간 상호작용이나 시간 및 과제에 대한 접근이 어떤 문화와는 일치하지 않을 수 있기 때문에 서비스를 제공하는 방법(근본적으로 임상가가 검사를 사용하는 방식)에서 편향될 수 있다. 편향이 임상심리학자로부터 기인하든, 검사 또는 서비스 전달 방법에서 기인하든 간에 임상심리학자는 문화적으로 유용한 평가를 수행하기 위해 이를 인식하고 최소화할 책임이 있다.

● ● ● 글상자 10.1 ● ● ●

문화 고려하기

성격검사를 위한 문화 특수적 규범

클라우디아는 쿠바계 미국인 여성으로, 유명한 지필식 인벤토리형 성격검사인 미네소타 다면적 인성검사 성인용 2판(MMPI-2)을 방금 마쳤다(MMPI-2는 이 장의 뒷부분 참조). MMPI-2는 우울, 불안, 편집증,

조현병, 조증 등의 변인에 대한 다양한 점수를 산출한다. 임상심리학자가 클라우디아의 검사결과를 산출하기 위해서는 MMPI 출판 전 검사에 참여한 매뉴얼의 '규준'집단과 클라우디아의 응답을 비교해야 한다. 규준집단은 어떤 문화적 특징을 가져야 하는가? 다른 말로 표현하자면, 그중 특히 어떤 규준집단의 점수를 클라우디아의 점수와 비교해야 하는가?

비교 대상은 매우 광범위한 집단에서부터 매우 특정한 집단에 이르기까지 다양하다. 가장 광범위한 규준집단은 미국 인구를 대표하는 문화적 다양성을 나타낼 수 있으며, 클라우디아의 점수를 그 집단 전체의 점수와 비교할 수 있다. 한편으로는 쿠바계 미국인이나 여성과 같이 좀 더 좁게 정의된 규준집단과 비교할 수도 있다. 사실 우리는 이러한 변인을 조합하고, 문화적으로 더 구체적인 집단, 즉 쿠바계 미국인 여성 집단을 고려해볼 수 있다.

문화 특수적 규준을 무시하고 클라우디아의 점수를 전체 규준(MMPI-2의 경우 성인 2,600명으로 구성)과 비교하는 것에는 장점이 있다. 정의상 전체 규준은 어떠한 문화적 부분 집합보다 더 크다. 2,600명의 성인 중 극히 일부만이 쿠바계 미국인 여성이었으며, 이러한 소수는 통계적으로 쿠바계 미국인 여성을 대표하기에는 역부족이다. 검사 개발자와 연구자는 각 문화에 특화된 충분히 큰 규준집단을 수립하기 위해 노력할 수 있지만, 특히 많은 문화적 변수들이 결합되어있는 경우에는 과도하게 많은 비용과 시간이 소요될 수 있다(예 : 클라우디아와 같은 연령대의 동일 종교를 갖는 쿠바계 미국인 여성).

반면 클라우디아의 점수를 문화 특수적 규준과 비교하는 것도 장점은 있다. 그렇게 함으로써 우리는 클라우디아의 반응을 문화적으로 더 민감한 방식으로 평가하고 있다고 확신할 수 있다. 클라우디아의 점수를 그녀의 문화적 배경과 가치를 반영하지 않는 규준과 비교할 경우 위험이 수반되기 때문에, 문화 특수적 규준과 비교함으로써 그녀의 점수를 과진단할 가능성을 줄일 수 있다. 이렇게 함으로써 문화적으로 그녀와 다른 사람들이 설정한 기준에 따라 자민족중심주의적으로 클라우디아의 정신건강을 판단할 가능성을 방지한다(Wood, Garb, & Nezworski, 2007).

실제로 임상심리학자들은 광범위하고 이질적인 규준집단보다는 좀 더 구체적이고 동질적인 규준집단과 수검자의 검사 결과를 비교한다. 예를 들어, MMPI-2 매뉴얼에는 민족 고유의 규범이 포함되어있지는 않지만, 성별에 따른 규범은 포함되어있는데, MMPI-2가 발표된 지 수년이 지난 후 많은 연구자들이 임상심리학자가 사용할 수 있도록 다양한 문화 특수적 규준을 구성하여 발표했다(예 :

그림 10.2 성격검사에서 수검자의 점수는 전체 인구집단과 문화적으로 유사한 소수집단 중 어느 집단과 비교해야 하는가?

Butcher, Cheung, & Lim, 2003; Dana, 1995; & Stein, 1997; Velasquez, Garrido, Castellanos, & Burton, 2004). 심지어는 아미시(Old Order Amish)와 같은 특정 문화 집단조차도 그들만의 MMPI-2 규범을 가지고 있다(Knabb, Vogt, & Newgren, 2011). 이 난제에 대한 한 가지 해결책은 광범위한 규준 자료와 문화 특유의 규준 자료 두 가지 모두를 고려하는 것이다. 두 가지 모두 성격검사에 대한 수검자의 응답에 의미 있는 비교를 제공할 수 있다.

객관적 성격검사

일반적으로 성격검사는 다음 두 범주 중 하나로 분류할 수 있다. 바로 객관적 검사와 투사적 검사이다. 객관적 성격검사(objective personality test)는 모호하지 않은 검사문항으로 구성되고, 수검자에게 제한된 범위로 응답할 수 있도록 제공되며, 객관적으로 채점된다. 임상심리학자가 사용하는 대부분의 객관적 성격검사는 질문지 형태로, 수검자는 연필과 종이를 사용하여 응답한다(경우에 따라서는 컴퓨터를 사용하기도 한다). 주로 일련의 직접적이고 간단한 문장이나 질문으로 구성되어있고, '그렇다/아니다' 혹은 객관식으로 응답할 수 있는 선택지가 제공되며 수검자는 문장이나 질문이 그들에게 부합되는 정도를 표시한다(Morey & Hopwood, 2008). 이와 대조적으로 투사적 성격검사는 모호한 자극과 개방적인 수검자의 응답 범위를 특징으로 한다. 이는 수검자가 모호한 자극이나 상황을 받아들이는 방식으로 자신의 성격을 드러낸다고 가정한다(Smith & Archer, 2008). 투사적 성격검사에 대해서는 뒷부분에서 더 자세히 다룰 것이다. 지금부터는 가장 일반적으로 사용되는 표준화된 객관적 성격검사에 대해 다룰 것이다.

미네소타 다면적 인성검사 2판(MMPI-2)

미네소타 다면적 인성검사 2판(Minnesota Multiphasic Personality Inventory-2, MMPI-2)은 임상심리학자가 사용하는 가장 대중적이며 심리 측정적인 객관적 성격검사이다(Butcher & Beutler, 2003; Camara, Nathan, & Puente, 2000; Frauenhoffer, Ross, Gfeller, Searight, & Piotrowski, 1998). 이 검사는 전 세계적으로 널리 사용되고 있으며, 수십 개 언어로 번역되었다(Butcher, Mosch, Tsai, & Nezami, 2006; Graham, 2012). MMPI-2의 형식은 간단하다. 수검자는 567개의 자기진술적 문장을 읽고, 각 문장마다 자신에게 부합되는 방향으로 '그렇다' 혹은 '아니다'라고 답하는 지필형 검사이다. 문항들은 광범위한 행동, 감정 및 태도를 포함한다. 글상자 10.2에 일부 MMPI-2 모의 문항이 제시되어있다.

MMPI-2는 1943년도에 출판된 원판 MMPI의 개정판이다. 원판 MMPI의 저자 Starke Hathaway와 J. C. McKinley가 1930년대에 작업을 시작했을 당시, 이들은 정신병리를 측정하는 객관적인 방법을 모색했다. 당시 이러한 유형의 수많은 설문지가 있었지만 MMPI와 같이 견고한 경험적 토대에 기반을 둔 설문지는 없었다. 성격검사의 제작 과정에서 다양한 범주의 '정상'적인 사람과 '비정상'적인 사람으로부터 이론적으로 차별화된 반응을 이끌어내는 문항목록을 작성하는 것은 상대적으로 쉽다. 하지만 Hathaway와 McKinley는 보다 큰 도전을 하기로 했다. 정상 및 비정상 집단으로부터 경험적으로 서로 다른 반응을 이끌어내는 문항목록을 구성하는 것이다(Ben-Porath & Archer, 2008; Graham, 2012).

Hathaway와 McKinley는 검사를 구성할 때 **경험적 방법**(empirical criterion keying)을 사용하여 문항목록을 작성하였다(Arbisi, 2015). 근본적으로 이 방법은 서로 다른 집단의 개인에게 동일한 검사 문항에 응답하도록 요청하여 집단 간 응답 차이를 비교하는 것이다. 만일 어떤 문항이 한 집단과 다른 집단에서 서로 다른 응답을 이끌어낼 수 있다면, 그것은 가치 있는 문항이므로 검사의 최종판에 포함시켜야 한다. 만약 어떤 한 문항에서 집단 간 반응이 비슷하게 나타난다면, 그 문항은 이들 집단의 수검자를 분류하는 데 도움이 되지 않기 때문에 삭제한다. 경험적 방법에 있어서는 한 문항이 이론적으로 두 집단을 구분할 수 있는가의 여부는 중요하지 않다. 실제로 그 문항이 두 집단을 구분하는지의 여부만이 중요하다(Ruscio, 2015). 예를 들어, "나는 실재하지는 않지만, 다른 사람들이 볼 수 없는 것을 볼 수 있다."라는 문장을 살펴보자. 이론상으로는 조현병 환자가 그렇지 않은 사람보다 이 문항을 훨씬 더 많이 선택할 것으로 보인다. 경험적 방법에 따른다면 이러한 이론적인 측면만으로는 충분하지 않다. 조현병 환자가 실제로 조현병이 아닌 사람들보다 훨씬

글상자 10.2

MMPI-2 모의 문항

- 나는 대부분의 시간 동안 에너지가 부족한 것처럼 느껴진다.
- 나는 종종 권위 있는 사람들과 갈등을 겪는다.
- 나는 스트레스를 받으면 대개 배탈이 난다.
- 내가 아는 대부분의 사람들은 어떤 식으로든 나를 해치려고 한다.
- 나는 실재하지는 않지만 다른 사람들이 볼 수 없는 것을 볼 수 있다.
- 나는 다수의 사람들과 함께하는 사교모임을 즐긴다.
- 나는 종종 걱정할 필요가 없음에도 불구하고 걱정을 멈출 수 없다.

자주 이 문항을 선택한다는 증거가 있어야 한다. 경험적인 방법에 따르면 두 집단이 실제로 특정 검사 문항에 다르게 응답할 때만 이 문항을 검사의 최종판에 포함시킨다.

Hathaway와 McKinley는 잠재적인 문항을 평가할 집단들로, 특정 정신장애로 진단받은 사람(예 : 우울증, 편집증, 조현병, 불안, 반사회성, 건강염려증 집단)과, 한 번도 정신건강 진단을 받아 본 적이 없는 '정상'적인 집단으로 구성하였다. 1,000개 이상의 잠재적인 문항으로 시작했지만, 경험적 방법을 거친 후에는 550문항만이 유지되었다. 검사에서는 문항의 순서가 무작위였으나, 채점을 위해 10개의 특정 병리와 관련된 문항으로 구성하였다. 10개 집단의 문항은 각각의 임상 척도(clinical scale)를 나타내었고, 수검자가 특정 척도에서 높은 점수를 얻을수록 해당 병리를 나타낼 확률은 높아졌다. 10개의 임상 척도는 MMPI-2에서도 동일하게 유지되고 있으며, 표 10.1에 자세히 설명되어있다(Ben-Porath & Archer, 2008).

표 10.1에 설명된 임상 척도의 명칭 중 일부는 익숙하지 않을 수 있지만, 사실 매우 흔하며 일반적인 임상적 문제를 나타내는 것이다. 익숙하지 않은 용어는 MMPI가 처음 만들어졌을 때 일반적으로 사용되던 것이며, 구식 용어이긴 하지만 연속성을 위해 MMPI-2에서도 유지되었다. 예를 들어, 4번 척도 '반사회성(Psychopathic Deviate)'은 오늘날 '반사회성(Antisocial)'으로 명명하는 것이 더 적합할 것이다. 또한 7번 척도의 이름인 '강박증(Psychasthenia)'은 '불안(Anxiety)'과 거의 동일한 이전 용어이다.

MMPI에 의해 도입된 또 다른 중요한 (그리고 MMPI-2에서 여전히 유지되고 있는) 특징은 수검자의 수검 태도(test-taking attitude)를 평가하는 방법이다. Hathaway와 McKinley는 자기보고식 도구가 수검자의 불성실한 태도에 영향을 받기 쉽다는 것을 알았다. 어떤 수검자는 의도적으로 자신의 증상을 과장하여[부정왜곡(fake bad)] 실제보다 더 부적응적인 것으로 나타낼 수 있다. 또 다른 수검자들은 의도적으로 자신의 증상을 최소화하여[긍정왜곡(fake good)] 실제보다 더 적응적인 것으로 나타낼 수 있다. 여전히 또 다른 수검자들은 문항들을 주의 깊게 읽지 않고 무작위로 응답할 수도 있다. 따라서 MMPI와 MMPI-2에는 수검태도를 '파악'하기 위해 고안된 여러 문항이 있다. 이러한 문항에 대한 응답을 통합하면, 이는 검사의 타당도 척도(validity scale)로 간주된다. 이 타당도 척도는 수검자가 검사에 임하는 태도에 대해서 알 수 있게 해주며, 임상심리학자가 임상 척도를 해석하는 과정에서 과연 이 검사가 타당한지, 어떻게 수정해야 적절한지를 결정하게 해준다. MMPI와 MMPI-2에는 세 가지 타당도 척도가 포함된다. 바로 L(부인척도, '긍정왜곡' 시사), K(교정척도, 마찬가지로 '긍정왜곡' 시사), F(비전형척도, '부정왜곡' 시사)이다.

타당도 척도의 중요성을 보여주는 한 예로, 무장강도 사건으로 재판에 출두한 24세 여성 타미의 사례를 들어보자. 변호사는 타미에게 심각한 정신질환이 있다고 주장했고, 그렇기 때문에 무죄로

표 10.1 MMPI, MMPI-2, MMPI-A의 임상 척도

척도 번호	척도명	약어	높은 점수의 해석
1	건강염려증 (Hypochondriasis)	Hs	신체화 문제, 과도한 신체적 염려, 허약감, 질병, 불평이 많고 투덜거림
2	우울증(Depression)	D	우울감, 불행감, 낮은 자신감, 비관적
3	히스테리 (Hysteria)	Hy	스트레스로 인한 모호한 의학적 문제, 신체화 증상, 갈등이나 분노에 대해 부인
4	반사회성 (Psychopathic Deviate)	Pd	반사회적, 반항적, 타인비난, 행동이 초래할 결과에 대해 고려하지 않음
5	남성성-여성성 (Masculinity-Feminity)	Mf	전통적인 성 역할 거부, 여성적인 남성, 남성적인 여성
6	편집증 (Paranoia)	Pa	의심이 많은, 신중함, 과민함, 타인이 자신을 해치려 한다는 믿음
7	강박증(Psychasthenia)	Pt	불안, 신경증적, 긴장, 걱정, 강박적
8	정신분열증 (Schizophrenia)	Sc	정신증적, 지리멸렬한, 기괴한 사고과정, 독특한, 환각, 망상, 소외
9	경조증 (Mania)	Ma	조증, 감정기복, 활기찬, 과잉행동, 말과 행동이 매우 빠름, 사고의 비약
10	내향성 (Social Introversion)	Si	내향적인, 수줍은, 냉소적, 다른 사람들과 함께 있을 때보다 혼자일 때 더 편안함을 느낌

출처 : Archer (1997), Butcher (2011).

판결받아야 하며 감옥에 수감되기보다는 정신치료센터로 보내야 한다고 주장했다. 판사는 타미에게 심리검사를 받으라는 요구를 하였고, 임상심리학자인 리드 박사는 여러 검사 중 MMPI-2를 사용했다. 리드 박사는 타미의 MMPI-2에서 임상 척도 중 특히 2번 척도(우울증)와 8번 척도(정신분열증)가 매우 높다는 것을 발견했다. 이 정보만으로는 타미가 심각한 정신질환을 경험하고 있음을 의미한다. 그러나 타미의 MMPI-2에서 타당도 척도(특히 F 척도)는 그녀가 검사에서 '부정왜곡'을 보였음을 강력하게 시사하였다. 즉 그녀는 실제보다 더 병적으로 보이기 위해 증상을 과장했던 것이다[임상심리학자는 종종 이런 고의적인 태도를 설명할 때 **꾀병**(malingering)이라는 용어를 사용한다]. 이 정보를 통해 리드 박사는 타미의 MMPI-2 결과가 무효하다거나, 혹은 자신의 문제를 과장하였을 수 있음을 고려하여 임상 척도를 해석할 수 있다.

MMPI는 1940년대부터 1980년대까지 인지도가 크게 상승하여 1989년에 MMPI-2로 개정되었다. 개정판은 원판 MMPI에서 문제점으로 부각되었던 몇 가지 단점을 보완했다(Tarescavage & Ben-Porath, 2015). 그중 가장 중요한 문제는 원판 MMPI의 규준집단이 부적절했다는 것이다. 임상 집단과 비교된 '정상' 집단은 1940년대 미네소타주 출신의 724명의 개인으로만 구성되어있었다(좀 더 구체적으로는 미네소타 대학병원의 방문자로 구성되었다). 이 집단의 대부분은 지방 출신의 백인이었기 때문에 미국 인구를 적절히 대표할 수 없었다. 따라서 MMPI-2에서는 규준 자료를 더 크고 더 다양한 인구통계학적 집단으로 구성했다. MMPI-2 규준집단은 나이, 인종, 결혼 여부와 관련하여 1980년대 미국통계국 자료와 거의 일치하는 7개 주의 2,600명으로 구성되었다(Butcher, 2011; Greene & Clopton, 2004). 또한 구식이거나 어색한 단어가 포함된 검사 문항은 제거하거나 수정하였다. 그 외에 MMPI-2의 저자들은 MMPI에 관련된 수많은 자료와의 연속성을 고려하고, 많은 임상심리학자가 친숙하게 검사를 사용할 수 있도록 개정판을 원판 MMPI와 최대한 비슷하게 유지하고자 노력했다.

MMPI-2가 출판된 직후 더 어린 수검자를 위한 또 다른 MMPI 버전이 만들어졌다. MMPI-2는 성인(18세 이상)에게만 적합한 반면 **미네소타 다면적 인성검사 청소년용**(Minnesota Multiphasic Personality Inventory-Adolescent, MMPI-A)은 14~18세 사이의 수검자를 위해 고안되었다. MMPI-A는 1992년도에 출판되었으며, MMPI-2의 관리, 형식, 채점, 해석 방식과 매우 유사하다. 이는 '그렇다/아니다'로 선택 가능한 지필형 검사이며 총 478개의 문항으로 구성되어있다. 일부 문항은 MMPI-2와 동일하며, 학교, 가족, 또래관계와 같은 일반적인 청소년 문제를 대상으로 한 고유의 문항도 있다. MMPI-A는 MMPI-2와 동일한 타당도 척도와 임상 척도를 산출한다. 1980년대 미국통계국 자료의 중요한 통계학적 변인들과 일치시키기 위해 선택된 2,500명의 청소년을 표본집단으로 하였다(Archer, 1997; Baer & Rinaldo, 2004; Ben-Porath & Archer, 2008).

MMPI-2와 MMPI-A는 원판 MMPI와 동일한 10가지 임상 척도 점수를 산출한다. 먼저 타당도 척도를 고려한 후, 임상심리학자는 정상 수치보다 현저하게 상승한 임상 척도 점수를 고려하여 MMPI-2와 MMPI-A를 해석한다. 어떤 경우에는 하나의 임상 척도만이 두드러지지만, 또 다른 경우에는 2~3개의 임상 척도 점수가 동반 상승할 수도 있다. 임상심리학자는 흔히 수검자의 프로파일 형태를 그 환자의 MMPI-A 프로파일은 3/6이야." 혹은 "2/4/8이야."와 같이 줄여서 상승한 척도 번호('코드타입')를 언급하기도 한다. 임상심리학자는 높게 상승한 임상 척도를 보고 그런 패턴을 가진 수검자에 대해 설명된 경험적 자료를 참고한다. MMPI, MMPI-2 및 MMPI-A 개발에 참여한 저자들이 제작한 많은 문헌과 컴퓨터 프로그램은 임상심리학자들에게 해석에 관한 정보를 제공해준다. 또한 MMPI-2와 MMPI-A에는 10가지 임상 척도 외에도 더 구체적인 양상의 성격이나 정신병리를 측정하기 위한 추가적인 척도, 즉 **보충 척도**(supplemental scale) 및 **내용 척도**(content scale)가 개발되어있다(Butcher, 2011; Butcher & Beutler, 2003).

MMPI-2의 심리측정적 특성을 지지하는 많은 연구가 있다. 수천 건의 연구에서 MMPI에 대한 신뢰도와 타당도에 대한 조사를 진행했으며, 그 결과는 늘 긍정적이었다. 요약하자면 MMPI-2는 성격과 정신병리에 대한 신뢰할 수 있고 타당한 성격검사로서 자리매김하였으며, 임상심리학자들이 광범위하게 사용할 수 있다는 당위성을 지니고 있다(Greene & Clopton, 2004). 연구 기반이 광범위하지는 않지만 MMPI-A 역시 유사한 결론에 도달했다(Archer, 1997; Baer & Rinaldo, 2004).

2008년 말에 MMPI-2의 더 짧은 버전이 출시되었다. **MMPI-2 재구성판**(MMPI-2 Restructured Form, MMPI-2-RF; Ben-Porath & Tellegen, 2008)은 567개의 MMPI-2 문항 중 388개의 문항만으로 구성된다. 재구성 임상 척도라고 불리는 MMPI-2-RF의 임상 척도는 다른 형태의 MMPI 임상 척도 10개와 유사하지만, 중요성의 측면에서 조금 다르다. 각 척도는 더 적은 수의 문항을 포함하며, 각각은 동질적이거나 더 '결속력'이 있다. 즉 척도 간 중복되는 문항을 제거하여 각 척도의 문항은 다른 척도와 중복되지 않도록 하였다. 이러한 중복은 대부분 의기소침(demoralization)이라는 개념을 사용하는 문항에서 비롯되었기 때문에 MMPI-2-RF 개발자들은 의기소침이 여러 형태의 정신병리에 영향을 미친다고 생각했다. 따라서 의기소침은 MMPI-2-RF에서 독자적인 척도로 구성되었으며, 나머지 임상 척도는 조금 더 간소화되었고 다른 척도들과 차별화되었다(10가지 임상 척도 중 5번 척도인 남성성-여성성과 0번 척도인 내향성은 MMPI-2-RF에서 제외되었다). 또한 MMPI-2에서 일반적인 2코드 유형이지만 MMPI-2-RF에서는 단일 척도로 측정되는 새로운 상위차원 척도(Higher-Order scales)와 성격장애와 관련된 새로운 성격병리 5요인 척도(PSY-5)가 추가되었다(Ben-Porath & Archer, 2008; Groth-Marnat, 2009). MMPI-2-RF는 간결성(MMPI-2에 비해)과 해석의 용이함이라는 특징 때문에 널리 수용되었으나(Graham, 2012; Greene, 2011) 표본의 질과 몇몇 척도의 신뢰도 및 타당도에 대한 비판 또한 제기되었다(Butcher, 2010, 2011; Butcher & Williams, 2009; Tarescavage & Ben-Porath, 2015). 여전히 임상심리학자들은 MMPI-2-RF가 아닌 MMPI-2를 사용하고 있다. 하지만 두 버전 모두 널리 사용된다. 특히 MMPI-2-RF 발표 6년 후 MMPI의 판매 기록에 따르면 MMPI-2-RF가 성인용 MMPI 판매량의 약 30%를 차지하는 것으로 나타났다(Williams & Lally, 2016).

MMPI-2와 MMPI-A는 현재 여러 상황에서 다양한 용도로 사용된다. 두 검사는 성격 특성과 정신병리의 측정을 위한 포괄적인 검사로 간주되며, 정신질환의 진단 및 통계 편람(*DSM*)의 진단기준을 구성하고 환자를 배치(예 : 입원환자 대 외래환자)하거나 치료 기법을 제시하는 데도 도움이 될 수 있다. 또한 법정 혹은 채용 장면 등 심리학의 다양한 분야에서 사용되고 있다(Butcher, 2011).

Stephen Finn과 동료들은 *Therapeutic Assessment*(TA)에서 MMPI-2의 독특하고 흥미로운 사용법을 소개하였다. 명칭에서도 알 수 있듯이 TA는 심리검사(결과에 대한 피드백 포함)를 간단한 치료적 개입으로 사용한다. Finn은 수검자가 자신의 검사 결과에 대한 설명을 듣는 피드백 시간이 많은 도움이 된다는 점을 발견했다. 의도한 효과는 아니었지만 Finn은 이 효과를 극대화하기 위한 구체적인 방법을 모색했다. 그는 특히 MMPI-2에 중점을 두었으며, 일방적인 설명 방식이 아

● ● ● 글상자 10.3 ● ● ●

비유하기

아마존닷컴에서의 쇼핑과 경험적 방법

아마존닷컴(혹은 대부분의 다른 온라인 쇼핑몰)에서 어떤 상품을 고객에게 추천할지 어떻게 결정하는가? 사실 이것은 모두 경험적 방법을 사용하는 것이다. 아마존닷컴에서 물건을 검색하다 보면 "이 물건을 구입한 다른 고객님들은 이 물건 또한 구매했습니다."라는 목록이 항상 뜬다. 온라인 사이트는 판매 통계량을 사용하여 특정 물건과 다른 물건을 연결시켜준다. 아델의 '21'을 다운받은 사람은 켈리 클락슨의 'Stronger'도 다운받았으며, 스타워즈 DVD를 구입한 사람들은 반지의 제왕 DVD를, 존 어빙의 최신작을 구매한 사람들은 바바라 킹솔버의 것도 구매했다.

중요한 것은 이러한 추천이 이론이나 상식, 논리, 혹은 다른 경험적이지 않은 기준이 아니라 경험적인 자료에 근거했다는 것이다. 아마존닷컴에서는 원한다면 스타워즈 팬에게 이론적으로 의미가 있는 것처럼 보이는 다른 DVD를 추천할 수도 있다. "이 물건을 구입한 다른 고객님들은 이 물건 또한 구매했습니다."라고 말하는 것 대신 "이 물건을 좋아하는 고객님은 이 물건도 좋아할 것입니다."라고 말할 수도 있다. 이 목록에는 우주공간을 담은 다른 영화, 조지 루카스가 감독한 다른 영화, 해리슨 포드가 나온 다른 영화 등의 스타워즈와 비슷한 DVD가 있을 것이다.

대신 아마존닷컴의 추천은 전적으로 경험적인 판매 자료에 근거하여 영화들을 서로 연결한다. 어쩌면 당신은 스타워즈 DVD를 산 고객이 백 투 더 퓨처나 머펫 대소동도 함께 구매했을 거라고 생각하지 못하겠지만, 판매 자료에 따르면 실제로 그러했음을 알 수 있다. '함께 구매한' 이 영화들 중 어느 것도 스타워즈와 관련되지 않았으나, 그럼에도 판매 실적을 통해 동일한 고객에게 판매되었다는 것을 경험적으로 알 수 있다. 추천 목록에 있는 것들은 오직 경험적인 판매 자료로 인한 것일 뿐 배우, 주제 등 영화 간 관련성은 거의 없었다.

비슷한 방식으로 MMPI의 개발자는 검사를 구성할 때 오직 경험적 방법만을 사용하였다. 이전의 성격검사를 개발하던 사람들은 주로 비정상적인 사람들과 정상적인 사람들을 구분할 것 같다고 생각되는 문항에 의존하였다. 이와 달리 MMPI 개발자들은 서로 다른 집단의 사람들이 차별화된 반응을 보인다고 경험적으로 입증된 문항만을 검사에 포함시킬 것이라고 주장했다. 직관이나 논리, 상식 또는 임상적 지식에 따라 문항이 서로 다른 집단들을 구별해야 하는지의 여부는 중요하지 않았다. 중요한 것은 경험적 자료에 의해서 실제로 그 문항이 서로 다른 집단들을 구별했음을 보여주었는지의 여부였다. 만약 "나는 자주 운다."라는 문항이 우울한 사람들과 우울하지 않은 사람들을 구별해내지 못했다면, 이론상으로 두 집단을 분명하게 구분할 것처럼 보이더라도 검사에서 제외되었을 것이다. 또한 "사과보다 오렌지를 선호한다."와 같이 겉보기에는 우울과 아무 관련이 없는 문항이 우울한 사람들과 우울하지 않은 사람들을 구별해낼 수 있다면, 우울증에 대한 개념과 무관함에도 불구하고 검사에 포함되었을 것이다.

아마존닷컴 같은 웹사이트에서 "이 물건을 구입한 다른 고객님들은 이 물건 또한 구매했습니다."라는 추천 목록에 대해 어떻게 생각하는가? 경험적 방법을 사용한 추천 목록을 만들 때 장단점은 무엇인가? 마찬가지로 경험적 방법을 사용하여 구성한 성격검사를 어떻게 평가할 것인가? 장단점은 무엇인가?

닌 수검자와 임상가 상호 간의 대화를 통한 피드백 시간이어야 함을 강조하였다. TA는 자발적으로 평가에 참가한 경우(강제적 참가가 아닌)와 피드백 도중 수검자가 임상가에게 구체적인 질문을 할 수 있는 경우에 가장 효과적이다(Finn & Kamphus, 2006; Finn & Tonsager, 1992; Newman & Greenway, 1997). 보다 광범위하게는 심리평가의 개념 그 자체와 치료 도구로서의 중요한 경험적 지지를 얻었으며(Hanson & Poston, 2011; Poston & Hanson, 2010), 컴퓨터나 스마트폰을 통해 수행하는 평가로 확대되었다(R. E. Smith et al., 2011).

MMPI-2와 MMPI-A에는 단점 또한 존재한다. 이 두 검사는 너무 길고 어떤 수검자에게는 어려운 수준의 독해 능력과 장기간 집중력을 필요로 하며, 타당도 척도를 능가할 수준의 수검자의 '속임수'에 영향을 받기 쉽다는 비판을 받았다. MMPI는 성격을 구성하는 요소로서 정신병리를 강조하였다는 점에서 가장 큰 비판을 받고 있다. 즉 MMPI 임상 척도는 내담자가 가진 정상적인 특성이나 강점과 같은 측면을 강조하는 게 아니라 다양한 병리(우울, 조현병 등)를 통해 수검자의 성격을 나타낸다.

임상심리학자는 MMPI와 유사하지만 몇 가지 중요한 측면에서 차이가 나는 다른 많은 객관적 성격검사를 사용한다. 예를 들어, 밀론임상다축검사 3판(MCMI-III)은 성격장애를 강조하며, NEO 성격검사 개정판(NEO PI-R)은 정상적 성격 특성을 강조하고, 캘리포니아 성격검사 3판(CPI-III)은 긍정적인 성격적 측면을 강조한다.

밀론임상다축검사 4판(MCMI-IV)

밀론임상다축검사 4판(Millon Clinical Multiaxial Inventory-IV, MCMI-IV)은 여러 측면에서 MMPI-2와 유사하다. 즉 '그렇다/아니다' 형식으로 된 포괄적인 지필형 자기보고식 성격검사이다. MMPI-2와 가장 큰 차이점은 MCMI-IV는 성격장애의 평가에 보다 초점을 맞추고 있다는 것이다. 비록 우울증, 불안 및 외상후 스트레스장애와 같은 임상 증후군과 관련된 특징적인 척도가 있지만, MCMI-IV는 10개의 성격장애(예 : 반사회성, 경계성, 자기애성, 편집성) 각각에 해당하는 여러 척도로 유명하다. 또한 현재는 아니지만 추후 *DSM* 장애로 포함시킬지의 여부를 고려 중인 다른 형태의 성격병리(예 : 자기패배적 성격, 소극적/수동공격적 성격, 우울성 성격, 변덕스러운 성격; Choca & Grossman, 2015; Craig, 2008; Retzalff & Dunn, 2003)에 대한 임상 척도를 포함하고 있다. MCMI-IV는 성인용이지만 청소년이나 아동용 검사도 제작되어있을 뿐 아니라 성격이 신체건강에도 영향을 미칠 수 있다고 생각하여 의료적인 상황에서 사용할 수 있도록 고안된 검사 또한 별도로 존재한다(Millon & Millon, 2015).

MCMI는 1977년에 성격장애의 저명한 학자인 Theodore Millon에 의해 개발되었다. 가장 최신판인 MCMI-IV는 2015년에 출판되었다. MCMI-IV는 195개의 '그렇다/아니다' 문항으로 구성되어있다. 또한 임상 척도 외에도 MMPI의 타당도 척도와 유사하게 수검자의 수검 태도를 평가는 '교정지수(modifier indices)'가 있다. 이전 MCMI 버전의 신뢰도와 타당도는 매우 높게 나타났는데, 이는 성격장애에 중점을 두고 성격에 대한 광범위한 평가를 추구하는 임상심리학자들에게 넓은 선택안을 제공한다(Craig, 2008; Meagher, Grossman, & Millon, 2004; Pincus & Krueger, 2015).

NEO 성격검사 개정판(NEO-PI-R)

앞에서 설명한 것처럼 MMPI는 내담자가 가진 다양한 장애의 수준을 반영하는 점수를 산출하여 성격의 병리적인 측면을 강조한다. **NEO 성격검사 개정판**(NEO Personality Inventory—Revised, NEO-PI-R)의 개발자 Paul Costa와 Robert McCrae는 '정상'적인 성격 특성을 평가하는 성격 척도를 만들고자 했다. 이 검사로 측정되는 다섯 가지 특성은 수십 년에 걸친 정상적인 성격에 대한 연구에서 비롯된 것인데, 이 중 대부분은 사실상 요인분석 연구였다. 즉 NEO-PI-R의 개발자들은 [**성격의 5요인 모델**(five-factor model of personality) 혹은 'Big Five'와 부합하다고 제시한] 성격 특성을 묘사하는 대부분의 단어는 모든 개인은 다양한 수준 특성으로 나타낼 수 있는 성격의 다섯 가지 기본적인 차원으로 '묶인다(cluster)'고 보았다. 이러한 특성, 즉 신경증(Neuroticism), 외향성(Extraversion), 개방성(Openness), 친화성(Agreeableness), 성실성(Conscientiousness)은 NEO-PI-R로 산출되는 다섯 가지 기본 척도이며, 표 10.2에 설명되어있다. 또한 NEO-PI-R은 30개의 '하위요인

(facet)' 척도를 산출하여(다섯 가지 각각의 영역에서 여섯 가지 하위요인을 가짐) 각 특성의 구성요소에 대한 보다 자세한 설명을 제공한다(Costa & McCrae, 1992, 2008).

검사 구성의 측면에서 NEO-PI-R은 이 장에서 설명한 다른 객관적인 성격검사와 유사하다. 이는 240개의 문항으로 구성된 자기보고식 지필형 검사이다. 문항은 '전혀 그렇지 않다'에서 '매우 그렇다'까지의 5점 척도상에서 응답하는 짧은 문장으로 구성되어있다. 원판 NEO 성격검사는 1985년도에 출판되었으며, 현재 사용하는 NEO-PI-R은 1992년에 출판되었다. 이 검사의 단축형인(60문항) NEO 5요인 검사(NEO Five Factor Inventory, NEO-FFI)도 사용 가능하지만, 프로파일이 구체적이지 못하다. NEO-PI-R은 매우 높은 신뢰도와 타당도를 가지고 있다(Costa & McCrae, 1992). 가장 최신판인 NEO-PI-3는 독해 능력이 부족한 청소년과 성인이 자주 오해석하는 몇몇 문항을 개정하였다. 여전히 NEO-PI-3보다 NEO-PI-R이 널리 사용되고 있지만, 12세 미만의 수검자나 독해 능력이 상대적으로 부족한 내담자에게는 NEO-PI-3를 대체하여 사용할 수 있다(McCrae & Costa, 2010; McCrae, Costa, & Martin 2005).

NEO-PI-R은 타당도 척도가 없다는 점에서 비판을 받아왔다. NEO-PI-R은 MMPI나 MCMI-III와 달리 수검 태도를 측정하는 독립적인 척도가 없기 때문에 수검자의 '위조'나 부주의에 영향

표 10.2 NEO-PI-R로 평가한 일반적인 성격 특성

특성/척도	높은 점수의 해석	낮은 점수의 해석
신경증 (Neuroticism)	정서적 고통에 취약, 부정적 정서경험, 불안, 우울	화가 날 때나 스트레스 상황에서도 정서적으로 안정적
외향성 (Extraversion)	사교적, 수다스러운, 외향적, 다른 사람들과 함께하는 것을 선호	내향적, 조심스러운, 수줍음, 혼자 있는 것을 선호
개방성 (Openness)	새로운 아이디어나 가치에 관심이 많음, 상상력이 풍부, 자유로운	융통성이 없는, 보수적인, 관습적인, 익숙한 아이디어와 가치를 선호
친화성 (Agreeableness)	호의적인, 협조적인, 친절한, 갈등을 피함	완고한, 경쟁심이 강한, 자기중심적, 비협조적, 냉담한
성실성 (Conscientiousness)	정돈된, 목표 지향적, 자제력, 체계적, 계획을 세우고 수행함	느긋한, 즉흥적인, 부주의한, 충동적, 태평한

출처 : Costa & McCrae (1992), Costa & Widiger (2001).

을 받기 쉽다. 특히 진단과 관련하여 임상가들은 검사의 제한된 임상적 유용성에 대해 언급했다. 비록 NEO-PI-R은 개인이 다섯 가지 기본 성격 특성 중 어느 하나에서 극도로 높거나 낮음을 나타낼 수 있지만, 그 극단적인 점수가 구체적으로 진단 가능한 정신장애를 나타낸다고 쉽게 해석할 수는 없다. 그러나 최근 연구에 따르면 일부 장애, 특히 성격장애는 NEO-PI-R의 높은 척도들 간의 특정 조합과 관련성이 높음이 시사되는데, 이는 많은 심리학자들에게 NEO-PI-R의 임상적 유용성을 증진시킨다(Costa & McCrae, 2008; Costa & Widiger, 2001).

캘리포니아 성격검사(CPI)

캘리포니아 성격검사(California Psychological Inventory, CPI)는 성격 특성에서 병리적인 측면을 덜 강조함으로써 NEO-PI-R보다 한 단계 더 나아갔다. MMPI가 병리적 측면을, NEO-PI-R이 정상적 특성을 강조하는 데 반해 CPI는 성격의 긍정적인 특성을 강조한다. 1950년대 CPI가 처음 출판되었을 당시에는 사실 일부 문항이 MMPI의 문항과 동일했지만, 수년에 걸쳐 개정되면서 MMPI에서 강조했던 병리적 문제와 점점 멀어지고, 심리학적 강점, 이점 및 개인 내적 자원을 강조하는 방향으로 나아갔다(Donnay & Elliott, 2003; Megargee, 2009). CPI는 현재 사용 가능한 두 가지 버전이 있으며, 각각의 문항 수에 따라 CPI-434와 CPI-260 같은 검사명이 붙여졌다. 이 검사의 긍정적인 특성을 반영하는 명칭을 가진 20개 척도로 점수가 제시된다. 독립성(Independence), 자기수용성(Self-Acceptance), 공감(Empathy), 관용성(Tolerance), 책임감(Responsibility), 융통성(Flexibility) 등이 그것이다. CPI는 결함보다는 강점을 강조하기 때문에 장애를 진단하는 임상가에게는 유용하지 않을 수 있지만, 수검자가 가진 능력과 재능을 이해하고자 하는 사람들에게는 유용하다. 또한 생산성, 친화력, 리더십 능력을 극대화하기 위해 성격을 평가하려는 목적으로 산업 및 조직심리학에서도 널리 사용되고 있다(Megargee, 2009).

CPI는 최근 정신건강 분야가 긍정심리학(positive psychology)으로 나아가려는 변화와 일맥상통하는데, 이는 인간 행동의 병리적 측면보다는 건강한 측면을 강조하는 것이다(Donnay & Elliott, 2003; Seligman & Csikszentmihalyi, 2000). 평가 장면에서 긍정 심리학은 종종 강점에 근거한 평가를 내리는데, 임상가는 "무엇이 문제인가?"뿐만 아니라 "어떤 강점이 있는가?"도 파악하며 내담자에 대한 포괄적인 견해를 갖는다(Rashid & Ostermann, 2009, p. 490). CPI 척도의 명칭과 마찬가지로 다른 강점 기반 평가 도구들의 명칭도 각 도구가 중점을 두고 있는 긍정적 특성을 반영한다. 삶의 만족도 척도(Satisfaction With Life Scale), 사랑에 대한 태도 척도(Love Attitudes Scale), 하트랜드 용서척도(Heartland Forgiveness Scale), 진정한 행복 척도(Authentic Happiness Questionnaire), 전반적 행복 척도(General Happiness Questionnaire), 감사성향 척도(Gratitude Questionnaire), 그리고 아마도 가장 널리 사용되는 VIA 강점 척도(Values in Action Inventory of Strength)가 있다(Peterson & Seligman, 2004).

벡 우울척도 2판(BDI-II)

MMPI, MCMI-III, NEO-PI-R 및 CPI-III와 같은 포괄적인 객관적 성격검사는 임상심리학자에게 성격에 대한 전반적인 개요와 다양한 변인에 대한 척도를 제공한다.

그러나 임상심리학자가 더 구체적이고 포괄적이지 않은 객관적인 측정치를 선호할 때도 있다. 이러한 검사들은 보통 더 간단하며, 우울, 불안 혹은 섭식 장애와 같이 하나의 특정한 특성에만 초점을 둔다. **벡 우울척도 2판**(Beck Depression Inventory-II, BDI-II)은 이런 유형의 검사에서 널리 인정받고 사용되는 것 중 하나이다(비록 완전한 성격 전체가 아니라 한 특성만을 평가하지만, 객관적 성격검사에 대해 설명하는 이 장에서 다룬다).

BDI-II는 성인과 청소년의 우울 증상을 평가하는 지필형 자기보고식 검사이다. 원판 BDI는 1960년대 우울 및 기타 장애에 대한 인지치료의 선두주자인 Aaron Beck에 의해 개발되었으며(Rosner, 2015a), 현재 사용되는 개정판은 1996년에 출판되었다. BDI-II는 간단한 21문항으로 구성되어있으며, 완성하는 데 보통 5~10분가량 소요된다. 각 문항은 우울의 특정 증상에 관한 네 가지 문장으로, 심각도가 증가하는 순서대로 나열되어있다. 수검자는 지난 2주 동안(*DSM*의 진단기준과 일치하도록 선정된 기간) 각 문항별로 자신의 경험을 가장 잘 나타내는 한 문장을 고른다. 총 21문항의 점수가 합산되어 수검자의 전반적인 우울 수준을 나타내는 총점수를 산출한다(Brantley, Dutton, & Wood, 2004; Quilty, Zhang, & Bagby, 2010). 다음은 BDI-II 모의 문항으로, 내담자는 일련의 문장들 중 하나를 선택한다.

- 나는 죽음에 대해 생각하지 않는다. (0점)
- 나는 종종 죽음에 대해 생각한다. (1점)
- 나는 자주 죽음에 대해 생각한다. (2점)
- 나는 끊임없이 죽음에 대해 생각한다. (3점)

BDI-II에는 타당도 척도가 없으며, 당연하게도 이 장에서 다룬 다른 객관적 성격검사보다 사용범위가 제한적이다(Rosner, 2015b). 하지만 이 검사의 신뢰도와 타당도는 확실하게 입증되어있으며(Brantley et al., 2004), 우울에 관한 구체적인 질문에 빠르고 경험적인 응답을 추구하는 임상심리학자들이 자주 사용한다.

투사적 성격검사

객관적 성격검사는 개인이 자신에 대해 직접 설명할 때 성격을 가장 잘 평가할 수 있다는 가정에 기초한다. 투사적 성격검사(projective personality test)는 근본적으로 다른 가정에 기초한다. 즉 구조화되지 않은 모호한 자극을 제시하고 반응에 제한을 두지 않으며 개인이 자신의 성격을 투사할 것이라고 가정한다(Tuber & Meehan, 2015). 땅에 누워서 하늘에 떠있는 모호한 모양의 구름을 쳐다보고 있는 사람들이 있다고 상상해보라. 투사적 검사를 사용하는 사람들에 따르면, 각 개인이 구름을 이해하는 방식은 그의 성격의 한 측면을 반영한다. 이 비유를 확장하면, 투사적 성격검사는 심리학자가 수검자에게 보여주는 일련의 '구름'과 비슷하다. 내담자는 어떤 방식으로든 자유롭게 이러한 자극들을 해석할 수 있다. 즉 선다형 응답이나 '그렇다/아니다' 선택지에 국한되지 않는다. 수검자의 반응을 규준집단의 응답과 비교할 수 있으며, 심리학자는 이를 기준으로 최종적으로 수검자의 성격에 대한 가설을 형성한다.

투사적 성격검사에서 가장 자주 언급되는 단점은 채점이나 해석에서 객관성이 부족하다는 점이다. 투사적 검사를 비판하는 사람들은 이 검사가 경험상 지나치게 추론에 근거한다고 주장한다. 즉 수검자의 반응을 채점하고 해석하는 심리학자의 독자적인 방식에 지나치게 의존한다(Hunsley, Lee, & Wood, 2003)는 것이다. 수검자의 반응이 '그렇다' 혹은 '아니다'로 구성된 객관적 검사에서 점수는 표준화되고 일관성이 있다. 하지만 각 내담자가 독특한 반응을 보이는 투사적 검사에서의 점수는 심리학자마다 다를 수 있다. 또한 투사적 검사에서는 많은 경우에 채점 후 검사자가 보다 체계적이지 못하고 독특한 방법으로 의미를 부여하게 된다. 사실 심리학자가 투사적 검사를 실제로 사용하거나 대학원에서 가르치기에는 신뢰도와 타당도가 부족하다는 비판 때문에 최근 수십 년 동안 투사적 검사의 입지가 확연히 줄어들었다(예 : Lilienfeld, Wood, & Garb, 2000).

그러나 투사적 성격검사를 사용하는 분야의 다른 전문가들은 검사의 사용을 강력하게 옹호한다(Meyer & Viglione, 2008). 그들은 객관적인 검사처럼 쉽게 '위장'할 수 없다는 투사적 검사만의 장점이 있음을 지적했다. "표면적으로 정신 상태를 드러낼 수 있는 인간의 능력에 관한 연구를 고려할 때, (투사적) 기법을 사용하는 성격평가는 임상심리학자에게 개인의 진정한 정서적 어려움을 발견할 수 있는 새로운 수단을 제공한다"(Fowler & Groat, 2008, p. 491). 또한 그들은 로르샤흐 잉크반점 검사나 주제통각검사(TAT)와 같은 널리 쓰이는 투사적 성격검사의 심리측정적 특성(신뢰도, 타당도)에 대해 알아본 184개의 메타 분석 연구를 검토하였다. 그 결과, 일반적으로 객관적 성격검사에서 사용되는 방식과 유사하게 체계적이고 정확하게 채점했을 때 객관적인 검사결과와 거의 동일한 결과가 나타났음을 지적했다(Meyer, 2004). 그럼에도 여전히 이러한 결론을 뒷받침하는

데 사용한 방법과 자료에 의문이 제기된다는 비판을 받고 있으며 논쟁은 끊이지 않고 있다. 비록 투사적 검사가 예전과 같은 인기를 누리지 못하고 비판을 받기도 하지만 심리학자를 대상으로 한 설문조사에 따르면 로르샤흐, TAT, 문장완성검사를 비롯한 여러 투사적 검사들은 여전히 현대 임상심리학의 많은 부분을 차지하고 있다(예 : Watkins, Campbell, Nieberding, & Hallmark, 1995).

로르샤흐 잉크반점 검사

1921년에 Hermann Rorschach는 로르샤흐 잉크반점 검사(Rorschach Inkblot Method)를 개발하였다. Rorschach는 어린 시절 모호한 잉크반점을 보고 무엇으로 보이는지 말하는 게임을 하고 놀았던 스위스의 정신과 의사였다. 성인이 된 후 그는 환자들의 반응이 그들의 성격 특성을 나타낼 것이라는 가설을 세우고 그들에게 유사한 방법을 적용해보았다(Weiner, 2004).

Rorschach는 검사를 위해 10개의 잉크반점을 제작했는데, 이 중 5개는 검정색 잉크만을 사용하였고 나머지 5개에는 다양한 색상을 사용했다. 검사는 2단계로 진행된다. '반응' 혹은 '자유연상' 단계에서 심리학자는 한 번에 하나의 잉크반점 카드를 제시하고, "이것은 무엇으로 보입니까?"라고 질문한 후 수검자가 말한 그대로 기록한다. 수검자가 10장의 카드에 모두 응답한 후, '질문' 단계에서는 심리학자가 수검자의 반응을 그대로 읽으며 수검자에게 정확히 잉크반점의 어느 부분에서 그렇게 보았는지, 그리고 잉크반점의 어떠한 특징 때문에 그렇게 보았는지 설명하도록 요구한다. 로르샤흐 모의 잉크반점은 그림 10.3에 제시되어있다.

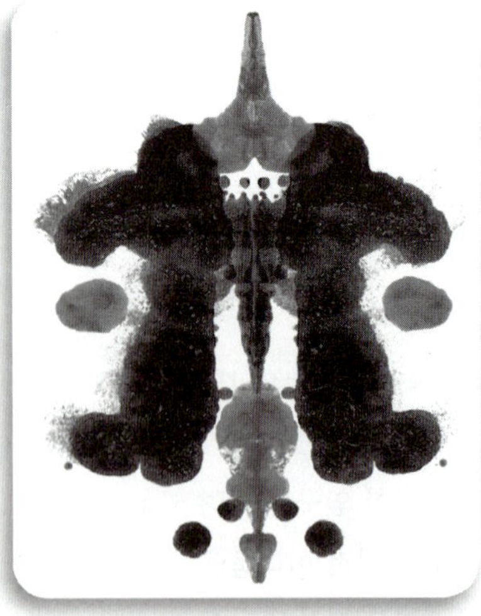

그림 10.3 이 잉크반점은 로르샤흐 잉크반점 검사에서 사용하는 것과 매우 유사하다. 당신은 잉크반점에 대한 반응이 얼마나 성격특성을 잘 나타낼 수 있다고 생각하는가?

Rorschach가 1921년에 잉크반점을 출판했을 때는 채점체계가 없었다. Rorschach는 출판하고 1년이 지날 즈음 세상을 떠났으며, 그의 부재 가운데 미국과 유럽에서 수많은 채점체계들이 독자적으로 만들어져 사용되었다. 마침내 John Exner는 로르샤흐 검사를 채점하는 다양한 체계들을 통합하여 종합체계(Comprehensive System)를 만들었으며, 이는 현재 로르샤흐 검사를 채점하는 가장 일반적인 방법으로 자리매김하였다(Exner, 1986; Wood, Nezworski, Lilienfeld, & Garb, 2003). Exner 종합체계의 규준 자료는 수천 명의 아동과 성인으로 구성되어있다. 따라서 로르샤흐 검사는 거의 모든 연령대의 수검자에게 사용할 수 있다.

임상심리학자가 Exner 종합체계를 사용할 때, 로르샤흐 검사의 각 반응은 여러 가지 방법으로 코딩된다. 이들 반응을 채점하는 것은 수검자의 지각 내용만큼이나 수검자가 잉크 반점을 이해하는 과정과도 관련된다. 즉 수검자가 반점을 어떻게 지각하였는가는 수검자가 반점을 무엇으로 보았는가 만큼이나 중요하다. 종합체계에서 검토하는 다양한 변인 중 몇 가지는 다음과 같다.

- 반응영역(Location). 반응은 전체 잉크반점, 큰 부분, 혹은 세부적인 작은 영역 중 어디에서 일어나는가?
- 결정인(Determinants). 잉크반점의 어떤 측면(형태, 유채색, 음영 등)이 수검자의 반응을 이끌었는가?
- 형태질(Form Quality). 반응은 쉽게 알아볼 수 있거나 평범한가? 혹은 독특하거나 왜곡되어있는가?
- 평범반응(Popular). 각 카드에는 1~2개의 흔히 나타나는 반응이 있다. 수검자는 얼마나 자주 이런 평범 반응을 나타내는가?
- 반응내용(Content). 어떤 범주의 대상이 수검자의 반응에 나타나는가? 인간, 동물, 음식, 의류, 폭발, 신체 일부분, 자연, 혹은 다른 범주의 항목인가?

각 반응이 채점되면 점수는 다양한 지표로 결합되고, 그 후에 점수와 지표들이 해석된다. 비록 해석 전략은 다양하고, 그중 일부는 다른 것보다 더 경험에 기초한 전략일 수 있지만, 경험에 근거해보면 수검자가 잉크반점을 이해하는 방식은 수검자가 세상을 이해하는 방식이다. 예를 들어 앞에서 설명한 형태질에 대해 생각해보라. 잉크반점에 대한 왜곡되고 비전형적인 지각을 지속적으로 나타내는 수검자는 실생활에서도 이와 유사할 것으로 간주된다. 즉 상황을 잘못 인식하거나, 왜곡된 판단을 내리거나, 비전형적인 방식으로 세상을 이해할 것이다. 또는 반응영역에 대해 생각해보라. 거의 항상 전체 잉크반점 영역으로 반응하는 수검자는 세상을 작게 '나누거나' 세부사항에 집중하기보다는 '큰 그림'에 집중하는 경향이 있는 반면, 거의 항상 잉크반점의 작은 부분으로 반응하는 수검자는 세부적인 사항에 지나치게 집중하며 일상생활에서 '큰 그림'을 간과하는 경향이 있을 것이다.

종합체계에 의해 산출되는 다양한 변인은 성격의 많은 측면을 보다 분명하게 드러낸다. 하지만 로르샤흐 검사를 기초로 한 심리측정적 토대는 이 검사가 제공하는 임상적 판단에 대한 의구심을 제기한다. 몇몇 연구에 근거하여 로르샤흐 검사를 지지하는 사람들은 로르샤흐 채점에 관한 신뢰도, 특히 검사-재검사 신뢰도는 상당히 높게 나타났으며, 타당도 또한 MMPI와 유사한 수준으로 나타난다고 지적한다(예 : Meyer, 2004; Rose, Kaser-Boyd, & Maloney, 2001). 그러나 로르샤흐 검사를 비판하는 사람들은 몇 가지 심각한 단점을 지적했다. 수많은 연구에서 낮은 신뢰도와 타당도가 보고되었고, 채점 및 해석 방식의 지침서는 매우 복잡하며, 심리학자들은 항상 그것을 엄격하게 준수하지 않는다. 또한 결과는 특정 장애를 가진 사람과 그렇지 않은 사람들을 종종 구별해내지 못하며, 규준집단은 일부 인구집단에게는 부적절할 수 있다(Wood et al., 2003; Wood et al., 2010 참조). 로르샤흐 검사의 학문적 지위에 관한 최근 논쟁 속에서 이 검사를 강력하게 뒷받침해주는 결과가 제기되었다. 구체적으로 메타 분석에 따르면 종합체계의 일부 변인, 특히 정신증, 심리적 자원, 그리고 인지 복잡성 지표가 타당하다는 결론이 내려졌다(Mihura & Meyer, 2015a; Mihura, Meyer, Dumitrascu, & Bombel, 2013). 이 메타 분석은 매우 놀라운 발견으로, 로르샤흐 검사의 타당도를 비판하던 사람들조차도 특정 임상 및 연구 장면에서 이들 변인의 사용을 인정한다는 논문을 발표했다(Wood et al., 2015; Mihura, Meyer, Bombel, & Dumitrascu, 2015). 이 메타 분석은 또한 완전히 새로운 평가 체계인 로르샤흐 수행평가 체계(Rorschach Performance Assessment System, R-PAS)의 개발에 영감을 주었으며, 이는 종합체계보다 더 양호한 규준을 가진다(Meyer, Viglione, Mihura, Erard, & Erdberg, 2011; Mihura & Meyer, 2015a).

주제통각검사(TAT)

주제통각검사(Thematic Apperception Test, TAT)는 **Henry Murray**와 **Christiana Morgan**이 제작하였으며, 수검자에게 모호한 자극을 가진 일련의 도판을 제시한다는 점에서 로르샤흐 검사와 유사하다(Morgan & Murray, 1935; Murray, 1943). 그러나 로르샤흐 도판과 달리 TAT 도판은 잉크반점이 아닌 대인관계 장면을 특징으로 한다. 수검자의 과제는 각 장면에 어울리는 이야기를 만드는 것이다(Gieser & Stein, 1999; Morgan, 1999). 수검자에게 현재 장면에서 일어나고 있는 일뿐만 아니라, 이전에 일어났던 일과 앞으로 일어날 일에 대해 생각해보라고 지시한다. 또한 등장인물이 무엇을 생각하고 느끼는지도 설명하게 한다(Bellak, 1993). TAT는 전반적인 성격을 측정하는 도구로 여겨지지만, 이 검사의 강점은 대인관계 경향성을 측정하는 능력에 있다(Ackerman, Fowler, & Clemence, 2008).

글상자 10.4는 모의 TAT 도판과 그에 대한 다양한 모의 반응을 보여주고 있다. 각각의 이야기를 통해 화자에 대해 어떤 추론을 할 것인가? 당신이 내린 해석을 친구들과 비교해보라. 해석이 얼마나 일치하는가?(TAT 반응에 대한 실제 해석에 있어서는 하나의 이야기를 기반으로 하기보다는 여러 이야기에 걸쳐 반복되는 주제를 중요시한다는 점에 유의하라.)

TAT는 총 31개의 카드로 구성되어있지만, 일반적으로 심리학자들은 특정 수검자에게 실시하기 위해 각 수검자에게 적절한 카드의 일부(보통 약 10개 정도)를 선별한다. 카드에 대한 수검자의 반응을 기록할 때 심리학자는 수검자에게 더 많은 정보를 요구할 수 있을 뿐 아니라 초기 지시사항을 다시 상기시켜줄 수 있다. Henry Murray(1943)는 주인공의 '욕구', 처한 상황에서의 환경적 '압

글상자 10.4

모의 TAT 도판 및 모의 반응

1. "그녀는 무언가에 대해 정말 불안해하고 있어요. 아침 식사 시간밖에 되지 않았지만, 그녀는 이미 하루 동안 일어날 일에 대해 걱정하고 있어요. 어쩌면 그녀는 학교에서 시험을 볼까 봐 걱정할지도 몰라요. 아니면 그녀를 괴롭힐 수도 있는 몇몇 아이들, 또는 학교 버스가 사고를 당하거나 심지어는 생각조차 하지 못했던 어떤 일이 일어날까 걱정할 수도 있어요. 어느 쪽인지 확실하지는 않지만, 그녀는 분명히 무언가에 대해 걱정하고 있고, 날이 갈수록 그 불안은 더 커져 갈 거예요."
2. "정말 슬픈 소녀예요. 소녀는 접시를 보면서 접시가 텅 비어있는 것이 마치 자신의 삶과 같다고 생각하고 있어요. 곧 접시에 좋은 것이 담길지도 모르지만, 그것은 단지 일시적일 거예요. 마치 소녀의 인생처럼 행복하게 지내기를 원하지만, 그럴 수 없어요. 어떤 일이 일어나도 소녀는 결국에는 다시 슬퍼질 거예요."

그림 10.4 모의 TAT

3. "그녀는 가족과 저녁 식사를 할 생각에 들떠 있어요. 곧 그녀의 부모님과 형제자매들이 식탁에 앉을 거고, 먹고 웃으면서 재미있는 시간을 보낼 거예요. 그러고 나서 모두 치우는 것을 도와주고 멋진 저녁을 보낼 거예요. 그녀는 잠자리에 들면서 내일도 좋은 하루가 되길 기대할 거예요."
4. "그녀는 이 집의 손님이에요. 친구가 저녁 식사에 그녀를 초대했어요. 그녀는 방금 친구 어머니의 침실에서 훔친 보석에 대해 생각하고 있어요. 그녀는 아무도 보지 않을 때 방에 몰래 숨어들었고, 귀걸이와 목걸이를 움켜쥐었어요. 어떤 사람들은 이에 대해 죄책감을 느끼겠지만, 그녀는 전혀 개의치 않아요. 실제로 그녀는 죄책감에서 빨리 벗어나요."
5. "그녀는 방금 음식을 다 먹어 치웠는데, 이제는 구토할 거라 생각해요. 그녀는 정말 살찌는 게 싫어요. 어머니는 항상 언니에게 뚱뚱하다고 화를 내요. 그녀는 엄마가 그런 식으로 자신을 비난하길 원치 않기 때문에 날씬해지기 위해 열심히 노력하고 있어요. 종종 그녀는 거의 먹지 않아요. 많이 먹을 때면 보통 구토하는 상상을 하기도 하고, 때때로 실제로 하기도 해요."

출처 : Kenney Mencher.

력' 및 기타 변수를 강조하는 TAT 채점 체계를 제안했다. 다른 연구자들이 추가적으로 공식적인 체계를 제안했지만(예 : Bellak, 1999; Abrams, 1999 참조), 대부분의 경우 공식적인 TAT 채점 체계는 "등한시되거나 무시되었다"(Moretti & Rossini, 2004, p. 357). 현재 TAT는 종종 공식적인 채점 없이 해석된다. "오늘날 대부분의 임상가는 자신의 인상에 근거한 추론을 따르는 것으로 보이며", 결과적으로 이는 TAT의 "독특하고 일관되지 않은" 사용을 초래한다(Morett & Rossini, 2004, p. 357). 이러한 이유 때문에 TAT 해석은 종종 과학보다는 예술에 가깝다. 수검자의 이야기는 심리학자마다 독특하고 다양한 방식으로 해석될 수 있다.

이러한 비경험적 채점 및 해석 절차의 결과 때문에 TAT는 강력한 심리측정 자료를 기반으로 하는 평가 방법을 고집하는 임상심리학자들 사이에서는 선호되지 않는다(Holt, 1999). 다른 성격검사보다 TAT의 타당도와 신뢰도는 덜 확립되어있는데, 이는 주로 심리학자들 간에 채점, 해석 및 실시 방법이 일관되지 않기 때문이다(Mihura & Meyer, 2015b). Henry Murray(1943) 또한 "TAT 이야기의 해석에 의해 도달된 결론은 증명된 사실이라기보다 다른 방법에 의해 입증되어야 할 좋은 '단서' 또는 작업가설(working hypotheses)로 간주되어야 한다."(p. 14)고 밝힌 바 있다. 이는 모든 평가 방법, 특히 과학적 측면에 대한 논쟁의 여지가 있는 모든 기법에 적용 가능한 언급이다. 그럼에도 불구하고 "우리의 이야기 반응은 우리가 누구인지 알려준다."(Moretti & Rossini, 2004, p. 357)는 가설에 기초하여, TAT뿐만 아니라 이와 관련된 아동용 통각 검사(Children's Apperception Test, CAT)와 노인용 통각 검사(Senior Apperception Test, SAT; Bellak, 1993; Teglasi, 2010 참조) 등이 임상심리학자에게 계속 사용되고 있다.

스토리텔링 검사(Story-Telling Tests)에 관한 마지막 주의할 사항 : 아동과 청소년을 대상으로 고안된 TEMAS(Tell-Me-a-Story) 통각 검사는 문화적 민감성뿐 아니라 규범적 데이터를 통해 실증적 채점에 더 중점을 둔 새로운 TAT라 할 수 있다(Malgady & Colon-Malgady, 2008). TEMAS는 히스패닉계 청소년을 위해 특별히 개발되었으며, 이후 아프리카계 미국인 및 백인 청소년에게도 적용될 수 있도록 확대되었다. 전원 풍경이 배경에 주로 등장하였던 TAT와는 달리(Teglasi, 2010), TEMAS에서는 더 일반적인 도시 장면에 문화적으로 다양한 인물이 등장하는 그림을 사용한다. TEMAS는 제17장에 더 자세히 설명되어있다.

문장완성검사(SCT)

문장완성검사(sentence completion test, SCT)에서의 모호한 자극은 잉크반점이나 대인관계 장면이 아니다. 대신 문장의 앞부분을 제시한다. 내담자가 채워넣는 결말과 그들이 만들어내는 문장에 의해 내담자의 성격이 드러난다고 가정한다. 비록 문장완성 형식을 사용한 많은 투사검사가 있지만, Rotter의 미완성 문장 검사(Rotter Incomplete Sentences Blank, RISB)가 가장 널리 알려져 있고, 일반적으로 사용되고 있다(Sherry, Dahlen, & Holaday, 2004; Weis, 2015). 최초의 RISB는 1950년에, 가장 최근 개정판(고등학생, 대학생 및 성인용 버전 포함)은 1992년에 출시되었다. RISB는 내담자 삶의 다양한 측면과 관련된 40개의 '미완성된 문장'을 포함한다. 이들 뒤에는 내담자가 기입하여 문장을 완성시켜야 하는 빈칸이 제시되어있다. RISB에 제시된 것과 유사한 모의 문장은 다음과 같다.

- 내가 좋아하는 것은 ______________________.
- 나를 화나게 하는 것은 ____________________.
- 내가 매우 불안할 때는 ____________________.
- 내가 가장 자랑스러울 때는 _________________.
- 나의 가장 큰 약점은 ______________________.

TAT와 마찬가지로 RISB에는 비록 공식적인 채점체계가 포함되어있지만, 일반적으로 사용되고 있지 않으며, 채점 시 심리학자의 임상적 판단에 크게 좌우된다. 따라서 RISB의 학문적 위상은 회의적이다. 그러나 RISB는 객관적 성격검사를 포함한 다른 검사를 통해 얻은 정보를 구체화시킬 수 있다(Sherry et al., 2004). 예를 들어, 임상심리학자는 내담자가 MMPI-2의 우울 척도(척도 2)에서 매우 높은 점수를 받으면 내담자가 우울증인 것으로 판단할 수 있다. 그러나 그 점수만으로는 우울증의 질적 양상이나 우울증이 '무엇'에 관한 것인지에 대해 알 수 없다. 만약 내담자가 위의 모의 RISB 항목에 대해 "내가 좋아하는 것은 배우자가 나를 떠나버려서 즐길 수 있는 것이 거의 없다.", "나를 화나게 하는 것은 … 인생이 너무 불공평하다는 것이다." 그리고 "내가 매우 불안할 때는 … 내가 혼자 사는 것에 대해 생각할 때이다."와 같이 대답했다면, 임상심리학자는 내담자의 우울증이 중요한 관계의 상실과 밀접하게 관련되어있다고 추측할 수 있다.

행동평가

대부분의 임상심리학자는 지금까지 이 장에서 설명한 모든 객관적 및 투사적 측정을 전통적인 성격평가(traditional personality assessment) 기법으로 간주할 것이다. 이러한 전통적인 기법은 몇 가지 기본적이고 암묵적인 가정을 공유한다.

- 성격은 안정적인 내적 구조이다. 즉 행동은 주로 개인 '내면'의 특징이나 성향에 의해 결정된다.
- 성격을 평가하려면 고도의 추론이 필요하다. 즉 임상심리학자는 성격검사(예 : MMPI-2 척

도 점수, 로르샤흐 반응)가 제공한 자료를 사용하여 내담자가 실제로 경험할 수 있는 문제 행동을 추론하거나 추측한다.

- 내담자의 행동은 고질적이고, 근본적인 문제의 징후이며, 때때로 *DSM* 진단의 형태를 취하기도 한다.

행동평가(behavioral assessment)는 이러한 모든 가정에 도전하며 근본적으로 다른 평가 방법을 제공한다(Haynes, Kaholokula, & O'Brien, 2015; Heiby & Haynes, 2004; Ollendick, Alvarez, & Greene, 2004). 행동평가에 따르면, 내담자의 행동은 근본적인 문제의 징후가 아니다. 그보다는 그러한 행동이 문제이다. 이를 설명하는 또 다른 방법은 내담자가 보이는 행동이 더 심층적이고 근본적인 문제의 징후가 아니라 문제 자체의 표본이라는 점이다. 예를 들어, 9세 자크가 학교에서 교사들에게 종종 반항한다면, '교사에게 반항하는 것'이 문제가 된다. 행동평가자에 따르면 자크의 반항을 적대적 반항장애와 같은 뿌리 깊은 문제의 '징후를 나타내는 것'이라고 이해하는 것은 불필요하고 어리석은 일이다. 따라서 문제를 평가하기 위해서 평가 기법은 가능한 한 추론이 많이 필요하지 않은 것이어야 한다. 행동평가자들은 문제를 간접적으로 이해할 수 있는 잉크반점이나 설문지보다는 자크의 문제 행동을 가장 직접적으로 측정할 수 있는 방법을 선택할 것이다. 교실에서 자크를 관찰하는 것처럼 말이다. 행동평가자들은 자크가 반항에 기저하는 여러 내적 장애나 특성을 '가지고 있다'는 생각을 받아들이지 않음으로써, 영속적인 내적 '성격' 특성이 모든 행동을 야기한다는 더 궁극적인 가정을 거부한다. 대신 행동평가자들은 외적이고 상황적인 요인이 우리의 행동을 결정한다고 주장한다. 이와 같이 행동평가는 "행동-환경의 상호작용을 포착하기 위해 잘 정의된 행동과 동시 발생되는 사건에 대해 타당하고, 정확하며 민감한 측정법을 사용"하고 (Haynes & Kaholokula, 2008, p. 518), 임상가가 행동 문제를 보이는 내담자보다 행동 문제 그 자체에 대한 진단을 내리는 독자적인 경험적 접근법이다.

행동평가 방법

행동평가에서 가장 중요한 기술은 행동 관찰(behavioral observation) 또는 자연 환경에서 내담자의 행동을 직접적이고 체계적으로 관찰하는 것이다(Bakeman & Haynes, 2015; Ollendick et al., 2004). 자연 관찰(naturalistic observation)이라고도 하는 이 기법은 문제가 발생하는 현장(집, 직장, 학교, 공공 장소 등)에서 문제의 직접적인 표본을 얻는 것을 포함한다. 행동 관찰의 첫 번째 단계는 문제 행동을 확인하고 조작적으로 정의하는 것이다. 이는 면담, 행동 체크리스트, 내담자를 관찰한 사람들과의 상담(가족, 동료, 교사 등) 또는 내담자의 자기 관찰을 통해 이루어진다. 일단 표적 행동이 확인되고 정의되면, 체계적 관찰이 이루어진다. 이 과정은 일반적으로 지정된 시간대, 즉 처음에는 기준치에서의 표적 행동의 빈도, 지속 시간 및 강도를 기록하고, 이를 정기적으로 기준치와 비교하여 개선 정도를 측정한다. 이러한 직접적인 관찰은 단순히 내담자가 면담이나 설문지를 통해 회상하거나 구두로 요약하는 것보다 문제 행동에 대한 훨씬 정확한 평가를 제공한다. 자연 환경에서 관찰할 수 없는 경우 행동평가자들은 임상 장면에서 실제 환경을 그대로 재현하고, 그곳에서의 내담자의 반응을 관찰하는 유사 관찰법을 사용할 수 있다(Haynes & Kaholokula, 2008).

행동 관찰에서는 또한 일반적으로 표적 행동 직전 및 직후에 발생하는 사건을 기록해둔다. 내담자, 표적 행동 및 상황에 따라 내담자 본인이 기록할 수도 있고 교사, 부모, 친구 또는 가족을 포함한 많은 사람들이 관찰한 바를 기록할 수도 있다. 이러한 사건들을 기록해두면, 임상심리학자는 특정 행동의 기능을 이해할 수 있고, 그 행동이 주변 환경 및 우연한 사건과 어떻게 관련되어있는지 이해할 수 있다(Heiby & Haynes, 2004). 그 예로 9세 자크를 다시 떠올려보자. 자크의 임상심리학자인 데이비드 박사가 행동 관찰을 하고 있었다면, 그는 반항 행동에 대한 명확한 정의를 가지고 자크의 교실을 방문하고, 반항 행동의 발생 상황을 체계적으로 추적할 것이다. 또한 그는 선행사건들과 자크의 행동이 가져온 결과에 대해서도 주목할 것이다. 아마도 자크의 반항 행동은 항상 특정 자극(예 : 교사의 직접적인 질문 또는 수업 중의 수학 과제) 다음에 나타나거나, 특정한 결과(예 : 교사의 지속적인 관심 또는 교실 밖으로 쫓겨나는 것)를 초래할 것이다. 자크의 행동과 관련된 이러한 사건(그의 행동의 결과를 통해 배운 '만약 … 라면'이라는 우연의 사건)은 표적 행동의 기능에 대한 중요한 정보를 제공해준다(Cipani & Schock, 2007).

면담과 설문지와 같은 전통적인 평가 방법이 행동평가와 반드시 관련이 없는 것은 아니지만, 만약 이러한 방법을 사용한다면, 질문 시 행동의 중요한 측면을 강조할 것이다. 즉 많은 전통적인 면담과 설문지의 목적(예 : 진단적 분류)보다 행동평가자는 단지 문제 행동의 기능을 확인하기 위한 목적으로 면담과 설문지를 사용한다. 실제로 이러한 기법들에 사용되는 용어(기능적 면담과 기능적 설문지)는 이러한 접근법을 명확히 보여주고 있다(Haynes & Kaholokula, 2008). 데이비드 박사가 9세 자크(또는 그의 부모 또는 교사)와 기능적 면담을 한다면, 자크의 문제가 되는 반항 행동의 선행사건 및 결과를 목표로 한 질문을 할 것이다. 물론 내담자의 생각을 질문하는 것이 직접적인 행동 관찰을 대신할 수는 없다. 내담자가 일반적으로 일어나는 일련의 사건에 대한 통찰력이 부족하거나 의도적으로 평가자를 속일 수도 있기 때문이다. 그러나 기능적 면담과 설문지는 행동 관찰을 안내하는 중요한 정보를 제공할 수 있다. 예를 들어, 자크가 자신이 반항 행동을 하면 학급에서 가장 인기 있는 소년인 토머스가 자신의 행동으로 인해 미묘하게 미소를 짓고, 고개를 끄덕인다고 말했을 수도 있다. 기능적 면담 전에는 토머스가 데이비드 박사의 관심 밖이었다면, 자크가 토머스를 언급한 후에는 아마도 토머스를 주시할 것이다.

행동평가 기법

특히 최근 몇 년 동안 컴퓨터 및 다른 형태의 기법이 행동평가 기법으로서 효율적으로 사용되어 왔다. 앞에서 설명한 데이비드 박사의 행동 관찰에 관한 설명에서, 그는 관찰을 기록하기 위해 노트북이나 스마트폰을 사용할 수도 있었다. 여러 변수를 동시에 기록하고, 행동 패턴을 즉시 그래프로 작성하고 통계적으로 분석하는 등 시간을 절약할 수 있는 수많은 첨단 소프트웨어 프로그램이 만들어졌다. 사실 내담자도 행동평가 기법을 사용함으로써 도움을 받을 수 있다. 예를 들어, 내담자들은 종종 표적 행동을 정의하거나 시간 경과에 따른 표적 행동의 변화를 측정하는 한 방법으로 자기 관찰(self-monitoring)을 한다. 이러한 자기 관찰은 전통적으로 수기로 작성되었지만, 종종 컴퓨터와 스마트폰이 더 편리하고(메일을 쓰고, 문자를 보내거나 기록 다운받기) 비밀이 보장된다(만약 기계가 암호 보호 기능이 있는 경우). 또한 이러한 기기의 대부분은 타이머 및 알람 기능이 있어서 자기 관찰 일정을 지키는 내담자가 늘어나고 있다(Richard & Lauterbach, 2003).

요약

임상심리학자들이 전통적으로 사용하는 성격평가 기법은 일반적으로 객관적 검사와 투사적 검사로 나눌 수 있다.

객관적 성격검사는 보통 명확한 자극, 제한된 범위의 반응 및 자기보고 형식을 특징으로 하는 지필형 설문지이다. 이러한 검사 중 일부는 검사 결과의 해석을 보완하는 임상 관련 변인들뿐만 아니라 수검자의 태도를 평가한다. 객관적 성격검사의 예로는 다양한 유형의 정신병리에 초점을 맞춘 MMPI-2, 성격장애를 중점적으로 보는 MCMI-IV, 정상적인 성격 특성에 초점을 둔 NEO-PI-R, 장애보다는 심리적 강점에 중점을 둔 CPI, 우울 증상만을 평가하는 비교적 간단하고 대상이 명확한 BDI-II가 있다.

투사적 성격검사는 모호한 자극과 자유로운 반응을 포함하며, 많은 학자들은 투사적 검사를 객관적 검사보다 심리 측정적 측면에 문제가 있다고 본다. 투사적 성격검사의 예로는 로르샤흐 잉크반점 검사, 내담자가 잉크 반점이 아닌 대인관계 장면에 반응하는 TAT, 내담자들이 미완성 문장의 뒷부분을 완성하는 문장완성 검사가 있다.

객관적 및 투사적 검사를 포함한 전통적인 임상평가와 달리 행동평가는 내담자의 문제에 더 직접적이고 덜 추론적으로 접근한다. 행동 평가자들은 행동 관찰 및 내담자의 자기 관찰과 같은 기법을 사용하며, 문제 행동이 보다 심층적이고 근본적인 문제의 징후라기보다는 임상적인 문제라고 생각한다. 성격이나 행동을 평가할 때 선택하는 기법과 상관없이 임상심리학자들은 다양한 방법을 사용하고, 특정 임상적 문제에는 증거기반 평가 방법을 고려하며, 문화적 유용성을 위해 노력해야 한다.

주요 용어

객관적 성격검사
경험적 방법
과진단
근거기반 평가
긍정심리학
내용 척도
노인용 통각 검사(SAT)
다면적 평가
로르샤흐 잉크반점 검사
문장완성검사(SCT)
문화적 유용성
미네소타 다면적 인성검사 2판 (MMPI-2)
미네소타 다면적 인성검사 청소년용 (MMPI-A)
밀론임상다축검사 4판(MCMI-Ⅳ)
벡 우울척도 2판(BDI-Ⅱ)
보충 척도
성격의 5요인 모델
수검 태도
아동용 통각 검사(CAT)
임상 척도
자기 관찰
자연 관찰
전통적인 성격평가
종합체계
주제통각검사(TAT)
캘리포니아 성격검사(CPI)
타당도 척도
투사적 성격검사
행동 관찰
행동평가
Aaron Beck
Christiana Morgan
Henry Murray
Hermann Rorschach
J. C. McKinley
John Exner
MMPI-2 재구성판(MMPI-2-RF)
NEO 5요인 검사(NEO-FFI)
NEO 성격검사 개정판(NEO-PI-R)
Paul Costa
Robert McCrae
Rotter의 문장검사(RISB)
Starke Hathaway
Theodore Million

비판적 사고를 위한 질문

1. 투사적 성격검사의 가장 중요한 장점과 단점은 무엇인가?
2. 객관적 성격검사의 가장 중요한 장점과 단점은 무엇이라고 생각하는가?
3. 만약 당신이 객관적 성격검사를 만든다면, 수검 태도에 대한 측정(예 : MMPI-2의 타당도 척도)을 어떻게 할 것인가?
4. NEO-PI-R은 모든 사람이 동일한 다섯 가지 기본적인 성격 특성을 공유하며 단지 이러한 특성의 강도가 서로 다를 뿐이라는 생각에 기초한다. 모든 사람이 동일한 성격 특성을 공유한다는 것에 동의하는가? 아니면 다른 사람들과 질적으로 다른 성격을 가진 사람들이 있다고 생각하는가?
5. 행동평가 대상으로 가장 적합한 임상적 문제는 무엇이라고 생각하는가?

주요 학술지

Assessment

http://asm.sagepub.com

Journal of Clinical Psychology

http://onlinelibrary.wiley.com/journal/10.1002/(ISSN)1097-4679

Journal of Personality Assessment

http://www.tandfonline.com/loi/hjpa20#.V08jkfkrLX4

Journal of Research in Personality

http://www.sciencedirect.com/science/journal/00926566

PART 3

심리치료

CHAPTER 11

심리치료의 일반적 문제

학습 목표

11.1 심리치료 연구의 맥락에서 삼원구조 모델을 설명한다.

11.2 심리치료의 효율성과 효과성 연구를 구분한다.

11.3 심리치료의 효율성에 관한 연구 결과를 요약한다.

11.4 심리치료의 효과성에 관한 연구 결과를 요약한다.

11.5 심리치료의 성공에 기여한 공통요인을 확인한다.

11.6 임상심리학자가 사용하는 가장 일반적인 심리치료 유형을 나열한다.

11.7 심리치료의 통합적 접근과 절충적 접근을 구별한다.

이 장에서는 임상심리학자의 가장 보편적인 전문가적 활동인 심리치료(psychotherapy)에 관해 살펴본다(Norcross & Karpiak, 2012). 제3부의 다른 장은 정신분석/정신역동, 인본주의, 행동주의 그리고 인지기법을 포함한 심리치료에 대한 구체적인 접근법의 세부 내용을 다루고, 제11장은 심리치료가 얼마나 유용한지, 또 임상심리학자가 어떻게 심리치료를 실시해왔는지를 포함하여 심리치료에서 중요한 일반적인 문제를 다룰 것이다.

심리치료는 효과적인가

임상심리학의 역사에서 심리치료의 결과에 대한 질문은 대중의 관심을 받았고, 이러한 질문에 대한 연구는 여러 형태로 이루어졌다. 1900년대 중반 심리치료를 지지하는 대부분의 증거는 치료자가 스스로 작성한 각 내담자의 치료적 변화에 관한 주관적인 묘사로 이루어진 일화나 추천 내용이나 사례 연구이다. 통제된 경험적 연구를 근거로 하는 결과들은 1950년대까지는 좀처럼 보고되지 않았다(Weissmark & Giacomo, 1998). Hans Eysenck(1952)는 이 시기에 심리치료와 관련한 역사적인 연구를 발표하여 주목받는 동시에 논란을 일으켰다. Eysenck는 초기의 심리치료 결과에 관한 연구를 검토하여 내담자들이 치료를 받지 않아도 호전되고, 심리치료의 효과는 크지 않다고 결론 내렸다. 이러한 연구 결과를 발표한 이후 그의 과학적 연구 방법은 비난을 받았고, 이러한 주장도 번복되었으나 심리치료의 효과가 없다는 주장을 근거로 이후 1,000여 개의 경험적 연구가 이뤄졌다(Routh, 2011; Wampold, 2010b).

1960~1970년대 들어서면서부터 심리치료의 결과에 관한 연구가 많이 이루어졌다. 특히 1970년

대 후반에서 1980년대에 **메타 분석**(meta-analysis)이 등장하였다. 메타 분석은 개별 연구나 수백 개의 연구 결과를 통계적으로 결합하는데, 이를 근거로 다양한 치료 장면, 치료자 및 내담자를 대상으로 검증한 심리치료의 효과에 관한 수치로 보여줄 수 있는 근거를 제시하였다. 이 장에서 살펴보겠지만 메타 분석은 심리치료가 얼마나 유용한지에 대해 일관되게 지지적인 결과를 제시하였다. 하지만 이러한 결과를 탐색하기 전에 심리치료의 결과를 살펴보는 것과 관련이 있는 방법론적 문제를 알아볼 것이다.

연구자는 누구에게, 언제, 어떻게 질문해야 하는가

연구자에게 심리치료의 결과를 측정하는 경험적 연구를 설계하여 실시하는 것은 복잡한 문제이다. 연구자들이 답해야 할 근본적인 문제 중 하나는 치료에 연관된 서로 다른 사람들의 치료에 관한 시각이 서로 다를 수 있다는 점이다. 그렇다면 연구자는 누구의 견해를 따라야 하는가?

심리치료에 관한 전설적이고 선구적인 연구를 실시한 **Hans Strupp**은 심리치료의 유용성과 연관해서 이해관계가 있고, 성공적인 심리치료의 구성요소에 관해 다른 의견을 가질 수 있는 세 가지 입장을 제시했다. Strupp과 동료들은 이것을 **삼원구조 모델**(tripartite model)이라고 불렀다(삼원이라는 것은 '세 가지 입장'이라는 의미; Strupp, 1966; Strupp & Hadley, 1977; Strupp, Hadley, & Gomes-Schwartz, 1977). 심리치료에 관여하는 첫 번째 입장은 내담자이다. 치료를 통해 삶에 영향을 받는 사람은 바로 내담자이고, 치료를 통해 삶이 의미 있는 방향으로 향상되는 것이 아마도 치료의 초점일 것이다. 치료 결과에 대한 내담자의 의견은 매우 중요하지만 내담자의 의견은 극도로 편향될 수도 있다. 특히 어떤 내담자는 상당한 시간과 돈을 투자했기 때문에 긍정적 결과를 기대하므로 치료의 장점을 과대평가한다. 다른 내담자는 치료를 받게 만든 최초의 요인 때문에 심리치료에 관한 부정적인 의견을 가질 수 있다. 예를 들어 비현실적으로 부정적인 방식으로 사건을 해석하는 경향이 있는 우울한 내담자는 이러한 왜곡된 사고를 자신이 받는 치료에 적용한다. 연구자들이 택한 두 번째 입장은 치료자로, 치료자로부터 받는 피드백을 심리치료 결과의 평가 자료로 사용한다. 치료자는 일반적으로 내담자보다 정신건강 문제와 관련한 경험이 많고 더 합리적인 기대를 할 수 있다. 그러나 치료자의 견해도 편향될 수 있다. 치료전문가는 내담자의 삶에서 일부만 접하는 것이고, 심리치료 결과에 대한 부정적인 평가는 결국 자신의 치료기술이 부족하다는 것을 반영한다고 느낄 수 있다. Strupp과 동료들이 확인한 세 번째 입장은 사회로, 치료의 경과에 관심이 있는 외부인의 형태이다. 그래서 사회에는 일반대중, 법적 체계, 내담자의 가족 및 친구, 내담자의 고용주, 특히 오늘날 심리치료의 비용을 부담하는 의료관리 회사가 포함될 수 있다. 이러한 세 번째 입장은 내담자가 자신에게 부여된 의무를 안정적이고 예측 가능하며 정상적으로 할 수 있는 능력을 중요하게 생각한다. 물론 "심리치료와 관련한 질문을 누구에게 하는가?"라는 질문은 치료 결과를 측정하는 과정에 매우 중요하다. 다행스럽게도 연구자들은 한 가지 입장만을 따르는 것이 아니라 여러 의견을 고려할 수 있다.

그렇다면 연구자는 누구에게 질문하느냐에 관계없이 언제 질문해야 할까? 아마도 명백한 답은 치료가 끝난 직후일 것이다. 이 시점이라면 내담자의 초기 수준과 비교해서 분명히 기능이 향상되었을 것이라고 기대하는 것이 타당할 것이다. 그러나 그 효과는 얼마나 오래 지속될 수 있는가? 치료 효과가 한 달, 6개월, 2년 또는 5년 동안 계속 지속된다고 기대하는 것이 합리적일까? 그리고 치료가 끝나기 전에 나타난 효과는 어떻게 설명할 수 있는가? 치료 내 여러 지점 또는 각 회기마다 개선되었다는 증거가 있어야 할까? 다시 말하지만 영리한 연구자라면 언제라는 질문에 대해 심리치료에 관한 연구 안팎에서 여러 답을 선택할 것이다. 분명한 것은 연구자들이 질문에 답을 하는 시기는 분명 결과에 관한 견해에 영향을 준다는 점이다(Lambert, 2011).

마지막으로 연구자들이 심리치료의 결과를 측정하기 위해 선택할 수 있는 방법은 매우 다양하

글상자 11.1

문화 고려하기

심리치료에 대한 문화 특수적 기대

심리치료 결과에 대한 논의에서, 특히 내담자의 관점에서 볼 때 다양한 문화적 배경을 가진 내담자들은 심리치료 과정에 대한 기대가 매우 다를 수 있다는 점을 기억해야 한다. 문화적으로 유능한 치료자는 각 내담자의 문화적 배경과 관련된 주제를 이해함으로써 심리치료를 성공적으로 이끌 수 있다.

북미와 서양에서 전통적으로 시행되는 심리치료는 언어를 사용해서 내담자의 문제를 논의하고 내담자에게 주의를 기울이며, 그들이 자신에 관한 이해나 통제력을 획득하도록 한다. 이러한 기본 과정은 드러내기보다는 '숨기기'를 선호하는 비서구 문화권의 보편적인 문화적 가치와 충돌할 수 있다 (Fontes, 2008; Toukmanian & Brouwers, 1998). 동

그림 11.1 다양한 문화적 배경을 가진 사람들은 내담자와 치료자의 행동에 대해 매우 다른 기대를 가지고 심리치료를 받는다.

양 문화권의 사람들은 부정적인 생각을 직면하기보다는 피하는 것을 선호한다. 따라서 심리치료자와 내담자의 의사소통 방식, 즉 자신에게 문제가 되는 행동, 생각 그리고 감정에 관해 편안하게 노출할 수 있는 정도는 내담자가 속한 문화적 가치의 영향을 상당히 받을 것이다.

심리치료자에게 자발적으로 자기개방을 하려는 내담자의 의지는 해당하는 문화권의 개인주의 대 집단주의적 성격에 달려있다. 서양 문화는 개인주의적 삶의 분위기를 조성하여 자립과 자기결정을 강조한다. 이와 대조적으로 동양 문화는 집단주의를 고무하는 경향이 있어서 개인의 목표보다 가족/집단의 요구 및 가족/집단을 결속시키는 관계를 우선시한다. 따라서 유럽계 내담자도 개인적인 문제나 단점에 대해 이야기하는 것을 다소 불편하게 느낄 수 있지만 아시아계 내담자는 자신의 문제가 가족에게도 영향을 줄 수 있다는 인식 때문에 비슷한 문제나 단점에 더 큰 수치심을 느낄 수 있다(Sue & Sue, 2008; Toukmanian & Brouwers, 1998).

문화적으로 유능한 심리치료자를 양성하는 것은 내담자가 심리치료의 효과에 감사함을 느끼도록 하는 기초가 된다. 다른 많은 사람들처럼 Toukmanian과 Brouwers(1998)는 심리치료에 관한 훈련 과정에서 치료자가 다양한 문화에 대한 태도에서 개인적인 성숙을 도모하는 것이 중요하다고 강조했다.

이 훈련은 네 단계, 즉 문화적 가치에 대한 자기이해, 내담자의 문화적 가치 경청, 내담자의 문화적 가치 수용 및 내담자의 문화적 가치 이해를 포함해야 한다.

여러분이 내담자라면 심리치료자가 당신의 문화적 배경과 관련된 심리치료에 대한 기대에 부응하는 것이 얼마나 중요하겠는가? 특히 이 중에서 인식해야 할 가장 중요한 가치는 무엇인가?

다. 연구자가 이해관계자의 의견을 청취하기로 했다면 질문지 또는 면담을 선택할 수 있다. 물론 질문지 또는 면담의 내용과 구조는 이들이 수집하는 자료에 영향을 준다. 연구자는 치료 결과를 행동척도로 평가하려고 할 수 있다. 예를 들어 주의력결핍 과잉행동장애로 치료받는 남아의 심리치료 결과를 평가하는 경우를 생각해보자. 남아나 치료자, 부모 또는 담임교사를 면담하는 것보다는 학교와 가정에서 남아를 직접 관찰하여 치료 이후 행동이 바뀌었는지 판단하려고 할 수 있다. 누가, 언제라는 질문과 마찬가지로, 심리치료 결과의 평가 방법도 심리치료에 관한 견해에 영향을 줄 수 있다(Horvath, 2013; Lambert, 2013; Stiles, 2013; Wampold, 2013).

심리치료의 효능 대 효과

심리치료 결과에 대한 경험적 연구는 일반적으로 두 가지 범주로 나뉜다. 심리치료가 '실험실'에서 작용하는 정도는 효능(efficacy)이다. 최근에 이뤄진 심리치료 결과에 관한 연구는 대부분 효능 연구이다. 이 연구들은 내적 타당도를 극대화한다. 즉 치료의 많은 측면을 통제하여 치료와 결과를 인과관계로 결론 내릴 수 있도록 한다. 흔히 효능 연구는 잘 정의된 내담자 집단을 대상으로 하는데, 이들은 대개 관심의 대상인 특정 장애 진단기준은 충족하면서 다른 진단기준은 충족시키지 않는다. 또한 매뉴얼화된 치료지침을 제시하여 치료자 간의 차이를 최소화하며, 통제집단과 치료집단에 내담자를 무선적으로 배치한다(Nathan & Gorman, 2002; Spokas, Rodebaugh, & Heimburg, 2008; Truax & Thomas, 2003).

이와 대조적으로 심리치료가 '현실 세계'에서 작동하는 정도는 **효과**(effectiveness)이다. 효과 연구는 복잡한 진단 프로파일을 가진 사람들을 포함하여 더 넓은 범위의 내담자를 대상으로 하는 경향이 있고, 치료자의 치료 방법 안에서 보다 많은 다양성을 허용하며, 치료집단과 비교하기 위한 통제집단을 포함할 수도 있고 포함하지 않을 수도 있다. 효과 연구는 효능 연구에서만큼 내적 타당도를 유지하지 못한다. 왜냐하면 연구자들이 몇몇 변인을 통제하고 조작하기 때문이다. 그러나 효과 연구는 일반적으로 효능 연구보다 외적 타당도가 높다. 왜냐하면 효과 연구에서 사용하는 심리치료법들이 클리닉, 사설상담소, 병원 및 다른 실제 임상현장에는 더 적합하기 때문이다(Nathan & Gorman, 2002; Spokas et al., 2008; Truax & Thomas, 2003).

효능 연구의 결과

최근 수십 년 동안 수천 건의 심리치료에 관한 효능 연구가 축적되어왔다. 실제로 개별 연구의 요약본으로 사용되는 개관 및 메타 분석은 현재 수백 편에 이른다. 이런 연구에 대한 노력을 통해 계속해서 심리치료는 효과가 있다는 긍정적인 결론이 나오고 있다(Campbell, Norcross, Vasquez, & Kaslow, 2013; Lambert, 2011; Wampold, 2010). 예를 들어, 475개의 심리치료 효능에 관한 연구를 다룬, 하나의 지표와 같은 메타 분석 연구에서 심리치료의 평균 효과크기가 0.85였다. 이는 "치료를 받는 대부분의 사람이 심리치료를 종료할 시기에 이르면 심리치료를 받지 않은 사람의 80%보다는 좋아진다."는 것을 시사한다(Smith, Glass, & Miller, 1980, p. 87). 이러한 결론은 보다 최근의 연구 및 방대한 척도에 관한 메타 분석(예 : Lipsey & Wilson, 1993; Luborsky et al., 2002)을 포함한 치료 효능에 관한 메타 분석(예 : Lambert & Simon, 2008; Shapiro, 1982) 결과를 근거로 하는 것이다. Lambert와 Ogles(2004)는 최근 심리치료의 효능에 관한 자료를 종합적으로 살펴보고 "광범위한 심리치료에 관한 연구에서 전반적으로 심리치료가 유용하다는 주제가 유지되는 것 같다. 수천 개의 연구와 수백 편의 메타 분석을 총망라하여, 이러한 결론은 논박의 여지가 없는 듯 보인다."(p.148)라고 결론 내렸다.

심리치료는 효과가 있을 뿐만 아니라 그 효과가 위약 효과를 넘어서 오랜 기간 지속되기도 하고, 통계적으로만이 아니라 임상적으로도 내담자의 심리적 건강에 의미 있는 변화가 나타난다(예 : Lambert & Ogles, 2004; Smith et al., 1980). 심리치료는 만병통치약이 아니다. 일부 치료 과정에서 내담자가 악화되는 것처럼 보이는 치료법도 있다(Striano, 1988; Strupp et al., 1977). 달리 말하면 어떤 내담자는 치료를 조기에 그만두기도 하고, 어떤 내담자는 치료 효과가 유지되지 않기도 한다(Lebow, 2006). 그러나 이러한 부정적인 영향은 분명히 규칙적이지 않고 예외적으로 나타난다.

최근 수십 년 동안 효능 연구는 전반적으로 특정 장애에 치료법이 얼마나 유용한지에 초점을 맞추어왔다. 전체적으로 볼 때 이러한 연구들은 흔히 중복되는 결과를 도출하는데, 매우 유사한 치료법이 서로 다른 장애에 효과가 있었다(그리고 서로 다른 장애는 공병률이 높은 장애였다). 결과적으로 최근 몇 년간 David Barlow와 동료들(Barlow, Allen, & Choate, 2004; Moses & Barlow, 2006)이 주도하여 효능 연구에 관한 **초진단적 접근**(transdiagnostic approach)을 추구하게 되었다. 초진단적 접근에 따르면 치료가 필요한 것은 특정 장애의 표면적인 증상이 아니라 관련 장애의 증상을 일으키는 근본적인 병리 및 관련된 장애의 증상이다. 진단을 통한 접근의 주요 목표는 정서장애로, 이는 슬픔(주요우울장애)과 불안(범불안장애)으로 특성을 정의할 수 있는 장애를 모두 포함하기 위한 광범위한 용어이다. 공병장애는 흔히 부정적인 정서 또는 신경증의 핵심을 공유하므로, 겉으로 드러나는 증상의 변화보다 증상의 핵심에서 치료적 변화를 이끌고자 강조하는 것은 합당하다(Boswell, Thompson-Hollands, Farchione, & Barlow, 2013; Hong & Cheung, 2015). 부정적 정서 또는 신경증의 핵심을 변화하기 위해 Barlow와 동료들이 추천한 **통합 프로토콜**(unified protocol)은 세 가지 기본 요소로 이뤄진다. 미래에 다가올 사건을 기대할 때 특히 느끼게 되는 부정적 사고의 감소, 불쾌한 감정을 피하기 위한 부적응적 방법 방지, 부정적 감정보다 긍정적인 감정을 조장하는 행동 격려가 그것이다(Morris & Franklin, 2015). 정서장애에 대한 통합 프로토콜의 효능에 관한 자료는 통합 프로토콜이 매우 강력하다는 것을 보여주며, 이러한 자료들은 축적되고 있다(Bullis et al., 2015; Ellard, Fairholme, Boisseau, Farchione, & Barlow, 2010; Farchione et al., 2012; Ito et al., 2016).

연구와 실제 간의 차이 해소

효능 연구를 통해 심리치료를 지지하는 증거가 상당히 많이 있음에도 실제 현장에서 치료를 실시하는 치료자들은 그와 같은 결과를 확인하기 어렵다(Boswell et al., 2011; Safran, Abreu, Ogilvie, & DeMaria, 2011). 불행하게도 심리치료에 대한 효능 연구와 실제 현장에서 심리치료를 실시하는 것 간에는 명백한 차이가 있다(Lilienfeld, Ritschel, Lynn, Cautin, & Latzman, 2015; Reese, Rosenfield, & Wilhelm, 2013; Teachman et al., 2012). 어떤 사람들은 이러한 차이를 괴리(gap)라는 단어로 표현하는 것이 충분치 않다고도 한다.

> 여러 가지 면에서 과학과 실제는 거대한 바닷물로 분리되어있는 2개의 큰 대륙과 같다. 많은 책과 논문에서 그 격차를 해소하는 방법을 논의하고 있다. 그리고 나는 이러한 책과 논문들의 부피와 무게가 늘어남에 따라 2개의 은유적인 대륙 간의 물리적인 다리 역할을 할 수 있을 것으로 기대한다. (Kazdin, 2014, p. 6)

이러한 괴리는 인위적이고, 부자연스러우며, 클리닉이나 병원 또는 개인 상담실에서 실제로 실시하는 심리치료와는 무관한 연구를 진행하는 연구자의 탓이거나 다양한 치료 결과에 관한 과학적인 자료에 관심을 기울이지 않고 그러한 자료에 근거해서 심리치료를 바꿔보려고 하지 않는 치료자의 탓일 수 있다. 누구의 탓인지를 떠나서 이러한 괴리는 임상심리학에서는 상당한 골칫거리이다. 다행스러운 것은 최근 들어 이러한 격차를 인식하고 교량을 만들기 위해 노력한다는 점이다(예 : Castonguay & Muran, 2015; Dattilio, Edwards, & Fishman, 2010; Littell, 2010).

그러한 노력의 일환으로 효능 연구의 결과를 따르되 치료자들이 얼마나 저항하는지, 구체적으로 왜 거부적인지를 조사한 연구가 있다. 얼마나 많이 저항하는가에 관한 답은 상당히 다양했다(Stewart & Chambless, 2007). 700명이 넘는 치료자를 대상으로 어떤 요인이 자신의 임상적 결정에 영향을 주는지 질문했다. 조사 결과 이들은 효능 연구의 결과보다는 자신의 임상적 경험을 토대로 많은 결정을 내리는 것으로 밝혀졌다. 인지적 또는 행동적 접근 등 많은 효능 연구가 지지하는 치료적 접근을 적용하는 치료자들의 경우도 이와 유사한 방식으로 결정을 내리는 것으로 밝혀졌다(Gyani, Shafran, Myles, & Rose, 2014). 심리치료에 관한 연구를 직접 실시하는 임상가조차도 자신의 임상적 결정에 영향을 주는 요인으로 경험적 연구 결과를 우선적으로 고려하지는 않는다(Safran et al., 2011). 왜 효능 연구 결과를 참고하지 않는지에 대한 답변도 다양하다. 경우에 따라 치료자는 효능 연구처럼 체계적이고 과학적으로 수집된 데이터보다 자신의 직관과 판단에 더 높은 가치를 둔다(Lilienfeld et al., 2013). 다른 경우에 치료자는 연구 결과가 자신의 일상적인 치료 업무와는 관련이 없다고 느낀다. 연구 대상이었던 내담자는 자신이 상담실에서 만나는 내담자와는 현저하게 다르고, 치료 매뉴얼은 전문가로서의 자율성을 손상시키며, 효능 연구의 방법적 측면은 다른 심리치료 유형보다 행동적 또는 인지적 접근처럼 측정 가능하거나 '검증 가능한' 결과를 선호하는 치료자들이 좋아하고, 끝으로 치료 매뉴얼은 치료적 동맹을 무시하거나 평가절하한다(Herbert, 2015).

실제 치료자들이 효능 연구를 통해 지지된 치료 방법을 잘 적용하지 않으려는 분위기 때문에 이러한 치료의 보급(dissemination)에 상당한 어려움을 겪는다. 실제로 근거기반 치료의 보급은 심리치료 연구자들의 주요한 쟁점이 되었다(Beidas & Kendall, 2010; Godley, Garner, Smith, Meyers, & Godley, 2011; McCloskey, 2011; Weisz, Ng, & Bearman, 2014). 미국의 주 단위의 전문가협회를 포함하여 대규모 기관들은 그들이 활동하는 지역 내에서 효능 연구의 결과로 지지받은 심리치료를 보급하기 위해 노력하였다(Hoagwood et al., 2014; Nakamura et al., 2014; Starin et al., 2014). 다양한 전략을 적용했고, 여러 가지 결과를 도출했다. 예컨대 Stewart와 Chambless(2010)는 개인 상담실의 심리학자는 특정 치료의 유용성을 입증하는 자료를 제시하는 연구 개관보다 단일 내담자의 성공적인 치료를 상세히 기술하는 사례 연구를 더 신뢰하는 경향이 있다는 것을 발견했다. Stewart, Chambles, Baron(2012)은 개인 상담실의 심리학자는 1~3일씩 장기간에 걸쳐 이루어지는 고가의 치료보다 3시간 이내 비교적 짧은 시간 내 저렴하게 이루어지는 치료가 경험적 지지를 받은 경우 훈련받아보려고 한다는 것을 발견했다. Jensen-Doss, Hawley, Lopez, Osterberg(2009)는 치료자가 소속되어있는 기관에서 특정한 자격을 갖추도록 하지도 않고, 특정한 근거기반 치료를 적용하라고 강요하면 상당한 저항과 분노를 느낀다는 것을 발견했다. Becker(2015)는 TV나 잡지 광고를 통해 내담자에게 직접 약에 대한 광고를 하는 다국적 제약회사처럼 소비자를 대상으로 직접 심리치료에 관한 마케팅을 한다면 보급이 잘될 수 있을 것이라고 제안했다. 이렇게 한다면 연구자들로부터 '강요'당한다고 느끼지 않고, 특정 장애에 어떤 치료가 효과적이라고 배운 내담자들이 '요청'하는 것처럼 느낄 수 있을 것이다.

모든 보급 전략 중 가장 주목받는 것은 연구자와 실무자 간의 협력을 증진하는 것이다. 이 전략은 종종 실무 위주의 연구라고 불린다(Castonguay, Youn, Xiao, Muran, & Barber, 2015; Koerner & Castonguay, 2015). 이 두 집단이 연구 아이디어의 발상부터 연구 실시 및 결론 도출에 이르는 전 과정에서 서로를 파트너로 느낄 수 있다면 치료자가 심리치료에 관한 결과를 받아들이고 적용하는 경향이 더 커질 것이다(Chambless, 2014; Ollendick 2014; Weisz, Kruniholz, Santucci, Thomassin, & Ng, 2015). 실무-연구 네트워크(practice-research network)는 이 전략의 한 예이며, 치료자와 연구자 집단이 연구의 모든 단계에서 한 연구의 구성원처럼 활동한다(Castonguay & Muran, 2015; Youn, McAleavey, & Castonguay, 2015). 이러한 연구 구조라면 연구자들이 흔히 치료를 개발하여 실무자에게 넘겨주는 것보다 실무자에게 자신의 연구를 어떻게 설계해야 할지, 일상적인 상담 현장에서 어떤 도전을 마주했었는지 물을 수 있다(Goldfried et al., 2014). 연구자는 새로 개발한 심리치료를 치료자들에게 훈련시킬 수도 있고, 치료자들이 치료를 진행하고 실제 장면에서 얼마나 유용한지에 관해 피드백을 제공하도록 계속 협력할 수도 있다(Edmunds, Beidas, & Kendall, 2013).

효과 연구의 결과

효과 연구는 효능 연구만큼 자주 이루어지지는 않았지만 수행된 연구는 효능 연구와 마찬가지로 긍정적인 연구 결과를 보고했다. 효능 연구는 통제된 장면에서 심리치료가 유용하다는 것을 검증한 반면 효과 연구는 실제 장면에서 보편적으로 심리치료를 적용했을 때 유용하다는 것을 지적한다.

효과 연구의 예로 1995년 **컨슈머리포트**(*Consumer Reports*) 잡지에서 실시한 조사를 생각해볼 수 있다(Dalrymple et al., 2015; "Mental Health", 1995; Seligman, 1995). 이 잡지는 상당히 대중적인 것으로, 자동차, DVD 플레이어 및 세탁 세제에 대한 소비자들의 경험을 조사한 적이 있었고, 많은 독자들을 대상으로 심리치료에 대한 경험을 조사했다. 조사 결과 가장 큰 발견은 대다수의 응답자들이 심리치료가 매우 긍정적이고 지속적인 효과가 있다고 응답한 점이다. 이와 관련해서 Seligman(1995)은 다음과 같이 말했다.

> 확실한 결과가 많이 있었다.
>
> 정신건강전문가에게 치료받은 경우 일반적으로 효과가 있었다. 대부분의 응답자가 호전되었다.
>
> 모든 정신건강전문가들의 평균을 산출한 결과, 치료를 시작할 때의 기분이 매우 좋지 않았던 426명의 사람 중 87%는 응답 당시에 매우 좋거나, 좋거나, 적어도 보통으로 느끼고 있었다. 처음에 상당히 나쁘게 느낀 786명의 사람 중 92%가 설문조사 당시 매우 좋았거나 좋거나 적어도 보통으로 느꼈다. 이러한 결과는 심리치료의 효능에 관한 메타 분석 결과와 일관되는 것이다(Lipsey & Wilson, 1993; Shapiro & Shapiro, 1982; Smith et al., 1980). (p. 968)

다른 효과 연구와 마찬가지로 **컨슈머리포트** 잡지에서 실시한 조사도 방법론적 문제로 다소의 지적을 받는다(Seligman, 1995). 예를 들어, 치료경험이 성공적이었던 사람들이 반응할 가능성이 가장 높은, 표본 추출과 관련된 편향이 있는가? 상태가 호전된 많은 내담자 중 심리치료를 받지 않아도 호전되었을 내담자는 몇 명이었을까? 대조집단에서는 몇 명이었을까? 내담자들이 심리치료 결과에 관해 자기보고식으로 응답하는 것이 특히 심리치료를 받고 수개월, 수년이 지난 후였다면, 그 응답을 얼마나 신뢰할 수 있고 타당할까? 그럼에도 이와 같은 효과 연구는 효능 연구를 보완할 수 있고, 효능 연구와 효과 연구를 함께 살펴본다면 이들은 심리치료의 효과를 강력히 지지한다. 인지행동치료를 대상으로 한 효과 연구에 관한 두 편의 메타 분석은 불안장애에 대한 71가지 효과 연구의 결과와 우울증에 대한 34가지 효과 연구의 결과를 결합한 것인데, 분석 결과 불안과 우울증에 모두 상당히 효과적이고, 효능 연구에서 지적한 증상완화 수준보다 약간 낮은 정도였다(Hans& Hiller, 2013a, 2013b).

대안적인 심리치료 결과 측정 방법

효능 연구와 효과 연구는 치료법이 얼마나 효과적인지를 평가하는 두 가지 주요 방법이었지만, 그 이외에도 직접적 및 간접적 방법이 있다. 예를 들어, 최근 몇 년 동안 심리치료의 신경생리학적 효과에 관한 연구자들의 관심이 증가했다. 이 방면에 관한 연구는 아직 초기 단계지만, 초기 연구의 결론에 큰 오류는 찾아볼 수 없다. 즉 심리치료는 뇌를 변화시킨다(Arden & Linford, 2009; Viamontes & Beitman, 2009). 기능성 자기공명영상(fMRI) 및 양전자 방출 단층촬영(PET) 신경영상법 기술을 사용하여 연구한 결과 특정 장애에 대한 심리치료가 성공적인 경우 내담자의 뇌 활동과 구조에 안정적인 변화를 반복해서 관찰할 수 있다. 다른 연구 결과들을 살펴보면 강박장애에 행동치료를 적용한 결과 미상핵의 신진대사를 감소시키고 행동 활성화는 우울증 환자의 배측 선조체에 영향을 주고, 인지행동치료와 대인관계 심리치료는 배측 전두엽 영역에서의 활동은 감소시키고, 복측 전두엽 및 피질 하부 영역의 활동을 증가시켰다(Dichter et al., 2009; Roffman, Marci, Glick, Dougherty, & Rauch, 2005; 보다 자세한 내용은 각 심리치료의 해당 장 참조). 약물 연구는 뇌의 신경학적 변화에 초점을 두며, 이러한 연구는 심리치료 연구에서는 비교적 새로운 기술에 해당한다. 이와 같은 연구 결과들이 축적되면 심리치료의 효과에 관한 많은 근거를 제공할 수 있을 것이다.

간접적인 방법으로 의료비용의 감소는 심리치료의 결과를 평가하는 또 다른 흥미로운 방법이기도 하다. 그 논리는 이러하다. 심리적 또는 정서적 문제가 있는 많은 사람들은 심리적 도움보다는 의학적인 도움을 청하거나 장기간 치료를 중단하여 개인의 신체적 상태까지 악화되어 결국 의학적 치료를 받아야만 하는 상태가 된다. 그렇다면 이들이 심리치료를 받으면 의료비용이 감소할까? 여러 자료에 따르면 답은 '그렇다'이다(Lambert & Ogles, 2004). 이 문제를 다룬 90편 이상의 연구를 검토한 결과 평균적으로 심리치료를 받는 환자는 병원에서 보낸 일수가 줄어들었고, 의료비용이 15.7% 감소한 반면, 통제집단의 환자들은 병원에서 보낸 일수가 더 많았고, 의료비용은 12.3% 증가한 것으로 나타났다(Chiles, Lambert, & Hatch, 1999). 또한 심리치료를 받게 되면 응급실 내원 횟수가 줄어드는 것으로 나타났다(Carr, 2008). 심리치료에 대한 의료보험료를 보험회사가 지불하든 내담자가 직접 지불하든 간에 심리치료가 정신건강과 신체 건강 모두에 좋은 투자라는 사실은 심리치료의 긍정적인 효과를 다시 일깨워주는 사실이다.

어떤 심리치료가 가장 좋은 것인가

심리치료가 유용하다고 밝혀지고 관련된 지지증거가 축적됨에 따라 경험적 증거가 풍부한 다양한 심리치료 방향과 접근은 서로 간에 갈등을 겪기 시작했다(Lambert, 2011). 즉 각각의 치료 방법에서 다른 치료 방법보다 자신이 우월하다고 주장했고, 이러한 경쟁은 치열했다.

> 프로이트 학파 대 인지주의 학파 대 인간중심 학파 등 많은 전투원들이 있었지만, 이 전쟁에서 주요 학파는 행동주의자와 비행동주의자로 구분할 수 있다. 이 학파들은 서로가 서로에게 욕설을 퍼부었다. 그러나 여기서의 이슈는 심리치료 실시 대 심리치료 비실시가 아니라 브랜드 A 심리치료 대 브랜드 B 심리치료였다. … 다양한 치료법은 서로가 서로에게 적이나 경쟁자로 간주되었으며 통제된 실험이 바로 갈등의 현장이었다. (Smith et al., 1980, pp. 2-3)

'도도새 판결'과 공통요인

실제로 1900년대 후반에 이루어진 많은 경험적 연구 결과는 서로 다른 치료 방법을 비교하는 것이었다. 여러 연구의 공통된 결과는 여러 해에 걸쳐 놀라운 결과를 보여주었다. 즉 한 치료 방법의 효능과 다른 치료 방법의 효능을 비교한 수백 개의 경험적 연구의 전형적인 결과는 서로 경쟁적인 다양한 치료법의 효과가 거의 비슷하다는 것이다(Lambert, 2011; Lambert & Ogles, 2004; Norcross & Newman, 1992; Smith et al., 1980; Wampold, 2001, 2010a, 2010b; Weissmark & Giacomo, 1998). 이러한 결론에 이른 초기의 개관 논문 중 한 편의 저자는 이상한 나라의 앨리스(*Alice in Wonderland*)에 등장하는 도도새의 대사 중 한 줄을 빌렸는데, 달리기에 참여한 많은 경쟁자들을 판단한 후 "모두가 이겼고 모두가 상을 받아야 합니다."라고 말했다(Luborsky, Singer, & Luborsky, 1975, p. 995).

도도새 판결(dodo bird verdict)을 심리치료 결과에 어떻게 적용할 수 있을까? 다양한 형태의 심리치료, 즉 인본주의, 인지주의, 행동주의, 그리고 다른 유형들은 서로 상당히 다른데, 어떻게 지속적으로 유사한 결과를 보여줄 수 있는가? 대부분의 연구자들(예 : Huibers & Cuijpers, 2015; Stricker, 2010; Wampold, 2001)은 모든 형태의 심리치료의 **공통요인**(common factor)을 지적함으로써 이러한 결과를 설명한다. 즉 각 치료법의 지지자들은 각 접근법의 독특한 측면을 강조하지만 대부분 기본적인 요인을 공유한다. 실제로 서로 다른 치료법의 근본적인 기제는 동일하다는 개념이 1930년대 초반(Rosenzweig, 1936) 및 그 이후 여러 차례 제기되었다(예 : Frank, 1961; Torrey, 1986). 이러한 논쟁에 관한 최근 주장은 심리치료의 결과에 대한 광범위한 경험적 자료의 지지를 받고 있다는 점에서 과거의 논쟁과 다르다.

이러한 공통적인 요소가 단순히 존재하는 것이 아니라, 치료에 도움이 된다는 것을 인식해야 한다(Lambert & Ogles, 2004; Wampold, 2010a, 2010b). 공통요인들은 모든 형태의 심리치료에서 '능동적 구성요소' 역할을 하는데, 이것은 다양한 접근법의 비교 가능한 결과를 설명하는 데 도움을 준다. "모든 특정 유형의 치료법은 치료 과정의 공통적 핵심을 통해 동일하거나 거의 차이가 없는 치료 효과를 보여준다"(Wampold, 2001, p. ix). 그렇다면 치료과정의 공통 핵심이라 할 수 있는 공통요인은 무엇일까?

치료적 관계/동맹

심리치료에서 제안된 많은 공통요인 중에서 가장 유력한 후보요인은 치료자와 내담자 사이의 관계이다(Beitman & Manring, 2009; Crits-Christoph, Gibbons, Hamilton, Ring-Kurtz, & Gallop, 2011, Horvath, Del Fe, Flückiger & Symonds, 2011; Lebow, 2006; Norcross & Lambert, 2011a, 2011b, 2014). 이 관계는 **치료적 관계**(therapeutic relationship), **치료적 동맹**(therapeutic alliance), **작업동맹**(working alliance)이라는 많은 이름으로 불린다. 동맹(alliance)이라는 단어는 아마도 이 관계, 즉 서로 신뢰하는 관계에 있는 두 동맹원이 공동의 목표를 향해 협력하는 동반자 관계인 이 연합의 본질을 가장 잘 묘사한 단어일 것이다. 연구 결과는 환자가 성인이든, 아동이든, 가족이든, 그리고 치료 형식이 개인이든 집단이든 관계없이 치료적 관계의 속성이 심리치료의 결과에 많은 영향을 미치는 것으로 밝혀졌다(Flückiger, Del Re, Wampold, Symonds, & Horvath, 2012; Horvath, 2015; Norcross & Wampold, 2011a, 2011b).

사실 수많은 연구에서 치료의 결정적인 단일 요인으로 치료적 관계가 가장 중요하다는 결론을 내렸다. 구체적으로 연구자들은 치료적 관계의 질적 측면이 치료 결과의 가장 좋은 예측 변수이며, 어떤 치료 접근법의 특정 기법보다 치료적 관계의 질이 치료 결과의 변화 가능성을 더 잘 설명한다고 주장했다(예 : Beitman & Manring, 2009; Wampold, 2001, 2010b). 치료적 관계의 힘은 내담자의 관점에서 특히 중요하며, 궁극적으로 치료적 관계에 대해 내담자가 어떻게 인식하느냐가 긍정적인 변화를 촉진시킨다. 내담자와 잠재적 내담자를 대상으로 한 많은 설문조사에 따르면 이들은 경험적으로 지지받은 치료를 적용하면서 관계를 맺을 수 있는 따뜻한 치료자를 선호하는 것으로 밝혀졌다(Swan & Heesacker, 2013; Swift & Callahan, 2010).

치료자가 얼마나 강조하느냐에 관계없이 치료에서 치료적 관계의 질이 필수적이라는 점은 흥미롭다. 행동주의 치료자와 같이 어떤 치료자는 치료적 관계를 중요하게 여기지 않는 경향이 있고, 치료적 관계를 적당히 강조하는 인지주의 치료자도 있는 반면, 인본주의 및 정신분석 치료자들은 치료적 관계에 매우 집중하는 경향이 있다. 이론적 지향점에 따라 치료적 관계를 강조하는 정도는 다르지만 내담자의 관점에서 보면 치료적 관계는 여전히 심리치료의 필수적인 요인이다(Chu, Skriner, & Zandberg, 2014; Norcross & Lambert, 2011a, 2011b). 한 연구에서는 수백 명의 만성 우울증 환자들을 대상으로 단기 지지치료와 인지행동치료를 받는 집단으로 구분하여 연구를 했다. 치료동맹에 대한 내담자의 평가와 치료집단의 결과 간의 상관관계는 두 집단에서 모두 높았지만, 인지행동치료를 실시한 집단과 치료 결과 간의 상관이 실제로는 더 높았다. 인지행동치료는 이론적으로 단기 지지치료법보다 관계변인을 덜 강조한다(Arnow et al., 2013).

치료동맹의 중요성을 확인한 후 연구자들은 이러한 동맹이 정확히 어떻게 성공적인 심리치료에 기여하는지에 관해 연구하기 시작했다. Kazdin(2007)은 양질의 치료동맹과 내담자의 호전 간에는 반드시 일방통행이 아니라는 흥미로운 점을 발견했다. 다시 말해 양질의 동맹관계가 내담자의 호전을 촉진할 가능성은 물론, 내담자가 호전됨에 따라 치료자와의 관계도 향상될 수도 있다는 것이다. 심각한 질병에 걸렸을 때 의사가 이를 호전시켰다면 그 의사와의 동맹을 어떻게 평가할 것인지를 생각해보면 이해가 될 것이다. 물론 치료자와 내담자 간의 관계에서 지속적으로 좋아지는 상호적 관계도 가능하다(Marker, Comer, Abramova, & Kendall, 2013; Webb et al., 2011; Zilcha-Mano, Dinger, McCarthy, & Barber, 2014). 이 쟁점은 통계 수업에서 설명을 들었을 내용을 한번 더 각인시킨다. 즉 두 변인 간의 상관관계는 인과관계를 의미하는 것은 아니라는 점이다.

또한 연구자들은 치료적 관계를 효과적으로 하는 것이 무엇인지 정확히 판단하기 위해 치료적 관계의 구체적인 구성요소를 좀 더 자세히 관찰하기 시작했다(Horvath et al., 2011; Orlinsky, 2010). 수많은 요인이 밝혀졌는데, 가장 강조되는 점은 내담자에게 공감과 수용을 제공하는 치료자의 능력이다(Lambert, 2011; Norcross, 2010). 이 요인은 인본주의 치료의 초석과 상당히 중첩되며, 이후 인본주의 치료를 다루는 장에서 자세히 논의할 것이다. 치료적 관계에 대한 경험적 연구는 초기 단계에 있지만, 내담자의 문제나 치료자가 선택한 특정 치료법과 상관없이 치료자가 내담자와의 치유적인 대인관계를 수립하도록 안내한다(Norcross & Wampold, 2011a, 2011b).

임상심리학자들이 사용하는 특정 기법의 효과를 뒷받침하는 경험적 자료 외에도 특정한 치료적 관계의 유형을 지지하는 자료도 많다. 임상심리학자는 기법이나 관계 둘 중 하나에 동조하기보다는 두 요소를 모두 받아들일 수 있다. 즉 이 두 치료 요인은 내담자에게 가장 유익한 경험을 제공하기 위해 서로 보완될 수 있다. 이와 관련해서 Castonguay와 Beutler(2006)는 다음과 같이 말했다.

> 심리치료 분야에서 가장 두드러진 논쟁 중 하나는 내담자의 변화가 주로 심리치료자의 기법 때문인지, 치료적 관계의 질 때문인지에 관한 것이다. … 이러한 논쟁은 암묵적으로는 개념적으로 오류가 있고 경험적으로 성립될 수 없는 '양자택일'의 가정임을 반영한다. 우리의 관점에서 볼 때 복잡한 변화의 과정에는 기술적인 요소와 대인관계적 요소를 모두 고려해야 한다. (p. 353)

그 외 공통요인

심리치료 연구자들이 제안한 공통요인 중 치료적 관계만 있는 것은 아니다. 희망(hope) 또는 긍정적인 기대도 공통요인으로 꼽혔다(Alavi & Sanderson, 2015; Constantino, Glass, Arnkoff, Ametrano, & Smith, 2011). 간단히 말해서 모든 종류의 치료자들은 모든 것이 나아지기 시작할 것이라는 희망이나 낙관론을 제공한다. 내담자가 호전되는 기제는 서로 다를 수 있지만, 실제로 어떤 기법을 적용하기도 전에 희망을 제공하는 것 자체만으로 호전되기 시작할 수 있다. 절망적으로 병원이나 차량 정비소로 들어갔다가 그 문제가 해결될 수 있다는 확신을 전해 들어본 사람이라면 누구나 희망의 치료적 효과를 이해할 수 있을 것이다.

관심(attention)도 심리치료의 공통요인일 수 있다. 호손 효과(Hawthorne effect), 즉 공장 근로자들을 관찰하자 이들의 성과가 향상되었다는 고전적인 조직심리학 연구에서 파생된 이름에서도 알 수 있듯이 치료자와 내담자가 내담자의 문제에 직접적으로 관심을 기울이는 것은 그 문제에 대한 새로운 접근법이 될 수 있다. 내담자들은 예전에 치료 과정에서 궁극적으로 다루는 문제들을 무시하려고 했을 수도 있다. 따라서 단순히 문제를 인식하고 치료자와 함께 이것에 집중하는 것만으로도 공식적 개입이 시작되기 전에 증상이 호전될 수 있도록 한다. 치료적 관계, 희망과 관심 이외에도 연구자들이 제안한 다른 일반적인 요인으로는 새로운 행동 강화, 위협적인 자극에 대한 둔감화, 문제의 대처, 기술 훈련 등이 있다.

모든 형태의 심리치료에 내재된 공통요인이 예측 가능한 순서로 일어날 수 있을까? Lambert와 Ogles(2004)는 공통요인의 3단계 순차적 모델(three-stage sequential model of common factor)을 제시했는데, 첫 번째 단계는 강력한 치료자와 내담자 관계, 치료자의 따뜻함과 수용, 신뢰와 같은 공통요인 중 '지지 요인' 단계이다. 두 번째 단계는 자신에 대한 기대치를 바꾸는 것, 생각 패턴의 변화, 교정적 정서 체험, 그리고 새로운 통찰력을 얻게 되는 등의 측면을 포함하는 '학습 요인'이다. 마지막 단계는 위험을 감수하고, 두려움을 극복하고, 새로운 행동을 하고, 문제를 해결하는 것과 같은 '행동 요인'으로 구성된다. 간단히 말해서 이 순차적 모델은 모든 종류의 심리치료자가 내담자를 공통된 세 단계에 따라 변화되도록 연결하고 문제를 이해할 때 3단계 순차적 모델을 통해 내담자를 도울 것을 제안한다. 즉 내담자와 관계를 형성하고 이들의 문제를 이해하고, 이들의 문제에 대한 신념과 태도를 변화하도록 돕고, 그리고 마침내 새롭고 생산적인 행동을 하도록 촉진시키는 것이다.

그림 11.2 다양한 문화적 배경을 가진 사람들은 내담자와 치료자의 행동에 대해 매우 다른 기대를 가지고 심리치료를 받는다.

글상자 11.2

비유하기

치약과 심리치료의 공통요인

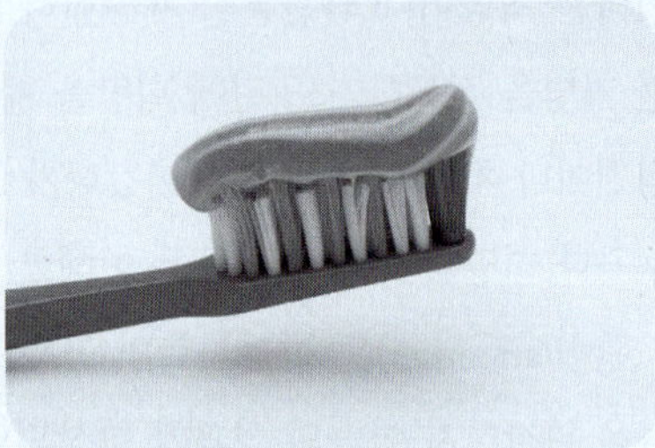

Copyright © Jupiterimages

치약회사들은 '특별한' 특성 때문에 자신의 제품이 최고라는 것에 소비자들이 확신을 느낄 수 있도록 하는 데 많은 시간과 돈을 투자한다. Crest, Colgate, Aim, Gleem, Aquafresh는 모두 자신들이 치약을 다르게 만드는 독특한 무언가를 가지고 있다고 주장한다. 여러분도 아마도 베이킹소다를 사용한 치약, 구강 청결제, 스탠드 튜브 등으로 몇 가지 시도를 했을 것이다.

치약 뚜껑에 붙은 성분표를 읽어본 적이 있는가? 여러분은 성분들의 전체 목록 아래 '활성성분'이라는 별도의 중요한 범주를 찾아볼 수 있을 것이다. 그리고 이 범주에는 하나의 품목만 포함된다. 그 품목은 바로 '불소'이다. 이는 모든 치약 브랜드와 다양한 종류에서 모두 동일하다. 즉 제조업체와 광고업체가 우리에게 독특한 특성인 '활성성분'을 팔려고 하지만, 특별한 향기의 치약 하나를 효과적으로 만드는 것은 경쟁 제품에도 포함되어있는 동일한 '불소'라는 것이다. 이런 이유로 치과의사들이 양치질을 잘하라고 일러주면서도 특정 브랜드의 치약을 사용하라고 조언하지 않는다. 불소를 함유하고 있는 한, 모든 치약은 어떤 브랜드의 치약과도 동일하게 충치를 예방한다.

수십 년에 걸친 연구의 결과들은 앞에서 언급한 현상이 심리치료 분야에서도 발생했다고 제안한다. 심리치료의 각 '브랜드'는 고유한 기능을 다른 '브랜드'와 구별하고, 자신의 브랜드와 다른 브랜드를 다르게 해주는 측면과 같은 독특한 특징을 홍보했다. 하지만 이러한 주장들은 심리치료의 결과에 관한 다양한 통제된 경험적 연구 결과와는 일관되게 모순되는 결과이다. 여러 형태의 심리치료가 거의 동일하게 유용하기 때문이다. 결과적으로 근본적인 공통요인인 심리치료의 '불소'에 대해 추측하는 것이 합리적이다.

그렇다면 심리치료의 '불소'는 무엇인가? 이 시점에서 치료적 관계/동맹이 주요 후보로 부상했다. 즉 치료자와 내담자 간의 강한 관계는 치료자가 정신분석적, 인본주의적, 인지적 또는 행동적 기법 중 어느 기법을 사용하는지 여부에 관계없이 유익한 것으로 입증되었다. 희망/낙관주의, 관심, 통찰력 등과 같은 다른 일반적인 요인들도 심리치료 연구자들에게 상당한 관심과 지지를 얻었다(Wampold, Imenl, Bhati, & Johnson-Jennings, 2007). 아마도 다양한 형태의 심리치료법은 하나의 성분(치약에서의 불소)이 아니라 여기서 설명하는 몇 가지 요소를 결합하여 내담자를 돕는 '공통요인'을 공유하는 것으로 보인다(Wampold, 2001, p. ix).

불소가 모든 치약의 공통 성분이라고 해서 우리 자신을 위한 것을 선택하는 데 무관심해야 한다는 뜻은 아니다. 너무 비싸거나 맛이 이상한 치약을 선택하지 않는 것처럼, 우리는 부당하게 비싸거나 입맛에 맞지 않는 치료법을 선택하지는 않을 것이다. 대신에 치약 또는 치료법 중 하나를 선택할 때 '활성성분'이 전달되는 방식에 대한 개인적인 가치와 선호도가 영향을 줄 수 있다.

개인적인 문제로 당신을 찾아오는 친구를 돕는 것과 같은 비공식적인 과정과 이 3단계 순서를 비교해볼 수 있다. 일반적으로 이 친구를 이해하려고 하고 동정심으로 소통을 시작하며, 문제를 새로운 시각으로 보는 것을 돕고, 궁극적으로 전략을 개발하여 새로운 행동을 할 수 있도록 돕는다. 이러한 단계를 건너뛰거나 '순서가 맞지 않으면' 도와주는 과정이 방해받을 수 있다. 그 증거로 어떤 친구나 내담자는 특정 단계에서 더 많은 시간을 필요로 하고 다른 단계에서 더 적은 시간을 필요로 할 수 있으며, 이는 경우에 따라 행동보다는 더 많은 지지를 필요로 할 수도 있고, 그 반대의 경우일 수도 있다. 또한 문화적 요소들은 도움을 구하는 사람에게 각 단계의 가치에 있어서 중요한 역할을 할 수 있는데, 어떤 문화의 구성원들은 지지, 학습, 또는 행동을 선호하는 경향이 있기 때문이다.

도도새 판결 재검토 : 특정 장애를 위한 특정 치료

도도새의 판결은 의심할 여지없이 도전을 받는다. 비록 다양한 형태의 치료 방법이 일반적으로 비슷한 효과가 있다는 것은 널리 알려진 사실이지만, 몇몇 연구자들은 실제로 어떤 치료 방법이 특정 문제에는 다른 치료보다 우월하다고 주장했다(예 : Antony & Barlow, 2010; Carr, 2008; Chambless & Ollendick, 2001).

Dianne Chambless는 왕성한 연구 활동을 하고 존경받는 심리치료 연구자로, 모든 심리치료 접근법이 동등하게 효과가 있다는 주장에 강하게 반대했다(예 : Chambless & Ollendick, 2001; Siev & Chambless, 2007). 예를 들면, 2002년 '도도새를 조심하라 : 과잉일반화의 위험(Beware the Dodo Bird: Dangers of Overgeneralization)'이라는 제목의 논문을 발표했는데, Chambless는 특정 치료법들을 비교한 경험적인 연구가 많지만, 특정 장애에 특정 치료가 효과적임을 다루는 논문들 중 아직 살펴보지 못한 것들이 많다고 지적한다. 따라서 지금까지 연구에서 전형적으로 동등한 효과가 발견되었다고 하더라도, 모든 치료법이 모든 장애에 대한 치료에서 그 효과가 동일하다고 결론짓는 것은 시기상조일 것이다. 또한 제3장에서 설명했듯이 Chambless는 매뉴얼화된 근거기반 치료법 운동의 대가이며, 특정 장애에 효과적인 치료법을 확립하고 어떤 치료법이 포함되어야 하는지를 결정했다(Chambless et al., 1996, 1998; Task Force on Promotion and Dissemination of Psychological Procedures, 1995).

Chambless와 다른 연구자들이 도도새의 판단이 부정확하기 때문에, 공통요인들보다 각 치료기법의 특정한 요인이 성공적인 효과에 기여한 것이라고 주장한 내용을 다른 선두적인 심리치료 연구자들이 반박했다(Elliott, Barker, & Hunsley, 2015; Norcross, 2002). 예를 들어, Stanley Messer와 Bruce Wampold는 2002년 기고한 "사실을 직면하자 : 공통요인이 특정 치료 방법보다 더 중요하다"는 기사에서 치료 효과에 대한 문헌을 검토하고 치료 결과를 결정할 때 치료자와 내담자의 동

글상자 11.3

나의 경험

내가 만난 내담자들은 치료에 대한 규범적 접근에 다양하게 반응했다. 즉 내담자는 명확하게 진단을 받았고, 그 진단에 유용한 명확한 근거기반 치료 방법이 있다는 설명을 들은 상황이다. 강박장애(OCD)를 앓고 있는 30세의 남성인 매튜의 경우를 살펴보자. 내가 매튜에게 여러 연구 결과 강박장애에 노출 및 반응 방지 치료를 적용하여 효과가 입증되었다고 말하자 그는 흥분했다. 사실 그는 이러한 연구들이 이뤄졌다는 사실뿐만 아니라 강박장애를 위한 특정한 치료법의 효과를 지지한다는 사실에 놀랐던 것이다. 상당수의 내담자들은 "실제로 특정 종류의 치료법을 검증해본다는 말인가요? 저는 각 치료자가 자신만의 방식으로 치료한다고 생각했었어요."라고 말한다.

다른 경우에는 내담자가 치료에 대한 규범적 접근에 초기에는 덜 긍정적이다가 이후 긍정적으로 변화된 경우도 있다. 범불안장애가 있는 25세 로렌이 그랬다. 로렌에게 인지치료가 범불안장애에 효과적이라는 결과가 여러 연구에서 입증되었다고 말해주었을 때 그녀는 주저하는 모습을 보였다. 그녀의 주된 관심사는 두 가지였다. 첫 번째는 그녀에 의해서가 아니라 그녀를 위해서 치료가 선택되었다는 것이고, 두 번째는 다른 범불안장애 환자와 같은 취급을 받는다는 것이었다. 즉 자신에게 더 맞춰진 개별화된 치료를 받지 못하고, 같은 진단을 받은 환자들하고 동일한 치료를 받는다는 사실이다. 나는 그녀에게 치료 유형을 결정하는 데 그녀의 의향을 절대적으로 반영할 것이고, 그녀와 함께 치료에 관한 결정을 할 것이라고 확신시켜주었다. 제3장에서 논의한 근거기반 실제의 제삼자 모델과 일관된 접근 방식으로, 연구 증거뿐 아니라 내담자와 치료자 요인도 포함하여 모든 사항을 함께 결정한다고 설명해주었다. 또한 그녀에게 특정한 종류의 치료법을 사용한다고 해서 맹목적 또는 절대적으로 하나의 매뉴얼을 고수하는 것이 아니며, 그녀에게 맞춰서 치료를 진행한다고 설명했고, 이러한 설명을 들은 후 안심을 했다. 이렇듯 로렌, 매튜 그리고 다른 많은 내담자들과 함께했던 경험을 떠올려보면, 많은 내담자들이 종종 치료 방법을 결정하는 방식에 대한 잘못된 정보를 가지고 치료를 시작한다는 것을 알 수 있다.

맹과 같은 공통요인이 널리 작용한다는 근거가 우세하다고 결론 내렸다(p.21). 그들은 또한 특정 치료가 특정 장애에 대한 선택적 치료로 간주되는 치료법(예 : Antony & Barlow, 2010)인 규범적 접근(prescriptive approach)이 공통요인, 특히 치료적 관계를 보다 광범위하게 강조하는 접근 방식으로 대체되어야 한다고 주장한다. Wampold와 동료들은 어떤 특정 장애에 대한 치료 매뉴얼을 만들 수 없다는 사실에도 불구하고 치료에서의 공통적 접근법이 근거기반 접근법이라는 사실에 관해 논쟁을 벌이기도 했다(Laska, Gurman, & Wampold, 2014; Laska & Wampold, 2014).

또 다른 연구자들은 무엇이 내담자에게 가장 좋은 것인지에 대한 논쟁 때문에 내담자가 무엇을 원하는지를 간과해서는 안 된다고 덧붙인다(Swift & Callahan, 2009; Swift, Callahan, & Vollmer, 2011). 다시 말해 내담자의 선호는 내담자가 치료를 중단하지 않도록 유지하게 하는 것이나 치료적 관계의 향상에 중요하고, 궁극적으로 치료의 결과를 위해서도 중요하다. 예를 들어, 내담자가 선호하는 대처방식을 생각해보자(Beutler, Harwood, Kimpara, Verdirame, & Blau, 2011; Tompkins, Swift, & Callahan, 2013). 어떤 내담자는 외부 귀인을 하는 방식으로 대처하여 문제의 원인이 자신의 외부에 있다고 추정하고 문제를 처리하는 것을 선호하기 때문에 증상은 강조하지만 근본 원인은 강조하지 않는 치료법에 더 잘 반응할 수 있다. 반면 다른 내담자는 자신의 문제가 자신에게 기인한 것으로 추정하여 내부 귀인하는 방식으로 대처할 수 있다. 이런 내담자는 증상의 감소보다는 근본 원인에 대한 통찰을 강조하는 치료에 더 잘 반응할 것이다. 이와 같이 내담자의 선호도를 인정하는 것은 성공적 치료의 열쇠가 될 수 있으며, 이를 무시할 경우 실패의 원인이 될 수 있다. 치료에 대한 선호도의 영향에 관한 34개의 실험적 연구를 다룬 메타 분석은 내담자의 선호도가 치료에 대한 만족도 및 효과에 상당한 영향을 준다는 것을 보여주었다(Lindhiem, Bennett, Trentacosta, & McLear, 2014).

심리치료의 긍정적 측면이 특정한 치료법에 공유되는 요인 때문인가에 대한 도도새 판결과 관련된 논쟁은 여전히 지속한다. 실제로 Bruce Wampold와 Zac Imel(2015)의 주요 저서인 *The Great Psychotherapy Debate*에서 싸움은 끝날 기미가 없다는 것을 알 수 있다. 이러한 논쟁 중에 수많은 연구자들과 임상가들은 특정 치료법과 일반적으로 효과적인 공통요인의 중요성을 인식하는 절충안을 만들어내려고 노력했다(예 : Norcross, 2005). 1997년 이래 치료의 결과에 관한 연구를 다루는 메타 분석은 이러한 논쟁의 두 측면 모두를 지지했다. 특정 치료에서 감소하려는 특정 증상처럼 특정한 치료 결과를 목적으로 할 경우 인지행동치료의 특정 기술이 좋은 예측요인인 반면, 특정한 증상이 아닌 일상적인 삶의 질과 관련해서는 공통요인이 더 좋은 예측요인이었다(Marcus, O'Connell, Norris, & Sawaqdeh, 2014). 치료의 변화는 공통요인과 특정요인 및 기타 여러 요인 등에 기인한다고 지적한 연구자들도 있다. 예컨대 앞서 언급한 특정 및 공통 요인 이외 치료 결과에 영향을 줄 수 있는 요소에는 내담자의 특성, 치료자의 특성 및 문제가 얼마나 심하고 만성적인지의 특성 등도 있다는 점에 주목한다(Beitman & Manring, 2009; Rosenfeld, 2009). 말할 것도 없이 치료외적 힘(extratherapeutic force), 즉 내담자가 치료 과정 중에 겪는 일상의 사건은 치료 종료 시 내담자의 삶의 질 향상에 강력한 영향을 미칠 수 있다(Norcross, 2005; Rosenfeld, 2009; Wampold, 2001). 아마도 이 논쟁의 현명한 해결책은 Paul(2007)이 제안했듯이 치료 결과에 영향을 미칠 수 있는 가능한 전체 범위 내의 잠재요인을 고려하는 것이다.

> 치료 방법, 치료자, 관계, 내담자 및 변화의 원리는 치료에서 결정적인 요인이고, 이 요인들은 반드시 연구되어야 한다. 종합적인 근거기반 실제에서 이러한 모든 결정인과 이 결정인들 간의 모든 최적의 결합요인도 다룰 것이다. '공통 및 특정 효과' 및 '예술 및 과학'은 '양면 또는 이분법'으로 적용되는 것이 아니라 적절하게 보완적으로 작용한다. (p.141)

● ● ● 글상자 11.4 ● ● ●

문화 고려하기

근거기반 치료는 다양한 내담자에게 적합한가?

심리학적 연구에서는 경험적 연구를 통해 내담자를 위한 성공적인 결과가 도출될 때 근거기반 치료라고 할 수 있다. 하지만 만약 실제로 치료를 받는 내담자와 연구의 대상인 내담자의 중요한 측면이 다르다면 어떤 결과를 기대할 수 있는가? 이럴 경우에도 동일한 긍정적 결과를 기대할 수 있을까?

그림 11.3 임상심리학자들이 레즈비언과 같은 소수자 집단의 내담자들에게 근거기반 치료를 어떻게 적용할 수 있는가?

© Agata Malchrowicz/istockphoto.com

최근 심리치료에 대한 경험적 연구 결과 임상 현장에서 다양한 내담자를 대상으로 심리치료가 성공적인 결과를 거두지 못했다고 비판한 책들이 출판되었다. 구체적으로 *Evidence-Based Practices in Mental Health: Debate and Dialogue on the Fundamental Questions*(Norcross, Beutler, & Levant, 2006)라는 중요한 책에서 매뉴얼화된 치료의 효능을 검증하는 연구들에서 공통적으로 다음의 사항들을 간과했다고 강력하게 비판했다.

- 민족성(Sue & Zane, 2006)
- 성별(Levant & Silverstein, 2006)
- 장애(Olkin & Taliaferro, 2006)
- 레즈비언, 게이, 양성애자, 트랜스젠더(LGBT) 내담자(Brown, 2006)

Sue와 Zane(2006)이 1986년부터 시행한 약 1만 명의 내담자를 대상으로 한 치료 효능에 관한 임상 연구가 진행되었음에도 인종을 고려해서 치료 효능을 평가한 연구는 한 편도 없다고 지적했다. 이들이 살펴본 연구의 절반은 인종을 보고하지도 않았고, 나머지 연구에서 소수집단을 포함한 연구는 몇 편에 불과했다. Olkin과 Taliaferro(2006)는 "근거기반 실제에서 장애인을 대상으로 한 연구를 찾을 수 없고", "이처럼 소수집단을 충분히 고려하지 않는 [근거기반 실제]가 발전한다는 것은 염려를 증폭할 뿐이다." 라고 말하였다(pp. 353-354). Brown(2006), Levant와 Silverstein(2006)은 각각 LGBT와 성 문제에 충분히 관심을 두지 않는 실제에 관한 의견을 표명하기도 했다.

이렇게 임상실험에서 다양한 집단의 내담자가 누락될 뿐만 아니라 일부 임상 연구 및 검증받는 치료 매뉴얼에서는 그 치료법이 어떤 내담자에게 특히 유용할지에 관한 내용을 제시하지 않는다. 다행히 최근에 실시되는 연구는 이러한 적용에 관심을 두고 있다. 즉 심리치료의 결과에 관심을 두는 연구자들이 근거기반 치료법이 특정 문화적 배경을 지닌 내담자에게 어떻게 적용되고, 이러한 적용을 경험적으로 검증할 수 있는 방법에 관해 기술하려고 한다(Castro, Barrera, & Steiker, 2010; Morales & Norcross, 2010; Smith, Rodríguez, & Bernal, 2011). 예를 들어, BigFoot와 Schmidt(2010)는 외상후 스트레스 증상이 있는 미국 원주민 및 알래스카 원주민 어린이에게 인지행동치료를 적용한 결과를 성공적으로 검증했으며, Aguilera, Garza, Munoz(2010)는 우울증을 겪는 스페인어 사용 내담자에게 인지행동치료를 적용한 결과를 성공적으로 검증하기도 했다.

당신이 심리치료를 받는 내담자라고 상상해보라. 임상심리학자는 진단받은 장애를 성공적으로 치료하기 위해 여러 연구에서 특정 치료법이 제시되었다고 설명해줄 것이다. 성공적으로 치료된 내담자의 중요한 요소가 당신과 다를 수 있다는 사실이 당신에게 얼마나 중요한가? 성공한 임상 연구의 대상자였던 내담자의 민족성, 성별, 장애 여부 또는 성적 지향이 당신과 다르다면 치료법이 당신에게도 잘 적용될 것이라고 확신할 수 있는가? 만약 당신이 임상심리학자라면 상담실을 방문한 내담자와 여러 측면에서 다른 내담자에게 실시하여 경험적으로 검증된 매뉴얼을 자신 있게 따를 수 있겠는가?

임상심리학자는 어떤 심리치료를 하는가

과거와 현재

1960년 이래로 미국심리학회의 임상심리학 분과(12분과) 회원을 대상으로 이들이 적용하는 심리치료 유형과 이론적 배경에 관한 조사 연구를 7회 실시했다. 가장 최근에 이뤄진 연구에서 549명의 임상심리학자가 응답했고, 그 결과를 이전에 실시되었던 6개의 조사(Norcross & Karpiak, 2012) 결과와 비교하여 표 11.1에 요약했다.

표 11.1에서 여러 가지 관찰된 사항과 경향은 주목할 만하다.

- 절충적/통합 치료는 2010년도 전까지는 임상치료사들이 가장 많이 사용하는 보편적인 접근이었다. 이는 지난 반세기에 걸쳐 많은 심리학자들은 스스로를 한 가지 형태의 심리치료를 독점적으로 사용하는 '순종'보다 치료들을 통합해서 사용하거나 여러 가지 접근을 혼합한 '잡종'으로 묘사한다. 추가 연구(예 : Cook, Biyanova, Elhai, Schnurr, & Coyne, 2010)에 따르면 임상심리학자들뿐만 아니라 심리치료자들 사이에서도 결합된 관점이 매우 일반적으로 유지되고 있음이 확인되었다. 치료자는 다양한 방법 안에서 관점을 결합하지만, 설문 조사에 따르면 인지와 행동의 결합 방식(자세한 내용은 이후 장 참조)이 가장 일반적이다(Hickman, Arnkoff, Glass & Schottenbauer, 2009).
- 인지치료는 특히 1980년대 이후 눈에 띄게 증가되었다. 1980년대 이전에는 인지적 접근법이

표 11.1 1960년 이후 주요한 이론적 관점을 지지하는 임상심리학자의 비율

관점	1960	1973	1981	1986	1995	2003	2010
절충적/통합적	36	55	31	29	27	29	22
인지적	—	2	6	13	24	28	31
정신역동/정신분석학	35	16	30	21	18	15	18
행동적	8	10	14	16	13	10	15
인본주의/로저스 학파/실존주의/게슈탈트	6	7	7	12	4	2	2

출처 : Adapted from Norcross, Karpiak & Santoro (2005).

인기가 없었기 때문에 이러한 설문 조사에 포함시키는 것이 거의 불가능했지만, 2010년에는 가장 보편적으로 인정되는 단일 접근법이 되었으며, 절충적/통합적 접근 방식을 따라 잡았다. 인지행동치료가 결합된 옵션을 이용할 수 있는 설문조사에서 그 관점은 매우 우세해서 일부 연구자들은 인지행동치료가 다른 심리치료 분야를 추월할 가능성이 충분히 있다고 추측했다(Heatherington et al., 2012; Jaimes, Larose-Hebert, & Moreau, 2015; Levy & Anderson, 2013).

- 심지어 스스로 절충주의자라고 불리기보다 단일한 관점을 지지하는 치료자라고 불리기를 원하는 치료자들이 사용하는 실제 기술은 단일한 관점의 경계에서 벗어난 기술이다. 예를 들어 자신을 행동주의자라고 부르는 치료자들은 사실 때때로 인지 기술을 사용하거나, 자신을 인본주의자라고 부르는 치료자들은 때때로 정신역동 기법을 사용할 수도 있다(Thoma & Cecero, 2009).
- 다른 단일한 접근법들은 상당히 능가했고, 절충적/통합적 치료와 인기의 측면에서 라이벌이었던 1960년 이래로 정신역동/정신분석 치료법에 대한 지지가 크게 감소했다. 2010년 임상심리학자 중 18%만 최초의 관점(정신역동/정신분석 치료법)을 지지했다. 이것은 1960년에 기록된 비율의 약 절반 정도이다. 그럼에도 불구하고 정신역동/정신분석치료는 단일 접근 사이에서 두 번째로 보편적으로 권장되는 관점으로 남아있다.

동일한 설문조사(Norcross & Karpiak, 2012)는 임상심리학자가 가장 일반적으로 사용하는 형식 또는 양상에 대한 설명을 제공한다. 표 11.2는 임상심리학자를 대상으로 이루어진 가장 최근 설문조사의 결과를 요약한 것이다.

표 11.2 다양한 심리치료 형태에서 임상심리학자의 참여

심리치료의 형태	이러한 형태를 실시하는 임상심리학자의 비율
개인치료	98
커플/부부치료	48
가족치료	34
집단치료	20

출처 : Adapted from Norcross, Karpiak, & Santoro (2005).

표 11.2에서 알 수 있듯이 개인 내담자에 대한 심리치료가 임상심리학자의 전문적 활동의 대부분을 차지한다(Cook et al., 2010 참조). 거의 모든 사람(98%)이 개인치료를 시행한다. 하지만 다른 형태의 치료(커플/부부치료, 가족치료, 집단치료) 역시 상당수의 임상심리학자에 의해 시행되고 있다.

치료 유형에 관계없이 내담자는 변화에 대한 의지에 관련된 다양한 관점을 가지고 치료에 참여한다는 것이 점점 분명해지고 있다. 간단히 말해 일부 내담자들은 치료를 시작할 때 변화를 위한 준비가 되어있지만 그렇지 않은 사람들도 있다. 심리치료 연구자들(예 : Norcross, Krebs, & Prochaska, 2011)은 내담자가 준비 상태가 될 수 있는 다양한 지점을 설명하기 위해 **변화 모델 단계**(stages of change model)에 대한 경험적인 지지를 개발하고 제공했다. 특히 내담자들은 다섯 단계 중 하나에서 치료를 시작할 수 있다.

- **인식 전 단계** : 전혀 바꿀 의도가 없다. 이 내담자들은 자신의 문제를 인식하지 못하고, 자신보다 더 잘 알고 있는 친구나 가족에 의해 치료를 받으라는 압력을 받을 수도 있다.
- **심사숙고 단계** : 문제가 있다는 것을 알고 그것을 다루기 위해 무엇인가 하는 것을 고려하지만 실질적인 노력을 할 준비가 되어있지 않은 상태이다. 이 내담자는 종종 양면성을 띠며 내담자가 문제가 있다고 인식하는 행동의 장점을 아직 포기하지 않는다.
- **준비 단계** : 짧은 시간(예 : 수 주, 한 달) 안에 조치를 취하려고 한다. 이 내담자는 약간의 단계는 밟지만 크게 변화하지 않는다.
- **행동 단계** : 적극적으로 행동을 바꾸고 있으며 문제를 극복하기 위해 눈에 띄는 노력을 한다. 다른 단계보다 이 단계에서는 더더욱 치료목표에 대한 지속적인 헌신과 노력이 필요하다.
- **유지 관리 단계** : 재발을 방지하고 행동 단계에서 배운 것을 유지해야 한다. 이 단계는 무한정 지속된다.

치료자는 치료를 할 때 내담자가 변화하는 단계를 평가하는 것이 중요하다. 대부분이 행동 단계일 것이라고 가정하는 것은 실수일 것이다. 실제 자료에서는 대다수의 내담자가 치료 시작 때에는 변화 단계 중 초기에 있다고 제안한다. 따라서 초기 목표는 내담자에게 성급하게 변화하도록 강요하기보다 변화를 준비할 수 있도록 강조해야 한다(Norcross, Krebs, & Prochaska, 2011).

미래

지난 50년 동안 임상심리학자들 사이에서 심리치료의 실제가 확실히 바뀌었다. 가까운 미래에는 어떻게 변화할 것인가? 현장에서 최고의 저널 편집자를 포함한 70명의 심리치료전문가가 가까운 미래에 예측되는 추세에 대해 조사했다(Norcross, Pfund, & Prochaska, 2013). 그 결과에는 여러 가지 눈에 띄는 예측이 포함되어있다.

- 마음챙김 기반 치료
- 인지행동 기반 치료
- 다문화 기반 치료
- 절충적/통합적 치료
- 인터넷과 다른 형태의 기술적 증거 기반 시행의 사용이 포함된 치료

이 조사는 또한 곧 고전적인 정신분석이 계속 감소할 것이라고 제시했다. 물론 이러한 예측이 정확한지는 시간이 말해줄 것이다.

절충적 접근과 통합적 접근

앞서 살펴본 것처럼 심리치료의 절충적/통합적 접근은 임상심리학자 사이에서 독특한 위치에 자리 잡고 있다. 다양한 단일 형태의 치료법이 수년에 걸쳐 인기를 얻고 잃었지만 절충적 및 통합적 접근의 인기는 상위 또는 그 근처에 머물렀다(Norcross & Karpiak, 2012).

용어가 연관이 되고 둘 다 복합적 치료 접근과 연관이 있지만, 치료에 대한 절충적 접근은 통합적 접근과 실제로 중요한 차이가 있다. **절충적**(eclectic) 치료(**기술 절충적**이라고도 알려져 있음)는 유사한 내담자가 진행한 치료의 연구로부터 얻은 경험적 데이터를 바탕으로 내담자를 위한 최상의 치료를 선택하는 것을 포함한다(Gold, 1996; Norcross & Newman, 1992; Stricker 2010). 다른 말로 표현하자면 진정한 절충적 치료자는 진단이 내려지면 경험적 연구에 의지하며, 진단을 위해 연구에 명시된 기술이 무엇이든 실시한다. 만약 경험적 연구 결과가 밝혀졌다면, 절충적 치료자들은 불안 내담자에게는 9시에 인지치료를 실시할 것이고 공포증이 있는 내담자에게는 10시에 행동치료를 할 것이다.

반면 치료에 대한 **통합적**(integrative) 접근은 완전히 새롭고 혼합 형태의 치료를 창조하기 위해 혼합 기술을 필요로 한다(Beitman & Manring, 2009; Norcross, 2005; Ziv-Beiman & Shahar, 2015). 통합치료자들은 정신분석, 인지, 행동, 인본주의, 또는 다른 치료 요법의 구성요소를 넓은 범위의 내담자에게 적용되는 개인의 치료 요법으로 결합할지도 모른다.

1977년 Paul Wachtel은 정신분석과 행동치료라는 보완적(누군가는 호환되지 않는다고 말했을 수도 있다) 접근법을 성공적으로 통합한 최초의 연구자 중 한 사람이다. 1980년대 특히 통합적 치료는 본격적인 운동으로 발전했다. John Norcross는 이러한 움직임의 지지자이다. 그는 심리치료

글상자 11.5

비유하기

과일 샐러드와 스무디의 차이 그리고 절충적 심리치료자와 통합적 심리치료자의 차이

© David Crockett/istockphoto.com

과일 샐러드는 다양한 재료가 포함되어있지만 한 입에 한 가지 맛이 난다. 포크로 먼저 딸기를 찌르고 다음은 블루베리 다음은 파인애플을 찌른다. 각각은 다른 것이 섞이지 않아 순수하고 별개의 것이고 다른 조각들과 쉽게 구분된다. 그러나 이러한 재료로 만든 스무디는 한 모금 한 모금이 모두 동일한 재료의 조합을 포함하며 한 모금 마실 때마다 독특한 혼합을 반영한다. 함께 섞인 재료는 완전히 독특한 맛을 지닌 독창적인 음료를 만든다.

심리치료의 절충적 접근 방식이 과일 샐러드와 매우 흡사하다. 절충적 치료자는 내담자와의 치료에서 순수하고 분리된 접근 방식의 치료를 사용하고 경험의 근거에 따라 접근 방식을 선택한다. 그들은 심리치료에 관한 경험적 연구를 토대로 특장 장애에 가장 성공적인 접근들을 안내받는다. 제3장에서 설명했듯이 최근의 출판물은 치료자에게 특정 장애에 대해 가장 경험적으로 지지되는 치료법 목록을 제공했다(예 : Chambless et al., 1998). 절충적 치료자들은 각 내담자들에게 개별적으로 이 목록을 적용해볼 것이다. 이런 목록들은 다양한 장애에 대해 많은 다른 형태의 치료를 처방하기 때문에 절충적 치료자들은 반드시 많은 기술을 충분히 연습해 유능하게 실시할 수 있어야 한다. 절충적 치료자는 어떤 치료법에 대해서 충실하지 않다. 그들의 충성도는 경험적인 자료에 근거한다.

반면에 통합적 치료는 창조물을 만드는 재료의 혼합물인 스무디와 같다. 치료에 대한 이런 혼합적 접근법은 내담자와 진단 전반에 걸쳐 사용된다. 따라서 통합치료자들은 증거를 기반으로 하고, 매뉴얼에 작성된 기법을 그들만의 순수한 형태에 적용하는 것에는 관심이 적고, 심리치료의 다양한 이론 중 가장 좋은 특징을 종합하는 데 관심이 있다. 절충적 치료자의 접근 방식이 한 내담자와 다른 내담자 간에 차이가 있는 반면에(즉 다양한 장애의 치료법에 대한 경험적 데이터에 의존) 통합치료자의 접근 방식은 스무디와 마찬가지로(즉 맛의 조합은 한 모금에서 다른 한 모금까지 많이 변하지 않는다) 조금 더 일정하게 유지될 수 있다.

임상심리학자로서 절충적 치료 또는 통합적 치료에 대한 접근 중 어느 것을 더 선호할까? 만약 당신이 내담자라면 임상심리학자가 어느 것을 취하는 것을 더 선호할 것인가? 각 접근법의 장단점은 무엇인가?

통합 움직임이 "단일 학파 접근에 대한 불만족, 실망과 심리치료와 행동변화에 대한 다른 방법으로부터 어떤 것을 배울 수 있는지 알기 위해 학파의 경계를 뛰어넘기를 원하는 욕구" 때문이라고 설명했다(Norcross & Newman, 1992, p. 4). Norcross와 Newman은 특히 1980년대 이후 통합된 형태의 심리치료의 대중화를 촉진시키기 위해 많은 요소들을 알아보았다. 이 요소 중 가장 중요한 두 요소는 이 장에서 확인할 수 있는 두 가지이다. 첫 번째는 치료법 간의 차별화된 효과의 부족이고, 두 번째는 공통적 요소가 치료의 결과에 유의하게 기여를 한다는 인식이다.

데니스 : 다중적인 관점에서 고려해야 할 가상의 내담자

이 책의 다음 네 장은 심리치료에 대한 구체적인 접근법을 특징으로 한다. 그것은 정신분석, 인본주의, 행동주의, 인지적 방법이다. 각각을 완전히 설명하기 위해 데니스라는 가상 내담자의 치료 개요를 고려해보자(이 장에서 보여주듯이 만약 데니스가 진짜 임상심리학자가 본 실제 내담자라면 절충적 치료 또는 통합적 치료를 받을 가능성이 높다. 하지만 그럼에도 불구하고 단일 학파 접근의 치료적 요약을 다양한 접근의 요소로 예시로 제시할 것이다). 치료 요약으로서 마치 데니스가 특정 치료 과정을 모두 끝낸 것처럼 과거 시제로 보고서를 쓰고, 치료자는 데니스가 이후 돌아오거나 다른 치료자와 치료를 재개할 경우 유용할 수 있는 치료법의 요약본을 작성한다.

모든 내담자와 마찬가지로 데니스의 문화적 배경은 치료에 중요한 부분이다. 이런 가상의 내담자를 만들 때 그녀의 인구통계학적 특성 중 많은 부분이 선택되었는데, 그 이유는 심리치료를 가장 많이 찾는 개인의 특징과 상응할 수 있기 때문이다(Vessey & Howard, 1993). 물론 문화적으로 유능한 임상심리학자들은 유사한 문제를 가진 다른 문화적 특성을 지닌 내담자를 위해 치료법을 조정할 수 있다. 데니스에 대한 전체 설명은 글상자 11.6에 나와있다.

글상자 11.6

데니스 : 다중적인 관점에서 고려해야 할 가상의 내담자

데니스는 30세로 중서부의 큰 도시에서 일생을 보낸 백인 이성애자 여성이다. 그녀는 심각한 질병이나 부상의 병력이 없으며, 대체로 건강한 편이다. 부모 모두 풀타임으로 근무했던 중산층 가정에서 6명의 자녀 중 다섯째로 자랐다. 고등학교를 마친 직후 2년 동안 대학에 다녔지만 요리학교로 옮겨서 학급의 최고 수준으로 졸업을 했다. 그녀는 현재 혼자 살고 있으며 중상류층의 생활방식을 유지하며 살고 있다.

데니스는 약 5년 정도 작은 고급 레스토랑에서 유일한 주방장으로 일했다. 그녀는 그 일을 매우 즐겼다. 업무 중 가장 좋아하는 부분 중 하나는 고객에게 음식이 어땠는지 묻기 위해 주방에서 나오는 것이다. 왜냐하면 전적으로 긍정적인 피드백을 받기 때문이다. 레스토랑 사장은 격식을 갖춘 만찬에 개인적 접촉이 더해진다고 믿기 때문에 데니스가 그렇게 묻는 것을 허용했다. 그녀가 좋아하는 다른 업무는 그녀가 부엌에서 즐겼던 음식을 창조할 수 있는 자유였다. 사장은 그녀의 앙트레(식당에서의 주 요리 또는 주 요리 앞에 나오는 요리)를 만들고 그것을 자주 변경할 수 있도록 허락했다.

하지만 최근에 업무에 대한 데니스의 감정이 크게 바뀌었다. 현재의 사장이 레스토랑을 인수했고 새로운 사장은 주방에서 음식 준비에 몰두하고 고객들과 이야기하지 못하도록 단호하게 지시했다. 새로운 사장은 사장이 단독으로 만든 엄격하고 미리 결정된 메뉴들을 데니스에게 제시했고, 무조건 따라야 한다고 했다. 그녀는 바뀐 업무환경이 자신의 개인적인 취향과 너무 다르다는 것을 깨닫게 되었고, 손님들에게 받던 칭찬과 자신이 새롭게 만들 수 있었던 요리가 너무도 그리웠다.

이런 변화가 일어난 후 데니스는 슬픔, 일상생활에 대한 관심의 상실, 낮은 에너지, 수면장애 및 집중력 저하를 포함하여 경미한 정도의 우울한 증상을 경험했다. 그녀는 시간에 맞춰 일을 하고 양심적인 방식으로 요리를 준비하는 데 어려움을 겪었으며, 매우 규칙적이었던 운동 일정이 지금은 규칙적이지 않다. 때때로 데니스는 새로운 사장이 특별히 그녀를 해치기 위해 새로운 방침을 실행하고 있을 수도 있다고 의심한다. 이 일이 일어나기 전으로 돌아가고 싶어 하며 직장에서 이런 문제를 극복하지 못하면 직업을 잃을 수도 있다고 걱정을 한다.

요약

심리치료는 임상심리학자의 가장 보편적인 전문적 활동이다. 1950년대의 효과에 대한 몇 가지 의심이 제기된 이후에 수십 년 동안 연구자들은 많은 다양한 내담자와 심리치료 시행의 결과를 지지하는 메타 분석을 결합하고 방대한 양의 경험적 데이터를 축적했다. 최근 데이터에 따르면 의료 비용이 절감되고 뇌의 신경학적 변화가 발생하는 것으로 나타났다.

치료법에 대한 다양한 접근법의 효과를 서로 비교한 연구 결과는 동등했으며 '도도새 판결'이라고 명명되었다. 강한 치료적 관계, 희망 및 관심을 포함하는 모든 형태의 공통적 요소가 존재하는 것은 동등한 효능을 뒷받침할 수 있다. 보다 최근에 이루어진 심리치료 결과에 관한 연구들은 특정 장애에 대해 매뉴얼화된 치료에 초점을 두는데, 이 연구들에서 보편적인 요인 대 특정 치료 기법의 상대적인 기여도에 대한 논쟁이 증가되었다.

모든 경험적 심리치료 결과 연구는 누가 언제 그 치료의 결과에 대해 어떻게 질문했는지를 포함하는 많은 방법론적 문제를 다루어야 한다. 또한 '실제 실험실'에서 얼마나 치료가 잘 이루어지는지를 평가하는 효능 연구는 '현실 세계'에서 얼마나 치료가 잘 이루어지는지 평가하는 효능 연구와 함께 이해되어야 한다.

심리치료의 연구자와 실무자 사이에서는 차이가 발생한다. 하지만 근거기반으로 한 치료의 보급은 연구자와 실무자가 협력하는 실무 위주의 연구를 포함하여 다양한 전략에 의해 증가될 수 있다. 설문조사에 따르면 1960년대 이래로 절충적/통합적 접근의 방향은 임상심리학자에 의해 가장 흔하게 지지되었고, 단일 방향 접근, 정신역동/정신분석은 쇠퇴한 반면 인지치료는 증가하고 있다.

주요 용어

공통요인	심리치료	희망
공통요인의 3단계 순차적 모델	작업동맹	Bruce Wampold
관심	절충적	Dianne Chambless
규범적 접근	치료적 관계	Hans Eysenck
도도새 판결	치료적 동맹	Hans Strupp
메타 분석	통합적	John Norcross
변화 모델 단계	효과	Stanley Messer
삼원구조 모델	효능	

비판적 사고를 위한 질문

1. 삼원구조 모델에 따르면 내담자와 치료자 이외의 관계자들은 내담자의 심리치료의 결과에 대해 의미 있는 시각을 가질 수 있다. 특히 제삼자가 가장 유효한 관점을 가질 수 있는가? 내담자의 가족, 친구, 자녀, 지지자, 동료, 관련 보험회사 또는 다른 사람 등은 어떠한가?
2. 1995년의 컨슈머리포트 연구와 같은 대규모 효과 연구의 결과로부터 어떤 결론을 이끌어낼 수 있는가?
3. 대학원 프로그램이 학생들을 심리치료에 훈련시킬 때 특정 치료 기술에 반대되는 공통요소(강한 치료 관계 형성 및 유지)를 어느 정도 강조해야 하는가?
4. 공통요소의 3단계 순차적 모델을 고려하라. 남녀가 동등하게 순차적으로 움직이는 경향이 있는가? 단계에서 각 집단이 강조하거나 강조하지 않는 단계는 무엇인가?
5. 절충적/통합적 지향성이 1960년대 이래 조사에서 임상심리학자들 사이에서 가장 보편적인 방향이 되었다는 결과는 무엇을 의미하는가?

주요 학술지

Clinician's Research Digest: Adult Populations
http://www.apa.org/pubs/journals/crd/index.aspx

Journal of Clinical Psychology
http://onlinelibrary.wiley.com/journal/10.1002/(ISSN)1097-4679

Journal of Consulting and Clinical Psychology
http://www.apa.org/pubs/journals/ccp/index.aspx

Journal of Psychotherapy Integration
http://www.apa.org/pubs/journals/int/index.aspx

Practice Innovations
http://www.apa.org/pubs/journals/pri/index.aspx

Psychology and Psychotherapy: Theory, Research and Practice
http://onlinelibrary.wiley.com/doi/10.1111/papt.2016.89.issue-2/issuetoc

Psychotherapy
http://www.apa.org/pubs/journals/pst/index.aspx

CHAPTER

12 정신역동 심리치료

학습 목표

12.1 정신역동 심리치료의 주요 목표를 확인한다.

12.2 무의식에 접근하기 위한 정신역동 심리치료의 기법을 설명한다.

12.3 Freud의 구강기, 항문기, 남근기 각 단계에 대한 고착이 심리치료와 관련해서 제공하는 시사점을 설명한다.

12.4 Freud의 전통적 접근법과 현대적 형태의 정신역동 심리치료를 비교한다.

12.5 단기 정신역동 심리치료에 관해 논의한다.

12.6 정신역동 심리치료의 결과에 관한 연구를 요약한다.

이 장을 포함하여 이어지는 3개의 장은 각각 중요한 심리치료 접근법에 초점을 두고 있다. 정신역동 접근법을 처음으로 다루는 것은 여러 이유 때문이다. 첫째, 역사적으로 정신역동 치료는 최초로 등장한 심리치료이다. 사실 1900년대 초반에 정신역동 접근법이 워낙 성행하여 정신역동 치료라는 말 자체가 심리치료와 같은 말로 사용될 정도였다. 또한 인본주의, 행동주의, 인지치료를 포함해서 10년 후에 출현한 많은 심리치료들은 정신역동적 접근에 대한 반작용으로 나타난 치료법이다. 비정신역동적 치료를 개척한 심리치료자 중에는 정신역동적 프로그램에 관한 훈련을 받았다가 이후 새로운 접근을 마련하고자 정신분석과 등을 돌린 사람들도 상당수 있다.

그러나 많은 임상심리학자들 사이에서 정신역동 심리치료는 한때 누렸던 명성이나 인기를 누리지 못하고 있다. 정신역동 치료의 한 저명한 학자는 최근의 상황을 직설적으로 묘사했다.

> 정신분석학과 정신역동 치료법이 현재 사면초가인 상태에 놓여있다는 것에 대해서는 의심할 여지가 없다. 오늘날 일반 독자들은 유명한 책에서 우리가 살펴볼 주제와 관련해서 다소 변형된 이야기들을 접하게 될 것이다. Freud는 죽었다, 정신분석학은 과학이라기보다는 종교이다, 정신역동 심리치료는 그 효과를 뒷받침할 만한 연구가 없다, 인지행동치료는 정신치료 유형 중 가장 인정받는 형태로 정신분석치료를 뛰어넘었다, 정신역동 심리치료는 너무 오래 걸리고 너무 비싸다, 정신분석학의 기본개념은 엄격하게 연구하기에는 너무 막연하다…. 요즘 정신분석학자들 사이에서 보편적으로 통용되는 상식은 환자로부터 프로이트 학파 정신분석학자인가 하는 질문을 받으면 "아니요"가 정답이라는 것이다. (Gabbard, 2009a, p. vii)

정신역동 치료가 상대적으로 감소됨에도 특정 전문 영역에서는 지속적으로 광범위하게 적용되며, 상당히 의미가 있다. 전통적인 방법들이 현대 문화에 더 잘 적용될 수 있도록 새로운 접근으로 변화시켜 임상심리학 영역에서 상당한 영향력을 유지하고 있다. 사실 근거기반 정신역동 심리치료에 전념하는 책 서문에 앞의 인용문이 언급되고 있다는 점을 주목할 필요가 있다. 경험적 효과를 강조하는 시대에서 이러한 인용문이 언급된다는 것 자체가 정신역동 심리치료의 지속력을 반영하는 것이다.

정신역동 심리치료의 정의

간단히 말해서 이 장에서는 광범위한 치료법을 다루기 위해 정신역동 심리치료(psychodynamic psychotherapy)라는 용어를 사용할 것이다. 이 용어를 사용하는 것은 Sigmund Freud의 선구자적 업적과 이후 정신역동적 심리치료를 개정하고 확장하려는 모든 후속적 노력을 언급하기 위해서이다. 따라서 Freud의 원래 치료적 접근을 포함하고, 이는 매우 고전적인 형태의 정신분석학일 것이다. 물론 Freud와 동시대를 살았던 Carl Jung, Alfred Adler, Erik Erikson 같은 학자들과 그의 딸 Anna Freud를 비롯해 Harry Stack Sullivan, Frieda Fromm-Reichmann, Melanie Klein, Karen Horney, D.W. Winnicott, Heinz Kohut 등 다음 세대로 사상이 전수되기도 하는 등 지적인 후학들이 많이 있다. Freud의 이론을 진화하는 과정 중 다른 사람들이 다양한 이유에서 Freud의 독창적인 정신분석학이라는 용어를 정신분석 심리치료, 신프로이트 학파의 치료, 그리고 정신역동 심리치료와 같은 용어로 바뀌었는데, 이 용어들은 각 학파를 보다 구체적으로 표현하는 용어를 만들어내기도 했다. 이처럼 많이 중복된 용어들을 구분하고 차이를 밝히기 대신 이 장에서의 목적을 달성하려면 이러한 용어를 대표하는 정신역동 심리치료라는 단일 용어를 선택하는 것이 적절하다.

그림 12.1 Sigmund Freud(1856~1939), 정신역동 심리치료의 중요 인물

Public domain

정신역동 심리치료의 목표

정신역동 심리치료의 주된 목표는 무의식을 의식화하는 것이다(Cabaniss, Cherry, Douglas, & Schwartz, 2011; Karon & Widener, 1995). 정신역동 심리치료자들은 내담자가 치료 초기에는 알지 못했

던 자신의 생각, 감정, 그리고 다른 정신활동을 인지할 수 있도록 돕는다. **통찰**(insight)이라는 말은 정신역동 심리치료자나 내담자들이 종종 사용하는데, 스스로 내면을 바라보고 이전에 보지 못했던 무언가를 알아차리는 현상을 의미한다(Gibbons, Crits-Christoph, Barber, & Schamberger, 2007; Lacewing, 2014; McAleavey & Castonguay, 2014). 일단 우리가 무의식 과정에 대해 인식하게 되면 무의식이 우리를 조절하기보다 우리가 무의식을 조절할 수 있게 된다.

물론 무의식을 의식화하는 과정에서 우선 우리 마음에 무의식적인 부분이 존재한다고 가정한다. **무의식**(unconscious)의 존재에 대한 기본 개념은 Freud 이론에서 가장 중요한 것 중 한 가지이며, 임상심리학에 지속적으로 기여하고 있다(Kernberg, 2004; Kihlstrom, 2015; Lane & Harris, 2008). Freud 이전에 정신건강전문가들은 의식 밖의 정신적 활동에 관해서 관심을 크게 두지 않았다. Freud는 "개인의 인식 외부에서 발생하고, 의식적 경험에 중요하고 강력한 영향을 미치는 정신적인 과정"이라고 제안하여 우리 자신에 관해 생각하는 방식이 바뀌게 되었다(Karon & Widener, 1995, p. 26; Mendelsohn, 2015 참조). Freud와 정신역동 추종자들에 따르면 무의식은 존재할 뿐만 아니라 우리의 일상적인 하루하루 및 시시각각의 삶에 영향력을 행사하기도 한다. 사실, 그들은 무의식 과정이 우울, 불안, 성격장애, 섭식장애, 임상심리학자들이 다루는 다른 모든 정신병리의 기저를 이룬다고 주장한다. 따라서 무의식에 더 많이 접근하는 것은 매우 중요하다(Kris, 2012).

무의식으로의 접근

정신역동 심리치료자들은 다양한 방법으로 내담자의 무의식적 과정에 관한 통각을 축적한다. 물론 이러한 방법은 상당 부분을 **추론**(inferential)에 의존해야 한다. 즉 정신역동 심리치료자들은 내담자의 무의식을 경험적이고 사실적인 방법으로 이해하기보다는 추론, 추정, 추측을 통해서 이해한다. 좀 더 쉽게 설명하면 정신역동 심리치료자들은 내담자의 마음을 '읽으려고' 노력했고, 다음과 같은 과정을 이용하여 내담자의 무의식적 활동에 관한 가설을 세웠다.

자유연상

자유연상(free association)은 정신역동 심리치료자들이 내담자에게 검열하지 않고 마음에 떠오르는 것은 무엇이든 이야기하도록 요청하는 기법이다. 내담자의 과제는 아무리 터무니없고 부적절하거나 비논리적이거나 중요하지 않은 것이어도 본인에게 떠오른 어떠한 생각이든 말로 표현하는 것이다(Kernberg, 2004; Skelton, 2006). 이것은 간단하게 들리지만 자유연상은 결코 쉬운 일이 아니다. 어떤 식으로든 우리 자신을 편집하지 않고 온전히 자발적으로 대화하는 것이 얼마나 드문 일인지 생각해보라. 아마도 일상에서 이런 식의 말을 할 수 있는 것은 아주 어린아이나 술에 취한 어른일 것이다. 그렇지만 정신역동적 접근에 따르면 이러한 정신상태에 도달한 사람의 말이라면 자신의 가장 사적인 생각과 감정이 드러나 있을 수 있다. 만약 내담자가 자유연상을 할 수 있을 만큼 편안함을 느낄 수 있다면, 그들의 무의식적 과정은 정신역동 심리치료자에게, 그리고 궁극적으로는 자기 자신에게 더욱 잘 드러날 것이다.

자유연상과 단어연상은 구분할 필요가 있는데, 단어연상은 Carl Jung과 관련이 있다. 단어연상에서 치료자들은 내담자에게 단어목록을 제시한다. 각 단어를 들은 후 내담자는 마음에 떠오르는 첫 번째 단어를 말한다. 융 학파의 심리치료자들은 종종 특정 단어에 대한 내담자의 연상 내용 또는 반응하는 게 걸린 시간을 바탕으로 내담자에 관한 가설을 설정했다(Hall & Nordby, 1973). 이와 대조적으로 자유연상의 경우 심리치료자로부터 어떤 자극도 제공되지 않는다.

프로이트적 '실언'

정신역동 심리치료자들에 따르면 우리의 모든 행동은 결정된다. 우연한 실수나 사고, 혹은 실언은 있을 수 없다. 그래서 만약 우리가 인지할 수 있는 동기로 어떤 행동을 설명할 수 없다면 이는 분명 무의식적 동기가 원인으로 작용된 것이다. 이처럼 우리가 무언가 틀리거나 '잊었다'는 것은 우리의 무의식적 소망이 드러난 것으로 볼 수 있다. 회기 중에 내담자의 말실수를 듣거나 그러한 사건에 관한 내담자들의 이야기를 듣는 정신역동 심리치료자들은 내담자의 근본적인 의도를 알아차릴 수도 있다. 비록 **프로이트적 실언**(Freundian slip)의 대부분은 언어로 이루어지지만 행동으로도 나타날 수 있다.

- 뉴저지에 사는 52세 남성 레이는 누나인 타니아로부터 오하이오주에 있는 본가로 오라는 연락을 받았다. 혼자 생활하시던 80세 아버지가 최근에 병세가 악화되어 노인복지시설에 입소를 시켜야 할지 가내에서 간호를 해야 할지를 의논하자고 부른 것이다. 레이는 누나의 요청에 알겠다고 했으나 정작 본가로 방문하는 날 비행기를 타기 몇 시간 전에 자동차 열쇠를 잃어버렸다. 탑승시각에 임박하여 열쇠를 찾았으나 이번에는 수십 번이나 다녔던 고속도로 출구를 놓쳐서 결국 비행기를 탈 수 없었다. 이와 같은 레이의 실수는 그가 무의식적으로 누나와 만나 상의하는 것을 두려워하고 피하고 싶어 했다는 것을 의미한다. 그는 자신의 아버지가 스스로를 돌보지 못하는 모습을 보는 것뿐만 아니라 누나와의 관계에서 갈등이 발생할 것을 두려워하고 있었던 것이다.
- 22세인 리즈와 에이미는 대학교 1학년 룸메이트였던 18세 때부터 매우 친한 친구였다. 그 당시 리즈는 션과 사귀기 시작했다. 이들은 5년 동안 사귀다가 리즈가 23세일 때 결혼했다. 리즈와 션은 첫째 아들을 낳았고, 이름을 Benjamin이라고 지었다. 에이미는 이들의 자녀가 태

어난 것을 함께 기뻐해주었고, 누구보다도 기쁜 마음으로 아이를 위해 선물을 했다. 그런데 에이미는 선물을 주면서 함께 건넨 카드에 'Benjamine'의 생일을 축하한다고 썼던 것이다. 아기의 이름에서 특이한 오타를 발견할 수 있었다. 즉, 'Benjamin'과 'Mine'을 결합했던 것이다. 이는 리즈가 아니라 에이미가 션과 교재하고, 결혼하여 아이를 가지는 무의식적인 소망을 반영한 것이다.

- 가끔 TV 방송에서 Freud 이론에 근거한 말실수의 좋은 예를 보여준다. 시트콤 **프렌즈**에서 기억할 만한 에피소드 중 로스 겔러와 그의 약혼녀 에밀리는 결혼을 한다. 결혼식 중 "나는 너를 데려갈 거야, 에밀리."라는 말을 했어야 하는데, 로스는 실수로 '에밀리'를 '레이첼'이라고 말해버렸다. 아무 의미 없는 실수라고 설명하지만 에밀리와 모든 시청자들은 로스 자신은 의식하지 못할지라도 에밀리보다 그의 오래된 친구 레이첼과 결혼하기를 원했다는 것을 알 수 있다.

꿈

꿈(dream)을 강조하는 여러 학파가 있지만 정신역동 심리치료자들은 일반적으로 우리의 꿈이 무의식적인 재료를 전달한다고 믿는다(Cabaniss et al., 2011). Freud는 잠을 잘 때 우리의 마음은 무의식적인 원초적 생각과 감정인 **잠재적 내용**(latent content)을 실제로 우리가 기억하는 꿈의 줄거리인 **발현 내용**(manifest content)으로 변환한다는 이론을 제시했다. 이러한 과정은 **꿈 작업**(dream work)이라고 불리고, 소망을 나타내기 위해 상징을 사용하는데, 이는 상당히 왜곡되거나 위장된 형태의 무의식적 소망으로 그려지기도 한다.

정신역동 심리치료에서 치료자는 꿈의 이면에 있는 무의식적인 의미를 밝히려고 시도하면서 꿈을 분석하는데, 이것이 필수적 요소인 꿈 작업인 것이다. 치료자들은 흔히 꿈 분석 과정에서 내담자들에게 꿈에서 나타난 상징에 관한 개인적인 의미를 설명해달라고 요청한다. 이를테면 내담자가 탁자에 관한 꿈을 꾸었다면 치료자는 탁자가 무엇을 나타내는지에 대해 확신하지 못할 수도 있다. 그러나 내담자가 꿈에 나타난 탁자는 그녀가 어린 시절에 할머니 집에서 보았던 탁자에 대한 기억을 연상하게 한다고 설명한다면, 그 상징의 함축된 의미는 더욱 분명해질 수 있다. 물론 이와 같이 내담자가 직접 상징에 관한 단서를 제공하더라도 꿈 분석이나 무의식을 이해하려는 다른 시도들은 사실이라기보다는 추론에 그치는 것이다.

Freud(1900)는 "꿈은 무의식에 이르는 왕도"라는 명언을 했다. 꿈은 분명히 무의식을 탐구하는 데 있어서 매우 중요하지만 현대의 관점은 다른 방법도 포용한다. "오늘날의 정신역동적 관점에서는 무의식에 이르는 왕도가 다양하다고 본다"(Kernberg, 2004, p. 18).

저항

때때로 치료 과정 동안 특정 문제가 드러나게 되면 내담자들은 매우 분명하게 "나는 거기에 가고 싶지 않아요."라고 전달한다. 그들은 다양한 방법으로 일부는 분명하게, 일부는 교묘하게 저항한다. 갑자기 새로 논의할 것이 기억났다면서 주제를 바꾸기도 하고, 중요하지 않은 이야기로 시간을 때우려 할 수도 있다. 그들은 차후 치료시간에 지각하거나 아예 오지 않을 수도 있다.

정신역동 심리치료자들은 이러한 내담자의 행동을 저항(resistance)이라고 부른다(Dewald, 1964; Gabbard, 2009c; Karon & Widener, 1995; LaFarge, 2012; Lane & Harris, 2008). 내담자들은 어떤 무의식적인 생각이나 감정이 견디기 어려울 정도로 지나치게 노골적이거나 급작스럽게 발생된다고 느껴지면 불안해한다. 이러한 불안감은 생각과 감정에 대한 탐색 과정이 지연되도록 집중하는 것을 방해하거나 장애물을 만들어내도록 부추긴다. 정신역동 심리치료자들은 내담자들의 저항 때문에 좌절을 경험할 수도 있지만, 좌절하기보다는 저항을 통해 내담자에게 더 관심을 가지고, 향후 치료에서 어떤 노력을 기울여야 할지를 계획하기도 한다. 치료자는 내담자가 저항한다는 것을 발견하는 순간 치료가 '신경을 거슬리게 했다'고 가정하고, 내담자가 비록 그 순간에는 그 문제를 다루고 싶어 하지 않지만, 그 문제가 내담자의 일상에서 중요한 요소일 수 있고, 이후 치료에서는 보다 생산적인 대화의 주제가 될 수도 있다는 것을 유의해야 한다.

한 예로서 24세 탈리아는 무자비하게 욕설을 해대는 아버지 슬하에서 성장했다. 치료 중에 탈리아는 아버지에 대한 분노를 전혀 주저하지 않고 표현했는데, 이것이 치료 중에 가장 두드러진 주제였다. 탈리아의 정신역동 심리치료자였던 해리슨 박사는 그녀가 어린 시절부터 항상 함께 살았던 어머니에 대해서는 거의 언급하지 않는다는 점에 주목했다. 아버지가 자신의 삶에 미친 영향에 관해 이야기하던 탈리아에게 해리슨 박사는 아버지가 심하게 학대한 것을 어머니가 알고 있는지를 물어보자 질문을 피하는 듯 다음과 같이 반응했다. "나는 그냥 아버지가 나에게 한 짓 때문에 정말 싫은 거예요." 이후 회기에서 학대당한 일을 누가 알고 있는지를 물어보았는데, 탈리아는 급하게 주제를 바꾸고, 갑자기 그 전날에 있었던 전혀 관계없는 사건에 관해 이야기했다. 탈리아는 그다음 회기에는 오지 않았고, 그다음에는 지각했다. 해리슨 박사는 탈리아가 자신이 폭력을 당한다는 것을 알고 있으면서도 이를 중지하기 위해 어떤 조치도 취하지 않은 어머니에 대한 분노와 관련이 있는 무의식적 감정에 사로잡혀있을지도 모른다는 가설을 세웠다. 또한 탈리아가 어머니에 대한 드러나지 않은 분노를 인정하는 것을 불편해하고 있고, 그래서 이 주제를 피할 수 있는 방법을 찾고 있다고 추측했다. 이후 탈리아에게 이 주제를 회피한다는 것을 지적했고, 어머니에 대해 분노를 느끼고, 이러한 감정을 논의하는 것을 불편해할 가능성에 관해 논의하였다.

그림 12.2 정신역동 심리치료자는 꿈 분석을 포함하여 다양한 방법으로 내담자가 무의식에 접근하도록 돕는다. 내담자가 치료를 통해 자신의 무의식을 알게 되고 해석하는 것이 얼마나 중요하다고 생각하는가?

방어기제

정신역동 심리치료자들은 내담자의 무의식적인 방어기제를 확인하고, 이를 내담자가 의식할 수 있도록 한다면 내담자의 삶의 질을 향상시킬 수 있다고 믿는다(Perry, 2014). 방어기제를 자세하게 살펴보기에 앞서 Freud의 관점에 따라 방어기제를 생산해내는 성격적 요소를 살펴보도록 한다.

Freud가 제안한 마음구조 모델은 세 가지 동인, 즉 원초아, 초자아, 자아는 의식 밖에서 광범위하게 일어나는 상호작용으로 구성된다. **원초아**(id)는 쾌락을 추구하고 이기적이고 멋대로 하는 동물적인 충동을 만들어내는 부분이다. 원초아는 소망을 즉각적으로 만족시키는데, 대부분의 소망은 생물학적 속성을 지니며, 어떤 결과가 초래될지는 염두에 두지 않는다. 반면에 **초자아**(superego)는 규칙, 제한, 금지를 설정하는 부분이다. '해야만 하는 것'을 지적하고 죄책감을 느끼도록 하여 즉각적 쾌락을 즐기지 않도록 한다. Freud는 원초아가 선천적인 것인 반면 초자아는 권위적 대상, 특히 부모와의 경험을 통해 형성되는 마음의 요소라고 가정했다. 근본적으로 초자아는 우리가 학습하는 규칙과 도덕을 내재화한 것이고, 원초아와는 정반대 방향으로 작동된다(Kernberg, 2004; Moore & Fine, 1990; Skelton, 2006).

그래서 Freud에 따르면 무의식적 정신 과정은 즉각적인 만족감을 요구하는 원초아와 한결 같은 자제력을 요구하는 초자아의 지속적인 싸움과 관련되어있다. 우리의 마음은 이러한 전투를 어떻게 관리하는가? 서로 상반되는 충동을 어떻게 처리할까? Freud 마음구조 모델의 세 번째 구성요소인 **자아**(ego)가 이러한 역할에 대한 책임을 진다. 자아는 원초아와 초자아의 타협점을 찾는 중재자이다. 자아는 현실의 요구를 충족시키는 동시에 상충하는 두 세력의 욕구를 부분적으로 만족시키는 도전을 직면한다. 자아가 원초아와 초자아의 분쟁을 해결하는 방식은 상당히 창의적일 수 있다. 시간이 지남에 따라 자아는 신뢰할 만한 기술을 개발하게 된다. Freud와 그의 추종자들은 이러한 기술을 **방어기제**(defense mechanism)라고 불렀다(Gabbard, 2005; Lane & Harris, 2008).

그렇다면 보편적인 방어기제는 무엇일까? Freud가 많은 설명을 해주었지만 그의 딸 Anna Freud를 포함하여 추종자들은 다른 기술들까지 목록에 추가했다(Dewald, 1964; Freud, 1936; Sandler & Freud, 1985). 이제부터 가장 잘 알려진 방어기제를 살펴볼 것이고, 이러한 방어기제가 모두 무의식적으로 발생한다는 것에 유념해야 한다. 각 방어기제의 정의는 다음과 같다.

- 억압(repression) : 원초아가 어떤 충동을 느끼는데 초자아는 이를 거부한다면 자아는 그 충동 및 충동을 둘러싼 원초아와 초자아 간의 갈등을 의식적으로 인식하는 것을 억압할 수 있다. 달리 말하자면 자아는 충동과 그 충동이 발생시키는 내적 갈등을 쥐고 '깔개 밑으로 밀어 넣듯이 감추어' 이러한 충동이 있었다는 것조차도 모르게 한다. 부인(denial)은 억압과 비슷한 방어기제지만, 대체로 내면에서 발생되는 충동이라기보다는 주로 우리에게 발생되는 사건을 언급한다.
- 투사(projection) : 원초아가 어떤 충동을 느끼는데 초자아가 이를 거부하면 자아는 자신 주위의 다른 사람들에게 원초아가 느끼는 충동을 투사할 수 있다. 이런 방법을 통해 자신이 아닌 다른 누군가가 받아들이기 어려운 충동을 느끼는 것이라고 스스로를 확신시키려고 한다. 근본적으로 우리는 우리의 가장 불쾌한 특성을 다른 사람의 탓으로 돌리고, 그 과정에서 우리 자신이 그 충동을 드러낼 가능성보다는 수용하기 어려운 행동을 타인이 저지를 가능성을 더 잘 받아들인다.
- 반동형성(reaction formation) : 원초아가 어떤 충동을 느끼는데 초자아가 이를 거부할 때 자아는 원초아의 충동에 대항하는 반응을 형성할 수 있다. 본질적으로 반대로 행동한다는 것이다. 그래서 원초아가 우리에게 무언가 이기적인 것을 하라고 강요할 때 우리는 이러한 유혹에 단순히 저항하는 것이 아니라 원래 원초아의 충동에 과잉보상을 하는 것처럼 이타적으로 행동한다.
- 대치(displacement) : 원초아가 어떤 충동을 느끼고, 초자아는 이를 거부한다면 자아는 원초아의 충동을 더 안전한 대상에게 대치할 수 있다. 원초아가 원래 원하는 사람이나 원하는 것을 행동의 목표로 삼기보다 그 영향을 최소화할 수 있는 다른 사람이나 사물에게 충동을 전한다. 이런 방식을 통해 초자아는 어느 정도 만족한다. "개를 발로 차다"라는 문구는 대치를 잘 표현하는 것으로, 자아가 어떻게 파괴적인 충동을 다른 방법으로 표현할 수 있는지 보여준다.
- 승화(sublimation) : 원초아가 어떤 충동을 느끼는데 초자아가 이를 거부한다면 근본적으로 다른 사람에게 이익이 되는 방법으로 방향을 다시 설정하여 자아는 이 충동을 승화시킬 수 있다. 승화는 "개를 발로 차다."에서처럼 어떤 행동을 통해 누구에게도 이익이 되지 않는 방식이 아니라 원초아가 원하는 것을 할 수 있도록 허용하되, 그 과정에서 다른 사람에게 해를 끼치는 것이 아니라 도울 수 있도록 한다.

다섯 가지 방어기제를 명확히 이해하기 위해 신체적 공격이라는 특정한 원초아의 충동을 예로 삼아서 초자아가 이러한 충동을 거부할 때 발생할 내적 갈등을 자아가 어떻게 다룰지 상상해보도록 하자. 당신의 자아는 충동을 억압하여 당신이 애초에 그러한 충동을 느꼈는지조차 모르게 할 수 있다. 자아는 신체적 공격이라는 충동을 다른 사람에게 투사하여 당신이 아니라 다른 사람들이 공격하려는 충동을 느꼈다고 확신할 수도 있다. 충동과 상반되는 반응을 형성하여 신체적 공격성과 정반대의 행동을 할 수도 있는데, 가령 다른 사람에게 지나치게 부드럽고 친절하게 대하거나 또는 비폭력적인 근거를 찾기 위해 지나치게 애쓸 수도 있다. 안전한 대상에게 공격적인 충동을 표현하는 대치를 할 수 있다. 만약 원초아가 상사를 한 대 치기를 원할 경우 상사 대신 친구나 가족 구성원이나 배우자, 동물, 또는 펀치백, 비디오게임의 적에게 공격성을 표출할 수도 있다. 마지막으로 어떤 경우에는 아마도 범죄자를 진압하는 경찰관으로서 또는 외과 의사처럼 상처를 치료하기 위해 칼을 사용하는 것처럼 사회에 유용한 방식으로 충동을 승화시킬 수도 있다.

정신역동 심리치료자는 이러한 방어기제 중 일부는 다른 것보다 성숙하고 건강하다고 믿는다(Dewald, 1964; Freud, 1905; Gabbard, 2005; Karon & Widner, 1995). 예를 들어, 부인과 억압은 원초아를 효과적으로 만족시키지 못하기 때문에 이후에 비슷한 충동이 다시 발생할 수 있어서 미성숙한 기제로 간주한다. 연속선상의 다른 쪽에 위치하는 승화는 원초아의 욕구뿐만 아니라 사회의 욕구를 동시에 충족시키기 때문에 독특하게 성숙한 기제로 간주된다. 물론, 정신역동 심리치료의 목표는 내담자가 방어기제를 포함해서 그들의 무의식적 과정을 알아차리도록 돕는 것이다. 내담자는 자신이 사용하는 방어기제에 대해 깨달음으로써 방어기제를 통제할 수 있게 되며, 그 과정에서 더 성숙한 방법으로 내적 갈등을 관리하게 될 것이다.

Freud 이론의 몇 가지 핵심 용어(원초아, 초자아, 자아)의 정의를 다른 방식으로 이해한다면 방어기제를 보다 쉽게 이해할 수도 있을 것이다. Freud는 이 용어들을 독일어로 작성했고, 그의 추종자들 중 몇 명은 그 용어를 영어로 번역할 때 상당히 고심했으며, 번역한 사람들이 왜 이러한 용어를 택했는지 모르겠으나 **원초아**(id), **초자아**(superego), **자아**(ego)라고 번역했다. 사실 이 용어는 라틴어로, 일상적으로 영어를 사용하는 문화권에서는 매우 생소한 단어이다. 몇몇 사람들은 Freud의 원초아 개념은 인간적이기보다는 동물적인 부분이라는 개념으로 '그것(it)'으로 번역할 것을 권했다. 초자아는 권위적인 대상 특히 부모로부터 나온 규칙과 요구를 내면화한 '나 이상의 것(over-me)'으로 이해하는 것이 쉬울 수도 있다. 자아는 순간적인 쾌락을 추구하려는 욕구와 규칙을 따르고자 하는 욕구 간의 협상가로, '나(me)'를 의미한다(Karon & Widener, 1995; Sharpless & Barber, 2015; Truscott, 2010). 이 대안적인 용어는 자아를 의인화하는 데 도움이 되고, 방어기제가 단지 정신의 추상적인 구성요소('자아')만을 특징짓는 것은 아니라는 사실을 강조한다. 방어기제는 실제로 한 사람의 전체를 보여줄 수도 있고, 많은 경우에 내담자가 임상심리학자에게 호소하는 문제를 보여주기도 한다.

글상자 12.1

비유하기

극장과 투사

당신이 극장 안에 앉아있을 때 영화는 어디에 있는가? 자동적으로 나오는 답은 당신 앞의 스크린 위이다. 그러나 실제로는 틀렸다. 영화의 영상이 스크린 위에 있고, 사실 영화 그 자체는 당신 뒤에 있는 영사기 안에 있다.

그림 12.3 정신역동 심리치료자는 꿈 분석을 포함하여 다양한 방법으로 내담자가 무의식에 접근하도록 돕는다. 내담자가 치료를 통해 자신의 무의식을 알게 되고 해석하는 것이 얼마나 중요하다고 생각하는가?

방어기제로서 투사는 영화관에 있는 영사기와 비슷하게 작동하는데, 흡사 자아는 영화 영사기이고, 원초아의 충동은 영화와 같다. 자아는 원초아의 충동을 자신이 아닌 타인에게 '투사'한다. 따라서 자기 자신이 아닌 타인에게서 그 충동을 발견하게 된다. 한 가지 예로, 랜디는 종종 '도둑질하고 싶다'는 욕구를 느낀다. 원초아의 충동을 투사하여 랜디는 다른 사람에게서 이 충동을 보았지만 자신에게서는 보지 못했다. 만약 랜디의 마음이 문자 그대로 이마에 영사기가 있다면 '도둑질하고 싶다'라는 문장이 주변의 모든 사람에게 투영되어 분명해질 것이다. 랜디가 주변 사람들이 '도둑질하고 싶어'라는 문구가 적힌 셔츠를 입고 돌아다니는 것을 본다면 그는 도둑들에게 둘러싸여 있다는 것을 확신할 수 있을 것이다. 물론 그 메시지는 실제로 랜디의 내면에 존재한다는 사실을 망각하고 있는 것이다. 랜디의 사례는 한 개인이 단일 방어기제에 의존할 때 방어기제가 개인의 성격의 두드러진 특징이 된다는 것을 보여준다. 어느 정도까지 방어기제가 그 사람을 정의하거나 최소한 치료받고자 하는 문제를 정의할 수 있다. 랜디가 편집증적이거나 편집성 성격장애 또는 망상형 조현병과 같은 다른 장애로 고통받는다는 사실은 놀랄 만한 일이 아니다. 왜냐하면 그는 다른 사람들을 사기꾼으로 생각하고, 자신이 잠재적인 피해자라고 생각하기 때문이다. 정신역동 심리치료자들은 랜디가 자신의 받아들일 수 없는 무의식적인 소망을 다른 사람들에게 표출하려는 경향을 포함하여 그의 무의식적인 과정에 대해 더 잘 알게 되는 것을 하나의 목표로 삼을 수 있다.

전이

내담자의 무의식 요소에 접근하는 모든 방법 중에서 정신역동적 접근에서는 아마 전이가 가장 필수적일 것이다. 이것은 일반적으로 정신역동 심리치료의 가장 중요한 초점이고(Galatzer-Levy, Bachrach, Skolnikoff, & Waldron, 2000, p. 27), 심리치료자들은 '가장 강력한 도구'로 생각한다(Karon & Widener, 1995, p. 27).

전이(transference)는 치료자와 관계를 형성하는 내담자의 성향을 언급하는데, 내담자들은 과거 자신에게 중요한 사람처럼 치료자가 자신에게 행동해주기를 무의식적으로, 비현실적으로 기대한다. 달리 말하면 내담자는 과거 부모와의 초기관계에서 경험했던 감정, 기대 및 가정을 치료자와의 관계에 옮겨서 경험하지만 자신은 이를 의식하지 못한다. 근본적으로 내담자는 이전의 강력한 관계를 근거로 치료자에 대한 관점을 왜곡하고, 미묘한 방법으로 어머니, 아버지 혹은 다른 중요한 초기 인물의 역할을 반복해줄 사람이라는 '선입견'을 치료자에게 가지게 된다(Gabbard, 2005, 2009c; S. H. Goldberg, 2012; A. Harris, 2012; Lane & Harris, 2008; Messer, 2013).

아마 전이의 개념은 일상적인 예시에 잘 드러난다. 결국 정신역동적 심리치료자는 전이가 치료에만 국한되지 않고, 모든 관계와 관련이 있다고 가정한다. 4세 때부터 테럴에게 피아노 레슨을 받아온 7세 남자아이 아산의 경우를 보자. 테럴은 엄격하고 까다로운 선생님이다. 그녀는 자신에게 수업을 듣는 학생이 우수하기를 기대했고, 기대에 미치지 못했을 때에는 매정하게 꾸짖었다. 또한 모욕적인 발언을 하고, "이것은 끔찍해!", "너는 부모님의 돈을 낭비하고 있어.", "도대체 몇 번이나 가르쳐야 이 노래를 제대로 연주할거니?"와 같이 맥 빠지게 하는 말을 했다. 당신이 예상한 바와 같이 아산은 여러 해 동안 테럴에 대한 강력한 감정을 느끼게 되었다. 특히 그녀를 두려워하고 원망하게 되었다. 아산의 가족이 다른 도시로 이사를 가게 되자 부모는 월리스라는 새로운 선생님에게 피아노 레슨을 받도록 하였고, 월리스와의 첫 수업에서 아산은 실수를 했는데, 월리스가 반응을 보이기도 전에 아산의 내면에서 강한 감정이 올라왔다. 아산은 월리스의 평가를 미리 예상하고 그녀가 '이것은 끔찍해!'라고 생각할 것이라고 짐작했다. 그리고 테럴에게 느꼈던 것과 정확히 똑같은 방식으로 월리스를 두려워하고 원망하기 시작했다. 간단히 말해서 아산은 자신의 첫 피아노 선생님(테럴)과의 관계에서 경험했던 감정과 기대를 후임 선생님(월리스)에게 전이한 것이다. 그는 새 선생님이 이전 선생님과는 별개의 존재라는 것을 깨닫지 못했다. 월리스는 매우 지지적이고 친절하고 학생들에게 칭찬을 아끼지 않았다. 시간이 지나면 아산이 새 선생님을 보다 현실적으로 평가할 수도 있겠지만, 적어도 처음에는 그녀를 향한 비현실적이고 무의식적인 전이가 새 선생님에 대한 인식과 상호작용을 왜곡시킬 것이다.

정신역동 이론에 따르면 아산과 피아노 선생님과의 관계에서 발생한 일은 보다 넓은 의미에서 보면 우리 모두가 경험할 수 있는 일이다. 초창기에 특히 부모와 강력한 초기 관계를 경험하게 되며, 그러한 관계는 미래에 맺게 될 관계에 대한 기대를 만든다. 따라서 우리가 새로운 사람들과 우정, 연인관계, 또는 직업적 관계를 맺을 때 그들에 대한 우리의 반응은 전적으로 객관적이지 않을 수 있다. 새로운 친구, 파트너 또는 동료가 최초의 초기 관계를 맺은 중요한 사람들을 떠올리게 한다면 무의식적으로 그들에 관한 결론을 내리고, 실제로 근거 없는 감정을 느끼게 될 수 있다. 정신역동 심리치료자의 역할은 내담자가 자신의 전이 경향성을 알고, 다른 사람에 대한 비현실적인 지각이 그들의 관계와 삶에 미치는 영향을 인식하도록 돕는 것이다. 일단 이러한 경향성을 인식하게 되면 내담자는 이를 관리하기 위한 의식적인 노력을 할 수 있다.

정신역동 심리치료자는 내담자가 다른 사람들과의 관계에 대해 설명하는 것을 듣고 간접적으로 전이를 이해하기보다는 직접적으로 경험하려고 한다. 즉 정신역동 심리치료자는 내담자가 일상에서 맺은 수많은 관계에서 하는 것과 동일한 전이를 치료자와의 관계에서 보여줄 것이라고 가정한다. 이러한 방식으로 치료자는 내담자가 자신도 모르게 새로운 관계에 부여하는 기대와 감정을 직접적이고 개인적인 방식으로 이해하게 된다. 치료자는 치료자와 내담자의 관계에서 이러한 전이 경향성을 확인한 후 이를 내담자에게 일깨워줄 수 있다. 즉 전이의 **해석**(interpretation)을 제공할 수 있다. 이와 같이 치료자가 내담자에게 언급하는 것은 근본적으로 내담자가 관계를 형성할 때 관찰된 무의식적으로 드러난 경향성을 설명해주는 것으로, 이러한 유형의 치료에서 중요한 요소이다(Ulberg, Amlo, Critchfield, Marble, & Høgland, 2014). 실제로 어떤 학자는 정신분석과 정신역동 심리치료에서 해석은 "항상 시행되어온 가장 대표적인 기법"이라고 주장한다(P. Goldberg, 2012, p. 292). 어떤 해석이든 내담자가 이를 완전히 이해하고 수용하며, 일상생활에 미치는 영향을 아는 데까지는 오랜 시간이 걸릴 수 있다. 결국 해석은 내담자가 자신의 행동에 대해 스스로 생각했던 것과는 전혀 다른 내용을 포함할 수 있다. 이러한 이유로 정신역동 치료는 오랜 기간이 소요되는 **훈습**(working through) 과정을 거치며, 해석은 여러 번의 재검토와 재평가가 이뤄진다. 때때로 중요한 해석이 충분히 스며들어 내담자의 심리적 기능에 영향을 미치기 위해서 상당한 회기가 소요되기도 한다(Gabbard, 2009c).

정신역동 심리치료자의 **'빈 화면' 역할**('blank screen' role)은 전이 과정에 필수적인 요소이다. 전형적으로 정신역동 심리치료자는 언어적으로든 비언어적으로든 내담자에게 자신을 거의 드러내지 않는다. 이는 Freud가 내담자를 카우치에 누워있게 하고, 이들의 시선에서 벗어나 뒤쪽에 앉는 주된 이유이다. 아산과 새로운 피아노 선생님인 윌리스의 예를 다시 한번 생각해보자. 만약 윌리스가 처음부터 그녀의 고유한 성격을 가능한 한 적게 드러내기로 결정했다면, 즉 아산에게 '비어 있는' 채로 머무른다면, 아산이 그녀에게 느끼는 감정이 무엇이든 순전히 과거의 관계에 의한 전

글상자 12.2

나의 경험

전이를 경험하게 했던 한 내담자를 잊을 수 없다. 그녀는 클라우디아라는 27세 여성이었다. 면담을 시작하자 클라우디아는 몇 개월 전에 친척이 돌아가시고 직장도 잃어서 약간 우울했다고 언급하였다. 10분 정도 면담을 했을 때 클라우디아는 하던 이야기를 멈추고 소심하게 내게 말했다. "미안해요. 내가 지루하다는 걸 나도 알아요. 선생님은 아마 이렇게 생각하겠죠. '해야 할 중요한 일이 많고, 더 심각한 문제를 가진 내담자들이 너무 많은데, 이건 시간 낭비야.' 선생님께서 나의 바보 같은 불평을 듣는다는 것이 기분 좋지 않네요. 정말 미안해요. 그냥 갈래요."

클라우디아는 일어서서 문 쪽으로 향했다. 그 순간 내가 시간낭비를 한다고 생각하는 것처럼 클라우디아에게 느끼게 했는지 의구심이 들었다. 내가 하품을 했었나? 창밖을 봤었나? 시계를 봤었나? 아니, 나는 그런 행동을 전혀 하지 않았다. 나는 좋은 면담자라면 응당 지켜야 할 경청, 끄덕이기, 시선접촉, 질문 등을 했을 뿐이다. 그녀가 문 앞에 당도하기 전에 나는 상담실을 나가지 말라고 했다. 나는 그녀의 이야기에 정말로 관심이 많다는 것을 믿도록 노력했다. 그녀는 처음에는 나를 믿지 않았지만 조금 망설인 후에 자리로 앉아 돌아가신 친척과 실직에 관해 계속해서 이야기했다. 하지만 10분이 지난 후에 클라우디아는 다시 면담을 중단했다. 또다시 클라우디아는 자신이 시간낭비가 될 뿐이라는 것을 내가 깨달았을 거라고 말했다. 그녀는 문으로 향했고 나는 자리에 다시 앉도록 설득했다. 클라우디아는 면담을 마치기 전까지 이런 식으로 두 차례 더 면담을 중단하려 했다. 면담을 마칠 쯤 다음 회기를 약속하려 하자 내가 그녀의 이야기를 듣는 데 시간을 할애하려는 것을 의심하는 것처럼 보였다.

클라우디아와 치료를 지속하면서 그녀의 어린 시절에 대해 많은 것을 알게 되었다. 예를 들면, 클라우디아의 아버지는 그녀와 시간을 보낸 적이 절대 없었다. 그녀는 어렸을 때 집에서 자주 발생했던 장면을 회상하였는데, 클라우디아가 아버지의 관심을 끌려고 했으나 아버지는 TV, 신문 또는 컴퓨터 화면에서 눈을 떼지 않았다. 그래도 그녀가 아버지에게 말을 걸면, 아버지는 이를 피하면서 "나 바쁜 거 안 보이니? 귀찮게 하지마!" 등의 말을 했다. 클라우디아가 아버지로부터 받은 대접을 남자 치료자인 내가 치료 장면에서 그녀에게 반응할 방식을 예상할 때 연결시켰을 것이라는 것은, 거창한 프로이트 학파까지 인용하지 않더라도 이해할 수 있을 것이다. 치료가 진전됨에 따라 나는 그녀가 나에게 갖고 있는 무의식적이고 비현실적인 기대에 대한 해석을 신중하고 인내심 있게 제안했다. 우리는 해석을 훈습하는 데 많은 시간을 보냈고, 그녀는 서서히 해석을 인식하게 되었다.

클라우디아가 나에게 보여준 전이를 인식하도록 한 것은 일상생활에서 그녀가 다른 사람과 관계하는 방식을 이해할 수 있도록 해주었다. 그녀는 과거 남자친구와 예방 차원에서 헤어졌었다("그들이 내게 관심을 잃을 것이라는 것을 알아. 그들은 내가 시간 낭비라고 생각할 거야. 그래서 지금 끝내는 게 나아.").

또한 그녀는 때때로 자신이 원했던 직장에서 일할 자격이 있으면서도 지원하지 않기로 결정했다("내 이력서는 흥미롭지 않을 거야. 내가 지원하는 것이 그들의 시간을 낭비하는 일이라고 생각할 거야. 시도해 볼 이유가 없어."). 클라우디아가 아버지에 대한 기대를 치료자인 나에게 전이한 방식을 인식하게 된 이후 아버지에 대한 기대를 일상에서 접하는 다른 사람들(항상 그렇지는 않지만), 대체로 남성에게 어떻게 전이했는지 알게 되었다. 그녀는 "그는 내가 그의 시간을 낭비한다고 생각하지 않을지도 몰라…."와 같이 일상에서 만나는 사람들을 보다 현실적으로 받아들이게 되었고, 결과적으로 삶의 많은 부분이 질적으로 상당히 향상되었다.

이 때문이라고 결론 내릴 수 있을 것이다. 만약 윌리스가 아산에게 언어적으로나 비언어적으로 최소한의 의사소통을 하고 중립적인 정서적 음색을 유지하여 어떤 반응도 하지 않았는데 아산이 분노와 두려움을 표현한다면 윌리스는 아산의 이러한 감정들이 초기 관계의 잔재라고 결론 내릴 수 있을 것이다. 어쨌든 그녀와의 관계만으로는 이러한 감정을 느끼게 하기는 어려웠다. 사실 피아노 선생님의 경우 이러한 행동을 하는 학생을 보는 것이 흔하지는 않기 때문이다. 그러나 정신역동 심리치료자의 경우 이는 매우 일상적이며 의도적일 수도 있다.

전이를 잘 보여주는 임상사례로 27세인 펠리시아는 남자친구 데이브와 헤어지고 난 후 우울 증상 때문에 정신역동 심리치료자인 커크 박사를 찾아왔다. 첫 번째 면담에서 펠리시아는 데이브와의 관계와 그들이 어떻게 헤어졌는지, 어떻게 느끼는지에 대해 이야기하기 시작했다. 그러나 약 10분이 지났을 때 하던 이야기를 멈추고 커크 박사에게 사과했다. "미안해요. 내가 당신의 시간을 낭비하고 있다는 것을 알고 있어요. 이건 정말로 지루하네요. 그리고 당신은 아마도 나에게 조용히 하라고 말하고 싶을 거예요." 커크 박사는 펠리시아에게 헤어짐과 우울증에 대해 계속 설명하도록 권유했지만 그녀는 15분 후에 다시 면담을 중단하였다. "이건 정말 바보 같은 문제예요. 그냥 이걸 극복하는 방법을 배우면 되는데…. 선생님께서 더 중요한 일을 하실 수 있도록 지금 갈게요." 이때 커크 박사는 실제로 펠리시아의 이야기를 지루해하지 않았다는 점에 유의해야 한다. 졸았거나 창밖을 내다보거나 시계를 보지 않았다. 커크 박사가 계속 주의를 기울이고 관심을 두었음에도 펠리시아는 커크 박사가 그녀에게 관심이 없다고 확신했다. 실제로 커크 박사는 빈 화면이었지만, 펠리시아는 빈 화면에서 무관심과 성급함을 본 것이다.

그녀는 왜 이랬을까? 펠리시아는 커크 박사에게 어린 시절 동안 아버지가 그녀에게 무관심하고 성급했다고 설명했다. 펠리시아의 아버지는 펠리시아에게 자신의 시간과 관심을 쏟을 만큼 그녀가 가치 있지 않다는 메시지를 지속적으로 전했다. 펠리시아는 커크 박사에게만 그러한 감정과 기대를 전이한 것이 아니라 데이브를 포함한 수많은 남자친구에게 매우 비슷하게 행동했던 것이다. 펠리시아는 이런 사실을 깨닫지 못한 채 항상 남자친구들에게 그녀가 그럴 만한 가치가 없다고 주장하여 친밀했던 연인관계를 끝내거나 방해했다. 남자친구들이 실제로 그렇게 생각한 것은 아니었지만 아버지와의 경험은 일상에서 만나는 남성의 반응을 무의식적으로 편향되게 만들었던 것이다. 펠리시아가 무의식적으로 무관심과 성급함을 기대했을 때 데이브 또는 다른 남자친구들과는 달리 커크 박사는 펠리시아의 이러한 전이를 인지하고 지적할 수 있었다. 커크 박사와의 지속적인 토론을 통해 펠리시아는 점차 자신의 이러한 경향을 잘 인식하게 되었다. 펠리시아는 다음 남자친구를 만났을 때 새 남자친구에 대한 자신의 비현실적인 전이 감정을 인식하여 현실적이고 객관적으로 평가할 수 있게 되었다.

전이에 관한 마지막 설명으로서 치료자도 사람이라는 것을 기억하는 것이 중요하다. 내담자가 치료자에게 전이하는 것처럼 치료자도 내담자에게 전이할 수 있다. 정신역동 심리치료자는 치료자가 내담자에게 보이는 이러한 전이 현상을 **역전이**(countertransference)라고 하고, 일반적으로 역전이를 최소화하기 위해 노력한다. 왜냐하면 역전이는 치료자의 개인적인 경험에 의해 무의식적으로 왜곡된 내담자에 대한 반응이기 때문이다(Brown, 2012; Dewald, 1964; Harris, 2012; Hayes, Nelson, & Fauth, 2015; Maroda, 2010; Skelton, 2006). 많은 정신역동 훈련 프로그램에서 수련생에게 직접 내담자가 되어 정신역동 심리치료를 받도록 하는 한 가지 이유는 자신의 무의식적인 문제들을 인식하여 내담자에게 역전이를 일으키지 않도록 하려는 것이다(Erwin, 2002; Moore & Fine, 1990).

글상자 12.3

문화 고려하기

'빈 화면' 치료자에 대한 문화 특수적 반응

많은 정신역동 심리치료자들은 내담자에게 '빈 화면'으로 유지하기 위해 많은 노력을 한다. 치료자는 자신에 관해 말이나 행동으로 알려주지 않기 때문에 내담자들은 치료자의 개인적 배경, 즉 가족, 종교, 가치관, 취미 등 개인에 관해 거의 알 수가 없다. 이러한 빈 화면은 정신역동 과정에 필수적인 전이가 쉽게 발생하도록 하는 역할을 한다. 치료자의 말과 행동으로 반응을 유발할 수 없음에도 내담자가 치료자에게 감정적으로 반응할 때, 그 감정은 이전에 맺었던 관계에서 경험한 것임을 확신할 수 있다. 치료자는 내담자가 전이와 전이가 내담자의 일상생활에 어떤 영향을 미치는지를 잘 인식할 수 있도록 도울 수 있다.

그러나 다양한 문화적 배경을 가진 내담자들이 '빈 화면'인 치료자에게 어떻게 반응할 것인가? 모든 내담자들이 그들의 삶에서 이러한 역할을 해줄 치료자를 찾는가? 일부 사람들은 미국의 주류 문화권 외의 내담자들에게는 정신역동 심리치료자의 빈 화면 역할과 정반대의 역할을 하는 치료자가 더 적합하다고 주장했다. 예컨대 Atkinson, Thompson, Grant(1993)는 다양한 내담자들이 치료자에게 바라는 서비스나 기능에는 상당한 문화적 차이가 있다고 주장했다. 특히 이들에 따르면 내담자가 바라는 여덟 가지의 독특한 치료자 역할은 다음과 같다.

- 조언가
- 지지자
- 지역의 지원체계 관리자
- 지역의 치료체계 관리자
- 자문가
- 변화관리자
- 상담가
- 심리치료사

이러한 역할 중 일부, 특히 목록의 마지막 부분에 있는 역할은 정신역동의 빈 화면 역할과 일관되지만, 목록의 상단에 있는 역할 중 일부는 상반된다. 예컨대 조언가나 지지자로서의 치료자는 치료자의 가치와 경험과 같은 개인적인 것들을 드러낼 것으로 기대한다. 또한 지역의 지원체계 혹은 치료체계의 관리자로서 치료자는 최소한의 친숙함과 지지를 표명할 수 있고, 이 과정에서 개인적인 정보가 노출될 수도 있다.

Atkinson 등(1993)은 미국의 주류 문화권에 덜 적응된 사람들은 목록의 첫 네 가지 역할을 선호하는 반면, 문화에 비교적 빨리 적응한 경우 마지막 네 가지 역할을 선호하는 경향이 있다고 주장한다. 실제로 문화적 적응 수준이 낮은 내담자는 심리적 또는 정서적 문제로 도움을 청하기로 결정할 때 전통적인 역할과 매우 다른 것을 기대할 수 있다. 당신은 정신역동 심리치료자들이 빈 화면 역할을 얼마나 엄격하게 지켜야 한다고 생각하는가? 다양한 고객을 수용하기 위해 어느 수준까지 역할을 변화할 수 있는가?

심리성적 발달 단계 : 임상적 시사점

Freud의 심리성적 발달 단계인 구강기, 항문기, 남근기, 잠복기 및 생식기는 그의 이론에서 가장 널리 알려진 내용 중 하나이다. 심리학개론 교재에 있는 내용을 다시 언급하기보다 임상심리학자 및 정신역동 심리치료법과 가장 관련 깊은 시사점에 관해 생각해보자.

일반적으로 5단계 중 처음 세 가지는 정신역동 심리치료자에게 있어 특히 고착과 관련하여 가장 주목받았다(Karon & Widener, 1995). 고착(fixation)은 아동이 발달 단계를 거치면서 특정 발달 단계에 어느 정도 정서적으로 '꽂힐' 수 있으며, 그 단계와 관련이 있는 문제로 수년간, 심지어 성인기에 이르러서도 어려움을 경험할 수 있다는 것을 의미한다. 고착은 여러 가지 이유로 발생할 수 있지만, 대부분의 경우 부모가 특정 발달 시점에서 아동의 요구에 '너무 많이' 또는 '너무 적게' 반응하는 경우에 발생한다.

구강기

구강기(oral stage)는 약 생후 1년 반 동안의 시기에 나타난다. 이 시기 동안 아동은 입을 통해 모든 즐거운 감각을 경험하고, 수유(유방 또는 우유병)가 핵심 사안이 된다. 부모가 이 시기의 아동을 잘못 양육했다면 아동은 이후 삶에서 흡연, 과식, 음주, 손톱 뜯기 등등의 노골적인 '구강' 행동을 보일 수 있다. 그러나 이러한 행동 중 많은 것이 확실한 것은 아니다. 정신역동 이론에 따르면 이 단계의 주요 문제는 의존성이다. 결국 아기들은 생존과 안락을 위해 다른 사람에게 전적으로 의존해야 한다. 먹기, 입기, 목욕 또는 방어 등의 일을 스스로 할 수 없기 때문에 주변의 어른에게 의존해야만 한다. 이러한 상태와 동등한 어른이라고 하면 아마 병이나 부상으로 완전히 쇠약해져 병원에 입원한 환자로, 직원에게 도움을 청해야 하는 경우일 것이다. 만약 부모가 구강기인 아동을 지나치게 과잉보호하면 아동은 다른 사람에게 의존하면 항상 잘 해결된다는 것을 학습하게 되고, 다른 사람들은 단지 자신의 욕구를 예상하고 충족시키기 위해 존재한다고 생각하게 된다. 이러한 아동은 지나치게 사람을 믿고 순진하고 비현실적으로 낙관적인 성격이 형성될 수 있으며, 성인이 되어서도 이와 일관된 인간관계를 형성할 것이다. 반면에 부모가 구강기인 자녀에게 충분히 반응하지 않는다면 아동은 다른 사람에게 의지하는 것은 아무런 효과가 없다고 배우게 되고, 다른 사람들은 그들을 돕는 데 전혀 관심 없다고 생각한다. 이런 아동은 타인을 지나치게 불신하고 의심이 많고 비현실적으로 비관적인 성격이 형성될 수 있으며, 성인이 되어서도 이와 일관된 인간관계를 형성하게 될 것이다. 이러한 극단적인 구강기 문제들은 내담자의 개인적·대인적 문제의 근원이 되며 정신역동 심리치료의 핵심이 된다.

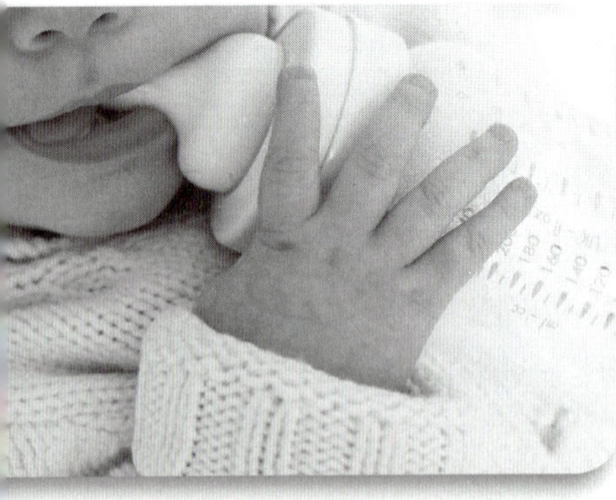

그림 12.4 정신역동적 관점에 따르면 입은 구강기 아동에게 즐거운 감각 경험의 중심이다.

© Isabelle Limbach/istockphoto.com

항문기

항문기(anal stage)는 구강기 다음의 단계이며, 약 1.5~3세 때 나타난다. 이 단계에서는 배변훈련이 주된 임무이지만, 아동이 배변훈련을 통해서만 자기통제 방법을 배우는 것은 아니다. 통제는 이 단계의 핵심 사안이다. 이 시기에 어른, 특히 부모는 자녀의 말과 행동에 대해 여러 가지를 요구하기 시작한다. 만약 부모가 이 단계에서 너무 많은 것을 요구하면 아동은 모든 것을 정확하게 하는 것에 관해 지나친 염려를 하게 된다. 화장실에서는 정확한 것이 '무사고'를 의미할 수 있지만 일반적으로는 모든 것이 정확한 시간에 정확한 곳에 있어야 한다는 의미이다. 이런 아동은 집요하게 생각하고 강박적으로 행동하는 어른으로 성장하여 책상을 꼼꼼하게 정리하고 하루 일과를 처음부터 끝까지 계획하고 차량의 엔진오일을 정확히 4,828킬로미터마다 교체한다. 이와 반대로 이 단계에서 부모가 아동에게 너무 관대하다면 아동은 조직화에 미숙할 수 있으며, 이러한 특성은 성인이 되어서도 이어질 수 있다. 책상은 정리되지 않은 문서들로 덮여있고, 하루 일과는 대충 되는 대로 이루어지며, 차량의 엔진오일은 '아무 때'나 교체한다. 이러한 '결벽증 환자' 또는 '게으름뱅이' 경향은 강박장애와 같은 불안장애 및 상반된 생활방식 때문에 발생하는 관계 문제 등을 포함하여 중요한 임상적 시사점을 제시할 수 있다.

남근기

약 3~6세에 진행되는 남근기(phallic stage)는 Freud의 이론에서 가장 논쟁의 여지가 있는 부분 중 하나이다. 사실 Freud의 설명에 포함된 많은 개념, 특히 성별에 따른 생물학적 특성과 관련된 개념은 현대 정신역동 심리치료자들이 내친 것들이고, 광범위하게 논쟁이 이뤄지고 있다(Erwin, 2002; Karon & Widener, 1995). 오이디푸스 콤플렉스와 엘렉트라 콤플렉스의 근본적인 개념은 받아들여지고 있는데, 이 시기의 아동은 부모와 특별하고 친밀한 관계를 원한다. 아동의 소망에 대한 부모의 반응은 아동의 자아관 형성에 강력한 영향을 미치므로 임상심리학자들은 부모의 반응에 주목한다. 이러한 관점은 본질적으로 자기 가치감이 남근기의 중요한 결과물이라는 것이다. 부모가 아동이 자신의 소망을 표현하는 것(전조, overture)에 긍정적으로 반응하는 것이 이상적이다. 그러나 부모가 너무 적극적으로 반응하여 아동의 소망에 너무 강하게 반응하면 자녀의 자기감이 과장된다. 이러한 아동은 자기의견이 비현실적으로 강하기 때문에 오만하거나 이기적인 어른으로 성장할 수 있다. 반대로 아동의 특별하고 친밀한 관계에 대한 소망을 거절하는 부모는 자녀의 자기감에 상처를 줄 수 있다. 이 아동은 자라면서 스스로의 가치를 떨어뜨리고 지나치게 불안하고 스스로 의심하는 성인이 될 수 있다. 앞서 전이에서 살펴본 펠리시아의 사례가 여기에 해당할 수 있다. 다른 심리성적 발달 단계와 마찬가지로 남근기는 정신역동 심리치료에서 논의되었던 우울증, 지속성 우울장애, 불안, 관계 문제 및 자존감에 관한 문제를 야기한다.

현대적 형태의 정신역동 심리치료

Freud로부터 출발하여 정신역동 심리치료는 무수한 형태로 재창조되었다(Orlinsky & Howard, 1995). 이렇게 변형된 형태의 심리치료들은 대부분은 정신역동 이론의 생물학적 · 성적 요소를 강조하지 않았다. 예를 들어 **자아심리학**(ego psychology)은 Erik Erikson과 그의 8단계 발달 이론 등으로 대표되는데, 자아심리학은 사회적 관계를 강조하기 위해 Freud의 심리성적 단계를 개정하여 쾌락에 기반을 둔 원초아의 추동을 넘어선 자아의 적응적 경향성을 강조하였다. **대상관계**(object relation) 학파는 Melanie Klein, Otto Kernberg, Ronald Fairbairn을 포함한 학자들이 이끄는 것으로, 원초아와 초자아의 내적 갈등을 강조하지 않고, 본질적으로 내담자의 삶에서 중요한 내재화된 '대상'(특히 내담자의 삶에서 중요한 사람; Shahar, 2015; Williams, 2012)을 강조하였다. **자기심리학**(self-psychology)은 Hans Kohut 등이 이끄는 학파로, 아동의 자기 발달에 있어서 부모의 역할을 강조하며 치료 등 다양한 지점에서 자기애의 의미에 특별히 주목했다(Karon & Widener, 1995; Skelton, 2006; Terman, 2012).

개정된 다른 Freud 접근은 여성과 여성의 발달에 관한 Freud의 이론에 이의를 제시했다. Karen Horney는 Freud 비평가 중 한 사람으로, 1900년대 초반부터 중반 사이에 Freud의 개념들에 반대하는 기사와 서적을 다량 출판했는데, 특히 여성들이 선천적으로 남성에게 열등감과 부러움을 느낀다는 개념을 반박했다. Freud에 관한 Horney의 해설과 그녀만의 성별에 따른 발달 이론은 "여성에 관한 정신분석학적 개념을 개혁하려는 용감한 시도"를 상징한다(Westkott, 1986, p. 9). 더욱이 Horney의 저술은 Nancy Chodorow(1978)와 Carol Gilligan(1982)을 비롯한 최근의 페미니스트 이론가들에게 영향을 주었다. 이들은 Freud의 남성 발달 이론의 개정에 그치는 수준이 아니라 소녀와 여성의 경험을 보다 확실하게 설명할 수 있는 발달 이론으로 진보시켰다.

이론의 발전 과정이나 개정된 형태 등 다양한 측면에서 볼 때 정신역동 심리치료는 항상 가장 많은 시간이 걸리고, 가장 비싼 심리치료법 중 하나였다. 이는 빠른 결과를 바라고 의료관리회사에서 과도한 치료비용의 지불을 꺼리는 현대 사회의 특징과는 상반된다(Galatzer-Levy et al., 2000; Sperling, Sack, & Field, 2000). 그 결과 최근 대부분의 정신역동 심리치료는 효율성을 강조하게 되었다. 총체적으로 최근 몇 해 동안 **단기 정신역동 심리치료**(brief psychodynamic psychotherapy)는 그 근간인 Freud 정신분석의 고전적인 정통 형식보다 훨씬 더 보편화되었다(Levenson, 2010;

표 12.1 단기 및 장기 정신역동 심리치료의 비교

단기 정신역동 심리치료	장기 정신역동 심리치료
빠른 치료동맹 형성	서서히 치료동맹 형성
구체적이고 좁게 한정된 문제에 초점을 둠	광범위한 문제에 초점을 둠
치료자의 활동 수준이 상대적으로 높음	치료자의 활동 수준이 상대적으로 낮음
내담자의 정신병리가 덜 심각함	내담자의 정신병리가 더 심각함
주로 '지금 여기'에 초점을 둠	과거와 현재에 초점을 둠
분리에 대한 내성이 강함	분리에 대한 내성이 안정적이지 않음
내담자는 좋은 대상관계가 있음	내담자는 좋은 대상관계가 부족함

출처 : Adapted fromDewan et al. (2009).

Levenson, Butler, & Beitman, 1997; Steenbarger, 2008). 단기 정신역동 심리치료에서 단기의 정의는 약간씩 다르지만 보통 24회기 미만으로 진행되는 치료법을 말하며, 이는 6개월에 걸쳐 주 1회씩 실시된다. 이처럼 정신분석의 기준에서 볼 때 제한적인 기간 동안 치료자와 내담자는 빠르게 라포를 형성해야 하고, 이해를 돕는 새로운 방법인 통찰력을 발달시켜야 하며, 치료 과정 동안 습득한 통찰을 일상생활에서 적용하여 변화되어야 한다. 장기간의 정신역동 심리치료와 비교하여 단기 정신역동 심리치료는 대체로 환자의 문제가 경미하며 한정적으로 다루고 치료자가 적극적이고 치료의 초점이 과거만 다루기보다는 현재까지 다룰 때 성공적인 경향이 있다(Dewan, Weerasekera, & Stormon, 2009). 표 12.1은 단기 및 장기 정신역동 심리치료를 보다 구체적으로 비교한 것이다.

최근 몇 년 동안 특정 형태의 단기 정신역동 심리치료가 주목을 받았는데, 단기 정신역동 심리치료 중 다음의 두 가지 정신역동 심리치료의 현대적 변형의 예를 자세히 살펴보자.

대인관계치료

대인관계치료(Interpersonal Therapy, IPT)는 Harry Stack Sullivan이 지도자였던 정신역동 사상의 대인관계 학파에서 파생된 것으로, 1980년대 Gerald Klerman, Myrna Weissman과 동료들이 개발하였다. 원래는 우울증을 치료하기 위해 만들어졌으나 이후 여러 다른 장애를 치료하는 데 사용되었다(Blanco & Weissman, 2005; Klerman, Weissman, Rounsaville, & Chevron, 1984; Markowitz & Weissman, 2012; Weissman, 1995). 대인관계치료는 14~20회기를 시행하도록 되어있으며, 전체 성격구조의 변화보다는 더 집약적이고 제한된 목표를 다룬다. 특정 치료지침을 기술하는 매뉴얼에 치료 방법이 설명되어있다(Klerman et al., 1984).

IPT의 기본 가정은 대인관계적 상황에서 우울증이 발생하므로 다른 사람들과의 관계를 개선함으로써 내담자의 우울 증상을 개선할 수 있다는 것이다(Lipsitz & Markowitz, 2013). 현재의 대인관계와 역할기대에 초점을 맞추며, 개인 내적 구조와 아동기 고착과 관련된 전통적인 정신역동 심리치료의 측면들을 강조하지 않는 경향이 있다(Frank & Levenson, 2011; Levenson et al., 1997; Swatz & Markowitz, 2009; Weissman, 1995). IPT를 시행하는 치료자는 대부분의 내담자, 특히 우울증 환자의 경우 몇몇 대인관계 문제가 내담자의 문제를 증폭한다는 것을 발견했다. 여기에는 부모가 되거나 대학을 졸업하는 것과 같은 **역할전환**, 결혼과 같은 **역할분쟁**, 사회적 지지 부족과 같은 **관계결핍**, 사랑하는 사람의 상실에 대한 반응과 같은 **애도**가 해당된다(Blanco & Weissman, 2005; Lipsitz, 2009).

IPT는 세 단계로 진행된다. 첫 번째 단계는 대부분의 경우 약 2회기가 소요되고, 앞에 나열된 네 가지 범주(역할전환, 역할분쟁, 관계결핍, 애도) 중에서 내담자의 문제가 어느 범주에 해당하는지 분류하는 단계이다. 중간 회기는 10~12회기가 필요하고, 첫 번째 단계에서 확인된 내담자의 문제를 개선하는 데 중점을 둔다. 이를 위해 현재의 정서에 초점 두기, 전이 탐색, 저항 등을 포함하는 일반적인 정신역동 기법들을 적용한다. 또한 중간 단계에는 흔히 치료자가 내담자에게 우울증과 그의 증상에 대해 가르치는 교육적 요소가 포함된다. 마지막 단계는 2~4회기가 소요되는데, 내담자의 목표달성에 대한 검토, 치료자의 지속적인 도움 없이 우울증 치료에 성공한 환자의 능력에 대한 인식 및 재발을 방지하기 위한 노력이 포함된다(Klerman et al., 1984; Levenson et al., 1997).

최근 IPT에 근간을 두는 다소 변형된 치료법이 개발되었다. **대인관계 및 사회리듬 치료**(interpersonal and social rhythm therapy, IPSRT)로 알려져 있으며, 특히 양극성장애 환자를 위해 고안되었다. IPSRT는 일상의 리듬, 수면/각성주기 및 사회적 상호작용을 통제하고 안정화시키기 위한 노력으로 IPT를 보완한다(Weinstock, 2015). 극단적으로 기분이 변하는 사람들에게 불규칙적인 일상 활동과 대인관계는 특히 혼동을 초래할 수 있다. 대조적으로 규칙적인 일상 활동, 예를 들어 매일 같은 시간에 잠들고 일어나기와 갑작스럽지 않고 약속에 맞춰 친구를 만나는 것과 같은 대인관계는 보호요인이 될 수 있다. IPSRT의 내담자는 상세한 일정을 작성하여 준수하고 자신의 행동과 기분을 자세히 살핀다. IPSRT가 양극성장애에 효과적인 치료법이라는 증거는 더욱 많아지고 있다(Frank et al., 2005; Frank, Swartz, & Kupfer, 2000; Goldstein et al., 2014; Inder et al., 2015).

IPT는 연구자들이 상당한 양의 경험적 증거를 수집한 몇 가지 정신역동 심리치료 형태 중 하나이다(Didie, 2015). 달리 표현하면 효과에 관한 연구 결과에 따르면 IPT는 우울한 사람들에게 효과적이며, 특정 장애에 성공적이라고 알려진 치료법에 해당한다(예 : Chambless et al., 1998; Nathan & Gorman, 2002). IPT를 지지하는 대부분의 증거는 우울증 환자에 관한 연구 결과들이지만 섭식장애, 불안장애 및 기타의 문제가 있는 내담자들에게도 효과가 있다는 증거가 있다(Blanco & Weissman, 2005; Bolton et al., 2003; Frank & Levenson, 2011; Markowitz & Weissman, 2009, 2012; Spinelli & Endicott, 2003). 따라서 IPT는 효과가 경험적으로 입증된 정신역동 치료법의 선두 주자이다.

단기역동 심리치료

단기역동 심리치료(Time-Limited Dynamic Psycotherapy, TLDP)는 자주 언급되는 '교정적 정서 체험'(Alexander & French, 1946)을 현대적으로 응용한 것이다. 내담자는 자신이 맺은 다른 관계에 드러나는 것과 같은 전이 문제를 치료시간에도 보일 것이고, 치료자의 역할은 치료시간에 이러한 상호작용의 결과를 다르게 끝맺도록 하는 것이다. 다시 말해 내담자가 치료자와의 관계에서 다른 관계에서와 동일한 무의식적인 '스크립트(script)'를 따른다면 나쁘게 끝날 수도 있지만, 치료자가 내담자로 하여금 자신의 이러한 스크립트를 인식하도록 만들고 더 건강하게 처리할 기회를 준다면, 보다 현실적인 '정서적 경험'은 '교정' 또는 치료적일 것이다(Binder, Strupp, & Henry, 1995; Steenbarger, 2008).

TLDP는 사실상 경험적이며, 치료자와 내담자 사이의 지금 여기에서의 관계가 치료적 변화를 위한 주요 도구이다. 대부분의 새로운 정신역동 심리치료법과 마찬가지로 TLDP는 대체로 고전적 정신분석보다 훨씬 짧은 기간 진행되어 최대 20~25회기이다(Levenson, 2010). 치료자의 주요 과제는 내담자가 무의식적으로 보이는 '스크립트'를 찾아내는 것이다. 이 스크립트는 내담자가 타인에게 무엇을 기대해야 하는지를 배우는 이전의 관계, 즉 흔히 부모와의 관계에서 발생되는 부산물이다. TLDP 치료자는 적어도 부분적으로 내담자의 문제들이 부적절한 관계 또는 상황에 이러한 스크립트를 적용하기 때문인 것으로 가정한다. 다시 말해서 내담자는 연인이 생각하고 느낄 수 있는 것을 '알고 있기' 때문에 연인과 자주 의견이 대립될 수 있다. 하지만 이런 '지식'은 실제로 비현실적이며 착각이다. 내담자는 치료자에게도 동일한 스크립트를 적용하려고 시도하는데, 이때 치료자는 이를 인식하여 자극을 받거나 쫓겨나지 않고, 오히려 내담자에게 이런 과정을 지적해야 한다. 이런 방식으로 오래된 스크립트를 지속시키지 않도록 하고, 내담자는 자신이 무의식적으로 따라가는 스크립트의 가정에 구속되지 않는 다른 사람들과 보다 새롭고 현실적으로 관계를 맺는 방법을 개발해야만 한다(Binder et al., 1995; Steenbarger, 2008).

치료자가 TLDP를 시행할 때 주기적 부적응 패턴이라 불리는 시각적 다이어그램을 사용한다(Levenson, 1995). 이는 네 가지 범주로 구성된 내담자의 주요 사안에 관한 작동 모델이다. 자신(내담자)의 행동(예 : 내담자가 면접을 보는 경우와 같이 실제로 공개적으로 행동하는 방식), 다른 사람들의 반응에 대한 기대(예 : "나는 면접관이 분명히 나를 좋아하지 않는다고 확신한다."라는 기대), 자기를 향한 다른 사람들의 행위(예 : 면접관은 "당신의 지원서가 훌륭하군요. 2주 내에 연락할게요."라고 말하는데, 내담자는 이를 거절로 해석), 자신에 대한 자신의 행동(예 : 내담자는 자신에게 "너는 진짜 실패자이다."라고 말하고 다음 날 혼자 비참하게 보내는 것)이 그것이다. TLDP 치료자는 이러한 네 가지 구성요소를 확인함으로써 내담자가 정한 잘못된 스크립트에 영향을 주는 구체적인 생각과 행동을 많이 인식하도록 하여 이러한 생각과 행동에 대한 건강한 대안을 더 많이 알도록 도울 수 있다.

얼마나 효과가 있는가

정신역동 심리치료는 그 본질 때문에 효과를 가늠하기가 특히 쉽지 않다. 경험적인 연구자의 관점에서 정신역동 심리치료의 결과, 심지어 치료에서 활용하는 무의식, 전이, 통찰력 및 방어기제 등의 기본적인 정신분석 개념조차도 정의하고 측정하는 것이 매우 어려울 수 있다(Gibbons et al., 2007; Luborsky & Barrett, 2006). 그렇다면 효과가 있었다는 것을 정확히 무엇을 보고 알 수 있는가? 무의식이 의식으로 얼마나 바뀌었는지를 측정할 수 있는가? 내담자가 성취한 통찰력의 양 또는 자신의 관계가 개선된 정도를 계산할 수 있는가? 이러한 질문들은 정신역동 심리치료에서 자주 등장하고 다른 종류의 치료법을 선호하는 사람들로부터 비판받기 쉬운 것들이다. 또한 이러한 질문은 정신역동 심리치료의 결과에 대한 많은 연구방법론이 왜 광범위하게 폄하되었는지, 그리고 왜 경험적 시행을 거치고, 효과가 입증된 치료목록에 포함되어 매뉴얼이 갖춰진 정신분석치료법이 많지 않은지를 이해하는 데 도움이 된다(Sandell, 2012).

이와 같이 방법론적 영역에 대한 도전에도 정신역동적 심리치료의 결과를 측정하려는 시도가 많이 있었다. 광범위한 장면에서 종사하는 약 500명의 치료자로부터 치료를 받은 약 2,000명의 내담자에 관한 정신역동 및 정신분석 치료의 결과에 관한 대단위 조사에서 대부분의 내담자가 실질적으로 향상된 것으로 밝혀졌다(Gelatzer-Levy et al., 2000). 이와 마찬가지로 정신역동 치료에 관한 많은 메타 분석 결과 일반적으로 광범위한 임상적 문제에 정신역동 치료가 유의한 것으로 지적되었다(Shedler, 2010). 정신역동 심리치료의 결과에 관해 최근 이뤄진 연구에는 성격장애, 우울증, 폭식증, 식욕부진증 및 공황장애 등을 포함하는 광범위한 구체적인 문제뿐만 아니라 하나 이상의 진단을 포괄할 수 있는 장기간에 걸친 복잡한 임상적 상태에도 정신역동 심리치료가 효과적이라는 다양한 경험을 제시하기도 했다(예 : Abbass et al., 2006; Driessen et al., 2015; Gerber et al., 2011; Keefe, McCarthy, Dinger, Zilcha-Mano, & Barber, 2014; Leichsenring, 2009a; Leichesenring, Rabung, & Leibing, 2004; Levy et al., 2012; Messer & Abbas, 2010; Sandell, 2012). 그러나 정신역동 심리치료의 지위에 관한 다른 연구에서는 경험적으로 타당한, 특히 잘 정의된 단일장애에 초점을 둔 연구는 몇 편에 불과하다고 지적했다(Messer, 2015). 실제로 일부 주요 장애의 경우 잘 수행된 경험적 연구가 하나도 없다. 이는 정신역동 심리치료의 효과를 지지하는 증거를 신중히 해석해야 한다는 것을 시사한다(Driessen et al., 2010; Gibbons, Crits-Christoph, & Hearon, 2008; Leichsenring, 2009b). 정신역동 심리치료는 특정 임상적 문제에 적용되어야 한다는 것을 입증하는 풍부한 경험적 자료가 행동치료 또는 인지치료와 비교했을 때 확실히 뒤쳐진다. 그러나 이러한 자료에 대한 검토는 결국 일부 장애에 대한 정신역동 심리치료의 효과를 지지하는 경험적 자료는 있고, 계속해서 축적되고 있다는 것을 반영한다.

정신역동 심리치료의 특정요소, 즉 전이 및 역전이 반응의 해석이 효과적이라는 경험적 증거가 있다는 것은 주목할 만하다. Johansson 등(2010)은 우울증, 불안, 성격장애 및 기타 대인관계 문제가 있는 100명의 내담자에게 매주 정신역동 심리치료를 1년간 실시했다. 이들 중 절반은 치료자가 전이 해석을 제공했지만 나머지 절반은 제공하지 않았다. 치료 효과는 치료 직후 1년 및 3년 후에 평가하였다. 평가 결과는 치료자가 전이 해석을 제공한 내담자들이 치료 혜택을 더 많이 얻었으며, 이런 혜택은 더 높은 수준의 통찰과 상관이 있었다. 특히 경계성 및 기타 성격장애에서 전이의 효과를 뒷받침하는 연구 결과들이 많아지자 이러한 문제를 가진 환자들을 위해 특별히 설계된 전이초점 심리치료(transference-focused psychotherapy)가 개발될 정도이다(Goodman, 2013; Kernberg, 2016; Normandin, Ensink, & Kernberg, 2015; Yeomans, Clarkin, Kernberg, & American Psychiatric Association, 2015; Yeomans, Levy, & Caligor, 2013). 역전이와 관련하여 Hayes, Gelso, 및 Hummel(2011)은 역전이에 대한 다중 메타 분석을 실시하여 치료자에 의한 역전이 반응의 존재가 치료의 효과와 부적 상관이 있음을 발견했다. 즉 더 많은 역전이가 있을수록 내담자의 치료 효과가 떨어지는 것이다. 또한 역전이를 관리하는 치료자의 노력과 치료 효과 간의 정적 상관을 발견했다. 다시 말하면 치료자가 내담자를 향한 자신의 편견을 더 많이 '탐지'하려 노력할수록 내담자를 위한 치료 효과가 더 향상되었다.

흥미롭게도 일부 메타 분석에서 정신역동 심리치료는 효과적으로 알려졌지만 다른 치료법에 비해 덜 효과적이라는 것이 발견되었다. 그러나 이처럼 다소 일치하지 않는 결과는 충성 효과를 고려할 때 사라진다. **충성 효과**(allegiance effect)는 연구자 자신의 편향과 선호가 경험적 연구의 결과에 미치는 영향을 지칭한다. 전형적으로 메타 분석을 포함해서 심리치료의 결과에 관한 경험적 연구를 수행하는 연구자가 정신역동적 관점을 취하는 것은 아니다. 대신 행동적이거나 인지적인 경향이 있는데, 이 두 심리치료 형태에 관한 일부 메타 분석에서 정신분석의 효과가 다소 낮다고 설명했다(Prochaska & Norcross, 2014).

충성 효과가 매우 강력할 수 있다. Luborsky 등(1999)은 심리치료를 비교하는 문헌과 연구를 살펴본 결과 치료법을 평가하는 방식과 평가를 진행하는 연구원의 관점 간에 예상 외로 강한 상관이 있다는 것을 발견했다. 물론 어떤 사람들은 이를 지지한 반면 다른 사람들은 반박했다(예 : Leykin & DeRubeis, 2009; Stiles, 2009; Wilson, Wilfley, Agras, & Bryson, 2011; 글상자 12.4 참조). 이런 현상은 대부분의 심리치료 형태에 적용되지만 특히 정신역동적 접근법과 관련이 있다. 왜냐하면 심리치료 결과를 다루는 연구자 중 정신역동적 관점을 취하는 사람은 비교적 소수였기 때문이다.

글상자 12.4

비유하기

올림픽과 충성 효과

우리는 체조 또는 아이스스케이팅과 같은 올림픽 경기 중계를 텔레비전에서 볼 때 심사위원의 점수뿐만 아니라 심사위원의 국적도 본다. 사실 화면의 도표에서 각 심사위원의 개별점수는 심사위원의 국적을 표기하는 약자와 국기 아래 상자에 표기된다. 왜 심사위원의 개별점수가 국가와 관련이 있는가? 아마도 심사위원의 국가에 대한 충성이 그들의 객관적 평가를 제한한다고 가정하기 때문일 것이다. 심사위원들이 객관성을 유지하려고 애쓰지만 특정 국가를 응원할 수 있으며 이렇게 응원함으로써 선수의 경기 수행에 영향을 줄 수 있다. 올림픽에서 출전 선수의 국적을 안다면 그 국가의 시민인 심사위원이 충성 효과를 피하기가 매우 어려울 것이다.

© Corbis

심리치료의 결과 연구에서도 충성 효과가 불가피할 수 있다. 상황은 올림픽과 매우 비슷하다. 연구를 수행하고 다양한 치료 형태의 '수행능력'을 판단하는 연구자는 그 치료법의 지지자 또는 비판자가 될 수 있다. 물론 연구자들은 완전히 객관적이어야 하며, 그들은 스스로가 객관적이라고 믿을 수도 있지만, Luborsky 등(1999)에 따르면 대부분 그렇지 않다. 특정 치료 형태 및 그에 상반되는 치료 형태에 대한 연구자의 선호가 자신이 수행하는 연구 결과에 강한 영향을 주는 것으로 나타났다. 사실 Luborsky 등은 충성 효과가 치료 결과의 비교에 관한 연구 결과의 변량 중 약 3분의 2를 차지할 수 있다고 언급했다. 최근 몇몇 연구들은 심리치료 결과에 관한 연구에서 충성 효과의 심각성을 확증했다. 예를 들어, 충성 효과에 관한 30가지의 개별적인 메타 분석을 대규모로 검토한 연구 결과 연구자의 충성과 연구 결과 간에 상당히 견고한 관계가 있다고 결론 내렸다(Munder, Brütsch, Leonhart, Gerger, & Barth 2013, p. 501). 같은 맥락에서 어떤 사람들은 Luborsky의 Eye-opening 1999년 연구가 실제 충성 효과를 과소평가했을 수 있다고 제안한다(예 : Stiles, 2009). 그러나 다른 학자들은 Luborsky가 치료 결과에 대한 결론의 심각성이나 중요성을 과대평가했다고 주장한다(예 : Leykin & DeRubeis, 2009; Wilson et al., 2011). 올림픽 심사위원단이 자국의 선수들에 대한 근본적인 편애를 느끼는 것처럼 심리치료 결과를 다루는 연구자 역시 그들의 관점에서 치료를 편애할 수 있는 것이다.

올림픽 심사위원의 국기는 모두가 볼 수 있지만, 심리치료의 결과를 다루는 연구자의 충성은 덜 분명하다. Luborsky 등(1999)은 충성 효과에 관한 연구를 수행할 때 연구자의 선호도를 확인하기 위해 심리치료의 결과에 관한 연구를 발표한 연구자뿐만 아니라 그 동료들에게도 연락해야 했다. 당신이 보기에는 심리치료의 결과를 다루는 연구자들의 관점이 편견을 유발할 수 있으므로, 연구자 자신의 관점에 대해 더 많이 드러내야 하고, 발표된 연구에도 이런 정보를 포함해야 한다고 생각하는가? 다양한 관점을 가진 연구자들을 포함시켜 연구를 함으로써 각자의 편향을 상쇄해야 하는가? 충성 효과를 통제하기 위해 심리치료의 결과를 연구할 때 어떤 조치를 할 수 있을까?

글상자 12.5

데니스와 정신역동 심리치료

데니스는 1년 동안 50회기에 참여했다. 내가 질문을 하자 6남매 중 다섯째이고 부모님은 모두 전일제로 일했다는 것을 포함해서 어린 시절에 관해 이야기해주었다. 그녀는 이러한 요인들 때문에 어린 시절에 부모로부터 거의 주목을 받지 못했다고 설명했다. 그녀는 최근 직장에서 발생된 변화로 우울해졌다고 기술했고, 가장 화가 나는 것은 레스토랑의 새 사장이 손님들을 직접 만나지 말라고 요구한 것이었다.

데니스는 손님들이 해주던 칭찬이 너무 그리웠다. 슬픔과 다른 흔한 우울 증상 외에도 데니스는 평소보다 지각을 하거나 음식을 더 천천히 준비하는 등 기력이 부족하다고 했다. 또한 새로운 사장이 데니스에게 상처를 줄 의도로 이러한 변화를 만들었다고 믿고 있는 것도 주목해야 한다.

이러한 정보를 바탕으로 데니스에 대한 나의 초기 개념화에는 다음과 같은 가설을 포함했다.

© Jaap Hart/Istockphoto.com

- 데니스는 남근기에서 온 감정적인 문제를 겪고 있는데, 그 단계에 고착되었을 수 있다. 어린 시절 데니스가 부모와 특별하고 친밀한 관계를 원했을 때 부모는 이에 반응해주지 않았다. 결과적으로 그녀는 자아존중감이 결여되었고 외부 자원으로부터 그것을 찾았다. 이러한 근원 중 가장 강력한 레스토랑 손님의 피드백은 새로운 사장에 의해 중단되었고 그녀의 우울증에 크게 영향을 주었다.
- 데니스는 새로운 사장에 대한 받아들일 수 없는 분노의 충동으로 힘들어하고 있고 분노를 다루기 위해 대부분 투사를 포함하여 방어기제를 사용하고 있었다. 데니스는 새 사장이 새로운 방침을 만들어서 자신을 해치려 한다고 믿고 있었지만 실제로 새 사장은 그럴 의도가 없는 것처럼 보였다. 오히려 데니스가 새 사장에 해를 끼칠 위험이 높지만 이를 인식하기보다 사장에게 투사함으로써 이러한 감정을 무의식 상태로 유지하고, 사장은 '나쁜' 사람으로, 자신은 죄 없는 희생자로 묘사한다.
- 새 사장에 대한 데니스의 무의식적인 분노는 지각과 요리 속도가 느려진 것으로 드러났다. 데니스는 기력이 부족해서라고 했지만 새 사장과 새로운 방침을 향한 무의식적으로 동기 부여된 공격적 행동일 수 있다. 데니스가 '실수'로 부엌에서 앙트레를 떨어뜨린 일이나 알람을 설정하는 것을 잊은 것 등 그녀가 말한 구체적인 일 중 몇 가지는 프로이드적 실언(은연중에 속마음을 드러내는 실수) 범주에 해당하는 것으로 보인다.

데니스와 나의 관계는 수많은 저항과 전이로 특징지어졌다. 저항에 관한 예를 보면 데니스에게 새 사장이나 부모에 대한 감정을 물어보면 종종 미묘하고 영리하게 주제를 바꾸었다. 한번은 직장에서의 상황에 관해 치열하게 토론을 하던 중 회기가 끝나자 그다음 회기에 20분이나 지각했다. 부모에 대한 감정을 살펴본 회기 다음에는 이전에는 언급한 적이 없던 친구와의 사소한 논쟁에 초점을 맞추려고 고집한 적이 있었다. 전이에 관한 예를 보면 데니스는 내가 그녀를 관심의 가치가 없다고 생각한다고 느끼는 것처럼 보였고, 실제로 직접 그렇게 표현한 적이 종종 있었다. 그녀는 또한 칭찬을 해달라고 자주 요청했는데, 자신이 달성한 것을 기술한 후 나에게 직접적으로 피드백을 해달라고 요구하기도 했다.

데니스에 대한 나의 개입에서 주된 목표는 무의식적인 과정을 더 의식하도록 하는 것이었다. 나는 그녀의 행동에 대한 해석을 여러 차례 제시했다. 나는 데니스가 새 사장으로부터 마음의 상처를 받은 것이지 그 반대의 경우는 아닌 것 같다고 이야기해주었다. 나는 그녀에게 직장에서 느리고 엉성하게 일하는 것이 자신의 소망에 의해 발생된 것이 아닌지 생각해보도록 질문했다. 나는 레스토랑의 손님들이 건네주는 칭찬이 부모로부터 받지 못한 칭찬의 역할을 하는 것이 아닌지에 관해 이야기를 나누었다. 그리고 아마도 가장 중요한 것은 비록 우리의 관계가 현실적으로 그럴 만한 가치가 없음에도 불구하고 그녀가 나와의 관계에서 보여준 무의식적인 경향인 전이를 지적한 점이다. 즉 내가 데니스와 그녀가 필요로 하는 칭찬과 존중을 무시할 것이라는 가정이다. 전이에 관한 토론은 데니스의 이전 관계의 일부에 관해서도 보여줬기 때문에 특히 생산적이었다. 천천히 모든 영역에 관해 계속 대화를 나누면서 데니스는 무의식 과정에 대한 중요한 통찰을 얻을 수 있었다. 이런 방식으로 데니스는 다른 사람들을 보다 사실적으로 바라보고 자신의 동기를 좀 더 의도적으로 통제할 수 있게 되었으며, 결국 우울 증상은 완화되었다.

요약

정신역동 심리치료는 Sigmund Freud의 이론에 기초한다. 정신역동 심리치료는 마음의 강력한 무의식적인 요소의 존재를 가정하며, 주요 목표는 통찰력이거나 무의식적인 과정을 의식적으로 만드는 것이다. 정신역동 심리치료는 문제와 문제에 미치는 치료의 영향을 객관적 또는 경험적으로 평가하기 어려운 심리치료로, 추론적인 접근법이다.

정신역동 심리치료자는 자유연상, 프로이트적 실언, 꿈 및 치료 중 나타나는 내담자의 저항을 포함하여 다양한 방법으로 내담자의 무의식에 접근한다. 원초아와 초자아 사이에 진행 중인 무의식적인 갈등은 억압, 투사, 반동형성, 대치 및 승화와 같은 방어기제를 사용하여 자아가 중재하도록 요구한다. 특정 방어기제에 대한 의존성은 개인의 성격뿐만 아니라 치료에서 다루어야 할 임상적 문제의 특성을 반영한다. 내담자들은 종종 심정신역동 치료자를 향한 전이를 경험한다. 이는 내담자들이 알지 못하는 사이에 비현실적으로 자신의 과거에 자신에게 중요했던 사람과 치료자가 관련이 있다고 기대하는 것이다.

정신역동 치료자는 종종 '빈 화면' 역할을 하여 전이 과정을 촉진하고 내담자가 관계를 형성한 다른 사람들에게도 유사하게 전이했을 것으로 가정한다. 또한 정신역동 심리치료자는 초기 발달 단계, 예컨대 구강기, 항문기, 남근기에서 고착으로 인해 발생할 수 있는 임상적 문제에 상당한 주의를 기울인다.

정신역동 심리치료는 전통적 그리고 상대적으로 장기간이었지만 ITP와 TLDP처럼 단기간에 이뤄지는 형태가 최근 수십 년에 걸쳐 등장했으며, 특히 우울증 환자의 경우 이러한 치료의 효과를 지지하는 증거들이 축적되기 시작했다.

전반적으로 정신역동 심리치료는 그 본질로 인해 경험적 결과를 도출하기가 쉽지는 않지만 수집된 자료는 다른 형태의 심리치료 만큼 정신역동 심리치료도 효과적이라고 시사한다.

주요 용어

고착
구강기
꿈
꿈 작업
남근기
단기역동 심리치료(TLDP)
단기 정신역동 심리치료
대상관계
대인관계치료(IPT)
대치
무의식
반동형성
발현 내용
방어기제
'빈 화면' 역할
승화
억압
역전이
원초아
자기심리학
자아
자아심리학
자유연상
잠재적 내용
저항
전이
정신역동 심리치료
초자아
추론
충성 효과
통찰
투사
프로이트적 실언
항문기
해석
훈습
Sigmund Freud

비판적 사고를 위한 질문

1. 통찰력, 또는 무의식을 의식으로 만드는 것이 심리적인 문제를 극복하기 위해 얼마나 중요하다고 생각하는가?
2. 프로이트적 실언으로 무의식적인 희망을 정확하게 나타냈다는 것을 어느 정도까지 믿는가?
3. 글상자 12.3은 내담자가 추구할 수 있는 8개의 뚜렷한 치료자 역할을 열거하고 있다. 당신이 내담자라면 어떤 역할을 기대하겠는가? 정신역동 심리치료자가 그 역할과 얼마나 일치하는가?
4. 많은 정신역동 대학원 연수 프로그램은 연수생이 치료를 받도록 요구한다. 당신이 내담자라면 치료자가 치료를 받았다는 사실에 대해 어떻게 생각하는가?
5. 충성 효과를 최소화하기 위해 심리치료 결과 연구자는 어떤 노력을 해야 하는가?

주요 학술지

Psychoanalytic Psychology

http://www.apa.org/pubs/journals/pap/index.aspx

Psychodynamic Practice

http://www.tandfonline.com/toc/rpco20/current

Psychodynamic Psychiatry

http://guilfordjournals.com/loi/pdps

Psychotherapy

http://www.apa.org/pubs/journals/pst/index.aspx

CHAPTER 13

인본주의 심리치료

학습 목표

13.1 인본주의 심리치료의 목표를 요약한다.

13.2 인본주의 심리치료의 세 가지 필수 치료조건을 설명한다.

13.3 인본주의 치료자가 반영을 사용하는 방법을 설명한다.

13.4 동기강화상담의 치료 적용에 대해 토론한다.

13.5 긍정심리학 개입의 핵심을 대부분의 다른 현대 심리치료법과 비교한다.

13.6 인본주의 심리치료의 결과에 관한 연구 결과를 설명한다.

그 시대 대부분의 심리학자들처럼 **Carl Rogers**도 정신역동에 관한 수련을 받았다. 그러나 정신역동 관점을 오래 유지하지는 않았다. 그는 치료 및 사람에 대한 Freud의 가정에 동의하지 않게 되었다(Cain, 2010; Demanachick & Kirschenbaum, 2015). **Abraham Maslow**와 함께 Rogers는 심리학에서의 인본주의 운동과 이를 임상 장면에 적용한 **인본주의 치료**(humanistic therapy)의 개척자였다.

인본주의적 접근에서 사람을 이해하는 방식은 생물학적 기저의 원초아가 지배하며 냉소적인 Freud의 관점과 상반되는 것이었다. Maslow(1968)는 이론적 근거를 다음과 같이 요약했다.

> (인간의) 내적 본성은 본질적으로 또는 일차적으로 또는 필연적으로 사악하지 않은 것 같다. 인간의 본성은 생각보다 나쁘지 않다. … 내적 본성은 나쁘지 않고 좋거나 중립적이기 때문에 억압하기보다 밖으로 드러내놓고 격려하는 것이 가장 좋다. 스스로의 삶을 인도할 수 있다면 건강하고 결실이 많으며 행복하게 성장할 수 있다. 개인의 본질적인 핵심을 부인하거나 억압하면 때로는 명백한 방법으로, 때로는 미묘한 방법으로, 때로는 즉각적으로, 때로는 이후에 건강하지 않게 된다. (pp. 3-4)

Rogers는 이 이론을 심리적인 문제가 있는 사람들에게 적용했고, 그렇게 해서 오늘날에도 여전히 영향력 있는 치료법으로 널리 적용되고 있다. Rogers가 약 반세기 전에 심리치료에 관한 근본적인 아이디어를 제안했고 1987년에 사망했음에도 2,400명이 넘는 현대 심리치료자를 대상으로 한 설문조사에서 Carl Rogers는 심리치료에서 가장 영향력이 큰 저명한 인물로 꼽혔다(Cook, Biyanova, & Coyne, 2009).

토론을 분명히 하기 위해 이 장에서는 Rogers와 그의 추종자가 만든 치료법을 **인본주의**라고 표현할 것이다. 때때로 Rogers와 동료들은 **비지시적**, **내담자 중심**, **인간중심** 등의 용어로 이러한 접근을 표현하기도 했다.

인본주의 개념 : 임상적 시사점

땅에서 막 싹이 튼 작은 식물을 상상해보라. 우리는 이 식물에 대해 분명하게 몇 가지 가정을 할 수 있을 것이다. 첫째, 식물이 성장에 대한 타고난 경향이 있다고 가정한다. 즉 적절한 환경이 주어진다면 자연스럽게 건강하게 자랄 것이다. 둘째, 식물의 성장은 전적으로 햇빛에 의존한다고 가정한다. 햇빛이 없다면 자랄 수 없을 것이다. 셋째, 특정 방향에서만 햇빛을 받을 수 있다면 식물은 구부러지거나 뒤틀리거나 심지어는 햇빛을 받기 위해 가지를 비틀 것이라고 가정한다. 이러한 과정에서 어떤 가지는 다른 가지들이 시들 때 꽃을 피울 수도 있고, 예기치 못한 형태를 띨 수도 있지만, 태양에서 얻는 영양분은 매우 중요하므로 가지들은 격렬하게 햇빛을 받으려 할 것이다. 물론 어느 방향에서든 햇볕을 쬘 수 있다면 식물은 스스로 바뀔 필요가 없다. 식물은 단순히 자신의 고유한 잠재력에 따라 간단히 꽃피울 수 있다.

그림 13.1 Carl Rogers(1902~1987)는 인본주의 심리치료의 거장이다.

© Bettman/Getty

인본주의적 접근에 따르면 식물과 인간 간에는 강력한 유사점이 있다. 인본주의자들은 식물처럼 인간도 성장을 향한 선천적 경향을 타고난다고 가정한다. 인본주의자들은 이러한 경향을 **자아실현**(self-actualization)이라고 부르며, 환경이 자아실현을 촉진한다면 간섭 없이 진행된다고 가정한다(Cain, 2002, 2010). 인본주의자들은 또한 사람들이 살아가는 데 특정한 것들이 필요하다고 인식하였고, 식물이 햇빛을 필요로 하는 것처럼 사람은 긍정적인 존중이 필요하다고 하였다. 인본주의적 관점에서 **긍정적인 존중**(positive regard)이란 본질적으로 우리 주변 사람들의 따뜻함, 애정 그리고 수용이다. Rogers가 자주 사용한 **보상**(prizing)이라는 용어는 다른 사람들로부터 긍정적인 존중을 받은 경험으로 가장 잘 표현된다(예 : Rogers, 1959). 어린 시절 우리는 부모로부터 긍정적 존중을 만끽할 수 있다. 햇빛을 받는 식물처럼 우리도 성장을 위해 긍정적인 존중이 필요하다. 만약 우리가 특정한 행동을 할 때만 부모가 긍정적인 태도를 취한다는 것을 발견하면 긍정적 태도를 얻기 위해 그 특정한 측면(나뭇가지)만 강조하고 다른 면은 억압할 것이다. 최종 결과물은 바로 현재 나의 모습일 것이고, 부모가 어떤 경우에든 상관없이 긍정적인 태도를 취했을 때와는 전혀 다른 모습일 것이다.

인본주의 심리치료의 목표

인본주의 심리치료의 주된 목표는 자아실현을 촉진하는 것이다. 인본주의자들은 우울증, 불안, 성격장애, 섭식장애, 그리고 대부분의 다른 형태의 정신병리는 억압된 성장 과정의 부산물이라고 믿는다. 심리적 문제에 대한 전문적인 도움을 추구하는 사람들은 내적인 능력을 가지고 있고 건강한 방향으로 성장할 수 있지만, 어찌된 일인지 그들의 성장은 방해되거나 왜곡되었다. 인본주의 치료자의 임무는 치료적 관계를 통해 내담자가 심리적으로 건강한 방향으로 자연스러운 성장을 재개할 수 있는 분위기를 만드는 것이다(Erekson & Lambert, 2015).

각자의 자아실현 경향이 우리 모두의 삶을 출생 때부터 이끌어왔다면 어떻게 우울, 불안, 혹은 심리적인 문제로 어려움을 겪게 되는 것일까? 그 답은 긍정적 존중이 때로는 자연스러운 자아실현 경향을 무시할 수 있다는 점에 있다. 즉 우리의 인생에서 중요한 사람에게 긍정적인 존중을 받는 것과 우리의 본질적 성향을 따르는 것 사이에서 양자택일의 선택을 할 때, 우리는 필연적으로 긍정적인 존중을 선택하기 때문이다.

이러한 긍정적인 존중이 무조건적이 아니라 조건적으로 되었을 때 문제가 발생한다. 조건적인 긍정적 존중은 우리가 어떤 조건을 충족시켜 인정받을 경우에만 충족된다. 만약 당신이 가족 혹은 가장 어린 시절 친구들을 떠올린다면 아마도 부모가 자녀에게 주는 몇몇 **가치 조건화**(conditions of worth)를 알 수 있을 것이다. 이러한 조건은 냉장고에 목록으로 붙여놓지 않아도 전달된다(예 : 네 성적이 좋고, 우리가 보기에 예쁘게 옷을 입고, 우리가 좋아하는 가치관을 갖추고, 운동을 잘하며, 살이 찌지 않으며, 말썽을 부리지 않을 때만 너를 사랑한다). 대개 자녀는 부모의 수용이 필요하므로 부모가 원하는 조건들을 예민하게 알아차리고 이를 충족시키기 위해 최선을 다한다. 하지만 이 과정에서 종종 자녀는 자신만의 자아실현 경향을 잃어버리고, 다른 방향을 향해 나아가게 된다. 따라서 그들 자신의 실제 모습인 **실제 자기**(real self)와 자신의 잠재력을 충족시켰을 때 자신의 모습인 **이상적 자기**(ideal self)를 비교하면 **불일치감**(incongruence)을 경험하게 된다. 인본주의자들은 이 불일치를 설명하기 위해 불일치감이라는 용어를 사용하고, 이것이 정신병리의 근원이라고 간주한다(Watson & Bohart, 2015). 이와 대조적으로 실제 자기와 이상적 자기가 상응하는 **일치감**(congruence)은 어떠한 가치 조건화의 간섭도 받지 않고, 자기실현 경향이 자신의 삶을 인도할 수 있을 때 성취되며, 따라서 최적의 정신건강을 누릴 수 있다. 이러한 일치감은 사람들이 다른 사람들로부터 무조건적인 긍정적 존중을 경험할 때 가능하다. 수용받기 위해 '오직~라면(only if)' 이라는 조건이 주어지지 않는다면 사람들은 자신의 자기실현 경향에 따라 자유롭게 발전하고 성장할 수 있다(Canin, 2010).

가치 조건화는 원래 다른 사람들에게서 비롯되었지만 결국 우리 자신의 관점에 통합될 수 있다는 것에 유의해야 한다. 즉 타인에 대한 조건적인 긍정적 존중은 조건적인 긍정적 자기 존중을 갖게 하는 반면, 타인에 대한 무조건적인 긍정적 존중은 무조건적인 긍정적 자기 존중을 가져온다. 우리 삶의 중요한 사람들은 우리에게 우리 자신의 모든 혹은 특정 측면에 대해 사랑받고, 수용받을 가치가 있거나 또는 상을 받을 만한 가치가 있다고 알려준다. 그리고 결국 우리는 스스로에 대한 평가에서 이러한 타인의 견해를 채택하게 된다.

이러한 인본주의 원리를 이해하기 위해 대학 신입생인 마크를 살펴보자. 전공이나 직업에 관해 아무런 결정도 하지 못한 동기들과 달리 마크는 오래전부터 변호사가 되기로 결심했다. 캠퍼스 생활을 시작한 첫 달 동안 스스로 법대에 입학하기로 선언하였고 로스쿨에 입학할 가능성을 높일 수 있는 4년의 계획을 세웠다. 그리고 입학하기를 희망하는 로스쿨의 예비목록을 만들었다. 마크의 법에 대한 관심을 그의 부모도 적극 지지해주었다. 마크의 부모와 형도 모두 유능한 변호사이다. 마크의 어린 시절 부모는 변호사로서 마크의 잠재력에 대해 다음과 같이 종종 언급하곤 했다. "너는 성적이 우수해서 최고의 로스쿨에 갈 수밖에 없지.", "우리가 언젠가 너에게 회사를 넘겨줄 수 있어서 좋구나.", "통행금지에 관해 의견을 주장하는 것을 귀담아 들어봐. 언젠가 위대한 법정 변호사가 될 거야!" 마크는 어린 시절 연극, 스포츠, 저널리즘과 같은 다른 활동에 관심을 보였으나 부모는 그러한 활동이나 성취에는 관심을 기울이지 않았다 연극, 축구 또는 학교신문 기사보다 법률 활동을 위한 토론 클럽 활동에 훨씬 더 관심이 있었다.

그림 13.2 인본주의자는 식물처럼 인간도 성장을 향상 타고난 본성이 있고, 특정 조건들이 이런 성장을 촉진한다고 가정한다.

두 번째 학기에 마크는 선택과목을 이수하기 위해 미술사를 수강했다. 인정하기 싫었지만 마크는 법보다 미술사에 더 매료되었다. 여가시간에 미술사 교재를 읽고 관련된 주제를 온라인에서 검색했다. 심지어 룸메이트에게 미술도구를 빌려 자신의 손으로 그림을 그리기도 했다. 그러나 부모가 기숙사를 방문했을 때 예술에 관심이 있다고 말하지 않았다. 마크는 부모가 예술을 좋아하지 않을 것이고, 자신이 예술에 대한 열정이 있다는 것을 안다면 자신을 받아들이지 않을 것임을 감지했다. 부모는 그들이 허용한 직업 경로인 법을 선택할 때 마크를 수용할 것이라는 조건을 분명히 했고, 마크도 자신의 본질적인 관심사를 따른다면 부모가 감정적으로, 재정적으로, 또는 다른 어떤 방법으로도 자신을 지지하지 않을 것이라는 것을 알고 있었다. 마크는 결국 변호사가 되었고, 비록 성공을 거두었지만 자신의 예술적 재능을 결코 키울 수 없다는 사실을 항상 불행하게 여겼다. 마크는 자신의 법적 '나뭇가지'는 많은 '햇빛'을 받은 반면, 다른 많은 가지들은 등한시되었다는 것을 깨달았다. 그는 다른 발전된 흥미, 능력 또는 기술이 없는 변호사로서 자신의 실제 삶과 이상적 자기를 비교했을 때 불만족스럽고 불행한 기분을 느끼는 등 불일치감을 경험한다는 것을 알게 되었다. 만약 마크가 인간중심 치료자처럼 '무엇이든 상관없이' 그를 존중해주는 사람과 의미 있는 관계에서 자신을 찾게 된다면 그는 분명 자신을 더 무조건적으로 볼 수 있게 될 것이고, 자기실현 경향성을 따르며, 실제 자기와 이상적 자기를 일치시킬 수 있을 것이다.

인본주의 심리치료의 요소

자아실현은 모든 사람에게 자연스러운 기본 경향이기 때문에, 치료자는 자아실현에 적절한 조건을 만들어주기만 하면 된다. 치료자는 내담자를 직접 치유하지 않는다. 대신 치료자는 내담자의 성장에 대한 자기 치유 성향을 촉진시킨다. 치료자는 세 가지 필수 치료조건(three essential therapeutic condition)을 특징으로 하는 치료자-내담자 관계를 형성하여 이를 수행한다(Cain, 2002, 2010; Rogers, 1957, 1959; Tudor & Worrall, 2006).

공감

내담자가 자신의 삶의 사건들을 인정하고 인식하고 이해하는 것처럼 치료자가 내담자의 감정을 감지할 수 있을 때 치료자는 내담자에게 공감(empathy)을 경험하게 된다. 공감은 치료자 자신의 가치와 관점을 일시적으로 멈추고 내담자의 경험에 대해 깊고 무비판적으로 이해하는 것을 의미한다. 치료자는 내담자의 눈을 통해 삶을 관찰하고 내담자의 참조 틀을 사용한다(Rogers, 1980). 인간중심치료와 동의어로 사용되는 **내담자중심치료**(client-centered therapy)는 이러한 공감적인 이해를 강조하는 것을 반영한다(Bozarth, 1997).

치료자가 정확하게 공감하고 공감을 효과적으로 전달할 때 내담자에게 심오하고 긍정적인 영향을 끼칠 수 있다. 공감은 내담자들이 자신들의 감정을 분명히 드러내고 그들이 경험하는 감정에 대해 더 많은 확신을 가질 수 있게 해준다. 공감은 또한 내담자에게 한 개인으로서의 가치와 지지를 느낄 수 있게 해준다(Cain, 2002, 2010; Gillon, 2007).

무조건적인 긍정적 존중

무조건적인 긍정적 존중(unconditional positive regard, UPR)은 본질적으로 '어떤 조건에도 관계없이' 다른 사람을 완전히 수용한다는 것이다. Rogers(1959)는 UPR을 실행하는 치료자는 다음과 같다고 언급했다.

> 치료자는 조건을 달지 않고 전체로 내담자를 받아들인다. (치료자는) 내담자의 특정 감정을 받아들이면서 다른 감정을 무시하지는 않는다. 즉 판단을 하지 않는 것을 의미한다. 내담자의 좋은, 긍정적인, 성숙한 감정만큼 내담자의 고통, 적대감, 방어 혹은 비정상적인 감정도 수용하는 것을 의미한다. (pp. 13-14)

식물의 비유를 떠올려본다면 식물의 햇빛은 사람의 긍정적 존중과 같은 역할을 한다. 따라서 UPR을 제공하는 치료자는 방해받지 않고 모든 방향에서 오는 햇빛과 매우 흡사하다. UPR은 내담자가 타인과의 관계에서 다른 사람의 존중 또는 수용을 잃을 염려 없이 순수하게 자기 주도적 방식으로 성장할 수 있도록 해준다. UPR은 내담자들이 다른 사람의 기준을 충족하기 위해 자신을 수정하거나 바꾸거나 또는 재교육을 하지 않고도 자신을 전적으로 믿어도 된다는 것을 깨닫는 분위기를 만드는 데 유용하다. 치료자들이 무조건적으로 내담자에게 보상을 할 때 내담자들은 무조건적으로 자신을 스스로 보상하게 될 것이고, 이는 더 높은 수준의 일치감과 자아실현을 촉진할 것이다. 한 경험적 연구에서 다양한 문제로 치료를 받기 위해 대학상담센터를 찾은 100여 명의 내담자를 대상으로 일치감의 변화를 측정했다. 그 결과 일치감 증대와 전반적인 치료 효과 간에 강한 상관이 지적되었다(Watson, Bryan, & Thrash, 2014).

여러분은 한 사람 전체로서가 아니라 자신의 특정 측면, 예컨대 성격, 행동, 심지어 물질적인 것들을 칭찬해주는 사람들과의 관계를 경험해보았을 것이다. 분명히 밝혀지지는 않았지만 이러한 관계를 맺은 사람들은 그들이 좋아하는 측면은 보여주고, 싫어하는 측면은 숨기는 한 여러분을 수용해줄 것이 분명하다. 인본주의자들에 따르면 이러한 관계는 성장을 방해하고 결국 우리를 진정한 자아로부터 멀어지게 하는 원인이다. 따라서 인본주의 치료자들은 내담자를 전적으로 그리고 무조건적으로 받아들이는 것을 최우선 과제로 삼는다. 치료자들은 내담자들이 다양한 방향으로 성장하도록 압박하기보다는 자연스럽게 자신의 잠재력을 발휘하여 성장할 수 있는 기회를 제공한다(Cain, 2010; Tudor & Worrall, 2006).

진실성

진솔하지 않으면 공감과 UPR은 가치가 없다. 그래서 인본주의 치료자는 내담자와의 관계에서 진

글상자 13.1

문화 고려하기

다양한 문화에 따른 공감

인본주의 접근에 따르면 공감은 성공적인 심리치료에 필수적이다. 하지만 문화적 배경이 치료자의 공감을 제한할 수 있는가? 치료자는 인종, 성별, 나이 또는 다른 변인이 현저하게 다른 내담자와 어느 정도까지 정확하고, 진정으로 공감할 수 있는가?

최근 유산한 후 우울증 때문에 상담을 받으려는 38세 여성인 스테파니의 예를 생각해보자. 남성 치료자보다 여성 치료자가 더 공감할 수 있을까? 여성 치료자가 유산을 해본 적이 없다면 치료자의 공감 능력이 부족할 것인가? 여성 치료자가 임신경험이 없다면 어떨까?

치료를 받고자 하는 남라타와 아미트 부부의 경우를 살펴보자. 남라타와 아미트는 모두 인도에서 미국으로 이주했고, 둘 다 힌디어와 영어를 유창하게 구사했다. 이들은 약 한 달 만에 첫아이를 임신하였고, 출산 이후 집에서 어떤 언어를 사용할 것인지에 관해 열띤 논쟁을 하고 있다. 남라타는 자녀가 영어를 주요 언어로 생각하는 학교와 취업 시장에서 경쟁력을 갖추기 위해 집에서 영어로만 말해야 한다고 생각한다. 아미트는 자녀가 고유의 전통과 문화와의 관계를 강하게 유지할 수 있도록 집에서 힌디어를 써야 한다고 생각한다. 만약 인도인이면서 영어와 힌디어를 모두 사용할 수 있는 치료자가 있다면 그 치료자는 인도인이 아닌 치료자 또는 영어로 말하는 치료자보다 공감 능력이 더 크다고 할 수 있을까? 그런 치료자에게 자녀가 있는 것이 중요할까?

마지막으로 상실과 건강 문제로 어려움을 겪고 있는 75세의 여성 페이의 사례를 생각해보자. 최근 페이의 남편과 몇 명의 가장 친한 친구가 사망했고, 페이의 건강상태도 악화되었다. 10년 전까지만 해도 그녀는 상당히 건강하고 강했지만, 지금은 휠체어를 타고 있으며 기본적인 신변처리를 간병인에게 의존하고 있다. 상실이나 쇠퇴를 겪어본 적이 없는 30~40세의 치료자가 페이를 진정으로 공감할 수 있을까?

일반적으로 심리치료자의 개인적인 이력이나 경험이 내담자들과 공감하는 능력에 영향을 미칠 수 있을까? 내담자의 성별, 인종, 연령 또는 다른 변인이 같은 치료자만 내담자들이 느끼는 것을 진정으로 이해할 수 있을까? 아니면 감정적 반응을 불러일으키는 사건이 다를지라도 우리의 감정적 반응은 보편적일까? 이 주제에 대한 경험적 연구는 거의 이루어지지 않았으며(예 : Eisenberg, 2000; Feldstein, 1987; Graham & Ickes, 1997; Lennon & Eisenberg, 1987), 수행된 연구 결과도 일관성이 없었다.

임상심리학자로서 당신은 모든 내담자에게 공감할 자신이 있는가? 내담자로서 문화적 배경이 심리학자의 공감을 극대화할 수 있다는 가정하에 당신의 문화적 배경과 일치하는 임상심리학자를 찾겠는가?

실성을 발휘해야 한다. 치료자는 내담자에게 공감하는 척하거나 무조건 보상을 주는 것처럼 행동하지 않는다. 대신에 진정으로 내담자에게 공감하고 무조건적으로 보상한다. 진실성(genuineness)은 Rogers와 그의 추종자들이 치료자의 실제 자기와 이상적 자기가 일치하기 때문에 치료자의 일치성이라고도 부르는데, 이러한 진실성은 일부러 어떤 역할을 하거나 겉치레하는 것과는 상반된다. 흔히 친구, 가족 또는 치료자 등 다른 사람이 이렇게 행동하는 것을 느끼게 되면 우리 자신을 드러내지 않는 경향이 있다. 반면에 우리를 진정으로 돌보고 받아들이는 것을 느낄 때 관계에서 더 개방하고 몰두해서 관여하는 경향이 있다(Gillon, 2007; Rogers, 1959; Tudor & Worrall, 2006).

내담자에게 진실성을 드러내면 인본주의 치료자는 '진짜'라고 느껴지는 치료적 관계를 형성할 수 있다. 이러한 관계는 치료자의 전문성으로 만들어내는 치료자-내담자 관계와 현저하게 다르고, 치료자의 성격이 주된 역할을 한다. 예상할 수 있는 바와 같이 Rogers를 포함한 인본주의자들은 치료자에게 비교적 높은 수준의 투명성을 보일 것을 권장한다. '빈 화면' 역할을 하는 심리역동 치료자와 달리 인본주의자들은 회기 중 자신의 생각과 감정에 더 많은 관심을 갖고 있고 솔직한 경향이 있다. 그러나 인본주의자들은 각 회기가 치료자 자신이 아닌 내담자를 위한 것임을 잘 인식하고 있으며, 이러한 목표하에 치료자의 자기개방이 이뤄진다(Rogers, 1957).

공감, UPR, 진실성과 같은 세 가지 조건은 인본주의 치료자와 내담자의 관계에 필수적인 요소이며, 심리치료에 대한 인본주의적 접근의 초석이다(Cain, 2010). Rogers(1961)는 이 세 가지 요소에 관해 다음과 같이 설명했다(pp. 37-38).

만약 내가 맺은 관계에서 다음의 특징을 가질 수 있다면,

- 진실성과 투명성으로 나의 진정한 감정을 느낄 수 있고,
- 상대방을 분리된 한 개인으로서 따뜻하게 받아들이고 수용할 수 있으며,
- 상대방의 세계와 상대방이 자기 자신을 바라보는 것처럼 그를 볼 수 있는 민감성을 지닐 수 있다면,

관계를 맺은 상대방은,

- 예전에 억제했던 자신의 모습을 경험하고 이해할 수 있게 되고,
- 스스로 더 잘 통합하고 효율적으로 기능할 수 있게 되며,
- 자신이 원하는 모습에 더 가까워질 수 있을 것이고,
- 더욱 자기주도적이고 자신감이 높아지겠으며,
- 더 독특하고 자기 표현력이 더 풍부한 사람이 될 것이고,

- 다른 사람들을 더 잘 이해하고 받아들일 것이며,
- 삶의 문제를 더 적절하고 더 편안하게 대처할 수 있을 것이다.

필요와 충분?

Rogers가 공감, UPR 및 진실성을 성공적인 심리치료의 세 가지 핵심 조건으로 제시했을 때 단순히 일부 내담자에게 효과적일 것이라는 의미는 아니었을 것이다. 그는 훨씬 더 확신에 차 있었다. 이 세 가지 조건은 어떤 내담자를 대상으로 하더라도 심리치료가 성공하기 위한 필요조건이면서 충분조건이었다(Rogers, 1957). 다시 말해 Rogers는 어떤 종류의 문제든 환자의 성장과 자기실현을 촉진하기 위해 치료자는 공감, UPR 및 진실만을 제공해야 한다고 주장했다. 추가적인 기술이나 절차가 필요하지 않다.

이러한 세 가지 요소가 성공적인 심리치료에 필요하고 충분하다는 Rogers의 주장과 관련해서 상당한 논쟁과 연구들이 이뤄졌다. 1970년대 중반까지 이루어진 연구는 대체로 Rogers의 주장을 지지했지만 이후 결과는 더 불확실하고 일관성이 없었다. 보다 최근의 연구에 따르면 Rogers의 핵심 치료성분은 반드시 필요하지만 심리치료가 성공하기 위해 항상 충분한 요소는 아닌 것으로 밝혀졌다. 아마 이 세 가지는 좋은 치료를 위한 전제조건으로 이해할 수 있다. 일련의 조건이 어떤 내담자에게는 상당한 호전을 촉진하기에 충분할 수 있고, 다른 경우에는 환자를 호전시킬 수 있는 추가적인 치료 방법을 위한 단계를 만드는 데 충분할 수도 있다. Rogers의 세 가지 핵심 조건을 경험적 연구가 뒷받침하는 방식으로 이해하는 또 다른 흥미로운 방법은 치료자가 명시적으로 인본주의이든 아니든 이 요소들을 치료적 관계의 필수 부분으로 평가하는 것이다. 달리 표현하면 공감, UPR, 진실성은 제11장에서 자세히 살펴본 바와 같이 모든 심리치료 형태의 성공에 크게 기여하는 공통적인 요인으로 볼 수 있다(Bozarth, Zimring, & Tausch, 2002; Zuroff, Kelly; Leybman, Biatt, & Wampold, 2010).

● ● ● 글상자 13.2 ● ● ●

나의 경험

나의 임상적 경험에 따르면 종종 인본주의 치료의 세 가지 핵심 요소인 공감, 무조건적인 긍정적 존중과 진실성 등이 내담자를 돕는 데 필요하면서도 충분하다는 Carl Rogers의 주장에 반발하게 된다. 사실 '필요' 부분에 대해서는 이견이 없다. Rogers의 세 가지 요소는 견고한 치료관계에 중추적인 역할을 하므로 이 세 가지 요소 없이 치료가 잘되는 것은 상상하기조차 어렵다. 내가 반대하고 싶은 것은 '충분' 부분이다.

나는 Rogers의 세 요소가 분명히 충분하지 않을 몇 명의 내담자를 만난 적이 있다. 첫 번째 내담자는 21세 대학생인 앤서니이다. 앤서니는 수년간 우울증을 해결하지 못하고 시달리다가 상담실에 오게 되었다. 그는 자신의 삶, 특히 과거 사건들을 지나치게 부정적으로 생각하는 경향이 강했다. 그가 계속 슬프게 느끼는 모든 이유를 언급해주어 나는 그와 공감할 수 있었다. 이러한 우울감이 많은 친구들을 지치게 하고 가족들과 소원하게 했음에도 나는 그를 받아들여주고 심지어 앤서니에게 무엇이든 보상해주어, 무조건적인 긍정적 존중을 제공했던 것이다. 앤서니에 대한 나의 모든 반응은 진실했다. 나는 앤서니와 공감할 때 그냥 치료자 역할을 하려고 한 것이 아니라 진정으로 그의 정서적 고통을 파악하고 그의 진정한 자아를 중요하게 여겼다.

그러나 앤서니는 공감, 무조건적인 긍정적 존중, 그리고 진실성 조합 이상의 것이 필요했다. 좀 더 목표 지향적이고 증거에 근거한 기술이 필요했다. 나는 앤서니가 과거 결정에 대한 그의 비논리적인 생각에 도전하도록 돕기 위해 인지치료(제15장 참조)를 사용했다. 예를 들어, 파트타임 일자리를 포기하겠다는 결정에 대해 자신을 자책할 때 나는 그 결정은 재앙이라고 볼 수 없고, 비슷한 기회가 곧 다시 생길 수 있다는 점을 상기시켜주었다. 또한 행동 활성화(제14장 참조)를 활용했다. 구체적으로 앤서니가 우울하지 않을 때 했던 운동과 사교활동 등의 특정 행동목록을 작성한 다음 규칙적으로 목록에 적힌 행동을 할 수 있는 일과를 계획하여 따르도록 도왔다. 앤서니의 경우 로저스식 치료요소가 훌륭한 치료관계를 형성하도록 하여 그의 증상에 적합한 기법을 수행할 수 있는 기반을 만들어주었다.

그러나 모든 내담자에게 이러한 기술이 필요하다고 생각하는 것은 실수이다. 나는 공감, 무조건적인 긍정적 존중, 진실성이면 충분한 몇몇 내담자도 만났다. 이러한 내담자는 자신의 문제를 해결하기 위해 동기가 부여된 '자기 주도적'인 사람이다. 이들은 또한 통찰력이 있고 기능 손상이 심각하지 않다. 이러한 내담자의 경우 호전을 쫓아가기보다 촉진시키는 치료자가 이상적이다. 30세 여성인 티아나를 살펴보자. 티아나는 사람들을 기쁘게 하는 사람이었다. 그녀는 친구나 가족들을 화나게 하거나 갈등이 일어나는 것에 대한 두려움 때문에 친구와 가족의 의견에 항상 동의했다. 하지만 의존성 성격장애의 진단기준을 충족시킬 정도로 강하거나 사람들을 피곤하게 하는 정도는 아니었다. 그러나 확실히 그러한 성향을 보였다. 티아나와의 첫 만남에서 그녀는 이 경향에 대해 잘 알고 있었고, 특히 이 경향이 너무 오랫동안 연인관계를 유지하는 등 많은 불행을 초래했기 때문에 바꿀 동기가 충분히 있었다. 그녀는 인식해야 할 표적을 정확히 적중시켜 통찰하였다. 그녀의 많은 문제를 해결하는 데 있어서 Rogers 치료의 기본요소를 근거로 좋은 치료관계를 형성하는 것 이외의 요소는 필요하지 않았다. 물론 치료자인 내가 기여했지만 구조화된 기술을 그녀에게 적용한 것은 아니다. 대신 그녀의 문제에 관한 대화에서 공감, 무조건적인 긍정적 존중, 진실성을 적용했고, 티아나는 스스로 자신이 호전될 수 있도록 방향을 잡을 수 있었다.

행동이 아닌 치료자의 태도

공감, UPR, 진실성이 필요한지 충분한지 또는 둘 다인지에 관계없이 인본주의자는 행동이 아닌 치료자의 태도를 중요시한다는 점을 기억해야 한다(Bozarth, 1997; Tudor & Worrall, 2006). 인본주의자는 치료에 대한 공식적 · 기계적 접근법을 꺼린다. 따라서 치료자가 내담자와 무엇을 함께 해야 하는 것에 관해 많은 구체적인 제안을 하지 않는 경향이 있다. 대신 그들은 치료자가 어떻게 내담자와 함께 있어주는가를 강조한다.

> 많은 심리치료자들의 견해와 달리 나는 치료자의 성공을 결정하는 것은 예를 들어, 숙련된 꿈 해석, 예민한 감정에 대한 반영, 전이를 다루는 방법, 예리한 긍정적 강화물의 적용 등 치료자의 전문적 기술이나 훈련이 아니라고 오랫동안 주장했다. 대신 심리치료의 성공에 영향을 주는 것은 내담자에게 전달되고 내담자에 의해 인식되는 치료자의 특정한 태도라고 믿는다. (Rogers, 1959, p. 10)

반영 : 중요한 치료자의 반응

어떤 특별한 치료자의 행동보다 치료자의 태도가 더 중요하다고 믿지만, 일반적으로 인본주의자들은 치료자의 한 가지 행동, 즉 반영은 심리치료의 성공에 크게 기여할 수 있다는 것에 동의한다. 이것은 공감, UPR, 진실성이 전달되고 인본주의자들이 강조하는 태도를 표현할 수 있는 기제로 작용한다.

반영(reflection)은 치료자가 내담자의 감정이나 정서를 강조하는 방식으로 내담자의 진술을 수정하거나 다시 말하는 것으로서 치료자가 내담자에게 반응할 때 사용한다(Campbell, 2004). 반영은 치료자가 이야기를 들었음을 나타내기 위해 내담자의 말을 단순히 따라 하는 것이 아니라 치료자가 내담자의 감정적인 경험에 대한 공감을 보여주는 치료자의 평가를 전하는 것이다. 실제로 인본주의자는 감정을 강조하기 위해 '반영'이라기보다 '감정의 반영'이라고 흔히 쓴다. 치료자들이 반영할 때 이를 명시적으로 언급하지 않더라도 인본주의 치료자는 내담자의 정서를 반영하는 것이다.

예를 들어 정규직으로 일하는, 7세와 9세의 두 자녀를 둔 로사를 생각해보자. 로사는 자신의 일상적인 하루를 인본주의 치료자에게 말한다. "나는 6시에 일어나요. 애들 도시락을 싸서 버스 정류장에 데려다준 다음 출근준비를 해서 8시 30분에 도착하죠. 4시 30분까지 일하고, 교통체증을 뚫고 방과 후인 5시에 아이들을 태워 옵니다. 그리고 집에 가서 저녁 식사를 준비해서 먹이고 아이

글상자 13.3

비유하기

돋보기와 반영

© Michelle Peek/istockphoto.com

옷을 입을 때나 머리를 감고 화장을 하고 면도를 할 때 우리는 항상 거울을 본다. 그 이유는 무엇인가? 비상시에는 아마 거울 없이도 이러한 일을 거의 완벽하게 할 수 있을 것이다. 그렇다면 거울은 무엇을 제공하는 것인가? 본질적으로 거울은 우리에게 우리의 외모에 대한 피드백을 준다. 우리는 우리의 얼굴과 몸을 비춰 볼 때 우리의 신체적 자기를 더 잘 인식할 수 있다. 거울이 없다면 우리가 어떻게 보이는지에 대한 감각의 정확성이 떨어질 것이다.

인본주의 치료자가 내담자의 감정을 반영할 때 이와 비슷한 과정이 일어난다. 치료자는 내담자에게 내담자의 감정에 대한 피드백을 제공한다. 내담자는 자신의 감정이 다시 자신에게 반영될 때 자신의 정서적 자기를 더 잘 인식할 수 있다. 그러한 반영이 없다면 자신이 어떻게 느끼는지에 대한 감각의 정확성이 떨어질 것이다.

일반 거울은 피드백을 제공하기는 하지만, 확대경(돋보기)은 보다 강력한 피드백을 제공한다. 확대경은 우리 얼굴의 특징을 증폭시켜 우리가 완전히 알지 못했을 수도 있는 부분과 전혀 느끼지 못할 수도 있는 부분을 보여준다. 인본주의 치료자의 감정적인 반영도 비슷한 효과를 가져올 수 있다. 내담자가 완전히 알지 못했을 수도 있고, 전혀 느끼지 못할 수도 있는 감정을 강조할 수 있다. 이런 이유로 현명한 인본주의 치료자는 내담자들이 감정적인 거울에서 볼 수 있는 것으로 인해 놀라지 않도록 신중하고 조심스럽게 확인하고 감정을 반영하도록 항상 주의한다.

마찬가지로 Rogers(1986)는 항상 치료자에게 진술보다 질문을 통해 감정을 더 잘 반영하는 시도를 하도록 하여 반영에 대한 겸손한 접근을 사용하도록 했다. 어쨌든 치료자는 서커스에서 볼 수 있는 거울처럼 왜곡된 감정을 내담자에게 되돌려 보내는 반영을 하고 싶지는 않을 것이다. 자신의 몸에 대해 잘 모르는 사람들이 서커스 거울을 통해 자신이 실제보다 더 뚱뚱하고, 마르고, 키가 작거나 크다고 잘못 확신할 수 있는 것처럼, 자신의 감정에 대해 잘 모르는 내담자들은 치료자의 잘못된 반영으로 자신이 실제보다 더 화가 나고, 슬프고, 행복하거나, 질투한다고 잘못 확신할 수 있다.

들의 숙제를 도와주고 재웁니다. 그러고 나서야 집 청소를 하고, 청구서들을 정리하고, 또 다른 일을 해야 하죠. 그다음 날도 똑같은 일과가 또다시 시작됩니다."

로사의 치료자는 로사가 몇 가지 사실을 반복하는 것에만 주의를 기울이고 있다고 확신할 수 있다. '6시에', '8시 30분에', '5시에', '아이들을 데려 와서' 등이다. 그러나 효과적인 감정의 반영은 로사의 진술에서 정서적 의미를 찾아내는 것에 달려있다. 로사가 선택하는 단어보다는 그녀가 말하는 어조나 몸짓을 통해 그녀의 감정이 전달되는 듯하다. "하루가 너무 길고 해야 할 일이 너무도 많았고, 하루가 끝날 때는 너무 피곤한 것 같네요. 아무에게도 인정받지 못하고, 마치 당신이 처해 있는 상황 때문에 좌절한 듯이 들립니다. 이런 감정을 느꼈다는 건가요?" 로사가 사용한 단어로 감정을 그대로 반영하는 것만으로도 치료자는 공감을 표현할 수 있다. 이렇게 비판단적으로 표현함으로써 UPR을 전달할 수 있다. 그리고 솔직하게 대함으로써 진실성을 전달할 수 있다. 시간이 지남에 따라 이러한 세 가지 조건은 강력한 치료관계에 기여하고 로사의 성장을 촉진한다.

Rogers는 활동 후반기에 '감정의 반영'이 많은 인본주의 운동의 내외부에 적용된 방식에 관해 다소 안타까워했다. 그는 반영이 "기술로, 그리고 때때로 매우 서투른 것으로" 잘못 가르쳐지고 제대로 이해되지 않았다는 사실에 특히 기분이 좋지 않았다(Rogers, 1986, p. 375). 무엇보다 반영은 기술이 아니라 하나의 태도여야 한다고 믿었다. 그리고 이러한 태도는 치료자들이 기계적으로 반영할 때 잃을 수 있는 겸손을 포함해야 한다. 반영할 때 치료자는 내담자에게 그들의 기분을 말하는 것이 아니라 내담자의 감정에 대한 치료자의 이해가 올바른지를 내담자에게 물어야 한다. 다른 말로 치료자는 내담자의 감정을 읽는 능력에 과신하지 말아야 하고, 내담자의 감정에 대한 전문성은 내담자에게 맡겨야 한다. Rogers는 "이러한 치료자의 반응은 '감정의 반영'이 아니라 '이해의 검증' 또는 '지각의 확인'이라고 불려야 한다."고 제시하기도 했다. 이러한 용어는 '반영'하려는 의도보다는 질문하고 싶은 욕망을 더 정확하게 전달한다고 믿는다(p. 375). 반영과 감정의 반영이라는 용어가 아직 사용되지만 Rogers가 설명한 반영의 사용법과 개념은 매우 중요하다.

인본주의의 대안

역사적 대안

임상심리학의 역사를 통틀어 수많은 형태의 심리학이 인본주의에 상당한 영향을 받았다. 이러한 역사적인 접근법 중 가장 주목할 만한 두 가지, 실존주의 치료와 게슈탈트 치료를 살펴볼 것이다. 비록 이들의 전성기는 지나갔다고 말하는 것이 정확하지만, 그럼에도 이 치료들은 심리치료의 발전에 있어 중요한 자리를 차지하고 있고 오늘날 많은 치료자들에게 영향을 미치고 있다.

실존주의 심리치료(existential psychotherapy)는 원래 Rollo May, Victor Frankl, Irvin Yalom에 의해 개발된 치료에 대한 접근법이다. 실존주의 심리치료는 각 개인은 본질적으로는 이 세상에 혼자이고, 이런 사실을 자각하는 것 자체가 불안에 휩싸이게 할 수 있다는 전제를 중점에 둔다. 이 불안감은 다양한 형태로 나타날 수 있고, 모든 정신병리의 근원이다. 실존주의 이론은 궁극적으로는 피할 수 없는 고립 외에도 인간 삶의 다른 불가피성, 특히 죽음이 많은 사람들의 무의미에 강한 의미를 준다고 여긴다. 실존주의 치료자들은 자신의 결정을 통해 자신만의 의미를 창조함으로써 무의미함을 극복하는 내담자의 능력을 크게 강조한다. 특히 내담자가 과거의 제한적인 관계에 의해 결정된 선택보다 현재와 미래에서 자신에게 충실한 선택을 하도록 권장한다. 존재 그 자체로 피할 수 없는 사실에 대한 내담자의 반응에 공감하는 동시에 질문과 토론을 통해 내담자가 자신의 삶을 통제하고 의미를 부여하도록 돕는다(Frankl, 1963; May, 1983; Schneider & Krug, 2010; Yalom, 1980). 실존주의 심리치료는 경험적 연구에 몰두하지는 않았고, 그러한 유형의 연구에 동의한 학자도 소수에 불과했다. 그러나 실존주의 심리치료에 대한 메타 분석은 비록 연구의 양과 질에 한계가 있음에도 효과가 있다는 것을 발견했고, 특히 신체적 질환이 있거나 삶의 의미에 관심이 있는 일부 내담자들에게 효과적이었다(Vos, Craig, & Cooper, 2015).

게슈탈트 심리치료(gestalt psychotherapy)는 Fritz Perls에 의해 만들어졌으며, 내담자의 경험을 향상시키기 위한 총체적인 접근법을 강조한다. 이 경험은 정신적 · 신체적 지각을 모두 포함하고 있으며, 게슈탈트 치료자들은 내담자의 의사소통에서 이 두 가지 측면에 모두 주의를 기울인다. 실제로 게슈탈트 치료자들은 내담자들에게 종종 역할연기 기법을 사용하여 내담자의 잠재력을 최대한 발휘하도록 격려한다. 그들은 내담자의 과거 경험을 강조하지 않는 대신 현재의 순간, '지금(now)'이라고 불리는 것에만 집중하도록 한다. 자아의 모든 부분에 대한 통합과 인식은 개인적인 성장의 징후이고, 이는 심리적인 행복과 연관된 것이다(Fagan & Shepherd, 1970; Gold & Zahm, 2008; Mackewn, 1997; Perls, 1969).

동기강화상담

최근 몇 년간 인본주의 치료법의 새로운 형태가 등장했는데, 이들은 보다 간략한 접근을 강조한다(Tudor, 2008). 가장 대표적인 예로는 William Miller가 개발한 동기강화상담(motivational interviewing, MI)으로, 이 접근은 상당한 경험적 증거를 축적하고 그 분야에 광범위한 영향력을 미친 치료법이다. Miller는 인본주의의 기본원칙을 수정하여 적용한 것이 MI 접근법이라고 설명한다(Hettema, Steele, & Miller, 2005; Miller & Rose, 2009). MI는 원래 약물 남용과 같은 중독장애를 치료하기 위해 개발되었으나 광범위한 내담자 문제에 적용되기 시작했다. MI는 내담자의 생활 방식에 중대한 변화를 가져오는 것에 대한 양가감정과 불확실성을 다루는 데 초점을 둔다. 많은 치료자들은 그러한 양가감정을 저항, 부정 또는 동기 부족이라 부르는 반면, MI 치료자는 건강하지 않은 친숙한 생활 방식을 유지하거나 건강하지만 익숙하지 않은 방식으로 생활하겠다고 결심한 사람이 흔히 경험할 수 있는 문제라는 것을 인정한다. MI 접근법의 핵심은 전문가들이 내담자들에게 변화를 강요하지 않는다는 것인데, 그 이유는 이러한 전략이 오히려 역효과를 낼 수 있기 때문이며, 결과적으로 내담자들이 호전에 반대한다고 주장하게 되기 때문이다. 대신에 내담자들이 그들의 행동과 가치관 사이의 불일치를 깨닫도록 돕는다. Rogers는 이를 불일치감이라고 불렀을 것이다. 이런 전략을 통해 전문가들은 내담자의 외부로부터 변화의 동기를 강요하기보다는 내부로부터 이끌어낸다. 이를 통해 내담자들은 그들의 고유한 가치를 활성화하여 자신의 행동을 변화시키는 영감을 얻을 수 있다(Rubak, Sandbæk, Lauritzen, & Christensen, 2005). 요약하면 임상가는 MI를 사용하여 내담자가 스스로 변화하겠다는 결정을 하도록 돕는다(Miller & Rollnick, 2002; Miller & Rose, 2009; Moyers, 1998).

완전한 하나의 치료법으로 적용하는 것 외에도 MI는 치료 초기에 하나의 '도약'으로 다른 치료법을 보완하기 위해 사용될 수도 있다. 예를 들어, 치료에 대한 욕구나 목표가 치료자 또는 가족 구성원과 같은 다른 사람들에 의해 부과된 경우 내담자에게 인지치료 또는 행동치료를 시작하려고 한다면 치료를 받고 싶지 않을 수 있다. 치료자가 내담자의 동기부여를 성공적으로 유도하기 위해 치료 초기에 일부 MI 원칙을 활용하면 인지치료나 행동치료가 더 원활하게 진행될 수 있다. 사실 경험적 연구에 따르면 불안장애에 대한 인지행동치료를 시작하기 전 MI를 1회기 한 내담자가 하지 않은 내담자보다 인지행동치료에 더 많이 참여했다(Barrera, Smith, & Norton, 2016).

MI의 핵심원칙은 인본주의에 뿌리를 둔다(Arkowitz & Westra, 2009; Dennhardt, Yurasek, & Murphy, 2015; Miller & Rollnick, 2002; Moyers, 1998; Westra & Aviram, 2013).

- 공감 표현하기. 내담자의 관점을 파악하고 내담자의 경험에 대한 그들의 감정을 존중하는 것은 MI에 필수적이다.
- 불일치감 발달시키기. MI 치료자는 내담자의 행동이 내담자의 목표 또는 가치와 모순된다는 것을 강조한다. 이것은 변화하려는 내담자의 자기 동기 부여를 향상시키고 새로운 삶의 방식에 대해 치료자가 아닌 자신이 논쟁하도록 만든다.
- 논쟁 피하기. MI 치료자는 내담자가 자기 파괴적인 행동을 하더라도 이를 직면시키지 않는다. 치료자가 강력하게 무장하기보다 내담자가 변화하기를 선택해야 한다는 것을 알고 있다.

- **저항과 뒹굴기.** 내담자가 변화에 주저함을 표현할 때 MI 치료자는 그것에 대항하기보다는 그것을 받아들이고 반영한다. 그들은 내담자가 변화에 대한 복합적인 감정을 가지고 있다는 점을 존중한다. 예를 들어, 내담자들은 음주 때문에 많은 문제가 발생했다는 것을 알고는 술을 끊고 싶은 동시에 여전히 자신은 술을 적절히 마실 수 있다거나 나쁜 점보다는 좋은 점이 더 많다고 믿는다.
- **'유지대화'와 '변화대화' 확인하기.** 변화에 대한 저항은 종종 내담자들의 유지대화로 전달된다. 유지대화는 내담자가 문제 행동을 지속하기 위한 진술의 형태를 취한다. "나는 항상 건강에 해로운 음식을 먹었고, 나의 가족도 마찬가지예요. 마트나 식당에서 어떤 다른 것을 사야 할지 모르겠어요." 반면에 변화대화는 내담자가 문제 행동을 변화하는 데 도움이 되는 진술이다. "제 몸무게와 콜레스테롤 수치가 통제 불능이에요. 난 너무 살이 쪘고 건강하지 않아요. 전 정말 더 건강한 음식을 먹어야 해요." MI의 치료자는 이 두 목소리가 모두 내담자 안에 있다는 것을 인정한다. 그들은 내담자의 내부에서 발생되는 분쟁을 이해하고 내담자들이 스스로 해결책을 마련할 수 있도록 한다. MI를 구성하는 특정 요소들을 조사한 연구는 변화대화가 긍정적인 행동변화를 예측한다고 지적했다(Miller & Rose, 2009).
- **자기효능감 지지하기.** MI 치료자들은 내담자에게 자기 스스로 향상시킬 힘이 있음을 알리기 위해 노력한다. 치료자의 역할은 돕는 것이다. 변화의 가장 큰 힘을 가진 사람은 바로 내담자이다.

MI의 효능에 관한 많은 경험적 연구가 이루어졌고, 그 결과는 매우 인상적이다. MI 결과에 관한 메타 분석은 MI가 심리적 · 신체적 증상을 비롯하여 매우 광범위한 다양한 문제에 유용한 것으로 지적했다. 물질관련장애, 도박, 흡연, 체중 감량을 위한 노력, 불안장애, 우울증, 친밀한 배우자나 연인에 대한 폭력, HIV의 위험을 증가시키는 행위, 콜레스테롤 수치 및 혈압 등의 문제를 개선하고 향상하는 데 유용한 것으로 밝혀졌다. 주로 이러한 문제를 악화시키거나 강화시킬 수 있는 행동을 변화시킴으로써 도움을 주는 것이다(Arkowitz & Westra, 2009; Burke, Arkowitz, & Menchola, 2003; Jensen et al,. 2011; Lundahl & Burke, 2009; Miller & Rose, 2009; Musser & Murphy, 2009; Parsons, Lelutiu-Weinberger, Botsko, & Golub, 2014; Rubak et al., 2005). 앞서 설명한 바와 같이 MI는 다른 형태의 치료법에 통합될 수 있고, 잠재적 유용성을 넓힐 수 있다(Hettema et al., 2005). 행동치료와 인지치료가 장악한 근거기반 치료 목록에서 MI는 분명히 인본주의적 치료법을 목록에 올릴 것이다.

긍정적 개입 및 강점 기반 상담

1990년대에 Martin Seligman의 지도하에 등장했던 긍정심리학 운동은 2000년대에 급성장했고, 2000년대에 이르러서는 인본주의의 근본적인 토대와 겹치게 되었다. **긍정심리학**(positive psychology)은 심리치료에서의 증상 감소를 포함하여 정신병리보다는 인간의 강점과 행복을 강조하는 광범위한 접근법이다(Duckworth, Steen, & Seligman, 2005; Seligman, 2011). 이러한 접근은 희망, 지혜, 창의성, 용기, 자율성, 낙천주의, 책임감 및 성장과 같은 자산에 근거하여 긍정적 특성을 개발하고 유지하는 개인의 내재적 잠재력을 인정한다. 또한 우울증이나 불안과 같은 심리적 문제를 예방하거나 이미 경험한 사람들의 삶을 개선하는 데 이러한 장점들을 강화하는 것을 종종 간과한다고 제안한다(Seligman, 2003; Seligman & Csikszentmihalyi, 2000; Seligman & Peterson, 2003). 비록 긍정심리학이 인본주의에서 파생된 것이라고 분명히 주장하지는 않지만 긍정심리학과 인본주의는 인간에 대한 관점, 즉 스스로의 삶을 인도하고, 불행감을 완충하는 타고난 강점과 능력을 소유한다는 기본 관점은 공통적이고, 이러한 강점과 역량을 강화하기 위해 마련된 임상적 작업에 전념하는 것도 매우 유사하다.

질병 기반 모델에 전념하는 대부분의 다른 현대 심리치료자들과 달리 긍정심리학의 영향을 받은 치료자들은 "약점은 치료하고 강점은 양성하는" 치료적 역할을 한다(Seligman & Peterson, 2003, p. 313; Rashid, 2009; Snyder, Lopez, & Pedrotti, 2011). 내담자의 강점을 육성하는 것은 Rogers의 원래 이론에 대한 현대적 반향으로 볼 수 있다. 특히 인본주의적 접근의 핵심인 자기실현 경향에 내재된 건강한 성장의 본질을 포착한다(Joseph & Patterson, 2008).

긍정심리학에서 파생된 치료법에 다양한 이름이 붙여졌지만 대부분 **긍정적 개입 및 강점 기반 상담**으로 불린다. Seligman(2011)이 요약한 바와 같이 이러한 치료법은 과거 단순한 진단에 근거한 증상완화와 비교해서 내담자의 긍정적인 감정, 삶과의 관계, 관계, 의미 및 성취와 같은 측면을 포함해서 내담자의 전반적인 심리적 안녕감을 증진한다. 수많은 다른 저자들도 약점뿐만 아니라 강점을 포함하는 내담자에 관한 총체적 또는 포괄적인 이해를 통합하기 위해 유사한 제안을 했다. 예를 들어, Beatrice Wright 등이 개발한 '4면 접근법(four-front approach)'은 치료자로 하여금 내담자 삶의 네 가지 영역을 고려하도록 장려한다(Wright & Lopez, 2002; Snyder et al., 2011; Snyder & Elliott, 2005; Snyder, Ritschel, Rand, & Berg, 2006 참조).

- 개인 내의 약점과 약화된 성격
- 개인의 강점과 자산
- 환경 파괴적 요소와 부족한 자원

- 환경 내 자원과 기회

이러한 접근법은 치료자가 내담자의 삶에서 긍정적 요소와 부정적 요소를 인식할 뿐만 아니라 내담자로부터 생겨나고 내담자가 살아가는 환경에서 유래하는 요소를 그릴 수 있도록 한다.

완전한 치료법 그 자체로서뿐만 아니라 긍정적 개입 및 강점 기반 상담은 다른 형태의 치료에 섞일 수도 있다(Kalata & Naugle, 2009; Ward & Reuter, 2011). 비록 심리치료 분야에서 비교적 새로 등장한 신인이지만 긍정적인 개입과 강점 기반 상담 전략의 유용성을 지지하는 몇 가지 경험적 자료가 축적되기 시작했다. 예를 들어, Seligman과 Steen(2005)은 내담자의 행복 수준을 증진하기 위한 개입은 그 목표를 달성할 뿐만 아니라 우울 증상도 완화시킬 수 있다는 것을 발견했다. 다른 연구자들은 치열한 전투와 같은 외상후 스트레스를 경험한 사람들을 대상으로 긍정적 중재를 검토했고, 그 결과 외상후 스트레스와 불안보다는 외상후 성장과 회복력을 강조하는 것을 발견했다(예 : Bonanno, Westphal, & Mancini, 2011; Lee, Luxton, Reger, & Gahm, 2010).

정서집중치료

정서집중치료(emotionally focused therapy, EFT)는 최근 들어 경험적 지지와 인기를 얻고 있는 단기 인본주의적 치료이다. EFT는 현재의 감정에 대한 표현, 인식, 치유뿐만 아니라 오랫동안 '억눌린' 감정을 강조한다. 치료자는 내담자가 전적으로 그리고 완전하게 자신의 감정을 경험하도록 권장하고, 그렇게 할 때 무조건적으로 수용한다. 그들은 때로는 다른 사람들에 대한 자신의 감정을 공유하도록 하는데, 내담자가 늘 자신의 감정을 보여주지 않던 가족 구성원이나 애인과 같은 상상의 인물에게 직접 말하는 '빈 의자' 기법을 사용하기도 한다(Fitzgerald, Johnson, & Thomas, 2015; Greenberg, 2004). EFT의 주목할 만한 특징은 부부 또는 커플에게 흔히 적용된다는 점이다. 부부에게 EFT를 적용할 때 각 개인이 자신의 감정을 보다 확실하게 경험하고 상대방의 진정한 감정을 보다 완전하게 받아들이므로 향후의 친밀감과 감정을 공유할 가능성을 증진시킨다. 상대를 비난하고 철회하는 양상을 공감과 자기개방으로 대체하는 것이 목표이다(Greenberg & Goldman, 2008; Johnson, Hunsley, Greenberg, & Schindler, 1999). EFT는 부부 및 우울증, PTSD 그리고 기타 여러 임상 문제에 유용하다는 연구 결과가 있다(Dessaulles, Johnson, & Denton, 2003; Greenberg & Watson, 2006; Greenman & Johnson, 2012, 2013).

다른 현대적 대안

인본주의를 응용한 또 다른 현대적 심리치료의 예로 Arthur Bohart와 Karen Tallman이 개발한 접근이다. 이 접근을 설명하는 책 제목은 *How Clients Make Therapy Work: The Process of Active Self-Healing*으로, 이 접근이 무엇을 강조하는지 잘 설명되어있다(Bohart & Tallman, 1999). Bohart와 Tallman은 치료자가 이것을 인식할 때 가장 효과적인 치료가 가능하다고 주장한다.

> 내담자는 창조적이고 능동적이어서 적절한 학습 환경이 제공되면 개인의 문제에 대한 해결책을 만들어낼 수 있는 존재이다. 우리에게 치료란 그 사람을 고치려고 하는 것이라기보다는 더 나은 문제해결 분위기(환경)를 만들어주려고 노력하는 과정이다. (p. xi)

치료자의 역할은 기술자가 아닌 내담자의 생각과 의견을 존중해주는 협력자이다. Bohart와 Tallman은 치료에 대한 증상 중심, 매뉴얼화된, 기술 중심적인 치료적 접근과 상반되는 현대적 심리치료를 제공하겠다는 의사를 분명히 밝혔다. 그들은 이러한 접근 방식은 내담자를 수동적인 위치에 두고 스스로 삶의 질을 향상시킬 수 있는 능력을 과소평가한다고 믿는다. Bohart와 Tallman은 내담자가 할 수 없다고 가정하고 규정된 특정 기술을 적용하기보다는 내담자가 스스로를 돕도록 치료에 가담시켜야 한다고 믿는다.

얼마나 효과가 있는가

인본주의 심리치료의 고유한 속성에 관한 경험적 연구의 도전, 즉 어떻게 자기실현을 정의하고 측정할 것인가, 어떻게 인본주의적 태도를 명확한 치료적 행동으로 바꾸어 설명할 것인가 등의 비판이 있었지만 Carl Rogers는 심리치료 결과를 다루는 연구의 선구자였다. 물론 Rogers의 연구들이 행동주의 등 다른 접근에서만큼 경험적 검증을 거쳐 치료에 적용된 것은 아니었다. 그럼에도 Rogers는 그의 개념을 검증 가능한 가설로 제시하고 경험적 연구를 위한 많은 아이디어를 이론적 저술에 소개하였다(Bozarth et al., 2002; Cain, 2002; Elliott, 2002).

1940년대 초 오하이오주립대학교의 교수였던 Rogers는 78 RPM 축음기를 사용하여 심리치료 회기를 최초로 녹음하여 수련과 연구에 활용했다(Rogers, 1942). 얼마 후 Rogers와 동료들은 심리치료 결과에 대한 최초의 통제 연구를 발표했다(Elliott, 2002). 그러나 1960~1970년대에 들어서서 경험적 연구를 위해 Rogers의 전통을 이어가는 인본주의 치료자는 거의 없었다. 1990년대에는 인본주의 치료 결과 연구에 대한 최근의 메타 분석에 나타난 바와 같이 연구에 대한 관심이 부활하였다(Elliott, 1996, 2002; Greenberg, Elliott, & Lietaer, 1994). 한 메타 분석(Elliott, 2002)은 5,000명 이상의 내담자를 대상으로 내담자의 경험을 종합적으로 보고한 86개의 인본주의 치료 연구를 포함한 상당한 규모의 연구였다. 연구자의 충성 효과를 통제한 결과 인본주의 치료법이 대체적으

글상자 13.4

데니스와 인본주의 심리치료

첫 회기에서 데니스는 대화에서 두 가지 주제, 즉 현재 직장에 대한 불만과 그녀와 관련되어있는 개인적 가족사에 초점이 맞춰져 있었다. 어린 시절 어머니와 아버지의 기대에서 크게 벗어나지 않는 한 그들의 사랑을 느꼈다고 말했다. 데니스는 이러한 기대 중 하나가 요리와 관련된 것이라고 설명했다. 초등학생과 중학생 시절 그녀는 부엌에서 놀라운 관심과 재능을 보였고, 맞벌이 부모와 다섯 형제자매는 점점 데니스에게 식사 준비를 담당하도록 하였다. 데니스는 자신이 부엌에서 요리하는 것을 보고 가족들이 데니스의 가치를 부여하는 것처럼 느꼈다고 한다. 데니스는 최근까지 자신의 직업인 요리사는 어린 시절처럼 요리에 대한 감사를 받을 기회를 제공했지만 새로운 사장이 주방에만 머물게 하고, 손님과 이야기를 못 나누게 하면서 모든 것이 끝났다고 설명했다.

© Jaap Hart/Istockphoto.com

데니스의 눈을 통해 이 경험을 보면서 나는 왜 그녀가 우울해졌는지 이해할 수 있었다. 그녀는 일찍부터 중요한 사람들이 그녀의 특정 부분만 높이 평가하고, 우리 중 누구와도 마찬가지로 보상을 받으려면 그들의 요구조건을 충분히 충족시켜야 한다는 것을 인생 초기에 이미 배웠던 것이다.

결국 데니스는 가족들이 그녀를 바라보는 것과 같은 방식으로 자신을 보게 되었다. 다시 말하면 그들의 조건적인 긍정적 존중은 조건적인 긍정적 자존감으로 형성된 것이다. 나는 다른 사람들이 원했던 일을 하는 과정에서 그녀의 정체성을 구성하는 다른 면들을 간과했는지가 궁금했다. 만약 그렇다면 그녀는 틀림없이 좌절을 경험했을 것이다. 아마도 데니스는 요리 솜씨보다 감사해야 할 점이 더 많았을 수도 있다. 실제로 인간으로서 데니스의 가치는 요리와는 전혀 관계가 없을 수도 있다.

치료에서 데니스에게 직장에서의 최근 변화뿐만 아니라 성장 경험에 대한 나의 공감을 전하기 위해 최선을 다했다. 나는 데니스와의 상호작용을 생생하게 기억한다. 한번은 데니스가 약 10분 동안 "메뉴를 결정하고 고객들과 이야기 나누는 것을 못 하게 합니다." 등 레스토랑의 새 사장이 온 이후의 변화를 나열하는 동안 그녀의 말과 어조, 얼굴 표정을 통해 느꼈던 감정을 다음과 같이 반영하려고 노력했다. "이러한 변화에 실망하고 약간 화가 난 것 같아요. 제 말이 맞나요? 혹시 이와 관련해서 다른 감정도 경험했나요?"

비록 데니스의 삶에 있어서 중요한 사람들 중 대다수는 요리와 같은 특정 부분에 그녀의 가치를 두었지만, 나는 그를 다르게 평가했다. 물론 나는 데니스를 포함해서 모든 내담자를 보면서 이들이 무엇을 하든 상관없이 가치 있는 사람으로 보았다. 나는 데니스가 가족이나 사장보다 더 많은 방면에서 잠재력이 있다고 느껴졌고, 스스로도 그렇게 될 수 있도록 마음을 열었다. 많은 회기가 진행되자 데니스는 치료자인 나를 더 편하게 느끼기 시작했고, 그 무렵 약간 주저하면서 때로는 요리하기가 싫고, 가끔은 단조롭고 지루하게 느껴진다고 언급했다. 데니스는 내가 이러한 말을 듣고 비난할 것으로 기대한 듯했으나, 나는 데니스의 여러 감정 중 하나로 이를 받아들여주었다. 나는 그저 데니스의 감정에 대한 느낌 그대로 이 감정을 받아들였다. 얼마 지나자 데니스는 다른 활동에 더 많은 열정을 느끼고 호기심이 있었지만 그것들을 '꿈' 또는 '환상' 이상으로 생각한 적이 없었다고 했다. 나는 이 주제에 흥미를 느끼고 계속 다루었다. 데니스는 용기를 내어 항상 자동차 수리에 매료되었다고 설명했다. 어린 시절 남동생과 아버지는 자동차 수리를 많이 했지만 데니스에게는 "이건 네가 할 일이 아니다."라는 말을 했을 뿐이다. 나는 데니스가 진정한 관심을 느끼는 것이라면 무엇이라도 가치가 있는 것이고, 이런 사실을 그녀에게 전달하기 위해 최선을 다했다.

시간이 지남에 따라 드러난 데니스의 또 다른 모습은 과거와 관련해서는 가족, 현재 상황과 관련해서는 새 사장에 대한 격렬한 분노였다. 치료 초기에는 이 분노를 발견하지 못했으나 시간이 지남에 따라 처음에는 가끔 '괴로워'하거나 '심란해'하는 것에 대해 언급하다가 결국 소리를 지르고 눈물을 흘리며 고함과 폭발을 통해 분노를 드러냈다. 나는 이러한 분노의 순간들이 감정의 솔직한 표현이기 때문에 데니스에게 중요하다고 생각했다. 비록 데니스는 밖으로 드러나는 분노를 받아들일 수 없다고 생각하는 것 같았지만 나는 그녀가 어떻게 느끼더라도 그녀를 수용한다는 것을 알 수 있도록 최선을 다했다.

시간이 지남에 따라 데니스는 그녀에 대한 나의 무조건적인 보상을 내면화하는 것처럼 보였다. 자신을 더 충만하고 완전하게 받아들였고, 스스로 이전보다 더 다양한 감정과 관심사를 인정하는 것처럼 보였다. 데니스는 요리 이외에 전문적인 기회를 탐구하여 자동차 기술자 교육 프로그램에 참여하기도 했다. 그리고 현재 직장에서 이제는 손님으로부터의 긍정적 피드백에 예전만큼 의존하지 않기 때문에 이를 그리워하지도 않았다. 다른 사람들의 조건에 따른 다른 사람의 긍정적인 평가를 찾는 대신 자신을 아무런 조건 없이 긍정적으로 존중을 할 수 있게 되었다.

로 다른 주요 심리치료법만큼 효과적인 것으로 나타났다.

인본주의 치료가 얼마나 효과적인지를 결정하기 위한 최근의 경험적 노력은 구체적 요소, 즉 공감, 무조건적인 긍정적 존중 및 진실성에 초점을 맞추었다. 이러한 연구 결과들은 각각의 요소들이 인본주의 치료뿐만이 아니라 다른 어떤 종류의 치료법에서도 치료의 성공에 중요한 역할을 한다는 것을 반복적으로 밝혀냈다. 다시 말해 특히 내담자의 관점에서 공감과 무조건적인 긍정적 존중 그리고 진실성의 수준은 치료적 관계의 성공과 궁극적으로는 치료 자체의 성공과 관련이 있다는 것이다. 즉 치료자가 이 세 가지 요소를 통합하거나 강조하기 위해 의도적인 노력을 하는지 여부라고 할 수도 있다. 그러므로 치료자가 자신을 인본주의자라고 말하지 않더라도 자신이 통합하기로 결정한 기술과 함께 경험적으로 지지받은 치료요소로, Rogers가 항상 필수적이라고 강조한 공감과 무조건적인 긍정적 존중 그리고 진실성을 고려하는 것이 현명할 것이다(Elliott, Bohart, Watson, & Greenberg, 2011; Farber & Doolin, 2011; Kolden, Klein, Wang & Austin, 2011; Zuroff et al., 2010).

인본주의적 치료법의 결과에 대한 자료 중 동기강화상담에 대한 요지는 반복하여 언급할 가치가 있다. 특히 최근 몇 년간 MI는 심리적 · 신체적 문제에 대한 명실공히 근거기반 심리치료법이 되었다(Arkowitz & Westra, 2009; Musser & Murphy, 2009; Rubak et al., 2005). '무엇이 효과적인가'라는 관점에서 볼 때 인본주의적 관점에서 파생된 MI가 현대의 치료법을 이끌고 있다는 점에는 의심의 여지가 없다.

요약

Carl Rogers와 동료들은 인간이 본질적으로 건강하고 긍정적인 방식으로 성장하기 위해 노력한다는 관점에서 심리치료에 대한 인본주의적 접근법을 창안했다. 이러한 자기실현 경향은 때로는 다른 사람들로부터 긍정적인 관심인 '보상'을 필요로 하며, 특히 다른 사람들이 조건적으로 긍정적 존중을 제공할 때 상반되게 된다. 이러한 상황에서 개인은 실제적인 자기와 이상적인 자기 간의 불일치감을 경험하고 심리적인 문제가 발생한다.

인본주의 치료자는 가치가 있으면서 특정한 조건이 없는 일치성을 장려하는 치료적 관계를 확립함으로써 내담자의 자기실현을 도모한다. 좀 더 구체적으로 말하자면 인본주의치료자들은 Rogers가 치료하는 데 필요하고 충분한 것으로 판단한 세 가지 조건을 제시하고 있다. 바로 공감, 무조건적인 긍정적 존중, 진실성이다. 이 세 가지 조건은 기술이라기보다 치료자의 태도로 정의되지만, 한 가지 치료자 반응, 즉 감정의 반영은 인본주의 치료의 핵심적인 구성요소이다.

인본주의 치료의 근본적인 관계기반 요소는 스스로를 인본주의라고 밝히지 않는 치료자가 실행하는 여러 형태의 치료에서도 공통요인이 될 수 있다. 동기강화상담, 긍정적 개입 및 강점 기반 상담, 정서집중치료를 포함한 다양한 현대적 접근법은 인본주의 원칙으로부터 많은 영향을 받았다. 특히 동기강화상담은 심리적 ·

신체적 문제에 대한 효과성을 뒷받침하는 경험적 연구가 광범위하게 축적됨에 따라 심리치료를 직접 실시하는 치료자들과 연구자 사이에서 높이 평가되고 있다. 최근 수년 동안 동기강화상담에 대해 이뤄진 연구 외에 일반적으로 인본주의 치료의 이점에 대한 경험적 연구는 다른 형태의 치료법만큼이나 광범위하지 않았다. 그렇지만 수행된 연구의 결과들을 보면 전형적으로 인본주의적 치료가 대부분의 다른 접근법만큼 유용하다는 것을 시사한다.

주요 용어

가치 조건화	반영	인본주의 치료
게슈탈트 심리치료	보상	일치감
공감	불일치감	자아실현
긍정심리학	세 가지 필수 치료조건	정서집중치료
긍정적인 존중	실제 자기	진실성
동기강화상담	실존주의 심리치료	Abraham Maslow
무조건적인 긍정적 존중	이상적 자기	Carl Rogers

비판적 사고를 위한 질문

1. 우리의 "내면의 본성은 악하기보다 좋거나 중립적"이며 "우리의 삶을 인도할 수 있다면 건강하게 결실을 맺을 수 있으며 행복하게 성장할 수 있다."(pp.3-4)는 Abraham Maslow(1968)의 의견에서와 같이 인본주의적인 입장에 어느 정도 동의하는가?
2. 부모가 자녀에게 설정하는 가장 보편적인 조건은 무엇인가? 이러한 가치의 조건화가 영향을 주는 예로 어떤 것을 관찰하였나?
3. Rogers가 주장한 공감, 무조건적인 긍정적 존중, 진실성은 심리치료의 효과를 위해 필요하면서 충분한 요소이다. 임상적 문제 중 이러한 내용이 가장 타당하거나 가장 적절하지 않은 문제는 무엇이라고 생각하는가?
4. 동기강화상담의 어떤 요소가 광범위한 심리적·신체적 문제를 치료하는 데 필수적이라고 생각하는가?
5. 글상자 13.1의 문화에 따른 공감에 대한 논의에서 내담자와 문화적 배경이 유사한 치료자가 문화적 배경이 다른 치료자와 동일하게 유능하지만 공감 능력이 더 크다고 생각하는가?

주요 학술지

Journal of Consulting and Clinical Psychology
http://www.apa.org/pubs/journals/ccp/index.aspx

Journal of Humanistic Counseling
http://onlinelibrary.wiley.com/journal/10.1002/(ISSN)2161-1939

Journal of Humanistic Psychology
http://jhp.sagepub.com

Psychotherapy
http://www.apa.org/pubs/journals/pst/index.aspx

CHAPTER 14

행동치료

학습 목표

14.1 행동치료의 기원에 대해 논의한다.
14.2 행동치료의 목표를 설명한다.
14.3 고전적 및 조작적 조건형성을 구분한다.
14.4 고전적 조건형성에 근거한 행동치료 기법을 설명한다.
14.5 조작적 조건형성에 근거한 행동치료 기법을 개관한다.
14.6 행동치료법의 대안적 접근법을 살펴본다.
14.7 행동치료의 결과에 관한 연구를 요약한다.

앞서 살펴본 정신역동 및 인본주의 치료에서 이번 장의 행동치료로 관점을 바꾸는 것은 임상심리학 강의에서 경험적 근거를 매우 중요하게 생각하는 한 학생을 상상하는 것으로 쉽게 이해할 수 있을 것이다. 교수님이 방어기제와 같은 정신역동 치료의 개념에 관해 설명을 할 때 이 학생은 손을 들고 다음과 같은 질문을 한다. "마음속에서 어떤 일이 일어나는지 어떻게 알 수 있어요? 그 이론을 과학적으로 검증할 수 있어요?" 교수님이 성공적인 치료를 위한 세 가지 '필수적이고 충분한' 조건을 인본주의적 접근법에 따라 설명할 때 이 친구는 또다시 "공감, 무조건적인 긍정적 존중, 진실성은 정확히 어떻게 정의해야 합니까? 이 각각의 개념을 구성하는 치료자의 구체적인 행동은 무엇인가요?"라고 묻는다. 그러한 조건이 실제로 내담자의 자아실현에 유용하다면 그 결과를 어떻게 관찰하고 측정할 것인가?

이 학생이 계속해서 질문을 한다면 결국 교수님은 정신역동 및 인본주의 접근법은 완벽하게 경험적이라고 할 수는 없다고 인정함으로써 끝을 내야 할 것이다. 이 두 접근이 직관적으로는 호소력이 있고 임상 장면에서 성공적이기는 하지만, 각 이론의 개념을 정확히 정의하기 어렵고 직접 관찰하거나 과학적으로 검증하기 어려운 정신 과정에 관해 추정하는 것이 특징이다. 만약 그 친구가 경험주의에 근거한 치료법을 고집한다면 행동치료를 살펴봐야 할 것이다.

행동치료의 기원

행동치료(behavior therapy)는 행동주의 원리를 임상에 적용한 것으로, 그 근원은 수백 년 전의 이론 및 실험으로 거슬러 올라간다. 행동주의 역사상 획기적인 사건은 Ivan Pavlov의 업적이다. 사실

Pavlov는 심리학과 관련된 영감으로 이러한 업적을 만들어낸 것은 아니다. 그는 1800년대 후반과 1900년대 초반 러시아에서 개의 소화기관을 연구한 생리학자였다. 평소처럼 Pavlov와 동료들은 개에게 먹이를 주고 자연스럽게 분비되는 침의 양을 측정했는데, 이때 분비되는 침은 개들이 먹을 것을 보면 자연스럽고, 자동적으로 보이는 반응이다. 그러던 중 먹이가 제공되기 전에 개가 침을 흘린 것을 발견했다. 처음에는 부적절한 때에 침을 흘리는 것을 문제로 보고, 이것 때문에 연구 중이던 소화기관에 관한 자료에 나쁜 영향을 줄까 봐 최소화하려고 노력했다. 이후에서야 궁극적으로 '고전적 조건형성'이라고 불리는 현상을 우연히 발견했다는 것을 알게 되었다. 이러한 경험을 통해 Pavlov의 실험에 참여했던 개들은 먹이가 제공되기 전에 연구원을 보는 것, 준비 중인 먹이의 소리 또는 이와 유사한 사건 등 특정한 자극이 선행된다는 것을 알게 되었다. 곧 개들은 연구자가 먹이와 함께 반복해서 제공한 자극이 먹이를 예측하는 자극이라는 것을 알게 되자 타액을 분비했다. Pavlov의 주요 관심사는 소화기 연구에서 고전적 조건형성으로 바뀌었고, 음식을 예측하게 하는 자극으로 종을 사용하여 이 방면에 관한 많은 선구자적 연구를 했다(Hunt, 1993; Kazdin, 1978). 이 장의 뒷부분에서 고전적 조건형성과 임상에서의 적용에 관해 자세히 살펴볼 것이다.

그림 14.1 B. F. Skinner의 조작적 조건형성에 관한 연구들은 다양한 형태의 행동치료에 결정적 역할을 했다.

© Bettmann/Corbis

Pavlov와 다른 러시아 연구원들의 실험연구들은 John Watson을 통해 미국으로 전해졌다. 1990년대 초 John Watson은 Pavlov의 개로부터 얻은 교훈을 인간의 행동에 적용할 수 있을 뿐만 아니라 심리학은 정신의 내적 작용보다는 조건형성을 통해 행동을 조성하는 방법에 관심을 기울여야 한다고 열정적으로 주장했다. Watson은 미국 심리학계에서 심리학은 더 이상 내적 정신세계가 아닌 외현적이고 눈에 보이는 반응 그리고 이를 선행하는 외적이고 관찰 가능한 자극만 연구해야 한다고 주장한 저명한 최초의 인물 중 한 사람이다. 정신 과정에서 일어날 수 있는 감정, 생각, 의식 및 그 이외의 내적, 정신적 과정은 과학적 연구에 적합하지 않을 뿐만 아니라 행동을 결정하는 데 있어서 조건형성만큼 강력하지도 않다고 강조했다(Hunt, 1993; Kazdin, 1978; Watson, 1924).

Pavlov와 Watson이 심리학 분야에 고전적 조건형성을 제안했다면 두 번째 필수적인 조건형성인 조작적 조건형성은 Edward Lee Thorndike와 B. F. Skinner에 의해 알려졌다. 사실 Thorndike(1931)의 주된 공헌은 고양이를 대상으로 한 연구를 근거로 한 것이고 **효과의 법칙**(law of effect)이라고 부르는 비교적 간단한 이론을 제시한 점이다. 근본적으로

Thorndike가 제안한 효과의 법칙은 모든 유기체가 그들의 행동의 결과 또는 효과에 주목한다는 것이다. 유기체는 유쾌한 결과가 뒤따르는 행동을 반복할 가능성이 더 높은 반면, 불쾌한 결과가 뒤따르는 행동은 반복할 가능성이 더 낮다. Skinner의 연구는 대부분 효과의 법칙을 실험으로 효과적으로 검증하는 데 초점이 있었고, 효과의 법칙이 행동에 영향을 주는 기제를 근거로 하는 조작적 조건형성이 고전적 조건형성만큼 인간의 행동에 큰 영향을 준다는 것을 보여주었다. Skinner의 연구와 책들은 심리적 문제의 기원과 이런 문제를 치료할 수 있는 기술에 관한 행동적 관점에 엄청난 영향을 미쳤다(Bjork, 1993; Hunt, 1993; Kazdin, 1978; Vargas, 2015). 따라서 Pavlov, Watson, Thorndike, Skinner를 통해 행동주의는 동물 행동에 대한 기본적인 연구에서 정신치료라는 응용된 형태로 진화한 것이다.

행동치료의 목표

행동치료의 주요 목표는 눈으로 확인할 수 있는 행동의 변화이다. 이 목표는 정신역동 및 인본주의적 접근의 목표와 극명하게 대조를 이루는데, 각각의 접근은 무의식을 의식화하는 내적 · 정신적 과정을 강조하고 자아실현을 촉진하는 것을 목표로 한다. 사실 행동치료가 출현하고 확대된 것은 1900년대 초반과 중반을 지배한 정신역동적 접근의 수많은 측면에 대한 강한 불만에서 비롯되었다(Craske, 2010). 초기 행동주의자들은 그 시대 주요 접근법의 약점을 인식하고 대항함으로써 초기 치료적 접근과는 구분되는 새로운 치료법을 만들었다고 할 수 있다(Kazdin, 1978, 1980; Spiegler & Guevremont, 2010; Yates, 1970).

경험주의 강조

행동주의 치료자들은 정상적이거나 비정상적인 행동에 대해 과학적인 자세를 취해야 한다(Kazdin, 1978; Yates, 1970). 따라서 내담자를 치료하는 임상심리학자들은 과학적으로 평가받을 수 있는 방법을 적용해야 한다. 문제 행동의 치료에 관한 이론은 검증 가능한 가설(testable hypothesis)로 기술되어야 하며 이런 방식으로 가설을 지지, 논박, 수정하며 재검증한다. 반면 변화 이론이 검증 가능한 가설로 제시되지 않는다면 과학적인 엄격함이 결여되어 기껏해야 추측, 추론 심지어 짐작 수준으로 분류될 수 있다. 물론 어떤 과학적인 과정에서도 자료 수집을 포함하고 있고 행동치료도 마찬가지이다. 행동치료자들은 내담자의 치료 과정에서 일정하게 내담자의 경험적 자료(empirical data)를 측정하는데, 치료 시작에 앞서 변화하려는 행동의 기저측정치를 측정한 후 치료 중 다양한 시점에서 이를 측정하여 회기 간의 변화 및 치료 종료 시 최종적인 변화의 평가지표로 활용한다(Grant, Young, & DeRubeis, 2005; Spiegler & Guevremont, 2010).

Truax(2002)는 행동치료의 과학적 본성을 확장하여 "실제 임상 장면에서 가설을 만들어 검증하는 시도는 과학자와 흡사하다."고 설명한다(p. 5). 실제로 행동치료는 모든 분야에 걸쳐 적용되는 과학적 방법에 해당하는 공동의 5단계를 임상 장면에 적용하는 것으로, 표 14.1은 과학적 방법과 행동치료 간의 연관성을 요약한 것이다.

문제 행동 정의

행동치료자들에 따르면 내담자의 행동은 어떤 기저 문제 때문에 나타나는 하나의 증상이 아니라 그 행동이 문제인 것이다. 예를 들어, 리안은 자기 전에 아파트 현관문이 잠겨있는지 과도하게 점검하는 습관이 있다. 행동치료자들에 따르면 리안의 문단속 점검 습관은 습관일 뿐이다. 리안의 깊은 내면에 진단 가능한 문제가 있다는 것을 의미하지 않는다. 행동치료자는 리안의 문제를 강박장애로 정의하는 것이 유용하지 않다고 생각한다. 왜냐하면 진단한다는 것은 문단속 점검 습관이 증상군의 일부로, 리안의 내면에서 공통의 원인을 공유한다는 것을 의미하기 때문이다. 행동치료

표 14.1 행동치료자에 의한 과학적 방법의 단계적 적용

과학적 방법	행동치료자가 적용하는 방법
1. 현상 관찰	관찰, 면담 또는 검사를 통해 표적 행동 평가 표적 행동 정의 표적 행동의 기저선 설정
2. 현상 설명을 위한 가설 설정	표적 행동의 원인이나 영향을 주는 요인에 대한 기능 분석 치료를 위한 구체적인 행동목표 수립 선호하는 방식으로의 행동변화를 위한 개입 계획
3. 실험을 통한 가설 검증	계획대로 개입 실행
4. 실험 결과 관찰	목표 동의 변화에 대한 자료 수집 치료 중 또는 후 수집한 자료를 기저선과 비교 설정한 목표와 수집된 자료 비교
5. 가설 수정	관찰된 결과에 근거하여 치료계획 수정 수정된 가설을 근거로 과학적 과정 다시 시작

출처 : Adapted from Truax (2002).

자는 리안의 행동 내부 원인에 대해 증명되지 않은 그리고 실제로 증명할 수도 없는 추론을 하는 것보다는 문단속 점검 행동 자체를 해결해야 할 문제로 보고 집중적으로 다룰 것이다.

행동주의 측면에서 문제를 행동 용어로 정의하는 것의 이점은 표적 행동을 찾고 치료의 변화를 측정하는 것이 용이하다는 점이다(Spiegler & Guevremont, 2010). 이러한 정의는 내담자가 호소하는 문제에 대한 정의와 상당히 다를 수 있다. 예를 들어, 행동치료자인 테일러 박사에게 도움을 청한 30세 내담자 앰버는 자신이 '우울증을 앓고 있다'고 믿고 있었다. 앰버는 우울증이란 직접적으로 볼 수는 없었지만 여러 가지 부정적인 방식으로 영향을 주고, 마음속에 있는 '것'이라고 확신했다. 그녀는 자신이 겪는 우울증의 주된 '증상'이 슬프고 비관적으로 생각하는 것이라고 말했다. 테일러 박사는 두 가지 중요한 방식으로 앰버의 문제를 재정의했다. 첫째, 앰버에게 자신이 가장 바꾸고 싶은, 관찰 가능하고 측정 가능한 **행동**을 설명해달라고 했다. 즉 직접적으로 관찰하거나 측정할 수 없는 감정과 생각에 초점을 맞추기보다는 앰버가 지나치게 하거나 거의 하지 않는 행동에 초점을 두도록 했다. 앰버는 테일러 박사의 도움을 받아 잠을 너무 많이 자고 직장에 결근이 너무 잦으며 너무 자주 울고 운동을 너무 적게 하는 등 여러 가지 행동을 열거하였다. 이러한 문제는 관찰되고 측정될 수 있기 때문에 행동적 개입에 이상적인 목표가 될 수 있다. 테일러 박사가 앰버의 문제를 재정의한 두 번째 방식은 앰버에게 이러한 행동이 보다 깊은 문제의 증상이 아니라는 것을 설명하는 것이었다. 대신에 이 행동 자체가 문제인 것이다. 앰버의 수면, 출근, 울거나 운동을 하는 등의 행동의 빈도와 지속시간을 측정하여 **기저선**(baseline)을 설정하고 테일러 박사는 각 문제 행동에 초점을 두고 개입을 설계하여 실행하였다. 치료가 진행됨에 따라 정기적으로 앰버의 행동을 측정하여 기저선 자료와 비교하여 향상된 정도를 평가하였다.

대부분의 다른 치료법들은 **정신병리학의 의학적 모델**(medical model of psychopathology)을 지지하는 반면에 테일러 박사의 사례에서처럼 행동 접근은 그렇지 않다. 즉 대부분의 다른 치료법은 의사가 신체적 질환을 다루듯이 개념화된 심리적 문제로 접근한다. 특히 기저 질병이 표현된 것을 증상이라고 설명하는 것을 보면 알 수 있다. 예를 들어, 숨이 가쁜 것은 천식의 증상일 수 있고, 기침은 기관지염, 그리고 복통은 궤양의 증상일 수 있다. 행동치료자들은 심리적 문제에 대한 의학적 모델의 관점을 받아들이지 않는다. 왜냐하면 '증상'과 증상이 시사하는 '질병' 사이의 연관성은 심리학에서 주로 추측에 근거한 것이기 때문이다. 특정한 행동이 근본적인 문제의 징후를 암시한다는 것을 경험적으로 알 수 없으므로 행동치료자는 문제 행동 자체를 가장 적절한 치료의 대상으로 여긴다.

관찰 가능한 변화 측정

행동치료자에게 관찰 가능한 변화(observable change)로 치료 결과를 측정하는 것은 처음에 내담자의 문제를 행동적으로 정의하는 것과 관련이 있다. 즉 다른 분야의 치료자가 내담자의 변화를 추론적인 방식으로 측정하는 반면, 행동치료자는 진전사항을 보여주는 명확한 지표를 사용한다(Grant, Young, & DeRubeis, 2005; Spiegler & Guevremont, 2010).

앞서 살펴본 정신역동 및 인본주의 치료자를 생각해보자. 그들은 자신의 치료가 효과적이었다는 징후를 내담자의 마음속에서 찾아야 할 것이다. 행동치료자와 같은 경험주의자들은 주로 객관성 결여라는 이유로 이러한 변화 측정 방법을 받아들이지 않는다. 치료자 또는 내담자 또는 다른 누구라도 내담자가 얻은 통찰력에 대해 신뢰할 수 있고 유효하며 편견 없는 견해를 가지고 있다는 것을 어떻게 알 수 있는가? 내담자가 경험한 성장이 향상된 결과임을 어떻게 확신할 수 있는가? 행동치료자는 이처럼 단순히 마음을 보고 객관적이고 정확하게 변화를 평가할 수 있다는 개념인 내성(introspection)을 거부한다. 대신 내담자의 변화 지표로 내재적인 정신 과정보다는 내담자의 명백한 외적인 행동변화에 초점을 둔다.

행동치료자는 단순히 치료법의 변화를 측정하는 수단으로서뿐만 아니라 임상 과정에 전혀 영향을 주지 않는다고 생각하기 때문에 내성을 인정하지 않는다. 내담자의 문제에 기여하는 요인을 고려할 때 내적 성격특성에 대한 외적 · 환경적 요인을 강조한다. 예를 들어, 행동 지향적인 임상심리학자 에레라 박사에게 치료받는 40대 남성 잭의 사례를 보자. 잭은 표준 체중보다 약 45킬로그램 과체중인 상태이고, 지난해 약 9킬로그램이 더 불었다. 잭은 여러 차례 체중 감량을 시도했지만 항상 운동을 중단하고 감자칩, 쿠키, 패스트푸드 등 건강에 좋지 않은 식습관으로 돌아온다고 설명했다. 치료의 초기 시점에서 어떤 치료자들은 이미 과식의 원인으로 잭의 내적 성격특성을 추측할 것이다. 예를 들어, 정신역동 치료자는 구강기 고착을 고려해볼 것이다. 행동주의 관점에서 볼 때 이러한 추측은 직접적으로 관찰할 수 없는 잭의 정신적 과정과 관련이 있으므로 지지하거나 반박할 수 없다는 문제가 있다. 에레라 박사는 그러한 추측을 하지 않는다. 대신 잭을 둘러싼 환경 내에서 관찰 가능한 측면에 초점을 맞춘다. 다시 말해서 잭이 감자칩 한 봉지를 먹거나 운동을 거르기 전에 어떤 사건이 발생하는가? 이러한 행동을 하면 어떤 결과가 따르는가? 원하지 않는 행동이 어떠한 환경과 조건에서 발생하는가? 이와 같은 질문은 에레라 박사가 행동치료자로서 내부가 아닌 주변의 세계에서 문제의 원인을 찾기 위한 것이다. 즉 잭의 건강에 해로운 식습관과 운동을 거의 하지 않는 것은 그의 성격 내적인 결함이라기보다는 주변 세계의 자극과 결과에 대한 반응인 것이다.

두 가지 유형의 조건형성

앞서 논의한 것처럼 행동주의 치료자는 인간의 행동은 조건형성, 즉 학습의 결과물이라는 사실에 동의한다. 정의에서처럼 조건형성이 모든 행동을 설명할 수 있다면 행동장애를 습득하는 것뿐만 아니라 임상심리학자가 이러한 행동을 수정하기 위해 적용하는 수단도 조건형성이 설명할 수 있을 것이다(Craske, 2010). 행동주의 치료자는 주요 조건형성을 두 가지로 구분한다. 바로 고전적 조건형성과 조작적 조건형성이다.

고전적 조건형성

고전적 조건형성(classical conditioning)의 전형적인 예가 Pavlov의 개 실험이다. 이 연구에서 개는 종소리와 같은 특정 자극을 통해 음식이 제공된다는 것을 경험했고, 결과적으로 자극에 타액을 분비하는 반응을 보였다. 이 과정을 좀 더 자세히 살펴보면 네 가지 요소를 확인할 수 있다. 우선 Pavlov의 실험실에서 개가 어떤 학습을 경험하기 전, 조건형성이 일어나기 전부터 살펴보자. 실제로 개가 처음으로 Pavlov 실험실을 들어갔기 때문에 어떤 경험이든 행동이든 완전히 '무조건적'인 상태라고 상상해보자. 이 상황에서 개는 음식이 제공될 때 타액을 분비할 것이다. 그래서 음식은 무조건 자극(unconditioned stimulus)이고, 타액을 불러일으키는 것이며, 이것은 무조건 반응(unconditioned response)이다. 어떤 개도 이 연합을 학습하기 위해 조건형성을 필요로 하지 않는다. 이것은 본능이다. Pavlov의 실험실에서 얼마 동안 머물러있다 보면 개는 종소리가 들린다면 몇 초 후 먹이가 제공된다는 사실을 알아차린다. 다시 말해 개는 이제 종소리가 음식의 제공을 예측한다는 것을 학습하게 된다. 그 개는 곧 종에 대한 반응으로 타액을 분비하기 시작했다. 개에게 아무런 반응도 일으키지 않던 종은 조건 자극(conditioned stimulus)이고, 음식이 아닌 종에 대한 타액 분비는 조건 반응(conditioned response)이다.

고전적 조건형성에서 몇몇 측면은 주목해야 한다. 첫째, 고전적 조건형성은 수동적인 학습 유형이라는 점이 중요하다. Pavlov의 개들은 깨어있고, 각성 상태를 유지하는 것 이외 조건형성을 경험하기 위해 많은 것을 할 필요가 없었다. 그들에게 고전적 조건은 볼 것, 소리, 냄새 또는 맛 등이 결합되어 재빠르게 연속적으로 발생하여 개들이 그 자리에 있기만 하면 이를 경험할 수 있었던 것이다. 둘째, 행동에 영향을 미치는 수많은 변인이 고전적 조건형성 과정에 관여할 수 있다. 예를 들어, 고전적으로 조건형성된 행동을 얼마나 보여줄 것인지는 일반화 또는 변별의 정도에 따라 결정될 것이다. 일반화(generalization)는 조건형성된 반응이 조건형성된 자극과 유사하지만 완전히 일치하지 않는 자극에 의해 유발될 때 발생한다. 변별(discrimination)은 유사한 자극에는 조건형성된 반응이 유발되지 않을 때 발생한다(Kazdin, 1978, 1980). 예를 들어, Pavlov가 특정 종소리에 반응하여 타액을 분비하도록 조건형성했다면 개가 약간 다른 종소리에도 타액을 분비할까? 드럼처럼 완전히 다르거나 매우 다른 종소리에는 반응할까? 같은 질문을 임상 장면에 적용하기 위해 16세 소년 웨인이 골든리트리버에게 무참하게 공격을 당한 후 개에게 강한 공포 반응을 경험하는 것을 상상해보자. 웨인은 어느 정도로 개에 대한 공포를 일반화할까? 모든 골든리트리버, 어떤 품종의 개든 모든 종류의 동물을 두려워할까? 반대로 웨인은 다른 개에게는 괜찮으나 그를 공격했던 그 개에게만 공포 반응을 보일까? 웨인이 공포 반응을 일반화하거나 변별하는 정도에 따라 웨인의 공포증을 극복하도록 돕는 행동주의치료자의 전략이 크게 달라질 수 있다.

조작적 조건형성

조작적 조건형성(operant conditioning)은 유기체가 환경에 '작용'하여 행동의 결과를 알아내고 미래의 행동에 관한 판단에 이 결과를 반영할 때 발생한다(Sturmey, Warder-Horner, Marroquin, & Doran, 2007). 간단히 말하면 "조작적 접근법의 기본 원리는 행동이 그 결과에 따라 달라진다."는 것이다(Calhoun & Turner, 1981, p. 4). 조작적 조건형성은 고전적 조건형성보다 더 능동적인 학습 방식이다. 조작적 조건형성이 이루어지려면 유기체가 어떤 행동을 해야 한다. 가상의 예로, Pavlov의 개 중 한 마리가 실험 중 잠시 쉬는 동안 낑낑대기 시작했다고 상상해보자. 낑낑거리는데 실험보조자가 와서 개를 살펴보거나 머리를 쓰다듬어줬다면 개는 또다시 낑낑거리기 쉬울 것이다. 그러나 만약 실험보조자가 개의 코를 세게 내려쳤다면 다시는 낑낑거리지 않을 것이다. 두 경우 모두에서 핵심은 새로운 행동으로 실험한 개가 행동의 결과에 주의를 기울였고, 그 결과에 근거해서 향후 행동을 결정할 것이라는 점이다.

Skinner와 조작적 조건형성의 다른 지지자들은 결과적으로 비정상으로 분류되는 행동을 포함하여 모든 행동이 결과에 근거해서 조성된다고 제안했다. 사실상 우리의 모든 행동은 비정상적인 것을 포함해서 '만약 … 한다면'이라는 수반성(contingency)에 의해 결정된다. 임상심리학자는 내담자의 행동을 통제하는 수반성이나 '만약 … 한다면'의 진술을 수정함으로써 중요한 행동변화를 유도할 수 있을 것이다.

따라서 고전적 및 조작적 조건형성은 내담자의 문제적 또는 원하지 않는 행동을 설명하기 위해 임상 장면에 적용될 수 있다. 이 두 조건형성은 대부분의 행동치료 기법의 토대가 된다. 고전적 조건형성과 조작적 조건형성에서 유래된 가장 널리 알려지고 적용되는 몇 가지 기법을 살펴볼 것이다.

고전적 조건형성을 기반으로 한 기법

노출치료

노출치료(exposure therapy)는 임상심리학자들의 관점으로 간략히 기술하면 '공포에 직면하기'이다. 행동주의 치료자들에 의하면 공포증은 거미, 높은 곳, 어두움 등의 특정 자극과 불안, 고통 등의 혐오적인 결과가 연합되는 고전적 조건형성의 결과로 가장 잘 설명할 수 있다. 자극은 있지만 결과가 없다는 것을 내담자가 경험할 때 이 연합이 약해지거나 완전히 제거될 수 있다. 즉 내담자가 반복적으로 공포 대상에 노출되더라도 혐오적인 결과가 일어나지 않는다는 것을 경험하면 더 이상 공포를 경험하지 않게 되며 더 적절하고 합리적인 방식으로 반응할 수 있게 된다(Hazlett-Stevens & Craske, 2008).

임상 사례로 개에게 무참한 공격을 당해 개 공포증을 겪는 웨인을 살펴보자. 행동주의 치료자가 노출치료를 실시하려면 반드시 웨인을 개와 관련된 자극에 노출시켜야만 한다. 웨인은 개에게 공격을 당해 개와 공포를 연합시켰으나 다른 수많은 개에게도 이러한 공포를 기대한다는 것은 부정확한 것이다. 불행하게도 웨인은 개로부터 공격받은 이후 개를 회피하면서 개와 공포 간의 연합을 제거할 기회를 가질 수 없었다. 행동주의 치료자는 노출치료를 통해 웨인에게 개와 공포 간의 연합을 제거할 기회를 제공하였고, 개와 관련된 자극에 노출된 결과 개와 공포 간의 연합을 잊게 되었다.

행동주의 치료자들은 노출치료 시 몇 가지 선택을 해야 한다. 가장 중요한 것 중 하나는 내담자를 노출시킬 자극이 상상에 의한 것인지 아니면 실제적인지에 관한 것이다. 달리 말하면 내담자에게 불안을 유발하는 자극을 상상하도록 하여 실제로 노출되지 않도록 하거나 불안을 유발하는 대상이나 상황에 실제로 노출시킬 수 있다(Hazlett-Stevens & Craske, 2008; Spigler & Guevremont, 2010). 웨인의 사례의 경우 심상적 노출(imaginal exposure)은 개 혹은 개와 관련된 대상을 시각화하는 것을 말한다. 반면에 실제 노출(in vivo)은 웨인이 개를 직접 보고 듣고 만지는 것을 의미한다. 상상적 노출은 내담자를 불안하게 하는 대상을 실제로 경험하기보다는 기록하도록 하는 형식으로 진행할 수도 있다. 기록 노출은 교통사고와 같은 외상으로 극심한 불안을 겪는 내담자를 치료할 때 효과적이다(Wisco, Baker, & Sloan, 2016; Wisco, Sloan, & Marx, 2013). 때때로 실제 노출은 내담자의 내수용기 또는 신체의 감각이 될 수 있다. 예를 들어, 내담자가 심장이 빨리 뛴다는 것을 느꼈을 때 불안하다면 치료자는 내담자에게 계단을 오

그림 14.2 개로부터 공격을 받은 누군가에게 개와 같은 공포 자극에 직면하는 것은 노출치료의 필수적인 요소이다.

© Kristian sekulic/istockphoto.com

르도록 하여 심장박동을 빠르게 만들 수 있다(Abramowitz, Fabricant, & Jacoby, 2015).

노출치료에서 고려해야 하는 또 다른 것은 내담자에게 공포를 유발하는 자극에 점진적으로 노출시킬 것인가 아니면 한번에 노출시킬 것인가이다. 점진적으로 접근하는 것은 **점진적 노출**(graded exposure)이라고 불리며, 점진적 노출에서 내담자와 치료자는 함께 불안을 유발하는 10가지 자극을 포함하는 **불안위계**(anxiety hierarchy)를 작성한다. 내담자는 이 자극이 유발하는 주관적 불편감 수준을 0에서 100점 척도로 평정하며, 낮은 수준에서부터 높은 수준으로 나열한다. 불안 수준이 낮은 대상에 처음 노출하여 점차 높은 수준의 대상에 노출이 되어 가장 높은 수준의 대상까지 이어진다. 표 14.2는 개 공포증이 있는 웨인의 실제 노출에서 사용하는 점진적 위계목록이다. 점진적으로 노출하는 것에 비해 한번에 노출하는 것을 일반적으로 **홍수법**(flooding) 또는 **내파법**(implosion)이라고 부른다(Levis, 2008; Zoellner, Abramowitz, Moore, & Slagle, 2008). 한번에 노출하여 빠른 변화를 가져올 수는 있지만 내담자가 견딜 수 없거나 심지어 외상적 충격으로 느낄 수 있기 때문에 신중해야 하며, 자주 사용하지 않아야 한다(Taylor, 2002; Yates, 1970).

표 14.2 개 공포증의 실제 노출에 적용되는 점진적 불안위계의 예

자극	주관적 고통 (0 = 공포 없음, 100 = 공포 최대)
1. 다른 방에서 개가 짖는 소리를 듣는 것	5
2. 창문으로 개를 보는 것	15
3. 목줄을 한 개로부터 6미터 이내에 서있는 것	25
4. 목줄을 한 개로부터 3미터 이내에 서있는 것	35
5. 목줄을 한 개로부터 1.5미터 이내에 서있는 것	45
6. 개로부터 팔 길이 이내에 서있는 것	55
7. 1초 동안 개 쓰다듬기	65
8. 10초 동안 개 쓰다듬기	75
9. 1분 동안 개 쓰다듬기	85
10. 3분 동안 개 쓰다듬기	95

노출치료는 대부분 공포증이나 다른 불안장애가 있는 내담자에게 적용한다. 노출치료를 응용한 **노출 및 반응 방지법**(exposure and response prevention)은 강박장애의 치료로 상당한 경험적 지지를 받고 있다(Craske, 2010; Franklin & Foa, 2011). 노출 및 반응 방지법은 '나의 손은 아주 더럽다 — 나는 손을 씻어야 해!'와 같은 강박적 사고나 이러한 생각이 떠오르는 상황에 점진적으로 노출시키는 동시에 일시적으로 내담자에게 안도감을 주지만, 결국 내담자의 삶을 방해하는 손 씻기와 같은 반응을 못하게 하는 것이다(Rowa, Antony, & Swinson, 2007).

체계적 둔감법

체계적 둔감법(systematic desensitization)도 공포증이나 다른 불안장애에 주로 적용하는 치료법이고 불안을 유발하는 자극에 노출하는 점이 핵심요소라는 점에서는 노출치료와 비슷하지만, 노출치료에서와 같이 공포 대상과 혐오 감정 간의 연합을 단순히 제거하기보다 공포 대상과 양립할 수 없는 새로운 반응을 다시 연합시키는 **역조건 형성**(counterconditioning)을 실시한다. 노출치료에서 공포 대상은 공포 반응을 대신할 어떠한 반응과도 연합되지 않지만 체계적 둔감법에서 공포 대상은 공포 반응을 대신하고, 공포 반응을 차단할 새로운 반응과 연합된다(Head & Gross, 2008; McGlynn, 2002; Wolpe, 1958, 1969).

가장 흔하게 공포 반응을 대신하고 막는 새로운 반응은 이완이다. 체계적 둔감법의 첫 단계는 **이완훈련**(relaxation training)이다. 이완훈련이란 행동주의 치료자들이 내담자에게 여러 부위의 근육을 점진적이고 체계적으로 긴장하고 이완하는 기술을 가르치는 것이다. 흔히 행동주의 치료자는 이완훈련 동안 구조화된 지시를 사용하며, 이런 지시는 치료 회기 동안 집에서도 활용할 수 있게 내담자에게 종이에 작성하거나 CD에 녹화하는 등 다양한 형태로 제공할 수 있다. 내담자들은 흔히 약 10회기 내 이완훈련을 배우고 완전히 익히게 되고, 그 후 노출치료에서 설명했던 불안위계를 다루게 된다. 이전의 노출치료와 다른 점은 불안을 억제하는 이완과 불안유발 자극을 연합시키기 위해 내담자를 우선 이완하도록 한 다음에 불안유발 자극에 노출한다는 점이다. 따라서 공포 대상은 더 이상 불안과 연합되지 않고 이완과 연합된다. 그리고 점차 공포를 극복하게 된다(Head & Gross, 2008; McGlynn, 2002; Wolpe, 1958, 1969).

웨인의 사례의 경우 체계적 둔감법을 사용하는 행동주의 치료자는 불안위계를 작성하고 노출치료에서처럼 불안유발 대상에 내담자를 노출시키지만 이완훈련을 먼저 한 다음 노출 과정에서 의도적으로 이완 반응을 유발하여 불안을 방지하는 새로운 반응이 불안을 대체하도록 촉진한다.

자기주장 훈련

자기주장 훈련(assertiveness training)은 고전적 조건형성을 적용한 것으로 사회불안을 가진 내담자를 대상으로 한다. 자기주장 훈련은 소심하고 불안해하며 비효율적인 사회 행동으로 삶에 부정적 영향이 있는 사람들에게 적합하다. 현실적으로 볼 때 자기주장 훈련은 내담자가, 예컨대 식당 등지에서 적절한 서비스를 요구하고 누군가에게 데이트 신청을 하고 임금 인상을 요구하고 의료인과 효과적으로 의사소통을 할 수 있도록 하거나 친구나 사랑하는 사람으로부터 부당한 요구를 받았을 때 싫다고 말할 수 있도록 도와준다.

자기주장 훈련은 노출치료의 요소를 포함하고 있고 체계적 둔감법의 요소도 포함되어있다(Duckworth, 2008; Gambrill, 2002). 노출은 대인관계와 관련된 공포에 직면시키는 것이다. 자기주장에 문제가 있는 사람들은 흔히 자기주장이 필요한 상황을 피하므로, 단순히 이러한 상황에 노출시키고 어떠한 형태든 자기주장적 반응을 하도록 한다면 이는 중요한 한 단계를 나아가는 것이다. 체계적 둔감법에서 역조건 형성 요인도 작용을 하는데, 불안을 대체하고 억제시키는 새로운 반응은 이완 대신 주장성인 것이다.

자기주장 훈련은 행동주의 치료자들이 내담자들에게 구체적인 상황에서 무엇을 말하고, 무엇을 해야 하는지에 관해 구체적으로 가르쳐주기 위한 직접적인 지시를 하는 것으로 시작된다. 그 다음 단계로 내담자는 효과적인 자기주장 행동을 모델링한다. 행동주의 치료자가 직접 모델이 되지만 때로는 비디오로 녹화된 모델이나 가능하다면 실제 배우를 모델링하기도 한다. 그 후 내담자들은 역할극 상황에서 자기주장적인 행동을 시연하고, 치료자는 세부적이고 건설적인 피드백을 준다. 마지막으로 내담자는 '현실'에서 그들의 향상된 자기주장 기술을 연습하는 과제를 부여받는다(Gambrill, 2002).

한 예로 몇 달 전 약혼한 26세 여성인 데보라를 살펴보자. 그녀는 행동주의를 지향하는 임상심리학자인 팩스턴 박사에게 결혼식을 위해 하객 목록, 메뉴, 꽃, 밴드, 드레스 등을 준비하기 시작했는데, 다른 사람들이 자신을 대신하여 '결정을 하는 것'에 화가 나기 시작했다고 말했다. 특히 어머니와 여동생이 자신에게 이것저것을 지시하는데, 자신은 그들에게 "상관하지 마."라고 말하기 어렵다고 했다. 한 예로, 최근 웨딩숍에 간 이야기를 하였다. 데보라가 혼자 웨딩숍에 가서 웨딩드레스를 잠정적으로 골라두었고, 그 뒤에 어머니와 여동생과 함께 다시 가서 드레스를 입어보았다. 그들은 다른 드레스를 입어보라고 했으며 심지어 그녀가 처음에 혼자 갔을 때 마음에 들지 않았던 드레스를 사라고 설득하기까지 했다. 데보라는 웨딩숍에서 자신이 주도권을 잡고 싶었지만 그럴 수 없었다고 팩스턴 박사에게 말했다. 또한 하루 일과를 마칠 때면 이러한 일에 관해 약혼자에게 말하지만 약혼자는 공감하기보다는 어머니와 여동생에게 맞서라고 하여 결국 울음을 터뜨리게 된다고 했다.

● ● ● 글상자 14.1 ● ● ●

문화 고려하기

자기주장 훈련과 집단주의의 가치

행동치료의 한 형태인 자기주장 훈련은 자기주장이 좋은 것이라는 전제를 기초로 한다. "자기주장 훈련은 가치 있다고 한다. 사람들은 다른 사람이나 심지어 자신의 지배도 받지 않고 자신의 감정을 표현할 권리가 있다고 가정한다. 그리고 웰빙에는 이러한 표현이 포함된다고 가정한다"(Gambrill, 2002, p. 121). 모든 문화에서 똑같이 이렇게 가치를 두는가?

몇몇은 그렇지 않다고 강하게 주장할 것이다. 예를 들어 Sue와 Sue(2008)는 서양이나 개인주의적 문화에서 "개인주의, 자율성, 그리고 자기 자신이 될 수 있는 능력을 건강하고 바람직한 목표"로 받아들이지지만 "모든 문화가 개인주의를 긍정적인 방향으로 바라보는 것은 아니다. 서양 이외의 많은 문화권에서는 정체성을 집단주의와 별개의 것으로 여기지 않는다."고 주장했다(p. 141). 개인주의와 집단주의 문화의 중요한 차이에 대해 충분히 이해하지 못한다면 치료자는 자기주장을 할 수 없거나 과하게 의존적인 몇몇 문화권의 내담자를 지나치게 병리적으로 진단하게 될 것이다.

북아메리카 원주민을 대상으로 한 심리치료와 관련한 문화적 쟁점에 대한 논의에서 Sutton, Broken과 Nose(2005)는 이 주제와 관련된 2개의 사례 연구를 발표하였다. 첫 번째 사례로, 북아메리카 원주민 부부가 식당을 개업하였다. 부부의 식당은 그들의 가족에게는 음식값을 받지 않겠다고 결정한 것을 제외하고 성공적으로 운영되었다. 이들은 가족을 먼 친척, 인척 그리고 가까운 사람 등 지나치게 넓게 정의했다. 그리고 너무도 많은 사람들에게 무료로 음식을 주었기 때문에 재정적으로 힘들게 되었다. 두 번째 사례로 한 북아메리카 원주민 대학생은 연구비를 받아 자신의 연구를 수행할 수 있었다. 그러나 그는 그의 돈, 아파트 그리고 시간을 형제 및 가족들과 나누도록 강요받는 느낌을 받았다. 가족들이 있음으로 인해 심각한 재정적 어려움에 부딪혔고, 학교에서 성공할 수 있을 학생임에도 실제적인 장애들이 발생하였다.

아메리카 원주민 문화가 집단주의적 가치를 지닌 유일한 문화권은 아니고 많은 아프리카, 아시아계 문화가 더 많은 예를 제공하겠지만, 이러한 내용은 임상심리학자가 주장 훈련을 고려할 때 갖춰야 하는 민감성을 강조하고 있다. 앞에 두 사례에서 자기주장 훈련이 임상적으로 효과가 있는가? 자기주장 훈련이 임상적으로 적합한가? 내담자의 문화적 가치와 일치시키기 위해 조정할 필요가 있나? 다른 대체 치료를 고려해야 하는가? 이에 대해 생각해봐야 한다.

팩스턴 박사는 데보라에게 자기주장 훈련을 하였다. 먼저 팩스턴 박사는 데보라에게 "충고는 고맙지만 결정은 내가 하겠다.", "너와 같이 이 일을 하는 것은 좋지만 마지막 결정을 내가 해야 한다." 등 구체적이고 적절한 자기주장적인 말을 가르쳐주었다. 또한 주장 반응과 관련이 있는 구체적인 행동, 예컨대 눈 맞추기, 적절한 목소리 크기와 어조 등도 지도하였다. 그런 다음 팩스턴 박사는 그녀에게 이 행동을 모델링시켰다. 그러고 나서 팩스턴 박사는 데보라의 어머니와 여동생 역할을 했고, 데보라에게 자기주장적인 행동을 시연하였다. 팩스턴 박사는 데보라에게 적절한 말을 했을 때 칭찬을 해주었고, 시선 접촉에 관해 상기시켜주는 등 유용한 피드백을 주었다. 팩스턴 박사는 예상되는 데보라 및 어머니와 여동생 간의 대립에 '대비'할 수 있도록 과제를 제안했다. 이 과제는 다음 토요일 점심 외식 때 메뉴를 정하는 것 등 데보라가 압박을 덜 느낄 수 있는 사항에 대해서 어머니와 여동생에게 자신의 주장을 하는 것이었다. 시간이 흐르고 연습함에 따라 데보라는 자기주장에 대한 불안이 감소되면서 자기주장 기술도 향상되었다.

조작적 조건형성을 기반으로 한 기법

수반성 계획

수반성은 '만약 … 그러면…' 같은 진술로, 행동주의 치료자에 따르면 이러한 수반성이 우리의 행동을 지배한다. 따라서 행동변화가 목표라면 가장 좋은 방법은 행동을 통제할 수 있는 수반성을 바꾸는 것이다. 행동주의 치료자들은 이 과정을 수반성 계획(contingency management)이라고 부른다. 모든 행동은 그 결과로 일어나며, 결과가 바뀌면 그에 따라 행동도 변화할 것이다(Drossel, Garrison-Diehn, & Fisher, 2008; Kearney & Vecchio, 2002; Villamar, Donahue, & Allen, 2008). 행동주의자는 예컨대, "우울한 행동을 하면 친구나 가족이 나에게 관심을 가져주고 책임으로부터 벗어날 수 있다."와 같이 수반성은 정신장애가 형성되고 유지되는 데 강력하지만 흔히 간과되는 영향을 준다고 강조한다(예 : Anderson, 2007).

강화와 처벌

수반성에서 '그러면…' 부분을 채우는 단어는 행동의 결과로, 강화나 처벌 둘 중 하나로 분류할 수 있다. 강화(reinforcement)는 향후 그 행동이 발생할 가능성을 높이는 결과로 정의할 수 있다. 반대로 처벌(punishment)은 향후 그 행동이 발생할 가능성을 줄이는 결과로 정의할 수 있다. 이 두 개념 각각의 차이점을 알아두는 것이 중요하다. 모든 사람과 모든 상황에서 강화로만 작용하는 것 또는 처벌로만 작용하는 것은 매우 드물다. 즉 어떤 사람에게는 처벌로 작용하는 것이 다른 사람에게는 강화일 수 있고, 그 반대의 경우도 있다. 수반성 계획을 사용하는 행동주의 치료자는 이를 자각하고 내담자에게 수반성에 대한 의견을 들어야 한다(Drossel et al., 2008; Spiegler & Guevremont, 2010).

글상자 14.2

나의 경험

나의 임상경험에 따라 나는 보는 사람의 입장에서 강화를 정해야 한다는 것을 알게 되었다. 처벌도 마찬가지이다. 대부분 이런 진실은 자녀의 특정 행동발생 빈도를 변화시키려는 부모와 작업할 때 분명해진다. 11세 여아 제이드가 숙제를 더 잘하도록 하려는 싱글맘 조디의 사례를 예로 들 수 있다. 제이드의 선생님은 조디에게 제이드는 학급에서 가장 똑똑하지만 심각하게 숙제를 해오지 않는다고 자주 말하였다. 사실 제이드는 거의 숙제를 하지 않았다. 하지만 나중에 중학교에 들어갔을 때를 대비해서 숙제를 하는 습관을 기르는 것이 중요했다. 조디는 숙제를 다했을 때 제이드가 사촌네 강아지와 즐겁게 보내는 것을 보고 강화로 새 강아지를 사주기로 결정했다. 조디는 나의 도움으로 제이드가 숙제와 관련된 특정 행동을 하면 점수를 받고 특정 점수에 도달했을 때 강아지와 관련된 물건, 예컨대 사슬, 개 목걸이, 강아지 장난감을 주고 마지막으로 강아지를 사주는 체계를 만들었다. 그러나 제이드는 변화가 없었다. 변화가 없는 이유에 대해 몇몇 원인을 고려하다가 제이드에게 강화 계획에 대한 생각을 물었다. 제이드는 "난 강아지를 절대로 원하지 않아요."라고 고통스럽게 말했고, 이런 점에 조디는 꽤 놀랐다. " 왜? 사촌 집에 갔을 때 강아지와 노는 거 좋아했잖아!" " 엄마, 그건 잠깐 방문해서 강아지를 보니깐 그렇죠. 강아지가 생기면 먹이도 줘야 하고, 산책도 해야 하고, 청소도 해야 하잖아요. 나는 그 많은 일을 하고 싶지 않아요." 우리는 재빨리 제이드가 원하는 강화물에 대해 대화를 했다.

다른 가족의 경우는 처벌에 초점을 맞췄다. 이 사례에서 재커리와 줄리아는 열세 살 아들 도미닉이 잘못된 행동을 하면 그의 방에 가 있도록 하는데, 왜 행동이 바뀌지 않는지를 알 수 없었다. 나를 찾아오기 전까지 재커리와 줄리아는 도미닉이 여동생을 놀리는 것, 음식을 남기고 일어서는 것, 말대답하는 것 등 더 이상 하지 않았으면 하는 수많은 행동에 대해 처벌해왔다.

재커리와 줄리아는 그들이 부모로부터 받은 처벌이 효과적이었음에도 도미닉에게는 효과가 없어서 당혹스러워했다. 도미닉에게 방에 보내지면 무엇을 하는지 묻자 "방에 있으면 얼마나 좋은데요. 방에 TV, 컴퓨터가 있고 주머니에는 항상 핸드폰이 있어요. 그래서 방으로 보내질 때마다 좋아하는 프로그램을 보거나 비디오 게임을 하거나 또는 친구에게 문자를 보내죠."라고 대답을 하여 중요한 정보를 얻었다. 이런 정보를 얻을 후 재커리와 줄리아와 함께 도미닉이 처벌이라고 느낄 만한 처벌을 찾아내는 데 초점을 맞췄다.

강화와 처벌은 각각 정적 및 부적 두 유형으로 세분화할 수 있다(Higgins, 1999). 이 맥락에서 보면 정적이란 결과를 더하고, 부적이란 결과를 제거하는 것을 의미한다. 간단히 말해 **정적 강화**(positive reinforcement)는 '음식과 같이 좋은 것을 얻는 것'을 의미하고 **부적 강화**(negative reinforcement)는 '고통 등 나쁜 것을 없애는 것'을 의미한다. 이 두 가지 모두 행동이 반복되는 것을 증가한다. **정적 처벌**(positive punishment)은 '나쁜 것을 얻는 것'을 의미하고, **부적 처벌**(negative punishment)은 '좋은 것을 없애는 것'을 의미한다. 이 두 가지 모두 행동이 반복되는 것을 감소시킨다(Sturmey, 2007).

행동주의 치료자들은 수반성 계획에서 강화와 처벌을 모두 사용하지만 대부분의 임상 장면에서는 대개 강화를 선호한다(예 : Higgins, 1999). 처벌을 사용할 때는 윤리적으로 사용해야 하며, 즉각적이고 일관되게 사용했을 때 더 효과적이고 대안적인 보다 바람직한 반응을 강화하는 절차와 함께 사용해야 한다(Poling, Ehrhardt, & Ervin, 2002). **혐오치료**(aversion therapy)는 술을 마시는 것 등의 원치 않는 행동으로 혐오스러운 자극, 가령 메스꺼움 또는 전기충격 등을 유발하는 처벌의 한 예이다(Emmelkamp & Kamphuis, 2002; Spiegler & Guevremont, 2010).

강화의 네 가지 유형(강화와 처벌의 정적 및 부적 형태)을 사용한 예로 15세의 소년원 원생인 패티를 치료하는 행동주의 지향적 임상심리학자 하워드의 경험을 살펴보자. 최근 패티는 생활관에서 교실로 갈 때면 공격성이나 분노를 터트리는 경향이 있었다. 공격성이 매우 위험한 수준에 이르렀기 때문에 신체적 제지가 필요할 정도였다. 이러한 폭력성 문제에 대한 결과로 결국 일과 동안 학교에 가지 못하고 생활관에서 잡지를 보며 여유롭게 시간을 보냈다. 하워드는 패티의 공격 행동을 분석했고 직원들이 제공하는 수반성은 오히려 공격 행동을 강화하는 것이지 처벌하는 것이 아니라는 가설을 세웠다. 하워드는 직원들과 네 가지 수반성에 관해 의견을 나누었고, 이 네 가지는 모두 패티가 바람직한 행동을 할 수 있도록 고안된 것이다.

- 정적 강화 : 언어적으로든 신체적으로든 공격 없이 수업에 참여한다면 그녀가 원하는 새 잡지를 받을 수 있다.
- 부적 강화 : 어떤 형태의 공격 행동 없이 수업에 참여한다면 공격 행동을 했을 때 부착하는 발목강박장치를 제거할 것이다.
- 정적 처벌 : 어떤 형태로든 공격 행동을 하면 잡지 없이 방에 2시간 동안 구금될 것이다.
- 부적 처벌 : 어떤 형태로든 공격적 행동을 하면 모든 잡지를 다음 날까지 압수할 것이다.

소거

행동주의 치료자들이 행동을 유지시키는 수반성이나 행동을 수정하는 새로운 수반성을 고려할 때 소거에 주의를 기울인다. 수반성 계획의 맥락에서 소거(extinction)는 기대하던 강화의 제거를 의미하고, 이로 인해 그 행동의 빈도는 감소된다(Culver, Vervliet, & Craske, 2015; Kearney & Vecchio, 2002; Poling et al., 2002; Strurmey, Ward-Horner, Marroquin, & Doran, 2007).

행동주의를 지향하는 임상심리학자 에반스 박사에게 부모가 데려온 2학년인 8세의 웬디의 사례를 살펴보자. 웬디의 부모는 지난 2주 동안 식사 시간에 웬디의 행동이 심각하게 문제가 되었다고 설명하였다. 차려준 음식을 좋아하지 않는다고 하고 그 음식 때문에 배가 아프다고 울며 소리 질렀다. 부모에 따르면 예전에는 잘 먹던 음식이었기 때문에 이러한 행동이 혼란스럽고 위장병이 없다는 것을 확인시켜주기 위해 소아 · 청소년과 전문의에게 진료도 받았다. 에반스 박사는 웬디의 부모에게 식사 시간에 웬디가 울며 소리를 지른 후 어떤 일이 일어나는지에 대해 물었고, 그들은 다른 음식을 먹도록 했다고 말했다. 에반스 박사가 계속 질문을 하자 그들은 웬디가 원하는 음식을 선택할 수 있게 해주었고, 그럴 때면 웬디는 대부분 자신이 좋아하는 패스트푸드를 선택한다고 말하였다. 이러한 정보를 근거로 에반스 박사는 소거를 기반으로 한 수반성 계획을 세웠다. 그는 웬디가 울고 소리 지르는 행동은 이런 행동 후 받는 패스트푸드 음식에 의해서 정적 강화를 받는 것이라고 개념화하였다. 이 개념화를 웬디의 부모에게 설명하였고 정적 강화를 하지 말라고 권유했다. 다른 말로, 가족과의 식사에서 웬디가 패스트푸드로 식사하지 않도록 하라는 것이다. 웬디의 부모는 권유받은 대로 했고, 비록 처음에는 웬디의 행동이 더 나빠졌지만 며칠 만에 식사 시간에 우는 것과 소리 지르는 것을 멈추었고 이전처럼 가족과 함께 식사를 하였다.

웬디의 사례는 소거를 기반으로 한 치료의 중요한 측면인 소거 격발(extinction burst)을 보여주는 예이다(Kazdin, 1980; Poling, Ehrhardt, & Jennings, 2002; Spiegler & Guevremont, 2010). 강화가 제거된 직후 웬디는 울고 소리 지르는 행동을 더 자주 강렬하게 했다. 부모가 강화 없이 '정원에 서있기'를 계속했을 때만 웬디의 울고 소리 지르는 행동이 점차 줄어들었다. 행동주의 치료자들과 소거를 사용하는 치료자들은 강화를 제거한 후 소거 격발이 일어날 수 있다는 것을 기억하고 있는 것이 중요하다. 그렇지 않으면 치료의 역효과가 나타난다고 잘못 생각하고 강화를 다시 줄 수 있기 때문이다. 만약 부모가 다시 강화를 준다면 원하는 것을 여전히 먹을 수 있다는 것을 알려주게 되는 것이다. 이것은 울고 소리 지르는 행동을 소거하기보다 강화하는 것이다.

글상자 14.3

비유하기

음료수 자판기에서 돈을 잃는 것과 소거 및 소거 격발

동전 투입구에 돈을 넣고 버튼을 눌러 음료수를 받는다. 동전 투입구에 돈을 넣고 버튼을 눌러 음료수를 받는다. 음료수 자판기의 수반성에 대한 혼란은 거의 없으며 우리의 음료수 구매 행동은 시원하고 톡 쏘며 달콤한 강화가 반복적으로 주어지면서 강화되었다.

만약 음료수 자판기가 고장 난다면? 만약 우리가 동전 투입구에 동전을 넣고 버튼을 눌렀지만 음료수가 나오지 않는다면? 결국 우리는 자판기에 동전을 넣지 않을 것이다. 즉 우리가 음료수를 구매하는 행동은 최소한 그 자판기에서만큼은 더 이상 예상되는 강화물이 제공되지 않으므로 소거될 것이다. 그러나 단기적으로 우리의 행동은 소거되지 않고 강화된다. 당신은 음료수 자판기에서 돈을 잃은 사람이 모든 버튼을 누르고, 다른 동전을 넣어보고, 자판기를 치고 차며, 자판기를 기울이기도 하는 것 등의 소거 격발을 보았을 것이다. 아니면 당신이 이러한 행동을 했을 수도 있을 것이다. 음료수 자판기가 "안타깝지만 너는 음료수를 얻을 수 없어."라는 반응을 한다면, 우리는 자판기에서 멀어지지만 확신이 들 때까지는 시간이 걸릴 것이다.

음료수가 나오지 않는다는 것을 알아차리고 음료수 구매 행동이 소거될 때까지 소요되는 시간은 음료수 자판기가 지속적으로 얼마나 우리를 굳게 믿도록 만드는가에 달려있다. 만약 이것이 반복된다면, 우리는 꽤 빨리 포기하게 될 것이다. 그러나 자판기에서 가끔 음료수가 나오고, 발로 찼을 때 음료수가 나오는 것을 안다면 음료수 구매 행동이 소거되는 데 상당한 시간이 걸릴 수 있다. 이처럼 불확실하고 예측할 수 없는 기계의 더 좋은 예는 '당신은 결코 알 수 없는' 슬롯머신이다(Kazdin, 1980). 행동주의 치료자들이 내담자에게 소거 기법을 사용할 때 어떤 기법이 더 성공적일 것으로 예상되는가? 예상되는 강화가 일관성 있게 또는 비일관적으로 제공되지 않아야 하는가? 수반성 계획 기법의 일관성이 행동변화의 성공에 영향을 줄 수 있다고 생각하는가?

토큰 경제

토큰 경제(token economy)는 내담자가 미리 결정한 표적 행동을 했을 때 토큰을 얻는 것으로 설정하는 것이다(Ghezzi, Wilson, Tarbox, & MacAlesse, 2008). 토큰은 음식, 게임, 장난감, 특권, 원하는 활동에 참여할 수 있는 시간 또는 기타 내담자가 원하는 것 등 다양한 강화물로 바꿀 수 있다. 어떤 토큰 경제에서는 내담자가 바람직하지 않는 행동을 했을 경우 토큰을 잃을 수도 있다(Stuve & Salinas, 2002). 토큰 경제는 입원병실, 교정시설에서 많이 사용되고 또한 감독직원으로부터 관리 및 감독을 받는 장면에서 자주 사용된다. 토큰 경제의 강점은 내담자마다 융통성 있게 제공될 수 있다는 점이다. 예컨대, 정신과 입원 환자의 경우 각 내담자마다 다른 표적 행동을 정의할 것이다. 어떤 환자는 이불정리를 했을 때, 어떤 환자는 샤워를 했을 때, 다른 환자는 혼자 있지 않고 누군가와 상호작용을 했을 때 토큰을 받게 된다. 물론 토큰 경제의 성공 여부는 토큰이 교환되는 강화물에 대한 지각된 가치에 달려있다. 그래서 행동주의 치료자들은 각각의 내담자들을 동기화시킬 수 있는 강화물을 신중히 선정해야 한다. 당신이 6세일 때 봉제인형, 플라스틱 장난감 또는 사탕을 교환하기에 충분한 토큰을 얻으려고 많은 시간, 에너지 및 돈을 소비했을 것이다. 오늘날 당신은 이러한 상으로는 동기부여가 되지 않을 것이다. 그리고 당신의 행동은 그에 따라 변할 것이다. 마찬가지로 아마 당신이 6세였을 때에는 포커 칩에서 큰 의미를 느끼지 못했겠지만 이제는 돈과 교환할 수 있는 토큰에 더 큰 가치를 부여할 것이다. 돈 그 자체는 많은 강화물과 교환할 수 있다.

토큰 경제의 잠재적인 한계점은 일반화와 관련이 있다(Spiegler & Guevremont, 2010). 앞서 설명한 바와 같이 일반화는 비슷한 행동이나 상황에 학습한 수반성을 적용하는 것이다. 모든 토큰 경제의 목표는 해당 상황에서의 행동을 수정하는 것뿐 아니라 모든 환경에서 환경을 수정하는 것이다. 예를 들어, 앞 절에서 언급한 정신과 입원환자가 침대 정리, 목욕 및 외부 세계와 사귀는 것에 관해 학습한 내용을 그들이 일시적으로 머무르는 정신병원에서뿐만 아니라 외부 세계에도 적용할 수 있어야 한다. 행동치료자는 한꺼번에 토큰을 줄이는 것보다 점차적으로 토큰을 줄이는 것, 인위적인 강화물을 주는 것보다 사회적 칭찬처럼 자연적으로 발생하는 강화물을 사용하는 것, 행동과 강화 사이를 점차 지연시키는 것, 그리고 가능한 한 다양한 상황에서 강화를 제공하는 것을 포함하여 일반화를 최대화할 수 있는 많은 전략을 사용할 수 있다(Stuve & Salinas, 2002).

조성

수반성 계획은 흔히 발생빈도를 높이기 위해 표적 행동을 강화하는 데 기반을 둔다. 그러나 때때로 치료 이외 장면에서는 표적 행동이 매우 복잡하고 도전적이며 또는 내담자에게 친숙하지 않을 수 있어서, 단번에 목표 행동을 하기 어려울 수 있다. 이럴 경우 행동주의치료자는 연속적으로 목표 행동에 가까운 행동을 강화하는 **조성**(shaping)을 사용할 수 있다. 달리 말하면 조성은 목표 행동을 향한 '아기 단계(baby step, 훨씬 더 큰 과제의 완성을 향한 작은 노력)'를 강화하는 기법이다(Kazdin, 1980; Kearney & Vecchio, 2002; Sturmey et al., 2007).

심각한 우울 증상이 있는 59세 디나의 사례를 생각해보자. 그녀는 약 3개월 전부터 우울해지기 시작한 후로 점점 더 내향적으로 변했다. 많던 친구들과 접촉도 하지 않았고, 그들이 연락을 해도 답도 하지 않았다. 남편이 외식을 하자고 해도 거절했고, 딸이 집으로 초대했을 때에도 거절했다.

임상심리학자인 스테인 박사는 디나의 문제를 행동주의적 관점에 입각하여 개념화했다. 스테인 박사는 향상시켜야 할 영역으로 사회적 행동을 지적했고, 디나가 해야 할 사회적 상호작용과 관련해서 구체적인 목표를 정의했다. 매주 친구와 전화 세 번, 남편과 외식 한 번, 딸과의 만남 1회 하기가 그것이다. 그러나 스테인 박사가 보기에 지금 당장은 디나의 사회적 기능 수준이 이러한 표적 행동을 하기에는 어렵다는 것을 알게 되었다. 만약 디나가 한 주에 이 모든 목표를 다할 때까지 기다린다면 너무 오랫동안 기다려야 할 것이다. 그래서 스테인 박사는 조성 전략을 사용했다. 우선 디나와 함께 그녀에게 의미 있는 강화를 결정했다. 바로 DVD 빌리기이다. 그다음 첫 주 동안 수반성을 수립한다. 만일 디나가 친구에게 전화하기, 남편과 외식하기, 딸과 만나기 중 최소한 한 가지만 한다면 그녀가 선택한 DVD를 빌릴 수 있게 했다. 다음 주에는 수준을 높인다. 적어도 두 가지 사회활동을 해야 하는데, 그중 하나는 본인이 직접해야 한다. 스테인 박사는 디나가 연속적으로 몇 주 동안 표적 행동을 구성하는 모든 행동을 완벽하게 할 때까지 매주 강화를 주는 수준을 높인다.

모든 조성 프로그램의 핵심은 연속적인 유사 행동 간의 증가량이다. 행동주의 치료자는 각각의 새로운 도전 사이의 단계가 내담자에게 너무 어렵지 않도록 주의해야 한다. 게다가 단계 간의 차이가 너무 작아서 치료가 불필요하게 지연되지 않도록 해야 한다. 그러므로 디나의 경우 작업이 너무 쉽거나 어렵다고 느낀다면 스테인 박사는 수준을 조정해야 한다.

그림 14.3 조성은 복잡한 행동의 빈도를 높이는 데 사용되는 행동주의적 기법이다. 이 경우 친구에게 전화하는 것만으로도 높은 수준의 사회적 상호작용에 해당한다.

© IS_ImageSource/istockphoto.com

행동 활성화

행동 활성화(behavioral activation)는 우울증을 치료하기 위해 고안된 행동치료 형태로, 최근 몇 년간 상당한 관심과 경험적인 지지를 받았다(Dimidjian, Barrera, Martell, Munoz, & Lewinsohn, 2011; Mazzucchelli, Kane, & Rees, 2009; McCauley et al., 2016; Ros, Hernandez, Graziano, & Bagner, 2016; Schneider et al., 2016). 행동 활성화는 우울한 사람의 일상생활에는 정적 강화가 부족하다는 단순하면서도 심오한 개념에 근거한다. 그래서 행동 활성화의 목표는 내담자에게 정적 강화를 줄 수 있는 행동의 빈도를 증가시키는 것이다. 결과적으로 내담자는 더 긍정적 정서를 경험하며, 그들의 삶에 더 완전히 관여하게 될 것이다. 우울한 기분이 향상됨에 따라 불쾌한 경험을 피하는 경향이 줄어든다(Craske, 2010; Dobson & Dobson, 2009; Kanter, Busch, & Rusch, 2009; Martell, 2008; Puspitasari, Kanter, Murphy, Crowe,

& Koerner, 2013; Ritschel, Ramirez, Cooley, & Edward Craighead, 2016; Shikatani, Fracalanza, & Antony, 2015).

행동 활성화를 처음 시작할 때 임상심리학자가 물을 수 있는 가장 중요한 질문 중 하나는 "지금은 잘하지 않는, 그러니까 우울하지 않을 때 흔히 하던 것이 있습니까?"(Martell, 2009, p. 140)이다. 이 질문에 대한 내담자의 반응을 근거로 내담자와 치료자는 함께 보상 행동의 목록을 작성하고, 이를 내담자의 삶에 통합하는 계획을 마련할 수 있다. 임상가는 구조화된 일상목록을 만들어 일상의 사건을 통해 내담자를 안내하여 도와줄 수 있다. Martell(2009)은 내담자의 관점에서 행동양식의 기능을 이해하는 것이 중요하다고 강조하였다. 특히 내담자에게 특정 행동이 정적 강화를 주거나 불쾌한 것을 피하게 하는 것은 아닌지를 파악해야 한다. 예를 들어, 내담자는 영화관을 가기로 선택할 수도 있다. 왜냐하면 영화는 그를 즐겁게 해주거나 룸메이트와 연체된 방값에 대한 논쟁을 피할 수 있게 해주기 때문이다. 행동 활성화를 수행하는 임상가의 관점에서 후자의 경우에 해당한다면 회피는 사실상 문제의 일부가 될 것이고, 실제로도 그것이 그 행동의 기능이라면 대안 행동을 해야 한다.

조작적 조건형성이 행동 활성화의 근거인 것은 분명하지만, 고전적 조건형성 또한 역할을 할 수 있다. 앞서 언급했듯이 체계적 둔감법에서 역조건 형성과 유사한 방식으로, 행동 활성화는 우울증과 강화 활동은 양립할 수 없다는 사실을 이용한다. 달리 말하면 행동주의자들은 좋아하는 활동의 강화를 느끼는 동시에 우울함을 느낄 수는 없다고 주장한다. 이런 식으로 행동 활성화는 기쁨을 가져다주고 우울증을 예방하는 활동을 계획하고 격려하는 방법이다(Martell, 2008, 2009).

관찰학습(모델링)

지금까지 논의한 조작적 조건형성을 임상 장면에 적용한 모든 예에서 내담자는 자신의 경험을 통해 직접 학습하였다. 그러나 우리가 배우는 많은 것들은 다른 사람들에게 적용되는 수반성을 근거로 한다. 이 현상은 **관찰학습**(observational learning)으로 알려져 있지만 **모델링** 및 **사회적 학습**이라고도 한다. 관찰학습의 한 예로 글상자 14.3에 소개된 고장 난 음료수 자판기 시나리오를 간략하게 다시 생각해보라. 차례를 기다리는 동안 음료수 기계가 당신 앞에 있던 사람의 돈을 삼켰다면 당신 차례가 되었을 때 자판기에 돈을 넣을 것인가?

임상 현장에서 관찰학습은 내담자가 바람직한 행동의 시연을 관찰하고 이를 모방할 수 있는 기회를 제공하는 기술이다(Freeman, 2002; Spiegler & Guevremont, 2010). 내담자는 전형적으로 이러한 모방의 노력에 대한 건설적인 피드백도 받는다. 모델로 활동하는 사람은 치료자, 다른 실제 모델 또는 비디오나 오디오에 녹음된 모델일 수 있다. 모델링의 효과에 관한 **Albert Bandura**와 다른 연구자의 광범위한 연구들은 모델링 과정의 핵심 변수에 대한 상당한 수준의 지식을 제공한다(예 : Bandura, 1977). 그 결과 중 하나는 내담자와 유사한 모델이 가장 효과적이며, 특히 문화적 및 인구학적 변수에서 내담자의 다양성과 관련되어있을 때이다. 예를 들어, 아나는 19세 히스패닉계의 동성애를 지향하는 대학 2년에 재학 중인 여대생으로 사회적 기술로 어려움을 겪고 있다. 관찰학습 개입의 성공 여부는 모델의 나이, 성적 취향, 인종, 세대 및 학력이 아나와 일치하는 정도에 따라 달라질 수 있다.

관찰학습 전략은 사실상 내담자들에게 두 가지 다른 방식으로 학습의 기회를 제공한다. 첫 번째는 내담자가 단순히 모델의 행동을 흉내 내는 **모방**(imitation)이다. 두 번째 단계는 **대리학습**(vicarious learning)으로, 내담자는 모델링된 행동을 관찰할 뿐만 아니라 모델이 어떤 행동의 결과를 겪게 되는지도 관찰하게 된다. 즉 모방을 하지는 않더라도 내담자는 모델이 무엇을 받는지를 관찰함으로써 표적 행동에 대한 강화 또는 처벌을 기대할 수 있다(Freeman, 2002). 아나의 경우 아나가 모르는 사람과 대화를 시작하고 그 결과로 친절한 인사, 무시당하기, 중립적인 반응 등 명백한 피드백을 받는 모델을 관찰하면 대리학습을 하게 되는 것이다. 물론 행동주의 치료자는 원하는 반응을 모델링할 때 가능한 강화가 뒤따를 수 있도록 노력할 것이다.

행동치료의 대안

행동상담

행동상담(behavioral consultation)은 행동치료자가 내담자의 행동을 수정하는 간접적인 방법이다. 항상 내담자, 의뢰인, 상담자(치료자) 3명이 관련되어있다는 점에서 직접적인 임상 서비스 형태와 다르다. 의뢰인은 내담자와의 일상적인 상황에서 상당한 시간을 보내고 내담자의 행동을 관리하는 수반성에 대해 어느 정도 통제력이 있는 사람이다. 많은 경우 의뢰인은 부모, 교사 또는 간병인과 같이 일정 능력 안에서 아동을 감독하는 성인이다(Ehrich & Kratochwill, 2002). 그러나 의뢰인은 직원의 행동을 수정하는 것을 목표로 하는 기업 관리자와 같이 성인 내담자의 행동에 대한 도움을 구할 수도 있다(Bailey & Burch, 2006). 이 장에서 고려하는 몇 가지 예(이를테면 가족과 저녁 식사를 거부 한 소녀 웬디)에는 상담의 구성요소를 포함하지만 사실상 행동상담에서 상담자/치료자와 내담자는 결코 만날 수 없기 때문에 의뢰인이 진정한 중개자 역할을 한다.

행동상담은 유연하게 진행되지만 일반적으로 5단계가 포함된다(Ehrich & Kratochwill, 2002).

- 상담관계의 개시 : 모든 당사자의 역할과 책임이 수립된다.

- **문제 확인** : 표적 행동을 정의하는 단계로, 누가, 무엇을, 어디서, 그리고 언제 발생하는지에 관한 질문으로 정의한다. 표적 행동과 관련한 기저선과 목표도 결정한다.
- **문제 분석** : 현재의 행동을 유지시키는 강화 수반성을 확인하는 것이다.
- **계획 실행** : 의뢰인은 상담가가 추천한 바와 같이 중재를 수행한다.
- **계획 평가** : 상담자와 의뢰인이 기저선 및 표적 행동에서 내담자의 향상 정도를 측정한다.

행동상담의 한 예로 약 20명의 변호사를 고용하는 사설 법률회사의 관리 파트너인 캐슬린을 살펴보자. 캐슬린은 최근 채용된 행정보조원인 팸과 관련된 생산성 문제에 관해 임상심리학자이자 행동상담가인 타구치 박사에게 도움을 구했다(명확하게 하기 위해 타구치 박사는 상담가이고, 캐슬린은 의뢰인, 팸은 내담자이다). 무엇보다도 캐슬린은 팸이 항상 문제가 되는 행동은 오랜 시간 동안 점심시간을 탐닉하는 것이라고 언급했다. 구체적으로 말하자면 팸은 점심식사를 위해 2~2.5시간 동안이나 사무실을 비우고, 항상 인근 사무실에서 일하는 친구들과 함께 지낸다. 이 시간 동안 팸이 해야 할 일이 쌓인다. 사무실의 변호사들은 팸이 자리를 비울 때면 점차 화가 나기 시작했고, 어떤 식으로든 일을 제대로 할 수 없게 되었다. 캐슬린에 따르면 이전에 있었던 행정보조원들은 이러한 문제가 전혀 없었기 때문에 팸이 처음 입사했을 때 점심시간에 관해 명확하게 규정을 하지 않았다고 한다. 타구치 박사는 팸의 긴 점심은 사회적 상호작용에 의해 강화되고 전혀 처벌되지 않는 수반성의 문제로 개념화했다. 타구치 박사는 팸에게 허용할 수 있는 적절한 점심식사 시간을 결정하여 명시한 다음 너무 오랫동안 밖에 있으면 처벌하거나 제시간에 돌아오도록 하기 위해 강화하라고 캐슬린에게 권유했다. 타구치 박사와 캐슬린은 토론을 통해 처벌과 강화 전략을 모두 사용하기로 결정했다. 만일 팸이 1시간 이상 점심식사를 했다면 시간당 임금을 감봉하고, 만일 팸이 일주일 내내 정시에 돌아오면 금요일 일찍 퇴근하도록 해주었다. 캐슬린은 이 계획을 실행했고, 팸의 행동은 빠르게 수정되었다.

부모훈련

부모훈련(parent training)은 부모가 자녀의 문제 행동에 관해 도움을 청하는 특수한 행동상담 형태이다. 부모훈련이 적용될 수 있는 문제 행동의 범위는 광범위하다. 수면 관련 문제, 야뇨증, 과다활동, 적대적이고 반항적인 행동, 말더듬, 어둠에 대한 두려움, 학교 공포증, 그리고 사회적 기술 등이 있다(Forehand, Jones, & Parent, 2013; Forehand, Lafko, Parent, & Burt, 2014; Jones et al., 2013; Leitjen, Raaijmakers, de Castro, & Matthys, 2013; Schaefer & Briesmeister, 1989; Spiegler & Gueveremont, 2010). 아동심리치료 또는 가족심리치료와 달리 부모훈련은 상담자(행동주의 치료자)가 자녀를 직접 만나지 않는 구조이다. 부모훈련은 전형적으로 문제 행동을 정의하는 것부터 시작하고, 부모에게 강화와 처벌을 효과적으로 사용할 수 있도록 사용 법칙을 알려준다. 예를 들어, 심리학자들은 부모에게 복잡한 새로운 행동을 가르치기 위한 행동조성 기법이나 토큰 경제의 사용에 대해 교육할 수 있다. 마찬가지로 심리학자는 타임아웃 또는 특권 상실과 같은 가벼운 처벌을 사용하는 방법을 부모에게 알려줄 수 있다. 이러한 교육을 하는 목적은 아동의 행동이 가정처럼 개입이 일어나는 상황뿐만 아니라 학교와 같은 다른 환경에서도 일반화되도록 하는 것이다(Moore & Patterson, 2008).

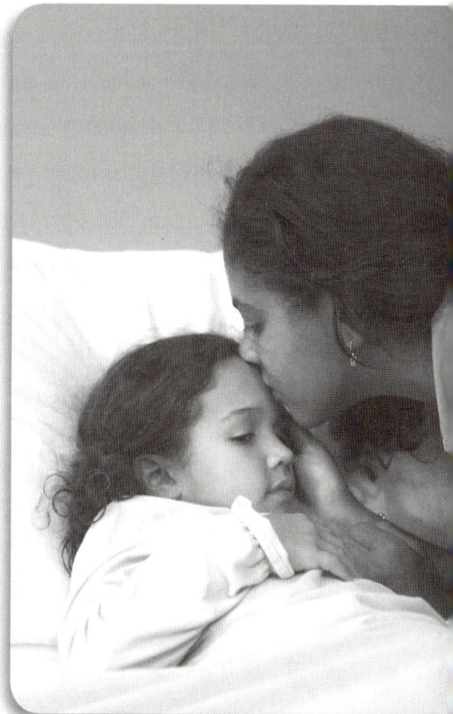

그림 14.4 행동주의 치료자는 문제가 되는 취침시각 행동을 포함하여 자녀의 문제 행동을 관리할 수 있도록 부모훈련을 사용한다.

부모훈련의 예로 7세 아들인 대니를 둔 한부모 가정의 엄마인 헤더를 생각해보자. 헤더는 대니의 잠들기 전 행동이 문제시되어 오그던 박사에게 상담을 받게 되었다. 헤더에 따르면 대니는 매일 밤 잠옷을 입고 이를 닦고, 엄마와 책을 읽고는 "잘 자."라는 인사를 하는 등 수년간 똑같은 방식으로 잠자리에 들었다. 그러나 지난 몇 개월 동안 대니는 10~15분 동안 누워있다가 "엄마, 잠이 안 와요."라고 외치기 시작했다. 오그던 박사는 대니가 이렇게 행동할 때 헤더가 어떻게 반응했는지 물었다. 헤더는 대체로 대니가 아직 피곤하지 않아서 그런가 보다 생각하고는 자신과 함께 소파에서 TV를 보고 간식을 먹으면 약 1시간 시간을 보내게 했다고 설명했다. 오그던 박사는 헤더의 행동이 대니를 강력하게 강화시킨 것으로 보았고, 헤더에게 더 이상 강화를 제공하지 않아야 한다고 제안했다. 오그던 박사와 헤더는 함께 다른 가능한 선택들에 관해 논의했고, 대니가 잠자리에 든 후에는 방에서 못나가도록 결정하였다. 물론 처음 헤더가 이 계획을 실행했을 때 대니는 소거 격발에 이를 정도로 행동이 더 악화되었다. 하지만 오그던 박사는 헤더에게 소거 격발이 발생할 것을 미리 경고해주었고, 그녀에게 일관성 있게 계획을 실행하라고 충고했다. 몇 주 후에 계획을 평가 했을 때 헤더는 대니의 행동이 개선되었다고 말했다. 그러나 몇 번은 대니가 허락 없이 자신의 방에서 나왔다고 했고, 헤더는 어떻게 반응해야 할지 몰랐다고 말했다. 오그던 박사는 헤더에게 이러한 행동은 처벌하도록 권고했고, 대니에게 다음 날 후식을 주지 않는 것이 적절한 처벌이 될 것이라고 합의했다. 이렇게 계획을 다소 수정한 이후 대니가 침대에서 나오는 행동은 사라졌다.

교사훈련

교사훈련(teacher training)은 부모훈련과 상당히 비슷하지만 학교에서 일어나는 행동을 강조한다. 대부분의 문제 행동은 사실상 대인관계와 관련이 있거나 혼란을 초래하는 행동이지만 다른 것들은 학업 및 과제와 관련된 일이나 행동을 거부하는 것을 포함한다(Boulton, 2014; Fernandez, Gold, Hirsch, & Miller, 2015).

흔히 행동주의 치료자가 교사에게 상담자 역할을 할 때 일차적인 과업은 학생이 행동한 결과를 철저히 분석하는 것이다. 즉 행동상담자는 학생의 특정한 행동에 수반되는 모든 강화와 처벌을 이해할 수 있도록 교사를 도와줄 수 있다. 3학년을 맡고 있는 팔머 선생님을 상담하는 카 박사의 예를 생각해보자. 팔머 선생님은 자신이 맡고 있는 반의 학생 중 하나인 브라이언이 수업시간에 굉장히 방해가 된다고 설명했다. 특히 브라이언은 수업 중에 팔머 선생님을 '바보', '멍청이'라고 자주 불렀다. 팔머 선생님은 이런 행동이 왜 지속되었는지 이해할 수 없었다. 왜냐하면 브라이언이 이런 행동을 할 때면 교실 밖으로 불러내어 부적절한 행동에 대해 일대일로 이야기하면서 처벌했기 때문이다. 추가질문을 통해 카 박사는 두 가지 중요한 사실을 발견했다. 브라이언이 교실에서 쫓겨나면 그 수업시간에 해야 할 과제를 하지 않아도 되었는데, 매번 이런 과제는 브라이언에게는 버거웠던 것이다. 게다가 브라이언은 팔머 선생님이 일대일로 면담하면서 주목한 것을 처벌로 받아들이지 않고, 자신이 중요한 사람인 것처럼 느끼게 했다고 한다. 따라서 비록 팔머 선생님은 브라이언의 부적절한 행동을 처벌하려는 의도였지만 사실은 강화하고 있었다. 팔머 선생님은 행동주의 상담자와의 교사훈련을 통해 브라이언의 모욕을 무시하는 방법을 포함하여 다른 대응수단을 찾을 수 있었고, 이를 통해 표적 행동을 급격하게 감소시킬 수 있었다.

얼마나 효과가 있는가

행동치료의 효과성을 지지하는 경험적 증거를 볼 때 행동주의 치료자는 의심할 여지없이 강력한 지지를 받는다. '효과적인 치료'의 목록과 편집물에는 불균형을 이룰 정도로 행동치료가 많이 포함되어있는데(예 : Chambless et al, 1998; Nathan & Gorman, 2007), 특히 인본주의적 접근과 정신역동적 치료법과 비교했을 때 그러하다. 행동주의 치료는 매우 광범위한 장애에 효과가 있는 것으로 밝혀졌지만, 특히 가장 많이 적용되어 효과를 지지받은 장애는 불안장애, 우울증, 아동 행동장애 등의 영역이다(Prochaska & Norcross, 2014; Spiegler & Guevremont, 2010). 특히 이 책에서 다루는 많은 다른 치료법과 비교해볼 때 행동주의 치료는 특정 장애를 위한 구체적인 개입에 관한 효

글상자 14.4

데니스와 행동주의 치료

초기 면담에서 데니스는 자신이 요리사로 일하는 레스토랑에서 새 사장이 새로운 규칙을 적용한 이후 우울증과 관련된 어려움을 겪었다고 설명했다. 그녀는 어린 시절에 대한 배경 지식을 제공하는 데 많은 시간을 보냈다. 행동주의 치료전문가로서 나는 어린 시절의 정보가 현재의 문제와는 관련이 없다는 것을 발견했다. 또한 데니스는 직장 상황에 대한 자신의 생각과 감정을 묘사하는 데 많은 시간을 보냈다. 하지만 행동 지향적인 질문을 통해 데니스로 하여금 생각, 감정과 같은 내면의 정신적 과정보다는 명확하고 관찰 가능하며 측정 가능한 행동에 초점을 맞추도록 하였다. 결국 개입할 만한 세 가지 구체적인 행동을 확인했다. 제시간에 출근하기, 음식을 정확하게 만들기, 운동하기가 그것이다. 우리는 이 행동의 빈도가 보다 바람직한 수준으로 수정될 수 있도록 하는 것을 합의된 목표로 정했다.

일단 이 세 가지 행동에 대한 정의를 내린 후 첫 단계에서 해야 하는 또 다른 중요한 과제는 각 행동의 기저선을 측정하는 것이었다. 즉 비교기준을 마련하기 위해 이 행동들의 현재 발생빈도를 측정하여 치료 이후의 빈도와 비교해서 평가했다. 데니스는 주 6일 근무하는데 2일만 제 시간에 출근을 하고, 매일 한 번씩 음식을 잘못 만들며, 일주일에 운동은 한 번도 하지 않는다고 말했다. 다음으로 우리는 각각의 표적 행동에 대해 구체적인 목표를 설정했다. 주 6회 제시간에 출근하기, 주 1회 음식을 잘못 준비하기, 주 4회 운동하기이다.

데니스의 행동을 수정하기 위해 행동 활성화와 수반성 계약 접근과 함께 조성 기법을 결합하여 세 가지 행동 영역 모두에 적용했다. 먼저 그녀에게 효과적인 강화물을 찾기 위해 다양한 선택사항을 탐색했다. 데니스가 가장 좋아하는 여가 활동 중 하나인 인터넷 서핑을 가장 합리적인 항목으로 선택한 후 세 가지 표적 행동에 대해 구체적인 수반성을 설정했다. 초기의 수반성은 당연히 최종 목표에 도달할 수 없다. 왜냐하면 '바람직한 방향'으로 향하는 행동을 강화하여 행동을 조성한 후 성공하는 주에는 '기준치를 상향 조정'하는 것이 계획이었기 때문이다. 초기 수반성은 다음과 같다. 만약 그날 출근한다면 20분 동안 인터넷 검색을 할 수 있고, 음식을 정확하게 만든다면 20분 동안 인터넷 검색을 할 수 있으며, 하루에 적어도 30분 동안 운동을 한다면 20분 동안 인터넷 검색을 할 수 있다. 데니스는 2주 만에 처음으로 이러한 초기 목표를 달성하는 데 성공했다. 그래서 점진적으로 강화를 받는 데 필요한 요구 수준을 상향 조정했다. 그와 동시에 구체적인 행동 활성화 계획을 수립하여 시행했다. 우울 증상이 심해지면서 거의 하지 않았지만, 정적 강화로 작용하는 그녀의 일상사를 찾았다. 바로 농산물 시장에서 장을 보고, 언니와 점심을 먹고, 가장 친한 친구와 전화 통화를 하는 것이었다. 데니스의 주간 달력에 이러한 일상사에 관한 계획을 잡아 표시해두었고, 데니스는 일정한 규칙에 따라 이 일정을 따랐다. 8주라는 비교적 짧은 기간 안에 데니스는 세 가지 최종 행동 목표를 달성했다.

능 자료를 제공했다(Neer & Beidel, 2015). 특정 장애에 구체적인 행동치료를 적용하여 그 효과에 관한 실질적인 지지를 받은 기법의 목록에는 강박장애에 대한 노출 및 반응 방지법(Craske, 2010; Franklin & Foa, 2011; Olatunji et al., 2013), 특정공포증, 외상후 스트레스장애, 공황장애, 사회공포증에 대한 노출(Deacon & Abramowitz, 2004; Foa & McLean, 2015; Wolitzky-Taylor, Horowitz, Powers, & Telch, 2008), 우울증에 대한 행동 활성화(Ekers et al., 2014), 약물 및 알코올 장애에 대한 수반성 계획(Petry, Martin, Cooney, & Kranzler, 2000; Petry, Alessi, & Rash, 2013), 조현병을 위한 토큰 경제(Dickerson, Tenhula, & Green-Paden, 2005), ADHD를 위한 부모훈련과 교사훈련(Evans, Owens, & Bunford, 2014) 등이 포함되며, 그 이외에도 다양한 것이 포함되어있다.

행동치료는 정신역동, 인본주의, 인지치료보다 경험적 실험에 더 많이 의존하기 때문에 경험적으로 뒷받침되거나 근거기반 치료목록을 채울 수 있다. 다시 말해 만일 치료의 가치가 객관적이고 관찰 가능한 결과를 정량화할 수 있는 척도를 통해서만 측정되는 것이라면, 행동치료가 가장 성공적이라는 것은 놀랄 일이 아니다(예 : Silverman, 1996). 행동치료자는 정신역동 및 인본주의 치료와 같이 내성적이고 주관적인 접근 방식과 달리 치료에 대한 경험적 · 과학적 접근을 강조하면서 이러한 치료법을 창안하기 위해 처음부터 노력해왔다.

요약

행동치료는 오직 간접적으로 추론될 수 있는 정신 현상보다는 관찰 가능하고 측정 가능한 행동에 초점을 맞춘다. 문제가 있거나 바람직하지 않은 행동을 임상적 문제로 간주하되 근본적이고 더 깊은 내면의 장애에 대한 징후로 보지 않는다. 행동치료의 주요 목표는 명백한 행동 변화이며, 그 방법은 경험적이고 검증 가능한 가설에 의존한다.

행동치료자는 고전적 조건형성 또는 조작적 조건형성이 행동의 주요 원인이라고 믿는다. 따라서 임상 장면에서는 내담자가 학습한 수반성을 수반성 계획, 행동 활성화 또는 토큰 경제 같은 방법을 통해 바꾸거나 내담자가 배운 연합을 노출치료, 체계적 둔감법 또는 자기주장 훈련과 같은 방법으로 깨뜨리기 위해 노력한다.

행동치료의 원리는 간접적인 자문 역할에도 적용되어 행동치료자가 부모님이나 선생님과 같은 의뢰인이 자녀 또는 학생 등의 내담자와 행동기법을 적용하는 데 도움을 준다.

경험적 결과 연구는 다른 어떤 접근보다 행동치료에 대한 경험적 지지를 제공하였고 경험적 효과성이 입증된 장애에는 불안장애, 우울증, 아동 행동장애 및 기타 많은 장애가 포함된다.

주요 용어

강화
검증 가능한 가설
경험적 자료
고전적 조건형성
관찰 가능한 변화
관찰학습
교사훈련
기저선
내성
내파법
노출 및 반응 방지법
노출치료
대리학습
모방
무조건 반응
무조건 자극
변별
부모훈련
부적 강화
부적 처벌
불안위계
소거
소거 격발
수반성
수반성 계획
실제 노출
심상적 노출
역조건 형성
이완훈련
일반화
자기주장 훈련
점진적 노출
정신병리학의 의학적 모델
정적 강화
정적 처벌
조건 반응
조건 자극
조성
조작적 조건형성
처벌
체계적 둔감법
토큰 경제
행동상담
행동치료
행동 활성화
혐오치료
홍수법
효과의 법칙
Albert Bandura
B. F. Skinner
Edward Lee Thorndike
Ivan Pavlov
John Watson

비판적 사고를 위한 질문

1. 효과의 법칙이 사람과 동물에게 똑같이 강력하다고 믿는가?
2. 심리치료의 주요 목표는 관찰 가능한 행동 변화여야 한다는 말에 어느 정도 동의하는가?
3. 정신병리학의 의학적 모델에 어느 정도 동의하는가?
4. 행동치료자가 가능한 한 실제 노출과 유사하게 심상적 노출을 하기 위해 할 수 있는 것은 무엇인가?
5. 임상 문제 중 수반성 계획이 가장 유익하거나 유익하지 않을 장애는 무엇인가?

주요 학술지

Behaviour Research and Therapy
http://www.journals.elsevier.com/behaviourresearch-and-therapy

Behavior Therapy
http://www.journals.elsevier.com/behaviortherapy

Journal of Anxiety Disorders
http://www.journals.elsevier.com/journal-ofanxiety-disorders/

Psychotherapy
http://www.apa.org/pubs/journals/pst/index.aspx

CHAPTER 15

인지치료와 마음챙김치료

학습 목표

15.1 인지치료의 목표를 설명한다.

15.2 치료 기법적 관점으로, 인지치료와 기타 심리치료를 비교한다.

15.3 Ellis의 합리적 정서행동치료의 핵심 요소를 설명한다.

15.4 Beck의 일반적 사고 왜곡 목록을 이용하여, 자동적 비논리 사고를 파악한다.

15.5 심리치료 현장에서의 제3의 물결 치료 사용에 관해 논의한다.

15.6 인지치료 및 제3의 물결 치료에 관한 연구 결과를 요약한다.

임상심리학자들이 오늘날 가장 많이 사용하는 치료 기법은 바로 **인지치료**(cognitive therapy)이다. 수많은 조사를 통해 1980년대를 기점으로 인지치료의 인기가 급상승했음이 확인되었다(예 : Norcross & Karpiak, 2012). 실제로 임상심리학자 대부분은 우선적인 치료 기법으로 단일 학파 치료 기법 중 인지치료를 가장 많이 사용한다. 즉 "인지치료는 21세기 초의 주된 심리치료 기법으로 확실한 자리매김을 했다"(Dobson, 2012, p. 112).

임상심리학자들은 다양한 이유로 인지치료에 매력을 느낀다. 인지치료는 다른 심리치료 기법들과 조화로운 활용이 가능하다. 인지치료는 단순하고, 체계적이며, 치료 대상에 집중한다는 점에서 행동치료와 일맥상통한다. 중요한 정신 과정에 초점을 맞추고 있다는 점은 정신역동 치료와 동일하다. 하지만 인지치료는 여러 방면으로 행동치료 및 정신역동 치료와 반대되는 내용을 표방한다. 1950~1960년대를 기점으로 인지치료 발달에 기여한 두 가지 역사적 사건이 동시에 발생하였으며, 그 내용은 다음과 같다.

- 조작적 · 고전적 조건을 갖는 행동치료의 엄격한 적용이 항상 성공적이지는 못했고, 행동치료자와 연구자들은 인지가 인간 행동에 독특하고 중요한 역할을 한다는 사실을 점차적으로 깨닫기 시작했다. 인간의 행위가 온전히 외부 자극에 의해 결정된다는 극단적 행동주의 관점은 내적 정신 과정도 인간 행위에 강력한 영향을 줄 수 있다는 점을 수용하기 시작했다(Goldfrield, 1995; O'Donohue, 2009).
- 인지치료 전개 운동의 리더였던 Aaron Beck과 Albert Ellis, 그리고 그 제자들 사이에 그간 교육받아왔던 정신분석치료에 대한 불만이 팽배했다. 그들은 내담자의 증상을 보다 직접적으로 해결하고, 과거보다는 현재에 집중하며, 더욱 효과적으로 긍정적인 결과를 도출할 수 있는 새로운 치료 기법을 원했다. 마침내 Beck과 Ellis는 각각 정신분석 전통에서 탈피하여 이

러한 조건에 충족되는, 서로 상이하면서도 유사한 치료 기법을 발전시켰다(Ellis, 1962; Kuehlwein, 1993; Rosner, 2015a).

이처럼 당시 가장 우세하던 정신분석치료 기법에 대한 불만이 증가함에 따라 행동치료의 개선안으로 인지치료가 도입되었다(O'Donohue, 2009). 다수의 인지치료자가 행동 기법을 치료에 활용하고 있고, 스스로 '인지행동'치료자라 명명한다는 점에서 인지치료는 여전히 행동치료와 많은 유사성을 공유한다. 하지만 인지치료를 단순히 행동치료에 인지라는 조건을 첨가한 작은 변화의 결과물로 규정지을 수는 없다. 인지치료가 안정적으로 확립되고 널리 활용되는 치료법으로 진화했다는 사실은 의심의 여지가 없다. 또한 이러한 진화는 마음챙김치료 및 이와 유사한 개념에 근거한 제3의 물결 인지치료의 증가와 함께 전개되고 있다.

우선 전통 기법으로 시행되고 있는 인지치료를 살펴본 뒤 비교적 새롭게 시행되고 있는 인지치료 응용 기법인 마음챙김(또는 '제3의 물결') 치료를 고찰해보고자 한다.

그림 15.1 Aaron Beck(왼쪽)과 Albert Ellis(오른쪽)는 인지 기법의 선구자로서, 이를 심리치료에 적용하였으며, 이는 오늘날 단일 학파 치료 기법 중 임상심리치료사들에게 가장 인정되는 치료법이다.

© Michael Fenichel

인지치료의 목표

간단히 말해 인지치료의 목표는 논리적 사고이다. 인지라는 말은 근본적으로 사고(思考)와 같은 뜻이다. 따라서 인지치료자는 본질적으로 "어떻게 생각하느냐가 어떻게 반응하는가를 결정짓는다."고 믿는다(Lorenzo-Luaces, German, & DeRubeis, 2015; Onken, 2015). 즉 "현재 발생된 상황, 사건, 문제에 대한 개인의 해석과 인식이 그에 대한 반응에 영향을 미친다."는 의미이다(Beck, 2002, p. 163). 정신적 문제는 비논리적 사고에서 비롯된다. 예를 들어, 인간관계 와해, F학점 성적, 친구의 독설 등 생활사건에 대한 비논리적(혹은 비합리적, 비현실적) 해석은 심각한 우울증이나 불안을 유발할 수 있다. 반면 건강한 정신은 논리적 사고에 기인한다. 즉 사고가 현 상황과 적절히 일치하는 경우보다 적합하고 건강한 반응이 나타난다. 따라서 인지치료자의 역할은 그릇된 사고를 바로잡는 것이다(Beck & Haigh, 2014; Bermudes, Wright, Casey, 2009; Clark, Hollifield, Leahy, Beck, 2009; Dobson, 2012; Dobson & Dobson, 2009).

인지의 중요성

인지치료자들은 인지(cognition)라는 단어를 생각, 신념, 해석, 추정(推定) 등과 호환하여 사용한다. 인지를 뭐라고 지칭하든 우리는 일상 속에서 이를 간과하곤 한다. 누군가 "무엇 때문에 그렇게 행복하니?" 혹은 "왜 그렇게 슬퍼하니?"라고 물을 때, 우리는 주로 우리를 행복하거나 슬프게 만든 최근의 사건을 언급한다. 우리는 이를 2단계 모델로 이해할 수 있다. 두 단계 중 첫 번째는 사건의 발생이며, 두 번째는 선행사건이 직접적으로 감정에 적용되는 것이다. 인지치료자는 이 2단계 모델에서 누락된 것이 존재한다고 믿는다. 그들은 두 단계 사이에 하나의 중요 단계가 있다고 주장한다. 그들이 주장하는 3단계 모델은 다음과 같다. 사건이 발생하면 사건을 해석하고 해석된 내용을 직접적으로 감정에 적용한다. 따라서 "감정은 발생된 상황 자체가 아니라 상황을 해석하는 방식에 의해 결정되는 것이다"(Beck, 1995, p. 14). 즉 발생된 사건 자체가 우리를 행복하게 또는 슬프게 만드는 것이 아니라 우리가 그 사건을 어떻게 생각하는지에 의해 행복과 슬픔이 결정된다는 의미이다(그림 15.2 참조).

인지의 위력을 살펴보기 위해 밤 사이 내린 눈을 예로 들어보자. 같은 시각 세 사람의 이웃이 잠에서 깨어 창밖을 내다보고는, 땅에 15센티미터의 눈이 쌓였으며, 여전히 눈은 그치지 않고 있다는 사실을 발견한다. 첫 번째 집에는 도보로 배달일을 하는 집배원이 살고 있다. 눈은 그녀에게 걱정거리를 안겨준다. 하지만 눈을 바라보는 일과 걱정하는 감정 사이에 그녀는 '정말 끔찍한 하루가 될 거야. 하루 종일 춥고 축축하게 다녀야 하고, 미끄러지고 넘어질 것이 분명한데다, 평소보다 배달일이 길어질 것 같아.'라는 생각을 한다. 옆집에는 제설업체 사장이 살고 있다. 그는 잠에서 깨어 똑같은 눈을 바라본 뒤 기분이 좋아졌다. 옆집 집배원과 마찬가지로 눈을 바라본 일과 좋은

그림 15.2 2단계 모델(인지 과정 배제) 대 3단계 모델(인지 과정 포함)

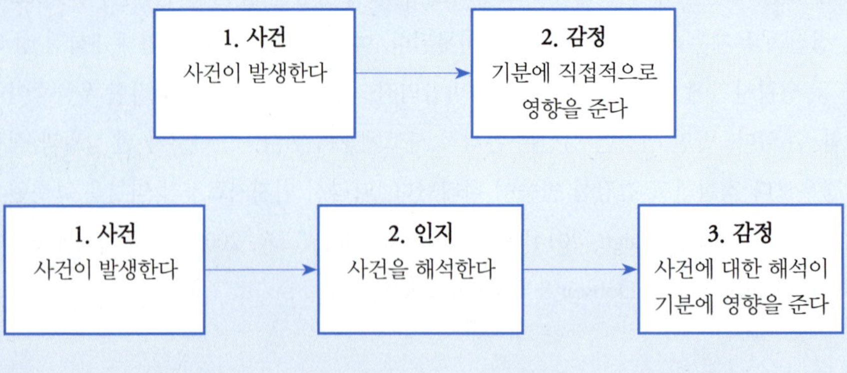

기분을 느끼게 된 결과 사이에 '너무 좋은 날이네! 돈을 많이 벌 수 있겠군. 게다가 많은 사람을 도울 수도 있겠네.'라고 생각한다. 그다음 집에는 오늘 있을 생물시험 공부를 하지 않은 고등학생이 살고 있다. 그 학생은 눈을 본 뒤 깊이 안도한다. 눈을 보고 안도의 감정을 느끼는 사이에 그는 '와, 오늘은 휴강이겠다. 시험공부할 시간이 늘어났네. 완전 재수 좋다.'라고 생각한다. 똑같은 눈으로 인해서 세 사람은 각기 다른 감정을 갖게 되며, 이는 선행사건 자체가 아닌, 그 사건에 어떠한 의미를 부여하는가에 따라 우리의 감정이 형성된다는 사실을 보여준다. 의미 부여 과정은 자동적으로 그리고 순식간에 일어나지만, 그럼에도 불구하고 이는 우울증, 불안감 등 정신병리학적 특성의 감정을 포함한 인간의 감정과 밀접한 관련이 있다. 따라서 종종 간과되는 중간 단계의 인지가 바로 인지치료의 핵심이라고 할 수 있다.

인지 전환

인지가 감정을 결정짓는다는 개념을 인정한다면, 인지 전환을 최우선적으로 수행해야 한다. 구체적으로 인지 전환의 목표는 특정 사건에 대한 개인의 생각이 사건 자체와 합리적이고 논리적으로 일치하는가를 확인하는 것이다. 개인의 생각이 사건 자체와 일치하지 않는 경우 불필요하고 불쾌한 감정이 유발될 수 있다(Dobson & Dobson, 2009; A. Ellis, 2008; Grant, Young & DeRubeis, 2005). 예를 들어, 앞에 언급된 집배원의 경우 눈에 대한 걱정이 어느 정도 합리적일 수는 있으나, 이로 인해 그녀의 하루는 결국 훨씬 힘들어질 것이다. 하지만 걱정 뒤에 잠재된 사고가 비논리적이라면, 이러한 사고는 과도한 불안을 초래하게 된다. 즉 '평소보다 지체된 배달 시간 때문에 해고당할 수도 있어.', '분명히 바닥에 넘어져서 뼈가 부러지거나 뇌진탕에 걸릴 거야.', 또는 '배달하다가 얼어 죽을 거야.'라고 생각하게 된다면, 우울증이나 불안에 빠질 수도 있다. 이런 경우 인지치료자의 목표는 집배원이 비현실적인 긍정의 감정을 느끼도록 돕는 것이 아니라(이런 상황에서 집배원이 펄쩍 뛰며 기뻐하는 것이 논리적일 수는 없다) 그녀가 자신의 생각을 전환하여 현실적으로 사고할 수 있도록 돕는 것이다. 이 과정 후반에 그녀는 우울증이나 불안 증세보다는 훨씬 나은 정서 상태인 약간의 불안과 기분 저하만을 경험할 수도 있다.

이 장의 뒷부분에서 인지 전환의 다양한 방법을 소개할 것이다(인지 전환은 **인지 재구성**이나 **인지 수정** 등의 다양한 용어로 불리기도 한다). 인지 전환 방법은 일반적으로 다음과 같은 3단계 순서로 진행된다. 비논리적 인지를 파악하고, 비논리적 인지에 대해 저항하며 논리적 인지로 대체하는 것이다(Beck, 1995; A. Ellis, 2008; Leahy, 2003). 비논리적 사고를 파악하는 첫 번째 단계를 무의식을 의식 상태로 유도하는 정신역동 치료와 혼동해서는 안 된다. 정신역동 치료자와 달리 인지치료자는 심층적인 무의식을 탐구하지는 않지만, 인지의 일부가 깊이 숙고할 새 없이 즉각적으로 이루

그림 15.3 인지치료 기법에 따르면, 예상 밖의 눈보라와 같은 선행사건은 우리 감정에 직접적으로 영향을 주는 것이 아니라, 선행사건에 대해 생각하는 우리의 방식이 감정에 영향을 준다. 예를 들면, 갑작스러운 눈보라에 대해 어떤 생각이 떠오를 수 있을까?

© Glenn Bo/istockphoto.com

어지는 자동적 사고(automatic thought)에 속한다는 점에는 동의한다(앞에서 언급했던 갑작스럽게 눈을 접한 학생이 잠시 멈춰 서서, '내가 이 눈을 보고 어떤 감정을 느끼는가? 흠, 생각 좀 해봐야겠는걸.' 이라며 생각에 빠질 가능성은 없다. 사건의 해석은 훨씬 즉각적으로 이루어진다) 이처럼 인지 과정은 인식되지 못할 정도로 일상화, 습관화될 수 있다. 특히 인지치료 초반에 인지치료자가 가져야 할 주요 과제는 내담자로 하여금 비논리적이고 비합리적인 자동적 사고를 인식하도록 하는 일이다.

비논리적 인지에 저항하는 두 번째 단계 역시 다양한 형태로 나타난다. 이후 이 장에서 확인할 수 있듯이 내담자에게 비논리적 신념을 그만두라고 말로써 설득하는 치료자가 있는가 하면, 내담자로 하여금 특정 행동을 현실 생활 속에서 수행하도록 하여 자신의 신념의 정확성을 시험하도록 장려하는 치료자도 있다. 이 두 가지 치료 방법 모두 내담자가 자신의 비논리적 신념에 의심을 품고, 이러한 신념이 수정되어야 한다는 결론에 도달할 수 있도록 돕는 것에 목적을 갖는다. 인지 과정의 세 번째 단계인 인지 전환의 경우 치료자는 내담자에게 수년간 믿고 있던 생각을 반대로 변화시키도록 요구하게 되며, 이로 인해 내담자는 이질감을 느껴 이를 쉽게 시도하지 못하게 된다(Roth, Eng, & Heimberg, 2002). 이러한 이유로 인지치료자가 내담자의 생각 전환 시도를 직접 주도하기도 한다. 하지만 안타깝게도 인지치료의 목적은 치료자의 간섭 없이 내담자 스스로 인지 전환에 성공하도록 유도하는 것이다.

인지 전환 과정은 문화적 감수성 맥락에서 진행되어야 한다. 보편적인 또는 절대적인 논리적 사고란 존재하지 않는다. 한 문화의 일원에게 논리적 · 합리적 또는 적응적 신념이, 또 다른 문화 일원에게는 비논리적 · 비합리적 · 부적응적 신념이 될 수도 있다. 문화적으로 자격을 갖춘 인지치료자란, 본인의 문화적 배경으로 인해 자신만의 관점으로 논리적 사고를 판단할 수 있다는 점을 인정하고, 내담자의 인지 전환 또는 인지 재구성 과정 중 자신의 문화적 가치를 내담자에게 강요하지 않도록 주의하는 치료자이다.

치료 도구로서의 교육

인지치료자는 내담자에게 인지치료 기법에 대한 교육을 반드시 실시한다. 즉 인지치료자는 내담자에게 교육자 역할을 수행하게 된다. 예를 들어, 내담자에게 (사건이 감정에 직접적인 영향을 준다는) 2단계 모델과 인지 심리학자들이 선호하는 (사건과 감정 사이에 인지가 개입한다는) 3단계 모델 간 차이를 설명하기 위해 미니 강의, 안내 책자 제공, 책 읽어주기 등의 조합을 사용하기도 한다. 아울러 치료자는 내담자가 비논리적 사고를 인식한 뒤, 이를 비논리적 사고라 지칭하고 기록하여 추적 관찰할 수 있도록 훈련시킨다. 또한 인지치료자는 여타의 좋은 교사들과 마찬가지로 내담자가 치료자에게 지속적으로 의존하기보다는 배운 내용을 스스로 학습할 수 있기를 기대한다(Beck, 1995; Olatunji & Feldman, 2008).

과제

인지치료자와 교사의 또 다른 공통점은 내담자/학생에게 과제(homework)를 내준다는 점이다(Beck, 1995; Kuehlwein, 1993; Olatunji & Feldman, 2008; Robinson, 2008). 인지치료자는 치료 시행 시간은 물론 내담자가 치료자를 만나지 않는 치료와 치료 사이 기간 역시 치료의 중요한 부분을 차지한다고 믿는다. 대학 수업의 학생 회의와 마찬가지로 두 차례의 치료 시행 사이의 시간은 치료 시 배웠던 내용을 탐구하고 확인하는 데 사용된다. 내담자에게 자신이 경험했던 사건, 감정, 그리고 감정을 변화시키기 위한 인지 변환 시도를 기록하라는 과제를 제시하기도 한다(이와 같은 기록 형식 과제에 관해 이후에 다시 상세히 소개할 예정이다). 기록 형식의 과제 외에 행동과 관련된 과제가 제시되는 경우도 있다. 이 경우 치료자는 다음 번 치료 예약일 전까지 특정한 행동을 수행하도록 지시하며, 이 과제는 비논리적 사고의 유효성을 탐구하는 데 목적이 있다. 다음 번 치료 시 과제 수행 과정이 논의되며, 이는 치료 시간의 중요한 부분을 차지하게 된다(Kazantzis & Dattilio, 2010).

간단하고 체계적이며 집중적인 치료 기법

인지치료자들은 빠른 시일(주로 15회 치료) 내에 긍정적인 치료 효과를 얻고자 노력하지만, 복합적이고 심각한 문제가 포함된 경우 이보다 훨씬 긴 치료 기간이 필요하다(Beck, 1995, 2002; Roth, Eng, & Heimberg, 2002). 외래환자의 경우 주로 주 1회 시행되며, 내담자의 상태 진전에 따라 횟수를 점차 줄여나간다. 인지치료 효과에 영향을 미치는 요인은 여러 가지가 존재하며, 광범위한 과거 탐색이 아닌 내담자가 현재 겪고 있는 문제에 대한 집중도, 명확히 드러난 증상에 대한 의도적이고 목표 지향적인 집중, 치료 과정의 체계화 등을 주 요인으로 꼽을 수 있다(Grant et al., 2005; Olatunji & Feldman, 2008).

인지치료 특성 중 체계화의 정도는 자유롭고 자발적인 인본주의 치료 방식과 확연히 구분된다(Pretzer & Beck, 2004). 인본주의(또는 '내담자 중심') 치료 시 치료자는 내담자로 하여금 논의 주

글상자 15.1

문화 고려하기

레즈비언, 게이, 양성애자 및 트랜스젠더 대상 인지치료

© Galina Barskaya/istockphoto.co

LGBT(레즈비언, 게이, 양성애자, 트랜스젠더)에 대한 사회적 인식이 보다 수용적인 태도로 변화됨에 따라 이전 세대 또는 수년 전과 비교해 오늘날 그들의 삶에 많은 변화가 이루어졌다. 하지만 Purcell, Swann, Herbert(2003)는 이러한 사회적 변화에도 불구하고 LGBT에 대한 부정적 태도가 여전히 우리 사회에 잔재하고 있으며, 이러한 태도는 LGBT 커뮤니티 내에서도 발견된다고 주장한다. 실제로 Purcell, Swann, Herbert는 '내부적 동성애 혐오증', 즉 동성애에 대한 동성애자들의 혐오감이 게이 및 레즈비언 문화에 만연해있다고 지적한다. 즉 게이나 레즈비언은, '동성애는 나쁘다.'라거나 '내가 커밍아웃을 한다면 내 가족/친구/친척/커뮤니티가 날 거부할 것이다.'라고 생각하며, 자신들의 성적 지향성 및 삶의 방식이 옳지 않다는 신념을 내재하고 있다. 이는 자아 존중감과 자아 가치감 형성을 방해하여 우울증 등 임상적으로 중요한 다양한 문제를 유발할 수 있다.

이러한 신념이 현대 사회적 가치와 일치하는가? 인지치료적 관점으로 이러한 신념은 논리적인가? 이를 비논리적 신념으로 간주한다면 인지치료를 통해 논리적 결함을 파악하고 이를 거부하여 보다 논리적 사고로 대체할 수 있을까? 이러한 질문은 임상심리학자의 문화적 역량 및 문화적 자기 인식의 필요성을 고취시킨다. 임상심리학자는 내담자 관점의 신념을 이해함으로써, 즉 그들의 눈으로 세상을 바라봄으로써 그 신념이 합리적인지 혹은 잘못된 판단인지를 평가할 수 있어야 한다. 또한 이러한 문제에 대한 자신의 관점을 완전히 파악하여 내담자의 '논리적' 사고에 자신의 관점을 투영하지 않도록 노력해야 한다. 임상심리학자 관점에서는 적응적이라 판단되는 사고가 내담자 관점에서는 비적응적 사고가 될 수 있기 때문이다.

인지치료자가 LGBT 내담자를 치료할 때 그들의 성적 지향성과는 무관한 인지에 초점을 맞추는 경우가 많다. 실제로 LGBT 내담자가 치료자에게 토로하는 문제는 이성애자 내담자의 상담 내용과 크게 다르지 않으나(Martell, Safren, & Prince, 2004), 그 외에 Purcell 등(2003)의 연구 결과와 같이 내부적 동성애 혐오증과 관련된 인지 문제를 호소하는 경우가 많다.

보다 넓은 사회적 관점을 반영한다면 LGBT와 유사한 '내부적' 자기 비판 인지를 또 어떤 문화 집단에서 확인할 수 있을까? 문화적 역량을 갖춘 인지심리학자는 어떠한 방식으로 그들의 논리적 또는 비논리적 인지 특성을 확인하고 해결할 수 있을까?

표 15.1 대표적인 인지치료의 일일 치료 순서

1. 내담자의 기분이나 감정 상태를 살핀 뒤, 간단한 근황을 설명하도록 요청한다.
2. 당일 치료의 주제를 설정 및 확인한다.
3. 직전 회기에서 제시되었던 과제 검토 등을 시행하며, 본 회기 치료와 연결점을 찾는다.
4. 당일 치료 주제를 진행하며, 순서에 따라 치료를 이어나간다.
5. 새로운 과제를 개발하여 내담자에게 제시한다.
6. 당일 치료 내용을 요약하고, 내담자의 의견을 묻는다.

출처 : Beck (1995), Freeman et al. (1990), Pretzer & Beck (2004)

제, 치료 진행 시간 등을 결정하도록 유도하는 반면, 인지치료는 치료자가 치료 계획을 설정한다(Beck, 1995; Freeman, Pretzer, Fleming, & Simon, 1990). 보통 매회의 치료 과정은 여러 단계로 구분되어 순차적으로 구성되며(표 15.1 참조), 각 단계는 정해진 시간이 할당된다. 물론 내담자가 치료 구성에 대한 의견을 제시할 수도 있으나, 인지치료자는 사전에 결정된 명시적 체계에서 벗어난 치료를 기피한다.

인지치료의 두 가지 치료 기법

Albert Ellis와 Aaron Beck은 널리 인정되는 인지치료의 대표적 선구자이다. 앞에서 언급된 바와 같이 두 심리학자는 비슷한 시기에 자신만의 인지치료 이론을 개발했으며, 두 이론이 서로 영향을 주고받긴 했으나, 치료 기법 대부분은 독립적으로 발전되었다. 두 치료 기법 모두 내담자의 비논리적 사고 수정을 통한 증상 완화를 강조한다는 공통점이 있음은 분명하나, 사용되는 용어나 치료 기법 등을 통해 두 이론의 차이를 확인할 수 있다. 각 이론을 살펴보도록 하자.

Albert Ellis

Albert Ellis는 수년간 합리적 정서적 치료(Rational Emotive Therapy, RET)라 지칭하던 자신의 치료 기법을, 이후 **합리적 정서적 행동치료**(Rational Emotive Behavior Therapy, REBT)로 개칭하였다. 우리는 그의 치료 기법을 개칭된 명칭으로 사용할 예정이나, 두 명칭 모두 Ellis의 치료 기법임을 이해할 필요가 있다.

REBT의 앞 두 글자(Rational & Emotive)에서 유추할 수 있듯이 Ellis의 치료 기법은 합리성과 정서의 관계를 강조한다(Dryden, 2009, 2015; A. Ellis, 2008; Ellis & Ellis, 2011). Ellis(1962)는 우리

가 가진 신념의 비합리성을 조금이나마 감소시킬 수 있다면, 우리의 삶이 조금 더 행복해질 것이라고 주장한다.

> [REBT]의 중심 주제는 다음과 같다. (1) 인간은 유일하게 합리적인 동시에 유일하게 비합리적인 동물이다. (2) 인간의 정서장애 또는 심리장애는 주로 자신의 비논리적 혹은 비합리적 사고로부터 초래된다. (3) 인간은 자신의 합리적 사고를 극대화하고 비합리적 사고를 최소화하는 방법을 학습하여 정서적 또는 정신적인 불행감, 무력감, 불안감을 스스로 물리칠 수 있다. (p. 36)

ABCDE 모델

Ellis가 개발한 모델 중 인지가 정서에 미치는 영향을 이해하고 기록함에 있어 **ABCDE 모델**(ABC 모델이라고도 지칭)이 가장 지속적으로 사용되며, 임상적으로 유용하다는 평가를 받는다(예 : David, 2015; Dryden, 1995, 2009; A. Ellis, 2008; Ellis & Ellis, 2011; Ellis & Grieger, 1977; Ellis & Harper, 1975). Ellis는 이 모델을 개발함으로써 인지치료의 핵심 양상을 수천 명의 치료자 및 내담자가 사용할 수 있는, 이해가 용이한 약어로 체계화하는 데 성공했다.

ABCDE 모델에서 A, B, C는 사건은 사고(思考)를 발생시키고, 사고는 감정에 영향을 준다는 3단계 모델을 상징한다. Ellis는 이 세 단계의 설명을 보다 쉽게 기억할 수 있는 용어, 즉 **선행사건**(Activating event, A), **신념**(Belief, B), **정서적 결과**(emotional Consequence, C)로 교체하여 새로운 모델을 개발하였다. Ellis는 경직된 신념이 우리가 스스로에게 적용하는 엄격하고 교리적인 요구의 기능을 하기 때문에 매우 해로울 수 있다고 주장한다. "모든 수업에서 A학점을 받아야 해.", "누군가와 데이트를 해야 할 것 같아.", "내 가족들을 실망시켜선 안 돼."라는 식의 신념이 바로 그 예이다. 이러한 신념이 단지 강력한 열망일 수도 있으나, 실제로는 '필수사항' 또는 절대 규칙인 경우가 대다수이다. 심지어 우리는 "A학점을 못 받으면 낙제를 받아 퇴학당한 뒤에 거리로 쫓겨날 거야.", "누군가와 데이트를 못 한다면, 정말 쓸모없는 인간이 될 거야.", "가족을 실망시키면 나는 인정받지 못해 결국 파멸하고 말 거야."라는 식으로, 실패 결과를 과잉 상상하여 우리의 신념에 연결하는 경향이 있다. Ellis는 이러한 자기 진술의 그릇된 논리를 찾고, 논리를 수정함으로써 치료 효과를 예상할 수 있게 되었다.

내담자의 논리 수정을 위해 Ellis는 기존 모델에 D와 E의 두 단계를 추가했는데, D는 **논박**(Dispute)을 E는 **효과적인 새 신념**(Effective new belief)을 의미한다. 특히 비합리적 신념(B)은 논박(D)의 표적이 된다. 새로운 단계의 추가는 인지치료에 대한 Ellis 모델 안에서 특히 중요한 역할을 한다. Ellis의 모델은 내담자가 자신의 삶 속에서 발생된 사건(A)과 그에 따른 감정(C) 사이에 개입된 비합리적 신념(B)을 파악하도록 도울 뿐 아니라, 자신의 신념을 논박하도록 촉구한다. 이를 통해 여전히 불행감이나 불안 등의 감정을 가진 채 ABC단계에 머물러있는 내담자가 자발적으로 이를 해결하는 경험을 할 수 있게 된다. 자신의 경험이 C단계(원치 않는 감정)에 머무를 필요가 없고, C단계를 초래하는 신념에 저항할 권리가 스스로에게 있음을 깨닫고, 이를 보다 합리적 감정으로 변화시킬 수 있다면, 이는 치료 효과가 나타나고 있다는 증거이다. Ellis 모델의 '논박'은 내담자의 불신을 유도하는 불합리한 신념이나 설명의 비합리적 특성을 공격하는 신랄한 질문 또는 진술 형식으로 표현되는 경우가 많다. 표현 형식과 관계없이 논박이 효과적인 경우, 이를 통해 내담자는 자신이 본래 가지고 있었던 비합리적 신념을 보다 합리적이고 감정 문제를 적게 유발하는 효과적인 새 신념(E)으로 대체할 기회를 갖게 된다(Dryden, 2009; A. Ellis, 2008).

임상치료의 한 예를 살펴보자. 키욘은 24세 남성으로 최근 회계학 학위를 받았다. 그는 과잉 불안 증세를 해결하고자 인지치료 중심의 임상심리학자인 리우 박사를 찾아가 치료를 받았다. 키욘은 2개월간 공인회계사(CPA) 시험을 준비하고 있었으며, 시험에 대한 불안으로 인해 시험 준비에 지장을 받고 있었다. 시험 공부를 하고자 했지만, 공부를 시작하려 할 때마다 불안감으로 인해 공부에 집중을 할 수 없었다. 실제로 키욘은 CPA 시험을 떠올리기만 해도 겁에 질리곤 했다. 리우 박사가 인지 모델(Ellis의 ABCDE 모델)을 키욘에게 교육시켰고, 그들은 곧 A와 C 단계를 파악할 수 있게 되었다. 선행사건(A)은 CPA 시험을 대비한 공부(또는 시험에 대한 생각)이며, 정서적 결과(C)는 불안 증세였다. 키욘은 이어서 리우 박사의 도움으로 CPA 시험에 대한 자신의 생각과 불안감 간의 관계를 이어주는 두 가지 신념(B)을 발견하게 되었다. 첫 번째 신념은 "한 번의 도전만으로 CPA 시험에 합격해야만 한다."였고, 두 번째는 "한 번만에 CPA 시험에 합격하지 못하면 나의 경력은 실패로 끝이 나고, 내 인생도 무너질 것이다."라는 신념이었다. 다음 단계인 논박(D) 과정에서 리우 박사는 키욘이 가진 신념의 논리에 관해 질문을 쏟아냈다.

> 누가 키욘씨에게 CPA 시험에 단번에 합격해야 한다고 이야기했나요? 그렇게 되길 바라고 있다는 건 이해합니다만, 이게 생사를 결정짓는 문제인가요? 현실적으로 다수의 회계사들이 첫 번째 CPA 시험에 불합격하는 경우가 많지 않나요? 그리고 그들 중 많은 수가 이후에 합격해서 성공적인 사회생활을 영위하지 않나요? 또한 키욘 씨가 바라는 회계사로서의 사회생활이 이루어지지 않는다고 해도 그것이 인생을 망친다는 의미는 아니지 않나요? 회계와 관련이 없더라도 키욘 씨가 찾을 수 있는 수많은 유익한 직업이 있습니다.

결국 키욘은 리우 박사의 주장에 설득되어 자신이 가지고 있던 비합리적 신념을 더 이상 믿지 않게 되었다. 마침내 그는 본래 믿고 있었던 비합리적 신념을 효과적인 새 신념(E)으로 대체했다.

> 나는 한 번에 CPA 시험에 합격하길 바라지만, 반드시 그렇게 되어야만 하는 것은 아니다. 이번 이 아닌 다음 번 시험에 합격하게 된다면, 그 또한 괜찮다고 생각한다. 내가 꿈꿔왔던 직업을 향한 길이라는 큰 그림에 비춰보면, 내 행복이 작은 사건들에 의해 좌지우지되는 것이 아님을 이해한다.

이 새로운 신념을 통해 키욘의 불안감은 크게 감소하였다.

ABCDE 모델은 서면 형식으로 매우 적합하며, 인지치료자들은 이를 자주 활용한다. 예를 들어, 리우 박사는 키욘에게 ABCDE 진행 단계를 이용하여 자신의 경험을 고찰하고 기록하는 방법을 교육했을 것이다. 내담자는 주로 A, B, C, D, E를 적을 수 있는 기록지를 작성한다. 내담자는 치료 진행 중이나 과제 수행 중에, 자신의 경험에 해당하는 지난 사건이나 현재 진행되는 사건을 일기 형식의 5개 항목으로 분류하여 작성한다. 이를 통해 내담자는 자신의 삶을 순차적으로 경험할 수 있도록 스스로를 훈련시킨다. 내담자는 특히 비합리적 신념(B)을 확인하고, 이러한 신념에 대한 논박(D)을 구성하며, 효과적인 새 신념(E)을 생성시키기에 능숙해진다. 물론 내담자 자신의 여생을 보다 행복하게 살기 위해 일지 형식을 평생 사용하도록 하는 것이 이 모델의 목표는 아니다. 5개 항목의 ABCDE 생각 일기는 내담자가 보다 논리적으로 사고할 수 있는 방법을 배우는 동안 안정감을 제공하는 보조 바퀴의 역할을 하며, 내담자의 상태가 안정되면 ABCDE의 순서는 외부 도움 없이 머릿속으로 진행될 수도 있다.

표 15.2에 리우 박사가 키욘에게 실시한 치료의 예를 통해 ABCDE 약자의 의미를 설명하였다.

Aaron Beck

Aaron Beck은 자신의 치료 기법을 설명할 때마다 **인지치료**라는 일반 용어를 사용했다. 그는 우울증을 개념화하고 치료하기 위해 자신만의 치료 기법을 개발했으나(예 : Beck, 1976; Beck, Rush, Shaw & Emery, 1979), 개발 직후부터 이 치료 기법은 다양한 치료에 광범위하게 적용되고 있다(그의 딸 **Judith Beck**은 현 세대 인지치료의 리더로 활동 중이며, 주도적으로 이 기법을 새롭게 부상하는 다양한 문제에 적용하고자 지속적으로 노력한다). 우울증에 관한 Beck의 이론 중 한 가지 중요한 부분은 "세 가지 인지, 즉 자아, 외부 세계, 미래에 관한 생각이 우리의 정신건강에 영향을 미친다."는 주장이며, 이를 **인지삼제**(認知三題, cognitive triad) 개념이라 부른다. Beck은 앞의 세 가지 신념이 모두 부정적인 경우 우울증이 유발된다는 이론을 제시하였다(Alford & Beck, 1997; Beck, 1995).

인지치료에 대한 Beck의 접근법의 본질은 Ellis와 마찬가지로 내담자의 논리적 사고 수준을 향상시키는 것이다. 그리고 이 또한 Ellis와 동일하게 Beck의 치료 기법 역시 내담자가 자신의 경험을 여러 항목에 서면 기록하는 방식을 포함한다. Beck의 인지치료에서 이러한 서면 형식을 **역기능적**

표 15.2 임상 사례(내담자 : 키온)에 적용한 Albert Ellis의 ABCDE 모델

A	선행사건 (Activating event)	CPA 시험을 대비한 공부 또는 시험에 대한 생각
B	신념 (Belief)	"한 번에 CPA 시험에 합격해야만 한다." "한 번만에 CPA 시험에 합격하지 못하면 나의 경력은 실패로 끝나고, 내 인생도 무너질 것이다."
C	(정서적) 결과 Consequence (emotional)	불안
D	논박 (Dispute)	"누가 키욘 씨에게 CPA 시험에 단번에 합격해야 한다고 이야기했나요? 그렇게 되길 바라고 있다는 건 이해합니다만, 이게 생사를 결정짓는 문제인가요? 현실적으로 다수의 회계사들이 첫 번째 CPA 시험에 불합격하는 경우가 많지 않나요? 그리고 그들 중 많은 수가 이후에 합격해서 성공적인 사회생활을 영위하지 않나요? 그리고 키욘 씨가 바라는 회계사로서의 사회생활이 이루어지지 않는다고 해도 그것이 인생을 망친다는 의미는 아니지 않나요? 회계와 관련이 없더라도 키욘 씨가 찾을 수 있는 수많은 유익한 직업이 있습니다."
E	효과적인 새 신념 (Effective new belief)	"난 한 번에 CPA 시험에 합격하길 바라지만 반드시 그렇게 되어야만 하는 것은 아니다. 이번이 아닌 다음번 시험에 합격하게 된다면, 그것 또한 별 문제는 아니라고 생각한다. 그리고 큰 그림으로 볼 때 내가 꿈꿔왔던 직업을 향한 길에 내 행복이 좌지우지되는 것이 아님을 이해한다."

● ● ● 글상자 15.2 ● ● ●

문화 고려하기

너무 두려워 논박할 수 없는 신념이 존재하는가?

22세 대학생인 코디는 엄격한 종교적 신념을 가진 가정에서 자랐으며, 이 신념은 "혼전 성관계는 죄악이며, 누구든 이를 어기면 비윤리적 인간이 되고, 사후에 영원히 지옥에 살게 된다."는 내용을 포함한다. 지난 주 코디는 2년째 교제 중이던 여자친구와 생애 최초의 성관계를 가졌다. 코디의 불안감은 극도로 심해졌고, 그는 결국 임상심리학자인 탈리아 브라운 박사에게 도움을 청했다. 브라운 박사는 코디와는 상이한 종교적 신념을 가진 사람이었고, 혼전 성관계에 관한 그녀의 신념은 코디의 신념과 전혀 달랐다. 브라운 박사는 혼전 성관계가 반드시 죄악으로 해석되지는 않는다고 믿었으며, 혼전 성관계가 영원한 지옥행으로 연결된다는 믿음에 동의하지 않았다. 실제로 브라운 박사가 인지적 관점을 코디의 사례에 적용했을 때, 코디의 신념이 비합리적이고 왜곡되어있음이 확인되었다. 브라운 박사는 "혼전 성관계는 죄악"이라는 코디의 B 항목을, 그녀의 기준에서 보다 논리적이고 불안을 적게 유발하는 신념, 즉 "혼전 성관계는 많은 경우 용납될 수 있다."는 신념으로 변환하려는 계획을 세워, 그의 불안 증세 감소를 돕고자 하였다.

인지치료의 기본 과제는 비합리적 신념을 논박하는 것이다. 하지만 누가 비합리성을 판단하는가? 그리고 합리성에 대한 치료자의 질문에 내담자는 자신의 종교적 · 문화적 신념 등을 감히 논박할 수 있을까? 브라운 박사가 혼전 성관계에 대한 코디의 신념을 비판적으로 판단하는 것이 적절한가? 아니면 문화적 감수성 관점으로 '불간섭적' 접근을 시행해야 하는가? 이러한 상황에서 많은 임상심리학자들은 코디의 종교를 존중하는 것이 문화적 역량의 중요한 부분을 차지한다는 이유로, 코디의 종교적 신념에 대한 어떠한 질문도 하지 않을 것이다. 하지만 일부 심리학자들은 이에 동의하지 않는다. Ridley, Ethington, Heppner(2008)의 주장에 따르면 치료자와 내담자의 작업동맹이 강력하고 시기가 적절한 경우 다음과 같은 문화 대면이 요구된다.

> 종종 (정신건강전문가들은) 상담사가 내담자의 문화적 가치를 있는 그대로 수용해야 한다고 주장한다. 그들은 무비판적 수용이 상담에 대한 편견 없는 접근 방법을 반영한다고 믿으며, 내담자의 문화적 배경이 상담사의 문화적 배경과 확연히 다른 경우 더욱 그러하다고 믿는다. … 우리는 많은 사례를 통해 문화 가치를 엄격하고 철저히 지키는 것은 역기능을 유발할 뿐 아니라 많은 심리적 스트레스를 발생시킨다는 결론을 도출하였다. 내담자의 문화적 교착 상태 및 문화 대면에 관한 조사가 다문화 상담 역량의 주요 덕목이라는 점을 시사하는 바이다. (p. 378)

실제로 인지 심리학자들은 오랜 기간 다양한 종교, 민족, 집단 출신의 내담자 사례를 접하며 문화적 역량의 중요성을 깨달았다(예 : Hays & Iwamasa, 2006; Koenig, 2005; Paradis, Cukor, & Friedman, 2006; Pargament, 2007). 하지만 문화 대면은 새로운 신념에 대한 내담자의 저항 의지를 감소시킴으로써 내담자의 가치를 존중하는 전통 방식과 반대되는 개념이다. 브라운 박사가 혼전 성관계에 대한 코디의 종교적 신념에 문제 의식을 북돋으려는 계획을 수행해야 한다고 생각하는가? 만일 그래야 한다면 코디가 브라운 박사의 계획을 수용할 수 있을까? 코디의 불안은 감소할 것인가? 당신이 코디라면, 어떻게 반응하겠는가? 종교적 · 문화적 · 정치적 · 개인적 신념을 비롯한 당신의 신념 중 치료자의 논박을 받아들이기 두려운 분야는 무엇인가?

사고 기록(Dysfunctional Thought Record)이라 지칭한다(예 : A. Beck, 1995; J. Beck, 2002; Freeman et al., 1990; Leahy, 2003). 이 기록지는 Ellis의 ABCDE 생각 일기와 그 명칭에 차이가 있으나, 기능적으로는 유사한 특징을 보인다. 역기능적 사고 기록은 주로 다음과 같은 항목을 포함한다.

- 사건/상황에 관한 간단한 설명
- 사건/상황에 대한 자동적 사고(및 사고에 대한 내담자 신념의 정도)
- 정서(및 정서의 강도)
- 적응 반응(자동적 사고의 왜곡을 파악하고 이를 저항)
- 결과(적응 반응 파악 후의 정서 및 여전히 남아있는 자동적 사고에 대한 내담자 신념의 정도)

Beck의 역기능적 사고 기록 항목들은 Ellis의 ABCDE의 항목과 거의 일치한다. 예를 들어, 역기능적 사고 기록의 4번 항목(적응 반응)의 경우 내담자는 Ellis 모델의 D(논박) 항목에서 요구되는 동일한 과제를 수행해야 한다. 이 과제에서 Beck은 내담자의 사고를 왜곡시키는 가장 일상적인 원인을 파악하는 새로운 용어를 개발했다. 이 용어는 인지치료의 매우 중요한 부분이므로 이에 관해 보다 상세히 살펴보도록 하자.

일반적 사고 왜곡

인지치료의 필수 단계는 비논리적인 자동적 사고를 명확하게 하여 이에 대한 믿음을 버리게 하는 것이다. 비논리적인 자동적 사고를 명시하기 위해 Beck과 동료들은 일반적 사고 왜곡(common thought distortion)의 목록을 작성하고 이를 정의하였다(예 : Beck, 2002; Beck et al., 1979; Craighead, Craighead, Kazdin, & Mahoney, 1994; Leahy, 2003). 인지치료자 대부분은 이 용어들을 내담자에게 교육하고, 이를 위해 인쇄물이나 과제용 읽기 자료를 사용하며, 내담자가 자신의 사고를 탐구할 때 이 용어를 사용하도록 훈련시킨다. 일반적 사고 왜곡의 예는 다음과 같다.

- 흑백논리적 사고(all-or-nothing thinking) : 매사에 중간 영역이나 '회색 지대'를 인정하지 않으며, 둘 중 하나는 최상이고, 나머지 하나는 최악이라 여기는 비합리적 평가
- 파국화(catastrophizing) : 현실적으로 가능성이 없는 일을 미래에 발생할 최악의 시나리오로 상상
- 극대화/극소화(magnification/minimization) : 부정적 사건은 '침소봉대'하고, 긍정적 사건은 그 중요성을 폄하
- 개인화(personalization) : 부정적 사건에 관한 자신의 책임을 확대 해석
- 과잉 일반화(overgeneralization) : 부정적 경험을 통해 깨달은 사실을 비슷한 경우에 확대 적용

- **정신적 여과**(mental filtering) : 긍정적 사건은 무시한 채 부정적 사건에 과잉 집중
- **독심술**(mind reading) : 실제로 타인이 무슨 생각을 하는지 알 수 없는 경우에도, 그들이 자신에 대해 비판적이고 불만스러운 생각을 한다고 추정

Beck은 인지치료 시 사고 왜곡 분류에 따라 내담자가 비논리적 사고를 분류할 때 비논리적 사고의 수준이 감소한다고 주장한다. 내담자는 비논리적 사고라고 명명함으로써 이러한 사고를 무시하고, 이를 보다 적응적이고 논리적 사고로 대체할 수 있으며, 이로 인해 내담자의 심리적 스트레스가 감소된다. 30세 여성인 올리비아의 임상 사례를 살펴보자. 그녀는 최근 결혼 3년 만에 이혼을 하고 혼자 살게 되었다. 올리비아는 인지치료 중심의 임상심리학자인 짐머만 박사를 찾아 1차 상담 시 파트너가 없다는 사실에 우울감을 느낀다고 토로했다. 짐머만 박사는 그녀가 말한 내용을 다음과 같은 세 가지 신념으로 요약했다. "나는 관계 유지에 능숙하지 못하다.", "잠시라도 혼자 산다는 사실을 견딜 수 없다.", "많은 친구들이 결혼 생활을 하고 있지만, 나는 그렇지 못하고, 따라서 나에게 분명 문제가 있는 것이다." 짐머만 박사는 일반적 사고 왜곡 목록을 포함한 Beck의 인지 기법을 올리비아에게 교육한 뒤 이에 대한 과제 수행에 돌입했다. 짐머만 박사와 올리비아는 올리비아의 신념 왜곡을 분류하며, 각 신념의 그릇된 논리를 공격했다. 예를 들어, 올리비아의 "관계 유지에 능숙하지 못하다."는 신념을, 최근의 이혼으로 인한 '과잉 일반화'로 분류하였다. 그녀가 혼자 사는 것을 원치는 않지만, '견딜 수 없다'는 그녀의 말은 과장된 표현이다. 또한 "나에게 문제가 있다."고 말하며 이혼의 책임을 자신에게 돌리는 것은 근거 없고 부당한 '개인화'에 해당된다. 이 과정을 반복적으로 수행하며, 올리비아는 자신의 비논리적 사고를 파악하고 저항하며, 이를 보다 논리적인 사고로 대체할 능력을 길렀다. 그녀는 이 또한 비논리적 사고이므로 이혼한 사실이나 혼자 살고 있는 현실을 기뻐하지는 않았지만, 절망 상태에서 빠져나와 자족감과 다소간의 희망 상태로 복귀했으며, 이를 통해 일상생활의 큰 변화를 경험할 수 있었다.

글상자 15.3

나의 경험

임상 실제에 인지치료를 적용할 때 내담자가 비논리적 신념에 대한 저항을 꺼리는 경우를 종종 경험했다. 이는 반직관적 상황이다. 내담자는 자신의 합리적 사고를 증진하고, 정서 상태를 개선시키고 싶지 않은 것일까? 일부 사례를 통해 나는 비논리적 1차 신념 뒤에 숨은 2차 비논리가 존재한다는 사실을 깨달았다.

고등학교 3학년 재학 중 심리치료자를 찾은 아야나의 사례를 살펴보자. 아야나는 지나치게 부정적인 자아상을 갖고 있었다. 그녀의 이러한 부정적 자아상은 본인을 '멍청하다'고 생각하는 핵심 신념에 기인했다. 자신을 멍청하다고 믿는 강력한 신념으로 인해 그녀는 심한 슬픔에 빠졌고, 더 나아가 대학 진학을 포기하려고까지 했다. 나는 아야나와 함께 그녀의 신념을 탐구했고, 그녀의 신념이 결코 진실에 근거하지 않았음을 확신했다. 실제로 그녀의 믿음은 완전히 그릇된 생각이었다. 아야나는 고등학교 내내 평균 B+학점을 받았고, 다수의 우등생 수업에서 좋은 성과를 올리기도 했다. 친구들은 숙제를 도와달라며 아야나에게 부탁하곤 했다. 아야나가 우수한 지능을 가졌다는 충분한 근거가 있었음에도 그녀는 부정적 경험에만 초점을 맞추고 있었다. 그녀는 9학년 1학기 수학 수업에서 D학점을 맞았고, 그녀보다 높은 학점을 가진 몇 명의 친구들이 있었으며, 최근 물리학 시험을 망친 바 있다. 나는 아야나에게 일반적 사고 왜곡을 교육했고, 왜곡된 사고 대부분이 자신을 멍청하다고 믿는 그녀의 신념 때문이라는 사실을 인지하도록 도왔다. 그녀는 성적이 낮은 단지 몇 개의 과목을 확대 해석하고, 우수한 성적을 보이는 다수의 과목을 축소 해석했다. 그녀는 자신의 성적 중 가장 취약한 점수를 과잉 일반화하여, 스스로 멍청하다는 자아상으로 이를 확대시켰다. 또한 그녀는 완전한 천재와 완전한 백치 사이에 수많은 중간 지점이 있음을 인정하지 않고 흑백논리적 사고를 했다.

나는 이러한 논의를 통해 아야나가 스스로를 멍청한 사람으로 인식하는 그릇된 자아상에서 벗어날 수 있으리라 판단했다. 하지만 아야나는 그러지 못했다. 우리는 논박에 관해 논의했고, 그녀는 여러 차례의 치료 과정 중 효과적인 새 신념을 사용할 수 있었다. 그럼에도 그녀는 그릇된 자아상을 거부하기보다는 이를 고수하려는 듯 보였다. 결국 나는 친절하고 전략적인 방법으로 내가 발견한 사실에 대해 아야나에게 이야기했다. 나는 그녀에게 자신이 똑똑하고 능력 있는 여성이라는 사실을 인정하기를 주저하는 이유에 대해 물었다. 그녀는 눈물을 흘리며 마음속에 숨겨왔던 사실을 이야기했다. "똑똑하면 대학에 지원해야 해요. 하지만 대학에 가면 부모님이 날 원망할 거예요. 아마 우리 집에서 최초로 대학에 가는 사람이 될 거예요. 부모님은 내가 이기적이라고 생각할 거예요. 부모님한테 그런 부담을 주고 싶지 않아요." 나는 그제야 아야나가 왜 스스로를 멍청하다고 단정짓는 비논리적 신념을 고수했는지 이해할 수 있었다. 하지만 아야나가 대학에 가겠다고 하는 경우 예상되는 부모의 태도에 관한 그녀의 신념 자체를 비논리적이라 말할 수 있을까? Aaron Beck이 내담자에게 스스로의 신념을 가설이라 간주하고 이를 검증하도록 요구했듯이, 나는 아야나에게 부모님과 대학 진학에 관한 이야기를 하고 그들이 어떤 반응을 보일지 알아보라고 요청했다. 놀랍게도 그녀의 부모는 대학 진학을 반겼다. 그들은 이기심이나 원망 등의 단어는 꺼내지도 않았고 딸을 매우 자랑스러워했다. 아야나는 부모와 두 차례 대화를 나눈 뒤, 대학 진학에 대한 부모의 관점이 자신의 잘못된 신념임을 깨닫고 이를 보다 정확한 신념으로 대체할 수 있었다. 이를 통해 그녀는 곧 스스로를 멍청하다고 믿는 비논리적 신념을, 자신이 총명하고 능력 있는 사람이라 믿는 논리적 신념으로 대체할 수 있었다. 얼마 뒤 아야나는 대학 입학 지원서를 작성했다.

가설으로서의 신념

Beck은 우리가 마치 우리의 신념이 이미 입증된 사실인 것처럼 믿고 살지만, 이 신념들은 **가설**(hypotheses)에 불과하다고 주장했다. 따라서 신념의 비논리성을 입증하는 강력한 방법은 마치 과학자가 실험실에서 자신의 가설을 실증적으로 검증하듯, 이를 실생활에서 '검증'하는 것이다. Beck의 인지치료 기법은 개인적 '경험'을 포함하는 경우가 많으며, 내담자의 신념을 개선하거나 약화시킬 목적으로, 주로 과제 형식으로 진행된다(Dobson & Hamilton, 2008; Kuehlwein, 1993; Roth et al., 2002).

45세 남성인 프랭크의 임상 사례를 살펴보자. 그는 식당 체인점 매니저로 15년째 근무하고 있으며, 최근 이 일에 불만을 갖기 시작했다. 직업적 불만족으로 인해 그는 우울증을 앓게 되어 결국 심리치료를 찾게 되었다. 그는 인지 중심 임상심리학자인 모리스 박사를 만나 새로운 직업을 찾고 싶다고 언급했다. 하지만 그는 "난 절대 새 직업을 구할 수 없을 것"이라고 말했고, 이러한 신념을 가진 채 미래를 비관하고 있었다. 모리스 박사가 사용한 효과적 전략은, 다른 직장을 구할 수 없으리라는 프랭크의 신념에 대하여 논리를 따져보는 일이었다. 모리스 박사는 Beck의 역기능적 사고기록(또는 Ellis의 ABCDE 항목)을 이용해 그의 신념이 비논리적이라는 사실을 설득하고자 했다. 프랭크는 자신의 능력과 경험을 과소평가하고, 실제로는 알지 못하는 직장 채용자가 자신을 어떻게 평가할지를 임의 추론하는 등의 인지 왜곡을 범했을 것이다. 모리스 박사는 이를 논의하기 위해 프랭크에게 자신의 신념을 검증하라는 과제를 제시했다. 예를 들어, 이력서 작성 후 채용자가 마음에 들어할 부분(교육, 경력 등)에 강조 표시를 하거나, 구인 광고를 올린 회사에 지원한 뒤 어떤 응답이 오는지를 확인하며, 구인 시장을 실제로 검증하도록 요청하는 과제였다. 이 과제를 통해 프랭크의 가설과는 달리 채용자의 연락을 받게 된다면, 즉 실제로 이력서가 훌륭하거나 채용자가 채용을 고려한다면, 이 경험을 통해 프랭크는 자신이 새 직업을 얻지 못할 것이라는 신념을 버리게 될 것이다. 또한 이러한 신념은 프랭크 자신이 채용자가 원하는 구직자라는 신념으로 대체됨으로써 보다 희망적으로 변화되고, 우울감에 더욱 강한 저항력을 갖게 될 것이다.

내담자에게 가설을 검증하도록 요청할 때 인지치료자는 비논리적 사고를 효과적으로 논박할 방법을 고려하여 신중하게 과제를 선택해야 한다(Kuehlwein, 1993). 과제 수행 결과 비논리적 신념이 고착된다면 역효과가 발생할 수 있다.

Ellis와 Beck의 치료 기법은 많은 부분 중복된다. 인지치료자들은 이 두 가지 치료 기법의 구성요소를 취합해 자신만의 치료법으로 탄생시키는 경우가 많다. Beck과 Ellis가 사용한 용어에 다소간의 차이가 발견되지만, 비논리적 사고를 파악하고 비판적으로 평가한 뒤 궁극적으로 심리 증상을 개선하는 합리적 사고로 이를 대체한다는, 치료 목표의 본질은 동일하다.

글상자 15.4

비유하기

법정 변호사들의 설전과 인지치료자의 사고 왜곡 논박

© istockphoto.com

"이의 있습니다!" 이는 법정에서 변호사가 상대측의 부적절한 주장에 항의하는 방식이다. 일반적으로 이의 제기의 목적은 비논리적 주장을 중단시키기 위함이다. 즉 변호사는 상대측에서 논리적 오류를 가진 주장을 말함과 동시에 논리적 주장만이 허락되며, 비합리적 진술은 기록에서 삭제되어야 한다는 점을 강조하기 위해 이와 같은 적절한 행동을 취한다.

인지치료자는 내담자 마음의 '인지 법정'에서 스스로를 대변하는 변호사가 되라고 교육한다. 특히 내담자로 하여금 비논리적 사고를 발견하여 이에 반대하고, 오직 논리적 사고만이 허락된다고 주장하도록 훈련한다. 이러한 과정은 마치 법정에 대립하는 두 변호사가 있듯이, 인간의 마음속에는 반대되는 두 가지 목소리가 존재한다는 사실을 내포한다. 두 가지 목소리는 인지 모델에서 신념을 표현한 두 항목, 즉 Ellis의 ABCDE 모델 중 B(신념)와 E(효과적인 새 신념) 항목을 대표한다. 이 두 항목 사이에 위치한 D(논박) 항목은 첫 번째 등장하는 비논리적 목소리(B)에 이의를 제기하고, 논리적 진술을 위한 두 번째 논리적 목소리(E)의 역할을 수행한다.

자세한 이해를 위해 0세 대학생인 샤논의 비논리적 신념을 살펴보자. 그녀는 "시험에 떨어지면, 나는 멍청이다."라는 신념을 가지고 있다. 이는 타인이 그녀를 향해 "시험에 떨어지면, 넌 멍청이야."라고 비난한다는 신념이기도 하다. 아무도 샤논의 비난에 이의를 제기하지 않는다면, 마치 검사만 출석한 법정에서와 같이 이 사건은 샤논은 멍청이가 맞다는 판정으로 끝나게 된다. 하지만 샤논이 이 신념의 그릇된 논리에 이의를 제기한다면(Ellis의 용어를 빌리자면 샤논이 이를 효과적으로 논박하는 경우) 그녀는 멍청이라는 죄에 대해 무죄를 선고받게 될 것이다. 사실 샤논은 자신의 이의 제기를 뒷받침하기 위해 다양한 논박을 사용할 수 있을지 모른다. 가령 "시험 자체가 불공정했고 많은 학생들이 이 시험에 떨어진다."라거나, "시험 당일 샤논 몸상태가 좋지 않았다.", 또는 "샤논은 대학의 다른 대부분의 시험에서 A를 받았다."라는 논박이 가능하다. 이러한 이의 제기는 모두 샤논이 멍청하다는 비난에 합리적 의심을 유발하며, '인지 법정'에서 그녀가 무죄 선고를 받을 가능성을 증가시킨다. 결국 샤논은 '우울증'형(刑)을 피하게 될 것이다. 이 비유의 핵심, 보다 일반적으로는 인지치료의 핵심은 비논리적 사고가 떠오를 때, 누구든 이를 저항하지 않고 단순히 믿어버리는 대신, 비논리적 사고에 이의를 제기하고 수정하여 스스로를 변호할 자격을 가진다는 사실이다.

오늘날 인지치료의 적용

인지치료는 본래 일부 심리적 증상 완화를 위해 사용되었으나, 오늘날에는 다양한 심리 문제에 광범위하게 적용된다. 실제로 전형적 정신장애 범주에서 벗어나는 문제 해결을 위한 인지치료의 사용이 증가하고 있다.

제3의 물결 : 마음챙김과 수용기반 치료

최근 몇 년간 마음챙김과 수용에 기반을 둔 새로운 치료가 인기를 얻고 있으며, 그 효과에 대한 실증적 근거 역시 확인되고 있다(Hayes, Villatee, Levin & Hilderbrandt, 2011; Masuda & Wilson, 2009; Morgan & Roemer, 2015). 이 치료들을 총칭하여 '제3의 물결' 치료라 부르며, 이는 엄격한 행동주의 치료(제1의 물결)에서 진화한 인지치료(제2의 물결)가 더욱 새로운 치료로 발전했음을 의미한다(Follette, Darrow, & Bonow, 2009; Hayes, 2004). 엄밀히 말해 이 치료들이 반드시 인지치료로 간주되는 것은 아니며, 이 장에서 인지치료 범주로 소개하고 있긴 하나 행동치료 및 기타 치료의 특성 역시 확인된다. 우리는 제3의 물결에 해당되는 세 가지 치료 형식, 즉 수용전념치료, 변증법적 행동치료, 상위인지치료를 검토할 예정이다. 하지만 그에 앞서 이 치료들의 공통점을 먼저 살펴보도록 하자.

제3의 물결 치료의 핵심은 **마음챙김**(mindfulness)이다(Dimidjian & Linehan, 2009; Hayes, Villatte et al., 2011; Shapiro, 2009). 마음챙김을 말로 정의하기에 무리가 있긴 하나, 이 치료법을 따르는 심리학자들은 이를 다음과 같이 정의한 바 있다.

- 마음챙김이란 "상황이 달라지리라는 판단 혹은 그리 되기를 바라는 기대에 휘말리거나 '사로잡히지' 않은 채 현재 내부적 또는 외부적으로 발생되는 현상에 집중할 수 있음"을 의미한다(Roemer & Osrillo, 2009, p. 2).
- 마음챙김은 "의식적으로 우리의 현 위치, 실제 경험, 경험에 의한 학습에 철저히 집중하는 인간의 선천적 능력이다. 이는 비의도적인 삶 그리고 실제로 존재하지 않은 채 살아가는 일상과 대조된다"(Hick, 2008, p. 5).
- "마음챙김의 단순 정의는 … (1) 의식, (2) 현재의 경험, (3) 수용이다"(Germer, 2005, p. 7).
- 마음챙김은 "현재 발생된 모든 상황에 대해 의식적으로 개방된 분별력을 갖도록 노력하여 얻게 되는 인식이다"(Shapiro, 2009, p. 555).

앞의 설명은 마음챙김이 불교 전통에서 유래되었다는 추론을 가능하게 하나, 대개 특정 종교에 관한 관련성을 배제한 채 사용된다[마음챙김 기반 치료를 선(Zen) 명상과 함께 시행할 수도 있으나, 명상의 요소 없이 사용되는 경우가 많다]. 마음챙김은 비대면적 방식으로 자신의 내부 정신 과정에 몰두할 수 있다. 이는 Albert Ellis나 Aaron Beck의 전통적 인지치료와 구분되는 주요 차이점이다. Ellis와 Beck은 내담자로 하여금 자신의 사고를 논박하고 수정하도록 요구하는 반면, 마음챙김 기반 치료자들은 생각 자체의 변화가 아닌, 내담자 자신과 자신의 생각 사이의 관계의 변화를 요구한다(Olatunji & Feldman, 2008). 따라서 내담자는 현실이나 진실의 전권자로서의 사고(思考)에 결부되기보다는 결코 반응을 요하지 않는 일시적 제안자로서의 사고를 이해하게 된다. 사고와의 관계가 이런 방식으로 변화될 때 사람들은 불쾌한 생각(또는 감정이나 느낌)을 피하는 대신, 이를 보다 쉽게 대면할 수 있게 된다. 즉 제3의 물결 치료자의 표현을 빌리자면, 경험 회피(experiential avoidance)가 아닌 수용(acceptance)을 택하게 되며, 이는 내부 경험에 저항하지 않은 채, 이를 문제 삼지 않는다는 의미이다. 이를 통해 다양한 심리적 문제를 가진 내담자들이 보다 쉽게 긍정적 변화를 경험할 수 있게 된다(Dimidjian & Linehan, 2008; Farmer & Chapman, 2008; Niles et al., 2014; Roemer & Orsillo, 2009; Spinhoven, Drost, de Rooij, van Hemert & Penninx, 2014).

마음챙김에 의존한 임상 중재를 구체적으로 설명하기 위해 **충동 서핑**(urge surfing)을 살펴볼 필요가 있다. 충동 서핑은 흡연, 음주, 또는 내담자가 원치 않는 충동으로 괴로워하는 다양한 습관 등을 포함한 중독 행동의 치료 기법이며, 내담자로 하여금 과거에 경험했던 충동을 색다른 방식으로 접근하도록 요구한다(Bowen & Marlatt, 2009; Ostafin & Marlatt, 2008). 충동의 중단, 억압, 타파를 목표로 한 여타 치료들의 목표와는 달리, 충동 서핑은 충동을 경험하고, 마치 거세졌다가 다시 진정되는 파도를 타듯 충동을 '타며', 충동은 일시적 현상일 뿐 전능하지 않다는 사실을 인정하는 것을 목표로 한다. Lloyd(2009)는 이에 관해 다음과 같이 언급했다.

> 내담자는 충동이란 바다 위 파도와 같다는 점을 배운다. 충동은 바다의 파도처럼 밀려와서 더욱 격렬해진 뒤, 결국 잠잠해진다. 또한 파도처럼 일시적으로만 나타난다. 충동은 내담자가 뭔가 조치를 취해야 할 만큼 격렬해지지 않으며 이내 사라진다. 충동은 저절로 사라진다. … (이 치료에서) 내담자는 어떻게 하면 다양한 방식으로 이 충동을 충분히 경험할 수 있을지, 즉 충동이 무엇인지를 경험하는 방법을 배운다. 충동은 일시적이고, 위협적이지 않으며, 발현 방식이 상대적으로 예측 가능하다. 그리고 가장 중요한 점은, 충동은 이겨낼 수 있는 문제라는 것이다. (p. 669)

앞의 설명과 같이 이 치료의 핵심 요소는 충동 자체가 아닌 충동에 대응하는 방식이다. 모든 제3의 물결 치료 또는 마음챙김 기반 치료와 마찬가지로 충동 서핑 치료 역시 순간적으로 유발되는 충동(또는 감정, 사고)을 경험하고, 충동의 파괴력을 과대평가하거나 이를 견디는 자신의 능력을 과소평가하지 않도록 내담자를 돕는 과정을 강조한다. 충동이 유쾌하지 않은 경험이긴 하나, 결국 사라질 것이며, 내담자는 이를 수용하고 이겨낼 수 있다.

마음챙김과 수용의 개념이 치료 전략의 기초를 형성하든, 혹은 단순히 다른 치료 기법을 보완하든 관계없이 이 치료 기법은 매우 유용한 신개념 치료 구성 요소이다. 즉 마음챙김과 수용은 가부간의 결정을 요구하지 않는다. 치료자는 마음챙김과 수용이 핵심 구성 요소가 되는 치료 형태를 사용할 수도 있고, 정신역동 치료, 인본주의 치료 등을 마음챙김 및 수용치료와 융합하여 기존 치료 기법의 효과를 향상시킬 수도 있다(Hick & Bien, 2008).

수용전념치료

임상심리학자이자 리노시에 위치한 네바다대학교 교수인 Steven C. Hayes는 **수용전념치료**(acceptance and commitment therapy, ACT)의 대가로 인정받고 있다. Hayes 등은 ACT에서 '수용'되는 요소를 정서, 사고, 감각 등의 내부적 심리 경험으로 규정한다(Bach & Moran, 2008; Forman, Juarascio, Martin, & Herbert, 2015; Hayes, 2004; Hayes & Strosahl, 2004). 심리적 문제를 호소하는 이들은 이러한 개인의 경험을 인정하지 않고, 오히려 왜곡을 통해 이를 회피하고 모면하려는 경향이 있다. 이런 종류의 경험 회피는 모든 종류의 심리 문제의 기저를 이룬다(Eifert & Forsyth, 2005). 이는 공포증과 유사한 면이 있으나 공포증과는 달리 공포 대상이 외부가 아닌 내부에 존재한다. 회피는 또한 개, 뱀, 비행기 공포증과 마찬가지로 매우 흔히 발생되는 증상이지만, 궁극적으로 해결 불가한 대처 기제이다. 따라서 본 맥락에서의 수용은 내부적 두려움과의 대면을 의미한다.

Hayes(2004)는 ACT 중 수용의 본질을 명시하는 두 가지 은유법을 소개했다. 첫 번째 은유를 위해 Hayes는 우리의 사고가 퍼레이드라고 상상해보도록 요구한다. 이 퍼레이드에서 우리는 참가자가 아닌 구경꾼이다. 우리의 사고가 행진하면 우리는 이 사고들을 분명히 알아볼 수 있다. 우리는 얼마 동안이나 퍼레이드에 합류하거나 그들을 멈추거나 또는 어떤 방식으로든 관여하는 등의 반응을 하지 않은 채 움직임을 지켜볼 수 있을까? Hayes는 우리가 자신의 생각을 살펴보면서 이 생각의 흐름이라는 퍼레이드에 충동적으로 반응하고 뛰어들지 않을 수 있다면, 심리적으로 훨씬 안정될 것이라 주장한다. 두 번째 은유에서 Hayes는 내부적 경험의 수용 과정은 평균대에서 기어 내려오는 것이 아니라 훌쩍 뛰어내리는 것이라고 비유한다. 생각하기로는 평균대에서 뛰어내리는 것보다 기어 내려오는 방법이 훨씬 안정적일 것 같은데, 이는 기어 내려오는 동안 스스로를 지속적으로 제어할 수 있다고 생각하기 때문이다. 반면 평균대에서 뛰어내리려면 자신에 대한 통제를 일시적으로 포기하고 중력에 몸을 맡겨야 한다. Hayes는 내담자가 자신의 사고, 감정, 감각과 관련하여 '뛰어내리는 연습'을 해야 한다고 주장한다. 즉 내담자는 서서히 이 경험을 통제하기 위한 싸움을 멈추고, 어떤 경험의 평균대이든 뛰어내릴 수 있음을 믿으면, 오히려 안전하게 착지하여 자신의 길을 갈 수 있다고 말한다.

ACT의 *C*는 자신만의 개인적 가치에 대한 전념(commitment)을 의미한다. 물론 많은 내담자들이 전념에 앞서 명료화(clarification)를 이루어야 한다. 즉 치료를 통해 우선적으로 내담자가 정확히 자신의 개인적 가치가 무엇인지 발견하도록 도와야 하며, 이 조건이 완수된 후 일상적 결정과 행동에 대한 가치에 충실하도록 전념해야 한다. 또한 ACT의 *T*는 내담자의 개인적 가치와 일치하는 일을 행동으로 옮기는 것(taking action)이며, 여기서 우리는 내담자의 새로운 사고 방식을 새로운 삶의 방식으로 연결시키는 ACT에 내재된 행동적 중요성을 발견할 수 있다.

Hayes와 기타 심리학자들(예 : Eifert & Forsyth, 2005; Hayes & Strosahl, 2004)은 2개의 약어를 이용해 심리적 질환의 근원에 대한 문제적 접근법과 심리적 안녕을 위한 전략을 설명하였다. FEAR는 ACT의 대체 버전이며, FEAR는 다음 내용의 약어이다.

- 반응의 유연성을 제한하는 사고, 감정, 감각 등의 내부 경험들과의 **융합**(fusion)
- 자기 자신, 특히 자신만의 내부 경험에 대한 **평가**(evaluation)
- 주의를 다른 곳에 돌리거나 스스로를 마비시키는 방법으로 불쾌한 내부 경험을 **회피**(avoidance)
- 정당하게 들리지만 실제로는 건강하지 못한 삶의 접근 방식을 영속시키는 합리화에 의존한 **이유 제시**(reason-giving) 및 학습

반면 ACT는 다음과 같이 풀이될 수 있다.

- 내적 경험의 본질만을 **수용**(accepting)
- 삶의 의미와 목적을 강화시키는 자신의 핵심 가치에 근거한 방향 **선택**(choosing)
- 자신만의 가치와 조화된 크고 작은 사건에 대한 **행동 조치**(taking action)

변증법적 행동치료

변증법적 행동치료(dialectical behavior therapy, DBT)는 Marsha Linehan이 개발하였고, 이 치료의 주목적은 주로 경계성 성격장애(borderline personality disorder, BPD)의 치료였다(Koerner, 2012; Koerner & Dimeff, 2007; Linehan, 1993a, 1993b). 이 치료는 현재 BPD의 치료 옵션으로 자리잡을 만큼 주목할 만한 실증적 치료 효과가 확인되고 있으며, 응용치료의 경우에도 다양한 심리, 정신장애 치료에 성공적으로 사용되고 있다(Cameron, 2015; Dimeff & Koerner, 2007; Klien, Kroger, & Kosfelder, 2010; Lynch, Trost, Salsman, & Linehan, 2007; Paris, 2009).

DBT는 BPD를 정서 조절 문제로 개념화하는 것에 기초를 둔다. 즉 BPD 환자는 자신의 생활 속

거의 모든 측면에서 감정의 강도를 조절하는 데 어려움을 겪는다(Linehan, 1993a). 정서조절장애는 생물학적 그리고 환경적 소인의 두 가지 원인을 의심할 수 있다. 특히 환경적 요소는 대인관계가 무시되는 환경이다. 즉 BPD 환자는 "상황에 대한 개인의 특징적 반응(특히 정서적 반응)이 부정확하고 적절치 않으며 병적이고 또는 진지하게 받아들여지지 않는 가정 출신이 많다"(Koerner & Dimeff, 2007, p. 3). 이러한 환경은 극단적 정서 반응만이 타인의 반응을 유발시킬 수 있다고 가르치며, 따라서 타인이 그들의 행동을 과도하거나 불필요하다고 생각할 때 더욱 강한 정서 표현을 보이는 경우가 많다. 이는 BPD 환자가 왜 치료자는 물론 친구나 가족에게 모든 에너지를 쏟는지, 그리고 왜 자살의 징후를 보이거나 시도하는 비율이 높은지에 대한 대답이 될 수 있다(Wheelis, 2009).

문제 해결(problem soving), 타당화(validation), 변증법(dialectics) 등의 몇몇 주요 치료 과제가 DBT에 집중되어있다. DBT 치료자는 내담자와 문제 해결 과제를 수행할 때, 극도의 정서 반응을 유발하는 스트레스 상황을 '심도 있게 고찰'하도록 내담자를 돕는다. 치료자는 실용적인 방법으로써 내담자로 하여금 정서적 충동을 느낄 때 어떠한 일이 발생할지, 그리고 보다 계획적인 행동을 취하는 방법을 비교하며, 가능한 최상의 결과를 위해 철저히 계획하도록 요구한다. 또한 DBT의 문제 해결 구성 요소는 과거에 효과적 문제 해결을 방해했던 요인과 현재와 미래에 이 요인을 어떻게 해결할지를 논의하는 과정이 포함된다. DBT의 타당화는 과거에 인정받지 못한(앞에 설명한 대로 가족 등에서) 내담자의 감정에 초점을 맞춘다. DBT에 사용되는 타당화는 많은 치료사가 흔히 사용하는 공감보다 훨씬 강력하다. 무시는 BPD 환자들에게 감정이 상황에 대한 중요하고 합리적인 반응이라는 점을 직접적이고 설득력 있게 확인해준다. DBT는 동시에 발생되는 환자의 모순적 감정을 해결하고 자신의 진짜 감정에 도달할 수 있도록 환자와 치료자가 의견을 교환하는 것이다. 예를 들어, 환자가 자살을 하고 싶다고 이야기할 때 DBT 치료자는 존중과 대립의 균형을 유지하며, 환자에게 죽음을 원하는 동시에 살고 싶은 바람도 가지고 있음을 지적하고, 보다 건강한 바람이 강화될 수 있는 방법을 환자와 논의하는 것이다(Dimeff & Koerner, 2007; Koerner, 2012; Koerner & Dimeff, 2007; Wheelis, 2009).

Linehan(1993b)은 네 단계의 구체적 훈련 기술을 DBT에 포함시켰다. 이 훈련 기술은 종합적으로 앞서 언급한 DBT 핵심 요소와 밀접한 관련이 있으나, 이를 설명하는 가장 정확한 표현은 치료자가 내담자에게 가르치는 문제 해결 전략이다. 이 훈련 기술은 다음과 같다.

- 부정적 정서를 회피하기보다는 이를 파악, 묘사, 수용하는 정서 조절
- BPD 환자의 자살 시도, 자해, 약물 남용 등의 행동을 최소화하도록 돕는 자기 위안 기술 및 충동 조절을 강조한 고통 감내력

- 극도의 정서 분출로 깨지기 쉬운 대인관계 유지를 위해 적절하고 적합한 사회성 기술을 사용하도록 환자를 돕는 효과적 대인관계
- 내담자로 하여금, 회피나 평가를 배제한 채 감정, 사고, 감각 등의 내부적 경험을 포함한 자신의 현재 삶에 충분히 개입하도록 독려하는 마음챙김 기술

상위인지치료

Albert Ellis가 사용했던 전통적 인지치료에서 비합리적 신념은 '선행사건'(ABCDE 모델 중 A항목)을 통해 야기된다. 비교적 새로운 치료 기법인 상위인지치료(metacognitive therapy)의 주제는 선행사건이 외부적 발생 사건이 아니라 인지 그 자체일 수 있다는 것이다. 간단히 말해 사람들은 자신에게 일어난 사건 때문이 아니라 자신의 사고(思考)에 대한 반응 때문에 우울감, 불안감 등 다양한 심리적 불편을 경험한다는 것이다(Dobson, 2013; Fisher & Wells, 2009; Wells, 2009). 따라서 불행의 원인은 외부 사건을 생각하듯 생각에 대해 생각하는 것이다.

상위인지치료자는 심리 문제의 근원이 되는 인지적 주의 증후군(cognitive attentional syndrome, CAS)이라는 용어를 자주 사용하는데, 이는 고뇌하고 반추하고 문제시하는 사고방식을 말한다. CAS는 걱정에 대한 긍정적 사고와 부정적 사고, 두 종류를 모두 말하며, 두 가지 사고 모두 문제를 유발할 수 있다. 걱정에 대한 긍정적 신념은 "걱정을 통해 미래를 준비할 수 있다. 걱정을 안 하면 모르는 사이 곤경에 처하게 된다. 걱정을 그만두는 것은 절대 할 수 없다."라는 식의 사고이다. 걱정에 대한 부정적 신념은 "안 돼, 또 걱정을 하기 시작했군. 걱정이 시작되면 멈출 수가 없다. 걱정이 시작됐으니 끔찍한 하루가 될 것이다. 걱정은 내가 통제할 수 없는 현상이다."라는 식의 사고이다. 애초의 외부 사건이 무엇이었든 관계없이, 가령 시험에 떨어졌다거나 건강과 관련된 심각한 소식을 들었다거나, 주변 사람과의 관계가 악화되었다거나, 혹은 예상 못 했던 지출이 생기는 등의 사건에서 사건에 대한 생각은 그 사건에 대한 생각에 그치는 것이 아니라 사건에 대한 생각에 대한 또 다른 생각으로 인해 불안감이 촉발되는 수준까지 매우 빠르게 진행된다. 따라서 상위인지치료자는 생각에 대한 생각을 치료의 일차적 중재 목표로 삼는다.

상위인지치료는 주로 강박장애, 외상후 스트레스장애, 범불안장애 등의 불안장애 환자에게 사용되고 있다. 상위인지치료가 비교적 새로운 치료법이긴 하나, 이미 이러한 장애를 앓고 있는 환자들에게 그 효능이 입증되고 있다(Clark & Beck, 2010; Fisher & Wells, 2008; Wells & King, 2006; Wells et al., 2008). 상위인지치료의 여러 가지 버전 중 하나를 조현병 환자에게 시행한 바 있으며, 치료 목표는 (망상적 사고를 즉각적으로 수용하는 대신) 망상적 사고에 대한 사고를 증진하는 것이었다(Moritz et al., 2014).

신체적 질병에 대한 인지치료

정신과 육체의 관계는 건강 문제를 가진 이들의 해결 노력 방법에 강력한 영향을 준다. 인지치료자들이 특히 관심을 쏟는 부분은 자신의 질병, 부상, 건강 상태에 대한 환자들의 신념이다. 이 신념이 그들에게 어떠한 영향을 미치는가? 환자 가족들은 이에 어떤 반응을 하고, 어떻게 대처하는가? 치료는 얼마나 잘 이루어지고 있는가? 치료에 어떤 부정적 효과가 있는가? 이 질문에 대한 비합리적 답변은 건강 회복을 저해하고, 나아가 회복 중 불필요한 근심과 절망을 유발하기도 한다.

최근 수십 년간 수많은 연구를 통해 인지치료가 신체적 질병을 앓는 환자들의 건강 회복 과정과 최종 예후에 유의한 긍정적 효과를 유발한다는 점이 입증되었다. 예를 들어, Jakes, Hallam, McKenna, Hunchcliffe(1992)는 인지치료가 소음을 과도하게 인식하는 청각 문제, 즉 이명에 미치는 영향을 조사하였다. 일부 환자를 대상으로 이명에 대한 비논리적 신념이 개선되는 인지치료가 시행되었다. 인지치료를 받지 않는 환자들과 비교해 인지치료에 참여했던 환자들은 이명으로 인한 곤란도가 현저하게 개선되었다. 인지치료는 이외에도 만성 두통, 만성 통증, 월경전 증후군, 성적(性的) 장애, 척수 손상, 뇌 손상 등 다양한 의료 문제 개선에 성공적으로 사용되고 있다(Carter, Forys, & Oswald, 2008; Freeman & Greenwood, 1987; Jay, Elliott, Fitzgibbons, Woody, & Siegel, 1995).

인지치료가 환자의 삶에 어떠한 긍정적 영향을 미칠 수 있는지에 대한 한 가지 사례를 소개하고자 한다. 45세 여성인 재키는 최근 유방암 초기 단계 진단을 받았다. 물론 재키는 이 진단으로 인해 스트레스를 받고 있었다. 자신의 병에 대한 최초의 신념은 실제로 비논리적이었고, 이러한 생각으로 인해 그녀는 필요 이상으로 심란해했다. 예를 들어, 재키는 '나는 죽게 될 거야.', '화학 요법을 받을 테고, 너무나 고통스러워서 아마 이겨내지 못할 거야.', '가족, 친구들이 이 사실을 알면 나를 멀리할 거야.'라고 생각했다. 이 모든 생각이 사실일 수도 있겠으나, 재키는 이 가능성을 확대 해석하고 있었으며, 그런 과정 속에 최악의 시나리오를 생각해내 이를 확신하고 있었다. 그녀는 임상심리학자인 리처드 박사와 인지치료를 시작한 뒤 자신의 신념에 저항했고, 비합리적 사고를 파악하고 이를 합리적 사고로 대체하는 방법을 학습했다. 짧은 인지치료 과정 후반에 재키는 여전히 유방암을 걱정하고 있었지만, 과도한 걱정은 아니었다. 그녀는 비관적이기보다는 현실적으로 사고했다. 즉 '죽을 수도 있지만 초기에 발견이 됐고, 관리를 잘할 테니 가능성이 적어.', '화학 요법은 필요하지 않을 것 같지만, 만일 화학 요법을 받게 된다면, 힘들겠지만 견딜 수 있을 거야.', '가족과 친구들이 어떻게 반응할지 모르겠지만, 과거 나에게 보였던 행동으로 미루어 나에게 큰 힘이 되어줄 거라 믿어.'라는 생각을 했다. 최악의 상황에 대한 상상, 확대 해석, 임의 추론 등의 왜곡이 배제된 새로운 신념을 통해 재키는 보다 안정적인 심리 상태를 되찾았고, 진단 이후 예후도 증진되었다.

심리도식 치료

심리도식 치료(schema therapy)는 비교적 새로운 인지 및 인지행동치료의 응용 치료법이며, 경계성 성격장애 환자 또는 기타 장기간 치료를 받는 복합적인 문제의 환자에게 시행되고 있다. 이 치료는 부모의 잘못된 양육(부모의 거부, 애정 부족, 학대, 부재 등)을 경험한 아동의 경우 스스로에 대한 그리고 타인과의 관계에 대한 심리도식에서의 문제 또는 고질적 인지 문제가 나타나며, 이러한 도식은 지금까지의 경험과는 일치하지만 시간이 지남에 따라서는 오히려 부적응적으로 작용하게 된다. 예를 들어, 이 아동들은 ("나에게 중요한 사람들은 모두 나를 떠난다."는) 방치, ("나는 끔찍하고 사랑 받을 수 없는 사람이야."라는) 수치심, ("난 잘하는 게 없어서 성공할 수 없을 거야."라는) 실패감 등에 집중한 심리도식을 갖기도 한다. 이러한 심리도식이 치료의 초점이 된다. 치료자는 내담자로 하여금 자신의 심리도식의 허구를 보도록 도울 뿐 아니라, 스스로 도식의 허구를 증명하여 직접 체험하는, 즉 내담자가 심리도식을 행동으로 보이는 치료 관계를 사용한다. 심리도식 치료와 다른 인지치료 간 가장 중요한 차이점은 문제를 유발하는 인지의 근원에 관한 집중도, 즉 내담자의 현재 삶에 여전히 부정적 영향을 미치는 내담자의 어린 시절에 대한 집중 및 어린 시절 경험으로 인한 인지 또는 심리도식의 형성 방식에 대한 고찰이다(Dozois & Brinker, 2015; van Vreeswijk, Broersen, & Nadort, 2012; Young, Klosko, & Weishaar, 2003). 경계성 성격장애를 비롯한 다양한 성격장애 환자 대상의 심리도식 치료는 주목할 만한 치료 효과가 입증되었으며, 그 수도 증가 추세이다(Bamelis, Evers, Spinhoven, & Arntz, 2014; Farrell, Shaw, & Webber, 2009; Giesen-Bloo et al., 2006; Reiss, Lieb, Arntz, Shaw, & Farrell, 2014). 심리도식 치료는 또한 장기 우울증 환자 및 복합 섭식장애 환자에게도 사용된다(Pugh, 2015; Renner, Arntz, Leeuw, & Huibers, 2013).

치료 효과는 어떠한가

인지치료 효과는 수많은 실증 사례와 성공 사례의 증가를 통해 강력히 입증되었다. 인지치료 효과가 나타나는 심리장애 범주는 매우 광범위하며, 우울증, 불안장애(특히 범불안장애), 폭식증, 외상후 스트레스장애, 건강염려증, 다양한 성격장애 등이 이에 포함된다(Beck, 2002; Cuijpers et al., 2014; Epp, Dobson, & Cottraux, 2009; Hanrahan et al., 2013; Higa-McMillan, Francis, Rith-Najarian, & Chorpita, 2016; Hofmann, Sawyer, Witt, & Oh, 2013; Querstret & Cropley, 2013;

Rees & Pritchard, 2015; Roth et al., 2002). 또한 인지치료(및 인지행동치료)를 통한 개선은 단순한 증상 완화의 수준을 뛰어넘는다. 3,300명 이상의 환자/내담자를 대상으로 한 44개 연구에 대한 메타 분석을 통해 인지행동치료가 장애 치료는 물론 전반적인 삶의 질 개선(다양한 범주의 신체적 · 심리적 변수 포함)에 유의 수준의 긍정적 영향을 미쳤음이 증명되었다(Hofmann et al., 2014). 이미 언급한 바와 같이 많은 연구를 통해 신체 질병을 앓는 일부 환자 및 성격장애 환자의 경우도 인지치료의 효과가 입증되었다. 인지치료의 일부 구성 요소 역시 실증적 입증이 이루어졌다. 예를 들어, 과제를 포함하지 않은 치료와 비교해 내담자에게 과제를 제시했던 치료에서 향상된 치료 결과가 발견되었다는 다수의 연구 결과가 있다(예 : Dozois, 2010; Kazantzis, Whittington, & Dattilio, 2010).

제3의 물결 치료 또는 마음챙김 기반 치료 효과에 관한 증거 역시 다수 확인되고 있다(Banks, Newman, & Saleem, 2015; Bos, Merea, Brink, Sanderman, & Bartels-Velthuis, 2014; Norton, Abbott, Norberg, & Hunt, 2015). 12,000명 이상의 환자/내담자 대상의 200건이 넘는 마음챙김 기반 치료에 관한 연구에 대규모 메타 분석을 시행했으며, 광범위한 임상 문제, 특히 불안장애, 우울증, 스트레스에 대한 강한 효과가 확인되었다(Khoury et al., 2013). DBT는 특히 경계성 성격장애 및 새롭게 등장하는 광범위한 심리장애에 적합하도록 설계되었다(Dimeff & Koerner, 2007; Kliem et al., 2010; Koerner, 2012; Lynch et al., 2007; Paris, 2009). ACT 역시 다양한 불안장애와 기분장애를 포함한 다양한 심리장애에 효과가 있음이 많은 수의 실증적 증거를 통해 입증되고 있다(Davis & Hayes, 2011; Hofmann et al., 2010; Olatunji & Feldman, 2008; Roemer & Orsillo, 2009; Swain, Hancock, Hainsworth, & Bowman, 2013). 또한 경계성 성격장애에 대한 심리도식 치료의 효과에 대한 증거도 증가하고 있으며, 만성 우울증 및 복합 섭식장애 등에도 심리도식 치료가 효과가 있으리라는 연구가 보고되고 있다(Jacob & Arntz, 2015; Pugh, 2015; Renner et al., 2013).

행동치료에 뿌리를 두고 있는 인지치료는 명확한 측정 및 관찰 가능한 문제의 경우 문제 정의 등의 실질적 평가를 촉진하는 치료 양상을 강조하는 경향을 갖는다. 인지치료가 직접적으로 행동치료의 형식을 취하고 있지는 않지만, 내담자가 개입 전후 자신의 우울감이나 불안 수준 등의 증상 심각도를 점수식 평가 척도를 이용해 측정하는 등 행동치료의 특징이 나타난다. 즉 내담자의 불안 수준이 0점부터 100점까지의 척도 중 90점으로 평가되더라도, 몇 차례의 치료 과정 후에는 60점, 치료 완료 후에는 15점으로 떨어질 수 있는 것이다. 이러한 객관성 덕분에 인지치료 효과의 확인을 위해 고안된 실증적 결과 연구가 보다 쉽게 진행될 수 있다.

글상자 15.5

데니스와 인지치료

데니스의 1차 치료 당시 그녀의 주 증상은 우울증이었으며, 그녀가 일하는 레스토랑의 사장이 바뀌면서 증상이 촉발되었다는 점이 명확했다. 보다 구체적으로 레스토랑의 새 주인이 메뉴에 대한 데니스의 통제권을 없애고, 홀에서 손님을 만나지 못하도록 새로운 규칙을 만들었으며, 이것이 데니스의 우울증 증세를 야기했던 것이다.

나는 Ellis와 Beck 모두의 치료 기술을 이용한 응용 기법을 사용하여 데니스의 치료를 진행하였다. 우선, 선행사건이 직접적으로 우리의 감정을 유발하는 것처럼 느껴질 수도 있으나, 실제로 이를 중재하는 자동적 사고 또는 신념이 존재한다는 사실을 데니스에게 교육했다. 나는 Ellis의 ABCDE 모델을 이용해 데니스가 자신의 경험을 어떻게 이해할 수 있는지를 보다 상세히 설명했고, Beck의 인지 왜곡 목록을 제시함으로써 D 항목의 비합리적 사고 논박에 필요한 도구를 마련해주었다. 데니스는 Ellis 모델의 A 항목(선행사건)과 C 항목(정서적 결과)을 어렵지 않게 작성했다. 레스토랑의 새로운 규칙 시행이 선행사건이었으며, 그녀의 우울 증상이 정서적 결과였다. 다음 과제는 A와 C 항목 사이에 나타나는 신념(B)을 확인하는 것이었다. 이 부분에서 데니스는 다소 어려움을 느꼈지만, 탐구와 논의 끝에 우리는 "나는 무능하다."라는 그녀의 강력한 사고를 발견해냈다. 데니스는 식당 사장이 그녀를 메뉴 선정에서 제외시키고, 손님들과 이야기도 못 하게 하는 것이 바로 이 때문이라고 설명했다. 데니스는 레스토랑 사장이 새로운 규칙을 만든 이유는 그녀의 무능함이 레스토랑 영업을 망칠까 걱정하기 때문이라 믿었다.

치료의 다음 단계는 D 항목(논박)에 집중하는 것이었으며, 나는 데니스에게 스스로 무능하다고 믿는 신념(B)을 비판적으로 재고해보라고 요청했다. 이 과정을 진행하기 위해 나는 그녀에게 "어떤 근거로 스스로 무능하다고 생각하나요?", "자신이 무능하지 않다는 근거는 없나요?", "새로운 규칙을 해석할 다른 방법은 없나요?" 등의 질문을 했다. 일단 자신의 본래(비논리적) 신념에 저항해야 한다는 개념이 데니스에게 생소하게 느껴졌고, 그녀는 이 과제 수행에 어려움을 호소했다. 하지만 치료 회차를 거듭하며, 이 개념에 점점 익숙해졌고, 과제를 편히 수행할 수 있었다. 나는 그녀에게 생각 일기 작성 과제를 제시했다. 생각 일기에서 그녀는 선행사건, 신념, 정서적 결과뿐 아니라 논박과 효과적 새 신념까지 파악해야 했다. 데니스는 마지막 두 항목을 알지 못했지만, 충분한 시간을 가진 뒤 능숙하게 전체 항목을 완료했다. 또한 그녀는 자신의 왜곡된 사고를 다음과 같이 분류했다.

- 개인화 : 식당의 새 사장이 새로운 규칙을 시행하는 이유는 어쩌면 데니스의 주방장 직책과 관계없을 수도 있으며, 만일 그렇다 할지라도 이를 개인적으로 받아들일 필요가 없다.
- 정신적 여과 : 데니스는 매우 능력 있는 요리사이고, 인생의 다른 부분에서도 능력을 발휘해왔다. 다만 새로운 사장도 이에 동의하는지를 과도하게 신경쓰고 있었다.

- 흑백논리적 사고 : 레스토랑 새 사장의 호불호를 알지는 못하지만, 여전히 요리사로서 좋아하는 일이 많이 있다. 단지 그녀의 직업이 완벽하지 못하다는 이유로 이 일을 끔찍하다고 결론지을 순 없다. 아마도 완벽함과 끔찍함의 중간쯤에 위치할 듯하다.

앞의 논박은 각각 스스로 무능하다 생각하는 데니스의 비논리적 사고를 부정하기에 충분히 효과적이며, 논박을 모두 합했을 때 더욱 강력했다. 치료 과정 후반에 데니스는 아주 쉽게 E 항목(효과적인 새 신념)을 완성했으며, 그 내용은 다음과 같다. "나는 전혀 무능하지 않다. 레스토랑 새 사장의 행동은 거의 또는 전혀 나와는 개인적 관련이 없다. 내가 유능한 사람이라는 수많은 근거가 있고, 예전만큼 이 직업을 좋아하지 않는다 해도, 여러 이유로 나는 여전히 이 직업을 즐기고 성취감을 느낄 수 있을 것이다." 논박 및 효과적인 새 신념 항목을 완성한 후 데니스의 우울 증상이 극적으로 개선되었다.

요약

임상심리학자들이 가장 흔히 사용하는 심리치료 기법으로 자리 잡은 인지치료의 주 목표는 논리적 사고의 증진이다.

인지심리학자들은 보통 짧고 체계적이며 문제에 초점을 맞춘 치료 과정을 통해 내담자가 자신의 비논리적 혹은 비합리적 인지를 인식하고 수정하도록 돕는다. 인지가 사건과 감정 사이에 개입한다는 인지 모델을 내담자에게 교육하고, 치료 회기 사이에 글쓰기 과제나 행동 과제를 제시하는 기법이 치료에 포함된다. 인지치료자는 Albert Ellis의 ABCDE 모델(비합리적 신념의 논박과 효과적 새 신념으로의 대체가 강조)이나 Aaron Beck의 일반적 사고 왜곡 목록(양자택일적 사고, 개인화, 극대화/극소화 등)을 이용하여, 내담자가 자신의 삶에서 발생된 사건에 대해 논리적 반응을 고수하며 심리 문제 및 행동 문제를 극복하도록 돕는다.

인지치료의 본래 목적이 불안장애나 기분장애의 치료는 아니었으나, 현재 다양한 성격장애를 포함한 대부분의 심리장애와 진단기준에 못 미치는 의료 문제 등에도 확대 적용되고 있다. 수많은 연구 결과를 통해 인지치료가 기분장애, 불안장애, 섭식장애 등 광범위한 심리장애에 매우 효과적이라는 사실이 입증되고 있다.

주요 용어

가설
개인화
경험 회피
과잉 일반화
과제
극대화/극소화
논박
독심술
마음챙김
변증법적 행동치료(DBT)
상위인지치료
선행사건
수용
수용전념치료(ACT)
신념
역기능적 사고 기록
인지
인지삼제
인지치료
일반적 사고 왜곡
자동적 사고
정서적 결과
정신적 여과
파국화
합리적 정서적 행동치료(REBT)
효과적인 새 신념
흑백논리적 사고
Aaron Beck
ABCDE 모델
Albert Ellis
Judith Beck
Marsha Linehan

비판적 사고를 위한 질문

1. 비논리적 · 비합리적 사고가 심리 문제의 근원이라는 인지적 기본 가정에 얼마나 동의하는가?
2. 당신이 내담자이고 치료자가 과제를 내준다면 어떻게 반응하겠는가?
3. 당신이 인지치료를 활용하는 임상심리학자라면, 내담자가 Albert Ellis의 ABCDE 모델 중 어느 항목 작성을 가장 어려워할 것으로 예상하는가?
4. Aaron Beck과 동료들이 정의한 일반적 사고 왜곡 중 어느 것이 특정 심리 문제(예 : 불안, 우울증 등)를 가장 많이 유발하리라 예상하는가?
5. 전통적 인지치료와 비교적 최근 개발된 상위인지치료의 핵심적 차이점은 무엇인가?

주요 학술지

Cognitive Behaviour Therapy
http://www.tandfonline.com/loi/sbeh20#.V08XxvkrLX4

Cognitive Therapy and Research
http://link.springer.com/journal/10608

Journal of Cognitive Psychotherapy
http://www.springerpub.com/journals/journal-of-cognitive-psychotherapy.html

Psychotherapy
http://www.apa.org/pubs/journals/pst/index.aspx

CHAPTER 16

집단치료와 가족치료

학습 목표

16.1 집단 심리치료에 대한 Yalom의 치료적 요인을 살펴본다.

16.2 이상적인 집단치료의 특징을 논의한다(예 : 구성, 보조 치료자).

16.3 집단치료에 존재할 수밖에 없는 비밀보장의 한계를 설명한다.

16.4 집단 심리치료 결과에 관한 연구를 개관한다.

16.5 가족치료의 체계적 기법을 설명한다.

16.6 가족치료의 핵심 개념을 논의한다.

16.7 가족치료 시행 중 발생될 수 있는 윤리적 문제를 분석한다.

16.8 가족치료 결과에 관한 연구를 검토한다.

집단치료와 가족치료는 우리가 이미 공부한 개인치료와는 다른 새로운 형식을 가지고 있다. 집단치료와 가족치료 모두 한 공간에 여러 명의 내담자가 모여 치료에 참여하며, 대인 간 상호작용을 강조한다는 공통점을 갖는다. 이 장에서는 이 두 가지 치료를 동시에 다루고 있긴 하나, 집단치료와 가족치료는 전혀 다르다. 집단치료와 가족치료는 완전히 분리된 역사를 가지고 있으며, 정신건강 분야에서 각기 다른 전문성을 보인다. 임상심리학자 중 이 두 가지 치료법 중 한 종류는 시행하고 또 다른 하나는 거의 또는 전혀 시행하지 않는 이들을 심심치 않게 찾아볼 수 있다. 따라서 이 장에서는 집단치료와 가족치료를 따로 구분해 소개한다.

집단치료

대인관계 강조

집단치료(group therapy)는 사이코드라마, 행동치료, 인지치료, 인본적 실존주의 치료 등 다양한 형식으로 시행된다(Hopper, Kaklauskas, & Greene, 2008; MacKenzie, 2002; Shaffer & Galinsky, 1989). 집단치료 시행자 대부분은 **대인 간 상호작용**(interpersonal interaction)을 강조한다. 즉 집단치료는 치료의 진행 과정이 타인과의 상호작용을 통해 이루어진다는 사실을 활용한다(Markin & Kasten, 2015). 집단치료자는 보통 집단 구성원이 감정을 느끼고, 의사소통을 하며, 타인과 관계를 형성하는 방법을 강조하는 중재자 역할을 한다. 집단치료는 다른 무엇보다 대인 간 상호작용을 강조한다는 점에서 개인치료와 구별된다(Burlingame & Baldwin, 2011). 개인치료가 내담자와 상담자 두 사람의 상호작용에 한정되는 반면, 집단치료는 보다 복잡한 관계망을 형성시킨다. 집단치료에서 내담자는 치료자뿐 아니라 치료실 내 모든 사람과 관계를 맺는다. 따라서 집단치료에서 내담자는 보다 넓은 범위의 대인 반응을 경험하게 된다.

Irvin Yalom은 집단치료 내 대인관계 기법의 거장이다(Brabender, 2002; Burlingame & Baldwin, 2011; Friedman, 1989). 실제로 대인관계(interpersonal)라는 용어는 집단치료에 대한 그의 치료 기법 분류 시 사용되며, 그는 자신의 저서(예 : Yalom, 1983, 2005)를 통해 모든 종류의 집단치료 시행자들에게 많은 영향을 주고 있다. Yalom(2005)은 집단치료가 치료자와 내담자 간 일대일 대인관계로 구성되어 시행되는 것이 가능하긴 하나, 이러한 기법을 통해서는 집단치료가 제공하는 "치료 수확물의 추수"(p. xv)가 불가능하다고 지적했다. 따라서 그는 집단치료에서만 가능한 특별한 기회를 놓치지 않도록, 즉 치료 집단에서 발생되는 내담자의 대인관계 문제에 집중할 것을 강조한다.

Yalom(2005)은 내담자 스스로 인지하든 못하든 관계없이 대인관계 문제가 내담자에게서 나타나는 가장 중요한 문제라고 보았다. 실제로 그는 모든 심리적 문제가 그릇된 대인관계에서 비롯된다고 주장하며, 우울증에 대한 자신의 집필 내용을 인용했다. "예를 들어, 우울증을 치료할 때 … 우선 우울증을 대인관계적 관점으로 해석한 뒤, 이를 대인관계적 병리에 근거해 치료해야 한다"(p. 24). 우울증에 대한 이러한 정의는 개인적 · 생물학적 원인을 강조하는 전통적 의료 모델의 정의와 상충된다. Yalom은 개인의 심리 문제는 타인과의 불안정한 교제로 발생된 부산물이라 주장한다. 대인관계 문제가 모든 정신병리학의 핵심 주제라면, 집단치료의 주안점은 대인관계 기술의 강화라 할 수 있다.

집단치료의 치료 요인

Yalom(2005)은 집단치료 내담자에게 유익한 11가지 치료 요인을 제시했다. 표 16.1을 통해 치료 요인 목록을 확인할 수 있다. 또한 특히 집단치료의 근본적 이해에 필요한 몇 가지 요인을 보다 상세히 기술하고자 한다.

보편성

심리 문제를 가진 내담자는 자신과 동일한 고통을 가진 이는 결코 존재하지 않는다고 믿는 경향이 있다. 그들은 자신의 문제, 증상, 진단의 일반성을 알지 못하는 듯하다. 하지만 치료실 안에 자신과 유사한 문제를 가진 사람들이 가득하다는 사실을 발견한다면, 내담자는 그 자체만으로도 행복감을 느낄 수 있다. Yalom(2005)은 이 현상을 **보편성**(universality)이라 일컫는다.

섭식장애, 공황장애, 약물 의존 등의 문제 중 동일한 문제를 앓는 사람들로 집단을 구성하는 경

표 16.1 집단 심리치료를 위한 Yalom의 치료 요인 목록

1. 희망의 고취
2. 보편성
3. 정보 전달
4. 이타주의
5. 일차 가족 집단의 교정적 재현
6. 사회화 기술의 발달
7. 모방 행동
8. 대인관계 학습
9. 집단 응집력
10. 카타르시스(정화)
11. 실존적 요인

출처 : Adapted from Yalom (2005).

우, 내담자들은 편안함을 느끼며 "우리는 한 배를 탔다."는 느낌을 경험하게 된다. 보편성은 이와 같은 동질 집단(homogeneous group)으로 조직된다. 하지만 이질 집단(heterogeneous group)의 경우 보편성이 처음부터 존재하지 않더라도 집단 구성원들은 차츰 각자의 증상이 표면적으로 다르게 나타나지만, 모두가 가진 근원적 문제는 실제로 매우 유사하다는 점을 깨닫게 된다. 등질 집단이과 이질 집단 모두 개인치료에서는 불가능한, 혼자가 아니라는 동질감을 내담자에게 선사한다.

집단 응집력

집단 응집력(group cohesiveness)이란 집단 구성원 간 서로 연결되어있음을 느끼는 감정을 의미한다. 이러한 상호 연결성은 구성원 간 느껴지는 따뜻함, 신뢰, 수용, 소속감, 가치로 특징지어진다. 이 같은 집단치료에 지속적으로 참여하면 심리적 안녕이 증가한다.

Yalom(2005)을 비롯한 많은 심리학자들(예 : Ormont, 1992)은 집단 응집력이 반드시 늘 정중하고 친절한 형태로 나타나는 집단 상호작용이라는 의미가 아님을 지적한다. 실제로 부정적 정서가 배제된 치료 집단의 상호 작용이야말로 집단 응집력이 결여되었다고 말할 수 있다. 진정으로 응집력을 가진 치료 집단, 예를 들어, 응집력 있는 가족, 직장, 팀 등은 분노, 슬픔, 질투, 실망 등을 이겨낼 강한 내성을 가지고 있다. 이들은 누군가에게 의미 있는 사람이 되면, 강한 감정이 유발되고 불쾌하거나 곤란할지라도 자신의 감정을 함께 논의해야 한다고 믿는다.

집단치료의 응집력은 개인치료 시의 치료 관계/협력과 동일한 역할을 한다. 응집력은 스스로 회복되며, 또 다른 치유 요인이 효과를 나타낼 수 있도록 무대를 마련한다(Burlingame, McClendon, & Alonso, 2011; Yalom, 2005). 하지만 개인치료 시 치료 협력자에 대한 내담자의 인식이 오직 한 사람에 국한되는 반면, 집단 응집력에 대한 내담자의 인식에는 다수의 타인이 포함된다. 따라서 집단치료자는 내담자와 믿을 수 있고 협력적인 직접적 관계를 유지하는 것은 물론, 내담자들 간의 믿을 수 있고 협력적인 관계 역시 발전시킬 수 있어야 한다.

대인관계 학습

집단 내 대인관계 경험을 통한 배움, 즉 **대인관계 학습**(interpersonal learning)이 바로 집단치료의 핵심이다. 집단치료자는 내담자가 집단치료를 원하는 첫 번째 이유가 대인관계 문제 때문이라고 간주하며, 내담자의 대인관계 성향은 치료 집단 내에서 발현되어 집단 구성원들과의 상호작용을 통해 이를 학습한 뒤, 치료 집단 밖 개인의 삶에서 이를 적용시킬 수 있다고 믿는다. 간단히 말해 집단치료는 '관계 연습' 기회를 제공한다. 공연 전 리허설을 하는 배우 집단, 또는 시합 전 연습 경기를 하는 스포츠 팀과 같이 치료 집단 구성원들은 치료 집단 내 관계 형성 시 나타나는 자신의 문제점을 파악하고, 이를 수정하고자 시도한다. 즉 집단 구성원들은 관계에 관한 토론뿐 아니라 실제로 다른 구성원과 관계를 형성하고 이를 증진시키기 위해 노력하며, 또 자신의 성과가 궁극적으로는 집단 밖 실제 관계 형성에 도움을 줄 것이라 믿는다.

사회적 소우주 집단치료가 진행됨에 따라 집단은 각 구성원의 **사회적 소우주**(social microcosm)가 된다(Ormont, 1992; Yalom, 2005). 즉 내담자가 사생활 속에서 중요한 사람들, 예를 들어 애인, 친구, 직장 동료, 자녀, 형제자매 등과의 관계를 규정하는 관계 경향이 집단 내 구성원들과 형성하는 관계 역시 규정한다는 의미이다. Yalom(2005)은 이를 다음과 같이 설명한다.

> 내담자는 시간이 흐르면 자동적으로 그리고 필연적으로, 자신의 비적응적 대인관계 행동을 집단 내에서 보이게 된다. 자신의 병리적 대인관계에 대해 말로 설명하거나 자세한 과거사를 이야기할 필요도 없다. 집단 구성원들은 머지않아 자신의 대인관계 행동을 실제로 나타내 보일 것이다. (p. 32)

따라서 자신의 아내가 결혼생활을 망칠 것이라는 부적절한 의심을 품는 내담자는 곧 집단 구성원을 과도하게 의심하게 될 것이고, 수동적 공격 행동을 보여 많은 친구 관계가 깨진 내담자는 집단 구성원에게도 수동적 공격 행동을 나타낼 것이며, 보람된 직업을 찾는 것이 무의미하다고 생각하는 비관주의 내담자는 이 집단치료 역시 무의미하다는 비관적 사고를 하게 될 것이다.

한 연구는 집단치료에 참여하는 200명 이상의 내담자를 대상으로 치료 집단 구성원과의 관계,

그림 16.1 집단치료자는 내담자에게 참여자들이 발달시킨 지금-여기의 관계에 대해 집단 구성원들과 토론하도록 권한다.

그리고 친구 및 가족 관계를 통한 대인관계 경향을 조사하였다. 연구 결과, 내담자 대부분 두 종류의 관계에 유사한 경향을 보였으며, 집단치료 내담자는 실생활에서와 동일한 관계(및 관계 문제)를 치료 집단 내에서도 보이는 경향이 있음이 확인되었다(Goldberg & Hoyt, 2015). 따라서 집단치료 시 사회적 소우주에서 형성된 관계를 개선하면, 치료 밖 실생활에서의 관계 역시 증진될 것이다.

지금-여기 집단은 사회적 소우주로 기능하기 때문에 집단치료자의 필수적인 과제는 구성원들이 집단 맥락에서 서로 관계를 맺어가는 길에 지속적으로 밝은 빛을 비추어주는 것이다. 따라서 내담자들에게 실생활에서 일어났던 지난 사건('그때', '거기')을 이야기하는 대신, 지금-여기(here and now)에서 일어나는 집단 구성원 간 관계를 살피는 데 집중할 것을 요구한다(Kivlighan, 2014).

Yalom(2005)은 특히 지금-여기의 상황을 극대화하기 위해 집단 구성원 간의 두 가지 활동을 소개했다. 그중 하나는 ('경험'이라 지칭한) 상호작용이며, 다른 하나는 ('과정의 설명'이라 지칭한) 상호작용의 반영/논의이다. 즉 지속적 상호작용의 자연스러운 진행을 통해 집단 구성원들 간의 직접적 의사소통, 예를 들어 기쁨, 지루함, 불만, 부러움, 호기심, 혼란, 분노 등의 표현이 가능해진다. 집단치료자는 내담자에게 이 과정을 반영하여 구성원 간의 의사소통 방식에 대해 이야기하고, 서로에게 그들만의 대인관계 경향이 어떠한지를 일깨워줄 것을 지시한다. 내담자들이 자신의 경향을 학습하게 되면, 이를 변화시켜 집단 내 관계를 증진시키고, 나아가 집단 밖 실생활 관계 역시 향상시킬 수 있다.

집단치료에서 내담자는 평상시 누군가와 관계를 맺는 방법대로 집단의 누군가와 이야기하도록 요구되며, 이는 매우 드문 사회 환경이다. 실제로 이는 사회적으로 강력히 지양하는 바이기도 하다. 예를 들어, 대인관계에서 상대방을 도발하고 귀찮게 하고 방해하는 사람의 경우 대개 자신의 행동에 대해 전혀 피드백을 받지 못한 채 관계가 정리된다. 그들은 자신이 관계가 망가지는 것에 어떤 원인을 제공했는지 직접적으로 듣지 못한 채 친구, 애인, 직장 동료와 헤어지곤 한다. 이런 이유로 집단치료는 내담자가 자신의 행동과 원인에 진실하고 정직한 피드백을 받을 수 있는 독특한 기회를 제공한다. 이러한 피드백은 보통 내담자로 하여금 자신의 행동을 변화시키고자 하는 동기를 부여하며, 치료 집단은 구성원 간 협력하여 치료실 밖 실생활에 활용할 관계를 시험하고, 새로운 반응을 연습하는 무대가 된다(Ormont, 1992; Yalom, 2005).

론과 미셸이 참여하는 집단치료의 사례를 살펴보자. 론은 매우 자기 중심적이고 자기 도취적이며 상대 기분에 둔감한 남자이고, 미셸은 소심하고 예민한 여자이다. 어느 날 집단치료에서 미셸이 몇 분간 자신의 문제에 관해 이야기하고 있던 중 론이 "이 이야기를 얼마나 더 오래 할 건가요? 걱정 좀 그만해요. 나도 지금 이야기해야 할 중요한 문제가 있다고요."라며 무례하게 방해한다. 론의 방해에 대해 미셸은 순순히 시간이 오래 걸려 미안하다며 사과한다. 집단치료자인 홀린스 박사는 이 상호작용을 관찰하고는 전체 집단에게 다음과 같이 묻는다. "여러분은 론과 미셸의 의사소통 방식을 어떻게 생각하십니까?" 론과 미셸을 제외한 구성원들은 한 사람씩 비슷한 이야기를 한다. 즉 론의 행동은 무례하고 부적절했으며 미셸의 사과는 불필요했다는 의견이다. 그들은 또한 론의 무례함이 보기에 좋지 않았으며 미셸의 소심한 행동 때문에 그녀를 존중하기가 어렵다고 덧붙인다.

홀린스 박사는 미셸에게 자신의 주장을 펴지 않고 사과를 한 그녀의 경향성을 탐구해볼 것(예 : "론의 행동에 대적하지 않은 이유는 무엇인가?", "사과 대신 취할 수 있는 행동에는 어떤 것들이 있을까?")을, 그리고 론에게는 이기적으로 미셸을 방해한 그의 경향성을 탐구할 것(예 : "다른 사람들이 본인의 행동을 무례하고 부적절하다고 생각한다는 것을 알았는데, 기분이 어떠한가?", "조금 전과 같은 상황에서 미셸에게 보일 수 있는 반응은 또 어떤 것들이 있을까?")을 지시한다. 홀린스 박사의 질문으로 미셸과 론은 자신의 행동을 새로운 시각으로 바라보게 된다. 특히 자신의 행동이 타인에게 어떠한 영향을 주는지, 행동에 대한 타인의 반응이 훗날 자신의 행복에 어떤 영향을 미칠지 생각하게 된다. 미셸과 론 두 사람 모두 변화하고자 하는 의욕을 느꼈고, 치료 집단은 그들을 지원하며 변화를 위한 연습의 장을 제공한다. 론의 자기중심적 태도와 미셸의 복종적 태도로 인해 두 사람은 각자의 배우자와 불안정한 관계를 유지하고 있으며, 이러한 과정을 통해 이들은 집단치료 시의 대인관계 행동 개선뿐 아니라 실제 삶에서의 관계, 특히 배우자와의 관계의 개선이 가능해진다.

집단치료의 실질적 문제

집단치료 참여 방법

치료 집단은 주로 5~10명의 내담자로 구성되며, 집단치료자들은 7~8명의 내담자가 집단치료에 가장 적합하다고 입을 모은다(Brabender, 2002; Yalom, 2005). 치료 집단은 경우에 따라 등록을 요하기도 하고, 등록 없이 자유롭게 참여가 가능하기도 하다. **열린 집단**(open-enrollment group)에서 각 참가자는 본인이 원하는 때에 언제든 집단치료에 참여할 수 있다. 열린 집단의 장점은 어느 때에 참여하든 내담자들의 문제 개선 수준이 다양하게 분포되어있다는 점이다. 즉 대학 초년생이 상급생들과 같은 수업에 출석하듯, 새로운 치료 참가자가 집단 구성원 중 경험을 공유할 본보기를 찾을 수 있다. 반면 닫힌 집단(closed-enrollment group)은 모든 구성원이 치료의 시작과 끝을 함께 하며, 새로운 내담자가 치료 기간 중도에 추가되는 일은 없다. 이러한 닫힌 집단은 멤버십의 안정성이 높아 열린 집단보다 응집력이 쉽게 형성되고 유지된다.

한 가지 특정 문제에 초점을 맞추는 집단이 아닌 경우 집단치료자는 보통 구성원 모집에 개방적이다. 실제로 다양한 표출 문제와 인구통계적 변수를 가진 집단이 보다 현실적인 사회적 소우주가 될 가능성이 높다. 집단치료자가 지원자를 거부하는 경우는 잠재적 내담자가 구성원들의 상호작용과 숙고 활동을 심각하게 방해할 가능성이 있을 때이며, 정신병, 기질적 뇌 손상, 급성 발작 환자 및 규칙적인 치료 참가를 방해하는 여행 계획이나 교통 문제 등 실질적 문제가 있는 경우가 이에 해당한다(Friedman, 1989; Yalom, 2005).

내담자에게 집단치료 준비시키기

새로운 치료 참가자에게 집단치료 시작 전 사전 준비를 시키는 일은 임상적으로 매우 바람직하며, 이를 통해 집단치료에 대한 오해를 바로잡고 최대의 치료 효과를 얻을 수 있다(Brabender, Fallon, & Smolar, 2004). 일부 내담자들은 집단치료가 (개인치료의) 차선책이라 믿거나, 가족들의 개인 정보를 낯선 사람들에게 이야기하도록 강요당할 것이며, 또는 심리 문제를 가진 이들과의 상호작용이 자신의 증세를 악화시킬 것이라 믿기도 한다(MacKenzie, 2002). 집단치료자는 사전 면담에서 이러한 믿음은 사실이 아님을 내담자에게 주지시키고, 내담자들 대부분 집단치료를 통해 긍정적 효과를 얻었다는 사실적이고 희망적인 데이터를 제시할 수 있다. 집단치료자는 또한 앞으로 진행될 활동과 치료 효과를 극대화할 수 있는 행동, 가령 적극적이고 지속적인 치료 참여와 시간 엄수 등을 내담자에게 교육하기도 한다.

치료 집단의 발전 단계

치료 집단은 시간이 지남에 따라 예상 가능한 여러 단계로 진행되는 경향이 있다. 이 단계들은 다양하고 각기 다른 이름으로 분류되었으나(예 : Brabender et al., 2004; MacKenzie, 2002; Tuckman, 1965; Yalom, 2005), 그 의미는 매우 유사하다. 집단치료의 1단계에서 내담자는 보통 자신이 이 집단에 수용될 수 있을지를 조심스러워하고 걱정한다. 이 초기 단계를 극복하면 내담자는 사회적 서열 내 위치를 위한 경쟁과 자리다툼이 시작되는 2단계로 이동한다. 경쟁적인 2단계를 거쳐 3단계로 이동하면 내담자들 간에 응집력이 형성되고, 구성원 간 교감과 신뢰가 쌓이며, 서로 대인관계 기술을 학습하고 향상시킬 수 있는 보다 일관되고 생산적인 치료 과정을 경험하게 된다.

보조 치료자

집단치료 현장에서 간혹 두 사람의 치료자가 하나의 집단을 함께 치료하는 경우가 있다. 이러한 방식은 다수의 잠재적 이득과 잠재적 위험을 동시에 갖는다. 보조 치료자(cotherapist)가 포함된 치료의 장점 한 가지는 내담자로 가득한 치료실에서 불가피하게 발생되는 다량의 언어적·비언어적 소통을 주목할 제2의 눈과 귀가 존재한다는 사실이다. 두 번째 장점은 집단 구성원들에게 협력적 관계의 본보기가 될 수 있다는 점이다. 파괴적이고 상처를 주는 2인 1조의 사례(예 : 부모)를 경험한 바 있는 내담자의 경우, 두 사람의 치료자가 건설적으로 협력하는 모습에 긍정적 영향을 받게 된다. 세 번째 장점은 특히 부모가 둘 다 있었던 내담자의 경우 가족 집단의 재현(recapitulation of the family group)이 가능하다는 점이다. 예를 들어, 남성 치료자와 여성 치료자 각 1명으로 구성된 집단은 전통 형태의 가정이 갖는 동일한 역동을 재현하며, 한 사람의 치료자에게만 반응하는(예 : 한 사람은 신뢰하고, 다른 한 사람은 두려워하는) 내담자의 소통 방식을 보면 삶에서 중요한 타인과의 대인관계가 발전해온 형태를 이해할 수 있다(Shapiro, 1999; Yalom, 2005).

보조 치료자의 잠재적 위험성은 치료자들이 서로 다른 치료 방향을 가지고 집단치료를 진행함으로써 서로를 믿지 않거나, 경쟁하고, 또는 상대방을 모욕할 때 나타난다. 두 치료자의 방식이 동일해야 하는 것은 아니지만(실제로 치료 집단은 두 사람의 상이하면서도 보완적 치료 방식을 통해 이익을 얻는다) 보조 치료자는 치료 안팎으로 함께 조력할 수 있어야 한다. 물론 집단치료의 보다 일반적인 형태는 단독 치료자가 이끄는 것이다.

내담자 간의 사회적 관계

내담자가 치료 집단 밖에서 집단 구성원과 교분을 쌓는 경우 집단치료에 심각한 문제를 초래한다. 집단치료자는 보통 사전 면담 시 이에 관한 잠재적 문제를 내담자에게 교육하고 이를 제지한다. 하지만 늘 그렇듯 내담자들은 새로운 사람과 점점 가까워짐을 느끼며, 치료 집단 밖에서 내담자 간 교제를 시도하는 경우가 있다.

내담자 간의 집단 밖 교제(extra-group socializing)는 연애 감정이든 우정이든 무관하게 부정적 결과를 낳는 경우가 많다(Brabender et al., 2004; Yalom, 2005). 예를 들어, 캐런과 디나는 같은 치료 집단 구성원으로 만나 집단 밖에서 우정을 키우고 있으며, 집단 전체에 대한 마음보다 서로에 대한 의리가 더욱 강하다. 교제 시작 후 그들은 다른 집단 구성원들 앞에서 서로의 행동에 대한 솔직한 지적이 망설여지기도 하고, 이런 솔직하고 의미 있는 이야기는 집단 내에서 공유하기보다는 둘만의 시간을 위해 아껴두길 원하기도 한다. 이런 경우 그들은 집단치료 과정 속에서 활발한 참여자가 아닌 구경꾼이 될 수 있다. 아울러 독점적인 그들의 관계는 '배제되었다' 느끼는 구성원들에게 부정적 영향을 미칠 수 있다. 집단치료자가 집단 밖에서 개인적으로 만남을 갖는 구성원에게 징계적 대응을 할 수도 있으나, 이러한 저항적이고 비밀스러운 행동이 내담자가 치료를 원했던 주된 이유와 관련이 있는 경우, 특히 치료자의 징계적 행동이 그들의 치료에 부정적 영향을 미칠 수도 있다.

집단치료의 윤리적 문제

비밀보장

집단치료와 관련한 윤리적 문제 중 가장 중대한 사안은 **비밀보장**(confidentiality)이다. 치료자는 직업적 윤리강령의 영향 아래 있으므로, 내담자에 관한 치료자의 비밀보장 문제는 이 장에서 다루지 않을 예정이다. 대신 집단 구성원 간 발생할 수 있는 비밀보장 불이행에 초점을 맞추고자 한다(Brabender, 2002; Brabender et al., 2004; Lasky & Riva, 2006; Shaffer & Galinsky, 1989). 일반적으로 집단치료자는 치료가 시작되는 시점에 집단치료의 비밀보장 조항에 관한 내담자의 서면 동의를 받지만, 이런 동의서는 "실제로 법적 효력을 갖지 못한다"(Shaffer & Galinsky, 1989, p. 266).

구성원 간의 비밀보장 불이행은 피해 당사자의 직업적 삶이나 사생활에 심각한 영향을 끼칠 수 있다. 이로 인해 치료 집단의 안전과 신뢰가 무너지면 내담자들이 자기 노출을 주저하게 된다. 따라서 집단치료자는 가능한 한 집단 구성원의 비밀보장 불이행을 방지하도록 최대한의 노력을 기울여야 한다. 이를 위해 치료자는 사전 면담 시 내담자에게 철저한 비밀보장을 강조함은 물론, 비밀보장과 관련된 치료자의 본보기 행동, 비밀보장에 대한 지속적 상기, 비밀보장 불이행에 관한 잦은 집단 토론 등 치료자의 예방 노력이 수반되어야 한다(Brabender et al., 2004; Knauss & Knauss, 2012).

집단치료의 효과는 어떠한가

집단치료 연구는 개인치료와 비교해 그 양이 현저히 부족한 실정이다. 하지만 기존의 실증적 연구를 통해 집단치료의 효용성이 입증된 바 있다. 일부 연구는 개인치료가 집단치료보다 다소 우월하다고 결론짓기도 했으나, 대부분의 메타 분석이나 개관 연구는 집단치료가 다른 치료보다 우월하지는 않지만, 개인치료와 비슷한 수준의 효과가 있음을 지속적으로 보고하고 있다(예 : Burlingame, Fuhriman, & Mosier, 2003; Fuhriman & Burlingame, 1994; McDermut, Miller, & Brown, 2001; McRoberts, Burlingame, & Hoag, 1998; Robinson, Berman, & Neimeyer, 1990; Tillitski, 1990; Vandervoort & Fuhriman, 1991). 아울러 집단치료의 효과가 입증된 장애의 종류 및 표출 문제의 범위가 매우 방대하다. 또한 이미 언급한 바와 같이 실증적 연구는 개인치료의 치료적 관계와 흡사한 집단치료의 응집력이 집단치료의 성공적 결과에 결정적 역할을 한다는 결론을 도출했다(Burlingame et al., 2011).

집단치료와 개인치료의 효과가 비슷한 수준임에도 집단치료 비용이 비교적 저렴하다는 점은 주목할 만한 사실이다. 이런 면에서 집단치료는 특히 비용 경제적 치료 기법이라 할 수 있다(Barbender, 2002; Friedman, 1989; Markin & Kasten, 2015).

● ● ● 글상자 16.1 ● ● ●

데니스와 집단치료

데니스는 집단치료의 처음 다섯 번의 모임 동안 지나치게 조용했다. 집단치료 내담자들은 보통 시간이 지나면서 신뢰를 쌓고 편안한 마음을 갖게 된다. 하지만 데니스는 다른 사람들보다 많은 시간이 필요한 듯 했다. 마침내 여섯 번째 치료 모임에서 데니스는 자신이 치료를 원하는 이유를 처음으로 이야기했다.

데니스를 제외한 7명의 내담자와 필자, 그리고 필자의 동료 치료자로 구성된 우리 집단은 열중해서 데니스의 이야기를 들었다. 그녀는 자신이 책임 주방장으로 일하는 식당의 최근 변화와 그 결과 나타난 우울증 증상을 간략하게 이야기했다.

데니스의 말이 끝나자 집단 구성원 여러 명이 동정과 이해의 심정을 표현했고, 나의 동료 치료자는 구성원들에게 "오늘 데니스가 여러분과 자신의 이야기를 공유한 것을 어떻게 생각하십니까?"라고 질문했다. 구성원들은 돌아가며 데니스가 이 집단에 좀 더 소속된 것 같아 기쁘다고 언급했다. 나는 데니스에게 "동료 구성원들의 일치된 의견을 들으니 어떠한가요?"라고 물었고, 그녀는 매우 놀랍고 안심이 된다고 대답했다. 몇몇 구성원들은 그녀의 말을 듣고 다소 당황했고, 데니스는 다음과 같이 설명했다.

> 이렇게 내 목소리를 내는 게 잘하는 일이라고 생각해본 적이 없어요. 다른 사람들과 모여서 이런 시간을 가질 자격이 있다는 생각을 못 해봤어요. 아무도 나에게 대놓고 무슨 일이 있는지 묻지 않았고, 그래서 여러분에게 내 이야기를 들어달라고 요구하는 게 무례한 일이라고 생각했어요. 그렇게 하면 모두 나를 싫어할 거라 생각했죠. 그래서 치료에 참여하고 바로 내 이야기를 하고 싶었지만, 그냥 조용히 앉아있었던 거예요.

동료 치료자는 집단 구성원들에게 진짜 데니스가 더 일찍 자신의 이야기를 들려줬다면 정말 그녀를 싫어했을지를 물었고, 당연히 모두들 그렇지 않다고 대답했다. 그날의 치료가 끝날 즈음 데니스가 동료 구성원들과 의미 있는 상호작용을 했음을 알 수 있었다. 즉 그녀가 자신의 이야기를 들어달라고 주장하면 그들이 자신을 싫어할 것이라고 생각했지만, 그들은 오히려 그녀를 좋아하게 되었다는 것을 배웠다. 그녀는 앞으로는 여러 사람 앞에서 이야기하는 것이 훨씬 편해질 것 같다고 진심으로 말했고, 실제로 그녀는 집단 내에서 편히 말을 할 수 있게 되었다.

다음 번 치료에서 동료 치료자와 나는 데니스를 주제로 한 치료 진행을 계획했다. 우리의 가설은 지난 번 치료에서 데니스가 깨달은 점을 치료 집단 밖 그녀의 실생활 관계에 적용 가능하리라는 것이었다. 실제로 우리는 이 문제가 바로 그녀가 치료를 시작한 주된 이유였는지 궁금했다. 치료가 시작되자 구성원 한 사람이 데니스에게 지난 치료와 관련된 후속 질문을 하며 대화를 이끌었다. "레스토랑 사장한테 데니스 씨가 새 규칙을 어떻게 생각하고 있는지 이야기해봤나요?"라고 묻자 데니스는 그렇지 않다고 대답했고, 사장에게 그런 이야기를 한다는 생각만으로 긴장이 된다고 말했다. 그녀는 레스토랑의 새 사장이 이 말을 들으면 자신을 싫어하게 될 것이고, 어쩌면 자신을 해고할 수도 있다고 이야기했다. 집단 구성원들과 동료 치료자, 그리고 나는 '새 사장에 대한 그녀의 추정'과 '순전히 그녀의 오해로 밝혀진 치료 집단에 대한 그녀의 추정'의 유사성을 지적했다.

데니스는 이후 몇 차례의 치료 기간 동안 다른 사람들이 그녀에게 본인의 의견을 말하기보다는 조용히 있어주기를 바란다고 믿는 그녀의 경향성을 재고해보았고, 이러한 믿음 때문에 수많은 상황, 특히 사장과의 상황에서 상대방을 오해하게 된다는 사실을 인정했다. 마침내 데니스는 새 사장과 새로운 규칙에 관한 심도 있는 대화를 나눴다. 사장은 데니스가 홀에 나가 손님들을 만날 수 없다는 입장은 고수했으나, 정해진 날짜의 저녁 메뉴는 그녀가 결정할 수 있도록 허락하며, 흔쾌히 그녀와 절충점을 찾았다. 무엇보다 중요한 사실은 데니스가 자신의 의견을 말하는 것에 대해 사장은 어떠한 적의도 없었으며, 오히려 이에 감사함을 표했다는 점이다. 데니스는 기쁘고 자랑스러웠다. 하지만 이 감정은 단지 저녁 메뉴 선정권 때문이 아니라 자신의 잘못된 대인관계 경향성을 파악하고, 치료 집단 안팎에서 이를 고쳐나갈 수 있었기 때문이었다. 집단치료가 모두 끝나자 데니스는 특히 앞으로는 건강한 관계를 형성할 수 있으며, 우울증도 예방할 수 있다는 희망을 갖게 되었다.

가족치료

문제의 중심인 체계

1900년대 중반 가족치료(family therapy) 운동이 시작되었을 때, 사람들은 이를 혁명적이라 평가했다. 이단아로 불리며 가족치료 운동을 주도한 이들은 심리 문제와 원인을 개념화하는 기존 방식을 체계화했다(Nichols, 2010). 그들은 심리적 증상이 오직 개인의 마음 안에서 비롯된다는 당시의 통념에 반기를 들었다. 심리적 증상은 내담자가 살아온 역기능적 가정에서 비롯된 부산물이라 주장했다(Kaslow, 2011). 증상을 보이는 것은 한 사람의 개인일지라도, 그 문제는 실제로 체계 전체에 속해있다는 것이다(Rolland & Walsh, 2009).

이 간단하지만 심오한 이론을 바탕으로 가족치료의 선구자들은 가족 구성원이 치료자와 함께 자신들의 상호작용을 개선시켜 가족 개개인의 정신건강을 함양한다는 신개념 치료의 장을 열었다. 가족치료는 실제로 철학과 과학 개념에 근거한 "전체는 각각의 합(合)보다 낫다."는 **체계 접근**(system approach)을 차용하였다(Becvar & Becvar, 1982; Davis, Dattilio, & Gonzalez, 2015; Laszlo, 1972; Rolland & Walsh, 2009). 이 체계 접근의 핵심은 직선적 인과성과 비교해 순환적 인과성이 심리 문제를 보다 정확히 설명한다는 개념이다(Thompson, 2015). 개인치료 시행자들의 지지를 받는 **직선적 인과성**(linear causality)은 과거의 사건이 단일 방향 또는 '일차선 도로' 방식으로 현재의 사건을 야기하거나 결정짓는다는 관점이다. 즉 자녀에 대한 부모의 태도가 자녀의 차후 행동에 영향을 준다는 의미이다. 반면 **순환적 인과성**(circular causality)은 모든 사건이 상호적 영향을 주고받는다는 관점으로, 부모와 자녀의 행동이 (마치 '양방향 도로'와 같이) 서로에게 지속적으로 영향을 미친다는 의미이다. 따라서 가족치료자는 문제 행동의 근본 원인이 무엇이든 오랜 시간 가족 구성원 간 상호 영향을 주는 진행형 상호작용이 유지된다고 믿는다. 그림 16.2를 통해 직선적 인과성과 순환적 인과성의 차이를 확인할 수 있다.

일반적으로 가족치료자들은 심리 문제에 가장 큰 영향을 미치는 상호작용으로 가족 구성원 간의 불건전한 **의사소통 방식**(communication pattern)을 꼽는다. 가족치료 도입 초기 많은 이론가는 가족 구성원 간 특정 의사소통 방식과 병리적 결과의 관계를 규명하고자 하였다. 그 예로서 차갑고 권위주의적인 어머니와 무능한 아버지의 조합이 자녀의 조현병 증상을 유발한다는 '조현병 유발 어머니 이론'(Fromm-Reichmann, 1948)과 피할 수 없는 상호 모순된 지시를 내리는 부모도 조현병 증상을 유발한다는 '이중 구속 이론'(Bateson, Jackson, Haley, & Weakland, 1956)이 있다. 오늘날 이 두 가지 대표적 이론 모두 일반적으로 적용되거나 실증적으로 입증되고 있지 않으며, 조현병은 생물학적 요인으로 발병한다는 연구 결과가 가장 우세하다. 하지만 앞의 두 예는 가족 간 의사소통 방식을 개인의 정신질환과 연결 지으려는 시도로서 유의미한 역사적 이론으로 남아있다.

그림 16.2 직선적 인과성을 선호하는 개인치료자와 달리 가족치료자는 순환적 인과성을 사용하는 경향이 있다.

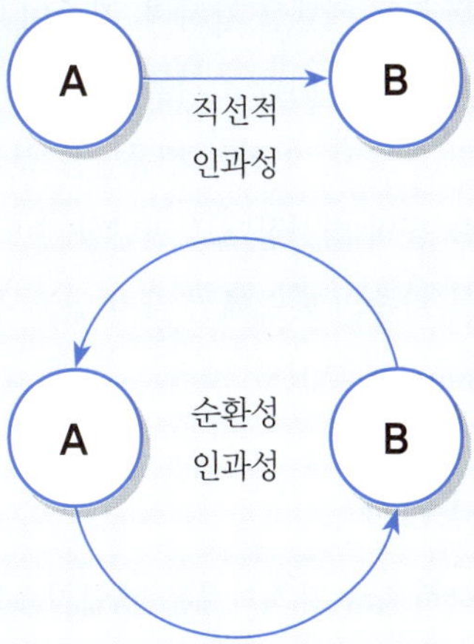

가족치료에 적용된 체계 이론의 또 다른 주요 특징은 **기능주의**(functionalism)를 강조

그림 16.3 가족치료자는 가족 구성원 간의 관계가 향상되면 그 체계인 가족 개개인의 심리적 행복이 증진된다고 믿는다. 가족 관계가 심리장애에서 얼마나 영향을 미친다고 생각하는가?

© kristian sekulic/istockphoto.com

한다는 점이다. 구체적으로 말해 가족치료자는 내담자의 심리 증상이 부적응으로 보여지는 경우에도 개인의 가정 환경 내에서는 제 기능을 발휘할 수 있다고 믿는다. 따라서 정신질환의 진단 및 통계 편람(*DSM*)에 근거해 내담자의 증상이 비정상으로 판단되는 경우에도 보다 넓은 범주에서는 이 증상이 실제로 어느 부분으로 가족 전체 기능에 유익을 줄 수 있다. 부모의 결혼생활이 불안한 상황인 가족을 예로 들어보자. 두 자녀에게 부모의 별거나 이혼이 곧 닥치리란 불안감이 생길 정도로 부부 싸움이 심해졌다. 자녀 중 하나에게 섭식장애나 주의력결핍 과잉행동장애 또는 다른 심리장애가 생겼고, 부모가 다툼을 멈추고 아이에게 집중하며 화합한다면 문제 상황의 개선에 효과가 있을 것이다. 이처럼 아이의 증상은 부부의 갈등 완화와 가족의 화합에 긍정적 기능을 하게 된다. 가족치료자는 아동이 의식적으로 또는 고의적으로 이러한 심리 문제를 유발시킨다고 믿지 않지만, 가족 구성원들은 가족 내 긴장 상태를 감지할 수 있고, 이러한 긴장 상태가 특정 가족 구성원의 심리 문제를 어느 정도 촉발할 수 있다고 지적한다(Goldenberg & Goldenberg, 2007; Nichols, 2010).

가족 구성원이 가족의 긴장 상황을 감지한다는 개념은 체계 이론의 또 다른 핵심 개념인 항상성과 밀접한 관련이 있다. **항상성**(homeostasis)이란 체계가 스스로 안전 지대 또는 '설정점'으로 복귀함으로써 스스로를 규제할 수 있다는 개념이다. 온도 조절 장치를 통해 항상성의 개념을 이해해보자. 온도 조절 장치의 온도를 24도로 설정했다면, 체계는 온도 변화를 감지한 뒤 24도의 온도로 돌아가기 위해 냉방 또는 난방 조치를 취할 것이다. 이와 같은 방식으로 가족은 정서적 또는 행동적 안전 지대를 가지며, 가족이 안전 지대를 벗어났음을 감지하면 가족 구성원들은 이를 제자리로 돌려놓기 위한 조치를 취하게 된다. 가족치료자들은 이러한 조치 행동을 보통 **피드백**(feedback)이라 부르며, 이러한 행동만을 분리 관찰한다면, 이를 품행장애, 적대적 반항장애, 우울증, 약물남용 등의 정서장애로 판단할 수도 있을 것이다. 하지만 이 행동을 상호작용의 범주로 이해할 때, 이를 가족의 맥락에서 가치 있고 주로 인식되지 못하는 순기능으로 간주할 수 있다(Hanna, 2007; Thompson, 2015).

가족평가

일반적으로 가족치료는 개인치료와 마찬가지로 철저한 평가로 시작되며, 평가의 주제는 가족의 기능이다. 실제로 평가 과정은 치료가 진행되는 동안 지속적으로 이루어진다. 평가는 치료자가 사용하는 특정 가족치료 기법에 따라 다르게 시행되지만, 일반적으로 표출 문제를 정의하고, 문제 원인에 대한 가족 구성원들의 믿음을 이해하며, 가족 간의 관계를 파악하는 등의 주제에 초점을 맞춘다(Griffin, 2002).

가족평가의 중요한 첫 단계는 가족 내에 정확히 누가 포함되는가를 알아보는 것이다. 가족의 형태는 문화에 따라 큰 차이가 나타날 수 있다. 일부 내담자들은 직계 가족은 아니지만 가족의 기능을 하는 '이모', '삼촌', '사촌' 등을 가족에 포함시키기도 하며, 다른 내담자들은 가까운 친족을 본인과 무관한 사람으로 인식하거나 가족의 범주에서 제외시키기도 한다. 임상심리학자는 "가족에 누가 있나요?" 또는 "누구와 함께 사나요?"와 같은 단순한 질문만으로는 쉽게 가족에 대한 내담자의 인식을 이해하지 못한다(Fontes, 2008; Grieger, 2008). 이런 질문에 대한 가족 구성원들의 대답이 다른 경우가 종종 있으며, 가족 인식에 대한 이러한 차이가 실제로는 가족이 치료를 필요로 하는 문제와 관련이 있는 경우도 있다.

가족의 형태와 가족 구성원의 관계를 이해하도록 돕는 한 가지 방법은 **가계도**(genogram)를 그려보는 것이다(McGoldrick, Gerson, & Petry, 2008). 가계도는 3대(代) 이상의 가족 구성원 관계의 상세 정보를 그림으로 그려 나타내는 방법이다. 가계도는 (결혼, 자녀 등) 가족의 관계 구조와 각 관계의 성격(예 : 사이가 좋다, 친밀하다, 소원하다, 학대한다 등)을 도표를 통해 보여준다. 가계도의 정보 전달력은 "그림 한 장이 천 마디 말을 대신한다."라는 비유에 꼭 맞는다. 일반적으로 가계도는 남성을 사각형, 여성을 원으로 표현하며, 구성원 간 관계는 개인 간 선으로, 관계의 성격은 선 위에 글자로 입력하는 방식으로 표시한다. 완성된 가계도는 가족의 복합적 특성 이해에 도움을 주는 것은 물론, 가계도 작성 과정 역시 치료자로 하여금 해당 가족과 관계를 맺고 건강한 동맹을 시작할 수 있는 건설적인 방법이 된다. 그림 16.4는 유명 TV 프로그램 심슨의 주인공인 심슨 가족의 가계도를 소개한다.

가족평가 과정의 또 다른 필수 사항은 가족의 최근 진화 단계를 규명하는 것이다. 수많은 이론이 개인에 대한 순차적 · 진화적 단계를 포함하듯(예 : Freud의 5단계 심리성적 발달 단계 또는 Erickson의 8단계 심리사회적 발달 단계), 이론가들은 가족의 순차적 · 진화적 단계를 제시한다. 가족 관계 이론 중 우리에게 가장 친숙한 이론은 Betthy Carter와 Monica McGoldrick(1989, 2004)의 **가족 생활 주기**(family life cycle)이다. 이 이론에 따르면 미국의 중산층 가정은 일반적으로 다음과 같은 7단계로 변화한다(McGoldrick, Carter, & Garcia-Preto, 2011).

- 본가를 떠남 : 미혼의 젊은 성인이 독립성을 갖고 자급 자족이 가능해진다.
- 결혼 등을 통한 새 가정 마련 : 새로운 커플이 새로운 가족을 형성하며 상대방 가족의 일원이 된다.

그림 16.4 심슨 가족의 가계도

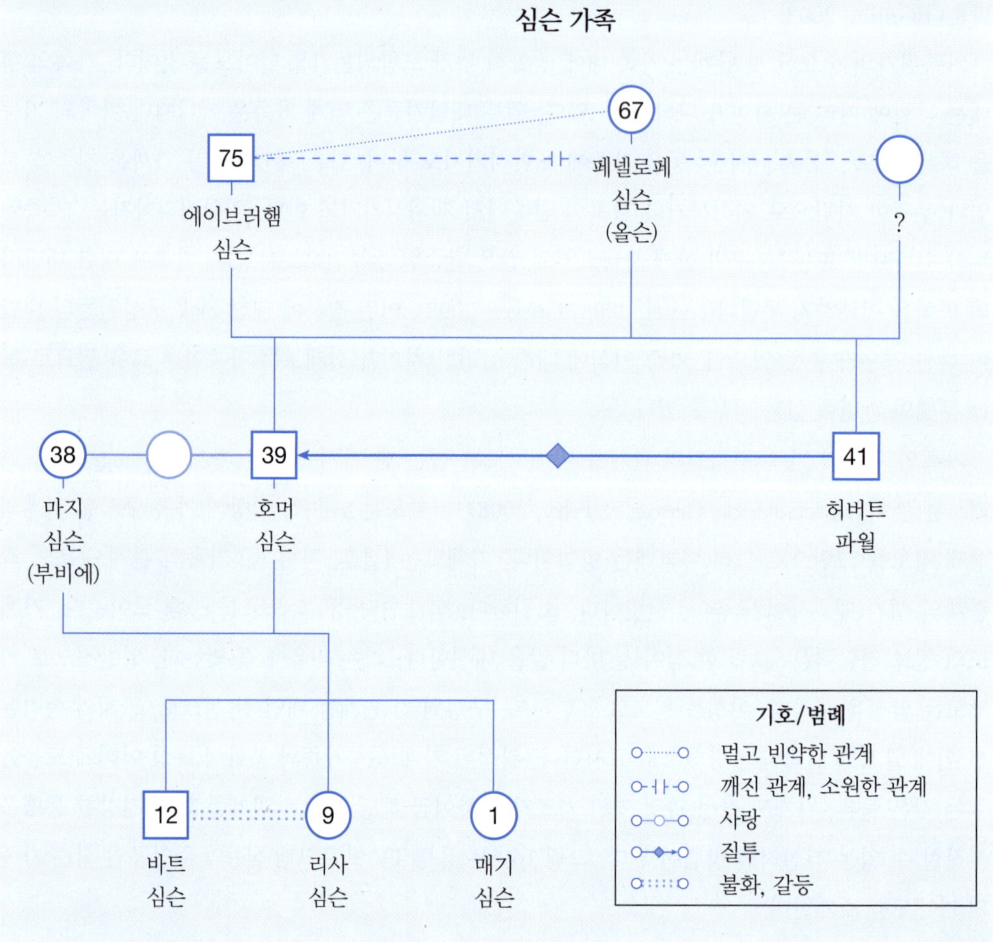

- 어린 자녀를 둔 가정 : 자녀를 돌보고 부부 관계를 조율하며 자녀 양육, 재정 등의 주요 가정사를 책임진다.
- 청소년 자녀를 둔 가정 : 부모는 자녀에게 점점 더 많은 독립성을 인정하며, 자녀는 부모와 더불어 집안일을 부분적으로 책임지고 수행하기도 한다.
- 자녀의 출가와 중년의 시작 : 자녀의 배우자와 관계를 유지하고 조부로서의 역할에 초점을 맞추며, '빈 둥지' 생활에 적응한다.
- 중년 후기의 가정 : 감퇴되는 건강을 관리하고 가정과 지역사회 내의 새로운 역할에 적응하는 방향으로 관심사가 이동한다.

- 노년의 가정 : (자신과 가족의) 죽음의 현실과 불가피성을 인정하고, 이전 세대와 현 세대 간 보호자 역할이 반전된다.

이러한 가족 진행 단계를 활용하면 시간의 흐름에 따른 가족의 변화를 개념화할 수 있으나, 이 이론의 창시자 등은 각 단계를 단순히 적용하기보다 더 넓은 범주의 가족을 설명할 수 있도록 가족치료자가 이를 수정하여 사용해야 하며, 이는 인구통계학적 또는 문화적으로 다양한 미국 등의 국가에서 더 중요한 이슈가 된다고 지적한다(Barnes, 2004; Carter & McGoldrick, 1989, 2004; McGoldrick et al., 2011). 가족 순환 주기에 근거한 전통 가족 형태는 다양하게 변화되고 있으며, 이혼 가정, 입양 가정, 한부모 가정, 동성부모 가정, 다문화 가정(혼합 문화, 혼합 민족, 혼합 종교 가정), 비전통적 성(性)역할 부모 가정, 비혼 동거 가정, 무자녀 가정, 가족 구성원의 갑작스럽거나 때 이른 죽음을 경험한 가정, 자녀의 터울이 긴 가정 등 전통적 가족 형태의 원형에서 벗어난 가족들이 있다(Ahrons, 2011; McGoldrick & Carter, 2011; McGoldrick & Walsh, 2011; McGoldrick & Watson, 2011). 한 예로 Hines(2011)는 미국의 빈민층 흑인 가정의 경우 다른 문화 집단과 비교하여 부모 또는 조부모가 되는 연령이 상대적으로 낮아 가족 순환 주기가 빠르다는 점을 지적한다. 또한 이러한 가정은 만성적 스트레스, 갑작스러운 죽음, 엄마의 가장 역할의 비율이 상대적으로 높으며, 가족치료가 요구되는 빈도 역시 높다. 가족 순환 주기에 대한 적합한 지식과 더불어 적절한 변형은 가족치료, 특히 가족평가 단계에 유용한 출발점이 된다.

임상심리학자의 가족평가 시 학대와 폭력에 주의를 기울여야 한다는 점은 안타까운 일이지만 반드시 해야 하는 일이다(Birchler, Simpson, & Fals-Stewart, 2008; Johnson, 2008). 임상면접을 통해 특히 가족 구성원을 모두 분리하여 면담을 진행할 때 일부 정보가 드러나기도 한다(Holtzworth-Munroe, Meehan, Rehman, & Marshall, 2002). 갈등 관리 척도(Conflict Tactics Scale, CTS)는 가정 내 학대와 폭력을 측정하는 체계적이고 공식적인 방법이다. CTS는 부부 간 태도와 자녀에 대한 부모 또는 보호자의 태도를 평가하는 버전으로 구분된다. 이 척도는 각각 분리되어 진행되고 객관적이다. 40개 문항을 각 개인이 스스로 작성하며 설문 완료는 약 15분이 소요된다. 척도 문항에는 가족의 갈등이 생기면 부모나 보호자 또는 배우자가 조용히 이야기를 하는지, 욕을 하는지, 물건을 집어던지는지, 또는 누군가를 때리는지 등을 묻는 질문이 포함된다. CTS는 임상 현장 및 연구 현장에서 폭넓게 이용되고 있으며, 신뢰성과 유효성이 입증되었다(Straus, 2007; Straus, Hamby, Boney-McCoy, & Sugarman, 1996). 가족의 표출 문제가 학대나 폭력이 아닌 경우에도 면담이나 CTS 등의 도구를 통한 내담자 평가는 임상심리학자에게 매우 중요한 과제이다.

평가 단계에서 치료 단계로 이동할 때 가족치료자는 반드시 내담자에게 가족의 문제가 개인적

글상자 16.2

나의 경험

실제 사례에서 가족치료가 가족치료로 시작되는 경우는 거의 없다. 주로 부모가 자녀 치료를 위해 방문함으로써 시작되는 경우가 대부분이다.

엄마 스테파니, 아빠 폴, 그리고 아들 제이콥으로 구성된 톰슨 가족의 사례를 살펴보자. 그들의 치료는 스테파니의 전화에서 시작되었다. 그녀는 제이콥이 많은 불안 증세를 보이고 있으며, 나에게 ('그들'이 아닌) '그'를 도와달라고 요청했다(그녀가 아들을 '확인된 환자'로 규정하고 있는 것이 분명해 보였다). 나는 3명의 가족을 모두 함께 면담하기도 하고, 개별 면담을 시행하기도 했다. 스테파니와 폴은 아들 제이콥의 불안이 어디에서 시작되었는지 '전혀 모르겠다'고 설명했다. 그들은 이 문제가 제이콥에게 한정되어있으며, 부모로서 자신들은 이 문제와 관계가 없다고 믿었다. 그들은 마치 제이콥에게 충치가 생기면 치과를 데려가는 것과 같은 방식으로, 제이콥이 불안 문제를 겪기 때문에 나에게 데려온 것이며, 적절한 전문가를 찾아가 아들을 의뢰하는 것 외에 치료에 직접 참여할 의무는 없다고 생각하는 듯 보였다.

하지만 제이콥과의 개별 면담에서 나는 그의 불안이 이유 없이 갑자기 생겨난 것이 아니란 사실을 깨닫기 시작했다. 그의 문제는 가족 체계 역기능의 부산물이었다. 제이콥은 날마다 자신의 부모가 본인 앞에서 어떻게 다투고 싸우는지를 이야기했다. 그들이 돈 때문에 싸울 때 제이콥은 엄마, 아빠가 헤어질 것 같다는 두려움을 가졌다. 그들이 자신들의 관계를 이유로 싸울 때는 엄마, 아빠가 이혼을 할 것이라는 두려움을 가졌다. 또한 제이콥 본인의 문제로 싸울 때 그는 엄마, 아빠가 자신을 사랑하지 않는다는 두려움을 가졌다. 제이콥의 부모는 심지어 제이콥을 자신들의 싸움에 불러들여 그에게 누구 편이냐고 다그친 적도 있다고 했다. 나는 제이콥을 단독으로 치료하는 것은 오직 일시적인 효과만을 기대할 수 있을 뿐이라고 확신했다. 가족 간 의사 소통의 전반적 체계가 해결돼야 했다.

이를 위해 스테파니와 폴을 설득시키기란 쉽지 않았다. 그들은 아들의 문제 해결에 본인들의 참여를 예상하지도, 원하지도 않았다. 스테파니와 폴을 설득시키기 위해 가족치료 시 그들을 꾸짖고 비난하지 않는다는 다짐을 해야 했다. 나는 우리가 협조적이고 비판단적 태도로 협력하여 가족의 기능을 개선할 수 있으리란 점을 강조했다. 아울러 스테파니와 폴에게는 아들을 도울 수 있는 역량을 가졌음을 매 순간 상기시키고자 노력했다. 나는 그들이 제이콥의 부모로서 어떤 다른 방법으로도 성취할 수 없는 그들만의 능력으로 가족을 변화시킬 수 있으리라 믿었다. 결국 스테파니와 폴은 가족의 변화가 제이콥의 불안증(과 가족 간 관계 개선)을 위해 최선의 방법임에 동의했고, 적극적인 참가자로 치료에 임하게 되었다.

글상자 16.3

문화 고려하기

성(性), 학대, 그리고 가족치료

가족치료자는 "가족 내 문제 행동은 각 개인이 자신의 역할을 수행하는 복합적 패턴의 한 부분"이라 주장하는 순환적 인과성 개념을 주창한다. 즉 한 사람에게 증상이 나타나는 경우 나머지 가족 구성원이 상호적 방식으로 이 문제에 기여했을 가능성이 높다는 의미이다.

이 이론을 가정 학대 사례에 어떻게 적용할 수 있을까? 특히 부부 중 한 사람(예 : 남편)이 배우자(예 : 아내)에게 폭력을 행사하는 경우 순환적 인과성 개념은 아내의 행동이 남편의 폭력에 일조했다고 단언할 수 있는가? 폭력 및 학대 행동이 과연 가족 구성원 전체가 가진 체계 문제로 간주될 수 있는가? 아니면 오직 가해자에게 국한된 문제인가? 이 문제를 체계적 문제로 개념화한다면, 피해자에게 그 책임을 물을 수 있는가?

이런 모호한 문제가 페미니스트 학자들 사이에 대두되고 있다(예 : Avis, 1992; Goldner, 1985; Hare-Mustin, 1978; Luepnitz, 1992; McGoldrick, Anderson, & Walsh, 1989; Silverstein & Goodrich, 2003). 가족치료자들은 이런 문제를 염두에 두고 현명한 방법으로 다각적 원인을 찾고자 한다. 아내에게 가하는 남편의 폭력에 관한 데이터를 통해 이러한 폭력 사건이 매우 빈번히 발생된다는 사실을 알 수 있다. 매년 8명 중 1명의 남편이 아내에게 신체적 공격을 가하고, 30% 이상의 부부가 결혼생활 중 최소 1회의 신체 폭력을 경험하며, 부부 사이의 폭력은 일회성인 경우보다는 지속적으로 발생되는 경향이 있다(Holtzworth-Munroe et al., 2002).

폭력이 개입되었을 가능성을 염두에 두는 것 외에도 가족치료자는 가족 구성원들에게 폭력에 대해 언급하는 방식에 유의할 필요가 있다. 가족치료에 의문을 제기하는 사람들은 일반적으로 남성에게 학대당하는 여성에게 책임을 전가하는 것은 특히 피해자를 비난하는 위험한 형태이며, 그 책임은 절대적으로 학대 가해자에게 있다고 주장한다. 또한 가족치료자는 무심하게 혹은 착오로 남성이 여성을 학대하는 가족 상황에 순환적 인과성 개념을 적용하는 실수를 범해서는 안 된다고 경고한다.

남성이 여성을 학대하는 가족 상황에서 순환적 인과성 개념을 가족치료에 적용하는 것을 어떻게 생각하는가? 가족치료자는 어떻게 이 문제를 가장 세심하고 치료에 도움이 되는 방식으로 이해할 수 있을까?

문제가 아닌 체계적 문제라는 점을 주지시켜야 한다. 가족들은 **확인된 환자**(identified patient) 또는 증상이 명백하거나 문제가 분명한 가족 구성원을 데리고 내원하는 경우가 많다. 그들은 이 문제가 확인된 환자 개인의 것이며, 가족의 역할은 크지 않거나 없다고 믿는 경향이 있다. 실제로 그들은 아들, 딸, 혹은 다른 가족 구성원을 위한 개인치료를 물색하고 가족치료가 필요하다는 생각은 전

글상자 16.4

비유하기

자동차 정비소와 체계 이론

자동차 타이어 중 하나에 문제가 생겼다고 상상해보자. 그 타이어에서 불균일한 마모가 관찰됐고, 종종 바람이 빠졌다. 이런 경우 문제의 타이어를 빼서 그 타이어만을 정비소에 가져가 수리 혹은 교체를 요청하겠는가? 아니면 차를 몰고 정비소로 가, 정비사에게 문제의 타이어 및 이와 관련된 차의 모든 부분을 점검해 달라고 요청하겠는가?

© Galina Barskaya/istockphoto.com

이 질문은 가족치료의 체계 이론을 설명한다. 개인치료에서 내담자는 마치 자동차에서 빼낸 타이어처럼 따로 분리된 상태와 같다. 이 경우 따로 분리되어 치료를 마친 뒤 증상이 개선되어 체계에 복귀하게 된다. 증상 개선이 유지될 수도 있지만 체계의 내재된 역기능으로 인해 같은 문제가 다시 발생될 수 있다. 자동차에 수리된 혹은 교체된 타이어가 다시 장착된 얼마 뒤 차의 균형이 안 맞거나 바람이 빠지는 동일한 문제가 관찰될 수 있다. 이는 개인치료에서 내담자가 가정으로 돌아갔을 때 동일한 행동 문제 또는 정서 문제가 재발될 수 있는 것과 같다. 실제로 과거 정신병원 입원환자가 병원 치료 결과 증상의 호전을 보였으나 퇴원 후 집에서 증상이 재발되는 경우가 많다는 사실이 임상적으로 관찰되었고, 이에 가족치료에 체계 이론을 적용하기 시작했다(Nichols, 2010).

가족치료에서 치료자는 마치 서스펜션, 이음새, 차축 등 타이어 성능에 영향을 줄 수 있는 모든 부분을 점검하는 정비사처럼, 표출 문제를 가진 개인이 속한 전체 가족의 체계를 관찰해야 한다. 차의 얼라인먼트가 문제인 경우 타이어 교체로 문제가 해결되지 않으며, 자동차의 얼라인먼트를 재조정해야 한다. 이와 유사하게 가족의 체계 문제 때문에 개인에게 심리 증상이 유발된 경우 문제 해결을 위해 가족의 얼라인먼트 조정이 필요할 것이다.

혀 하지 못하는 경우도 많다. 이런 경우 다음과 같다.

> 개인과 관련된 표출 문제가 그 사람에게 한정되어있다는 생각의 강도를 약화시키려는 노력이 시도되며, 그들의 믿음을 조정하여, 개인에게서 표출된 문제가 가족 체계를 특징짓는 상황의 부산물임을 가족들에게 인지시키려는 시도가 이루어진다. (Griffin, 2002, p. 794)

이를 성공적으로 받아들인 가족의 경우 긍정적 결과가 예측되는 가족치료가 시작된다.

가족치료 : 핵심 개념

다양한 방식의 가족치료 기법이 개발되고 시행되고 있다. 정신역동 치료, 인본적 실증주의 치료, 행동치료, 인지치료 등 광범위하게 사용되는 개인치료 기법 대부분이 가족치료에도 적용되고 있다(Goldenberg & Goldenberg, 2007; Hanna, 2007; Nichols, 2010; Rolland & Walsh, 2009). 예를 들어, 가족치료자가 인지치료 기법을 사용하는 경우 그는 한 가족 구성원이 또 다른 가족 구성원에게 가질 수 있는 왜곡된 신념 혹은 비논리적 신념이나 가족 구성원 간의 관계를 강조할 것이다. 이러한 신념을 사실에 근거한 신념 또는 논리적 신념으로 대체함으로써 가족 전체 및 가족 구성원의 기능을 보다 효율적으로 증진시킬 수 있다(Dattilio, 2001, 2009; Dattilio, Piercy, & Davis, 2014; Friedberg & McClure, 2015). Griffin(2002)은 이 광범위한 치료 방식을 세 가지 범주로 분류하였다.

- 비역사적 기법 : 가족의 현재 기능을 강조하고 가족의 역사를 배제(오늘날 임상심리학의 일반적 추세)
- 역사적 기법 : 가족의 역사를 중시, 비역사적 기법보다 긴 치료 기간(보웬 치료/세대 간 가족치료 및 정신역동 치료 기법 포함)
- 경험적 기법 : 개인의 성장과 치료 안팎의 정서 경험을 강조(Carl Whitaker 및 Virginia Satir의 치료 기법 포함)

우리는 여기서 대부분 역사적 기법에서 유래됐으며, 오늘날 치료 실재와 매우 관련이 깊은 가족치료의 '전통적' 핵심 개념 일부를 살펴볼 예정이다. 또한 보다 일반적으로 시행되는 오늘날의 비역사적 치료 기법 중 세 가지(이야기 치료, 해결 중심적 치료, 다중체계 치료)를 보다 상세히 알아볼 예정이다.

전통적 개념

가족 구조 모든 가정에는 운영 규칙이 있다. 이 규칙이 직접적으로 명시되어있지 않음에도 가족 구성원의 행동은 규칙을 통해 전체를 통제한다. 이 규칙을 통칭하여 가족 구조(family structure)라 부르며, 가족 구조에 문제가 있는 경우 가족 구성원 간 관계에 문제가 발생하며, 일부 가족 구성원의 심리 증상으로 표출되기도 한다(예 : Minuchin, 1974).

Salvador Minuchin 등에 의해 시행된 구조적 가족치료는 가족 구성원의 기능 향상 수단으로서 가족 구조 개선에 초점을 맞춘다. 구조적 가족치료는 가족 내 하위체제(subsystems; 부모 하위체제, 형제자매 하위체제 등) 및 하위체제 간 경계(boundary)를 강조한다. 이러한 경계는 가족 구성원 간의 정서적 친밀감이 가능할 정도로 침투성이 높지만, 독립성이 보장될 만큼 단단하다. 경계의 침투성이 너무 높은 경우 가족 구성원들의 밀착(enmeshed)이 야기될 수 있고, 경계의 경도가 너무 높으면 가족 구성원 간 유리(disengaged)가 나타날 수도 있다. 따라서 구조 치료의 첫 번째 과제는 가족 규칙의 파악, 수정, 명료화이며, 가족 내 명확한 지위 설정이 강조되기도 한다. 가정은 회사, 군대 등 다른 조직과 마찬가지로 구조가 명확하고 합리적일 때 더 나은 기능을 발휘한다.

자기 분화 Murray Bowen과 동료들(예 : Bowen, 1978)은 가족 구성원 각 개인을 위한 제1과제는 적절한 자기 결정 수준이라고 주장한다. 즉 건강한 가족 구성원은 가족 구성원 간 정서적 친밀감의 희생 없이 자신의 본래 자아가 될 수 있다는 것이다. 하지만 가족은 때때로 이런 점 때문에 문제를 경험하기도 하며, 이는 가족 구성원 간의 지나친 정서 연결을 초래하기도 한다. 즉 가족 구성원 간 자기 분화(differentiation of self) 대신, 정서 융합(emotionally fused)이 이루어진다는 의미이다. 이런 가정의 경우 감정이나 신념 차이를 인정하지 못하며, 한 사람이 생각하고 믿는 것이 곧 모든 가족 구성원의 생각과 믿음이 된다. 가족치료자가 미분화 자아 집합체(undifferentiated ego mass)라고도 불리는 이런 가족을 치료하는 경우 구성원의 자기 분화 부족을 인식시키고, 이미 초래됐거나 현재 진행 중인 문제 요인을 탐구한 뒤, 저하된 정서 융합과 상승된 독립성을 가진 관계로 발전시키는 것이 치료의 주 목표가 된다.

삼각관계 두 사람 사이에 갈등이 있을 때 그들은 자신을 지지해줄 제삼자를 끌어들이기로 마음먹기도 한다. 이런 현상은 마치 법정에서 변호사가 자신에게 유리한 전문가를 증인으로 신청하는 것과 같다. 가정 내에서도 이와 유사한 상황이 발생하지만, 이로 인해 심각한 문제가 발생할 수 있으며, 특히 제삼자가 본인의 의지와 무관하게 이 삼각관계에 개입되는 경우 더욱 심각한 결과가 초래된다. 가족 내 삼각관계(triangle)의 가장 흔한 장면은 갈등 관계의 부부가 자녀를 자기 편으로 끌어들이고자 시도하는 상황이다. 법정의 전문가 증인과는 달리 아동은 삼각관계를 시도하는 부모를 거부할 힘이 없으며, 결국 한쪽 부모에 대항하여 다른 한쪽 부모의 '편'을 들어야 한다고 생각하기 때문에, 심리적으로 건강하지 못한 상황에 처하게 된다. 이혼 소송이나 양육권 다툼이 진행 중인 경우 이런 상황은 보다 명백하다. 하지만 이런 사건이 없는 가정의 부모가 자녀를 자기 편으로 만들려고 하는 은근한 압력도 역효과를 유발할 수 있다. 삼각관계화 경향의 문제를 가진 가족을 치료하게 되면 치료자는 일반적으로 이러한 경향성을 약화시키려는 노력과 함께, 갈등 관계에 있는 구성원으로 하여금 자녀 등 제삼자를 개입시키는 대신 당사자 간의 직접적 해결을 권유한다(예 : Bowen, 1978).

오늘날 사용되는 치료 기법

해결 중심적 치료 가족은 특정 문제의 해결을 위해 치료를 원하며, 해결 중심적 치료 기법을 사용하는 가족치료자는 그들의 문제가 해결되어야만 성공적 치료가 된다고 주장한다. 해결 중심적 치료(solution-focused therapy)는 Don Jackson, Jay Haley, Cloe Madenes의 전략적 가족치료(strategic family therapy)로부터 진화됐으며, 이 두 치료 모두 실용성을 강조한다(Goldenberg & Goldenberg, 2007; Nichols, 2010). 하지만 전략적 가족치료 시행자는 문제에, 해결 중심적 치료 시행자는 오직 해결에만 초점을 맞춘다(Berg, 1994; deShazer, Dolan, & Korman, 2007).

Steve deShazer와 Insoo Kim Berg를 포함한 해결 중심적 치료 기법의 리더들은 가족치료자는 가능한 한 '문제'보다는 해결 대화(solution-talk)를 해야 한다고 강조한다. 현재의 불만족스러운 상황보다는 미래에 맞이하게 될 긍정적 결과를 논의함으로써, 내담자는 보다 긍정적인 관점을 받아들이기 시작한다. 예를 들어, 해결 중심적 치료 시행자는 의도적으로 문제가 해결'된다면'이 아니라, 문제가 해결'되었을 때'라는 말을 사용한다(Corcoran, 2015). 이와 유사하게 치료자들은 내담자가 자신의 문제에 굴복하지 않는 것에 집중하도록 돕는다. 즉 치료자는 내담자가 이미 이전보다 개선된 순간이나 날들을 경험한 적이 있다는 사실을 근거로, 그들이 스스로 문제를 해결할 능력을 이미 가지고 있다는 사실을 상기시킨다. 내담자는 실제로 문제가 더 이상 발견되지 않는 시점에도 여전히 같은 문제가 남아있다고 믿는 경우가 있다. 마찬가지로 내담자가 치료의 성공을 간과하기도 하지만, 문제의 개선은 요행이 아니라 내담자 스스로의 노력의 결과이다(Nichols, 2010). 따라서 내담자가 지난 달과 비교해 지난주에는 다툼이 다소 줄어들었다고 말한다면, 치료 중심적 치료 시행자는 이를 문제 개선으로 간주하고, 이 가족이 결과를 이끌었다고 추정하며, "지난주 문제 개선을 위해 뭘 한 건가요? 다음 주에 이 결과를 어떻게 유지할 건가요?"라고 질문한다.

해결 중심적 치료는 내담자가 문제가 아닌 해결에 집중할 수 있도록 돕는 특정 과제와 질문을 사용한다. 예를 들어, 일반적으로 치료자는 1차 치료가 끝나기 직전, 공식화된 1차 치료 과제(formula first-session task)를 제시한다. 이 과제는 내담자에게 다음 주에도 지속되길 원하는 삶의 양상을 메모하도록 지시하는 것이다. 내담자는 이 과제를 통해 일상의 부정적 측면보다는 긍정적 측면에 집중하게 된다. 치료자는 또한 예외 질문(exception question; "이게 당신에게 문제시되지 않았던 적은 언제입니까? 그다지 나쁘지 않다고 느꼈던 것은 언제입니까?"), 기적 질문(miracle question; "이 문제가 사라지면 당신의 인생은 어떻게 달라질까요?"), 척도 질문(scaling question; "1부터 10까지의 점수 중, 지난 주 당신의 문제는 몇 점이었나요? 문제가 좀 나아진 건 언제인가요? 당시 어떻게 이를 개선시켰나요?") 등을 묻는다. 표출된 문제의 빠른 해결에 대한 강조와 더불어 앞의 체계적이고 긍정 지향적인 질문의 활용은 지난 몇 년간의 해결 중심적 치료 사용 증가에 크게 기여하였다(Nichols, 2010).

이야기 치료 오늘날 가족치료에 많이 사용되는 또 다른 기법인 이야기 치료(narrative therapy)는 자기 자신에게 또는 자신에게 일어난 사건에 특정한 방식으로 의미를 부여하는 내담자의 경향을 강조한다. 이야기 치료라는 이름에서 유추할 수 있듯이 이 기법을 시행하는 치료자는 우리가 우리 자신의 삶에 관해 만들어낸 이야기가 새로운 사건을 경험하는 방식에 강력한 영향력을 갖는다고 믿는다. 우리는 스스로 만들어낸 이야기에 근접하기 위해 우리의 경험을 '편집'한다. 따라서 자신이 만든 이야기에서 스스로를 실패자로 캐스팅하는 경우 우리는 이를 증명하기 위해 경험한 사건을 같은 방식으로 해석하게 된다. 하지만 만일 이 이야기를 각색하여 우리 자신을 영웅으로 캐스팅한다면 경험한 사건의 동일한 결과는 보다 아름답게 포장되어 해석될 것이며, 스스로에 대한 우리의 관점이 긍정적으로 변화될 것이다(예 : White & Epston, 1990).

6년째 결혼생활 중인 29세 남성 필의 사례를 살펴보자. 그와 그의 아내 제이미는 네 살 된 딸이 있으며, 몇 달 뒤 또 다른 아이가 태어날 예정이다. 필과 제이미가 치료를 찾은 주된 이유는 필의 우울증 때문이었고, 필이 지나치게 자기 비판적이며 직장 관련 문제로 낙담해있는 상태라는 점에 부부 모두 동의했다. 이야기 가족치료 시행자인 굽타 박사에게 필은 22세 대학 졸업 직후 회사 신입사원으로 일을 시작했다고 설명했다. 그는 일도 잘하고 승진도 했지만, 이 일이 만족스럽지 않고 답답하다는 사실을 깨달았다. 필은 아내 제이미와 오랜 시간 동안 이 문제에 관해 상의하여 27세 때 직장을 그만두고 오랜 시간 염원했던 음악을 시작했다. 제이미가 상근직 일을 하는 동안 필은 기타리스트/가수/작곡가로 성공하기 위해 열심히 노력했고, 실제로 다소간의 성공을 경험했다. 그는 여러 공연장에서 정기 공연을 했고, 인디음악 CD를 발매해 지역 내 판매량도 나쁘지 않았으며, 최근 음반사와 계약을 맺기까지 했다.

이러한 성공과 음악을 통해 얻은 만족감에도 불구하고 필은 자신의 직업 변경은 실수이자 잘못이라고 생각했다. 직장인일 때와 비교해 음악가로서의 수입은 훨씬 적었고, 주변 친구와 친척들은 그에게 왜 '잘못된 길'로 가는지를 묻곤 했다. 필 역시 자신의 이전 직업이 보다 안정적이고 위신이 있다고 느꼈고, 이 직업을 가지고는 남편과 아빠로서 제 역할을 하지 못할 것이라고 생각했다. 직업 결정에 대한 필의 부정적 생각은 그의 자아상과 그가 행복하길 바라는 아내 및 딸과의 관계에 상당한 영향을 주었다.

굽타 박사는 후회와 실패감에 바탕을 둔 필의 이야기를 용기, 자신감, 성공 중 한 가지로 각색하기 위해 이야기 치료 기법을 사용했다. 필의 치료가 시작되었을 당시 그의 이야기 제목은 '나는 실패자'였고, 줄어든 수입과 친구와 친척들이 건네는 부정적인 말을 근거로 이야기 주제를 뒷받침했다. 하지만 굽타 박사는 '스스로 일궈낸 성공'이라는 새로운 제목을 제시했고, 필이 자신의 꿈을 향해 갈 수 있는 다리 역할을 하고, 어려운 영업 전선에서 단시간에 실제적 성공을 거둔 그의 이전 직장에서 용기 있는 결단을 내렸다는 점을 지적했다. 굽타 박사는 직장생활을 지속했다면 보다 안전하고 안정적이며 사회적 기대에 부응했겠지만, 필의 행동은 감탄스러울 정도의 독립성, 자기 인식, 결단력을 보여주고 있다고 주장했다. 시간이 지남에 따라 필은 스스로를 보다 영웅적으로 인식하기 시작했고, 자신이 겪는 사건 역시 이와 같은 맥락으로 해석할 수 있게 되었다.

이야기 치료는 사건에 대한 내담자의 해석 수정을 강조한다는 점에서 인지치료와 유사하다. 이야기 치료에서 이러한 해석은 내담자 삶의 이야기의 핵심 요소로 간주되며, 이를 변화시키는 과정은 편집과 유사하다. 이 치료 기법이 가족치료의 형태로 간주되지만, 실제로 이는 가족에 속한 한 개인에 초점을 맞추며 강압적인 문화, 사회 세력에 저항하는 내담자의 노력을 강조하는 경향이 있다(Nichols, 2010).

그림 16.5 문화적으로 유능한 가족치료자는 가족과 각각의 구성원에 대한 문화적 배경에 대해 주의를 기울여야 한다.

© Daniel Rodriguez/istockphoto.com

다중체계 가족치료 다중체계 가족치료(multisystemic family therapy)는 범법 행위가 포함된 장기 행동 문제 및 정서 문제를 가진 청소년 치료를 위해 설계되었다. 이러한 청소년은 등교를 거부하고, 부모 및 기타 가족 구성원과 갈등 관계를 가지며, 범법 행위를 하는 등 삶의 여러 영역에서 문제를 만난다. 다중체계 가족치료라는 이름에서 유추할 수 있듯이 이 치료 기법은 10대의 가족 체계를 넘어선 다양한 사회 체계로 확장하여 문제를 다룬다. 다중체계 가족치료는 인지치료, 행동치료, 부모 역할 훈련 치료, 해결 중심적 치료 등 다양한 치료 기법을 활용한다. 치료자는 가족 구성원을 (집, 학교, 지역사회 현장 등 다양한 장소에서) 다양한 조합으로 만난다. 치료자는 또한 교사, 교장 등의 교직원과도 면담을 진행한다. 치료자는 해당 청소년에게 좋은 영향을 줄 또래와 그들의 미래에 도움이 될 만한 활동으로 그들의 관심을 돌리고자 시도한다. 또한 그들의 행동을 지지하고 격려할 주변의 어른을 훈련한다(Davis et al., 2015; Henggeler, Schoenwald, Borduin, Rowland, & Cunningham, 2009). 다중체계 가족치료의 효능은 매우 명확한 방법으로 평가된다. 예를 들어, 가족이 다중체계 가족치료에 참여했던 경우를 가족이 다중체계 가족치료에 참여하지 않았거나 본인이 개인치료에 참여했던 경우와 비교하면, 모두 참여하는 경우 청소년의 장기 수감 빈도가 현저하게 감소했다는 결과가 보고된다(Letourneau et al., 2013; van der Stouwe, Asscher, Stams, Decovic, & van der Laan, 2014; Wagner, Borduin, Sawyer, & Dopp, 2014). 또 다른 연구는 치료 효과를 비용–이득을 통해 측정하였다. 예를 들어, Dopp, Borduin, Wagner, Sawyer(2014)는 범법 청소년 가족 대상의 다중체계 가족치료에 소비되는 비용을 1달러라 하면, 향후 25년간 세금을 절약하는 비용은 5달러가 될 것이라고 분석했다.

가족치료 시 윤리적 문제

문화적 역량

문화적 역량(cultural competence)은 모든 치료 모델의 필수 요소이지만, 특히 가족치료와 관계가 깊다. 가족치료자들은 민족성과 종교 등의 특징을 포함해 내담자 가족의 문화적 배경을 완전히 이해하고 수용해야 한다.

가족치료 시 치료 과정의 핵심이 될 수 있는 문화적 변수가 존재할 수 있으며, 이러한 변수가 치료자에게 상당히 복잡할 수도 있다. 가족 구성원들이 실제로 다른 문화 지역 출신이거나 현재 다른 지역에 거주하고 있는 경우가 있다. 예를 들어, 부부가 다른 종교, 다른 민족 안에서 어린 시절을 보냈을 수 있다. 한 집에 3대가 함께 사는 대가족의 경우 뚜렷이 구분되는 세 종류의 문화 변용 단계가 나타나기도 한다. 예를 들어, 이민 1세대인 조부모는 전통적 가치를 고수하고, 부모는 다소간의 문화 변용을 겪었으며, 자녀는 전통적 가치를 거의 또는 전혀 따르지 않을 수 있다. 자녀를 입양한 가정의 경우 부모와 입양 자녀 간 민족성이 다를 수 있다. 가족치료자는 이러한 모든 경우에 있어 표출 문제 맥락에서뿐 아니라 표출 문제에 잠재적으로 중요한 양상이 될 수 있는 각각의 문화를 고찰할 수 있어야 한다.

비밀보장

가족치료자는 비밀보장과 관련하여 독특한 민족 문제에 부딪히는 경험을 하기도 한다. 즉 치료자가 한 사람의 가족 구성원과 사적인 대화를 나눌 때, 가령 치료 전후 전화 통화를 하거나 일대일 대화를 나눌 때 알게 된 정보 때문에 곤란한 경우가 자주 있다. 치료자는 이 정보를 다른 가족 구성원에게 비밀로 유지해야 하는가? 혹은 한 사람의 가족 구성원과 나눈 이야기를 다른 가족들과 공유해도 되는가? 이에 대한 대답은 그 정보의 경중에 따라 다른가?

이 질문에 대답하기란 쉽지 않다(Knauss & Knauss, 2012; Wilcoxon, Remley, Gladding, & Huber, 2007). 일반적으로 가족 내담자들과의 첫 번째 면담 시 이에 대한 기본 원칙을 마련하는 게 최상의 방책이 되며, 모든 가족 구성원은 이를 통해 치료자가 자신들과의 사적인 대화를 어떻게 다룰지 이해할 수 있다. 가족치료자 중 가족 구성원 개개인과 결코 사적인 대화를 하지 않는다는 원칙을 가진 이들도 있으며, 반면 그렇지 않은 이들도 있다. 가족치료자는 가족 구성원들의 이야기에 대해 자신이 알고 있는 내용뿐 아니라 이 내용을 어떻게 알게 되었는지, 그리고 이 내용을 다른 가족 구성원과 얼마나 공유할 수 있을지에 관한 문제를 계속 기억하며 비밀유지에 대한 부담을 갖게 된다.

진단의 정확성

가족치료자는 진단과 관련한 딜레마에 빠지곤 한다. 문제가 나타난 내담자에게는 *DSM* 진단을 적용하지만, 치료자는 한 사람의 내담자가 아닌 가족 체계 전체의 문제를 진단해야 한다. *DSM*에는 가족에게 적용되는 진단 분류체계가 없으며, 가족 및 관계 문제 분류를 하면서도 광범위하게 인정되는 대체 진단법도 없는 실정이다. 따라서 의료보험제도나 사설 보험사로부터 지원을 받기 위해 정확한 진단명을 제시해야 할 때 가족치료자는 어쩔 수 없이 가족 중 단 한 사람에 대해서만 *DSM* 진단을 내릴 수 있다.

많은 가족치료자가 이런 진단 방식에 의문을 가진다. 오직 확인된 환자에게만 진단명을 부여하게 되면, 이 문제는 체계에 있는 것이 아니라 개인의 것이라는 가족들의 믿음을 강화시키게 된다. 그리고 확인된 환자는 이로 인해 스스로를 비난하게 될 수 있다. 또한 *DSM* 기준에 부합하지 않을 때 내려지는 진단은 윤리 위반일 뿐 아니라 보험 사기에도 해당된다(APA, 2002). 명확한 진단명으로 보험사에 지불을 청구하는 것이 가족의 유일한 치료 비용 지불 방법인 경우 가족치료자는 이 문제로 곤란을 겪는다. 치료 전 동의서 서명 과정 중 가족과의 개방적이고 솔직한 대화는 문제 해결에 도움이 될 수 있다(Wilcoxon et al., 2007).

가족치료의 효과는 어떠한가

가족치료 결과에 관한 연구에는 개인치료 시 발생되는 모든 방법론적 어려움이 포함되며, 아울러 다양한 가족 구성원이 치료 결과에 매우 다른 의견을 가질 수 있다는 복합 요인이 수반된다. 예를 들어, 가족치료를 통해 과거 자녀에게 무관심하고 자녀의 잘못에 관대했던 부모가 치료 후 자녀에 대한 집중도가 높아지고 적절한 요구사항이 생긴 경우 부모는 이 치료가 성공적이었다고 생각하는 반면, 자녀는 이에 동의하지 않을 수 있다.

이를 포함한 다양한 방법론적 어려움에도 불구하고 가족치료 효과에 대한 수많은 연구가 시행되었다. 개인치료에 비해 가족치료에 대한 연구 수는 적었지만, 치료에 효과가 있다는 연구 결과는 일반적으로 동일했다. 보다 구체적으로 가족치료는 다른 대부분의 치료 결과와 비슷한 수준의 치료 효과를 보이는 경향이 있었으며, 다양한 가족치료 기법 간 효과의 차이는 유의 수준 미만이었다(Griffin, 2002; Shadish et al., 1993; Shadish, Ragsdale, Glaser, & Montgomery, 1995). 가족치료에 성공하는 문제는 주로 조현병, 부부 갈등, 비행 청소년 중 자해 문제, 청소년의 섭식장애(특히 신경성 식욕부진증), 품행장애, 기타 아동의 파괴적 행동장애 등 다양하다(Glenn, Franklin, & Nock, 2015; Glick, Berman, Clarkin, & Rait, 2000; Goldenberg & Goldenberg, 2007; Lebow, 2006; Lock, 2015). 개인치료와 마찬가지로 강력한 치료적 관계는 가족치료 성공에 핵심 요소이며, 이는 실증 연구의 증가를 통해 입증되고 있다(예 : Friedlander, Escudero, Heatherington, & Diamond, 2011).

요약

집단치료는 대인 간 상호작용에 초점을 맞추고 있다는 점이 특징이다. Irvin Yalom을 비롯한 집단치료 리더들은 잘못된 대인관계 방식이 내담자의 표출 문제를 야기하며, 치료 집단 내에서의 집중적인 대인 간 상호작용이 치료 장면 밖에서의 관계에도 긍정적인 영향을 미친다고 믿었다. 보편성, 집단 응집력, 대인관계 학습 등 독특한 치료 요인이 집단치료를 개인치료와 구분짓는다. 치료 집단은 이질적으로 또는 등질적으로 구성되며, 열린 집단 또는 닫힌 집단으로 진행된다. 2명의 보조 치료자가 치료 집단을 이끌기도 하며, 이런 경우 잠재적 이득과 잠재적 위험이 내재된다. 내담자 간의 집단 밖 만남과 비밀보장 불이행은 집단치료에 위협이 된다. 치료 결과에 관한 연구를 통해 일반적으로 집단치료가 개인치료와 동일 수준의 효과를 보인다는 사실이 입증되었다.

가족치료는 확인된 환자의 표출 문제가 가족 간 상호작용 및 의사소통의 병리적 패턴에 의한 부산물이라는 점을 강조하며, 이를 위해 체계 기반 치료 기법이 사용된다. 가족치료 시행자는 가족 관계를 설명하는 가계도를 평가 도구로 사용하며, 가족 순환 주기 모델을 이용해 내담자 가족의 발달 단계를 개념화한다. 구조적 가족치료의 하위체제 및 경계, 또는 보웬 치료의 자기 분화 및 삼각관계 등 전통 개념에 바탕을 둔 치료를 시행하는 이들이 여전히 존재한다. 한편 해결 중심적 치료, 이야기 치료, 다중체계 가족치료 등은 오늘날 가족치료에 가장 많이 사용되는 신개념 치료 기법이다. 모든 임상심리학자들에게 있어 문화적 역량은 가족치료 시행에 핵심 요건이 된다. 치료 결과에 관한 다수의 연구를 통해 가족치료가 개인치료보다 방법론적으로 더욱 복잡하다는 사실이 확인되었으나 두 기법의 치료 성공 비율은 비슷한 수준이었다.

주요 용어

가계도	밀착	직선적 인과성
가족 구조	보조 치료자	집단 밖 교제
가족 생활 주기	보편성	집단 응집력
가족 집단의 재현	비밀보장	집단치료
가족치료	사회적 소우주	척도 질문
갈등 관리 척도	삼각관계	체계 접근
경계	순환적 인과성	피드백
공식화된 1차 치료 과제	열린 집단	하위체제
기능주의	예외 질문	항상성
기적 질문	유리(遊離)	해결 대화
다중체계 가족치료	의사소통 방식	해결 중심적 치료
닫힌 집단	이야기 치료	확인된 환자
대인 간 상호작용	이질 집단	Insoo Kim Berg
대인관계 학습	자기 분화	Irvin Yalom
동질 집단	전략적 가족치료	Murray Bowen
문화적 역량	정서 융합	Salvador Minuchin
미분화 자아 집합체	지금-여기	Steve deShazer

비판적 사고를 위한 질문

1. 집단치료가 가장 적합한 임상적 문제는 무엇이며, 가장 적합하지 않은 임상적 문제는 무엇인가? 개인의 의견을 서술하라.
2. 집단 심리치료를 위해 Yalom이 제시한 치료 요인 중 무엇이 치료 성공에 가장 핵심 요소가 된다고 생각하는지, 그리고 그렇게 생각하는 이유는 무엇인지, 개인의 의견을 서술하라.
3. 당신이 임상심리학자라면, 단독 치료자로서 치료에 임하겠는가, 아니면 보조 치료자와 함께 집단을 치료하겠는가? 이러한 결정에 어떤 요인이 영향을 주었는가?
4. 개인이 아닌 체계가 병리적 원인이라는 가족치료의 기본 가정에 얼마나 동의하는가?
5. 오늘날 사용되는 가족치료 기법(특히 해결 중심적 치료 및 이야기 치료)은 개인치료에 어느 정도까지 적용 가능하겠는가?

주요 학술지

American Journal of Family Therapy http://www.tandfonline.com/loi/uaft20#.V08pn_krLX4

Couple and Family Psychology: Research and Practice
http://www.apa.org/pubs/journals/cfp/index.aspx

Families, Systems, and Health
http://www.apa.org/pubs/journals/fsh/index.aspx

Group Dynamics: Theory, Research, and Practice
http://www.apa.org/pubs/journals/gdn/

International Journal of Group Psychotherapy
http://guilfordjournals.com/loi/ijgp

Journal of Family Psychology
http://www.apa.org/pubs/journals/fam/index.aspx

Journal of Family Therapy
http://onlinelibrary.wiley.com/journal/10.1111/(ISSN)1467-6427

PART

4

특수한 주제

CHAPTER 17

임상 아동 및 청소년 심리학

학습 목표

17.1 아동기의 주요 심리적 문제들을 검토한다.

17.2 아동이나 청소년 평가 시에 임상심리학자가 어떻게 발달적 조망을 제시할 수 있는지를 설명한다.

17.3 아동의 심리평가를 위한 다중출처, 다중방법, 다중상황적 접근을 기술한다.

17.4 심리학자들이 아동 평가 시 활용할 만한 방법의 여섯 가지 대략적인 범주를 요약한다.

17.5 아동 및 청소년을 위해 고안된 심리치료 접근에 대한 검토한다.

17.6 아동 및 청소년 대상 심리치료 효과에 관한 연구를 탐색한다.

임상심리학자들은 해당 분야가 시작될 때부터 줄곧 아동 · 청소년들을 위해 일해왔다. 실제로 1800년대 후반 Witmer가 세운 최초의 심리클리닉은 학습과 행동 문제를 가진 아동의 평가와 치료에 주목하였다(Reisman, 1991; Witmer, 1907). 다른 전문 분야들과 마찬가지로, **임상아동심리학**(clinical child psychology)은 비약적으로 성장하여 왔다. **임상아동 · 청소년심리학회**(Society of Clinical Child and Adolescent Psychology; 미국심리학회 53분과) 회원은 현재 수천 명에 이르며, 상당수의 대학원 프로그램들이 아동청소년을 중점적으로 다루고 연구하는 심리학자를 양성하고 있다(American Psychological Association Division 53, 2007).

임상아동심리학자들은 자신들의 전문적 기술들을 다양한 방법으로 적용한다. 어떤 이들은 행동적, 정서적, 또는 인지적 기능과 연관된 문제를 평가하는 데 전문화되어있다. 다른 이들은 주로 치료전문가로서, 아동과 아동의 가족을 대상으로 의미 있는 변화와 성장을 이끌어 내기 위해 노력한다. 물론 임상아동심리학자들 중에는 연구와 훈련을 자신의 전문 영역으로 삼는 이들도 있다. 사실 많은 임상아동심리학자들이 이러한 응용적 역할과 학문적 역할을 동시에 수행하고 있다. 어떤 경우에는 임상아동심리학자들의 현장 업무가 의학전문가들과 겹치기도 한다. **소아과적 심리학**(pediatric psychology)으로 알려진 이러한 다학제적인(cross-disciplinary) 영역은 의학적 상태에 따른 아동의 신체적 · 정신적 건강 모두를 촉진시킨다.

이 장에서 우리는 아동의 심리적 문제, 평가, 심리치료라는 세 가지 주요 영역을 통해 임상심리학 분야를 살펴볼 것이다.

아동기의 심리적 쟁점

아동기 장애

어떤 장애들은 특별히 아동들 사이에서 흔한데, 주의력결핍 과잉행동장애(ADHD), 품행장애, 절대적 반항장애, 분리불안장애와 같은 것들이 그렇다.

물론 아동과 청소년은 성인에게 더 흔히 진단되는 장애들을 진단받을 수도 있다. 성인과 아동 모두가 진단받을 수 있는 많은 문제가 있는데, 주요우울장애, 외상후 스트레스 장애, 신경성 식욕부진증, 신경성 폭식증, 약물 사용, 적응장애, 공포증, 범불안장애 등이 포함된다. 어떤 경우에는 이러한 장애들의 진단기준이 아동에게 적합하게 조정된다. 예를 들어, *DSM-5*를 보면, 주요우울삽화의 진단기준 중 아동과 청소년 부분에서는 짜증나고 과민한 기분이 우울한 기분을 대체할 수 있고, 성장 기대치에 따른 체중증가 실패가 체중감소를 대체할 수 있다고 명시하고 있다. *DSM-5*는 특정 공포증 기준 중 아동은 울음, 짜증 혹은 돌봐주는 인물에게 매달리는 독특한 방식으로 공포와 불안을 표현한다고 명시한다. 외상후 스트레스장애의 경우, *DSM-5*는 만 6세 아동과 더 어린 아동을 위한 별도의 기준을 제시하는데, 이러한 기준에는 트라우마에 재접촉하게 되는 놀이, 혹은 놀이 자체에 대한 흥미가 떨어지는 것이 포함되어있다(American Psychiatric Association, 2013).

아동을 연구하는 일부 임상심리학자들은 아동의 심리적 문제를 크게 **외현화 장애**(externalizing disorder)와 **내재화 장애**(internalizing disorder) 두 가지로 나눈다(예 : Kazdin, 2000). 외현화 장애는 아동이 행동함으로써 종종 부모, 교사 혹은 다른 친구들에게 지장을 주는 것을 말한다. 이러한 장애는 주의력결핍 과잉행동장애, 품행장애, 적대적 반항장애를 포함한다. 반면에 내현화 장애는 종종 상대적으로 알아차리기 어려운데, 피해를 주는 행동보다는 부적응적인 생각과 감정을 포함하기 때문이다. 우울과 불안 장애는 아동의 내재화 장애의 전형적인 예이다.

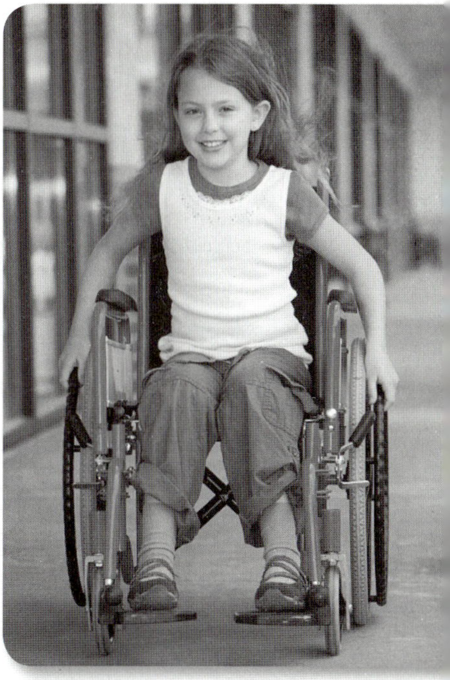

그림 17.1 임상아동심리학자들은 일반적으로 심리적 또는 행동적 문제의 취약성보다는 회복탄력성을 촉진하는 요소들에 관심을 가진다. 어떤 요소가 가장 중요하다고 생각하는가?

회복탄력성과 취약성

왜 어떤 아동은 심리적인 장애가 발생하고, 반면에 다른 아동은 그렇지 않는가? 이것은 임상아동심리학자들, 특히 **회복탄력성**(resilience)

과 취약성(vulnerability)을 연구하는 임상아동심리학자들에게는 핵심적인 질문이다. 실제로 비슷한 환경(경우에 따라서 같은 지리적 위치, 인종, 사회경제적 수준, 학교, 가족)을 가진 아동들이 매우 다른 종류나 다른 정도의 심리적 또는 행동적 문제를 가지고 있다는 것은 실로 주목할 만한 일이다(Bonanno, Westphal, & Mancini, 2011). 심리적 문제에 대한 아동의 취약성에 영향을 주는 요인들에 대한 연구를 통해 아동의 내적, 그리고 환경적 요인들을 아우르는 위험요인의 목록이 도출되었다(예 : Lambert, 2006; Laser & Nicotera, 2011; McKelvey, Conners-Burrow, Mesman, Pemberton, & Casey, 2015; Schroeder & Gordon, 2002; Stormont, 2007).

- 환경적 요인, 예를 들어, 가난, 부모와의 심각한 정서적 갈등, 편부모, 가정의 지나치게 많은 아동 수, 이웃이나 지역사회 요인, 빈약한 학교교육
- 부모 요인, 예를 들어, 부모의 빈약한 신체적 건강, 부모의 빈약한 정신적 건강, 부모의 낮은 지능, 부모의 가혹한 비난 경향성
- 아동(내재적) 요인, 예를 들어, 의학적 문제, 까다로운 기질, 낮은 지능지수, 낮은 학업성취, 사회기술결핍

가족의 중요성은 앞의 목록에서 분명히 나타난다. 특히 부모와 관련하여 부모가 더 많은 심리적 문제를 가지고 있을수록 아동도 부모처럼 더 많은 심리적 문제를 가질 가능성이 높아진다(Schleider, Chorpita, & Weisz, 2014). 한 연구에서 부모와 만 3세 아동을 평가한 뒤, 후에 다시 그 아동이 4세, 5세, 6세가 될 때에 재평가를 실시하였다. 3세 때 부모가 정신질환이 있는 것으로 진단된 아동은 시간이 지남에 따라 정신질환이 있는 것으로 진단될 수 있는 가능성이 유의미하게 큰 것으로 나타났다. 특히 부모가 주의력결핍 과잉행동장애, 우울, 불안장애, 성격장애를 진단받았을 경우, 이러한 상관관계는 더 높은 확률로 참이 되는 것으로 나타났다(Breaux, Harvey, & Lugo-Candelas, 2014). 다른 연구에서는 불안장애에 대해 치료받은 아동은 그들의 부모가 불안한 경우보다 불안하지 않은 경우에 치료받은 직후와 6개월 후 추수기간 모두에서 불안장애가 진단되지 않을 가능성이 훨씬 큰 것으로 나타났다(Hudson, et al., 2014). 형제자매 간의 관계 역시 심리적 장애에 대한 아동의 취약성에 중요한 요인이다(Dirks, Persram, Recchia, & Howe, 2015). 형제자매 간의 관계가 아동의 정신장애에 미치는 영향에 관한 34개의 연구를 메타 분석한 결과, 형제자매 간의 관계가 따뜻하고 사랑이 많을수록 내재적 · 외현적 장애들이 적었다고 보고되었다. 형제자매 간에 갈등이 많으면 많을수록 이 두 가지 범주의 장애를 모두 가질 수 있는 가능성이 더 높았다(Buist, Deković, & Prinzie, 2013).

다행히도 연구자들은 아동의 회복탄력성에 영향을 주는 요인 또한 조사하였다. 많은 또래 아

글상자 17.1

아동의 회복탄력성을 촉진시키는 요인

나는 가졌어요(외적 지원)

- 내가 신뢰할 수 있고 나를 사랑하는 가족들
- 내가 신뢰할 수 있는 가족 외의 사람들
- 내 행동에 대한 제한
- 내가 독립적이 되도록 격려해주는 사람들
- 좋은 롤모델
- 건강, 교육, 그리고 내가 필요로 하는 다른 서비스에 대한 접근
- 안정된 가족과 지역사회

나는 이래요(내적 강인함)

- 대부분의 사람들이 좋아하는 사람
- 대체적으로 착한 소년/소녀
- 미래를 계획하는 성취자
- 나 자신과 타인을 존중하는 사람
- 타인에 대한 배려
- 나 자신의 행동에 대한 책임감
- 자신감 있고, 낙천적이고, 희망에 찬 사람

나는 할 수 있어요(대인관계 및 문제해결 기술)

- 일을 할 수 있는 새로운 아이디어나 방법을 만들어냄
- 일을 마칠 때까지 열심히 일함
- 생활 속에서 유머를 보임
- 나 자신의 생각과 감정을 표현함
- 문제를 해결함
- 나 자신의 행동을 관리함
- 도움이 필요할 때 도움을 구함

출처 : Adapted from Grotberg (2003).

동이 힘겨워하는 위험한 환경에서 어떻게든 성장할 수 있었던 아동에 대한 연구를 검토한 후에 Grotberg(2003)는 외적 지원, 내적 강점, 그리고 대인관계 문제해결 기술이라는 세 가지의 범주로 요인을 분류하였다. 이러한 세 가지 범주에 대해서 Grotberg(2003)는 아동에게 친숙한 명칭을 부여했는데, 그것은 '나는 가졌어요'(외적 지원), '나는 이래요'(내적 강점), 그리고 '나는 할 수 있어요'(대인관계 및 문제해결 기술)이다. 글상자 17.1은 Grotberg의 회복탄력성 모델을 상세하게 설명한다. 많은 경우 임상아동심리학자들의 개입은 이러한 요인들을 강화하고, 아동이 현재와 미래의 스트레스원에 대해 효과적인 회복탄력성을 가질 수 있도록 할 수 있다. 아동의 회복탄력성과 취약성 요인에 관해 연구한 것을 종합함으로써, 임상아동심리학자들은 아동의 심리적인 문제를 예방하고 치료할 수 있다.

아동의 회복탄력성과 취약성에 대한 마지막 메모는 다음과 같다. 아동이 자신의 성격 특성을 바꿀 수 있다고 믿는 것이 중요하다. 다시 말하면, 아동의 자신의 특성에 대한 '암묵적 이론'이 고정적인지("나는 부끄러움이 많아요. 그리고 부끄러움에 대해 내가 할 수 있는 것이 없어요.") 아니면 가변적인지("나는 부끄러움이 많아요. 하지만 나는 부끄러움을 극복할 수 있어요.")가 차이를 만든다. (고정 이론은 종종 '본질' 이론이라고 불리고, 가변적 이론은 종종 '점증' 이론이라고 불린다; Dweck & Leggett, 1988). 특히 이러한 고정적 접근은 정신건강 문제를 초래할 경향성이 더 많다(Blackwell, Trzesniewski, & Dweck, 2007; Romero, Master, Paunesku, Dweck, & Gross, 2014; Yeager et al., 2014). 17개 연구에 대한 메타 분석에서 4~19세의 아동이 자신에 대한 고정/본질 이론을 가지고 있다면, 자신에 대해 변화/점진 이론을 가진 아동보다 내재적 · 외현적인 면에서 모두 더 빈번하고 더 심각한 심리적 진단을 가지고 있었다는 것을 보여주었다(Schleider, Abel, & Weisz, 2015).

아동 및 청소년의 평가

발달적 관점

아동이나 청소년에 대한 어떤 효과적인 평가에서도 임상심리학자들은 발달적 관점(developmental perspective)을 적용한다. 다시 말하면, 아동의 발달상의 단계라는 맥락 안에서 아동의 행동을 이해하는 것은 매우 중요하다(예 : Drabick & Kendall, 2010; LaGreca, Kuttler, & Stone, 2002). 아동기의 문제는 해당 아동의 연령 및 속한 발달 단계에 따라 다른 의미를 띠고 있으며, 다른 임상적 개입이 요구된다. 예를 들어, 베스와 부모님이 베스의 반항적이고 규칙을 무시하는 행동 때문에 임

글상자 17.2

문화 고려하기

문화에 걸친 부모-자녀 관계

문화적 역량을 갖춘 있는 임상아동심리학자들은 문화적 규범에 따라 부모가 자녀를 키우는 방식이 철저하게 다를 수 있음을 인식하고 있다. 또한 문화적 역량을 갖춘 임상아동심리학자들은 아동이 자란 특정 문화의 규범에 대해 잘 알고 있으며, 그 특수성을 존중하기 위하여 기존의 것을 수정하여 아동에게 꼭 맞는 평가와 치료를 제공한다(Park-Taylor et al., 2010).

다른 문화집단에 속한 부모–자녀 관계의 다양성을 이해하기 위해서 다음의 예시에서 보이는 차이점에 주목하라. 각각의 발췌된 내용은 *Ethnicity and Family Therapy*라는 책의 개별 장에 속한 것이다(McGoldrick, Giordano, & Garcia-Preto, 2005a).

베트남 가족

> "지금까지도 아동은 부모의 소유로 여겨지는데, 이러한 신념은 제2차 세계대전 이후 문화가 보다 서구화되면서 느슨해졌음에도 불구하고 여전히 … 아동은 결혼이나 직업 선택과 관련되는 문제를 포함하여 삶의 모든 영역에서 부모의 조언을 따라야 하는 것으로 기대된다." (Leung & Boehnlein, 2005, p. 366)

유대인 가족

> "유대인 부모는 기대에 대한 설명과 논의를 통해 자녀를 키우는 경향이 있다. 유대인 부모는 허용적이고 과보호적인 경향이 있으며, 때로는 자신을 희생하면서 자녀의 행복에 대해 염려하는 경향이 있다." (Rosen & Weltman, 2005, p. 675)

아이티 가족

> "일반적으로 절대적인 권위를 가지고 있는 아이티의 부모는, 자녀는 순종적이어야 한다는 생각으로 자녀를 키우며, 자녀가 잘못된 행동을 했을 때 때때로 허리띠나 회초리를 사용하여 신체적 처벌을 가하는데, 이러한 신체적 처벌이 미국에서는 가끔 학대로 여겨질 수도 있다. 아동보호기관이 개입할 때 부모는 무슨 상황인지 모르고 깜짝 놀랄 수 있다." (Menos, 2005, p. 133)

인도 가족

> "대개는 나이 많은 형제자매와 대가족을 포함한 모든 사람이 아동을 애지중지한다. 4~5세 무렵의 아동은 유럽 배경에 속한 또래 아동보다 덜 독립적인 경향이 종종 있다." (Almeida, 2005, p. 387)

이란 가족

> "처벌에 있어서 특정한 양식이 없다. 아동은 아버지의 기분에 따라 사소한 잘못된 행동에 대해 처벌을 받기도 하고, 어떤 때는 더 심각한 행동임에도 불구하고 웃어넘겨지거나 간과될 수 있다. 아동은 공공장소나 손님들 앞에서 잘못된 행동을 하면 맞을 수 있지만, 사람이 없는 데서 같은 잘못을 해도 꾸지람만 들을 수도 있다. 좋아하는 음식을 금지하거나 자기 방으로 아동을 보내는 것과 같은 서구식 훈육 방식은 거의 사용되지 않는다." (Jalali, 2005, p. 45)

아랍 가족

> "아랍 가족의 또 다른 특징은 의사소통 방식인데, 이 의사소통 방식은 권한이 있는 사람과 그 권한에 복종하는 사람 간의 수평적이기보다 수직적인 의사소통을 만들어내는 위계적인 … 방식으로 묘사된다. 이러한 관계는 … 부모와 자녀 사이에 다음과 같은 의사소통 방식을 이끌어내는데, 즉 부모는 분노와 처벌을 사용하고, 자녀는 울음, 자기검열, 숨기기, 속임으로 반응한다." (Abudabbeh, 2005, p. 427)

부모-자녀의 상호작용에 관한 이러한 다양한 문화적 규범에 대한 지식 외에도 문화적 역량을 갖춘 임상아동심리학자들은 자신의 문화적 배경에 대한 충분한 지식을 가지고 있는데, 이러한 문화적 배경이 부모-자녀 관계에 대한 자신의 기대에 미치는 영향을 잘 이해하고 있다. 이러한 지식을 바탕으로 임상아동심리학자들은 다양한 범위에 있는 내담자들을 능숙하고 세심하게 치료할 수 있다.

그림 17.2, 17.3 부모가 자녀를 양육하는 방식은 문화 집단마다 크게 다를 수 있다. 임상아동심리학자들이 이러한 문화적 규범에 대한 인식을 높이는 방법에는 어떠한 것들이 있는가?

상심리학자를 찾아왔다고 상상해보라. 베스는 부모님이 지시한 통행금지 시간과 담배금지령을 여러 차례 무시하였다. 이 문제에 대해 전체적으로 정확하게 이해해보면, 이 문제는 전적으로 베스의 연령에 영향을 받는다. 만약 베스가 7세라면, 이 문제는 베스가 17세일 때와는 다른 의미를 함축하고 있다. 마찬가지로 만약 어머니가 도니엘의 야뇨증 때문에 임상심리학자를 찾아왔다면, 도니엘이 3세, 9세 혹은 15세일 때 이 문제는 매우 다른 양상으로 개념화될 수 있다.

물론 인종 혹은 다른 문화적 요인도 아동의 발달적 성숙에 영향을 미칠 수 있다. 부모와 다른 가족 구성원들은 주어진 문화 속에서 아동의 발달이 특정 영역에서 상대적으로 빠르거나 느리게 발달할 것이라고 예상하게 되기 때문이다(Park-Taylor, Ventura, & Ng, 2010). 임상심리학자들은 아동의 문제를 완전히 이해하기 위해 이러한 요인을 인식해야 한다. 예를 들어, Hines와 Boyd-Franklin(2005)은 아프리카계 미국인 가족들에서 자주 볼 수 있는 '부모화된' 아동이 가족들을 위해 일하면서 가정에서 성인의 역할을 하는 것에 대해 서술한다. 이러한 역할은 "부모화된 아동의 책임감, 능숙함, 자율성을 증가시킬 수 있으나"(p. 91), 아동이 과중함을 느끼거나, 이러한 부모의 역할을 수행하는 의무가 아동 자신의 욕구와 갈등을 일으킨다면, 나중에 행동상의 문제를 일으킬 수 있다.

종합적인 평가

광범위한 양의 배경정보는 특정한 아동의 심리적인 문제와 관련이 있을 수 있다. 따라서 임상심리학자들은 가능한 한 많은 정보를 얻도록 노력해야 한다. 이러한 배경정보는 심리학자가 현재 아동이 가지고 있는 문제를 일으키는 총체적인 상황을 정확히 이해하는 데 도움을 줄 수 있다. 어떤 배경정보는 현재 드러나는 문제에 직접적인 관련이 있는 반면에, 어떤 정보는 중요하지만 전후 맥락에 더 관련이 있다. 임상심리학자가 답하기 위해 노력해야 하는 질문들 중에는 다음의 것들이 있다(예 : Schroeder & Gordon, 2002).

- 제시된 문제 : 제시된 문제가 정확히 무엇인가? 모든 당사자(부모, 아동, 교사 등)는 문제의 정의에 동의하는가? 언제 그 문제가 발생했는가? 이 문제는 누구에게 가장 피해를 끼치는가?
- 발달 : 현재 아동의 신체적, 인지적, 언어적, 사회적 발달 상태는 무엇인가? 아동기 동안 혹은 출생 전 시기 동안 발달상의 이상이 있었는가? 아동이 각 발달 과정에서 기대되는 시점에서 모든 발달적 이정표에 도달했는가?
- 부모/가족 : 아동의 한편 부모 혹은 양친의 특징과 관련된 것이 무엇인가? 어떤 양육방식이 사용되는가? 어떤 부모 요인(심리적, 의학적, 기타)이 아동의 문제에 영향을 미치는가? 형제

자매, 조부모, 혹은 다른 가족 구성원들이 어떻게 아동에게 영향을 미치고 있는가?

- **환경** : 가족 밖에서 아동에게 영향을 미치는 더 넓은 환경은 무엇인가? 어떤 관련된 인종 혹은 문화적 요인이 아동의 행동에 영향을 미치는가? 현재 아동의 문제에 영향을 주는 아동 삶에서의 최근 주요 사건들이 있는가?

임상아동심리학자들은 아동의 삶에 관련된 각각의 다른 사람들로부터 이러한 질문들에 대한 다양한 대답을 얻을 수 있다. 이런 이유로 아동을 평가할 때 한 가지보다 더 많은 정보원에 의존하는 것이 중요하다. 일반적으로 보아도 아동을 평가하는 데 다원적 접근을 활용하는 것이 보다 타당한 임상활동이다. 실제로 Merrell(2008)는 아동을 평가하는 데 있어서 **다중출처**(multisource), **다중방법**(multimethod), **다중상황적 접근**(multisetting approach)을 주장한 바 있다. 다중출처 평가는 부모, 친척, 교사, 기타 학교 교직원, 그리고 아동 자신 등 문제에 관한 정보 자료가 되는 다양한 주체를 포함한다. 이러한 주체들 중 하나에만 의존하는 것은 위험하게도 문제의 한쪽 면만 보는 혹은 불충분한 관점으로 문제를 보도록 하는 것이다(Tackett, Herzhoff, Reardon, Smack, & Kushner, 2013). 25,000사례 이상의 평가에 대한 대규모 연구에서 아동의 행동에 대한 부모와 교사의 보고가 일치하지 않거나, 부모와 아동의 보고가 일치하지 않는 경우가 빈번한 것으로 나타났다. 이러한 불일치는 특히 임상적 문제가 내재화 장애일 때 더욱 흔하게 나타났다(Rescorla et al., 2013, 2014). 다중방법 평가는 임상심리학자들이 다양한 방법으로 자료를 모으는 것을 말하는데, 예를 들어, 면접, 아동이 직접 보고하는 검사, 혹은 아동을 잘 아는 사람들이 보고하는 검사, 직접 아동의 행동을 관찰하는 것, 그리고 기타 방법이 있다. 다중상황적 평가는 때로는 아동의 문제가 아동의 삶 전반적인 부분에 만연해 있기도 하지만, 때로는 그 문제가 특정 상황에 따라 달라진다는 것을 인정한다. 따라서 가정, 학교, 임상가의 사무실, 그 외 기타 관련된 상황에서의 자료들을 수집하는 것이 현명하다.

아동을 평가하는 다중출처, 다중방법, 다중상황적 접근의 가치를 보여주는 일례로, 아리라고 하는 7세의 남아를 살펴보자. 부모는 아리를 임상아동심리학자인 킴 박사에게 데리고 왔다. 아리의 부모는 아리를 '감당하기 불가능하다'고 설명했다. 아동은 그야말로 지시를 듣지 않고 들었던 것을 행하지 않는다. 부모는 그들의 말이 믿을 만하다는 것을 입증하는 평가척도를 수행했고, 그들은 아리가 집에서 제멋대로 행동하는 수많은 에피소드를 언급하였는데, 주로 잠잘 때, 학교 갈 때, 정리할 때의 이야기들이었다. 문제를 종합적으로 더 잘 이해하기 위해 킴 박사는 부모에게 허락을 받아 아리가 1학년 때 가르쳤던 교사, 일주일에 여러 번 몇 시간씩 아리를 돌보았던 베이비시터와 면담을 요청했다. 킴 박사가 교사와 베이비시터로부터 얻었던 정보는 부모가 제공했던 정보와

글상자 17.3

나의 경험

나의 임상실무 경험에서 아동에 대한 다중출처 평가는 꽤 다양한 자료를 포함한다. 오늘날 아동의 생활양식은 다양한데, 특히 아동과 주로 시간을 함께 보내는 사람이 누구인지에 대한 차이가 크다. 아동과 주로 시간을 보내는 사람이 누구이든 도움이 되는 정보를 제공해줄 수 있을 것이다. (물론 이러한 정보제공자가 될 수 있는 어떤 사람과의 면담도, 아동의 부모 혹은 보호자의 허락을 받아야 한다.)

아동 자신과 더불어 부모와 교사처럼 정보를 제공해줄 수 있는 대상의 평가는 아동의 심리평가 시에 거의 대부분 포함된다. 전형적으로 이러한 출처는 아동을 제일 잘 알고, 아동의 표출 문제에 대한 질문에 가장 잘 대답을 할 수 있는 성인들이다. 그러나 다른 사람들도 많다. 다양한 아동 평가에서 나는 확대가족 구성원들과 이야기를 하는데, 여기에는 할머니와 할아버지, 이모, 고모, 삼촌, 조카, 형제자매들이 포함된다. 아동의 담임 교사 외에도 학교 교직원들과 이야기를 한다. 주로 학교 상담사와 보조교사들이 이 범주에 가장 흔하게 포함되지만, 아주 작은 학교의 교장 선생님과 학교 직원이 아동에 대해 잘 알고 있어서 아동에 대한 자세한 정보를 제공해준 적도 있었다. 아동 평가에 대한 정보의 정보제공자가 될 수 있는 또 다른 사람은 학교 밖에서 아동과 만나는 성인이다. 예를 들어, 아동 평가 내담자들 중 한 아이는 방과 후 체육관에서 프로 수준으로 체조훈련을 받는다. 그 아동은 자신의 체조 코치와 매주 많은 시간을 함께 보냈고, 그 코치는 아동의 문제에 대해 교사나 부모의 관점과 전혀 다른 관점을 제공해주었다. 코치 외에도 나의 아동 평가에는 가정교사, 이웃, 가족친구, 종교지도자, 종교학교 교사, 그리고 권위를 가진 사람들의 조언도 도움이 되었다. 아르바이트를 하는 10대들에게는 해당 점포의 관리자(청소년들이 부모보다도 더 많은 시간을 함께하는 사람)와의 대화도 도움이 되었다. 그리고 당연히 어떤 아동도 건강전문가(예 : 소아과 전문의) 혹은 정신건강전문가(예 : 이전의 심리학자)와 이야기하는 것이 필요할 수 있다.

어떤 경우에 나는 자체적으로 특정한 정보제공자와 이야기를 나눌 생각을 한다. 아동 혹은 부모와의 초기면담에서 내가 들은 것들을 바탕으로 가설을 제시하고, 부모의 허락을 받는다면 특정 정보제공자와 대화를 하려고 노력할 것이다. 또 어떤 경우에는 아동 혹은 부모가 나에게 자료를 제공할 다른 사람과 연결해준다. 수년간에 걸쳐서 내가 얻은 교훈은 심리 서비스를 찾아오는 넓은 범주의 아동과 가족들이 가진 삶의 양식의 다양성을 존중해야 한다는 것이다. 다양성은 곧 자료의 다양성과 직결되고, 이 자료가 관습적이든 비관습적이든 상관없이 아동 평가 내담자에 관한 중요한 정보를 제공할 수 있을 것이다.

불일치했다. 킴 박사의 면접과 평가척도를 통해서 교사와 베이비시터 모두는 아리가 매우 규칙을 잘 준수하고, 순종적이며, 예의가 바르다고 서술했다. 또한 킴 박사는 학교를 방문해서 직접 아리의 행동을 관찰했고, 전혀 폐를 끼치거나 반항적인 것을 발견하지 못했다. 따라서 킴 박사는 아리의 문제는 삶의 전반적인 부분에 만연해 있는 것이 아니라고 결론을 내리게 되었다. 대신에 문제는 부모와 함께 집에 있는 시간에 발생하는 상황적인 것이었다. 그러고 나서 킴 박사는 부모의 의사소통 능력을 향상시키고, 가정에서 일어나는 긴급 사태에 대해서 성공적으로 관리할 수 있도록 특별히 고안된 개입을 성공적으로 진행할 수 있었다.

평가 방법

임상아동심리학자들은 수많은 평가 도구와 방법을 사용한다. 임상면접, 행동 관찰, 행동평가척도, 자기보고척도, 투사적/표현적 기법, 그리고 지능검사 등 일반적으로 6개의 대략적인 평가범주로 구분할 수 있다(Cashel, 2002; LaGreca et al., 2002; Merrell, 2008; Wodrich, 1997).

그림 17.4 임상아동심리학자들이 종합적인 평가를 할 때 아동의 환경은 고려해야 할 많은 중요한 영역 중 하나이다.

© bodnarchuk/istockphoto.com

면접

임상심리학자가 성인을 평가할 때 많은 경우 심리학자는 내담자와만 이야기를 나눈다. 아동 평가의 경우 이 과정이 매우 달라지는데, 일반적으로 임상심리학자는 아동뿐만 아니라 아동과 관련되어 아동의 문제에 대해 설명해줄 수 있는 사람들까지 면접하게 된다는 것에서 차이가 있다. 그런 사람들로 부모와 교사가 가장 대표적이지만, 문제와 상황에 따라서 형제자매, 조부모, 다른 친척, 소아과 전문의, 친구, 보육교사, 가정교사 등의 다양한 이들이 면접 대상이 될 수 있다.

소위 좋은 정보원으로 불리는, 아동을 잘 아는 사람들을 면접하는 것은 임상심리학자에게 필수적인 기술이다. 부모와 이야기할 때, 좌절이나 슬픔과 같이 아동의 문제에 대한 부모의 경험에 잘 공감하는 것이 도움이 될 수 있다. 그리고 심리학자의 역할에 대한 잘못된 생각을 바로잡아주는 것이 도움이 될 수 있는데, 심리학자의 역할은 누군가를 꾸짖거나 책임을 전가하는 것이 아니라, 부모와 협력하여 건설적인 방향으로 문제를 해결하는 데 있다고 알려주는 것이다. 부모 외에 다른 사람을 면접할 때는 그 사람과 연락하기 전에 부모나 보호자의 허락을 받는 것이 언제나 필수적이다. 일단 연락을 하게 되면 가능한 한 전문적이고 정중하며 간략하게 진행하는 것이 가장 좋다. 특히 교사들을 면접할 때 이러한 점이 더욱 두드러지는데, 교사들은 일정상 이 중요한 일에 대해 종종 잠깐의 시간만을 할애할 수 있기 때문이다. 준비 과정에서 교사와 미리 연락을 주고받으면서, 그들이 들이는 시간과 수고의 가치를 인정해주고 감사하는 표현을 하는 것이 이 과정을 보다 수월하게 할 것이다(Kamphaus & Frick, 2005; Villa & Reitman, 2007).

아동 자신을 면접하는 것은 명백히 중요한 일이나, 때로는 임상아동심리학자들에게 도전적인 과제가 되기도 한다. 아동이 심리학자들에게 자신을 의뢰하는 경우는 드물다. 부모, 교사, 혹은 소아과 전문의가 아동의 행동에 대한 우려로 의뢰하는 경우가 훨씬 많다(LaGreca et al., 2002). 사실 아동을 임상심리학자에게 데리고 올 때 전형적으로 "초점은 아동이 방해받고 불안정한 행동보다는 방해하고 불안감을 주는 행동에 있다"(Kazdin, 2000, p. 47). 따라서 다른 사람들이 아동을 변화시키기를 원하는 반면, 아동은 변화하려는 동기가 없거나 오히려 저항적일 수 있다. 어떤 경우에 아동은 면접에 대해 꽤 불안해할 수 있고, 아동의 나이와 세련됨에 따라 심리학자들이 소아과에서 주사를 맞는 것처럼 무섭거나 아프게 할 것이라는 잘못된 선입견을 가지고 있을 수도 있다.

이런 이유로 라포 형성은 아동의 면접에서 필수적인 부분이다(Kendall, 2012). 면접의 목적에서 빗나가지 않는 범위 내에서 면접을 시작하기 전에 충분한 정도의 가벼운 이야기를 하는 것이 아동을 편안하게 하는 데 도움이 될 수 있다. 또한 임상심리학자의 대화 양식이 아동과 맞아야 하며, 어휘도 아동이 잘 이해할 수 있어야 한다(Kamphaus & Frick, 2005; Villa & Reitman, 2007). 무엇보다도 아동을 진정으로 존중하는 의사소통, 아동의 행복에 대한 관심, 아동의 삶을 향상시키기 위해 함께 일하고자 하는 소망을 보이는 것은 임상면접 상황에서 아동에게 편안함을 느끼게 하는 데 도움이 될 수 있다. 구조화된 면접이든 비구조화된 면접이든 둘 다 임상아동심리학자가 자주 사용하는 방식이다(Nock, Holmberg, Photos, & Michel, 2007; O'Brien & Tabaczynski, 2007).

행동 관찰

아동의 문제가 직접적으로 관찰될 수 있는 행동을 포함할 때(대부분 외현화 장애) 임상아동심리학자는 종종 직접적으로 관찰을 한다. **행동 관찰**(behavioral observation)은 문제 행동이 발생하는 학교 혹은 가정을 방문하는 것을 필요로 할 수도 있다. 일단 방문하게 되면 일반적으로 임상심리학자들은 아동의 행동을 공식적이고 체계적인 방법으로 관찰하고 부호화한다. 임상심리학자가 이러한 목적으로 사용할 수 있는 몇 가지의 체계가 출판되었는데, 여기에는 아동행동 체크리스트(Child Behavior Checklist)와 함께 개발된 직접 관찰 양식(Direct Observation Form), 아동을 위한 행동평가체계(Behavior Assessment System for Children)의 한 구성요소인 학생관찰체계(Student Observation System), 부모-자녀의 양자 상호작용 부호화 체계(Dyadic Parent-Child Interaction

Coding System), 그리고 사회상호작용 점수체계(the Social Interaction Scoring System)가 있다(Merrell, 2008; Merrell & Harlacher, 2008).

행동 관찰 체계는 사건이나 간격에 기초할 수 있다. 사건기반 체계에서는 단순히 관찰자가 상대적으로 오랜 기간 동안 발생하는 표적 행동의 수를 센다. 예를 들어, 관찰자는 과도하게 말이 많은 8세 아동이 하루 학교생활에서 30분 수업시간 동안 학급친구와 이야기하는 횟수를 셀 수 있다. 간격기반 체계에서는 관찰자가 전체 시간을 작은 간격으로 나누고 표적 행동이 각 간격 동안에 발생했는지 여부를 기록한다. 따라서 관찰자는 30분을 1분씩 30개의 간격으로 나눌 수 있고, 30분 동안 아동이 학급친구와 이야기한 분의 수를 알아낼 수도 있다. 어떤 종류의 체계이든지 임상아동심리학자들이 경험적으로 표적 행동을 측정할 수 있도록 한다. 그 문제 행동을 평가할 수 있는 이러한 직접적이고 체계적인 접근은 아동, 부모, 교사 혹은 타인들로부터 확보된 간접적인 자료에 대한 중요한 보완 자료가 될 수 있다.

행동에 대한 직접적인 관찰에 대한 한 가지 우려되는 점은 **반응성**(reactivity)이다. 즉 아동의 행동은 관찰자의 존재를 인식하는 것만으로도 쉽게 변할 수 있다. 반응성이 강할 때 관찰은 타당하지 않을 수 있다. 따라서 임상아동심리학자는 종종 아동이 관찰자의 존재에 익숙해질 때까지 관찰 녹화 시작을 유보한다. 관찰자가 교실 안 다른 사람들과 다른 문화적 배경을 가질 때 반응성에 대한 우려는 더 커진다. Merrell(2008)은 교실에서 아동을 관찰하는 임상심리학자가 자신과는 다른 인종인 학급의 학생들을 관찰하는 실례를 제시한다.

자연주의적 직접 관찰(naturalistic direct observation), 즉 상황이 실제 발생하는 장소에서의 행동 관찰이 현실적으로 어려울 때, 임상아동심리학자는 종종 **유사 직접 관찰**(analogue direct observation)을 시행한다. 일반적으로 유사 직접 관찰은 실제 삶의 상황이 재현되는 클리닉에서 시행된다. 용어의 정의대로 유사 직접 관찰은 문제 행동이 일어나는 실제 상황과 완벽하게 일치될 수는 없다. 그럼에도 불구하고 문제 행동에 관한 간접적인 기술이나 설명에 대한 중요한 추가 보완 자료가 될 수 있다.

행동평가척도

행동평가척도(Behavior rating scale)는 부모, 교사 혹은 다른 성인이 아동의 표출 행동에 대해 완성하도록 한 표준화된 지필양식이다. 이 척도들은 보통 행동리스트로 구성되어있는데, 각 항목에 반응의 범위가 주어져 있어서 응답자가 아동의 행동에 가장 부합한다고 생각되는 것을 선택할 수 있도록 되어있다. 예를 들어, 행동평가척도가 "아동이 다른 아동을 밀친다."라는 항목이 있고 이에 대한 답으로 매우 자주, 자주, 때로, 안 함, 거의 안 함이라는 5점 척도로 구성될 수 있다. 임상아동심리학자는 부분척도와 전체척도의 점수를 합하여 한 아동에 대한 조사결과를 아동의 나이에 따른 규준과 비교할 수 있다. 가장 흔하게 사용되는 행동평가척도 중에는 다양한 문제에 대처하기 위한 부모와 교사 버전의 아동행동 체크리스트(경험 기반 평가인 Achenbach 체계의 일부), 다양한 문제 행동 아동을 위한 행동평가체계(Behavior Assessment System for Children), 주의 관련 척도인 코너스 평가척도(Conners' Rating Scale), 아동기 우울 증상을 측정하는 아동 우울 척도(Childrens's Depression Inventory)가 있다(Achenbach, 2009b, 2015a; 2015b; Bérubé & Achenbach, 2007; Kamphaus, 2015; Kovacs, 2015; Merrell & Harlacher, 2008).

행동평가척도의 장점은 편리함, 저렴한 비용, 그리고 객관성이다. 단점은 응답자가 설문에 답하는 것 이상으로는 상세하게 답하기 어렵고, 아동의 문제 행동을 적절하게 포착하지 못하는 척도문항을 가질 수 있다는 것이다.

자기보고척도

성인의 평가와 마찬가지로 아동과 청소년의 평가에서도 내담자가 직접 질문지에 응답하는 과정을 포함한다. 물론, 이러한 측정 도구를 사용할 때는 아동의 읽기 수준, 주의 지속시간, 그리고 검사를 완성하고자 하는 동기가 적절하다는 전제가 깔려있다. 이러한 이유로 **자기보고척도**(self-report scale)는 어린 아동보다는 청소년에게 더 흔하게 사용되고 있다(Cashel, 2002).

아동과 청소년을 위한 자기보고척도는 성인을 위한 자기보고척도와 꽤 비슷하다. 사실 성인용 자기보고 척도 중에 가장 흔하게 사용되는 미네소타 다면적 인성검사(MMPI)와 밀론임상다축검사(MCMI)와 같은 검사에는 청소년 버전이 따로 마련되어있다. 이러한 지필검사들은 청소년이 일련의 진술문을 읽고 자신을 가장 잘 진술한 것에 응답하도록 되어있다(그렇다/아니다 혹은 연속되는 몇 개의 선택지 중 하나 선택). 점수는 청소년의 점수 패턴을 연령을 기반으로 한 규준과 비교하여 정해진다. MMPI와 MCMI의 청소년 버전은 상대적으로 길고, 성격의 전반을 측정하지만, 다른 청소년용의 자기보고척도들은 더 간단하고, 우울과 불안처럼 특정한 증상을 측정한다. 성인의 경우와 마찬가지로 아동 혹은 청소년을 평가하는 자기보고척도들은 문화적 역량이 갖춰진 방식으로 사용되어야 한다. 예를 들어, 임상아동심리학자는 내담자가 검사에 쓰이는 언어에 능숙한지, 내담자의 응답과 비교되는 규준이 내담자의 문화적 배경을 고려하고 있는지를 반드시 확인해야 한다(Merrell, 2008).

투사적/표현적 기법

아동의 평가에 사용되는 투사적이고 표현적인 기법은 성인과 같은 검사를 사용하는 것이 있다. 예를 들어, 로르샤흐 잉크반점 검사, 주제통각검사, 문장완성검사(제10장 참조)가 있다. 이외의 아동에게만 사용되는 것도 있다. 제10장에서 투사적 가설과 투사적 검사의 신뢰도와 타당도에 대해 논의한 바 있는데, 이는 아동의 평가에게도 마찬가지로 적용된다.

아동용 주제통각검사(CAT)는 TAT 스토리텔링 검사를 각색한 것으로, 사람의 특성보다는 동물의 특성을 나타내었으며, 이러한 동물들에 대해 아동이 이야기를 만들도록 되어있다. 이 검사보다 훨씬 더 최신이며, 문화적 민감성의 측면에서 대안이 될 만한 것으로 로버트 통각검사 2판(Roberts Apperception Test)이 있는데, 여러 인종 배경을 가진 아동이 보다 일상적으로 상호작용을 하도록 되어있다. 또한 문화적 관련성을 가진 최근 검사로는 TEMAS(Tell-Me-A-Story)가 있다(Costantino, Dana, & Malgady, 2007; Costantino & Malgady, 1999; Costantino, Malgady, & Rogler, 1998; Teglasi, 2010). TEMAS는 특별히 TAT에 문화적 세심함을 더한 대안으로 고안되었다. 임상가들은 다양한 상황 속에 다수인종, 히스패닉 혹은 아프리카계 미국인들이 묘사되어있는 총천연색 카드를 선택할 수 있는데, 이러한 카드를 가지고 5~18세의 아동이 이야기를 만든다. TEMAS 카드는 TAT보다 덜 모호하게 만들어져 있는데, 각 카드는 특별한 주제, 상황, 혹은 이슈에 초점이 맞추어져 있다. TEMAS에 대한 규준 자료는 문화적 다양성을 고려하여 연령, 성별, 구체적인 인종에 따라서 구조화된 규준을 함께 포함하고 있다(Flanagan, Costantino, Cardalda, & Costantino, 2008; Malgady & Colon-Malgady, 2008; Teglasi, 2010).

이 항목에는 내담자가 언어로 반응하는 이러한 투사적 검사 외에도, 내담자가 그림으로 반응하는 표현적 검사도 포함한다. 이러한 그림들은 정확하게 해석될 때 아동의 성격에 대한 중요한 정보를 제공한다고 본다. 이러한 검사의 한 예로는, 인물 그리기 검사(Draw-a-Person test, DAP)는 아동에게 백지가 주어지고, 사람 전체를 그리도록 간단하게 지시한다. 동적가족화(Kinetic Family Drawing, KFD)는 어떤 활동을 함께하고 있는 내담자의 가족을 그리는 것이고, 집-나무-사람검사(House-Tree-Person test, HTP)는 제목에 제시된 세 가지 항목을 그리도록 요청한다. 임상아동심리학자들은 이러한 종류의 검사 과정에서 완성된 그림을 통해 내담자의 심리적인 기능에 대한 가설을 세운다. 대부분의 투사적 혹은 표현적 방법처럼 그림검사는 해석 과정에서 추론이 사용된다. 그림검사의 해석은 문화적 배경을 고려해야 한다. 아동이 그리는 그림은 문화적인 문제, 개인적인 문제를 반영할 수 있다. 예를 들어, Esquivel, Oades-Sese, Olitzky(2008)는 인물화를 그린 그림에서 일본 아동은 다른 일반 특성들 중에 전형적으로 비일반적이게 눈을 크게 그리는 특성을 보이는데, 이는 일본 애니메이션의 인기에 영향을 받았음을 알 수 있고, 감정의 개방적 표현보다는 억제를 하는 일본의 문화적 규준에 근거하여 일본 문화에서는 웃음 짓는 경우가 상대적으로 적은 것을 지적하였다.

지능검사

아동을 위한 지능검사는 일반적으로 IQ 검사와 성취도 검사로 구성되어있고, 이러한 검사들은 앞에 설명한 다른 검사들과는 차이가 있다. 앞에서 설명된 방법이 행동과 정서 기능을 평가하는 데 반해, IQ와 성취도 검사는 지적 기능을 평가하는 것이다. 종합심리평가에서 임상아동심리학자는 이러한 모든 범주의 방법을 사용할 수 있다. 그러나 특정학습장애 평가와 같이 몇 가지 일반적인 유형의 평가에서는 거의 전적으로 지능검사가 주로 강조되어 사용될 수 있다. 아동과 성인을 위한 IQ와 성취도 검사는 제9장에서 자세하게 설명된다.

구체적인 지능검사 중에는 웩슬러 아동용 지능검사 4판(WISC-IV)의 스페인 버전이 WISC의 이전 판에 비해 크게 발전한 것으로 평가받고 있기에 스페인어를 사용하는 청소년에게 일반적으로 많이 사용하는 것으로 알려져 있다(Park-Taylor et al., 2010). 이 검사는 부모가 스페인어를 말하는 나라 출신인 아동을 기준으로 삼았는데, 이러한 나라들로는 주로 멕시코, 쿠바, 도미니카 공화국, 푸에르토리코, 그리고 중앙아메리카와 남아메리카에 속한 나라들이 해당된다. 물론 이 검사와 다른 번역된 많은 검사들은 한계점도 가지고 있지만, 항목이 번역되어도 내용은 바뀌지 않았다. 문화적 특수성을 고려한 검사 혹은 언어적 영향을 제거하거나 줄임으로써 문화적 공정성에 초점을 둔 검사, 예를 들어, 제9장에서 자세하게 설명된 보편적 비언어적 지능검사(UNIT)와 같은 것은 다양한 문화와 언어적 배경을 가진 내담자를 위해 사용될 수 있다.

특정 평가 방법의 사용 빈도수

2002년 조사에서 아동과 청소년을 집중적으로 연구하는 심리학자들이 평가 절차 동안 사용하는 특정 검사의 빈도수를 측정하였다(Cashel, 2002). 응답자들은 미국심리학회(APA) 구성원들로 53 분과에 속해 있거나 다른 관련 분과에 속해 있으면서도 아동 및 평가에 대한 주제의 연구에 집중하는 심리학자들이었다. 그 결과, 면접이 어떤 특정 평가 방법보다 훨씬 더 흔하게 사용되고 있었다. 면접이 아닌 방법 중에는 임상가들이 아동 평가와 청소년 평가에서 각기 다른 검사들을 사용한다고 보고하였는데, 청소년에게는 자기보고척도를 사용하고, 아동에게는 부모나 교사가 완성하는 행동평가척도를 주로 사용한다고 응답하였다. 종합하자면 WISC와 같은 검사들은 상대적으로 흔하게 사용되나, 상당수 검사들의 사용빈도는 임상가들에 따라 달라진다. 표17.1과 17.2에 이 조사의 결과를 요약한다.

표 17.1 아동 평가의 특정 평가 방법 사용

평가 방법	방법을 사용하는 아동 임상가의 백분율	기법 종류
웩슬러 아동용 지능검사	75	지능검사
아동행동 체크리스트	65	행동평가척도
코너스 부모 및 교사용 평가척도	65	행동평가척도
바인랜드 적응행동척도	63	반구조화된 면접 및 행동평가척도
문장완성검사	57	투사적/표현적
인물 그리기 검사	56	투사적/표현적
벤더게슈탈트 검사	56	신경심리학적 스크리닝
Beery VMI	56	신경심리학적 스크리닝
피바디 그림어휘력검사	53	지능검사
웩슬러 개인 성취도 검사	53	성취검사

출처 : Cashel (2002).

아동 및 청소년의 심리치료

아동과 청소년을 위한 심리치료는 성인을 위한 치료와 상당히 다르게 보일 수 있으나, 아동 · 청소년 치료자와 성인 치료자가 사용하는 방법은 종종 같은 이론에 기초하고 있다. 즉 정신역동, 인본주의, 행동적 기법, 인지적 기법 등의 주된 치료 접근법은 성인뿐 아니라 아동을 위한 적용법도 마련해왔다.

그렇다 해도 아동은 축소된 성인으로 간주되어서는 안 된다. 따라서 아동을 위한 치료는 성인을 위한 치료 방식에서 수정될 필요가 있다(André, Garcia, & Coyne, 2015). 성인 치료는 내담자의 자발성, 변화의 동기, 침착하게 앉아있는 능력과 장시간 동안 언어를 사용해 상황 설명과 감정표현을 할 수 있는 능력을 가지고 있다고 가정한다. 하지만 아동과 청소년을 치료할 때에는 이 중 어떤 것도 당연하게 여겨질 수 없다. 더욱이 성인 치료 시 내담자가 일반적으로 혼자 회기에 참여하지

표 17.2 청소년 평가의 특정 평가 방법 사용

평가 방법	방법을 사용하는 아동 임상가의 백분율	기법 종류
웩슬러 아동용 지능검사	70	지능검사
문장완성검사	60	투사적/표현적
아동행동 체크리스트	53	행동평가척도
로르샤흐 잉크반점 검사	48	투사적/표현적
코너스 부모 및 교사용 평가척도	48	행동평가척도
벡 우울척도	48	자기보고척도
웩슬러 개인 성취도 검사	48	성취도 검사
미네소타 다면적 인성검사 청소년용	46	자기보고척도
아동행동 체크리스트	44	행동평가척도
주제통각검사	43	투사적/표현적
청소년 자기행동평가척도	43	자기보고척도

출처 : Cashel (2002).

만, 아동은 혼자 치료받으러 오지 않는다. 부모, 친척, 교사, 혹은 다른 사람들과 함께 올 수 있으며 치료에서 이들과 협력하는 것이 중요하다. 사실 치료동맹은 성인 치료뿐만 아니라 아동과 청소년 치료에서도 중요하다(Shirk, Karver, & Brown, 2011). 그러나 이 경우에서 동맹은 성인 치료에서와 다르게 아동과 부모 및 다중적인 대상들이 포함되어야만 한다.

아동과 청소년을 위한 심리치료 방법을 모두 전문적으로 검토하는 것은 이 장의 범위를 넘어서는 것이다. 사실 Kazdin(2000)은 아동과 청소년을 위한 551개의 심리치료 방법의 목록을 작성하였는데, 이것도 너무 적게 추산한 것으로 여겼다. 이 모두를 검토하는 대신에 우리는 오늘날 임상심리학자들에 의해 적극적으로 사용되고 있는 다양한 아동 심리치료의 방식들을 살펴볼 것이다. 그 후에는 아동과 청소년을 위한 심리치료의 실증적 연구성과를 검토하여 '무엇이 효과적인지'에 대한 최신 지식을 얻을 것이다.

아동을 위한 인지행동치료

아동을 위한 인지행동치료가 증가하고 있다(James & Roberts, 2009; Ollendick & Shirk, 2011). 인지행동치료는 다른 어떤 아동 치료보다도 훨씬 더 증거기반 치료이며, 경험적 자료에 근거한다. 다른 말로 하면 인지행동치료는 효과가 있다는 증거들을 수집하였다는 뜻이다(Chorpita et al., 2011). 이러한 치료들은 행동적이거나 인지적인 기법을 포함하고 있고, 많은 경우 두 가지 기법을 모두 사용한다.

대부분 이러한 실증적 증거는 특정한 장애에 적용된 어떤 매뉴얼에 기초한 심리치료의 성과에서 얻는다. 인지행동치료가 우울증이나 ADHD와 같은 아동의 다양한 장애에 효과가 있다고 알려져 있으나(Curry & Becker, 2008; Hoza, Kaiser, & Hurt, 2008; Sibley, Kuriyan, Evans, Waxmonsky, & Smith, 2014), 불안장애에 대해서 가장 효과가 큰 것으로 알려져 있다. 강박장애(OCD), 공황장애, 공포증(학교공포증 포함), 사회공포증 등을 가진 아동을 지원하는 실험을 통해 검증된 치료가 존재한다(Ollendick & Pincus, 2008; Silverman & Pina, 2008; Storch et al., 2008). 일반적으로 이러한 아동의 치료는 성인 치료와 같은 전제에 근거한다. 예를 들어, 아동의 공포증 치료는 두려움의 대상이나 상황에 점진적으로 노출시키는 것을 중점으로 하는 것(종종 이완훈련과 병행), 아동의 강박장애(OCD) 치료는 반응 방지와 노출을 결합한 것을 중점으로 하는 것(강박적인 사고 및 불안으로부터 일시적으로 벗어나기 위해 손을 씻는 충동적 행동을 금함), 다양한 아동기 불안 문제의 치료는 인지재구조화를 포함하는데, 아동이 비합리적인 사고를 더 합리적인 사고로 전환하도록 하는 것 등이다(Rapee, Schniering, & Hudson, 2009).

물론 기본적인 전제가 같더라도 이러한 치료들이 아동에게 적용되는 방식은 종종 성인에게 적용하는 방식과 다르다. 예를 들어, 아동을 치료하는 인지행동치료자들은 다양한 종류의 게임을 하면서 개입을 한다(Knell & Dasari, 2011). Pincus, Chase, Chow, Weiner, Pian(2011)이 설명한 여러 게임기반의 치료 기법 중에는 '용기빙고(Bravery Bingo)'라는 것이 있는데, 공포증 증상이 있는 아동이 각각의 불안 위계에 성공적으로 노출될 때마다 빙고판에 배치할 토큰을 얻게 되는 것이다. Pincus와 동료들은 '미스터 OCD'라는 게임을 소개하는데, 이는 잘못된 논리를 보이는 미스터 OCD라는 인형에 아동이 더 논리적인 반론을 제기함으로써 아동의 인지 능력을 재구조화하는 것이다. 예를 들어 미스터 OCD가 "오늘 밤 잠에 들면 괴물이 너를 납치해갈 거야!"라고 말하면 아동은 "지금까지 단 한 번도 괴물이 나를 찾아온 적 없었고 오늘 밤에도 그럴 거야. 내 방에 괴물은 없어!"라고 말하는 것이다. 이와 마찬가지로 인지행동치료자들은 아동 내담자들에게 숙제를 줄 때 아동이 숙제를 반드시 완료하도록 직접적이고 분명한 포상 체계를 약속한다. 연령이나 아동의 관심사에 따라(그리고 부모의 선호도에 따라) 스티커, 사탕, 특혜 또는 간단한 칭찬을 사용하여 아동이 회기 사이의 과제를 완성할 수 있도록 한다.

특정한 두 가지 형식의 치료는 인지행동 접근의 행동적인 면에 더 중점을 두고 있다. 하나는 **사회기술훈련**인데, 치료자가 아동에게 다른 사람과의 상호작용을 증진시키는 행동을 가르친다. 사회기술훈련은 여러 종류의 문제를 가진 아동에게 효과가 있지만, 자폐스펙트럼장애, 사회불안장애, ADHD를 가진 아동에게 가장 빈번하게 사용된다. 이 훈련은 대화를 시작하는 방법, 이미 상호작용을 하고 있는 아이들과 합류하는 방법, 적절하게 감정을 표현하는 방법, 좌절을 다루는 방법, 효과적으로 눈 맞춤과 다른 비언어적인 행동을 하는 방법, 목소리의 크기와 톤을 관리하는 방법 등 많은 것을 목표로 한다. 이러한 기술들은 치료자가 모범을 보여주고 회기 안에서 예행연습을 하는데, 이때 아동의 성공에 대한 확실한 보상이 약속될 경우 치료의 성공 가능성 또한 높아진다. 사회기술훈련에서 치료자가 아동에게 어떻게 행동할지를 지시하는 것과 더불어 그 행동을 해야 하는 이유와 장기적인 유익을 설명할 때 가장 효과가 있다(Andre et al., 2015; Block, Radley, Jenson, Clark, & O'Neill, 2015; Herbert et al., 2005; Laugeson, Gantman, Kapp, Orenski, Ellingsen, 2015; Spence, 2003).

두 번째 행동치료는 응용행동분석(applied behavior analysis, ABA)인데, 강화, 처벌, 행동형성 및 소거와 같은 조작적 조건형성의 원리에 기반을 둔다(Fisher & Piazza, 2015). ABA는 자폐스펙트럼장애를 가진 아동을 위한 증거기반 치료이고, 이 장애에 가장 흔하게 사용되며, 또 이 장애에 추천되는 치료이다(Christon, Arnold, & Myers, 2015; Smith & Iadarola, 2015). ABA 치료자는 아동에게 개선하기 위해 노력해야 할 매우 구체적인 목표 행동을 먼저 명확히 알려주고 정의함으로써 도움을 제공한다. 목표는 아동이 직접 눈 맞춤을 하고, 옷을 적절하게 입고, 혹은 혼자 화장실에 가는 것 같은 행동의 빈도수를 증가시키는 것일 수 있다. 또는 아동이 다른 사람이나 자신을 해치는 것과 같은 행동을 줄이는 것을 목표로 세울 수 있다. 빈도수의 기저선이 측정되고, 목표빈도수가 설정된다. 이와 함께 기능분석이 실시되어 치료자가 ABA 시작 전에 기존 행동에 영향을 줄 수 있었던 수반성 요인을 더 잘 이해할 수 있게 된다. 그리고 아동의 환경과 아동의 가능 범위 안에서 수반성 관리를 통해 아동의 특정 행동이 결과에 의해 영향을 받게 된다. 즉 그 아동은 바람직한 방향으로 행동을 변화시키기에 효과적인 보상이나 처벌을 받는다. 발전 정도는 지속적이고 객관적으로 평가된다. 행동을 변화시키는 것에서의 강조점은 아동이 치료 과정 속 특정 환경 속에서만 개선된 행동을 보이는 것이 아니라 다른 새로운 환경에서도 그 변화를 이어갈 수 있게 일반화하는 것이다(Bailey & Burch, 2006, 2010; Fisher, Piazza, & Roane, 2011).

자기 지시적 훈련

Donald Meichenbaum(1977, 1985, 2008)은 충동적이고 파괴적인 아동이 자신의 행동을 더 잘 조절하는 방법으로서 자기 지시적 훈련(self-instructional training)을 개발하였다(Meichenbaum & Goodman, 1971 참조). 이것은 충동적이고 파괴적인 아동에게 여전히 사용되고 있지만, 아동기(그리고 성인기)의 다른 문제들에도 확장되어 사용되고 있다(예 : Grace, Spirito, Finch, & Ott, 1993). 이것은 '유도된 자기 대화(guided self-dialogue)'라고 불리기도 하지만, 자기 지시적 훈련이라는 용어로 더 흔하게 사용된다.

자기 지시적 훈련은 일종의 인지적 치료로서, 아동이 문제 행동이 발생할 수 있는 상황을 '설명'하도록 훈련을 받아, 결국에는 선호되는 행동을 수행할 가능성을 증대시킨다. 이 과정은 일련의 단계로 이루어져 있는데, 아동은 지시사항을 듣고, 점차적으로 그 지시사항을 자신의 생각에 통합시킨다. 이후 목표 행동이나 상황이 정해지면, 치료자가 적절한 행동을 모델링함으로써 치료 과정이 시작된다. 치료자의 모델링 행동에서의 핵심은 아동이 관찰하는 가운데 치료자가 소리 내어 크게 말하며 한 단계씩 차근차근 진행하는 것이다. 다음에는 치료자가 큰 소리로 지시사항을 말하고 아동은 행동을 따라 한다. 일단 이 과정이 완전히 숙달되면 아동은 자신에게 큰 소리로 지시사항을 말하면서 그 행동을 수행한다. 그다음에는 아동은 지시사항을 자신에게 속삭이듯이 이야기하고, 마지막에 아동은 자신에게 지시사항을 말하지 않고 조용하게 행동을 수행한다. 일부 발달 이론가들에 따르면(예 : Luria, 1961), 이러한 연속적인 단계는 아동이 자연적이고 점진적으로 부모와 같은 다른 사람의 지시를 받아들이고, 이러한 지시사항을 자신의 생각과 통합하는 방식과 아주 유사하다.

자기 지시적 훈련은 "문제를 해결하는 태도를 성숙시키고 특정한 인지적 전략을 만들게 하여 내담자가 자신의 스트레스 반응에 대한 다양한 단계에 사용할 수 있도록 고안된 것"이다(Meichenbaum, 1985, p. 69). 자기 지시적 훈련을 사용하는 치료자는 '인지' 그 자체를 바꾸기보다는 내담자에게 새로운 자기진술을 소개한다. 다시 말하면, 아동이 어떤 문제에 직면할 때 그리고 문제를 해결할 기술이 없거나 혹은 "나는 이것을 해결할 수 없어." 혹은 "나는 무엇을 해야 할지 모르겠어." 혹은 "나는 곤경에 처할 거야."와 같은 부정적인 자기진술을 만든다면, 적절한 행동을 할 수 있는 가능성이 낮아진다. 자기진술이 없거나 부정적인 자기진술을 가진 상태가 더 건설적이고 유용한 자기진술을 가진 상태로 대체되어 아동을 문제해결을 위해 필요한 단계로 이끌어준다면, 선호되는 행동을 취할 가능성이 더 높아진다. Meichenbaum은 건설적인 자기진술은 다양한 시점에서 유용할 수 있다고 주장하는데, 예를 들어 스트레스원에 대한 대비 시 스트레스를 받는 과정 가운데, 지나간 후에, 스트레스원을 다루는 방식을 숙고하는 데 도움이 된다고 설명한다. 이러

글상자 17.4

비유하기

댄스 레슨과 자기 지시적 훈련

"슬로우 슬로우 퀵 퀵, 슬로우 슬로우 퀵 퀵" 이것은 댄스교실의 첫째 날 댄스 강사가 왈츠를 배우는 학생들에게 큰 소리로 말하는 지시사항이다. 이 리듬은 삼바, 폭스트롯, 맘보, 스윙과 다를 수 있지만, 기본적으로 교육 방식은 동일하다. 레슨 동안 강사는 스텝을 큰 소리로 불러주고 이후 직접 댄스 시범을 보여준다. 학생들이 점차 댄스를 숙달해가면 강사는 목소리를 줄이고 학생들은 직접 스텝을 외우며 춤을 춘다. 더 많은 연습을 한 후 학생들은 소리 내어 외우는 것 대신에 스텝을 작게 속삭이게 되고 그 후에는 아예 말하지 않게 되는데, 이는 스텝이 학생들의 기억 속에 완전히 입력되어 더 이상 소리 내어 외울 필요가 없어졌기 때문이다.

© Elena Korenbaum / istockphoto.com

자기 지시적 훈련(Meichenbaum, 1977, 1985, 2008; Meichenbaum & Goodman, 1971)은 댄스 레슨과 매우 비슷하다. 치료자와 내담자는 댄스 대신 개선시키고 싶은 하나의 행동을 지정한다. 그 후 첫 수업의 댄스 강사와 같이 치료자는 개선시키기로 한 행동을 어떤 단계를 거쳐 완성해야 하는 것인지 소리 내어 말하며 시범을 보여준다. 그 후 아동이 치료자가 불러주는 동안 과정에 따라 행동을 시도해본다. 다음 단계로 아동은 자기 진술문을 큰 소리로 말하면서 행동을 시도해본다. 그다음 자기 진술문을 작은 소리로 말하면서 이에 따라 행동해보고, 마지막으로 지시문은 머릿속으로만 생각하면서 행동만 해본다. 모든 과정에서 치료자는 피드백과 격려를 제공하는데, 마치 댄스 강사가 수강생들이 더욱 자연스럽게 댄스 스텝을 점차적으로 완성하는 것을 지켜보는 것과 같다.

어떤 때는 "나는 할 수 없어."라고 하는 굳건한 신념을 가지고 있는 수강생이 댄스 교실에 온다. 이와 비슷하게 종종 "나는 이것을 할 수 없어.", "나는 곤경에 처할 거야." 등과 같은 자기 진술문을 확고하게 가진 어려움에 처한 아동을 대면할 수 있다. 이 두 가지 경우 모두에서 자기 지시적 메시지는 아마 부정확했거나, 목적을 달성하는 방식에서는 분명히 부적응적인 것이다. 댄스 강사가 자기 비판적인 댄스 수강생들의 신념을 바꾸는 역할을 하듯, 자기 지시적 훈련을 적용하는 치료자는 아동의 부적응적인 자기 진술문을, 목표하는 행동을 성공적으로 해낼 수 있게 도와주는 건설적이고 격려가 되는 자기 진술문으로 대체시켜주는 역할을 한다.

한 훈련 과정 동안 아동은 자기진술을 큰 소리로 말해도 되겠지만, 실제 상황 속에서는 말하지 않고 생각해내야 한다.

한 예로써 과잉 행동을 하는 일곱 살 초등학교 2학년인 니콜라스를 살펴보자. 학교에서 보여주는 많은 문제 행동 중에 교사는 다른 교실로 이동하는 시간에 니콜라스가 가장 피해를 주는 행동을 한다고 설명한다. 학급활동이 끝나는 시간이 되어 자리에서 일어나는 식사 시간이나 체육활동을 위해 복도에 줄을 서서 이동해야 할 때가 되면 니콜라스는 흥분해서 친구들과 이야기하면서 교실을 뛰어다니는데, 이로 인해서 교실 전체가 혼란스러워지고 학급 전체의 이동시간이 길어진다. 니콜라스에게 기대되는 행동은 여러 번 지시를 받았던 행동으로, 자신의 물건들을 치우고 교실 문쪽으로 조용히 줄을 서는 것일 것이다. 임상아동심리학자인 샌더스 박사와 함께 니콜라스는 자기 지시적 훈련을 통해 이 문제를 개선하도록 노력한다. 그들은 샌더스 박사의 사무실에서 문제 행동이 발생한 학급의 상황을 재현하는데, 우선 샌더스 박사가 2학년인 것처럼 행동한다. 체육 활동을 위해 이동하는 시간일 때 샌더스 박사는 자신에게 큰 소리로 말한다.

> 지금 내가 무엇을 해야 할까? 맞아, 나는 알아. 나는 노트와 책과 연필을 책상에 놓고 조용하게 문쪽으로 걸어가서 친구들과 함께 줄을 서는 거야. 나는 충분히 그것을 할 수 있어. 문제없어. 이제부터 해보자! 내 물건을 모두 정리할 거야. 뛰거나 소란을 피우지 않을 거야. 나는 지금까지 잘해오고 있어. 이제 나는 일어나서 문쪽으로 걸어가고 있고, 여전히 조용히 하고 있어. 지금 나는 문에 있고, 줄을 서서, 선생님께서 가라고 하실 때까지 조용히 기다리고 있어. 좋았어! 나는 내가 할수 있다는 것을 알고 있었어!

샌더스 박사가 이 행동을 순서대로 말하고 니콜라스는 그에 맞춰 움직여본다. 다음부터 차례로 니콜라스는 자신이 직접 말하며 행동을 전개해보고, 속삭이는 목소리로 작게 말하며 행동해보고, 그다음으로 소리 내어 말은 하지 않으면서도 행동을 취한다. 샌더스 박사의 사무실에서 연습을 반복한 후에 니콜라스는 교실로 돌아가서 이 행동을 이어나가고 있다. 다른 문제 행동도 비슷하게 해결되었고, 각각의 이어지는 성공과 함께 니콜라스는 점점 더 자신감을 얻게 되었으며, 스스로 도움이 되는 자기 지시적 전략을 발달시키는 능력과 지장을 주지 않는 방식으로 행동하는 능력을 더 가지게 되었다.

부모훈련

부모훈련(parent training)은 행동치료의 한 형태로, 치료자는 부모가 자녀의 문제 행동을 교정하는 데 조건화에 기반을 둔 기법을 사용하도록 가르친다(Jackson & Leonetti, 2002). 아동 행동 문제에 대한 부모훈련 접근은 "부모를 자녀 변화에 대한 중요한 역할을 하는 사람으로 활용하며, 결국 부모가 자녀의 환경을 구성하고 관리하는 주체라는 것이다"(Briesmeister & Schaefer, 1998, p. 1).

다른 종류의 행동치료와 마찬가지로 부모훈련은 아동의 문제 행동을 명확하고 측정 가능하게 정의함으로써 시작된다. 그다음에 부모와 함께 치료자는 문제 행동을 유지하게 하는 수반성을 이해하기 위해 기능분석을 수행한다. 그 후 다시 부모와 함께 치료자는 그 행동에 대한 다른 결과들이 무엇인지 탐색해본다. 부모는 설정할 수 있는 수반성에 대해 교육받고, 그것에 대해 자녀와 어떻게 의사소통하며 지도할 수 있는지를 안내받는다. 종종 치료자는 부모를 위해 이전 목록에서는 야기되지 않았던 행동에 대한 모델을 제공함으로써 그 행동에 대한 예시를 제시해준다. 그러면 부모는 집에서 새로운 수반성을 적용해보고, 객관적이고 정량화된 효과 측정을 통해 확인된 아동의 행동에 대해서 치료자에게 보고한다. 이러한 많은 조건화 영역들은 치료자가 강화, 처벌, 소거, 일반화, 차별화, 강화 계획(예 : 고정 혹은 변동), 그리고 다른 많은 조건화 관련 개념을 부모에게 교육함으로써 논의될 수 있다. 부모훈련 프로그램은 ADHD, 품행장애, 분리불안장애, 등교 거부, 수면 문제 등 점점 더 많은 수의 아동기 문제를 위해 개발된다. 어떤 경우에는 트리플 P 포지티브 프로그램, 헤드스타트의 인크레더블 이어스(Incredible Years) 훈련 프로그램, 다른 지역사회 차원, 혹은 정부지원 프로그램과 같이 대규모 차원으로 운영되기도 한다(Menting, de Castro, & Matthys, 2013; Sanders, Kirby, Tellegen, & Day, 2014). 이러한 치료 프로그램이 끝나면, 성공적인 부모훈련은 아동의 행동이 개선될 뿐 아니라 부모도 더욱 유능하고 자신감을 가지게 되도록 도와준다(Briesmeister & Schaefer, 1998).

예를 들어, 세 살 미란다와 여섯 살 조이의 홀어머니인 패티의 사례를 보자. 패티는 임상심리학자인 피스크 박사에게 도움을 요청하는데, 미란다가 언니를 신체적으로 공격하는 습관을 형성했기 때문이다. 아직은 심각한 신체적인 피해는 없었지만, 미란다는 매일 언니 조이를 때리고 차고 문다. 일반적으로 이러한 행동은 아무런 이유 없이 일어나고, 자매간에 아무런 대화나 상호작용이 없을 때 일어나기도 한다. 피스크 박사는 미란다가 언니에게 폭력적으로 행동한 후에는 어떤 일이 일어나는지를 물어보았다. 패티는 미란다를 자신의 무릎에 앉히고 이러한 사건에 대해 5분 동안 물어본다. 이러한 대화 중에는 처벌보다는 친절하고 관심을 가지는 목소리로 대화를 하고, 5분 동안의 대화가 끝나는 시점에는 안아주고 뽀뽀를 해주며 미란다가 다시는 언니를 때리지 않겠다고 약속하도록 한다고 말한다. 그러나 다시 똑같은 행동을 하면 패티는 똑같이 미란다를 안아주고 타이르는 일을 반복한다고 한다. 피스크 박사의 질문에 대해 패티는 공격을 한 직후 외에는 일대일로 대화를 하면서 안아주고 뽀뽀해주는 일이 많지 않다고 언급했다. 피스크 박사는 미란다의 행동에 대한 패티의 반응은 미란다의 공격 행동을 강화시키는 것으로, 미란다가 얻고자 하는 것은 엄마의 포옹, 뽀뽀, 관심이었다고 가설을 설정하였다. 피스크 박사는 패티에게 미란다의 폭력에 다른 방식으로 대처하도록 가르쳤다. 하루 종일 어떠한 공격적인 행동도 하지 않을 때 미란다는 잠자기 5분 전 엄마와 포옹시간을 얻는다. 그러나 공격적인 행동을 하면 그 시간을 갖지 못할 뿐만 아니라 즉시 3분간의 타임아웃을 갖게 된다. 만약 미란다가 타임아웃을 거부하면 디저트를 못 먹게 한다든지 TV 보는 시간을 빼앗는 것 같은 추가적 처벌을 체계적으로 소개했다. 피스크 박사는 패티에게 이러한 지침들을 제공하는 것 외에 미란다의 행동이 완전히 소거되기 전 그 행동이 잠깐 더 심해지는 현상인 소거격발의 가능성을 포함하는 근본적인 행동적 개념을 설명하였다. 그 이면의 추론 개념에 관해 완전히 이해하고 패티는 새로운 수반성 계획을 실시하고, 그것을 지속하였다. 그리고 얼마 지나지 않아 미란다의 공격 행동은 획기적으로 감소하였다.

놀이치료

놀이치료는 아동 내담자의 고유한 치료 형태이다. 전형적으로 놀이치료는 어린 내담자(유치원 혹은 초등학생 연령)에게 사용되며, 아동이 물건을 가지고 놀면서 의사소통을 하도록 하는데, 주로 인형의 집, 캐릭터 인형, 동물인형 등이 의사소통에 쓰인다. 놀이치료를 통해 아동은 임상심리학자에게 자신의 감정적 염려와 그것을 해결하기 위한 노력을 드러낸다. Brems(2008)는 놀이치료에 세 가지 기본적인 기능이 있음을 주장하는데, 중요한 관계의 형성(예 : 치료적 관계), 감정과 생각의 표현(예 : 감정 표현하기, 불안을 행동으로 표현하기), 회복(예 : 대처 기술 습득, 새로운 행동 실험하기) 등이 그것이다. 임상심리학자가 놀이치료를 실행할 때 치료는 아동이 치료실(놀이방)에서 자유롭게 회기의 내용을 결정지을 수 있도록 하는 비구조화된 방법과 치료자가 아동에게 특정한 대상물 혹은 특정한 게임을 하도록 지시하는 등 다양한 수준의 구조적 방법이 있다(Cheung, 2006).

물론 어떤 유형의 놀이치료든지 놀이치료실에 아동 내담자를 위한 인형, 장난감, 그리고 다른 물건들을 배치할 때 문화적 민감성을 고려하는 것은 필수적이다. 이때 아동은 자신의 문화적 배경을 대표하거나 관련되어있는 장난감을 접할수록 훨씬 더 의미 있게 놀이에 참여하고, 그 놀이치료 경험을 가치 있는 보상으로 생각할 가능성이 높다. 예를 들어, Hinds(2005)는 치료사에게 아프리카계 미국인 아동에게 피부색, 머리카락 길이, 머리스타일을 포함하여 전형적인 아프리카계 미국인의 신체적 특징을 가지고 있는 인형을 제공하도록 독려한다. 이와 유사하게 Robles(2006)는 멕시코계 미국인 아동을 위해 치료자는 치료실에 전통적인 멕시코 장난감들인 거위 게임(Juego de la Oca)과 뱀과 사다리(Serpientes y Escalaras)를 포함해야 한다고 제안한다. Drewes(2005a)는 마커펜이나 크레용은 다문화적인 피부색을 나타내는 색깔들을 포함해야 하며, 부엌 장난감도 젓가락 혹은 또띠아 프레스 같은 다문화적인 품목을 포함해야 한다고 덧붙인다. 특히 문화적 수용에 관한 문제를 겪는 아동에게는 놀이치료실 안에 있는 특정 문화를 상징하는 물건 자체가 아동의 인종적이고 개인적인 정체성을 강화하는 데 도움을 줄 수 있다. 이에 덧붙여 Drewes(2005b)는 아동의 행동을 잘못 해석하는 것을 피하기 위해 놀이치료자는 아동이 놀이실에서 나타낼 수 있는 다양한 문화적 규준을 알아야만 함을 강조한다. 예를 들어, 문화에 따라서 개인적 공간, 눈 맞춤, 침묵의 의미에 대한 규준이 서로 다르기 때문이다.

놀이치료는 여러 가지 형태를 취하고 있지만, 가장 흔히 행해지는 두 가지는 정신역동과 인본주의적 이론에서 유래된다.

정신역동 놀이치료

정신역동적 임상아동심리학자들의 입장에서 아동의 놀이는 상징적으로 아동의 마음속에 발생하는 중요한 과정을 표현해주는 수단인데, 구체적으로 말하면 "아동이 인식하지 못하거나 직접적으로 말로 표현할 수 없는 아동의 내적인 삶의 부분을 드러내준다"(Marans, Dahl, & Schowalter, 2002, p. 388). 따라서 아동의 놀이에서 치료자는 참여자면서 동시에 관찰자로서, 아동과 상호작용을 하면서도 항상 아동의 선택과 행동을 주시한다. 어떤 형태의 정신역동 치료든지 목표는 내담자의 무의식을 의식화하는 것이지만, 어린 아동의 경우에는 자신의 문제에 대해 치료자와 직접 이야기하기 위한 언어 기술과 주의 지속시간이 부족하다는 것을 가정한다. 그러므로 치료자의 역할은 놀이를 통해 드러나는 아동의 무의식적 문제를 대신 해석하고 그 해석을 통해 아동이 그 문제를 의식적으로 인식할 수 있게 해주는 것이다.

정신역동 놀이치료(psychodynamic play therapy)에서 치료실은 항상 아동이 놀 거리를 선택할 수 있도록 다양한 물건을 갖추고 있다. 만약 아동이 특정한 장난감에 자신을 동일시한다면, 정신역동 놀이치료사는 아동이 선택하는 물건에 주의를 기울여 볼 필요가 있다. 예를 들어, 아동이 손상된 인형을 선택하여 놀이에서 주인공의 역할을 시킨다면, 그 아동은 손상된 자존감을 가지고 있을 수 있으며, 매 회기마다 가장 크고 강한 트럭만을 사용하기를 원한다면 그 아동은 힘과 관련된 문제를 겪고 있을 수 있다. 물론 아동이 특정 물건을 선택한 후에는, 치료자는 아동이 그 물건을 사용하는 방식에 대해 주의를 기울이는데, 여기에 무의식적 문제가 드러나는 행동과 주제가 있기 때문이다. 놀이하는 동안 드러나는 아동의 행동에 대한 치료자의 해석을 아동에게 제공한다면, 이는 아동이 내면의 정신 과정을 알게 하고 능동적으로 미래의 행동에 관한 선택을 할 수 있는 능력을 길러준다(Marans et al., 2002; O'Conner, 2000).

한 가지 예로, 두 달 전에 부모가 이혼을 한 외동딸인 5세 카산드라를 살펴보자. 현재 카산드라는 어머니 티샤와 함께 살면서 주 1회 아버지 마르키스를 만난다. 티샤는 카산드라를 정신역동 놀이치료자인 볼 박사에게 데리고 간다. 왜냐하면, 티샤는 자신의 이혼이 아이에게 어떤 영향을 줄지 염려가 되었기 때문이다. 티샤는 카산드라가 어떤 '말썽을 부리는 것'을 보지는 못했지만, 좀 더 위축되고, 더 짜증을 내고, 이전보다 덜 행복해 보인다고 하였다. 초기 놀이치료 회기에서 카산드라는 몇 분 동안 블록으로 작은 탑을 만들다가 지루해졌는지 인형이 있는 쪽으로 다가간다. 인형을 하나 골라 들고 자신이 만든 탑으로 다시 돌아와 주저 없이 탑을 꼭대기부터 천천히 무너뜨리기 시작한다. 동시에 카산드라는 탑 주위에 인형을 놓지만 탑이 무너지는 것을 막을 수 있을 정도로 가까이 두지는 않는다. 탑이 완전히 무너질 때까지는 이 행동을 반복한다. 그러는 동안 카산드라는 고음의 부드러운 목소리로 "안 돼, 탑을 구해야 해. 너는 무엇인가를 해야 해. 탑이 완전히 무너지게 할 수 없어. 어서 막아야 해!"라고 이야기한다. 탑이 완전히 무너진 후 카산드라의 목소리가 거칠고 큰 소리로 바뀌면서 인형의 얼굴을 자신에게 향하게 하고는 "너는 나쁜 아이야! 어떻게 이런 일이 벌어지도록 할 수가 있니? 탑이 무너진 것은 다 너의 잘못이야!"라고 말한다. 볼 박사는 이 에피소드로부터 두 가지를 추론한다. 카산드라는 부모의 결혼 실패(탑으로 표상됨)에 대해 매우 염려하고 있고, 이혼에 대해 책임과 이혼을 막지 못한 자신의 힘없음(인형으로 표상됨)을 느끼고 있다. 카산드라가 다음 회기에도 유사한 에피소드를 만드는 것을 보면서, 볼 박사의 생각이 맞다는 것이 증명되었다. 회기 시간을 초과하면서 볼 박사는 카산드라와 이 에피소드에서 인형이 무엇을 느끼는지, 인형이 해야 했던 일은 무엇인지, 인형에게 그 일이 맡겨진 것이 정당한 것인지 아닌지에 대해 이야기한다. 결국 볼 박사는 카산드라가 인형의 경험과 자신의 경험을 의식적으로 연결시킬 수 있도록 도와주고, 따라서 인형에게 던졌던 질문들을 자신의 상황에 적용해 자신이 해야 했던 일이 무엇인지, 그 일이 자신에게 부여된 것이 정당한지에 대한 질문을 던지게 된다. 마침내 카산드라는 부모의 관계에 대해 슬프고 화가 나거나 불안해지는 것은 매우 당연한 일이며, 부모의 이혼에 대해 자신을 탓하고, 자신이 이혼을 막아야 한다는 기대가 부당한 짐이라는 것을 수용하기 시작한다. 이러한 압력을 덜어내자 어려운 상황 속에서도 카산드라의 기분이 개선된다.

인본주의 놀이치료

인본주의 놀이치료(humanistic play therapy)는 정신역동 놀이치료와 많은 부분 같은 활동, 재료, 가정을 포함한다. 아동이 물건을 가지고 치료실에서 놀 때 치료자는 아동의 놀이에 참여하기도 하고 관찰하기도 한다. 그리고 기본적인 가정은 이러한 놀이에서의 활동과 주제는 아동의 내면의 마음의 작용을 드러낸다는 것이다. 그러나 인본주의 놀이치료(종종 '아동 중심' 놀이치료라고 불림)와 정신역동 놀이치료 사이에는 몇몇 주요 차이점도 존재한다(O'Connor, 2000). 정신역동 놀이치료의 핵심적인 요소가 해석이라면, 인본주의 놀이치료에서는 해석을 거의 하지 않는데, 정신역동 치료자와 달리 무의식의 의식화를 목적으로 하지 않기 때문이다. 내담자의 행동을 해석하기보다는 인본주의 놀이치료자들은 놀이활동을 통해 간접적으로 표현되는 내담자의 감정을 반영하려고 한다. 이러한 감정의 반영은 인본주의 놀이치료의 전반적인 목표의 중요한 부분인데, 이 목표란 성인을 위한 인본주의 치료와 마찬가지로 자아실현을 이루어내는 것이다. 이러한 자아실현은 무조건적인 수용과 진정한 공감에 기초한 치료적 관계라는 맥락 안에서 발생한다. 인본주의 놀이치료자는 아동을 관찰하고 아동과 함께 놀이를 함으로써 아동이 전인격적으로 수용될 수 있는 관계를 형성한다. 치료자의 무조건적인 긍정적 존중은 아동이 스스로에게 무조건적인 긍정적 자기존중을 해야 한다고 여기게 만든다. 치료자가 아동의 감정을 진실되고 무비판적으로 반영할 때, 아동 또한 스스로 자신의 정서적 경험을 더 잘 받아들여서 일치성을 높이고 궁극적으로는 자기성장으로 이어질 수 있다(Landreth, 1991; O'Connor, 2000).

만약 정신역동 놀이치료 부분에서 언급된 5세 여아인 카산드라가 인본주의 놀이치료사에게 의뢰되었다면, 치료 과정은 다소 달랐을 것이다. 가장 큰 차이는 해석의 과정이 아마도 없었을 것이라는 점이다. 다시 말하면 치료사는 카산드라가 자신의 무의식적 과정을 인식하도록 돕기 위한 노력을 하지 않았을 것이다. 대신에 인본주의 놀이치료사는 회기 동안 카산드라의 감정경험(직접적이거나 인형을 통해서 표현하거나)에 집중하였을 것이고, 카산드라의 감정에 대해 전폭적인 수용과 공감을 강조하였을 것이다. 시간이 흐름에 따라 이런 진솔한 마음으로 대표되는 치료적 관계는 카산드라의 내면에 효과를 가져올 것이다. 즉 자신의 정서적 경험에 대한 인정과 수용이 증가될 것이다. 결과적으로 카산드라는 실제 자기와 이상적 자기의 조화로움을 경험할 것이고, 자연스럽게 성장과 자아실현을 향하도록 촉진될 수 있을 것이다.

심리치료가 아동과 청소년에게 얼마나 효과가 있는가

실증적 연구들은 일반적으로 아동 · 청소년 심리치료의 효과가 꽤나 크다는 것을 보여준다. 사실 이런 연구의 주제는 성인의 치료 성과에 대한 연구 주제와 꽤 비슷하다. 심리치료를 경험한 아동과 청소년은 치료를 받지 않은 아동과 비교해보았을 때 일관되게 유의미한 개선을 나타낸다. 대부분 메타 분석이나 리뷰 논문에서 심리치료의 다양한 접근이 동등한 효과를 보인다고 밝혀졌다. 때때로 행동치료는 비행동주의적 접근보다 효과성 면에서 우위를 차지한다고 밝혀졌다(Carr, 2008; Evans et al., 2005; Russ & Freedheim, 2002; Weisz, Weiss, Han, Granger, & Morton, 1995).

아동 · 청소년 심리치료의 일반적인 효과성은 확실히 입증되어서 연구자들은 특정한 임상적 문제에 대해 특정한 치료에 관한 보다 구체적인 질문에 초점을 맞추고 있다(Carr, 2008; Chorpita et al., 2011; Evans et al., 2005). 앞에 언급한 것처럼 아동을 위한 다양한 종류의 인지행동치료는 불안장애뿐만 아니라 적대적 반항성장애, 우울, 과잉행동, 야뇨증, 수면장애 등 다양한 문제에 효과가 있다는 것을 실증적으로 보여주고 있다(Ollendick & Shirk, 2011; Powers, 2002). 이와 유사하게 다양한 종류의 놀이치료는 외현화 장애와 내재화 장애 모두에 효과가 있다는 것을 보여주고 있다(Bratton, Ray, Rhine, & Jones, 2005; Ray, 2006). 더 구체적으로 몇몇 특정한 기법들(대부분 행동주의에 속함)은 특정한 장애를 다루는 데 성공적이라고 증명되고 있다(Curry & Becker, 2008; Hoza, Kaiser, & Hurt, 2008; Kazdin, 2000; Nathan & Gorman, 2002, 2007; Rapee et al., 2009; Silverman & Pina, 2008; Smith, Barkley, & Shapiro, 2006; Storch et al., 2008).

- 공포증과 다른 불안장애를 위한 체계적 둔감법, 모델링, 인지적 재구조화
- OCD를 위한 노출 및 반응 방지
- 적대적 반항장애와 품행장애를 위한 부모훈련 기법
- ADHD를 위한 부모훈련과 교실 수반성 계획
- 아동기 우울증을 위한 인지행동기법과 대인관계치료

흥미롭게도 아동기와 청소년이 겪는 몇 가지 일반적 문제들은 치료 성과 연구자들의 큰 관심을 받고 있지만, 다른 문제들은 관심을 덜 받고 있다. 예를 들어, ADHD의 치료 효과성의 리뷰(Smith et al., 2006)는 수백 개의 관련 연구로 이루어진 엄청난 문헌을 인용하지만, 같은 기간에 청소년의 신경성 식욕부진증과 신경성 폭식증에 대한 연구를 리뷰한 장(Striegel-Moore & Franko, 2006)에서는 "청소년 환자에 기초한 효과성 연구는 거의 존재하지 않는다."고 말하며, 임상가는 어쩔 수 없이 성인에 대한 성과 연구를 가지고 일반화하게 된다(p. 173). 후자의 상황은 주요한 발달적 문제를 간과할 수 있다는 점에서 결코 이상적이지 않다.

요약

임상 아동과 청소년 심리학자들은 외현화 장애(예 : ADHD, 품행장애, 적대적 반항장애)와 내현화 장애(예 : 우울증, 불안) 등 광범위한 문제를 다룬다. 또한 아동의 회복탄력성을 증진시키고 심리적 문제에 대한 취약성을 감소시키는 예방적 능력에 대해 연구한다.

치료나 연구를 진행할 때 내담자의 연령과 발달적 단계를 고려한 발달적 관점을 참고한다. 일반적으로 평가는 정보의 다중출처, 다중상황 접근, 다중방법을 포함한다. 구체적인 평가 방법으로는 면접, 행동 관찰, 행동평가척도, 자기보고 척도, 투사/표현 방법, 지능검사가 있다.

아동과 청소년을 위한 치료는 다양한 형식을 취할 수 있으며, 이중 대부분은 성인을 위한 심리치료와 같은 기초 이론에 기초하고 있다. 수많은 종류의 장애, 특히 불안장애와 자폐스펙트럼장애에 대해 아동을 위한 인지행동치료가 효과가 있다는 것이 경험적으로 입증되었다. 자기 지시적 훈련은 아동에게 어려운 상황에서 '스스로에게 말하면서 문제 해결하기'를 가르치며, 부모훈련은 부모에게 행동주의적인 조건화 기법을 자녀에게 적용하도록 가르친다. 그리고 놀이치료는 아동에게 장난감과 다른 물건들을 가지고 놀면서 의사소통을 하고 문제를 해결할 수 있도록 한다. 임상 아동과 청소년 심리학자들은 어떤 상황 속에서도 내담자와 그 가족의 문화적 배경과 삶의 방식을 존중한다.

주요 용어

내재화 장애
다중방법
다중상황적 접근
다중출처
반응성
발달적 관점
부모훈련
소아과적 심리학
외현화 장애
유사 직접 관찰
인본주의 놀이치료
임상아동 · 청소년심리학회
임상아동심리학
자기보고척도
자기 지시적 훈련
자연주의적 직접 관찰
정신역동 놀이치료
취약성
행동 관찰
행동평가척도
회복탄력성
Donald Meichenbaum

비판적 사고를 위한 질문

1. 아동의 회복탄력성 발달에서 가장 중요한 요인은 무엇인가?
2. 만약 당신이 임상아동심리학자라면 성별이 내재화 장애와 외현화 장애 발달에 어떤 영향을 끼칠 것이라고 생각하는가?
3. 임상면접에서 아동이 제공하는 정보가 얼마나 신뢰할 만하고 타당하다고 생각하는가? 성인이 제공하는 아동에 대한 정보가 얼마

나 신뢰할 만하고 타당하다고 생각하는가?

4. 만약 당신이 임상심리학자라면, 자기 지시적 훈련이 어떤 임상적 문제에 가장 효과적이라고 생각하는가? 아동의 연령이 어떤 차이를 만들어내는가?

5. 아동의 행동 문제를 줄이기 위한 과정에서 부모훈련과 직접적인 임상적 개입이 각각 어떤 상황 속에서 더 효과적이라고 생각하는가?

주요 학술지

Behavior Analysis: Research and Practice
http://www.apa.org/pubs/journals/bar/index.aspx

Clinical Child and Family Psychology Review
http://link.springer.com/journal/10567

Clinician's Research Digest: Child and Adolescent Populations
http://www.apa.org/pubs/journals/crp/index.aspx

International Journal of Play Therapy
http://www.apa.org/pubs/journals/pla/index.aspx

Journal of Clinical Child & Adolescent Psychology
http://www.tandfonline.com/loi/hcap20#.V08VSvkrLX4

CHAPTER 18

건강심리학

Laura A. Pawlow & Andrew M. Pomerantz

학습 목표

18.1 행동의학과 건강심리학을 구별한다.
18.2 스트레스가 신체적 건강에 미치는 영향을 요약한다.
18.3 스트레스를 겪고 있는 환자를 다루는 데 사용하는 건강심리학자의 개입에 대해 설명한다.
18.4 개인의 신체적 건강에 대한 사회적 지지의 영향력을 설명한다.
18.5 건강심리학에 있어서 임상적 초점의 주요 영역을 검토한다.
18.6 환자 중심 의료 모델의 잠재적 유익과 문제점에 대해 토론한다.
18.7 건강심리학의 실행에 있어서 문화적 요소의 잠재적 영향에 대해 검토한다.

건강심리학은 임상심리학의 비교적 새로운 하위 전문 분야이다. 건강심리학의 출현은 우리 사회에서 가장 큰 위협이 되는 질병 유형의 변화와 관련이 있다. 100년 전 가장 위협이 되는 질병은 폐렴, 폐결핵, 유행성 감기였으나, 지금은 심장질환, 암, 그리고 뇌졸중 발작이다. 이중 후자의 새로운 질병일수록 명백한 행동적인 요소를 가지고 있는데, 그것은 이러한 질병이 담배, 좋지 않은 식습관, 그리고 운동부족으로 인해 악화된다는 것이다. 따라서 최근 십수년 간 건강심리학 분야가 부상하고, 임상가와 연구자들 사이에서 빠르게 인기를 얻게 된 것은 그리 놀라운 일이 아니다(Benjamin, 2005).

미국심리학회의 건강심리학 분야(38분과)는 1987년에 설립되었고, 오늘날 건강심리학의 연구를 출판하는 많은 학술지가 있다(예 : *Health Psychology, Journal of Behavioral Medicine*). 건강심리학은 주로 우리의 생각, 감정, 그리고 행동이 우리의 신체적 건강에 미치는 영향을 연구한다. 유능한 건강심리학자가 되기 위해서 임상심리학자는 전형적인 박사 과정을 넘어선 그 이상의 훈련이 필요하다. 이러한 훈련은 교과 과정 혹은 인턴십 형식일 수 있고, 종종 심리학 밖의 건강 전문 분야 전문가들과의 교류를 포함한다(Hanson & Kerkhoff, 2012).

행동의학이라는 용어가 종종 **건강심리학**이라는 용어와 서로 교환되어 사용되곤 하지만, 이 두 가지 용어는 완전한 동의어가 아니다. 건강심리학 분야를 살펴보기 전에 몇 가지 기본적인 정의부터 살펴보기로 하자.

정의 : 건강심리학과 행동의학

그림 18.1 특히 스트레스가 만성적일 때, 심리적이고 신체적인 중요한 증상을 선택하고 생산하는 우리의 능력이 압도당할 수 있다. 당신은 이러한 압도적인 상황이 언제 일어나는지 회상할 수 있는가?

© istockphoto.com

우리의 마음이 우리의 몸에 영향을 주는 방식에 관심을 가지고 있는 건강 분야 전문가들은 광범위하게는 행동의학(behavioral medicine)의 학제간 분야에 관심을 가지게 된다. 행동의학은 심리학, 사회학, 인류학 등의 다양한 사회과학적인 지식과 의학적인 지식을 동시에 포함한다. 건강심리학(health psychology)은 행동의학의 하위 분야로, 특히 심리학적 과정(예 : 인지, 기분, 사회망)이 건강과 질병에 어떻게 영향을 미치는지를 다룬다. 건강심리학자의 주요한 책임은 건강을 촉진시키기 위해 고안된 프로그램을 개발하고, 평가하고 적용하는 것이다. 이런 이유로 건강심리학자는 주로 병원이나 전문화된 클리닉에서 체중관리, 금연, 혹은 통증조절 등을 위해서 일한다(Emery, Anderson, & Andersen, 2011; Lewis, Statt, & Marcus, 2011). 그들은 또한 의사, 간호사, 영양사, 물리치료사, 직업 치료사, 그리고 다른 건강 분야 전문가들과 함께 1차 진료과에서 자주 일한다(Goodheart & Rozensky, 2011; Koholokula & Haynes, 2015). 건강심리학자는 "학생들은 왜 시험주간에 더 자주 아픈 경향이 있는가?", "음식일기를 쓰는 것은 체중감소에 도움이 될 것인가?"와 같은 질문을 한다. 건강심리학자는 건강한 행동(예 : 담배감소 혹은 금연, 지나친 일광욕 절제, 매일의 다이어트를 위해 과일과 야채 많이 먹기)을 촉진시키는 활동과 혹은 이완 또는 대처 기술을 가르치는 것을 통해 질병을 예방하는 활동을 연구하고 적용하는 데 집중하기도 한다.

스트레스

오늘날 건강심리학자는 광범위한 영역에서 일할 수 있지만 항상 그런 것은 아니다. 건강심리학의 첫 번째 적용 분야는 오로지 스트레스(stress), 즉 어렵거나 부담이 되는 내적인 혹은 외적인 환경에 대한 심리적 혹은 생리적 반응을 다룬다(VandenBos, 2007). 건강심리학과 행동의학이라는 용어는 1970년에야 비로소 만들어졌지만, 스트레스가 몸에 부정적인 영향을 끼친다는 생각은 오래전에 알려졌다. 1932년에 Walter Cannon은 싸움-도피 반응(fight-flight response)을 설명하였다. 이는 유기체가 위협을 인지할 때, 몸은 싸우거나 도피하기 위해 재빠르게 교감신경계와 내분비계를 통해 비축된 에너지를 동원한다는 것이다. 원시시대의 인간에게서 몸의 행동적 반응은 아마도 싸우거나 도망가는 것(아마도 으르렁거리는 호랑이로부터)이었으나, 오늘날의 '싸우거나', '도망가는' 행동은 조금 다르게 보인다. 신호에 걸린 후에 공격적으로 경적을 울리는 것과 알코올과 같은 자가치료 약물을 통해 불안을 일으키는 상황을 피하는 것은 싸우거나 도피하는 각각의 행동이 현대적 상황 속에서 변형된 것이다.

스트레스원의 지속기간은 굉장히 다양할 수 있다. 만성적인 스트레스(chronic stress)는 너무나 흔한 증후군으로, 종종 정신없이 바쁜 생활양식 속에서 기인된, 끊임없고 지속적인 높은 스트레스 수준에 의해서 정의된다. 대부분 우리는 만성적인 스트레스에 대한 체험적인 지식을 가지고 있다. Hamermesh와 Lee(2007)는 미국의 성인 여성의 55%와 미국 성인 남성의 43%가 '항상' 혹은 '종종' 스트레스를 느낀다고 보고한 것을 발견하였다. 불행하게도 우리의 몸은 스트레스에 장기간 노출되는 것을 견디지 못하며, 장기간 동안 노출되었을 때 우리는 지치게 되고 질병에 취약해지게 된다. 이러한 과정은 Hans Selye(1956)에 의해서 설명되었는데, 스트레스에 관한 그의 선구적인 연구는 일반적응증후군(general adaptation syndrome)에 대한 가설이 되었다. 일시적인 스트레스원에 직면했을 때, 우리의 싸움-도피 체계는 종종 매우 효과적으로 반응을 하지만 이러한 스트레스원에 반복적 혹은 장기간 노출되었을 때, 우리의 몸은 결국 소진되고 고장 나게 된다.

스트레스와 신체적 질병

스트레스는 수많은 증상과 질병에 관련되어있는데, 예를 들어, 편두통, 골다공증, 만성적인 등통증, 심혈관 질병, 궤양, 설사, 여드름, 그리고 불임 문제 등이 있다(Hafen, Karren, Frandsen, & Smith, 1996; Schneiderman & Siegel, 2007). 본래 즉각적인 위험으로부터 스스로를 보호하던 동일한 신체적인 반응들이 사회 속에서 역으로 많은 사람들에게 질병을 일으킴으로 인해 역기능적 상태의 주범이 되고 있다. 실제로 미국스트레스협회(American Institute of Stress, 1997)의 연구자들은 건강전문가들을 만난 사람들의 75~90%가 스트레스 관련 장애가 원인이며, 스트레스를 받은 환자들이 스트레스를 받지 않고 단지 신체적인 질병만 가진 환자보다 입원할 가능성이 6배 이상 많다고 추정하였다(Kalia, 2002). 다른 건강 문제 중에서 만성적인 스트레스는 다음과 같은 증상을 일으킬 수 있다(Hafen et al., 1996).

- 갑상선 호르몬 수준을 증가시키고, 불면증과 체중감소를 일으킴
- 엔돌핀을 약화시키고, 몸의 통증을 일으킴
- 성 호르몬을 감소시키고, 월경불순과 불임을 일으킴

- 소화체계를 멈추게 하고, 메스꺼움, 팽창감, 그리고 입안 건조증을 유발
- 콜레스테롤 과잉으로 동맥을 막거나, 혈압을 400%까지 증가시켜, 뇌졸중 혹은 동맥류를 일으킴

또한 스트레스로 인해 가장 쇠약해지는 것 중 하나는 우리의 면역체계이다. 스트레스는 시상하부-뇌하수체-부신 축[hypothalamic-pituitary-adrenal (HPA) axis]을 활성화시켜, 우리 몸의 스트레스 호르몬인 코르티솔(cortisol)의 방출을 조절한다. 코르티솔의 적당한 양은 우리 몸에 유익하다. 그러나 만성적인 스트레스는 코르티솔의 수준을 증가시켜 면역체계의 필수적인 세포인 T세포를 약화시킨다. T세포는 외부의 병원균을 공격하고 면역체계의 다른 세포들을 조절한다. 코르티솔의 역기능적 조절 수준은 T세포의 기능을 감소시키고, 결과적으로 면역체계를 약화시키게 된다. 또는 더 간단하게 말하자면 만성적인 스트레스는 당신을 아프게 만든다. 스트레스와 흔한 감기에 관한 Sheldon Cohen의 선구적인 연구에서 보면 스트레스 수준이 가장 높은 참여자들은 흔한 감기에 걸릴 가능성이 5배가 많은 것으로 밝혀졌다(예 : Cohen & Williamson, 1991). 신체적 질병의 기초가 되는 감정적 스트레스 현상의 연구는 정신신경면역학(psychoneuroimmunology, PNI)으로 알려져 있다. 더 구체적으로 PNI는 과학적인 연구 분야이며, 행동, 신경체계, 그리고 호르몬 체계의 상호작용을 연구한다(Kropiunigg, 1993).

스트레스가 면역체계에 미치는 해로운 결과에 관한 심리학적 연구와 임상 활동은 흔하지만 심각한 질병인 암과 AIDS보다 뒤늦게 시작되었다. 스트레스가 이러한 질병의 원인이라는 절대적인 증거가 없지만, 이러한 두 가지 질병을 발전시키고 유지하는 데 스트레스가 영향을 미친다는 제안은 많은 증거를 가지고 있다. 예를 들어, 스트레스에 대한 취약성은 유방암을 발전시키는 데 관련이 있다는 것을 연구자들이 발견하였다(Faragher & Cooper, 1990). 이와 비슷한 맥락에서 HIV에 감염된 남성 동성애자에 관한 한 연구에서, 스트레스를 많이 받는 남성 동성애자들에게 상당히 빠른 속도로 질병이 발전된다는 것이 밝혀졌다(Lesserman et al., 1999). 다른 건강전문가들과의 제휴에서 임상심리학자들은 이러한 질병을 예방하고 치료하는 데 중요한 역할을 할 수 있다.

스트레스와 대처

우리는 높은 수준의 스트레스에도 면역력이 있는 사람들과 심지어 사소한 스트레스에도 심리적 · 신체적 질병으로 반응하는 사람들이 있다는 것을 알고 있다. 이러한 사람들의 주요한 차이점은 스트레스에 대처하는 방식이다. 대처(coping)는 그 사람의 자원을 초과한 것으로 평가되는 요구를 관

리하는 과정으로 정의되고 있다(Lazarus & Folkman, 1984).

어떤 요소가 효과적인 스트레스 대처를 결정하는가? 심리학에서의 많은 질문에 대한 대답처럼 이 질문의 대답도 본성과 양육이다. 본성 측면에서 우리의 유전적 코드에는 스트레스에 대항하는 민감성이 새겨져 있을 수 있다. 예를 들어, 44명의 일란성 쌍생아와 30명의 이란성 쌍생아에 대한 연구에서 연구된 대처변인의 57%에 대한 주된 변화를 유전적 요인이 설명하는 것으로 나타났다(Mellins, Gatz, & Baker, 1996). 스트레스에 대한 이러한 생물학적 취약성은 스트레스로 인해 과잉 반응 혹은 우울해지는 경향을 통해 나타난다. 실제로 연구자들은 관절염, 궤양, 관동맥성 심장질환 등 스트레스에 연관된 질병에 걸리기 쉬운 성격(disease-prone personality)에 대한 유전적인 경향성이 존재한다고 예상하기도 한다(Scheier & Bridges, 1995; Smith & MacKenzie, 2006). 이에 해당하는 성격이란 현저한 불안, 우울, 비관주의, 방어적인 적개심 등이 되겠다(Guerrero & Palmero, 2010).

그러나 앞에서 묘사된 연구(Mellins et al., 1996)는 유전적인 요소가 전체 현상의 절반에 대해서만 설명하고 있음을 보여준다. 스트레스 대처에 영향을 미치는 요소 중 유전과 상관없는 것은 어떤 것이 있을까? 한 가지 중요한 요소는 스트레스에 대한 개인의 인식으로, 이러한 인식은 실제적인 평가일 수도 있고, 아닐 수도 있다. 실제로 스트레스에 대한 인식(스트레스의 실제 양 혹은 수준과 별개로)은 스트레스 관련 질병의 수준을 예견할 수 있다(Hiramoto et al., 1999). 유방암 환자에 대한 연구에서 질병으로부터 오는 심리적이고 신체적인 고통(distress)의 양은 여성들이 스스로 조절할 수 있다고 느끼는 양과 유의미하게 관련이 있었다고 설명한다. 조절력이 더 있다고 믿는 사람들은 그렇지 않는 사람들보다 유의미하게 고통을 덜 느꼈다(Barez, Blasco, Fernandez-Castro, & Viladrich, 2009). 따라서 건강심리학자들은 내담자의 유전에 대해서는 할 수 있는 일이 없지만 내담자의 스트레스에 관한 인지적 오류들을 바로잡고 내담자에게 더 건강한 관점을 심어줄 수는 있다.

스트레스에 직면했을 때 가장 흔한 오해는 전혀 통제할 수 없다는 느낌이다. 그러나 내담자가 그 상황을 더 신중하게 보도록 자극을 받는다면, 통제할 수 있는 측면이 있다는 것을 종종 깨닫게 될 것이다. 예를 들어, 64세로 참전용사였던 맥스를 살펴보자. 그는 수년 동안 규칙적으로 보훈병원의 만성 통증 클리닉에 다녔다. 그간 맥스는 클리닉으로부터 많은 도움을 받고 있었고, 이것은 그의 통증관리 계획의 일환이 되었다. 그렇기에 갑작스러운 예산 삭감으로 인해 클리닉이 문을 닫게 된다는 것을 알았을 때 맥스는 절망했다. 그는 절망적이고 끝이 없는 등과 허리 통증을 느낄 자신의 비참한 미래를 상상하기 시작했다. 맥스의 건강심리학자 펠프스 박사는 클리닉 없이는 자신의 등과 허리 건강을 전혀 통제할 수 없다는 맥스의 인식을 바꾸고자 노력했다. 펠프스 박사는 맥스와 함께 맥스가 수년 동안 클리닉에서 배웠던 팁과 기술 등을 정리하고, 이것을 스스로 실천할 수 있는 방법을 고안해냈다. 또한 펠프스 박사는 맥스의 내과 의사의 조언을 참고해 관련 서적, 통증 관리 운동 영상, 그리고 지역사회에 있는 다른 자원과 이웃 지역에서 매주 무료로 운영하는 통증 관리 지지 집단을 찾아내었다. 그 결과 펠프스 박사는 절망과 버려짐으로부터 상대적으로 짧은 시간에 여러 가지 지원이 존재하는 상황이라는 인식으로 바꿀 수 있었다.이러한 노력은 맥스의 심리적인 불안뿐만 아니라 신체적 통증까지도 감소시켰다.

건강심리학자들이 발전시킬 수 있는 또 다른 건전한 대처 기술은 문제중심대처(problem-focused coping)이다. 문제중심대처는 스트레스 상황에서 능동적이고 건설적인 조치를 취할 것을 강조한다. 이 대처 방식을 잘 보여주는 예로는 태풍의 발생이 완전히 통제 밖의 일인 것을 알면서도 여전히 비상식량을 비축하고 피난과 통신 계획을 수립해 대비에 최선을 다하는 사람들을 들 수 있다. 연구에 따르면 스트레스 상황에 대해 일정 부분 개인이 통제할 수 있다고 생각하고 행동하는 사람들이 스트레스 원인에 대한 통제가 불가능에 가깝다고 생각하는 사람들보다 정서적 · 신체적으로 더 낫다는 것을 강력하게 지지한다(Pittner, Houston, & Spiridigliozzi, 1983).

한 예로서, 19세 대학생 산드라를 살펴보자. 산드라는 대학생활 첫 2년 동안 궤양과 잦은 두통을 겪었다. 수많은 스트레스원을 가지고 있었겠지만 그중 가장 산드라의 주요한 스트레스원은 부모님이 경제적인 지원을 지속해주실 수 없어서 대학생활을 그만두게 되지는 않을지에 대한 지속적인 염려였다. 산드라는 자신의 궤양과 두통을 치료해주는 내과 의사와 함께 근무하고 있는 건강심리학자인 유 박사의 격려 속에 자신이 통제할 수 있는 부분을 찾기 시작했다. 예를 들어, 유 박사는 산드라의 대학과 같은 지역의 몇몇 학교들을 포함해 학비가 조금 더 저렴한 다른 대학으로의 편입을 조사해보는 과정을 도와주었다. 또한 유 박사도 일, 대출, 그리고 장학금 등의 산드라가 고려할 수 있는 다른 수입원들을 찾아보도록 도와주었다. 또한 유 박사는 산드라에게 더 많은 정보를 제공해줄 수 있는 대학의 장학금 지원 전문가를 만나도록 제안했다. 결과적으로 산드라는 단지 문제를 안고 있기보다는 오히려 문제에 대해 통제하고 조치를 취해봄으로써 신체적 · 심리적으로 더 편해졌다. 궤양과 두통이 완화되었고, 정서적으로 더 안정적이게 되었다.

사회적 지지

가족과 친구들은 스트레스의 치명적인 결과에 대항하는 강력한 무기이다. 사실 일부에서는 사회적 지지가 스트레스에 대항할 수 있는 유일한 가장 중요한 자원이라고 주장한다(예 : Hafen et al., 1996). 사회적 지지(social support)란 한 사람이 위기 상황에서 도움을 받고, 좋은 것들을 공유할 수

글상자 18.1

문화 고려하기

문화에 따른 우울에 대한 신체적 및 심리적 표현

정신질환의 진단 및 통계 편람 5판(*DSM-5*)에 따르면 주요우울 삽화는 9개의 가능한 특정 증상 중 적어도 5개를 포함한다. 이러한 증상 중 대부분은 심리적인 것이고(예 : 우울한 기분, 일상 활동에 대한 흥미감소, 손상된 집중력, 무가치감이나 죄책감, 죽음 또는 자살에 대한 생각), 다른 증상들은 더 신체적인 것이다(예 : 식욕/체중 변화, 수면, 피로, 가만히 있지 못함/느려진 움직임). 그러나 우울이 다양한 문화권에서 별 차이 없이 비슷하게 표현될까? 구체적으로 비서구문화권의 구성원에게 있어 우울이 마음보다는 신체를 통해 표현되는 경향이 있는가?

어떤 연구에서는 그렇다고 한다. 특히 아시아계 미국인은 유럽계 미국인보다 훨씬 더 많이 신체적 증상을 통해 우울(그리고 다른 정신적 질병)을 표현한다(예 : Sue & Consolacion, 2003; Sue & Sue, 2008). *DSM*의 정의에 나오는 신체적 증상과 더불어 두통, 복통, 어지러움증, 근육통, 그리고 다른 신체적 질병은 많은 아시아계 미국인이 경험하는 우울 증상에 포함될 수 있다. 이러한 신체적 증상들은 유럽계 미국인들이 경험하는 우울증의 흔한 심리적 증상인 슬픈 기분과 죽음에 대한 생각을 대체할 수도 있다.

아시아계 미국인이 우울증과 함께 신체적 증상을 겪는 것에 대해 다음과 같이 여러 타당한 이유가 있다(Sue & Consolacion, 2003; Sue & Sue, 2008).

- 아시아계 미국인의 문화는 정신과 신체를 전체적으로 함께 보는 관점을 강조하는 경향이 있다. 삶의 이 두 가지 측면에 경계가 거의 없기 때문에, 정서적 문제를 신체적 증상으로 나타낼 수 있다.
- 아시아계 미국인의 문화 속 집단주의의 중요성은 감정적 고통을 공개적으로 표현하지 못하도록 하는 원인이 된다. 이러한 감정적 고통의 표현은 사람들 간의 조화로운 관계를 위협하거나 개인적 약점을 노출시킬 수 있고, 집단이나 가족 관계를 발전시키지 못하는 경향이 있다.
- 아시아계 미국인 문화에서는 신체적 질병이 정신적 질병보다 낙인이 덜 찍히는 경향성이 있다. 따라서 정서적 증상보다 신체적 통증이 내담자로 하여금 사회적으로 더 받아들여지는 외관(예 : 얼굴 표정)을 유지할 수 있도록 한다.

건강심리학자와 많은 건강전문가, 신체적 · 심리적 증상의 문제를 모두 가진 내담자를 치료하는 사람들이 알아야 될 중요한 것은 신체적 문제처럼 보이는 것도 실은 심리적 요소로부터 유래될 수도 있다는 것이다. 마찬가지로 우울을 경험하는 내담자의 방식을 존중하고, 그들의 문화적 가치에 어긋나는 방식으로 문제를 생각하도록 강요하지 않는 것이 중요하다. 따라서 많은 아시아계 미국인 내담자를 위해서 심리학자는 우울의 신체적 증상화를 인정하고 마음과 신체 문제 간의 상호작용을 고려하는 것이 현명할 수 있다(Sue & Sue, 2008).

있는 다른 사람들과의 관계를 가진다는 것을 말한다. 사회적 지지는 건강심리학에서 그 근거가 가장 잘 기록된 현상 중 하나이다. 사회적 지지가 신체적 건강에 유익하다는 근거는 충분하고 부정할 수 없다. Thomas Padus의 말에 따르면, "사회적 지지 구조의 붕괴는 몸의 면역체계의 붕괴를 촉발시킨다"(as quoted in Hafen et al., 1996, p. 262).

House, Kahn, McLeod, Williams(1985)는 사회적 자원이 세 가지 요인으로 구성되어있다고 주장한다. 바로 사회적 망, 사회적 관계, 사회적 지지이다. 사회적 망은 매우 광범위한 것으로 한 사람이 연락해 닿을 수 있는 모든 이들을 말한다. 사회망이라는 넓은 범위 안에 더 의미 있는 사회적 관계를 맺는 작은 범위가 존재한다. 그리고 사회적 지지는 이러한 관계들이 가져오는 돌봄과 도움의 양과 질을 의미한다. 따라서 작은 사회적 망을 가지지만, 많은 사회적 지지를 동반하는 하나의 의미 있는 사회적 관계를 가진 개인이 친밀한 친구 없이 광범위한 사회망만을 가진 '사회적 나비'와 같은 개인보다 더 나을 수 있다. 흥미롭게도 기혼 남성들은 사회적 지지의 주요 자원이 아내라고 말하는 반면, 기혼 여성들은 다른 가족 구성원들과 친구들에 더 많이 의존하고 있다고 한다. 이 차이가 이혼 후 남성이 여성보다 스트레스 관련 질병으로 인해 신체적으로 더 고통받을 수 있다는 사실을 뒷받침한다는 가설을 세워볼 수 있다(Kiecolt-Glaser et al., 1996).

사회적 지지는 우리의 건강을 어떻게 보호하는가? 이에 대한 답은 아직까지는 완전히 명확하지 않다. 일부에서는 사회적 지지를 가지고 있다는 것과 연관된 긍정적인 느낌이 우리가 스트레스원을 더 관리 가능한 것으로 인지하게 해준다고 설명한다. 예를 들어, 교회 예배에 정기적으로 출석하는 사람이 그렇지 않은 사람보다 더 행복하고 건강한 주된 이유는 교회 탐색으로 인해 받을 수 있는 사회적 지지 때문이라는 가설이 있다(Koening & Vaillant, 2009). James Pennebaker가 강력히 주장한 또다른 가설은 사회적 망을 가지고 있는 사람일수록 다른 사람들에게 자신의 이야기를 더 많이 털어놓는 경향성이 있다는 것이다. Pennebaker(1990)는 자신을 터놓고 이야기하는 것이 건강에 어떻게 유익한지에 대한 연구에서 다음과 같은 결론을 내렸다. "우리의 생각과 감정을 표현하지 않는 것은 건강에 좋지 않을 수도 있다. 그것들을 표현하는 것이 건강에 좋은 것이다"(p. 82). 그의 연구는 자신을 터놓고 이야기한 후에 면역체계에 나타나는 긍정적인 효과를 밝혔다. 이와 비슷하게 건강심리학자인 Janice Kiecolt-Glaser는 더 외로운 사람일수록 불완전한 면역력을 가지고 있다는 것을 보여주었다(Kiecolt-Glaser et al., 1985).

그림 18.2 사회적 지지가 스트레스의 부작용으로부터 우리를 보호해준다.

세 번째 가설은 사회적 지지가 우리의 건강을 어떻게 보호하는지에 관한 것으로, 신체적인 접촉과 관계가 있다. 이 분야의 연구는 Harry Harlow의 고전적 연구로부터 유래되었다. Harry Harlow의 연구는 다른 원숭이들과 접촉할 수 있는 새끼 원숭이들과 접촉할 수 없는 새끼 원숭이들의 성장을 비교하는 것으로, 접촉하고 껴안겼던 원숭이들이 유의미한 차이 속에서 더 잘 성장하였다는 것을 밝혔다(Harlow & Zimmermann, 1959). 인간에 대한 연구들도 이와 유사한 결과를 얻고 있다. 예를 들어, 미성숙한 아기들 중 병원에 있는 기간 동안 쓰다듬어주고 마사지를 해준 아기들은 그렇지 않은 아기들보다 8개월 후에 다시 평가해본 결과 더 건강하고 체중도 더 많이 나가고 신체적 문제는 더 적었다(Weiss, 2005). 그리고 또 다른 연구에서 정기적으로 애정 어린 접촉을 하는 성인들은 더 건강한 심장과 낮은 혈압을 유지하였고, 스트레스를 덜 받는다는 느낌을 보고했다고 한다(Engle & Graney, 2000).

임상적 적용

오늘날 건강심리학자들은 스트레스와 건강이라는 원래의 영역을 뛰어넘어 훨씬 넓은 분야의 연구를 진행한다(표 18.1 참조). 다음의 영역에서 최근 건강심리학에서 가장 인기 있는 임상적 적용 중 일부를 검토할 것이다. 전통적인 내담자 기반 연구의 예와 더불어 건강심리학자들은 행동건강법 제정(예 : 헬멧 착용 의무화, 효과적인 공공 서비스 안내), 학교와 직장의 규칙 제정(자동판매기와 금연), 그리고 의료개혁에 관한 정책 제언 등의 넓은 범위의 사회문화적 맥락 안에서 활동을 할 수 있다는 것을 아는 것 또한 중요하다.

체중관리

미국에서 비만과 과체중에 대한 유병률이 항상 최고조에 달한다. 미국 성인의 약 67%가 과체중 혹은 비만이고, 이 숫자는 성인과 아동 인구에서 해마다 증가하고 있다(Centers for Disease Control, 2008). 비만의 위험은 다양한 종류가 있고, 널리 알려져 있다. 비만은 미국에서 해마다 40만 명 이상의 사망(전체 사망자의 16.6%)을 유발하는 것으로 추정된다(Mokdad, Marks, Stroup, & Gerberding, 2004). 그리고 비만과 관련된 의료비가 약 1,170억 달러에 달하며(Jackson et al., 2002), 국가의료비 지출의 6~10%에 해당되는 것으로 추정된다(Andreyeva, Sturm, & Ringel, 2004). 건강심리학자는 이러한 국가적 위기를 막는 데 매우 중요한 역할을 한다(Butryn et al., 2015; Fabricatore & Wadden, 2006; Martin, Stewart, Anton, Copeland, & Williamson, 2008). 적정한 영양과 체력 단련은 건강한 적정 체중을 유지하는 데 필수적인 것이다. 그러나 최근 연구에서 제시하는 문제는 미국인들이 건강한 식습관 혹은 운동 요법이 무엇인지를 모르는 것이 아니라, 장

표 18.1 건강심리학에서 임상적 초점이 되는 공통 분야

알코올 사용	과민성대장증후군
담배	체중관리
불법 약물 사용	섭식장애
처방된 약물 남용	스트레스 관리
통증관리	암
만성피로	의료요법 대처
HIV/AIDS	의료요법 이행
심혈관 질병	수면장애
당뇨병	성 장애

기적으로 이러한 행동습관을 이어나가는 것에 어려움을 겪는다는 것이다. 이런 이유로 인지행동 치료는 성공적인 체중관리의 필수적이고 중요한 요소가 되고 있다(Kaholokula & Haynes, 2015).

과체중인 사람을 치료하는 데 건강심리학자들이 흔히 사용하는 방식은 체중 감소를 위한 ABCDS(ABCDS of weight loss)라고 부른다. 즉 활동 증가(Activity increase), 행동 변화(Behavior change), 인지적 변화(Cognitive change), 식생활 변화(Dietary change), 그리고 사회적 지지(Social support)가 합쳐진 용어이다(Blair et al., 1996). 종합적으로 이러한 요소들은 건강한 체중을 유지하기 위한 다면적이고 장기적인 접근을 나타낸다. ABCDS 방식을 사용한 예로, 54세의 홍보담당 사무실을 운영하는 여성인 섀넌을 살펴보자. 섀넌은 여러 방면으로 성공하였지만, 어린 시절부터 현저하게 과체중이었고, 성인이 되어서도 체중이 증가하였다. 체중 문제에 대처하기 위해서 섀넌은 체중관리센터에서 건강전문가 팀과 함께 일하는 건강심리학자 골드 박사를 찾아갔다. 골드 박사는 곧바로 섀넌의 과거 체중감소를 위한 많은 시도가 다른 요소를 포함하지 않은(B, C, 혹은 S), 운동(A)과 식생활 다이어트(D)만을 포함했다는 것을 알게 되었다. 더욱이 이러한 운동과 다이어트 노력이 한 번도 성공한 적이 없었는데, 그 이유는 섀넌이 이러한 계획을 잘 지키지 못했기 때문이었다.

식생활 다이어트(D) 변화 시도에 관하여 섀넌은 자신의 계획이 자신이 좋아하는 음식을 완전히 절제하는 것을 필요로 하기 때문에 장기적으로는 의지력이 부족해진다고 골드 박사에게 설명했다. 식생활 다이어트 동료 전문가의 도움을 받아 골드 박사는 섀넌의 장기적인 변화의 일환으로 좀 더 실현 가능하고 융통성 있는 식습관을 발달시키도록 도왔다. 또한 골드 박사는 개인 트레이너를 합류시켜서 주 5회 30분씩 운동을 할 수 있는 운동 계획(A)을 발달시키도록 도왔는데, 여기에는 가장 친한 친구와 함께 걷거나, 뛰거나, 혹은 카약을 타는 것도 포함시켰다(S). 또한 ABCDS에서 행동변화(B)를 실시하기 위해 골드 박사와 섀넌은 음식점(예 : 적은 양을 주문할 것, 튀김보다는 찐 야채를 선택할 것, 빵이나 칩과 같은 식사 전 음식은 피할 것)과 식료품점(영양정보를 읽고, 높은 칼로리 혹은 높은 지방을 함유한 음식의 구매를 제한하는 것)에서 내릴 수 있는 현명한 결정들의 리스트를 만들었다.

놀랍게도 처음에는 섀넌은 골드 박사의 제안에 저항하였다. 섀넌은 제안 중에는 음식과 운동에 대해 자신의 신념에 위배되는 것이 있다고 설명하였다. 구체적으로 섀넌의 신념은 "성공적인 체중감소는 주당 적어도 2킬로그램을 빼는 것을 의미한다", "적어도 한 시간 이상은 해야 운동을 한 것으로 간주한다", "식당은 음식 주문 시 특별히 별난 요구를 받는 것을 좋아하지 않는다"와 같은 것이다. 골드 박사의 역할은 이러한 잘못된 인식(C)을 바꾸는 것이었다. 골드 박사는 설득력 있게 체중감소 목표(주당 0.5~1킬로그램의 감소가 더 현실적임), 운동 기간(시간과 관계없이 운동은 다 효과가 있음), 그리고 대부분의 음식점은 손님의 요구를 잘 들어준다는 사실을 섀넌에게 교육시켰다. ABCDS 방식의 모든 측면을 활용하면서 골드 박사는 섀넌이 성공적으로 건강한 체중을 유지할 수 있도록 도왔고, 첫 6개월 동안 16킬로그램을 감량했으며, 수년 동안 그 체중을 유지하였다.

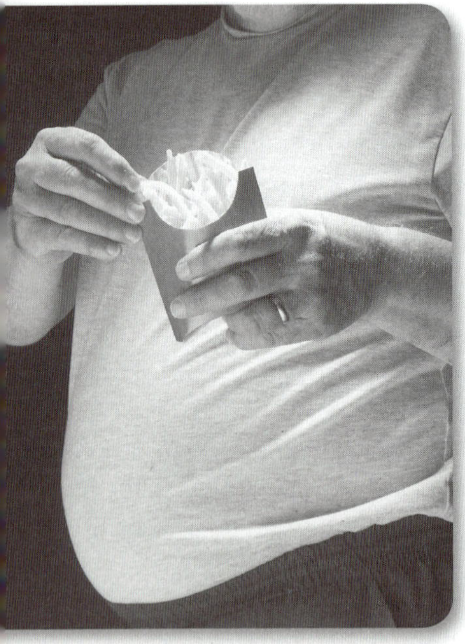

그림 18.3 체중과 관련된 문제는 점점 더 만연해지기 때문에, 체중 관리는 현대 건강심리학자의 공통 관심사가 되었다.

연구의 흥미로운 한 부분은 체중관리를 포함한 신체적 건강을 촉진시키는 데 있어서 **가치 진술**(values affirmation)의 역할이 중요하다는 것이다. 개인이 삶 속에서 가장 중요시하는 가치를 적어보며(예 : 관계, 다른 사람을 위한 봉사) 환자들은 개인적 정체성과 자존감에 집중할 수 있었다(Sherman & Cohen, 2006). 이것은 자기통제를 강화하는데, 그 이유는 개인이 가장 소중히 여기는 가치에 몰입함으로써 단기적인 보상만을 제공하며 자신의 가치와 상반되는 충동적인 행동을 감소시킬 수 있게 되기 때문이다(Creswell et al., 2005). 최근 주목할 만한 한 연구에서 한 회기 동안 가치 진술을 하게 한 후 통제집단과 비교해보았을 때, 실험집단 여성들의 체중이 통제집단의 여성들에 비해 유의미하게 감소하였고, 3개월 후에 허리 둘레도 더 적게 측정되었다(Logel & Cohen, 2012).

흡연

비만과 마찬가지로 흡연도 미국에서 커다란 건강상의 사회적 문제를 일으킨다(Martin et al., 2008). 흡연 매년 미국에서 예방될 수 있었던 죽음의 가장 중요한 요인이다(Niaura & Abrams, 2002). 흡연은 심장 질환, 암, 혈관 질환, 뇌졸중, 주요우울장애의 주요 위험 요인으로 판정되었다(Haas, Munoz, Humfleet, Reus, & Hall, 2004). 또한 비만과 비슷하게 핵심은 사람들이 흡연의 위험을 모르는 것이 아니라 금연이라고 하는 아주 어려운 행동상의 변화를 거의 만들어내지 못하는 데 있다.

불행하게도 일단 중독되면 흡연은 담배를 피는 사람의 생리적 · 심리적 · 사회적 측면을 매우 강력하게 통제하게 된다. 건강심리학자가 담배에 대항하기 위해 쓰는 가장 강력한 무기의 일부는 니코틴 대체, 사회적 지지, 스트레스 관리, 재발 예방이다.

니코틴 대체는 담배 대신에 일반 의약품 혹은 처방전을 사용하는 것으로, 껌 혹은 경피 패치가 여기에 속한다. 이러한 치료 유형의 메커니즘은 두 가지 요소를 가진다. 입으로 느끼는 흡연의 습관을 깨고 동시에 통제된 양의 니코틴을 투여하며 그 양을 점차 줄이면서 신체가 니코틴에 의존하는 것을 천천히 없애도록 하는 것이다. 니코틴 대체 치료의 효율성을 종합적으로 검토해보자면 니코틴 대체 치료는 금연을 이끌어내는 효과적인 방안으로 여겨진다(Cepeda-Benito, 1993). 건강심리학자는 이러한 유형의 치료를 지지하는 연구에 관해 이러한 치료가 어떻게 작용하는지 어디서 치료를 받을 수 있는지(일부는 일반의약품으로 구매할 수 있고, 일부는 전문의에게 처방받아서 얻을 수 있음), 흔한 부작용(예 : 두통, 심장이 마구 뛰는 것)이 무엇인지를 내담자에게 교육할 수 있다. 또한 건강심리학자는 내담자와 치료를 시작하기 전에 잠재적인 방해요소를 살펴보도록 도울 수 있다(예 : 다양한 옵션들의 비용과 편리성을 비교하는 것).

금연의 중요한 한 측면은 비흡연 사회적 지지망의 존재 여부이다. 개인이 속한 사회집단에 흡연자가 있는 것은 금연에 상당한 위해가 될 뿐만 아니라 재흡연의 중요한 예측요소가 된다고 알려져 있다(Mermelstein, Cohen, Lichtenstein, Baer, & Karmarck, 1986). 내담자가 금연 네트워크를 만들거나 강화하도록 돕는 것은 금연 치료의 중요한 첫 단계이다. 이것을 가능하게 하는 한 가지 방법은 첫 번째로 담배를 피우는 다른 사람들(예 : 담배를 피우는 배우자)과의 관계를 제한하거나, 끊거나 혹은 잘 다루기 위한 문제해결 전략을 마련하는 것이다. 이것은 집이나 차 밖에서만 담배를 피우도록 제한하는 것과 같은 규칙을 만드는 것을 포함할 수 있다. 또한 다양한 상황(직장, 가정,

휴양시설)에서 흡연을 하지 않는 사회적 접촉의 수와 질을 목록화하는 것도 중요하다. 만약 이 목록이 적다면, 사회망을 더 구축하는 것이 필요할 수 있다. 내담자는 금연 지지 집단의 도움을 구하거나 다른 비흡연자 친구들을 찾아내어 그들에게 다가가도록 조언을 받을 것이다(Smith, Reilly, Houston Miller, DeBusk, & Taylor, 2002). 마지막으로 내담자는 다른 사람과 함께 담배를 피우던 장소를 지목하고 이전과 동일한 만족감을 느낄 수 있는, 대안이 되는 장소와 활동을 계획하도록 조언을 받을 것이다. 예를 들어, 종종 친구들과 외식을 즐기던 내담자는 금연 음식점에만 가는 것을 고려해볼 수 있다.

종종 담배를 피우는 사람들은 담배가 마음을 느긋하게 해주고 스트레스를 감소시켜준다고 이야기한다. 이런 이유로 건강심리학자의 중요한 과제는 내담자가 금연의 과정을 시작하기 전에 이완과 스트레스 감소를 위한 대체 전략을 발전시키고, 이를 내담자에게 훈련시키는 것이다. 이것과 동일선상에 있는 개념이 재발 예방으로, 이것의 목표는 재발을 일으킬 가능성이 있는 요소들을 예견하고, 이러한 요소가 발생하지 못하도록 예방하는 것이다. 가장 흔하게 재발을 일으키는 요소 중 하나는 스트레스이므로, 스트레스 관리 전략의 사용은 흡연 재발 예방에 중요한 역할을 할 수 있다. **재발 예방의 ABC**(ABCs of relapse prevention; Marlatt & Gordon, 1985)는 담배를 피는 전과 후에 일어나는 사건을 내담자와 건강심리학자가 함께 검토하는 것을 포함한다. 특히 *B*는 담배를 피는 행동(Behavior)을 뜻하며, *A*는 선행사건(Antecedent)을, *C*는 결과(Consequence)를 뜻한다. 예를 들어, 줄리안이 바에서 술을 마실 때마다 담배를 필 가능성이 있다는 것을 인식한다면, 그는 선행사건으로서 바에서 술을 마시는 행위를 선정할 것이다. 만약 줄리안이 바에서 담배를 피는 것이 스트레스를 감소하는 결과를 낳게 된다고 인식한다면, 그는 스트레스를 감소하기 위한 다른 대안을 찾아낼 수 있을 것이다(예 : 운동하기, TV 보기, 바 밖에서 친구들과 사교모임 갖기). 건강심리학자는 줄리안이 선행사건과 결과를 인식하도록 돕고, 또한 대안적인 행동을 제안함으로써 줄리안을 도울 수 있다.

그림 18.4 담배와 관련된 잘 정립된 신체적 위험은 건강심리학자가 금연을 돕는 데 강한 동기를 제공한다.

© Juanmonino/istockphoto.com

알코올 사용

때때로 술을 적당히 마시는 것 그 자체는 알코올 문제를 일으키지 않는다. 알코올류를 사용하는 것이 특정한 기준을 충족시킬 때 병리적인 것이 되는데, 예를 들어 개인이 알코올 섭취를 줄일 수 없을 때, 강한 욕구를 가지고 있을 때, 혹은 직장에서, 학교에서, 가정에서 알코올로 인해 반복적인 실패를 경험할 때는 병리적인 것일 수 있다(American Psychiatric Association, 2013). 문제가 되는 알코올 사용의 두 가지 다른 특징은 내성과 금단이다. **내성**(tolerance)은 신체가 원하는 효과를 얻기 위해 물질의 섭취량을 증가시키는 것을 말하며, **금단**(withdrawal)은 물질의 사용을 끊는 것이 신체에 부정적인 증상으로 이어지는 것을 말한다. 연구자들은 미국인의 약 4%가 내성과 금단 현상을 포함하는 방식으로 알코올을 사용한다고 추정하는데(예 : Grant et al., 2004), 이 수치를 통해 알코올 중독이 비만 담배와 함께 대규모의 사회적 건강 문제라는 것을 알 수 있다.

금연과 마찬가지로 알코올 중독의 성공적인 치료는 스트레스 관리, 재발 예방, 그리고 사회적 지지의 요소를 포함한다. 알코올이 스트레스 감소에 흔하게 사용되기 때문에 건강심리학자는 운동을 하거나 친구들과 전화하는 등의 스트레스를 관리할 수 있는 다른 건강한 대안을 찾도록 돕는다. 알코올을 마시게 하는 흔한 선행조건(스포츠 행사에 참여)을 찾아내고 그것들을 피하기 위한 전략(술을 살 수 있을 만큼의 현금보다 적은 금액을 가지고 다니기)을 발달시키는 것은 건강심리학자가 금연을 시도하는 내담자에게 사용하는 ABC 전략과 똑같은 것이다. 또한 금연하는 내담자를 돕는 것과 마찬가지로 건강심리학자는 금주를 하려는 내담자가 금주를 하는 사람들의 사회망을 찾아내고, 필요하다면 그것을 확장시키고 알코올이 없이 교제할 수 있도록 도울 것이다.

알코올과 관련된 문제를 돕는 가장 흔한 자원인 알코올자조집단(Alcoholics Anonymous, AA) 치료 계획에 이러한 전략을 많이 포함시킨다. 알코올 중독자 혹은 알코올 중독 경력을 가진 회복된 사람들도 이루어진 AA는 자신뿐만 아니라 집단의 다른 사람들의 금주를 돕는 것을 목표로 하는 네트워크이다. 이 집단은 건강심리학자와 직접적으로 관련되어있지는 않지만, 사회적 지지와 재발 예방과 같은 원칙을 건강심리학과 공유하고 있다. AA와 건강심리학의 한 가지 중요한 차별점은, AA는 회복 과정 속에 심신적인 요소를 포함한다는 것이다.

담배와 알코올 문제의 치료에서 나타나는 뚜렷한 차이점은 알코올은 니코틴을 포함한 다른 많은 물질과는 다른 영향을 뇌에 미친다는 것이고, 알코올의 경우 중독자가 물질을 너무 빨리 끊어버리면 위험한 부작용을 경험할 수도 있다는 것이다. 이러한 이유로 의학적 검토가 동반된 **알코올 중독치료**(detoxification)가 인지행동기법 과정 이전에 취해져야 할 가장 적절한 첫 번째 조치일 수 있다.

통증관리와 바이오피드백

적어도 6개월 이상 지속되는 **만성 통증**(chronic pain)은 인구의 약 35%에게 영향을 준다(Mantyselka, Turunen, Ahonen, & Kumpusalo, 2003). 물론 통증관리의 상당한 부분은 의학에 기반을 두고 있지만(예 : 통증의학, 수술, 혹은 신체적 치료), 물론 우울과 불안이 통증을 더 악화시킨다는 사실(Vowels, Zvolensky, Gross, & Sperry, 2004)은 왜 건강심리학이 종합적인 통증관리 계획에 있어 필요한지를 보여준다.

통증관리에서 건강심리학자들이 사용하는 한 가지 독특한 기법은 **바이오피드백**(biofeedback)이다(Shapiro & Schwartz, 1972). 바이오피드백의 목적은 일반적으로 환자들이 인식하지 못하는 신체적 과정을 그들에게 교육시킴으로써 자신의 신체에 대해 스스로 조절할 수 있도록 하는 것이다. 의식의 중심에 이러한 신체적 기능을 가져오기 위해 바이오피드백 기계는 일부의 생리적 기능(예 : 심장박동 수, 근육 긴장 정도)을 내담자가 들을 수 있는 소리나 내담자가 볼 수 있는 그래프로 전환시킨다. 예를 들어, 심장박동 수가 증가하면 소리가 더 커지고, 혹은 어깨 근육의 긴장 정도가 감소하면 그래프의 선이 아래로 떨어진다. 환자는 시행착오를 통해 어떤 종류의 행동(예 : 깊은 호흡, 자세 변경, 생각 수정, 실상화)이 논의되고 있는 신체 과정을 바꿀 수 있는지 알 수 있게 된다. 일단 환자가 자신의 행동과 신체 반응 사이의 인과관계를 학습하고 나면, 환자들은 목표 수준을 달성하기 위해 적절한 행동을 취할 수 있게 된다.

그림 18.5 건강심리학자는 지속되는 통증을 경험하는 환자를 돕기 위해 다양한 기법을 사용한다.

© Mark Bowden/istockphoto.com

예를 들어, 요추 부근의 등과 허리 통증을 만성적으로 앓고 있는 45세의 로널드를 살펴보자. 로널드가 브루커 박사를 만나기 전에 로널드는 등과 허리 통증을 조절하기 위해 자신이 할 수 있는 일이 없다고 느꼈다. 건강심리학자로서 브루커 박사는 로널드에게 근육의 정도를 시각적 그래프로 나타내는 바이오피드백장치를 통해 등과 허리 통증을 직접 볼 수 있게 해주었다. 등과 허리 통증에 효과가 있도록 고안된 몇가지 신체적 · 정신적 활동을 해본 후에 다리를 올리는 것과 자신이 조용한 해변가에 있다고 상상하는 것의 두 가지 활동이 허리 통증을 감소시켜준다는 것을 알게 되었다. 이러한 고통 감소는 로널드의 주관적 경험과 모니터의 그래프를 통해 명백하게 나타났다. 이후 로널드는 요후 부근의 경련을 줄이기 위해 의도적으로 다리를 올리고 매일 해변가를 상상할 수 있었다.

바이오피드백에 관해 비판적인 시각을 가지는 사람들은 바이오피드백의 혜택이 높은 비용과 긴 시간 소모에 의해 상쇄된다고 주장하고 있다. 다행히도 경제적이고 비교적 빠른 대안책을 오래전에 개발된 불안장애에 대한 치료법에서 찾을 수 있다(Jacobson, 1938). **이완훈련**(relaxation training)은 내담자가 의식적으로 긴장과 각성이 낮은 상태로 신체를 조절하는 교육을 포함한다. 이완훈련은 지시적 심상요법(자신이 천천히 움직이는 해먹에 누워있다고 상상하는 것), 깊고 조절된 '복식 호흡', 그리고 팔과 다리의 다양한 골격근을 체계적으로 긴장시키고 이완시키는 것 등 다양한 요소를 포함한다. 이완훈련은 만성적 통증을 경감시키는 데 성공적인 것으로 알려졌는데, 이는 우리 신체의 자연적 진통제인 내생적 아편유사제의 방출을 증가시키게 할 수 있기 때문이다(McGrady et al., 1992). 만성적 통증과 관련된 스트레스와 연관된다. 이완훈련의 추가적 이점은 여러 연구에서 밝혀졌듯이 이완이 면역체계의 기능에 유익한 효과가 있다는 것이다(Pawlow & Jones, 2002, 2005).

글상자 18.2

비유하기

심장박동 모니터가 부착된 운동장비와 바이오피드백

체육관에서 당신은 러닝머신, 자전거 운동기구 혹은 일립티컬 운동기구를 사용할 수 있는데, 이것들은 손잡이의 금속 센서를 통해 당신의 맥박을 체크할 수 있다. 그 후에 이러한 장치는 맥박 정보를 심장박동 수(일반적으로 분당 박동을 나타냄; BPM)로 전환하고, 실시간 당신에게 이러한 정보를 제공한다. 만약 당신의 목표가 심장박동 수를 관리하는 것이라면, 즉 일정 수준으로 심장박동 수를 올리고, 일정 수준의 밑으로 심장박동 수를 유지하는 것이라면, 당신은 당신의 행동과 심장박동 수 사이의 인과관계에 주목할 수 있다. 예를 들어, 자전거 운동기구에서 당신은 특정 수준의 저항에 대비하여 특정 속도로 페달을 밟는 것이 특정 심장박동 수를 일으킨다는 것을 알 수 있다.

심장박동 수를 관찰하는 것은 체육관에서 이러한 장비들을 가지고 운동하는 많은 사람들에게 별로 중요하지 않을 수 있으나, 바이오피드백를 사용하는 내담자에게는 중요한 목표이다. 이름에서 볼 수 있듯이 바이오피드백은 내담자에게 심장박동 수, 근육활동 등과 같은 신체 활동에 대한 피드백을 제공한다. 건강심리학자의 도움을 받아 내담자들은 바이오피드백 장치를 이용하여 자신의 신체 내부체계에 바람직한 변화를 이끌어낼 수 있는 활동을 선택할 수 있다.

이것은 자율권과 권한을 주는 과정일 수 있다. 예를 들어, 바이오피드백 없이 내담자는 자신의 심장박동 수가 얼마나 빠르게 뛰는지 정확하게 알 수 없다. 더욱이 바이오피드백 없이는 내담자가 자신의 특정한 행동(예 : 일부러 천천히 숨쉬는 것, 심상)과 심장박동 수의 연속적인 변화 사이의 관계를 찾을 수 없을 것이다. 그러나 바이오피드백을 통해 심장박동 수를 즉각적으로 볼 수 있고, 다양한 행동에 따른 심장 박동 수의 변화를 지속적으로 체크할 수 있다. 따라서 내담자가 조절할 수 없다고 여겼던 심장박동 수의 문제는 더욱 직접적으로 관리될 수 있다.

글상자 18.3

점진적 이완훈련 스크립트의 단축형 예시

다음은 점진적 근육 이완 스크립트의 일부분이다(Bernstein & Borkovec, 1973).

제가 "긴장시키세요."라고 말할 때, 이것은 가능한 한 팽팽하고 빠르게 우리가 다루는 부위의 근육을 긴장시키라는 뜻의 구체적인 신호입니다. 7초 동안 긴장을 유지할 것입니다. 이 신호를 들을 때까지 긴장시키는 것을 시작하지 마십시오. 마찬가지로 제가 "이완하세요."라고 말할 때, 이것은 즉각적으로 긴장을 이완하라는 뜻의 신호입니다. 점차적으로 긴장이 소멸되게 놔두거나 제가 신호를 주기 전에 긴장을 이완하지 마십시오. 제가 어느 부위의 근육을 긴장시킬지에 대한 지시와 그 부위를 어떻게 이완시킬지에 대한 전체적인 가이드라인을 줄 것입니다. 불필요하게 움직이지 마십시오. 그러나 편안한 자세를 유지하는 데 도움이 된다면 언제든지 마음대로 움직이십시오.

제가 "긴장시키세요."라고 말하면 주먹을 꽉 쥐면서 주로 쓰는 손과 팔의 근육을 긴장시키세요. 준비되었습니까? 이제 긴장시키세요. (7초 동안 유지한다.) 근육이 잡아당겨지는 느낌을 느끼십시오. 근육이 잡아당겨지고 그 순간을 유지하면서 생기는 이러한 근육의 자연스럽게 긴장된 느낌이 어떤 것인지 주목하십시오. 이완하세요. (30초간 이완한다.) 근육을 풀어주면서, 긴장과 이완 사이의 차이를 주목하고, 근육이 더욱 더 이완되는 느낌에 주목하십시오.

제가 "긴장시키세요."라고 말하면 팔꿈치를 의자의 팔걸이에 붙여서 밀어내면서 당신이 주로 쓰는 쪽 팔의 이두박근을 긴장시키세요. 준비되었습니까? 긴장시키세요. (7초 동안 유지한다.) 근육이 잡아당겨지는 느낌을 느끼십시오. 근육이 잡아당겨지고 그 순간이 유지되는 이러한 근육 긴장의 느낌이 어떤 것인지 주목하십시오. 이완하세요. (30초간 이완한다.) 근육을 풀어주면서 긴장과 이완 사이의 차이를 주목하고, 근육이 더 이완되면서 생기는 근육에 대한 느낌에 주목하십시오.

제가 "긴장시키세요."라고 말하면 눈썹을 올리면서 얼굴의 윗부분의 근육을 긴장시키십시오. 이때 가능한 한 눈썹을 높이 들어올리고, 이마와 두피 부위의 근육이 긴장하도록 하십시오. 준비되었습니까? 긴장시키세요. (7초 동안 유지한다.) 근육이 잡아당겨지는 느낌을 느끼십시오. 근육이 잡아당겨지고 그 순간을 유지하면서 이러한 근육의 긴장의 느낌이 어떤 것인지 주목하십시오. 이완하세요. (30초간 이완한다.) 근육을 풀어주면서 긴장과 이완 사이의 차이를 주목하고, 근육이 더 이완되면서 근육에 대한 느낌에 주목하십시오.

"긴장시키세요."라고 말하면 얼굴 중간 부분의 근육을 긴장시키기 위해 눈을 꽉 조이면서 가늘게 뜨고 동시에 볼 윗부분과 눈에 긴장을 느끼게 하도록 코를 찡그리세요. 준비되었습니까? 긴장시키세요. (7초 동안 유지한다.) 근육이 잡아당겨지는 느낌을 느끼십시오. 근육이 잡아당겨지는 그 순간을 유지하면서 이러한 근육의 긴장된 느낌이 어떤 것인지 주목하십시오. 이완하세요. (30초간 이완한다.) 근육을 풀어주면서 긴장과 이완 사이의 차이에 주목하고, 근육이 더 이완되면서 발생하는 근육에 대한 느낌에 주목하십시오.

출처 : Bernstein & Borkovec (1973).

고통스러운 생각을 다른 사람에게 털어놓는 것에 대한 치료적 효과를 연구하는 Pennebaker는 고통스러운 사건을 기록하는 것 또한 카타르시스를 얻게 할 수 있고, 더욱이 면역체계의 기능을 긍정적으로 바꿀 수 있고 설명하였다(Pennebaker, Kiecolt-Glaser, & Glaser, 1988). 만성 통증에 초점을 둔 최근의 한 연구에서도 비슷한 결과들이 제시되었다. 통증으로 인한 화난 감정을 글로 작성한 만성 통증 환자들은 스스로 지각하는 통제 수준이 개선되었고, 우울 정도가 감소되었다(Graham, Lobel, Glass, & Lokshina, 2008). 따라서 간단하게 자신의 통증과 관련된 생각을 글로 써 보는 시간을 갖는 것은 통증으로 인한 고통의 일부를 감소시키는 데 도움이 될 수 있다.

의료요법 준수

어떤 경우 건강심리학자는 의학적 질병이 심리적 원인으로부터 발생하지 않은 문제를 가진 내담자를 치료한다. 이러한 내담자들은 의료요법을 준수하도록 하는 도움이 필요하다(Goodheart & Rozensky, 2011). 의료요법을 지키는 데 실패하는 경우는 여러 가지 형태로 나타나는데, 약을 복용하지 않거나, 식이제한에 따르지 않거나, 추후 진료를 빠지거나, 활동 제한을 준수하지 않는 것이 여기에 속한다. 내담자가 의료요법을 준수하지 못하는 여러 가지 이유가 있는데, 의료요법을 제공하는 사람과의 빈약한 의사소통과 부정적인 부작용에 대한 두려움이 그 이유가 될 수 있다. 한 연구에 따르면 환자들이 부작용을 알고 있을 때, 비록 부작용이 가볍거나 일어날 가능성이 거의 없다고 하더라도 환자들은 의료요법을 덜 준수한다고 밝혀졌다(Waters, Weinstein, Colditz, & Emmons, 2009). 평균적으로 환자의 지시 불이행은 HIV, 관절염, 위장장애, 그리고 암환자의 인구에서 가장 높은 비율을 차지하는데, 평균적으로 전체 환자 사례의 약 26%가 지시에 따르지 않는다고 알려져 있다(DiMatteo, Giordani, Lepper, & Croghan, 2002).

건강심리학자는 여러 가지 방법으로 의료요법 이행을 강화할 수 있다. 때때로 건강심리학자는 치료자와 환자 사이를 이어주는 다리 역할을 하여 종합적이고 공감하는 방식으로 제시된 치료 계획에 대해 더 조심스럽고 상세하게 의사소통하도록 돕는다. 실제로 어느 연구에서 보면 따뜻하고 배려하는 목소리 톤으로 경청하는 것만으로도 더 많은 환자의 동의와 이행을 이끌어낸다고 한다(예 : Sherbourne, Hays, Ordway, DiMatteo, & Kravitz, 1992). 의료요법 불이행을 줄이는 또 다른 중요한 측면은 환자에게 처방된 치료, 대안적 옵션(이때 치료하지 않는 것을 포함), 각각의 장단점, 그리고 치료에 대한 최근의 연구들에 대해 철저하게 교육시키는 것을 포함한다. 또한 임상가들은 환자의 의료요법 이행을 이끌어내기 위해 개인적인 지지체계를 강화하도록 도울 수 있다. 만성적인 심장부전을 앓고 있는 내담자에 대한 연구에서 환자가 사회적 지지 수준이 높다고 인지할수록 약물처방, 행동적 · 식이적 측면에서 의료적 치료 계획에 대한 이행이 더 좋았다고 제시했다(Sayers, Riegel, Pawlowski, Coyne, & Samaha, 2008).

또한 환자의 의료요법 준수를 방해하는 요소들을 찾아내고 시간 제한을 둔 목표들을 설정해보는 것도 도움이 될 수 있다. 예를 들어, 이완과 같이 적나라한 방식을 믿지 못하는 통증 환자에게 2주 동안만 이완을 시도해보고, 환자가 효과를 보지 못하면, 치료 제공자의 흔쾌한 동의 속에 바로 시도를 멈추는 것으로 약속을 할 수 있다. 그리고 때때로 건강심리학자는 어려워 보이는 문제를 가진 내담자를 돕기 위해 직접적인 문제해결 접근을 채택할 수 있다. 예를 들어, 많은 신체 질병을 가진 78세 여성인 클레어는 의료요법을 따르지 않았는데, 그 이유는 복용해야 할 약이 너무 많아 모든 약을 적절한 시간에 맞춰 복용하지 못할까 봐 두려워서 모든 약의 복용을 거부한 것이었다. 건강심리학자인 하워드 박사는 클레어의 딸에게 약국에서 값이 저렴하고 매달용/매일용인 약통을 구매하여 한 달에 한 번 처방받은 약들을 적절한 약통에 넣도록 요청하였다. 이러한 간단한 조치가 클레어의 상황을 바로잡을 수 있게 하였다.

의료 과정에 대한 대처

건강심리학자들은 수술, 부정적인 부작용(예 : 화학요법)이 예견되는 치료법, 고통스러운 물리치료, 혹은 뇌심부 자극과 같은 더 실험적인 과정 등 의료 과정에서 직면하는 스트레스를 대처하는 데 환자를 도와주는 중요한 역할을 한다. 이 과정에서 건강심리학자의 주요한 역할은 환자의 의료 과정에 대한 이해도를 높여 막연한 두려움을 없애고 과정에 대한 통제력이 있음을 느끼고 편안함을 유지하게 해주는 것이다. 많은 연구에서 치료 시작 이전에 공감하는 태도로 명확하고 상세하게 치료에 관해 소통하고 관련 정보를 제공하는 것이 효과가 있음이 입증되었다. 예를 들어, 이러한 유형의 정보를 제공받은 방사선 치료 환자가 정보를 얻지 못한 환자보다 수술 후의 적응과 회복이 더 좋은 것으로 나타났다(Johnson, Lauver, & Nail, 1989). 또한 심장 수술과 같은 복잡한 과정 혹은 전립선 검사와 같은 민감한 과정의 단계를 설명하기 위해 사전에 녹화된 동영상을 활용하는 것도 효과적인 것으로 밝혀졌다(예 : Mahler & Kulik, 1998; Taylor, 2010).

의사소통을 최적화하는 것 이외에 건강심리학자들은 이완훈련이나 불쾌한 상황을 다른 방식으로 생각하는 것과 같은 인지행동 개입을 활용한다(Ludwick-Rosenthal & Neufeld, 1988). 예를 들어, 화학요법 치료를 시작하려고 하는 50세의 이네즈를 살펴보자. 이네즈는 암 진단을 받은 것에 대해서도 당연히 혼란스러워하고 있지만, 당장 다가올 화학요법 치료에 대해 무척 혼란스러워하고 있다. 건강심리학자인 리카도 박사가 화학요법 치료에 대한 이네즈의 생각을 설명해보라 했더니 이네즈는 눈물을 글썽이며 "나는 평생 이 치료를 받아야 할 거예요. 부작용이 너무도 끔찍해서 내가 견뎌낼 수 없을 것 같아요."라고 설명했다. 리카도 박사는 이네즈의 염려에 대해 공감해주면서도 이네즈가 화학요법 치료에 대해 오해하고 있는 부분을 바로잡아주었다. 이 치료는 평생이 아닌 몇 개월 동안만 진행되고, 많은 환자들이 어느 정도 불쾌한 부작용을 경험하지만, 이러한 부작용을 결국에는 견뎌낸다는 것이다. 더욱이 리카도 박사는 이네즈가 화학요법 치료가 성공한 후 건강이 개선된 상태를 자꾸 떠올려보도록 도와주었다(이네즈의 경우 암이 일찍 발견되었기 때문에 실제로 치료 가능성이 높은 것으로 여겨졌다). 이네즈의 잘못된 생각을 수정하고 긍정적인 결과에 집중하게 함으로써 리카도 박사는 화학요법 치료 전에 이네즈의 심리적인 안녕을 증진시킬 수 있었을 뿐만 아니라 신체적으로도 치료를 통해 건강이 회복될 확률을 높여줄 수 있었다.

건강심리학자가 입원 중인 아동을 치료할 때의 주요 목표는 분리불안을 최소화하는 것이다(일반적으로 부모인 주요 돌봄자와의 분리에서 발생하는 불안). 이를 위한 기법에는 대학원생 또는 대학생 간호사와 같은 직원을 아동의 대리 부모로 배정하여, 부모의 출입이 제한되는 시간 동안 부모의 역할을 하게 하는 것이 있다. 마찬가지로 건강심리학자는 어린 아동을 편안하게 해주는 담요 혹은 곰인형을 집에서 가져올 수 있도록 해줄 수 있다.

어떤 경우 건강심리학자는 의료전문가들이 치료를 시작하기로 결정하기 전에 환자가 치료 과정에 대한 심리적인 준비가 되어있는지 평가해달라는 요청을 받을 수 있다. 이러한 경우 건강심리학자는 환자의 마음의 상태가 치료 과정에서 역효과를 낼 가능성이 있는 환자를 평가하여 선별할 수 있다. 예를 들어, 위장 접합수술을 해야 하는 사람은 수술 날짜를 잡기 전에 주기적으로 심리평가를 받아야 한다. 그리고 한 연구에 따르면 위장 접합수술 지원자 중 3%에 이르는 사람들이 수술을 시행하기에는 심리적으로 부적절하다고 판단되었다. 구체적으로 이러한 사람들은 임상면접을 포함한 종합적인 평가를 통해 정신병 상태이거나 혹은 제한된 인지 기능을 가지고 있는 것으로 밝혀져, 치료 과정에 대해 충분히 이해하고 동의하기에는 어려움이 있다고 판단되었다(Pawlow, O'Neil, White, & Byrne, 2005).

건강심리학자들이 흔히 심리적 적합성을 평가해야 하는 또 다른 의료 과정은 장기 기증이다. 의학계는 장기 기증자가 자신과 장기 수령인 모두에게 장기 기증이 가져올 수 있는 모든 부정적인 효과를 인지하고 있는지, 즉 자신이 선택의 중대성을 이해하고 있는지 확신하기 원한다. 또한 중요한 것은 기증자가 가족, 친구 등 다른 사람의 압력에 의해서가 아니라 자신 스스로 결정한 것인지 확인하는 것이다. 건강심리학자는 이러한 중요한 역할을 수행하기 위해 임상적 평가뿐만 아니라 장기 기증의 의학적이고 심리적인 결과에 대한 자신의 지식을 활용할 수 있다.

건강심리학의 최근 동향 : 환자 중심 의료 모델

전통적으로 미국에서의 환자 치료는 1차 진료 모델을 따라왔다. 그러나 1차 진료 모델에 기반을 둔 우리의 건강관리 체계는 1차 진료 의사의 상당한 부족으로 인해 위기에 직면하고 있다. 이러한 위기의 발생은 일반적인 의술에 비해 전문적인 의술 분야를 선택해서 훈련을 받는 전문의의 수가 증가하고 있기 때문이다. 이러한 문제의 결과로 환자들은 1차 진료 의사에게서 진료를 받기 위해 긴 시간을 기다려야 한다. 때문에 진료 방문이 더 줄어들고, 환자들 사이에서 혼란이 더 가중되고, 그리고 1차 진료 의사, 전문의, 그리고 병원 사이의 협조가 부족해진다.

환자 중심 의료 모델(patient-centered medical home, PCMH)은 더 높은 질과 비용 효율적인 1차 진료를 제공하기 위한 해결책으로 제안되어왔다. PCMH는 환자 중심적이고 더 접근이 용이하고 저렴하며 종합적이고 협력적인 진료를 제공하는 것이 목적이다. PCMH는 원래 더 융합적인 의료 모델로서 정신건강을 신체건강과 분리하여 보지 않으며, 이전의 전통적인 1차 진료 모델보다 질병의 예방에 더 초점을 둔다(Kaslow et al., 2007). PCMH에서 각 환자는 개별적으로 1차 진료 의사를 가지고 있는데, 1차 진료 의사는 필요에 따라 환자의 의료 팀(예 : 간호사, 의사보조사, 물리치료사, 의학 전문의)에 속해있는 다른 전문가들을 연결해준다. PCMH는 치료자들 간의 더 나은 의사소통을 위해서 전자 건강 기록을 사용하고, 환자와 환자 가족들이 치료 과정에 더 활발히 참여하도록 유도한다. PCMH가 환자의 관리에서 행동건강을 핵심적인 영역으로 여기고 또한 임상건강심리학자들은 비만, AIDS, 만성 통증, 심장질환, 당뇨, 암 등의 다양한 건강 상태를 예방하고 관리하는 전략을 고안하고 실행하며 평가하도록 특별히 교육받았기에 건강심리학자들은 PCMH 의료 팀의 리더 역할에 적합하다. 이렇기에 다른 정신건강 관련 고용기회가 감소하는 와중에도 건강심리학자들의 일자리는 전례 없이 많아지고 있다(Beacham, Kinman, Harris, & Masters, 2012, p. 17).

환자 중심 의료 모델의 성과에 대해서는 평가가 엇갈린다. 어떤 연구에서는 환자의 만족도, 입원비율, 그리고 응급실 사용의 관점에서 다른 의료 전략보다 더 유의미한 이점이 많다고 하지만, 다른 연구에서는 효과가 최소한이거나 이득이 없다고 주장한다(Jackson et al., 2013; Werner, Duggan, Duey, Zhu, & Stuart, 2013).

건강심리학에서의 문화적 요소

건강심리학자가 일을 할 때 내담자의 건강이나 질병 관련 경험에서 문화적인 요소가 미치는 영향을 충분히 인정하는 것이 중요하다. 사실 연구를 통해 특히 문화적 특수성을 고려해 조정된 건강심리학의 개입이 그렇지 않은 개입보다 더 효과적인 것으로 드러났다(Barrera, Castro, Strycker, & Toobert, 2012). 먼저 건강심리학자는 다양한 민족과 인종 집단들의 건강관리 방식들 사이에 존재하는 차이점과 의료시설에 대한 이들의 다른 태도를 인지하는 것이 중요하다. 미국에서 인종 집단별로 의료 서비스의 질과 전체적인 건강 상태에 유의미한 차이가 있는데, 백인과 아시아계 미국인은 상위권을 구성하고, 아프리카계 미국인과 아메리카 원주민은 하위권에 속한다(LaVeist, 2005). 이러한 순위는 미국에서 아프리카계 미국인과 인디언 원주민 미국인들이 수 세기 동안 억압당했다는 역사적인 맥락과 무관하지 않다. 이러한 억압의 비교적 최근의 예에는 터스기기 매독의 연구가 있는데, 미국 공중 위생국(United States Public Health Service)은 1932년에서 1972년까지 질병의 결과를 더 잘 이해하기 위해서 아프리카계 미국인들을 치료하지 않았다.

이러한 역사적 사건들은 지금의 문화적 집단 구성원들이 병원과 의사들에 대해 가지는 인식과 관련이 있다. 예를 들어, 아프리카계 미국인 환자는 백인 환자보다 건강관리 체계에 대해 더 큰 불신을 가지는 것으로 보인다(예 : LaVeist, 2005). 의료 환자 대상의 조사(LaVeist, Nickerson, & Bowie, 2000)에서, 백인 환자보다 훨씬 더 많은 아프리카계 미국인 환자가 "환자는 때때로 병원에게 속거나 잘못 인도된다.", "병원은 종종 알아야 꼭 필요한 것 이상으로 당신의 사생활에 대해 더 많이 알려고 한다.", "병원은 때때로 환자들이 모르게 환자에게 해로운 조치를 취한다.", "병원에서 인종 차별은 흔하다."와 같은 진술문에 동의한다고 밝혔다. 동일한 조사에서 백인 환자보다 낮은 비율의 아프리카계 미국인 환자가 "의사는 아프라카계 미국인과 백인을 동등하게 대한다.", "대부분의 병원에서 아프리카계 미국인과 백인은 동등한 서비스를 받는다."와 같은 문장에 동의한다고 밝혔다. 건강심리학자에게 의료 관련 경험과 태도에서 문화 집단별로 인식이 다르다는 것을 인지하는 것은 문화적 다양상을 이해하기 위한 필수적인 요소이다.

또한 문화적 요인은 환자가 자신의 의학적 문제의 원인을 이해하는 방식을 결정하는 데 중요한 영향을 미칠 수 있다. Huff(1999)에 따르면 질병의 원인에 대한 인식들이 네 가지 범주 중 하나에 포함될 수 있다.

- **환자 내부** : 감염, 상처 또는 다른 생물의학적 불규칙성
- **자연 세계** : 독소 또는 기후 관련 요소와 같이 개인을 둘러싼 환경적 요소
- **사회적 세계** : 다른 사람들과의 대인관계 갈등, 특히 친밀한 관계를 가지고 있던 사람들과의 갈등
- **초자연적 세계** : 예를 들면 마법, 마녀, 조상의 영, 또는 복수심에 불탄 신

Huff(1999)에 따르면 서구 문화에서 개인은 질병의 원인을 자신의 탓으로 돌리는 경우가 일반적이고, 이러한 특성은 질병의 생물의학적 원인을 강조하는 서구 의료 서비스의 주요 맥락과 상당히 일치한다고 설명한다. 그러나 많은 비서구 문화에서는 개인이 질병의 원인을 자신 이외의 다른 세 가지 범주 중 하나의 탓으로 돌리는 경향이 상당히 흔하다. 따라서 건강심리학자가 기억해야 할 것은, 다양한 문화 속에서 일부 개인들은 건강 문제에 대한 통제 소재가 내적인 부분이 아니라 외적인 부분에 있다는 것인데, 이것은 서구 의학의 전제와 상충될 수도 있는 것이다. 이러한 차이를 이해하고 치료에 적용하는 것은 궁극적으로 내담자의 건강을 증진시킬 수 있다.

또한 문화적 이해가 뛰어난 건강심리학자들은 백인 내담자와 비교하여 소수 인종 집단 구성원들이 치료의 유형과 치료자들과 맺을 상호작용 유형에 관한 기대가 다를 수 있다는 것을 인정한다(Huff, 1999; Kline & Huff, 1999). 예를 들어, 히스패닉 미국인, 아시아계 미국인, 원주민 미국인, 그리고 아프리카계 미국인 등의 주요 소수 인종 집단은 그들 문화 고유의 전통적 치료자와 치료방법에 의존하는 경향이 있다. 이러한 방법은 약용식물, 마사지, 침술, 지압, 기도, 구호나 주문외우기 혹은 다른 다양한 방법을 포함한다. 추가로 이러한 방법은 종종 신속하고 사실에 기반을 두며, '예/아니요' 질문 유형으로 대표되는 서구 문화에서의 추가로 의사-환자 간의 상호작용과는 차이가 있다. 이러한 차이를 극복하기 위해서 건강심리학자는 의료 제공자와 다문화 배경의 내담자가 서로의 문화, 그리고 각기 상대방에게 거는 기대에 대해 더 잘 알 수 있도록 교육시키는 역할을 할 수 있고, 따라서 개입의 효과성을 증가시킬 수 있다.

마지막으로 건강심리학자가 다양한 인종 배경을 가진 내담자들이 어떻게 질병을 인식하는지 혹은 어떻게 치료에 접근하는지에 대한 성급한 판단을 내리지 않는 것은 중요하다(Huff, 1999). 질병에 관한 전통적인 서구의 이해 방식은 많은 방식 중 하나일 뿐이므로, 문화적으로 민감한 건강심리학자는 다양한 방식의 이해가 유효하다는 것을 인식해야 한다.

요약

건강심리학은 심리작용과 신체건강의 상호작용을 함께 다루는 임상심리학자를 위한 급성장하는 전문 분야이다. 초기의 건강심리학은 스트레스와 스트레스가 건강에 미치는 결과에 관한 주제에만 집중했다면 오늘날의 건강심리학자는 더 광범위한 주제를 다룬다. 예를 들어, 건강심리학자는 내담자의 체중관리, 금연, 문제가 되는 알코올 사용 줄이기, 만성화된 통증의 관리 등을 돕는다. 또한 건강심리학자는 의료과정에 관한 내담자의 행동 준수를 돕고, 어려움이 따르는 의료 과정을 잘 견뎌낼 수 있도록 돕는다.

건강심리학자는 다양한 구체적인 치료 기법을 사용하는 것 뿐만 아니라 신체건강과 심리적 혹은 행동적 기능 사이의 연관성에 관한 내담자의 이해를 증진시킬 수 있도록 교육한다. 이와 더불어 건강심리학자는 위장 접합수술이나 장기 기증과 같은 비중이 큰 수술이나 의료절차를 진행하려는 개인의 심리적 평가를 시행한다.

최근에 건강심리학자는 환자 중심 의료 모델(PCMH)을 통해 다양한 건강 관련 전문가들간의 더 원만한 협력을 추구하고, 이를 통해 더 나은 서비스를 제공할 수 있도록 돕는다. 이런 많은 일들을 진행할 때 건강심리학자들은 내담자의 건강과 관련된 경험에 영향을 줄 수 있는 문화적 요인을 인정하는 태도를 유지한다.

주요 용어

가치 진술
건강심리학
금단
내성
대처
만성적인 스트레스
만성 통증
문제중심대처
바이오피드백
사회적 지지
스트레스
시상하부-뇌하수체-부신 축
싸움-도피 반응
알코올중독치료
이완훈련
일반적응증후군
재발 예방의 ABC
정신신경면역학(PNI)
질병에 걸리기 쉬운 성격
체중감소를 위한 ABCDS
코르티솔
행동의학
환자 중심 의료 모델(PCMH)
Hans Selye

비판적 사고를 위한 질문

1. 일반적으로 심리적 요인이 신체건강 문제에 영향을 미친다는 견해에 대해 어느 정도 동의하는가?
2. 만약 임상심리학자들이 (뚜렷한 불안, 우울, 적대감을 특징으로 하는) 질병에 취약한 성격에 대한 성공적인 증거기반 치료를 개발한다면, 이러한 치료는 의료산업에 어떤 영향을 미칠까?

3. 의사는 환자가 사회적 지지망을 만드는 것을 얼마나 강조해야 한다고 생각하는가?
4. 미국에서 체중과 비만과 관련된 광범위한 문제에 대해 심리적 요인이 어느 정도까지 책임이 있다고 생각하는가? 과잉 체중을 감소하는 데 어려움을 겪는 사람들이 이러한 심리적 요인을 얼마나 인지하고 있다고 생각하는가?
5. 임상심리학자는 신체건강 문제를 가진 내담자들의 문화적 특성에 대해 더 잘 이해하기 위해 어떤 노력을 할 수 있는가?

주요 학술지

Health Psychology
http://www.apa.org/pubs/journals/hea/index.aspx

Health Psychology Review
http://www.tandfonline.com/loi/rhpr20#.V08Uc_krLX4

International Journal of Clinical and Health Psychology
http://www.journals.elsevier.com/international-journal-of-clinical-and-health-psychology/

Journal of Health Psychology
http://hpq.sagepub.com

Journal of Behavioral Medicine
http://link.springer.com/journal/10865

Rehabilitation Psychology
http://www.apa.org/pubs/journals/rep/index.aspx

CHAPTER 19

법심리학

Bryce F. Sullivan & Andrew M. Pomerantz

학습 목표

19.1 법심리학을 정의한다.

19.2 미국 법심리학의 역사를 개관한다.

19.3 심리학자의 법심리학 평가 시 발생 가능한 주요 문제를 요약한다.

19.4 법심리학자가 요청받는 평가 유형을 기술한다.

19.5 법심리학자가 범죄 수사관에게 제공할 수 있는 치료 유형을 탐색한다.

19.6 평가와 치료 외의 법심리학자 활동 영역을 조사한다.

정의와 역사

사법 체계 안에서 심리학적 방법과 원칙을 적용하는 **법심리학**(forensic psychology)의 시작은, 심리학이 과학의 분야로 인정된 시점으로 거슬러 올라간다. 각기 다른 학문적 배경의 심리학자들은 흥미롭고 다양한 방법으로 심리학과 법의 교차 지점에 접근했다. 사회심리학자들은 심리과학을 연구하고 이를 배심원 선정, 배심원 간의 역동 등의 주제에 적용한다. 인지심리학자는 자신의 전문지식을 목격자 증언과 그 정확성 문제에 사용한다. 특히 임상심리학자는 평가, 치료 및 정신병리학 분야의 광범위한 교육 과정을 이수했기 때문에 법심리학 활동에 가장 적합하며, 또 가장 많이 활동한다.

법심리학 연구를 시행하고 이를 전문적으로 활용하는 다양한 분야의 심리학자들이 있으며, 이러한 이유로 법심리학에 대한 명칭 선정에 의견 차이가 있다(Ogloff, 2002). '법과 심리학', '범죄심리학', '법정 심리학', '법심리학' 등의 다양한 이름이 가능하다. 이 중 임상심리학자가 전문적 실무를 담당하는 현장에서는 법심리학이라는 용어가 가장 흔히 사용되며 가장 적합한 것으로 보인다. 법심리학 현장에서 일하는 임상심리학자들은 형사 피고인의 정신 감정, 재판 참석 능력 평가, 양육권 분쟁 가정 평가, 위험성 예측, 전문가 증언을 비롯해, 이 장에 서술된 사법 체제와 관련된 다양한 임무를 수행한다. 이처럼 임상심리학자의 훈련 과정과 전문 지식은 사법 체제, 특히 임상평가의 필요성을 충족시켜준다. Otto와 Heilbrun(2002)은 법심리평가를 "법률상 진상 조사원을 돕기 위한 사건 관련인 심리평가"라고 정의하며(p. 5), 임상심리학자는 보편성, 타당성, 신뢰성에 기초한 평가를 수행하도록 특별한 훈련을 받는다.

이 특별한 훈련에는 법학과 심리학의 교차 지점에 있는 다양한 교육이 포함되지만, 법심리학자 양성을 위해서는 어떤 훈련이 포함되어야 할지에 대해서는 의견 일치가 거의 이루어지지 못하였다. 임상심리학 분야의 일부 박사 과정에 법심리학과 관련된 1~2개의 선택 과목이 포함되어있고, 다른 전공 과목 중 법심리학 특별 과정이 제공되기도 하며, 법심리학에 충실할 수 있도록 법무 박사(JD) 과정과 심리학 박사 과정(PhD 또는 PsyD)을 접목시킨 연계 학위가 제공되는 경우도 있다. 또한 박사 학위 취득 전후의 다양한 인턴십이 법심리학 교육에 다양한 형태로 제공되기도 한다(Burl, Shah, Filone, Foster, & DeMatteo, 2012; Marczyk, Krauss, & Burl, 2012).

심리학자들이 이미 1900년대 초부터 법조계에 도움을 주고 있었지만 1900년대 후반까지도 법심리학은 심리학의 주요 하위 학문으로 인정되지 못했다(Goldstein, 2003). **Hugo Münsterberg**는 사법 분야로의 심리학 적용을 주장한 선구자 중 한 사람이다. 그는 1908년, 증인의 기억, 허위 자백, 범죄 수사 등 오늘날 법심리학자들에게도 흥미로울 만한 다양한 주제의 ***On the Witness Stand***

라는 베스트셀러 서적을 출간했다. Münsterberg는 사법 분야에 심리학을 접목시키고자 적극적으로 홍보하였으나, 성급하게도 심리학의 과학적 한계를 넘어선 무리한 내용을 포함시킴으로 인해 법조계 저명인사 상당수가 심리학에 등을 돌리고 말았다. 그럼에도 불구하고 Münsterberg는 심리과학이 법률 분야에 어떻게 적용될 수 있는지를 보여줌으로써 법심리학에 의미 있는 기여를 했다(Bartol & Bartol, 2006; Bazar, 2015a). Münsterberg는 또한 심리학자이자 변호사였던 William Marston 등의 제자 멘토링을 통해 법심리학 발전에 공헌하였다. 1923년 Marston은 처음으로 전문가 증인으로 재판에 참석해 증언을 실시했으며(*Frye v. United States*, 1923), 이를 계기로 법정에서 광범위하게 심리학적 전문 지식을 사용할 수 있는 길을 열었다.

법심리학은 어떤 면에서는 임상심리학의 발달을 반영한다. 임상심리학과 마찬가지로 법심리학도 19세기 후반에 도입되었으나 제2차 세계대전 이후까지는 주목할 만한 발전이 없었다. 1920년대 초, 미국 내 심리학자들이 재판의 전문가 증인으로 활동했으나 이후 수 세기 동안 심리학자의 전문가 증인 활동은 매우 이례적인 일로 생각되었다. 20세기 중반까지는 심리학자들이 법원을 도와 가해자의 정신 상태, 재판 참석 능력은 물론 피해자의 정신건강 평가를 수행했다. 심리학자들은 1954년 사회 전반의 분수령이 되었던 브라운 대 교육청의 교내 인종차별 소송(*Brown v. Board of Education*, 1954)의 감정인(鑑定人) 증언을 실시하고, 대법원 공판에 참석했다. 미국 전역의 공립학교의 인종차별 문제로 확산된 이 소송 사건에서 심리학자들은 인종차별이 아동의 자존감에 부정적 영향을 미친다는 연구 결과를 제시했고, 사법부는 그들의 연구 결과에 설득력 있는 근거를 발견할 수 있었다(A. K. Hess, 2006a). 최근 수십 년간은 법심리학의 더 큰 발전의 징후가 있었다. 전문 학술지의 출간, 업무 수행 기준 마련, 다양한 교육 과정 출현, 전문 자격증의 등장, **미국 심리학회 41분과(미국 심리-사법 사회)**[American Psychological Association Division 41(American Psychology-Law Society)] 구성 등이 이에 속한다. 법심리학은 지난 30여 년간 주목할 만한 성장을 이룩했으며(DeMatteo, Marczyk, Krauss, & Burl, 2009), 전문가 양성 과정이 성숙 단계에 이르렀다(Heilbrun & Brooks, 2010).

임상심리학자의 법심리학 업무는 고유의 전문 분야로 자리잡았다. 대부분의 임상 실제와 달리 법심리학 수행 시 심리학자들은 내담자와 대립 관계에 놓이게 된다. 그 결과, 심리치료 시 일반적으로 발생되는 "좋은 감정과 긍정적 관계"가 법심리학 현장에서는 나타나지 않는다(Knapp & VandeCreek, 2006, p. 161). 이와 유사하게 법심리학 현장의 임상심리학자는 개인 대면 시 그들의 목표가 단순히 내담자에 대한 도움을 제공하는 것만이 아니라 사법부에 내담자 관련 정보와 주의 사항을 제공하며 도움을 제공하는 것이 포함된다는 점을 명심해야 한다. 따라서 임상심리학자는 법심리학 평가 수행 시 일반적 임상 상황에 나타나는 "지지적, 공감적" 태도보다 "분리적, 중립적, 객관적" 태도로 내담자를 대해야 한다(Goldstein, 2003, p. 6; Hunt & Kimonis, 2015). 아울러 수많은 임상 관계를 특징짓고, 혹은 임상 관계를 용이하게 하는 신뢰감 역시 법심리학 현장에서는 배제되어야 한다. 이는 법심리학 상황에서의 내담자가 허위로 자신의 장애를 실제 상황보다 과장 또는 축소할 가능성이 있기 때문이다(Goldstein, 2003).

임상심리학자의 법심리학 활동

평가 활동

임상평가는 법심리학 현장의 임상심리학자가 수행하는 매우 일반적인 활동이다. 가장 흔히 시행되는 평가는 양육권 분쟁 상황, 피고인의 재판 참석 능력 평가, 선고 전 공판 상황이며, 때에 따라 가석방 결정, 상해 소송, 근로자 보상 공판, 경찰 채용 전 평가, 사회 보장 장애 평가에도 임상심리학자가 투입되는 경우가 있다(Dawson & Jacquin, 2015a; Wood, Garb, Lilienfeld, & Nezworski, 2002). 심리검사 시행 시 법심리학 분야 내 심리학자로서의 역할이 일반 임상 상황에 비해 명확하지 않기 때문에, 특히 법심리학 평가 시에는 비밀보장의 한계 등 윤리적 문제를 항상 고려해야 한다. 예를 들어, 심리학자가 경찰 대상 채용 전 평가를 실시할 때, 피검사자가 아닌 경찰 당국이 의뢰인이 되며, 평가 결과와 관련된 정보는 경찰서의 상급 직원과 공유하게 된다. 모든 법심리학 평가 상황에서 임상심리학자는 시작 시점부터 "누가 의뢰인인가?", 즉 피검사자인가, 변호사인가, 사법 체제인가, 아니면 제삼의 기관인가의 질문에 대한 답을 명확히 해야 한다(Hunt & Kimonis, 2015; Goldstein, 2003).

또한 모든 법심리학 평가 시 피평가자에게 비밀보장의 한계를 명확히 이해시켜야 하며 서면 및 구두 동의를 완료해야 한다(APA, 2002). 평가 결과가 공유된 뒤에는 임상심리학자가 더 이상 완벽한 비밀보장을 확신할 수 없게 되므로, 평가 시행 이유와 관련된 개인정보 내용은 비밀보호 항목에서 제외된다. 관련 보고서와 평가 자료는 기밀이 유지되도록 명문화되어있으나, 재판이나 기타 사법기관을 위해 실시된 평가는 안타깝게도 심리학자의 손을 떠남과 동시에 공개 이용이 가능해진다. 예를 들어, 전문 권투선수인 타이슨은 종합적인 심리평가 결과 분노조절장애와 기타 문제들이 발견되었고, 이에 네바다선수위원회는 2002년 그의 경기 출전 자격을 박탈했다. 타이슨은 이를 비밀에 부치고자 했으나, 이 소식은 대중에게 공개되고 수많은 웹사이트에 게시되었다. 이와 유사하게 채용 전 심리검사에서 매년 봄 미국 미식축구연맹(NFL)은 대학 미식축구 선수들 중 저득점자를 대상으로 원덜릭 지능검사(Wonderlic intelligence quotient test)를 실시했고, 그 결과는 언론에 노출되었다. 2012년 이에 대한 문제가 제기되었고, NFL 위원회는 검사 점수의 비밀유지를 불이행할 시 '엄중한 징계'를 내리겠다고 경고했다(Krawcqynski, 2012).

법심리학 평가가 임상 실재의 전문화된 영역임은 분명하지만, 법심리학에서 사용되는 많은 기법들은 임상면접, 지능검사, 성격검사 등 임상심리학에서 흔히 사용하는 기법과 많은 부분 일치한다. 우수한 자격을 갖춘 경험이 풍부한 법심리학자들을 대상으로 설문을 실시하여, 특정 목적의 법심리학을 위해 어떠한 검사를 실시하는지를 조사하였다(Lally, 2003). 설문 결과, 가장 권장하는 검사는 미네소타 다면적 인성검사 2판(MMPI-2) 등의 객관적 성격검사와 웩슬러 성인용 지능검사(WAIS) 등의 지능검사였다. 한편 가장 수용할 수 없다는 평가를 받은 검사는 주제통각검사(TAT)와 같은 투사적 성격검사였다. 또한 법심리학 전문가들이 단일 검사보다는 다수의 검사를 시행하는 다중 기법 치료를 선호한다는 사실 역시 주목할 만한 점이다. 법심리학 평가 시의 평가 기법들은 과학적인 척 흉내만 내는 유사과학이 아닌 진정한 심리과학에 근거해 사용되어야 한다(Lilienfeld & Landfield, 2008b). Heilbrun과 Brooks(2010)는 법적 행동 능력 진단을 위한 특별한 평가 방법 개발에 많은 진전이 있었다고 언급했다. 표 19.1에 가장 많이 사용되는 다수의 법심리학 평가 관련 설문 결과를 제시하였다. 이를 포함한 다양한 평가 방법을 이 장에서 다시 소개하겠다.

법심리학자가 사용하는 일부 평가 방법들은 임상심리학자의 일상적인 기법과 동일하지만, 법심리학자의 특별한 평가 능력이 요구된다. Sageman(2003)은 법률적 지식, 사법 체제의 요구 해결, 소송 관련 기술(법정 소송 참여)의 세 가지 능력을 설명했다. 첫 번째 능력인 법률적 지식은 형사책임, 형법상 정신 기능의 정의, 정신 이상의 정의 등을 포함한다. 두 번째는 사법 체제의 요구 해결 능력으로, 내담자에 대한 중립성 유지, 가능한 한 정확한 미래 예측, 철저하고 편견 없는 사건 자

표 19.1 법심리학의 다양한 목적을 위한 심리검사 관련 법심리학 전문가 의견

평가 유형	추천 검사	수용 불가 검사
정신(범죄 당시의 정신 상태) 이상으로 인한 무죄	MMPI-2, WAIS	투사적 그림검사, TAT, 문장완성검사
위험성(폭력의 위험) 예측	사이코패스 점검표 개정판(PCL-R)	투사적 그림검사, TAT, 로르샤흐 검사, 문장완성검사
재판 참석을 위한 정신 기능	WAIS; 맥아더 정신 기능 평가 도구 형사사건용	투사적 그림검사, 로르샤흐 검사, TAT, 문장완성검사, 밀론임상다축검사

출처 : Adapted from Lally (2003), 491-498.

료 수집 등이다. 세 번째 능력은 소송(법정 소송)에서의 적용 능력으로, 검사/변호사의 전력 이해, 적합한 증언 제공, 필요시 소송 관계자의 의견 수렴이 포함된다.

임상심리와 비교해 법심리학 심리에서 보다 빈번히 발생되는 문제는, 내담자가 개인적 이득을 위해 자신의 증상을 과장하거나 '거짓으로 연기하는' 꾀병이다(Rogers, 2008). 많은 요인이 꾀병의 원인이 된다. 예를 들어, 형사사건 피고인은 처벌을 피하거나 경감시키기 위해 꾀병을 부릴 수도 있다. 혹은 민사사건 당사자의 경우 소송을 통한 보상을 극대화시키거나, 장애 급여를 얻기 위한 목적으로 보다 심각한 상태(더 심한 우울증, 정신적 외상, 기억장애 증상)로 꾀병을 연기할 수도 있다(Pierson & Rosenfeld, 2015; Young, Jacobson, Einzig, Gray, & Gudjonsson, 2016). 꾀병 식별이 쉽지는 않으나, 심리학자들은 검사 결과를 통해 의심스러운 패턴을 찾아낸다. 예를 들어, 지능검사에서 피검사자가 실제 관찰되는 것보다 훨씬 낮은 점수 결과를 받게 되거나, 심각한 정신장애인들도 맞추는 아주 쉬운 문제를 틀리거나, 어려운 문제보다 쉬운 문제를 더 많이 틀리는 등의 패턴을 보이는 경우, 꾀병을 의심할 수 있다. 또한 성격검사에서 피검사자가 과도하거나 모순된 증상에서 높은 점수를 받거나, 노골적인(하지만 식별 가능한) 증상만을 표기하거나, MMPI-2 등의 평가 도구의 타당성 의심 척도에서 높은 점수를 받는 경우가 이에 해당된다(Knoll & Resnick, 2006; Resnick, 2007; Resnick & Knoll, 2008; Rogers, Sewell, Martin, & Vitacco, 2003).

위험성 예측

개인의 폭력이나 위험 행동과 관련된 법률 사건의 경우 판사나 배심원단은 개인의 이러한 폭력 행동 또는 위험 행동이 향후 재발할지를 숙고한다. 이런 경우 특히 개인에게 공격 행동 외에 정신 질환 병력이 있을 때 임상심리학자에게 의뢰하여 **위험성 예측**(predicting dangerousness)에 도움을 청한다(Singh, 2015). 이런 사건의 배심원 평결이나 구형을 포함한 사법적 결정은 특히 사법 체계가 해결해야 할 과제이다.

임상심리학자는 다양한 방법으로 향후 발생될 수 있는 잠재적 위험을 평가하며, 사용되는 평가 방법은 크게, **임상적 예측법**(clinical prediction method)과 **통계적 예측법**[statistical prediction method, 또는 **보험통계 예측법**(actuarial prediction method)]의 두 가지 범주로 분류된다(예 : Dawes, Faust, & Meehl, 1989). 임상적 예측법 시행 시 평가자는 심리검사, 임상면접, 임상 경험, 개인적 판단을 이용해 미래의 위험성 여부를 결정한다. 반면 통계적 예측법을 이용하는 평가 시행자는 미래의 위험성과 상관 관계를 갖는 개인의 특성에 근거한 통계 또는 보험통계 공식에 따라 위험 여부를 예측한다(Grove, Zald, Lebow, Snitz, & Nelson, 2000). 통계적 예측의 변인은 대체로 주관적이기보다는 객관적이며, 다음에 열거된 변인이 이에 속한다(Monahan, 2003).

- 연령, 인종, 사회계층, 성격 등의 성향적 변인
- 폭력 전력, 직업 경력, 정신질환 병력, 범죄 전력 등의 역사적 변인
- 현재 받고 있는 사회 지원, 무기 소지 및 접근성, 현재의 스트레스 수준 등의 맥락적 변인
- 현재 앓고 있는 정신질환, 약물 및 알코올 남용, 전반적인 기능 수준 등의 임상적 변인

개인적이며 주관적 특징을 가진 임상적 예측법은 임상가마다 다르며, 임상가들 간의 이러한 차이는 이 예측법의 신뢰도를 약화시키는 경향이 있다. 임상 예측법은 또한 편향 등 주관적 의사 결정 시 흔히 나타나는 많은 형태의 오류 발생 가능성이 상대적으로 높다. 실제로 Grove와 동료들(2000)은 임상 예측 분야 연구들에 대한 메타 분석을 실시했으며, 통계적 예측법의 정확도가 임상적 예측법보다 10% 높다는 결과를 도출했다.

이 분야 전문가들은 수 세기 동안 위험 예측을 위한 임상적 그리고 통계적 방법 사용 문제를 끊임없이 논의해왔으며, 두 예측법의 혼합 사용을 권하는 의견을 제시하기도 한다. 실제로 임상적 위험 예측이 주로 주관적 판단에 의존해야 하는 특징을 갖지만, 내담자에 대한 객관적 데이터를 사용하기도 한다. 통계적 예측법 역시 객관적 특징에도 불구하고 주관적 변인을 객관적으로 점수화하여 사용하는 경우도 있다(예 : 성격 특성, 행동 경향). 따라서 위험 예측을 임상적 그리고 보험 통계적 구성 요소를 총망라하는 연속체의 관점으로 이해할 수 있다(Litwack, Zapf, Groscup, & Hart, 2006; Skeem & Monahan, 2011).

임상심리학자가 특정 사례에 대한 임상적 또는 통계적 예측법을 강조하는 반면 위험 행동 예측에 대한 연구를 통한 일반적인 지침 역시 수립되었다. 실증 연구 문헌에서 발견된 위험 관련 요인에는 연령(저연령층에서 위험률 상승), 범죄 기록(범죄 유경험자인 경우 위험률 상승), 무기 접근성(무기 접근이 가능한 경우 위험률 상승), 심리 증상(진행 중인 심리 증상이 있는 경우 위험률 상승) 등이 포함된다. 연구 문헌을 통해 정신질환과 폭력 간 관련성이 크지는 않지만, 핵심적 심리 요인에 약물 남용, 정신병적 증상, 사이코패스 증상의 유무가 포함된다는 사실을 분명히 확인할 수 있다(Hemphill & Hart, 2003; Litwack et al., 2006; McNeil et al., 2002; Monahan, 2003).

그림 19.1 법심리학 현장에서 일하는 임상심리학자는 내담자에 대한 위험성 예측을 요청받는 경우가 많다. 당신은 임상적 예측법과 통계적 예측법 중 어느 방법을 선호하는가?

위험 예측과 관련된 난제 중 한 가지가 바로 기저율(base rate)이다(Grove et al., 2000). 특히 위험 가능성 예측 시 낮은 기저율은 정확한 예측의 방해 요소가 되기도 한다. 기저율은 사건 발생률을 말한다.

예를 들어, 인구의 약 1%가 조현병 진단기준에 부합한다고 할 때, 조현병의 기저율은 1%라고 말할 수 있다. 기저율이 높을수록 예측 정확도가 높은 반면 기저율이 낮은 현상에 대한 예측은 높은 기저율의 현상 예측보다 훨씬 어렵다. 기저율이 낮으면 한두 번의 사건만으로도 예측의 정확성이 크게 달라지기 때문이다. 유전적 · 환경적 변인에 근거해 조현병의 증상 발현 여부를 예측하는 것은 가능한 예측 변수를 모두 파악하고 있더라도 매우 어려운 일이다. 위험성 예측 역시 이와 마찬가지이다.

위험 행동이나 폭력 행동 예측 시 임상심리학자는 위험 행동을 보일 사람('정확-긍정', true-positive)과 위험 행동을 보이지 않을 사람('정확-부정', true-negative)을 정확히 파악하고자 노력한다. 하지만 항상 이를 정확하게 판단하는 것은 불가능하며, 어떤 잘못된 판단은 심각한 결과를 초래하게 될 수도 있다. 실제 상황에서 임상심리학자들은 사회적 안전을 위해 개인의 폭력 가능성을 실제보다 높게 평가('오류-긍정', false-positive)하는 경향이 있다. 폭력 가능성을 실제보다 낮게 평가('오류-부정', false-negative)받은 개인의 경우 타인을 살해하거나 상해를 입히는 등 파괴적인 결과를 낳을 수 있으므로, 임상심리학자는 예측 판단 시 특히 신중을 기하는 경향이 있다. 예를 들어, 아동 학대로 기소된 사람의 보호관찰 해제 결정에 참여한다고 상상해보자. 법원과 임상심리학자는 이런 유형의 위험 행동을 정확히 예측하고자 노력할 것이다. 하지만 아동 학대 위험 행동을 보이는 인구가 매우 적기 때문에(낮은 기저율), 오류-긍정의 예측 판단을 해야 할 것이다. 이는 오류-긍정의 예측 판단과 비교해 오류-부정의 예측 판단으로 인한 위험성이 훨씬 높기 때문이다. 임상심리학자들의 위험성 예측이 완벽할 수는 없으나, 정신건강전문가들이 단기 예측과 장기 예측에서 모두 우연 수준보다는 훨씬 높은 정확도를 보인다는 연구 결과가 보고된 바 있다(Wood et al., 2002).

● ● ● 글상자 19.1 ● ● ●

비유하기

자동차 보험 가입과 임상적/통계적 위험 예측법

왜 사람들마다 자동차 보험료가 다를까? 그 이유는 자동차 보험사들이 수년간 일부 특성을 가진 운전자가 다른 특성을 가진 운전자보다 사고 발생 건수가 많다는 통계를 기준으로 삼고 있기 때문이다. 자동차 보험사는 이러한 통계를 이용하여 다양한 특성 조합을 가진 운전자의 사고 발생 가능성을 놀랍도록 정확히 예측한다. 만일 자동차 보험사가 당신을 통계적 관점으로 높은 사고 위험률을 가진 사람으로 판단한다면, 당신의 보험료는 이를 반영해 높게 책정될 것이다. 자동차 보험사가 고려하는 특성에는 운전자의 성별, 연령, 운전 경력 기록, 운전 교육/훈련 등이 포함된다. 한 가지 구체적인 예로, 자동차 보험사는 통계에 근거하여 사고 경험이 있고 운전 교육/훈련을 받지 않은 25세 미만의 남성 운전자의 향후 사고 가능성을 가장 높게 예측한다. 만일 이 특성과 다른 조건(25세 초과, 여성, 무사고 경력, 운전 교육 완료)을 갖는 경우 이 예측도 그에 따라 달라질 것이다.

임상심리학자가 법심리학 현장에서 내담자의 위험성을 예측하고자 할 때 그들은 자동차 보험사와 유사한 통계적(보험통계) 예측법을 사용한다. 즉 성별, 연령, 위험 행동 또는 범죄 행동 전력, 약물 남용 전력, 정신병이나 사이코패스 등의 심리 증상 등과 관계된 위험 행동 비율과 실증적 연관성을 갖는 개인별 객관적 특성에 근거해 측정을 실시한다. 자동차 보험사가 특정 조건 운전자의 운전 위험률을 계산하는 공식을 도출하듯, 통계적 예측법을 이용하는 임상심리학자 역시 특정 조건의 내담자 행동의 위험률을 계산하는 공식을 만들어내기도 한다.

자동차 보험사가 사고율 예측 시 통계 기법을 그만두고 보험사 직원이 각 운전자를 직접 만나 자신의 전문가적 판단에 기초하여 운전자의 사고 위험성을 예측한다고 상상해보자. 즉 모든 운전자가 보험사 직원을 만나 면담을 하고, 다양한 검사를 실시하여, 운전자의 인구 통계학적 특성이나 운전 경력이 아닌, 면담과 검사 결과를 통해 개인별 보험료를 책정하는 것이다. 이러한 방식은 본질적으로 임상심리학자가 내담자의 위험성을 평가할 때 사용하는 방법과 유사하다. 임상심리학자는 임상적 예측법을 통해 법심리학 내담자를 개별 측정한 뒤, 이 평가에 포함되는 면담과 심리검사를 통해 입수한 데이터로부터 향후 위험성을 예측한다. 통계적 예측법과 비교해 임상적 예측법은 전체 군집 데이터(예 : 저연령 성인, 고연령 성인, 남성, 여성)에 대한 의존도가 낮고, 임상심리학자의 전문가적 판단에 대한 의존도가 높다. 따라서 임상 예측법에서는 개인별 특성 고려뿐 아니라 편견과 오류에 취약할 수 있는 평가자의 주관성도 허용이 된다.

당신이 자동차 보험사 사장이라면, 운전자 군집에 기초한 통계 공식을 이용한 방법과 모든 운전자를 개별적으로 평가하는 방법 중 어느 것이 보다 정확한 사고 예측을 할 수 있으리라 기대하겠는가? 당신이 법심리학 현장에서 일하는 임상심리학자라면 통계적 예측법과 임상적 예측법 중 어느 방법이 내담자 위험 예측에 보다 정확한 결과를 도출하리라 예상하겠는가?

정신 이상 사유 무죄

미국 사법 제도에는 범죄를 저지른 사람들 중 자신의 자유의지로 이를 행한 자만이 처벌을 받는다는 조항이 있다. 한 개인이 정신장애로 인해 자신의 행동 통제가 불가한 경우, 그 행위가 본질적으로 범죄에 해당하는 경우에라도 그 범죄에 대한 책임이 없으며, 정신 이상 사유 무죄(not guilty by reason of insanity, NGRI)가 성립된다는 의미이다. 따라서 범죄 행동 시 피고인의 정신 상태에 대한 임상심리학자의 평가는 소송 과정에서 결정적 요인으로 작용한다. 범죄 처벌은 피고의 자유 제재와 사회 통제의 목적을 가지고 있기 때문에, 피고의 NGRI가 입증된 경우 일반적 수감은 이루어지지 않는다(Darley, Fulero, Haney, & Tyler, 2002). 자유의지로 범죄를 행한 경우가 아니라면, 수감형은 효과적으로 그 목적을 달성하지 못한다. 그 대신 NGRI가 확정된 경우 정서 및 행동 문제를 가진 집단 대상의 치료를 위해 정신병동이나 이와 유사한 시설에 수용된다.

NGRI에 대해서는 많은 오해가 있는데, 이 중 일부는 널리 알려진 법정 소송 사건에서 피고가 처벌을 면하기 위해 NGRI 판결을 시도하는 경우가 대중에게 공개됨에 따라 편견이 생긴 것이다. 예를 들면, 존 힝클리는 1981년 레이건 대통령의 암살을 시도했으며, 이후 NGRI 판결을 받은 바 있다. Melton 등(2007)은 NGRI 판결을 받은 피고에 관한 가장 흔한 오해 네 가지를 확인했다. 첫번째, 일반 대중은 NGRI 시도가 빈번히 발생된다고 생각하고, 둘째, 사람들은 이러한 시도가 쉽게 성공한다고 믿는다. 실제로 중범죄 배심 재판 중 1% 미만의 경우 NGRI 주장이 제기되며, 이 중 25%만이 NGRI 판결을 받는다(Goldstein, Morse, & Shapiro, 2003; Zapf, Golding, & Roesch, 2006). 셋째, 사람들은 NGRI 판결을 받은 피고가 보통 보호감호 절차 없이 자유의 몸이 된다고 생각하지만, 실제로 이러한 경우는 매우 드물다. 일반적으로 NGRI 판결을 받은 피고는 유죄 선고 후 결정된 형기에 해당하는 기간 동안 정신병원에서 치료감호 처분을 받는다. 넷째, NGRI 판결을 받은 경우, 사람들은 해당 피고인을 실제보다 더 위험하게 생각한다. 존 힝클리의 경우 암살 시도 후 30년이 넘는 시간 동안 어머니의 집을 방문해왔고, 2009년 6월 법무부의 반대에도 불구하고 연방법원 판사는 힝클리에게 어머니의 집을 더 오래 방문할 수 있는 추가적인 자유를 허락했다. 그는 1981년 레이건 대통령 암살 시도 이후, 줄곧 워싱턴 D.C.에 위치한 세인트엘리자베스병원에서 생활 중이다.

맥노튼 검사(M'Naghten test)는 19세기 중반 미국 법률 제도 역사상 최초로 도입된 정신 이상자 피고에 대한 감정 기준이다. 맥노튼은 영국의 수상을 살해하려는 시도로 기소되었다. 이 살해 시도는 영국의 토리당과 당대표였던 로버트 필 수상에 대한 맥노튼의 피해망상 때문으로 결론 내려졌다. 하지만 그는 목표했던 살해 대상 대신 수상 옆에 있던 그의 비서를 살해하게 되었다. 영국에는 정신적 문제로 인해 '날짐승'처럼 행동하는 '정신병자 백치'는 법적 책임이 없다는 관습법이 있었지만, 맥노튼 사건 당시 그의 정신 이상 증명을 위해 공식적인 검사가 개발되었다(Meyer & Weaver, 2006, p. 116). 법원은 다음과 같이 언급했다.

> 피고의 정신 이상을 증명하기 위해서는 범죄 행위 실행 당시 피고측이 이성의 결여 등으로 본인 행동의 본질과 특성을 인지하지 못했어야 하고, 만약 본인 행동의 본질과 특성을 인지했을 경우라면 그 행동이 어떻게 잘못되었는지를 인지하지 못했다는 사실이 명백히 증명되어야 할 것이다. (Melton et al., 2007, p. 206)

맥노튼 검사는 주로 피고인의 인지 능력에 초점을 맞추며, 미국에서는 '팔꿈치로 경찰관 치기' 검사 또는 '억제 불능 충동' 검사가 의지 판단 요건에 추가되기도 했다. 이 검사에 따르면 스스로의 행동 통제가 불가해 팔꿈치로 경찰을 때렸다면, 법적으로 정신 이상 판단이 이루어져야 한다. 1954년 컬럼비아 지방 법원은 더럼 대 미국(*Durham v. United States*, 1954) 소송에서 '산물(産物) 검증(product test)'을 도입했다. 법원은 "피고소인의 불법 행위가 정신장애 또는 정신 이상의 산물인 경우, 법적 책임이 없다."고 기록했다(pp. 874-875). 하지만 법률 전문가들은 이 검증의 정의가 모호하다는 이유로 1972년 사용을 중단했으며, 이후로는 범죄 행위에 대한 책임 판단 검증을 명료하게 하는 것에 관심을 두기 시작했다.

이후 범죄 행위에 대한 책임을 판단하는 또 다른 검사들이 법조인 단체를 통해 개발되었다. 이 검사들 중 하나는 미국법률협회(American Law Institute, 1962)에 의해 개발되어, 많은 사법기관에서 사용되고 있다. 이 검사의 요지는 다음과 같다.

> 범죄 행위 당시 정신질환이나 정신 이상으로 인해 행위의 범죄성을 인지하거나 법률에 따라 행동할 수 있는 실질적 정신 능력을 상실한 경우, 피고는 범죄 행위에 대한 책임이 없다. (Cited in Meyer & Weaver, 2006, p. 119)

1972년까지 미국법률협회의 규칙은 다수의 연방 및 지방 사법기관에 의해 채택되었다(Meyer & Weaver, 2006). 1981년 레이건 대통령 암살 시도와 관련된 모든 기소에 NGRI 판결을 받은 존 힝클리 사건에 대한 반동으로, 관습 조항이 연방법에서 제외되었고, 검사측에게 있던 피고소인의 정신 이상 증명의 책임이 피고인 측의 의무로 개정되었다. 오늘날 NGRI의 판결 기준은 주(州)법과 연방법의 수위에 따라 상이하나, 범죄 행위가 이루어진 시점에 정신장애 또는 정신 이상이 발현되어 작용했음이 입증되어야 함은 모두 동일하다(Goldstein et al., 2003).

최근 피고인의 **정신질환이지만 유죄**(guilty but mentally ill, GBMI)가 판결될 수 있도록 법 조항의 변화가 있었다. 미국 51개 주(州) 중 약 절반의 주법에 이 조항이 포함되어있으며, 이 조항에는 정신 상태에 문제가 있는 피고에 대한 법적 책임을 결정해야 하는 배심원들에게 절충안을 제공하려는 목적이 있다(Kimonis, 2015).

NGRI 및 GBMI에 대한 평가는 임상심리학자들에게 매우 어려운 과제인데, 이는 평가 시점보다 이미 수 주 또는 수개월 전에 발생된 범죄 시점의 정신 상태를 평가해야 하기 때문이다(Kimonis, 2015). 따라서 평가에 대한 전문가들의 결론이 엇갈리는 경우가 매우 많다. 실제 일어났던 다수의 법정 소송 사건의 피고인들에 대한 법심리학 평가자의 483건의 심리보고서를 조사한 연구 결과, 동일 피고인에 대한 다수의 보고서가 존재할 때 동일한 결론을 도출한 경우는 절반에 불과했다. 특히 평가자가 재판 상대측이거나, 알코올이나 마약이 관련된 범죄사건인 경우 동일 결론의 보고서 작성 비율이 더 낮았다. 반면 정신병적 장애(조현병 등) 또는 지적장애(정신지체) 진단이 확인된 경우는 일치율이 높았다(Gowensmith, Murrie, & Boccaccini, 2013).

자녀 양육권 평가

"**자녀 양육권 평가**(child custody evaluation)는 가장 복잡하고 어렵고 난해한 법심리학 평가이다"(Otto, Buffington-Vollum, & Edens, 2003, p. 179; Kuehnle, Kirkpatrick, & Drozd, 2015). 실제로 결정의 중요성과 소송 당사자들이 자녀의 두 부모라는 점 때문에 자녀 양육권 소송은 난제로 가득하다. 하지만 양육권 결정에 있어서 가장 중요한 요소는 부모의 이해관계가 아니다. 양육은 '자녀의 최대 유익 원칙(best interest of the child doctrine)'이라고 알려진 법리에 기초해 결정되지만, 항상 그래왔던 것은 아니다. 1880년대에는 양육권이 주로 아버지에게 돌아갔다. 이는 이후 특히 연령이 낮은 자녀에 대한 양육권 분쟁 시 어머니에게 유리한 '영유아 원칙(tender years)'(K. D. Hess, 2006)으로 변화되었다. 법원은 자녀가, 심지어 청소년인 경우에도 올바른 판단을 내릴 수 있다고 간주하지 않기 때문에(*Parham v. JR*, 1979) 부모가 양육권에 대한 판단을 내려야 한다. 하지만 이혼 진행 시 부모가 양육권 분쟁 중이라면, 부모 역시 자녀를 위한 합리적 판단이 어려울 수 있다. 이런 경우 법원은 자녀의 권리 보호를 위해 **소송 후견인**(guardian ad litem)을 지정하기도 한다. 소송 후견인은 중립적 위치의 제삼자로서 이해 충돌 가능성이 있는 사람들의 의사 결정을 피하기 위해 어느 쪽 부모와도 관련이 없는 변호사가 지정되는 경우가 많다.

2007년 비키 린 마샬(예명 : 안나 니콜 스미스) 사망 후 마이애미의 한 변호사가 그녀의 5개월 된 딸의 소송 후견인으로 지정되었다. 2009년 팝의 황제 마이클 잭슨 사망 후에도 그의 자녀들(프린스 마이클, 패리스, 블랭킷)을 위해 또 다른 소송 후견인이 임명된 사례가 있다. 두 경우 모두 유명 연예인이 사망하자 자녀의 부모를 자처하는 이들이 소송을 청구한 사건이다. 소송 후견인의 임무는 해당 아동의 이익을 대변하는 것이다. 자녀의 최대 유익과 상충 가능성이 있는 소송 당사자가 포함된 이러한 양육권 및 소송 사건의 자녀 양육권 분쟁 시 소송 후견인의 역할이 매우 중요하다.

1990년대까지의 자녀 양육권 평가는 정신병리학적 문제 및 부모 갈등이 포함된 보다 복잡한 사건에서만 시행되었다. 이러한 복잡한 사건은 임상 경험이나 직감에 의존하기보다는 과학적 문헌과 철저한 연구에 기초해 평가를 실시하는 고도로 훈련된 심리학자가 담당하는 추세이다(E. Ellis, 2008). 심리학자는 부모 및 자녀들의 평가자, 연구자, 전문가 증인, 중재자, 과학자, 치료 제공자 등의 자격으로 다양한 기법을 이용하여 자녀 양육권 결정 과정에 참여할 수 있다. 이러한 어려운 상황의 심리학자를 위한 가이드라인 제공을 위해 미국심리학회(APA, 1994)는 자녀 양육권 평가를 위한 16가지 기준을 마련하였다. 이 기준을 통해 자녀 양육권 평가의 목적 및 지침을 파악할 수 있다(표 19.2 참조).

이 가이드라인을 사용하는 경우에도 자녀 양육권 평가는 쉽지 않은 과제이다. 한 사람의 내담자 또는 한 가지 심리 문제만을 다루는 다른 심리평가들과 달리, 자녀 양육권 평가에서는 다수의 피평가자(및 그들과의 관계) 그리고 각 개인의 다양한 정신 능력을 평가해야 한다. 자녀 양육권 평가는 부모와 자녀 등 소송의 직접적 관련자뿐 아니라 친척, 교사, 어린이집 교사, 정신건강전문가, 주치의를 비롯해 해당 가족을 알고 있는 다른 사람 및 주변인들의 면담이 요구되기도 한다(Symons, 2010).

모든 자녀 양육권 평가가 각기 다르게 진행되지만, 일부 평가 기법이 공통적으로 사용되기도 한다. 평가자의 90% 이상이 기본 평가 시 부모 임상면접, 자녀 임상면접, 부모-자녀 상호작용 관찰,

표 19.2 자녀 양육권 평가 시행을 위한 미국심리학회 가이드라인

I. 지향적 지침 : 자녀 양육권 평가의 목적
1. 본 평가의 목적은 자녀의 심리적 유익이 최대치가 되도록 결정하는 것이다.
2. 자녀의 유익과 행복이 가장 중요한 기준이 된다.
3. 중점적 평가 항목은 부모의 양육 능력, 자녀의 심리적 요구와 성장 필요 요건, 결과 적합도이다.

II. 일반 지침 : 자녀 양육권 평가를 위한 준비
4. 심리학자의 역할은 객관적이고 공정한 태도 유지를 위해 최선의 노력을 기울이며, 전문 법심리학자로서의 기능을 수행하는 것이다.
5. 심리학자는 전문가로서의 권한을 갖는다.
6. 심리학자는 개인적 편견 및 사회적 편견을 인지하고 비차별적 임무를 수행한다.
7. 심리학자는 다중 관계를 삼간다.

III. 평가 과정 지침 : 자녀 양육권 평가 수행
8. 평가 범위는 의뢰 문제의 특성에 따라 평가자가 결정한다.
9. 심리학자는 모든 성인 참가자로부터 서면 동의서를 받으며, 경우에 따라 아동 참가자에게 이를 설명한다.
10. 심리학자는 비밀보장의 한계와 개인 정보 공개 원칙을 참가자에게 고지한다.
11. 심리학자는 다양한 방법으로 자료를 수집한다.
12. 심리학자는 임상 자료 및 평가 자료에 대한 과잉 해석 또는 부적절한 해석을 하지 않는다.
13. 심리학자는 직접 평가를 시행하지 않은 개인의 심리 기능에 대한 어떠한 의견도 제시하지 않는다.
14. 권고 사항이 있는 경우, 이를 자녀의 심리적 유익에 의거해 판단한다.
15. 심리학자는 재정적 협의 사항을 명확히 한다.
16. 심리학자는 서면 기록을 지속한다.

출처 : © American Psychological Association.

부모 심리검사, 관련 자료 검토 등의 평가 기법을 이용한다. 또한 대부분의 심리학자들이 부모 면접, 자녀 면접, 부모-자녀 관찰을 보다 강조하고 있긴 하지만(Bow, 2006), 60% 이상의 평가자는 자녀의 심리검사를 시행한다(Bow & Quinnell, 2001). 양육권 평가 시 아동을 대상으로 가장 많이 실시하는 검사는 IQ 검사, 그리고 TAT 검사와 아동용 통각검사 등의 투사적 검사이며, 성인 대상 검사 중 가장 많이 이용되는 검사는 MMPI-2이다. 일부 양육권 평가용 특별 검사들이 사용되는 경우도 있다(E. Ellis, 2008; Hagen & Castagna, 2001).

법정에 설 능력

미국 법률 제도는 17세기 영국의 관습법에 기원을 두고 있으며, 그에 따라 범죄 피고인의 정신이 온전하지 않거나 **법정에 설 능력**(competent to stand trial)이 적합하지 않은 경우, 법정에서 재판을 받을 수 없다. 현재 법정에 설 능력에 초점이 집중되어있지만, 유언장 작성, 계약 체결, 의료 행위 동의 등에 필요한 다수의 주요 법률 문제에도 책임 능력이 요구된다. 모든 종류의 책임 능력은 해당 개인의 정신 상태의 영향을 받을 수 있다. 1899년 연방 항소 법원은 책임 능력에 법적 정당성을 부여했다. 법원은 "정신 이상자를 자유와 생명을 포함한 기소 재판에 서게 하는 것은 '적법 절차'가 아니다."라고 판결했다(*Youtsey v. United States*; cited in Meyer & Weaver, 2006, p. 94). 책임 능력 원칙에는 두 가지 주된 이유가 있으며, 그 내용은 다음과 같다. 첫째는 이 원칙을 통해 위엄 있는 형사 소송 과정이 보장된다는 것이고, 둘째는 변호사 선임의 권리, 원고에 대한 반론 제기의 권리, 증거 제시의 권리와 같은 수정 헌법 제6조의 권리 보호가 이루어진다는 것이다. 정신장애가 있는 개인은 정신 상태가 나아지지 않는 한, 자신의 법적 권리 행사가 불가능 정도로 혼란스러울 수 있기 때문이다.

더스키 대 미국(*Dusky v. United States*, 1960) 소송에서 확립된 '법정에 설 능력'의 기준은 미국 대부분 지역에 적용된다. 대법원은 피고인이 재판에 참석하기 위해서는 "자신의 변호사와 상의할 수 있는 합리적 이해 수준의 충분한 능력과 고소 내용에 대한 사실적이고 합리적인 이해 능력을 갖춰야 한다."고 밝혔다(cited in Melton et al., 2007, p. 127). 이 기준에는 형사 소송에 대한 피고인의 이해 능력과 소송을 진행할 수 있는 능력이 포함된다. 하지만 책임 능력의 정의에 피고인의 이전 정신 상태 또는 범행 당시의 정신 상태에 대한 내용이 배제되어있어서, 종종 과거의 정신 상태가 형사 책임에 관한 논의에 포함되는 경우도 있다. 책임 능력이 판단되는 시점은 현재인 반면, 형사 책임의 판단 시점은 범죄를 행한 과거 시점이기 때문이다. 책임 능력이 성립되기 위해서 피고인은 고소 내용을 합리적으로 이해할 수 있어야만 하며, 이는 피고인의 현재 인지 능력 및 정신 상태에 근거한다. 많은 심리학자들은 피고인이 자신의 변호를 위한 소송 참여가 가능한지를 판단하기 위해, 피고인의 사법 체제에 대한 이해를 평가하는 임상면접을 실시한다. 피고인에게 소송의 특정 상황과 책임에 관한 평가를 시행한다. 책임 능력 평가 시, 다양한 심리 도구가 사용되며, 책임 능력 평가에 특화된 검사가 마련되어있기도 하다. 특화된 능력 평가 도구 대신 일반 심리검사를 이용해 피고인을 평가할 경우, 책임 능력 평가를 위한 타당성 검증이 안 되었다는 이유로 많은 비판을 받기도 한다(Zapf, Viljoen, Whittemore, Poythress, & Roesch, 2002). 법정에 설 능력을 평가하는 심리학자들은 가족, 친구, 의료 전문가, 고용주 등 제삼자에 의해 평가된 개인의 구체적 정보를 이용하기도 한다(Phillips & Otto, 2015).

최근 전체 중범죄 피고인 인원 중 2~8%를 대상으로 책임 능력 평가가 실시되고 있는데, 중범죄로 인한 체포 인원이 많고, 발생 건수가 증가 추세인 점을 감안하면 이 비율은 상당히 많은 수라고 할 수 있다(Zapf & Roesch, 2006). 이 분야 전문가들은 법정에 설 능력은 특정 상황에서의 인지적 · 심리적 필요 요건에 의거해 판단되어야 한다는 개념에 근거하여 책임 능력의 **기능 평가**(functional evaluation)를 사용해야 한다고 주장하기도 한다. 사건에 따른 복잡성이 다양하기 때문에 사건에 따라 다른 능력 평가가 요구된다는 것이다. 따라서 책임 능력은 해당 사건에 대한 필요 요건과 관련지어 판단되어야 한다. 그러므로 정신장애가 있는 피고인이 반드시 해당 사건 성립을 위한 책임 능력이 없다고 할 수 없으며, 정신장애가 없는 피고인이 반드시 해당 사건 성립을 위한 책임 능력이 있다고 판단될 수도 없는 것이다(Zapf & Roesch, 2006).

일부 사법권은 책임 능력에 반드시 요구되는 사법 제도에 대한 피고인들의 이해 증진을 위해 교육 프로그램을 운영하기도 한다. 또한 법정에 설 능력이 없는 피고인들의 치료를 위해 약물 요법이 시행되는 경우도 많다. 책임 능력이 없는 피고인이 치료 감호소나 교도소에 수용되어있는 동안 책임 능력 회복을 위해 가능한 모든 치료가 시행된다. 하지만 근시일 내에 책임 능력 습득이 완료되었는지를 '판단하기 위한 합리적 시간' 이상 피고인을 구금할 수 없다(*Jackson v. Indiana*, 1972; cited in Melton et al., 2007, p. 137). 또한 피고인이 유죄 판결을 받은 경우 구형받은 기간보다 오랜 시간 구금할 수 없다.

문화는 책임 능력 평가 시 중요한 역할을 한다. IQ 검사 및 정신질환의 진단 및 통계 편람(*DSM*) 진단 절차 등의 책임 능력 판단 기준은 특정 민족 또는 인종 집단에 대한 편향성을 갖는 경우가 있다. 또한 지능은 문화 집단 간 각기 다른 기준으로 정의되기 때문에, 유럽-미국식 가치에 근거한 IQ 검사 점수가 반영된 지능이 일부 문화 집단에서는 IQ로 간주될 수 있는 사회성, 창의성, 음악적 능력, 신체적성 등의 특성을 제대로 반영한다고 결론지을 수 없다. 따라서 모든 책임 능력 평가 시 평가 자료 해석 요인인 문화를 고려해야 한다(Tsytsarev & Landes, 2008).

법정에 설 능력 평가가 심리학자의 법심리학 평가 시 시행되는 유일한 책임 능력 평가는 아니다. 예를 들어, 사형 구형이 예상되는 사건의 경우 책임 능력 평가는 사형 집행의 이유와 결과를 이해하는 피고인의 정신 능력에 초점이 맞춰지는 경우도 있다(Phillips & Otto, 2015).

정신병동 강제 입원

정신병동으로의 **강제 입원**(civil commitment)은 당사자와 타인의 안녕을 위해 실시되는 행정 당국에 의한 해당인의 비자발적 병원 수용을 의미한다. 강제 입원에는 형사사건보다 낮은 수준의 법적 기준이 적용되지만, 1970년대 이전 주로 가족의 요청에 의해 개인의 강제 입원이 결정되던 시절과 비교해 현재의 법적 기준은 매우 높은 수준이다(Melton et al., 2007). Thomas Szasz(1963) 등의 비평가들은 당사자의 의지에 반하는 정신병동 입원치료에 의문을 던지며, 이러한 치료가 사회 기피 대상자들의 일부 집단 관리에 악용될 수 있다고 주장했다. 이 경우 환자는 시민권을 상실할 뿐 아니라 수용된 상태에서 질 낮은 치료를 받게 될 수도 있다. 낮은 치료 수준과 정신병동 강제 입원에 대한 법적 통제의 한계가 문제시되어, 1970년대에 치료 감호소 강제 수용의 기준, 절차, 결과에 대한 변화가 진행되었다. 정신병동 강제 입원 문제는 주로 입원환자 치료에 초점이 맞춰져 있지만, 법원 명령에 의한 외래환자 치료에 관한 문제로 확대되기도 한다. 외래치료의 경우 환자는 행정 당국의 요청에 의해 정기적으로 심리치료에 참가하게 되며, 정신병동 입원은 요구되지 않는다(Pinals & Mossman, 2015).

비자발적 수용은 보통 임상가 또는 기타 기관에 의한 긴급 입원 결정 후 사법권이 승인하는 2단계 절차에 따라 결정되지만, 강제 입원의 기한 연장을 위해서는 판사의 승인이 요구된다. 미국의 모든 주(州)에 다음과 같은 조건 부합이 요구되는 비자발적 수용 기준이 마련되어있다. 모든 주 법령이 공유하고 있는 기본적이고 일차적인 조건은 해당인에게 정신장애가 있어야 한다는 기준이다. 둘째, 일부 법령은 해당인이 정신장애로 인해 치료의 필요성을 인지하지 못해야 한다는 조건을 포함하기도 한다. 셋째, 해당인은 정신장애로 인해 자신과 타인에게 위험을 가해야 한다. 넷째, 대부분의 주에서는 강제 입원 기준 중 하나인 인간의 기본 욕구를 스스로 충족시킬 능력이 없어야 한다는 조건을 고려한다. 마지막으로 강제 입원은 최소화된 제한적 환경에서 이루어져야 한다(Melton et al., 2007). 임상심리학자들은 특히 평가를 위한 훈련을 잘 받았기 때문에 이러한 경우 사용할 수 있는 기준을 파악하고 적용하는 것에 익숙하다. 임상심리학자는 자신들이 사용하는 평가 방법 외에도 강제 입원 결정에 도움이 될 만한 피평가자의 가족, 친구, 고용주 등 제삼자의 의견을 참고하기도 한다(Pinals & Mossman, 2015).

치료 및 기타 법심리학 활동

범죄자인 내담자 치료

임상심리학자들은 다양한 방식으로 법률 제도에 관여하며, 범죄 행위 및 그 결과와 관련된 문제 해결을 위한 치료 제공이 그들의 결정적 역할이다. 범죄 장면에서의 치료는 다양한 형태로 이루어진다. 예를 들어, 앞서 언급한 바와 같이 NGRI 판결을 받은 개인을 입원시키게 되는 주된 목적은 그들의 심리적 · 정신적 증상 치료에 있다. 재판 참여 능력이 결여된 개인의 치료 목적은 주로 해당 사건과 관련된 사법 체계에 대한 이해 증진이다. 앞의 두 상황에 모두 해당되는 개인의 경우 전자 문제에 있어서는 사회와 지역사회 기반 환경으로의 재편입을 유도하는 단기 목표에, 후자 문제에 있어서는 재판 참여를 가능하게 하는 단기 목표에 초점을 맞춰 치료를 진행하는 경우가 많다. 반면 교도소에 수감 중인 개인은 일반적으로 장기 치료가 요구된다.

범죄자의 교도소 수감은 징벌, 통제, 자격 박탈, 갱생의 목적을 갖는다(Melton et al., 2007). 임상심리학자가 범죄자에 대한 포괄적 의미의 '치료'에 성공하지 못하는 경우도 있으나, 불법 행동을 야기하는 정서 문제 및 행동 문제 해결을 위해 다수의 치료 방법이 사용될 수 있다. 최근 몇 년간 심리학자가 최선의 치료를 선택할 수 있도록 안내하는 '치료 시행 지침' 확립을 위한 노력이 이어져 왔다(Heilbrun & Brooks, 2010). 범죄자 대상의 치료 시 임상심리학자를 비롯한 각기 다른 치료사들은 주로 위기 관리, 유지 치료, 외래환자 심리치료, 특정 문제에 대한 집중치료 등의 기본 치료 방법을 단독으로 또는 병합하여 사용한다(Mobley, 2006). 위기 관리는 일종의 위기가 확인되는 경우 시행되며, 이는 자해 또는 폭력 행동 등을 포함한다. 이런 유형의 치료는 우선 단기로 시행된 후 장기 치료로 의뢰하여 진행한다. 유지 치료는 지능장애(과거 정신지체로 불리던 지능발달장애)나 조현병 등 장기 치료를 요하는 수감자에게 사용되며, 주로 특별 주거공간에 수용되어 치료를 받는다. 많은 종류의 외래환자 심리치료는 교도소 수감 인원을 대상으로 실시되며, 치료의 성공률 또는 실패율은 전형적인 치료 환경에서와 거의 동일하다. 알코올 및 약물 치료, 성범죄자 치료 등 특정 문제를 대상으로 한 집중치료 프로그램 역시 교도소 수감자들에게 적용될 수 있다. 이런 경우 내담자와의 비교적 많은 접촉 기회 등의 이유로, 외래환자 대상의 치료보다 더 큰 유익을 얻을 수 있다. 예를 들어, 성범죄자 치료 프로그램은 1년 이상의 치료 기간을 가지며, 책임의 수용, 공감, 사회적 역할, 일탈적 성욕, 약물 남용, 재발 방지 등 다수의 치료 목표 달성을 위한 인지행동치료 전략을 사용하는 경우가 많다(Marshall, 2006). 갱생의 관점으로 상습적인 범죄 행위 감소는 교도소 수감자에게 사용되는 모든 치료 중재의 일차적 목표이다.

임상심리학자가 치료에 활용하는 문화적 역량은 특히 교도소 현장 치료와 관련이 깊다. 교도소에는 불균형적으로 높은 비율의 일부 소수 민족을 포함한 다양한 민족 집단이 수감되어있다(예 : Layde, 2004; Tseng, 매튜s, & Elwyn, 2004). 따라서 교도소에서 업무를 수행하는 임상심리학자는 치료자든 평가자든 관계없이 내담자들이 현재 살고 있는 교도소 문화뿐 아니라 각 내담자의 문화 배경에 민감할 필요가 있다.

전문가 증언

임상심리학자는 심리치료사 및 사회복지사와 함께, 정신건강 문제와 관련한 법정 증언 전문가로 가장 많이 소환되는 직업이며, 이들 모두는 1년 기준 100만 건 이상의 사건에 투입된다(Melton et al., 2007). 과거 사법 체제에 심리학을 적용해야 한다는 Hugo Münsterberg의 주장이 제기되기 전, 변호사 등 관련자들은 법정에서의 심리학 역할에 냉소를 표했다. 이는 과학과 법학의 근본적인 철학 차이에서 비롯된 결과이기도 하지만, 심리학자 등의 전문가가 증언을 '팔아 장사를 한다'는 생각에서 비롯된 불신에 근거하기도 한다. 실제로 이러한 문제가 매우 비윤리적인 행태임에도 여전히 일각에서는 심리학자와 기타 법률 전문가들이 가장 높은 액수를 제시한 소송 당사자에게 자신의 전문가적 의견을 팔아, '청부업자'(A. K. Hess, 2006b) 또는 '법정의 매춘부'(Hagen, 1997)가 되기도 한다. 전문가를 고용한 변호사 측은 **전문가 증인**(expert witness)에게 자신들에게 유리한 편향된 태도로 증언을 하도록 은근한 압력 또는 다소 직접적인 압력을 행사한다. 이러한 압력을 고려할 때 심리학자가 "자신의 증언이 전문가 증언을 요청한 측에게 유리하든 그렇지 않든, 자신의 데이터에 충실한 증언을 하는 것"이 매우 중요하다(Melton et al., 2007, p. 578).

한 예로, 부모인 모니카와 그렉이 두 자녀에 대한 양육권을 놓고 싸우는 법정 양육권 분쟁을 살펴보자. 모니카의 변호사는 10년 전 그렉이 우울증 때문에 외래 심리치료를 받았다는 사실을 알게 된다. 모니카의 변호사는 우울증의 석학인 레딩 박사에게 연락해 양육권 재판 시 전문가 증인으로 참석해줄 것을 요청한다. 모니카와 변호사가 레딩 박사를 고용해 자신들의 주장을 지지해줄 것을 원하기 때문에, 레딩 박사는 그렉의 양육 능력에 의문을 던져 모니카의 주장을 강화해야 한다는 부담을 갖게 될 것이다. 따라서 레딩 박사가 우울증은 평생에 걸쳐 재발할 가능성이 크며, 경우에 따라 더욱 심각해질 수 있다거나, 우울증을 앓는 부모에게 양육된 아동이 그렇지 않은 아동에 비해 심각한 문제 유발의 가능성을 갖는다고 진술하는 경우, 법원은 자녀 양육권을 모니카에게 줘야 한다고 설득될 수 있다. 하지만 이러한 주장이 근래의 우울증 연구 현황을 정확하고 편견 없이 반영한 결과가 아니라면, 레딩 박사는 이와 같은 진술을 해서는 안 된다. 레딩 박사의 객관성과 정직함이 그를 전문가 증인으로 고용한 변호사를 실망시키게 되더라도, 그는 전문가 증인으로서, 본 소송에서 다루는 우울증과 양육 문제와 관련된 타당하고 신뢰도 높은 연구 결과에 근거한 증언만을 해야 할 의무가 있다.

전문가 증인은 예비 심문 선서(voir dire)라고 불리는 절차를 통해 재판 참여 승인을 받는다. 예비 심문 선서 절차에서 전문가의 교육, 훈련, 경력이 조사된다. 때에 따라 양측이 "심리학자가 전문 증인으로서 요구되는 기준에 부합한다."는 내용에 합의, 즉 증명 절차를 생략한 채 전문가 증인으로 인정되는 경우가 있는 반면, 상대측 변호사가 증인의 자격에 이의를 제기하는 경우도 있다. 심리학자의 전문가 자격 확인 과정에서 일반적으로 변호사들은 심리학자에게 다음과 같은 다수의 정보 확인 질문을 한다. "특정 심리학 분야의 전문가로 일하십니까?", "이 분야의 전문가로서 어떤 경력을 가지고 있습니까?", "자격증을 가지고 있나요?", "공인된 자격증을 보유했나요?", "교육 배경을 말씀해 주십시오"(Ewing, 2003).

전문가 증인은 오직 자신이 보고 듣거나 경험한 내용을 진술할 수 있는 일반 증인과 달리 법정에서 보다 다양한 종류의 진술을 할 수 있다. 법원의 승인을 받은 전문가는 사실과 의견을 모두 말할 수 있고, 사실로부터 추론한 것이나 불일치하는 정보를 제공할 수도 있으며, 배심원이나 법정에 있는 사람들에게 과학적 정보를 통해 교육을 할 수도 있다(Sales & Shuman, 2005). 이러한 범주의 증언 제공 능력 때문에 전문가 증인은 법원 결정에 강력한 영향을 줄 수 있다.

전문가 증인으로 참석한 임상심리학자의 주요 관심사는 자신의 증언에 대한 증거 능력이다. 즉 해당 증인은 "전문가의 증언이 소송 절차에 인정이 될지 안 될지의 기준은 무엇인가?"에 관심을 갖는다. 1993년 이전까지 전문가의 과학적 증언이 해당 전문 분야에서 일반적으로 용인되는 경우 법정에서도 인정이 되었다. 이 기준은 1923년 프라이 대 미국의 소송 사건에서 유래된 프라이 검사였다. 하지만 1993년, 대법원 판결(Daubert v. Merrell Dow 제약회사)은 프라이 검사 대신 새로운 기준을 마련했다. 다우베르 표준(Daubert standard), 또는 연방 증거 기준 규칙으로 알려진 현재의 기준으로 법정에서의 증거 또는 증언 능력은 해당 전문 분야에서의 보편적 용인 여부가 아닌 신뢰성과 타당성에 근거한다. 따라서 현재의 기준에 따라 전문가 증언이 그 분야의 보편적 용인의 경계를 벗어난다 할지라도 신뢰성과 타당성이 증명되는 경우 증거로서 인정될 수 있다. 예를 들어, 심리평가 시 밀론임상다축검사 3판과 같은 객관적 성격검사와 로르샤흐 잉크반점 검사 등의 투사적 성격검사에 대한 의문이 제기하기도 한다(Wood et al., 2002). 다우베르 표준/연방 증거 기준 규칙에 따라 판사는 전문가 증거가 신뢰도와 타당도의 한계점을 초과했는지 여부를 결정하는 통제자 역할을 한다. 다우베르 표준/연방 증거 기준 규칙의 시행 이후 판사에게 연구 방법과 실험적 추론에 필요한 보다 높은 수준의 소양이 요구되고 있다(Faigman & Monahan, 2005).

전문가 증인은 또한 반대 심문에 대한 가능성을 염두에 두어야 한다. 반대 심문은 상대측 변호사의 도전적 질문에 대응해 자신의 진술을 방어해야 하기 때문에 전문가적 증언 제공 중 특히 힘든 과정이다. 전문가 증인은 왜 특정한 평가 도구를 선택했는지, 이 평가 도구의 신뢰도와 타당도는 어느 수준인지, 어떠한 과학적 또는 전문적 근거를 통해 결론을 내렸는지, 제시한 결론 외에 어떠한 대안적 결론이 도출 가능한지 등을 설명하도록 요구받기도 한다. 일반적으로 호전적 또는 보복적 접근보다는 솔직한 답변, 한계의 인정, 침착한 태도 유지가 전문가 증인의 반대 심문에 긍정적 결과를 낳는다(Meyer & Drogin, 2015).

환자의 권리

당사자의 의지와 관계없이 정신병동에 수용할 수 있는 비자발적 수용에 관한 법은 미국 전 지역에서 유효하다. 이 법은 수용 당사자의 정신건강 치료를 목적으로 만들어졌으며, 절대 징벌적인 의도로 만든 것은 아니다. 하지만 많은 사람들이 오늘날 사소하다고 간주되는 이유를 근거로 정신병동에 강제 입원되는 등의 남용 실태가 존재해왔다. 1900년대 초반 사람들은 각기 다른 사법권의 다양한 법률 체제에 의해 정신병동에 강제 입원될 수 있었다. 지역에 따라 판사, 치안 판사, 일반인 배심원단, 정신병원 이사회, 혹은 심지어 의사 면허 보유자 개인의 의견에 따라 강제 입원 절차가 진행되기도 했다(Holstein, 1993). 이와 같은 시기에 그 당시로서는 효과가 크다고 생각되는 의학적 치료를 적용했으나 결국 심각한 부작용이 있으며, 환자에게 심각한 위해를 가할 수도 있다는 사실도 확인되었다. 1950년대 출시된 새로운 정신병 치료제는 주로 안면부에 반복적 · 비자발적 움직임이 평생 동안 발생되는 증상과 함께 지연성 운동장애 등 장기적 부작용을 유발했다. 뇌 절제술 역시 20세기 중반 정신병원에서 흔히 시행되었다. 뇌 절제술은 환자의 부적응 행동 감소를

글상자 19.2

문화 고려하기

법 관련 임상심리학에서의 문화적 역량

문화적 역량은 임상심리학 전 영역에 걸쳐 중요한 역할을 하며, 법심리학 영역도 예외는 아니다. 미국 전체 인구가 다양한 인종과 문화 변수를 갖는 것처럼 법심리학 내담자의 인구 비중도 유사한 다양성을 갖는다. 교도소나 정신병원에서 일을 하든, 독립적 상담치료자로 일을 하든, 또는 평가를 수행하든, 치료를 수행하든, 기타 전문가 업무를 수행하든 관계없이 임상심리학자는 모두 문화적 민감성을 가지고 내담자들과 상호 작용할 윤리적 책임을 갖는다(APA, 2002). 최근 몇 년간 법심리학 전문가들은 법심리학 현장의 문화적 문제에 점점 큰 관심을 기울이고 있다(예 : Layde, 2004; Tseng et al., 2004). 연구 저자들이 밝힌 일차적 관심사는 다음과 같다.

- **언어적 문제 :** 많은 법심리학 내담자들은 영어 사용에 능숙하지 못하다. 이러한 서툰 영어는 (면담 및 서면/ 구두 검사 등) 표준검사 진행과 치료 결과에 지장을 초래하기도 한다. 가능하다면 다국어에 능통한 임상가 또는 통역사의 도움으로 이 문제를 효과적으로 해결할 수 있을 것이다.

그림 19.2 법심리학 현장의 임상심리학자는 다양한 문화 배경의 능력, 지식, 믿음에 민감해야 한다.

© Andrejs Zemdega/istockphoto.com

- **정신 이상과 정상에 대한 문화 특수적 정의 :** 미국의 주류 문화에서 정신병 증상으로 간주되는 특정 행동이 다양한 문화 집단 구성원들에게는 정상으로 보여질 수 있다. 예를 들어, 종교적 경험에 근거한 환각 증상이 일부 문화 집단에서는 비정상이 아닌 정상 행동으로 이해되기도 한다.
- **심리검사의 문화적 한계 :** 이전 장에서 논의한 바와 같이 규범적 집단의 독해력(讀解力), 언어, 문화 표현 등의 문제는 법심리학 내담자에 대한 특정 검사 시행에 한계를 초래한다.
- **미국 사법 체계에 대한 생소함 :** 미국 정착 연차가 짧은 이민자들을 포함한 법심리학 내담자들 중 미국의 법과 사법 절차를 정확히 이해하지 못하는 사람의 수가 적지 않다. 이는 특히 법정에 설 능력 평가와 관계가 있으나, 기타 법심리학 수행에 관한 양상과도 연결되어있다.
- **사법 체제에 대한 불신 :** 탄압받는 집단 출신의 법심리학 내담자들은 법심리학 현장에서 일하는 임상심리학자에게 협조하지 않으려는 경향을 갖는다. 이런 경우 임상심리학자는 내담자 행동에 영향을 준 과거 전력 요인을 이해하도록 노력해야 한다.

Layde(2004)는 법심리학 정신건강전문가 양성에 문화적 역량 증진이 강조되어야 한다고 주장한다. 특히 Layde는 이러한 전문가 양성 훈련에 세미나, 독서, 강의뿐 아니라 다양한 문화 배경을 가진 범죄자 내담자들을 직접 접촉하며 전문가로부터 슈퍼비전을 받는 경험이 필요하다고 주장하였다.

목적으로 뇌의 전두엽 피질을 의도적으로 손상시키는 수술이다. 이 수술은 일반적으로 정신장애 환자에게 시행됐으나, 어떤 환자 집단에게 효과가 있는지에 대한 과학적 증거가 없는 상태에서 심각한 지적장애 환자에게 이 수술을 시행하기도 했다(Valenstein, 1986).

1960~1970년대에 환자의 법률적 권리 증진을 옹호하는 의견과 법률적 주장이 증가되었고, 1975년 대법원(*O' Connor v. Donaldson*)은 정신병 진단 여부가 강제 입원의 절대 기준이 되어서는

그림 19.3 임상심리학자는 다양한 소송 사건의 전문가 증인으로 활동하기도 한다 전문가 증인 업무 중에 있어 가장 힘든 점은 무엇이라고 생각하는가?

안 된다는 판결과 함께 정신병동 강제 입원에 대한 입장을 밝혔다. 또한 대법원은 정신장애가 있고 위험하다고 판단되는 경우에 한해 강제 입원이 가능하다는 내용을 국법으로 지정했다. 위험 가능성이 없고 가족, 친구 등의 도움으로 생활 영위가 가능한 환자는 비자발적 수용에 해당되지 않는다. 따라서 비자발적 정신병동 수용에는 임상심리학자가 정신병리를 평가하는 방법 및 위험성을 평가하는 앞의 다양한 방법들이 활용되는 것이 매우 중요하고도 핵심적인 역할을 한다.

강제 입원과 관련된 자유의 문제와 더불어 법원은 정신병동 환자들의 또 다른 다수의 권리를 확인했다. 영버그 대 로미오 소송(*Youngberg v. Romeo*, 1982)에서, 대법원은 "정신병동 수용 시 합당한 안전 확립, 비합리적 신체 결박 금지, 최소한의 적절한 교육"(p. 307)을 정신병동 환자의 권리 항목에 포함시켜 그들의 권리를 확장시켰다. 약물치료 거부의 권리 역시 1970년대 연방 법원에 의해 제시되었다. 약물치료 거부의 권리는, 환자에게 응급 약물 투여가 요구되거나, 자신 및 타인에 대한 위험 가능성이 있거나, 약물 복용에 대한 결정 능력이 없는 경우 기각될 수 있다(Stafford, 2003).

글상자 19.3

아부 그라이브에서 관타나모 베이까지

심리학과 뉘른베르크 윤리강령

제2차 세계대전 당시 독일 나치 의료진의 지시에 따라 단행되었던 강제 불임, 비자발적 실험, 의료 살상 등의 잔혹 행위에 대한 '의사 재판'이 종전 후 개최되었다. 이 재판은 독일의 뉘른베르크에서 열린 전범 재판의 일환이었으며(Annas & Grodin, 1992), 재판에 회부된 의료진들은 자신의 행위가 '오직 명령 복종'의 결과였다고 주장하는 일명 '뉘렌베르크 항변'으로 자신들을 변호했다. 이러한 항변은 결국 실패로 돌아갔으며, 정부나 상급자의 명령에 따른 행위가 행동의 책임을 모면할 충분한 이유가 될 수 없다는 판결과 함께 '뉘렌베르크 윤리강령'(Pope & Gutheil, 2009)이 탄생하였다.

심리학자들은 당시 관타나모 베이 강제 수용소와 아부 그라이브 수용소에서 수용자 심문에 참여했고, 이에 대한 심리학자의 역할과 더불어 미국심리학회(APA)의 관련 윤리기준에 의문을 제기하게 되었다. 수용자 심문 행위와 관련된 심리학자들의 정확한 임무를 입증할 만한 보고서를 조사하는 과정에서 얻은 지식과 경험을 통해 심문 계획을 개발 및 감독하는 것(Mayer, 2005)에서부터 "안전하고, 합법적이며, 윤리적이고, 효과적인 심문 기법" 사용을 돕는 것(Greene & Banks, 2009, p. 29)에 이르는 다양한 심리학자들의 심문 행위 참여에 대한 문헌들을 출판하게 되었다.

최근 APA가 윤리기준 내용을 변경함에 따라 수용자 심문 시 심리학자의 역할에 대한 윤리 문제가 대두되었다. 2002 1.02항은 다음과 같이 기재되어있다.

> 심리학자의 윤리적 책임이 법, 규칙 또는 기타 법적 공권력과 상충되는 경우 심리학자는 상대에게 자신의 윤리강령을 밝히고, 상충점 해결을 위한 노력을 기울여야 한다. 상충점이 이러한 방식으로 해결되지 않는 경우 심리학자는 법, 규정 또는 기타 법적 공권력의 요구에 따를 수 있다. (p. 1063)

1.02항의 두 번째 문장은 (2001년 9월 11일 이전 위원회에 초안 접수되었으나) 2002년부터 공식 발효되었으며, 이는 법적 공권력의 명령에 따라 활동을 수행하는 한, 고문으로 간주될 수도 있는 수용자 심문에 심리학자가 참여할 수 있도록 명분을 줄 수 있다. 이에 대해 APA(2009a)는 "심리학자의 윤리원칙과 행동강령에 근거하여, 고문 행위는 옹호될 수 없다.", "심리학자에 의해 자행되는 고문 행위 또는 다른 형태의 잔인하고 모멸적이며 비인간적 행위 또는 징계는 철저히 금지되어야 한다."는 명백한 입장을 밝혔다. APA는 물고문, 성적 학대 등의 행위를 폭력으로 규정한다(APA, 2009b).

일각에서는 수용자 심문에 전문 지식을 제공한 심리학자의 행위에 문제를 제기하기도 하지만, APA 등은 심리학자의 지식 제공으로 야기된 잠재적 또는 직접적 이득을 지적하기도 한다. APA 회장은 "심리학자로 하여금 수용자 심문 팀에게 지식을 제공하도록 하여, 심문의 안전성과 윤리보장에 중요한 기여를 했다."는 글을 게재한 바 있다(Brehm, 2007). 뉘른베르크 윤리강령을 고려하여, Pope과 Gutheil(2009)은 정부 기관에서 일하는 의료전문가가 복잡하고 어려운 문제를 처리할 때 참고할 수 있는, 다음과 같은 3단계 해결 방법을 제시했다(pp. 163–164).

- 모든 의료전문가에게 기본적이고 지속적인 교육의 일환으로서 윤리 문제 해결을 위한 다양한 접근의 발전 방안을 가르치고 논의한다.
- 법, 규율 등 법적 공권력과 상충된 윤리적 책임에 대한 의사 결정 패턴과 접근 방안을 확인하고, 비판적 사고를 강조한다.
- 서로 상충될 수 있는 관련 법적 요건 및 윤리강령에 대해 충분히 숙지하여 갈등 조절 능력을 갖춘다.

기억할 것은 여기에서 논의된 부분이 심리학 전문 직종, 심리학자 각 개인 및 심리학 교육생들의 숙고를 요하는 쟁점사항이라는 점이다.

법 집행 기관 내 업무

법 집행 기관이 다양한 업무 수행을 위해 임상심리학자를 고용하는 건수가 늘고 있는 추세이다(Kitaeff, 2011; Scrivner, 2006). 예를 들어, 임상심리학자는 법 집행 기관의 채용 전 평가 또는 심리 상태에 문제가 의심되는 기존 경찰관에 대한 업무 적합성 검사를 실시한다. 임상심리학자는 또한 경찰서 내 다양한 현안에 대한 상담 업무를 수행하기도 하고, 일부는 큰 규모의 경찰서 내 상주 상담사로 근무하기도 한다. 또한 임상심리학자는 경찰관 대상, 특히 경찰 업무 수행과 관련한 트라우마가 발생된 경우 직접적인 치료 중재를 제공한다. 임상심리학자는 스트레스 감소, 정신장애 환자 대응 방법, 다문화 훈련 등 다양한 영역의 전문 지식 및 교육을 제공함으로써 경찰서에 긍정적인 공헌을 할 수 있다.

영화나 드라마에서 범죄 프로파일러 역할의 심리학자가 등장하는 경우가 많지만, 실제로 경찰서에 근무하는 심리학자 대부분은 범죄 프로파일링 업무에는 투입되지 않는다. 프로파일링이 사용되는 경우, 그 목적은 심리학적 요인에 근거하여 범행 관련 정보를 제공함으로써 수사관에게 도움을 제공하는 것이다. 영화나 드라마 속의 범죄 프로파일링은 실제 현장에서처럼 과학적이고 신뢰도 있는 가용한 데이터를 활용하기보다는 극적이고 비현실적이며 때로는 직감과 추측이 포함되어 보여지지만, 이것이 실제 법심리학 과학 분야 발전에 기여한 것도 사실이다(Turvey, 2015; White, Lester, Gentile, & Rosenbleeth, 2011).

경찰 관련 심리학자 업무의 가장 일반적인 업무는 비록 일관성 및 표준화가 결여되어있긴 하나 **채용 전 평가**(preemployment evaluation)이다(Dantzker, 2011). 이 평가는 주로 정신병리학 평가를 위한 MMPI-2 등의 객관적 성격검사, 원덜릭 직무검사 등을 통한 인지 능력 및 문제 해결 능력 측정, 임상면접을 포함한다. 또한 인발트 인성검사(Inwald Personality Inventory) 등 경찰관 채용 전 평가를 위해 특별히 개발된 검사들도 있다. 경찰관 선발 과정에 심리검사를 사용하는 경우 지원자가 검사에 '거짓으로 적합' 판정을 받을 수 있는 가능성이 항상 존재한다는 점을 염두에 두어야 한다(Rees & Metcalfe, 2003). 평가의 목표는 지원자에게 심리 문제, 제한적 인지 능력, 경찰관 업무에 지장을 초래하는 성격 특성의 정도를 평가하는 것이다.

업무 적합성 검사(fitness-for-duty evaluation)는 임상심리학자가 경찰서 직원들에게 시행하는 또 다른 형태의 평가이다(Scrivner, 2006). 일반적으로 이 평가는 업무 중 총상을 입거나 충격적인 장면을 목격하는 등 경찰관으로서 겪게 되는 극도로 괴로운 경험 이후 실시된다. 심리학자는 또한 경찰관이 우울, 불안 등의 문제로 심리치료 또는 약물치료를 받는 경우 치료 중 업무 지속 가능 여부를 평가하기도 한다. 이러한 평가들은 채용 전 평가와 비교해 보다 심도 있는 임상면접, 중요 관련자와의 면담, 동료 경찰 및 상급자와의 면담, 다양한 심리검사 등 보다 광범위한 형태로 이루어진다.

요약

임상심리학자의 법심리학 활동 영역이 증가 추세에 있다. 약 한 세기 동안 정신의학전문가의 사법 체제 내 활동이 두드러졌던 반면, 임상심리학자는 최근 10년간 이 분야의 활동 기회가 급속도로 늘어났다.

특히 피고인의 위험 예측, 정신 이상 사유 무죄 주장 시 피고인의 정신 상태 판단, 자녀 양육권 소송 시 가족 구성원 평가, 피고인의 법정에 설 능력 평가, 비자발적 정신병동 수용 등 임상심리학자의 평가 기술은 다양한 법률적 목적을 위해 법심리학 실무에 포함되었다. 임상심리학자는 또한 교도소 수감자 및 법심리학 현장의 다양한 개인에게 심리치료를 제공한다. 아울러 임상심리학자는 전문가 증인으로 소송 재판에 참석하기도 하고, 경찰관 및 지원 인력 평가, 경찰관과 경찰 가족을 위한 직접 치료 서비스, 사법기관 대상 상담 등의 업무를 통해 법 집행 기관에 도움을 제공하기도 한다.

주요 용어

강제 입원
기능 평가
기저율
다우베르 표준
맥노튼 검사
미국심리학회 41분과(미국 심리-사법 사회)
법심리학
법정에 설 능력
보험통계 예측법
소송 후견인
업무 적합성 검사
예비 심문 선서
위험성 예측
임상적 예측법
자녀 양육권 평가
전문가 증인
정신 이상 사유 무죄(NGRI)
정신질환이지만 유죄(GBMI)
채용 전 평가
통계적 예측법
Hugo Münsterberg
On the Witness Stand

비판적 사고를 위한 질문

1. 임상심리학자로서 법심리학 임무와 치료 임무 간 가장 근본적인 차이점은 무엇이라 생각하는가?
2. 당신이 임상심리학자이고 한 개인의 위험 예측을 요청받는다면, 임상적 예측법과 통계적(또는 보험통계) 예측법 중 어느 방법에 얼마나 의존하겠는가?
3. 한 개인의 법정에 설 능력 평가는 NGRI 주장에 대한 평가와 어떻게 다른가?
4. 당신이 임상심리학자이며 자녀 양육권 평가를 수행 중이라면, 수집된 데이터 중 어떤 출처에 가장 의존하여 의견을 제시하겠는가?
5. 당신이 임상심리학자이며 경찰서의 채용 전 평가를 실시한다면, 채용 반대의 이유 제시에 있어, 어떠한 평가 자료를 근거로 의견을 제시하겠는가?

주요 학술지

Journal of Threat Assessment and Management
http://www.apa.org/pubs/journals/tam/index.aspx

Law and Human Behavior
http://www.apa.org/pubs/journals/lhb/index.aspx

Psychology, Public Policy, and Law
http://www.apa.org/pubs/journals/law/index.aspx

용어해설

가계도 가족치료에서 가족의 구조를 나무그림으로 그리면서 가족 구성원 간의 상세한 정보를 통합하는 지필검사 기법

가설 인지치료에서 사고, 신념, 인지에 속한 증명되지 않은 이론들에 대한 Aaron Beck의 명명. 증명된 사실과는 대조된다.

가족 구조 가족치료에서 가족 구성원들의 행동을 지배하는 암묵적 규칙

가족 순환 주기 가족치료자들이 가족의 다양성을 설명하기 위해 가족의 발달을 여섯 단계로 나누어 정리한 이론

가족집단의 재현 집단치료에서 내담자의 원가족과 같은 역동이 그 집단에서 나타나는 현상

가족치료 가족 구성원들이 회기에 참여하여 가족 체계의 역기능적 체계를 향상시키고자 하는 주된 목적으로 실시하는 심리치료의 한 형태

가치 조건화 인본주의 심리치료에서 타인에게 긍정적인 관점을 부여한다는 전제

가치 진술 내담자에게 자신의 건강하지 않은 행동과 대조되는 그들 자신의 개인적 가치를 명료화하여 진술하게 하는(종종 쓰게 한다) 건강심리학에서의 상대적으로 새로운 임상 접근법

갈등 관리 척도(CTS) 가족 간 갈등이 발생했을 때의 행동을 측정하는 척도로 종종 대인관계에서의 학대나 폭력을 살펴보기 위해 사용

감정의 반영 내담자가 자신의 감정을 명확하게 표현하지 않았음에도 불구하고, 면접자가 그러한 감정을 알아차리고 있다는 것을 내담자가 느끼게 하기 위한 임상면접 기술

강제 규정 기대수준 규정과는 대조적으로, 위반될 수 있는 행동에 대한 특정 규칙을 강조하는 심리 윤리에 대한 접근

강제 입원 자신이나 타인의 복지를 위해 공권력에 의해 비자발적인 입원을 실시하는 과정

강화 행동치료에서 향후 행동의 발생빈도를 증가시키는 결과들

개방형 질문 폐쇄형 질문과 달리 내담자가 개별적이고 자발적인 반응을 하도록 하는 면접 질문

개별 기술적 접근 법칙 정립적 접근과 대조적으로, 개개인의 독특한 질적 측면을 강조하고 내보이는 연구 접근법

개인 수준 개인 정체성의 삼중 구조 모델의 세 수준 중 하나로, 각각의 개인은 누구와도 같지 않다는 관점을 강조한다.

개인 정체성의 삼중 구조 모델 개인 정체성의 세 수준에 대한 모델로, 각각의 개인은 완전한 독특성 일부 타인들과의 유사성, 모든 타인들과의 유사성으로 인식된다.

개인화 인지치료에서 부정적인 사건에 대해 과도하게 자신의 개인의 책임감을 상정하는 일반적인 사고 왜곡

객관적 성격검사 모호하지 않은 검사 문항, 제한된 수검자의 응답, 객관적 채점 등을 특징으로 하는 성격검사

건강보험 급여/의료관리 심리학적 서비스에 대한 대가를 지불하는 방식으로 환자의 자가 부담과 달리 제삼자지불자가 비용을 부담한다.

건강심리학 행동의학의 하위 분야 중 하나로, 심리적 과정(예 : 인지, 기분, 사회관계망)이 건강과 질병에 미치는 영향에 대해 구체적으로 다룬다.

검사 보안 일반에 공개되는 것을 방지함으로써 심리검사자료의 온전한 상태를 보호하는 것

검사 선택 임상심리전문가가 평가를 수행함에 있어서 심리학자의 역량에 따라 적합한 검사를 선택하는 것. 내담자의 문화, 언어, 연령, 검사의 타당도와 신뢰도, 이외 다른 요소들을 고려해야 한다.

검사 자료 평가 과정에서 내담자가 제공한 원자료

검증 가능한 가설 행동치료에서 문제 행동에 내재하는 핵심 속성에 관한 이론은 경험적으로 지지되거나 반박되고 수정되며 재검증할 수 있어야 한다는 의미

게슈탈트 치료 인본주의 접근과 관련이 있는 심리치료 접근 중 하나로 내담자의 현재 경험을 강화하는 전체적 접근을 강조하고 치료 중 역할 연기를 사용한다.

결정적 지능 삶의 경험을 통해 축적한 지식 체계

경계 구조적 가족치료의 핵심적인 개념으로 가족 하위체계에서의 구분

경고의 의무 타라소프 사례에서 유래된 것으로, 내담자가 심각한 해를 끼칠 것으로 간주되는 대상을 향해서 임상심리학자가 경고를 해야 하는 의무

경청 특별히 임상면접 장면에서 단순하지만 중요한 임상심리학자의 임무

경험적 방법 MMPI 개발에 사용된 검사 구성 방법으로, 다른 집단의 사람들을 구별하고, 모든 사람에게 동일한 검사 항목에 응답하도록 요구하며, 집단 간에 서로 다른 반응 패턴을 산출하는 항목을 선택하도록 한다.

경험적 자료 행동치료의 중요한 특성으로, 예를 들어, 치료 내 다양한 시점에서 측정한 문제 행동의 빈도이다.

경험 회피 불쾌한 생각(또는 감정이나 내적 감각)을 경험하기보다 피해가려는 경향성으로, 이는 다양한 정신병리의 발생에 영향을 끼친다.

고전적 조건형성 무조건적 반응을 일으키는 무조건적 자극과 조건 자극을 짝지우면 조건 자극이 비슷한 반응을 일으키고, 이를 조건 반응이라고 한다.

고착 정신역동 심리치료에서 특정 발달 단계의 심리적 과제를 성공적으로 해결하지 못한 것

고통의 문화적 개념 세계의 다양한 지역의 문화집단에서 관찰되는 심리적 문제로, *DSM-5*에 나열되어있다.

공감 인본주의 심리치료에서 가정하는 세 가지 필수적인 치료 조건 중 하나. 치료자가 내담자가 느낀 것처럼 내담자의 감정을 느끼고, 온정적으로 내담자의 삶에서 발생한 일들을 알아차리고 이해하는 것

공식화된 1차 치료 과제 해결 중심적 치료에서 내담자들이 앞으로 일주일간 자신의 삶의 각 부분이 어떻게 되길 원하는지를 적도록 하는 기법

공통요인 내담자 개선에 적극적인 역할을 하는 모든 형태의 심리치료에 공통적인 요소

공통요인의 3단계 순차 모델 공통요인이 심리치료 변화에 기여하는 순서를 설명하는 모델. 지지적 요인에서 시작하여 학습 요인으로 이동하고 최종적으로 행동 요인으로 이어진다.

과잉일반화 인지치료에서 한 부정적인 경험에서 얻게 된 교훈을 확실하지 않은 상황에 광범위하게 적용하는 일반적인 사고 왜곡

과제 치료자가 내담자의 행동이나 기록지를 통해 부과하는 해야 할 일들로 인지치료의 중요한 요소

과진단 특정 문화권에서는 정상적인 것을 비정상으로 지각하는 것으로 문화적 유용성을 통해 줄일 수 있다.

과학자-임상가 모델 경험적 연구와 임상실무 모두

를 강조하고 철학박사를 수여하는 임상심리학 대학원 훈련의 가장 전통적인 모델

관심 심리치료 결과에 관한 연구의 맥락에서 치료자가 내담자에게 관심을 기울이는 요인이고, 이는 다양한 치료의 공통요인에 해당한다.

관찰 가능한 변화 추론에 근거한 것이 아닌 직접적으로 관찰한 치료적 변화를 강조하는 행동치료의 핵심적인 특징

관찰학습 자신이 아닌 타인에게 적용된 수반성을 관찰하여 조건형성되는 행동치료 유형으로, 모델링이나 사회학습이라고도 한다.

교사훈련 학교의 학생들에게 직접 행동적 개입을 직접 실시하는 교사와 상담을 하는 행동 상담의 한 형태

구강기 정신역동 심리치료에서 가정하는 심리성적 발달의 첫 번째 단계로, 의존성에 관한 문제를 경험하게 된다.

구조화된 면접 비구조화된 면접과 달리 미리 계획된 일련의 질문들로 내담자를 면담도록 구성된 면접

규범적 접근 가장 많은 경험적 지지를 받은 특정 심리치료 기법을 특정 장애를 위한 치료법으로 선정하는 심리치료 접근

규준 자료 일반적으로 임상 현장에서 검사를 치르는 개인에 대한 비교의 근간을 구성하는 검사에 수반되도록 고안된 심리학적 검사의 창작자에 의해 수집된 실험-결과 자료의 표본

극대화/극소화 인지치료에서 부정적인 사건의 중요성을 과대평가하거나 긍정적인 사건의 중요성을 과소평가하는 일반적인 사고 왜곡의 한 형태

근거기반 실천 임상심리학자의 실무는 경험적 연구에 의한 증거를 기초로 임상적 경험, 환자의 특성, 문화, 선호 등이 함께 고려된다.

근거기반 평가 강력한 심리 측정, 임상적 유용성, 규범적 데이터를 가진 방법론을 강조하는 평가 접근법이며 나이, 성별, 인종 같은 다양성의 문제에 민감하다.

금단 물질사용의 중단이 부정적인 증상을 불러오는 현상

긍정심리학 최근 정신건강 영역에서 점차 성장하는 최근의 운동으로, 인간행동의 병리적 측면보다 강하고 건강한 면을 강조한다.

긍정적인 존중 가장 친밀한 사람으로부터 받는 온정, 애정과 수용으로, 인본주의 심리치료에서 보상이라고도 한다.

긍정적 작업동맹 발전시키기 주의를 다하는 경청, 적절한 공감, 진솔한 존중, 문화적 감수성 등으로 촉진되는 임상면접자를 위한 일반적 기술

기능주의 가족치료에서 심리적 증상이 부적응적으로 나타난다 할지라도 사실 개인의 가족 환경에서는 기능적일 수 있다는 믿음

기능 평가 법정에 설 능력은 해당 사건에서 발생하는 인지적 · 심리적 부담에 기초하여 평가해야 한다는 평가의 원칙

기대 수준 강제규정과 대조적으로 심리학자들이 스스로 노력해서 도달하기 위해 애써야 하는 기대하는 이상을 강조하는 심리윤리에 대한 접근법

기법 임상면접 장면에서 면접자가 사용하는 절차와 방법(예 : 질문의 종류)

기저선 행동치료에서 치료 전 문제 행동에 관한 자료(측정치)로, 치료 후와 비교하기 위한 기준으로 사용한다.

기저율 법심리학(넓게는 모든 심리학)에서 행동이 발생하는 비율. 낮은 기저율(저빈도)의 현상은 예측이 더 어려움(예 : 위험한 행동)

기적질문 해결 중심적 치료에서 치료자가 가족들에게 아무 문제가 없는 삶이 어떨지를 상상해보게 하는 기법

꿈 정신역동 심리치료에서 내담자의 무의식적 재료와 소통을 하는 중요한 의미가 담긴 것으로, 해석에서 공통적으로 초점을 두는 것이다.

꿈 작업 정신역동 심리치료에서 잠재되어있는 꿈의 내용을 현실적인 내용으로 전환하는 작업

남근기 정신역동 심리치료에서 가정하는 심리성적 발달의 세 번째 단계이고, 자기가치감에 관한 문제를 경험하게 된다.

내성 물질의 사용량을 증가시켜야만 신체가 기대하는 효과를 얻을 수 있게 되는 현상

내성법 정신 과정 또는 치료적 변화의 증거를 마음속에서 찾는 과정인데, 객관성이 결여된다는 이유로 행동주의자들이 거부하였다.

내용 척도 임상 척도에 추가하여 임상 정보와 관련된 정보를 MMPI와 MMPI-2의 척도

내재화 장애 임상아동심리학에서 방해하는 파탄적 외적 행동보다는 부적응적인 생각이나 감정을 포함하는 장애

내적 타당도 종속변인이 얼마나 온전히 독립변인의 변화에 의해서만 변화하는지에 대한 정도

내파법 점진적인 노출과 달리 공포의 대상이나 상황에 갑자기 상상으로 노출되는 노출치료 기법

노인용 통각 검사(SAT) 여러 통각 검사와 유사한 투사검사로, 노인을 위해 특별 제작되었다.

노출 및 반응 방지 노출치료의 한 형태이며 근거기반 실제의 한 예로, 강박장애의 치료로 상당한 경험적 지지를 받는 치료법이다.

노출치료 고전적 조건형성에 근거한 행동치료로 내담자에게 공포의 대상이나 상황을 점진적으로 직면하게 한다.

논박 ABCDE 모델의 D(Dispute). 비논리적 신념에 특정한 인지왜곡이라는 명칭을 붙여 도전하는 방법

다면적 평가 다양한 유형의 검사나 면접 자료, 행동 관찰, 그 외 다른 자료 등을 포함하는 다양한 방법들을 통합하여 평가하는 접근

다문화주의 문화적 다양성에 대한 인정과 다양한 문화적 배경을 가진 개인들에게 어떻게 가장 알맞은 방식을 적용할 것인지에 대한 인식을 강조하는 임상심리학의 한 접근 방식

다우베르 표준 법심리학에서 전문가 증언의 인정 여부에 대한 현재의 표준

다중관계 임상심리학자가 한 개인과 전문적인 직업 관계 속에 있으면서 동일인과 다른 형태의 관계에 놓이거나 그 사람과 가까운 누군가와 관계하는 상황

다중체계 가족치료 장기간의 청소년 행동, 정서, 사법 문제를 가족, 학교, 지역사회를 포함한 다중 체계 중재를 통해 다루는 현대적인 가족치료 형태

다중출처, 다중방법, 다중상황적 접근 정보를 요청하는 데 있어서 다양한 정보 출처, 다양한 정보획득 방법, 다양한 상황을 포함하는 평가에 대한 접근

다축진단체계 *DSM-III*에 소개된 평가 접근법으로, 정신건강전문가들이 진단적 정보를 각각 5개의 축 또는 범주별로 제공할 수 있게 해준다.

다축체계 최근의 *DSM*에서 채택되었던 측정체계로 정신건강전문가들이 진단적 정보를 다섯 가지 독자적 축이나 영역에 기록하게 한다.

단기역동 심리치료 특수한 현대 정신역동 심리치료의 한 형태이다. 치료자는 내담자가 이전에 문제를 경험했던 무의식적인 '스크립트'와는 다른 '교정적' 관계를 형성하고자 노력한다.

단기 정신역동 심리치료 보다 효율적이고 보편화된 정신역동 심리치료의 형태로, 최대 6개월 이내로 진행한다.

닫힌 집단 열린 집단과 대조적으로 모든 구성원들이 함께 시작하고 함께 마무리하여 중간에 새로운 구성원이 들어올 수 없는 치료집단

대리학습 행동치료에서 내담자는 관찰학습을 통해 학습을 하는 것으로 내담자는 모델의 행동뿐만 아니라 그 행동의 결과까지 관찰할 수 있다.

대상관계 변형된 정신역동 심리치료의 한 형태로, 원초아 대 초자아 간의 내적 갈등 등을 덜 강조하고 내담자의 삶에서 중요한 사람에 대한 내재화된 '대상'과의 관계를 강조한다.

대인 간 상호작용 대부분의 집단치료에서 치료자가 내담자들이 서로 건강하게 관계를 맺도록 촉진하는 것으로 집단치료에서 중요하게 강조된다.

대인관계치료(IPT) 구체적이고 매뉴얼화되어있는 현대적 형태의 정신역동적 심리치료 형태. 대인관계를 강조하고 우울증 치료에 관해 경험적 지지를 받고 있다.

대인관계 학습 집단치료의 치료요인. 집단 안에서의 대인관계 경험으로 학습하는 것

대처 스트레스에 대한 요구를 관리하는 과정

대치 정신역동 심리치료에서 자아가 원초아의 충동을 보다 안전한 표적으로 옮기는 방어기제

도도새의 판결 서로 다른 형태의 심리치료가 대체적으로 비슷하게 효과적이라는 보편적인 연구결과를 일컫다. 이상한 나라의 앨리스라는 동화에 나오는 단락에서 유래한 것이다. "모든 사람이 이겼고 모두 상을 받아야 한다."

독립변수 실험자가 조작하는 변인으로 대개 종속변수에 영향을 미칠 것으로 가정되는 변수

독심술 인지치료에서 다른 사람의 생각을 알 수 없는 상황에서도 다른 사람들이 비판적으로 생각하거나 실망하고 있다고 가정하는 일반적인 사고 왜곡

동기강화상담(MI) 인본주의적 심리치료에서 변형된 현대적 형태의 접근으로 치료자는 내담자가 주요 변화에 대한 양가감정을 경험할 때 공감해주면서 자신의 행동과 가치 간의 불일치를 알 수 있도록 도와준다.

동질 집단 모든 참여자에게 공통된 특성(진단 등)이 존재하는 치료집단

라포 특별히 임상면접 장면에서 중요한 임상가와 내담자 사이의 긍정적이고 편안한 관계

레이-오스터리에스 복합도형 검사 간단하고 복잡한 기하학적 도형을 모사하는 것을 포함한 신경심리학적 선별검사

로르샤흐 잉크반점 검사 Hermann Rorschach가 개발한 10개의 모호한 잉크반점으로 이루어진 투사적 성격 검사

루리아-네브라스카 신경심리검사 배터리(LNNB) 12가지 표준화된 신경심리학적 척도로 이루어진 비교적 인기 있고 포괄적인 배터리

마음챙김 자신의 내적인 정신적 흐름에 대해 맞서지 않고 온전히 참여하는 것을 촉진하는 최신 인지치료에서의 중요한 요소

만성 스트레스 지속적으로 높으면서 끊임없는 스트레스 수준

만성 통증 6개월 이상 계속되는 통증

말 따라가기 임상면접 장면에서 면접자가 정확하게 들었는지 내담자에게 확인하기 위해 주요 단어나 구를 반복하는 능력

매뉴얼화된 치료법 치료 매뉴얼을 따라 진행하는 심리치료의 한 형식. 특정 장애에 대해 모든 단계에

대해 상세한 지침을 제공한다. 특히 근거기반 치료를 위한 성과 연구에서 많이 사용된다.

맥노튼 검사 미국 법률 제도 역사상 최초로 도입된 정신 이상자 피고에 대한 감정 기준

메타 분석 개별적인 연구들의 효과 크기를 모아서 보다 큰 연구 결과, 즉 전반적인 통계적 효과크기를 산출하는 통계 방법

명료화 내담자의 말을 정확하게 이해하고 있다는 것을 확인시켜주기 위한 임상면접 기술

모방 행동치료에서 모델의 행동을 단순히 따라 하여 관찰학습을 하는 것

무의식 인식의 밖에서 발생하는 정신활동으로, 정신역동적 접근의 초석

무작위 임상 실험(RCT) 특정 진단기준에 맞는 참여자들을 무작위로 치료집단 또는 대조집단에 할당하여 매뉴얼화된 치료의 효과성을 측정하는 연구 방법

무조건 반응 고전적 조건형성에서 조건형성이 이루어지기 전에 무조건 자극에 의해 유발되는 반응

무조건 자극 고전적 조건형성에서 조건형성이 이루어지기 전에 무조건 반응을 유도하는 자극

무조건적인 긍정적 존중(UPR) 인본주의 심리치료에서 가정하는 세 가지 치료조건 중 하나로, 어떤 조건이나 계약 없이 타인을 완전히 수용하는 것

문장완성검사(SCT) 개인이 미완성된 문장을 완성하도록 요구하는 투사적 성격검사

문제중심대처 스트레스를 주는 상황에 대한 주도적 · 건설적 행동을 시도하는 것을 강조하는 스트레스 대처 접근의 하나

문화적 역량 임상심리학자들이 다문화 사회의 문화적으로 다양한 사람들과 민감하고도 전문적으로 작업할 수 있는 능력

문화적 다양성 사회구성원의 문화적 배경의 비동질성

문화적 유용성 임상심리학자들이 다인종 사회의 문화적으로 다양한 구성원들과 민감하고 능숙하게 작업하기 위한 능력

문화 적응 새로운 문화에 대한 반응 또는 적응으로, 특히 새로운 문화에 대한 적응적 요소나 원문화의 요소가 남아있는 것에 관심을 둔다.

문화적 자기인식 문화적 역량에 있어서 중요한 한 요소로, 임상심리학자가 자신의 문화적 관점이 독특하다는 것을 알아차리도록 한다.

문화적 형평성 지능검사가 특정 문화적 개념과 방법보다는 보편적인 것에 기초했다는 점

미국심리학회(APA) 다수의 임상심리학자들이 회원으로 참여하는 최대의 심리학자 전문 단체

미국심리학회 41분과(미국 심리-사법학회) 미국심리학회의 법심리학 관련 주제를 다루는 분과

미네소타 다면적 인성검사 2판(MMPI-2) 1989년도에 출간되어 가장 널리 사용되는 종합적인 객관적 성격 검사의 최신판

미네소타 다면적 인성검사 청소년용(MMPI-A) 1992년에 출간된 청소년 내담자를 위한 MMPI 개정판

미묘한 차별(미시적 공격) 다중문화의 맥락 속에서 지배적 혹은 다수인 집단이 소수집단을 향하여 가지는 편견, 부정성, 고정관념 등을 전달하는 행동이나 말

미분화된 자아 집합체 가족치료에서 정서적으로 융합된 가족을 일컫는 말

밀론임상다축검사 4판(MCMI-IV) 성격장애를 강조하는 종합 객관적 성격검사 최신판

밀착 구조적 가족치료에서 하부 구조 간에 지나치게 허용적인 경계선으로 인해 발생하는 건강하지 않은 관계 형태

바이오피드백 통증관리를 원하는 내담자를 위해 건강심리학자가 사용하는 치료의 한 형태. 내담자들이 일반적으로 의식하지 못하는 신체적 과정에 관해 교육해줌으로써 신체에 대한 통제력을 획득하도록 고안되어있다.

박사 학위(PsyD) 전통적인 철학 박사 학위의 대안으로 떠오르고 있는 임상가-학자 프로그램의 대학원을 졸업한 임상심리학자들에게 수여되는 박사 학위

반구조화된 면접 구조화된 면접의 일부 특징과 비구조화된 면접의 일부 특징을 갖고 있어 부분적으로 구조화된 면접으로도 알려져 있는 임상면접

반동형성 자아가 원초아의 충동에 대항하여 원래의 충동과 반대되는 행동을 하는 정신역동 심리치료의 방어기제

반영 인본주의 심리치료에서 치료자가 내담자의 감정이나 정서를 강조할 수 있도록 내담자가 말한 어구나 진술을 다시 말하는 반응

반응성 행동 관찰의 맥락에서 단순히 관찰자의 존재를 의식하는 것만으로 내담자의 행동이 바뀌게 되는 문제

발달적 관점 임상가가 아동의 발달 단계라는 맥락 속에서 아동의 행동을 이해하는 임상아동심리학의 핵심적인 측면 중 하나

발현 내용 정신역동 심리치료에서 꿈을 꾼 사람이 기억하는 꿈속의 실제적인 모습으로 이는 잠재적 내용을 반영한다.

방어기제 정신역동 심리치료에서 자아가 원초아와 초자아 간의 갈등을 다루기 위해 사용하는 기법

범주적 접근 차원적 접근과는 반대로, 개인이 특정 '장애를 가지고 있다' 또는 '가지고 있지 않다'라는 관념을 기반으로 하는 진단적 접근법

법심리학 심리학적 방법이나 원리를 사법 체계에 적용하는 심리학의 한 분파

법정에 설 능력 미국 법체계에서 피고에게 요구되는 능력으로, 종종 법심리학자들이 평가를 시행한다.

법칙 정립적 접근 개별 기술적 접근과 대조적으로, 사람들 간의 유사성이나 공통성을 강조하는 연구 접근법

베일 모델 1973년 콜로라도 베일에서 열린 컨퍼런스에서 시작된 대학원 훈련 모델인 임상가-학자 모형의 다른 이름

벡 우울척도 2판(BDI-II) 우울을 평가하는 간결한 객관적 검사의 최신판

벤더 시각운동 형태 검사 2판 수검자들이 간단한 기하학적 도형들을 모사하도록 요구받는 짧은 신경심리학적 선별검사의 최신판

변별 고전적 조건형성에서 조건 반응이 조건자극과 동일하지 않은 유사한 자극에 의해서는 발생하지 않는 것

변증법적 행동치료(DBT) Marsha Linehan에 의해 개발된 인지치료의 한 형태이자 근거기반 치료의 사례. 경계성 성격장애의 치료에 효과적이라 알려졌다.

변화 단계 모델 변화에 대한 준비에 관한 이론이고, 심리치료를 받는 내담자는 인식 전 단계, 심사숙고 단계, 준비 단계, 행동 단계, 유지관리 단계 5단계 중 어느 한 단계에서 치료를 시작한다고 가정한다.

보상 가장 친밀한 사람으로부터 받는 온정, 애정과 수용으로 인본주의 심리치료에서 긍정적 존중이라고도 한다.

보조치료자 집단치료에서 다른 치료자와 함께 이끌어가는 치료자

보충 척도 임상 척도에 추가하여, 임상 정보와 관련된 정보를 MMPI와 MMPI-2의 척도

보편성 집단치료의 치료요인. 자신의 문제가 독특한 것이 아니라 다른 사람들과도 유사하다는 것을 알게 되는 경험

보편적 비언어적 지능검사(UNIT-2) 문화적 형평성을 극대화하기 위한 시도로 완전히 언어에 구애받지 않게 고안된 최근에 발표된 지능검사

보편적 수준 개인 정체감의 삼중 구조 모델의 세 수준 중 하나로, 각각의 개인은 모든 타인들과 유사하다는 관점을 강조한다.

보험통계 예측법 향후 위험성과 상관이 있는 것으로 알려진 예측요인들을 개인 간의 성격차에 대한 통계치 또는 정적 공식에 대입하여 위험성을 예측하는 방식. 통계적 예측 방법

볼더 모델 콜로라도 볼더에서 1949년에 개최된 훈련 책임자들의 총회에서 결정된 것으로 다른 이름으로는 과학자-임상가 모델이라 부른다.

볼더 총회 1949년 콜로라도 볼더에서 열린 임상심리학 대학원 교육과정 책임자들의 역사적인 총회. 여기서 볼더 모델이 출현하였다.

부모훈련 치료자가 부모의 자문가가 되어서 제공해주는 행동주의적 자문의 한 형태로, 궁극적으로는 부모가 가정에서 자녀에게 행동주의적 개입을 시행할 수 있도록 돕는 것이다.

부적 강화 '나쁜 것을 받지 않는' 강화의 형태

부적 처벌 '바람직한 것을 받지 못하는' 처벌 형태

불안위계 노출치료에서 내담자가 점차적으로 노출될 불안 자극의 순위 목록

불일치감 인본주의 심리치료에서 실제 자기와 이상적 자기 간의 불일치를 뜻하고, 정신병리의 주요 원인이다.

비구조화된 면접 구조화된 면접과 달리 미리 결정하거나 계획한 질문이 없이 면접이 진행되는 곳에서 면접자가 방법과 과정을 결정하는 면접

비동질성 문화 다양성의 맥락에서 특정 문화집단 간 혹은 특정 문화집단 내에서 다양한 사회 구성원의 문화적 배경

비밀보장 미국심리학회의 윤리규정 중 하나로 임상적 정보에 대한 개인정보를 노출하지 않는 것

비지시적 임상면접 장면에서 내담자가 면접 과정을 결정할 수 있도록 하는 접근 방식

빈 화면 역할 정신역동 심리치료에서 치료자의 역할을 일컫는 것으로, 치료자의 사적인 정보의 노출을 최소화하여 전이를 촉진하고자 한다.

사례 심리서비스 도중에 내담자가 드러낸 위험하거나 해가 되는 행동의 잠재적 피해자에 대한 임상심리학자의 경고의무가 생기게 한 획기적인 법정 사례

사례 연구 개인이나 하나의 상황에 대한 자세한 검토를 통해 실시하는 연구 방법

사이버치료 임상심리학 분야에서 적용하고 있는 기술들로 인터넷, 화상회의, 스마트폰, 문자기반 서비스 등을 포함한다.

사전동의 윤리적으로 의무화된 (심리치료 내담자 또는 연구 참여자에게) 제시되는 활동에 대한 정보를 제공하고 활동을 진행하기 전에 개인의 자발적인 동의를 얻는 과정

사회복지사 임상심리학자와 유사한 전문직으로, 통상 석사 학위를 요구하며 개인의 문제에 대한 사회와 환경의 영향을 강조한다.

사회적 소우주 내담자가 자기 개인의 삶에서 중요했던 인물과의 관계가 동료 집단과 형성하는 관계 방식을 예측할 수 있도록 하는 등의 관계 맺기 경향성이 집단치료에서 나타나는 현상

사회적 지지 위기의 순간에 지지를 제공해줄 수 있으며 좋은 일도 함께 나눌 수 있는 타인과의 관계

삼각관계 가족치료에서 갈등관계에 있는 한 사람 또는 두 사람의 가족 구성원이 지지를 얻기 위해 제삼의 구성원을 포섭하는 현상

삼원구조 모델 Hans Strupp 등이 심리치료의 결과를 평가하기 위해 개발한 모델로, 내담자, 치료자 및 사회, 가족 또는 관리자와 같은 세 주체의 관점을 인식하는 것이다.

삼층 지능 이론 지능이 세 단계로 작동된다는 현재 이론. 가장 상위에는 단일 'g', 바로 아래에는 8개의 광범위한 요인, 그리고 이렇게 광범위한 요인들 아래에는 60개의 매우 특수한 능력들로 구성된다.

상담심리학자 임상심리학자와 유사한 전문직이나 손상의 정도가 비교적 적은 내담자를 상대하며 직업 흥미검사나 진로상담 등에 종사한다.

상관법 둘 이상의 변인에서 인과관계는 설정하지 않은 채, 서로 관계가 존재하는지를 살펴보는 연구법

상상적 노출 노출치료에서 실제적인 노출과 달리 상상에 의해 불안유발 대상에 노출하는 기법

상위인지치료 정신병리의 원인적 요인과 같은 외부적 사건에 대한 생각보다 자기 자신의 생각 자체에 대한 사고를 강조한 상대적으로 새로운 유형의 인지치료

선행사건 ABCDE 모델의 A(activating event)에 해당하는 것. 비합리적인 사고나 신념을 촉발하는 연쇄적인 정신적 사건들을 유발하는 일

성격의 5요인 모델 진단에 대한 차원적 접근법을 기반으로 하며 인간 성격의 근본적이고 공유된 특성을 식별하기 위해 고려되는 성격 이론. 또한 NEO-PI-R 성격 검사의 바탕이다.

성과 무관한 다중관계 임상심리학자가 한 개인과 전문적인 직업 관계 속에 있으면서 동일인과 성적이지 않은 다른 형태의 관계(예 : 우정, 거래)를 가지는 다중관계의 한 형태

성적인 다중관계 임상심리학자가 한 개인과 전문적인 직업 관계 속에 있으면서 동일인과 성적인 관계를 가지는 다중관계의 한 형태

성취도 검사 읽기, 수학, 과학, 그리고 사회학을 포함하되 제한되지 않는, 명백히 정의된 특정 내용 영역들에서 학생들이 얼마나 배웠는가를 측정하기 위해 사용되는 표준화된 검사 유형

성취 지능(개인이 지적으로 성취할 수 있는 것)과는 상반되게 개인이 이미, 특히 학과목에서 해낸 것

세 가지 필수 치료조건 인본주의 심리치료에서 치료자가 치료적 효과를 위해 제공해야 하는 세 가지의 필수, 충분 조건으로, 공감, 무조건적 긍정적 존중, 진실성이다.

소거 행동치료에서 내담자가 기대하는 강화를 제거하여 행동의 빈도를 감소시키는 것

소거격발 행동치료에서 기대했던 강화를 제거한 직후 바람직하지 않은 행동의 강도가 처음에는 증가하는 현상

소검사 점수 특별히 정의된 여러 영역 중 하나의 지적 능력을 가리키는 대부분의 현대 지능 검사의 특징

소송 후견인 아동 양육권 평가에서 중립적으로 아이의 권리를 보호하도록 지정된 사람(대개 양쪽 부모와 관련이 없는 검사)

소아과적 심리학 아동의 정신적이고 신체적인 건강을 의학적 상태에서 살펴보는 것에 집중하는 임상아동심리학 내 전문 영역

소진 정서적으로 손상을 입는 작업을 지속적으로 마주하는 것과 관련된 탈진의 한 상태

수검 태도 수검자가 검사에 임하는 태도로서, MMPI와 MMPI-2의 타당도 척도에 의해 측정된다.

수반성 '만약 … 그렇다면…'이라는 진술로, 유기

체가 조작적 조건형성을 통해 학습하는 행동과 결과 간의 연관성

수반성 계약 조작적 조건형성에 근거한 행동치료의 형태로, 선택한 행동에 따르는 결과를 변화시켜 보다 바람직한 행동을 하도록 만드는 것

수용 수용전념치료에서 불쾌한 사고, 감정 및 다른 내적 감각과 맞서 싸우지 않고 흘러가도록 허용하는 것

수용전념치료(ACT) 불쾌한 내면의 심리적 경험을 회피하기보다 수용하는 것을 강조하는 치료법으로 최근에 인기가 높아졌다.

순환적 인과성 직선적 인과관계와 대조적으로 사건들은 서로 상호작용하는 형태로 영향을 미친다는 이론으로 가족치료에서 주로 활용되는 경향이 있다.

스탠퍼드-비네 지능검사 5판(SB5) 전 생애에 걸친 개인의 지능을 평가할 수 있는 저명한 지능검사의 최신 버전

스트레스 어렵거나 힘든 내적 · 외적 환경에 대한 심리적 또는 생리적 반응

승화 자아는 원초아의 충동을 타인에게 유익한 행동을 할 수 있는 방향으로 제시하는 정신역동 심리치료의 방어기제

시공간 처리 사물 간의 관계, 공간 지남력, 조각을 조합하여 전체적인 모양 만들기, 시각적 패턴의 탐지 등 시각적으로 제시된 정보를 분석하는 능력. 또한 스탠퍼드-비네 지능검사 5판의 다섯 가지 요인 점수 중 하나

시상하부-뇌하수체-부신(HPA) 축 스트레스에 의해 활성화되고 코르티솔의 방출을 조절하는 구성(예 : 시상 하부, 뇌하수체, 부신) 체계

신경심리검사 뇌 손상 및 병의 영향을 포함한 인지 기능장애나 뇌 기능장애의 문제에 초점을 맞춘 심리학적 검사

신경심리학적 평가를 위한 반복 배터리(RBANS) 시각운동 능력, 언어 구사 능력, 주의력, 시각적 기억력을 포함하는 다양한 능력에 초점을 맞춘 신경심리학적 선별검사

신경증 1800년대 유럽에서 정신질환을 두 가지로 크게 범주화할 때 정신증과 함께 사용되던 범주. 개인이 현실에 대한 감을 유지하고 있는 장애들을 일컬으며 불안장애나 우울증이 여기 속한다.

신념 ABCDE 모델의 B(Belief). 촉발사건과 정서적 결과 사이를 잇는 비논리적인 인지

신뢰도 심리학적 평가에서 어떤 기법이 일관되고 반복적으로 동일한 결과를 산출하는 정도

신체 언어 임상면접 장면에서 강한 비언어적 메시지를 전달할 수 있는 행동

실제 노출 상상적 노출과 달리 일상의 실제 불안유발 대상에 노출하는 노출치료 기법

실제 자기 인본주의 심리치료에서 이상적 자기와 대조되게 각자 실제로 경험하는 자기

실존주의 심리치료 인본주의 접근과 관련이 있는 심리치료 접근으로 각 개인은 이 세상에서 철저히 혼자이고, 이런 사실을 깨닫게 되면 불안에 압도된다고 가정한다.

실험 방법 사건의 관찰, 가설의 발달, 독립변인과 종속변인의 정의, 가설에 대한 경험적 검증, 결과에 따른 가설의 변화 등을 포함한 일련의 섬세하고 연속적인 과정을 따르는 연구 과정

실험 조건 집단간 설계에서 치료를 받는 상태 또는 집단

심리임상화과학 아카데미 임상심리학계에서 대학원생의 훈련에 임상-과학자 모델을 적용하는 대학원들의 조직체

심리치료 임상심리학자와 다른 정신건강전문가들

이 심리적 증상 또는 정서적, 인지적, 행동적 기능의 측면을 완화하기 위해 적용하는 기법과 접근

싸움-도피 반응 유기체가 위협에 시달릴 때 신체가 교감 신경계와 내분비 시스템을 통해 저장되어있던 에너지를 신속하게 동원하여 싸우거나 도망치도록 하는 반응

아날로그 설계 실제 내담자나 상황의 대체로 유사한 내담자나 상황을 대상으로 하는 연구 설계

아동용 통각 검사(CAT) 주제통각검사와 유사한 투사 검사로, 아동을 위해 특별 제작되었다.

아동학대 임상심리학의 맥락에서는 위험에 처한 아동의 복지를 보호하기 위해 (주법에 따라) 임상심리학자가 비밀보장을 깨뜨리도록 요구하는 조건

알코올중독치료 물질을 너무 빨리 몸에서 적출하면서 생길 수 있는 위험한 부작용을 방지하기 위하여 고안된 물질남용 문제 치료를 위한 일반적이고 중요한 요소

양적 추론 수적 문제를 풀 수 있는 능력. 또한 스탠퍼드-비네 지능검사 5판의 다섯 가지 요인 점수 중 하나

억압 자아가 원초아와 초자아 간의 갈등을 의식적으로 알아차리지 못하도록 억누르는 정신역동 심리치료의 방어기제

언어이해지수 언어 개념 형성 및 언어적 추론의 측정. 또한 웩슬러 지능검사를 통해 산출되는 네 가지 지수점수 중 하나

업무 적합성 검사 법심리학자들에 의해 시행되는 심리평가로, 종종 법무기관으로부터 의뢰된 근로자가 극도의 스트레스나 트라우마 경험, 또는 심리적 문제를 경험한 후에도 현재 업무에 얼마나 적합한지를 평가하는 것

에믹 에틱에 대조되는 개념으로, 일부 심리학자들이 지지하는 내담자 고유의 문화에 대한 인정과 문화에 따른 특정 기준을 강조하는 관점

에틱 에믹에 대조되는 개념으로, 일부 심리학자들이 지지하는 모든 사람들 간의 유사성을 강조하고 문화적 집단 간의 차이를 덜 중요하게 여기는 관점

역기능적 사고 기록 인지치료에서 내담자의 경험을 미리 준비된 표에 작성하도록 하는 양식

역량의 경계선 임상심리학자가 도를 넘지 않는 윤리적 의무를 가지는 역량의 한계

역량 특정한 전문 과업을 능숙히 수행하기에 충분한 능력, 기술, 경험 및 전문지식

역전이 정신역동 심리치료에서 치료자가 내담자에게 느끼는 전이

역조건 형성 조건 형성한 자극을 다시 짝지우는 것으로, 이전에 조건 형성한 반응과 양립할 수 없는 반응을 짝지우는 체계적 둔감법의 필수 요소

열린 집단 닫힌 집단과 대조적으로, 구성원들이 언제라도 들어오거나 나가는 것이 허락되는 치료집단

예비 심문 선서 법심리학에서 전문가 증인이 전문가로서의 교육, 훈련, 전문적 경험에 대한 법정의 검증을 승인하는 절차

예외 질문 해결 중심적 가족치료에서 치료자들이 모든 문제가 사라지거나 감소되었을 때를 상상하도록 가족들에게 요청하는 치료 기법

외적 타당성 연구 결과의 일반화. 즉 특정 결과가 다른 환경이나 인구집단에서도 타당한지에 대한 정도

외현화 장애 임상아동심리학에서 아동이 행동해버림으로써(act out) 종종 부모, 교사, 혹은 다른 아동들을 방해하거나 피해를 주는 것

요약하기 논의되었던 여러 가지 주제들을 함께 묶거나, 다른 시점들에서 했던 말들을 연결시키고, 면접 도중에 반복된 주제들을 확인하는 것을 포함하는

임상면접 기술

요양소 코네티컷주에 Eli Todd가 설립한 거주형 치료시설로 환자를 인간적이고 존중하며 치료한 시설

요크 요양소 William Tuke가 영국에 설립한 거주식 치료시설로 정신질환자들을 예절바르고 친절하게 존중하였다.

원초자 정신역동 심리치료에서 즉각적인 만족을 추구하는 쾌락추구적이고, 이기적이며, 나태하며 동물적인 충동을 만들어내는 마음의 구조

월경전불쾌감장애 (PMDD) 우울한 기분, 불안, 정서변화, 활동에 대한 흥미 감소 등을 포함하는 심각한 월경 전 증상이 특징인 일시적인 또는 제안된 정신장애

웩슬러 개인 성취도 검사 3판(WIAT-III) 4세에서 50세까지의 내담자들을 위한 포괄적인 성취검사의 최신판

웩슬러 기억검사 4판(WMS-IV) 종종 신경심리학적 목적으로 사용되는 즉각 및 지연 회상을 포함하는 시각 및 청각 기억력의 척도

웩슬러-벨르뷔 지능검사 David Wechsler가 1939년에 개발한 최초의 성인용 지능검사

웩슬러 성인용 지능검사 4판(WAIS-IV) 성인들을 위한 주요 지능검사의 최신판

웩슬러 아동용 지능검사 5판(WISC-V) 아동들을 위한 주요 지능검사의 최신판

웩슬러 유아용 지능검사 4판 (WPPSI-IV) 취학 전 아동을 위한 주요 지능검사의 최신판

위기면접 긴급한 개입이 필요한 문제를 평가할 뿐만 아니라 (가장 흔하게는, 자살 또는 자신이나 타인을 해하는 행동을 적극적으로 생각하는 경우) 그 문제에 대한 즉각적이고 효과적인 개입을 제공하기 위한 임상면접의 유형

위험성 예측 법심리학자가 특정 개인이 미래에 폭력적이거나 위험하게 행동할 가능성을 평가하는 것

유동성 지능 새로운 문제에 직면했을 때 추론할 수 있는 능력

유동 추론 새로운 문제해결 능력. 또한 스탠퍼드-비네 지능 검사 5판의 다섯 가지 요인 점수 중 하나

유리 구조적 가족치료에서 가족 구성원들이 하부구조와 지나치게 경직된 경계선을 두기 때문에 발생하는 건강하지 않은 관계 형태

유사 실험 설계 진정한 실험 설계가 가능하지 않은 상황에서 사용되는 연구 설계 유형

유사 직접 관찰 자연주의적 직접관찰과 대조되는 것으로, 치료실에서 실제 생활 상황이 재현되는 일반적으로 행해지는 행동 관찰의 한 유형

유해한 역기능 이론 장애로 정의되는 이상을 설명할 때 유해함(사회적으로 결정되는)과 역기능(과학적으로 결정되는)의 측면을 포함해야 한다는 이론

윤리강령 본래 미국심리학회에 의해 1953년에 편찬되고 2002년에 최신 개정된 심리학자의 윤리적 지침

윤리적 기준 행동에 대한 강제규정에 근거한 미국심리학회의 윤리강령의 부분

윤리적 의사결정 윤리적으로 도전이 되는 상황에서 심리학자가 의사결정을 내리는 과정

음성적 특징 임상면접 장면에서 효과적으로 이해하고 사용하는 데 중요한 음높이, 톤, 음량, 파동 등

의사소통 방식 가족치료자들이 공통적으로 치료의 대상으로 삼고자 하는 심리적 증상의 원천이자 가족치료에서 향상될 수 있는 영역

이상적 자기 일본주의 심리치료에서 실제 자기와 대비되는 개념으로, 개인이 자신의 잠재력을 모두 발휘할 때 경험할 수 있는 자기

이상 정상 범주 밖의 행동 형태. 종종 정신장애, 정신과적 진단, 또는 정신 병리로도 알려져 있다.

이야기 치료 가족 구성원들이 그들의 삶을 해석하고 설명하기 위해 사용하는 이야기를 보다 긍정적으로 바꿀 수 있도록 수정하는 것을 강조하는 현대적 유형의 가족치료

이완훈련 체계적 둔감화의 첫 번째 단계로, 행동치료자가 내담자에게 불안과 공존할 수 없는 이완반응을 이끌어내는 이완 기술을 가르쳐준다.

이질 집단 집단치료에서 모두에게 공통된 특성(진단 등)이 존재하지 않는 치료집단

인본주의 놀이치료 자아실현을 촉진하기 위하여 진솔한 공감과 무조건적 수용이 주어지는 치료 관계의 맥락 속에서 감정의 반영을 강조하는 아동 대상 심리치료의 한 형태

인본주의적 Carl Rogers와 Abraham Maslow의 이론에서 유래된 임상심리학의 접근법으로, 개인내의 건강한 성장 지향성을 강조한다.

인본주의 치료 Carl Rogers와 Abraham Maslow의 이론에 주로 근거를 두는 심리치료 접근으로, 각 개인에게 내재한 건강한 성장경향성을 강조한다.

인지 인지치료의 핵심적 개념. 사건에 대한 해석이 그 결과로 발생되는 정서를 결정한다는 것. 신념, 해석, 가정, 사고라는 용어로도 사용한다.

인지삼제 Aaron Beck이 우울증의 이론으로 언급한 개념. 자신, 외부 세상, 미래에 대한 부정적인 사고가 향후 우울증에 영향을 미친다는 것

인지치료 비논리적인 사고가 정신병리의 근원이며 합리적 사고가 심리적 건강의 기초라는 점을 강조하는 심리치료 접근법

일반적 사고 왜곡 인지치료에서 사고, 인지, 신념이 비합리적이 되는 특정한 방식

일반적 원칙 심리학자들이 스스로 도달하기 위해 애써야 하는 이상적 기대 수준에 근거한 미국 심리학회 윤리강령의 한 부분

일반적응증후군 Hans Selye가 주창한 가설로, 일시적인 스트레스원에 마주치게 되었을 때에는 싸움-도피 체계가 행동에 필요한 에너지를 즉각적이고 효과적으로 제공하지만, 반복되는 스트레스를 마주하거나 지속적인 스트레스에 노출될 때는 신체가 어느 순간 적응에 실패하여 병에 취약해 진다고 설명한다.

일반화 고전적 조건형성에서 조건 자극에 유사한 자극에 의해 조건 반응이 발생하는 과정

일치감 인본주의 심리치료에서 실제 자기와 이상적 자기 간의 일관성으로, 이는 정신건강의 원천이다.

임상가-학자 모델 경험적 연구보다 실무를 강조하는 임상심리학 대학원 훈련 모델

임상과학자 모델 임상실무보다는 경험적 연구를 강조하는 임상심리학 분야의 대학원 훈련 모델

임상면접 질문과 답변을 특징으로 하는 내담자와의 의도적 대화를 포함하여 임상심리학자들이 사용하는 일반적인 평가 기술

임상심리학 행동, 기분, 지능의 문제 등 다양한 인간 경험의 심리적 측면을 이해하고 개선시키는 것을 지향하는 엄격한 연구와 응용실무 분야

임상심리학 분과(12분과) 미국심리학회의 임상심리분과

임상아동심리학 아동의 문제에 초점을 맞춘 임상심리학의 전문 영역 중 하나

임상아동 · 청소년 심리학회 미국심리학회의 제 53 분과로, 아동 · 청소년에게 적용되는 임상심리학 관련 주제에 중점을 둔다.

임상적 예측법 심리검사, 임상적 면담, 임상 경험 및 개인적 판단 능력을 활용하여 위험성 평가를 하

는 접근 방법

임상적 유용성 심리학적 평가에서 어떤 기법이 임상가와 궁극적으로는 내담자에게 의미 있는 방식으로 도움을 줄 수 있는 정도

임상 척도 MMPI와 MMPI-2의 10개 척도 중 하나로 특정 범주의 개인 내적 증상의 정도를 나타낸다.

자각 면접자가 타인과의 대인관계에 어떻게 영향을 미치는 경향이 있는지 그리고 타인은 자신들과 어떻게 관계를 맺는 경향이 있는지를 잘 아는 능력과 관련되는 면접자를 위한 일반적 기술

자격증 일정한 교육, 경험, 시험을 통과한 사람에게 주정부가 임상심리학자에게 부여하는 지위로, 학계의 일원이 되며 독자적으로 임상활동이 가능해진다.

자기 관찰 행동평가에서 내담자가 그들의 표적 행동을 관찰하고 지속적으로 기록하는 기술

자기보고척도 내담자가 직접 작성함으로써 이루어지는 평가 기법

자기실현 인본주의 심리치료에서 가정하는 건강한 방향으로 성장하려는 인간의 선천적 경향성

자기심리학 자녀의 자기 발달에서 부모의 역할을 강조하고 치료를 포함하여 다양한 시점에서 자기애의 의미에 특별한 주의를 기울이는 변형된 정신역동 심리치료 형태

자기주장 훈련 소심하고 두려워하거나 비효율적인 내담자의 사회 행동을 향상시기 위한 고전적 조건형성 원리에 근거한 행동치료의 한 형태

자기 지시적 훈련 충동적이고 방해가 되는 아이들이 자신의 행동에 대한 보다 많은 통제권을 가지도록 도울 목적으로 고안된 치료 방법

자녀 양육권 평가 자녀 양육에 대한 제안을 목적으로 법심리학자가 실시하는 평가

자동적 사고 인지치료에서 의도와 관계없이 즉각적으로 나타나는 인지

자아 정신역동 심리치료에서 원초아와 초자아의 갈등을 중재하고 현실의 요구도 충족하는 마음의 구조로, 방어기제를 생성한다.

자아실현 인본주의 심리치료에서 건강한 방법으로 성장하려는 선천적인 경향

자아 분화 가족치료에서 가족 구성원이 다른 구성원과의 정서적 친밀감을 해치지 않고도 자기 자신이 될 수 있도록 허용하는 건강한 과정

자연 관찰 자연적 환경에서 내담자의 행동의 직접적이고 체계적인 관찰(행동 관찰로도 알려져 있다)

자연주의적 직접 관찰 유사 직접 관찰과 대조되는 것으로, 실제로 행해지는 장소에서 행동을 관찰하는 직접 관찰의 한 방법

자유연상 정신역동 심리치료자들이 단순히 내담자에게 검열 없이 어떤 것이든 마음에 떠오르는 것을 이야기하라고 요청하는 치료 기법

작업 기억 단기 기억에서 정보를 유지하고 변환시키는 능력. 또한 스탠퍼드-비네 지능검사 5판의 다섯 가지 요인 점수 중 하나

작업기억지수 입력된 정보와 자료를 단기 기억에 저장, 변환 및 회상할 수 있는 정도를 측정. 또한 웩슬러 지능 검사를 통해 산출되는 네 가지 지수점수 중 하나

작업동맹 치료동맹 또는 치료적 관계와 같은 뜻으로, 심리치료 결과에 관한 연구에서 공통요인이다. 상호 목적을 위해 신뢰관계를 형성하여 작업하는 내담자와 치료자 간의 연합 또는 협력을 뜻한다.

잠재적 내용 정신역동 심리치료에서 날 것의 무의식적인 생각과 감정으로 꿈에서 나타난다.

재발 예방의 ABC 물질 사용(Behavior, 행동) 이전(Antecedent, 선행사건)과 이후(Consequence, 결과)

에 발생하는 사건들에 대해 내담자와 건강전문가가 검사하는 것을 포함하는 물질남용 재발 예방의 구성요소

재진술 내담자가 자신의 말이 경청되고 있다는 것을 단순히 확인시켜주기 위해 사용하는 임상면접 기술

저항 정신역동 심리치료에서 내담자가 선정된 주제나 감정에 관해 논의하거나 의식적으로 인식하는 것을 방해하는 행동

전략적 가족치료 해결 중심적 가족치료가 태동하게 된 실용적이고 문제 중심적인 가족치료 접근법

전문가 증인 법심리학에서 정신건강 관련 주제에 관하여 법정에서 전문가로서 증언을 하는 임상심리학자 또는 다른 정신건강전문가

전문 상담사 임상심리학자와 유사한 직군이나 석사학위 수준의 자격이며 상대적으로 대학원 입학이 쉽다. 상담을 강조하는 데 비해 평가나 연구에 대한 강조는 약하다.

전이 정신역동 심리치료에서 내담자가 치료자와의 관계에서 자신의 과거에 중요했던 사람처럼 치료자가 행동하기를 무의식적이고 비현실적으로 기대하는 경향

전체지능점수 전체적인 혹은 일반적인 지능 수준을 가리키는 대부분의 현재 지능검사의 특징

전통적인 성격평가 행동평가와 대조적으로 성격은 안정적인 내적 구조라고 추정하는 평가 접근법. 성격 평가는 고도의 추론이 필요하고, 내담자의 행동은 근본적인 문제의 징후이다.

절충주의 비슷한 내담자에게 적용한 치료에 관한 경험적 연구에 근거하여 내담자에게 최선의 치료를 선택하는 심리치료의 방향

점진적 노출 노출치료에서 내담자가 두려워하는 대상이나 상황에 점진적으로 노출시키는 방법

접수면접 면접이 이루어지는 장소에 내담자를 '접수'할 지에 대한 여부를 결정하는 것을 일차적 목적으로 하는 임상면접의 유형

정서적 결과 ABCDE 모델의 C(emotional Consequences). 촉발 사건에 대한 비논리적인 신념에 의해 발생하는 느낌

정서 융합 가족치료에서 자아 분화가 불완전하여 다른 가족 구성원과 과도하게 정서적으로 연결된 상태로 남아있는 가족 관계 유형

정서집중치료(EFT) 단기 인본주의 치료의 형태이고 정서의 표현과 인식을 강조하고, 상당한 경험적 지지를 받고 있으며 최근 개인 및 부부 치료자들이 많이 적용한다.

정신과 의사 임상심리학자와 유사한 전문직이나 의학적 훈련을 받았으며 약물 처방권이 있다. 환자 문제에 대해서 생물학적 관점을 강조한다.

정신병리의 의학적 모델 각 장애가 범주로 정의되는 실체이며 특정 증상의 목록을 가지고 있다고 보는 정신장애 정의 방법

정신상태 검사 의료 장면에서 가장 많이 사용되며 평가 시점에서 내담자가 어떻게 기능하는지 빠르게 평가하는 것을 주요 목적으로 하는 임상면접의 유형

정신신경면역학 행동, 신경계, 면역체계 간의 상호작용에 대한 학문 분야

정신약리학 성장을 위한 미국사회(미국심리학회 55분과) 심리학자들의 처방권 관련 이슈들을 다루는 미국심리학회의 분과

정신역동 놀이치료 아동의 놀이는 상징적으로 아동의 마음에서 발생하는 중요한 무의식적 과정을 나타내고 표현한다고 보는 아동 대상 심리치료의 한 형태

정신역동 심리치료 Sigmund Freud의 이론을 근거

로 하는 심리치료 접근으로 무의식의 의식화가 주된 목표이다.

정신역동적 Sigmund Freud의 이론에서 유래된 임상심리학의 한 접근법으로 무의식의 의식화를 강조한다.

정신 이상 사유 무죄 (NGRI) 미국 사법 체계에서 공격행위를 한 당시 정신장애로 인해 자신의 범죄 행동을 통제할 수 없었던 사람에게는 그 범죄에 대한 책임을 묻지 않는다는 원칙

정신장애의 진단 및 통계편람(*DSM*) 미국 정신의학회에서 발간되며 모든 정신장애의 정의를 포함하는 가장 널리 쓰이는 정신건강 전문인력용 진단 가이드

정신적 여과 인지치료에서 과도하게 부정적인 사건에 초점을 맞추어 긍정적인 사건을 무시하는 일반적인 사고 왜곡의 한 형태

정신증 1800년대 유럽에서 정신질환을 두 가지로 크게 범주화할 때 신경증과 함께 사용되던 범주. 현실에 대한 감이 붕괴된 장애들을 일컬으며 불안장애나 환각, 망상, 극도로 와해된 사고의 형태를 보인다.

정신질환이지만 유죄(GBMI) 미국 사법체계에서 범죄에 대한 책임은 전적으로 인정하는 것과 정신이상을 사유로 한 무죄 사이에서 절충안으로 몇몇 주에서 인정하는 상대적으로 새로운 판결 방식

정적 강화 '좋은 것을 얻게 되는' 강화 형태

정적 처벌 '나쁜 것'을 받게 되는 처벌 형태

제삼자 지불인 환자의 정신건강비용의 일부 혹은 전체를 지불해주는 관리의료회사나 건강보험사

제안된 진단기준 *DSM-5* section-III(새로 개발된 평가치와 모델 부분)에 서술된 증상들

조건 자극 고전적 조건형성에서 무조건적 자극과 짝지워 제시하는 자극이고 결국 조건화된 반응을 일으킨다.

조발성 치매 Emil Kraepelin이 사용한 용어로 오늘날에 조현병과 유사한 증상을 지칭한다.

조성 표적 행동에 근접한 행동을 연속적으로 강화하는 행동치료 기법

조작적 조건형성 유기체가 환경을 '조작'하는 조건형성으로, 행동의 결과를 주목하고 그 결과를 근거로 미래행동에 관한 결정을 한다.

종결 요약이나 초기 개념과, 진단, 권장사항 등을 포함하는 임상면접 기술

종단 설계 횡단 설계와 달리 한 시점에서 다른 시점까지의 집단 내 비교를 하는 등 시간의 흐름에 따른 변화를 중요하게 여기는 연구 설계

종속변수 독립변수의 변화에 따른 결과로 변화가 발생할 것으로 기대되는 실험변수

종합 체계 John Exner에 의해 고안된 로르샤흐 잉크반점 검사의 대표적 채점 체계

주의를 기울이는 행동 눈 맞춤, 신체언어, 음성적 특징, 말 따라가기 등을 포함하는 경청의 기본적 측면

주제통각검사(TAT) 모호하고 대인관계에 관한 장면에 대한 반응으로 개인이 이야기를 만드는 투사적 성격검사

지각추론지수 유동적 추리, 공간적 처리, 시각운동의 통합 측정. 또한 웩슬러 지능검사를 통해 산출되는 네 가지 지수점수 중 하나

지금-여기 집단치료에서 집단 밖에서 과거에 발생한 일이 아닌 현재의 집단 구성원 간의 상호작용에서 나타나는 현상에 초점을 맞추는 것

지능검사 내담자의 지적 능력을 측정하는 심리학적 검사

지능의 위계적 모델 특수 능력('s')들이 중요한 역

할을 하지만 그들은 서로서로 어느 정도 관련되어 있으며, 포괄적이고 전체적인 일반 지능('g')과도 관련이 있는 지능 모델

지능 적성 또는 지적 능력. 정확한 정의는 심리학자들 사이에서 오랫동안 논쟁의 대상이었으며, 정신적 처리 속도, 감각 능력, 추상적인 사고, 상상력, 적응력, 경험, 기억력, 추리 또는 본능의 억제를 통해 배울 수 있는 능력을 포함하거나 포함하지 않을 수 있다.

지속적인 교육 임상심리학자들이 활동 기간 동안 자신들의 역량을 유지하기 위한 학습경험으로, 보통 자격 갱신 시에 주정부 자격관리국에서 요구한다.

지수점수 소수의 넓은 영역 중 하나의 지적 능력을 가리키는 대부분의 현재 지능검사의 특징

지시적 임상면접 장면에서 면접자가 필요한 정보를 내담자에게 구체적으로 질문하여 얻는 접근 방식

지식 교육, 가정, 환경 등 개인적인 경험을 통해 축적된 일반적인 정보. 또한 스탠퍼드-비네 지능 검사 5판의 다섯 가지 요인 점수 중 하나

직면 내담자의 말에서 모순이나 부조화를 찾아냈을 때 사용하는 임상면접 기술

직선적 인과성 순환적 인과관계와 대조적으로, 과거의 원인이 현재의 사건에 영향을 미치거나 결정짓게 한다는 이론으로 주로 개인 치료에서 활용된다.

진단기준 정신장애를 정의하기 위해 사용되는 특정한 증상들의 목록

진단면접 내담자의 문제를 진단하는 것을 일차적 목적으로 하는 임상면접의 유형

진실성 인본주의 심리치료에서 치료자가 거짓된 치료자 역할을 하는 것과 달리 치료자의 진정성, 실제성 또는 일치성의 속성

질병에 걸리기 쉬운 성격 관절염, 궤양 관상동맥 심장병 등과 같은 스트레스 관련 질병에 걸리는 경향이 있는 두드러진 불안, 우울, 적대감을 지닌 것으로 특징지어지는 성격

집단 간 설계 참여자들의 일부가 통제집단 등의 다른 종류의 치료를 받게 되는 연구 설계

집단 내 설계 참여자를 한 조건의 여러 시점에서 비교하는 절차를 두는 연구 설계

집단 밖 교제 집단치료 구성원 간의 문제를 일으키거나 의기소침하게 만드는 행동. 집단회기 외부에서 친구, 낭만적 파트너 등으로 인간관계를 맺는 것

집단 응집성 집단치료의 치료적 요인으로 집단 구성원들이 서로 연결되어있다는 느낌. 개인치료에서 치료자-내담자 관계와 유사한 개념

집단 수준 개인 정체성의 삼중구조 모델의 세 수준 중 하나로, 각각의 개인이 일부 다른 이들과 유사하다는 관점을 강조한다.

집단치료 다수의 내담자들이 회기에 참여하며 대인관계 상호작용을 강조하는 치료의 한 형태

차원적 접근 범주적 접근과는 반대로, 장애의 존재나 부재보다 연속성 또는 차원에서의 개인 증상의 심각성 문제를 기반으로 하는 진단적 접근법

채용 전 검사 대개는 법적인 이유로, 특정 후보자가 해당 직업의 업무를 수행하기 어려울 만큼의 심리적 문제, 인지적 제한 또는 성격적 특성이 있는지를 법심리학자가 평가하도록 하는 심리평가

처리속도지수 간단하거나 반복적으로 암기한 정보를 신속하고 정확하게 처리할 수 있는 능력의 측정. 또한 웩슬러 지능검사를 통해 산출되는 네 가지 지수 점수 중 하나

처방 권한 내담자에게 약물을 처방하는 능력으로 현대의 임상심리학자들 사이에서 논쟁이 있는 주제

처벌 행동치료에서 향후의 행동의 발생빈도를 감

소시키는 모든 결과

척도질문 해결 중심적 가족치료에서 치료자가 가족원들에게 시간에 따른 문제의 심각도에 점수를 매기도록 하고, 그 심각도를 감소시킬 수 있었던 방법들을 강조하는 기법

체계적 둔감법 공포의 대상을 이완 등 양립할 수 없는 새로운 반응과 다시 짝지우거나 역조건 형성을 시키는 고전적 조건형성에 기초하는 행동치료 형태

체계 접근 임상적인 문제는 가족 구성원 개인보다는 가족 체계에 기원한다는 가족치료의 기본 가정

체중감소를 위한 ABCDS 건강심리학자가 과체중인 사람들을 치료하는 데 사용하는 일반적인 접근법. 활동 증가(Activiti increase), 행동변화(Behavior change), 인지적 변화(Cognitive change), 식이요법 변화(Dietary change) 및 사회적 지지(Social support)를 포함한다.

초자아 규칙, 제한과 금지사항을 정하는 정신역동 심리치료에서 가정하는 마음의 한 구조

추론 임상가가 경험적이거나 직접적으로 관찰한 정보에 근거하지 않고 추론이나 추측에 근거하는 정신역동 심리치료의 특징

취약성 회복탄력성과 대조되는, 위험요소가 있을 시 심리적 문제를 겪게 되는 경향

치료법 매뉴얼 특정 장애를 치료하는 모든 국면에 대해 상세한 지침을 제공하는 매뉴얼로, 치료 효과 연구에 흔히 사용된다.

치료 성과 심리치료의 효과를 측정하는 것에 초점을 둔 임상심리학자들의 공통된 연구 영역

치료적 관계 치료동맹 또는 작업동맹과 같은 뜻으로, 심리치료 결과에 관한 연구에서 공통요인. 상호 목적을 위해 신뢰관계를 형성하여 작업하는 내담자와 치료자 간의 연합 또는 협력을 뜻한다.

치료적 동맹 치료적 관계 또는 작업동맹과 같은 뜻으로, 심리치료 결과에 관한 연구에서 공통요인. 상호 목적을 위해 신뢰관계를 형성하여 작업하는 내담자와 치료자 간의 연합 또는 협력을 뜻한다.

침묵하기 면접자를 사로잡거나 방해하는 내부적이고 자신을 향한 사고방식을 최소화하는 것과 관련되는 면접자를 위한 일반적 기술

캘리포니아 성격검사(CPI) 성격의 긍정적 특성을 강조한 객관적 성격검사

코르티솔 인간 신체의 스트레스 호르몬으로, 이것의 분비는 시상하부-뇌하수체-부신 축에 의해 통제된다.

타당도 심리학적 평가에서 어떤 기법이 측정하고자 하는 바를 정확하게 측정하는 정도

타당도 척도 심리학자에게 내담자의 검사에 대한 접근법에 관한 정보를 주고 임상 척도 해석 과정에서 검사가 타당한지, 어떤 수정이 적절할지 결정하게 해주는 MMPI와 MMPI-2의 척도

토큰 경제 조작적 조건형성에 근거하는 행동치료의 유형으로, 내담자는 사전에 정한 표적 행동을 수행할 때마다 강화물로 교환할 수 있는 토큰을 받는다.

통계적 예측법 위험성 예측의 하나로, 개인의 특성이나 알려진 미래의 위험성을 통계적 또는 보험계리학적 공식을 통해 예측하는 방법. 보험계리학적 예측법이라고도 한다.

통제집단 집단 간 설계에서 치료를 받지 않는 상황 또는 집단

통찰 무의식을 의식화하는 정신역동 심리치료의 주된 목표

통합주의 심리치료의 치료 기법을 혼합하여 완전히 새로운 혼성의 치료를 만드는 심리치료 방향

투사 자아가 원초아의 충동을 다른 사람에게 돌리

는 정신역동 심리치료의 방어기제

투사적 성격검사 모호한 자극에 대한 반응을 통해 투사되는 개인의 성격 특성을 추정하는 성격검사

특정학습장애 주로 동년배들의 기대 학업성취도 수준보다 현저히 낮은 학업성취 수준에 기초한 진단

파국화 인지치료에서 비현실적으로 파국적인 결말을 기대하는 흔한 사고 왜곡

평가 임상면담, 검사, 관찰, 다른 방법들을 통해 내담자를 측정하거나 감정하는 임상심리학자의 일반적인 전문적 활동

폐쇄형 질문 개방형 질문과 달리 훨씬 덜 정교한 형태로, 자기표현을 할 수는 있지만 빠르고 정확한 답변을 제공하는 면접 질문

프로이트적 실언 정신역동 심리치료자들에 따르면 무의식적 동기로 인해 발생하는 언어적 · 행동적 실수

피드백 가족치료에서 치료 전의 항상성이 있던 가족의 상태로 되돌아가기 위해 가족 구성원에 의해 취해지는 행동

하위문화 완전하게 문화집단을 구성하지는 못하지만 그럼에도 불구하고 임상심리학자에게 전형적이고 문화적으로 의미 있는 특성을 가진 구성원들로 이루어진 사회 내에서 상대적으로 작은 집단

하위체제 구조적 가족치료의 필수적인 개념으로 가족 구성원 하부체계는 경계선으로 나누어진다.

학교 심리학자 임상심리학자와 유사한 전문직으로, 학교에서의 활동이 주 업무이다. 심리검사와 교육목적의 검사를 수행하며 학생들의 심리치료에도 참여한다.

할스테드-라이탄 신경심리검사 배터리(HRB) 여덟 가지 표준화된 신경심리학적 검사로 이루어진 비교적 인기 있고 포괄적인 배터리

합리적 정서적 행동치료(REBT) 합리적 정서적 치료로 알려졌던, Albert Ellis가 ABCED 모델을 개발한 인지치료의 한 형태

항상성 가족치료에서 체계는 초기점 또는 안정된 범위로 회귀하도록 스스로를 조절하는 능력이 있다는 개념

해결 대화 해결 중심적 가족치료에서 내담자가 보다 긍정적인 관점을 갖도록 돕기 위해서 현재의 유쾌하지 않은 상황에 집중하기보다 미래의 긍정적인 결과를 강조하도록 하는 필수적인 방법

해결 중심적 치료 가족의 문제를 해결하기 위해 해결 대화 등의 기법을 사용하는 최근의 가족치료 접근법

해석 정신역동적 심리치료에서 치료자가 내담자의 무의식적 재료와 행동 간의 가정된 연관성을 형성하고 이에 관해 내담자와 논의하는 것

행동 관찰 자연스러운 환경 속에서 내담자의 행동에 관한 직접적이고 구조적인 관찰이다. 대개 자연주의적 관찰이라고도 한다.

행동 관찰 자연 환경에서의 내담자 행동에 대한 직접적이고 체계적인 관찰법(자연 관찰법으로도 알려져 있다)

행동상담 치료자가 실상황에서 내담자에게 행동적 개입을 실시하는 부모, 교사 또는 감독자와 상담을 하는 행동치료의 간접적인 대안적 접근

행동의학 임상심리학자 및 다른 건강전문가들에 의해 특화된 전문 영역으로, 건강에 미치는 행동의 영향에 초점을 맞춘다. 의학훈련 분야의 지식과 함께 심리학, 사회학, 인류학을 포함하는 넓고 다양한 사회과학 지식의 통합을 포함하는 영역

행동주의적 임상심리학의 한 접근법으로 문제와 호전을 바라볼 때 경험주의, 관찰 가능성, 정량화를 강조하나 내적 과정에 대한 고려가 부족하다.

행동치료 경험주의와 관찰 가능하고 수량화할 수 있는 문제 및 과정을 강조하고 내적 정신과정을 가정하지 않는 심리치료 접근

행동평가 전통적인 성격평가와는 대조적으로 내담자의 행동을 추정하고 내담자의 행동이 근본적인 문제의 징후가 아니라 그러한 행동이 문제라고 평가하는 접근법

행동평가척도 임상아동심리학에서 부모, 교사 또는 다른 성인들이 아동의 문제에 관하여 작성하는 표준화된 양식

행동 활성화 내담자에게 긍정적인 강화를 줄 수 있는 행동의 빈도를 늘이고자 하는 우울증을 위한 행동치료의 한 형태

혐오치료 원치 않는 행동에 대한 결과로 처벌의 사용을 강조하는 수반성 관리치료의 한 형태

혼합 설계 집단 간 설계와 집단 내 설계를 함께 적용하는 연구 설계

홍수법 노출치료에서 점진적인 노출과 대조적으로 공포의 대상 또는 상황에 갑자기 실제적으로 노출시키는 방법

확인된 환자 가족치료에서 증상이 가장 명확하고 다른 사람들에게 문제시되는 가족 구성원

환자 중심 의료 모델 상대적으로 새로운 진료 모델로, 종종 건강 심리학자가 관여되며, 양질이면서 비용 면에서 효과적이고 종합적이며 전인적이고 협동적인 일차진료임을 강조한다.

회복탄력성 취약성과 대조적으로 다른 사람들에게 심리적인 문제를 일으키도록 할 수 있는 위험요인들이 있음에도 불구하고 심리적으로 건강한 상태를 유지하는 경향성

횡단 설계 종단 연구와 달리 참여자나 참여집단을 특정 시점에서 측정하거나 비교하는 연구 설계

효과 효능과 대조적으로 내담자의 문제가 특정한 진단기준을 충족하지 않는, 보다 넓은 범위의 실제 임상적 상황에서의 치료 성공

효과의 법칙 유쾌한 결과가 수반되는 행동의 발생빈도는 증가하는 반면 불쾌한 결과가 수반되는 행동의 발생빈도는 감소한다는 행동주의 원칙

효과적인 새 신념 ABCDE 모델의 E(Effective new belief). 본래의 비논리적인 신념을 대체하는 논리적인 믿음이나 인지

효능 효과와 대조적으로, 특정한 연구 조건에 따라 선택된 내담자를 대상으로 한 통제된 연구에서의 치료 성공

훈습 정신역동 심리치료에서 시간이 소요되는 요소로, 해석에 대한 고려와 평가를 반복하는 과정

흑백논리적 사고 인지치료에서 모든 일을 최고 또는 최악의 일로 생각하여 중간 지대나 회색 영역이 없이 평가하는 전형적인 사고왜곡의 형태

희망 심리치료 결과 연구의 맥락에서 치료의 공통요소 중 치료에 대한 긍정적 기대

Aaron Beck 인지 치료 분야의 선두주자이자 인지 삼재 및 일반 사고 왜곡 개념의 창시자

ABAB 설계 치료가 교대로 실시되고 중지되는 사례연구에서 독특하게 사용하는 연구 설계

ABCDE 모델 인지치료에서, 인지가 정서에 미치는 영향을 이해하고 기록하는 모델

Abraham Maslow 임상심리학의 인본주의적 접근의 선구자

Albert Bandura 관찰학습, 모델링, 사회학습 분야의 선구자적 연구자

Albert Ellis 인지치료의 선구자로, 합리적 정서적 치료와 ABCDE 모델의 창시자

Alfred Binet 1900년대 초기에 Binet-Simon 검사를 개발한 공저자로, 지능검사의 개척자라 불린다. 이 검사는 이후 스탠퍼드-비네 지능검사로 이어진다.

B. F. Skinner 행동주의의 선구자로, 효과의 법칙 및 조작적 조건형성에 관한 그의 실험들이 다양한 행동치료 형태의 근간이 되었다.

Bruce Wampold 도도새의 판결을 강력하게 주장하고 치료에 대한 처방적 접근에 강력하게 반대한 현대 심리치료 연구자 중 한 사람

Carl Rogers 임상심리학에 대한 인본주의적 접근의 선구자

Celia Fisher 미국심리학회의 윤리강령의 2002년 개정안 작성 위원회의 위원장으로 일한 심리 윤리의 주역

Charles Spearman 많은 특정 능력과 겹칠 것으로 생각되는 'g'라는 일반지능의 존재를 주장한 지능 연구의 선구자

Christiana Morgan 유명한 투사검사인 주제통각검사의 제작자

David Wechsler 성인, 아동, 취학 전 아동을 포함하는 다양한 연령 집단에 대한 지능 평가의 선구자

Dianne Chambless 모든 심리치료 접근은 효과적이고 치료에 대한 처방적 접근에 호의적이라는 개념을 강력히 반대한 선구자적인 현대 심리치료 연구자

Donald Meichenbaum 자기지시적 훈련의 개발자. 충동적이고 말썽을 일으키는 아이들이 자신의 행동에 대한 보다 많은 통제권을 가지도록 도울 목적으로 고안되었다.

Dorothea Dix 1800년대 미국 및 주변의 정신질환자들을 위한 치료방식을 개혁한 선구자

DSM-I 1952년에 간행된 정신질환 진단 및 통계 편람(*DSM*) 초판

DSM-II 1968년에 간행된 정신질환 진단 및 통계 편람(*DSM*) 2판

DSM-III 1980년에 간행된 정신질환 진단 및 통계 편람(*DSM*) 3판

DSM-III-R 1987년에 간행된 정신질환 진단 및 통계 편람(*DSM*) 3판의 개정판

DSM-IV 1994년에 간행된 정신질환 진단 및 통계 편람(*DSM*) 4판

DSM-IV-TR 2000년에 간행된 정신질환 진단 및 통계 편람(*DSM*) 4판의 개정판

DSM-5 2013년 5월에 간행된 정신질환 진단 및 통계 편람(*DSM*) 5판이자 최신판

***DSM-5* 장애에 대한 구조화된 임상적 면접(SCID)** *DSM-5* 장애의 넓은 영역에 적합한 두드러지는 구조화된 면접 기술

Edward Lee Thorndike 지능에 관한 연구에서 선구자로, 각자 서로 구분되는 독립적인 지능을 가지고 있다는 개념을 촉진하였고, 조작적 조건형성과 효과의 법칙에 관해서도 선구자적 연구자인 인물

Eli Todd 1700년대 후반부터 1800년대 초반 미국에서 정신질환자들의 치료를 개혁한 선구자

Emil Kraepelin 정신건강 영역에서 특정 군집의 증상들에 공식적인 명칭을 부여한 초기 인물 중 하나인 정신건강 진단 범주화의 선구자

'g'(일반 지능) ('s' 혹은 특수 지능과 상반되는) Charles Spearman과 다른 사람들에 의해 존재할 것으로 가정된 일반 지능의 축약형

Hans Eysenck 심리치료 결과에 관한 연구의 역사에서 중요한 인물로, 1952년에 발표한 심리치료 결과에 관한 부정적인 개관이 심리치료에 관한 상당히 많은 후속 연구를 촉진하였다.

Hans Selye 일반적응증후군 가설을 주창한 스트레

스 연구의 개척자

Hans Strupp 심리치료의 결과를 평가하는 삼원구조 모델을 개발한 선구자적 심리치료 연구자

Henry Murray 유명한 투사검사인 주제통각검사의 제작자

Hermann Rorschach 대중적인 투사적 성격검사인 로르샤흐 잉크반점 검사를 개발한 스위스의 정신과 의사

Hugo Müsterberg *On the Witness Stand*라는 책을 통해 심리학을 법 영역에 퍼뜨린 범심리학 역사에 중요한 인물

Insoo Kim Berg 해결 중심적 가족치료의 선구자

Irvin Yalom 현대 집단치료, 특히 대인관계 접근에서의 선구자

Ivan Pavlov 행동치료의 역사에서 중요한 인물이다. 고전적 조건형성에 관한 연구로 많은 행동적 기법의 근거를 제공하였다.

J.C. McKinley Starke Hathaway와 함께 미네소타 다면적 인성 검사의 제작자 중 한 사람

James Cattell 독립된 유동성 지능과 결정성 지능을 제안한, 지능 연구의 주역

Jerome Wakefield 이상심리학 분야의 학자이자 정신장애에 대한 유해한 역기능 이론의 저자

John Carroll 삼층 지능 이론을 제안한 지능 연구의 현대 선두주자

John Exner 로르샤흐 잉크반점 검사의 채점 종합체계 개발자

John Norcross 현대 심리치료 연구가 중 한 사람으로, 통합적 심리치료 움직임의 대가

John Watson 행동치료 역사에서 중요한 인물로, 초기 미국 행동주의를 촉진한 심리학자

Judith Beck 현대 인지치료의 선구자이자 Aaron Beck의 딸

Lightner Witmer 임상심리학, 최초의 임상심리학 클리닉, 임상심리학분야 최초의 학술지를 창립한 인물

Louis Thurstone 지능은 하나의 통합된 능력이 아니라, 서로 거의 관계가 없는 수많은 별개의 능력으로 이해되어야 한다고 주장한 지능 연구의 선구자

Marsha Linehan 경계성 성격장애 치료에 효과적인 변증법적 행동치료의 창시자

MMPI-2 재구성판(MMPI-2-RF) 중복 문항을 생략하여 각각의 임상 척도가 더 적은 문항을 포함하게 된 2008년의 비교적 간단한 MMPI-2 개정판

Morgan T. Sammons 임상심리학자의 처방 권한에 대한 잘 알려진 지지자이자 심리약물학 분야의 널리 알려진 전문가

Murray Bowen 자아 분화 개념과 관련이 있는 가족치료의 선구자

NEO 5요인 검사(NEO-FFI) 덜 구체적인 성격 프로파일을 제공하는 NEO 성격검사 개정판(NEO-PI-R)의 단축형 검사

NEO 성격검사 개정판(NEO-PI-R) 병리적 측면 대신 정상적 성격 특성을 강조하는 객관적 성격 검사의 최신판

On the Witness Stand Hugo Münsterberg가 저술한 초기에 매우 유명했던 법심리학 서적

Patrick H. DeLeon 임상심리학자의 처방 권한에 대한 잘 알려진 지지자이자 미국심리학회의 전임 회장

Paul Costa Robert McCrae와 함께 NEO 성격검사 개정판(NEO-PI-R)의 저자

Phillippe Pinel 1700년대 후반부터 1800년대 초반까지 프랑스에서 정신적인 문제를 가지고 있는 사람들의 치료를 개혁한 선구자.

Richard McFall 임상심리학 대학원 과정에 임상과학자 모형이 탄생하게 된 기반을 제공한 '성명서'의 저자

Robert McCrae Paul Costa와 함께 NEO 성격검사 개정판(NEO-PI-R)의 저자

Robert McGrath 임상심리학자의 처방 권한에 대한 잘 알려진 지지자이자 정신약리하가 성장을 위한 미국사회(미국심리학회 55분과)의 회장

's'(특수 지능) ('g' 혹은 일반 지능과 상반되는) 서로 관계없을 수 있는 특수 지능들의 축약형

Salvador Minuchin 구조적 가족치료의 선구자

Sigmund Freud 임상심리학에서 정신역동적 접근의 선구자

Stanley Messer 현대 심리치료 연구를 이끄는 학자 중 한 사람으로, 도도새 판결을 주장했으며 치료에 대한 처방적 접근에 반대하였다.

Starke Hathaway J. C. McKinley와 함께 미네소타 다면적 인성 검사의 제작자 중 한 사람

Steve deShazer 해결 중심적 가족치료의 선구자

Theodore Million 성격장애와 MCMI 성격검사의 제작자로 저명한 학자

The Psychological Clinic Lightner Witmer가 1907년에 출간한 임상심리학 분야 최초의 학술지

Wiliam Tuke 1700년대 후반부터 1800년대 초반까지 영국에서 정신질환자 치료를 개혁한 선구자

참고문헌

Abbass A. A., Hancock J. T., Henderson J., Kisely S. (2006). Short-term psychodynamic psychotherapies for common mental disorders. Cochrane Database of Systematic Reviews, Issue 4. Art. No.: CD004687. DOI: 10.1002/14651858.CD004687.pub3.

Abramowitz, J. S., Fabricant, L. E., & Jacoby, R. J. (2015). Exposure-based therapies. In R. L. Cautin & S. O. Lilienfeld (Eds.), *The encyclopedia of clinical psychology* (pp. 1183–1189). West Sussex, UK: Wiley Blackwell.

Abramowitz, J. S., & Jacoby, R. J. (2014). Obsessive-compulsive disorder in the DSM-5. *Clinical Psychology: Science and Practice, 21*(3), 221–235.

Abramowitz, J. S., & Jacoby, R. J. (2015). Obsessive-compulsive and related disorders: A critical review of the new diagnostic class. *Annual Review of Clinical Psychology, 11,* 165–186.

Abrams, D. M. (1999). Six decades of the Bellak scoring system, among others. In L. Gieser & M. I. Stein (Eds.), *Evocative images: The Thematic Apperception Test and the art of projection* (pp. 143–159). Washington, DC: American Psychological Association.

Abudabbeh, N. (2005). Arab families: An overview. In M. McGoldrick, J. Giordano, & N. Garcia-Preto (Eds.), *Ethnicity and family therapy* (3rd ed., pp. 423–436). New York: Guilford Press.

Academy of Psychological Clinical Science. (2009). Origins and background. Retrieved from http://acadpsychclinicalscience.org/index.php?page=origins

Achenbach, T. M. (2009a). Some needed changes in *DSM-V*: But what about children? *Clinical Psychology: Science and Practice, 16*, 50–53.

Achenbach, T. M. (2009b). *The Achenbach System of Empirically Based Assessment (ASEBA): Development, findings, theory, and applications.* Burlington: University of Vermont, Research Center for Children, Youth, and Families.

Achenbach, T. M. (2015a). Achenbach System of Empirically Based Assessment (ASEBA). In R. L. Cautin & S. O. Lilienfeld (Eds.), *The encyclopedia of clinical psychology* (pp. 25–32). West Sussex, UK: Wiley Blackwell.

Achenbach, T. (2015b). Multicultural evidence-based assessment using the achenbach system of empirically based assessment (ASEBA) for ages 1½–90+. *Psychologia: Avances de la Disciplina,* 9(2), 13–23.

Ackerley, G. D., Burnell, J., Holder, D. C., & Kurdek, L. A. (1988). Burnout among licensed psychologists. *Professional Psychology: Research and Practice, 19,* 624–631.

Ackerman, S. J., Fowler, J. C., & Clemence, A. J. (2008). TAT and other performance-based assessment techniques. In R. P. Archer & S. R. Smith (Eds.), *Personality assessment* (pp. 337–378). New York: Routledge.

Ackley, D. C. (1997). *Breaking free of managed care.* New York: Guilford Press.

Acosta, F. X., Yamamoto, J., & Evans, L. A. (1982). *Effective psychotherapy for low-income and minority patients.* New York: Plenum Press.

Acuff, C., Bennett, B. E., Bricklin, P. M., Canter, M. B., Knapp, S. J., Moldawsky, S., et al. (1999). Considerations for ethical practice in managed care. *Professional Psychology: Research and Practice, 30,* 563–575.

Aguilera, A., Garza, M. J., & Munoz, R. F. (2010). Group cognitive-behavioral therapy for depression in Spanish: Culture-sensitive manualized treatment in practice. *Journal of Clinical Psychology, 66,* 857–867.

Ahmed, S., & Amer, M. M. (Eds.). (2012). *Counseling Muslims: Handbook of mental health issues and interventions.* New York: Routledge.

Ahrons, C. R. (2011). Divorce: An unscheduled family transition. In M. McGoldrick, B. Carter, & N. Garcia-Preto (Eds.), *The expanded family life cycle: Individual, family, and social perspectives* (4th ed., pp. 292–306). Boston: Pearson.

Alarcón, R. D. (2000). Culture and ethics of managed care in the United States. In A. Okasha, J. Arboleda-Florez, & N. Sartorius (Eds.), *Ethics, culture, and psychiatry: International perspectives* (pp. 83–101). Washington, DC: American Psychiatric Press.

Alarcón, R. D. (2015). Culture-bound syndromes. In R. L. Cautin & S. O. Lilienfeld (Eds.), *The encyclopedia of clinical psychology* (pp. 808–816). West Sussex, UK: Wiley Blackwell.

Alavi, S. B., & Sanderson, W. C. (2015). Mechanisms of action in psychotherapy. In R. L. Cautin & S. O. Lilienfeld (Eds.), *The encyclopedia of clinical psychology* (pp. 1745–1751). West Sussex, UK: Wiley Blackwell.

Albers, C. A., & Felt, J. (2015). School psychology. In R. L. Cautin & S. O. Lilienfeld (Eds.), *The encyclopedia of clinical psychology* (pp. 2544–2548). West Sussex, UK: Wiley Blackwell.

Alessi, E. J., Dillon, F. R., & Kim, H. M. S. (2015). Determinants of lesbian and gay affirmative practice among heterosexual therapists. *Psychotherapy, 52*(3), 298.

Alexander, F., & French, T. M. (1946). *Psychoanalytic therapy*. New York: Ronald Press.

Alford, B. A., & Beck, A. T. (1997). *The integrative power of cognitive therapy*. New York: Guilford Press.

Almeida, R. (2005). Asian Indian families: An overview. In M. McGoldrick, J. Giordano, & N. Garcia-Preto (Eds.), *Ethnicity and family therapy* (3rd ed., pp. 377–394). New York: Guilford Press.

American Institute of Stress. (1997). *America's No. 1 health problem.* Retrieved from http://www.stress.org/americas.htm?AIS=b4b07d6a4fee6c7f4b4a39edb464066f

American Law Institute. (1962). *Model penal code 4.01*. Philadelphia: Author.

American Psychiatric Association. (1952). *Diagnostic and statistical manual of mental disorders.* Washington, DC: Author.

American Psychiatric Association. (1968). *Diagnostic and statistical manual of mental disorders* (2nd ed.). Washington, DC: Author.

American Psychiatric Association. (1980). *Diagnostic and statistical manual of mental disorders* (3rd ed.). Washington, DC: Author.

American Psychiatric Association. (1987). *Diagnostic and statistical manual of mental disorders* (3rd ed., rev.). Washington, DC: Author.

American Psychiatric Association. (1994). *Diagnostic and statistical manual of mental disorders* (4th ed.). Washington, DC: Author.

American Psychiatric Association. (2000). *Diagnostic and statistical manual of mental disorders* (4th ed., text rev.). Washington, DC: Author.

American Psychiatric Association. (2011). *DSM-5* revisions for personality disorders reflect major change [Press release]. Retrieved from http://www.dsm5.org/Newsroom/Documents/DSM-5-Revisions-for-Personality-Disorders-Reflect-Major-Change-.pdf

American Psychiatric Association (2013). *Diagnostic and statistical manual of mental disorders (DSM-5)* (5th ed.). Washington, DC: American Psychiatric Publishing.

American Psychological Association. (1953). *Ethical standards of psychologists.* Washington, DC: Author.

American Psychological Association. (1993). Guidelines for providers of psychological services to ethnic, linguistic, and culturally diverse populations. *American Psychologist, 48,* 45–48.

American Psychological Association. (1994). Guidelines for child custody evaluations in divorce proceedings. *American Psychologist, 49,* 677–680.

American Psychological Association. (1996a). *Model legislation for prescription privileges.* Washington, DC: Author.

American Psychological Association. (1996b). *Recommended postdoctoral training in psychopharmacology for prescription privileges.* Washington, DC: Author.

American Psychological Association. (2002). Ethical principles of psychologists and code of conduct. *American Psychologist, 57,* 1060–1073.

American Psychological Association. (2005). *Guidelines and principles for accreditation of programs in professional psychology.* Retrieved from http:// www.apa.org/ed/G&P052.pdf

American Psychological Association. (2007). *Getting in: A step-by-step plan for gaining admission to graduate school in psychology* (2nd ed.). Washington, DC: Author.

American Psychological Association. (2009a). *APA Ethics Committee statement: No defense to torture under the APA Ethics Code.* Retrieved from http://www.apa.org/ethics/programs/statement/torture-code.aspx

American Psychological Association. (2009b). Position on ethics and interrogations. Retrieved http://www.apa.org/ethics/programs/position/index.aspx

American Psychological Association. (2012a). *About clinical psychology.* Retrieved from http://www.apa.org/divisions/div12/aboutcp.html

American Psychological Association. (2012b). *Graduate study in psychology.* Washington, DC: Author.

American Psychological Association Division 53. (2007). *Society of Clinical Child and Adolescent Psychology.* Retrieved from http:// www.clinical childpsychology.org

Anderson, C. M. (2007). Functional assessment with clinical populations: Current status and future directions. In P. Sturmey (Ed.), *Functional analysis in clinical treatment* (pp. 455–472). Burlington, MA: Elsevier.

Andersson, G. (2015a). Computerized psychotherapy. In R. L. Cautin & S. O. Lilienfeld (Eds.), *The encyclopedia of clinical psychology* (pp. 712–716). West Sussex, UK: Wiley Blackwell.

Andersson, G. (2015b). Internet-delivered psychological treatments. *Annual Review of Clinical Psychology, 12,* 157–179.

Andersson, G., Cuijpers, P., Carlbring, P., Riper, H., & Hedman, E. (2014). Guided Internet-based vs. face-to-face cognitive behavior therapy for psychiatric and somatic disorders: A systematic review and meta-analysis. *World Psychiatry, 13*(3), 288–295.

Anderson, S. K., & Kitchener, K. S. (1996). Nonromantic, nonsexual posttherapy relationships between psychologists and former clients: An exploratory study of critical incidents. *Professional Psychology: Research and Practice, 27,* 59–66.

André, M., Garcia, J., & Coyne, L. W. (2015). Child and adolescent psychotherapies. In R. L. Cautin & S. O. Lilienfeld (Eds.), *The encyclopedia of clinical psychology* (pp. 3465–3478). West Sussex, UK: Wiley Blackwell.

Andreyeva, T., Sturm, R., & Ringel, J. S. (2004). Moderate and severe obesity have large differences in health care costs. *Obesity Research, 12,* 1936–1943.

Angold, A., Costello, E. J., & Erkanli, A. (1999). Comorbidity. *Journal of Child Psychology and Psychiatry, 40*(1), 57–87.

Annas, G. J., & Grodin, M. A. (1992). *The Nazi doctors and the Nuremberg Code: Human rights in human experimentation.* New York: Oxford University Press.

Antony, M. M., & Barlow, D. H. (Eds.). (2010). *Handbook of assessment and treatment planning for psychological disorders* (2nd ed.). New York: Guilford Press.

APA Presidential Task Force on Evidence-Based Practice. (2006). Evidence-based practice in psychology. *American Psychologist, 61,* 271–285.

Arbisi, P. A. (2015). Hathaway, Starke R. In R. L. Cautin & S. O. Lilienfeld (Eds.), *The encyclopedia of clinical psychology* (pp. 1385–1387). West Sussex, UK: Wiley Blackwell.

Archer, R. P. (1997). *MMPI-A: Assessing*

adolescent psychopathology (2nd ed.). Mahwah, NJ: Lawrence Erlbaum.

Arden, J. B., & Linford, L. (2009). *Brain-based therapy with adults: Evidence-based treatment for everyday practice*. Hoboken, NJ: Wiley.

Arean, P. A., & Alvidrez, J. (2002). Ethical considerations in psychotherapy effectiveness research: Choosing the comparison group. *Ethics & Behavior, 12,* 63–73.

Arkowitz, H., & Westra, H. A. (2009). Introduction to the special series on motivational interviewing and psychotherapy. *Journal of Clinical Psychology, 65,* 1149–1155.

Arnow, B. A., Steidtmann, D., Blasey, C., Manber, R., Constantino, M. J., Klein, D. N., . . . Kocsis, J. H. (2013). The relationship between the therapeutic alliance and treatment outcome in two distinct psychotherapies for chronic depression. *Journal of Consulting and Clinical Psychology, 81*(4), 627–638.

Arredondo, P., Toporek, R., Brown, S. P., Jones, J., Locke, D. C., Sanchez, J., et al. (1996). Operationalization of the multicultural counseling competencies. *Journal of Multicultural Counseling and Development, 24,* 42–78.

Artman, L. K., & Daniels, J. A. (2010). Disability and psychotherapy practice: Cultural competence and practical tips. *Professional Psychology: Research and Practice, 41,* 442–448.

Atkinson, D. R., & Hackett, G. (Eds.). (2003). *Counseling diverse populations* (3rd ed.). Boston: McGraw-Hill.

Atkinson, D. R., Thompson, C. E., & Grant, S. K. (1993). A three-dimensional model for counseling racial-ethnic minorities. *The Counseling Psychologist, 21,* 257–277.

Avis, J. M. (1992). Where are all the family therapists? Abuse and violence within families and family therapy's response. *Journal of Marital and Family Therapy, 18,* 225–232.

Babeva, K. N., & Davison, G. C. (2015). Continuing education. In R. L. Cautin & S. O. Lilienfeld (Eds.), *The encyclopedia of clinical psychology* (pp. 746–754). West Sussex, UK: Wiley Blackwell.

Bach, P. A., & Moran, D. J. (2008). *ACT in practice: Case conceptualization in acceptance and commitment therapy*. Oakland, CA: New Harbinger.

Baer, R. A., & Rinaldo, J. C. (2004). The Minnesota Multiphasic Personality Inventory-Adolescent (MMPI-A). In M. J. Hilsenroth & D. L. Segal (Eds.), *Comprehensive handbook of psychological assessment: Personality assessment* (Vol. 2, pp. 213–223). Hoboken, NJ: Wiley.

Bailey, J., & Burch, M. (2006). *How to think like a behavior analyst*. Mahwah, NJ: Lawrence Erlbaum.

Bailey, J. S., & Burch, M. R. (2010). *25 essential skills and strategies for the professional behavior analyst: Expert tips for maximizing consulting effectiveness*. New York: Routledge.

Bakeman, R., & Haynes, S. N. (2015). Behavioral observation. In R. L. Cautin & S. O. Lilienfeld (Eds.), *The encyclopedia of clinical psychology* (pp. 320–328). West Sussex, UK: Wiley Blackwell.

Baker, D. C., & Bufka, L. F. (2011). Preparing for the telehealth world: Navigating legal, regulatory, reimbursement, and ethical issues in an electronic age. *Professional Psychology: Research and Practice, 42,* 405–411.

Baker, K. D., & Ray, M. (2011). Online counseling: The good, the bad, and the possibilities. *Counselling Psychology Quarterly, 24*(4), 341–346.

Baker, R. R., & Pickren, W. E. (2011). Training systems and sites: Department of Veterans Affairs. In J. C. Norcross, G. R. VandenBos, & D. K. Freedheim (Eds.), *History of psychotherapy: Continuity and change* (2nd ed., pp. 673–683). Washington, DC: American Psychological Association.

Balon, R., Martini, S., & Singareddy, R. K. (2004). Patient perspective on collaborative treatment. *Psychiatric Services, 55,* 945–946.

Bamelis, L. L., Evers, S. M., Spinhoven, P., & Arntz, A. (2014). Results of a multicenter randomized controlled trial of the clinical effectiveness of schema therapy for personality disorders. American Journal of Psychiatry.

Bandura, A. (1977). *Social learning theory*. New York: Prentice Hall.

Banks, K., Newman, E., & Saleem, J. (2015). An overview of the research on mindfulness-based interventions for treating symptoms of posttraumatic stress disorder: A systematic review. *Journal of Clinical Psychology, 71*(10), 935–963.

Banyasz, A. M., & Baker, D. B. (2015). Counseling psychology. In R. L. Cautin & S. O. Lilienfeld (Eds.), *The encyclopedia of clinical psychology* (pp. 771–774). West Sussex, UK: Wiley Blackwell.

Barak, A., Hen, L., Boniel-Nissim, M., & Shapira, N. A. (2008). A comprehensive review and a meta-analysis of the effectiveness of internet-based psychotherapeutic interventions. *Journal of Technology in Human Services, 26*(2–4), 109–160.

Barber, C. (2008). *Comfortably numb: How psychiatry is medicating a nation*. New York: Vintage Books.

Barez, M., Blasco, T., Fernandez-Castro, J., & Viladrich, C. (2009). Perceived control and psychological distress in women with breast cancer: A longitudinal study. *Journal of Behavioral Medicine, 32,* 187–196.

Barlow, D. H., Allen, L. B., & Choate, M. L. (2004). Toward a unified treatment for emotional disorders. *Behavior Therapy, 35*(2), 205–230.

Barlow, D. H., Bullis, J. R., Comer, J. S., & Ametaj, A. A. (2013). Evidence-based psychological treatments: An update and a way forward. *Annual Review of Clinical Psychology, 9,* 1–27.

Barlow, D. H., & Carl, J. R. (2011). The future of clinical psychology: Promises, perspectives, and predictions. In D. H. Barlow (Ed.), *The Oxford handbook of clinical psychology* (pp. 891–911). New York: Oxford University Press.

Barlow, D. H., Craske, M. G., Cerny, J. A., & Klosko, J. S. (1989). Behavioral treatment of panic disorder. *Behavior Therapy, 20,* 261–282.

Barlow, D. H., & Durand, V. M. (2005). *Abnormal psychology* (4th ed.). Belmont, CA: Wadsworth.

Barnes, G. G. (2004). *Family therapy in changing times* (2nd ed.). Hampshire, UK: Palgrave.

Barnett, J. E. (2008). Impaired professionals: Distress, professional impairment, self-care, and psychological wellness. In M. Hersen & A. M. Gross (Eds.), *Handbook of clinical psychology* (Vol. 1, pp. 857–884). Hoboken, NJ: Wiley.

Barnett, J. E. (2011). Utilizing technological innovations to enhance psychotherapy supervision, training, and outcomes. *Psychotherapy, 48*, 103–108.

Barnett, J. E. (2014). Sexual feelings and behaviors in the psychotherapy relationship: An ethics perspective. *Journal of Clinical Psychology, 70*(2), 170–181.

Barnett, J. E., & Cooper, N. (2009). Creating a culture of self-care. *Clinical Psychology: Science and Practice, 16,* 16–20.

Barnett, J. E., & Scheetz, K. (2003). Technological advances and telehealth: Ethics, law, and the practice of psychotherapy. *Psychotherapy: Theory, Research, Practice, Training, 40,* 86–93.

Barrera, M., Jr., & Castro, F. G. (2006). A heuristic framework for the cultural adaptation of interventions. *Clinical Psychology: Science and Practice, 13,* 311–316.

Barrera, M., Jr., Castro, F. G., Strycker, L. A., & Toobert, D. J. (2012, January 30). Cultural adaptations of behavioral health interventions: A progress report. *Journal of Consulting and Clinical Psychology.* Retrieved from http://www.ncbi.nlm.nih.gov/pubmed/22289132

Barrera, T. L., Smith, A. H., & Norton, P. J. (2016). Motivational interviewing as an adjunct to cognitive behavioral therapy for anxiety. *Journal of Clinical Psychology, 72*(1), 5–14.

Bartol, C. R., & Bartol, A. M. (2006). History of forensic psychology. In I. B. Weiner & A. K. Hess (Eds.), *The handbook of forensic psychology* (3rd ed., pp. 3–27). Hoboken, NJ: Wiley.

Bateson, G., Jackson, D. D., Haley, J., & Weakland, J. H. (1956). Toward a theory of schizophrenia. *Behavioral Science, 1,* 251–264.

Bazar, J. L. (2015a). Munsterberg, Hugo. In R. L. Cautin & S. O. Lilienfeld (Eds.), *The encyclopedia of clinical psychology* (pp. 1947–1949). West Sussex, UK: Wiley Blackwell.

Bazar, J. L. (2015b). World War I and clinical psychology. In R. L. Cautin & S. O. Lilienfeld (Eds.), *The encyclopedia of clinical psychology* (pp. 2971–2976). West Sussex, UK: Wiley Blackwell.

Bazar, J. L. (2015c). World War II and clinical psychology. In R. L. Cautin & S. O. Lilienfeld (Eds.), *The encyclopedia of clinical psychology* (pp. 2976–2979). West Sussex, UK: Wiley Blackwell.

Beacham, A. O., Kinman, C., Harris, J. G., & Masters, K. S. (2012). The patient-centered medical home: Unprecedented workforce growth potential for professional psychology. *Professional Psychology: Research and Practice, 43,* 17–23.

Beck, A. T. (1976). *Cognitive therapy and the emotional disorders.* New York: International Universities Press.

Beck, A. T., & Haigh, E. A. (2014). Advances in cognitive theory and therapy: The generic cognitive model*. *Annual Review of Clinical Psychology, 10,* 1–24.

Beck, A. T., Rush, A. J., Shaw, B. F., & Emery, G. (1979). *Cognitive therapy of depression.* New York: Guilford Press.

Beck, A. T., & Steer, R. A. (1993). *Beck Anxiety Inventory manual.* San Antonio, TX: Psychological Corporation.

Beck, A. T., Steer, R. A., & Brown, G. K. (1996). *BDI-II manual.* San Antonio, TX: Psychological Corporation.

Beck, J. S. (1995). *Cognitive therapy: Basics and beyond.* New York: Guilford Press.

Beck, J. S. (2002). Beck therapy approach. In M. Hersen & W. Sledge (Eds.), *Encyclopedia of psychotherapy* (Vol. 1, pp. 155–163). San Diego, CA: Academic Press.

Becker, A. E., Burwell, R. A., Gilman, S. E., Herzog, D. B., & Hamburg, P. (2002). Eating behaviours and attitudes following prolonged exposure to television among ethnic Fijian adolescent girls. *British Journal of Psychiatry, 180,* 509–514.

Becker, D., & Lamb, S. (1994). Sex bias in the diagnosis of borderline personality disorder and posttraumatic stress disorder. *Professional Psychology: Research and Practice, 25,* 55–61.

Becker, S. J. (2015). Direct-to-consumer marketing: A complementary approach to traditional dissemination and implementation efforts for mental health and substance abuse interventions. *Clinical Psychology: Science and Practice, 22*(1), 85–100.

Becvar, R. J., & Becvar, D. S. (1982). *Systems theory and family therapy: A primer.* Lanham, MA: University Press of America.

Behnke, S. H., & Jones, S. E. (2012). Ethics and ethics codes for psychologists. In S. J. Knapp (Ed.), *APA handbook of ethics in psychology, Vol. 1: Moral foundations and common themes* (pp. 43–74). Washington, DC: American Psychological Association.

Beidas, R. S., & Kendall, P. C. (2010). Training therapists in evidence-based practice: A critical review of studies from a systems-contextual perspective. *Clinical Psychology: Science and Practice, 17,* 1–30.

Beitman, B. D., & Manring, J. (2009). Theory and practice of psychotherapy integration. In G. O. Gabbard (Ed.), *Textbook of psychotherapeutic treatments* (pp. 705–726). Washington, DC: American Psychiatric Publishing.

Bellak, L. (1993). *The TAT, CAT, and SAT in clinical use* (5th ed.). Needham Heights, MA: Allyn & Bacon.

Bellak, L. (1999). My perceptions of the Thematic Apperception Test in psychodiagnosis and psychotherapy. In L. Gieser & M. I. Stein (Eds.), *Evocative images: The Thematic Apperception Test and the art of projection* (pp. 133–141). Washington, DC: American Psychological Association.

Benjamin, L. T., Jr. (1996). Introduction: Lightner Witmer's legacy to American psychology. *American Psychologist, 51,* 235–236.

Benjamin, L. T., Jr. (2005). A history of clinical psychology as a profession in

America (and a glimpse at its future). *Annual Review of Clinical Psychology, 1*, 1–30.

Benjamin, L. T., Jr. (2007). *A brief history of modern psychology*. Malden, MA: Blackwell.

Ben-Porath, Y. S., & Archer, R. P. (2008). The MMPI-2 and MMPI-A. In R. P. Archer & S. R. Smith (Eds.), *Personality assessment* (pp. 81–131). New York: Routledge.

Ben-Porath, Y. S., & Tellegen, A. (2008). *Minnesota Multiphasic Personality Inventory-2 Restructured Form manual.* Minneapolis, MN: Pearson Assessments.

Berg, I. K. (1994). *Family based services: A solution-focused approach*. New York: W. W. Norton.

Berkule, S. B. (2015). Learning disorders. In R. L. Cautin & S. O. Lilienfeld (Eds.), *The encyclopedia of clinical psychology* (pp. 1663–1671). West Sussex, UK: Wiley Blackwell.

Bermudes, R. A., Wright, J. H., & Casey, D. (2009). Techniques of cognitive-behavioral therapy. In G. O. Gabbard (Ed.), *Textbook of psychotherapeutic treatments* (pp. 201–237). Washington, DC: American Psychiatric Publishing.

Bernal, G., Jiménez-Chafey, M. I., & Rodríguez, M. M. D. (2009). Cultural adaptation of treatments: A resource for considering culture in evidence-based practice. *Professional Psychology: Research and Practice, 40*, 361–368.

Bernal, G., & Scharro-del-Rio, M. R. (2001). Are empirically supported treatments valid for ethnic minorities? Toward an alternative approach for treatment research. *Cultural Diversity and Ethnic Minority Psychology, 7*, 328–342.

Bernstein, D., & Borkovec, T. (1973). *Progressive relaxation training.* Champagne, IL: Research Press.

Berry, J. W. (2003). Conceptual approaches to acculturation. In K. M. Chun, P. B. Organista, & G. Marin (Eds.), *Acculturation: Advances in theory, measurement, and applied research* (pp. 17–37). Washington, DC: American Psychological Association.

Bersoff, D. N. (1976). Therapists as protectors and policemen: New roles as a result of Tarasoff? *Professional Psychology, 7*, 267–273.

Bersoff, D. N., DeMatteo, D., & Foster, E. E. (2012). Assessment and testing. In S. J. Knapp (Ed.), *APA handbook of ethics in psychology, Vol. 2: Practice, teaching, and research* (pp. 45–74). Washington, DC: American Psychological Association.

Bérubé, R. L., & Achenbach, T. M. (2007). *Bibliography of published studies using the ASEBA.* Burlington: University of Vermont, Research Center for Childeren, Youth, and Families.

Beutler, L. E., Harwood, T. M., Kimpara, S., Verdirame, D., & Blau, K. (2011). Coping style. *Journal of Clinical Psychology, 67*, 176–183.

Beutler, L. E., Kim, E. J., Davison, E., & Karno, M. (1996). Research contributions to improving managed health care outcomes. *Psychotherapy: Theory, Research, Practice, Training, 33*, 197–206.

Bieschke, K. J., Perez, R. M., & DeBord, K. A. (Eds.). (2007). *Handbook of counseling and psychotherapy with lesbian, gay, bisexual, and transgender clients (2nd ed.).* Washington, DC: American Psychological Association.

BigFoot, D. S., & Schmidt, S. R. (2010). Honoring children, mending the circle: Cultural adaptation of trauma-focused cognitive-behavioral therapy for American Indian and Alaska Native children. *Journal of Clinical Psychology, 66*, 847–856.

Binder, J. L., Strupp, H. H., & Henry, W. P. (1995). Psychodynamic therapies in practice: Time-limited dynamic psychotherapy. In B. Bongar & L. E. Beutler (Eds.), *Comprehensive textbook of psychotherapy: Theory and practice* (pp. 48–63). New York: Oxford University Press.

Birchler, G. R., Simpson, L. E., & Fals-Stewart, W. (2008). Marital therapy. In M. Hersen & A. M. Gross (Eds.), *Handbook of clinical psychology* (Vol. 1, pp. 617–646). Hoboken, NJ: Wiley.

Bjork, D. W. (1993). *B. F. Skinner: A life.* New York: Basic Books.

Bjornsson, A. S. (2011). Beyond the "psychological placebo": Specifying the nonspecific in psychotherapy. *Clinical Psychology: Science and Practice, 18*, 113–118.

Black, D. W. (2013). DSM-5 is approved, but personality disorders criteria have not changed. *Annals of Clinical Psychiatry, 25*(1), 1.

Blackwell, L. S., Trzesniewski, K. H., & Dweck, C. S. (2007). Implicit theories of intelligence predict achievement across an adolescent transition: A longitudinal study and an intervention. *Child Development, 78*(1), 246–263.

Blair, S., O'Neil, P., Brownell, K., Rhodes, S., Hager, D., St. Jeor, S., et al. (1996). *The lifestyle counselor's guide for weight control.* Dallas, TX: American Health.

Blais, M. A., & Smith, S. R. (2008). Improving the integrative process in psychological assessment: Data organization and report writing. In R. P. Archer & S. R. Smith (Eds.), *Personality assessment* (pp. 405–439). New York: Routledge.

Blanco, C., & Weissman, M. M. (2005). Interpersonal psychotherapy. In G. O. Gabbard, J. S. Beck, & J. Holmes (Eds.), *Oxford textbook of psychotherapy* (pp. 27–34). New York: Oxford University Press.

Blaney, P. H. (2015). Medical model of mental disorders. In R. L. Cautin & S. O. Lilienfeld (Eds.), *The encyclopedia of clinical psychology* (pp. 1767–1772). West Sussex, UK: Wiley Blackwell.

Blashfield, R. K. (1991). Models of psychiatric classification. In M. Hersen & S. M. Turner (Eds.), *Adult psychopathology and diagnosis* (2nd ed., pp. 3–22). New York: Wiley.

Blashfield, R. K., & Burgess, D. R. (2007). Classification provides an essential basis for organizing mental disorders. In S. O. Lilienfeld & W. T. O'Donohue (Eds.), *The great ideas of clinical science: 17 principles that every mental health professional should understand* (pp. 93–117). New York: Routledge.

Blashfield, R. K., Flanagan, E., & Raley, K. (2010). Themes in the evolution of the 20th-century *DSMs*. In T.

Millon, R. F. Krueger, & E. Simonsen (Eds.), *Contemporary directions in psychopathology: Scientific foundations of the DSM-V and ICD-11* (pp. 53–71). New York: Guilford Press.

Blashfield, R. K., Keeley, J. W., Flanagan, E. H., & Miles, S. R. (2014). The cycle of classification: DSM-I through DSM-5. *Annual Review of Clinical Psychology, 10,* 25–51.

Blazer, D. (2013). Neurocognitive disorders in DSM-5. *American Journal of Psychiatry, 170*(6), 585–587.

Block, H. M., Radley, K. C., Jenson, W. R., Clark, E., & O'Neill, R. E. (2015). Effects of a multimedia social skills program in increasing social responses and initiations of children with autism spectrum disorder. *International Journal of School & Educational Psychology, 3*(1), 16–24.

Boake, C. (2002). From the Binet-Simon to the Wechsler-Bellevue: Tracing the history of intelligence testing. *Journal of Clinical Experimental Neuropsychology, 24,* 383–405.

Bohannon, J. (2015). Torture report prompts APA apology. *Science,* 349(6245), 221–222.

Bohart, A. C., & Tallman, K. (1999). *How clients make therapy work: The process of active self-healing.* Washington, DC: American Psychological Association.

Bolton, P., Bass, J., Neugebauer, R., Verdeli, H., Clougherty, K. F., Wickramaratne, P., ... Weissman, F. M. (2003). Group interpersonal psychotherapy for depression in rural Uganda: A randomized controlled trial. *Journal of the American Medical Association, 289,* 3117–3124.

Bonanno, G. A., Westphal, M., & Mancini, A. D. (2011). Resilience to loss and potential trauma. *Annual Review of Clinical Psychology, 7,* 511–535.

Boneau, C. A., & Cuca, J. M. (1974). An overview of psychology's human resources: Characteristics and salaries from the 1972 APA survey. *American Psychologist, 29,* 821–839.

Borel, C. (2015). Independent practice. In R. L. Cautin & S. O. Lilienfeld (Eds.), *The encyclopedia of clinical psychology* (1458–1467). West Sussex, UK: Wiley Blackwell.

Borys, D. S., & Pope, K. S. (1989). Dual relationships between therapist and client: A national study of psychologists, psychiatrists, and social workers. *Professional Psychology: Research and Practice, 20,* 283–293.

Bos, E. H., Merea, R., Brink, E., Sanderman, R., & Bartels-Velthuis, A. A. (2014). Mindfulness training in a heterogeneous psychiatric sample: Outcome evaluation and comparison of different diagnostic groups. *Journal of Clinical Psychology, 70*(1), 60–71.

Boswell, J. F., Sharpless, B. A., Greenberg, L. S., Heatherington, L., Huppert, J. D., Barber, J. P., et al. (2011). Schools of psychotherapy and the beginnings of a scientific approach. In D. H. Barlow (Ed.), *The Oxford handbook of clinical psychology* (pp. 98–127). New York: Oxford University Press.

Boswell, J. F., Thompson-Hollands, J., Farchione, T. J., & Barlow, D. H. (2013). Intolerance of uncertainty: A common factor in the treatment of emotional disorders. *Journal of Clinical Psychology, 69*(6), 630–645.

Boulton, M. J. (2014). Teachers' self-efficacy, perceived effectiveness beliefs, and reported use of cognitive-behavioral approaches to bullying among pupils: Effects of in-service training with the I DECIDE program. *Behavior Therapy, 45*(3), 328–343.

Bow, J. N. (2006). Review of empirical research on child custody practice. *Journal of Child Custody, 3,* 23–50.

Bow, J. N., & Quinnell, F. A. (2001). Psychologists' current practices and procedures in child custody evaluations: Five years after American Psychological Association guidelines. *Professional Psychology: Research and Practice, 32,* 261–268.

Bowen, M. (1978). *Family therapy in clinical practice.* New York: Aronson.

Bowen, S., & Marlatt, G. A. (2009). Surfing the urge: Brief mindfulness-based intervention for college student smokers. *Psychology of Addictive Behaviors, 23,* 666–671.

Boyd-Franklin, N. (1989). *Black families in therapy.* New York: Guilford Press.

Bozarth, J. D. (1997). Empathy from the framework of client-centered theory and the Rogerian hypothesis. In A. C. Bohart & L. S. Greenberg (Eds.), *Empathy reconsidered: New directions in psychotherapy* (pp. 81–102). Washington, DC: American Psychological Association.

Bozarth, J. D., Zimring, F. M., & Tausch, R. (2002). Client-centered therapy: The evolution of a revolution. In D. J. Cain & J. Seeman (Eds.), *Humanistic psychotherapies: Handbook of research and practice* (pp. 147–188). Washington, DC: American Psychological Association.

Brabender, V. A. (2002). *Introduction to group therapy.* New York: Wiley.

Brabender, V. A., Fallon, A. E., & Smolar, A. I. (2004). *Essentials of group therapy.* Hoboken, NJ: Wiley.

Bracken, B. A., & McCallum, S. (2009). Universal Nonverbal Intelligence Test (UNIT). In J. A. Naglieri & S. Goldstein (Eds.), *Practitioner's guide to assessing intelligence and achievement* (pp. 291–313). Hoboken, NJ: Wiley.

Bracken, B. A., & McCallum, S. (2015). *The Universal Nonverbal Intelligence Test 2 (UNIT).* Austin, TX: PRO-ED.

Braje, S. E. & Hall, G. C. N. (2015). Cross-cultural issues in assessment. In R. L. Cautin & S. O. Lilienfeld (Eds.), The Encyclopedia of Clinical Psychology, pp. 792–801. West Sussex, UK: Wiley Blackwell.

Brantley, P. J., Dutton, G. R., & Wood, K. B. (2004). The Beck Depression Inventory-II (BDI-II) and the Beck Depression Inventory-Primary Care (BDI-PC). In M. W. Maruish (Ed.), *The use of psychological testing for treatment planning and outcomes assessment* (3rd ed., Vol. 3, pp. 313–326). Mahwah, NJ: Erlbaum.

Bratton, S., Ray, D., Rhine, T., & Jones, L. (2005). The efficacy of play therapy with children: A meta-analytic review of treatment outcomes. *Professional Psychology: Research and Practice, 36,* 376–390.

Breaux, R. P., Harvey, E. A., & Lugo-Candelas, C. I. (2014). The role of parent psychopathology in the development of preschool children with behavior problems. *Journal of Clinical Child & Adolescent Psychology, 43*(5), 777–790.

Brehm, S. (2007, January 9). American Psychological Association news release of letter from the APA president to the editor of *Washington Monthly*. Retrieved from http://www.apa.org/releases/washingtonmonthly.pdf

Brems, C. (2008). *A comprehensive guide to child psychotherapy and counseling.* Long Grove, IL: Waveland Press.

Briesmeister, J. M., & Schaefer, C. E. (Eds.). (1998). *Handbook of parent training: Parents as co-therapists for children's behavior problems.* New York: Wiley.

Brody, N. (2000). History of theories and measurements of intelligence. In R. J. Sternberg (Ed.), *Handbook of intelligence* (pp. 16–33). Cambridge, UK: Cambridge University Press.

Broshek, D. K., & Barth, J. T. (2000). The Halstead-Reitan Neuropsychological Battery. In G. Groth-Marnat (Ed.), *Neuropsychological assessment in clinical practice* (pp. 223–262). New York: Wiley.

Broverman, I., Broverman, D., Clarkson, F., Rosenkrantz, P., & Vogel, S. (1970). Sex-role stereotypes and clinical judgments of mental health. *Journal of Consulting and Clinical Psychology, 34,* 1–7.

Brown, A. W. (1935). Report of committee of clinical section of American Psychological Association: I. The definition of clinical psychology and standards of training for clinical psychologists. II. Guide to psychological clinics in the United States. *Psychological Clinic, 23,* 1–140.

Brown, D. L., & Pomerantz, A. M. (2011). Multicultural incompetence and other unethical behaviors: Perceptions of therapist practices. *Ethics & Behavior, 21,* 498–508.

Brown, L. J. (2012). Countertransference: An instrument of the analysis. In G. O. Gabbard, B. E. Litowitz, & P. Williams (Eds.), *Textbook of psychoanalysis* (2nd ed., pp. 79–92). Washington, DC: American Psychiatric Publishing.

Brown, L. S. (2006). The neglect of lesbian, gay, bisexual, and transgendered clients. In J. C. Norcross, L. E. Beutler, & R. F. Levant (Eds.), *Evidence-based practices in mental health: Debate and dialogue on the fundamental questions* (pp. 346–353). Washington, DC: American Psychological Association.

Brown, L. S. (2011). Psychotherapy patients: Client diversity in psychotherapy. In J. C. Norcross, G. R. VandenBos, & D. K. Freedheim (Eds.), *History of psychotherapy: Continuity and change* (2nd ed., pp. 475–483). Washington, DC: American Psychological Association.

Brown v. Board of Education, 347 U.S. 483 (1954).

Bryant, R. A., Harvey, A. G., Dang, S. T., & Sackville, T. (1998). Assessing acute stress disorder: Psychometric properties of a structured clinical interview. *Psychological Assessment, 10,* 215–220.

Buchanan, T. (2002). Online assessment: Desirable or dangerous? *Professional Psychology: Research and Practice, 33,* 148–154.

Bugental, J. F. (1964). The third force in psychology. *Journal of Humanistic Psychology, 4,* 19–25.

Buist, K. L., Deković, M., & Prinzie, P. (2013). Sibling relationship quality and psychopathology of children and adolescents: A meta-analysis. *Clinical Psychology Review, 33*(1), 97–106.

Bucker, F., & Firestone, M. (2000). Where the public peril begins: 25 years after Tarasoff. *Journal of Legal Medicine, 21,* 187–222.

Bullis, J. R., Sauer-Zavala, S., Bentley, K. H., Thompson-Hollands, J., Carl, J. R., & Barlow, D. H. (2015). The unified protocol for transdiagnostic treatment of emotional disorders preliminary exploration of effectiveness for group delivery. *Behavior Modification, 39*(2), 295–321.

Burke, B. L., Arkowitz, H., & Menchola, M. (2003). The efficacy of motivational interviewing: A meta-analysis of controlled clinical trials. *Journal of Consulting and Clinical Psychology, 71,* 843–861.

Burl, J., Shah, S., Filone, S., Foster, E., & DeMatteo, D. (2012). A survey of graduate training programs and coursework in forensic psychology. *Teaching of Psychology, 39,* 48–53.

Burlingame, G. M., & Baldwin, S. (2011). Treatment modalities: Group therapy. In J. C. Norcross, G. R. VandenBos, & D. K. Freedheim (Eds.), *History of psychotherapy: Continuity and change* (2nd ed., pp. 505–515). Washington, DC: American Psychological Association.

Burlingame, G. M., Fuhriman, A., & Mosier, A. (2003). The differential effectiveness of group psychotherapy: A meta-analytic perspective. *Group Dynamics: Theory, Research, and Practice, 7,* 2–13.

Burlingame, G. M., McClendon, D. T., & Alonso, J. (2011). Cohesion in group therapy. In J. C. Norcross (Ed.), *Psychotherapy relationships that work: Evidence-based responsiveness* (2nd ed., pp. 110–131). New York: Oxford University Press.

Burns, W. J., Rey, J., & Burns, K. A. (2008). Psychopharmacology as practiced by psychologists. In M. Hersen & A. M. Gross (Eds.), *Handbook of clinical psychology* (Vol. 1, pp. 663–692). Hoboken, NJ: Wiley.

Burr, V., & Butt, T. W. (2000). Psychological distress and post-modern thought. In D. Fee (Ed.), *Pathology and the post-modern: Mental illness, discourse, and experience.* London: Sage.

Buscemi, J., & Spring, B. (2015). Evidence-based practice in psychology. In R. L. Cautin & S. O. Lilienfeld (Eds.), *The encyclopedia of clinical psychology* (pp. 1147–1153). West Sussex, UK: Wiley Blackwell.

Butcher, J. N. (2010). Personality assessment from the nineteenth to the early twenty-first century: Past achievements and contemporary challenges. *Annual Review of Clinical Psychology, 6,* 1–20.

Butcher, J. N. (2011). *A beginner's guide to the MMPI-2* (3rd ed.). Washington, DC: American Psychological Association.

Butcher, J. N., & Beutler, L. E. (2003).

The MMPI-2. In L. E. Beutler & G. Groth-Marnat (Eds.), *Integrative assessment of adult personality* (2nd ed., pp. 157–191). New York: Guilford Press.

Butcher, J. N., Cheung, F. M., & Lim, J. (2003). Use of the MMPI-2 with Asian populations. *Psychological Assessment, 15,* 248–256.

Butcher, J. N., Mineka, S., & Hooley, J. M. (2007). *Abnormal psychology* (13th ed.). Boston: Pearson.

Butcher, J. N., Mosch, S. C., Tsai, J., & Nezami, E. (2006). Cross-cultural applications of the MMPI-2. In J. N. Butcher (Ed.), *MMPI-2: A practitioner's guide* (pp. 505–537). Washington, DC: American Psychological Association.

Butcher, J. N., & Williams, C. L. (2009). Personality assessment with the MMPI-2: Historical roots, international adaptations, and current challenges. *Applied Psychology: Health and Well-Being, 1,* 105–135.

Butryn, M. L., Raggio, G., & Lowe, M. R. (2015). Weight management. In R. L. Cautin & S. O. Lilienfeld (Eds.), *The encyclopedia of clinical psychology* (pp. 2952–2956). West Sussex, UK: Wiley Blackwell.

Cabaniss, D. L., Cherry, S., Douglas, C. J., & Schwartz, A. R. (2011). *Psychodynamic psychotherapy: A clinical manual.* New York: Wiley.

Caccavale, J. (2013, July). Mental healthcare professionals need to boycott the DSM-5. *The Clinical Practitioner, 8*(4), 1–3.

Cain, D. J. (2002). Defining characteristics, history, and evolution of humanistic psychotherapies. In D. J. Cain & J. Seeman (Eds.), *Humanistic psychotherapies: Handbook of research and practice* (pp. 3–54). Washington, DC: American Psychological Association.

Cain, D. J. (2010). *Person-centered psychotherapies.* Washington, DC: American Psychological Association.

Calhoun, K. S., & Turner, S. M. (1981). Historical perspectives and current issues in behavior therapy. In S. M. Turner, K. S. Calhoun, & H. E. Adams (Eds.), *Handbook of clinical behavior therapy* (pp. 1–11). New York: Wiley.

Callahan, J. L., Heath, C. J., Aubuchon-Endsley, N. L., Collins, F. L., & Herbert, G. L. (2013). Enhancing information pertaining to client characteristics to facilitate evidence-based practice. *Journal of Clinical Psychology, 69*(12), 1239–1249.

Camara, W. J., Nathan, J. S., & Puente, A. E. (2000). Psychological test usage: Implications in professional psychology. *Professional Psychology: Research and Practice, 31,* 141–154.

Cameron, A. Y. (2015). Dialectical behavior therapy. In R. L. Cautin & S. O. Lilienfeld (Eds.), *The encyclopedia of clinical psychology* (pp. 873–878). West Sussex, UK: Wiley Blackwell.

Campbell, L. F., Norcross, J. C., Vasquez, M. J., & Kaslow, N. J. (2013). Recognition of psychotherapy effectiveness: The APA resolution. *Psychotherapy, 50*(1), 98–101.

Campbell, R. J. (2004). *Campbell's psychiatric dictionary* (8th ed.). New York: Oxford University Press.

Canivez, G. L., & Watkins, M. W. (2010). Investigation of the factor structure of the Wechsler Adult Intelligence Scale—Fourth Edition (WAIS–IV): Exploratory and higher order factor analyses. *Psychological Assessment, 22,* 827–836.

Cannon, W. (1932). *The wisdom of the body.* New York: W. W. Norton.

Caplan, P. J. (1992). Gender issues in the diagnosis of mental disorder. *Women & Therapy, 12,* 71–82.

Caplan, P. J. (1995). *They say you're crazy.* New York: Perseus.

Caplan, P. J. (2012, April 27). Psychiatry's bible, the DSM, is doing more harm than good. *Washington Post.*

Caplan, P. J., & Cosgrove, L. (Eds.). (2004). *Bias in psychiatric diagnosis.* Lanham, MD: Rowman & Littlefield.

Carey, B., & Harris, G. (2008, July 12). Psychiatric group faces scrutiny over drug industry ties. *New York Times.* Retrieved from http://www.nytimes.com/2008/07/12/washington/12psych.html?page wanted=all&_r=0

Carr, A. (2008). *What works with children, adolescents, and adults? A review of research on the effectiveness of psychotherapy.* New York: Routledge.

Carroll, J. B. (2005). The three-stratum theory of cognitive abilities. In D. P. Flanagan & P. L. Harrison (Eds.), *Contemporary intellectual assessment: Theories, tests, and issues* (2nd ed., pp. 69–76). New York: Guilford Press.

Carter, B., & McGoldrick, M. (1989). Overview: The changing family life cycle: A framework for family therapy. In B. Carter & M. McGoldrick (Eds.), *The changing family life cycle* (2nd ed., pp. 3–28). Boston: Allyn & Bacon.

Carter, B., & McGoldrick, M. (Eds.). (2004). *The expanded family life cycle: Individual, family, and social perspectives* (3rd ed.). Boston: Allyn & Bacon.

Carter, M. M., Forys, K. L., & Oswald, J. C. (2008). The cognitive-behavioral model. In M. Hersen & A. M. Gross (Eds.), *Handbook of clinical psychology* (Vol. 1, pp. 171–201). Hoboken, NJ: Wiley.

Cashel, M. L. (2002). Child and adolescent psychological assessment: Current clinical practice and the impact of managed care. *Professional Psychology: Research and Practice, 33,* 446–453.

Cassin, S. E., & David, L. A. (2015). Binge-eating disorder. In R. L. Cautin & S. O. Lilienfeld (Eds.), *The encyclopedia of clinical psychology* (pp. 382–385). West Sussex, UK: Wiley Blackwell.

Castonguay, L. G., & Beutler, L. E. (2006). Common and unique principles of therapeutic change: What do we know and what do we need to know? In L. G. Castonguay & L. E. Beutler (Eds.), *Principles of therapeutic change that work* (pp. 353–369). New York: Oxford University Press.

Castonguay, L. G., & Muran, J. C. (2015). Fostering collaboration between researchers and clinicians through building practice-oriented research: An introduction. *Psychotherapy Research, 25*(1), 1–5.

Castonguay, L. G., Youn, S. J., Xiao, H., Muran, J. C., & Barber, J. P. (2015). Building clinicians-researchers partnerships: Lessons from diverse natural settings and practice-oriented initiatives.

Psychotherapy Research, 25(1), 166–184.

Castro, F. G., Barrera, M., Jr., & Steiker, L. K. H. (2010). Issues and challenges in the design of culturally adapted evidence-based interventions. *Annual Review of Clinical Psychology, 6*, 213–239.

Caterino, L. C., Gómez-Benito, J., Balluerka, N., Amador-Campos, J. A., & Stock, W. A. (2009). Development and validation of a scale to assess the symptoms of attention-deficit/hyperactivity disorder in young adults. *Psychological Assessment, 21*, 152–161.

Cattell, J. M. (1890). Mental tests and measurements. *Mind, 15*, 373–381.

Cautin, R. L. (2011). A century of psychotherapy, 1860–1960. In J. C. Norcross, G. R. VandenBos, & D. K. Freedheim (Eds.), *History of psychotherapy: Continuity and change* (2nd ed., pp. 3–38). Washington, DC: American Psychological Association.

Center for Multicultural Human Services. (2006). Cross-cultural training. Retrieved from http:// www.cmhsweb.org/programs/ training.html

Centers for Disease Control. (2008). *State-specific prevalence of obesity among adults.* Retrieved from http://www.cdc.gov/nchs/ fastats/overwt .htm

Cepeda-Benito, A. (1993). Meta-analytical review of the efficacy of nicotine chewing gum in smoking treatment programs. *Journal of Consulting and Clinical Psychology, 61*, 822–830.

Chambless, D. L. (2002). Beware the dodo bird: The dangers of overgeneralization. *Clinical Psychology: Science and Practice, 9*, 13–16.

Chambless, D. L. (2014). Can we talk? Fostering interchange between scientists and practitioners. *Behavior Therapy, 45*(1), 47–50.

Chambless, D. L., Baker, M. J., Baucom, D. H., Beutler, L. E., Calhoun, K. S., Crits-Christoph, P., ... Johnson, S. B. (1998). Update on empirically validated therapies, II. *Clinical Psychologist, 51*, 3–13.

Chambless, D. L., & Ollendick, T. H. (2001). Empirically supported psychological interventions: Controversies and evidence. *Annual Review of Psychology, 52*, 685–716.

Chambless, D. L., Sanderson, W. C., Shoham, V., Johnson, S. B., Pope, K. S., Crits-Christoph, P., . . . McCurry, S. (1996). An update on empirically validated therapies. *Clinical Psychologist, 49*, 5–18.

Chambliss, C. H. (2000). *Psychotherapy and managed care.* Needham Heights, MA: Allyn & Bacon.

Chandler, J., & Shapiro, D. (2016). Conducting clinical research using crowdsourced convenience samples. *Annual Review of Clinical Psychology, 12*, 53–81.

Charland, L. C. (2015). Pinel, Philippe. In R. L. Cautin & S. O. Lilienfeld (Eds.), *The encyclopedia of clinical psychology* (pp. 2138–2143). West Sussex, UK: Wiley Blackwell.

Chenneville, T. (2000). HIV, confidentiality, and duty to protect: A decision-making model. *Professional Psychology: Research and Practice, 31*, 661–670.

Chentsova-Dutton, Y. E., & Tsai, J. L. (2007). Cultural factors influence the expression of psychopathology. In S. O. Lilienfeld & W. T. O'Donohue (Eds.), *The great ideas of clinical science: 17 principles that every mental health professional should understand* (pp. 375–396). New York: Routledge.

Cheung, M. (2006). *Therapeutic games and guided imagery: Tools for mental health and school professionals working with children, adolescents, and their families.* Chicago: Lyceum.

Chiles, J. A., Lambert, M. J., & Hatch, A. L. (1999). The impact of psychological interventions on medical cost offset: A meta-analytic review. *Clinical Psychology: Science and Practice, 6*, 204–220.

Choca, J. P., & Grossman, S. D. (2015). Evolution of the Millon Clinical Multiaxial Inventory. *Journal of Personality Assessment, 97*(6), 541–549.

Chodorow, N. (1978). *The reproduction of mothering: Psychoanalysis and the sociology of gender.* Berkeley: University of California Press.

Chorpita, B. F., Daleiden, E. L., Ebesutani, C., Young, J., Becker, K. D., Nakamura, B. J., . . . Starace, N. (2011). Evidence-based treatments for children and adolescents: An updated review of indicators of efficacy and effectiveness. *Clinical Psychology: Science and Practice, 18*, 154–172.

Christon, L. M., Arnold, C. C., & Myers, B. J. (2015). Professionals' reported provision and recommendation of psychosocial interventions for youth with autism spectrum disorder. *Behavior Therapy, 46*(1), 68–82.

Chu, B. C., & Kendall, P. C. (2009). Therapist responsiveness to child engagement: Flexibility within manual-based CBT for anxious youth. *Journal of Clinical Psychology, 65*, 736–754.

Chu, B. C., Skriner, L. C., & Zandberg, L. J. (2014). Trajectory and predictors of alliance in cognitive behavioral therapy for youth anxiety. *Journal of Clinical Child & Adolescent Psychology, 43*(5), 721–734.

Cipani, E., & Schock, K. M. (2007). *Functional behavioral assessment, diagnosis, and treatment.* New York: Springer.

Clark, D. A., & Beck, A. T. (2010). *Cognitive therapy of anxiety disorders: Science and practice.* New York: Guilford Press.

Clark, D. A., Hollifield, M., Leahy, R., & Beck, J. (2009). Theory of cognitive therapy. In G. O. Gabbard (Ed.), *Textbook of psychotherapeutic treatments* (pp. 165–200). Washington, DC: American Psychiatric Publishing.

Clark, D. M., Salkovskis, P. M., Hackman, A., Middelton, H., Anastasiades, P., & Gelder, M. (1994). A comparison of cognitive therapy, applied relaxation and imipramine in the treatment of panic disorder. *British Journal of Psychiatry, 164*, 759–769.

Clarke, D. E., Narrow, W. E., Regier, D. A., Kuramoto, S. J., Kupfer, D. J., Kuhl, E. A., . . . Kraemer, H. C. (2013). DSM-5 field trials in the United States and Canada, part I: Study design, sampling strategy, implementation, and analytic approaches. *American Journal of*

Psychiatry, 170(1), 43–58.

Coalson, D. L., Raiford, S. E., Saklofske, D. H., & Weiss, L. G. (2010). The WAIS-IV: Advanced in the assessment of intelligence. In L. G. Weiss, D. H. Saklofske, D. Coalson, & S. E. Raiford (Eds.), *WAIS-IV clinical use and interpretation: Scientist-practitioner perspectives* (pp. 3–24). London: Elsevier.

Cohen, J., Marecek, J., & Gillham, J. (2006). Is three a crowd? Clients, clinicians, and managed care. *American Journal of Orthopsychiatry, 76,* 251–259.

Cohen, S., & Williamson, G. (1991). Stress and infectious disease in humans. *Psychological Bulletin, 109,* 5–24.

Cohen-Filipic, J. (2015a). Licensed professional counselor (LPC). In R. L. Cautin & S. O. Lilienfeld (Eds.), *The encyclopedia of clinical psychology* (pp. 1671–1675). West Sussex, UK: Wiley Blackwell.

Cohen-Filipic, J. (2015b). Dual relationship/conflict of interest. In R. L. Cautin & S. O. Lilienfeld (Eds.), *The encyclopedia of clinical psychology* (pp. 978–984). West Sussex, UK: Wiley Blackwell.

Comas-Díaz, L. (2011). Multicultural approaches to psychotherapy. In J. C. Norcross, G. R. VandenBos, & D. K. Freedheim (Eds.), *History of psychotherapy: Continuity and change* (2nd ed., pp. 243–268). Washington, DC: American Psychological Association.

Comas-Díaz, L. (2012). *Multicultural care: A clinician's guide to cultural comptence.* Washington, DC: American Psychological Association.

Comer, J. S., & Kendall, P. C. (2013). Methodology, design, and evaluation in psychotherapy research. In M. J. Lambert (Ed.), *Bergin and Garfield's handbook of psychotherapy and behavior change* (6th ed., pp. 21–48). Hoboken, NJ: Wiley.

Compton, W. M., Dawson, D. A., Goldstein, R. B., & Grant, B. F. (2013). Crosswalk between DSM-IV dependence and DSM-5 substance use disorders for opioids, cannabis, cocaine and alcohol. *Drug and Alcohol Dependence, 132*(1), 387–390.

Conner, B. T. (2010). When is the difference significant? Estimates of meaningfulness in clinical research. *Clinical Psychology: Science and Practice, 17,* 52–57.

Constantine, M. G., Redington, R. M., & Graham, S. V. (2009). Counseling and psychotherapy with African Americans. In H. A. Neville, B. M. Tynes, & S. O. Utsey (Eds.), *Handbook of African American psychology* (pp. 431–444). Thousand Oaks, CA: Sage.

Constantino, M. J., Glass, C. R., Arnkoff, D. B., Ametrano, R. M., & Smith, J. Z. (2011). Expectations. In J. C. Norcross (Ed.), *Psychotherapy relationships that work: Evidence-based responsiveness* (2nd ed., pp. 354–376). New York: Oxford University Press.

Cook, J. M., Biyanova, T., & Coyne, J. C. (2009). Influential psychotherapy figures, authors, and books: An Internet survey of over 2,000 psychotherapists. *Psychotherapy: Theory, Research, Practice, Training, 46,* 42–51.

Cook, J. M., Biyanova, T., Elhai, J., Schnurr, P. P., & Coyne, J. C. (2010). What do psychotherapists really do in practice? An Internet study of over 2,000 practitioners. *Psychotherapy: Theory, Research, Practice, Training, 47,* 260–267.

Cooper, G. (2013). Will DSM Survive? *Psychotherapy Networker,* July/August, pp. 10–11.

Copeland, W. E., Angold, A., Costello, E. J., & Egger, H. (2013). Prevalence, comorbidity, and correlates of DSM-5 proposed disruptive mood dysregulation disorder. *American Journal of Psychiatry, 170*(2), 173–179.

Corcoran, J. (2015). Solution-focused therapy. In R. L. Cautin & S. O. Lilienfeld (Eds.), *The encyclopedia of clinical psychology* (pp. 2671–2673). West Sussex, UK: Wiley Blackwell.

Corey, G. (2009). *Theory and practice of counseling and psychotherapy* (8th ed.). Belmont, CA: Thomson.

Cosgrove, L., & Krimsky, S. (2012). A comparison of *DSM-IV* and *DSM-5* panel members' financial associations with industry: A pernicious problem persists. *Public Library of Science Medicine, 9*(3).

Cosgrove, L., Krimsky, S., Vijayaraghavan, M., & Schneider, L. (2006). Financial ties between *DSM-IV* panel members and the pharmaceutical industry. *Psychotherapy and Psychosomatics, 75,* 154–160.

Cosgrove, L., & Riddle, B. (2004). Gender bias and sex distribution of mental disorders in *DSM-IV-TR*. In P. J. Caplan & L. Cosgrove (Eds.), *Bias in psychiatric diagnosis* (pp. 127–140). Lanham, MD: Aronson.

Cosgrove, L., & Wheeler, E. E. (2013). Industry's colonization of psychiatry: Ethical and practical implications of financial conflicts of interest in the DSM-5. *Feminism & Psychology, 23*(1), 93–106.

Costa, P. T., & McCrae, R. R. (1985). *The NEO Personality Inventory manual.* Odessa, FL: Psychological Assessment Resources.

Costa, P. T., & McCrae, R. R. (1992). *Revised NEO Personality Inventory and NEO Five-Factor Inventory professional manual.* Odessa, FL: Psychological Assessment Resources.

Costa, P. T., Jr., & McCrae, R. R. (2008). The NEO inventories. In R. P. Archer & S. R. Smith (Eds.), *Personality assessment* (pp. 213–246). New York: Routledge.

Costa, P. T., & Widiger, T. A. (Eds.). (2001). *Personality disorders and the five-factor model of personality* (2nd ed.). Washington, DC: American Psychological Association.

Costantino, G., & Malgady, R. G. (1999). The Tell-Me-A-Story Test: A multicultural offspring of the Thematic Apperception Test. In L. Gieser & M. I. Stein (Eds.), *Evocative images: The Thematic Apperception Test and the art of projection* (pp. 191–206). Washington, DC: American Psychological Association.

Costantino, G., Dana, R., & Malgady, R. G. (2007). *The TEMAS test: Research and applications.* Mahwah, NJ: Erlbaum.

Costantino, G., Malgady, R. G., & Rogler, L. H. (1988). *Technical manual: The TEMAS Thematic Apperception Test.* Los Angeles: Western Psychological Services.

Cottone, R. R. (2012). Ethical

decision making in mental health contexts: Representative models and an organizational framework. In S. J. Knapp (Ed.), *APA handbook of ethics in psychology, Vol. 1: Moral foundations and common themes* (pp. 99–121). Washington, DC: American Psychological Association.

Craig, R. J. (2008). Millon Clinical Multiaxial Inventory-III. In R. P. Archer & S. R. Smith (Eds.), *Personality assessment* (pp. 133–165). New York: Routledge.

Craighead, L. W., Craighead, W. E., Kazdin, A. E., & Mahoney, M. J. (1994). *Cognitive and behavioral interventions.* Needham Heights, MA: Allyn & Bacon.

Craske, M. G. (2010). *Cognitive-behavioral therapy*. Washington, DC: American Psychological Association.

Creswell, J. D., Welch, W. T., Taylor, S. D., Sherman, D. K., Gruenewald, T. L., & Mann, T. (2005). Affirmation of personal values buffers neuroendocrine and psychological stress responses. *Psychological Science, 16*, 846–851.

Crits-Christoph, P., Gibbons, M. B. C., Hamilton, J., Ring-Kurtz, S., & Gallop, R. (2011). The dependability of alliance assessments: The alliance–outcome correlation is larger than you might think. *Journal of Consulting and Clinical Psychology, 79*, 267–278.

Cuijpers, P., Sijbrandij, M., Koole, S., Huibers, M., Berking, M., & Andersson, G. (2014). Psychological treatment of generalized anxiety disorder: A meta-analysis. *Clinical Psychology Review, 34*(2), 130–140.

Culver, N. C., Vervliet, B., & Craske, M. G. (2015). Compound extinction using the Rescorla–Wagner model to maximize exposure therapy effects for anxiety disorders. *Clinical Psychological Science, 3*(3), 335–348.

Cummings, N. A. (2007). Treatment and assessment take place in an economic context, always. In S. O. Lilienfeld & W. T. O'Donohue (Eds.), *The great ideas of clinical science: 17 principles that every mental health professional should understand* (pp. 163–184). New York: Routledge.

Curry, J. F. (2009). Research psychotherapy: Aspirin or music? *Clinical Psychology: Science and Practice, 16*, 318–322.

Curry, J. F., & Becker, S. J. (2008). Empirically supported psychotherapies for adolescent depression and mood disorders. In R. G. Steele, T. D. Elkin, & M. C. Roberts (Eds.), *Handbook of evidence-based therapies for children and adolescents: Bridging science and practice* (pp. 161–176). New York: Springer.

Curry, K. T., & Hanson, W. E. (2010). National survey of psychologists' test feedback training, supervision, and practice: A mixed methods study. *Journal of Personality Assessment, 92*, 327–336.

Curtin, L., & Hargrove, D. S. (2010). Opportunities and challenges of rural practice: Managing self amid ambiguity. *Journal of Clinical Psychology, 66*, 549–561.

Dalrymple, K. L., Gaudiano, B. A., & Weinstock, L. M. (2015). Efficacy versus effectiveness research. In R. L. Cautin & S. O. Lilienfeld (Eds.), The Encyclopedia of Clinical Psychology, pp. 1015-1021. West Sussex, UK: Wiley Blackwell.

Dana, R. H. (1993). *Multicultural assessment perspectives for professional psychology*. Boston: Allyn & Bacon.

Dana, R. H. (1995). Culturally competent MMPI assessment of Hispanic populations. *Hispanic Journal of Behavioral Sciences, 17*, 305–319.

Dana, R. H. (2005). *Multicultural assessment: Principles, applications, and examples*. Mahwah, NJ: Erlbaum.

Dantzker, M. L. (2011). Psychological preemployment screening for police candidates: Seeking consistency if not standardization. *Professional Psychology: Research and Practice, 42*, 276–283.

Darley, J., Fulero, S., Haney, C., & Tyler, T. (2002). Psychological jurisprudence: Taking psychology and law into the twenty-first century. In J. R. P. Ogloff (Ed.), *Taking psychology and law into the twenty-first century* (pp. 37–59). New York: Kluwer Academic/Plenum Press.

Dattilio, F. M. (2001). Cognitive-behavior family therapy: Contemporary myths and misconceptions. *Contemporary Family Therapy, 23*(1), 3–18.

Dattilio, F. M. (2009). *Cognitive-behavioral therapy with couples and families: A comprehensive guide for clinicians.* New York: Guilford Press.

Dattilio, F. M., Edwards, D. J. A., & Fishman, D. B. (2010). Case studies within a mixed methods paradigm: Toward a resolution of the alienation between researcher and practitioner in psychotherapy research. *Psychotherapy: Theory, Research, Practice, Training, 47*, 427–441.

Dattilio, F. M., Piercy, F. P., & Davis, S. D. (2014). The divide between "evidenced-based" approaches and practitioners of traditional theories of family therapy. *Journal of Marital and Family Therapy, 40*(1), 5–16.

Daubert v. Merrell Dow Pharmaceuticals, Inc. 509 U.S. 579 (1993).

David, D. (2015). Rational emotive behavior therapy (REBT). In R. L. Cautin & S. O. Lilienfeld (Eds.), *The encyclopedia of clinical psychology* (pp. 2396–2403). West Sussex, UK: Wiley Blackwell.

Davidson, J. E., & Downing, C. L. (2000). Contemporary models of intelligence. In R. J. Sternberg (Ed.), *Handbook of intelligence* (pp. 34–49). Cambridge, UK: Cambridge University Press.

Davis, D. M., & Hayes, J. A. (2011). What are the benefits of mindfulness? A practice review of psychotherapy-related research. *Psychotherapy, 48*, 198–208.

Davis, S. D., Dattilio, F. M., & Gonzalez, A. (2015). Family therapies. In R. L. Cautin & S. O. Lilienfeld (Eds.), *The encyclopedia of clinical psychology* (pp. 1239–1246). West Sussex, UK: Wiley Blackwell.

Davison, G. C., & Lazarus, A. A. (2007). Clinical case studies are important in the science and practice of psychotherapy. In S. O. Lilienfeld & W. T. O'Donohue (Eds.), *The great ideas of clinical science: 17 principles that every mental health professional should understand* (pp. 149–162). New York: Routledge.

Dawes, R. M., Faust, D., & Meehl, P. E. (1989). Clinical versus actuarial judgment. *Science, 243*, 1668–1674.

Dawson, C. J., & Jacquin, K. M. (2015a). Forensic testing. In R. L. Cautin & S. O. Lilienfeld (Eds.), *The encyclopedia of clinical psychology* (pp. 1265–1274). West Sussex, UK: Wiley Blackwell.

Dawson, C. J., & Jacquin, K. M. (2015b). Neuropsychological testing. In R. L. Cautin & S. O. Lilienfeld (Eds.), *The encyclopedia of clinical psychology* (pp. 1985–1997). West Sussex, UK: Wiley Blackwell.

De Fruyt, F., De Clercq, B., De Bolle, M., Wille, B., Markon, K., & Krueger, R. F. (2013). General and maladaptive traits in a five-factor framework for DSM-5 in a university student sample. *Assessment, 20*(3), 295–307.

Deacon, B. J. (2013). The biomedical model of mental disorder: A critical analysis of its validity, utility, and effects on psychotherapy research. *Clinical Psychology Review, 33*(7), 846–861.

Deacon, B. J., & Abramowitz, J. S. (2004). Cognitive and behavioral treatments for anxiety disorders: A review of meta-analytic findings. *Journal of Clinical Psychology, 60*(4), 429–441.

Dear, B. F., Zou, J. B., Ali, S., Lorian, C. N., Johnston, L., Sheehan, J., . . . Titov, N. (2015). Clinical and cost-effectiveness of therapist-guided Internet-delivered cognitive behavior therapy for older adults with symptoms of anxiety: A randomized controlled trial. *Behavior Therapy, 46*(2), 206–217.

Decker, H. S. (2013). The making of DSM-III: A diagnostic manual's conquest of american psychiatry. New York: Oxford University Press.

DeLao, C. S., & Keeley, J. W. (2015). Clinical utility. In R. L. Cautin & S. O. Lilienfeld (Eds.), *The encyclopedia of clinical psychology* (pp. 642–647). West Sussex, UK: Wiley Blackwell.

DeLeon, P. H., Dunivin, D. L., & Newman, R. (2002). The tide rises. *Clinical Psychology: Science and Practice, 9,* 249–255.

DeLeon, P. H., Kenkel, M. B., Garcia-Shelton, L., & VandenBos, G. R. (2011). Psychotherapy, 1960 to the present. In J. C. Norcross, G. R. VandenBos, & D. K. Freedheim (Eds.), *History of psychotherapy: Continuity and change* (2nd ed., pp. 39–62). Washington, DC: American Psychological Association.

DeLeon, P. H., Kenkel, M. B., Gray, J. M. O., & Sammons, M. T. (2011). Emerging policy issues for psychology: A key to the future of the profession. In D. H. Barlow (Ed.), *The Oxford handbook of clinical psychology* (pp. 34–51). New York: Oxford University Press.

DeLeon, P. H., & Wiggins, J. G., Jr. (1996). Prescription privileges for psychologists. *American Psychologist, 51,* 225–229.

Delgadillo, J., Moreea, O., Murphy, E., Ali, S., & Swift, J. K. (2015). can low-cost strategies improve attendance rates in brief psychological therapy? Double-blind randomized controlled trial. *Journal of Clinical Psychology, 71*(12), 1139–1152.

Demanchick, S. P., & Kirschenbaum, H. (2015). Rogers, Carl R. In R. L. Cautin & S. O. Lilienfeld (Eds.), *The encyclopedia of clinical psychology* (pp. 2488–2491). West Sussex, UK: Wiley Blackwell.

DeMatteo, D., Marczyk, G., Krauss, D. A., & Burl, J. (2009). Educational and training models in forensic psychology. *Training and Education in Professional Psychology, 3,* 184–201.

Dennhardt, A. A., Yurasek, A. M., & Murphy, J. G. (2015). Motivational interviewing. In R. L. Cautin & S. O. Lilienfeld (Eds.), *The encyclopedia of clinical psychology* (pp. 1908–1913). West Sussex, UK: Wiley Blackwell.

Dennis, T. A., & O'Toole, L. J. (2014). Mental health on the go effects of a gamified attention-bias modification mobile application in trait-anxious adults. *Clinical Psychological Science, 2*(5), 576–590.

deShazer, S., Dolan, Y. M., & Korman, H. (2007). *More than miracles: The state of the art of solution-focused brief therapy.* Binghamton, NY: Haworth.

Dessaulles, A., Johnson, S. M., & Denton, W. H. (2003). Emotion-focused therapy for couples in the treatment of depression: A pilot study. *American Journal of Family Therapy, 31*(5), 345–353.

Devlin, A. S., & Nasar, J. L. (2012). Impressions of psychotherapists' offices: Do therapists and clients agree? *Professional Psychology: Research and Practice, 43,* 118–122.

Dewald, P. A. (1964). *Psychotherapy: A dynamic approach.* New York: Basic Books.

Dewan, M., Weerasekera, P., & Stormon, L. (2009). Techniques of brief psychodynamic psychotherapy. In G. O. Gabbard (Ed.), *Textbook of psychotherapeutic treatments* (pp. 69–96). Washington, DC: American Psychiatric Publishing.

Diamond, L. M., Butterworth, M. R., & Savin-Williams, R. C. (2011). Working with sexual-minority individuals. In D. H. Barlow (Ed.), *The Oxford handbook of clinical psychology* (pp. 837–867). New York: Oxford University Press.

Dichter, G. S., Felder, J. N., Petty, C., Bizzell, J., Eronnst, M., & Smoski, M. J. (2009). The effects of psychotherapy on neural responses to rewards in major depression. *Biological Psychiatry, 66,* 886–897.

Dickerson, F. D., Tenhula, W. N., & Green-Paden, L. (2005). The token economy for schizophrenia: Review of the literature and recommendations for future research. *Schizophrenia Research, 75*(2-3), 405–416.

Didie, E. R. (2015). Interpersonal therapy (IPT). In R. L. Cautin & S. O. Lilienfeld (Eds.), *The encyclopedia of clinical psychology* (pp. 1540–1545). West Sussex, UK: Wiley Blackwell.

DiMatteo, M., Giordani, P., Lepper, H., & Croghan, T. (2002). Patient adherence and medical treatment outcomes: A meta-analysis. *Medical Care, 40,* 794–811.

Dimeff, L. A., & Koerner, K. (Eds.). (2007). *Dialectical behavior therapy in clinical practice: Applications across disorders and settings.* New York: Guilford Press.

Dimeff, L. A., Paves, A. P., Skutch, J. M., & Woodcock, E. A. (2011). Shifting paradigms in clinical psychology: How innovative technologies are shaping treatment delivery. In D. H. Barlow (Ed.), *The Oxford handbook of clinical psychology* (pp. 618–648). New York: Oxford University Press.

Dimidjian, S., Barrera, M., Jr., Martell, C., Munoz, R. F., & Lewinsohn, P. M. (2011). The origins and current status of behavioral activation treatments for depression. *Annual Review of Clinical Psychology, 7,* 1–38.

Dimidjian, S., & Linehan, M. M. (2008). Mindfulness practice. In W. T. O'Donohue & J. E. Fisher (Eds.), *Cognitive behavior therapy: Applying empirically supported techniques in your practice* (2nd ed., pp. 327–336). Hoboken, NJ: Wiley.

Dimidjian, S., & Linehan, M. M. (2009). Mindfulness practice. In W. T. O'Donohue & J. E. Fisher (Eds.), *General principles and empirically supported techniques of cognitive behavior therapy* (pp. 425–434). Hoboken, NJ: Wiley.

Dingfelder, S. (2012, April). The internship match imbalance worsens, but there are signs of hope in otherwise grim numbers. *Monitor on Psychology, 43,* 10.

Di Nardo, P. A., & Barlow, D. H. (1988). *Anxiety Disorders Interview Schedule-Revised (ADIS-R).* Albany, NY: Graywind.

Dirks, M. A., Persram, R., Recchia, H. E., & Howe, N. (2015). Sibling relationships as sources of risk and resilience in the development and maintenance of internalizing and externalizing problems during childhood and adolescence. *Clinical Psychology Review, 42,* 145–155.

Dittman, M. (2003). Psychology's first prescribers. *APA Monitor on Psychology, 34,* 36.

Division 44/Committee on Lesbian, Gay, and Bisexual Concerns Joint Task Force on Guidelines for Psychotherapy With Lesbian, Gay, and Bisexual Clients. (2000). Guidelines for psychotherapy with lesbian, gay, and bisexual clients. *American Psychologist, 55,* 1440–1451.

Dobbs, D. (2013). Psychiatry: A very sad story. *Nature, 497*(7447), 36–37.

Dobson, D., & Dobson, K. S. (2009). *Evidence-based practice of cognitive-behavioral therapy.* New York: Guilford Press.

Dobson, K. S. (2012). *Cognitive therapy.* Washington, DC: American Psychological Association.

Dobson, K. S. (2013). The science of CBT: Toward a metacognitive model of change? *Behavior Therapy, 44*(2), 224–227.

Dobson, K. S., & Hamilton, K. E. (2008). Cognitive restructuring: Behavioral tests of negative cognitions. In W. T. O'Donohue & J. E. Fisher (Eds.), *Cognitive behavior therapy: Applying empirically supported techniques in your practice* (2nd ed., pp. 96–100). Hoboken, NJ: Wiley.

Donnay, D. A. C., & Elliott, T. R. (2003). The California Psychological Inventory. In L. E. Beutler & G. Groth-Marnat (Eds.), *Integrative assessment of adult personality* (2nd ed., pp. 227–261). New York: Guilford Press.

Dopp, A. R., Borduin, C. M., Wagner, D. V., & Sawyer, A. M. (2014). The economic impact of multisystemic therapy through midlife: A cost-benefit analysis with serious juvenile offenders and their siblings. *Journal of Consulting and Clinical Psychology, 82*(4), 694–705.

Dozois, D. J. A. (2010). Understanding and enhancing the effects of homework in cognitive-behavioral therapy. *Clinical Psychology: Science and Practice, 17,* 157–161.

Dozois, D. J. A., & Brinker, J. K. (2015). Cognitive therapies. In R. L. Cautin & S. O. Lilienfeld (Eds.), *The encyclopedia of clinical psychology* (pp. 656–665). West Sussex, UK: Wiley Blackwell.

Drabick, D. A. G., & Kendall, P. C. (2010). Developmental psychopathology and the diagnosis of mental health problems among youth. *Clinical Psychology: Science and Practice, 17,* 272–280.

Drewes, A. A. (2005a). Appendix: Multicultural play therapy resources. In E. Gil & A. A. Drewes (Eds.), *Cultural issues in play therapy* (pp. 195–205). New York: Guilford Press.

Drewes, A. A. (2005b). Play in selected cultures: Diversity and universality. In E. Gil & A. A. Drewes (Eds.), *Cultural issues in play therapy* (pp. 26–71). New York: Guilford Press.

Driessen, E., Cuijpers, P., de Maat, S., Abaass, A. A., de Jonghe, F., & Dekker, J. J. M. (2010). The efficacy of short-term psychodynamic psychotherapy for depression: A meta-analysis. *Clinical Psychology Review, 30,* 25–36.

Driessen, E., Hegelmaier, L. M., Abbass, A. A., Barber, J. P., Dekker, J. J., Van, H. L., . . . Cuijpers, P. (2015). The efficacy of short-term psychodynamic psychotherapy for depression: A meta-analysis update. *Clinical Psychology Review, 42,* 1–15.

Drossel, C., Garrison-Diehn, C. G., & Fisher, J. E. (2008). Contingency management interventions. In W. T. O'Donohue & J. E. Fisher (Eds.), *Cognitive behavior therapy: Applying empirically supported techniques in your practice* (2nd ed., pp. 116–122). Hoboken, NJ: Wiley.

Drozdick, L. W., Holdnack, J. A., & Hilsabeck, R. C. (2011). *Essentials of WMS-IV assessment.* Hoboken, NJ: Wiley.

Dryden, W. (1995). *Brief rational emotive behaviour therapy.* Chichester, UK: Wiley.

Dryden, W. (2009). *Understanding emotional problems: The REBT perspective.* New York: Routledge.

Dryden, W. (2015). Albert Ellis. In R. L. Cautin & S. O. Lilienfeld (Eds.), *The encyclopedia of clinical psychology* (pp. 1025–1027). West Sussex, UK: Wiley Blackwell.

Duckworth, A. L., Steen, T. A., & Seligman, M. E. P. (2005). Positive psychology in clinical practice. *Annual Review of Clinical Psychology, 1,* 629–651.

Duckworth, M. P. (2008). Assertiveness skills and the management of related factors. In W. T. O'Donohue & J. E. Fisher (Eds.), *Cognitive behavior therapy: Applying empirically supported techniques in your practice* (2nd ed., pp. 26–34). Hoboken, NJ: Wiley.

Duncan, A. B., Velasquez, S. E., & Nelson, E. L. (2014). Using videoconferencing to provide psychological services to rural children and adolescents: A review and case example. *Journal of Clinical Child & Adolescent Psychology, 43*(1), 115–127.

Durand, V. M., & Wang, M. (2011). Clinical trials. In J. C. Thomas & M. Hersen (Eds.), *Understanding research in clinical and counseling psychology* (2nd ed., pp. 201–227). New York: Taylor & Francis.

Durbin, C. E., & Klein, D. N. (2006). Ten-year stability of personality disorders among outpatients with mood disorders. *Journal of Abnormal Psychology, 115,* 75–84.

Durham v. United States, 214 F.2d 862, D.C. Cir. (1954).

Durlak, J. A. (2003). Basic principles of meta-analysis. In M. C. Roberts & S. S. Ilardi (Eds.), *Handbook of research methods in clinical psychology* (pp. 196–209). Malden, MA: Blackwell.

Dusky v. United States, 362 U.S. 402 (1960).

Dweck, C. S., & Leggett, E. L. (1988). A social-cognitive approach to motivation and personality. *Psychological Review, 95*(2), 256–273.

Ebert, D. D., Zarski, A. C., Christensen, H., Stikkelbroek, Y., Cuijpers, P., Berking, M., & Riper, H. (2015). Internet and computer-based cognitive behavioral therapy for anxiety and depression in youth: A meta-analysis of randomized controlled outcome trials. *PloS One, 10*(3), e0119895.

Edens, J. F., Marcus, D. K., & Morey, L. C. (2009). Paranoid personality has a dimensional latent structure: Taxometric analyses of community and clinical samples. *Journal of Abnormal Psychology, 118,* 545–553.

Edmunds, J. M., Beidas, R. S., & Kendall, P. C. (2013). Dissemination and implementation of evidence-based practices: Training and consultation as implementation strategies. *Clinical Psychology: Science and Practice, 20*(2), 152–165.

Eells, T. D., Barrett, M. S., Wright, J. H., & Thase, M. (2014). Computer-assisted cognitive-behavior therapy for depression. *Psychotherapy, 51*(2), 191–197.

Ehrenwald, J. (Ed.). (1991). *The history of psychotherapy.* Northvale, NJ: Aronson.

Ehrich, M. E., & Kratochwill, T. R. (2002). Behavioral consultation and therapy. In M. Hersen & W. Sledge (Eds.), *Encyclopedia of psychotherapy* (Vol. 1, pp. 191–205). San Diego, CA: Academic Press.

Eifert, G. H., & Forsyth, J. P. (2005). *Acceptance and commitment therapy for anxiety disorders.* Oakland, CA: New Harbinger.

Eisenberg, N. (2000). Empathy and sympathy. In M. Lewis & J. M. Haviland-Jones (Eds.), *Handbook of emotions* (2nd ed., pp. 677–691). New York: Guilford Press.

Ekers, D., Webster, L., Van Straten, A., Cuijpers, P., Richards, D., & Gilbody, S. (2014). Behavioural activation for depression: An update of meta-analysis of effectiveness and sub group analysis. *PloS One, 9*(6), e100100.

Ellard, K. K., Fairholme, C. P., Boisseau, C. L., Farchione, T. J., & Barlow, D. H. (2010). Unified protocol for the transdiagnostic treatment of emotional disorders: Protocol development and initial outcome data. *Cognitive and Behavioral Practice, 17*(1), 88–101.

Elliott, K., Barker, K. K., & Hunsley, J. (2015). Dodo bird verdict in psychotherapy. In R. L. Cautin & S. O. Lilienfeld (Eds.), *The encyclopedia of clinical psychology* (pp. 944–948). West Sussex, UK: Wiley Blackwell.

Elliott, R. (1996). Are client-centered/experiential therapies effective? A meta-analysis of outcome research. In U. Esser, H. Pabst, & W. W. Speierer (Eds.), *The power of the person-centered approach: New challenges, perspectives, answers* (pp. 125–138). Koln, Germany: GWG Verlag.

Elliott, R. (2002). The effectiveness of humanistic therapies: A meta-analysis. In D. J. Cain & J. Seeman (Eds.), *Humanistic psychotherapies: Handbook of research and practice* (pp. 57–81). Washington, DC: American Psychological Association.

Elliott, R., Bohart, A. C., Watson, J. C., & Greenberg, L. S. (2011). Empathy. In J. C. Norcross (Ed.), *Psychotherapy relationships that work: Evidence-based responsiveness* (2nd ed., pp. 132–152). New York: Oxford University Press.

Ellis, A. (1962). *Reason and emotion in psychotherapy.* New York: Lyle Stuart.

Ellis, A. (2008). Cognitive restructuring of the disputing of irrational beliefs. In W. T. O'Donohue & J. E. Fisher (Eds.), *Cognitive behavior therapy: Applying empirically supported techniques in your practice* (2nd ed., pp. 91–95). Hoboken, NJ: Wiley.

Ellis, A., & Ellis, D. J. (2011). *Rational emotive behavior therapy.* Washington, DC: American Psychological Association.

Ellis, A., & Grieger, R. (1977). *Handbook of rational-emotive therapy.* New York: Springer.

Ellis, A., & Harper, R. A. (1975). *A new guide to rational living.* North Hollywood, CA: Wilshire.

Ellis, E. (2008). Child custody evaluations. In R. L. Jackson (Ed.), *Learning forensic assessment* (pp. 417–448). New York: Taylor & Francis.

Emery, C. F., Anderson, D. R., & Andersen, B. L. (2011). Psychological interventions in health-care settings. In D. H. Barlow (Ed.), *The Oxford handbook of clinical psychology* (pp. 701–716). New York: Oxford University Press.

Emmelkamp, P. M. (2011). Effectiveness of cybertherapy in mental health: A critical appraisal. *Studies in Health Technology and Informatics, 167,* 3–8.

Emmelkamp, P. M. G., & Kamphuis, J. H. (2002). Aversion relief. In M. Hersen & W. Sledge (Eds.), *Encyclopedia of psychotherapy* (Vol. 1, pp. 139–143). San Diego, CA: Academic Press.

Engel, J. (2008). *American therapy: The rise of psychotherapy in the United States.* New York: Gotham.

Engle, V., & Graney, M. (2000). Biobehavioral effects of therapeutic touch. *Journal of Nursing Scholarship, 32,* 287–293.

Engstrom, E. J., & Weber, M. M. (2015). Kraepelin, Emil. In R. L. Cautin & S. O. Lilienfeld (Eds.), *The encyclopedia of clinical psychology* (pp. 1629–1632). West Sussex, UK: Wiley Blackwell.

Eonta, A. M., Christon, L. M., Hourigan, S. E., Ravindran, N., Vrana, S. R., & Southam-Gerow, M. A. (2011). Using everyday technology to enhance evidence-based treatments. *Professional Psychology: Research and Practice, 42*, 513–520.

Epp, A. M., Dobson, K. S., & Cottraux, J. (2009). Applications of individual cognitive-behavioral therapy to specific disorders. In G. O. Gabbard (Ed.), *Textbook of psychotherapeutic treatments* (pp. 239–262). Washington, DC: American Psychiatric Publishing.

Erekson, D. M., & Lambert, M. J. (2015). Client-centered therapy. In R. L. Cautin & S. O. Lilienfeld (Eds.), *The encyclopedia of clinical psychology* (pp. 532–537). West Sussex, UK: Wiley Blackwell.

Eriksen, K. (2005). *Beyond the DSM story.* Thousand Oaks, CA: Sage.

Eriksen, K., & Kress, V. E. (2005). *Beyond the* DSM *story: Ethical quandaries, challenges, and best practices.* Thousand Oaks, CA: Sage.

Erwin, E. (Ed.). (2002). *The Freud encyclopedia: Theory, therapy, and culture.* New York: Routledge.

Esquivel, G. B., Oades-Sese, G. V., & Olitzky, S. L. (2008). Multicultural issues in projective assessment. In L. A. Suzuki & J. G. Ponterotto (Eds.), *Handbook of multicultural assessment: Clinical, psychological, and educational applications* (3rd ed., pp. 346–374). Hoboken, NJ: Wiley.

Evans, D. L., Foa, E. B., Gur, R. E., Hendin, H., O'Brien, C. P., Seligman, M. E. P., & Walsh, B. T. (Eds.). (2005). *Treating and preventing adolescent mental health disorders: What we know and what we don't know.* New York: Oxford University Press.

Evans, S. C., & Roberts, M. C. (2015). International classification of diseases (ICD), mental and behavioural disorders section. In R. L. Cautin & S. O. Lilienfeld (Eds.), *The encyclopedia of clinical psychology* (pp. 1520–1529). West Sussex, UK: Wiley Blackwell.

Evans, S. W., Owens, J. S., & Bunford, N. (2014). Evidence-based psychosocial treatments for children and adolescents with attention-deficit/hyperactivity disorder. *Journal of Clinical Child & Adolescent Psychology, 43*(4), 527–551.

Ewing, C. P. (2003). Expert testimony: Law and practice. In A. M. Goldstein (Ed.), *Handbook of psychology, Vol. 11: Forensic psychology* (pp. 55–66). Hoboken, NJ: Wiley.

Exner, J. E., Jr. (1986). *The Rorschach: A comprehensive system* (2nd ed.). New York: Wiley.

Eysenck, H. J. (1952). The effects of psychotherapy: An evaluation. *Journal of Consulting Psychology, 16,* 319–324.

Eysenck, H. J. (2013). The outcome problem in psychotherapy: A reply. *Psychotherapy, 50*(1), 12–14.

Fabricatore, A. N., & Wadden. T. A. (2006). Obesity. *Annual Review of Clinical Psychology, 2*, 357–377.

Fagan, J., & Shepherd, I. L. (1970). *Gestalt therapy now.* Palo Alto, CA: Science and Behavior Books.

Faigman, D. L., & Monahan, J. (2005). Psychological evidence at the dawn of the law's scientific age. *Annual Review of Psychology, 56,* 631–659.

Faragher, E., & Cooper, C. (1990). Type A stress prone behavior and breast cancer. *Psychological Medicine, 20,* 663–670.

Farber, B. A., & Doolin, E. M. (2011). Positive regard and affirmation. In J. C. Norcross (Ed.), *Psychotherapy relationships that work: Evidence-based responsiveness* (2nd ed., pp. 168–186). New York: Oxford University Press.

Farchione, T. J., Fairholme, C. P., Ellard, K. K., Boisseau, C. L., Thompson-Hollands, J., Carl, J. R., . . . Barlow, D. H. (2012). Unified protocol for transdiagnostic treatment of emotional disorders: A randomized controlled trial. *Behavior Therapy, 43*(3), 666–678.

Farmer, R. F., & Chapman, A. L. (2008). *Behavioral interventions in cognitive behavior therapy.* Washington, DC: American Psychological Association.

Farrell, J. M., Shaw, I. A., & Webber, M. A. (2009). A schema-focused approach to group psychotherapy for outpatients with borderline personality disorder: A randomized controlled trial. *Journal of Behavior Therapy and Experimental Psychiatry, 40*(2), 317–328.

Feldstein, J. (1987). Relationship of counselor and client sex and sex role to counselor empathy and client self-disclosure. In G. A. Gladstein (Ed.), *Empathy and counseling: Explorations in theory and research* (pp. 109–119). New York: Springer-Verlag.

Fernandez, M. A., Gold, D. C., Hirsch, E., & Miller, S. P. (2015). From the clinics to the classrooms: A review of teacher–child interaction training in primary, secondary, and tertiary prevention settings. *Cognitive and Behavioral Practice, 22*(2), 217–229.

Ferrand, L., & Nicolas, S. (2015). Binet, Alfred. In R. L. Cautin & S. O. Lilienfeld (Eds.), *The encyclopedia of clinical psychology* (pp. 380–382). West Sussex, UK: Wiley Blackwell.

Finn, S. E., & Kamphus, J. H. (2006). Therapeutic assessment with the MMPI-2. In J. N. Butcher (Ed.), *MMPI-2: A practitioner's guide* (pp. 165–191). Washington, DC: American Psychological Association.

Finn, S. E., & Tonsager, M. (1992). Therapeutic effects of providing MMPI-2 test feedback to college students awaiting therapy. *Psychological Assessment, 4*, 278–287.

First, M. B. (2015). Structured clinical interview for the DSM (SCID). In R. L. Cautin & S. O. Lilienfeld (Eds.), *The encyclopedia of clinical psychology* (pp. 2727–2732). West Sussex, UK: Wiley Blackwell.

First, M. B., Gibbon, M., Spitzer, R. L., Williams, J. B. W., & Benjamin, L. S. (1997). *User's guide for the structured clinical interview for* DSM-IV *Axis II personality disorders.* Washington, DC: American Psychiatric Press.

First, M. B., Spitzer, R. L., Gibbon, M., & Williams, J. B. W. (1997a). *Structured clinical interview for* DSM-IV *Axis I disorders: Clinician version.* Washington, DC: American Psychiatric Press.

First, M. B., Spitzer, R. L., Gibbon, M., & Williams, J. B. W. (1997b). *Structured clinical interview for* DSM-IV *Axis I disorders: Clinician version: Administration booklet.* Washington, DC: American Psychiatric Press.

First, M. B., Spitzer, R. L., Gibbon, M., &

Williams, J. B. W. (1997c). *User's guide for the structured clinical interview for* DSM-IV *Axis I disorders: Clinician version.* Washington, DC: American Psychiatric Press.

Fisher, C. B. (2017). *Decoding the ethics code: A practical guide for psychologists* (4th ed.). Thousand Oaks, CA: Sage.

Fisher, C. B., & Fried, A. A. (2003). Internet-mediated psychological services and the American Psychological Association ethics code. *Psychotherapy: Theory, Research, Practice, Training, 40*, 103–111.

Fisher, C. B., & Vacanti-Shova, K. (2012). The responsible conduct of psychological research: An overview of ethical principles, APA ethics code standards, and federal regulations. In S. J. Knapp (Ed.), *APA handbook of ethics in psychology, Vol. 2: Practice, teaching, and research* (pp. 335–369). Washington, DC: American Psychological Association.

Fisher, M. A. (2012). Confidentiality and record keeping. In S. J. Knapp (Ed.), *APA handbook of ethics in psychology, Vol. 1: Moral foundations and common themes* (pp. 333–375). Washington, DC: American Psychological Association.

Fisher, P. L., & Wells, A. (2008). Metacognitive therapy for obsessive-compulsive disorder: A case series. *Journal of Behavior Therapy and Experimental Psychiatry, 39*, 117–132.

Fisher, P., & Wells, A. (2009). *Metacognitive therapy*. New York: Routledge.

Fisher, W. W., & Piazza, C. C. (2015). Applied behavior analysis. In R. L. Cautin & S. O. Lilienfeld (Eds.), *The encyclopedia of clinical psychology* (pp. 189–194). West Sussex, UK: Wiley Blackwell.

Fisher, W. W., Piazza, C. C., & Roane, H. S. (2011). *Handbook of applied behavior analysis.* New York: Guilford Press.

Fitzgerald, J., Johnson, S. M., & Thomas, J. (2015). Emotionally focused therapy (EFT). In R. L. Cautin & S. O. Lilienfeld (Eds.), *The encyclopedia of clinical psychology* (pp. 1028–1033). West Sussex, UK: Wiley Blackwell.

Flanagan, D. P., & Kaufman, A. S. (2009). *Essentials of WISC-IV assessment* (2nd ed.). Hoboken, NJ: Wiley.

Flanagan, R., Costantino, G., Cardalda, E., & Costantino, E. (2008). TEMAS: A multicultural test and its place in an assessment battery. In L. A. Suzuki & J. G. Ponterotto (Eds.), *Handbook of multicultural assessment: Clinical, psychological, and educational applications* (3rd ed., pp. 323–345). Hoboken, NJ: Wiley.

Flückiger, C., Del Re, A. C., Wampold, B. E., Symonds, D., & Horvath, A. O. (2012). How central is the alliance in psychotherapy? A multilevel longitudinal meta-analysis. *Journal of Counseling Psychology, 59*(1), 10–17.

Foa, E. B., & McLean, C. P. (2015). The efficacy of exposure therapy for anxiety-related disorders and its underlying mechanisms: The case of OCD and PTSD. *Annual Review of Clinical Psychology, 12*, 1–28.

Foellmi, M., & Rosenfeld, B. (2015). In R. L. Cautin & S. O. Lilienfeld (Eds.), *The encyclopedia of clinical psychology* (pp. 2785–2787). West Sussex, UK: Wiley Blackwell.

Foley, K. P., & McNeil, C. B. (2015). Scholar–practitioner model. In R. L. Cautin & S. O. Lilienfeld (Eds.), *The encyclopedia of clinical psychology* (pp. 2539–2544). West Sussex, UK: Wiley Blackwell.

Follette, W. C., Darrow, S. M., & Bonow, J. T. (2009). Cognitive behavior therapy: A current appraisal. In W. T. O'Donohue & J. E. Fisher (Eds.), *General principles and empirically supported techniques of cognitive behavior therapy* (pp. 42–62). Hoboken, NJ: Wiley.

Fontes, L. A. (2008). *Interviewing clients across cultures: A practitioner's guide*. New York: Guilford Press.

Forehand, R., Dorsey, S., Jones, D. J., Long, N., & McMahon, R. J. (2010). Adherence and flexibility: They can (and do) coexist! *Clinical Psychology: Science and Practice, 17*, 258–264.

Forehand, R., Jones, D. J., & Parent, J. (2013). Behavioral parenting interventions for child disruptive behaviors and anxiety: What's different and what's the same. *Clinical Psychology Review, 33*(1), 133–145.

Forehand, R., Lafko, N., Parent, J., & Burt, K. B. (2014). Is parenting the mediator of change in behavioral parent training for externalizing problems of youth? *Clinical Psychology Review, 34*(8), 608–619.

Forman, E. M., Juarascio, A. S., Martin, L. M., & Herbert, J. D. (2015). Acceptance and commitment therapy (ACT). In R. L. Cautin & S. O. Lilienfeld (Eds.), *The encyclopedia of clinical psychology* (pp. 10–17). West Sussex, UK: Wiley Blackwell.

Fouad, N. A. (2006). Multicultural guidelines: Implementation in an urban counseling psychology program. *Professional Psychology: Research and Practice, 37*, 6–13.

Fouad, N. A., & Arredondo, P. (2007). *Becoming culturally oriented: Practical advice for psychologists and educators.* Washington, DC: American Psychological Association.

Fowler, J. C., & Groat, M. D. (2008). Personality assessment using implicit (projective) methods. In M. Hersen & A. M. Gross (Eds.), *Handbook of clinical psychology* (Vol. 1, pp. 475–494). Hoboken, NJ: Wiley.

Fowles, D. C. (2015). Academy of Psychological Clinical Sciences (APCS). In R. L. Cautin & S. O. Lilienfeld (Eds.), *The encyclopedia of clinical psychology* (pp. 1–10). West Sussex, UK: Wiley Blackwell.

Fox, J., & Jones, K. D. (2013). *DSM-5* and bereavement: The loss of normal grief? *Journal of Counseling & Development, 91*, 113–119. doi: 10.1002/j.1556-6676.2013.00079.x

Frances, A. (2012a, May 2). Wonderful news: DSM-5 finally begins its belated and necessary retreat. Retreived from http://www.psychologytoday.com/blog/dsm5-in-distress/201205/wonderful-news-dsm-5-finally-begins-its-belated-and-necessary-retreat

Frances, A. (2012b, December 2). DSM-5

is guide not bible—ignore its ten worst changes. Retrieved from http://www.psychologytoday.com/blog/dsm5-in-distress/201212/dsm-5-is-guide-not-bible-ignore-its-ten-worst-changes

Frances, A. (2012c, July 11). Two who resigned from DSM-5 explain why. Retrieved from http://www.psychologytoday.com/blog/dsm5-in-distress/201207/two-who-resigned-dsm-5-explain-why

Frances, A. (2012d, November 11). You can't turn a sow's ear into a silk purse. Retrieved from http://www.psychologytoday.com/blog/dsm5-in-distress/201211/you-cant-turn-sows-ear-silk-purse

Frances, A. (2012e, June 15). Top 10 indicators of DSM-5 openness. Retrieved from http://www.psychologytoday.com/blog/dsm5-in-distress/201206/top-10-indicators-dsm-5-openness

Frances, A. (2012f, January 3). Is DSM-5 a public trust or an APA cash cow? Retrieved from http://www.psychologytoday.com/blog/dsm5-in-distress/201201/is-dsm-5-public-trust-or-apa-cash-cow

Frances, A. (2013a). *Saving normal: An insider's revolt against out-of-control psychiatric diagnosis, DSM-5, big pharma, and the medicalization of ordinary life.* New York: HarperCollins.

Frances, A. (2013b). The past, present and future of psychiatric diagnosis. *World Psychiatry, 12*(2), 111–112.

Frances, A. (2013c). DSM in philosophyland: Curiouser and curiouser. In J. Paris & J. Phillips (Eds.), *Making the DSM-5: Concepts and controversies* (pp. 95–103). New York: Springer.

Frances, A. (2013d). The new somatic symptom disorder in DSM-5 risks mislabeling many people as mentally ill. *BMJ: British Medical Journal, 346,* f1580.

Frances, A. (2013e, April 25). The international reaction to DSM-5. Retrieved from http://www.psychologytoday.com/blog/saving-normal/201304/the-international-reaction-dsm-5

Frances, A. (2013f, April 16). Does DSM-5 have a captive audience? Retrieved from http://www.psychologytoday.com/blog/saving-normal/201304/does-dsm-5-have-captive-audience

Frances, A. (2013g, February 8). DSM-5 boycotts and petitions. Retrieved from http://www.psychologytoday.com/blog/saving-normal/201302/dsm-5-boycotts-and-petitions

Frances, A. (2013h, January 23). Price gouging: Why will DSM-5 cost $199 a copy? Retrieved from http://www.psychologytoday.com/blog/dsm5-in-distress/201301/price-gouging-why-will-dsm-5-cost-199-copy.

Frances, A. (2013i, May 17). The new crisis in confidence in psychiatric diagnosis. *Annals of Internal Medicine,* doi: 10.7326/0003-4819-159-3-201308060-00655

Frances, A., & Batstra, L. (2013). Why so many epidemics of childhood mental disorder? *Journal of Developmental & Behavioral Pediatrics, 34*(4), 291–292.

Frances, A., & Chapman, S. (2013). DSM-5 somatic symptom disorder mislabels medical illness as mental disorder. *Australian and New Zealand Journal of Psychiatry, 47*(5), 483–484.

Frances, A. J., & Nardo, J. M. (2013). ICD-11 should not repeat the mistakes made by DSM-5. *British Journal of Psychiatry, 203*(1), 1–2.

Frances, A., First, M. B., & Pincus, H. A. (1995). *DSM-IV guidebook.* Washington, DC: American Psychiatric Press.

Frank, E., Kupfer, D. J., Thase, M. E., Mallinger, A. G., Swartz, H. A., Fagiolini, A. M., . . . Monk, T. (2005). Two-year outcomes for interpersonal and social rhythm therapy in individuals with bipolar I disorder. *Archives of General Psychiatry, 62*(9), 996–1004.

Frank, E., & Levenson, J. C. (2011). *Interpersonal psychotherapy.* Washington, DC: American Psychological Association.

Frank, E., Swartz, H. A., & Kupfer, D. J. (2000). Interpersonal and social rhythm therapy: Managing the chaos of bipolar disorder. *Biological Psychiatry, 48*(6), 593–604.

Frank, J. D. (1961). *Persuasion and healing.* Baltimore: Johns Hopkins University Press.

Frankl, V. E. (1963). *Man's search for meaning.* New York: Pocket Books.

Franklin, A. J. (2007). Gender, race, and invisibility in psychotherapy with African American men. In J. C. Muran (Ed.), *Dialogues on difference: Studies of diversity in the therapeutic relationship* (pp. 117–131). Washington, DC: American Psychological Association.

Franklin, M. E., & Foa, E. B. (2011). Treatment of obsessive compulsive disorder. *Annual Review of Clinical Psychology, 7,* 229–243.

Frauenhoffer, D., Ross, M. J., Gfeller, J., Searight, H. R., & Piotrowski, C. (1998). Psychological test usage among licensed mental health practitioners: A multidisciplinary survey. *Journal of Psychological Practice, 4,* 28–33.

Freeman, A., & Greenwood, V. B. (Eds.). (1987). *Cognitive therapy: Applications in psychiatric and medical settings.* New York: Human Sciences Press.

Freeman, A., Pretzer, J., Fleming, B., & Simon, K. M. (1990). *Clinical applications of cognitive therapy.* New York: Plenum Press.

Freeman, K. A. (2002). Modeling. In M. Hersen & W. Sledge (Eds.), *Encyclopedia of psychotherapy* (Vol. 2, pp. 147–154). San Diego, CA: Academic Press.

Freeman, K. A., & Eagle, R. F. (2011). Single-subject research designs. In J. C. Thomas & M. Hersen (Eds.), *Understanding research in clinical and counseling psychology* (2nd ed., pp. 129–154). New York: Taylor & Francis.

Freud, A. (1936). *The ego and the mechanisms of defense.* New York: International Universities Press.

Freud, S. (1900). *The interpretation of dreams.* London: Hogarth Press.

Freud, S. (1905). *Three essays on the theory of sexuality.* London: Hogarth Press.

Friedberg, R. D., & McClure, J. M.

(2015). *Clinical practice of cognitive therapy with children and adolescents: The nuts and bolts* (2nd ed.). New York: Guilford Publications.

Friedlander, M. L., Escudero, V., Heatherington, L., & Diamond, G. M. (2011). Alliance in couple and family therapy. *Psychotherapy, 48*, 25–33.

Friedman, W. H. (1989). *Practical group therapy: A guide for clinicians*. San Francisco: Jossey-Bass.

Fromm-Reichmann, F. (1948). Notes on the development of treatment of schizophrenics by psychoanalytic psychotherapy. *Psychiatry, 11*, 263–274.

Frye v. United States, 293 F. 1013, D.C. Cir. (1923).

Fuhriman, A., & Burlingame, G. M. (1994). Group psychotherapy: Research and practice. In A. Fuhriman & G. M. Burlingame (Eds.), *Handbook of group psychotherapy: An empirical and clinical synthesis* (pp. 3–40). New York: Wiley.

Fusar-Poli, P., Carpenter, W. T., Woods, S. W., & McGlashan, T. H. (2014). Attenuated psychosis syndrome: Ready for DSM-5.1? *Annual Review of Clinical Psychology, 10*, 155–192.

Gabbard, G. O. (2005). Major modalities: Psychoanalytic/psychodynamic. In G. O. Gabbard, J. S. Beck, & J. Holmes (Eds.), *Oxford textbook of psychotherapy* (pp. 3–14). New York: Oxford University Press.

Gabbard, G. O. (2009a). Foreword. In R. A. Levy & J. S. Ablon (Eds.), *Handbook of evidence-based psychodynamic psychotherapy: Bridging the gap between science and practice* (pp. vii–ix). New York: Humana.

Gabbard, G. O. (2009b). Professional boundaries in psychotherapy. In G. O. Gabbard (Ed.), *Textbook of psychotherapeutic treatments* (pp. 809–827). Washington, DC: American Psychiatric Publishing.

Gabbard, G. O. (2009c). Techniques of psychodynamic psychotherapy. In G. O. Gabbard (Ed.), *Textbook of psychotherapeutic treatments* (pp. 43–67). Washington, DC: American Psychiatric Publishing.

Gaddy, C. D., Charlot-Swilley, D., Nelson, P. D., & Reich, J. N. (1995). Selected outcomes of accredited programs. *Professional Psychology: Research and Practice, 26*, 507–513.

Galatzer-Levy, R. M., Bachrach, H., Skolnikoff, A., & Waldron, S. (2000). *Does psychoanalysis work?* New Haven, CT: Yale University Press.

Gale, B. M. (2015). Technology and delivery of psychological services. In R. L. Cautin & S. O. Lilienfeld (Eds.), *The encyclopedia of clinical psychology* (pp. 2796–2801). West Sussex, UK: Wiley Blackwell.

Gallant, S. J., & Hamilton, J. A. (1988). On a premenstrual psychiatric diagnosis: What's in a name? *Professional Psychology: Research and Practice, 19*, 271–278.

Gallardo, M. E., Johnson, J., Parham, T. A., & Carter, J. A. (2009). Ethics and multiculturalism: Advancing cultural and clinical responsiveness. *Professional Psychology: Research and Practice, 40*, 425–435.

Gambrill, E. (2002). Assertion training. In M. Hersen & W. Sledge (Eds.), *Encyclopedia of psychotherapy* (Vol. 1, pp. 117–124). San Diego, CA: Academic Press.

Garb, H. N. (2005). Clinical judgment and decision making. *Annual Review of Clinical Psychology, 1*, 67–89.

Gardner, F. L. (2015). Doctor of psychology degree (PsyD). In R. L. Cautin & S. O. Lilienfeld (Eds.), *The encyclopedia of clinical psychology* (pp. 937–944). West Sussex, UK: Wiley Blackwell.

Garfield, S. L. (1996). Some problems associated with "validated" forms of psychotherapy. *Clinical Psychology: Science and Practice, 3*, 218–229.

Garrido, M., & Velasquez, R. (2006). Interpretation of Latino/Latina MMPI-2 profiles: Review and application of empirical findings and cultural-linguistic considerations. In J. N. Butcher (Ed.), *MMPI-2: A practitioner's guide* (pp. 477–504). Washington, DC: American Psychological Association.

Garske, J. P., & Anderson, T. (2003). Toward a science of psychotherapy research: Present status and evaluation. In S. O. Lilienfeld, S. J. Lynn, & J. M. Lohr (Eds.), *Science and pseudoscience in clinical psychology* (pp. 145–175). New York: Guilford Press.

Gately, L., & Stabb, S. D. (2005). Psychology students' training in the management of potentially violent clients. *Professional Psychology: Research and Practice, 36*, 681–687.

Gaudiano, B. A., & Miller, I. W. (2013). The evidence-based practice of psychotherapy: Facing the challenges that lie ahead. *Clinical Psychology Review, 33*(7), 813–824.

Gay, P. (Ed.). (1995). *The Freud reader.* New York: W. W. Norton.

Gelso, C. J. (2010). The diversity status of the psychotherapist: Editorial introduction. *Psychotherapy: Theory, Research, Practice, Training, 47*, 143.

Gelso, C. J. (2011). Emerging and continuing trends in psychotherapy: Views from an editor's eye. *Psychotherapy, 48*, 182–187.

Gelso, C. J., Pérez Rojas, A. E., & Marmarosh, C. (2014). Love and sexuality in the therapeutic relationship. *Journal of Clinical Psychology, 70*(2), 123–134.

Gerber, A. J., Kocsis, J. H., Milrod, B. L., Roose, S. P., Barber, J. P., Thase, M. E., . . . Leon, A. C. (2011). A quality-based review of randomized controlled trials of psychodynamic psychotherapy. *American Journal of Psychiatry, 168*, 19–28.

Germer, C. K. (2005). Mindfulness: What is it? What does it matter? In C. K. Germer, R. D. Siegel, & P. R. Fulton (Eds.), *Mindfulness and psychotherapy* (pp. 3–27). New York: Guilford Press.

Ghezzi, P. M., Wilson, G. R., Tarbox, R. S. F., & MacAlesse, K. R. (2008). Guidelines for developing and managing a token economy. In W. T. O'Donohue & J. E. Fisher (Eds.), *Cognitive behavior therapy: Applying empirically supported techniques in your practice* (2nd ed., pp. 565–570). Hoboken, NJ: Wiley.

Gibbons, M. B. C., Crits-Christoph, P., Barber, J. P., & Schamberger, M. (2007). Insight in psychotherapy: A review of empirical literature. In L. G.

Castonguay & C. E. Hill (Eds.), *Insight in psychotherapy* (pp. 143–165). Washington, DC: American Psychological Association.

Gibbons, M. B. C., Crits-Christoph, P., & Hearon, B. (2008). The empirical status of psychodynamic therapies. *Annual Review of Clinical Psychology, 4*, 93–108.

Giesen-Bloo, J., Van Dyck, R., Spinhoven, P., Van Tilburg, W., Dirksen, C., Van Asselt, T., . . . Arntz, A. (2006). Outpatient psychotherapy for borderline personality disorder: Randomized trial of schema-focused therapy vs transference-focused psychotherapy. *Archives of General Psychiatry, 63*(6), 649–658.

Gieser, L., & Stein, M. I. (1999). An overview of the Thematic Apperception Test. In L. Gieser & M. I. Stein (Eds.), *Evocative images: The Thematic Apperception Test and the art of projection* (pp. 3–11). Washington, DC: American Psychological Association.

Gillberg, C., Gillberg, C., Rastam, M., & Wentz, E. (2001). The Asperger Syndrome (and high-functioning autism) Diagnostic Interview (ASDI): A preliminary study of a new structured clinical interview. *Autism, 5*, 57–66.

Gilligan, C. (1982). *In a different voice: Psychological theory and women's development*. Cambridge, MA: Harvard University Press.

Gillon, W. (2007). *Person-centred counseling psychology: An introduction*. Thousand Oaks, CA: Sage.

Glenn, C. R., Franklin, J. C., & Nock, M. K. (2015). Evidence-based psychosocial treatments for self-injurious thoughts and behaviors in youth. *Journal of Clinical Child & Adolescent Psychology, 44*(1), 1–29.

Glick, I. D., Berman, E. M., Clarkin, J. F., & Rait, D. S. (2000). *Marital and family therapy* (4th ed.). Washington, DC: American Psychiatric Press.

Godley, S. H., Garner, B. R., Smith, J. E., Meyers, R. J., & Godley, M. D. (2011). A large-scale dissemination and implementation model for evidence-based treatment and continuing care. *Clinical Psychology: Science and Practice, 18*, 67–83.

Gold, E. K., & Zahm, S. G. (2008). Gestalt therapy. In M. Hersen & A. M. Gross (Eds.), *Handbook of clinical psychology* (Vol. 1, pp. 585–616). Hoboken, NJ: Wiley.

Gold, J. R. (1996). *Key concepts in psychotherapy integration*. New York: Plenum Press.

Goldberg, P. (2012a). Process, resistance, and interpretation. In G. O. Gabbard, B. E. Litowitz, & P. Williams (Eds.), *Textbook of psychoanalysis* (2nd ed., pp. 283–302). Washington, DC: American Psychiatric Publishing.

Goldberg, S. B., & Hoyt, W. T. (2015). Group as social microcosm: Within-group interpersonal style is congruent with outside group relational tendencies. *Psychotherapy, 52*(2), 195–204.

Goldberg, S. H. (2012). Transference. In G. O. Gabbard, B. E. Litowitz, & P. Williams (Eds.), *Textbook of psychoanalysis* (2nd ed., pp. 65–78). Washington, DC: American Psychiatric Publishing.

Golden, C. J. (2004). The adult Luria-Nebraska neuropsychological battery. In M. Hersen (Ed.), *Comprehensive handbook of psychological assessment* (Vol. 1, pp. 133–146). New York: Wiley.

Golden, C. J. (2008). Neuropsychological assessment. In M. Hersen & A. M. Gross (Eds.), *Handbook of clinical psychology* (Vol. 1, pp. 422–450). Hoboken, NJ: Wiley.

Golden, C. J., Freshwater, S. M., & Vayalakkara, J. (2000). The Luria-Nebraska neuropsychological battery. In G. Groth Marnat (Ed.), *Neuropsychological assessment in clinical practice* (pp. 263–289). New York: Wiley.

Goldenberg, H., & Goldenberg, I. (2007). *Family therapy: An overview* (7th ed.). Pacific Grove, CA: Brooks/Cole.

Goldfinger, K., & Pomerantz, A. M. (2010). *Psychological assessment and report writing*. Thousand Oaks, CA: Sage.

Goldfried, M. R. (1995). *From cognitive-behavior therapy to psychotherapy integration: An evolving view*. New York: Springer.

Goldfried, M. R. (2013). What should we expect from psychotherapy? *Clinical Psychology Review, 33*(7), 862–869.

Goldfried, M. R., Glass, C. R., & Arnkoff, D. B. (2011). Integrative approaches to psychotherapy. In J. C. Norcross, G. R. VandenBos, & D. K. Freedheim (Eds.), *History of psychotherapy: Continuity and change* (2nd ed., pp. 269–296). Washington, DC: American Psychological Association.

Goldfried, M. R., Newman, M. G., Castonguay, L. G., Fuertes, J. N., Magnavita, J. J., Sobell, L., & Wolf, A. W. (2014). On the dissemination of clinical experiences in using empirically supported treatments. *Behavior Therapy, 45*(1), 3–6.

Goldner, V. (1985). Feminism and family therapy. *Family Process, 24*, 31–47.

Goldstein, A. M. (2003). Overview of forensic psychology. In A. M. Goldstein (Ed.), *Handbook of psychology, Vol. 11: Forensic psychology* (pp. 3–20). Hoboken, NJ: Wiley.

Goldstein, A. M., Morse, S. J., & Shapiro, D. L. (2003). Evaluation of criminal responsibility. In A. M. Goldstein (Ed.), *Handbook of psychology, Vol. 11: Forensic psychology* (pp. 381–406). Hoboken, NJ: Wiley.

Goldstein, G. (2008). Intellectual evaluation. In M. Hersen & A. M. Gross (Eds.), *Handbook of clinical psychology* (Vol. 1, pp. 395–421). Hoboken, NJ: Wiley.

Goldstein, G. (2011). Correlational methods. In J. C. Thomas & M. Hersen (Eds.), *Understanding research in clinical and counseling psychology* (2nd ed., pp. 181–199). New York: Taylor & Francis.

Goldstein, G., & Sanders, R. D. (2004). Sensory-perceptual and motor function. In M. Hersen (Ed.), *Comprehensive handbook of psychological assessment* (Vol. 1, pp. 309–319). New York: Wiley.

Goldstein, T. R., Fersch-Podrat, R., Axelson, D. A., Gilbert, A., Hlastala, S. A., Birmaher, B., & Frank, E. (2014). Early intervention for adolescents at high risk for the development of bipolar disorder: Pilot study of Interpersonal and Social Rhythm Therapy (IPSRT). *Psychotherapy, 51*(1),

180–189.

Gonzalez, V. M., & Dulin, P. L. (2015). Comparison of a smartphone app for alcohol use disorders with an Internet-based intervention plus bibliotherapy: A pilot study. *Journal of Consulting and Clinical Psychology, 83*(2), 335–345.

Good, G. E., Khairallah, T., & Mintz, L. B. (2009). Wellness and impairment: Moving beyond noble us and troubled them. *Clinical Psychology: Science and Practice, 16*, 21–23.

Goodheart, C. D., & Rozensky, R. H. (2011). Psychotherapy patients: Health and medical conditions. In J. C. Norcross, G. R. VandenBos, & D. K. Freedheim (Eds.), *History of psychotherapy: Continuity and change* (2nd ed., pp. 467–474). Washington, DC: American Psychological Association.

Goodman, G. (2013). Is mentalization a common process factor in transference-focused psychotherapy and dialectical behavior therapy sessions? *Journal of Psychotherapy Integration, 23*(2), 179–192.

Gore, W. L., & Widiger, T. A. (2013). The DSM-5 dimensional trait model and five-factor models of general personality. *Journal of Abnormal Psychology, 122*(3), 816–821.

Gotlib, I. H., & LeMoult, J. (2014). The "ins" and "outs" of the depressive disorders section of DSM-5. *Clinical Psychology: Science and Practice, 21*(3), 193–207.

Gottlieb, M. C., & Younggren, J. N. (2009). Is there a slippery slope? Considerations regarding multiple relationships and risk management. *Professional Psychology: Research and Practice, 40*(6), 564–571.

Gowensmith, W. N., Murrie, D. C., & Boccaccini, M. T. (2013). How reliable are forensic evaluations of legal sanity? *Law and Human Behavior, 37*(2), 98–106.

Grace, N., Spirito, A., Finch, A. J., & Ott, E. S. (1993). Coping skills for anxiety control in children. In A. J. Finch, W. M. Nelson, & E. S. Ott (Eds.), *Cognitive-behavioral procedures with children and adolescents* (pp. 257–288). Boston: Allyn & Bacon.

Graham, J. D., Lobel, M., Glass, P., & Lokshina, I. (2008). Effects of written anger expression in chronic pain patients: Making meaning from pain. *Journal of Behavioral Medicine, 31*, 201–212.

Graham, J. M., & Kim, Y.-H. (2011). Predictors of doctoral student success in professional psychology: Characteristics of students, programs, and universities. *Journal of Clinical Psychology, 67*, 340–354.

Graham, J. R. (2012). *MMPI-2: Assessing personality and psychopathology* (5th ed.). New York: Oxford University Press.

Graham, J. R., & Roemer, L. (2015). Multicultural issues in training and practice. In R. L. Cautin & S. O. Lilienfeld (Eds.), *The encyclopedia of clinical psychology* (pp. 1921–1926). West Sussex, UK: Wiley Blackwell.

Graham, T., & Ickes, W. (1997). When women's intuition isn't greater than men's. In W. Ickes (Ed.), *Empathic accuracy* (pp. 117–143). New York: Guilford Press.

Grant, B. F., Dawson, D. A., Stinson, F. S., Chou, P. S., Dufour, M. C., & Pickering, R. P. (2004). The 12-month prevalence and trends in *DSM-IV* alcohol abuse and dependence: United States, 1991–1992 and 2001–2002. *Drug and Alcohol Dependence, 74*, 223–234.

Grant, P., Young, P. R., & DeRubeis, R. J. (2005). Cognitive and behavioral therapies. In G. O. Gabbard, J. S. Beck, & J. Holmes (Eds.), *Oxford textbook of psychotherapy* (pp. 15–25). New York: Oxford University Press.

Green, D., Callands, T. A., Radcliffe, A. M., Luebbe, A. M., & Klonoff, E. A. (2009). Clinical psychology students' perceptions of diversity training: A study of exposure and satisfaction. *Journal of Clinical Psychology, 65*, 1056–1070.

Greenberg, G. (2013). *The book of woe: The DSM and the unmaking of psychiatry*. New York: Penguin Group.

Greenberg, L. S. (2004). Emotion–focused therapy. *Clinical Psychology & Psychotherapy, 11*(1), 3–16.

Greenberg, L. S., & Goldman, R. N. (2008). *Emotion-focused couples therapy: The dynamics of emotion, love, and power*. Washington, DC: American Psychological Association.

Greenberg, L. S., & Watson, J. C. (2006). Emotion-focused therapy for depression. Washington, DC: American Psychological Association.

Greenberg, L. S., Elliott, R., & Lietaer, G. (1994). Research on humanistic and experiential psychotherapies. In A. E. Bergin & S. L. Garfield (Eds.), *Handbook of psychotherapy and behavior change* (4th ed., pp. 509–539). New York: Wiley.

Greene, B. (2007). How difference makes a difference. In J. C. Muran (Ed.), *Dialogues on difference: Studies of diversity in the therapeutic relationship* (pp. 47–63). Washington, DC: American Psychological Association.

Greene, C. H., & Banks, L. M. (2009). Ethical guideline evolution in psychological support of interrogation operations. *Consulting Psychology Journal: Practice and Research, 61*, 25–32.

Greene, R. L. (2011). *The MMPI-2/MMPI-2-RF: An interpretive manual* (3rd ed.). Boston: Allyn & Bacon.

Greene, R. L., & Clopton, J. R. (2004). Minnesota Multiphasic Personality Inventory-2 (MMPI-2). In M. W. Maruish (Ed.), *The use of psychological testing for treatment planning and outcomes assessment* (3rd ed., Vol. 3, pp. 449–477). Mahwah, NJ: Erlbaum.

Greenhoot, A. F. (2003). Design and analysis of experimental and quasi-experimental investigations. In M. C. Roberts & S. S. Ilardi (Eds.), *Handbook of research methods in clinical psychology* (pp. 92–114). Malden, MA: Blackwell.

Greenman, P. S., & Johnson, S. M. (2013). Process research on emotionally focused therapy (EFT) for couples: Linking theory to practice. *Family Process, 52*(1), 46–61.

Greenman, P. S., & Johnson, S. M. (2012). United we stand: Emotionally focused therapy for couples in the treatment of posttraumatic stress disorder. *Journal of Clinical Psychology, 68*(5), 561–569.

Greenson, R. R., & Jaffe, L. (2004). Do you take notes during the initial interview? In L. Jaffe (Ed.), *The technique and practice of psychoanalysis: Vol. 3. The training seminars of Ralph R. Greenson, M.D.: Transcripts of the Greenson seminars on assessment and the initial interviews* (pp. 21–28). Madison, CT: International Universities Press.

Grieger, I. (2008). A cultural assessment framework and interview protocol. In L. A. Suzuki & J. G. Ponterotto (Eds.), *Handbook of multicultural assessment: Clinical, psychological, and educational applications* (3rd ed., pp. 132–161). Hoboken, NJ: Wiley.

Griffin, W. A. (2002). Family therapy. In M. Hersen & W. Sledge (Eds.), *Encyclopedia of psychotherapy* (Vol. 1, pp. 793–800). San Diego, CA: Academic Press.

Griffiths, B. (2001). Have you paxiled lately? *Annals of the American Psychotherapy Association, 4*, 9.

Grosch, W. N., & Olsen, D. C. (1995). Prevention: Avoiding burnout. In M. B. Sussman (Ed.), *A perilous calling: The hazards of psychotherapy practice* (pp. 275–287). New York: Wiley.

Grotberg, E. H. (2003). What is resilience? How do you promote it? How do you use it? In E. H. Grotberg (Ed.), *Resilience for today: Gaining strength from adversity* (pp. 1–29). Westport, CT: Praeger.

Groth-Marnat, G. (2009). *Handbook of psychological assessment* (5th ed.). Hoboken, NJ: Wiley.

Grove, W. M., Zald, D. H., Lebow, B. S., Snitz, B. E., & Nelson, C. (2000). Clinical versus mechanical prediction: A meta-analysis. *Psychological Assessment, 12*, 19–30.

Grus, C. L. (2011). Training, credentialing, and new roles in clinical psychology: Emerging trends. In D. H. Barlow (Ed.), *The Oxford handbook of clinical psychology* (pp. 150–168). New York: Oxford University Press.

Guedj, M., Sastre, M. T., Mullet, E., & Sorum, P. C. (2009). Is it acceptable for a psychiatrist to break confidentiality to prevent spousal violence? *International Journal of Law and Psychiatry, 32*, 108–114.

Guerrero, C., & Palmero, F. (2010). Impact of defensive hostility in cardiovascular disease. *Behavioral Medicine, 36*, 77–84.

Guilmette, T. J., & Faust, D. (1991). Characteristics of neuropsychologists who prefer the Halstead-Reitan or the Luria-Nebraska neuropsychological battery. *Professional Psychology: Research and Practice, 22*, 80–83.

Gutheil, T. G., & Brodsky, A. (2008). *Preventing boundary violations in clinical practice*. New York: Guilford Press.

Gyani, A., Shafran, R., Myles, P., & Rose, S. (2014). The gap between science and practice: How therapists make their clinical decisions. *Behavior Therapy, 45*(2), 199–211.

Haas, A. L., Munoz, R. F., Humfleet, G. L., Reus, V. I., & Hall, S. M. (2004). Influences of mood, depression history, and treatment modality on outcomes in smoking cessation. *Journal of Consulting and Clinical Psychology, 72*, 563–570.

Haas, L. J., & Cummings, N. A. (1991). Managed outpatient mental health plans: Clinical, ethical, and practical guidelines for participation. *Professional Psychology: Research and Practice, 22*, 45–51.

Hafen, B., Karren, K., Frandsen, K., & Smith, L. (1996). *Mind/body health: The effects of attitudes, emotions, and relationships*. Boston: Allyn & Bacon.

Hagen, M. A. (1997). *Whores of the court: The fraud of psychiatric testimony and the rape of American justice*. New York: Regan Books/HarperCollins.

Hagen, M. A., & Castagna, N. (2001). The real numbers: Psychological testing in custody evaluations. *Professional Psychology: Research and Practice, 32*, 269–271.

Hahn, J. (2005). Faking bad and faking good by college students on the Korean MMPI-II. *Journal of Personality Assessment, 85*, 65–73.

Hall, C. S., & Nordby, V. J. (1973). *A primer of Jungian psychology*. New York: Taplinger.

Hall, G. C. N., Hong, J. J., Zane, N. W. S., & Meyer, O. L. (2011). Culturally competent treatments for Asian Americans: The relevance of mindfulness and acceptance-based psychotherapies. *Clinical Psychology: Science and Practice, 18*, 215–231.

Hall, J. E. (2015). Licensure and certification. In R. L. Cautin & S. O. Lilienfeld (Eds.), *The encyclopedia of clinical psychology* (pp. 1675–1683). West Sussex, UK: Wiley Blackwell.

Hamermesh, D. S., & Lee, J. (2007). Stressed out on four continents: Time crunch or yuppie kvetch? *Review of Economics and Statistics, 89*, 374–383.

Hanna, S. M. (2007). *The practice of family therapy: Key elements across models* (4th ed.). Pacific Grove, CA: Brooks/Cole.

Hanrahan, F., Field, A. P., Jones, F. W., & Davey, G. C. (2013). A meta-analysis of cognitive therapy for worry in generalized anxiety disorder. *Clinical Psychology Review, 33*(1), 120–132.

Hans, E., & Hiller, W. (2013a). A meta-analysis of nonrandomized effectiveness studies on outpatient cognitive behavioral therapy for adult anxiety disorders. *Clinical Psychology Review, 33*(8), 954–964.

Hans, E., & Hiller, W. (2013b). Effectiveness of and dropout from outpatient cognitive behavioral therapy for adult unipolar depression: A meta-analysis of nonrandomized effectiveness studies. *Journal of Consulting and Clinical Psychology, 81*(1), 75.

Hansen, N. D., Randazzo, K. V., Schwartz, A., Marshall, M., Kalis, D., Frazier, R., . . . Norvig, G. (2006). Do we practice what we preach? An exploratory survey of multicultural psychotherapy competencies. *Professional Psychology: Research and Practice, 37*, 66–74.

Hanson, S. L., & Kerkhoff, T. R. (2012). The health care setting: Implications for ethical psychology practice. In S. J. Knapp (Ed.), *APA handbook of ethics in psychology, Vol. 2: Practice, teaching, and research* (pp. 75–90). Washington, DC: American Psychological Association.

Hanson, W. E., & Poston, J. M. (2011). Building confidence in psychological assessment as a therapeutic intervention: An empirically based reply to Lilienfeld, Garb, and Wood (2011). *Psychological*

Assessment, 23, 1056–1062.

Hardy, K. V., & Laszloffy, T. A. (1992). Training racially sensitive family therapists: Context, content, and contact. *Families in Society, 73*, 364–370.

Hare-Mustin, R. (1978). A feminist approach to family therapy. *Family Process, 17*, 181–194.

Hargrove, D. S. (1986). Ethical issues in rural mental health practice. *Professional Psychology: Research and Practice, 17*, 20–23.

Harlow, H., & Zimmermann, R. (1959). Affectional responses in the infant monkey. *Science, 130*, 421–432.

Harper, K. V. (1996). Culturally relevant health care service delivery for Appalachia. In M. C. Julia (Ed.), *Multicultural awareness in the health care professions* (pp. 42–59). Boston: Allyn & Bacon.

Harris, A. (2012). Transference, countertransference, and the real relationship. In G. O. Gabbard, B. E. Litowitz, & P. Williams (Eds.), *Textbook of psychoanalysis* (2nd ed., pp. 255–268). Washington, DC: American Psychiatric Publishing.

Harris, G. (2011, March 5). Talk doesn't pay, so psychiatry turns instead to drug therapy. *New York Times*. Retrieved from http://www.nytimes.com/2011/03/06/health/policy/06 doctors.html?_r=1&pagewanted=all

Harris, J. E. (2012). Multicultural counseling in a multitheoretical context: New applications for practice. In M. E. Gallardo, C. J. Yeh, J. E. Trimble, & T. A. Parham (Eds.), *Culturally adaptive counseling skills: Demonstrations of evidence-based practices* (pp. 287–312). Thousand Oaks, CA: Sage.

Hasin, D. S., Auriacombe, M., Borges, G., Bucholz, K., Budney, A., Crowley, T., . . . Wall, M. M. (2013). The DSM-5 field trials and reliability of alcohol use disorder. *American Journal of Psychiatry, 170*(4), 442–443.

Hatcher, R. L. (2014). The internship imbalance in professional psychology: Current status and future prospects. *Annual Review of Clinical Psychology, 10*, 53–83.

Hathaway, S. R., & McKinley, J. C. (1943). *The Minnesota Multiphasic Personality Inventory*. New York: Psychological Corporation.

Hayes, J. A., Gelso, C. J., & Hummel, A. M. (2011). Managing countertransference. *Psychotherapy, 48*, 88–97.

Hayes, J. A., Nelson, D. L. B., & Fauth, J. (2015). Countertransference in successful and unsuccessful cases of psychotherapy. *Psychotherapy, 52*(1), 127–133.

Hayes, S. C. (2004). Acceptance and commitment therapy and the new behavior therapies: Mindfulness, acceptance, and relationship. In S. C. Hayes, V. M. Follette, & M. M. Linehan (Eds.), *Mindfulness and acceptance: Expanding the cognitive-behavioral tradition* (pp. 1–29). New York: Guilford Press.

Hayes, S. C., & Strosahl, K. D. (Eds.). (2004). *A practical guide to acceptance and commitment therapy*. New York: Springer.

Hayes, S. C., Villatte, M., Levin, M., & Hildebrandt, M. (2011). Open, aware, and active: Contextual approaches as an emerging trend in the behavioral and cognitive therapies. *Annual Review of Clinical Psychology, 7*, 141–168.

Haynes, S. N., & Kaholokula, J. K. (2008). Behavioral assessment. In M. Hersen & A. M. Gross (Eds.), *Handbook of clinical psychology* (Vol. 1, pp. 495–522). Hoboken, NJ: Wiley.

Haynes, S. N., Kaholokula, J. K., & O'Brien, W. H. (2015). Behavioral assessment. In R. L. Cautin & S. O. Lilienfeld (Eds.), *The encyclopedia of clinical psychology* (pp. 301–310). West Sussex, UK: Wiley Blackwell.

Hays, P. A., & Iwamasa, G. Y. (Eds.). (2006). *Culturally responsive cognitive-behavioral therapy: Assessment, practice, and supervision*. Washington, DC: American Psychological Association.

Hazlett-Stevens, H., & Craske, M. G. (2008). Live (in vivo) exposure. In W. T. O'Donohue & J. E. Fisher (Eds.), *Cognitive behavior therapy: Applying empirically supported techniques in your practice* (2nd ed., pp. 309–316). Hoboken, NJ: Wiley.

Head, L. S., & Gross, A. M. (2008). Systematic desensitization. In W. T. O'Donohue & J. E. Fisher (Eds.), *Cognitive behavior therapy: Applying empirically supported techniques in your practice* (2nd ed., pp. 542–549). Hoboken, NJ: Wiley.

Healy, D. (2004). *Let them eat Prozac: The unhealthy relationship between the pharmaceutical industry and depression*. New York: New York University.

Heatherington, L., Messer, S. B., Angus, L., Strauman, T. J., Friedlander, M. L., & Kolden, G. G. (2012). The narrowing of theoretical orientations in clinical psychology doctoral training. *Clinical Psychology: Science and Practice, 19*, 364–374.

Hebben, N., & Milberg, W. (2009). *Essentials of neuropsychological assessment* (2nd ed.). Hoboken, NJ: Wiley.

Hebert, R. (2002). We'd like to thank the academy: APCS creates fusion of science and clinical training. *APS Observer, 15*. Retrieved from http://www.psychologicalscience.org/index.php/uncategorized/wed-like-to-thank-the-academy-apcs-creates-fusion-of-science-and-clinical-training.html

Hedges, L. V., & Citkowicz, M. (2015). Meta-analysis. In R. L. Cautin & S. O. Lilienfeld (Eds.), *The encyclopedia of clinical psychology* (pp. 1803–1809). West Sussex, UK: Wiley Blackwell.

Heiby, E. M. (2002). It is time for a moratorium on legislation enabling prescription privileges for psychologists. *Clinical Psychology: Science and Practice, 9*, 256–258.

Heiby, E. M. (2010). Concerns about substandard training for prescription privileges for psychologists. *Journal of Clinical Psychology, 66*, 104–111.

Heiby, E. M. (2015). Prescription privileges debate. In R. L. Cautin & S. O. Lilienfeld (Eds.), *The encyclopedia of clinical psychology* (pp. 2209–2217). West Sussex, UK: Wiley Blackwell.

Heiby, E. M., & Haynes, S. N. (2004). Introduction to behavioral assessment. In S. N. Haynes & E. M. Heiby (Eds.), *Comprehensive handbook of psychological assessment: Behavioral assessment* (Vol. 3, pp. 3–18). Hoboken, NJ: Wiley.

Heilbrun, K., & Brooks, S. (2010). Forensic psychology and forensic science: A proposed agenda for the next decade. *Psychology and Public Policy, 16,* 210–253.

Helbok, C. M., Marinelli, R. P., & Walls, R. T. (2006). National survey of ethical practices across rural and urban communities. *Professional Psychology: Research and Practice, 37,* 36–44.

Helmes, E. (2000). Learning and memory. In G. Groth Marnat (Ed.), *Neuropsychological assessment in clinical practice* (pp. 293–334). New York: Wiley.

Hemphill, J. F., & Hart, S. D. (2003). Forensic and clinical issues in the assessment of psychopathy. In A. M. Goldstein (Ed.), *Handbook of psychology, Vol. 11: Forensic psychology* (pp. 87–107). Hoboken, NJ: Wiley.

Henggeler, S. W., Schoenwald, S. K., Borduin, C. M., Rowland, M. D., & Cunningham, P. B. (2009). *Multisystemic therapy for antisocial behavior in children and adolescents.* New York: Guilford Press.

Herbert, J. D. (2015). Empirically supported treatments (ESTs) and empirically supported principles of change (ESPs). In R. L. Cautin & S. O. Lilienfeld (Eds.), *The encyclopedia of clinical psychology* (pp.1033–1042). West Sussex, UK: Wiley Blackwell.

Herbert, J. D., Gaudiano, B. A., Rheingold, A. A., Myers, V. H., Dalrymple, K., & Nolan, E. M. (2005). Social skills training augments the effectiveness of cognitive behavioral group therapy for social anxiety disorder. *Behavior Therapy, 36*(2), 125–138.

Hess, A. K. (2006a). Defining forensic psychology. In I. B. Weiner & A. K. Hess (Eds.), *The handbook of forensic psychology* (3rd ed., pp. 28–58). Hoboken, NJ: Wiley.

Hess, A. K. (2006b). Serving as an expert witness. In I. B. Weiner & A. K. Hess (Eds.), *The handbook of forensic psychology* (3rd ed., pp. 652–697). Hoboken, NJ: Wiley.

Hess, K. D. (2006). Understanding child domestic law issues: Custody, adoption, and abuse. In I. B. Weiner & A. K. Hess (Eds.), *The handbook of forensic psychology* (3rd ed., pp. 98–123). Hoboken, NJ: Wiley.

Hettema, J., Steele, J., & Miller, W. R. (2005). Motivational interviewing. *Annual Review of Clinical Psychology, 1,* 91–111.

Hick, S. F. (2008). Cultivating therapeutic relationships: The role of mindfulness. In S. F. Hick & T. Bien (Eds.), *Mindfulness and the therapeutic relationship* (pp. 3–18). New York: Guilford Press.

Hick, S. F., & Bien, T. (Eds.). (2008). *Mindfulness and the therapeutic relationship.* New York: Guilford Press.

Hickman, E. E., Arnkoff, D. B., Glass, C. R., & Schottenbauer, M. A. (2009). Psychotherapy integration as practiced by experts. *Psychotherapy: Theory, Research, Practice, Training, 46*(4), 486–491.

Hickling, L. P., Hickling, E. J., Sison, G. F., & Radetsky, S. (1984). The effect of note-taking on a simulated clinical interview. *Journal of Psychology: Interdisciplinary and Applied, 116,* 235–240.

Higa-McMillan, C. K., Francis, S. E., Rith-Najarian, L., & Chorpita, B. F. (2016). Evidence base update: 50 years of research on treatment for child and adolescent anxiety. *Journal of Clinical Child & Adolescent Psychology, 45*(2) 91–113.

Higgins, S. T. (1999). Introduction. In S. T. Higgins & K. Silverman (Eds.), *Motivating behavior change among illicit-drug abusers* (pp. 3–13). Washington, DC: American Psychological Association.

Hill, B. D., & Westervelt, H. J. (2015). Clinical neuropsychology. In R. L. Cautin & S. O. Lilienfeld (Eds.), *The encyclopedia of clinical psychology* (pp. 604–612). West Sussex, UK: Wiley Blackwell.

Hinds, S. (2005). Play therapy in the African American "village." In E. Gil & A. A. Drewes (Eds.), *Cultural issues in play therapy* (pp. 115–147). New York: Guilford Press.

Hines, P. M. (2011). The life cycle of African American families living in poverty. In M. McGoldrick, B. Carter, & N. Garcia-Preto (Eds.), *The expanded family life cycle: Individual, family, and social perspectives* (4th ed., pp. 89–102). Boston: Pearson.

Hines, P. M., & Boyd-Franklin, N. (2005). African American families. In M. McGoldrick, J. Giordano, & N. Garcia-Preto (Eds.), *Ethnicity and family therapy* (3rd ed., pp. 87–100). New York: Guilford Press.

Hinshaw, S. P., & Stier, A. (2008). Stigma as related to mental disorders. *Annual Review of Clinical Psychology, 4,* 367–393.

Hiramoto, R., Solvason, H., Hsueh, C., Rogers, C., Demissie, S., Hiramoto, N., . . . Ghanta, V. K. (1999). Psychoneuroendocrine immunology: Perception of stress can alter body temperature and natural killer cell activity. *International Journal of Neuroscience, 98,* 95–129.

Hoagwood, K. E., Olin, S. S., Horwitz, S., McKay, M., Cleek, A., Gleacher, A., . . . Kuppinger, A. (2014). Scaling up evidence-based practices for children and families in New York State: Toward evidence-based policies on implementation for state mental health systems. *Journal of Clinical Child & Adolescent Psychology, 43*(2), 145–157.

Hofmann, S. G., Sawyer, A. T., Witt, A. A., & Oh, D. (2010). The effect of mindfulness-based therapy on anxiety and depression: A meta-analytic review. *Journal of Consulting and Clinical Psychology, 78,* 169–183.

Hofmann, S. G. (2013). Bridging the theory-practice gap by getting even bolder with the Boulder model. *Behavior Therapy, 44*(4), 603–608.

Hofmann, S. G., Wu, J. Q., & Boettcher, H. (2014). Effect of cognitive-behavioral therapy for anxiety disorders on quality of life: A meta-analysis. *Journal of Consulting and Clinical Psychology, 82*(3), 375–391.

Hogan, T. P. (2015). Reliability. In R. L. Cautin & S. O. Lilienfeld (Eds.), *The encyclopedia of clinical psychology* (pp. 2436–2445). West Sussex, UK: Wiley Blackwell.

Holdnack, J. A., & Drozdick, L. W. (2010). Using WAIS-IV with WMS-IV. In L. G. Weiss, D. H. Saklofske, D. Coalson, & S. E. Raiford (Eds.), *WAIS-IV clinical use and interpretation: Scientist-practitioner perspectives* (pp. 237–283). London: Elsevier.

Hollon, S. D. (2015). Randomized clinical trials. In R. L. Cautin & S. O. Lilienfeld (Eds.), *The encyclopedia of clinical psychology* (pp. 2389–2393). West Sussex, UK: Wiley Blackwell.

Hollon, S. D., & DiGiuseppe, R. (2011). Cognitive theories of psychotherapy. In J. C. Norcross, G. R. VandenBos, & D. K. Freedheim (Eds.), *History of psychotherapy: Continuity and change* (2nd ed., pp. 203–242). Washington, DC: American Psychological Association.

Holstein, J. A. (1993). *Court-ordered insanity: Interpretive practice and involuntary commitment.* New York: Aldine de Gruyter.

Holt, R. R. (1999). Empiricism and the Thematic Apperception Test: Validity is the payoff. In L. Gieser & M. I. Stein (Eds.), *Evocative images: The Thematic Apperception Test and the art of projection* (pp. 99–105). Washington, DC: American Psychological Association.

Holtzworth-Munroe, A., Meehan, J. C., Rehman, U., & Marshall, A. D. (2002). Intimate partner violence: An introduction for couple therapists. In A. S. Gurman & N. S. Jacobson (Eds.), *Clinical handbook of couple therapy* (3rd ed., pp. 441–465). New York: Guilford Press.

Hong, R. Y., & Cheung, M. W. L. (2015). The structure of cognitive vulnerabilities to depression and anxiety evidence for a common core etiologic process based on a meta-analytic review. *Clinical Psychological Science, 3*(6), 892–912.

Hood, S. B. (2015) Psychometric validity. In R. L. Cautin & S. O. Lilienfeld (Eds.), *The encyclopedia of clinical psychology* (pp. 2309–2314). West Sussex, UK: Wiley Blackwell.

Hope, D. A., & Chappell, C. L. (2015). Extending training in multicultural competencies to include individuals identifying as lesbian, gay, and bisexual: Key choice points for clinical psychology training programs. *Clinical Psychology: Science and Practice, 22*(2), 105–118.

Hopper, S., Kaklauskas, F., & Greene, L. R. (2008). Group psychotherapy. In M. Hersen & A. M. Gross (Eds.), *Handbook of clinical psychology* (Vol. 1, pp. 647–662). Hoboken, NJ: Wiley.

Hopwood, C. J., Schade, N., Krueger, R. F., Wright, A. G., & Markon, K. E. (2013). Connecting DSM-5 personality traits and pathological beliefs: Toward a unifying model. *Journal of Psychopathology and Behavioral Assessment*, 35, 162–172.

Horvath, A. O. (2013). You can't step into the same river twice, but you can stub your toes on the same rock: Psychotherapy outcome from a 50-year perspective. *Psychotherapy, 50*(1), 25–32.

Horvath, A. O., Del Re, A. C., Fluckiger, C., & Symonds, D. (2011). Alliance in individual psychotherapy. In J. C. Norcross (Ed.), *Psychotherapy relationships that work: Evidence-based responsiveness* (2nd ed., pp. 25–69). New York: Oxford University Press.

Horton, A. M., Jr. (2008). Neuropsychological assessment in a multicultural context: Past, present, and future. In L. A. Suzuki & J. G. Ponterotto (Eds.), *Handbook of multicultural assessment: Clinical, psychological, and educational applications* (3rd ed., pp. 542–564). Hoboken, NJ: Wiley.

Horvath, A. O. (2015). Therapeutic/working alliance. In R. L. Cautin & S. O. Lilienfeld (Eds.), *The encyclopedia of clinical psychology* (pp. 2818–2822). West Sussex, UK: Wiley Blackwell.

Horwitz, A. V. (2015). DSM-I and DSM-II. In R. L. Cautin & S. O. Lilienfeld (Eds.), *The encyclopedia of clinical psychology* (pp. 951–956). West Sussex, UK: Wiley Blackwell.

Horwitz, A. V., & Wakefield, J. C. (2007). *The loss of sadness: How psychiatry transformed normal sorrow into depressive disorder.* New York: Oxford University Press.

Horwitz, A. V., & Wakefield, J. C. (2012). *All we have to fear: Psychiatry's transformation of natural anxieties into mental disorders*. New York: Oxford University Press.

House, J., Kahn, R., McLeod, J., & Williams, D. (1985). Measures and concepts of social support. In S. Cohen & L. Syme (Eds.), *Social support and health* (pp. 83–108). San Diego, CA: Academic Press.

Houts, A. C. (2002). Discovery, invention, and the expansion of the modern diagnostic and statistical manuals of mental disorders. In L. E. Beutler & M. L. Malik (Eds.), *Rethinking the DSM: A psychological perspective* (pp. 17–65). Washington, DC: American Psychological Association.

Hoza, B., Kaiser, N., & Hurt, E. (2008). Evidence-based treatments for attention-deficit/hyperactivity disorder (ADHD). In R. G. Steele, T. D. Elkin, & M. C. Roberts (Eds.), *Handbook of evidence-based therapies for children and adolescents: Bridging science and practice* (pp. 197–220). New York: Springer.

Hsiung, R. C. (Ed.). (2002). *E-therapy: Case studies, guiding principles, and the clinical potential of the Internet.* New York: W. W. Norton.

Huber, C. H. (1997). Time-limited counseling, invisible rationing, and informed consent. *Family Journal: Counseling and Therapy for Couples and Families, 5*, 325–327.

Hudson, J. L., Newall, C., Rapee, R. M., Lyneham, H. J., Schniering, C. C., Wuthrich, V. M., . . . Gar, N. S. (2014). The impact of brief parental anxiety management on child anxiety treatment outcomes: A controlled trial. *Journal of Clinical Child & Adolescent Psychology, 43*(3), 370–380.

Huey Jr, S. J., Tilley, J. L., Jones, E. O., & Smith, C. A. (2014). The contribution of cultural competence to evidence-based care for ethnically diverse populations. *Annual Review of Clinical Psychology, 10*, 305–338.

Huff, R. M. (1999). Cross-cultural concepts of health and disease. In R. M. Huff & M. V. Kline (Eds.), *Promoting health in multicultural populations: A handbook for practitioners* (pp. 23–39). Thousand Oaks, CA: Sage.

Huibers, M. J. H., & Cuijpers, P. (2015). Common (nonspecific) factors in psychotherapy. In R. L. Cautin & S. O. Lilienfeld (Eds.), *The encyclopedia of clinical psychology* (pp. 681–687). West Sussex, UK: Wiley Blackwell.

Humphreys, K. (1996). Clinical psychologists as psychotherapists: History, future, and alternatives. *American Psychologist, 51,* 190–197.

Hunsley, J., Lee, C. M., & Wood, J. M. (2003). Controversial and questionable assessment techniques. In S. O. Lilienfeld, S. J. Lynn, & J. M. Lohr (Eds.), *Science and pseudoscience in clinical psychology* (pp. 39–76). New York: Guilford Press.

Hunsley, J., & Mash, E. J. (2008a). Developing criteria for evidence-based assessment: An introduction to assessments that work. In J. Hunsley & E. J. Mash (Eds.), *A guide to assessments that work* (pp. 3–14). New York: Oxford University Press.

Hunsley, J., & Mash, E. J. (Eds.). (2008b). Preface. In J. Hunsley & E. J. Mash (Eds.), *A guide to assessments that work* (pp. xiii–xvi). New York: Oxford University Press.

Hunt, E., & Kimonis, E. R. (2015). Forensic evaluation/assessment (versus clinical evaluation/assessment). In R. L. Cautin & S. O. Lilienfeld (Eds.), *The encyclopedia of clinical psychology* (pp. 1259–1262). West Sussex, UK: Wiley Blackwell.

Hunt, M. G., & Rosenheck, R. A. (2011). Psychotherapy in mental health clinics of the Department of Veterans Affairs. *Journal of Clinical Psychology, 67,* 561–573.

Hunt, M. H. (1993). *The story of psychology*. New York: Doubleday.

Hwang, W.-C. (2011). Cultural adaptations: A complex interplay between clinical and cultural issues. *Clinical Psychology: Science and Practice, 18,* 238–241.

Imber, S. D., Glanz, L. M., Elkin, E., Sotsky, S. M., Boyer, J. L., & Leber, W. R. (1986). Ethical issues in psychotherapy research. *American Psychologist, 41,* 137–146.

Inder, M. L., Crowe, M. T., Luty, S. E., Carter, J. D., Moor, S., Frampton, C. M., & Joyce, P. R. (2015). Randomized, controlled trial of Interpersonal and Social Rhythm Therapy for young people with bipolar disorder. *Bipolar Disorders, 17*(2), 128–138.

Insel, T. (2013, April 29). Director's blog: Transforming diagnosis. Retrieved from http://www.nimh.nih.gov/about/director/2013/transforming-diagnosis.shtml

Ito, M., Horikoshi, M., Kato, N., Oe, Y., Fujisato, H., Nakajima, S., . . . Usuki, M. (2016). Transdiagnostic and transcultural: Pilot study of unified protocol for depressive and anxiety disorders in Japan. *Behavior Therapy, 47*(3), 416–430.

Ivey, A. E., Ivey, M. B., & Zalaquett, C. P. (2010). *Intentional interviewing and counseling: Facilitating client development in a multicultural society* (7th ed.). Belmont, CA: Brooks/Cole.

Jackson v. Indiana, 406 U.S. 715 (1972).

Jackson, G. L., Powers, B. J., Chatterjee, R., Bettger, J. P., Kemper, A. R., Hasselblad, V., . . . Gray, R. (2013). The patient-centered medical home: A systematic review. *Annals of Internal Medicine, 158*(3), 169–178.

Jackson, R. H., & Leonetti, J. (2002). Parenting: The child in the context of the family. In C. E. Walker & M. C. Roberts (Eds.), *Handbook of child clinical psychology* (3rd ed., pp. 807–824). New York: Wiley.

Jackson, Y., Dietz, W. H., Sanders, C., Kolbe, L. J., Whyte, J. J., Wechsler, H., . . . Starke-Reed, P. (2002). Summary of the 2000 Surgeon General's listening session: Towards a national action plan on overweight and obesity. *Obesity Research, 10,* 1299–1305.

Jacob, G., & Arntz, A. (2015). Schema therapy. In R. L. Cautin & S. O. Lilienfeld (Eds.), *The encyclopedia of clinical psychology* (pp. 2510–2513). West Sussex, UK: Wiley Blackwell.

Jacobson, E. (1938). *Progressive relaxation.* Chicago: University of Chicago Press.

Jaimes, A., Larose-Hébert, K., & Moreau, N. (2015). Current trends in theoretical orientation of psychologists: The case of Quebec clinicians. *Journal of Clinical Psychology, 71*(10), 1042–1048.

Jakes, S. C., Hallam, R. S., McKenna, L., & Hinchcliffe, R. (1992). Group cognitive therapy for medical patients: An application to tinnitus. *Cognitive Therapy and Research, 16,* 67–82.

Jalali, B. (2005). Iranian families. In M. McGoldrick, J. Giordano, & N. Garcia-Preto (Eds.), *Ethnicity and family therapy* (3rd ed., pp. 451–467). New York: Guilford Press.

James, R. L., & Roberts, M. C. (2009). Future directions in clinical child and adolescent psychology: A delphi survey. *Journal of Clinical Psychology, 65,* 1009–1020.

Jay, S., Elliott, C. H., Fitzgibbons, I., Woody, P., & Siegel, S. (1995). A comparative study of cognitive behavior therapy versus general anesthesia for painful medical procedures in children. *Pain, 62,* 3–9.

Jensen, C. D., Cushing, C. C., Aylward, B. S., Craig, J. T., Sorell, D. M., & Steele, R. G. (2011). Effectiveness of motivational interviewing interventions for adolescent substance use behavior change: A meta-analytic review. *Journal of Consulting and Clinical Psychology, 79,* 433–440.

Jensen-Doss, A., Hawley, K. M., Lopez, M., & Osterberg, L. D. (2009). Using evidence-based treatments: The experiences of youth providers working under a mandate. *Professional Psychology: Research and Practice, 40,* 417–424.

Jeste, D. V., Lieberman, J. A., Scully, J. H. Jr., & Kupfer, D. J. (2012, December 21). DSM crosses the finish line. *Psychiatric News.* doi: 10.1176/appi.pn.2012.12a14

Johansson, P., Høglend, P., Ulberg, R., Amlo, S., Marble, A., Bøgwald, K., . . . Heyerdahl, O. (2010). The mediating role of insight for long-term improvements in psychodynamic therapy. *Journal of Consulting and Clinical Psychology, 78,* 438–448.

Johnson, J., Lauver, D., & Nail, L. (1989). Process of coping with radiation therapy. *Journal of Consulting and Clinical Psychology, 57,* 358–364.

Johnson, M. P. (2008). *A typology of domestic violence: Intimate terrorism, violent resistance, and situational couple violence.* Lebanon, NH: Northeastern

University Press.

Johnson, N. L., & Baker, D. B. (2015). Boulder conference. In R. L. Cautin & S. O. Lilienfeld (Eds.), *The encyclopedia of clinical psychology* (pp. 417–420). West Sussex, UK: Wiley Blackwell.

Johnson, S. M., Hunsley, J., Greenberg, L., & Schindler, D. (1999). Emotionally focused couples therapy: Status and challenges. *Clinical Psychology: Science and Practice, 6*(1), 67–79.

Jones, D. J., Forehand, R., Cuellar, J., Kincaid, C., Parent, J., Fenton, N., & Goodrum, N. (2013). Harnessing innovative technologies to advance children's mental health: Behavioral parent training as an example. *Clinical Psychology Review, 33*(2), 241–252.

Jones, D. J., Forehand, R., Cuellar, J., Parent, J., Honeycutt, A., Khavjou, O., . . . Newey, G. A. (2014). Technology-enhanced program for child disruptive behavior disorders: Development and pilot randomized control trial. *Journal of Clinical Child & Adolescent Psychology, 43*(1), 88–101.

Joseph, S., & Patterson, T. G. (2008). The actualizing tendency: A meta-theoretical perspective for positive psychology. In B. E. Levitt (Ed.), *Reflections on human potential: Bridging the person-centered approach and positive psychology* (pp. 1–15). Herefordshire, UK: PCCS Books.

Julien, R. M. (2011). Psychopharmacology training in clinical psychology: A renewed call for action. *Journal of Clinical Psychology, 67*, 446–449.

Kafka, M. P. (2013). The development and evolution of the criteria for a newly proposed diagnosis for DSM-5: Hypersexual disorder. *Sexual Addiction & Compulsivity, 20*(1-2), 19–26.

Kaholokula, J. K., & Haynes, S. N. (2015). Behavioral medicine/Health psychology. In R. L. Cautin & S. O. Lilienfeld (Eds.), *The encyclopedia of clinical psychology* (pp. 310–319). West Sussex, UK: Wiley Blackwell.

Kalata, A. H., & Naugle, A. E. (2009). Positive psychology: A behavioral conceptualization and application to contemporary behavior therapy. In W. T. O'Donohue & J. E. Fisher (Eds.), *General principles and empirically supported techniques of cognitive behavior therapy* (pp. 445–454). Hoboken, NJ: Wiley.

Kalia, M. (2002). Assessing the economic impact of stress: The modern day hidden epidemic. *Metabolism, 51*, 49–53.

Kamen, C., Cosgrove, V., McKellar, J., Cronkite, R., & Moos, R. (2011). Family support and depressive symptoms: A 23-year follow-up. *Journal of Clinical Psychology, 67*, 215–223.

Kamphaus, R. W. (2015). Behavior Assessment System for Children, Second Edition (BASC-2). In R. L. Cautin & S. O. Lilienfeld (Eds.), *The encyclopedia of clinical psychology* (pp. 336–341). West Sussex, UK: Wiley Blackwell.

Kamphaus, R. W., & Frick, P. J. (2005). *Clinical assessment of child and adolescent personality and behavior* (2nd ed.). New York: Springer.

Kamphaus, R. W., & Kroncke, A. P. (2004). "Back to the future" of the Stanford-Binet Intelligence Scales. In M. Hersen (Ed.), *Comprehensive handbook of psychological assessment* (Vol. 1, pp. 77–86). New York: Wiley.

Kanter, J. W., Busch, A. M., & Rusch, L. C. (2009). *Behavioral activation: Distinctive features*. New York: Routledge.

Karon, B. P., & Widener, A. J. (1995). Psychodynamic therapies in historical perspective: "Nothing human do I consider alien to me." In B. Bongar & L. E. Beutler (Eds.), *Comprehensive textbook of psychotherapy: Theory and practice* (pp. 24–47). New York: Oxford University Press.

Kaslow, F. W. (2011). Treatment modalities: Family therapy. In J. C. Norcross, G. R. VandenBos, & D. K. Freedheim (Eds.), *History of psychotherapy: Continuity and change* (2nd ed., pp. 497–504). Washington, DC: American Psychological Association.

Kaslow, N. J., Bollini, A. M., Druss, B., Glueckauf, R. L., Goldfrank, L. R., Kelleher, K. J., et al. (2007). Health care for the whole person: Research update. *Professional Psychology: Research and Practice, 38*, 278–289.

Kaslow, N. J., & Graves, C. C. (2015). Clinical competencies. In R. L. Cautin & S. O. Lilienfeld (Eds.), *The encyclopedia of clinical psychology* (pp. 537–551). West Sussex, UK: Wiley Blackwell.

Kaslow, N. J., & Webb, C. (2011). Training systems and sites: Internship and postdoctoral residency. In J. C. Norcross, G. R. VandenBos, & D. K. Freedheim (Eds.), *History of psychotherapy: Continuity and change* (2nd ed., pp. 640–650). Washington, DC: American Psychological Association.

Kastrup, M. (2000). Scandinavian approaches. In A. Okasha, J. Arboleda-Florez, & N. Sartorius (Eds.), *Ethics, culture, and psychiatry: International perspectives* (pp. 65–82). Washington, DC: American Psychiatric Press.

Kazantzis, N., Cronin, T. J., Norton, P. J., Lai, J., & Hofmann, S. G. (2015). Reservations about the conclusions of the Interdivisional (APA Divisions 12 and 29) Task Force on Evidence-Based Therapy Relationships: What do we know, what don't we know? *Journal of Clinical Psychology, 71*(5), 423–427.

Kazantzis, N., & Dattilio, F. M. (2010). Definitions of homework, types of homework, and ratings of the importance of homework among psychologists with cognitive behavior therapy and psychoanalytic theoretical orientations. *Journal of Clinical Psychology, 66*, 758–773.

Kazantzis, N., Whittington, C., & Dattilio, F. (2010). Meta-analysis of homework effects in cognitive and behavioral therapy: A replication and extension. *Clinical Psychology: Science and Practice, 17*, 144–156.

Kazdin, A. E. (1978). *History of behavior modification: Experimental foundations of contemporary research*. Baltimore: University Park Press.

Kazdin, A. E. (1980). *Behavior modification in applied settings* (Rev. ed.). Homewood, IL: Dorsey Press.

Kazdin, A. E. (2000). *Psychotherapy for children and adolescents: Directions for research and practice*. New York: Oxford

University Press.

Kazdin, A. E. (2007). Mediators and mechanisms of change in psychotherapy research. *Annual Review of Clinical Psychology, 3*, 1–27.

Kazdin, A. E. (2011). *Single-case research designs: Methods for clinical and applied settings* (2nd ed.). New York: Oxford University Press.

Kazdin, A. E. (2014). Special series introduction reenvisioning clinical science training. *Clinical Psychological Science, 2*(1), 6–7.

Kazdin, A. E. (2015). Treatment as usual and routine care in research and clinical practice. *Clinical Psychology Review, 42,* 168–178.

Kazdin, A. E., & Weisz, J. R. (Eds.). (2003). *Evidence-based psychotherapies for children and adolescents*. New York: Guilford Press.

Kearney, C. A., & Vecchio, J. (2002). Contingency management. In M. Hersen & W. Sledge (Eds.), *Encyclopedia of psychotherapy* (Vol. 1, pp. 525–532). San Diego, CA: Academic Press.

Keefe, J. R., McCarthy, K. S., Dinger, U., Zilcha-Mano, S., & Barber, J. P. (2014). A meta-analytic review of psychodynamic therapies for anxiety disorders. *Clinical Psychology Review, 34*(4), 309–323.

Keel, P. K., & Klump, K. L. (2003). Are eating disorders culture-bound syndromes? Implications for conceptualizing their etiology. *Psychological Bulletin, 129,* 747–769.

Keilin, W. G. (2000). Internship selection in 1999: Was the association of psychology postdoctoral and internship centers' match a success? *Professional Psychology: Research and Practice, 31,* 281–287.

Keilin, W. G., & Constantine, M. G. (2001). Applying to professional psychology internship programs. In S. Walfish & A. K. Hess (Eds.), *Succeeding in graduate school: The career guide for psychology students* (pp. 319–333). Mahwah, NJ: Lawrence Erlbaum.

Keilin, W. G., Thorn, B. E., Rodolfa, E. R., Constantine, M. G., & Kaslow, N. J. (2000). Examining the balance of internship supply and demand: 1999 Association of Psychology postdoctoral and internship centers' match implications. *Professional Psychology: Research and Practice, 31,* 288–294.

Kendall, P. C. (2012). Guiding theory for therapy with children and adolescents. In P. C. Kendall (Ed.), *Child and adolescent therapy: Cognitive-behavioral procedures* (4th ed., pp. 3–24). New York: Guilford Press.

Kendall, P. C., & Drabick, D. A. G. (2010). Problems for the book of problems? Diagnosing mental health disorders among youth. *Clinical Psychology: Science and Practice, 17,* 265–271.

Kendler, K. S. (2013). A history of the DSM-5 Scientific Review Committee. *Psychological Medicine, 43*(09), 1793–1800.

Kent, R. G., Carrington, S.J., Couteur, A., Gould, J., Wing, L., Maljaars, J., . . . Leekam, S. R. (2013). Diagnosing autism spectrum disorder: Who will get a DSM-5 diagnosis? *Journal of Child Psychology and Psychiatry, 54*(11), 1242–1250.

Kernberg, O. F. (2004). *Contemporary controversies in psychoanalytic theories, techniques, and their applications*. New Haven, CT: Yale University Press.

Kernberg, O. F. (2016). New developments in transference focused psychotherapy. *International Journal of Psychoanalysis, 97*(2), 385–407.

Kessler, R. C. (1994). The national comorbidity survey of the United States. *International Review of Psychiatry, 6,* 365–376.

Khoury, B., Lecomte, T., Fortin, G., Masse, M., Therien, P., Bouchard, V., . . . Hofmann, S. G. (2013). Mindfulness-based therapy: A comprehensive meta-analysis. *Clinical Psychology Review, 33*(6), 763–771.

Kiecolt-Glaser, J., Glaser, R., Williger, D., Stout, J., Messick, G., & Sheppard, S. (1985). Psychosocial enhancement of immunocompetence in a geriatric population. *Health Psychology, 4,* 25–41.

Kiecolt-Glaser, J., Newton, T., Cacioppo, J., MacCallum, R., Glaser, R., & Malarkey, W. (1996). Marital conflict and endocrine function: Are men really more psychologically affected than women? *Journal of Consulting and Clinical Psychology, 64,* 324–332.

Kielbasa, A. M., Pomerantz, A. M., Krohn, E. J., & Sullivan, B. F. (2004). How does clients' method of payment influence psychologists' diagnostic decisions? *Ethics & Behavior, 14,* 187–195.

Kihlstrom, J. F. (2015). Dynamic versus cognitive unconscious. In R. L. Cautin & S. O. Lilienfeld (Eds.), *The encyclopedia of clinical psychology* (pp. 988–996). West Sussex, UK: Wiley Blackwell.

Kilgore, H., Sideman, L., Amin, K., Baca, L., & Bohanske, B. (2005). Psychologists' attitudes and therapeutic approaches toward gay, lesbian, and bisexual issues continue to improve: An update. *Psychotherapy: Theory, Research, Practice, Training, 42,* 395–400.

Kimonis, E. R. (2015). Insanity defense/guilty but mentally ill. In R. L. Cautin & S. O. Lilienfeld (Eds.), *The encyclopedia of clinical psychology* (pp. 1470–1475). West Sussex, UK: Wiley Blackwell.

King, D. L., & Delfabbro, P. H. (2013). Issues for DSM-5: Video-gaming disorder? *Australian and New Zealand Journal of Psychiatry, 47*(1), 20–22.

King, D. L., & Delfabbro, P. H. (2014a). Internet gaming disorder treatment: A review of definitions of diagnosis and treatment outcome. *Journal of Clinical Psychology, 70*(10), 942–955.

King, D. L., & Delfabbro, P. H. (2014b). The cognitive psychology of Internet gaming disorder. *Clinical Psychology Review, 34*(4), 298–308.

Kinghorn, W. (2013). The biopolitics of defining "mental disorder." In J. Paris & J. Phillips (Eds.), *Making the DSM-5: Concepts and controversies* (pp. 47–61). New York: Springer.

Kirmayer, L. J., & Minas, H. (2000). The future of cultural psychiatry: An international perspective. *Canadian Journal of Psychiatry, 45,* 438–446.

Kitaeff, J. (2011). History of police psychology. In J. Kitaeff (Ed.), *Handbook of police psychology* (pp. 1–62). New York:

Taylor & Francis.

Kivlighan, D. M. (2014). Three important clinical processes in individual and group interpersonal psychotherapy sessions. *Psychotherapy, 51*(1), 20–24.

Klerman, G. (1984). The advantages of *DSM-III. American Journal of Psychiatry, 141,* 539–542.

Klerman, G. L., Weissman, M. M., Rounsaville, B. J., & Chevron, E. S. (1984). *Interpersonal psychotherapy of depression.* New York: Basic Books.

Kliem, S., Kröger, C., & Kosfelder, J. (2010). Dialectical behavior therapy for borderline personality disorder: A meta-analysis using mixed-effects modeling. *Journal of Consulting and Clinical Psychology, 78*, 936–951.

Kline, M. V., & Huff, R. M. (1999). Tips for the practitioner. In R. M. Huff & M. V. Kline (Eds.), *Promoting health in multicultural populations: A handbook for practitioners* (pp. 103–111). Thousand Oaks, CA: Sage.

Klonoff, E. A. (2011). Training systems and sites: PhD programs. In J. C. Norcross, G. R. VandenBos, & D. K. Freedheim (Eds.), *History of psychotherapy: Continuity and change* (2nd ed., pp. 615–629). Washington, DC: American Psychological Association.

Knabb, J. J., Vogt, R. G., & Newgren, K. P. (2011). MMPI-2 characteristics of the Old Order Amish: A comparison of clinical, nonclinical, and United States normative samples. *Psychological Assessment, 23*, 865–875.

Knapp, S. J., & VandeCreek, L. D. (2006). *Practical ethics for psychologists: A positive approach.* Washington, DC: American Psychological Association.

Knauss, L. K., & Knauss, J. W. (2012). Ethical issues in multiperson therapy. In S. J. Knapp (Ed.), *APA handbook of ethics in psychology, Vol. 2: Practice, teaching, and research* (pp. 29–43). Washington, DC: American Psychological Association.

Knell, S. M., & Dasari, M. (2011). Cognitive-behavioral play therapy. In S. W. Russ & L. N. Niec (Eds.), *Play in clinical practice: Evidence-based approaches* (pp. 236–263). New York: Guilford Press.

Knoll, J., & Resnick, P. J. (2006). The detection of malingered post-traumatic stress disorder. *Psychiatric Clinics of North America, 29*(3), 629–647.

Koenig, H. G. (2005). *Faith and mental health: Religious resources for healing.* Philadelphia: Templeton Foundation Press.

Koenig, L. B., & Vaillant, G. E. (2009). A prospective study of church attendance and health over the lifespan. *Health Psychology, 28,* 354–363.

Koerner, K. (2012). *Doing dialectical behavior therapy: A practical guide.* New York: Guilford Press.

Koerner, K., & Castonguay, L. G. (2015). Practice-oriented research: What it takes to do collaborative research in private practice. *Psychotherapy Research, 25*(1), 67–83.

Koerner, K., & Dimeff, L. A. (2007). Overview of dialectical behavior therapy. In L. A. Dimeff & K. Koerner (Eds.), *Dialectical behavior therapy in clinical practice: Applications across disorders and settings* (pp. 1–18). New York: Guilford Press.

Kolden, G. G., Klein, M. H., Wang, C., & Austin, S. B. (2011). Congruence/genuineness. In J. C. Norcross (Ed.), *Psychotherapy relationships that work: Evidence-based responsiveness* (2nd ed., pp. 187–202). New York: Oxford University Press.

Koocher, G. P. (2009). Any minute now but far far away: Electronically mediated mental health. *Clinical Psychology: Science and Practice, 16*, 339–342.

Koocher, G. P., & Daniel, J. H. (2012). Treating children and adolescents. In S. J. Knapp (Ed.), *APA handbook of ethics in psychology, Vol. 2: Practice, teaching, and research* (pp. 3–14). Washington, DC: American Psychological Association.

Koocher, G. P., & Keith-Spiegel, P. (2008). *Ethics in psychology and the mental health professions* (3rd ed.). New York: Oxford University Press.

Koocher, G. P., McMann, M. R., Stout, A. O., & Norcross, J. C. (2015). Discredited assessment and treatment methods used with children and adolescents: A Delphi poll. *Journal of Clinical Child & Adolescent Psychology, 44*(5), 722–729.

Kosciulek, J. F. (2003). Counseling and psychotherapy with clients with disabilities. In D. R. Atkinson & G. Hackett (Eds.), *Counseling diverse populations* (3rd ed., pp. 194–216). Boston: McGraw-Hill.

Kovacs, M. (2015). Children's Depression Inventory (CDI and CDI 2). In R. L. Cautin & S. O. Lilienfeld (Eds.), *The encyclopedia of clinical psychology* (pp. 495–499). West Sussex, UK: Wiley Blackwell.

Koydemir, S., & Essau, C. A. (2015). Cross-cultural research. In R. L. Cautin & S. O. Lilienfeld (Eds.), *The encyclopedia of clinical psychology* (pp. 801–808). West Sussex, UK: Wiley Blackwell.

Kraemer, H. C. (2013). An idea worth researching: DSM diagnosis of mental disorders as a living document. *International Journal of Eating Disorders, 46*(5), 412–415.

Kratochwill, T. R., Mission, P., & Hagermoser, E. (2015). Single-case experimental designs. In R. L. Cautin & S. O. Lilienfeld (Eds.), *The encyclopedia of clinical psychology* (pp. 2638–2649). West Sussex, UK: Wiley Blackwell.

Kraus, R. (2004). Ethical and legal considerations for providers of mental health services online. In R. Kraus, J. Zack, & G. Stricker (Eds.), *Online counseling: A handbook for mental health professionals* (pp. 123–144). San Diego, CA: Elsevier.

Kraus, R. (2011). Online counseling: Does it work? Research findings to date. In R. Kraus, G. Stricker, & C. Speyer (Eds.), *Online counseling: A handbook for mental health professionals* (2nd ed., pp. 55–63). Burlington, MA: Elsevier.

Kraus, R., Zack, J., & Stricker, G. (Eds.). (2004). *Online counseling: A handbook for mental health professionals.* San Diego, CA: Elsevier.

Krawcqynski, J. (2012, April 5). Goodell warns NFL about leaking Wonderlic scores. Retrieved from http://news.yahoo.com/goodell-warns-nfl-leaking-wonderlic-scores-164752308--spt.html

Kris, A. O. (2012). Unconscious processes. In G. O. Gabbard, B. E. Litowitz, & P. Williams (Eds.), *Textbook of psychoanalysis*

(2nd ed., pp. 53–64). Washington, DC: American Psychiatric Publishing.

Kropiunigg, U. (1993). Basics in psychoneuroimmunology. *Annals of Medicine, 25,* 473–479.

Kuehlwein, K. T. (1993). A survey and update of cognitive therapy systems. In K. T. Kuehlwein & H. Rosen (Eds.), *Cognitive therapies in action* (pp. 1–32). San Francisco: Jossey-Bass.

Kuehnle, K., Kirkpatrick, H. D., & Drozd, L. (2015). Child custody. In R. L. Cautin & S. O. Lilienfeld (Eds.), *The encyclopedia of clinical psychology* (pp. 478–484). West Sussex, UK: Wiley Blackwell.

Kuester, A., Niemeyer, H., & Knaevelsrud, C. (2016). Internet-based interventions for posttraumatic stress: A meta-analysis of randomized controlled trials. *Clinical Psychology Review, 43,* 1–16.

Kupfer, D. J., Kuhl, E. A., & Regier, D. A. (2013). DSM-5—the future arrived. *JAMA, 309*(16), 1691–1692.

Kutchins, K., & Kirk, S. A. (1997). *Making us crazy: DSM: The psychiatric bible and the creation of mental disorders.* New York: Free Press.

Kwan, K. K., & Maestas, M. L. (2008). MMPI-2 and MCMI-III performances of non-white people in the United States: What we (don't) know and where we go from here. In L. A. Suzuki & J. G. Ponterotto (Eds.), *Handbook of multicultural assessment: Clinical, psychological, and educational applications* (3rd ed., pp. 425–446). Hoboken, NJ: Wiley.

La Roche, M. J., Batista, C., & D'Angelo, E. (2011). A content analysis of guided imagery scripts: A strategy for the development of cultural adaptations. *Journal of Clinical Psychology, 67,* 45–57.

La Roche, M. J., & Christopher, M. S. (2009). Changing paradigms from empirically supported treatment to evidence-based practice: A cultural perspective. *Professional Psychology: Research and Practice, 40,* 396–402.

Lacewing, M. (2014). Psychodynamic psychotherapy, insight, and therapeutic action. *Clinical Psychology: Science and Practice, 21*(2), 154–171.

Lacks, P. (1999). *Bender-Gestalt screening for brain dysfunction* (2nd ed.). New York: Wiley.

Lacks, P. (2000). Visuoconstructive abilities. In G. Groth Marnat (Ed.), *Neuropsychological assessment in clinical practice* (pp. 401–436). New York: Wiley.

LaFarge, L. (2012). Defense and resistance. In G. O. Gabbard, B. E. Litowitz, & P. Williams (Eds.), *Textbook of psychoanalysis* (2nd ed., pp. 93–104). Washington, DC: American Psychiatric Publishing.

LaGreca, A. M., Kuttler, A. F., & Stone, W. L. (2002). Assessing children through interviews and behavioral observations. In C. E. Walker & M. C. Roberts (Eds.), *Handbook of child clinical psychology* (3rd ed., pp. 90–110). New York: Wiley.

Lally, S. J. (2003). What tests are acceptable for use in forensic evaluations? A survey of experts. *Professional Psychology: Research and Practice, 34,* 491–498.

Lambert, M. C. (2006). Normal and abnormal development: What the child clinician should know. In C. A. Essau (Ed.), *Child and adolescent psychopathology: Theoretical and clinical implications* (pp. 1–25). New York: Routledge.

Lambert, M. J. (2011). Psychotherapy research and its achievements. In J. C. Norcross, G. R. VandenBos, & D. K. Freedheim (Eds.), *History of psychotherapy: Continuity and change* (2nd ed., pp. 299–332). Washington, DC: American Psychological Association.

Lambert, M. J. (2013). Outcome in psychotherapy: The past and important advances. *Psychotherapy, 50*(1), 42–51.

Lambert, M. J., & Ogles, B. M. (2004). The efficacy and effectiveness of psychotherapy. In M. J. Lambert (Ed.), *Bergin and Garfield's handbook of psychotherapy and behavior change* (5th ed., pp. 139–193). New York: Wiley.

Lambert, M. J., & Simon, W. (2008). The therapeutic relationship: Central and essential in psychotherapy outcome. In S. F. Hick & T. Bien (Eds.), *Mindfulness and the therapeutic relationship* (pp. 19–33). New York: Guilford Press.

Landreth, G. (1991). *Play therapy: The art of the relationship.* Muncie, IN: Accelerated Development.

Lane, C. (2007). *Shyness: How normal behavior became a sickness.* New Haven, CT: Yale University Press.

Lane, R. C., & Harris, M. (2008). Psychodynamic psychotherapy. In M. Hersen & A. M. Gross (Eds.), *Handbook of clinical psychology* (Vol. 1, pp. 525–550). Hoboken, NJ: Wiley.

Langenbucher, J., & Nathan, P. E. (2006). Diagnosis and classification. In M. Hersen & J. C. Thomas (Eds.), *Comprehensive handbook of personality and psychopathology* (Vol. 2, pp. 3–20). Hoboken, NJ: Wiley.

Laser, J. A., & Nicotera, N. (2011). *Working with adolescents: A guide for practitioners.* New York: Guilford Press.

Laska, K. M., Gurman, A. S., & Wampold, B. E. (2014). Expanding the lens of evidence-based practice in psychotherapy: A common factors perspective. *Psychotherapy, 51*(4), 467–481.

Laska, K. M., & Wampold, B. E. (2014). Ten things to remember about common factor theory. *Psychotherapy, 51*(4), 519–524.

Lasky, G. B., & Riva, M. T. (2006). Confidentiality and privileged communication in group psychotherapy. *International Journal of Group Psychotherapy, 56,* 455–476.

Laszlo, E. (1972). *The systems view of the world.* New York: Braziller.

Lau, A. S. (2006). Making the case for selective and directed cultural adaptations of evidence-based treatments: Examples from parent training. *Clinical Psychology: Science and Practice, 13,* 295–310.

Laugeson, E. A., Gantman, A., Kapp, S. K., Orenski, K., & Ellingsen, R. (2015). A randomized controlled trial to improve social skills in young adults with autism spectrum disorder: The UCLA PEERS® program. *Journal of Autism and Developmental Disorders, 45*(12), 3978–3989.

LaVeist, T. A. (2005). *Minority populations and health: An introduction to health disparities in the United States*. San Francisco: Jossey-Bass.

LaVeist, T. A., Nickerson, K., & Bowie, J. (2000). Attitudes about racism, medical mistrust, and satisfaction with care among African American and white cardiac patients. *Medical Care Research and Review, 57,* 146–161.

Layde, J. B. (2004). Cross-cultural issues in forensic psychiatry training. *Academic Psychiatry, 28,* 34–39.

Lazarus, R., & Folkman, S. (1984). Coping and adaptation. In W. D. Gentry (Ed.), *The handbook of behavioral medicine* (pp. 282–325). New York: Guilford Press.

Leahy, R. L. (2003). *Cognitive therapy techniques: A practitioner's guide*. New York: Guilford Press.

Lebow, J. (2006). *Research for the psychotherapist: From science to practice*. New York: Routledge.

Lebowitz, M. S., Pyun, J. J., & Ahn, W. K. (2014). Biological explanations of generalized anxiety disorder: Effects on beliefs about prognosis and responsibility. *Psychiatric Services, 65*(4), 498–503.

Lee, E. (Ed.). (1997). *Working with Asian Americans: A guide for clinicians*. New York: Guilford Press.

Lee, E., & Mock, M. R. (2005). Asian families: An overview. In M. McGoldrick, J. Giordano, & N. Garcia-Preto (Eds.), *Ethnicity and family therapy* (3rd ed., pp. 269–289). New York: Guilford Press.

Lee, J., Lim, N., Yang, E., & Lee, S. M. (2011). Antecedents and consequences of three dimensions of burnout in psychotherapists: A meta-analysis. *Professional Psychology: Research and Practice, 42*, 252–258.

Lee, J. A., Luxton, D. D., Reger, G. M., & Gahm, G. A. (2010). Confirmatory factor analysis of the posttraumatic growth inventory with a sample of soldiers previously deployed in support of the Iraq and Afghanistan wars. *Journal of Clinical Psychology, 66*, 813–819.

Leichsenring, F. (2009a). Applications of psychodynamic psychotherapy to specific disorders: Efficacy and indications. In G. O. Gabbard (Ed.), *Textbook of psychotherapeutic treatments* (pp. 97–132). Washington, DC: American Psychiatric Publishing.

Leichsenring, F. (2009b). Psychodynamic psychotherapy: A review of efficacy and effectiveness studies. In R. A. Levy & J. S. Ablon (Eds.), *Handbook of evidence-based psychodynamic psychotherapy: Bridging the gap between science and practice* (pp. 3–27). New York: Humana.

Leichsenring, F., Rabung, S., & Leibing, E. (2004). The efficacy of short-term psychodynamic therapy in specific psychiatric disorders: A meta-analysis. *Archives of General Psychiatry, 61*, 1208–1216.

Leijten, P., Raaijmakers, M. A., de Castro, B. O., & Matthys, W. (2013). Does socioeconomic status matter? A meta-analysis on parent training effectiveness for disruptive child behavior. *Journal of Clinical Child & Adolescent Psychology, 42*(3), 384–392.

Lennon, R., & Eisenberg, N. (1987). Gender and age differences in empathy and sympathy. In N. Eisenberg & J. Strayer (Eds.), *Empathy and its development* (pp. 195–217). Cambridge, UK: Cambridge University Press.

Lesserman, J., Jackson, E., Petitto, J., Golden, R., Silva, S., & Perkins, D. (1999). Progression to AIDS: The effects of stress, depressive symptoms, and social support. *Psychosomatic Medicine, 61,* 397–406.

Letourneau, E. J., Henggeler, S. W., McCart, M. R., Borduin, C. M., Schewe, P. A., & Armstrong, K. S. (2013). Two-year follow-up of a randomized effectiveness trial evaluating MST for juveniles who sexually offend. *Journal of Family Psychology, 27*(6), 978–985.

Leung, P. K., & Boehnlein, J. K. (2005). Vietnamese families. In M. McGoldrick, J. Giordano, & N. Garcia-Preto (Eds.), *Ethnicity and family therapy* (3rd ed., pp. 363–373). New York: Guilford Press.

Levant, R. F., & Silverstein, L. B. (2006). Gender is neglected by both evidence-based practices and treatment as usual. In J. C. Norcross, L. E. Beutler, & R. F. Levant (Eds.), *Evidence-based practices in mental health: Debate and dialogue on the fundamental questions* (pp. 338–345). Washington, DC: American Psychological Association.

Levenson, H. (1995). *Time-limited dynamic psychotherapy: A guide to clinical practice*. New York: Basic Books.

Levenson, H. (2010). *Brief dynamic therapy*. Washington, DC: American Psychological Association.

Levenson, H., Butler, S. F., & Beitman, B. D. (1997). *Concise guide to brief dynamic psychotherapy*. Washington, DC: American Psychiatric Association.

Levenson, R. W. (2014). The future of clinical science training: New challenges and opportunities. *Clinical Psychological Science, 2*(1), 35–45.

Levis, D. J. (2008). The prolonged exposure techniques of implosive (flooding) therapy. In W. T. O'Donohue & J. E. Fisher (Eds.), *Cognitive behavior therapy: Applying empirically supported techniques in your practice* (2nd ed., pp. 272–282). Hoboken, NJ: Wiley.

Levy, R. A., Ablon, J. S., & Kächele, H. (2012). *Psychodynamic psychotherapy research: Evidence-based practice and practice-based evidence*. Totowa, NJ: Humana.

Levy, K. N., & Anderson, T. (2013). Is clinical psychology doctoral training becoming less intellectually diverse? And if so, what can be done? *Clinical Psychology: Science and Practice, 20*(2), 211–220.

Lewis, B. A., Statt, E., & Marcus, B. H. (2011). Behavioral interventions in public health settings: Physical activity, weight loss, and smoking. In D. H. Barlow (Ed.), *The Oxford handbook of clinical psychology* (pp. 717–738). New York: Oxford University Press.

Lewis-Fernandez, R., & Kleinman, A. (1994). Culture, personality, and psychopathology. *Journal of Abnormal Psychology, 103,* 67–71.

Leykin, Y., & DeRubeis, R. J. (2009). Allegiance in psychotherapy outcome research: Separating association from bias. *Clinical Psychology: Science and Practice, 16*, 54–65.

Lichtenberger, E. O., & Breaux, K. C.

(2010). *Essentials of WIAT-III and KTEA-II assessment*. Hoboken, NJ: Wiley.

Lichtenberger, E. O., & Kaufman, A. S. (2004). *Essentials of WPPSI-III assessment*. New York: Wiley.

Lichtenberger, E. O., & Kaufman, A. S. (2009). *Essentials of WAIS-IV assessment*. Hoboken, NJ: Wiley.

Lilenfeld, L. R. R., Wonderlich, S., Riso, L. P., Crosby, R., & Mitchell, J. (2006). Eating disorders and personality: A methodological and empirical review. *Clinical Psychology Review, 26,* 299–320.

Lilienfeld, S. O., & Landfield, K. (2008a). Issues in diagnosis: Categorical vs. dimensional. In W. E. Craighead, D. J. Milkowitz, & L. W. Craighead (Eds.), *Psychopathology: History, diagnosis, and empirical foundations* (pp. 1–33). Hoboken, NJ: Wiley.

Lilienfeld, S. O., & Landfield, K. (2008b). Science and psuedoscience in law enforcement: A user-friendly primer. *Criminal Justice and Behavior, 35,* 1215–1230.

Lilienfeld, S. O., Lynn, S. J., Ruscio, J., & Beyerstein, B. L. (2010). *50 great myths of popular psychology*. Malden, MA: Wiley-Blackwell.

Lilienfeld, S. O., & Marino, L. (1999). Essentialism revisited: Evolutionary theory and the concept of mental disorder. *Journal of Abnormal Psychology, 108,* 400–411.

Lilienfeld, S. O., Ritschel, L. A., Lynn, S. J., Cautin, R. L., & Latzman, R. D. (2013). Why many clinical psychologists are resistant to evidence-based practice: Root causes and constructive remedies. *Clinical Psychology Review, 33*(7), 883–900.

Lilienfeld, S. O., Ritschel, L. A., Lynn, S. J., Cautin, R. L., & Latzman, R. D. (2015). Science-practice gap. In R. L. Cautin & S. O. Lilienfeld (Eds.), *The encyclopedia of clinical psychology* (pp. 2548–2555). West Sussex, UK: Wiley Blackwell.

Lilienfeld, S. O., & Treadway, M. T. (2016). Clashing diagnostic approaches: DSM-ICD versus RDoC. *Annual Review of Clinical Psychology, 12*(1), 435–463.

Lilienfeld, S. O., Wood, J. M., & Garb, H. N. (2000). The scientific status of projective techniques. *Psychological Science in the Public Interest, 1,* 27–66.

Lindhiem, O., Bennett, C. B., Trentacosta, C. J., & McLear, C. (2014). Client preferences affect treatment satisfaction, completion, and clinical outcome: A meta-analysis. *Clinical Psychology Review, 34*(6), 506–517.

Lindsey, R. T. (1984). Informed consent and deception in psychotherapy research: An ethical analysis. *The Counseling Psychologist, 12*(3), 79–86.

Linehan, M. M. (1993a). *Cognitive-behavioral treatment of borderline personality disorder*. New York: Guilford Press.

Linehan, M. M. (1993b). *Skills training manual for treating borderline personality disorder*. New York: Guilford Press.

Linscott, R. J., & van Os, J. (2010). Systematic reviews of categorical versus continuum models in psychosis: Evidence for discontinuous subpopulations underlying a psychometric continuum. Implications for *DSM-V, DSM-VI,* and *DSM-VII. Annual Review of Clinical Psychology, 6,* 391–419.

Lipsey, M. W., & Wilson, D. B. (1993). The efficacy of psychological, educational, and behavioral treatment: Confirmation from meta-analysis. *American Psychologist, 48,* 1181–1209.

Lipsitz, J. D. (2009). Theory of interpersonal psychotherapy. In G. O. Gabbard (Ed.), *Textbook of psychotherapeutic treatments* (pp. 289–307). Washington, DC: American Psychiatric Publishing.

Lipsitz, J. D., & Markowitz, J. C. (2013). Mechanisms of change in interpersonal therapy (IPT). *Clinical Psychology Review, 33*(8), 1134–1147.

Litwack, T. R., Zapf, P. A., Groscup, J. L., & Hart, S. D. (2006). Violence risk assessment: Research, legal, and clinical considerations. In I. B. Weiner & A. K. Hess (Eds.), *Handbook of forensic psychology* (3rd ed., pp. 487–533). Hoboken, NJ: Wiley.

Littell, J. H. (2010). Evidence-based practice: Evidence or orthodoxy? In B. L. Duncan, S. D. Miller, B. E. Wampold, & M. A. Hubble (Eds.), *The heart and soul of change: Delivering what works in therapy* (2nd ed., pp. 167–198). Washington, DC: American Psychological Association.

Lloyd, A. (2009). Urge surfing. In W. T. O'Donohue & J. E. Fisher (Eds.), *General principles and empirically supported techniques of cognitive behavior therapy* (pp. 669–673). Hoboken, NJ: Wiley.

Lock, J. (2015). An update on evidence-based psychosocial treatments for eating disorders in children and adolescents. *Journal of Clinical Child & Adolescent Psychology, 44*(5), 707–721.

Logel, C., & Cohen, G. L. (2012). The role of the self in physical health: Testing the effect of a values-affirmation intervention on weight loss. *Psychological Science, 23,* 53–55.

Lohr, J. M., & Adams, T. G. (2015). Placebo controls in psychotherapy research. In R. L. Cautin & S. O. Lilienfeld (Eds.), *The encyclopedia of clinical psychology* (pp. 2143–2145). West Sussex, UK: Wiley Blackwell.

Lohr, J. M., Fowler, K. A., & Lilienfeld, S. O. (2002). The dissemination and promotion of pseudoscience in clinical psychology: The challenge to legitimate clinical science. *Clinical Psychologist, 55,* 4–10.

Long, J. E., Jr. (2005). Power to prescribe: The debate over prescription privileges for psychologists and the legal issues implicated. *Law and Psychology Review, 29,* 243–260.

Lönnqvist, J.-E., Verkasalo, M., Mäkinen, S., & Henriksson, M. (2009). High neuroticism at age 20 predicts history of mental disorders and low self-esteem at age 35. *Journal of Clinical Psychology, 65,* 781–790.

Lorber, W., & Garcia, H. A. (2010). Not supposed to feel this: Traditional masculinity in psychotherapy with male veterans returning from Afghanistan and Iraq. *Psychotherapy: Theory, Research, Practice, Training, 47,* 296–305.

Lorenzo-Luaces, L., German, R. E., & DeRubeis, R. J. (2015). It's complicated:

The relation between cognitive change procedures, cognitive change, and symptom change in cognitive therapy for depression. *Clinical Psychology Review, 41,* 3–15.

Lowe, J., Pomerantz, A. M., & Pettibone, J. C. (2007). The influence of payment method on psychologists' diagnostic decisions: Expanding the range of presenting problems. *Ethics & Behavior, 17,* 83–93.

Luborsky, L., & Barrett, M. S. (2006). The history and empirical status of key psychoanalytic concepts. *Annual Review of Clinical Psychology, 2,* 1–19.

Luborsky, L., Diguer, L., Seligman, D. A., Rosenthal, R., Krause, E. D., Johnson, S., et al. (1999). The researcher's own therapy allegiances: A "wild card" in comparisons of treatment efficacy. *Clinical Psychology: Science and Practice, 6,* 95–106.

Luborsky, L., Rosenthal, R., Diguer, L., Andrusyna, T. P., Berman, J. S., Levitt, J. T., et al. (2002). The dodo bird verdict is alive and well—mostly. *Clinical Psychology: Science and Practice, 9,* 2–12.

Luborsky, L., Singer, J., & Luborsky, L. (1975). Comparative studies of psychotherapy. *Archives of General Psychiatry, 32,* 995–1008.

Ludwick-Rosenthal, R., & Neufeld, R. (1988). Stress management during noxious medical procedures: An evaluative review of outcome studies. *Psychological Bulletin, 104,* 326–342.

Luepnitz, D. (1992). *The family interpreted.* New York: Basic Books.

Lukas, S. (1993). *Where to start and what to ask: An assessment handbook.* New York: W. W. Norton.

Lundahl, B., & Burke, B. L. (2009). The effectiveness and applicability of motivational interviewing: A practice-friendly review of four meta-analyses. *Journal of Clinical Psychology, 65,* 1232–1245.

Luria, A. (1961). *The role of speech in the regulation of normal and abnormal behaviors.* New York: Liveright.

Lyddon, W. J., & Chatkoff, D. K. (2001). Empirically supported treatments: Recent trends, current limitations, and future promise. In W. J. Lyddon (Ed.), *Empirically supported cognitive therapies: Current and future applications* (pp. 235–246). New York: Springer.

Lynch, T. R., Trost, W. T., Salsman, N., & Linehan, M. M. (2007). Dialectical behavior therapy for borderline personality disorder. *Annual Review of Clinical Psychology, 3,* 181–205.

Lyons, H. Z., Bieschke, K. J., Dendy, A. K., Worthington, R. L., & Georgemiller, R. (2010). Psychologists' competence to treat lesbian, gay and bisexual clients: State of the field and strategies for improvement. *Professional Psychology: Research and Practice, 41,* 424–434.

MacDonald, D. E., Wong, E., & Dionne, M. M. (2015). Correlational designs. In R. L. Cautin & S. O. Lilienfeld (Eds.), *The encyclopedia of clinical psychology* (pp. 766–771). West Sussex, UK: Wiley Blackwell.

MacKenzie, K. R. (2002). Group psychotherapy. In M. Hersen & W. Sledge (Eds.), *Encyclopedia of psychotherapy* (Vol. 1, pp. 891–906). San Diego, CA: Academic Press.

Mackewn, J. (1997). *Developing Gestalt counseling.* London: Sage.

Maguen, S., Cohen, G., Cohen, B. E., Lawhon, G. D., Marmar, C. R., & Seal, K. H. (2010). The role of psychologists in the care of Iraq and Afghanistan veterans in primary care settings. *Professional Psychology: Research and Practice, 41,* 135–142.

Magyar-Moe, J. L., Pedrotti, J. T., Edwards, L. M., Ford, A. I., Petersen, S. E., Rasmussen, H. N., & Ryder, J. A. (2005). Perceptions of multicultural training in predoctoral internships: A survey of interns and training directors. *Professional Psychology: Research and Practice, 36,* 446–450.

Maheu, M. M., Pulier, M. L., Wilhelm, F. H., McMenamin, J. P., & Brown-Connolly, N. E. (2005). *The mental health professional and the new technologies: A handbook for practice today.* Mahwah, NJ: Erlbaum.

Mahler, H., & Kulik, J. (1998). Effects of preparatory videotapes on self-efficacy beliefs and recovery from coronary bypass surgery. *Annals of Behavioral Medicine, 20,* 39–46.

Malgady, R. G., & Colon-Malgady, G. (2008). Building community test norms: Considerations for ethnic minority populations. In L. A. Suzuki & J. G. Ponterotto (Eds.), *Handbook of multicultural assessment: Clinical, psychological, and educational applications* (3rd ed., pp. 34–51). Hoboken, NJ: Wiley.

Malik, M. L., & Beutler, L. E. (2002). The emergence of dissatisfaction with the DSM. In L. E. Beutler & M. L. Malik (Eds.), *Rethinking the DSM: A psychological perspective* (pp. 3–15). Washington, DC: American Psychological Association.

Manninen, B. A. (2006). Medicating the mind: A Kantian analysis of overprescribing psychoactive drugs. *Journal of Medical Ethics, 32,* 100–105.

Manring, J., Greenberg, R. P., Gregory, R., & Gallinger, L. (2011). Learning psychotherapy in the digital age. *Psychotherapy, 48,* 119–126.

Mantyselka, P. T., Turunen, J. H., Ahonen, R. S., & Kumpusalo, E. A. (2003). Chronic pain and poor self-rated health. *Journal of the American Medical Association, 290,* 2435–2442.

Marans, S., Dahl, K., & Schowalter, J. (2002). Child and adolescent psychotherapy: Psychoanalytic principles. In M. Hersen & W. Sledge (Eds.), *Encyclopedia of psychotherapy* (Vol. 1, pp. 381–400). San Diego, CA: Academic Press.

Marcus, D. K., O'Connell, D., Norris, A. L., & Sawaqdeh, A. (2014). Is the Dodo bird endangered in the 21st century? A meta-analysis of treatment comparison studies. *Clinical Psychology Review, 34*(7), 519–530.

Marczyk, G., Krauss, D. A., & Burl, J. (2012). Educational and training models in forensic psychology. In C. R. Bartol & A. M. Bartol (Eds.), *Current perspectives in forensic psychology and criminal behavior* (pp. 2–10). Thousand Oaks, CA: Sage.

Marker, C. D., Comer, J. S., Abramova,

V., & Kendall, P. C. (2013). The reciprocal relationship between alliance and symptom improvement across the treatment of childhood anxiety. *Journal of Clinical Child & Adolescent Psychology, 42*(1), 22–33.

Markin, R. D., & Kasten, J. (2015). Group psychotherapy. In R. L. Cautin & S. O. Lilienfeld (Eds.), *The encyclopedia of clinical psychology* (pp. 1358–1363). West Sussex, UK: Wiley Blackwell.

Markowitz, J. C., & Weissman, M. M. (2009). Applications of individual interpersonal psychotherapy to specific disorders: Efficacy and indications. In G. O. Gabbard (Ed.), *Textbook of psychotherapeutic treatments* (pp. 339–364). Washington, DC: American Psychiatric Publishing.

Markowitz, J. C., & Weissman, M. M. (2012). Interpersonal Psychotherapy: Past, present and future. *Clinical Psychology and Psychotherapy, 19*, 99–105.

Marks, I., & Cavanagh, K. (2009). Computer-aided psychological treatments: Evolving issues. *Annual Review of Clinical Psychology, 5*, 121–141.

Markus, H., & Kitayama, S. (1991). Culture and the self: Implications for cognition, emotion, and motivation. *Psychological Review, 98*, 224–253.

Marlatt, G., & Gordon, J. (1985). *Relapse preventions: Maintenance strategies in the treatment of addictive behaviors*. New York: Guilford Press.

Maroda, K. J. (2010). *Psychodynamic techniques: Working with emotion in the therapeutic relationship*. New York: Guilford Press.

Marshall, W. L. (2006). Diagnosis and treatment of sexual offenders. In I. B. Weiner & A. K. Hess (Eds.), *The handbook of forensic psychology* (3rd ed., pp. 751–789). Hoboken, NJ: Wiley.

Martell, C. R. (2008). Behavioral activation for depression. In W. T. O'Donohue & J. E. Fisher (Eds.), *Cognitive behavior therapy: Applying empirically supported techniques in your practice* (2nd ed., pp. 40–45). Hoboken, NJ: Wiley.

Martell, C. R. (2009). Behavioral activation treatment for depression. In W. T. O'Donohue & J. E. Fisher (Eds.), *General principles and empirically supported techniques of cognitive behavior therapy* (pp. 138–143). Hoboken, NJ: Wiley.

Martell, C. R., Safren, S. A., & Prince, S. S. (2004). *Cognitive-behavioral therapies with lesbian, gay, and bisexual clients*. New York: Guilford Press.

Martin, C. K., Stewart, T. M., Anton, S. D., Copeland, A. L., & Williamson, D. A. (2008). Health psychology. In M. Hersen & A. M. Gross (Eds.), *Handbook of clinical psychology* (Vol. 1, pp. 693–723). Hoboken, NJ: Wiley.

Martinez, R. (2004). *The new Americans*. New York: New Press.

Marty, M. A., & Segal, D. L. (2015). DSM-5. In R. L. Cautin & S. O. Lilienfeld (Eds.), *The encyclopedia of clinical psychology* (pp. 965–970). West Sussex, UK: Wiley Blackwell.

Maruish, M. E. (2008). The clinical interview. In R. P. Archer & S. R. Smith (Eds.), *Personality assessment* (pp. 37–80). New York: Routledge.

Maser, J. D., Norman, S. B., Zisook, S., Everall, I. P., Stein, M. B., Schettler, P. J., & Judd, L. L. (2009). Psychiatric nosology is ready for a paradigm shift in *DSM-V*. *Clinical Psychology: Science and Practice, 16*, 24–40.

Maslow, A. H. (1968). *Toward a psychology of being* (2nd ed.). Princeton, NJ: Van Nostrand.

Masuda, A., & Wilson, K. (2009). Mindfulness: Being mindful in psychotherapy. In W. O'Donohue & S. R. Graybar (Eds.), *Handbook of contemporary psychotherapy: Toward an improved understanding of effective psychotherapy* (pp. 249–268). Thousand Oaks, CA: Sage.

Matarazzo, J. D. (1983). The reliability of psychiatric and psychological diagnosis. *Clinical Psychology Review, 3*, 103–145.

Maultsby, M. C. (1982). A historical view of blacks' distrust of psychiatry. In S. M. Turner & R. T. Jones (Eds.), *Behavior modification in black populations* (pp. 39–56). New York: Plenum Press.

Maxie, A. C., Arnold, D. H., & Stephenson, M. (2006). Do therapists address ethnic and racial differences in cross-cultural psychotherapy? *Psychotherapy: Theory, Research, Practice, Training, 43*, 85–98.

May, R. (1983). *The discovery of being: Writings in existential psychology*. New York: W. W. Norton.

Mayer, J. (2005, July). The experiment. *New Yorker*. Retrieved from http://www.newyorker.com/archive/2005/07/11/050711fa_fact4

Mayes, S. D., Black, A., & Tierney, C. D. (2013). DSM-5 under-identifies PDDNOS: Diagnostic agreement between the DSM-5, DSM-IV, and Checklist for Autism Spectrum Disorder. *Research in Autism Spectrum Disorders, 7*(2), 298–306.

Mayne, T. J., Norcross, J. C., & Sayette, M. A. (1994). Admission requirements, acceptance rates, and financial assistance in clinical psychology programs: Diversity across the practice-research continuum. *American Psychologist, 49*, 806–811.

Mazzucchelli, T., Kane, R., & Rees, C. (2009). Behavioral activation treatments for depression in adults: A meta-analysis and review. *Clinical Psychology: Science and Practice, 16*, 383–411.

McAleavey, A. A., & Castonguay, L. G. (2014). Insight as a common and specific impact of psychotherapy: Therapist-reported exploratory, directive, and common factor interventions. *Psychotherapy, 51*(2), 283–294.

McCaffrey, R. J., Lynch, J. K., & Westervelt, H. J. (2011). Clinical neuropsychology. In D. H. Barlow (Ed.), *The Oxford handbook of clinical psychology* (pp. 680–700). New York: Oxford University Press.

McCallum, R. S., & Bracken, B. A. (2005). The Universal Nonverbal Intelligence Test: A multidimensional measure of intelligence. In D. P. Flanagan & P. L. Harrison (Eds.), *Contemporary intellectual assessment: Theories, tests, and issues* (2nd ed., pp. 425–440). New York: Guilford Press.

McCauley, E., Gudmundsen, G., Schloredt, K., Martell, C., Rhew, I.,

Hubley, S., & Dimidjian, S. (2015). The adolescent behavioral activation program: Adapting behavioral activation as a treatment for depression in adolescence. Journal *of Clinical Child & Adolescent Psychology, 45*(3) 1–14.

McCloskey, M. S. (2011). Training in empirically supported treatments using alternative learning modalities. *Clinical Psychology: Science and Practice, 18,* 84–88.

McConnell, S. C. (1984). Doctor of psychology degree: From hibernation to reality. *Professional Psychology: Research and Practice, 15,* 362–370.

McCrae, R. R., & Costa, P. T. (2010). *NEO inventories.* Odessa, FL: Psychological Assessment Resources.

McCrae, R. R., Costa, P. T., Jr, & Martin, T. A. (2005). The NEO–PI–3: A more readable revised NEO personality inventory. *Journal of Personality Assessment, 84*(3), 261–270.

McCutcheon, S. R., & Sannes, T. S. (2015). Clinical internship. In R. L. Cautin & S. O. Lilienfeld (Eds.), *The encyclopedia of clinical psychology* (pp. 572–579). West Sussex, UK: Wiley Blackwell.

McDermut, W., Miller, I. W., & Brown, R. A. (2001). The efficacy of group psychotherapy for depression: A meta-analysis and review of the empirical research. *Clinical Psychology: Science and Practice, 8*, 98–116.

McFall, R. M. (1991). Manifesto for a science of clinical psychology. *Clinical Psychologist, 44,* 75–88.

McFall, R. M. (2006). Doctoral training in clinical psychology. *Annual Review of Clinical Psychology, 2*, 21–49.

McFall, R. M., Treat, T. A., & Simons, R. F. (2015). Clinical science model. In R. L. Cautin & S. O. Lilienfeld (Eds.), *The encyclopedia of clinical psychology* (pp. 618–626). West Sussex, UK: Wiley Blackwell.

McGlynn, F. D. (2002). Systematic desensitization. In M. Hersen & W. Sledge (Eds.), *Encyclopedia of psychotherapy* (Vol. 2, pp. 755–764). San Diego, CA: Academic Press.

McGoldrick, M., Anderson, C., & Walsh, F. (Eds.). (1989). *Women in families.* New York: W. W. Norton.

McGoldrick, M., & Carter, B. (2011). Families transformed by the divorce cycle: Reconstituted, multinuclear, recoupled, and remarried families. In M. McGoldrick, B. Carter, & N. Garcia-Preto (Eds.), *The expanded family life cycle: Individual, family, and social perspectives* (4th ed., pp. 317–335). Boston: Pearson.

McGoldrick, M., Carter, B., & Garcia-Preto, N. (2011). Overview: The life cycle in its changing context: Individual, family, and social perspectives. In M. McGoldrick, B. Carter, & N. Garcia-Preto (Eds.), *The expanded family life cycle: Individual, family, and social perspectives* (4th ed., pp. 1–19). Boston: Pearson.

McGoldrick, M., Gerson, R., & Petry, S. (2008). *Genograms: Assessment and intervention* (3rd ed.). New York: W. W. Norton.

McGoldrick, M., Giordano, J., & Garcia-Preto, N. (Eds.). (2005a). *Ethnicity and family therapy* (3rd ed.). New York: Guilford Press.

McGoldrick, M., Giordano, J., & Garcia-Preto, N. (2005b). Overview: Ethnicity and family therapy. In M. McGoldrick, J. Giordano, & N. Garcia-Preto (Eds.), *Ethnicity and family therapy* (3rd ed., pp. 1–40). New York: Guilford Press.

McGoldrick, M., & Walsh, F. (2011). Death, loss, and the family life cycle. In M. McGoldrick, B. Carter, & N. Garcia-Preto (Eds.), *The expanded family life cycle: Individual, family, and social perspectives* (4th ed., pp. 278–291). Boston: Pearson.

McGoldrick, M., & Watson, M. (2011). Siblings and the life cycle. In M. McGoldrick, B. Carter, & N. Garcia-Preto (Eds.), *The expanded family life cycle: Individual, family, and social perspectives* (4th ed., pp. 149–162). Boston: Pearson.

McGrady, A., Conron, P., Dickey, D., Garman, D., Farris, E., & Schumann-Brzezinski, C. (1992). The effects of biofeedback-assisted relaxation on cell-mediated immunity, cortisol, and white blood cell count in healthy adult subjects. *Journal of Behavioral Medicine, 13,* 343–354.

McGrath, R. (2004). Saving our psychosocial souls. *American Psychologist, 59,* 644–645.

McGrath, R. E. (2010). Prescriptive authority for psychologists. *Annual Review of Clinical Psychology, 6,* 21–47.

McGrath, R. E., Wiggins, J. G., Sammons, M. T., Levant, R. F., Brown, A., & Stock, W. (2004). Professional issues in pharmacotherapy for psychologists. *Professional Psychology: Research and Practice, 35,* 158–163.

McGuire, F. (1994). Army alpha and beta tests of intelligence. In R. J. Sternberg (Ed.), *Encyclopedia of intelligence* (Vol. 1, pp. 125–129.). New York: Macmillan.

McKay, D. (2015). Case studies. In R. L. Cautin & S. O. Lilienfeld (Eds.), *The encyclopedia of clinical psychology* (pp. 452–455). West Sussex, UK: Wiley Blackwell.

McKelvey, L. M., Conners-Burrow, N. A., Mesman, G. R., Pemberton, J. R., & Casey, P. H. (2015). Promoting adolescent behavioral adjustment in violent neighborhoods: Supportive families can make a difference! *Journal of Clinical Child & Adolescent Psychology, 44*(1), 157–168.

McKitrick, D. S., & Li, S. T. (2008). Multicultural treatment. In M. Hersen & A. M. Gross (Eds.), *Handbook of clinical psychology* (Vol. 1, pp. 724–751). Hoboken, NJ: Wiley.

McMinn, M. R., Bearse, J., Heyne, L. K., Smithberger, A., & Erb, A. L. (2011). Technology and independent practice: Survey findings and implications. *Professional Psychology: Research and Practice, 42,* 176–184.

McNeil, D., & Hayes, S. E. (2015). Psychotherapy analog studies. In R. L. Cautin & S. O. Lilienfeld (Eds.), *The encyclopedia of clinical psychology* (pp. 2334–2337). West Sussex, UK: Wiley Blackwell.

McNeil, D. E., Borum, R., Douglas, K. S., Hart, S. D., Lyon, D. R., Sullivan, L. E., et al. (2002). Risk assessment. In J. R. P. Ogloff (Ed.), *Taking psychology and law into the twenty-first century* (pp. 148–170). New York: Kluwer Academic/Plenum

Press.

McNulty, J. L., Graham, J. R., Ben-Porath, Y. S., & Stein, L. A. R. (1997). Comparative validity of MMPI-2 scores of African American and Caucasian mental health center clients. *Psychological Assessment, 9,* 464–470.

McReynolds, P. (1997). *Lightner Witmer: His life and times*. Washington, DC: American Psychological Association.

McRoberts, C., Burlingame, G. M., & Hoag, M. J. (1998). Comparative efficacy of individual and group psychotherapy: A meta-analytic perspective. *Group Dynamics: Theory, Research, and Practice, 2,* 101–117.

Meagher, S. E., Grossman, S. D., & Millon, T. (2004). Treatment planning and outcome assessment in adults: The Millon Clinical Multiaxial Inventory-III (MCMI-III). In M. W. Maruish (Ed.), *The use of psychological testing for treatment planning and outcomes assessment* (3rd ed., Vol. 3, pp. 479–508). Mahwah, NJ: Erlbaum.

Meichenbaum, D. (1977). *Cognitive-behavior modification: An integrative approach*. New York: Plenum Press.

Meichenbaum, D. (1985). *Stress inoculation training*. New York: Pergamon Press.

Meichenbaum, D. (2008). Stress inoculation training. In W. T. O'Donohue & J. E. Fisher (Eds.), *Cognitive behavior therapy: Applying empirically supported techniques in your practice* (2nd ed., p. 529). Hoboken, NJ: Wiley.

Meichenbaum, D., & Goodman, J. (1971). Training impulsive children to talk to themselves: A means of developing self-control. *Journal of Abnormal Psychology, 77,* 115–126.

Megargee, E. I. (2009). The California psychological inventory. In J. N. Butcher (Ed.), *Oxford handbook of personality assessment* (pp. 323–335). New York: Oxford University Press.

Mellins, C., Gatz, M., & Baker, L. (1996). Children's methods of coping with stress: A twin study of genetic and environmental influences. *Journal of Childhood Psychology and Psychiatry, 37,* 721–730.

Melton, G. B., Petrila, J., Poythress, N. G., Slobogin, C., Lyons, P. M., & Otto, R. K. (2007). *Psychological evaluations for the courts: A handbook for mental health professionals and lawyers* (3rd ed.). New York: Guilford Press.

Mendelsohn, R. (2015). Freud, Sigmund. In R. L. Cautin & S. O. Lilienfeld (Eds.), *The encyclopedia of clinical psychology* (pp. 1289–1297). West Sussex, UK: Wiley Blackwell.

Menos, J. (2005). Haitian families. In M. McGoldrick, J. Giordano, & N. Garcia-Preto (Eds.), *Ethnicity and family therapy* (3rd ed., pp. 127–137). New York: Guilford Press.

Mental health: Does therapy help? (1995, November). *Consumer Reports,* pp. 734–739.

Menting, A. T., de Castro, B. O., & Matthys, W. (2013). Effectiveness of the Incredible Years parent training to modify disruptive and prosocial child behavior: A meta-analytic review. *Clinical Psychology Review, 33*(8), 901–913.

Mermelstein, R., Cohen, S., Lichtenstein, E., Baer, J., & Karmarck, T. (1986). Social support and smoking cessation and maintenance. *Journal of Consulting and Clinical Psychology, 54,* 447–453.

Merrell, K. W. (2008). *Behavioral, social, and emotional assessment of children and adolescents* (3rd ed.). New York: Erlbaum.

Merrell, K. W., & Harlacher, J. E. (2008). Behavior rating scales. In R. P. Archer & S. R. Smith (Eds.), *Personality assessment* (pp. 247–280). New York: Routledge.

Messer, S. B. (2004). Evidence-based practice: Beyond empirically supported treatments. *Professional Psychology: Research and Practice, 35,* 580–588.

Messer, S. B. (2013). Three mechanisms of change in psychodynamic therapy: Insight, affect, and alliance. *Psychotherapy, 50*(3), 408.

Messer, S. B. (2015). Psychoanalytic and psychodynamic therapies: Long term and short term. In R. L. Cautin & S. O. Lilienfeld (Eds.), *The encyclopedia of clinical psychology* (pp. 2290–2299). West Sussex, UK: Wiley Blackwell.

Messer, S. B., & Abbass, A. A. (2010). Evidence-based psychodynamic therapy with personality disorders. In J. J. Magnavita (Ed.), Evidence-based treatment of personality dysfunction: Principles, methods, and processes (pp. 79–111). Washington, DC: American Psychological Association.

Messer, S. B., & Wampold, B. E. (2002). Let's face facts: Common factors are more potent than specific therapy ingredients. *Clinical Psychology: Science and Practice, 9,* 21–25.

Meyer, D., & Drogin, E. Y. (2015). Expert testimony and cross-examination. In R. L. Cautin & S. O. Lilienfeld (Eds.), *The encyclopedia of clinical psychology* (pp. 1173–1183). West Sussex, UK: Wiley Blackwell.

Meyer, G. J. (2004). The reliability and validity of the Rorschach and Thematic Apperception Test (TAT) compared to other psychological and medical procedures: An analysis of systematically gathered evidence. In M. J. Hilsenroth & D. L. Segal (Eds.), *Comprehensive handbook of psychological assessment: Personality assessment* (Vol. 2, pp. 315–342). Hoboken, NJ: Wiley.

Meyer, G. J., & Viglione, D. J. (2008). An introduction to Rorschach assessment. In R. P. Archer & S. R. Smith (Eds.), *Personality assessment* (pp. 281–336). New York: Routledge.

Meyer, G. J., Viglione, D. J., Mihura, J. L., Erard, R. E., & Erdberg, P. (2011). *Rorschach Performance Assessment System: Administration, coding, interpretation, and technical manual.* Toledo, OH: Rorschach Performance Assessment System.

Meyer, R. G., & Weaver, C. M. (2006). *Law and mental health: A case-based approach.* New York: Guilford Press.

Meyer, V. (1966). Modification of expectations in cases with obsessional rituals. *Behaviour Research and Therapy, 4*(4), 273–280.

Mezzich, J. E., Kleinman, A., Fabrega, H., Jr., & Parron, D. L. (Eds.). (1996). *Culture and psychiatric diagnosis: A DSM-IV perspective.* Washington, DC: American Psychiatric Association.

Mihura, J. L., & Meyer, G. J. (2015a).

Rorschach Inkblot Test. In R. L. Cautin & S. O. Lilienfeld (Eds.), *The encyclopedia of clinical psychology* (pp. 2491–2496). West Sussex, UK: Wiley Blackwell.

Mihura, J. L., & Meyer, G. J. (2015b). Thematic Apperception Test. In R. L. Cautin & S. O. Lilienfeld (Eds.), *The encyclopedia of clinical psychology* (pp. 2813–2818). West Sussex, UK: Wiley Blackwell.

Mihura, J. L., Meyer, G. J., Bombel, G., & Dumitrascu, N. (2015). Standards, accuracy, and questions of bias in Rorschach meta-analyses: Reply to Wood, Garb, Nezworski, Lilienfeld, and Duke (2015). *Psychological Bulletin, 141,* 250–260.

Mihura, J. L., Meyer, G. J., Dumitrascu, N., & Bombel, G. (2013). The validity of individual Rorschach variables: Systematic reviews and meta-analyses of the comprehensive system. *Psychological Bulletin, 139,* 548–605.

Miller, C., & Williams, A. (2011). Ethical guidelines in research. In J. C. Thomas & M. Hersen (Eds.), *Understanding research in clinical and counseling psychology* (2nd ed., pp. 245–268). New York: Taylor & Francis.

Miller, D. J., & Thelen, M. H. (1986). Knowledge and beliefs about confidentiality in psychotherapy. *Professional Psychology: Research and Practice, 17,* 15–19.

Miller, J. G. (1946). Clinical psychology in the Veterans Administration. *American Psychologist, 1,* 181–189.

Miller, W. R., & Rollnick, S. (2002). *Motivational interviewing: Preparing people for change* (2nd ed.). New York: Guilford Press.

Miller, W. R., & Rose, G. R. (2009). Toward a theory of motivational interviewing. *American Psychologist, 64,* 527–537.

Millon, T., & Millon, C. (2015). Millon inventories (MCMI, MACI, M-PACI, MBMD). In R. L. Cautin & S. O. Lilienfeld (Eds.), *The encyclopedia of clinical psychology* (pp. 1820–1830). West Sussex, UK: Wiley Blackwell.

Millon, T., & Simonsen, E. (2010). A précis of psychopathological history. In T. Millon, R. F. Krueger, & E. Simonsen (Eds.), *Contemporary directions in psychopathology: Scientific foundations of the DSM-V and ICD-11* (pp. 3–52). New York: Guilford Press.

Minuchin, S. (1974). *Families and family therapy*. Cambridge, MA: Harvard University Press.

Mio, J. S., Barker-Hackett, L., & Tumambing, J. (2006). *Multicultural psychology: Understanding our diverse communities.* New York: McGraw-Hill.

Mio, J. S., Barker-Hackett, L., & Tumambing, J. S. (2009). *Multicultural psychology: Understanding our diverse communities* (2nd ed.). New York: McGraw-Hill.

Miranda, J., Azocar, F., Organista, K. C., Munoz, R. F., & Lieberman, A. (1996). Recruiting and retaining low-income Latinos in psychotherapy research. *Journal of Consulting and Clinical Psychology, 64,* 868–874.

Miranda, J., Bernal, G., Lau, A., Kohn, L., Hwang, W., & LaFromboise, T. (2005). State of the science on psychosocial interventions for ethnic minorities. *Annual Review of Clinical Psychology, 1,* 113–142.

Miranda, R., Jr., & Marx, B. P. (2003). Fees and financial arrangements. In W. O'Donohue & K. Ferguson (Eds.), *Handbook of professional ethics for psychologists: Issues, questions, and controversies* (pp. 135–145). Thousand Oaks, CA: Sage.

Mirkin, M. P., & Okun, B. F. (2005). Orthodox Jewish families. In M. McGoldrick, J. Giordano, & N. Garcia-Preto (Eds.), *Ethnicity and family therapy* (3rd ed., pp. 689–700). New York: Guilford Press.

Mirkin, M. P., Suyemoto, K. L., & Okun, B. F. (2005). *Psychotherapy with women: Exploring diverse contexts and identities.* New York: Guilford Press.

Mirsalimi, H. (2010). Perspectives of an Iranian psychologist practicing in America. *Psychotherapy: Theory, Research, Practice, Training, 47,* 151–161.

Mishara, A. L., & Schwartz, M. A. (2013). What does phenomenology contribute to the debate about DSM-5? In J. Paris & J. Phillips (Eds.), *Making the DSM-5: Concepts and controversies* (pp. 125–142). New York: Springer.

Mobley, M. J. (2006). Psychotherapy with criminal offenders. In I. B. Weiner & A. K. Hess (Eds.), *The handbook of forensic psychology* (3rd ed., pp. 751–789). Hoboken, NJ: Wiley.

Mohr, D. C. (2009). Telemental health: Reflections on how to move the field forward. *Clinical Psychology: Science and Practice, 16,* 343–347.

Mojtabai, R., & Olfson, M. (2011). Proportion of antidepressants prescribed without a psychiatric diagnosis is growing. *Health Affairs, 30*(8), 1434–1442.

Mokdad, A. H., Marks, J. S., Stroup, D. F., & Gerberding, J. L. (2004). Actual causes of death in the United States, 2000. *Journal of the American Medical Association, 291,* 1238–1245.

Monahan, J. (2003). Violence risk assessment. In A. M. Goldstein (Ed.), *Handbook of psychology, Vol. 11: Forensic psychology* (pp. 527–540). Hoboken, NJ: Wiley.

Moore, B. E., & Fine, B. D. (Eds.). (1990). *Psychoanalytic terms and concepts.* New Haven, CT: American Psychoanalytic Association.

Moore, K. J., & Patterson, G. R. (2008). Parent training. In W. T. O'Donohue & J. E. Fisher (Eds.), *Cognitive behavior therapy: Applying empirically supported techniques in your practice* (2nd ed., pp. 383–389). Hoboken, NJ: Wiley.

Morales, E., & Norcross, J. C. (2010). Evidence-based practices with ethnic minorities: Strange bedfellows no more. *Journal of Clinical Psychology, 66,* 821–829.

Moran, M. (2013a). Eating, sleep disorder criteria revised in DSM-5. *Psychiatric News, 48*(6), 14–15.

Moran, M. (2013b, May 17). Section III of new manual looks to future. Psychiatric News, 48 (10), 12–13.

Moretti, R. J., & Rossini, E. D. (2004). The Thematic Apperception Test (TAT). In M. J. Hilsenroth & D. L. Segal (Eds.),

Comprehensive handbook of psychological assessment: Personality assessment (Vol. 2, pp. 356–371). Hoboken, NJ: Wiley.

Morey, L. C., & Hopwood, C. J. (2008). Objective personality evaluation. In M. Hersen & A. M. Gross (Eds.), *Handbook of clinical psychology* (Vol. 1, pp. 451–474). Hoboken, NJ: Wiley.

Morgan, C. D., & Murray, H. A. (1935). A method for investigating fantasies: The Thematic Apperception Test. *Archives of Neurology and Psychiatry, 34,* 289–306.

Morgan, L. P. K., & Roemer, L. (2015). Mindfulness/meditation. In R. L. Cautin & S. O. Lilienfeld (Eds.), *The encyclopedia of clinical psychology* (pp. 1830–1839). West Sussex, UK: Wiley Blackwell.

Morgan, W. G. (1999). The 1943 images: Their origin and history. In L. Gieser & M. I. Stein (Eds.), *Evocative images: The Thematic Apperception Test and the art of projection* (pp. 65–83). Washington, DC: American Psychological Association.

Moritz, S., Andreou, C., Schneider, B. C., Wittekind, C. E., Menon, M., Balzan, R. P., & Woodward, T. S. (2014). Sowing the seeds of doubt: A narrative review on metacognitive training in schizophrenia. *Clinical Psychology Review, 34*(4), 358–366.

Morris, S. H., & Franklin, M. E. (2015). Barlow, David H. In R. L. Cautin & S. O. Lilienfeld (Eds.), *The encyclopedia of clinical psychology* (pp. 263–266). West Sussex, UK: Wiley Blackwell.

Morrison, J. (2008). *The first interview* (3rd ed.). New York: Guilford Press.

Morrissette, P. J. (2004). *The pain of helping: Psychological injury of helping professionals.* New York: Brunner-Routledge.

Moses, E. B., & Barlow, D. H. (2006). A new unified treatment approach for emotional disorders based on emotion science. *Current Directions in Psychological Science, 15*(3), 146–150.

Moyer, K. H., & Gross, A. (2011). Group designs. In J. C. Thomas & M. Hersen (Eds.), *Understanding research in clinical and counseling psychology* (2nd ed., pp. 155–179). New York: Taylor & Francis.

Moyers, T. B. (1998). Motivational interviewing. In G. P. Koocher, J. C. Norcross, & S. S. Hill, III (Eds.), *Psychologists' desk reference.* New York: Guilford Press.

Mueller, A. E., & Segal, D. L. (2015). Structured versus semistructured versus unstructured interviews. In R. L. Cautin & S. O. Lilienfeld (Eds.), *The encyclopedia of clinical psychology* (pp. 2732–2738). West Sussex, UK: Wiley Blackwell.

Mullins-Sweatt, S. N., Lengel, G. J., & DeShong, H. L. (2016). The importance of considering clinical utility in the construction of a diagnostic manual. *Annual Review of Clinical Psychology, 12,* 133–155.

Mulvaney-Day, N. E., Earl, T. R., Diaz-Linhart, Y., & Alegría, M. (2011). Preferences for relational style with mental health clinicians: A qualitative comparison of African American, Latino and non-Latino white patients. *Journal of Clinical Psychology, 67,* 31–44.

Munder, T., Brütsch, O., Leonhart, R., Gerger, H., & Barth, J. (2013). Researcher allegiance in psychotherapy outcome research: an overview of reviews. *Clinical Psychology Review, 33*(4), 501–511.

Munoz, R. F., & Mendelson, T. (2005). Toward evidence-based interventions for diverse populations: The San Francisco General Hospital prevention and treatment manuals. *Journal of Consulting and Clinical Psychology, 73,* 790–799.

Munsterberg, H. (1908). *On the witness stand.* New York: Doubleday.

Murphy, M. J., DeBernardo, C. R., & Shoemaker, W. E. (1998). Impact of managed care on independent practice and professional ethics: A survey of independent practitioners. *Professional Psychology: Research and Practice, 29,* 43–51.

Murray, H. A. (1943). *Thematic Apperception Test: Manual.* Cambridge, MA: Harvard University Press.

Muse, M., & McGrath, R. E. (2010). Training comparison among three professions prescribing psychoactive medications: Psychiatric nurse practitioners, physicians, and pharmacologically trained psychologists. *Journal of Clinical Psychology, 66,* 96–103.

Musser, P. H., & Murphy, C. M. (2009). Motivational interviewing with perpetrators of intimate partner abuse. *Journal of Clinical Psychology, 65,* 1218–1231.

Myers, D. G. (2013). *Psychology* (10th ed.). New York: Worth.

Naglieri, J. A., Drasgow, F., Schmit, M., Handler, L., Prifitera, A., Margolis, A., & Velasquez, R. (2004). Psychological testing on the Internet: New problems, old issues. *American Psychologist, 59,* 150–162.

Nagy, T. F. (2012). Competence. In S. J. Knapp (Ed.), *APA handbook of ethics in psychology, Vol. 1: Moral foundations and common themes* (pp. 147–174). Washington, DC: American Psychological Association.

Nakamura, B. J., Mueller, C. W., Higa-McMillan, C., Okamura, K. H., Chang, J. P., Slavin, L., & Shimabukuro, S. (2014). Engineering youth service system infrastructure: Hawaii's continued efforts at large-scale implementation through knowledge management strategies. *Journal of Clinical Child & Adolescent Psychology, 43*(2), 179–189.

Narrow, W. E., & Kuhl, E. A. (2011). Clinical significance and disorder thresholds in *DSM-5*. In D. A. Regier, W. E. Narrow, E. A. Kuhl, & D. J. Kupfer (Eds.), *The conceptual evolution of* DSM-5 (pp. 147–162). Washington, DC: American Psychiatric Publishing.

Nasar, J. L., & Devlin, A. S. (2011). Impressions of psychotherapists' offices. *Journal of Counseling Psychology, 58,* 310–320.

Nathan, P. E. (2008). Foreword. In J. Hunsley & E. J. Mash (Eds.), *A guide to assessments that work* (pp. xvii–xix). New York: Oxford University Press.

Nathan, P. E., & Gorman, J. M. (Eds.). (1998). *A guide to treatments that work.* New York: Oxford University Press.

Nathan, P. E., & Gorman, J. M. (2002). Efficacy, effectiveness, and the clinical utility of psychotherapy research. In P. E. Nathan & J. M. Gorman (Eds.), *A guide to treatments that work* (2nd ed., pp. 643–654). New York: Oxford University Press.

Nathan, P. E., & Gorman, J. M. (Eds.). (2007). *A guide to treatments that work* (3rd ed.). New York: Oxford University Press.

Neer, S. M., & Beidel, D. C. (2015). Anxiety disorders. In R. L. Cautin & S. O. Lilienfeld (Eds.), *The encyclopedia of clinical psychology* (pp. 183–189). West Sussex, UK: Wiley Blackwell.

Neimeyer, G. J., Rice, K. G., & Keilin, W. (2009). Internship placements: Similarities and differences between clinical and counseling psychology programs. *Training and Education in Professional Psychology, 3,* 47–52.

Neimeyer, G. J., & Taylor, J. M. (2011). Training systems and sites: Continuing education in psychology. In J. C. Norcross, G. R. VandenBos, & D. K. Freedheim (Eds.), *History of psychotherapy: Continuity and change* (2nd ed., pp. 663–672). Washington, DC: American Psychological Association.

Nelson, E. L., & Bui, T. (2010). Rural telepsychology services for children and adolescents. *Journal of Clinical Psychology, 66*, 490–501.

Nelson, K. M., Helfrich, C., Sun, H., Hebert, P. L., Liu, C. F., Dolan, E., . . . Sanders, W. (2014). Implementation of the patient-centered medical home in the Veterans Health Administration: Associations with patient satisfaction, quality of care, staff burnout, and hospital and emergency department use. *JAMA Internal Medicine, 174*(8), 1350–1358.

Nelson, T. D., & Nelson, J. M. (2010). Evidence-based practice and the culture of adolescence. *Professional Psychology: Research and Practice, 41*, 305–311.

Newman, M. L., & Greenway, P. (1997). Therapeutic effects of providing MMPI-2 feedback to clients at a university counseling service: A collaborative approach. *Psychological Assessment, 9*, 122–131.

Nezu, A. M. (2010). Cultural influences on the process of conducting psychotherapy: Personal reflections of an ethnic minority psychologist. *Psychotherapy: Theory, Research, Practice, Training, 47*, 169–176.

Niaura, R., & Abrams, D. B. (2002). Smoking cessation progress, priorities and prospectus. *Journal of Consulting and Clinical Psychology, 70,* 494–509.

Nichols, D. S. (2001). *Essentials of MMPI-2 assessment*. New York: Wiley.

Nichols, M. P. (2010). *Family therapy: Concepts and methods* (9th ed.). Boston: Allyn & Bacon.

Niles, A. N., Burklund, L. J., Arch, J. J., Lieberman, M. D., Saxbe, D., & Craske, M. G. (2014). Cognitive mediators of treatment for social anxiety disorder: Comparing acceptance and commitment therapy and cognitive-behavioral therapy. *Behavior Therapy, 45*(5), 664–677.

Nisbett, R. E., Aronson, J., Blair, C., Dickens, W., Flynn, J., Halpern, D. F., & Turkheimer, E. (2012). Intelligence: New findings and theoretical developments. *American Psychologist, 67*, 130–159.

Nock, M. K., Holmberg, E. B., Photos, V. I., & Michel, B. D. (2007). Structured and semistructured diagnostic interviews. In M. Hersen & J. C. Thomas (Eds.), *Handbook of clinical interviewing with children* (pp. 30–49). Thousand Oaks, CA: Sage.

Noll, R. (2015). Psychiatry. In R. L. Cautin & S. O. Lilienfeld (Eds.), *The encyclopedia of clinical psychology* (pp. 2286–2290). West Sussex, UK: Wiley Blackwell.

Norcross, J. C. (2000). Clinical versus counseling psychology: What's the diff? *Eye on Psi Chi, 5*(1), 20–22.

Norcross, J. C. (Ed.). (2002). *Psychotherapy relationships that work: Therapist contributions and responsiveness to patients*. New York: Oxford University Press.

Norcross, J. C. (2005). A primer on psychotherapy integration. In J. C. Norcross & M. R. Goldfried (Eds.), *Handbook of psychotherapy integration* (2nd ed., pp. 3–24). New York: Oxford University Press.

Norcross, J. C. (2010). The therapeutic relationship. In B. L. Duncan, S. D. Miller, B. E. Wampold, & M. A. Hubble (Eds.), *The heart and soul of change: Delivering what works in therapy* (2nd ed., pp. 113–142). Washington, DC: American Psychological Association.

Norcross, J. C., Beutler, L. E., & Levant, R. F. (2006). Prologue. In J. C. Norcross, L. E. Beutler, & R. F. Levant (Eds.), *Evidence-based practices in mental health: Debate and dialogue on the fundamental questions* (pp. 3–12). Washington, DC: American Psychological Association.

Norcross, J. C., & Castle, P. H. (2002). Appreciating the PsyD: The facts. *Eye on Psi Chi, 7,* 22–26.

Norcross, J. C., Freedheim, D. K., & VandenBos, G. R. (2011). Into the future: Retrospect and prospect in psychotherapy. In J. C. Norcross, G. R. VandenBos, & D. K. Freedheim (Eds.), *History of psychotherapy: Continuity and change* (2nd ed., pp. 743–760). Washington, DC: American Psychological Association.

Norcross, J. C., Hanych, J. M., & Terranova, R. D. (1996). Graduate study in psychology: 1992–1993. *American Psychologist, 51,* 631–643.

Norcross, J. C., Hedges, M., & Castle, P. H. (2002). Psychologists conducting psychotherapy in 2001: A study of the Division 29 membership. *Psychotherapy: Theory, Research, Practice, Training, 39,* 97–102.

Norcross, J. C., & Karpiak, C. P. (2012). Clinical psychologists in the 2010s: 50 years of the APA Division of Clinical Psychology. *Clinical Psychology: Science and Practice, 19,* 1–12.

Norcross, J. C., Karpiak, C. P., & Santoro, S. O. (2005). Clinical psychologists across the years: The division of clinical psychology from 1960 to 2003. *Journal of Clinical Psychology, 61,* 1467–1483.

Norcross, J. C., Kohout, J. L., & Wicherski, M. (2005). Graduate study in psychology: 1971–2004. *American Psychologist, 60,* 959–975.

Norcross, J. C., Koocher, G. P., Fala, N. C., & Wexler, H. K. (2010). What does not work? Expert consensus on discredited treatments in the addictions. *Journal of Addiction Medicine, 4*(3), 174–180.

Norcross, J. C., Koocher, G. P., & Garofalo, A. (2006). Discredited psychological treatments and tests: A Delphi poll. *Professional Psychology: Research and Practice, 37*(5), 515–522.

Norcross, J. C., Krebs, P. M., & Prochaska, J. O. (2011). Stages of change. *Journal of Clinical Psychology, 67*, 143–154.

Norcross, J. C., & Lambert, M. J. (2011a). Evidence-based therapy relationships. In J. C. Norcross (Ed.), *Psychotherapy relationships that work: Evidence-based responsiveness* (2nd ed., pp. 3–21). New York: Oxford University Press.

Norcross, J. C., & Lambert, M. J. (2011b). Psychotherapy relationships that work II. *Psychotherapy, 48*, 4–8.

Norcross, J. C., & Lambert, M. J. (2014). Relationship science and practice in psychotherapy: Closing commentary. *Psychotherapy, 51*(3), 398–403.

Norcross, J. C., & Newman, C. F. (1992). Psychotherapy integration: Setting the context. In J. C. Norcross & M. R. Goldfried (Eds.), *Handbook of psychotherapy integration* (pp. 3–45). New York: Basic Books.

Norcross, J. C., Pfund, R. A., & Prochaska, J. O. (2013). Psychotherapy in 2022: A Delphi poll on its future. *Professional Psychology: Research and Practice, 44*(5), 363–370.

Norcross, J. C., & Rogan, J. D. (2013). Psychologists conducting psychotherapy in 2012: Current practices and historical trends among Division 29 members. *Psychotherapy, 50*(4), 490–495.

Norcross, J. C., & Sayette, M. A. (2016). *Insider's guide to graduate programs in clinical and counseling psychology* (2016/2017 ed.). New York: Guilford Press.

Norcross, J. C., Sayette, M. A., Mayne, T. J., Karg, R. S., & Turkson, M. A. (1998). Selecting a doctoral program in professional psychology: Some comparisons among PhD counseling, PhD clinical, and PsyD clinical psychology programs. *Professional Psychology: Research and Practice, 29*, 609–614.

Norcross, J. C., Sayette, M. A., Stratigis, K. Y., & Zimmerman, B. E. (2014). Of course: Prerequisite courses for admission into APA-accredited clinical and counseling psychology programs. *Teaching of Psychology, 41*(4), 360–364.

Norcross, J. C., & Wampold, B. E. (2011a). Evidence-based therapy relationships: Research conclusions and clinical practices. In J. C. Norcross (Ed.), *Psychotherapy relationships that work: Evidence-based responsiveness* (2nd ed., pp. 423–430). New York: Oxford University Press.

Norcross, J. C., & Wampold, B. E. (2011b). What works for whom: Tailoring psychotherapy to the person. *Journal of Clinical Psychology, 67*, 127–132.

Normandin, L., Ensink, K., & Kernberg, O. F. (2015). Transference-focused psychotherapy for borderline adolescents: A neurobiologically informed psychodynamic psychotherapy. *Journal of Infant, Child, and Adolescent Psychotherapy, 14*(1), 98–110.

Norton, A. R., Abbott, M. J., Norberg, M. M., & Hunt, C. (2015). A systematic review of mindfulness and acceptance-based treatments for social anxiety disorder. *Journal of Clinical Psychology, 71*(4), 283–301.

O'Brien, W. H., & Tabaczynski, T. (2007). Unstructured interviewing. In M. Hersen & J. C. Thomas (Eds.), *Handbook of clinical interviewing with children* (pp. 16–29). Thousand Oaks, CA: Sage.

O'Connor, K. J. (2000). *The play therapy primer* (2nd ed.). New York: Wiley.

O'Connor v. Donaldson, 422 U.S. 563 (1975).

O'Donohue, W. (2009). A brief history of cognitive behavior therapy: Are there troubles ahead? In W. T. O'Donohue & J. E. Fisher (Eds.), *General principles and empirically supported techniques of cognitive behavior therapy* (pp. 1–14). Hoboken, NJ: Wiley.

Office of the Surgeon General, Army Service Forces. (1946). Nomenclature of psychiatric disorders and reactions. *Journal of Clinical Psychology, 2*, 289–296.

Ogloff, J. R. P. (Ed.). (2002). *Taking psychology and law into the twenty-first century*. New York: Kluwer Academic/Plenum Press.

Okagaki, L., & Sternberg, R. J. (1993). Parental beliefs and children's early school performance. *Child Development, 64*(1), 36–56.

Okasha, A. (2000). The impact of Arab culture on psychiatric ethics. In A. Okasha, J. Arboleda-Florez, & N. Sartorius (Eds.), *Ethics, culture, and psychiatry: International perspectives* (pp. 15–28). Washington, DC: American Psychiatric Press.

Okasha, A., Arboleda-Florez, J., & Sartorius, N. (Eds.). (2000). *Ethics, culture, and psychiatry: International perspectives*. Washington, DC: American Psychiatric Press.

Olatunji, B. O., & Feldman, G. (2008). Cognitive-behavioral therapy. In M. Hersen & A. M. Gross (Eds.), *Handbook of clinical psychology* (Vol. 1, pp. 551–584). Hoboken, NJ: Wiley.

Olatunji, B. O., Rosenfield, D., Tart, C. D., Cottraux, J., Powers, M. B., & Smits, J. A. (2013). Behavioral versus cognitive treatment of obsessive-compulsive disorder: An examination of outcome and mediators of change. *Journal of Consulting and Clinical Psychology, 81*(3), 415–428.

Olkin, R., & Taliaferro, G. (2006). Evidence-based practices have ignored people with disabilities. In J. C. Norcross, L. E. Beutler, & R. F. Levant (Eds.), *Evidence-based practices in mental health: Debate and dialogue on the fundamental questions* (pp. 353–359). Washington, DC: American Psychological Association.

Ollendick, T. H. (2014). Advances toward evidence-based practice: Where to from here? *Behavior Therapy, 45*(1), 51–55.

Ollendick, T. H., Alvarez, H. K., & Greene, R. W. (2004). Behavioral assessment: History of underlying concepts and methods. In S. N. Haynes & E. M. Heiby (Eds.), *Comprehensive handbook of psychological assessment: Behavioral assessment* (Vol. 3, pp. 19–34). Hoboken, NJ: Wiley.

Ollendick, T. H., & King, N. J. (2012). Evidence-based treatments for children and adolescents: Issues and commentary. In P. C. Kendall (Ed.), *Child and adolescent therapy: Cognitive-behavioral procedures* (4th ed., pp. 499–519). New York: Guilford Press.

Ollendick, T. H., & Pincus, D. (2008). Panic disorder in adolescents. In R. G. Steele, T. D. Elkin, & M. C. Roberts (Eds.), *Handbook of evidence-based therapies for children and adolescents: Bridging science and practice* (pp. 83–102). New York: Springer.

Ollendick, T. H., & Shirk, S. R. (2011). Clinical interventions with children and adolescents: Current status, future directions. In D. H. Barlow (Ed.), *The Oxford handbook of clinical psychology* (pp. 762–788). New York: Oxford University Press.

Onken, L. S. (2015). Cognitive training targeting cognitive processes in the development of behavioral interventions. *Clinical Psychological Science*, *3*(1), 39–44.

Onken, L. S., Carroll, K. M., Shoham, V., Cuthbert, B. N., & Riddle, M. (2014). Reenvisioning clinical science unifying the discipline to improve the public health. *Clinical Psychological Science*, *2*(1), 22–34.

Organista, P. B., Marin, G., & Chun, K. M. (2010). *The psychology of ethnic groups in the United States*. Thousand Oaks, CA: Sage.

Orlinsky, D. E. (2010). Foreword. In B. L. Duncan, S. D. Miller, B. E. Wampold, & M. A. Hubble (Eds.), *The heart and soul of change: Delivering what works in therapy* (2nd ed., pp. xix–xxv). Washington, DC: American Psychological Association.

Orlinsky, D. E., & Howard, K. I. (1995). Unity and diversity among psychotherapies: A comparative perspective. In B. Bongar & L. E. Beutler (Eds.), *Comprehensive textbook of psychotherapy: Theory and practice* (pp. 3–23). New York: Oxford University Press.

Ormont, L. R. (1992). *The group therapy experience: From theory to practice*. New York: St. Martin's Press.

Ornstein, R. M., Rosen, D. S., Mammel, K. A., Callahan, S. T., Forman, S., Jay, M. S., . . . Walsh, B. T. (2013). Distribution of eating disorders in children and adolescents using the proposed DSM-5 criteria for feeding and eating disorders. *Journal of Adolescent Health, 53(*2), 303–305.

Ortiz, S. O., & Dynda, A. M. (2005). Use of intelligence tests with culturally and linguistically diverse populations. In D. P. Flanagan P. L. Harrison (Eds.), *Contemporary intellectual assessment: Theories, tests, and issues* (2nd ed., pp. 545–556). New York: Guilford Press.

Ostafin, B. D., & Marlatt, G. A. (2008). Surfing the urge: Experiential acceptance moderates the relation between automatic alcohol motivation and hazardous drinking. *Journal of Social and Clinical Psychology, 27,* 426–440.

Othmer, E. O., & Othmer, S. C. (1994). *The clinical interview using* DSM-IV*: Vol. 1. Fundamentals*. Washington, DC: American Psychiatric Press.

Otto, R. K., Buffington-Vollum, J. K., & Edens, J. F. (2003). Child custody evaluation. In A. M. Goldstein (Ed.), *Handbook of psychology, Vol. 11: Forensic psychology* (pp. 179–208). Hoboken, NJ: Wiley.

Otto, R. K., & Heilbrun, K. (2002). The practice of forensic psychology: A look toward the future in light of the past. *American Psychologist, 57,* 5–18.

Owen, J. J., Tao, K., Leach, M. M., & Rodolfa, E. (2011). Clients' perceptions of their psychotherapists' multicultural orientation. *Psychotherapy, 48*, 274–282.

Paradis, C. M., Cukor, D., & Friedman, S. (2006). Cognitive-behavioral therapy with Orthodox Jews. In P. A. Hays & G. Y. Iwamasa (Eds.), *Culturally responsive cognitive-behavioral therapy: Assessment, practice, and supervision* (pp. 161–175). Washington, DC: American Psychological Association.

Pargament, K. I. (2007). *Spiritually integrated psychotherapy: Understanding and addressing the sacred*. New York: Guilford Press.

Parham v. JR, 99 S. Ct. 2493 (1979).

Paris, J. (2009). The treatment of borderline personality disorder: Implications of research on diagnosis, etiology, and outcome. *Annual Review of Clinical Psychology, 5*, 277–290.

Paris, J. (2013a). The ideology behind DSM-5. In J. Paris & J. Phillips (Eds.), *Making the DSM-5: Concepts and controversies* (pp. 39–44). New York: Springer.

Paris, J. (2013b). Preface. In J. Paris & J. Phillips (Eds.), *Making the DSM-5: Concepts and Ccontroversies* (pp. v–vi). New York: Springer.

Paris, J. (2015a). *The intelligent clinician's guide to the DSM-5* (2nd ed., Rev.). New York: Oxford University Press.

Paris, J. (2015b). *Overdiagnosis in psychiatry.* New York: Oxford University Press.

Park-Taylor, J., Ventura, A. B., & Ng, V. (2010). Multicultural counseling and assessment with children. In J. G. Ponterotto, J. M. Casas, L. A. Suzuki, & C. M. Alexander (Eds.), *Handbook of multicultural counseling* (3rd ed., pp. 621–635). Thousand Oaks, CA: Sage.

Parker, G. (2013), Opening Pandora's box: How DSM-5 is coming to grief. *Acta Psychiatrica Scandinavica*, 128, 88–91. doi: 10.1111/acps.12110

Parry, P., Furber, G., & Allison, S. (2009). The paediatric bipolar hypothesis: The view from Australia and New Zealand. *Child and Adolescent Mental Health, 14,* 140–147.

Parsons, J. T., Lelutiu-Weinberger, C., Botsko, M., & Golub, S. A. (2014). A randomized controlled trial utilizing motivational interviewing to reduce HIV risk and drug use in young gay and bisexual men. *Journal of Consulting and Clinical Psychology*, *82*(1), 9–18.

Paul, G. L. (2007). Psychotherapy outcome can be studied scientifically. In S. O. Lilienfeld & W. T. O'Donohue (Eds.), *The great ideas of clinical science: 17 principles that every mental health professional should understand* (pp. 119–147). New York: Routledge.

Pawlow, L., & Jones, G. (2002). The impact of abbreviated progressive muscle relaxation on salivary cortisol. *Biological Psychology, 60,* 1–16.

Pawlow, L., & Jones, G. (2005). The

impact of abbreviated progressive muscle relaxation on salivary cortisol and salivary immunoglobulin A. *Applied Psychophysiology and Biofeedback, 30*, 375–387.

Pawlow, L., O'Neil, P., White, M., & Byrne, T. (2005). Findings and outcomes of psychological evaluations of gastric bypass applicants. *Surgery for Obesity and Related Diseases, 1*, 523–529.

Pedersen, P. (1990). The multicultural perspective as a fourth force in counseling. *Journal of Mental Health Counseling, 12*, 93–95.

Pedersen, P. (1999). *Multiculturalism as a fourth force*. Philadelphia: Brunner/Mazel.

Pedersen, P. B. (2008). Ethics, competence, and professional issues in cross-cultural counseling. In P. B. Pedersen, J. G. Draguns, W. J. Lonner, & J. E. Trimble (Eds.), *Counseling across cultures* (6th ed., pp. 5–20). Thousand Oaks, CA: Sage.

Pelco, L. E., Ward, S. B., Coleman, L., & Young, J. (2009). Teacher ratings of three psychological report styles. *Training and Education in Professional Psychology, 3*, 19–27.

Pennant, M. E., Loucas, C. E., Whittington, C., Creswell, C., Fonagy, P., Fuggle, P., . . . Group, E. A. (2015). Computerised therapies for anxiety and depression in children and young people: A systematic review and meta-analysis. *Behaviour Research and Therapy, 67*, 1–18.

Pennebaker, J. (1990). *Opening up: The healing power of confiding in others*. New York: William Morrow.

Pennebaker, J. W., Kiecolt-Glaser, J., & Glaser, R. (1988). Disclosure of traumas and immune function: Health implications for psychotherapy. *Journal of Consulting and Clinical Psychology, 56*, 239–245.

Perle, J. G., Langsam, L. C., Randel, A., Lutchman, S., Levine, A. B., Odland, A. P., . . . Marker, C. D. (2013). Attitudes toward psychological telehealth: Current and future clinical psychologists' opinions of Internet-based interventions. *Journal of Clinical Psychology, 69*(1), 100–113.

Perls, F. S. (1969). *Gestalt therapy verbatim*. Moab, UT: Real People Press.

Perry, J. C. (2014). Anomalies and specific functions in the clinical identification of defense mechanisms. *Journal of Clinical Psychology, 70*(5), 406–418.

Perry, K. M., & Boccaccini, M. T. (2009). Specialized training in APA-accredited clinical psychology doctoral programs: Findings from a review of program websites. *Clinical Psychology: Science and Practice, 16*, 348–359.

Persons, J. B., & Fresco, D. M. (2008). Adult depression. In J. Hunsley & E. J. Mash (Eds.), *A guide to assessments that work* (pp. 96–120). New York: Oxford University Press.

Peter, M. I. (1998). Psychology, AIDS, and ethics: A discussion of selected practice issues. In R. M. Anderson Jr., T. L. Needles, & H. V. Hall (Eds.), *Avoiding ethical misconduct in psychology specialty areas* (pp. 159–165). Springfield, IL: Charles C Thomas.

Peterson, C., & Seligman, M. E. P. (2004). *Character strengths and virtues: A handbook and classification*. Washington, DC: American Psychological Association.

Peterson, R. L., Peterson, D. R., Abrams, J. C., Stricker, G., & Ducheny, K. (2010). The National Council of Schools and Programs of Professional Psychology: Educational model 2009. In M. B. Kenkel & R. L. Peterson (Eds.), *Competency-based education for professional psychology* (pp. 13–42). Washington, DC: American Psychological Association.

Petry, N. M., Alessi, S. M., & Rash, C. J. (2013). Contingency management treatments decrease psychiatric symptoms. *Journal of Consulting and Clinical Psychology, 81*(5), 926–931.

Petry, N. M., Martin, B., Cooney, J. L., & Kranzler, H. R. (2000). Give them prizes and they will come: Variable-ratio contingency management for treatment of alcohol dependence. *Journal of Consulting and Clinical Psychology, 68*, 250–257.

Petry, N. M., & O'Brien, C. P. (2013). Internet gaming disorder and the DSM-5. *Addiction*, 108, 1186–1187.

Phillips, J. (2013). The conceptual status of DSM-5 diagnoses. In J. Paris & J. Phillips (Eds.), *Making the DSM-5: Concepts and controversies* (pp. 159–175). New York: Springer.

Phillips, T. R., & Otto, R. K. (2015). Competence. In R. L. Cautin & S. O. Lilienfeld (Eds.), *The encyclopedia of clinical psychology* (pp. 696–703). West Sussex, UK: Wiley Blackwell.

Photos, V. I., Michel, B. D., & Nock, M. K. (2008). Single-case research. In M. Hersen & A. M. Gross (Eds.), *Handbook of clinical psychology* (Vol. 1, pp. 224–245). Hoboken, NJ: Wiley.

Pierre, J. M. (2013). Overdiagnosis, underdiagnosis, synthesis: A dialectic for psychiatry and the DSM. In J. Paris & J. Phillips (Eds.), *Making the DSM-5: Concepts and controversies* (pp. 105–124). New York: Springer.

Pierson, A., & Rosenfeld, B. (2015). Malingering. In R. L. Cautin & S. O. Lilienfeld (Eds.), *The encyclopedia of clinical psychology* (pp. 1707–1712). West Sussex, UK: Wiley Blackwell.

Pieterse, A. L., & Miller, M. J. (2010). Current considerations in the assessment of adults. In J. G. Ponterotto, J. M. Casas, L. A. Suzuki, & C. M. Alexander (Eds.), *Handbook of multicultural counseling* (3rd ed., pp. 649–666). Thousand Oaks, CA: Sage.

Pike, K. L. (1967). *Language in relation to a unified theory of structure of human behavior* (2nd ed.). The Hague, Netherlands: Mouton.

Pilgrim, D., & Bentall, R. (1999). The medicalisation of misery: A critical realist analysis of the concept of depression. *Journal of Mental Health, 8*, 261–274.

Pina-Camacho, L., Villero, S., Boada, L., Fraguas, D., Janssen, J., Mayoral, M., . . . Parellada, M. (2013). Structural magnetic resonance imaging data do not help support DSM-5 autism spectrum disorder category. *Research in Autism Spectrum Disorders, 7*(2), 333–343.

Pinals, D. A., & Mossman, D. (2015). Civil commitment. In R. L. Cautin & S. O. Lilienfeld (Eds.), *The encyclopedia of clinical psychology* (pp. 518–525). West Sussex, UK: Wiley Blackwell.

Pincus, D. B., Chase, R. M., Chow, C., Weiner, C. L., & Pian, J. (2011).

Integrating play into cognitive-behavioral therapy for child anxiety disorders. In S. W. Russ & L. N. Niec (Eds.), *Play in clinical practice: Evidence-based approaches* (pp. 218–235). New York: Guilford Press.

Pincus, A. L., & Krueger, R. F. (2015). Theodore Millon's contributions to conceptualizing personality disorders. *Journal of personality assessment, 97*(6), 537–540.

Pines, A., & Aronson, E. (1988). *Career burnout: Causes and cures* (2nd ed.). New York: Free Press.

Pittner, M., Houston, B., & Spiridigliozzi, G. (1983). Control over stress, type A behavior pattern, and response to stress. *Journal of Personality and Social Psychology, 44,* 627–637.

Poling, A., Ehrhardt, K. E., & Ervin, R. A. (2002). Positive punishment. In M. Hersen & W. Sledge (Eds.), *Encyclopedia of psychotherapy* (Vol. 2, pp. 359–366). San Diego, CA: Academic Press.

Poling, A., Ehrhardt, K. E., & Jennings, R. L. (2002). Extinction. In M. Hersen & W. Sledge (Eds.), *Encyclopedia of psychotherapy* (Vol. 1, pp. 769–775). San Diego, CA: Academic Press.

Pomerantz, A. M. (2000). What if prospective clients knew how managed care impacts psychologists' practice and ethics? An exploratory study. *Ethics & Behavior, 10,* 159–171.

Pomerantz, A. M. (2005). Increasingly informed consent: Discussing distinct aspects of psychotherapy at different points in time. *Ethics & Behavior, 15,* 351–360.

Pomerantz, A. M. (2012a). Ethical? Toward whom? *American Psychologist, 67*(4), 324–325.

Pomerantz, A. M. (2012b). Informed consent to psychotherapy (empowered collaboration). In S. J. Knapp (Ed.), *APA handbook of ethics in psychology, Vol. 1: Moral foundations and common themes* (pp. 311–332). Washington, DC: American Psychological Association.

Pomerantz, A. M. (2015). Informed consent, psychotherapy. In R. L. Cautin & S. O. Lilienfeld (Eds.), *The encyclopedia of clinical psychology* (pp. 1467–1470). West Sussex, UK: Wiley Blackwell.

Pomerantz, A. M., & Handelsman, M. M. (2004). Informed consent revisited: An updated written question format. *Professional Psychology: Research and Practice, 35,* 201–205.

Pomerantz, A. M., & Pettibone, J. C. (2005). The influence of client characteristics on psychologists' ethical beliefs: An empirical investigation. *Journal of Clinical Psychology, 61,* 517–528.

Pomerantz, A. M., & Segrist, D. J. (2006). The influence of payment method on psychologists' diagnostic decisions regarding minimally impaired clients. *Ethics & Behavior, 16,* 253–263.

Pomerantz, A. M., & Sullivan, B. F. (2006). Ethical issues in testing. In N. J. Salkind (Ed.), *Encyclopedia of measurement and statistics* (Vol. 1, pp. 318–321). Thousand Oaks, CA: Sage.

Pope, K. S. (1994). *Sexual involvement with therapists: Patient assessment, subsequent therapy, forensics.* Washington, DC: American Psychological Association.

Pope, K. S. (2011). Ethical issues in clinical psychology. In D. H. Barlow (Ed.), *The Oxford handbook of clinical psychology* (pp. 184–209). New York: Oxford University Press.

Pope, K. S., & Gutheil, T. G. (2009). Psychologists abandon the Nuremberg ethic: Concerns for detainee interrogations. *International Journal of Law and Psychiatry, 32,* 161–166.

Pope, K. S., Tabachnick, B. G., & Keith-Spiegel, P. (1987). Ethics of practice: The beliefs and behaviors of psychologists as therapists. *American Psychologist, 42,* 993–1006.

Pope, K. S., & Vasquez, M. J. T. (2016). *Ethics in psychotherapy and counseling: A practical guide* (5th ed.). Hoboken, NJ: Wiley.

Porter, D. (2013). Establishing normative validity for scientific psychiatric nosology: The significance of integrating patient perspectives. In J. Paris & J. Phillips (Eds.), *Making the DSM-5: Concepts and controversies* (pp. 63–74). New York: Springer.

Porter, R., Mulder, R., & Lacey, C. (2013). DSM-5 and the elimination of the major depression bereavement exclusion. *Australian and New Zealand Journal of Psychiatry, 47*(4), 391–393.

Poston, J. M., & Hanson, W. E. (2010). Meta-analysis of psychological assessment as a therapeutic intervention. *Psychological Assessment, 22,* 203–212.

Powers, S. W. (2002). Behavior therapy with children. In C. E. Walker & M. C. Roberts (Eds.), *Handbook of child clinical psychology* (3rd ed., pp. 825–839). New York: Wiley.

Pretzer, J., & Beck, J. S. (2004). Cognitive therapy of personality disorders: Twenty years of progress. In R. L. Leahy (Ed.), *Contemporary cognitive therapy: Theory, research, and practice* (pp. 299–318). New York: Guilford Press.

Prochaska, J. O., & Norcross, J. C. (2014). Systems of psychotherapy: A transtheoretical analysis (8th ed.). Stamford, CT: Cengage.

Pugh, M. (2015). A narrative review of schemas and schema therapy outcomes in the eating disorders. *Clinical Psychology Review, 39,* 30–41.

Pull, C. B. (2013). Too few or too many? Reactions to removing versus retaining specific personality disorders in DSM-5. *Current opinion in psychiatry, 26*(1), 73–78.

Purcell, D. W., Swann, S., & Herbert, S. E. (2003). Sexual orientation and professional ethics. In W. O'Donohue & K. Ferguson (Eds.), *Handbook of professional ethics for psychologists: Issues, questions, and controversies* (pp. 319–342). Thousand Oaks, CA: Sage.

Puspitasari, A., Kanter, J. W., Murphy, J., Crowe, A., & Koerner, K. (2013). Developing an online, modular, active learning training program for behavioral activation. *Psychotherapy, 50*(2), 256–265.

Qualls, S. H. (2003). Psychotherapy with older clients. In D. R. Atkinson & G. Hackett (Eds.), *Counseling diverse populations* (3rd ed., pp. 240–254). Boston: McGraw-Hill.

Querstret, D., & Cropley, M. (2013). Assessing treatments used to reduce rumination and/or worry: A systematic review. *Clinical Psychology Review, 33*(8),

996–1009.

Quilty, L. C., Zhang, K. A., & Bagby, R. M. (2010). The latent symptom structure of the Beck Depression Inventory-II in outpatients with major depression. *Psychological Assessment, 22*, 603–608.

Ragusea, A. S. (2012). The more things change, the more they stay the same: Ethical issues in the provision of telehealth. In S. J. Knapp (Ed.), *APA handbook of ethics in psychology, Vol. 2: Practice, teaching, and research* (pp. 183–198). Washington, DC: American Psychological Association.

Ragusea, A. S., & VandeCreek, L. (2003). Suggestions for the ethical practice of online psychotherapy. *Psychotherapy: Theory, Research, Practice, Training, 40*, 94–102.

Raiford, S. E., Coalson, D. L., Saklofske, D. H., & Weiss, L. G. (2010). Practical issues in WAIS-IV administration and scoring. In L. G. Weiss, D. H. Saklofske, D. Coalson, & S. E. Raiford (Eds.), *WAIS-IV clinical use and interpretation: Scientist-practitioner perspectives* (pp. 25–60). London: Elsevier.

Rainer, J. P. (2010). The road much less travelled: Treating rural and isolated clients. *Journal of Clinical Psychology, 66*, 475–478.

Randolph, C. (1998). *Repeatable Battery for the Assessment of Neuropsychological Status manual.* San Antonio, TX: Psychological Corporation.

Randolph, C. (2012). *RBANS Update: Repeatable Battery for the Assessment of Neuropsychological Status.* Bloomington, MN: NCS Pearson.

Rapee, R. M., Schniering, C. A., & Hudson, J. L. (2009). Anxiety disorders during childhood and adolescence: Origins and treatment. *Annual Review of Clinical Psychology, 5*, 311–341.

Rashid, T. (2009). Positive interventions in clinical practice. *Journal of Clinical Psychology, 65*, 461–466.

Rashid, T., & Ostermann, R. F. (2009). Strength-based assessment in clinical practice. *Journal of Clinical Psychology, 65*, 488–498.

Ray, D. C. (2006). Evidence-based play therapy. In C. E. Shaefer & H. G. Kaduson (Eds.), *Contemporary play therapy* (pp. 136–157). New York: Guilford Press.

Reed, G. M., Roberts, M. C., Keeley, J., Hooppell, C., Matsumoto, C., Sharan, P., . . . Leal-Leturia, I. (2013). Mental health professionals' natural taxonomies of mental disorders: Implications for the clinical utility of the ICD-11 and the DSM-5. *Journal of Clinical Psychology, 69*(12), 1191–1212.

Rees, C. J., & Metcalfe, B. (2003). The faking of personality questionnaire results: Who's kidding whom? *Journal of Managerial Psychology, 18*, 156–165.

Rees, C. S., & Pritchard, R. (2015). Brief cognitive therapy for avoidant personality disorder. *Psychotherapy, 52*(1), 45–55.

Reese, H. E., Rosenfield, E., & Wilhelm, S. (2013). Reflections on the theory-practice gap in cognitive behavior therapy. *Behavior Therapy, 44*(4), 609–613.

Reger, M. A., & Gahm, G. A. (2009). A meta-analysis of the effects of Internet- and computer-based cognitive-behavioral treatments for anxiety. *Journal of Clinical Psychology, 65*, 53–75.

Regier, D. A., Narrow, W. E., Clarke, D. E., Kraemer, H. C., Kuramoto, S. J., Kuhl, E. A., & Kupfer, D. J. (2013). DSM-5 field trials in the United States and Canada, part II: Test-retest reliability of selected categorical diagnoses. *American Journal of Psychiatry, 170*(1), 59–70.

Regier, D. A., Kuhl, E. A., & Kupfer, D. J. (2013). The DSM-5: Classification and criteria changes. *World Psychiatry, 12*(2), 92–98.

Rehm, L. P., & Lipkins, R. H. (2006). The examination for professional practice in psychology. In T. J. Vaughn (Ed.), *Psychology licensure and certification* (pp. 39–53). Washington, DC: American Psychological Association.

Reich, L., & Kolbasovsky, A. (2006). *Mental health provider's guide to managed care.* New York: W. W. Norton.

Reisman, J. M. (1991). *A history of clinical psychology* (2nd ed.). New York: Hemisphere.

Reiss, N., Lieb, K., Arntz, A., Shaw, I. A., & Farrell, J. (2014). Responding to the treatment challenge of patients with severe BPD: Results of three pilot studies of inpatient schema therapy. *Behavioural and Cognitive Psychotherapy, 42*(03), 355–367.

Reitan, R. M., & Wolfson, D. (2004). Theoretical, methodological, and validational bases of the Halstead-Reitan Neuropsychological Test Battery. In M. Hersen (Ed.), *Comprehensive handbook of psychological assessment* (Vol. 1, pp. 105–132). New York: Wiley.

Renner, F., Arntz, A., Leeuw, I., & Huibers, M. (2013). Treatment for chronic depression using schema therapy. *Clinical Psychology: Science and Practice, 20*(2), 166–180.

Rescorla, L. A., Bochicchio, L., Achenbach, T. M., Ivanova, M. Y., Almqvist, F., Begovac, I., . . . Fombonne, E. (2014). Parent–teacher agreement on children's problems in 21 societies. *Journal of Clinical Child & Adolescent Psychology, 43*(4), 627–642.

Rescorla, L. A., Ginzburg, S., Achenbach, T. M., Ivanova, M. Y., Almqvist, F., Begovac, I., . . . Döpfner, M. (2013). Cross-informant agreement between parent-reported and adolescent self-reported problems in 25 societies. *Journal of Clinical Child & Adolescent Psychology, 42*(2), 262–273.

Resnick, P. J. (2007). My favorite tips for detecting malingering and violence risk. *Psychiatric Clinics of North America, 30*(2), 227–232.

Resnick, P. J., & Knoll, J. L. (2008). Malingered psychosis. In R. Rogers (Ed.), *Clinical assessment of malingering and deception* (3rd ed., pp. 51–68). New York: Guilford Press.

Resnick, R. J., & Norcross, J. C. (2002). Prescription privileges for psychologists: Scared to death? *Clinical Psychology: Science and Practice, 9*, 270–274.

Retzlaff, P. D., & Dunn, T. (2003). The Millon Clinical Multiaxial Inventory-III. In L. E. Beutler & G. Groth-Marnat (Eds.), *Integrative assessment of adult personality* (2nd ed., pp. 192–226). New York: Guilford Press.

Revelle, W. (2015). Spearman, Charles.

In R. L. Cautin & S. O. Lilienfeld (Eds.), *The encyclopedia of clinical psychology* (pp. 2677–2679). West Sussex, UK: Wiley Blackwell.

Richard, D. C. S., & Lauterbach, D. (2003). Computers in the training and practice of behavioral assessment. In S. N. Haynes & E. M. Heiby (Eds.), *Comprehensive handbook of psychological assessment: Behavioral assessment* (Vol. 3, pp. 222–245). Hoboken, NJ: Wiley.

Richards, D., & Richardson, T. (2012). Computer-based psychological treatments for depression: A systematic review and meta-analysis. *Clinical Psychology Review, 32*(4), 329–342.

Richards, D., & Viganó, N. (2013). Online counseling: A narrative and critical review of the literature. *Journal of Clinical Psychology, 69*(9), 994–1011.

Richards, D. F. (2003). The central role of informed consent in ethical treatment and research with children. In W. O'Donohue & K. Ferguson (Eds.), *Handbook of professional ethics for psychologists: Issues, questions, and controversies* (pp. 377–389). Thousand Oaks, CA: Sage.

Richardson, L. K., Frueh, B. C., Grubaugh, A. L., Egede, L., & Elhai, J. D. (2009). Current directions in videoconferencing tele-mental health research. *Clinical Psychology: Science and Practice, 16*, 323–338.

Ridley, C. R., Ethington, L. L., & Heppner, P. P. (2008). Cultural confrontation: A skill of advanced cultural empathy. In P. B. Pedersen, J. G. Draguns, W. J. Lonner, & J. E. Trimble (Eds.), *Counseling across cultures* (6th ed., pp. 377–393). Thousand Oaks, CA: Sage.

Ridley, C. R., Tracy, M. L., Pruitt-Stephens, L., Wimsatt, M. K., & Beard, J. (2008). Multicultural assessment validity: The preeminent ethical issue in psychological assessment. In L. A. Suzuki & J. G. Ponterotto (Eds.), *Handbook of multicultural assessment: Clinical, psychological, and educational applications* (3rd ed., pp. 22–33). Hoboken, NJ: Wiley.

Rief, W., & Martin, A. (2014). How to use the new DSM-5 somatic symptom disorder diagnosis in research and practice: A critical evaluation and a proposal for modifications. *Clinical Psychology, 10*(1), 339–367.

Ritchie, M. H. (1994). Cultural and gender biases in definitions of mental and emotional health and illness. *Counselor Education and Supervision, 33*, 344–348.

Ritschel, L. A., Ramirez, C. L., Cooley, J. L., & Edward Craighead, W. (2016). Behavioral activation for major depression in adolescents: Results from a pilot study. *Clinical Psychology: Science and Practice, 23*(1), 39–57.

Rivera, L. M. (2008). Acculturation and multicultural assessment: Issues, trends, and practice. In L. A. Suzuki & J. G. Ponterotto (Eds.), *Handbook of multicultural assessment: Clinical, psychological, and educational applications* (3rd ed., pp. 73–91). Hoboken, NJ: Wiley.

Rivera, L. M. (2010). Acculturation. In J. G. Ponterotto, J. M. Casas, L. A. Suzuki, & C. M. Alexander (Eds.), *Handbook of multicultural counseling* (3rd ed., pp. 331–341). Thousand Oaks, CA: Sage.

Roberts, S. (2004). *Who we are now: The changing face of America in the 21st century*. New York: Times Books.

Robiner, W. N., Bearman, D. L., Berman, M., Grove, W. M., Colon, E., Mareck, S., & Armstrong, J. (2002). Prescriptive authority for psychologists: A looming health hazard? *Clinical Psychology: Science and Practice, 9*, 231–248.

Robiner, W. N., Tumlin, T. R., & Tompkins, T. L. (2013). Psychologists and medications in the era of interprofessional care: Collaboration is less problematic and costly than prescribing. *Clinical Psychology: Science and Practice, 20*(4), 489–507.

Robinson, L., Berman, J., & Neimeyer, R. (1990). Psychotherapy for the treatment of depression: A comprehensive review of controlled outcome research. *Psychological Bulletin, 108*, 30–49.

Robinson, P. (2008). Putting it on the street: Homework in cognitive behavioral therapy. In W. T. O'Donohue & J. E. Fisher (Eds.), *Cognitive behavior therapy: Applying empirically supported techniques in your practice* (2nd ed., pp. 260–271). Hoboken, NJ: Wiley.

Robinson-Wood, T. L. (2009). Extending cultural understanding beyond race and ethnicity. In C. C. Lee, D. A. Burnhill, A. L. Butler, C. P. Hipolito-Delgado, M. Humphrey, O. Munoz, et al. (Eds.), *Elements of culture in counseling* (pp. 31–41). Upper Saddle River, NJ: Pearson.

Robles, R. (2006). Culturally competent play therapy with the Mexican American child and family. In C. E. Shaefer & H. G. Kaduson (Eds.), *Contemporary play therapy* (pp. 238–269). New York: Guilford Press.

Robles, R., Fresán, A., Medina-Mora, M. E., Sharan, P., Roberts, M. C., Jesus Mari, J., . . . Xiao, Z. (2015). Categories that should be removed from mental disorders classifications: Perspectives and rationales of clinicians from eight countries. *Journal of Clinical Psychology, 71*(3), 267–281.

Roemer, L., & Orsillo, S. M. (2009). *Mindfulness- and acceptance-based behavioral therapies in practice*. New York: Guilford Press.

Roffman, J. L., Marci, C. D., Glick, D. M., Dougherty, D. D., & Rauch, S. L. (2005). Neuroimaging and the functional neuroanatomy of psychotherapy. *Psychological Medicine, 35*, 1385–1398.

Rogers, C. R. (1942). The use of electrically recorded interviews in improving psychotherapeutic techniques. *American Journal of Orthopsychiatry, 12*, 429–434.

Rogers, C. R. (1957). The necessary and sufficient conditions of therapeutic personality change. *Journal of Consulting Psychology, 21*, 95–103.

Rogers, C. R. (1959). Client-centered therapy. In S. Arieti (Ed.), *American handbook of psychiatry* (Vol. 3). New York: Basic Books.

Rogers, C. R. (1961). *On becoming a person*. Boston: Houghton-Mifflin.

Rogers, C. R. (1980). *A way of being*. Boston: Houghton-Mifflin.

Rogers, C. R. (1986). Reflection of feelings and transference. *Person-Centered Review, 1*, 375–377.

Rogers, R. (2008). *Clinical assessment of malingering and deception* (3rd ed.). New

York: Guilford Press.

Rogers, R., Sewell, K. W., Martin, M. A., & Vitacco, M. J. (2003). Detection of feigned mental disorders: A meta-analysis of the MMPI-2 and malingering. *Assessment, 10*(2), 160–177.

Rolland, J. S., & Walsh, F. (2009). Family systems theory and practice. In G. O. Gabbard (Ed.), *Textbook of psychotherapeutic treatments* (pp. 499–531). Washington, DC: American Psychiatric Publishing.

Romero, C., Master, A., Paunesku, D., Dweck, C. S., & Gross, J. J. (2014). Academic and emotional functioning in middle school: The role of implicit theories. *Emotion, 14*(2), 227–234.

Rorschach, H. (1921). *Psychodiagnostik.* Bern, Switzerland: Huber.

Ros, R., Hernandez, J., Graziano, P. A., & Bagner, D. M. (2016). Parent training for children with or at risk for developmental delay: The role of parental homework completion. *Behavior Therapy, 47*(1), 1–13.

Rose, T., Kaser-Boyd, N., & Maloney, M. P. (2001). *Essentials of Rorschach assessment.* New York: Wiley.

Rosen, D. C., Nakash, O., & Alegría, M. (2015). The impact of computer use on therapeutic alliance and continuance in care during the mental health intake. *Psychotherapy, 53*(1), 117–123.

Rosen, E. J., & Weltman, S. F. (2005). Jewish families: An overview. In M. McGoldrick, J. Giordano, & N. Garcia-Preto (Eds.), *Ethnicity and family therapy* (3rd ed., pp. 667–679). New York: Guilford Press.

Rosenfeld, G. W. (2009). *Beyond evidence-based psychotherapy: Fostering the eight sources of change in child and adolescent treatment.* New York: Routledge.

Rosenzweig, S. (1936). Some implicit common factors in diverse methods of psychotherapy. *American Journal of Orthopsychiatry, 6,* 422–425.

Rosner, R. I. (2015a). Beck, Aaron T. In R. L. Cautin & S. O. Lilienfeld (Eds.), *The encyclopedia of clinical psychology* (pp. 293–296). West Sussex, UK: Wiley Blackwell.

Rosner, R. I. (2015b). Beck Depression Inventory (BDI). In R. L. Cautin & S. O. Lilienfeld (Eds.), *The encyclopedia of clinical psychology* (pp. 296–301). West Sussex, UK: Wiley Blackwell.

Rosqvist, J., Thomas, J. C., & Truax, P. (2011). Effectiveness versus efficacy studies. In J. C. Thomas & M. Hersen (Eds.), *Understanding research in clinical and counseling psychology* (2nd ed., pp. 319–354). New York: Taylor & Francis.

Roth, A., & Fonagy, P. (2005). *What works for whom? A critical review of psychotherapy research* (2nd ed.). New York: Guilford Press.

Roth, D. A., Eng, W., & Heimberg, R. G. (2002). Cognitive behavior therapy. In M. Hersen & W. Sledge (Eds.), *Encyclopedia of psychotherapy* (Vol. 1, pp. 451–458). San Diego: Academic Press.

Rothbaum, P. A., Bernstein, D. M., Haller, O., Phelps, R., & Kohout, J. (1998). New Jersey psychologists' report on managed mental health care. *Professional Psychology: Research and Practice, 29,* 37–42.

Rothstein, H. R., Haller, O. L., & Bernstein, D. (2000). Remarks and reflections on managed care: Analysis of comments by New Jersey psychologists. *Journal of Psychotherapy in Independent Practice, 1,* 73–82.

Rotter, J. B., & Rafferty, J. E. (1950). *The Rotter incomplete sentences blank manual: College form.* New York: Psychological Corporation.

Routh, D. K. (1996). Lightner Witmer and the first 100 years of clinical psychology. *American Psychologist, 51,* 244–247.

Routh, D. K. (2011). A history of clinical psychology. In D. H. Barlow (Ed.), *The Oxford handbook of clinical psychology* (pp. 23–33). New York: Oxford University Press.

Routh, D. K. (2015a). Training models in clinical psychology. In R. L. Cautin & S. O. Lilienfeld (Eds.), *The encyclopedia of clinical psychology* (pp. 2862–2866). West Sussex, UK: Wiley Blackwell.

Routh, D. K. (2015b). Vail conference (1973). In R. L. Cautin & S. O. Lilienfeld (Eds.), *The encyclopedia of clinical psychology* (pp. 2919–2923). West Sussex, UK: Wiley Blackwell.

Routh, D. K. (2015c). Witmer, Lightner. In R. L. Cautin & S. O. Lilienfeld (Eds.), *The encyclopedia of clinical psychology* (pp. 2961–2963). West Sussex, UK: Wiley Blackwell.

Rowa, K., Antony, M. M., & Swinson, R. P. (2007). Exposure and response prevention. In M. M. Antony, C. Purdon, & L. J. Summerfeldt (Eds.), *Psychological treatment of obsessive compulsive disorders: Fundamentals and beyond* (pp. 79–109). Washington, DC: American Psychological Association.

Rubak, S., Sandbæk, A., Lauritzen, T., & Christensen, B. (2005). Motivational interviewing: A systematic review and meta-analysis. *British Journal of General Practice, 55,* 305–312.

Rummell, C. M., & Joyce, N. R. (2010). "So wat do u want to wrk on 2day?": The ethical implications of online counseling. *Ethics & Behavior, 20,* 482–496.

Ruscio, J. (2015). Rational/theoretical approach to test construction. In R. L. Cautin & S. O. Lilienfeld (Eds.), *The encyclopedia of clinical psychology* (pp. 2403–2407). West Sussex, UK: Wiley Blackwell.

Russ, S. W., & Freedheim, D. K. (2002). Psychotherapy with children. In C. E. Walker & M. C. Roberts (Eds.), *Handbook of child clinical psychology* (3rd ed., pp. 840–859). New York: Wiley.

Russell, S. T., & Fish, J. N. (2016). Mental health in lesbian, gay, bisexual, and transgender (LGBT) youth. *Annual Review of Clinical Psychology, 12,* 465–487.

Rzeszutek, M., & Schier, K. (2014). Temperament traits, social support, and burnout symptoms in a sample of therapists. *Psychotherapy, 51*(4), 574–579.

Sadler, J. Z. (2013). Considering the economy of DSM alternatives. In J. Paris & J. Phillips (Eds.), *Making the DSM-5: Concepts and controversies,* (pp. 21–38). New York: Springer.

Safran, J. D., Abreu, I., Ogilvie, J., &

DeMaria, A. (2011). Does psychotherapy research influence the clinical practice of researcher–clinicians? *Clinical Psychology: Science and Practice, 18*(4), 357–371.

Sageman, M. (2003). Three types of skills for effective forensic psychological assessments. *Assessment, 10*, 321–328.

Saks, E. R., Jeste, D. V., Granholm, B. W., Palmer, B. W., & Schneiderman, L. (2002). Ethical issues in psychosocial interventions research involving controls. *Ethics & Behavior, 12*, 87–101.

Sales, B. D., & Shuman, D. W. (2005). *Experts in court: Reconciling law, science, and professional knowledge*. Washington, DC: American Psychological Association.

Salter, D. S., & Salter, B. R. (2012). Competence with diverse populations. In S. J. Knapp (Ed.), *APA handbook of ethics in psychology, Vol. 1: Moral foundations and common themes* (pp. 217–240). Washington, DC: American Psychological Association.

Sammons, M. T. (2011). Treatment modalities: Pharmacotherapy. In J. C. Norcross, G. R. VandenBos, & D. K. Freedheim (Eds.), *History of psychotherapy: Continuity and change* (2nd ed., pp. 516–532). Washington, DC: American Psychological Association.

Sammons, M. T., Sexton, J. L., & Meredith, J. M. (1996). Basic science training in psychopharmacology: How much is enough? *American Psychologist, 51*, 230–234.

Sandell, R. (2012). Research on outcomes of psychoanalysis and psychoanalysis-derived psychotherapies. In G. O. Gabbard, B. E. Litowitz, & P. Williams (Eds.), *Textbook of psychoanalysis* (2nd ed., pp. 385–404). Washington, DC: American Psychiatric Publishing.

Sanders, M. R., Kirby, J. N., Tellegen, C. L., & Day, J. J. (2014). The Triple P-Positive Parenting Program: A systematic review and meta-analysis of a multi-level system of parenting support. *Clinical Psychology Review, 34*(4), 337–357.

Sanderson, W. C. (2003). Why empirically supported psychological treatments are important. *Behavior Modification, 27*, 290–299.

Sandler, J., & Freud, A. (1985). *The analysis of defense: The ego and the mechanisms of defense revisited*. New York: International Universities Press.

Sanislow, C. A., Quinn, K. J., & Sypher, I. (2015). NIMH Research Domain Criteria (RDoC). In R. L. Cautin & S. O. Lilienfeld (Eds.), *The encyclopedia of clinical psychology* (pp. 2003–2009). West Sussex, UK: Wiley Blackwell.

Sayers, S. T., Riegel, B., Pawlowski, S., Coyne, J. C., & Samaha, F. F. (2008). Social support and self-care of patients with heart failure. *Annals of Behavioral Medicine, 35*, 70–79.

Schaefer, C. E., & Briesmeister, J. M. (Eds.). (1989). *Handbook of parent training: Parents as co-therapists for children's behavior problems*. New York: Wiley.

Schaffer, J. B., DeMers, S. T., & Rodolfa, E. (2011). Training systems and sites: Licensing and credentialing. In J. C. Norcross, G. R. VandenBos, & D. K. Freedheim (Eds.), *History of psychotherapy: Continuity and change* (2nd ed., pp. 651–662). Washington, DC: American Psychological Association.

Schalock, R. L. (2015). Intellectual disability. In R. L. Cautin & S. O. Lilienfeld (Eds.), *The encyclopedia of clinical psychology* (pp. 1485–1491). West Sussex, UK: Wiley Blackwell.

Schank, J. A., Helbok, C. M., Haldeman, D. C., & Gallardo, M. E. (2010). Challenges and benefits of ethical small-community practice. *Professional Psychology: Research and Practice, 41*, 502–510.

Schank, J. A., & Skovholt, T. M. (1997). Dual-relationship dilemmas of rural and small-community psychologists. *Professional Psychology: Research and Practice, 28*, 44–49.

Schank, J. A., & Skovholt, T. M. (2006). *Ethical practice in small communities: Challenges and rewards for psychologists*. Washington, DC: American Psychological Association.

Schank, J., Slater, R., Banerjee-Stevens, D., & Skovholt, T. M. (2003). Ethics of multiple and overlapping relationships. In W. O'Donohue & K. Ferguson (Eds.), *Handbook of professional ethics for psychologists: Issues, questions, and controversies* (pp. 181–193). Thousand Oaks, CA: Sage.

Scheier, M., & Bridges, M. (1995). Person variables and health: Personality predispositions and acute psychological states as shared determinants for disease. *Psychosomatic Medicine, 57*, 255–268.

Schleider, J. L., Abel, M. R., & Weisz, J. R. (2015). Implicit theories and youth mental health problems: A random-effects meta-analysis. *Clinical Psychology Review, 35*, 1–9.

Schleider, J. L., Chorpita, B. F., & Weisz, J. R. (2014). Relation between parent psychiatric symptoms and youth problems: Moderation through family structure and youth gender. *Journal of Abnormal Child Psychology, 42*(2), 195–204.

Schneider, D., & Mather, N. (2015). Achievement testing. In R. L. Cautin & S. O. Lilienfeld (Eds.), *The encyclopedia of clinical psychology* (pp. 35–42). West Sussex, UK: Wiley Blackwell.

Schneider, K. J., & Krug, O. T. (2010). *Existential-humanistic therapy*. Washington, DC: American Psychological Association.

Schneider, K. L., Panza, E., Handschin, B., Ma, Y., Busch, A. M., Waring, M. E., . . . Blendea, M. (2016). Feasibility of pairing behavioral activation with exercise for women with type 2 diabetes and depression: The get it study pilot randomized controlled trial. *Behavior Therapy, 47*(2), 198–212.

Schneiderman, N., & Siegel, S. D. (2007). Mental and physical health influence each other. In S. O. Lilienfeld & W. T. O'Donohue (Eds.), *The great ideas of clinical science: 17 principles that every mental health professional should understand* (pp. 329–346). New York: Routledge.

Schroeder, C. S., & Gordon, B. N. (2002). *Assessment and treatment of childhood problems: A clinician's guide* (2nd ed.). New York: Guilford Press.

Schultz, D. P., & Schultz, S. E. (2011). *A history of modern psychology* (10th ed.).

Belmont, CA: Wadsworth.

Scotti, J. R., Morris, T. L., Stacom, E. E., & Cohen, S. H. (2011). Validity: Controlling and balancing interrelated threats. In J. C. Thomas & M. Hersen (Eds.), *Understanding research in clinical and counseling psychology* (2nd ed., pp. 87–125). New York: Taylor & Francis.

Scrivner, E. (2006). Psychology and law enforcement. In I. B. Weiner & A. K. Hess (Eds.), *Handbook of forensic psychology* (3rd ed., pp. 534–551). Hoboken, NJ: Wiley.

Seligman, M. E. P. (1995). The effectiveness of psychotherapy: The *Consumer Reports* survey. *American Psychologist, 50,* 965–974.

Seligman, M. E. P. (2003). Foreword: The past and future of positive psychology. In C. L. M. Keyes & J. Haidt (Eds.), *Flourishing: Positive psychology and the life well-lived* (pp. xi–xx). Washington, DC: American Psychological Association.

Seligman, M. E. P. (2011). *Flourish: A visionary new understanding of happiness and well-being.* New York: Free Press.

Seligman, M. E. P., & Csikszentmihalyi, M. (2000). Positive psychology: An introduction. *American Psychologist, 55,* 5–14.

Seligman, M. E. P., & Levant, R. F. (1998). Managed care policies rely on inadequate science. *Professional Psychology: Research and Practice, 29,* 211–212.

Seligman, M. E. P., & Peterson, C. (2003). Positive clinical psychology. In L. G. Aspinwall & U. M. Staudinger (Eds.), *A psychology of human strengths: Fundamental questions and future directions for a positive psychology* (pp. 305–317). Washington, DC: American Psychological Association.

Seligman, M. E. P., & Steen, T. A. (2005). Positive psychology progress: Empirical validation of interventions. *American Psychologist, 60,* 410–421.

Selye, H. (1956). *The stress of life.* New York: McGraw-Hill.

Sergeant, S., & Mongrain, M. (2014). An online optimism intervention reduces depression in pessimistic individuals. *Journal of Consulting and Clinical Psychology, 82*(2), 263–274.

Sewell, H. (2009). *Working with ethnicity, race, and culture in mental health: A handbook for practitioners.* London: Jessica Kingsley.

Shadish, W. R., Montgomery, L. M., Wilson, P., Wilson, M. R., Bright, I., & Okwumabua, T. (1993). The effects of family and marital therapies: A meta-analysis. *Journal of Consulting and Clinical Psychology, 59,* 883–893.

Shadish, W. R., Ragsdale, K., Glaser, R. R., & Montgomery, L. M. (1995). The efficacy and effectiveness of marital and family therapy: A perspective from meta-analysis. *Journal of Marital and Family Therapy, 21,* 345–360.

Shaffer, J., & Galinsky, M. D. (1989). *Models of group therapy* (2nd ed.). Englewood Cliffs, NJ: Prentice Hall.

Shahar, G. (2015). Object relations theory. In R. L. Cautin & S. O. Lilienfeld (Eds.), *The encyclopedia of clinical psychology* (pp. 2013–2018). West Sussex, UK: Wiley Blackwell.

Shapiro, D., & Schwartz, G. (1972). Biofeedback and visceral learning: Clinical applications. *Seminars in Psychiatry, 4,* 171–184.

Shapiro, D. A., & Shapiro, D. (1982). Meta-analysis of comparative therapy outcome studies: A replication and refinement. *Psychological Bulletin, 92,* 581–604.

Shapiro, D. E., & Schulman, C. E. (1996). Ethical and legal issues in e-mail therapy. *Ethics & Behavior, 6,* 107–124.

Shapiro, D. N., Chandler, J., & Mueller, P. A. (2013). Using Mechanical Turk to study clinical populations. *Clinical Psychological Science, 1*(2), 213–220.

Shapiro, E. (1999). Cotherapy. In J. R. Price, D. R. Hescheles, & A. R. Price (Eds.), *A guide to starting psychotherapy groups* (pp. 53–61). San Diego, CA: Academic Press.

Shapiro, S. L. (2009). The integration of mindfulness and psychology. *Journal of Clinical Psychology, 65,* 555–560.

Sharpless, B. A., & Barber, J. P. (2015). Transference/countertransference. In R. L. Cautin & S. O. Lilienfeld (Eds.), *The encyclopedia of clinical psychology* (pp. 2875–2880). West Sussex, UK: Wiley Blackwell.

Shedler, J. (2010). The efficacy of psychodynamic psychotherapy.American Psychologist, 65(2), Feb- 98–109.

Sherbourne, C., Hays, R., Ordway, L., DiMatteo, M., & Kravitz, R. (1992). Antecedents of adherence to medical recommendations: Results from the medical outcomes study. *Journal of Behavioral Medicine, 15,* 447–468.

Sherman, D. K., & Cohen, G. L. (2006). The psychology of self-defense: Self-affirmation theory. In M. P. Zanna (Ed.), *Advances in experimental social psychology* (Vol. 38, pp. 183–242). San Diego, CA: Academic Press.

Sherman, J. A. (1980). Therapist attitudes and sex-role stereotyping. In A. M. Brodsky & R. T. Hare-Mustin (Eds.), *Women and psychotherapy: An assessment of research and practice.* New York: Guilford Press.

Sherry, A., Dahlen, E., & Holaday, M. (2004). The use of sentence completion tests with adults. In M. J. Hilsenroth & D. L. Segal (Eds.), *Comprehensive handbook of psychological assessment: Personality assessment* (Vol. 2, pp. 372–386). Hoboken, NJ: Wiley.

Shibusawa, T. (2005). Japanese families. In M. McGoldrick, J. Giordano, & N. Garcia-Preto (Eds.), *Ethnicity and family therapy* (3rd ed., pp. 339–348). New York: Guilford Press.

Shikatani, B., Fracalanza, K., & Antony, M. M. (2015). Behavior therapies. In R. L. Cautin & S. O. Lilienfeld (Eds.), *The encyclopedia of clinical psychology* (pp. 354–365). West Sussex, UK: Wiley Blackwell.

Shin, H., & Munoz, O. (2009). Acculturation: Context, dynamics, and conceptualization. In C. C. Lee, D. A. Burnhill, A. L. Butler, C. P. Hipolito-Delgado, M. Humphrey, O. Munoz, et al. (Eds.), *Elements of culture in counseling* (pp. 57–76). Upper Saddle River, NJ: Pearson.

Shingleton, R. M., Pratt, E. M.,

Gorman, B., Barlow, D. H., Palfai, T. P., & Thompson-Brenner, H. (2016). Motivational text message intervention for eating disorders: A single case alternating treatment design using ecological momentary assessment. *Behavior Therapy, 47*(3), 325–338.

Shingleton, R. M., Richards, L. K., & Thompson-Brenner, H. (2013). Using technology within the treatment of eating disorders: A clinical practice review. *Psychotherapy, 50*(4), 576–582.

Shipherd, J. C. (2015). Defining competence when working with sexual and gender minority populations: Training models for professional development. Clinical Psychology: Science and Practice, 22(2), 101–104.

Shirk, S. R., Karver, M. S., & Brown, R. (2011). The alliance in child and adolescent psychotherapy. *Psychotherapy, 48*(1), 17–24.

Shoham, V., Rohrbaugh, M. J., Onken, L. S., Cuthbert, B. N., Beveridge, R. M., & Fowles, T. R. (2014). Redefining clinical science training: Purpose and products of the Delaware Project. *Clinical Psychological Science, 2*(1), 8–21.

Shorter, E. (2013). The history of DSM. In J. Paris & J. Phillips (Eds.), *Making the DSM-5: Concepts and controversies* (pp. 3–19). New York: Springer.

Shorter-Gooden, K. (2009). Therapy with African American men and women. In H. A. Neville, B. M. Tynes, & S. O. Utsey (Eds.), *Handbook of African American psychology* (pp. 445–458). Thousand Oaks, CA: Sage.

Sibley, M. H., Kuriyan, A. B., Evans, S. W., Waxmonsky, J. G., & Smith, B. H. (2014). Pharmacological and psychosocial treatments for adolescents with ADHD: An updated systematic review of the literature. *Clinical Psychology Review, 34*(3), 218–232.

Siev, J., & Chambless, D. L. (2007). Specificity of treatment effects: Cognitive therapy and relaxation for generalized anxiety and panic disorders. *Journal of Consulting and Clinical Psychology, 75,* 513–522.

Silverman, W. H. (1996). Cookbooks, manuals, and paint-by-numbers: Psychotherapy in the 90s. *Psychotherapy: Theory, Research, Practice, Training, 33,* 207–215.

Silverman, W. K., & Pina, A. A. (2008). Psychosocial treatments for phobic and anxiety disorders in youth. In R. G. Steele, T. D. Elkin, & M. C. Roberts (Eds.), *Handbook of evidence-based therapies for children and adolescents: Bridging science and practice* (pp. 65–82). New York: Springer.

Silverstein, L. B., & Goodrich, T. J. (Eds.). (2003). *Feminist family therapy: Empowerment in social context.* Washington, DC: American Psychological Association.

Simonsen, E. (2010). The integration of categorical and dimensional approaches to psychopathology. In T. Millon, R. F. Krueger, & E. Simonsen (Eds.), *Contemporary directions in psychopathology: Scientific foundations of the* DSM-V *and ICD-11* (pp. 350–361). New York: Guilford Press.

Singh, J. P. (2015). Risk assessment/dangerousness/violence prediction, general. In R. L. Cautin & S. O. Lilienfeld (Eds.), *The encyclopedia of clinical psychology* (pp. 2461–2470). West Sussex, UK: Wiley Blackwell.

Skeem, J. L., & Monahan, J. (2011). Current directions in violence risk assessment. *Current Directions in Psychological Science, 20,* 38–42.

Skelton, R. M. (Ed.). (2006). *The Edinburgh international encyclopaedia of psychoanalysis.* Edinburgh, UK: Edinburgh University Press.

Skodol, A. E. (2010). Dimensionalizing existing personality disorder categories. In T. Millon, R. F. Krueger, & E. Simonsen (Eds.), *Contemporary directions in psychopathology: Scientific foundations of the* DSM-V *and ICD-11* (pp. 362–373). New York: Guilford Press.

Skodol, A. E., Krueger, R. F., Bender, D. S., Morey, L. C., Clark, L. A., Bell, C. C., . . . Oldham, J. M. (2013). Personality disorders in DSM-5 section III. *FOCUS: The Journal of Lifelong Learning in Psychiatry, 11*(2), 187–188.

Smalley, K. B., Yancey, C. T., Warren, J. C., Naufel, K., Ryan, R., & Pugh, J. L. (2010). Rural mental health and psychological treatment: A review for practitioners. *Journal of Clinical Psychology, 66,* 479–489.

Smith, B. H., Barkley, R. A., & Shapiro, C. J. (2006). Attention-deficit/hyperactivity disorder. In E. J. Mash & R. A. Barkley (Eds.), *Treatment of childhood disorders* (3rd ed., pp. 65–136). New York: Guilford Press.

Smith, M. L., & Glass, G. V. (1977). Meta-analysis of psychotherapy outcome studies. *American Psychologist, 32,* 752–760.

Smith, M. L., Glass, G. V., & Miller, T. I. (1980). *The benefits of psychotherapy.* Baltimore: Johns Hopkins University Press.

Smith, P. L., & Moss, S. B. (2009). Psychologist impairment: What is it, how can it be prevented, and what can be done to address it? *Clinical Psychology: Science and Practice, 16,* 1–15.

Smith, P. M., Reilly, K. R., Houston Miller, N., DeBusk, R. F., & Taylor, C. B. (2002). Application of a nurse-managed inpatient smoking cessation program. *Nicotine Tobacco Research, 4,* 211–222.

Smith, R. E., Fagan, C., Wilson, N. L., Chen, J., Corona, M., Nguyen, H., . . . Shoda, Y. (2011). Internet-based approaches to collaborative therapeutic assessment: New opportunities for professional psychologists. *Professional Psychology: Research and Practice, 42,* 494–504.

Smith, S. R., & Archer, R. P. (2008). Introducing personality assessment. In R. P. Archer & S. R. Smith (Eds.), *Personality assessment* (pp. 1–35). New York: Routledge.

Smith, S. R., Wiggins, C. M., & Gorske, T. T. (2007). Survey of psychological assessment feedback practices. *Assessment, 14,* 310–319.

Smith, T., & Iadarola, S. (2015). Evidence base update for autism spectrum disorder. *Journal of Clinical Child & Adolescent Psychology, 44*(6), 897–922.

Smith, T. B., Rodríguez, M. M. D., & Bernal, G. (2011). Culture. In J. C. Norcross (Ed.), *Psychotherapy relationships that work: Evidence-based responsiveness* (2nd ed., pp. 316–335). New York: Oxford University Press.

Smith, T. W., & MacKenzie, J. (2006). Personality and risk of physical illness. *Annual Review of Clinical Psychology, 2*, 435–467.

Snowden, L. R., & Yamada, A. (2005). Cultural differences in access to care. *Annual Review of Clinical Psychology, 1*, 143–166.

Snyder, C. R., & Elliott, T. R. (2005). 21st-century graduate education in clinical psychology: A four-level matrix model. *Journal of Clinical Psychology, 61*, 1033–1054.

Snyder, C. R., Lopez, S. J., & Pedrotti, J. T. (2011). *Positive psychology: The scientific and practical explorations of human strengths* (2nd ed.). Thousand Oaks, CA: Sage.

Snyder, C. R., Ritschel, L. A., Rand, K. L., & Berg, C. J. (2006). Balancing psychological assessments: Including strengths and hope in client reports. *Journal of Clinical Psychology, 62*, 33–46.

Sommers-Flanagan, J., & Sommers-Flanagan, R. (2009). *Clinical interviewing* (4th ed.). Hoboken, NJ: Wiley.

Sommers-Flanagan, J., Zeleke, W. A., & Hood, M. H. E. (2015). Clinical interview. In R. L. Cautin & S. O. Lilienfeld (Eds.), *The encyclopedia of clinical psychology* (pp. 580–588). West Sussex, UK: Wiley Blackwell.

Sommers-Flanagan, R. (2012). Boundaries, multiple roles, and the professional relationship. In S. J. Knapp (Ed.), *APA handbook of ethics in psychology, Vol. 1: Moral foundations and common themes* (pp. 241–277). Washington, DC: American Psychological Association.

Sonne, J. L. (2012). Sexualized relationships. In S. J. Knapp (Ed.), *APA handbook of ethics in psychology, Vol. 1: Moral foundations and common themes* (pp. 295–310). Washington, DC: American Psychological Association.

Sonne, J. L., & Jochai, D. (2014). The "vicissitudes of love" between therapist and patient: A review of the research on romantic and sexual feelings, thoughts, and behaviors in psychotherapy. *Journal of Clinical Psychology, 70*(2), 182–195.

Spence, S. H. (2003). Social skills training with children and young people: Theory, evidence and practice. *Child and Adolescent Mental Health, 8*(2), 84–96.

Spence, S. H., Donovan, C. L., March, S., Gamble, A., Anderson, R. E., Prosser, S., & Kenardy, J. (2011). A randomized controlled trial of online versus clinic-based CBT for adolescent anxiety. *Journal of Consulting and Clinical Psychology, 79*, 629–642.

Sperling, M. B., Sack, A., & Field, C. L. (2000). *Psychodynamic practice in a managed care environment: A strategic guide for clinicians*. New York: Guilford Press.

Spiegler, M. D., & Guevremont, D. C. (2010). *Contemporary behavior therapy* (5th ed.). Belmont, CA: Wadsworth.

Spilka, M. J., & Dobson, K. S. (2015). Promoting the internationalization of evidence-based practice: Benchmarking as a strategy to evaluate culturally transported psychological treatments. *Clinical Psychology: Science and Practice, 22*(1), 58–75.

Spinelli, M. G., & Endicott, J. (2003). Controlled clinical trial of interpersonal psychotherapy versus parenting education program for depressed pregnant women. *American Journal of Psychiatry, 160*, 555–562.

Spinhoven, P., Drost, J., de Rooij, M., van Hemert, A. M., & Penninx, B. W. (2014). A longitudinal study of experiential avoidance in emotional disorders. *Behavior Therapy, 45*(6), 840–850.

Spitzer, R. L. (1999). Harmful dysfunction and the *DSM* definition of mental disorder. *Journal of Abnormal Psychology, 108*, 430–432.

Spitzer, R. L., & Wakefield, J. C. (1999). *DSM-IV* diagnostic criterion for clinical significance: Does it help to solve the false positives problem? *American Journal of Psychiatry, 156*, 1856–1864.

Spokas, M. E., Rodebaugh, T. L., & Heimburg, R. G. (2008). Treatment research. In M. Hersen & A. M. Gross (Eds.), *Handbook of clinical psychology* (Vol. 1, pp. 300–338). Hoboken, NJ: Wiley.

Spring, B., & Neville, K. (2011). Evidence-based practice in clinical psychology. In D. H. Barlow (Ed.), *The Oxford handbook of clinical psychology* (pp. 128–149). New York: Oxford University Press.

Sprock, J. (2015). DSM-III and DSM-III-R. In R. L. Cautin & S. O. Lilienfeld (Eds.), *The encyclopedia of clinical psychology* (pp. 956–961). West Sussex, UK: Wiley Blackwell.

Stafford, K. P. (2003). Assessment of competence to stand trial. In A. M. Goldstein (Ed.), *Handbook of psychology, Vol. 11: Forensic psychology* (pp. 359–380). Hoboken, NJ: Wiley.

Starin, A. C., Atkins, M. S., Wehrmann, K. C., Mehta, T., Hesson-McInnis, M. S., Marinez-Lora, A., & Mehlinger, R. (2014). Moving science into state child and adolescent mental health systems: Illinois' evidence-informed practice initiative. *Journal of Clinical Child & Adolescent Psychology, 43*(2), 169–178.

Steenbarger, B. N. (2008). Brief therapy. In M. Hersen & A. M. Gross (Eds.), *Handbook of clinical psychology* (Vol. 1, pp. 752–775). Hoboken, NJ: Wiley.

Steenhuis, M., Serra, M., Minderaa, R. B., & Hartman, C. A. (2009). An Internet version of the Diagnostic Interview Schedule for Children (DISC-IV): Correspondence of the ADHD section with the paper-and-pencil version. *Psychological Assessment, 21*(2), 231–234.

Steiner, P. M., & Kim, Y. (2015). Quasi-experiments. In R. L. Cautin & S. O. Lilienfeld (Eds.), *The encyclopedia of clinical psychology* (pp. 2376–2388). West Sussex, UK: Wiley Blackwell.

Sternberg, R. J. (2000). The concept of intelligence. In R. J. Sternberg (Ed.), *Handbook of intelligence* (pp. 3–15). Cambridge, UK: Cambridge University Press.

Sternberg, R. J., & Grigorenko, E. L. (2008). Ability testing across cultures. In L. A. Suzuki & J. G. Ponterotto (Eds.), *Handbook of multicultural assessment: Clinical, psychological, and educational applications* (3rd ed., pp. 449–470).

Hoboken, NJ: Wiley.

Stevanovic, P., & Rupert, P. A. (2009). Work-family spillover and life satisfaction among professional psychologists. *Professional Psychology: Research and Practice, 40,* 62–68.

Stewart, R. E., & Chambless, D. L. (2007). Does psychotherapy research inform treatment decisions in private practice? *Journal of Clinical Psychology, 63*(3), 267–281.

Stewart, R. E., & Chambless, D. L. (2010). Interesting practitioners in training in empirically supported treatments: Research reviews versus case studies. *Journal of Clinical Psychology, 66,* 73–95.

Stewart, R. E., Chambless, D. L., & Baron, J. (2012). Theoretical and practical barriers to practitioners' willingness to seek training in empirically supported treatments. *Journal of Clinical Psychology, 68,* 8–23.

Stice, E., Marti, C. N., & Rohde, P. (2013). Prevalence, incidence, impairment, and course of the proposed DSM-5 eating disorder diagnoses in an 8-year prospective community study of young women. *Journal of Abnormal Psychology, 122*(2), 445.

Stiles, W. B. (2009). Responsiveness as an obstacle for psychotherapy outcome research: It's worse than you think. *Clinical Psychology: Science and Practice, 16,* 86–91.

Stiles, W. B. (2013). The variables problem and progress in psychotherapy research. *Psychotherapy, 50*(1), 33–41.

Storch, E. A., Larson, M., Adkins, J., Geffken, G. R., Murphy, T. K., & Goodman, W. K. (2008). Evidence-based treatment of pediatric obsessive-compulsive disorder. In R. G. Steele, T. D. Elkin, & M. C. Roberts (Eds.), *Handbook of evidence-based therapies for children and adolescents: Bridging science and practice* (pp. 103–120). New York: Springer.

Stormont, M. (2007). *Fostering resilience in young children at risk for failure.* Upper Saddle River, NJ: Pearson.

Straus, M. A. (2007). Conflict Tactics Scales. In N. A. Jackson (Ed.), *Encyclopedia of domestic violence* (pp. 190–197). New York: Routledge.

Straus, M. A., Hamby, S. L., Boney-McCoy, S., & Sugarman, D. B. (1996). The Revised Conflict Tactics Scales (CTS2): Development and preliminary psychometric data. *Journal of Family Issues, 17,* 283–316.

Street, L. L., & Luoma, J. B. (2002). Control groups in psychosocial intervention research: Ethical and methodological issues. *Ethics & Behavior, 12,* 1–30.

Striano, J. (1988). *Can psychotherapists hurt you?* Santa Barbara, CA: Professional Press.

Stricker, G. (2010). *Psychotherapy integration.* Washington, DC: American Psychological Association.

Stricker, G. (2011). Training systems and sites: PsyD programs. In J. C. Norcross, G. R. VandenBos, & D. K. Freedheim (Eds.), *History of psychotherapy: Continuity and change* (2nd ed., pp. 630–639). Washington, DC: American Psychological Association.

Stricker, G., & Lally, S. J. (2015). Professional school movement. In R. L. Cautin & S. O. Lilienfeld (Eds.), *The encyclopedia of clinical psychology* (pp. 2241–2252). West Sussex, UK: Wiley Blackwell.

Striegel-Moore, R. H., & Franko, D. L. (2006). Adolescent eating disorders. In C. A. Essau (Ed.), *Child and adolescent psychopathology: Theoretical and clinical implications* (pp. 160–183). New York: Routledge.

Striegel-Moore, R. H., & Franko, D. L. (2008). Should binge eating disorder be included in the *DSM-V*? A critical review of the state of the evidence. *Annual Review of Clinical Psychology, 4,* 305–324.

Stringaris, A. (2013), Editorial: The new DSM is coming–it needs tough love. *Journal of Child Psychology and Psychiatry, 54,* 501–502. doi: 10.1111/jcpp.12078

Strub, R. L., & Black, F. W. (1977). *The mental status examination in neurology.* Philadelphia: Davis.

Strupp, H. H. (1964). The outcome problem in psychotherapy: A rejoinder. *Psychotherapy, 50*(1), 15.

Strupp, H. H. (1996). The tripartite model and the Consumer Reports study. *American Psychologist, 51,* 1017–1024.

Strupp, H. H., & Hadley, S. W. (1977). A tripartite model of mental health and therapeutic outcomes: With special reference to negative effects in psychotherapy. *American Psychologist, 32,* 187–196.

Strupp, H. H., Hadley, S. W., & Gomes-Schwartz, B. (1977). *Psychotherapy for better or worse: The problem of negative effects.* New York: Aronson.

Sturmey, P. (Ed.). (2007). *Functional analysis in clinical treatment.* Burlington, MA: Elsevier.

Sturmey, P., Ward-Horner, J., Marroquin, M., & Doran, E. (2007). Operant and respondent behavior. In P. Sturmey (Ed.), *Functional analysis in clinical treatment* (pp. 23–50). Burlington, MA: Elsevier.

Stuve, P., & Salinas, J. A. (2002). Token economy. In M. Hersen & W. Sledge (Eds.), *Encyclopedia of psychotherapy* (Vol. 2, pp. 821–827). San Diego, CA: Academic Press.

Sue, D. W. (2010). Microaggressions in everyday life: Race, gender, and sexual orientation. Hoboken, NJ: Wiley.

Sue, D. W., Capodilupo, C. M., & Holder, A. M. B. (2008). Racial microaggressions in the life experience of black Americans. *Professional Psychology: Research and Practice, 39,* 329–336.

Sue, D., Capodilupo, C. M., Torino, G. C., Bucceri, J. M., Holder, A. M. B., Nadal, K. L., & Esquilin, M. (2007). Racial microaggressions in everyday life: Implications for clinical practice. *American Psychologist, 62,* 271–286.

Sue, D. W., Ivey, A. E., & Pedersen, P. B. (1996). *A theory of multicultural counseling and therapy.* Pacific Grove, CA: Brooks/Cole.

Sue, D. W., & Sue, D. (2003). *Counseling the culturally diverse* (4th ed.). New York: Wiley.

Sue, D. W., & Sue, D. (2008). *Counseling the culturally diverse* (5th ed.). New York: Wiley.

Sue, S., Cheng, J. K. Y., & Sue, L. (2011). Problems in generalizing research to other cultures. In J. C. Thomas & M. Hersen (Eds.), *Understanding research in clinical and counseling psychology* (2nd ed., pp. 355–376). New York: Taylor & Francis.

Sue, S., & Consolacion, T. B. (2003). Clinical psychology issues among Asian/Pacific Islander Americans. In J. S. Mio & G. Y. Iwamasa (Eds.), *Culturally diverse mental health: The challenges of research and resistance* (pp. 173–189). New York: Brunner-Routledge.

Sue, S., & Zane, N. (2006). Ethnic minority populations have been neglected by evidence-based practices. In J. C. Norcross, L. E. Beutler, & R. F. Levant (Eds.), *Evidence-based practices in mental health: Debate and dialogue on the fundamental questions* (pp. 329–337). Washington, DC: American Psychological Association.

Sutton, C. T., & Broken Nose, M. A. (2005). American Indian families: An overview. In M. McGoldrick, J. Giordano, & N. Garcia-Preto (Eds.), *Ethnicity and family therapy* (3rd ed., pp. 43–54). New York: Guilford Press.

Swain, J., Hancock, K., Hainsworth, C., & Bowman, J. (2013). Acceptance and commitment therapy in the treatment of anxiety: A systematic review. *Clinical Psychology Review, 33*(8), 965–978.

Swan, L. K., & Heesacker, M. (2013). Evidence of a pronounced preference for therapy guided by common factors. *Journal of Clinical Psychology, 69*(9), 869–879.

Swartz, H. A., & Markowitz, J. C. (2009). Techniques of individual interpersonal psychotherapy. In G. O. Gabbard (Ed.), *Textbook of psychotherapeutic treatments* (pp. 309–338). Washington, DC: American Psychiatric Publishing.

Swift, J. K., & Callahan, J. L. (2009). The impact of client treatment preferences on outcome: A meta-analysis. *Journal of Clinical Psychology, 65*, 368–381.

Swift, J. K., & Callahan, J. L. (2010). A comparison of client preferences for intervention empirical support versus common therapy variables. *Journal of Clinical Psychology, 66*(12), 1217–1231.

Swift, J. K., Callahan, J. L., & Vollmer, B. M. (2011). Preferences. *Journal of Clinical Psychology, 67*, 155–165.

Symons, D. K. (2010). A review of the practice and science of child custody and access assessment in the United States and Canada. *Professional Psychology: Research and Practice, 41*, 267–273.

Szasz, T. S. (1961). *The myth of mental illness*. New York: Delta.

Szasz, T. S. (1963). *Law, liberty, and psychiatry: An inquiry into the social uses of mental health practices*. New York: Macmillan.

Szasz, T. S. (1970). *The manufacture of madness*. New York: Harper & Row.

Tackett, J. L., Herzhoff, K., Reardon, K. W., Smack, A. J., & Kushner, S. C. (2013). The relevance of informant discrepancies for the assessment of adolescent personality pathology. *Clinical Psychology: Science and Practice, 20*(4), 378–392.

Takano, K., Sakamoto, S., & Tanno, Y. (2014). Repetitive thought impairs sleep quality: An experience sampling study. *Behavior Therapy, 45*(1), 67–82.

Tamura, L. J. (2012). Emotional competence and well-being. In S. J. Knapp (Ed.), *APA handbook of ethics in psychology, Vol. 1: Moral foundations and common themes* (pp. 175–216). Washington, DC: American Psychological Association.

Tao, K. W. (2014). Too close and too far: Counseling emerging adults in a technological age. *Psychotherapy, 51*(1), 123–127.

Tarasoff v. The Regents of the University of California, 529 P.2d 533 (Cal. 1974).

Tarescavage, A. M., & Ben-Porath, Y. S. (2015). Minnesota Multiphasic Personality Inventory (MMPI) instruments. In R. L. Cautin & S. O. Lilienfeld (Eds.), *The encyclopedia of clinical psychology* (pp. 1846–1862). West Sussex, UK: Wiley Blackwell.

Task Force on Promotion and Dissemination of Psychological Procedures. (1995). Training in and dissemination of empirically validated psychological treatments: Report and recommendations. *Clinical Psychologist, 48*, 3–23.

Taylor, K. (2010). Use and evaluation of a CD-rom-based decision aid for prostate cancer treatment decisions. *Behavioral Medicine, 36*, 130–140.

Taylor, S. (2002). Exposure. In M. Hersen & W. Sledge (Eds.), *Encyclopedia of psychotherapy* (Vol. 1, pp. 755–759). San Diego, CA: Academic Press.

Teachman, B. A., Drabick, D. A., Hershenberg, R., Vivian, D., Wolfe, B. E., & Goldfried, M. R. (2012). Bridging the gap between clinical research and clinical practice: Introduction to the special section. *Psychotherapy, 49*(2), 97–100.

Teglasi, H. (2010). *Essentials of TAT and other storytelling assessments* (2nd ed.). Hoboken, NJ: Wiley.

Terman, D. M. (2012). Self psychology. In G. O. Gabbard, B. E. Litowitz, & P. Williams (Eds.), *Textbook of psychoanalysis* (2nd ed., pp. 199–210). Washington, DC: American Psychiatric Publishing.

Terrell, F., Taylor, J., Menzise, J., & Barett, R. K. (2009). Cultural mistrust: A core component of African American consciousness. In H. A. Neville, B. M. Tynes, & S. O. Utsey (Eds.), *Handbook of African American psychology* (pp. 299–309). Thousand Oaks, CA: Sage.

Therrien, Z., & Hunsley, J. (2015). Evidence-based assessment. In R. L. Cautin & S. O. Lilienfeld (Eds.), *The encyclopedia of clinical psychology* (pp. 1143–1147). West Sussex, UK: Wiley Blackwell.

Thoma, N. C., & Cecero, J. J. (2009). Is integrative use of techniques in psychotherapy the exception or the rule? Results of a national survey of doctoral-level practitioners. *Psychotherapy: Theory, Research, Practice, Training, 46*, 405–417.

Thomas, J. C., & Michael, P. G. (2011). Meta-analysis. In J. C. Thomas & M. Hersen (Eds.), *Understanding research in clinical and counseling psychology* (2nd ed., pp. 229–242). New York: Taylor & Francis.

Thompson, J. M. (2015). Systems theory. In R. L. Cautin & S. O. Lilienfeld (Eds.), *The encyclopedia of clinical psychology* (pp. 2775–2780). West Sussex, UK: Wiley

Blackwell.

Thorndike, E. L. (1931). *Human learning*. New York: Century.

Tillitski, L. (1990). A meta-analysis of estimated effect sizes for group versus individual versus control treatments. *International Journal of Group Psychotherapy, 40,* 215–224.

Titov, N., Dear, B. F., Ali, S., Zou, J. B., Lorian, C. N., Johnston, L., . . . Fogliati, V. J. (2015). Clinical and cost-effectiveness of therapist-guided Internet-delivered cognitive behavior therapy for older adults with symptoms of depression: A randomized controlled trial. *Behavior Therapy*, *46*(2), 193–205.

Tjeltveit, A. C., & Gottlieb, M. C. (2010). Avoiding the road to ethical disaster: Overcoming vulnerabilities and developing resilience. *Psychotherapy: Theory, Research, Practice, Training, 47,* 98–110.

Tolin, D. F., McKay, D., Forman, E. M., Klonsky, E. D., & Thombs, B. D. (2015). Empirically supported treatment: Recommendations for a new model. *Clinical Psychology: Science and Practice, 22*(4), 317–338.

Tompkins, K. A., Swift, J. K., & Callahan, J. L. (2013). Working with clients by incorporating their preferences. *Psychotherapy, 50*(3), 279–283.

Toporek, R. L. (2012). So what should I actually do? Developing skills for greater multicultural competence. In M. E. Gallardo, C. J. Yeh, J. E. Trimble, & T. A. Parham (Eds.), *Culturally adaptive counseling skills: Demonstrations of evidence-based practices* (pp. 267–285). Thousand Oaks, CA: Sage.

Torrey, E. F. (1986). *Witchdoctors and psychiatrists: The common roots of psychotherapy and its future*. New York: Perennial Library.

Toukmanian, S. G., & Brouwers, M. C. (1998). Cultural aspects of self-disclosure and psychotherapy. In S. S. Kazarian & D. R. Evans (Eds.), *Cultural clinical psychology* (pp. 106–124). New York: Oxford University Press.

Treat, T. A. & Bootzin, R. R. (2015). McFall, Richard M. In R. L. Cautin & S. O. Lilienfeld (Eds.), The Encyclopedia of Clinical Psychology, pp. 1722–1725. West Sussex, UK: Wiley Blackwell.

Treppa, J. A. (1998). A practitioner's guide to ethical decision-making. In R. M. Anderson, Jr., T. L. Needles, & H. V. Hall (Eds.), *Avoiding ethical misconduct in psychology specialty areas* (pp. 26–41). Springfield, IL: Charles C Thomas.

Tribbensee, N. E., & Claiborn, C. D. (2003). Confidentiality in psychotherapy and related contexts. In W. O'Donohue & K. Ferguson (Eds.), *Handbook of professional ethics for psychologists: Issues, questions, and controversies* (pp. 287–300). Thousand Oaks, CA: Sage.

Truax, P. (2002). Behavioral case conceptualization for adults. In M. Hersen (Ed.), *Clinical behavior therapy: Adults and children* (pp. 3–36). New York: Wiley.

Truax, P., & Thomas, J. C. (2003). Effectiveness versus efficacy studies: Issues, designs, and methodologies. In J. C. Thomas & M. Hersen (Eds.), *Understanding research in clinical and counseling psychology* (pp. 342–378). Mahwah, NJ: Lawrence Erlbaum.

Trull, T. J., & Durrett, C. A. (2005). Categorical and dimensional models of personality disorder. *Annual Review of Clinical Psychology, 1,* 355–380.

Trull, T. J., & Ebner-Priemer, U. (2014). The role of ambulatory assessment in psychological science. *Current Directions in Psychological Science*, *23*(6), 466–470.

Truscott, D. (2010). *Becoming an effective psychotherapist: Adopting a theory of psychotherapy that's right for you and your client*. Washington, DC: American Psychological Association.

Tryon, W. W. (2008). History and theoretical foundations. In M. Hersen & A. M. Gross (Eds.), *Handbook of clinical psychology* (Vol. 1, pp. 3–37). Hoboken, NJ: Wiley.

Tseng, W., ⊠⊠s, D., & Elwyn, T. S. (Eds.). (2004). *Cultural competence in forensic mental health: A guide for psychiatrists, psychologists, and attorneys*. New York: Brunner-Routledge.

Tsuang, M. T., Van Os, J., Tandon, R., Barch, D. M., Bustillo, J., Gaebel, W., . . . Schultz, S. (2013). Attenuated psychosis syndrome in DSM-5. *Schizophrenia Research*, *150*(1), 31–35.

Tsytsarev, S. V., & Landes, A. (2008). Competency to stand trial: A multicultural perspective. In L. A. Suzuki & J. G. Ponterotto (Eds.), *Handbook of multicultural assessment: Clinical, psychological, and educational applications* (3rd ed., pp. 651–665). Hoboken, NJ: Wiley.

Tubbs, P., & Pomerantz, A. M. (2001). Ethical behaviors of psychologists: Changes since 1987. *Journal of Clinical Psychology, 57,* 395–399.

Tuber, S., & Meehan, K. B. (2015). Projective measures of personality/pathology. In R. L. Cautin & S. O. Lilienfeld (Eds.), *The encyclopedia of clinical psychology* (pp. 2257–2265). West Sussex, UK: Wiley Blackwell.

Tuckman, B. (1965). Developmental stages in small groups. *Psychological Bulletin, 63,* 384–399.

Tudor, K. (Ed.). (2008). *Brief person-centered therapies*. Thousand Oaks, CA: Sage.

Tudor, K., & Worrall, M. (2006). *Person-centered therapy: A clinical philosophy*. New York: Routledge.

Turner, W. A., & Casey, L. M. (2014). Outcomes associated with virtual reality in psychological interventions: Where are we now? *Clinical Psychology Review, 34*(8), 634–644.

Turvey, B. E. (2015). Criminal profiling. In R. L. Cautin & S. O. Lilienfeld (Eds.), *The encyclopedia of clinical psychology* (pp. 782–788). West Sussex, UK: Wiley Blackwell.

Ulberg, R., Amlo, S., Critchfield, K. L., Marble, A., & Høglend, P. (2014). Transference interventions and the process between therapist and patient. *Psychotherapy, 51*(2), 258–269.

U.S. Census Bureau. (2001). *Population profile of the United States*. Washington, DC: Government Printing Office.

U.S. Census Bureau. (2006a). *State and county QuickFacts: Detroit (city), Michigan*. Retrieved from http://quickfacts.census.gov/qfd/

states/26/2622000.html

U.S. Census Bureau. (2006b). *State and county QuickFacts: District of Columbia.* Retrieved from http://quickfacts.census.gov/qfd/states/11000.html

U.S. Census Bureau. (2006c). *State and county QuickFacts: Miami (city), Florida.* Retrieved from http://quickfacts.census.gov/qfd/states/12/1245000.html

U.S. Census Bureau. (2006d). *State and county QuickFacts: San Francisco (city), California.* Retrieved from http://quickfacts.census.gov/qfd/states/06/0667000.html

U.S. Census Bureau. (2008). *Percent of the projected population by race and Hispanic origin for the United States: 2010 to 2050* (NP2008-T6). Retrieved from http://www.census.gov/ipc/www/usinterimproj/

Valenstein, E. S. (1986). *Great and desperate cures: The rise and decline of psychosurgery and other radical treatments for mental illness.* New York: Basic Books.

van der Stouwe, T., Asscher, J. J., Stams, G. J. J., Deković, M., & van der Laan, P. H. (2014). The effectiveness of Multisystemic Therapy (MST): A meta-analysis. *Clinical Psychology Review, 34*(6), 468–481.

van Vreeswijk, M., Broersen, J., & Nadort, M. (2012). *The Wiley-Blackwell handbook of schema therapy: Theory, research, and practice.* West Sussex, UK: Wiley Blackwell.

VandenBos, G. R. (2007). *APA dictionary of psychology.* Washington, DC: American Psychological Association.

Vandervoort, D., & Fuhriman, A. (1991). The efficacy of group therapy for depression. *Small Group Research, 22,* 320–338.

Vargas, J. S. (2015). Skinner, B. F. In R. L. Cautin & S. O. Lilienfeld (Eds.), *The encyclopedia of clinical psychology* (pp. 2650–2652). West Sussex, UK: Wiley Blackwell.

Vasquez, M. (2015). Ethics code, APA. (2015). In R. L. Cautin & S. O. Lilienfeld (Eds.), *The encyclopedia of clinical psychology* (pp. 1124–1126). West Sussex, UK: Wiley Blackwell.

Vasquez, M. J. T. (2010). Ethics in multicultural counseling practice. In J. G. Ponterotto, J. M. Casas, L. A. Suzuki, & C. M. Alexander (Eds.), *Handbook of multicultural counseling* (3rd ed., pp. 127–145). Thousand Oaks, CA: Sage.

Vaughn, T. J. (2006). Overview of licensure requirements to meet "high standard" in the United States and Canada. In T. J. Vaughn (Ed.), *Psychology licensure and certification* (pp. 7–15). Washington, DC: American Psychological Association.

Velasquez, R. J., Garrido, M., Castellanos, J., & Burton, M. P. (2004). Culturally competent assessment of Chicana/os with the Minnesota Multiphasic Personality Inventory-2. In R. J. Velasquez, L. M. Arellano, & B. W. McNeill (Eds.), *The handbook of Chicana/o psychology and mental health* (pp. 153–174). Mahwah, NJ: Erlbaum.

Velasquez, R. J., Johnson, R., & Brown-Cheatham, M. (1993). Teaching counselors to use the *DSM-III-R* with ethnic minority clients: A paradigm. *Counselor Education and Supervision, 32,* 323–331.

Vessey, J. T., & Howard, K. I. (1993). Who seeks psychotherapy? *Psychotherapy: Theory, Research, Practice, Training, 30,* 546–553.

Viamontes, G. I., & Beitman, B. D. (2009). Brain processes informing psychotherapy. In G. O. Gabbard (Ed.), *Textbook of psychotherapeutic treatments* (pp. 781–808). Washington, DC: American Psychiatric Publishing.

Villa, M., & Reitman, D. (2007). Overview of interviewing strategies with children, parents, and teachers. In M. Hersen & J. C. Thomas (Eds.), *Handbook of clinical interviewing with children* (pp. 2–15). Thousand Oaks, CA: Sage.

Villamar, A. J., Donohue, B. C., & Allen, D. N. (2008). Applied behavior analysis. In M. Hersen & A. M. Gross (Eds.), *Handbook of clinical psychology* (Vol. 1, pp. 161–170). Hoboken, NJ: Wiley.

Vos, J., Craig, M., & Cooper, M. (2015). Existential therapies: A meta-analysis of their effects on psychological outcomes. *Journal of Consulting and Clinical Psychology, 83*(1), 115–128.

Vowels, K., Zvolensky, M., Gross, R., & Sperry, J. (2004). Pain-related anxiety in the prediction of chronic low-back pain distress. *Journal of Behavioral Medicine, 27,* 77–89.

Vrieze, S. I., & Grove, W. M. (2009). Survey on the use of clinical and mechanical prediction methods in clinical psychology. *Professional Psychology: Research and Practice, 40,* 525–531.

Wachtel, P. L. (1977). *Psychoanalysis and behavior therapy: Toward an integration.* New York: Basic Books.

Wagner, D. V., Borduin, C. M., Sawyer, A. M., & Dopp, A. R. (2014). Long-term prevention of criminality in siblings of serious and violent juvenile offenders: A 25-year follow-up to a randomized clinical trial of multisystemic therapy. *Journal of Consulting and Clinical Psychology, 82*(3), 492–499.

Wakefield, J. C. (1992). The concept of mental disorder: On the boundary between biological facts and social values. *American Psychologist, 47,* 373–388.

Wakefield, J. C. (1999). Evolutionary versus prototype analyses of the concept of disorder. *Journal of Abnormal Psychology, 108,* 374–399.

Wakefield, J. C. (2010). Taking disorder seriously: A critique of psychiatric criteria for mental disorders from the harmful-dysfunction perspective. In T. Millon, R. F. Krueger, & E. Simonsen (Eds.), *Contemporary directions in psychopathology: Scientific foundations of the DSM-V and ICD-11* (pp. 275–300). New York: Guilford Press.

Wakefield, J. C. (2013a). DSM-5: An overview of changes and controversies. *Clinical Social Work Journal,* 1–16.

Wakefield, J. C. (2013b). DSM-5 grief scorecard: Assessment and outcomes of proposals to pathologize grief. *World Psychiatry, 12*(2), 171–173.

Wakefield, J. C. (2013c). The DSM-5 debate over the bereavement exclusion: Psychiatric diagnosis and the future of empirically supported treatment. *Clinical Psychology Review, 33*(7), 825–845.

Wakefield, J. C. (2016). Diagnostic issues and controversies in DSM-5: Return of the false positives problem. *Annual Review of*

Clinical Psychology, 12, 105–132.

Wampold, B. E. (2009). Series editor's foreword. In G. W. Rosenfeld (Ed.), *Beyond evidence-based psychotherapy: Fostering the eight sources of change in child and adolescent treatment* (p. ix). New York: Routledge.

Wampold, B. E. (2010a). *The basics of psychotherapy: An introduction to theory and practice.* Washington, DC: American Psychological Association.

Wampold, B. E. (2010b). The research evidence for the common factors model: A historically situated perspective. In B. L. Duncan, S. D. Miller, B. E. Wampold, & M. A. Hubble (Eds.), *The heart and soul of change: Delivering what works in therapy* (2nd ed., pp. 49–81). Washington, DC: American Psychological Association.

Wampold, B. E. (2013). The good, the bad, and the ugly: A 50-year perspective on the outcome problem. *Psychotherapy, 50*(1), 16–24.

Wampold, B. E., & Imel, Z. E. (2015). *The great psychotherapy debate: Models, methods, and findings.* New York: Routledge

Wampold, B. E., Imel, Z. E., Bhati, K. S., & Johnson-Jennings, M. D. (2007). Insight as a common factor. In L. G. Castonguay & C. E. Hill (Eds.), *Insight in psychotherapy* (pp. 119–139). Washington, DC: American Psychological Association.

Wampold, B. E., Mondin, G. W., Moody, M., Stich, I., Benson, K., & Ahn, H. (1997). A meta-analysis of outcome studies comparing bona fide psychotherapies: Empirically "all must have prizes." *Psychological Bulletin, 122,* 203–215.

Ward, C. C., & Reuter, T. (2011). *Strength-centered counseling: Integrating postmodern approaches and skills with practice.* Thousand Oaks, CA: Sage.

Waschbusch, D. A., & King, S. (2006). Should sex-specific norms be used to assess attention-deficit/hyperactivity disorder or oppositional defiant disorder? *Journal of Consulting and Clinical Psychology, 74,* 179–185.

Wasserman, J. D., & Kaufman, A. S. (2015). Wechsler, David. In R. L. Cautin & S. O. Lilienfeld (Eds.), *The encyclopedia of clinical psychology* (pp. 2942–2944). West Sussex, UK: Wiley Blackwell.

Wasserman, J. D., & Tulsky, D. S. (2005). A history of intelligence assessment. In D. P. Flanagan & P. L. Harrison (Eds.), *Contemporary intellectual assessment: Theories, tests, and issues* (2nd ed., pp. 3–22). New York: Guilford Press.

Waters, E. A., Weinstein, N. D., Colditz, G. A., & Emmons, K. (2009). Explanations for side effect aversion in preventive medical treatment decisions. *Health Psychology, 28,* 201–209.

Watkins, C. E., Campbell, V. L., Nieberding, R., & Hallmark, R. (1995). Contemporary practice of psychological assessment by clinical psychologists. *Professional Psychology: Research and Practice, 26,* 54–60.

Watson, D., Stasik, S. M., Ro, E., & Clark, L. A. (2013). Integrating normal and pathological personality relating the DSM-5 trait-dimensional model to general traits of personality. *Assessment, 20*(3), 312–326.

Watson, J. B. (1924). *Behaviorism.* Chicago: People's Institute.

Watson, J. B., & Rayner, R. (1920). Conditioned emotional reactions. *Journal of Experimental Psychology, 3,* 1–14.

Watson, J. C., & Bohart, A. (2015). Humanistic/existential/phenomenological psychotherapy. In R. L. Cautin & S. O. Lilienfeld (Eds.), *The encyclopedia of clinical psychology* (pp. 1416–1425). West Sussex, UK: Wiley Blackwell.

Watson, N., Bryan, B. C., & Thrash, T. M. (2014). Change in self-discrepancy, anxiety, and depression in individual therapy. *Psychotherapy, 51*(4), 525–534.

Webb, C. A., DeRubeis, R. J., Amsterdam, J. D., Shelton, R. C., Hollon, S. D., & Dimidjian, S. (2011). Two aspects of the therapeutic alliance: Differential relations with depressive symptom change. *Journal of Consulting and Clinical Psychology, 79,* 279–283.

Webb, C. A., & Keeley, J. W. (2015). Clinical decision making. In R. L. Cautin & S. O. Lilienfeld (Eds.), *The encyclopedia of clinical psychology* (pp. 551–558). West Sussex, UK: Wiley Blackwell.

Wechsler, D. (1939). *The measurement of adult intelligence.* Baltimore: Williams & Wilkins.

Wechsler, D. (1949). *WISC manual.* New York: Psychological Corporation.

Wechsler, D. (1967). *Manual for the Wechsler Preschool and Preliminary Scale of Intelligence.* New York: Psychological Corporation.

Wechsler, D. (2008). *Wechsler Adult Intelligence Scale* (4th ed.). San Antonio, TX: NCS Pearson.

Wechsler, D. (2009a). *Wechsler Memory Scale—Fourth Edition administration and scoring manual.* San Antonio, TX: Pearson.

Wechsler, D. (2009b). *Wechsler Memory Scale—Fourth Edition technical and interpretive manual.* San Antonio, TX: Pearson.

Weiner, I. B. (2004). Rorschach Inkblot Method. In M. W. Maruish (Ed.), *The use of psychological testing for treatment planning and outcomes assessment* (3rd ed., Vol. 3, pp. 553–587). Mahwah, NJ: Erlbaum.

Weinstock, L. M. (2015). Interpersonal and social rhythm therapy. In R. L. Cautin & S. O. Lilienfeld (Eds.), *The encyclopedia of clinical psychology* (pp. 1529–1532). West Sussex, UK: Wiley Blackwell.

Weis, R. (2015). Incomplete sentences blank. In R. L. Cautin & S. O. Lilienfeld (Eds.), *The encyclopedia of clinical psychology* (pp. 1453–1458). West Sussex, UK: Wiley Blackwell.

Weiss, L. G., Saklofske, D. H., Coalson, D. L., & Raiford, S. E. (2010). Theoretical, empirical, and clinical foundations of the WAIS-IV index scores. In L. G. Weiss, D. H. Saklofske, D. Coalson, & S. E. Raiford (Eds.), *WAIS-IV clinical use and interpretation: Scientist-practitioner perspectives* (pp. 61–94). London: Elsevier.

Weiss, S. (2005). Haptic perception and the psychosocial functioning of preterm, low birth weight infants. *Infant Behavior and Development, 28,* 329–359.

Weissman, M. M. (1995). *Mastering depression: A patient's guide to interpersonal psychotherapy.* Albany, NY:

Graywind.

Weissmark, M. S., & Giacomo, D. A. (1998). *Doing psychotherapy effectively*. Chicago: University of Chicago Press.

Weisz, J. R., Krumholz, L. S., Santucci, L., Thomassin, K., & Ng, M. Y. (2015). Shrinking the gap between research and practice: Tailoring and testing youth psychotherapies in clinical care contexts. *Annual Review of Clinical Psychology, 11,* 139–163.

Weisz, J. R., Ng, M. Y., & Bearman, S. K. (2014). Odd couple? Reenvisioning the relation between science and practice in the dissemination-implementation era. *Clinical Psychological Science, 2*(1), 58–74.

Weisz, J. R., Weiss, B., Han, S. S., Granger, D. A., & Morton, T. (1995). Effects of psychotherapy with children and adolescents revisited: A meta-analysis of treatment outcome studies. *Psychological Bulletin, 117,* 450–468.

Welfel, E. R., Werth, J. L., Jr., & Benjamin, G. A. H. (2012). Treating clients who threaten others or themselves. In S. J. Knapp (Ed.), *APA handbook of ethics in psychology, Vol. 1: Moral foundations and common themes* (pp. 377–400). Washington, DC: American Psychological Association.

Wells, A. (2009). *Metacognitive therapy for anxiety and depression*. New York: Guilford Press.

Wells, A., & King, P. (2006). Metacognitive therapy for generalized anxiety disorder: An open trial. *Journal of Behavior Therapy and Experimental Psychiatry, 37*, 206–212.

Wells, A., Welford, M., Fraser, J., King, P., Mendel, E., Wisely, J., . . . Rees, D. (2008). Chronic PTSD treated with metacognitive therapy: An open trial. *Cognitive and Behavioral Practice, 15,* 85–92.

Werner, R. M., Duggan, M., Duey, K., Zhu, J., & Stuart, E. A. (2013). The patient-centered medical home: An evaluation of a single private payer demonstration in New Jersey. *Medical Care, 51*(6), 487–493.

Werth, J. L., Hastings, S. L., & Riding-Malon, R. (2010). Ethical challenges of practicing in rural areas. *Journal of Clinical Psychology, 66,* 537–548.

Wertheimer, M. (2000). *A brief history of psychology* (4th ed.). Fort Worth, TX: Harcourt Brace.

Westen, D., Novotny, C. M., & Thompson-Brenner, H. (2004). The empirical status of empirically supported psychotherapies: Assumptions, findings, and reporting in controlled clinical trials. *Psychological Bulletin, 130*(4), 631.

Westkott, M. (1986). *The feminist legacy of Karen Horney.* New Haven, CT: Yale University Press.

Westra, H. A., & Aviram, A. (2013). Core skills in motivational interviewing. *Psychotherapy, 50*(3), 273–278.

Wheelis, J. (2009). Theory and practice of dialectical behavioral therapy. In G. O. Gabbard (Ed.), *Textbook of psychotherapeutic treatments* (pp. 727–756). Washington, DC: American Psychiatric Publishing.

Whitaker, R., & Cosgrove, L. (2015). *Psychiatry under the influence.* New York: Palgrave Macmillan.

White, J. H., Lester, D., Gentile, M., & Rosenbleeth, J. (2011). The utilization of forensic science and criminal profiling for capturing serial killers. *Forensic Science International, 209,* 160–165.

White, M., & Epston, D. (1990). *Narrative means to therapeutic ends.* New York: W. W. Norton.

Whooley, O., & Horwitz, A. V. (2013). The paradox of professional success: Grand ambition, furious resistance, and the derailment of the DSM-5 revision process. In J. Paris & J. Phillips (Eds.), *Making the DSM-5: Concepts and controversies* (pp. 75–92). New York: Springer.

Wiarda, N. R., McMinn, M. R., Peterson, M. A., & Gregor, J. A. (2014). Use of technology for note taking and therapeutic alliance. *Psychotherapy, 51*(3), 443–446.

Widiger, T. A., & Crego, C. (2015). DSM-IV. In R. L. Cautin & S. O. Lilienfeld (Eds.), *The encyclopedia of clinical psychology* (pp. 961–965). West Sussex, UK: Wiley Blackwell.

Widiger, T. A., & Glover, N. (2015). DSM workgroup structure and process. In R. L. Cautin & S. O. Lilienfeld (Eds.), *The encyclopedia of clinical psychology* (pp. 970–978). West Sussex, UK: Wiley Blackwell.

Widiger, T. A., & Gore, W. L. (2015). Dimensional versus categorical models of psychopathology. In R. L. Cautin & S. O. Lilienfeld (Eds.), *The encyclopedia of clinical psychology* (pp. 894–906). West Sussex, UK: Wiley Blackwell.

Widiger, T. A., & Mullins-Sweatt, S. N. (2008). Classification. In M. Hersen & A. M. Gross (Eds.), *Handbook of clinical psychology* (Vol. 1, pp. 341–370). Hoboken, NJ: Wiley.

Widiger, T. A., & Mullins-Sweatt, S. N. (2009). Five-factor model of personality disorder: A proposal for *DSM-V. Annual Review of Clinical Psychology, 5,* 197–220.

Widiger, T. A., & Trull, T. J. (2007). Plate tectonics in the classification of personality disorder: Shifting to a dimensional model. *American Psychologist, 62,* 71–83.

Wiebe, J. S., & Penley, J. A. (2005). A psychometric comparison of the Beck Depression Inventory-II in English and Spanish. *Psychological Assessment, 17,* 481–485.

Wiger, D. E., & Mooney, N. B. (2015). Mental status exam. In R. L. Cautin & S. O. Lilienfeld (Eds.), *The encyclopedia of clinical psychology* (pp. 1794–1798). West Sussex, UK: Wiley Blackwell.

Wilcoxon, S. A., Remley, T. P., Jr., Gladding, S. T., & Huber, C. H. (2007). *Ethical, legal, and professional issues in the practice of marriage and family therapy* (4th ed.). Upper Saddle River, NJ: Pearson.

Williams, B. E., Pomerantz, A. M., Pettibone, J. C., & Segrist, D. J. (2010). How impaired is too impaired? Ratings of psychologist impairment by psychologists in independent practice. *Ethics & Behavior, 20*, 149–160.

Williams, C. L., & Lally, S. J. (2016). MMPI-2, MMPI-2-RF, and MMPI-A administrations (2007–2014): Any evidence of a "new standard?" *Professional Psychology: Research and Practice.* Advance online publication. doi: 10.1037/

pro0000088

Williams, P. (2012). Object relations. In G. O. Gabbard, B. E. Litowitz, & P. Williams (Eds.), *Textbook of psychoanalysis* (2nd ed., pp. 171–184). Washington, DC: American Psychiatric Publishing.

Willis, J. O., Dumont, R., & Kaufman, A. S. (2015a). Intelligence testing. In R. L. Cautin & S. O. Lilienfeld (Eds.), *The encyclopedia of clinical psychology* (pp. 1491–1502). West Sussex, UK: Wiley Blackwell.

Willis, J. O., Dumont, R., & Kaufman, A. S. (2015b). Wechsler intelligence scales (WAIS, WISC, WPPSI). In R. L. Cautin & S. O. Lilienfeld (Eds.), *The encyclopedia of clinical psychology* (pp. 2944–2952). West Sussex, UK: Wiley Blackwell.

Wilson, G. T., Wilfley, D. E., Agras, W. S., & Bryson, S. W. (2011). Allegiance bias and therapist effects: Results of a randomized controlled trial of binge eating disorder. *Clinical Psychology: Science and Practice, 18*, 119–125.

Wilson, M. (1993). *DSM-III* and the transformation of American psychiatry: A history. *American Journal of Psychiatry, 150,* 399–410.

Wisco, B. E., Baker, A. S., & Sloan, D. M. (2016). Mechanisms of change in written exposure treatment of posttraumatic stress disorder. *Behavior Therapy, 47*(1), 66–74.

Wisco, B. E., Sloan, D. M., & Marx, B. P. (2013). Cognitive emotion regulation and written exposure therapy for posttraumatic stress disorder. *Clinical Psychological Science, 1*(4), 435–442.

Witmer, L. (1897). The organization of practical work in psychology. *Psychological Review, 4*, 116–117.

Witmer, L. (1907). Clinical psychology. *Psychological Clinic, 1,* 1–9.

Wittenberg, R. (1997). *Opportunities in social work careers.* Lincolnwood, IL: VGM Career Horizons.

Wodrich, D. L. (1997). *Children's psychological testing: A guide for nonpsychologists* (3rd ed.). Baltimore: Paul H. Brookes.

Wolf, A. W. (2011). Internet and video technology in psychotherapy supervision and training. *Psychotherapy, 48*, 179–181.

Wolitzky-Taylor, K. B., Horowitz, J. D., Powers, M. B., & Telch, M. J. (2008). Psychological approaches in the treatment of specific phobias: A meta-analysis. *Clinical Psychology Review, 28*(6), 1021–1037.

Wolpe, J. (1958). *Psychotherapy by reciprocal inhibition.* Stanford, CA: Stanford University Press.

Wolpe, J. (1969). *The practice of behavior therapy*. New York: Pergamon Press.

Woo, S. M., & Keatinge, C. (2008). *Diagnosis and treatment of mental disorders across the lifespan*. Hoboken, NJ: Wiley.

Wood, J. (1994). *Gendered lives: Communication, gender, and culture.* Belmont, CA: Wadsworth.

Wood, J. (1999). Gender, communication, and culture. In L. A. Somovar & R. E. Porter (Eds.), *Intercultural communication: A reader* (8th ed., pp. 164–174). Belmont, CA: Wadsworth.

Wood, J. M., Garb, H. N., Lilienfeld, S. O., & Nezworski, M. T. (2002). Clinical assessment. *Annual Review of Psychology, 53,* 519–543.

Wood, J. M., Garb, H. N., & Nezworski, M. T. (2007). Psychometrics: Better measurement makes better clinicians. In S. O. Lilienfeld & W. T. O'Donohue (Eds.), *The great ideas of clinical science: 17 principles that every mental health professional should understand* (pp. 77–92). New York: Routledge.

Wood, J. M., Garb, H. N., Nezworski, M. T., Lilienfeld, S. O., & Duke, M. C. (2015). A second look at the validity of widely used Rorschach indices: Comment on Mihura, Meyer, Dumitrascu, and Bombel (2013). *Psychological Bulletin, 141*, 236–249.

Wood, J. M., Lilienfeld, S. O., Nezworski, M. T., Garb, H. N., Allen, K. H., & Wildermuth, J. L. (2010). Validity of Rorschach Inkblot scores for discriminating psychopaths from nonpsychopaths in forensic populations: A meta-analysis. *Psychological Assessment, 22*, 336–349.

Wood, J. M., Nezworski, M. T., Lilienfeld, S. O., & Garb, H. N. (2003). *What's wrong with the Rorschach?* San Francisco: Jossey-Bass.

Woody, S. R., & Sanderson, W. C. (1998). Manuals for empirically supported treatments: 1998 update. *Clinical Psychologist, 51*(1), 17–21.

Wootton, B. M. (2016). Remote cognitive-behavior therapy for obsessive-compulsive symptoms: A meta-analysis. *Clinical Psychology Review, 43*, 103–113.

Wright, B. A., & Lopez, S. J. (2002). Widening the diagnostic focus: A case for including human strengths and environmental resources. In C. R. Snyder & S. J. Lopez (Eds.), *The handbook of positive psychology* (pp. 71–87). New York: Oxford University Press.

Yalom, I. D. (1980). *Existential therapy.* New York: Basic Books.

Yalom, I. D. (1983). *Inpatient group psychotherapy*. New York: Basic Books.

Yalom, I. D. (2005). *The theory and practice of group psychotherapy* (5th ed.). New York: Basic Books.

Yates, A. J. (1970). *Behavior therapy*. New York: Wiley.

Yeager, D. S., Johnson, R., Spitzer, B. J., Trzesniewski, K. H., Powers, J., & Dweck, C. S. (2014). The far-reaching effects of believing people can change: Implicit theories of personality shape stress, health, and achievement during adolescence. *Journal of Personality and Social Psychology, 106*(6), 867–884.

Yeomans, F. E., Clarkin, J. F., Kernberg, O. F., & American Psychiatric Association. (2015). *Transference-focused psychotherapy for borderline personality disorder: A clinical guide.* Washington, DC: American Psychiatric Publishing.

Yeomans, F. E., Levy, K. N., & Caligor, E. (2013). Transference-focused psychotherapy. *Psychotherapy, 50*(3), 449–453.

Yonkers, K. A., & Clarke, D. E. (2011). Gender and gender-related issues in *DSM-5*. In D. A. Regier, W. E. Narrow, E. A. Kuhl, & D. J. Kupfer (Eds.), *The conceptual evolution of* DSM-5 (pp. 287–301). Washington, DC: American

Psychiatric Publishing.

Youn, S. J., McAleavey, A. A., & Castonguay, L. G. (2015). Practice research networks. In R. L. Cautin & S. O. Lilienfeld (Eds.), *The encyclopedia of clinical psychology* (pp. 2186–2190). West Sussex, UK: Wiley Blackwell.

Young, J. E., Klosko, J. S., & Weishaar, M. (2003). *Schema therapy: A practitioner's guide.* New York: Guilford.

Young, S., Jacobson, R., Einzig, S., Gray, K., & Gudjonsson, G. H. (2016). Can we recognise malingerers? The association between malingering, personality traits and clinical impression among complainants in civil compensation cases. *Personality and Individual Differences, 98*, 235–238.

Youngberg v. Romeo, 457 U.S. 307 (1982).

Yuen, E. K., Goetter, E. M., Herbert, J. D., & Forman, E. M. (2012). Challenges and opportunities in Internet-mediated telemental health. *Professional Psychology: Research and Practice, 43*, 1–8.

Zapf, P. A., Golding, S. L., & Roesch, R. (2006). Criminal responsibility and the insanity defense. In I. B. Weiner & A. K. Hess (Eds.), *Handbook of forensic psychology* (3rd ed., pp. 332–363). Hoboken, NJ: Wiley.

Zapf, P. A., & Roesch, R. (2006). Competency to stand trial: A guide for evaluators. In I. B. Weiner & A. K. Hess (Eds.), *Handbook of forensic psychology* (3rd ed., pp. 305–331). Hoboken, NJ: Wiley.

Zapf, P. A., Viljoen, J. L., Whittemore, K. E., Poythress, N. G., & Roesch, R. (2002). Competency: Past, present, and future. In J. R. P. Ogloff (Ed.), *Taking psychology and law into the twenty-first century* (pp. 172–198). New York: Kluwer Academic/Plenum Press.

Zedlow, P. B. (2009). In defense of clinical judgment, credentialed clinicians, and reflective practice. *Psychotherapy: Theory, Research, Practice, Training, 46*, 1–10.

Zhu, J., & Weiss, L. (2005). The Wechsler scales. In D. P. Flanagan & P. L. Harrison (Eds.), *Contemporary intellectual assessment: Theories, tests, and issues* (2nd ed., pp. 297–324). New York: Guilford Press.

Zilcha-Mano, S., Dinger, U., McCarthy, K. S., & Barber, J. P. (2014). Does alliance predict symptoms throughout treatment, or is it the other way around? *Journal of Consulting and Clinical Psychology, 82*(6), 931–935.

Ziv-Beiman, S., & Shahar, G. (2015). Psychotherapy integration. In R. L. Cautin & S. O. Lilienfeld (Eds.), *The encyclopedia of clinical psychology* (pp. 2337–2342). West Sussex, UK: Wiley Blackwell.

Zoellner, L. A., Abramowitz, J. S., Moore, S. A., & Slagle, D. M. (2008). Flooding. In W. T. O'Donohue & J. E. Fisher (Eds.), *Cognitive behavior therapy: Applying empirically supported techniques in your practice* (2nd ed., pp. 202–210). Hoboken, NJ: Wiley.

Zur, O. (2007). *Boundaries in psychotherapy: Ethical and clinical explorations.* Washington, DC: American Psychological Association.

Zur, O. (2009). Therapeutic boundaries and effective therapy: Exploring the relationships. In W. O'Donohue & S. R. Graybar (Eds.), *Handbook of contemporary psychotherapy: Toward an improved understanding of effective psychotherapy* (pp. 341–357). Thousand Oaks, CA: Sage.

Zuroff, D. C., Kelly, A. C., Leybman, M. J., Blatt, S. J., & Wampold, B. E. (2010). Between-therapist and within-therapist differences in the quality of the therapeutic relationship: Effects on maladjustment and self-critical perfectionism. *Journal of Clinical Psychology, 66*, 681–697.

찾아보기

저자 소개

Andrew M. Pomerantz, PhD

미국 서던일리노이대학교 에드워즈빌캠퍼스의 교수이자 대학원 임상심리 프로그램의 책임자이다. 학부와 대학원에서 임상심리학 관련 다양한 과목을 강의하고 있다. 또한 미주리주 세인트루이스에서 사설 임상심리클리닉에서 파트타임으로 근무하고 있다. 그는 세인트루이스에 소재한 워싱턴대학교에서 학사 학위를 받았으며, 세인트루이스대학교에서 임상심리학 석사와 박사학위를 받았다. 그리고 인디애나대학교 의과대학 심리학 수련 컨소시엄에서 박사 전 인턴십을 마쳤다. 그는 *Journal of Clinical Psychology, Ethic & Behavior, Journal of Contemporary Psychotherapy*의 편집위원이며, *Professional Psychology: Research and Practice, Teaching of Psychology, Ethic & Behavior, Training and Education in Professional Psychology* 등의 학술지에 많은 학술논문을 발표하였다. 또한 Karen Goldfinger와 함께 *Psychological Assessment and Report Writing*을 저술하였다. 그의 주요 연구 관심사는 심리치료와 임상심리학 분야에서의 윤리적 · 전문적 이슈에 관한 것이다. 그는 두 차례에 걸쳐 세인트루이스심리치료협회의 회장직을 역임했으며, 미국심리학회의 회원이다.

역자 소개

최승원

고려대학교 심리학 박사

덕성여자대학교 심리학과 부교수

박은영

경북대학교 심리학 박사

대구가톨릭대학교 심리학과 조교수

송원영

연세대학교 심리학 박사

건양대학교 심리상담치료학과 부교수

장문선

경북대학교 심리학 박사

경북대학교 심리학과 교수

장은진

이화여자대학교 심리학 박사

침례신학대학교 상담심리학과 교수